1999

中共中央党校函授教育年鉴

●中共中央党校函授学院年鉴编辑部　编

中共中央党校出版社

责任编辑　弓　佳
　　　　　林月春
　　　　　王慧娟
装帧设计　吴家凯
版式设计　杨　华

图书在版编目（CIP）数据

中共中央党校函授教育年鉴.1999/黄士安主编.北京：中共中央党校出版社，2001.4
ISBN 7-5035-2267-4

Ⅰ.中…　Ⅱ.黄…　Ⅲ.中国共产党-党校-函授教育-1999-年鉴　Ⅳ.D261.41-54

中国版本图书馆CIP数据核字（2001）第17871号

中共中央党校出版社出版发行
（北京市海淀区大有庄100号）
中共中央党校印刷厂印刷　新华书店经销
2001年4月第1版　2001年4月第1次印刷
开本：787×1092毫米　1/16　印张：43
字数：1222千字　印数：3500册
定价：100.00元

中共中央党校函授教育年鉴

主　编：黄士安
副主编：刘利群
张东升
欧亚平

中共中央党校函授教育年鉴编审委员会

中共中央党校函授教育年鉴编辑人员

总　编　辑：张东升

副总编辑：史金龙

编辑部主任：林月春

责任编辑：林月春

王慧娟

● 图为江泽民总书记在副总理温家宝、安徽省委书记回良玉、省长王太华陪同下视察安徽分院学员高喜田创办的现代农业高科技园区 （安徽分院　供稿）

● 胡锦涛同志亲切接见函院95级在职研究生班全体学员并合影留念

（研究生办 供稿）

中央党校副校长张志新在总院孙钱章院长等陪同下视察北京市工业党校分院
（北京市工业党校分院　供稿）

宁夏回族自治区党委副书记韩茂华、组织部部长陈希明、宣传部部长王正伟、纪委副书记刘丰富等四位常委在宁夏分院院长欧阳齐陪同下视察分院工作　（宁夏分院　供稿）

中央党校副校长张志新在北京市委机关分院检查工作　（北京市委机关分院　供稿）

西藏自治区党委副书记李立国在西藏分院巡视考场　（西藏分院　供稿）

中央党校副校长张志新在内蒙古自治区党校副校长、分院院长于德水陪同下在土默特右旗辅导站视察工作（内蒙古分院　供稿）

宁夏回族自治区党委常委、宣传部部长王正伟为宁夏分院建院五周年题词
（宁夏分院　供稿）

● 空军政治部加强党校函授教育领导。空军政治部副主任敬应龙(左2)、空指学院副院长邹德玉(左3)分别担任空军分院第一院长和第二院长　　　　(空军分院　供稿)

● 中央党校副校长张志新在孙钱章院长陪同下深入在职研究生班毕业论文答辩现场指导工作　　　　(研究生办　供稿)

● 安徽省直工委副书记陈晓俊在省直学区开学典礼上讲话　　　　(安徽分院　供稿)

● 中央党校副校长张志新在内蒙古分院会见领导干部函授班部分学员并合影留念
(内蒙古分院　供稿)

● 中央党校1998年函授教育工作会议在浙江省委党校召开 (浙江分院 供稿)

● 中央党校副校长张志新在年度工作会议上讲话 (浙江分院 供稿)

● 总院党性教育教材研讨会在京举行 (院办公室 供稿)

● 全院第一次教育评估工作会议在湖北省委党校举行 (徐建新 摄)

● 全院第二次教育评估工作会议在厦门市委党校举行 (福建分院 供稿)

● 总院评估指标体系咨询研讨会在京举行。图为张志新副校长与全体代表合影 (院办公室 供稿)

● 总院计算机管理工作研讨会在空军分院举行。图为与会同志合影 (空军分院 供稿)

● 全院第四次教学管理工作会议在南宁举行。图为全体代表合影 (教学处 供稿)

● 安徽省委党校举行省、地(市)、县三级党校函授教育工作会议 (安徽分院 供稿)

● 湖北省委党校举行年度工作会议 (徐建勤 摄)

● 江西分院举行年度工作会议 (江西分院 供稿)

● 宁夏分院举行年度工作会议 (宁夏分院 供稿)

● 河北分院举行年度工作会议。图为会议代表席 (河北分院 供稿)

● 济南军区分院举行年度工作会议
（罗光辉　摄）

● 济南军区分院年度工作会议全体代表合影
（罗光辉　摄）

● 空军分院举行年度工作会议。图为全体代表合影　（空军分院　供稿）

● 铁道部分院举行年度工作会议
（铁道部分院　供稿）

● 图为铁道部分院年度工作会议小组讨论
（铁道部分院　供稿）

● 河北分院举行招生工作会议

（河北分院　供稿）

● 江西分院举行招生工作会议

（江西分院　供稿）

● 严把招生关。图为江西分院负责人在逐个审查考生学历证件

（江西分院　供稿）

● 福建分院举行招生暨教学质量评估工作会

（福建分院　供稿）

● 滁州学区召开辅导站负责人参加的招生动员会议

（安徽分院　供稿）

● 安徽分院举行全省党校函授教育研讨会
（安徽分院　供稿）

● 湖北分院召开全省党校函授教学管理研讨会
（徐建勤　摄）

● 江苏省委党校常务副校长潘宗白召集教师座谈，共商函授教学问题
（江苏分院　供稿）

● 南京军区分院负责人与第二教学处负责人商讨函授教学问题
（南京军区分院　供稿）

● 湖北省委党校召开函授教学办公会，校领导与各教研部主任共商函授教学问题
（徐建勤　摄）

● 中国社科院白刚教授在空军分院，给总院导师制在职研究生班授课
（空军分院　供稿）

● 浙江分院与省委党校教务处联合举办函授师资培训班　　（浙江分院　供稿）

● 四川分院举行备课会议

（四川分院　供稿）

● 鸡西学区函授任课教师相互听课，取长补短　　（鸡西学区　供稿）

● 铁道部分院召开教学观摩会。图为参赛教师在讲课

（铁道部分院　供稿）

● 精心备课。总参优秀教员、三八红旗手、副教授尉正言在查阅备课资料

（总参分院　供稿）

● 南宁分院举行教研成果展

（南宁分院　供稿）

● 江苏分院直属学区召开师生座谈会，征求教学意见　　　（江苏分院　供稿）

● 安徽分院淮北矿党校学区举行教学研讨会　　　（安徽分院　供稿）

● 安徽分院马钢学区召开学员座谈会倾听学员意见　　　（安徽分院　供稿）

● 安徽分院省直学区举办社会热点问题报告会　　　（安徽分院　供稿）

● 湖南分院直属学区召开自学暨班干经验交流会　　　（彭立新　摄）

● 安徽分院马钢学区举办科技兴企教师研讨班　　　（安徽分院　供稿）

● 四川分院举行在职研究生开学典礼

（四川分院　供稿）

● 四川省委党校教授给在职研究生班学员授课

（四川分院　供稿）

● 广西分院举行在职研究生开学典礼

（广西分院　供稿）

● 海南分院琼山函授站举行开学典礼

（海南分院　供稿）

● 铜陵学区学员在上计算机操作课

（安徽分院　供稿）

● 新疆军区后勤部辅导站学员在认真听课

（兰州军区分院　供稿）

● 南飞辅导站学员在上外语课

（江西分院　供稿）

西藏分院组织考务人员考前上岗培训，图为培训会前西藏自治区党校副校长、分院院长才旺班久与总院巡考人员商量培训要求 （西藏分院 供稿）

成都军区分院召开考务工作会议，布置从严治考问题 （刘洪祥 摄）

总参分院专门召开函授工作会议，商讨从严治考，提高教学质量问题，图为总参政治部副主任、分院副院长林建超等负责同志与全体代表合影 （总参分院 供稿）

上海市委党校副校长奚洁人在巡视考场 （上海分院 供稿）

江苏省委党校常务副校长潘宗白在巡视考场 （江苏分院 供稿）

六安学区招生考试请组织部、宣传部、人事局等部门的负责同志参与巡查监督。图为巡视后合影 （安徽分院 供稿）

马鞍山钢铁公司党委负责同志在巡视考场 （安徽分院 供稿）

● 认真巡查考场

（铁道部分院　供稿）

● 设置考场违纪爆光牌，进行警示教育

（铁道部分院　供稿）

● 学员在精心应考

（武警分院　供稿）

● 56016部队本科学员在认真考试

（成都军区分院　供稿）

● 考务人员在认真验收试卷

（铁道部分院　供稿）

● 铁道部党校常务副校长兰务帛在认真检查阅卷质量　（铁道部分院　供稿）

● 江西分院负责同志在认真检查阅卷情况

（江西分院　供稿）

上海分院召开教育评估试点现场会
（上海分院　供稿）

图为与会代表在参观函授教育成果展览
（上海分院　供稿）

福建分院召开全省党校函授教育评估工作会议　（福建分院　供稿）

江苏分院召开函授教育评估学区主任座谈会　（江苏分院　供稿）

河北分院召开函授教育评估工作会议，图为与会代表在研究函授评估细则
（河北分院　供稿）

湖北分院召开函授辅导站评估验收暨学区视导组会议　（湖北分院　供稿）

● 蚌埠学区召开函授教育评估验收汇报会。图为蚌埠市委副书记、党校校长郑良植向分院检查组介绍情况

（安徽分院　供稿）

● 荆门学区召开函授教育汇报会向分院验收组汇报自我评估情况

（湖北分院　供稿）

● 宁夏分院评估验收组在石嘴山学区召开教员座谈会听取意见

（宁夏分院　供稿）

● 安徽分院负责同志召开学员座谈会听取学员对教育评估的意见

（安徽分院　供稿）

● 内蒙古分院评估检查组在呼和浩特学区召开学员座谈会听取意见

（内蒙古分院　供稿）

● 湖北省委党校常务副校长周大仁等负责同志审阅分院教育评估档案（徐建勤　摄）

● 安徽省委党校副校长、分院评估组王树勤等负责同志在淮南矿学区查阅办学资料（安徽分院 供稿）

● 安徽分院评估组在蚌埠学区检查微机教学情况 （安徽分院 供稿）

● 福建分院评估组在厦门同安辅导站检查硬件设施 （福建分院 供稿）

● 宁夏分院评估组在石炭井学区听取自我评估汇报 （宁夏分院 供稿）

● 四川分院负责同志在成都学区检查评估资料 （四川分院 供稿）

● 上海分院评估组在辅导站检查评估资料（上海分院 供稿）

● 江苏分院直属学区组织学员到企业参观学习　　　　（江苏分院　供稿）

● 安徽分院组织学员参观省气象中心
（安徽分院　供稿）

● 广州学区组织学员到黄埔港务局参观学习　　　　（广东分院　供稿）

● 蚌埠学区组织教师、学员到五里河屈台民主自治村考察　　（安徽分院　供稿）

● 淮南学区组织学员到工厂参观
（安徽分院　供稿）

● 芜湖学区组织98级本科班学员参观南阳蔬菜基地的无土栽培　（安徽分院　供稿）

● 广州学区组织在职研究生班学员到部队学习国防军事知识　　（广东分院　供稿）

南昌学区组织学员参观八一起义纪念馆
（江西分院　供稿）

马钢学区组织教员、学员祭扫烈士陵园
（安徽分院　供稿）

十堰学区领导干部班学员凭吊郧县烈士亭　　（湖北分院　供稿）

厦门学区组织学员到鼓浪屿“好八连”接受党性教育　　（林振辉　摄）

广州学区组织学员到黄埔军校接受革命传统教育　　（广东分院　供稿）

新疆军区学区班主任在分析学员党性教育情况　　（兰州军区分院　供稿）

● 河北分院举办学籍微机管理人员培训班
（河北分院　供稿）

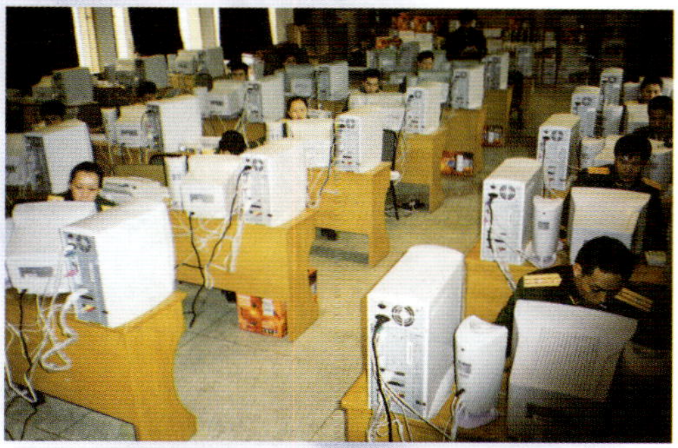

● 武警部队分院组织各学区学籍管理人员进行微机培训　（于兰河　摄）

● 铁道部分院举办教务管理软件培训班
（铁道部分院　供稿）

● 空军部队分院微机人员正在登录学员成绩　（空军分院　供稿）

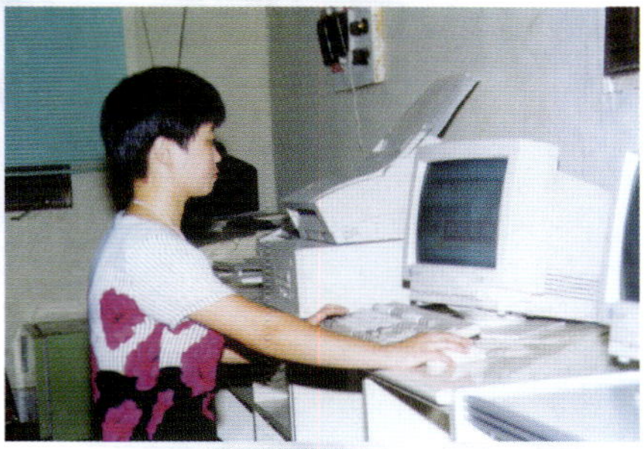

● 马钢学区微机人员正在操作
（安徽分院　供稿）

● 内蒙古分院举办学籍、微机培训班。图为全体受训人员合影　（内蒙古分院　供稿）

总院舞蹈队表演后全体队员合影
(张　岩　摄)

南宁分院青年教师表演“走向新时代”
(南宁分院　供稿)

南宁分院负责同志与学员同台表演
(南宁分院　供稿)

华安辅导站开展学员联谊活动
(赵　旋　摄)

广州学区举行拔河比赛
(广东分院　供稿)

南昌学区开展篮球赛
(江西分院　供稿)

● 广州学区举行毕业典礼（广东分院　供稿）

● 北京市工业党校分院举行毕业典礼

（北京市工业党校分院　供稿）

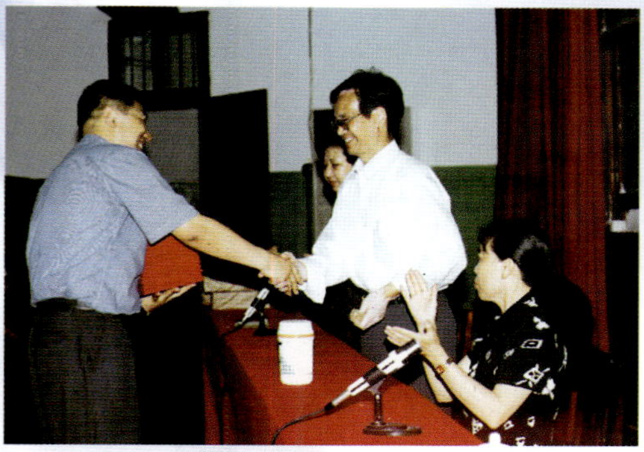

● 江西省委党校常务副校长虞梅生在毕业典礼上颁发毕业证书（江西分院　供稿）

● 江西省委党校副校长龚培兴在毕业典礼上讲话（江西分院　供稿）

● 湖南分院直属学区举行毕业典礼暨表彰大会（王　刚　摄）

● 胜利的喜悦，广州学区学员手捧三年心血的结晶，会心地笑了

（广东分院　供稿）

● 图为广东省委党校领导与珠海95级本科班毕业学员合影（广东分院　供稿）

● 西藏分院举行毕业论文答辩

（西藏分院 供稿）

● 图为长沙学区毕业论文答辩现场

（湖南分院 供稿）

● 淮北矿党校学区举行毕业论文答辩

（安徽分院 供稿）

● 马钢学区毕业论文答辩现场

（安徽分院 供稿）

● 成都军区分院进行毕业论文答辩

（成都军区分院 供稿）

● 南京炮院学区组织毕业论文答辩

（徐 新 摄）

● 黄山学区进行毕业论文答辩

（安徽分院 供稿）

● 江西分院表彰先进集体（江西分院　供稿）

● 浙江分院表彰先进辅导站
（浙江分院　供稿）

● 空军分院向先进辅导站授奖
（空军分院　供稿）

● 总参分院向先进集体发奖
（总参分院　供稿）

● 济南军区分院向先进集体颁奖
（济南军区分院　供稿）

● 铁道部分院向教学观摩获奖者颁奖
（铁道部分院　供稿）

● 成都军区分院向先进考场单位颁奖　　（刘洪祥　摄）

● 总院配合内蒙古分院举办管理干部暨教师培训班　　（内蒙古分院　供稿）

● 内蒙古分院管理干部暨教师培训班全体代表合影　　（内蒙古分院　供稿）

● 总院配合甘肃分院举办辅导站站长培训班，图为全体代表合影
（总院培训办　供稿）

● 总院在东北地区三个分院的配合下，举办了东北地区管理干部培训班，图为全体代表合影　　（总院培训办　供稿）

江苏分院和学区负责人在认真学习胡锦涛同志的有关指示　（江苏分院　供稿）

济南军区分院认真组织办学人员学习上级指示精神　（罗光辉　摄）

蚌埠学区组织班主任到绿雨农业高科技园考察　（安徽分院　供稿）

江苏分院全体工作人员在烈士陵园重温入党誓词　（江苏分院　供稿）

浙江分院举办管理人员培训班　（浙江分院　供稿）

济南军区分院组织办学人员参观学习　（济南军区分院　供稿）

● 图为湖北分院函授教学大楼　　（徐建勤　摄影）

● 图为四川分院办公区
（四川分院　供稿）

● 图为淮北矿学区所在党校校园
（安徽分院　供稿）

● 南宁分院所在党校校园
（南宁分院　供稿）

● 四川分院所在党校微机培训室
（四川分院　供稿）

● 桐城辅导站所在党校微机教室
（安徽分院　供稿）

目　录

指　导　篇

实　践　篇

招生录取工作

考务工作

注册与毕业工作

教材印制、发行工作

教材建设

编辑出版的教材简介

经　验　篇

中央党校1998年函授教育工作会议经验材料选登

党校函授教育研究

组　织　篇

成 果 篇

分院级优秀毕业论文篇目

分院级领导干部函授班、本科班优秀学员名录

指导篇

中共中央党校负责同志讲话

在党员领导干部在职研究生班政治学专业（治国方略研究方向）98级甲班学员、导师见面会上的讲话（摘要）

（1998年9月27日）

中共中央党校副校长 刘海藩

刚才院长讲了这个班的宗旨和要求。让我代表导师讲话，我向大家表个态吧。这是临时交代的任务，不当的请批评。这个班的导师，除中央党校的以外，还有国内著名大学的教授，像北京大学的赵宝煦、李景鹏教授，人民大学的研究生院院长周新城教授、济南大学的李庆臻校长、山东大学的赵明义教授，还有四川省委党校的刘德骥教授、青海省委党校的景晖教授等都是很有名的学者。我们的学员都是高级领导干部，有的本身又是学者，包括部队的高级将领和地方的高级领导同志。今天，我讲三句话：

第一句话，是讲在学员、教师的关系问题上应如何定位。我认为，学员、教师应定位为学习伙伴关系或学友关系，互相学习，互相切磋，共同研究。一般地说，教师看书研究的时间要多一些，但教师最大的困难和不足，就是对实践方面的知识缺乏。所以，我想从这一方面说，更多的是导师向学员学习。你们经验丰富，在领导岗位上，天天做领导工作，天天实践，接收大量的来自社会各方面的信息，促使你们思考各种深层次的重大问题。你们所需要的，是按革命家政治家的要求，在理论思维能力上的不断提升。上一届我作顾秀莲同志的导师，我们建立的就是学习伙伴关系，而且更多地是我向她学习。她做过省委书记、化工部长，经验丰富。这一年，她读书的积极性很高，每天坚持2小时看书，笔记写得非常好，作业写得非常认真，而且水平很高，对我很有启发。你们到这里做学员，而且采取导师制的形式，建立一种相对固定的关系，彼此交流、相互学习。教师要帮助学员订一个计划，主要是学员自己研修，教师起一点辅助作用，共同研究。当然，我们是教书匠，要认真地帮助你们读好书，研究问题，总结经验，我们要尽职尽责。你们则应按计划完成阅读和研究计划，并认真地听辅导。我强调认真地听，是指不仅要注意导师讲述中正确的内容，还要听出讲述中不全面不正确的观点，直率地指正，帮助教师纠正错误，提高认识。“道之所存，师之所存也”。确立这样的关系，真正教学相长，我们以后会更随意，更融洽，更亲密，效果会更好。

我讲的第二句话，是这个班的专业方向。请你们这些高级干部来研究治国方略，我认为这个主意很好。“方略”这个词，《史记》里多次出现，原意指用兵的方法和谋略。《辞海》里解释为策划、计谋，似乎窄了一点。我们讲“治国方略”，是否可以理解为治国的方针、战略和策略。毛泽东同志曾说，政策和策略是党的生命。从这个意义上说，也可以说，治国方略是国之生命。所以，请各级领导同志集中一些时间和精力来研究治国方略，提高治国的水平和能力，不论历史地看还是现实地看，都很有意义。大家来自党政军领导岗位。除了函授学院订出教学计划，学员也要根据自己的实际情况订出具体计划，重点研究什么问题，解决什么问题，达到什么目标。学习要有明确目标，并要明确重点。作为政治学专业，研究治国方略，涉及的面很宽泛，所以必须有重点。

研究治国方略，总的是要以邓小平关于政治学理论为指导。邓小平将马列主义毛泽东思想的基本原理与当代中国的实际相结合，其政治学理论的核心，可以理解为回答什么是社会主义，怎样建设社会主义的问题，这也可以说是当今中国最大的治国方略，这个方略的主要点是：1.最大的政治是发展经济，实现社会主义现代化；2.发展的动力，是改革经济体制和政治体制；3.改革的宗旨是完善社会主义这个根本制度，更好地发挥社会主义的优越性；4.发展和改革，都要通过改善领导制度和领导方法来加强党的领导；5.对国外经验，积极学习借鉴，但不照抄照搬，对中国历代的治国经验，则批判继承，洋为中用，古为今用。这是从总的方面来理解邓小平的政治学理论，具体说来，当然可分为治国目标、方针、政策、策略、方法等。

总的目标、方针、路线是中央制定的，各级的任务主要在于坚决、全面、创造性地贯彻执行，我们这个研修班是否应围绕上面讲的方略的主要点，重点研究政策、策略和方法。讲到政策，首先是总政策，如我国历史上的治国总政策大致分“仁政”与“刑政”、“礼治”与“法治”，儒家主张“仁政”与“礼治”，法家主张“刑政”与“法治”。儒家以孔孟为代表，法家以李悝、商鞅为代表。后期的法家韩非等又提出“法、术、势”为一体，即以“法治”为中心，同时利用权术与统治者的威势。荀子则试图把儒法二家结合起来，提出“治之经，礼与刑”，这当然是封建统治的“方略”。我们是治理社会主义国家，社会主义初级阶段的基本路线是“一个中心、两个基本点”，总政策就是贯彻这条基本路线，政治上实现民主法治，依法治国；经济上建立社会主义市场经济新体制。为此，治国思维，就是要解放思想，实事求是；政策导向就要面向世界，面向现代化，面向未来；策略风格，要具有前瞻性、开拓性、创造性。具体方面则包括加强和改善党的领导，依靠和发挥群众的积极性，发现和善用人才，引导和集中人民群众的智慧，倡廉和防惩腐败，以及加强个人修养与提高治国本领。我这是从一般意义来讲的，至于每位学员的研究重点，则应根据个人的工作性质与自身情况来决定。

第三句话，研修贵在理论联系实际深入研究问题。研究政治学、治国方略，主要是研究如何把社会主义改革开放搞好，把社会主义发展搞好，真正提高回答和解决改革开放中一些重大理论问题和实践问题的能力。这方面问题很多，每个人可根据自己的情况有所侧重。但是，作为高级领导干部，一些全局性的问题，战略性的问题，都必须有所研究。如当前全国上下都在关注如何保证 GDP 增长 8%。为什么非要保 8%，能否保 8%？对这个问题，中央主要领导同志多次重申，要确保 8%。可是我们有些同志却有不同看法，一些理论工作者也发表文章，提出不必要保 8%，低一两个百分点也可以，当然用心是好的。但是如果从治国方略，治国战略考虑研究这个问题，就应当从政治上、经济上、社会上、人们心态上、从国际影响等各方面来权衡，我们必须保住一个必要的发展速度。我国经济发展速度从十年高速增长到逐步下调，从93年最高14.2%到去年的8.8%，实现软着陆。今年调到8%，虽然拿周边国家比，8%是一个很高的速度，但从我国的实际情况看，已经连年以年均一个多百分点的幅度下调，根据经济发展的惯性规律，不能突然采取煞车式的降速调整。考虑到发展才是硬道理，加上我们的经济改革正处在关键时期，很多深层次的矛盾正在比较集中地显现出来，如果没有必要的经济发展速度，改革将难以顺利推进，例如就业就是一个很突出的问题，财政收入也是问题。当然，这8%，也不能当成指令性计划来执行，要按经济规律办事。特别是不能为了保8%，甚至超8%，勉强地把今后三个月（第四季度）的速度定得很高，铺下很大的摊子，为明年的合理速度造成困难。（从国内外经济环境看，我们明年仍然形势比较严峻，速度难以高于今年）况且，从客观上看，今年受到两大冲击，一个是东南亚金融风暴，现在看不仅是东南亚，可能是世界性的金融危机。这对我们冲击非常之大，最直接的就是出口减少，外资减少，对外项目减少。这三个减少，就意味着增加国内压力，经济增长困难。第二个冲击是水灾，南方是百年不遇，北方是历史罕见。报上登的直接经济损失是1680亿，上星期计委负责同志讲，估计损失2000亿元左右。这个8%还能不能保，怎么个保法，就要研究，要拿出办法来。保经济增长主要靠3个因素，一个是扩大需求，一个是扩大投资，一个是增加出口。这3个因素中，我们首先从扩大需求开始抓，需求拉动，办法之一就是降低利率，把银行5万亿元居民存款通过降低利率调出一部分，扩大消费和投资。消费扩大了，就刺激消费品生产，相应地带动生产资料的生产和供应。二是扩大投资。我们今年又增加1000亿元债券追加基础设施建设投资，这1000亿元债券，要带动银行1000亿元的贷款，同时带动地方500亿元的配套资金，一下增加投资2500亿元。力度应当说很大，关键是如何落实到位，产生效果。三是增加出口，但很困难。扩大消费基本上是采用货币主义的理论，叫做刺激消费来推动生产。效果会怎么样，还要看。西方还有一个供给学派的理论，叫作扩大供给，提高供给的质量，办法是向企业投入，提高企业的素质。这方面我们应多下点工夫研究。你们可以从治国方略角度，根据你这个地区这个部门的情况，怎样制订推动经济增长的因素。除了借鉴西方的理论，我们自己应当有所创造，有所前进。

再从大的方面来讲，十五大精神如何落实始终是个问题。十五大以后，对十五大精神的理解、研究、宣传、贯彻是不是全面了？是不是准确了？都有些问题值得研究。就讲经济，企业改革是经济改革的关键，现在处于攻坚阶段，怎么攻不动？企业改革十几年的成绩应该肯定，回过头来看，三中全会改革开放二十年，充分肯定有巨大成绩，经济增长了，国力增强了，人民生活改善了，经济结构优化有很大进展，企业体制也比较活了。但从另一方面看，我讲国有企业，讲去年十五大以前的数字，原来国有资产97000亿元，到去年国有的运营资产还有32000亿元，65000亿元资产画问号了，不是说没有了，但不是运营资产了，其中也有相当部分流失了。65000亿元是个很大的数字。在改革过程中是否正确贯彻了中央的方针和政策？如何来总结经验教训？如讲“抓大放小”这件事，中央提出“抓大放小”，是为了搞活搞好整个国有经济。“抓大”是要把企业抓好搞活，提高效益，其中包括以优化资产结构、提高效益为前提，组建一些具有国际竞争能力的“四跨”的大型企业集团。但是到了我们有些同志那里，就是抓大合并，大拼凑，大家都抓“航空母舰”，部里抓、省里抓，县里也抓，都在拼。去年九月在一次讨论会上，我讲一万个舢舨拼起来不是航空母舰，航空母舰是个战斗系统，不能说面积很大就是航空母舰，航空母舰贵在战斗力。企业航空母舰贵在效益，贵在竞争能力。大，也是相对的，要从我们的实际情况出发。美国一个航空公司兼并资产就是70000多亿美元，我们能拼出这么大的吗？我们整个国企的家底儿才1万亿美元！而且人家是什么效益。我赞成搞航空母舰，但是不要通过行政手段拼凑，尤其不要层层拼凑。关键要优化结构，提高效益，再讲“放小”。中央讲放小有7种办法，改组、联合、租赁、兼并、承包、股份合作、拍卖等7种形式，拍卖只是其中一种，恐怕也不能说卖是主要形式吧，更不能说是唯一办法。可是到了有些地方就是一个卖字。当然，这不只是实际工作部门的事。理论界从1995年就有人提出“靓女先嫁”，提出只要卖掉了，产权就清晰了，就有责任心了。最近还有一篇文章，说国企改革改来改去改不好，根子就是没有人负责。要解决问题，只有卖掉。这篇文章指的还不仅是小企业，包括大企业也只有卖掉，产权才清晰。有的地方还正式下文件，在限定的时间内必须把县市的企业卖掉百分之多少。某些县市，国企已全部卖光，并且卖的过程中，国有资产流失很严重。而且怪现象很多，前段《内参选编》登了个材料，一个县将一个评估资产300多万的企业，以110万卖给私营企业主，职工为此不平，主动集资，集体购买，但县里却刁难，不卖给职工，一定要卖给私人业主。令人疑惑。有一种理解，十五大说公有制为主体是指全国而言的，在一个地区、一个部门可以根据实际情况有所区别，认为“有所区别”，就是不要公有制。共性寓于个性之中嘛。每个地区、每个部门都可以不以公有制为主体，哪里来的全国还以公有制为主体？那不是抽象肯定，具体否定吗？对十五大精神，要全面准确地理解，要深入地学习研究。又如股份合作制，江总书记在十五大报告中讲两句话，前面讲现在出现的各种形式的股份合作制，是我们改革中出现的一种新的形式、新的事物，应该总结经验，加以提高。第二句话是，对于那种体现劳动者的劳动联合和劳动者的资本联合相结合的集体经济，则要大力提倡鼓励发展。后面那句总书记加了定语，“体现劳动者的劳动联合和劳动者的资本联合相结合的集体经济”，强调两个联合相结合才是集体经济，才要大力提倡，鼓励发展。现在有的地方搞股份合作制，就是一个人或几个人把企业买了，（多数是赊了）据为已有，职工几百人，几千人就打工了，把这叫股份合作制。总书记讲劳动者的劳动联合和劳动者的资本联合。劳动者哪里去了？无独有偶，最近有个部门下个文件，界定什么叫公有制，说两个以上公民合资经营的企业就是集体经济，是公有制性质。事实上公民和劳动者是有区别的。劳动者是公民，但公民不仅仅是劳动者，资本家也是公民。我想大家要研究一个问题，十五大对社会主义初级阶段的基本经济制度有明确表述，宪法也规定我国社会主义的经济基础是公有制经济。如果把公有制搞掉了，那么社会主义皮之不存，毛将焉附？当然，私有经济也是社会主义市场经济的重要组成部分，要支持和鼓励私有经济发展，而且要大发展，但是，同时要肯定公有经济的主体地位。如何巩固和发展社会主义，这就是治国方略。

中央最近下发了11号文件，要求把邓小平理论的学习引向深入，这应当说具有很强的针对性。我们要靠邓小平理论来指导我们的治国方略，必须避免学习和理解的肤浅和简单化。如邓小平讲，要积极推进改革的深化，而不要放下改革陷入“姓资姓社”的无谓争论。有些人就理解为不要分姓资姓社了。邓小平讲，和平和发展是当今时代的主题，有些人就宣传，当今时代只有和平和发展了。可是事实是，西方资产阶级很讲方略。他们的目标很明确，一天也没有忘记把社会主义消灭。美国国会每年都争论最惠国待遇问题，最后美国总统作出裁决，给中国最惠国待遇。为什么？因为只有与中国联系，才能通过交流、渗透、颠覆把中国的社会主义搞掉。这是美国历任总统公开告诉他的国人和世人的。美国的政要提出，90年代消灭苏联东欧的社会主义，2017年十月革命100周年时，在全球消灭社会主义。这有白纸黑字为证，人家天天讲方略。我们讲治国方略，能迷迷糊糊根本不讲姓“资”姓“社”做和平主义梦吗？我们要治什么国？就是坚持社会主义方向，坚持社会主义制度，坚定共产主义信念。当然，为此目标，我们要有正确的策略，必须推进、深化改革，加速发展，壮大我们的经济实力，壮大综合国力，壮大军事实力。只有这样，才能保证社会主义巩固和发展。总之，我们讲的治国方略，首先要从大的方面讲治国方略，然后再进一步研究具体方略。

我是即席发言，讲得不对，请大家批评我，帮助我。我们本来是互相学习，互相切磋。回到我前面讲的第一句话，“道之所存，师之所存”。

认清形势　把握大局　坚持用邓小平理论指导党校函授教育工作

——在中共中央党校1998年函授教育工作会议上的讲话

（1998年10月11日）

中共中央党校副校长　张志新

同志们：

中央党校一九九八年函授教育工作会议今天开幕了。我代表中央党校校委，对出席开幕式的浙江省委领导、贵宾和与会代表，表示热烈的欢迎和衷心的感谢！

这次会议，是在举国上下深入学习贯彻党的十五大精神，兴起学习邓小平理论新高潮的形势下召开的。我们这次会议的主题是，高举邓小平理论伟大旗帜，坚决贯彻落实党中央关于加强党校工作和函授教育的一系列指示，“强化办学队伍建设，提高办学主体素质”，进一步提高办学质量。提高办学质量，关键在于认清历史责任，明确办学指导思想，科学地规范办学行为，努力提高办学主体的素质。围绕用邓小平理论指导党校函授教育工作这个主题，讲三个问题。

一、高举邓小平理论伟大旗帜，用邓小平理论指导党校函授教育工作，就要增强大局意识，认清历史责任，坚持正确的办学指导思想。

什么是大局？和平与发展是当今世界的大局；搞改革开放，推进社会主义现代化建设是国内的大局。我们想问题，作决策，都必须把具体的事情放在大局当中去思考，去认识。

当前，国际形势的发展总的看是趋向缓和。变化的特点，一是多极化，二是经济全球化，科学技术迅猛发展，知识经济初见端倪，国际竞争异常激烈。这种竞争，说到底，是综合国力的竞争，知识竞争是人才的竞争，尤其是高素质领导人才的竞争。

在国内，发展进入关键时期，改革进入攻坚阶段。一方面我国的社会主义现代化建设事业取得了举世瞩目的成就；另一方面，面临亚洲金融风波的冲击，经济结构的调整和深化改革中必然产生各种矛盾。这都要求努力提高干部素质，提高干部运用邓小平理论解决改革中实际问题的能力。

党校是培养人才的地方，是培养各级党政领导干部的阵地。怎样做好培养面向21世纪的合格的党政领导干部工作，是历史赋予党校工作者的任务，是我们工作的主题和大局。认识党校工作，研究党校工作，都要放到这个大局当中去认识，去思考。

党校函授教育，是党校干部教育工作的重要组成部分，是多渠道培训在职党员干部的一种有效形式。锦涛同志对党校工作、对函授教育工作寄予殷切的希望。他多次强调干部教育工作的重要性，要求我们要从培养跨世纪的合格党政领导干部的需要出发，提高办学质量，更好地为培养高素质干部队伍服务。也就是说，要求我们在做具体工作时，一定要从培养高素质干部队伍的高度去认识自己的历史责任，明确工作的重要意义，精心敬业，努力做好工作。今年必坚同志在中央党校处级干部会上明确指出，历史正把我们党校推到一个更加重要的地位上来。他说这不是一种荣誉，也不是一种待遇，而是一种责任。我们应该从大局的高度、全局的高度，充分认识新的形势、新的任务赋予党校的神圣使命和历史责任，从战略的高度给党校工作、给函授教育工作定位。我们担负的工作是一项极其重要的政治任务，是一项极为严肃的干部教育事业。从这样的高度认识我们的工作，从而增强认真做好党校函授教育工作的责任感和使命感，坚定不移地坚持正确的政治方向，严肃认真地贯彻“社会效益第一”、“教育质量第一”的办学指导思想。

准确把握党校工作和函授教育工作的定位，不断端正办学指导思想，是我们办学实践中的永恒课题。各级党校和党校函授教育的各级组织，对这个问题必须常抓不懈，不能有丝毫的放松和懈怠。只有抓住这个关键问题，保持清醒的头脑和严肃的态度，才能不断改进工作，才能保证党校函授教育工作的健康发展。

二、高举邓小平理论伟大旗帜，用邓小平理论指导党校函授教育工作，关键是用邓小平理论武装工作人员头脑，提高全体工作人员的政治素质。

党的十五大明确提出：“中国共产党以马克思列宁主义、毛泽东思想、邓小平理论作为自己的行动指南”。因为邓小平理论是我们时代最有影响力的理论，是我们20年来取得伟大胜利的行动指南。高举邓小平理论伟大旗帜，是我们党从历史和现实中得出的不可动摇的结论。各级党校和党校函授教育的各级组织，要自觉地响应党中央的号召，带头兴起学习邓小平理论的新高潮，用邓小平理论统帅党校工作，统帅党校函授教育工作。它是我们观察世界、发展自己的强大的思想武器，作为统帅全局、贯穿各项工作的灵魂。《邓小平文选》中对科技、教育有丰富、精辟的论述，形成了有中国特色和时代特征的内涵丰富的教育理论。邓小平教育理论是邓小平理论的重要组成部分，是新时期我国社会主义教育事业发展的指导思想。我们都要认真研读《邓小平文选》，认真学习《邓小平教育理论学习纲要》，提高用邓小平教育理论指导工作的自觉性。深化教学改革，提高教育质量，为培养跨世纪的高素质干部队伍做出应有的贡献。

坚持正确的办学方向，提高办学质量，关键是提高办学主体的素质；而提高办学主体素质，关键是用邓小平理论武装办学人员的头脑。

党的十五大号召，“全党要兴起一个学习马列主义、毛泽东思想特别是邓小平理论的新高潮”。此后，在半年多的时间里，江泽民总书记就兴起学习邓小平理论新高潮问题，发表了四次重要讲话，中央又发了文件，这在我们党的历史上是不多见的。可见兴起学习邓小平理论新高潮的重要性和紧迫性；说明深入学习邓小平理论，用邓小平理论武装头脑，指导实践，是一项重大而紧迫的战略任务。它关系到能否全面贯彻执行十五大确定的各项目标和任务，关系到中华民族的前途和命运，关系到社会主义现代化建设事业的成败。深入学习邓小平理论，提高办学主体的政治素质，就要联系历史，把握大局，围绕十五大提出的主题，切实改进学风，紧密结合十五大文件的学习，把我们的思想和行动统一到十五大精神上来，把我们的智慧和力量凝聚到实现十五大确定的目标和任务上来。在学习中，要做到真学、真懂、真信、真用，用邓小平理论来规范自己的言行，来指导自己的实践，做到言行一致、表里如一，把学习的成果体现到改进工作、推动函授教育事业发展上来。

三、高举邓小平理论伟大旗帜，用邓小平理论指导函授教育工作，就要深入贯彻落实党中央和中央领导同志关于加强党校工作和函授教育工作的一系列指示，把工作重点继续放在总结经验教训、解决不容忽视的问题上，创造性地开展工作，进一步推进党校函授教育事业健康发展。

党中央和中央领导同志关于搞好党校工作和函授教育，发布了一系列的《条例》、决定、指示和重要讲话。特别是胡锦涛同志，近年来针对党校函授教育作过多次批示。中央党校校委对进一步搞好党校函授教育，也多次进行研究，作出许多指示。总院认真贯彻锦涛同志的指示和校委的决定，在制订规划，加强教材、制度建设，实施规范化管理，以及培训函授工作人员等方面，做了许多工作。各级函授工作部门在各级党校校委的直接领导下，在学习贯彻锦涛同志一系列指示中，做了大量艰苦细致的工作，不断端正办学指导思想，坚持正确的办学方向，注意控制办学规模，建立和完善规章制度，加大管理力度，采取有力措施，把好招生关、教材关、教学关、考核关和毕业关。办学投入有所增加，办学条件有所改善，尤其是近两年来，学区建设和辅导站建设取得了阶段性成果，党校函授教育的基础有较大的增强。广大党校函授工作者在各级党校校委的领导下，兢兢业业，忘我工作，开拓进取，多有创造，保持了良好的精神状态。就党校函授教育发展状况来说，总的发展态势是好的。但是，我们应清醒地看到，我们的工作发展还不平衡，有的方面还很不平衡，对照中央关于培养高素质干部队伍的要求，对照锦涛同志的几次批示精神，还存在一些亟待解决的问题。表现为对党校工作、对函授教育工作的重要意义的认识，有的还不到位；对落实锦涛同志批示重要意义的认识，有的还不到位；对落实锦涛同志的指示，解决存在问题的力度，有的还不到位。有的办学单位出现了与锦涛同志要求、与我们办学宗旨不完全相符的问题。贯彻落实锦涛同志的指示，解决办学中存在的不容忽视的问题，决不是一阵子的事，必须反复抓，抓反复。这也是教育工作的客观规律决定的。要有做长期艰苦工作的思想准备，万万不可掉以轻心。在兴起学习邓小平理论新高潮中，我们要用邓小平理论武装头脑，对照锦涛同志的批示精神，实事求是地总结办学中的经验与教训，在充分肯定成绩的同时，更要认真查找和善于剖析存在的问题，采取得力措施，切实予以解决。要坚持高标准、严要求，有针对性地解决存在的问题，推动工作不断前进。

江泽民总书记在十五大报告中，要求全党在学习邓小平理论中要发扬马克思主义学风，“一定要以我国改革开放和现代化建设的实际问题、以我们正在做的事情为中心，着眼于马克思主义理论的运用，着眼于对实际问题的理论思考，着眼于新的实践和新的发展”。我们总结过去是为了未来，“创新是一个民族进步的灵魂”。党校函授教育既要认真解决不容忽视的问题，更要增强创新意识，拓展视野，深化改革，使函授教育工作和干部教育事业更加兴旺发达。

同志们，当前党校函授教育面临十分繁重的任务，让我们弘扬伟大的98抗洪精神，团结一心，奋发进取，为培养党的高素质干部队伍，为党校函授教育事业的健康发展，再创辉煌。

最后，预祝大会圆满成功。再次感谢浙江省委对会议的大力支持。感谢浙江省委党校和与会工作人员，为会议的召开所做的精心准备工作。谢谢大家!

顺应国际国内形势发展要求
提高党校函授教育办学质量

中共中央党校副校长 张志新

不久前，我在函院黄士安、张东升等同志的陪同下，先后至辽宁、吉林、内蒙古等省区，对党校函授教育工作进行调研和考察。分别与三省区委分管党校工作的负责同志就党校工作和函授教育交换了意见，听取了有关方面的汇报，举行了座谈讨论，实地察看了办学设施和有关资料，与各级党校函授工作者商讨了提高党校函授教育的办学质量问题。此行是一次很好的学习机会。面对当前国际国内形势的变化，党校函授教育必须顺应形势发展的要求，进行必要的调整和创新，不断提高办学质量，更好地为培养党的高素质干部队伍服务。我们要在这个总题目下，认真思考和研究，把党校函授教育不断推向前进。

一、增强大局观念，认清历史责任，坚持正确的办学方向

在新时期，历史把党校推向了更加重要的地位，也把党校函授教育推向了更加重要的地位。胡锦涛同志殷切期望党校函授教育“坚持正确的办学方向，提高办学质量，更好地为培养党的高素质干部队伍服务”。在当今，党校函授教育是与全党建设高素质的干部队伍的战略任务联系在一起的。它是为了适应建设高素质的干部队伍的需要而产生的，也是为了实现建设高素质的干部队伍这一战略任务而进一步发展的。应该说，党校函授教育是以党员干部为主要对象，以培养高素质干部队伍为战略目标的干部在职在岗教育。政治路线确定之后，干部就是决定因素。干部素质，国运所系。他们的政治素质状况如何，关系到党的事业的成败，党和国家的兴衰。在科学技术日新月异的今天，知识老化加速，广大干部面临知识更新的紧迫任务。因此，全面提高干部素质，建设高素质的干部队伍是党赋予党校和党校函授教育的崇高任务。我们应该从这个战略高度给党校函授教育以正确定位，十分明确它是一项极

其重要的政治任务，是一项极为严肃的教育事业，从而增强认真办好党校函授教育的责任感和使命感，坚定不移地坚持正确的政治方向，坚持贯彻“社会效益第一”、“教育质量第一”的办学指导思想。这是坚持正确的办学方向的必然要求和总的导向。如果定位不准，指导思想偏颇，就会造成失之毫厘，差之千里的不良后果。这是办学中存在各种各样问题的总根源。从实际情况看，多数办学单位能正确认识函授教育的重要地位，坚持正确的办学指导思想，取得了明显的办学成果。但是，对党校函授教育的正确定位，未必都能准确把握，办学指导思想，也未必都能端正，存在着说和做两张皮，言和行相脱节的现象。有的单位“趋利”倾向比较明显，办学不认真、不严肃、背离办学宗旨的事情时有发生，有的还极其严重。这就告诫我们，准确把握党校函授教育的定位，不断端正办学指导思想是办学实践中的一个永恒课题。各级党校和党校函授的各级组织对这个问题必须常抓不懈，不能有丝毫的放松和懈怠，只有切实抓住这个问题，才能抓住“牛鼻子”，只有把这个问题解决得比较好，才能保证党校函授教育健康地向前发展。

二、高举邓小平理论伟大旗帜，用邓小平理论指导党校函授教育的全部工作

邓小平理论是我们时代最有影响力的理论，是我们党的最大政治优势，是20年来取得伟大成就的根本，是全面完成党的十五大各项任务，统领全局，夺取胜利的行动指南。邓小平理论也是统帅党校工作和党校函授工作的行动指南。各级党校和党校函授各级组织要自觉地响应党中央号召，带头兴起学习邓小平理论的新高潮，坚持高举邓小平理论伟大旗帜不动摇，坚持把邓小平理论作为我们观察世界，发展自己的强大思想武器，作为统领全局、贯穿各项工作的灵魂。要在各级办学人员中深入持久地开展学习邓小平理论的活动，用邓小平理论武装全体学工人员的头脑，全面、完整、准确地掌握邓小平理论的科学体系和精神实质，切实用邓小平理论统一思想，指导工作。要认真学习和贯彻邓小平教育理论，努力做好干部培训工作。《邓小平文选》中对干部教育，对科技和教育有丰富、精辟的论述，形成了具有中国特色和时代特征的、内涵丰富的教育理论。邓小平教育理论是邓小平理论的重要组成部分，是新时期我国社会主义教育事业发展的指导思想，各级党校和党校函授各级组织要在认真研读《邓小平文选》的基础上，认真学习邓小平同志关于党的建设、干部队伍建设的理论，与此同时，还要结合学习《邓小平教育理论学习纲要》，提高用邓小平教育理论指导工作的自觉性。要发扬党校“马列主义是主课，党性锻炼是核心”的传统，坚持马列主义、毛泽东思想、邓小平理论的主课地位，突出邓小平理论这个中心，使学员比较系统地掌握马列主义、毛泽东思想和邓小平理论，真正做到“老祖宗不能丢”，又要讲“老祖宗没有讲过的新话”。这就要深化教学改革，努力改进基本理论课的教学，坚持理论联系实际的学风，紧密结合党的路线方针政策，结合改革开放中的实际问题，改进教学方法，着力提高广大学员的理论素养和思想政治素质，增强贯彻执行党的基本理论、基本路线和基本纲领的坚定性和自觉性，提高理论水平和工作水平，牢固确立科学的世界观和方法论，增强党性锻炼，提高防腐拒变能力。用现代科学知识武装干部头脑，全面提高干部素质。在学习和贯彻邓小平理论中，要从联系历史、把握大局、围绕主题、改进学风、紧密结合十五大精神以及抓好领导干部带头学习等方面把学习邓小平理论引向深入，要把学习邓小平理论与党性教育、党性锻炼紧密结合起来，与改造世界观紧密结合起来。学好邓小平理论，要做到真学、真懂、真信、真用，用邓小平理论来规范自己的言行，改进思想作风，把思想和行动统一到十五大精神上来，把智慧和力量凝聚到实现十五大确定的任务上来。

三、深入贯彻落实胡锦涛同志关于党校函授教育工作的一系列指示，必须把工作着重点继续放在解决不容忽视的问题上

近一二年来，各地在贯彻落实胡锦涛同志关于党校函授教育工作的一系列指示上，做了大量工作，不断端正办学指导思想，坚持正确的办学方向，注重控制办学规模，完善规章制度，加大管理力度，采取有力措施，把好招生关、教材关、教学关、考核关，办学投入有所增加，办学条件有所改善，尤其是两年来的学区建设和一年来的辅导站建设取得阶段性成果，党校函授教育的基础有所增强。广大党校函授教育工作者在各级党校校委领导下，兢兢业业、忘我工作，开拓进取，多有创造，保持了良好的精神状态。就党校函授教育发展状况来说，总的态势是好的。但是，我们没有理由盲目自满。应该清醒地看到，我们的工作发展还不平衡，对贯彻胡锦涛同志的指示存在着重视程度不同、执行力度不同、实际效果不同的情况。有的办学单位对此重视不够，措施不力，未能及时消除不良现象，个别单位甚至明知故犯，顶风违纪，为此取消了一些地方的办学资格。由此可见，贯彻落实胡锦涛同志的指示，解决办学中存在的不容忽视的问题，决不是一阵子的事，不能认为会议开完了，文件传达了就完事，应该十分明确，贯彻落实胡锦涛同志有关指示，是党校函授教育的长期任务。之所以这样强调，是因为胡锦涛同志关于党校函授教育的指示是长期的指导方针，我们必须反复深入地学习领会，掌握其精神实质，联系实际进一步贯彻落实，不断地推动党校函授教育的发展；是因为解决办学中存在的不容忽视的问题具有复杂性、艰巨性、长期性和反复性。有些问题虽然一时解决了，但还会出现反复；有些问题还会不断滋生和发展。这就告诉我们解决办学中存在的不容忽视的问题，不可能一蹴而就，要有长期艰苦作战的思想准备。我们要有忧患意识，又要有解决这些问题的紧迫感，所以，在今后一段时期内，仍应把工作的着重点继续放在解决办学中不容忽视的问题上。各级党校和党校函授各级组织要把此项工作列为工作重点，列入日程，认真查找和勇于剖析存在的问题，采取得力措施，切实予以解决。我们要像辽宁分院领导那样，在取得工作成绩的同时，坚持高标准、严要求，不断查找差距，有针对性地解决存在的问题，推动工作不断前进。这是一种真心实意办学，对干部教育事业高度负责的精神，这种精神非常可贵，值得学习和发扬。

四、积极推进教学改革，增强党校函授教育对新形势的适应性

当前，我国改革进入攻坚阶段，发展处于关键时期。世界格局多极化和经济全球化趋势加速发展，科学技术突飞猛进，知识经济已见端倪，国力竞争日趋激烈。日新月异的科学技术进步、扑面而来的知识经济大潮、精简国家机构、干部分流，以及日趋激烈的国际竞争等新形势、新变动，必然会对党校函授教育产生影响和提出新的要求。党校函授教育是顺应时代潮流而产生，也要顺应时代潮流而发展，它才会保持旺盛的生命力。我们要认真分析形势，采取相应对策。要更新教育观念，增强教育创新意识，拓宽教育改革的视野。在坚持用马列主义、毛泽东思想特别是邓小平理论武装干部的同时，要强化综合素质教育，培养创造性人才。改变单纯以传授知识为主的教育，突出创新素质的培养。当代国际竞争，实际上是创造力的竞争，创造力的开发是通向 21 世纪的保证。江泽民同志指出，“创新是一个民族进步的灵魂”。美国哈佛大学校长普西认为，“一个人是否具有创造力，是一流人才和三流人才的分水岭”。创造性素质是人才的综合素质中最重要的素质。素质教育的核心是培养创造力，只有抓住这个问题，素质教育才抓住了根本。我们要改变重继承、轻创新能力培养的弱点，使我们的教育有利于培养学员的创新精神、创造意识、创造性品格和实际创造能力。要强化通才教育，培养复合型人才。要培养学员的灵活性、适应性，就不能在比较狭窄的范围内去培养学员。要拓宽学习领域，形成灵活充实的课程体系。增加学员学习的自主权和一定的自由度，使教学计划具有一定的弹性。研究如何改革和调整现行的学制、专业和课程，改革考核制度。可考虑变现在固定学年制为弹性学年制，或学年制与学分制相结合；变学习固定课程为部分选课制，等等，总之，要增加教学实施的灵活性，以更好地适应学员的实际需要。这些设想事关重大，不可仓促行事，但又要抓紧进行酝酿，可先制订出初步方案，进行广泛讨论，认真论证，初步确定后，先在小范围内试点，取得成功后，再在大面积范围推行。

五、增强党校意识，切实把党校函授教育纳入党校工作的总体布局

中央领导同志曾指出，“党校函授教育是党校教育的重要组成部分”。对于党校教育工作和党校函授教育工作，这是一个具有十分重要意义的论断，包含着十分丰富的内涵，它揭示了新时期党校功能的拓展，确立了党校函授教育的地位，阐发了党校函授教育与党校教育的关系。正确完整地理解和把握这个论断的精神实质是十分重要的。对党校函授各级组织来说，要十分明确认识党校是党校函授教育赖以生存和发展的基础和母体，党校教育的性质和特点，决定了党校函授教育的性质和特点，党校函授教育所以具有今天这样全国规模和影响，就是因为各级党委高度重视干部教育工作，各有关部门通力合作搞好干部教育工作，同时也是依靠全国党校系统的整体优势，这一切都是由党校教育的性质和特点所决定了的，可以这样认为，离开党委的高度重视和有关部门的大力支持，离开党校和党校系统，党校函授教育就会成为无本之木，无源之水。如果偏离党校教育的性质和特点，党校函授教育就会走偏方向。所以，要增强党校意识和全局观念，要认真落实校委对党校函授教育的领导，要服从党校发展的整体规划，要支持母体的建设，等等。对各级党校来说，要十分明确认识党校函授教育是新时期党校教育功能的拓展、延伸和必要补充，客观上党校教育已发展成为调干脱产轮训、培训和党员干部在职在岗教育并存的格局，党校函授教育已成为党校教育不可缺少的重要组成部分。可以这样认为，如果没有党校函授教育，党校教育也不是完全的。而且党校函授教育开办后促进了党校建设，加重了党校在干部培训工作中的份量，党校教育也不能没有函授教育。所以，各级党校校委要把党校函授教育纳入党校工作的总体布局，做到校内脱产教育和干部在职在岗教育统一领导，统一部署、检查、总结，统筹安排教学力量和使用教学设施；并按照精干、多能、高效的原则，调配、聘请、充实函授领导骨干和工作人员，并切实关心他们的切身利益；对函授教育职能部门要与教学部门同等对待，党校的教学活动、学术研究、科研项目都要吸收函授职能部门的同志参加；要把函授教育列入校委议事日程，每学期讨论一次函授教育工作，审议、核准函授教育的招生计划和发展规划，研究、解决办学中的一些重大问题、推动党校函授教育不断地向前发展。

坚持用邓小平理论指导编写党性教育教材

——在中共中央党校函授学院党性教育教材研讨会上的讲话

(1998年4月14日)

中共中央党校副校长 张志新

函授学院组织精干力量，研究编写党性教育教材，这件事非常重要。从党校函授教育的目的、干部队伍现状以及党性教育教材情况看，编写一本比较规范的教材，意义十分重大。在编写教材时，除坚持正确的指导思想和编写原则外，一定要把握科学性、现实性和针对性，做到使人看了感到亲切、可读、管用。

编写党性教育教材，对什么是党性、什么是党性锻炼、领导干部为什么要进行党性锻炼、怎样进行党性锻炼等问题，要作出科学的回答。这本教材要以十五大精神为指导，突出用邓小平理论武装头脑，加强马克思主义理论修养。在阐述这个主题时，一定不能割裂历史，要体现“老祖宗不能丢”，又要讲“老祖宗没有讲过的新话”。在学习和阐述邓小平理论时，如果离开了老祖宗，就会成为无源之水、无本之木。邓小平理论是毛泽东思想在新的历史条件下的继承和发展，是当代中国的马克思主义，是马克思主义在中国发展的新阶段。十五大报告指出：马克思列宁主义、毛泽东思想、邓小平理论，是一脉相承的统一的科学体系。编写党性教育教材，要体现这个根本精神，要规范地回答问题。这是体现科学性很重要的一个方面。

编写党性教育教材，要体现时代精神，要有现实感，要放眼世界、放眼未来。过去有的教材中提到，要用现代科学技术知识武装干部头脑。这样阐述问题，还停留在仅仅掌握知识而已，这是远远不够的。应该从政治的高度来看丰富知识的必要性和重要性，学习知识不是简单地掌握一个工具，而是要把掌握科学文化知识放在大背景下来看待。这样，在认识上就会大大提高一步。共产党人学习科学文化、专业知识和领导艺术，是加强党性修养的一个重要方面。

编写党性教育教材，要使人感到亲切、可读、管用，这个要求非常高。只有加强针对性，才能做到管用。在进行理想、信念教育时，要针对干部中存在的思想认识问题，帮助解“扣”。比如，如何以科学的态度来对待邓小平理论的问题，就需要帮助人们解“扣”。我们必须充分认识马列主义、毛泽东思想、邓小平理论是统一的科学体系。邓小平理论的科学品格，在于它对马列主义、毛泽东思想坚持科学的态度，它继承了我们党的解放思想、实事求是、把马克思主义普遍真理同中国实际相结合的优良传统。邓小平同志在领导我国改革开放和社会主义现代化建设的实践中，一方面坚定不移地坚持以马列主义、毛泽东思想为指导，反复强调老祖宗不能丢，丢了就会丧失根本，会走到邪路上去；另一方面，又通过对改革开放和社会主义现代化建设实践的新鲜经验进行科学总结，为马列主义、毛泽东思想增添了一系列崭新的原理，赋予马列主义、毛泽东思想以新的活力，从而形成了邓小平理论。任何把邓小平理论同马列主义、毛泽东思想割裂开来、对立起来的观点，都是错误的。邓小平理论同马列主义、毛泽东思想一样，是随着实际生活的发展而不断发展的科学，用凝固的观点看待马列主义、毛泽东思想，是错误的；用凝固的观点来看待邓小平理论，同样也不可取。正如邓小平同志指出："马克思主义理论从来不是教条，而是行动的指南。它要求人们根据它的基本原则和基本方法，不断结合变化着的实际，探索解决问题的答案，从而也发展马克思主义理论本身。"在学习邓小平理论、坚持用邓小平理论武装头脑和指导各项工作的问题上，我们党员干部要有高度的自觉性和坚定性，无论遇到了什么困难和风险，都不能动摇。

编写党性教育教材，面对的是党员和党员干部，一定要加强针对性。在学习、工作和生活中，干部、职工存在着各式各样的思想认识问题，都要解开"扣"是不可能的，但要在理想、信念等最基本的问题上讲清道理，帮助大家解"扣"。这样的教材，让人读了才会感到亲切、愿意读，学了就管用。否则，就会失去党校函授教育的特色。

从大局的高度　认真做好党校函授教育评估工作

——在分院评估试点工作座谈会上的讲话

（1998年9月25日）

中共中央党校副校长　张志新

最近，我到辽宁、吉林、内蒙古和山东四省（区）考察了党校函授教育，昨天又听了河北、吉林、安徽、甘肃、四川、湖北六个试点分院开展评估工作的经验介绍。下面谈三点意见。

一、要增强大局意识，认清历史责任，坚持正确的办学指导思想

教育评估是一项具体工作，而具体工作必须放到大局中去考虑。什么是大局呢？国际大局就是和平与发展。当代的重要特点是政治格局多极化和经济全球化，特别是科学技术迅猛发展，知识经济初见端倪，以知识为基础的综合国力竞争日趋激烈。国内的大局，则主要是社会主义的改革开放和现代化建设。党的十五大以后，我国进入了改革的攻坚阶段和发展的关键时期。干部素质问题，人才素质问题，比任何时候都显得更为突出。因此，从国际国内形势看，怎样培养好面向21世纪的合格的党政领导干部，培养好各种人才，就成为我们党校教育工作的主题和大局。党校干部教育工作，党校函授教育工作，以及目前正在开展的党校函授教育评估工作，都要放到这个大局中去考虑，去认识它的意义和重要性，以提高我们做好工作的自觉性。

研究党校函授教育评估问题，一定要从培养跨世纪合格领导干部的高度来认识它的重要性。今年《党校工作通讯》第15期刊登了郑必坚同志在山东的谈话。必坚同志讲了一个非常重要的观点。我在参加华北片党校座谈会时也重复过这个观点。他指出，培养跨世纪合格领导干部，中央有明确的要求，锦涛同志有明确的指示。落实这些要求和指示，需要研究我们能给学员一些什么知识。他提出用“三个比较系统”和“三种能力”来武装干部。

“三个比较系统”，一是比较系统地掌握马列主义、毛泽东思想特别是邓小平理论，并且把这个指导理论作为完整的科学世界观来掌握。二是比较系统地掌握十一届三中全会以来20年党的路线、方针、政策的形成和发展，并且进一步理解和领会这当中的基本经验和教训。三是比较系统地掌握有关现代化建设和时代发展的基本知识，并且不断地有所更新。“三种能力”，一是在解决改革开放实际问题的能力方面，在认识和处理重大复杂的实际问题的能力方面，有所提高。二是在思想方式、思维能力方面，包括分析和综合能力，逻辑、判断和推理能力等方面，有所提高。三是在党的观念方面，在党性和党的政策、纪律、作风的自我锻炼、修养的自觉性方面，在世界观改造的自觉性和能力方面，有所提高。必坚同志特别强调，在新的历史时期，在跨世纪的时刻和21世纪，在坚持以经济建设为中心的同时，党的观念不能淡化，主义不能淡化，党性要大大增强。并且指出，这6条内容在一定程度上体现了党校干部教育体系与国民教育体系的重要区别。我认为他讲得非常好，是我们搞好党校干部教育和函授教育的一个大思路。中央党校编写“三基本”、“五当代”，就是基于这个思路。我们从事党校干部教育和函授教育工作，如果能在“三个比较系统”和“三种能力”方面给干部以更多的东西，我们在提高干部素质方面，就可以说作出了贡献。

干部素质包括政治素质、品德、业务素质、组织能力等方面。从政治素质看，跨世纪干部非常重要的是必须保持坚定清醒的政治头脑和坚定正确的政治方向。经济要发展，问题在于发展成什么样的社会。十五大主题非常明确，叫做“高举邓小平理论伟大旗帜，把建设有中国特色的社会主义事业全面推向二十一世纪”。按照这个主题，我们培养的干部，首先就应该是高举邓小平理论伟大旗帜的，是有坚定、清醒的政治头脑的，是在复杂情况下能保持坚定正确的政治方向的。我们考虑评估工作，考虑教学内容，首先就要考虑这个带根本性的问题。在业务知识方面，要面向新世纪，面向科技大潮，面向知识经济。培养的人才，应该是知识非常丰富的通才。关于提高干部的组织管理能力，除了要讲授领导科学、管理科学外，还要进行案例教学，开展调查研究等等。总之，在培训内容上，要有自己的特色和特点。有的同志主张只搞岗位培训，我个人不很赞成。共产党要培养自己的干部，培养自己的接班人。如果我们轻视干部教育，就可能重蹈苏联的覆辙。我们要增强党的观念，不能自己淡化自己。

胡锦涛同志对党校函授教育寄予殷切的希望，他要求我们坚持正确的办学方向，提高办学质量，更好地为培养党的高素质干部队伍服务。这就进一步明确了党校教育的历史地位和党校函授教育的历史地位。说明新形势、新任务已经把党校工作，包括函授工作推向了更加重要的地位；全面提高干部素质，是历史赋予我们的崇高使命，是党交给我们的严肃政治任务。我们必须从这个战略高度来给党校和党校函授工作定位，增强历史使命感和政治责任感，坚持社会效益第一、教育质量第一的办学指导思想。

听了6个单位开展评估试点工作的经验介绍，看了会议材料，感到一些单位评估工作的确做得很好。其基本经验可归纳为“四个到位”。

第一是认识到位。即解决为什么要开展教育评估的问题。评估工作不是可干可不干的具体事情，而是关系到培养合格的跨世纪领导干部这个大局和干部教育这个大局的重要工作，是按照大局要求、按照正确的办学方向所采取的保证函授办学质量的重要措施，是落实十五大精神，贯彻十五大主题，培养面向21世纪合格领导干部的重要措施，是落实胡锦涛同志关于加强制度管理，规范函授教育工作，提高办学质量的重要措施。它反映了新形势下，总结函授教育工作经验，改进和加强函授教育工作，推动函授教育再上新台阶的客观需要，反映了遵循教育管理规律，实行制度化、规范化管理的客观要求。从前段开展学区和辅导站评估的情况看，各地发展是不平衡的。有的搞得很好，有的比较潦草，不太细致。所以一定要解决认识到位的问题。认识到位，首先要领导的认识到位，同时工作人员的认识也要到位。只有这样，才可能做到统一认识，统一思想，使评估工作落到实处。在解决认识问题的基础上，还要解决怎么搞好评估的问题。这方面大家讲得很多。我想强调的是一定要把评估工作的中心、重点放在教学质量上。这当然不是说改善硬件不重要，而是一定要重视教学质量。党校工作的中心是教学，函授工作的中心也是教学。评估工作的中心，理所当然地应该是教学质量的评估。

第二是组织到位。组织到位，首先是领导到位，机构人员到位，工作指标落实到位。把握这么几点，评估工作会做得好一些。

第三是评估活动到位。这是抓好落实、不走过场的一个重要环节。一要有充分的思想发动工作；二要有周密的工作计划；三要有检查、验收的措施。

第四是评估成果到位。评估是手段，目的是提高办学质量，即通过评估活动，进一步明确办学方向，明确质量标准，实施制度化管理，规范办学行为，达到保证教学质量的目的。因此，评估成果到位，实际上就是评估目标到位，为此，要认真总结经验，抓住薄弱环节，做到边评、边改、边落实。由于函授工作具有长期性的特点，我们在指导思想上，要注意常抓不懈。

自开展函授教育评估以来，同志们做了大量工作，我听后很受教育，很受鼓舞。如果我们继续这样认真地抓下去，我想，在落实锦涛批示上，党校函授教育在规范化管理上，必将迈出很大一步。

二、高举邓小平理论伟大旗帜，用邓小平理论武装函授工作人员，指导党校函授教育的全部工作

坚持正确的办学方向，保证办学质量，关键是提高办学主体的素质。昨天，钱章同志讲了这个问题，讲得非常好，我完全同意。我想强调的是，提高办学质量，关键是用邓小平理论武装工作人员的头脑，关键是用邓小平理论武装学员的头脑。检查办学质量高低，关键是检查“武装”工作做得怎么样，检查学员运用邓小平理论解决实际问题的能力有多大提高；就是说要看结果。因此，今后恐怕还要有追踪调查。关于学习邓小平理论，最近中央发了11号文件；江泽民总书记在7个月中，不算在军队讲的，就集中讲了三次。其中第一期、第二期中委班各讲一次，学习邓小平理论工作会议讲一次。总书记如此大讲，中央又发文件，在我们党的历史上是不多见的。可见这个问题的重要性和紧迫性。所以我们说，要搞好党校函授教育，要提高办学主体素质，关键是用邓小平理论武装工作人员的头脑，用邓小平理论武装学员的头脑。要用邓小平理论指导党校函授教育的全部工作，而不是某一方面的工作。邓小平理论内容非常丰富。特别是最近又编了《邓小平教育理论学习纲要》，集中了小平同志关于党的干部教育、理论教育方面的论述，编得很好。希望大家能够认真研究一下。最近还出台了《教育法》。对这些带有指导性、全局性的理论和政策法规，要结合起来加以研究，使我们的工作做得更好一些。

关于如何把邓小平理论的学习引向深入的问题，我在华北片党校座谈会上讲了五点意见，简要地讲，就是在学习邓小平理论时，要联系历史，要把握大局，要围绕主题，要改进学风，要紧密结合十五大精神，抓好领导干部的学习，把学习引向深入。我认为这是非常必要的，因为大家都通读过三卷，又进行过专题学习，如何深入，是一个必须解决的大问题。这一点对我们从事函授工作、从事党校教育工作的同志来说，尤为重要。我们必须做到真学、真懂、真信、真用，用邓小平理论来规范行言，改进思想作风，把思想和行动统一到十五大精神上来，这就是理论联系实际，就是言行一致。我认为提高办学主体人员的素质，最核心的就是要抓好这项工作。

三、深入贯彻落实胡锦涛同志关于党校函授教育工作的一系列指示，认真总结函授教育的办学经验，把工作重点继续放在解决不容忽视的问题上

近一两年来，各地在贯彻锦涛同志批示上做了大量工作，不断端正办学指导思想，坚持正确的办学方向，注意控制办学规模，完善规章制度，采取有力措施，把好招生关、教材关、教学关、考核关、出口关等，并在硬件建设上加大投入，办学条件有比较明显的改善。我看过几个地方，很受鼓舞。山东省委党校办得好，硬件建设很有气魄，有一个好的学习环境。吉林、辽宁两省党校变化也很大。没有去过的地方不好说，凡是去过的地方，都看到有明显的变化。应该说，我们的评估工作已经取得了阶段性成果，为今后进一步搞好函授教育打下了很好的基础。特别要提到的是，广大函授工作人员，在各级党校校委领导下，开拓进取，兢兢业业地忘我工作，给我留下了深刻的印象。所到之处，大家的精神状态都很好。吉林高国田院长发高烧，打着点滴坚持工作。这样的同志很多。我们有这么一批同志，用奉献精神对待函授事业，做了很多很好的工作，这一点应该充分肯定。所以锦涛同志指示讲取得了显著的成绩。但是，作为从事这项工作的同志，则应把注意力放到不容忽视的问题上。这是一个问题的两个侧面。我认为，我们应该这样来理解锦涛同志的批示精神。只有这样，我们的工作才能不断得到改进，不断上新台阶。要清醒地看到，我们的工作发展并不平衡，或者说极不平衡。对锦涛同志的指示，存在着重视程度不同、执行力度不同、取得效果不同这样的实际情况。我检查北京地区几个考场，有的事先没有通知，如铁道部党校，看后深受鼓舞，30多人的考场，两名监考员，还有巡视员。那一套管理制度，根本就别想作弊。给我留下的印象太深了。中直机关也不错。但是，也有问题多的，一个单位的考场设在礼堂里，一百五六十人，只有两名监考员，清场不彻底，秩序也不好。我当时想，如果这个考场是地方上的，我就要宣布它考试无效。还有的自己办学能力不行，叫个体户去办学，还美其名曰“委托办学”。自己办不了就不要办，不能叫个体户去办。中央党校办函授，有的文凭盖的是锦涛同志的章，委托给个体户办行吗？也有的是打着集体的名义，说是委托某某学校，其实是委托这个学校的某一教研室的几个人办学。这都不行。还有更严重的，就是个别单位发生跑题问题。这是严重违纪，是不能允许的。所以一定要注意严格管理。总之，几年来，函授工作确实取得了很大的成绩。但一定不能骄傲自满，不能满足于已经取得的成绩。要努力地、兢兢业业地、认真严肃地做好函授教育工作。

下面再说两件具体事情。

一是部队办中函的管理体制，几经变动，现在总体看是顺的。从事这项工作的同志，做了大量工作。特别是总政领导非常重视，曾经为办好函授教育专门召开了全军各大单位宣传部长会议。总政宣传部屈部长亲自主持会议并讲话，提出了非常严格的要求。这是搞好部队函授工作的重要基础。我想，只要认真落实屈部长的讲话，部队系统的函授工作一定能够大大提高一步。当然，也要看到，部队办函授的时间不长，不可避免地在某些方面存在不规范或不够规范的问题，总政统管以后，也需要经历一个完善管理体制的过程。因此，希望部队的同志认真贯彻落实总政的要求，注意借鉴地方办函授的成功经验，特别要抓好按规章制度办事这个环节，少走弯路，保证质量。同时，要搞好教育评估工作，规范办学行为。关于如何搞好规范化管理，如何规范办学行为，总政领导同志也有明确的要求。现在正按此进行调整。从中央党校和函授总院来讲，是积极支持部队办学，支持部队培养军地两用人才的。这是我们义不容辞的义务。对于办学中存在的问题，要加强管理。中央党校要求总院在这方面加强指导，把部队函授教育搞好。它涉及到部队的荣誉，涉及到函授教育的声誉，是很大的事情。今天不是专门研究部队办函授问题，所以只说一下总的思路和想法。总院要认真研究一下这方面的问题。

二是应该认真分析一下党校函授教育面临的形势。《教育法》公布以后，要很好地分析形势，做到依法办事，发展党校函授教育事业。这项工作总院正在做。我认为，只要有中国共产党存在，就要办党校，就要培养干部，不但要培养脱产的，集中到学校的，而且要多渠道培养在岗的。因为我们不可能把中青年干部都集中到党校来培养。中央党校培训部一年才培养近200人。全国有多少中青年干部，多少跨世纪干部，把全国各级各类党校都加起来又能培养多少？可见，大量的还需要靠在职学习，靠办党校函授教育，靠多渠道大量培养。因此，我对函授事业还是充满信心的。我们要在认真分析党校函授教育所面临的形势的基础上，不断改进工作，推动函授教育的发展。

这次座谈会开得很好，从中学到许多东西，非常感谢同志们的辛勤劳动。特别是6个试点分院，做了大量工作，比其他单位负担更重一些，为我们整个评估工作，为提高函授办学质量，为落实十五大精神，培养跨世纪的合格的党政领导干部，做出了许多贡献。在这里，我代表中央党校校委感谢同志们。另外，我也要再次感谢河北省委和河北省委党校，廊坊市委和廊坊市委党校，感谢你们为这次座谈会提供的非常好的条件。参加座谈会的同志对此都非常满意。杨伯亚校长这么大年纪，大事小事都操心，经常上下沟通；宋校长全力以赴地在这里忙着；还有许多日夜为会议服务的工作人员，在这里，我也代表中央党校校委再次对大家表示感谢，希望今后多加强联系。

我就讲这些。不是指示，也不是重要讲话，而是听了大家的发言后，觉得这几方面应引起我们的注意，提出来供同志们参考，讲得不妥当的地方，请同志们指正。

按照“三讲”教育精神
进一步搞好党校函授教育评估工作

——在中共中央党校函授教育评估工作会议上的讲话

（1998年12月23日）

中共中央党校副校长　张志新

同志们：

这次党校函授教育评估工作会议，是今年以来总院召开的第四次有关评估工作的会议，也是规模最大的一次会议。昨天，利群同志作了主题报告，讲了这次会议的主要议题，总结了一年多来评估工作的基本情况，部署了1999年的评估工作任务。7个试点单位作了经验介绍，他们的做法很值得我们学习和借鉴。

教育评估工作已进行了两年，在各省、市委党校校委和分院同志的高度重视、精心组织下，经过广大函授教育战线同志们的共同努力，取得了可喜的成绩。同志们反映，通过学区和辅导站的教育评估，锦涛同志的指示进一步深入人心，办学指导思想进一步明确，办学条件有了较大的改善，各项工作出现了新的面貌。我代表中央党校校委对同志们在评估工作中取得的成绩表示热烈祝贺！希望同志们通过这次会议，进一步总结经验，查找问题，研究对策，扎扎实实地搞好评估工作。下面，我就深入贯彻锦涛同志指示精神，按照“讲学习、讲政治、讲正气”的要求，进一步做好评估工作，努力开创党校函授教育新局面，讲四点意见。

一、把搞好党校函授教育作为落实党的十五大精神，提高干部素质，增强领导班子战斗力的大事来抓

大家知道，加强领导班子建设，提高领导干部素质，是党中央和江泽民同志一再强调要下大决心，花大力气解决的一个关系全局的大问题，并且为此采取了一系列措施。最近，中央又下发了17号文件，决定在今明两年，集中一段时间，在县级以上各级党政领导班子和领导干部中，用整风精神，深入进行以“讲学习、讲政治、讲正气”为主要内容的党性党风教育。12月5日，胡锦涛同志在中央召开的电视电话会议上，还就此作了重要讲话。这是贯彻党的十五大精神和中央关于深入学习邓小平理论的重要部署，加强领导班子建设、提高领导干部素质的一项重大举措，是高举邓小平理论伟大旗帜，把建设有中国特色社会主义事业全面推向二十一世纪，确保党的基本理论、基本路线、基本纲领、基本方针的全面贯彻，确保改革开放和现代化建设的顺利进行，确保跨世纪发展目标的实现和国家长治久安的一项重要举措。

邓小平同志多次强调，要从“政治的大局”出发来观察和分析问题。对党校函授教育也

不能例外。党校函授教育不同于一般成人高等教育，它是党校教育的重要组成部分，肩负着培养高素质干部队伍的历史使命和政治责任。只有把它放到政治大局中去认识，才能真正认识到它的地位和作用，才能真正认识到做好函授教育工作的重要性、必要性和紧迫性。

讲政治是具体的。培养什么样的人，用什么理论武装干部，用什么立场、观点、方法教育人，这本身就是政治，就是大事。所以，我们想问题，看事物，都要有大局意识，都要从政治的高度来认识问题。只有这样，才能深刻理解我们所从事工作的重要性，才能增强我们的责任感，才能以严肃认真的态度，不放过我们工作中的任何问题，才能更好地完成我们承担的干部培训工作任务。

当前，我们正处于世纪之交，全党全国人民正在以江泽民同志为核心的党中央领导下，积极贯彻十五大精神，各项工作都在健康平稳地向前发展。今年，我们顶住了亚洲金融危机的巨大冲击，战胜了罕见的特大洪涝灾害，经济增长仍有可能达到预定目标，总的形势是好的。这种好的形势是来之不易的。但是，也必须看到，我国已进入了改革的攻坚阶段和发展的关键时期，我们还面临不少新问题，任务既艰巨又复杂。这对我们各级领导干部的素质和能力无疑提出了更高的要求。

从国际环境看，当前世界多极化和经济全球化趋势都在加速发展。多极化格局有利于削弱和抑制霸权主义、强权政治，推动建立公正合理的国际政治经济新秩序。但是，西方大国本质上都不希望看到社会主义中国的统一和强大，不会放弃对我国进行西化、分化的政治图谋。经济全球化的趋势，有利于我国吸引外资、引进先进技术和设备，学习对我有益的管理经验，开拓国际市场。但也要看到，在发达国家控制下，发展中国家不仅面临发达国家经济和技术优势的巨大压力，而且国家主权和经济安全也受到威胁。亚洲金融危机就是在这个背景下发生的。错综复杂的国际环境，对各级领导干部也提出了新的更高的要求。

我们党的领导干部队伍总体上是好的，是不断进步的。但是，有相当一部分干部的思想政治素质还不适应或者不完全适应形势任务的要求。其情况和程度虽有不同，但都是不讲学习、不讲政治、不讲正气，放弃世界观改造和党性修养的结果。这就必然严重妨碍党的路线方针政策和当前工作重大决策的贯彻执行，损害党和政府同人民群众的关系，削弱党组织的凝聚力和战斗力。加强领导班子建设，提高干部素质，不仅非常必要，而且十分紧迫。从事党校函授教育工作的同志是我们党的干部教育队伍中的一支重要力量．中央 17 号文件中列举的干部中存在的五个方面的问题，在我们这支队伍中也不同程度地存在着。不讲学习、不讲政治、不讲正气的问题，有的还比较严重。这应引起我们的高度重视。我们必须以“三讲”的精神和要求来看待我们的函授队伍和函授工作。

近年来，各级党校认真学习、贯彻胡锦涛同志关于党校函授教育的重要指示，办学方向和办学指导思想多数是明确或比较明确的。特别是经过前段教育评估，开始逐项落实锦涛同志的指示，函授工作有很大进步，对提高干部素质，增强领导班子战斗力，作出了一定的贡献。许多党校的校委领导同志，亲自挂帅，具体指导，推动教育评估工作向纵深发展，扩大了评估的成果。多数函授工作人员，以十五大倡导的那种精神状态，在函授教育第一线艰苦奋斗，开拓创新，做出了很好的成绩，有些事迹是非常感人的。但是，我们也应该承认，还存在一些不容忽视的问题和薄弱环节，离中央的要求还有不小的距离。有的单位的领导班子，不认真学习中央的有关文件和中央领导同志的指示，不认真过问党校函授教育工作，不是把党校函授教育放在党校教育重要组成部分的位置上，把它作为培养高素质干部队伍的有效形式，而是不同程度地存在着重经济效益、轻社会效益，重数量、轻质量，重招生、轻管理的倾向。有的人员不到位，机构不健全，经费投入不足。有的怕管理严了吓走学员，不认真执行有关制度，降低标准，放松管理。有的滥设教学点，没有像样的教师和管理人员，教学质量难以保证，甚至讲人情，搞关系，作风不正。个别单位教学管理混乱，教学质量低下，考试作弊成风，甚至出现泄题跑卷事件，问题非常严重。希望这些单位的同志，以对党、对学员负责的态度，通过这次教育评估，在思想上、工作上、作风上认真进行一次整顿，彻底改变面貌。评估就是对照标准照镜子，就是一次自我整顿。对问题较多的单位也是一次补救的机会。至于对那些通过评估、整顿面貌改变不大的单位，则应区别不同情况，作出严肃处理。部队的代表在会上讲得很好："能否坚持从严办学、从严要求，是关系到党的形象和军队声誉的大事。这次评估工作不仅仅是一个抓函授教育教学质量的问题，而且从一定意义上说，更是一项维护党和军队声誉的形象工程。因为我们的函授是与党联在一起的。"我听了以后，很受启发和教育。希望党校函授教育战线上的各级领导和同志们，都能做到胸中有大局，以"三讲"教育精神，坚持正确的办学方向和办学指导思想，把搞好党校函授教育作为落实党的十五大精神，提高干部素质，增强领导班子战斗力的大事来抓。

二、把提高教学质量作为关系党校函授教育生死攸关的大事来抓

搞好党校函授教育，关键在于不断提高教学质量。大家知道，从1996年10月到1997年7月，在不到一年的时间内，锦涛同志对党校函授教育就作了四次重要指示和批示。我个人理解，锦涛同志指示的核心是坚持正确的办学方向，不断提高函授办学质量。他在1996年10月24日的指示中指出："最近，陆续听到对函授的反映，主要集中在办学质量方面，有些意见还很尖锐。""要坚持正确的办学方向，造就高素质干部队伍。""要讲政治、讲大局，为培养人才服务"。"要坚持把质量放在第一位。""要采取一些实实在在的措施，提高教育质量"。锦涛同志的指示全面具体，切中要害，为我们办好党校函授教育指明了努力方向。我们经常讲，要开创党校函授教育的新局面，要把党校函授教育办成第一流的成人教育实体。"新局面"体现在哪里？"第一流"体现在哪里？我看应该体现在我们的整体办学能力达到了新高度，教学质量提高到了新水平，培训的规格达到了新标准，一句话，就是体现在全面落实锦涛同志的指示上。

教学质量是一切教育的生命，同样是我们党校函授教育的生命。许多同志讲，教学质量是关系我们党校函授教育生死存亡的大问题。我认为，这个说法讲得很好，很中肯。

自党校函授教育创办以来，中央党校和各级党校的同志们，对提高教学质量这件大事，一直是重视的。许多同志用心钻研党校函授教育的特点、规律，为提高教学质量付出了艰辛的劳动，进行了卓有成效的工作。应当说，从总体上来看，我们函授教育质量是好的，是不断提高的，函授教育取得的成绩是显著的。

当然，在总体上肯定函授教育质量是好的或比较好的同时，也应如实地看到，函授教育质量与锦涛同志的期望和社会各界的要求还有相当的距离。党校函授教育从1985年创办算起，还不到15年的时间。有的单位开办的时间更短一些，有的则刚刚起步。可以说，党校函授教育还处于探索、完善、提高的过程中，有的地方教学质量好些，有的地方差些，这样估计可能比较实际。因此，我们应该全面地、辩证地看待函授教育的质量问题，不能因为从总体上看不错就忽视甚至掩盖一些地方存在的问题。在成绩与问题的评价上，头脑一定要清醒。

用什么来检验我们的教育质量呢？我想，最终应该看我们培养的干部，能否真正肩负起建设有中国特色社会主义的重任。我在河北廊坊召开的分院评估试点工作会议上，曾经介绍过郑必坚同志一个非常重要的观点，就是用“三个比较系统”和“三种能力”来武装干部。这个讲话听说会议代表都有，具体内容在这里就不重复了。我认为，按这个标准来检验我们的教育质量，还需要做许多工作，从教材编写到教学管理的各个环节都还要深化改革。尽管任务艰巨，我们仍然要坚定不移地朝这个方向努力。

怎样进一步提高教育质量、办好函授教育呢？钱章同志在今年10月函授工作会议上讲了很好的意见，最近召开的教学管理工作会议，利群同志提出了许多切实可行的措施，我都赞成。今年5月，必坚同志在讲到怎样进一步办好党校、发挥党校的作用时，讲了一些很重要的意见。他说，党校工作的大政方针已定，关键在于扎扎实实地埋头苦干。干什么？干教材建设，把理论教学提高到十五大要求的新水平；干教学科研，实现教学科研一体化；干人才培养，努力加强师资队伍的建设；干机构改革、校园建设，干党的建设、精神文明建设，使党校工作有全面发展。我认为，必坚同志这些重要意见，对于我们进一步办好党校函授教育，提高教育质量，具有重要的指导意义。希望同志们以锦涛同志关于函授教育的批示为指针，按照必坚同志提出的意见，紧密结合自己的实际，利用这次教育评估的机会，认真总结这方面的经验，深化教学改革，开拓创新，逐步形成一套有党校特色的教材、教学、管理、考核、科研和师资队伍建设等行之有效的办法来，竭尽全力把提高教学质量这件大事抓好。我想，这次开展教育评估，应该抓住这个重点。

三、把开展教育评估作为落实胡锦涛同志批示精神的重要举措来认识

现在，绝大多数学区、辅导站的评估工作已告结束，军队和武警系统各分院的评估工作即将全面铺开，一年多来的教育评估工作取得了多方面的成果。许多同志反映，教育评估是落实锦涛同志批示的一项重要举措。是1996年对函授教育进行大检查的深入和发展。通过教育评估，必将使我们的函授教育工作走上更加规范、更加有序的轨道，进入一个新的发展阶段。我们函授学院的同志和分院的同志，对教育评估这件大事抓得认真、得力，取得了明显的成效。

党校函授教育评估工作取得的成绩是显著的，评估工作的发展是健康的，形势是好的。但发展是不平衡的，还有一些搞得不好或不太好的单位，甚至还有一些“死角”或走过场的。因此，我们对评估工作的成绩不能估计过高，话不要讲得太满。

1999年，分院的评估工作将全面展开，有些搞得不合格的学区、辅导站要进行补课，明年的评估工作任务是繁重而艰巨的。如何把评估工作不断引向深入，搞得更好更扎实，我认为关键在于落实锦涛同志的指示精神。

*（一）必须把胡锦涛同志的一系列指示作为教育评估的根本指导思想。*锦涛同志从函授教育的办学思想、培训目标、培训任务、教学管理、教学质量等方面，作过一系列重要指示，提出了严格的要求。锦涛同志的指示，阐明了我们党对干部教育的指导思想，提出了培养党的高素质干部队伍的基本要求和党校函授教育必须始终坚持的正确办学方针。贯彻落实锦涛同志的指示精神，是搞好党校函授教育的根本保证，也是搞好教育评估的根本保证。因此，在教育评估过程中，各级领导和参加评估工作的同志，都要反复学习、深刻领会锦涛同志的指示精神，用以指导教育评估的全部工作，以保证评估工作的健康发展，以达到预期的目的。

（二）要以严肃、认真的态度对待函授教育评估工作。今年我在廊坊召开的分院试点工作会上提出：评估工作要做到“四到位”，首先是认识到位，从领导到工作人员都要提高认识，统一思想，以严肃认真的态度对待这项工作。要不怕麻烦，敢讲真话，坚持原则，以事业为重。只有这样，才能做好评估工作，防止走过场。今年12月18日《人民日报》头版刊登了朱镕基、李岚清同志就控制北京大气污染问题的批示，要求提高环境质量，造福北京人民。并指出要做好这件工作，关键是要切实认真实施有关措施，“对不认真实施的要有严格的惩治措施，要追究有关责任者的责任。我们许多政策、条例、办法、措施不能得到实施或不能得到很好实施，往往主要是由于缺乏认真的精神、严格的责任制度和可行的法制保证，希望注意一下这一问题”。我们函授教育工作是有一套比较完整的管理制度的，评估也有一个详细的评估指标体系，关键是能不能认真去落实。为了搞好评估工作，一定要有认真的精神，要制订严格的责任制，要有可行的法规保证，兑现奖惩。不具备条件办党校函授教育的，就不应该办，待创造条件后再办。而所谓条件，最主要的就是师资条件。总不能“小学办中学”吧！

（三）必须着眼于提高整体办学水平和教学质量。学校应以教学为中心。提高办学水平和教学质量，是我们函授部门一切工作的重中之重，也是教育评估的重点。各单位要从提高办学水平和教学质量出发，紧紧围绕决定办学水平的诸因素进行认真检查，找准问题，抓好整改，通过教育评估，把教学质量提高到一个新水平。

（四）必须坚持高标准、严要求。有些同志反映，有一些单位的评估打分偏高甚至很高，难以真实反映这些单位的办学实际情况。出现这种情况，一方面可能是我们的评估指标体系还不够科学、严密，另一方面恐怕是我们掌握评估标准不够严格，要求还不够高。在进行教育评估时，一定要严格评估条件，严格评估程序，严格评估标准。要弄清为什么评估，怎样去评估，克服“自我感觉良好”的思想，纠正打分偏高的现象。要实行开门评估，坚持群众路线，虚心征求有关方面和广大学员的批评意见，要实事求是，扎扎实实，决不可掩盖问题，弄虚作假。开门评估既可以使评估做到客观公正，使社会各界了解党校函授教育，又可以取得社会各界和广大学员直接对我们的监督，一举三得，是个很好的办法。

（五）必须把注意力放在解决不容忽视的问题上。在进行教育评估时，应该通过全面的对照检查，肯定成绩，找准问题，如实地反映本单位的办学状况。根据锦涛同志的指示精神，我认为应该特别强调找准本单位存在的不容忽视的问题，尤其是办学指导思想方面的问题。教育评估实际上是一次整顿，是一个揭露矛盾、分析矛盾、解决矛盾的过程。各级组织的同志都不要护短，都要本着实事求是的精神，如实反映情况，客观、公正地评价一个单位的办学水平。要勇于揭短、亮丑，进行自我剖析，把功夫下在解决不容忽视的问题上。发现了问题，解决了问题，就是进步，就是成绩。整个评估工作中，总院也要认真进行总结和反思。问题出在基层，原因上下都有。总院要通过这次评估，查找工作中的薄弱环节，以锦涛同志批示为指导，找准自己存在的不容忽视的问题，以推动和改进函授教育工作，落实锦涛同志的批示精神。

（六）在整改上下功夫，把评估的成果落到实处。教育评估是手段，不是目的。要通过评估，查找存在的主要问题和薄弱环节，制订切实可行的整改措施，把评估的成果真正落到实处。整改要注意抓重点，攻难点。既要抓好“硬件”，更要抓好“软件”。要把整改贯穿于教育评估的全过程，能很快解决的问题，要马上解决；一时不能解决的，要积极创造条件抓紧解决，使评估成为推动各项工作的重要动力。

四、努力加强干部的思想作风建设，着力解决不容忽视的问题

1998年即将过去，客观地总结过去，冷静地展望未来，对于我们开创党校函授教育的新局面是十分必要的。

党校函授教育创办近15年来，在艰难中创业，在探索中前进，取得了显著的成绩，积累了有益的经验。我们党校函授教育战线的广大干部，也在这个历史进程中逐步成长起来，是一支有战斗力的不断进步的好队伍。但也必须看到，同全党全国新形势新任务的要求相比，同中央领导同志对我们的殷切期望相比，我们的干部还存在着这样或那样的不适应，我们的函授教育工作还存在一些不容忽视的问题。这些问题虽然不是主流，情况和性质也不一样，但是都阻碍着党校函授教育方针和中央领导同志指示的贯彻落实，影响着党校函授教育整体办学水平和教学质量的提高，损害着党校函授教育和各级党校的声誉，因而必须引起我们的足够重视。各级党校的领导同志一定要充分认识解决不容忽视问题的重要性和紧迫性，以高度负责的态度把这件事抓紧抓好，抓出明显的成效来。

解决不容忽视的问题，不断推进党校函授教育事业，要做的工作很多，关键是加强队伍的思想作风建设，特别是领导班子，领导干部的思想作风建设。结合当前的实际，我觉得主要应抓好以下几方面的工作：一是学习理论，二是总结经验，三是抓好基层，四是加强思想作风建设，特别是领导班子、领导干部的思想作风建设。首先，要学好理论。邓小平同志说过："不注意学习，忙于事务，思想就容易庸俗化。"江泽民同志多次号召全党要加强学习，"学理论、学历史、学经济、学科学、学管理、学法律，学习一切需要的东西，努力打好为党和人民的事业建功立业的思想功底和知识功底"。我们要响应中央的号召，按照"三讲"的要求，在党校函授教育战线掀起学习邓小平理论的热潮，做到真学、真懂、真信、真用。邓小平理论是我们党的一面伟大的、光辉的、胜利的旗帜。用邓小平理论武装我们的头脑，是加强党校函授教育队伍建设的根本大计，也是深化改革、不断推进党校函授教育的根本大计。第二，要认真总结近15年来的办学经验，包括成功的经验和失误的教训，经过科学的分析和反思，使之逐步上升为比较系统的党校函授教育理论。进一步完善规章制度，把经过实践检验是行之有效的东西用制度的形式固定下来。要加强党校函授教育理论的研究，增强工作中的原则性、系统性、预见性和创造性。第三，要深入实际，抓好基层。学区、辅导站是党校函授教育的基础，要提高办学水平和教学质量，关键的一环是抓好基层。这两年总院和各分院反复抓基层，去年是学区建设年，今年是辅导站建设年。通过两年多的大抓和这次教育评估，基层建设有了很大加强，可以说上了一个台阶。但是从我看到的一些群众来信看，绝大多数反映的是基层的问题，尤其是辅导站的问题。希望各分院的同志多到下面走走，特别是多到辅导站走走。不要因为实行层级管理就放松对辅导站的领导和管理。总之，要继续加强基层建设，把基础夯实。第四，要加强函授队伍的思想作风建设，特别是领导班子和领导干部的思想作风建设。党中央对加强干部队伍建设，特别是领导班子建设和提高领导干部素质，历来非常重视，要求十分明确。小平同志讲："中国的事情能不能办好，……从一定意义上说，关键是人。"江泽民同志一再强调："大力加强干部队伍建设，提高广大干部特别是领导干部的素质，已经成为摆在全党面前的一项刻不容缓的重大任务。"党的十四届四中全会对党的高级干部提出了要成为会治党治国的马克思主义政治家的五项要求。江泽民同志1996年发表的努力建设高素质的干部队伍的讲话中，又提出了做新时期的合格干部应具有的五项基本素质。党的十五大进一步提出造就高素质领导班子和干部队伍的任务，强调要把各级领导班子建设成为坚决贯彻党的基本理论和基本路线、全心全意为人民服务、具有领导现代化建设能力、团结坚强的领导集体。最近中央发出的关于开展“三讲”教育的指示中，又对领导班子和领导干部提出了新的更高的要求。我们各级领导班子和领导干部，要深刻理解中央的要求、意图和希望，以实际行动响应中央的号召。加强干部队伍的思想作风建设，提高领导干部的素质，增强领导班子的凝聚力和战斗力，是做好函授教育工作，使之不断发展的关键所在。必坚同志多次讲，历史把党校推到更加重要的地位上来，对于党校工作人员来讲，这是一种责任，是一种要求。我们要借“三讲”教育的东风，在增强党性修养、加强思想作风建设上有较明显的提高，以适应形势发展的需要。

同志们，再过10天是1999年了。值此辞旧迎新之际，我谨代表中央党校校委，向参加会议的全体同志，向党校函授教育战线的广大同志及其家属，致以亲切的问候和新年的祝贺！祝大家身体健康、阖家欢乐、事业有成！祝同志们在即将过去的20世纪里取得更大的成绩，为胜利跨入21世纪献上一份厚礼！

我的讲话完了，谢谢大家。

中共中央党校办公厅文件

关于转发《中央党校1998年函授教育工作会议纪要》的通知

中校厅［1998］86号

各省、自治区、直辖市委党校：

中央党校于1998年10月11日至15日召开了有各省、自治区、直辖市委党校和部分副省级党校的校领导和各函授分院、直属学区负责同志及先进辅导站（学区）部分代表参加的函授教育工作会议。经校领导同意，现将会议纪要转发给你们。请结合自己的实际，认真贯彻会议精神，切实加强办学队伍建设，提高办学主体素质，把党校函授教育事业进一步推向前进。

中共中央党校办公厅

1998年11月18日

中共中央党校1998年函授教育工作会议纪要

（1998年10月16日）

中共中央党校1998年函授教育工作会议于1998年10月11日至15日，在浙江省委党校召开。现将会议主要情况纪要如下：

（一）

会议以党的十五大精神为指导，高举邓小平理论伟大旗帜，认真学习贯彻中共中央关于深入学习邓小平理论的通知精神，深入贯彻落实胡锦涛同志关于党校函授教育的一系列重要指示，弘扬98抗洪精神，紧紧围绕“强化办学队伍建设，提高办学三体综合素质”这个主题进行。

中共中央党校副校长张志新出席开幕式，并作了题为《认清形势，把握大局，坚持用邓小平理论指导党校函授教育工作》的重要讲话。中共中央党校校委委员、函授学院院长孙钱章作了《切实加强办学队伍建设，进一步提高办学主体素质，把党校函授教育的各项工作继续推向前进》的工作报告。中共浙江省委常委、组织部长周国富、浙江省委党校常务副校长祁茗田、副校长吕志宏到会祝贺并讲话。函授学院副院长史信发作了会议总结。

与会代表认真听取和学习张志新同志、周国富同志的重要讲话和孙钱章同志的工作报告，联系实际，深入讨论，统一思想，提高认识。大家一致认为，办好党校函授教育，关键是要用邓小平理论指导我们的工作，增强大局意识，认识历史责任，坚持正确的办学指导思想；坚持用邓小平理论武装工作人员头脑，提高全体工作人员的政治素质；深入贯彻落实中央和中央领导同志关于加强党校工作和函授教育的一系列指示，把工作重点继续放在总结经验教训，解决不容忽视的问题上，创造性地开展工作，进一步推进党校函授教育事业的健康发展。

在分组讨论的基础上，有17位同志在大会上介绍、交流提高办学主体素质的经验体会。与会单位向大会提交了120份书面总结和经验材料。会议为100个先进辅导站（学区）颁发奖牌、奖金。总院部署了1999年招生工作和考务工作。会议顺利完成了各项议程，达到了预期的目标。

（二）

全体代表一致赞同《工作报告》中对函授教育情况的总结。认为近年来，中央党校函授教育事业在党的十五大精神指引下，在胡锦涛同志一系列重要指示的指导下，经过全院上下的共同努力，实施“培根”战略，强化学区建设和辅导站建设，通过教育评估，认真解决办学中不容忽视的问题，各方面工作取得了可喜的进步，函授教育事业得到蓬勃发展。

一是深入贯彻落实胡锦涛同志“7·22重要批示”精神，不断改进办学工作，取得了初步成效。自去年胡锦涛同志对党校函授教育作出重要批示以来，全院各级组织紧密联系函授教育实际，把解决办学中存在不容忽视的问题作为工作重点，自觉查找和认真剖析存在的问题。现在，既能报喜，又能报忧，能够正视问题和解决问题的单位多了；勇于揭露问题、公开曝光、不护短的单位多了。目前，多数单位办学指导思想和办学方向进一步端正；教学管理和各项管理工作力度不断加大；严把招生关、教材关、教学关、考核关的工作得到加强，各项管理制度进一步得到完善和落实；考风考纪继续向好的方面发展。全院各方面的工作呈现出可喜的变化。

二是强化学区建设和辅导站建设，实施“培根”战略，夯实基础，取得了阶段性成果。继去年全院开展“学区建设年”后，今年又开展“辅导站建设年”活动。各级领导重视，部署具体，措施得力，收效明显。绝大多数单位真抓实干，结合教育评估工作，进行有针对性的整顿。对一些办学思想不端正、办学条件差、管理不到位的单位，进行“降、撤、改、停”的处理，一些不符合条件要求的学区、辅导站被撤消或降格，对全院触动很大，收到良好效果。多数学区、辅导站的领导班子得到加强，办学指导思想不断得到端正，办学行为进一步规范，办学条件进一步改善。如广东筹集上亿元资金，用于市县委党校建设。天津南开区委党校承担了党校函授本科班培训任务后，区委拨款1200万元扩建校舍，拨款32万元为党校购置图书。近年来，甘肃省各级党校调进教师249名，函授管理队伍增配160名，保证了各项工作的正常进行。从而使党校函授教育的基础更加牢固。

三是进一步深化教学改革，加大管理工作力度，提高整体办学水平。全院各项教学和教学管理工作，在“从严办学，质量第一”的方针指导下，又有新的提高。(一) 教学改革和教学管理工作深入开展。教学计划和具体安排及早下发；党性教育列入课堂教学；部分班次、专业、课程设置、教学内容进行了调整、修改、补充，并加紧编制教学大纲；电化教学和网络建设取得积极的进展。(二) 教务管理进一步加强。根据适度从紧、控制规模、进出平衡的精神，顺利完成了1998年招生任务。研究生试点工作进一步铺开，首届研究生班47名学员取得毕业资格，在职研究生甲班政治学专业（治国方略研究方向）开学，标志研究生教学进入一个更高层次。(三) 教材建设迈出新的步伐。党的十五大后，总院对1998年使用的近百种教材进行了全面审查，组织作者和专家进行修改，保证教材内容与十五大精神相一致。在教材的印刷、征订、发行工作方面，强化“精品意识”，提高印、发质量，保证教学需要。教材质量不断提高，受到中央领导同志的重视和社会各界的好评。(四) 办学队伍的培训工作得到加强。为统筹全院师资队伍和管理队伍的培训工作，总院设立专门机构进行组织、协调和指导，并于今年开始在部分分院、学区进行培训，为加强办学队伍建设摸索和积累经验。(五) 教育评估工作全面展开。目前，对学区评估的检查验收已基本结束，辅导站自评工作全面展开，分院评估正在试点，部队有关分院评估也将着手试点。通过评估、整顿，对提高办学质量起到了积极的促进作用。(六) 两卷《年鉴》和《强化科学管理，搞好学区建设》、《强化辅导站建设，提高办学质量》、《把好教学关，强化自学管理》、《强化管理，狠抓落实，提高教材印制发行质量》等四本办学经验文集编辑出版。一年中，总院同时推出500万字的经验文集，是建院以来所没有的。

与会代表认为，《工作报告》对成绩的估价是客观的，实事求是的，完全符合全院的办学实际，对全院同志是一个极大的鼓舞。同时，大家同意《工作报告》的分析，对存在的问题要有足够的认识，特别是办学指导思想、办学力量、办学措施尚未完全到位的单位，要更加努力，迎头赶上，以新的姿态，迎接新世纪的到来。

(三)

全体代表们一致赞同和拥护1999年全院开展“办学队伍建设年”的活动。

大家认为，全院有6万余名教师和4.5万名管理干部，这两支队伍的质量如何，直接关系到函授教育质量的高低，关系到能否担当培养高素质干部队伍的重任，关系到能否履行新时期党赋予党校干部教育的神圣使命和历史责任。“名师、名校出高才”，只有把中央党校的函授教育办成全国第一流的干部在职教育实体，才能培养出优秀的跨世纪人才。

代表们一致同意《工作报告》中关于办学队伍状况的分析。大家认为强化办学队伍建设，提高办学主体素质，是办学主体的地位和作用所决定的；是适应国际国内形势发展要求的需要，是保证办学质量，培养合格人才的需要；是改善办学队伍状况，更好地履行培养高素质干部队伍的需要。当前，国际国内形势正在发生深刻的变化，世界政治格局多极化，经济趋向全球化，科学技术突飞猛进，知识经济初见端倪，国力竞争日趋激烈。我国改革进入攻坚阶段，发展处于关键时期。当今世界出现了改革大潮和终身教育的大趋势，许多国家和地区在重视普及教育的同时，高度重视职业教育、成人教育和终身教育。党和国家坚定不移地实施“科教兴国”战略，把科技、教育摆在优先发展的地位。面对知识经济大潮和现代科技突飞猛进，国内成人教育和干部教育的竞争十分激烈。所有这些新情况，必将对党校函授教育产生重要的影响和提出新的要求。为了适应国际国内形势发展的需要，必须尽快改变当前全院办学队伍与办学任务之间存在既相适应又不完全相适应的状况。不完全适应的一面，主要是一些单位的办学队伍数量不足，质量不高。在师资队伍方面，专业结构单一，知识老化，财经、政法类的教师紧缺；有的教师跨专业、多学科授课，教学质量往往难以保证。在管理队伍方面，力量投入不足，人员缺额较大，长期超负荷、拼消耗，疲于应付，管理粗放，有的工作尚未完全到位，等等。我们只有认真对待和解决办学队伍中存在的问题，办学队伍的状况才能从根本上得到改善。

会议确定强化办学队伍，提高主体素质的总体目标，全院经过今后一年以至更长一段时间的努力，要求达到办学队伍进一步加强，办学主体素质明显提高，办学队伍中存在的不适应办学任务的主要问题基本得到解决，将全院的办学队伍建成一支政治强、业务精、作风正，能担当培养高素质干部队伍重任，适应新世纪办学需要的队伍。"政治强"，是指应具备较高的政治素质和理论素质；"业务精"，是指应具备能完成自身承担任务、适应时代要求的业务素质；"作风正"，是指应具备优良的思想道德品质；"能担当培养高素质干部队伍重任，适应新世纪办学需要"，即办学队伍应具备与办学任务相适应的能力。要把各级领导班子建成为锐意进取、开拓创新、团结战斗的领导集体。要选配有大学本科以上文化程度或高级职称，具有一定理论基础和学术造诣、有较强的组织管理能力的工作骨干，充实到全院各级领导班子中来。要把师资队伍建设成为热心于党的干部教育事业、门类齐全、理论和专业功底深厚、严谨施教、能满足和胜任党校函授教育需要的、相对稳定的师资队伍。要把管理队伍建设成为数量充足、懂教学、会管理、具有奉献精神、思想过硬、工作过硬、作风过硬的管理队伍。

为了达到上述要求，全院各级组织要在各类人员中开展"讲学习、讲政治、讲正气"的活动，坚持用邓小平理论指导党校函授教育工作，首先要用这一科学理论武装全体办学人员的头脑，增强大局意识，认清历史责任，坚持正确的办学指导思想，切实解决办学队伍中存在的主要问题；要根据办学任务的需要和可能，充实调配师资力量和管理人员，采取多种方法和途径，提高办学主体的个体素质和整体素质；要建立总院、分院、学区多层次的培训机制，实行按级负责、分期分批，在三年内将全体办学人员轮训、培训一遍；要充分发挥总院烟台培训基地的作用，有计划、有步骤地承担一部分较高层次的培训任务，总院和有条件的分院应设立培训基金，加大培训力度；要保持各级函授组织领导班子和队伍的相对稳定，保留骨干，以资熟手；要切实关心和逐步解决党校函授办学人员的职称评定、入党入团、职级、工资、住房等切身利益；要建立各类人员的考核、考评制度，引入竞争和激励机制，调动广大办学人员的主观能动性和工作积极性；要以教育评估为杠杆，在"充实、提高、整顿、壮大办学队伍"方针的指导下，进一步促进办学队伍建设水平的提高。

会议要求，各级党校要把函授办学队伍建设列入议事日程，加强领导和检查督促，切实解决函授办学队伍建设中的一些重要问题。各级函授组织要结合本单位的实际，扎实工作，锲而不舍，经过二至三年的努力，使全院办学队伍建设达到一个新的水平。

（四）

会议要求，各单位要认真传达会议精神，并切实加以贯彻落实。

（一）认真向校委和单位领导汇报。尽快提出贯彻落实张志新副校长的重要讲话和孙钱章院长的《工作报告》的意见，并提交所在党校校委研究确定。会议精神要逐级传达，深入学习研究，上下形成共识。

（二）根据会议要求，要结合自身情况，尽快制订办学队伍建设三年规划和逐年实施计划。分院的规划与计划可和总院培训要求统一起来，于今年12月底前报送总院。

（三）明年开展“办学队伍建设年”活动，要继续深入贯彻胡锦涛同志重要批示精神，继续抓紧解决办学中不容忽视的问题，特别是办学队伍中存在的问题。继续推进学区、辅导站建设，进一步搞好评估工作。

（四）认真做好1999年招生工作。按招生简章规定的条件和要求，逐项加以落实，严把招生关，保证新生质量。

（五）加大整肃考风考纪力度。进一步落实去年三月深圳考务工作会议精神，今年期末考试前，各单位要对考风考纪情况进行一次全面的回顾检查，发扬成绩，纠正错误，杜绝考试中的一切不良行为的发生。各级考试领导机构要加强指导，严密组织，加大工作力度，保证全院考试工作的顺利进行。把整肃考风考纪，提高到全面贯彻落实锦涛同志批示的高度来认识，维护考试的严肃性和公正性，维护党校的形象和声誉。

（六）增强党校意识，切实把党校函授教育纳入党校工作的总体布局。各级函授组织要充分认识党校是党校函授教育赖以生存、发展的基础。离开党校，党校函授教育不复存在，党校函授教育寸步难行。因此，一定要主动争取校委的领导和支持。同时，又要在职权范围内发挥自身的积极性，把工作做好。还要加强上下沟通和联系，做到全院一盘棋，发挥联合优势，把党校函授教育的各项工作继续推向前进。

关于印发《中央党校函授教育评估指标体系》的通知

中校厅［1998］51号

各省、自治区、直辖市委党校：

根据《中国共产党党校工作暂行条例》和胡锦涛同志关于进一步办好党校函授教育的指示精神，目前，中央党校函授学院在全国各级党校函授教育部门开展的函授教育评估工作，已初见成效。为了进一步加强科学管理，切实规范办学行为，全面提高办学质量，圆满完成党校系统函授教育评估工作任务，现将《中央党校函授教育评估指标体系》（适用于分院和直属学区）转发你们。请各单位结合自己的实际情况，切实做好相关工作。

中共中央党校办公厅

1998年7月13日

中央党校函授教育评估指标体系(适用于分院和直属学区)

总计得分:

评估项目	评估内容	分值	评估记载		评估方法
			得分	扣分原因	
一、指导思想 110分	1. 认真贯彻《中国共产党党校工作暂行条例》和《中共中央党校函授学院函授教育工作暂行条例》(10),坚持理论、知识、党性、能力相统一的原则,把培养高素质干部队伍作为党校函授教育的培训目标(10)。	20			听取汇报,查阅有关文件,检查学习和执行文件情况。
	2. 认真贯彻胡锦涛同志的重要指示精神,切实解决函授教育办学中存在的一系列不容忽视的问题(15)。把好"四关",强化科学管理,规范办学行为,不断提高整体办学水平(15)。	30			听取汇报,查阅文件,了解调查。
	3. 坚持社会效益第一的办学指导思想(5),坚持"从严办学、质量第一"的办学方针(5)。坚持按计划招生,办学规模与办学力量相适应,任课教师与学员(含省函)的比例,原则上不高于1:70(20)。	30			查阅有关文件,了解实施情况。
	4. 校委坚持函授教育是党校教育的重要组成部分,将函授教育纳入学校总体规划,定期研究函授工作,及时解决函授工作中的重大问题(15)。常务副校长重视函授教育,分管函授的副校长认真履行职责,加强具体指导(15)。	30			查阅文件、计划、会议记录。

续表

评估项目	评估内容	分值	评估记载		评估方法
			得分	扣分原因	
二、组织建设 110分	5. 领导班子健全，坚持民主集中制，讲原则，开拓创新，团结敬业(10)。分院设院长1名，副院长2—3名；分院的主要负责人及教学负责人应是具有大本以上学历、懂教学、会管理的干部；其他成员具有大专以上学历或中级职称(10)。	20			了解领导班子配备情况，查阅有关人员学历、资历及政策水平资料。
	6. 教学、教务、教材、学籍、视导、办公室等机构健全(10)。专职工作人员配备，学员人数(含省函)万人以内的，不少于10人；2万人左右，不少于15人；3万人左右，不少于20人(以上人员配备不含兼职领导成员和班主任)。专职人员服务意识强，有强烈的事业心与责任感，工作效率高(10)。	20			查阅有关机构设置、人员配备、在籍学员人数资料。
	7. 不断加强学区与辅导站的建设，健全在总院领导下的分院、学区、辅导站的办学网络(8)。学区辅导站的设立符合条件，手续完备(7)。	15			
	8. 有与办学规模相适应、专业对口、职称结构合理、相对稳定的专兼职教师队伍，能独立讲授所设班次和专业的绝大多数课程(10)。专职教师应占教师总数的70%以上。本科任课教师，均应具有中级以上职称，其中具有高级职称的不少于30%(10)。	20			查阅专、兼职教师名册、档案及有关统计。
	9. 坚持小班管理，每班50—90人，设一名班主任(5)。班主任应是中共党员并具有大专以上学历或有一定教学和管理经验的优秀干部(5)。管理班建立班委会和临时党支部，合理划分小组，开展自学互学活动，加强思想政治工作(5)。	15			查阅学员花名册、编班分组资料。了解班主任配备、学历、资历及工作水平情况。考察支部活动情况。
	10. 重视教学管理队伍、教师队伍和班主任队伍的培训提高(10)，有长远规划、年度实施计划(5)和经费保证(5)。	20			

续表

评估项目	评估内容	分值	评估记载		评估方法
			得分	扣分原因	
三、综合管理 160分	11. 坚决执行中央党校校委有关函授教育的指示和总院的指示，主动积极地完成总院布置的各项工作任务(15)，定期向总院报告工作(10)。	25			听取汇报，查阅有关文件。
	12. 切实加强对学区的领导管理，建立健全办学各环节的监控机制(15)，重点抓好各种班次的教学活动，对办学质量进行检查(15)。各职能部门要定期对学区工作进行对口检查和指导(10)。	40			
	13. 根据总院的规章制度，结合本地的实际情况，制订相应的制度(10)。创造性地提出一定时间内的工作思路(10)，及时总结有自身特点的办学经验，不断探索办学规律。加强通讯报导工作(10)。	30			
	14. 主动争取省、自治区、直辖市党委对办学的领导(10)，协调好与省、自治区、直辖市党委组织部及有关部门的关系(5)，积极争取他们对党校函授教育工作的支持(5)。	20			
	15. 重视视导工作，健全视导网络，发挥其参谋助手作用(8)，做到人员到位，工作到位(12)。	20			
	16. 认真处理群众的来信来访(9)。及时反馈总院转办的群众来信处理情况(6)。	15			
	17. 建立档案制度，督促各科室加强档案管理(5)。档案齐全，管理规范(5)。	10			

续表

评估项目	评估内容	分值	评估记载		评估方法
			得分	扣分原因	
四、教学管理 160分	18. 全面贯彻执行总院的教学计划(8),制定本分院的实施方案(12)。	20			听取汇报,查阅有关制度、规定、会议文件、考勤表、统计表、学员作业、教学档案。听课考察。开座谈会。查阅教学计划和具体安排及党性教育的考核总结材料。
	19. 采取有效措施,提高面授质量,分院必须严把择优选聘教师关(10)。每名教师每学期任课不超过两门(4)。教师上课有讲稿(5)。面授必须讲足课时(4)。坚持教师面授质量考评制度(7)。	30			
	20. 坚持备课会和新课试讲制度(7),每年要组织好教学经验交流会或教学观摩、研讨会(8)。	15			
	21. 采取有效办法,严格面授考勤管理(8),学员到课率每学期不低于70%(7)。	15			
	22. 采取有效措施,加强对学员自学的组织、检查、指导(5)。学员要有自学计划(5);按时完成作业率不低于90%(5);教员批改作业要有改错、有评语、有成绩(5),每学期每门课程讲评作业至少2次(5)。	25			
	23. 组织好学员论文写作、答辩和成绩评定工作(8)。每个导师指导的本科学员不超过10人(7)。	15			
	24. 认真执行《关于党性教育与党性考核的实施意见》(8)。组织好党性教育课程的教学(9)。对党性教育有计划,有检查,有总结(8)。	25			
	25. 教材有专人管理,领发及时,确保学员开学时领到教材(10)。上报订单及时,订数准确(5)。	15			

续表

评估项目	评估内容	分值	评估记载		评估方法
			得分	扣分原因	
五、教务管理 160分	26. 认真组织好招生工作(5)。招生实行军地分流(5)。军队和地方内部各系统不交叉招生(5)。严格入学资格审查,有得力措施保证入学资格审查质量,被录取学员全部符合入学资格(15)。	30			查阅有关制度、表册、档案、材料,实地考察。
	27. 严格执行《考务管理规程》,确保试卷安全,不泄密,不遗失(10)。考场设置规范(8)。坚持监考人员选聘、培训和奖惩制度(10)。实行主监考负责制、校领导与相关部门派员巡视制和考场分类达标制(12)。加大整治考风考纪力度,端正考风,严肃考纪(10)。	50			
	28. 认真执行《关于试卷评阅工作的若干规定》(10),严格按照条件选聘评卷人员(10)、按阅卷程序评阅试卷,保证质量(10)。	30			
	29. 学籍管理制度健全(5)。按规定时间做好学员注册和上报工作(5)。学员录取、入学、考核、毕业手续符合要求(5)。各种表、卡、册清楚、准确,成绩上报及时无误(5)。	20			
	30. 对学员的学习成绩和党性锻炼,实行综合考核(10),严格执行《学籍管理章程》关于淘汰制的有关规定(10)。	20			
	31. 学员毕业鉴定和毕业资格审核手续齐全、规范(10)。	10			

续表

评估项目	评估内容	分值	评估记载		评估方法
			得分	扣分原因	
六、电化教学 60分	32. 党校电教设备服务于函授教育，分院有一位院领导分管电化教学(8)。配备1—2名电教工作人员(7)，负责落实总院的电化教学计划和分院具体计划，组织落实学区的电化教学任务(15)。	30			听取汇报、查阅文件、检查实施情况。
	33. 教务、学籍管理实现自动化(15)，对教学、办公等自动化有具体实施计划(15)。	30			了解电化教学实施情况，查阅有关文档。了解机构编制及落实情况，查阅培训计划，检查培训效果。
七、办学设施 60分	34. 有与办学规模相适应的固定教学场所(20)。	20			实地考察。
	35. 有办公室、保密室(柜)、档案室和教材库(10)；有专门的电化教学场所和计算机应用场所(10)。	20			
	36. 有保证函授工作需要的交通工具、电教设备，以及复印机、打字机、传真机、计算机和国内直拨电话等办公自动化设备(10)。管理制度健全(10)。	20			
八、财务管理 60分	37. 贯彻"以学养学"的方针，每年用于办学正常开支和改善办学条件的设备投资不低于办学总收入的20%(15)。	30			查阅有关文件、材料、帐目，听取汇报。
	38. 配备财会人员，独立建帐，单独核算，制度健全(7)，经费使用合理(8)。分院和学区有日常经费的支配权(15)。	30			
	39. 严格执行规定的收费项目、收费标准和学费分级留成制度，不巧立名目乱收费(10)。按规定期限上交各项费用(5)。	15			

续表

评估项目	评估内容	分值	评估记载		评估方法
			得分	扣分原因	
九、办学效果 60分	40. 学员对函授办学满意率达到80%以上(15)。	15			开座谈会,问卷调查,抽样检查。
	41. 同级党委组织、宣传部门和政府人事部门(15),以及学员所在单位对函授办学满意率达到80%以上(15)。	30			
	42. 学员在理论、知识、党性和能力方面,有明显提高的达到80%以上(15)。	15			
十、教育评估 60分	43. 领导重视,思想发动充分(5)。评估组织落实,有自己的实施方案(5),有自我评估和检查评估的试点(5)。	15			听取汇报,查阅有关文件材料,实地考察。
	44. 认真收集整理评估材料,内容翔实(10),按评估指标体系分类汇总归档(5)。	15			
	45. 认真执行总院关于评估工作的各项要求和规定(5),做好检查评估工作,保证质量,不走过场(5)。	10			
	46. 整改规划目标明确,措施切实可行(5)。边整边改,成果显著(15)。	20			

说明:1. 实行千分制和三类等级制。

2. 备查资料限1996、1997、1998三年。

1998年7月

省委负责同志的讲话

面向21世纪 开创党校函授教育工作新局面

——在山西省党校函授教育十周年庆祝大会上的讲话

（1998年10月18日）

中共山西省委副书记
兼省委党校校长 刘泽民

同志们：

值此山西省党校函授教育10周年庆祝大会召开之际，我代表省委向大会表示祝贺，并向从事函授教育工作的全体同志和参加函授学习的全体学员致以亲切的问候！

我省党校函授教育创办10年来，受到全省各级党组织和广大党员、干部的普遍欢迎，已经逐步发展成为具有全省教学与管理网络，以党员干部为主要对象，以“掌握理论知识、增强党性修养、提高实际能力”为培养目标，实施综合素质教育，具有中国特色的干部在职教育的有效形式。10年来，全省党校函授教育在政治理论、行政管理、经济管理、涉外经济、政法和领导干部本科、在职党员领导干部研究生班等不同专业与层次方面，毕业和在读的研究生、本科、大专学员约12万余人，加快了我省干部培训的步伐，推动了马列主义、毛泽东思想、邓小平理论的深入学习，促进了两个文明建设的发展，提高了广大党员、干部的素质。同时，也拓展了党校教育的功能，开辟了干部在职教育的渠道，增强了党校办学的活力，成绩显著，功不可没。召开这次庆祝大会，就是要认真总结经验，进一步明确办学指导思想，深化教学改革，加强科学管理，坚持“质量建校、从严治校”方略，面向21世纪，开创党校函授教育工作的新局面。

为此，下面我讲两个问题：

一、党校函授教育是党校教育的重要组成部分

党校函授教育是在改革过程中产生的新生事物，它不仅成为党校教育的重要组成部分，而且也为我国干部在职培训和干部终身教育开辟了一条新路。这是因为，首先，党校函授教育符合国际社会的终身教育思想。

进入80年代以后，许多国家都面临着教育体制与社会发展环境之间的各种形式的不平衡，为了解决这一问题，联合国教科文组织的国际教育发展委员会在推出的《学会生存》一书中，论述了终身教育思想的内容及其意义，强调教育所包含的深刻意义决不只是人类在某一阶段的事情，而是贯穿于人的一生，是不断积累日益发展的知识的长期连续的过程。这种新的教育观念很快为不同社会制度、不同发展水平的国家所接受，教育对象从青少年面向全体公民。在我国，随着改革开放事业的深入发展，各类成人教育亦如雨后春笋般迅速发展，成为国民教育的重要补充。党校函授教育正是在这一时代大背景下，适应形势发展要求产生和壮大起来的。

其次，党校函授教育符合中国国情，是有中国特色的干部教育形式。众所周知，我国人口多、底子薄、生产力发展不平衡，在这样的国情下要把我国建设成为现代化强国，最关键的是科技教育问题，实质是人才问题。一方面是四化建设需要尽快培养大批人才，一方面是高等教育容量有限，国家的教育投资又不可能太多，因而许多人只能带着不能接受高等教育的遗憾走上工作岗位，在职干部教育问题日渐突出。无论从理论上还是从实践上讲，解决这一矛盾的最根本出路，就是坚持"两条腿走路"的办学方针。党校函授教育就是充分利用党校系统的教学科研、组织管理、后勤服务等力量，发挥党校"三个阵地、一个熔炉"的优势，来达到培养大批党员干部和业务骨干的目的，是立足于中国现实的具有自身特色的干部教育的途径。

最后，党校函授教育日将成为社会主义初级阶段干部教育不可低估的力量。在跨世纪的征途中，我们既面临良好机遇，又面临严峻挑战，要战胜今后可以预料和难以预料的各种困难和风险，把一个稳定的充满活力和生机的中国带入21世纪，取决于高举邓小平理论伟大旗帜不动摇，取决于党的基本路线和基本纲领的长期坚持，归根到底取决于广大青年一代及年轻干部的健康成长。江泽民总书记站在历史发展的高度，提出"严重的问题在于教育干部"这一时代课题，充分说明大力加强干部队伍建设，提高广大干部特别是领导干部的素质，已成为摆在全党面前的一项刻不容缓的战略任务。党校函授教育在培养造就坚持走有中国特色社会主义道路、德才兼备的现代化干部队伍方面，必将越来越显示其作用，成为不可低估的一支重要力量。

二、党校函授教育要面向21世纪，不断开创新局面

江泽民总书记在庆祝北京大学建校100周年大会上的讲话中指出："当今世界，科学技术突飞猛进，知识经济已见端倪，国力竞争日趋激烈。……教育应与经济社会发展紧密结合，为现代化建设提供各类人才支持和知识贡献。"这表明在知识经济时代即将到来的新世纪里，各国国力的竞争说到底是科学技术水平和高素质人才的竞争，培养跨世纪的高素质干部队伍，将成为国际竞争成败的关键。我们必须增强跨世纪的历史使命感，增强创造意识、超前意识。

党校函授教育面向21世纪，是时代的要求，也是函授教育本身充满生机和活力的内在要求。为实现这一历史任务，我们应该扎扎实实做好以下几项工作。

第一，确立时代责任感，增强学习驱动力。在世纪之交的重要时期，能否抓住机遇、迎接挑战、开拓进取、有所作为，对各级领导干部都是严峻的考验。在这种考验面前，每个同志都应有时代责任感，讲学习、讲政治、讲正气。学习是前提，不学习，政治上就不可能成熟，就不可能自觉改造主观世界。"不进则退"是对谁都起作用的法则。

只有重视学习，加强学习，才能不断提高理论修养和知识水平，担当起历史的重任。江泽民总书记指出："一个党，一个国家，一个民族，特别是像我们这样的一个大党、大国和人口众多的民族，如果没有科学理论的武装和对各种新知识的掌握，就不可能有真正的腾飞，不可能有现代化的前途，所以，学习问题，不仅关系到广大干部的自身进步，而且关系到国家、民族的兴衰和社会主义现代化事业的成败。我们全党全民族都必须有这个共识。"我们应该从这样的高度，来认识党校函授教育的意义，这样，我们的函授教育工作就有了强大的驱动力，就能排除各种干扰，克服各种困难，不断开创新局面。

第二，质量建校，培养高素质人才。一个企业，明天的市场取决于今天的产品质量，一个国家，明天的命运取决于今天所培养的干部的素质。党校函授教育也不例外，它的地位和命运，取决于它的教育质量。质量建校，是党校函授教育的生命工程。

质量建校的中心问题是提高教学质量，确立以教学为中心的指导思想。围绕这一中心，必须搞好三项建设，即教师队伍建设、学科建设、教材建设。在教师队伍建设方面，要采取有效措施，选拔聘任思想政治素质较高、业务能力较强、教学经验较丰富，热爱函授教育工作的同志担任函授教学任务，并开展各种形式的教学研讨活动，深化教学改革，努力提高面授质量，同时，要调动学员的学习主动性，认真搞好自学。

提高函授教学质量，要有一个良好的学风，坚持理论联系实际的原则，促进知识向觉悟和能力转化，把掌握理论和指导实践这两个方面有机地结合起来，把用科学理论武装头脑同改造客观世界和改造主观世界统一起来，真正在提高素质上做文章，下功夫。

第三，从严治校，全面实现培训目标。党校函授教育"理论、知识、党性、能力"四统一的培训目标，是一个全面的、严格的、高标准的目标。实现这一目标，必须从严治校。从严治校主要是指党校函授教育的一切工作，都要有严格的要求、严密的组织、严实的管理、严组的程序和严谨的作风。必须把从严治校贯穿于党校函授教育的全过程，从招生录取、教学管理、平时考核到期末考试，环环紧扣，一丝不苟，一步一个脚印，按时、按质、按量完成每一项工作任务，不能降格以求。对全体函授学员来说，则要坚决克服"混文凭"的自欺欺人的错误思想，明确学习目的、端正学习态度，自觉解决好工作与学习、家务与学习的矛盾，做到不图虚名、严格自律、求真务实。

第四，突出党性锻炼，发挥党校函授教育在学习邓小平理论新高潮中的主阵地作用。以马列主义为主课，以党性锻炼为核心，是党校函授教育区别于其他成人教育和函授教育的一个显著特点。把党校函授教育办成党性锻炼的熔炉，不仅是由党校函授教育的性质所决定，也是由它的基本任务和培训目标所决定。因此，各级办学组织和全体学员必须自觉地把党性锻炼置于突出地位，贯彻于教学全过程，加强组织性和纪律性，不断增强党性修养。要充分发挥党校函授教育在学习邓小平理论新高潮中的主阵地作用，自觉地用邓小平理论武装头脑，指导各项工作，坚定社会主义信念，增强"公仆"意识、改革开放意识和社会主义市场经济意识，提高贯彻执行党的基本路线的自觉性。

同志们，回顾党校函授教育10年的历程，我们取得了显著成绩，积累了宝贵经验。展望未来，我们肩负重任，任重道远。让我们在党的十五大精神指引下，高举邓小平理论伟大旗帜，把我省的党校函授教育工作全面推向21世纪。

在中函青海分院95级本科班第5期领导干部班毕业典礼上的讲话

（1998年6月6日）

青海省委副书记、省长 白恩培

今天，中央党校函授学院青海分院举行九五级领导干部班、本科班毕业典礼。我首先代表省委、省政府向圆满完成学业、如期毕业的753名学员表示衷心的祝贺！向为青海党校函授教育事业付出辛勤劳动的全体教职工和关心、支持这一事业的同志们表示感谢！

党校函授教育是党校教育的重要组成部分，是新形势下党校教育功能的拓展和延伸，是培养和提高在职干部理论和文化水平、增强党性锻炼的重要阵地。同志们在近三年的时间里，努力克服各方面的困难，一边工作，一边学习，较为系统地学习了马列主义、毛泽东思想和邓小平理论，学习了现代科技、现代管理和社会主义市场经济的基本理论和基本知识，在理论、知识、能力、党性等方面取得了新的收获和进步。同志们不甘落后，克服困难，积极向上，刻苦学习，自觉提高自身素质的精神是十分可贵的，是值得充分肯定的。相信同志们经过这一段时间理论上的武装，知识上的丰富，会在今后的工作中做出新的更大的成绩。

下面，我讲三点希望，供同志们在今后的学习和工作中参考。

一、继续学习，不断提高理论修养和知识水平

学习问题至关重要。学习是工作的基本前提，是党的思想政治建设的首要任务，也是提高我们广大干部自身素质、推动各项事业不断进步的根本所在。我们党历来十分重视学习，每当革命和建设发展到一个重大转折时期，全党面临新的形势和任务的时候，更是特别强调加强学习。我国的社会主义革命和现代化建设事业所取得的每一个发展和每一个胜利，都是同全党的学习进步密不可分的。近几年来，江泽民同志反复强调，全党同志一定要学习、学习、再学习，在党内造成认真学习的风气，积极探索的风气，民主讨论的风气，求真务实的风气。在党的十五大上，江泽民同志再次号召："全党要重视学习，善于学习，兴起一个学习马列主义、毛泽东思想，特别是邓小平理论的新高潮"。当前，我国的改革开放和现代化建设，已经进入整体推进和重点突破相结合的攻坚阶段，涉及到经济、政治、文化、社会生活等各个领域。在新的形势和任务面前，我们感到不熟悉、不懂得的东西很多，新情况、新问题、新矛盾层出不穷，工作的难度不断加大，同时在实践中也感到我们的干部队伍的理论素养和知识水平与形势和任务的要求尚有一定的差距。这就要求我们每一个同志必须要老老实实地学习，努力掌握知识，不断增长新本领。学习是一个无休止的过程，也是一件终身做不完的事情。"学海无涯"、"学无止境"讲的就是这个道理。希望同志们把今天的毕业当作继续学习的新起点。自觉地把学习作为一件终身大事来抓，努力做到活到老、学到老、改造到老。在新的形势和任务面前，需要我们学习的内容很多，但主要有三个方面，一是学习马克思列宁主义理论；二是学习现代化建设必备的科技文化知识；三是学习社会，学习人民群众的实践。当前，首要的一条是学习马列主义、毛泽东思想特别是邓小平理论。这是我们高举伟大旗帜，把建设有中国特色社会主义事业全面推向21世纪的客观要求。学习邓小平理论，必须要在领会精神实质和掌握这一理论科学体系上下功夫。通过学习，深刻认识邓小平理论是指导中国人民在改革开放中胜利实现社会主义现代化的唯一正确理论；深刻认识只有高举邓小平理论伟大旗帜，才能驾驭全局，掌握改革和建设的主动权，在变幻的国际形势中稳住阵脚，在任何政治风浪中保持清醒头脑；深刻认识高举邓小平理论的伟大旗帜，关键是牢固树立解放思想、实事求是的思想路线；深刻认识坚持邓小平理论就是真正坚持马列主义、毛泽东思想，高举邓小平理论伟大旗帜，就是真正高举马列主义、毛泽东思想伟大旗帜，进而坚定对邓小平理论的科学信仰，增强运用这一理论指导我们整个事业的各项工作的自觉性，增强在改造客观世界的同时改造主观世界的自觉性。学习邓小平理论必须要同进一步学习党的十五大和省第九次党代会精神紧密结合起来，努力发扬“一个中心、三个着眼于”的马列主义学风，脚踏实地，讲求实效。只有这样，我们的学习才能有所收获，也才能运用马克思主义立场、观点、方法研究新情况、解决新问题、开创新局面。

当今世界科技革命突飞猛进，时代在飞速发展，知识在不断更新。我们在学好理论的同时，必须要自觉地结合我省改革开放和现代化建设需要及本职岗位工作需要，努力学习社会主义市场经济知识、现代科技知识、法律知识和各类业务知识，从多方面吸取知识营养，努力提高自身综合素质，做一个有益于社会的人，有益于人民的人。

二、勇于实践，努力在本职岗位上建功立业

实践是检验真理的唯一标准。我们党领导的新民主主义革命、社会主义革命之所以从胜利走向胜利，改革开放和现代化建设事业之所以取得辉煌成就，不仅是因为我们掌握了马克思主义的科学理论，更重要的是把马克思主义与中国革命的实际和建设的时代特征相结合，进行了伟大社会实践的结果。同志们经过党校的学习，在理论和知识水平方面都有了新的提高，这无疑是十分重要的，但更重要的是在于学以致用，在实践中检验学习成果，用理论指导实践，推动工作，开创新局面，只有这样才能达到学习的目的，也才能达到既认识世界又改造世界的目的。

当前，我们面临的形势很好。省第九次党代会高举邓小平理论的伟大旗帜，按照党的十五大的要求，结合青海实际，就我省跨世纪的改革和发展作出了新的战略部署，吹响了“解放思想，加快发展，把一个充满生机和希望的青海带入21世纪”的进军号角。宏伟的奋斗目标，为我们广大干部提供了奋发有为、大干一番事业的广阔天地，也为我们在座的每一位同志提供了充分施展才华的良好机遇和新的舞台。同时，在前进的道路上我们也面临着许多新情况、新问题，如调整产业结构、国有企业改革攻坚、深化金融体制改革、分流富余劳动力、改变农业基础薄弱状态等等，种种问题，都需要我们每一个同志自觉地运用所学理论和知识创造性地予以解决。要解决前进中的新情况和新问题，推动事业的发展，必须要坚持解放思想、实事求是的思想路线。省九次党代会强调，解放思想是发展的前提，没有思想的大解放就没有事业的大发展，要求广大干部群

众进一步解放思想，一是在转变观念上下功夫，重点从五个方面破除旧观念，树立新观念；二是进一步深化对省情的认识，一切着眼于青海的发展，服从青海的发展；三是抓住机遇，开拓进取，努力开创我省社会主义现代化建设的新局面；四是真正把“三个有利于”作为判断是非得失的标准，采取一切有利于生产力发展的有效措施，加快我省经济和社会发展的步伐。希望同志们深刻领会省党代会精神，积极贯彻省党代会精神，大胆探索，勇于实践，求真务实，开拓进取，艰苦奋斗，无私奉献，在实践中锻炼自己，在工作中创造成绩，努力为把一个充满生机和希望的青海带入21世纪做出自己应有的贡献。

三、加强党性锻炼，做一名合格的共产党员

党性是阶级性最高而集中的表现。无产阶级政党的党性，是无产阶级先进性的最高而集中的表现。鲜明的党性，是一个共产党员应具备的基本条件。对于一个党员干部来说，不断地自觉增强党性锻炼，也是永远保持党的先进性，发挥模范作用的重要条件。特别是在改革开放、发展市场经济的条件下，增强党性锻炼和道德修养的自觉性，更为紧迫和必要。这是因为任何事物都有两面性，市场经济给社会经济和党的建设带来积极影响和正面效应的同时，也带来了一定的负效应。市场经济的重利性，容易诱发拜金主义倾向；市场经济的本位性，容易诱发个人主义和小团体主义；市场经济的开放性，也会使一些腐朽的东西不可避免地随之而入。特别是我们正处于从计划经济向市场经济的转轨时期，由于旧体制的弊端尚未消除，新的体制尚未形成，机制不健全，法制不完备，工作和管理漏洞在所难免。由于多种因素的影响，容易使人们的世界观、人生观、价值观扭曲变形。

当前，从总体上看，我省各级领导班子和领导干部的政治思想状况是好的，但是在新的历史阶段，每个干部都面临着新的考验。一些人政治观念模糊，信念动摇，是非不分，缺乏应有的政治敏锐性和鉴别力；一些人对中央的路线、方针、政策合意就执行，不合意就不执行，为了局部利益，不惜损害全局利益；一些人群众观点淡薄，不联系群众，不关心群众疾苦，不帮助群众解决实际问题，甚至欺压群众；一些人抵挡不住权力的腐蚀，经不起金钱、美色的诱惑，私欲膨胀，以至发展到以权谋私，堕落成腐败犯罪分子。所有这些，都必须引起高度的警惕。

党的十五大报告指出，“我们现在的努力是朝着最终实现共产主义最高纲领前进的，忘记这个远大目标，不是合格的共产党员；不为实现党在社会主义初级阶段的纲领努力奋斗，同样不是合格的共产党员”。要求在新的历史条件下，共产党员要保持先进性，要体现时代的要求，必须做到：胸怀共产主义远大理想，带头执行党和国家现阶段的各项政策，勇于开拓，积极进取，不怕困难，不怕挫折；诚心诚意为人民谋利益，吃苦在前，享受在后，克己奉公，多做贡献；刻苦学习马克思主义理论，增强辨别是非的能力，掌握做好本职工作的知识和本领，努力创造一流的成绩；在危急的时刻挺身而出，维护国家和人民的利益，坚决同危害人民、危害社会、危害国家的行为作斗争。我们每一位共产党员特别是领导干部，都要响应十五大的号召，自觉加强党性锻炼，振奋精神，保持良好的精神状态。在建设有中国特色社会主义事业的伟大实践中，努力把自己锻炼成为具有坚定的政治信念，自觉坚持邓小平理论和党的基本路线，经得起各种风浪考验的模范；具有开阔的眼界，熟悉国情，了解世界，解放思想，务实创新，开拓前进的模范；具有宽阔的胸襟，讲党性，顾大局，执行民主集中制，公道正派，善于团结同志一道工作的模范；具有较强的领导能

力，讲究领导艺术，审时度势，驾驭全局，善于协调各方面力量的模范；具有优良的作风，廉洁勤政，艰苦奋斗，谦虚谨慎，联系群众，真心诚意为人民某利益的模范。

祝同志们工作顺利，事业有成，党校函授教育越办越好！谢谢大家！

重视学习　加强学习　做学习的模范

——在中央党校函授学院宁夏分院九五级本科班毕业典礼上的讲话

（1998年4月4日）

宁夏自治区党委副书记　韩茂华

同志们：

中央党校函授学院宁夏分院九五级本科班今天在这里举行毕业典礼。我代表自治区党委，向同学们表示热烈地祝贺！向几年来为我区党校函授教育辛勤工作的党校广大教职工表示衷心地感谢！

党校函授教育是我们党在新时期培养干部的一种重要形式，也是干部在职教育的重要组成部分。自治区党委对此非常重视。五年来，在中央党校函院的指导下，在各级党校的努力下，我区党校函授教育从无到有，从小到大，有了很大的发展，取得了很大成绩，为我区的现代化建设培养了一大批人才。函院毕业的许多同志，经过理论的耕耘和实践的磨砺，已经成为我区改革开放和现代化建设的骨干。今天，又有一大批同志在繁忙的工作之余，刻苦学习，完成了学业，我感到非常高兴。同时，也相信同志们能够在以后的工作中，坚持学习，勤于实践，为我区的两个文明建设作出更大贡献。

我们党非常重视党员干部的学习。无论是在战争年代，还是在建设时期，我们党总是把学习作为干部的第一位要求提出来，加以强调。这是因为学习是提高干部素质的重要途径。当今世界，新科技、新知识，日新月异，层出不穷，不重视学习，不加强学习，就会落伍，就难以适应时代发展变化的需要。现在，我们正处于建设有中国特色社会主义事业的关键时期，新情况、新问题层出不穷。要不断解决新问题，推动事业的发展，不掌握马列主义、毛泽东思想特别是邓小平理论，不学习新知识，是不行的。各级领导干部、广大党员都要按照中央的要求，重视学习，加强学习，做学习的模范。

学习，贵在坚持。同志们通过几年的函授学习，比较系统地学习了一些理论，掌握了一些专业知识，这只是学习的开始。不能认为，毕业了，知识就学到了，更不能认为拿到毕业证书就万事大吉了。要想更新知识、弄通理论，成为现代化建设的有用之才，还有许多东西需要我们去学习、去实践。只有坚持不懈向书本学习，向实践学习，才能不断地进步。

要加强我们的学习，还必须坚持理论联系实际的优良传统。联系实际是为了更深入地学习理论，弄懂弄通理论，是为了运用理

省委党校和有关方面负责同志讲话

在全省党校系统函授教育工作会议上的讲话

（1998年12月22日）

中共山东省委党校常务副校长 李新泰

同志们：

全省党校系统函授工作会议是省委党校校党委研究决定召开的。首先我代表省委党校，对出席今天会议的同志们表示热烈的欢迎！并通过大家向全省党校系统函授工作者表示衷心的感谢和亲切的慰问！下面，我对函授工作谈几点意见，供大家参考。

一、进一步提高认识，明确办学方向，为社会主义现代化建设培养更多的合格人才

在省委和各级党委的关怀、支持下，山东党校系统函授教育自1985年与中央党校联合举办以来，到今年已经走过了十三年的历程。这些年来，我们一直坚持“从严办学，质量第一”的办学方针，抓住机遇、开拓创新、锐意进取、奋发工作使我省函授教育事业蓬勃发展，呈现出一派欣欣向荣的景象。

论指导我们的实践，改造客观世界，同时改造我们的主观世界。学习理论不能只是说说而已，也不能学归学做归做，如果把学习理论与自已的思想、工作割裂开来，那么学习就毫无意义了。同志们花了几年的时间，耗费了很大精力，学到了一些知识，掌握了一些理论，就应该把这些来之不易的东西，运用到工作中去，通过实践进一步丰富自已的知识，通过研究实际问题，提高理论水平和工作能力，开创工作新局面。

最近，自治区党委对全区的理论学习做出了安排，要求广大党员干部行动起来，在全区兴起一个学习邓小平理论的新高潮。这是自治区党委全面贯彻十五大精神，推动我区改革开放和现代化建设的重要举措。希望我们党校函授班毕业的同志，能够在学习邓小平理论的新高潮中发挥骨干作用。

党校的函授教育是党校教育的重要组成部分，也是加强党员党性锻炼和提高干部文化素质的好形式，各级党校要一如既往地把这项工作抓好。要总结经验，不断改进工作方法，认真把好招生关、教学关、考试关和毕业关，特别是要在提高教学质量上下功夫，努力把我区党校函授教育提高到一个新的水平。

——培养了一大批领导人才与业务骨干。

十几年来，共举办了十二届大专班、十届本科班、五届研究生班和五届农村干部大专班，为如此众多的党员干部接受党校函授教育，在我省党校干部教育史上是前所未有的。广大学员通过参加党校的函授学习，丰富了知识，增强了党性，提高了能力。许多同志被安排在重要领导岗位任职，在改革开放和现代化建设中发挥了重要的作用。

——拓展了党校教育功能，使之更好地发挥了“阵地熔炉”的作用。

党校函授教育的开办，使党校很快形成了一个中央党校、省委党校到市地党校和县级党校联合办学的网络系统，拓宽了办学路子，加快了新时期干部培训的步伐，函授开设了新的专业、设立了新的学科、增添了新的内容使各条战线上的党员干部，能够有更多的机会接受党校教育，得到党性锻炼，党校较好地发挥了“阵地、熔炉”作用。

——党校教育更加贴紧了经济建设和社会发展的客观实际。

十多年来，函授教育紧紧围绕党的中心任务，始终把培养忠诚于马克思主义、具有相应专业知识及管理能力的领导干部和骨干人才作为自己的根本任务，始终把党在新时期对干部的“四化”要求作为自己的培训目标，承担了干部培训和学历教育的双重任务，设置了包括马克思主义基本理论、专业基础知识和专业知识的三类课程，从而使党校教育更加贴近了经济建设和社会发展的实际，更加适应了新时期经济建设和社会发展的客观需要。

——密切了各级党校之间的关系，促进了党校自身建设。

一是由于函授办学业务工作实行垂直领导，分级管理的体制促进了党校之间的相互合作，密切往来；二是为党校培养和锻炼师资队伍，发挥了重要作用，推动了党校的教学改革；三是在取得显著社会效益的同时，也取得了较好的经济效益，弥补了办学经费的不足，改善了党校的办学条件；四是锻炼了一支素质较高的函授管理队伍。

实践证明，干部函授教育已经成为多渠道培训在职党员干部的一种有效形式，成为我省干部教育的一支重要方面军，是党校教育的重要组成部分。党校函授教育的这种地位和作用，决定了我们在办学中必须严肃认真地坚持“社会效益第一”和“教育质量第一”的指导思想，为社会主义现代化建设培养合格的人才。胡锦涛同志对党校工作、对函授教育工作寄予殷切的希望，对党校函授教育工作作出过多次重要批示，要求我们要从培养跨世纪的合格领导干部的角度办好党校函授教育，切实提高办学质量，更好地为培养高素质干部队伍服务。我省函授学院和各级党校的函授部门在学习贯彻胡锦涛同志的一系列讲话精神方面，做了大量艰苦细致的工作，就全省而言，办学指导思想得到进一步端正，办学方向进一步明确，管理力度进一步加强，采取措施扎实有效，为把好招生关、考试关、教材关、教学关、考核关和毕业关，起到了有力的保障作用。但是，我们也应清醒地看到，在办学中还存在着这样那样的一些问题。有的把党校函授教育看成只是为了搞创收，过分强调经济效益，存在重数量、轻质量、重招生、轻管理的现象。有的把函授办学当成拉关系的筹码。有的怕管理严了，吓跑了生源，影响收入。有的对办函授教育的人力、物力投入严重不足，领导、人力、措施都未完全到位，形成了“小马拉大车”的现象。对这些问题一定要认真解决，保证党校函授教育工作的健康发展。

二、进一步强调质量，严格要求，努力提高函授教育的办学水平

（一）增强质量意识，提高教学质量。大家知道，世界范围内的经济竞争、综合国力的竞争，归根到底是人才的竞争，而人才的竞争又突出表现为教育质量的竞争。质量是党校函授教育的生命。在质量问题上，不能有丝毫的疏忽和松懈。要严把招生关、考试关、教学关、教材关和考核关。特别要把教学工作当作整个函授教育的中心任务抓紧抓好。要组织好教师的备课和教学效果的评估以及学员的听课、自学和作业等重要环节。尤其是要抓好考风考纪这个关键。我们既要使不同班次的学员达到相应的文化水平，同时还要增强他们的党性修养，全面提高他们的政治业务素质，努力办出党校函授教育的自身特色。

（二）强化科学管理，提高办学水平。党校的函授教育已经建立起一个组织比较严密、制度比较健全、教令畅通的办学网络。我们要进一步发挥优势，巩固业务工作垂直领导、分级管理的管理体制。省院要切实加强和改善自身管理，提高自身的管理水平和管理质量。要完善运行机制，充分发挥各职能部门的作用，深化教学改革，根据形势发展和社会需求进一步调整专业和课程设置。加强教材建设，不断提高教材质量。同时，要重点加强和改进对分院的管理，加强检查监督的力度。并依靠各分院把所属学区进一步管理好。要巩固和完善在办学过程中形成的一套比较完备的教学、学籍、考务等管理制度，把函授教育工作的管理纳入科学化、规范化的轨道。

（三）加强办学队伍建设，提高办学主体素质。党校函授教育的办学队伍建设包括三个方面，一是领导班子建设，二是师资队伍建设，三是管理队伍建设。这三个部分构成了党校函授教育的办学主体。提高办学主体的素质，首先要用邓小平理论武装办学人员的头脑，提高这三支队伍的政治素质。其次，要进一步提高办学主体的业务素质。运用多种方法，加强对师资的培训；按照中央党校函授学院的要求，加强对各分院、学区工作人员的培训。要对他们的工作搞好考核和评估，表现突出的给予表彰奖励，不适应的应考虑安排其它的工作。第三，要加强对办学队伍的领导，实行充实、提高、整顿、壮大办学队伍的工作方针。经过共同努力，建成一支政治强、业务精、作风硬、能担当起培养高素质干部队伍重任、适应新世纪办学需要的函授办学队伍。

三、进一步加强领导，加大措施，努力开创党校函授教育的新局面

（一）要把函授教育工作纳入党校工作的重要议事日程，经常研究并帮助解决函授工作中遇到的困难和问题。

（二）要按照中央党校函授学院的要求，建立健全函授教育工作机构，配齐配好领导班子和工作人员队伍。目前，亟需解决的问题，一是要建立独立办公的函授工作机构。坚决改变与教务等部门合署办公的状况。二是领导班子除分院院长、学区主任和辅导站站长要由分管校长兼任外，还要注意吸收主持工作的常务副院长、常务副主任和常务副站长或有党委委员担任这一职务。三是要足额配齐函授工作人员队伍。《中共中央党校函授学院函授教育工作暂行条例》规定，专职工作人员的配备，“凡在籍学员万名以内的分院应配备 10 名，每增加学员 2000 名，应增配专职工作人员 1 名”；“凡在籍学员千名以内的学区应配备 5 名，每增加学员 500 名，应增配专职工作人员 1 名”。各级党校都要认真落实这一规定。

（三）要树立全校一盘棋的思想，真正把函授教育作为党校教育的重要组成部分来抓。学校各部门都要密切配合，把这项工作当作自己的份内工作来做，形成全校办函授的新局面。

在全省党校函授教育工作会议上的讲话

1998年2月18日

中共吉林省委党校常务副校长　孙占国

同志们：

一年一度的全省党校函授教育工作会议今天召开了。这次会议的主题是,深入贯彻党的十五大精神,继续落实胡锦涛同志关于党校函授教育工作的重要指示,总结交流去年工作,研究部署今年任务,并对1997年全省党校函授教育评估中评选出的先进、达标学区、先进函授站进行表彰。首先,我代表省委党校校委,向与会的全体同志表示热烈的欢迎,向受到表彰的单位表示热烈的祝贺。

办学人员的共同努力，各项工作都取得了显著的成绩。成立了省委党校函授学院，进一步完善了函授教育管理体制，制度建设成效明显，教学管理更加规范，队伍素质进一步优化，教材建设取得较大进步，教学质量有了新的提高，函授基础建设逐步加强，特别是在全省范围内开展了党校函授教育评估，通过扎扎实实的工作，取得了良好的效果。这是对党校函授教育13年办学成果的综合检阅，是进一步提高函授教育质量，维护党校函授教育声誉的重大举措，对于巩固和发展党校函授教育体系，提高整体办学水平起到了巨大的推动作用。在此，我代表校委，向与会的各位同志，并通过你们，向辛勤工作在党校函授教育战线的同志们，向给予函授教育工作以热情支持和指导的各级组织、宣传、人事部门的领导和同志们，致以诚挚的敬意和衷心的感谢。

1998年，是党校函授教育充满机遇和挑战的一年，要想进一步提高党校函授教育质量，巩固函授办学成果，我认为，最重要的就是要全面正确地理解胡锦涛同志关于党校函授教育工作的一系列重要指示精神，并在实际工作中认真抓好贯彻落实。

大家知道，胡锦涛同志自任中央党校校长以来，一直非常重视党校函授教育工作，先后7次就党校函授教育工作做了重要指示，针对党校函授教育办学中存在的主要问题，从办学目的、办学方向、办学要求，到办学的各个层面和各个具体环节，都提出了明确的意见，具有普遍的指导意义。胡锦涛同志的指示，体现了党中央对党校函授教育工作的关怀，是新形势下指引党校函授教育工作健康发展的正确指针，是推动党校函授教育加强管理，提高质量，再上新台阶的强大动力。我们要深入学习、认真领会，从对党负责，对人民负责，对历史负责的高度，切实把胡锦涛同志的指示贯彻好，落实好，以不辜负中央领导同志和省委对我们的重托和期望。

下面，我围绕如何贯彻落实好胡锦涛同志的有关指示，讲几点意见。

第一，要进一步端正办学指导思想。胡锦涛同志指出的无论是教学质量问题，考风考纪问题，还是招生降低标准问题，实质都是办学指导思想不够端正的问题，所以，我们要进一步端正办学指导思想，自觉地坚持把为党培养高素质的干部，为社会主义现代化建设培养德才兼备的人才，作为党校函授教育办学的根本宗旨。要正确处理经济效益和社会效益的关系，克服办学中以单纯营利为目的的不良倾向，我们办学是要创收，这是毫无疑义的，但第一位的是培养人才，我们要讲政治、顾大局，为培养人才服务，宁可牺牲些收益，也要服从培养高素质人才这个大局，始终要把社会效益放在第一位；要正确处理办学规模和质量的关系，消除那种不顾条件，盲目扩大招生规模，忽视教学质量的短期行为，始终坚持“教育质量第一的办学方针”；要正确处理办学创收和办学投入的关系，党校函授教育的根本宗旨是为党培养高素质的干部队伍，办学创收主要应投入到办学中，以学养学。硬件投入要加强，软件投入更要加强。所谓软件投入，即领导要投入，要倾注必要的精力，加强研究，切实把函授教育作为党校教育的重要组成部分认真抓好；干部要投入，要把政治业务素质都比较好的干部充实到函授办学队伍，不断提高管理水平；教学要投入，提高教学质量关键是师资问题。衡量一个学校是否具有办学能力，主要是看教学能力如何，我们要从维护党校函授教育声誉、维护党的形象的高度大力加强师资队伍建设，特别是要加强专业教师的培训、进修和提高，不断提高教师素质。只有正确处理好这些关系，才能真正坚持正确的办学方向。

第二，要做好自我规范工作。胡锦涛同志指出，在首先把中央党校函授教育管好的同时，要对地方党校函授教育进行规范。大家要看到，我们既是地方党校函授教育，又是中央党校下属的分院、学区，中函和省函是联系在一起的，维护中函省函的声誉，是我们共同的责任。我们要自觉地在教学管理、考风考纪等各方面进行全方位的自我规范。

在教学管理上，要进一步强化制度意识，完善规章制度。去年下发的中函、省函和函授学院机关管理制度汇编，标志着全省党校函授教育形成了较为完整、具有自身特色的管理制度体系，有了制度，但关键还要狠抓落实。胡锦涛同志指出：“有管理制度是好的，但最重要的是下大力量去抓，使之真正落实。不落实，制度也是空的”。所有办学单位都要组织教学管理人员认真学习《制度汇编》，并根据本单位实际，制订出本单位的管理规章制度和实施细则，使规章制度切实落到实处。

考风考纪问题是当前直接影响党校函授教育声誉、社会上议论较多、人们又比较关注的问题。在这个问题上要特别加大管理力度，各级党校都要进一步树立从严治学，质量第一的观念。从严办学，才能保证质量，才能树立良好的社会形象，要拿出一些硬性的、实实在在的措施，使考风考纪问题，在今年能有明显的好转。

自我规范还包括党校系统与其他部门联合举办成人教育、多层办学、多头办学问题。这也是胡锦涛同志在批示中强调的，提出要了解这方面情况，制定相应的管理办法，以保证党校办学的严肃性与高标准。关于这个问题，省委党校学历教育管理委员会的态度是很明确的，党校就是要集中精力办好党校函授教育。应该看到，把党校函授教育办好，也并不是一件很容易的事情，我们要下大力气，把中函和省函的现有班次切实规范好、管理好。

第三，要进一步加强和改善对函授教育的领导。各级党校校委要进一步提高加强对函授工作领导的自觉性，切实把党校函授教育作为关系到党校全局工作的一个重要方面努力抓好。要把函授教育列入党校工作的重要议事日程，及时解决函授工作中的重大问题和实际困难；要加强调查研究工作，深入探索函授教育的规律、特点，加强宏观调控和微观指导；各级党校都要重视自身建设，切实把自身管理好。同时，要一级管好一级，函授学院要管好学区，学区要管好函授站，函授站要管好教学班。充分发挥党校函授教育系统的整体优势；同时，要主动争取各级党委对函授教育工作的领导，函授办学中的一些重大问题，要及时向当地党委请示、报告。招生计划要与当地组织、宣传、人事部门共同制定，并列入干部培训规划，招生和期末考试要吸收当地组织、纪检、监察等部门的领导参加，积极取得他们的领导和支持，这是我们办好党校函授教育的根本保证。

同志们，让我们进一步团结起来，以党的十五大精神为指导，高举邓小平理论的伟大旗帜，深入贯彻落实胡锦涛同志的重要指示，深化教学改革，强化科学管理，认真解决办学中存在的一些不容忽视的问题，把党校函授教育工作搞得更好，以新的姿态把党校函授教育事业推向21世纪。

在中函宁夏分院工作会议上的讲话

（1998年3月）

宁夏自治区委党校校长　欧阳齐

同志们：

中函宁夏分院函授工作会议今天开幕了，我代表宁夏党校校委向区组织部、区宣传部、区纪检委、区劳人厅的同志以及到会的全体同志表示热烈的欢迎，并向辛勤耕耘在党校函授教育战线上的广大教职工致以亲切的慰问。

我们这次会议是分院成立以来规模最大的一次重要会议。这次会议的主要任务是，深入贯彻党的十五大精神，传达落实胡锦涛同志关于党校函授教育的重要精神和总院1997年10月工作会议精神，以及11月教学工作会议的部署，结合各地实际，总结交流学区和辅导站建设的经验，讨论进一步加强学区、辅导站建设问题，不断提高办学质量，全面推进党校函授教育事业健康发展。

下面我讲几个问题：

一、要认真把十五大精神贯彻到函授工作中去

党的十五大是具有划时代意义的大会。这次大会提出了高举邓小平理论的伟大旗帜，把建设有中国特色的社会主义的事业全面推向21世纪的行动纲领。要完成这个跨世纪的任务，关键在人，关键在党。高举伟大旗帜，推进伟大事业，建设有中国特色社会主义经济、政治和文化，关键是要有一支高素质的干部队伍。党校是培养各级领导干部的重要阵地，处在特殊的地位，负有重要的历史使命。党的十五大胜利召开，给党校函授教育事业的发展带来了前所未有的机遇，同时又是一个严峻的考验。说是机遇，十五大强调要大力发展教育和科学，积极发展各种形式的职业教育和成人教育，培养造就大批高素质干部人才。党校要自觉地承担为党培养高素质干部队伍的历史重任，这是我们党校教育的责任，也是我们的光荣任务。说是考验，是因为当前和今后一个时期内，国际竞争的焦点是综合国力的竞争，人才的竞争。建设有中国特色社会主义文化，是综合国力的重要标志，对人才的要求越来越高。我们正是从事文化建设的，通过党校函授教育，培养大批的合格人才，推进社会主义事业不断前进。如果党校函授教育不想方设法提高学员的综合能力，尤其是整体素质，党校函授教育事业就会因为缺少生命力而难以继续发展。所以，我们一定要认真贯彻落实胡锦涛同志关于党校函授教育的一系列指示精神和总院函授工作会议精神，既要充分肯定党校函授教育取得的成绩，又要认真解决好还存在的一些问题，“坚持正确的办学方向，提高办学质量，更好地为培养党的高素质干部队伍服务”。

二、加强管理，提高办学质量

党校函授的一切工作都要围绕质量这个中心，以培养高素质干部为目标，以科学管理为手段，狠抓落实工作。几年来，总院和分院为进一步强化管理提高质量，制定了一套较为规范的管理制度，现在基本制度有了，如何切实贯彻到函授教育的实际工作中去，才是至关重要的。胡锦涛同志指出：“有管理制度是好的。但最重要的是下大力量去抓，使之真正落实。不落实，制度也是空的”。在党校函授教育工作中，我们要坚决贯彻落实胡锦涛同志的指示，明确办学指导思想，完善规章制度，强化科学管理，抓好教风教纪、学风学纪和考风考纪，尤其要狠抓考风考纪。函授管理中存在的问题，在很大程度上与考风考纪不严格相联系。考风考纪不严往往又同办学思想不够端正紧密相关。考试不严、违纪处理不力的危害非常之大，各级党校校委及函授工作人员，必须对此有深刻认识。要坚定不移地贯彻执行“从严办学，质量第一”的办学方针，克服迁就宽松的现象。实践证明，成之于严，失之于宽。从严办学，是对党的干部教育事业高度负责的表现，是保证党校函授教育健康发展的成功之路。严才有声誉；严才有吸引力。不讲原则，强调特殊，降低标准，放松要求，就会影响办学质量和办学声誉。我们只有敢管敢抓，严格要求，才能切实保证党校函授教育质量。

三、抓好队伍建设，提高管理能力

进一步提高函授管理人员的整体素质和能力，才能适应党校函授教育发展的需要。首先是各级党校校委要抓好自身建设。要把党校函授教育列入重要议程，在思想上要端正认识，正确处理好社会效益和经济效益的关系，在行动上要健全办学组织和机构，加大对人力、财力、物力的投入，改善办学条件；二是抓好师资队伍建设。对教师要有计划的分期培训。尤其是地县党校紧缺的教师要积极支持他们外出学习进修，对要求承担新课教师尽量做到提前进修和培训。要按照教学工作的需要，择优聘用任课教师，聘任教师不搞照顾，对不符合条件的一律不聘，确保任课教师的质量。对教师要加强管理，不论是任课，还是参加备课会，批改作业等都要有明确地规定和要求，严格管理，要建立机制，做到奖惩严明。对责任心强，教学效果好的教师，要给予表彰；对不胜任授课的要及时调整，决不迁就。三是抓好管理队伍建设。管理队伍建设既要充实力量，又要提高质量。各级办学组织一定要按总院规定配足、配齐管理人员，招生、教务、教材、学籍等工作都要有专人负责。分院要创造条件，举办各类人员的培训班，加大培训力度，提高管理人员的整体素质。四是抓好班主任队伍建设。班主任是班级的灵魂，是党校函授教育第一线的组织者、领导者。各地一定要认真选好热爱党校函授教育事业，懂教学、会管理、责任心强、作风正派、善于做思想政治工作的党员干部、教师担任班主任。不是党员的不能担任班主任。同时要加强班主任队伍的教育和管理，经常交流班级管理的经验，提高班主任的管理水平。五是抓好教学班组的建设。挑选好班长、学习小组长，建立好临时党支部和班委会，发挥学员自己教育自己，自己管理自己，自己约束自己的作用。这是我们几年来管理的一条成功经验。

四、加强院风建设，提高管理队伍素质

院风建设要坚持“讲学习、讲政治、讲正气”，顾大局、高境界、多奉献、勇开拓。提倡“团结、敬业、务实、创新”的函院文化精神。各级办学组织都要加强思想政治工作和精神文明建设，在教职工中提倡尊师重教，发扬敬业爱岗和奉献精神，严格工作纪律，分院机关要做出表率，树立良好的服务意识。深入做好管理人员和学员的思想政治工作，坚守岗位，履行职责。学习业务，指导工作。在党校各级领导班子成员中提倡多商量，多尽职，多谋事，大事讲原则，小事讲风格。在同志之间，要坦诚待人，以诚相见，提倡有话当面讲，不在下面搞小动作。在原则问题上，讲党性、讲原则、讲纪律、敢说敢讲。在小事上讲风格、讲谅解、团结协调、顾全大局。不当老好人，不做糊涂官，努力形成一个良好的院风院纪，增强班子的凝聚力，确保各项工作顺利进行。各级领导要抓好函授管理人员的政治理论教育、业务知识教育、职业道德教育、廉政建设教育、院风院纪教育。提高管理人员的整体素质，只有这样，党校函授教育质量才能提高，才能健康发展。

预祝会议取得圆满成功!

在中函陕西分院1998年工作会议上的讲话

（1998年11月25日）

中共陕西省委党校常务副校长　兰友仁

同志们：

陕西省委党校1998年函授工作会议今天开幕了。我代表省委党校校委，对出席会议的各地市委党校校长、学区主任、辅导站站长及全体与会代表，向今天到会的省委干教办及有关方面的来宾表示热烈的欢迎和衷心的感谢!

这次会议，是在举国上下深入学习贯彻党的十五大精神，兴起学习邓小平理论新高潮的形势下召开的。我们这次会议的主题是，高举邓小平理论伟大旗帜，坚决贯彻落实党中央关于加强党校工作和函授教育的一系列指示，“强化办学队伍建设，提高办学主体素质”，进一步提高办学质量。提高办学质量，关键在于认清历史责任，明确办学指导思想，科学地规范办学行为，努力提高办学主体的素质。

下面，我着重讲四个问题：

一、要处理好办学主体素质与培养跨世纪人才的关系，切实加强办学队伍建设

强化办学队伍建设，提高办学主体素质，是办学主体的地位和作用决定的。因此，要把学员培养成跨世纪的合格人才，首先应当提高教育者自身的素质。目前，我省函授教育已拥有一支相当数量的专兼职教师相结合的师资队伍和管理队伍。这两支队伍承担着繁重的教育和管理任务，他们任劳任怨、奋力拼搏、默默奉献，正是由于他们的工作，才有了函授教育今天的发展。但是，办学队伍与办学任务之间还存在许多不相适应的地方。例如，在师资队伍方面，专业结构单一，知识老化，教学方法陈旧，难以适应素质教育的要求；在管理队伍方面，力量不足，业务素质低、管理水平差等等。我们必须从培养跨世纪合格人才的高度，充分认识提高办学主体素质的重要性和迫切性。提高办学主体素质问题，不仅对函授教育，而且对整个党校教育都是一个至关重要的问题。各级党校校委应把这项工作列入议事日程，制定规划，提出措施，通盘考虑，一定要把这项关乎党校教育全局的大事抓好。

二、要处理好主体班次与函授、走读的关系，继续稳定现有办学格局

办好主体班次，是党校教学的首要任务，是党校教学的重中之重。各级党校领导的主要精力应放在加强对主体班次的规划和组织管理上，保证教育质量和教学效果。与此同时，根据党校《暂行条例》的规定“在办好主体班次的前提下，可办以党员干部为主要对象、与党校职能相应的函授教育”。这些年，省委党校和各地市委党校都举办了函授、走读班。这种长短结合，脱产与在职结合的办学格局是符合《条例》精神的。问题是不能顾此失彼，业余教育要保持适度规模，量力而行，保证办学能力与办学规模相适应。既不能因为办了主体班次，而不加强对函授、走读的领导，不注重对函授和走读的教学投入和师资配备，甚至把它作为副业而放松管理；也不能因为有了函授、走读而削弱主体班次。我们各级党校都应以《条例》为指导，根据世纪之交党校培训任务和干部学习的需要，调整、理顺关系，目前应继续稳定现有的这种办学格局，充分发挥党校轮训和培训党员干部重要阵地的作用。

三、要处理好社会效益与经济效益的关系，努力提高办学质量

处理好二者关系的关键是要端正办学指导思想。党校办函授的根本目的是为党培训干部，这是党赋予我们的崇高职责和义务，我们必须始终不渝地把为党培养更多、更好的干部作为自己办学的出发点。胡锦涛同志在关于党校函授教育的重要批示中强调指出，“要坚持正确的办学方向，造就高素质干部队伍，有些关系要正确处理，如社会效益与经济效益的关系，要创收，但第一位的是培养人才。我们要讲政治、讲大局，为培养人才服务，宁可牺牲些收益，也要服从培养高质量人才这个大局，要坚持把质量放在第一位”。我们必须深刻体会中央领导同志以上指示的精神实质和良苦用心，端正办学指导思想，坚持正确的办学方向，当社会效益与经济效益两者之间发生矛盾时，宁可牺牲经济效益，也要确保社会效益，千万不能以创收和营利为目的。在这个重要原则问题上，我们的态度一定要坚决，决不可发生任何偏差。

端正办学指导思想，坚持正确的办学方向，就必须坚定不移地贯彻执行“从严办学，质量第一”的办学方针，并把这一方针具体落实到教学与管理的每一个环节中去。坚持“严进、严管、严出”，做到严密组织，严谨施教，严格管理，严肃纪律。一定要树立一切从严要求的思想。从严要求是对党的事业高度负责的表现，是对学员最大的关心和爱护。从严要求是为了维护党校和党的形象和声誉。从严要求并不是对学员的苛求和刁难，只是促使每一位学员不折不扣地实现培养目标、教学计划以及教学大纲的规定要求，促使每一位学员不折不扣地按照规章制度规范自己的学习行为。从严要求的本质是确保学员刻苦学习，学有所成，获取真才实学，真正成为党需要的各类人才。大量的事实证明，成之于严，失之于宽。在这个问题上，各级办学组织决不可有丝毫的放任宽纵。任何放任宽纵行为将会是有百害而无一利的。

四、要处理好成绩与问题的关系，增强改进薄弱环节工作的自觉性

我省函授教育已经办了8年，对办学成绩要给予充分的肯定。我认为，最突出的有三条：第一，培养了近4万名干部，这是最大的成绩，而且在学员中涌现出很多优秀领导干部、劳动模范、先进人物，这就是最大的成绩。第二，党校函授教育大大促进了干部学马列。把广大干部的兴趣和注意力引导到学理论、学知识、研究四化中的重大问题，注意党性锻炼，而且学习确有成效。第三，促进了党校建设，如在师资队伍建设、教材建设、校舍建设、科研工作等方面，推动了党校工作改革，促进了党校的全面建设。特别是很多地市委，企业、高校党委都把干部在职教育摆在十分重要的地位。总的来说党校函授教育的前景广阔，形势很好。但是只讲成绩不行，还要看到我们的问题，既保持心要热，又要保持头脑冷静。例如有的对函授教育工作的重要意义的认识不足，落实胡锦涛同志重要指示的力度还不到位；有些地方规模偏大，管理力量薄弱，办学队伍与学员比例失调，存在着“小马拉大车”的状况；有少数地方管理粗放，学员到课率低，自学、讨论、作业抓得不紧，对各个教学环节缺乏认真的布置和检查；考风考纪不够严，成为社会上议论党校文凭的一个焦点问题，等等。最近，我们看到了中央党校常务副校长郑必坚在讲到总结新经验，研究新情况，解决新问题时指出：函授教育和研究生教育工作应该充分肯定，是有成绩、有贡献的，但也存在不可忽视的问题。各方面也有一些反映，包括一些批评，中央党校校委最近要在前一段调查研究的基础上讨论这个问题，提出改进意见，也希望各地党校同志能引起重视，认真对待，注意解决存在的问题。这段话也完全符合我省情况。目前，党校函授、走读教育工作点多、面广，大家都在看着你，因此，我们的工作要特别细心谨慎。当然，多数人是在关心、支持、帮助函授工作。但不管怎样，我们要把自身各方面的工作做好，练好内功，克服缺点，不怕困难，团结奋进，把全省函授教育办得更好！

最后，祝大会圆满成功！谢谢大家！

在辅导站建设与评估试点单位座谈会上的讲话（节选）

（1998年7月7日）

中共甘肃省委党校常务副校长　**王文学**

同志们：

这次会议主要是在汇报、交流的基础上，全面检查1997年函授工作年会确定的辅导站建设试点单位的工作情况，以进一步发现问题，总结经验，完善措施，推动全分院辅导站建设年活动向纵深发展。

一、辅导站建设的成绩和问题

从一天半来大家汇报的情况看，辅导站建设试点单位的工作都有很大的进展，并取得了阶段性成果，成绩应该充分肯定。从总体来说，一是对辅导站建设年活动普遍高度重视，真正作为工作重点提到了整个党校建设的议事日程，而且在工作中既有总体计划和实施方案，又有具体步骤和措施。二是各试点单位都按照办学要求，健全和强化了组织机构。辅导站站长都由党校主要负责人担任，并选配了懂教学、会管理、具有较高素质的副站长；按规定配备了专职管理人员，建立了分工负责的责任机制；辅导站工作人员的政治、理论和专业素质都有很大提高。在班级管理上，基本实现了小班建制，初步培养了一支具有较高素质的班主任队伍；每班都建立了班委会和临时党支部。三是教学管理进一步规范化，制订、完善了一系列规章制度和奖惩措施，教学管理的各个环节都有了制度规范。同时，教学管理队伍的建设普遍得到了加强，尤其是教师数量的增加是空前的，学历层次均有所提高，兼职教师队伍也有较大发展。管理队伍自身建设也得到了进一步充实和加强。四是办学条件有显著改善。各试点单位都能认真贯彻“以学养学”的原则，千方百计筹措资金，加大办学投入，改善办学条件，从而增强了办学实力，为提高办学质量创造了良好的条件。

但是，我们还应当清醒地看到，在辅导站工作中，仍然存在一些不容忽视的问题。第一，个别辅导站高素质的教师数量偏少，学历层次不甚理想，特别是专业结构不合理的问题较为突出。解决这些问题，一是要挖掘内部潜力，加大对现有师资的培训力度；二是要尽快充实一批高学历、高水平、专业对口的教师到函授教学队伍中来；三是要进一步增加兼职教师的数量。第二，个别辅导站教学吸引力较弱，教学质量尚缺乏强有力的保障机制。时代的发展，对我们的办学工作提出了更高的要求，怎样结合学员年轻化和自学为主的特点，管好、教好、学好，最大限度地实现我们的培养目标，把干部塑造得更好，这是我们教学管理工作必须解决的重要课题。第三，办学条件虽有较大改善，但与整个函授教育长远发展的目标要求相比，还有相当大的差距。这方面还需要我们下大力气，不断加大投入，把改善办学条件的工作作为长期的战略任务抓紧抓好。

二、辅导站建设的经验（略）

三、关于辅导站的评估工作

从评估工作自身来讲，要搞的扎实认真，就必须抓好以下环节：（1）要有周密细致的计划方案和具体安排。（2）要有精干、权威的专门班子，全力以赴抓好评估工作。（3）还要有一个科学规范、行之有效的评估方法和合理、紧凑的时间安排。（4）要下功夫抓好内部评估。要重点检查办学指导思想是否端正，组织机构是否健全，教师队伍、管理队伍、班主任队伍的建设是否达到各项指标要求，教学环节是否规范、标准，学员的出勤、考试、作业、自学、答辩、毕业等环节是否真正落实和达标，特别是对办学中的假冒、伪劣现象是否进行了全面清理和认真查处。（5）一定要坚持进行开门评估。全面贯彻群众路线，上下结合，内外结合，让相关部门、广大学员以及社会人士都能参与到党校函授教育评估工作中来。采取多种形式，运用多种手段，把评估的各项指标落到实处。（6）要有总结和整改措施，边评估边整改。能在短期内解决的问题，必须及时予以解决；短期内不能解决的问题，要积极创造条件，限期解决。（7）要做好材料的报送工作。

今年是党校函授教育发展的重要一年。在各项工作中，评估是个纲。要通过评估推动全面工作，促进函授教育再上新台阶。为此，分院要开好计划中的备课会、教学管理研讨会和班主任工作会，还要创办一个不定期刊物，专门反映全分院的评估工作。总之，贯彻胡锦涛同志指示、搞好辅导站建设年活动，最终要看评估工作搞的怎么样。

强化办学队伍建设
努力开创我省党校函授教育的新局面

——在全省党校1998年函授教育工作会议上的报告（摘要）

中共湖北省委党校常务副校长　周大仁

这次会议的主题是：进一步深入学习邓小平理论，继续贯彻落实胡锦涛同志关于党校函授教育的重要指示，强化我省党校函授办学队伍建设，提高办学主体素质，开拓进取，勤奋工作，全面提高教育质量，努力开创我省党校函授教育的新局面。

一、一年来函授教育工作的回顾和总结

党校函授教育经过十多年的实践，特别是经过1995年以来的迅速发展，已成为我省广大党员干部在职教育的重要阵地和有效形式。党校函授教育是党校教育的重要组成部分，对培养党员干部，提高干部队伍素质发挥了重要作用，受到了广大党员干部的热烈欢迎，并得到社会上的普遍赞誉和认同。回顾和总结一年来的党校函授教育，各项工作都取得了明显的进步。主要表现在以下六个方面：

首先，贯彻落实胡锦涛关于党校函授教育一系列指示精神取得明显成效。

胡锦涛同志就党校函授教育先后作了七次重要的指示和批示，既充分肯定了党校函授教育对提高党员干部队伍素质的重要作用，又指出了需要进一步改进的工作，同时还寄予了殷切的希望。一年来，我们始终以学习贯彻落实胡锦涛同志的指示和批示精神为中心，结合我们的工作实际，把胡锦涛同志的指示和批示精神贯彻落实到函授工作中去，作为解决办学问题的思想武器和改进函授教育管理工作的动力，进一步明确和端正了各级党校函授办学的指导思想，制订和实施了一系列强化教学管理的办法和措施，使党校函授教育质量有了明显的提高，党校函授教育工作也呈现了新的局面。

第二，学区和辅导站建设取得了阶段性成果。

经过几年的探索和实践，我们制定和完善了对学区、辅导站的建立、检查和激励的机制。通过不断的整改、调整、撤并，在全省设立了16个学区、11个直属学区和十几个直属教学点，建立起了覆盖全省的党校函授教育办学体系和三级办学网络，为进一步发展我省党校函授教育，提高党校函授教育质量打下了坚实的基础。通过几年的不断努力，特别是通过1997年的学区建设年和1998年的辅导站建设年的促进，各级党校领导高度重视这项工作，投入了大量的人力、物力和财力，使党校办学条件得到明显改善。据不完全统计，近三年来地市级党校中除一所党校外，15所党校和大多数县市级党校都新建、扩建了教学楼和图书馆，投入资金达7千多万元；16个学区在评估期间投入资金200多万元，配置了微机、程控电话、办公桌椅、档案柜及电化教学设备；11个学区调整增加了办公室，安排了函授专用教室。在管理队伍建设上，有9个学区

调整充实了领导班子，增配了主任或副主任13人，充实专职管理人员30多人，基本达到了领导班子健全、机构齐全、人员到位。在班主任队伍建设上，共增聘班主任42名，基本达到了小班管理和每班一名班主任，一些党校校委成员还亲自承担班主任工作。在教师队伍建设上，有8个学区所在党校调进教师37人，充实了师资队伍，优化了师资队伍的年龄结构、专业结构和知识结构。1997年的学区建设年中，恩施学区被中央党校评为全国40家先进学区之一。1998年的辅导站建设年中，黄冈学区罗田县辅导站、十堰学区丹江口市辅导站、襄樊学区南漳县辅导站被中央党校评为百佳辅导站。

第三，党校函授教育评估工作扎扎实实地全面展开。

从1997年11月开始的党校函授教育评估工作，经过一年多的努力已基本完成并进入验收阶段。这一年多来，围绕搞好党校函授教育评估工作，我们首先通过一系列会议，组织各级党校认真学习有关文件，明确搞好这项工作的重要意义和作用，端正思想认识，健全机构，落实人员。我们根据中央党校的评估指标体系，结合我们的实际，制订出具有自己特点的函授教育评估工作实施方案，并确定了省直学区、武钢学区为评估试点单位；随后我们又组织人员对试点学区的教育评估工作进行了检查和验收。这种先试点、后推广的函授教育评估工作得到总院的高度评价。今年4月，总院在我省召开了全国党校函授教育评估工作会暨经验交流会，这是对我们这项工作的充分肯定。各级党校对教育评估工作思想端正，高度重视，通过“边评估边整改，以评估促整改”，使我省党校函授教育各项工作上了档次，强化了学区、辅导站建设。经全面衡量和综合评定，有5个学区被评为一类学区，占学区总数的23.8%，15个学区被评为二类学区，占学区总数的71.4%。

第四，党校函授招生继续保持了良好的发展势头。

今年全省报考党校函授的达到41000多人，其中专科23000多人，本科17000多人，超过了1997年的报考人数。招生工作在开展宣传发动、组织报名、进行资格审查、复习考试和择优录取等各方面，各级党校，尤其是基层党校，付出了大量的劳动，特别是在受百年洪涝灾害的影响下，各级党校通过深入细致的工作，基本上保证了学员按期注册入学。

第五，以质量为中心强化教学管理的各项工作得到加强。

一是各级党校进一步明确和端正了办学指导思想。我们以深入学习和全面贯彻落实胡锦涛同志的批示和指示为契机和突破口，要求各级党校把端正办学指导思想提高到关系建设高素质的干部队伍，关系党校函授教育生死存亡的战略高度上来认识，使强化教学管理，提高教学质量成为各级党校的共同追求。

二是不断制订和完善各项规章制度，促进函授教育质量的提高。我们通过不断深入探索党校函授教育的规律、特点和管理机制，着重抓了面授教学和学员自学问题。今年7月，省委党校下发了《关于加强函授教学管理的暂行规定》，函授学院通过深入讨论修改，今年9月下发了《关于加强自学管理的暂行意见》。这两个重要文件，使党校函授教学管理的面授教学和学员自学管理有了基本的依据和考核标准。

三是抓考风考纪，维护党校函授办学的社会声誉。为从根本上端正考风，严肃考纪，我们进一步加大了监考巡考力度，严肃处理了一批考试违纪的学员。通过真抓实干，使我们的考风考纪有了基本好转。

第六，办学队伍建设工作得到加强。

在教师队伍建设上，我们在全省各级党校进一步严格实行了教师聘任制和教师责任制，明确了函授教师的职责；推广实行了教学办公会制度以充分发挥教研部或教研室在函授教学中的职能作用；通过备课备考会、观摩教学等方式提高面授教学质量；在全省所聘请的500多名函授教师中，相当部分是各级党校的教学骨干。在管理人员队伍建设上，我们明确规定了函授工作人员的条件和工作岗位职责，并通过学习和培训，提高了函授工作人员的政治素质和业务工作能力；各级党校也把优秀的教师和干部选派到函授工作岗位，使党校函授教育有一支“政治强、业务精、作风正”的管理工作队伍。在班主任队伍建设上，我们普遍实行了班主任工作职责制，充分发挥班主任在班级教学管理中的核心和桥梁作用；在全省1000多个教学班中，聘请了一批责任心强、作风正派、吃苦耐劳的班主任；各级党校也非常重视班主任工作，把优秀的党校教师和干部派到班主任工作岗位。通过他们的努力，涌现出了一批先进的教学班组，展现了党校函授教育工作者的良好形象。

二、1999年我省党校函授总体工作思路及主要任务

（一）用邓小平理论指导党校函授教育工作，不断端正函授办学指导思想。

高举邓小平理论伟大旗帜，用邓小平理论指导函授教育工作，就要深入贯彻落实党中央和中央领导同志关于党校函授教育工作的一系列指示，把工作重点继续放在总结经验教训、解决不容忽视的问题上，创造性地开展工作。各级党校函授办学人员，要用邓小平理论武装头脑，把思想和行动统一到十五大精神上来，增强从事党校函授教育事业的使命感、荣誉感和责任感。要坚持正确的政治方向，不断端正办学指导思想，坚决纠正把党校函授教育当作“三产”对待，克服“趋利”倾向，认真地执行“社会效益第一”的办学指导思想、“从严办学，质量第一”的办学方针、“严进、严管、严出”的办学原则。

（二）加强办学队伍建设，提高办学主体素质。

中央党校1998年函授工作会议确定，1999年为办学队伍建设年，并提出了建成一支“政治强，业务精 作风正，能担当培养高素质干部队伍重任、适应新世纪办学需要”的办学队伍目标。按照这个总目标，结合我省的实际，省委党校下发了《关于做好1999年党校函授办学队伍建设年各项工作的意见》，省委党校函授学院制定了具体的“两支队伍培训规划”并将从1999年开始全面实施。各级党校要高度重视这项工作的重要意义和作用，采取切实有效的措施，经过明年及今后几年的努力，把这项工作抓紧落实，实现办学队伍建设目标。

（三）努力做好1999年的招生工作。

1999年的函授招生工作仍要按照“抓住机遇、控制规模、严格要求、保证质量”的原则去进行。有的同志对党校函授明年的招生信心不足，认为随着下岗、机构改革的实施，人心不稳，干部学习积极性不高，这是一种片面的理解。正因为如此，广大党员干部要求继续学习和深造的愿望更为强烈，党校函授教育要以党校为依托和阵地，去充分挖掘党校教育的更大潜能，拓展党校教育的功能，既服务和满足了广大党员干部的需要，又通过函授办学促进党校教育的发展。在明年的招生工作中，一定要按胡锦涛同志的指示，严格把好入学关，特别是本科，要严格进行报考资格审查，对弄虚作假、败坏党校办学形象的，凡举报必查处，对当事人和直接领导要追究责任，决不姑息纵容。党校是党的学校，不容许社会办学中的不良行为渗入我们党校办学中来。

（四）继续做好函授教育评估工作。

党校函授教育评估工作已进入验收和整改阶段。明年函授教育评估工作的重点是巩

固评估整改的成果，迎接总院检查验收。总院明年初要对我省的教育评估工作进行验收。省委党校校委对教育评估工作高度重视，专门成立了相应的领导机构和办事机构，明确了各自的职责，投入了大量的人力、财力和物力。函授学院的硬件建设已上了一个台阶和档次，办公条件和教学条件也得到了相当大的改善，教育评估的各项材料准备也比较充分。校委还决定加大投入，建成函授学院的计算机管理系统，各科室办配置微机并联网，实现教学管理和办公的自动化。各级党校要把辅导站整改作为明年一件十分重要的大事抓紧、抓好、抓落实。

（五）以“管”为中心，以“改”为动力，全面提高党校函授教育质量。

党校函授工作点多、面广、线长，工作复杂、难度大，各过程联系紧密。为加强教学管理，明年应重点抓好以下三个方面。

第一，要切实加强党性教育。学区、辅导站过去在加强学员党性教育上做了大量工作，特别是通过近年来的教育评估工作的促进，党性教育取得了明显的成果。但从党校函授教育培养目标和全面落实《关于党性教育与党性考核实施意见》来看，还有很大差距，有的学区或支部没有党性教育计划，未能自觉地、经常地把党性教育贯穿于教学全过程及各个环节，党性教育流于形式。明年，各学区（班）一定要把党性教育切实抓起来，勇于探索学员党性教育的新形式和好经验，使学员在知识和能力提高的同时党性也得到增强。

第二，要严格把好教学关。要坚持择优选聘教师，坚持教师面授质量考评制度，努力提高面授教学质量，增强教师讲课的吸引力，坚决杜绝函授教师的人情关，把优秀教师请上讲台；要进一步严格学员面授考勤制度，提高到课率，省委党校函授学院、学区要对各教学班的到课情况进行经常的督促和检查；要进一步加强学员自学管理，体现函授教育“有指导的自学”的教学方针和原则，采取有效的措施，强化对学员自学的管理、考核和检查，并总结和推广好的自学经验。

第三，要严格把好考核关。尽管近几年加大了对考风考纪的整治力度，考风考纪已有了明显的好转。但由于多方面原因，考风考纪还不尽人意，考试违纪舞弊现象时有发生，个别地方考风考纪还存在较严重的问题。各级党校必须保持清醒的头脑，要看到整治考风考纪的紧迫性、长期性和艰巨性，必须常抓不懈。省委党校函授学院明年要把端正考风严肃考纪作为一项重要工作来抓，争取通过采取各种办法和措施，实现考风考纪的根本好转。各级党校要密切配合，把整治考风考纪作为一项系统工程，使措施到位，责任到位。

当前党校函授教育面临十分繁重的任务，让我们以邓小平理论为指南，弘扬伟大的98抗洪精神，团结一心，奋发进取，为培养党的高素质干部队伍，为党校函授教育事业的健康发展，再创辉煌。

明确任务　振奋精神
为建设一支高素质的办学队伍而努力

——在新疆党校1998年函授教育工作会议开幕式上的讲话

新疆自治区委党校常务副校长　罗远富

同志们:

新疆党校1998年函授教育工作会议今天开幕了，我代表自治区党校校委，对出席会议的各位代表表示热烈的欢迎，并通过你们，向辛勤工作在党校函授教育第一线的同志们表示衷心的感谢和亲切的问候!

这次会议的主题是:以十五大精神为指导,高举邓小平理论伟大旗帜,认真贯彻江泽民总书记视察新疆时的重要讲话精神,贯彻胡锦涛同志对党校函授教育一系列指示精神,落实中央党校函授学院1998年10月工作会议精神,加强办学队伍建设,提高办学主体素质,进一步提高党校函授教育办学质量。

下面，我就进一步做好党校函授教育工作讲几点意见:

一、认真领会江泽民总书记在新疆视察时重要讲话精神，进一步增强做好党校函授教育工作的使命感和责任感

江泽民总书记今年7月在视察新疆工作时，总揽国际国内形势，高屋建瓴，对新疆的发展、稳定和干部队伍建设作了重要讲话，这是中央高度重视新疆的发展和稳定，实施加快中西部发展战略，支持新疆优先发展的集中体现，是我们维护祖国统一，维护民族团结，维护社会稳定，反对民族分裂主义的强大思想武器，是鼓舞新疆各族干部群众艰苦奋斗，开拓进取，实现跨世纪宏伟目标的动员会，是做好新疆各项工作的纲领和指针。我们党校教育工作者必须认真学习，深刻领会，并在实际工作中加以贯彻。

新疆面临着千载难逢的历史性发展机遇。能否抓住机遇，实现新疆经济的腾飞，实现社会进步，关键在人，关键在于有一支用邓小平理论武装起来的高素质干部队伍。正如江总书记在讲话中指出的：要把党的十五大精神贯彻落实好，把中央关于新疆工作的方针政策落实好，把新疆改革和建设的各项事业推向前进，关键在干部，关键看全区各族干部的素质和工作水平。

党校是轮训和培训党员领导干部，培养党的理论队伍，学习、研究马克思列宁主义、毛泽东思想、邓小平理论的重要阵地，是干部增强党性锻炼的熔炉。在贯彻落实江总书记关于建设一支高素质干部队伍方面，担负着光荣的重大使命。党校函授教育是党校教育的重要组成部分，是提高各级领导干部理论素质和知识水平的重要渠道，在加强自治区干部队伍建设中，同样负有重要的历史责任。

历史正把党校教育，把党校函授教育推到一个重要的历史地位上来，这不是一种荣誉，也不是一种待遇，而是一种责任。我们应当从新疆全局的高度，充分认识新形势、新任务赋予党校的神圣使命和历史责任，从战略的高度给党校工作、给函授教育工作定

位。我们党校教育工作者，党校函授教育工作者，要从政治的高度来看待我们所从事的极为严肃的干部教育事业，要增强做好党校函授教育工作的使命感和责任感，坚定不移地坚持正确的政治方向，严肃认真地贯彻“社会效益第一”、“教育质量第一”的办学指导思想。坚决克服重经济效益、轻社会效益，把党校函授教育看成是单纯创收手段的思想，克服重数量，轻质量，重招生，轻管理的思想，从根本上解决“为什么办学”和“培养什么样的人”的问题。

二、贯彻江总书记的讲话精神，新疆党校函授教育工作要有新观念、新思路和新举措

江总书记指出，提高领导干部的素质，一是要不断提高各级干部的理论素质和知识水平；二是要不断加强干部队伍的思想政治建设，增强各级干部，特别是领导干部的政治敏锐性和政治坚定性；三是要大力发扬党的优良传统，在各级干部中树立一个好的思想作风；四是要大力加强基层组织建设，认真做好对广大群众的思想工作和组织工作。我们一定要按照江总书记的要求，围绕新疆稳定和发展的主题，做好党校函授教育工作，使党校函授教育在新形势下，有新的提高和发展。

1. 根据函授教学实际，深化教学各环节的改革，在教学内容上，要进一步突出邓小平理论的地位，充实有关邓小平理论方面的内容，广泛宣传江总书记视察新疆时重要讲话精神和自治区党委一系列重大的方针、政策。在教学方法上，要继续贯彻理论联系实际的方针，使广大学员深入领会高举邓小平理论伟大旗帜的意义，把握这一理论的科学体系、历史地位和指导作用；深刻认识新疆具有的特殊重要的战略地位和下世纪将成为我国经济增长的重要支点，明确新疆跨世纪的经济社会发展战略；深刻认识高举民族大团结的旗帜，维护祖国统一，反对民族分裂的重大意义，牢固树立马克思主义民族观和宗教观，真正做到在大是大非问题上，认识不糊涂，态度不暧昧，行动不动摇，立场坚定，旗帜鲜明；进一步认识搞好新疆工作关键在于加强党的建设，提高各级干部的素质，增强政治敏锐性和坚定性。

2. 要不断增强质量意识，全面提高办学质量。质量问题是党校教育的首要问题。质量问题的实质是我们培养的人才是否合格，是否达到党和国家规定的要求，能否适应改革开放和社会主义现代化建设的需要。质量是一面旗帜，它直接关系到党校函授教育的社会作用和声誉，关系到党校函授教育事业的盛衰兴亡，是我们的生命线。贯彻锦涛同志对函授教育重要指示，抓办学质量，决不是一阵子的事；必须反复抓、抓反复，一刻也不能放松。提高党校函授教育质量，就要求我们坚持“严进、严管、严出”的办学原则，把胡锦涛同志对党校函授教育的指示精神，落实到教学管理的各个环节中，采取有力措施，加大管理力度，不断提高办学水平。

3. 要强化素质教育，培养创造性人才。面对当今知识经济对成人教育提出的更高要求，党校函授教育要适应知识经济的需要，适应社会的需要，不能像以前一样，在党校函授学历教育中只强调学员的知识教育，而忽视学员的素质教育。要把办学重心转移到素质、能力、创造力及应变能力的培养上来，以便为党培养更多的合格人才，为新疆改革开放和社会主义现代化建设服务。同时要突出党校函授教育的特色，继续把党性教育融入函授教育之中，贯穿在教学的全过程，使学员真正通过党校学习，在知识、党性、能力等方面有显著的提高。

4. 在办学层次和专业设置上，要从自治区经济、社会发展需要出发，从培养高素质、复合型干部队伍要求出发。在办学层次上，要进一步创造条件，开办函授研究生班，以培养高层次的领导骨干。在专业设置上，应规范起来，对过去开过的专业做适当调整，可考虑设置贸易经济、行政管理、法律等专业。

三、搞好函授教育工作，关键要建设一支高素质的办学队伍

党校函授教育要更好地担负起培养高素质干部队伍的重担，就必须建立一支思想好、作风正、业务精的办学人员队伍。

新疆党校函授教育开办十年来，由于各级党校的共同努力，已建立起了一支有千余名教师和几百名管理工作者组成的办学人员队伍，他们伴随着党校函授教育事业的发展而逐步成长起来，为党校函授教育事业的发展作出了重要贡献。这支队伍与办学任务之间存在着相适应的一面，也存在着不相适应的一面。相适应的一面是基本的一面，主流的一面。但是，从目前情况来看，随着国内外形势的发展，随着我们办学层次提高，办学规模的扩大，尤其在当今条件下，各方面对党校函授教育的要求更高了，这支办学队伍也逐渐暴露出与办学任务之间不够适应的问题。教师总量不足，专业结构不合理的状况较为普遍，管理人员总体素质有待于提高等。为改善办学队伍的状况，近两年来，自治区党校采取了一些措施，加大了经费投入，各地州党校也采取了一些措施，总体上说，取得了一定的成绩，但是，还不够，还需要进一步加大这方面工作的力度。

中央党校函授学院十月工作会议提出了“加强办学队伍建设，提高办学主体素质”的总体目标和要求，我们要借这次会议的东风结合新疆党校系统的实际，扎实有效地把队伍建设工作搞好。这里，我谈几点意见：

1. 教师队伍建设，是党校教育的基础性工作，是我们办好教育的前提。毛泽东同志指出：“一个军事学校，最重要的问题，是选择校长、教员和规定教育方针。”可见，教师在办学当中的重要地位。所以，我们要求各级党校的领导要高度重视队伍建设，真正做到认识到位，组织到位，措施到位，经费到位。使教师队伍建设迈上一个新台阶。

2. 制定培训规划，确定出几年之内，队伍建设所要达到的目标，并根据这一目标，研究制定出一系列有效的措施，从而稳步推进办学主体素质的提高。要有重点、分步骤、多渠道地实施培训。干一件事是一件事，干一件事要成一件事，力戒形式，务求实效。

3. 把队伍建设工作和教学管理体制的改革密切地结合起来，逐步建立起一套有效的教学管理运行机制。引入竞争机制，做到奖惩严明，对于不能胜任授课的要及时予以调整。打破“大锅饭”，消除“论资排辈”现象，鼓励一批中青年教师脱颖而出。要用市场经济的观念建立大师资队伍，建立社会型的“师资档案库”。

4. 对管理人员队伍建设，最重要的是通过培训和工作实践，不断提高和加强对函授教育重要性及其在党校教育中的地位和作用的认识。使他们既要懂得教学规律，又要懂得管理规律；既要踏踏实实地做好各方面的工作，又要具有奉献精神；既要熟悉和掌握各项规章制度和政策规定，严格贯彻执行，不断提高管理水平，又要牢固树立为教学服务、为学员服务的思想，树立良好的工作作风，自觉抵制各种不良风气的侵蚀，做到为学清廉。

我们各级办学组织要充分认识到，加强办学队伍建设是摆在我们面前的一项重要而紧迫的任务。要切实改变对办学人员“要求多，关心少，使用多，培训少”的状况，把加强办学队伍建设列入到各级党校重要的议事日程，采取有力措施，认真抓好。

师资队伍建设和管理人员队伍建设，不是哪一个部门，哪一些人的事情，函授教育是党校教育重要的组成部分，加强办学队伍建设，提高办学主体素质，不仅关系到党校函授教育的健康发展，而且也关系到党校自身建设。因此，各级党校要在人力、物力、财力上做到通盘考虑，统筹安排，要贯彻“以学养学”的经费管理原则，保证队伍建设所需要的资金。在这个方面，要正确看待投入和产出的关系。加大办学投入，提高办学主体素质，可以使我们的办学质量稳步提高。办学质量提高了，党校函授教育才更有吸引力，更有生命力，才会有更多的同志希望上党校。自然，也就会有更好的经济效益。如果一味地强调经费紧张，舍不得投入，那就只能有相反的结果。

新疆党校函授教育已经开办十年了，十年的函授办学，可谓是硕果累累，取得了令人瞩目的成绩。新疆党校函授教育已经成为自治区干部培训的重要渠道。在它进入第二个发展的十年的时候，又面临着许多新情况、新问题、新的机遇和新的挑战。要适应这新的发展了的形势，就必须把办学主体建设好，办学主体素质提高了，才能更好地提高办学质量，更好地为培养高素质干部队伍服务。

同志们，让我们继续高举邓小平理论的伟大旗帜，认真贯彻江泽民总书记视察新疆时的重要讲话精神，贯彻胡锦涛同志对党校函授教育一系列指示精神，进一步振奋精神，增强信心。为培养高素质干部队伍做出更大的努力。

最后，预祝会议取得圆满成功。

以邓小平理论和十五大精神为指导 努力提高我省党校函授教育办学主体的素质

——在党校函授教育工作会议上的讲话

中共四川省委党校常务副校长 李锡炎

同志们：

一年一度的中共四川省委党校函授教育工作会议，今天在九寨黄龙的阿坝州隆重召开了。我代表中共四川省委党校校委和中共四川省委党校函授学院，向与会的全体同志表示热烈的欢迎，向对本次大会予以关心和支持的阿坝州委、州委党校的同志们表示衷心的感谢。

这次会议是在我省党校系统进一步贯彻党的十五大精神，深入学习邓小平理论，加大力度贯彻落实党校工作条例和胡锦涛同志关于进一步办好党校函授教育的指示的重要时刻召开的一次重要会议。会议的主题是：以邓小平理论和党的十五大精神为指导，深入贯彻党校工作条例和胡锦涛同志对党校函授教育工作的指示，围绕努力提高我省党校函授教育办学主体的全面素质这个中心，研究部署我省党校函授教育评估检查工作，在理论与实践的结合上探索党校函授教育规律，促进全省党校函授教育质量再上一个新台阶。

一、统一思想，充分认识提高办学主体素质对提高办学质量的重要意义和作用

俗话说，打铁先得自身硬。我们是施教者，自身不硬，怎么能把学生锻造成才？我

们肩负的是为党培养高素质干部队伍的重任，我们的培养对象主要是各级党政领导干部和各行各业的工作骨干，要使他们通过党校函授学有所获，学有所用，学有所进，使之在知识、能力、党性三方面得到同步提高。要达到这个目的，关键在于我们的教学质量；要保证教学质量，关键在于我们拥有一支过硬的教师队伍和管理队伍。如果我们的教师队伍自身素质不高，何以为人师表，何以言传身教？如果我们的管理队伍素质不高，谈何加强科学管理，确保各项制度、条例得以正确执行？因此，要提高办学质量，必须抓住关键、抓住重点，要从全面提高办学主体自身素质入手，先把自身塑造好，才能去塑造别人。只要把这个问题解决好，其他问题就比较好解决了。我们可以通过高质量的办学参与教育市场的竞争，求得巩固和发展；通过巩固和发展进一步改善我们的办学条件；通过办学条件的改善再进一步促进办学质量的提高，从而形成良性循环、稳步发展的局面。

全面提高办学主体素质，首先要提高办学主体的思想政治素质。这是我们提高办学主体素质的重点。党校函授教育工作者要把坚定正确的政治方向放在首位，就必须从思想上根本解决“为什么办学”和“培养什么人”的问题，这就要始终坚持把为党培养高素质干部队伍作为党校函授教育的唯一宗旨和根本任务，坚定不移地贯彻“从严办学，质量第一”的办学方针；要量力而行，适度规模；强化基础，加强管理；真抓敢管，严肃纪律；“以学养学”，舍得投入。只有高质量的办学，才能为党培养高素质的干部队伍。

提高业务素质，是我们提高办学主体素质的主要内容。对教师来讲，业务素质包括专业知识的积淀、知识更新的速度、传播知识的技能等方面；对管理人员来讲，它包括对教育理论、管理理论的掌握和对现代管理技术和管理手段的运用，驾驭和处理具体问题的能力等方面。我们的办学主体业务素质的高低，对整个办学质量起着决定性的作用，师高才能弟子强，只有想方设法，花大力气，提高我们办学主体的业务素质，才能进一步提高教学质量。下个世纪是知识经济的时代，世界各国的竞争，归根到底是人才的竞争，是知识的竞争。特别是科学技术的迅猛发展，知识更新非常之快，新的信息如滚滚洪流，谁能拥有高素质的人才，站在知识的最前沿，谁就拥有未来。我们是教育者，理当走在时代的前列，率先掌握先进的科学知识和新的信息，并通过课堂这个媒体传播给受教育者。现在，我国不论是教育部门、大专院校、干部管理部门，都在做教育这篇大文章，已逐步形成了全面竞争的态势，这是市场经济条件下的必然趋势。教育的竞争，有利于提高效益和教学质量，它也遵循着优胜劣汰这条市场经济既残酷而又公平的法则。如果我们不能拥有一支过硬的教师队伍和管理队伍，在激烈的教育市场竞争条件下，我们就会丧失竞争力，就会被淘汰出局。

此外，是否树立起务实创新的工作作风，是否具备开拓进取的精神，是否坚持解放思想，实事求是的思想路线，是否具有良好的职业道德风范，是否有为学员服务的思想，是否注重和善于开展调查研究，是否敬业爱岗等，也是衡量我们办学主体素质高低的重要尺度。

党校函授教育是一项开创性的事业，责任相当重大，工作相当繁重，我们的办学人员如果没有开拓进取和爱岗敬业的精神，没有务实创新的工作作风，不能解放思想，实事求是，而墨守陈规，不重视和善于开展调查研究，到下面去了解新情况，总结新经验，解决新问题，而浮在上面闭门造车，就不可能把这项开创性的事业办好。特别是我们现在办学规模已经上去，而办学队伍相对滞后，更需要我们现有的办学人员以高度的政治责任心和神圣的使命感，发扬艰苦奋斗的创业精神，爱岗敬业，勤奋工作，各司其职，各尽其责，各显其能，既真抓实干，又开动脑筋想问题，创造性地开展工作。只要我们同心协力，全院上下拧成一股绳，劲往一处使，再大的困难我们也能克服，再难的关我们也能攻下。

二、实事求是，正确估价党校函授教育办学主体素质的现状

我省党校函授教育，从开办之日起，已经走过了12个年头。在这十余年里，我们坚持以建设有中国特色社会主义理论为指导，努力贯彻理论联系实际的方针，紧紧围绕为四川改革开放和现代化建设培养合格人才的宗旨，勤奋工作，大胆探索，开拓进取，逐步发展成为全省范围的以在职干部为主要对象的干部教育实体，成为我省干部教育的一支重要方面军，取得了令人瞩目的办学成就。加快了我省干部培训步伐，为我省社会主义现代化建设培养了大批人才；拓展了党校教育的功能，促进了党校的自身建设；进一步密切了各级党校的联系，扩大了党校的社会声誉。但是，应该认识到，我们办学主体的素质还有待于进一步从整体上提高，从个别上解决素质不高的问题。

第一，教师队伍的数量与现有办学规模不相适应。有的辅导站，就那么三五个教师，却担负着数百名甚至上千名学员的几十门课程的教学任务，很多县级党校的教师每学期承担三四门不同课程的教学，如此多的课程，如此大的工作量，几个人怎能完成？毫无疑问只能是疲于奔命，无暇深入研究和充分准备，从何谈提高教学质量呢？

第二，知识结构不合理，知识更新的速度慢，不适应社会主义市场经济条件下教学的需要。我们省市地县各级党校的教师队伍普遍存在马列主义基础理论课教师强而专业课特别是新兴学科教师严重不足的现象。很多专业课和专业基础课的教师不得不外聘。外聘教师不是不好，但往往外聘教师不熟悉我们的教学对象，难以做到因材施教，特别是从机关聘请的教师对教学规律缺乏了解，缺乏教学技巧，尽管他们不乏深厚的专业知识，但教学效果并不一定好。另外，当今已迈入知识经济时代，信息时代，知识老化的周期愈来愈短，要求知识更新的速度越来越快，要赶上时代，必须随时“充电”，进行知识更新。

第三，管理队伍数量不足，整体素质有待提高。按规定学区一级每500名学员应配备一名管理人员，很多学区达不到这一标准，有些学区规模已达上万名学员，管理人员还是那么几个人，小马拉大车的矛盾十分突出。由于人少事多，穷于应付，往往工作浮在面上，不能够深入调查研究，及时发现新情况，解决新问题，总结新经验，摸索新规律，创造性地开展工作。从管理队伍的业务素质来讲，还需要加强现代管理理论、教育理论的学习和研究，还需要尽快掌握现代管理技术和管理手段，还需要加强对党校函授教育自身规律的探讨，变被动为主动。

第四，个别办学人员素质不高，影响党校函授教育的整体形象。我们有些办学人员缺乏应有的政治素质，没有正确的办学指导思想，不严格坚持从严管理，质量第一的办学方针，不注重党校办学的社会效益，而把经济效益放在首位，只重招生，不重管理，舍不得花钱改善办学条件，舍不得在教学和管理上投入，造成教学质量不高，管理混乱的现象。甚至有的管理人员为迎合部分学习动机不纯的学员的心理或达到某种个人目的，不认真执行学院的各项规章制度，不严格管理，不坚持原则，睁只眼闭只眼，放纵学员考场作弊。聘请的个别主讲教师，缺乏应有的师德，不认真向学员传播知识，而利用出题的机会向学员泄题。以上列举的现象，虽属个别，但影响很坏，我们对此应引起足够的重视，不然，我们辛辛苦苦奋斗十余年树立起的党校函授教育形象也会自毁的。

三、采取有力措施，为建设一支高素质的干部教育队伍而努力奋斗

（一）进一步健全函授教育管理机构，充实、加强函授教学管理队伍。要树立“精兵强将办函授”的意识，精心选配函授教育机构的领导，并根据函授工作的需要，选调思想好、作风正、懂教学、会管理的干部充实函授教学管理队伍。函授学院今后拟举办新任函办主任、辅导站站长、班主任及学籍管理人员业务培训班，并为函授工作人员提供异地考查、参观学习的机会，以开阔视野，启迪思维，为我们的工作不断注入新的活力。

（二）加大函授师资培训力度，试行教师持任课资格证书上岗制度。首先要摸清党校函授师资队伍的家底，对每位教师的所学专业、教龄长短、任课科目、教学效果等作到心中有数，并建立相应的师资档案。在此基础上，函授学院要本着“干什么学什么，缺什么补什么”的原则，制定出长短结合的、系统性的师资培训规划，强化师资培训的针对性，加大师资培训的力度，持之以恒，争取用三至五年的时间，比较彻底的解决党校函授师资数量不足、水平参差不齐、学科不配套的突出矛盾。同时，要继续坚持行之有效的新开课程备课会制度，改革备课会运作模式，把备课会发展成为备课与观摩教学并重的、生动活泼的教研活动。以此为基础，学院将试行由各分院根据我省《党校函授教育工作暂行条例》的有关精神，结合教师参加学院师资培训及备课会的情况，审定所属教学站、班上报的各科拟任辅导教师任职资格，对合格者颁发相应的任课资格证书。每位教师取得任课资格的科目最多不得超过三门。试行教师任课资格证书制度之后，教师须持证上岗，凡未取得该证书者，分院不得聘为函授任课教师。为保证函授师资培训的正常进行，今后学院及各分院、辅导站均要从学费提成中拨出一定的比例建立师资培训专项经费，实行专项管理，专门用于教师培训、进修、调研考查活动和用于奖励优秀教师。

（三）深入开展党校函授教育理论的研究，不断探索和掌握党校函授教育规律。这既是提高党校函授办学主体素质的需要，从长远看，更是党校函授教育跨世纪发展的需要。只有真正认识和掌握了党校函授教育的规律与特点，我们才能更加自觉地运用这一规律来指导函授教育实践，减少工作中的盲目性，增强工作的预见性、科学性与实效性，切实提高函授教育质量。我省各级党校应将此当作一件大事来抓。我们这次会议交流了各分院提供的 20 多篇研究党校函授教育规律的论文，即是一个良好的开端。同时，我们还承担了中央党校函授学院交给的《党校函授教育学》一书的撰写任务，作为向中央党校函授学院建院 15 周年的献礼项目。相信通过该书的撰写过程，将在更大的范围、更高的层次上把我省对党校函授教育规律的研究推向新的阶段。

（四）强化党校函授办学实体奖优罚劣的激励机制，充分调动广大函授教育工作者的积极性，形成人人为争创一流办学实体作贡献的良好风气。十几年的实践证明，我省党校函授教育队伍是一支特别能战斗、特别能奉献的队伍，是党校教育事业的宝贵财富。党校领导要更多地支持他们的工作，在政治上、工作上、生活上给予他们更多地关心和爱护。同时，也要进一步建立健全各项规章制度，奖优罚劣，进一步规范党校函授办学实体及其工作人员的行为，通过各种行之有效的形式，把党校函授教育办学实体及其工作人员的积极性、创造性引导到更高的层次。在这个方面，目前首先要集中精力抓好中央党校和我省党校的函授教育评估检查工作。这次评估检查，是提高办学主体素质的必要举措，是评价各校函授教育办学实力和教学质量的重要途径之一，各校应高度重视这次评估检查工作，以评估为契机，总结经验，找出差距，制订整改措施，使工作跃上一个新的台阶。学院将根据这次检查评估的结果，对工作突出的先进分院给予表彰，并在制定招生政策时予以重点扶持；对办学质量差又整改不力的分院，则要实行控制招生规模，直至取消其办学资格的处置。对优秀的函授工作人员和教师，也要大张旗鼓地予以表彰，并给予精神与物质的奖励。对不合格的函授工作人员和教师，经批评教育仍无改变的，要坚决调离函授教育工作岗位。在奖优罚劣的问题上，我们一定要敢于坚持原则，敢于"逗硬"，否则，提高党校函授教育办学主体的全面素质就难以真正落到实处。

提高认识 制定计划
切实搞好党性教育课教学

——在安徽分院党性教育备课研讨会上的讲话

(1998年9月9日)

中共安徽省委党校副校长、分院院长 王树勤

这次在阜阳召开的省委党校函授学院党性教育备课研讨会既是一次党性教育的交流，同时对于参加会议的同志来说，也是一次党性教育的好机会。党校强调讲党性，强调党性锻炼，要求对学员进行党性教育，我们从事党校函授教育的领导、工作人员和教师首先要加强自身的党性教育。中央党校函授学院将党性教育做为一门系统的课程纳入函授教学计划，这在党校函授教育的历史上还是第一次。我们召开这次备课研讨会就是想为大家提供一个相互交流的机会、学习的机会、研讨的机会。

这次会议，受到各学区的重视。有的学区是分管函授教育副校长来参加，还有一些学区的常务副校长也来参加会议。这反映了党校领导同志对函授教育、对函授学员进行党性教育工作的重视。大家认为这次会议开得必要、开得及时、开得很好，不仅传达了总院的会议精神，探讨了一些问题，对党性教育的方式、方法和考核等方面也提出了很多好的建议，达到了会议的预期目的。

通过交流，大家对党性教育的重要性有了较高的认识，在党性教育是函授教育的灵魂，是保证函授教育"四位一体"的目标得以实现的重要环节等方面达成了共识。各学区提供的书面发言材料对党性教育的必要性、重要性、途径、方法等方面做了理论上的探讨，很有借鉴作用。在讨论交流中，各位代表都很投入，发言积极，介绍了经验，提出了意见和建议，我想在大家讨论发言的基础上，再提几点意见，供大家参考。

一、要进一步提高对函授学员进行党性教育必要性的认识

提高对函授学员进行党性教育必要性的认识，首先是由党校的性质决定的。党校是

在党委直接领导下培养党员领导干部和理论干部的学校，是学习、研究马列主义、毛泽东思想、邓小平理论的重要阵地，是干部增强党性锻炼的熔炉。1990年中央文件指出“党校全部活动都要突出党性”。江泽民同志明确要求：“办好党校，培训好干部，必须十分重视和加强学员的党性修养，把党性教育作为党校的必修课。”把党性教育作为党校的必修课、党校全部活动的重点，这就决定了党校无论是主体班次培训，还是函授教育，都必须开设党性教育课内容。这是党校的性质和作用所决定的，也是学员在校学习期间进行党性锻炼的重要内容、关键环节和改造世界观的自我教育活动。所以，党性教育是党校教育包括党校函授教育的题中应有之义。

其次，对学员进行党性教育也是由党校的教育方针决定的。“一个中心，四个结合”的党校教育方针其中一个结合就是学习理论与党性锻炼相结合。理论学习固然重要，也是增强党性的重要内容和重要途径。但是，理论学好了，不等于党性就增强了。我们讲党性锻炼要融会于理论学习全过程，融会于各学科的教学中，同时还要集中一段时间对学员进行党性教育，深化对理论的理解，并运用理论改造自己主观世界，二者相辅相成，不能互相替代，也不能忽略任何一个方面。

再次，从党校函授教育的宗旨与目标看，为社会主义现代化建设事业培养具有高等文化程度，忠诚于马克思主义，德才兼备的党员领导干部和骨干人才，坚持“理论、知识、党性、能力”四位一体的培训目标，其中党性是灵魂，没有坚强的党性，不可能忠诚于马克思主义。所以，必须对函授学员进行党性教育。

最后，从形势发展的需要看，我们也要加强对学员的党性教育。当今的世界发生了很大变化。东欧的剧变，前苏联的解体，德国的统一使社会主义阵营发生了变化。国际共产主义运动处于低潮，西方敌对势力加紧对我“分化、西化”。随着社会主义市场经济体制改革向纵深发展，各种矛盾、困难逐渐显露出来。党内和社会上腐败现象屡禁不止。在这种形势下坚定信念尤其重要。而实际情况又如何呢？我们在肯定大多数党员干部信念坚定的同时也要看到，一些党员干部理想淡漠、信念动摇，对社会主义、对党失去信心，有些人道德败坏，违法乱纪，其根本原因就是放松了理论学习，放松了思想改造，理论根基不牢，政治上就要动摇。所以，在新形势下必须加强对学员的党性教育，加强理论学习，使我们的学员永葆共产党员的先进性，增强抵御各种风险的能力，始终坚定不移地贯彻执行党的基本路线不动摇，坚定不移地走建设有中国特色的社会主义道路不动摇。

二、要把党性教育贯穿于函授教育的全过程

党性教育既是独立的一门课程，有自己的理论体系，同时又融会到马列主义、毛泽东思想和邓小平理论中，它既从学员的理论水平、思想水平反映出来，同时，又体现在党员的言行上，因此，必须把党性教育融会到函授教育全过程。

在函授教育中，将党性教育贯穿全过程，要注意以下几点：

1．要因地、因人、因时制定切实可行的教育计划。

全省党校函授虽成系统，但因地域、文化不同，专业设置不同、学员文化素养和对知识要求不同，因此必须因人、因地、因时制定教育计划。分院将在这次会议的基础上根据总院的部署和各学区讨论的意见形成一个指导性文件下发各学区。各学区、辅导站也要严格按照总院的要求从本地实际出发，认真制定各自的教学计划。计划要包括党性

教育的指导思想、目的、要求、教育内容、时间安排、方法步骤及其考核办法等。党性教育教学计划既要有学期的短期计划，也要有二年半或三年的长期计划。教育计划不要求“一刀切”，方法步骤也不要求千篇一律。可以先探索，在探索总结基础上再完善、规范。对于教学内容的要求，针对不同层次的学员要有所区别。对于大专班学员着重进行党的基本知识的教育，以增强党性意识，坚定共产主义信念，时刻不忘自己是一名共产党员。牢记党的宗旨、党员条件、权力和义务；对于本科班学员要求加强党性理论的学习及马列原著的学习，达到一定的理论水平，牢记共产党员的称号，坚定不移贯彻执行党的基本路线，坚定共产主义信念；对领导干部班学员则侧重于加深对理论的理解和现实问题的分析，解决党性的核心问题，即政治方向和政治立场问题。全心全意为人民服务，密切联系群众。同时，还要结合改革开放和现代化建设实际，结合党委、政府的中心工作，结合典型事例分析，结合个人思想实际进行教育。总之，对不同层次的学员要有不同层次的要求。

2. 要发挥好“五个作用”，抓好“六个环节”，组织好“三个系列活动”。

这是总结了大家在讨论中的发言而提出来的。“五个作用”就是指班主任的作用，班委会的作用，临时党支部的作用，教师的作用和函授办公室的作用。为发挥好这五个作用，各地要根据自身情况适当增加投入，提供必要的经费保证。“六个环节”即入学教育、面授考勤、批阅作业、考风考纪、论文的写作与答辩、毕业时的党性锻炼小结和个人总结六个环节。“三个系列活动”分别是评优表彰活动、班组活动和社会调查活动。

这里需要强调的是，各级党校函授办公室作为职能部门要充分发挥组织协调和管理作用，上级函办对下级函办要加强指导、检查和督促。通过发挥方方面面的作用，具体抓好每个环节，做到工作落实、人员落实、活动落实，一定能收到党性教育的良好效果。

3. 切实组织好党性教育的教学活动，并与各学科教学紧密结合。

要组织好党性教育课的教学，教师是关键。因此，在实施教学计划之前，一定要把好教师的选聘关。要选那些教学能力强，有较高的理论素养，责任心、党性强的同志担任党性教育课教师。要求教师要吃透教材、吃透党章、吃透中央文件精神，了解党员思想实际和在党性方面存在的带有普遍性或倾向性的问题，在分析的基础上认真备课，这样的课讲起来才能入脑、入心。教研室在授课前要进行集体备课，或安排教师试讲，集思广益，可使教师把握住教学内容的重点、难点，理清教学思路，避免教学中出现内容交叉或无法衔接的现象，把党性教育课讲精、讲透、讲活。另外，还要注意把党性教育的内容有机地融会到其他学科的教学中去。通过对理论和社会热点问题的释疑解惑，解决学员的认识问题，比如，我们发展社会主义市场经济，在利益格局调整的情况下，出现了分配不公、收入差距拉大，有些人心理失衡，产生失落感、埋怨情绪，甚至怀疑社会主义；又如，国有企业改革目标之一，减员增效，出现职工下岗，对国有企业公有制怎么看？对社会主义优越性怎么看？再如，惩治腐败，效果不尽如人意，有人怀疑党能否从根本上铲除腐败。还有一些深层次的理论问题，如马克思主义还有没有生命力？社会主义取代资本主义还有没有必然性，市场经济和社会主义又能否结合好，等等。对这些问题的认识解决不好，对党员干部的信念、信心，精神状态以及对改革开放和社会主义现代化建设都会产生负面影响。所以，我们可以结合函授各学科的教学从理论与实践的结合上加以解决，达到增强党性的目的。

4. 抓好党性教育的考核和总结，形成合理的考核制度。

党性教育的考核问题是这次会议中大家关注的重点。通过交流，在以下几个方面达成了共识。首先，大家认为，党性教育作为一门课程一定要进行考核。其次，党性教育的考核指标要明确，要分解，细化为可测的指标。最后，考核的成绩要记入总分，纳入学员学习档案等等。这些意见都很好，可以考虑采纳，并在今后教学中不断完善。

目前，考核的方式是否可以考虑以下几种：对于党性教育的理论和知识可以进行卷面考核。对于平时作业的考核要有评语、有分数。党性教育课的考勤要记分，最后经折算记入总成绩。每学期要有学习的小结或心得体会。参加班组活动和社会活动进行实践考核。此外，也可同学员所在单位的意见结合起来进行考核。总之，考核办法在总院、分院没有明确的情况下，各学区、辅导站可以大胆探索，总结经验。

党性教育是党校教育的特点与优势，但长期以来依然显得薄弱，究其原因主要是领导抓的力度不够，没有系统的教学计划，没有系统的教材，目标要求不明确，考核措施也不完善，使大家在实践中难以操作。我们希望通过这次会议作为一个新的起点，以后每年都召开一次党性教育的交流会，总结经验，研讨问题，争取将党校函授的党性教育搞得更好，推动党校党性教育的开展，以使党校的党性教育出现一种新的面貌。

三、会议精神的贯彻落实问题

这次会议对函授教学来说是一次很重要的会议。参加会议的函办主任，回去后要向分管校长和校委汇报会议精神，同时要将结合实际制定出的党性教育计划以及需要领导解决的人员、经费问题一并汇报，以引起分管校长和校委领导重视，从而加大党性教育的力度，切实保证会议精神的贯彻落实。各位教师，大家要将会议精神吃透，把教材吃透，尽快拿出党性教育课的授课提纲和讲稿，并将会议的精神和自已备课的情况向教研室同志做个汇报，作为一次集体备课，以便集思广益，共同搞好党性教育课的教学工作，力求1998新学年开学党性教育课开讲成功。

在全路党校函授工作会议闭幕式上的讲话

铁道部党校常务副校长 蓝务帛

十几年来，铁路党校函授教育在培养干部、提高干部素质方面起了很大作用，取得很好的成绩。在已经毕业的学员中有相当一部分走上了领导岗位、相当一部分取得了技术职称或成为单位的骨干。即使有的同志没有走上领导岗位，但通过函授学习，自身素质也得到了很大提高，从知识面到认识水平、工作能力都有很大提高。这两年，全路各学区、函授站做了大量工作，应该说在解决质量问题上，又上了一个台阶。涌现了一批先进函授站，他们的工作是过硬的。在抓质量方面，应该说我们做了很多工作，领导同志包括直接从事函授教育的领导下了很大的决心。取得这些成绩应该说有这么几个因素：第一，胡锦涛同志对党校函授工作的重视，他连续七次批示，对我们是个鞭策，也给我们指明了一条怎么样抓好函授工作的很好的途径。第二，中央党校和总院负责同志的努力，我们各个党校的负责同志重视，认真对待函授教育的质量问题；第三，视导委的老同志积极主动、认真的工作，他们在进行巡视的过程中，抓住质量不放，有些领导同志亲自到考场巡视，去指导工作、去监考；最后一点，是学员经过学习，提高认识，明确了自己虽然毕业取得毕业证书，但不应是伪劣产品，而应是名符其实的大学生。

在充分肯定取得的成绩的同时，要看到存在问题，我着重围绕着质量问题讲一下我个人的认识：前面发言的同志也提到，质量是函授教育的生命线，我认为，在当前比较关键和特殊时期，尤其如此。张志新副校长跟我讲过，铁路系统的函授搞得不错，看了你们几个地方，管理水平、考场纪律比有些方面、有些地方高一个档次。但我们应保持清醒的头脑，我们仍存在着违纪行为。从去年上半年开始，部党校采取五名校委委员把阅卷最后一关的措施。形成一整套试卷保管、分发到审核的非常严格的制度，每个环节都有章可循。通过这些措施阅卷情况很好，但考场仍有问题，从试卷上可以看出来，这就要求我们看到不足。解决影响教学质量的这些问题，有几个错误认识必须要解决：一个是对党校函授教育总的认识不清，是不是来了、交了钱就给文凭？做函授工作的教师如果认识不明确就不可能去抓好质量问题。毛主席说过，共产党是最讲认真的。但你目的不明确，怎么可能认真呢。如果说，领导同志、搞函授工作的同志认同这种不正确的心态，就不可能认真严格的管理，不可能撕开情面，不可能认真去抓。所以首要的是认识问题，对我们为什么办函授认识清楚，还有那些大家在发言中也提到了方方面面的问题，像人情的问题，客观上抓管理、抓质量抓太严了，把学员严跑了等等。如果我们大家都能正确认识我们党校函授教育的宗旨是培养高素质的干部，时时用这个宗旨指导我们的办学，上面提到的种种错误认识，种种客观压力也就容易化解了。有的学员说，我就是要个文凭，要文凭不是坏事，但是你的文凭必须是真真正正的文凭，大家对伪劣商品咬牙切齿，那为什么对培训领域的伪劣产品，觉得可以理解，可以原谅呢？所以还是要回头来讲，从最根本的问题来抓，从办学的宗旨、学习的宗旨方面讲清楚，在学员中明确学习目的，只有通过自己努力取得的文凭才是过硬的。如果真正做到这些，我们办学中的许多问题就容易解决了。

下面谈一谈管理和教学。党校函授教育的管理是具有特殊意义的，一方面不同于普通高等教育，学员分散、具有相当难度；另一方面，又不同于自学考试，自学考试不管教学，只管报名考试。我们党校函授教育有面授，是有指导的自学，有党性锻炼、作业等。难度很大，又要把全过程管起来，又有特殊性，要抓好管理中的各个环节，从报名、录取、授课、作业、考试到最后的毕业论文答辩，这些环节都要管好。这其中考试是“牛鼻子”，因为诸环节中考试如果过硬的话，可以促进其他工作，所以要看考试敢不敢照章办理。管理上去，我们培养高素质干部的目标才不会落空。目的明确，管理各环节搞好了，教学上不去，质量同样不行。教学是双方的事，教是一方面，教师是主导，学是学员，是主体。教师很辛苦，因为铁路点多线长，要到现场去面授。我们的教师很认真，但有问题，有的教师带二门三门课，甚至五、六门课，但教的效果不好把握。有的教师讲函授课不像讲主体班次课那样认真，其中有两方面原因，一个是认为函授课没什么好讲的；第二个是到课堂上看到学员稀稀拉拉的，没情绪，所以备课不愿多花功夫。这是教师的认识问题。所以教师要提高水平，思想上要重视。学的方面通过加强学员的党性教育和党性锻炼，抓思想教育。提高学员对学习目的的认识，促使学员摒弃那种投机的心理。解决好这些问题，领导的态度至关重要，今天，常务副校长、主管函授的副校长都来了，要下决心、下狠心，实实在在的把各项措施落到实处。分院理所当然要组织好教学和管理、要充分发挥视导委的作用，下大力气，抓质量，力争开创党校函授教育新局面。

在95级本科班毕业典礼上的讲话

中共北京市委工业工委书记 金生官

我很高兴参加95级函授班本科生的毕业典礼，首先，我代表北京市委工业工委、北京市经委向大家的毕业表示热烈的祝贺!

今天参加典礼的毕业生里面，有总公司的书记、经理、某些局的局长；有企业的厂长、书记；还有一些工作骨干、组织部长。大家在工作岗位上经过三年的努力，能够坚持学习，确实了不起。大家能够胜利完成学业，领了毕业证书，这主要是中央党校函授学院对工业党校分院的关心指导，还有工业党校分院的领导和教职工及各学区辅导站的同志们所付出的辛勤努力的结果。当然，与在座的各位学员艰苦的学习也是分不开的。在这里，我们对中央党校函授学院表示衷心的感谢。

大家的学习结束了，今后怎么办，提三点希望：

一、不断学习、丰富自己

江泽民总书记在纪念中国共产党建党75周年座谈会上指出要提高干部素质，建设一支高素质的干部队伍。这个要求是非常高的。一个领导干部的潜力是什么？潜力无非表现在三个方面：1. 善于不善于学习。2. 能不能接受新事物。3. 敢不敢于创造性地开展工作。

那么，决定干部潜力的关键是什么，我觉得关键在于自己的努力。要不断地通过学习来丰富自己，本科毕业了不是学习的结束，周总理讲过，我们都要活到老，学到老。对我们来说要向周总理学习，以本科毕业为起点，以学校学习为起点，从零开始，不断加强今后的学习。

时代在前进，知识在更新，岗位在变化。要求大家的知识面更宽，要求大家熟悉的领域更多。我们除了学习理论以外，还要学习经济、学习科技、学习金融、法律，还要学习历史等等来不断地丰富自己。要真正成为跨世纪的领导者，没有丰富的知识和对高层次领域的了解，是很难担当起重任的。希望大家通过本科的学习，能够向研究生方向发展，向新的领域进军。

二、不断总结、提高自己

邓小平同志一再告诫我们，要提高领导干部的原则性、系统性、预见性和创造性。我们在座的每一个同志，要不断地总结、不断地归纳，才能够不断地提高。我觉得要提高自己有几个方面非常重要：

1. 要善于把已经学到的东西，结合自己的实际，去解决复杂的问题。

2. 要实行三个转变：把书本的知识转

变为实际知识；把实际知识转变为能力；把能力转变为工作成绩。这三个转变是非常重要的，归根结底是要把学习到的东西变成工作的成绩，这是学习的目的。

3. 要善于进行理论思考，把我们实际工作中的一般性工作进行理论的思考，进行规律性的总结和研究来提高自己。

三、不断创新、发展自己

最近，江泽民同志反复强调，一个没有创新能力的民族，就很难屹立于世界民族之林。提出必须要有创新精神。创新要靠什么，很重要的一条就是要靠科技、靠知识、靠教育、靠学习，核心问题，归根结底还是学习。我们要把学到的东西不是生搬硬套地加以运用，而是创造性地、结合实际去贯彻落实。

江泽民总书记视察北京的时候提出首先要把经济搞上去。市八次党代会、十一次人代会第一次提出首都经济这个概念。首都经济就是以高科技为核心，以知识经济为方向。要以高科技来改造传统产业。而传统产业的集中部分就在我们工业。那么，没有一种创新精神，我看很难摆脱当前的困境。就这一点来说，知识经济没有知识不行，首都经济要搞上去没有科技的武装不行。所以大家要有高度的自觉性，加强自己的学习。

如果说创新就是指领导干部的能力，那么，作为工业战线以及基层的领导同志，有三个能力不可少：1. 宏观把握能力不可少。2. 处理复杂问题的能力不可少。3. 深入基层、联系群众的能力不可少。特别是宏观把握能力，要有这个能力，不学习不行，不研究中央的方针政策不行，不结合实际加以贯彻不行。不断创新、发展自己的核心是要有创造性，要有一种开拓进取的精神，永不停止的精神，就是要有学无止境的精神。

当前，工业面临的形势很严峻，中央提出了“三年目标、两项任务”，这里边很重要的就是改革和解困。要改革和解困，第一，要立足首都经济，发展工业新的经济增长点。第二，要面向市场，立足内部，搞好企业，增强企业的竞争力。第三，要实行经济重组，产权投资主体的多元化。第四，要立足于首都的稳定，在下岗人员再就业工作中，坚持无情调整，有情操作，把这项工作搞好。最后还有一条，要改革和解困关键在于领导班子必须有一个好的精神状态，要解决这些问题还需要下很大功夫。

大家学习毕业了，祝愿大家在新的工作岗位上，为工业的改革和解困，为首都经济的发展和振兴做出应有的贡献。

实践篇

中共中央党校函授

1 深入贯彻落实胡锦涛同志“7·22”重要批示精神，认真剖析和切实解决存在的不容忽视的问题，并与强化学区建设、辅导站建设以及全面推行教育评估相结合，取得了积极的成果。

2 3月下旬，总院于四川省委党校召开了教学与管理研讨会，重点探讨了规范地方党校函授教育和当前办学中深层次的问题。

3 4月中旬，总院举行党性教育教材研讨会，张志新副校长与会并发表了《坚持用邓小平理论指导编写党性教育教材》的重要讲话。党性教育课堂教学普遍开展，党性锻炼考核有所加强。

4 7月中旬，党员领导干部在职研究生首届（95级）47名学员顺利毕业。中共中央政治局常委、书记处书记、中央党校校长胡锦涛亲切接见了他们，并与毕业学员合影留念。在职研究生试办工作进一步推开。在职研究生甲班政治学专业（治国方略研究方向）正式开学。

5 9月上旬，总院成立了第二届教材编审委员会，并建立了院外编审队伍，依据十五大精神，对近百种教材进行了审改，新编、修订了一批教材。

教育1998年十件大事

6 第一批（11个）立项的党校函授教育科研课题的研究工作取得进展；四本经验文集和两卷《年鉴》相继编印、出版。

7 计算机网络建设二期工程开始启动；经申报和审核，有10个分院被确定为二期工程试点单位。

8 10月中旬，中央党校函授教育工作会议在浙江省委党校举行。张志新副校长出席会议并发表了讲话。孙钱章院长、史信发副院长分别作了主题报告和总结讲话。会议提出了加强办学队伍建设，提高办学主体素质，进一步提高办学质量的任务，并确定1999年为“办学队伍建设”年。会议表彰奖励了100个先进辅导站（学区）。

9 11月16日，张志新副校长在《党校报》发表了《顺应国际国内形势发展要求　提高党校函授教育办学质量》的专文，对党校函授教育工作具有重要的指导意义。

10 12月上旬，经总院批准，同意建立中共中央党校函授学院黑龙江分院。与中央党校联办党校函授教育的省、自治区、直辖市委党校增至30家。

中共中央党校 1998 年函授教育工作会议

切实加强办学队伍建设　进一步提高办学主体素质 把党校函授教育的各项工作继续推向前进！

——在中共中央党校 1998 年函授教育工作会议上的报告

中共中央党校　校委委员 函授学院院长　孙钱章

同志们：

我们这次年度函授教育工作会议，在党校函授教育历史上，又是一次具有重要意义的会议。会议认真回顾总结贯彻胡锦涛同志重要批示，解决存在问题和加强学区、辅导站建设取得的阶段性成果，明确党校函授教育面临的新形势、新要求、新任务，着重商讨和部署强化办学队伍建设，提高办学主体素质的问题。会议以党的十五大精神为指导，高举邓小平理论伟大旗帜，深入贯彻落实胡锦涛同志关于党校函授教育工作的一系列指示精神，弘扬 98 抗洪精神，把党校函授教育的各项工作继续推向前进。希望全体同志集中精力，敞开思想，群策群力，相互切磋，把这次会议开成一次团结的会议和成功的会议。

下面，讲两个问题：

第一个问题，近年来工作的简略回顾

近年来，中央党校函授教育蓬勃发展，全院各级组织以认真贯彻落实胡锦涛同志一系列指示为强大动力，实施“培根”战略，强化学区建设和辅导站建设，以教育评估为重要手段，有针对性地解决办学中存在的不容忽视的问题，推动各项工作深入开展。

一、贯彻落实胡锦涛同志 7·22 批示精神取得初步成效

（一）7·22 批示精神已成为全院改进办学工作的动力。全院各级组织十分重视胡锦涛同志 7·22 批示的传达学习和贯彻落实。在全院范围兴起传达落实胡锦涛同志 7·22 批示的热潮。各分院、直属学区都先后召开了各种形式的会议和广为印发胡锦涛同志重要批示，原原本本地传达，逐级组织学习，直至传达到广大学员，并作为对学员进行党性教育的重要内容。有些省委负责同志亲自过问学习落实情况，不少党校由一把手亲自组织传达学习，收到了良好的效果。7·22 批示精神在全院十余万办学队伍和广大学员中，已深入人心，成为指导党校函授教育的强大武器和改进办学工作的动力。

（二）各级组织遵照批示精神，重视解

决办学中存在的问题。各地以贯彻落实7·22批示精神为动力，根据1997年10月函授工作会议精神，把解决办学中存在的问题列为工作重点，自觉地查找和认真剖析存在的问题，有针对性地采取解决措施。辽宁、铁道部、河南、内蒙古、广东、总参、空军部队、宁夏等一批分院都比较明晰地查找了自身存在的突出问题，对自己的认识更为清醒了，提高了解决存在问题的自觉性。现在，既能报喜、又能报忧的单位多了，能够正视问题和解决问题的单位多了，勇于揭露问题、公开曝光、不护短的单位多了。这些都是贯彻落实胡锦涛同志重要批示精神后发生的重要变化。

（三）全院工作面貌出现了可喜的变化。多数单位办学指导思想和办学方向进一步端正，教学管理和各项管理的力度不断加大，严把招生关、教材关、教学关、考核关的工作得到加强，规章制度逐步得到完善和落实，学区和辅导站建设全面展开，办学主体建设进一步引起重视，办学条件得到一定程度的改善。尤其是广大党校函授工作者在贯彻落实胡锦涛同志重要批示的过程中，受到深刻的教育，对党校函授教育的认识更加深化了，搞好党校函授教育的事业心、责任感和使命感更强了，搞好办学工作的态度更为严肃了。全院同志在7·22批示精神的指引下，兢兢业业、扎实工作、默默奉献、开拓进取，为党校函授教育事业不断谱写出新的篇章。

二、强化学区建设和辅导站建设取得了阶段性成果

近年来，在全院范围内相继开展了“学区建设年”和“辅导站建设年”活动。继去年开展“学区建设年”以来，今年“辅导站建设年”活动在全院范围内搞得有声有色。一是领导重视，具体部署。许多单位举行专题会议进行部署，比较普遍地将它列入年度工作会议重点议题讨论落实。安徽省委党校负责同志深入地县党校调研，形成了《关于进一步加强县级党校函授辅导站建设的若干意见》的文件，把学区、辅导站建设作为重点工程和形象工程。湖北分院专门下达了《关于强化辅导站建设的意见》和《关于切实抓好辅导站建设的通知》。部队分院提出了搞好辅导站建设的5条具体要求和标准，即思想建设过硬、组织建设落实、办学硬件匹配、教学管理严格、教学质量有保证等。甘肃分院在总院支持下率先举办了辅导站站长培训班。福建分院向基层让利70万元，用于改善办学条件。二是真抓实干，进行整顿。辽宁、吉林、甘肃、青海等分院在对辅导站评估总结的基础上，对一些办学思想不端正、办学条件差、管理不到位的单位，作出“降”、“撤”、“改”、“停”的决定，辽宁分院将1个学区降为函授站，4个函授站被撤销，9个函授站限期一年整改，被整顿的函授站占全分院函授站总数的22.4%。吉林分院今年撤销5个函授站，停止了21个函授站的招生。青海分院停止了8个单位的招生。甘肃分院也撤销了两个辅导站，停止了5个站的招生等。三是各地把强化学区、辅导站建设与贯彻落实胡锦涛同志7·22批示精神，解决办学中存在的问题紧密结合，与全面推行教育评估紧密结合，使其相互联系，相互促进，将学区、辅导站建设的过程变为解决办学中存在问题的过程；把教育评估的过程，变为推动学区、辅导站建设的过程。四是发挥学区、辅导站加强自身建设的积极性和主动性。学区、辅导站建设取得一定的进展和初步的成效，基本实现了这两项活动所确定的目标和要求。主要表现为：

（一）学区、辅导站的领导班子得到加强。江西分院和湖北分院均有7个学区调整、充实了领导班子，湖南分院有9个学区由党校一把手兼任学区主任，90%以上的县级党校由党校一把手兼任辅导站站长。青海省委党校和分院对一些软弱涣散、工作不得

力的县级党校领导班子，提请当地党委进行了调整。

（二）学区、辅导站的办学指导思想不断得到端正。江西分院组织4个精干检查组，分4个片对全省的学区、辅导站办学指导思想进行重点检查。海南分院纠正了部分辅导站把党校函授教育当作副业搞创收的错误思想。广东、湖南、湖北等分院主动中止了与非党校系统的单位联合办学，集中精力办好党校系统的函授教育。总装备部分院有效地控制办学规模，实行隔届、隔年和限专业招生，等等。

（三）办学行为进一步规范化。沈阳军区分院、陕西分院制订和实施了《学区工作条例》和《辅导站工作条例》，空军分院制订了《学区工作规程》和《辅导站工作规程》，使学区、辅导站的办学工作有章可循，使工作更加正规化、规范化。各单位比较普遍地建立和健全各项规章制度，狠抓规章制度的落实，各项管理工作得到进一步加强。

（四）办学条件有一定改善。广东筹措上亿元资金，用于市县委党校建设。天津分院南开区委党校承担了党校函授本科班培训任务后，区委拨款1200万元扩建校舍，拨款32万元为党校购置图书。湖北分院5个学区添置了车辆、8个学区装配了直拨电话、12个学区增加了办公室和办公设备。新疆兵团分院8个学区新购了车辆，其所属各学区普遍配置了直拨电话和传真机。近年来甘肃省各级党校调进教师249名，函授管理队伍增配160名。广东分院汕头学区和北京市公安局直属学区专职管理人员均达到23名，保证了各项工作的正常进行。

三、深化教学改革，各项工作继续向前发展

（一）教学改革和教学管理工作深入开展。教学计划进一步规范，将党性教育列入课堂教学；讲座课的作业改为完成3000字的论文，有利于学员平时练习论文写作；确定了98级各班次、各专业的课程设置，调整了部分专业的教学内容；编制教学大纲工作加快进行。许多分院、直属学区普遍加大教学实施和教学管理的力度，不断提高教学质量。

（二）在职研究生试办工作进一步推开。试办单位已扩展到25个分院、27个办学点，圆满地完成了1998年在职研究生招生的统考、统招任务；有关分院领导重视，积极投入力量，认真开展在职研究生班的试办工作；首届在职研究生班胜利毕业，47名学员取得毕业资格，10多名学员申报了硕士学位考试；试办工作完成了一个周期，摸索和积累了一定的经验，初步形成了一套有效的管理制度；以省部军级领导干部为对象的在职研究生甲班试办工作又有新的拓展，在职研究生甲班政治学专业（治国方略研究方向）已顺利开学。

（三）教务管理工作进一步加强。大多数分院和直属学区严把招生关和毕业关。根据适度从紧、控制规模、进出平衡的精神，顺利完成了1998年招生任务；毕业颁证的审核和管理有所加强；学籍管理改革全面推开，学籍管理软件的骨干培训和推广使用步伐加快。先后两次召开了全国性学籍管理工作会议和举办了5期微机操作人员培训班，学籍管理将全面走上微机化、自动化的轨道。

（四）教材建设又迈出新的步伐。党的十五大后，对1998年使用的近百种教材进行了全面审查，对需要修改的教材，组织作者和专家依据十五大精神进行修改，保证教材内容与十五大精神相一致。1998年上半年完成编审教材65种，其中新编写11种、修改27种、重印27种，编审教学辅助材料53种，其中新编写12种、修改32种、重印9种。先后召开了中函教材研讨会、党性教育教材研讨会，组织分院教师参与教材审改。成立了第二届教材编审委员会，编审委员会成员由17名增至27名，并建立了院外编审队伍。

加强教材印制、征订、发行工作，沟通出版工作渠道，及时办理了教材准印手续，加强教材校对工作和样书的检查，发现问题，及时解决，加强了对各印厂印制质量的检查督促，拓展了教材零购工作，使其得到较大发展，教材的印制和发行质量有新的提高。大多数分院、学区的教材预订、发行工作得到进一步加强。

（五）电化教学和网络建设取得积极进展。超前制订电教计划，严格选聘电教授课教师，明确录制要求，反复修改讲稿，精心录制，加强审定，提高音像制品录制质量。上半年新录制音像教材22门（其中教师备课用4门）。网络建设一期工程，继网络布线后，又完成了系统集成工作，形成了网络工作环境。为增加管理应用软件的适应性，设计了高、中、低管理层次的三套系统，设计了400多个管理模块，150多种报表格式，可满足日常全面管理的需要。目前，已确定辽宁、山东等10个分院，作为网络建设二期工程试点单位，试点工程业已启动。

（六）办学队伍培训工作得到加强。年初，总院成立了培训办公室，统筹全院系统师资队伍和管理队伍的培训工作，分别制订了师资队伍和管理队伍的三年（1998年至2000年）培训规划和今年的实施计划，在有关分院的支持下，先后举办了甘肃分院辅导站站长培训班、东北三省以分院负责人和学区主任为主要对象的管理干部培训班和内蒙古分院管理干部与教师培训班，精心设计办班方案，周密组织实施，聘请校、院负责同志、专家、学者授课。培训主题明确、内容安排恰当、运用方法对头，把授课、研讨、交流、问卷调查与征询意见相结合，进行必要的考核和发证，具有一定的创造性，收到较好的效果，初步摸索了提高办学主体素质的路子，积累了一些加强主体建设的第一手材料，发挥了探索性和示范性的作用。吉林班结束后的第三天，延边州委党校校委于7月29日就举办了辅导站站长培训班。

（七）整治考风考纪的成果在多数单位得到巩固和发展。总院进一步加强考务管理，成立了考试委员会，下设办公室具体负责命题制卷和考务管理。不少分院和直属学区积累了一套较为完备、行之有效的从严治考的做法与经验，考务工作更加程序化、稳固化、规范化。一些分院和直属学区领导重视，组织健全，措施周密，机制完善，真抓敢管，涌现出一批从严治考、信得过的单位。

（八）党校函授教育的评估工作全面展开。今年4月上旬，总院在武汉召开了全院函授教育评估工作会议，具体部署了评估工作，从目前情况看，进展基本顺利。对学区评估的检查验收基本结束；辅导站自评已全面展开，分院自我评估试点正在抓紧进行；分院一级评估指标体系已经报校领导同意，以中央党校办公厅名义下发各省级党校和各分院、直属学区实施；军队系统党校函授教育评估年内开始试点。上学期末，总院组织了5个评估检查工作组，分赴陕西、青海、内蒙古、吉林、重庆市等分院，深入21个学区、13个辅导站，调查了解评估工作进展情况。多数单位基本符合总院要求，边评边改，敢动真格，促使问题不断得到解决。对经评估不符合规定要求的单位，采取降、停、并、撤等果断措施，对提高办学质量起到了积极的促进作用。

（九）两卷《年鉴》和四本办学经验文集编辑出版。《中共中央党校函授教育年鉴》1996年卷和1997年卷，已由中央党校出版社出版，并于这次会议与大家见面了，这是全院各级组织大协作的产物和成果。大多数单位领导重视，亲自组织落实，积极报送资料，数百位作者精心为它撰稿，凝结了全院同志的艰辛劳动和心血。这两卷《年鉴》选编了2038篇（条）文章和条目，计345.7

万字，从全方位、多角度、忠实地反映了全院1995年和1996年的工作面貌和历史进程，对于保存史料，服务现实，宣传党校函授教育等方面将起积极的作用。值得一提的是，总院于今年上半年还编印了四本办学经验文集，即《强化科学管理，搞好学区建设》、《强化辅导站建设，提高办学质量》、《把好教学关，强化自学管理，提高教学质量》、《强化管理，狠抓落实，提高教材印制发行质量》等。这四本经验文集选编了有关会议文件和各类经验材料289篇，计140万字。一年中，同时推出4本经验文集，这也是建院以来所没有过的。这表明，全院各级组织对认识和掌握党校函授教育规律，提高办学质量，进行了可贵的探索，积累了比较丰富的经验。

（十）思想建设和组织建设继续得到加强。许多分院、直属学区重视加强对办学人员的思想政治工作。总院机关党委和工会的工作进一步得到加强。认真组织政治理论学习，领导干部带头学习邓小平理论，提高办学人员讲学习、讲政治、讲正气的自觉性。

总院机构进行了局部调整，充实了一批工作人员，行政、财务部门为办学工作提供了可靠的后勤保障，办理了由国家计委收费管理司正式批复我院办学收费的文件；院报以《党校报》专版形式出版，加大了指导和宣传力度，更好地发挥了院报的作用；《函授快讯》已出版36期，起到了报道中心、指导工作、交流情况、总结经验的作用；《学习导刊》坚持为教学服务，在指导“教”和“学”方面，发挥了比较好的作用；外事活动正常进行；课题研究已经启动；烟台培训基地竣工扫尾和开业准备正在抓紧进行；视导委、研究室、院长办公室努力发挥参谋助手作用，积极完成了各自的任务。

我们在实事求是地估价成绩的同时，也要十分清醒地看到工作中存在的问题和不足。我们的办学工作与国际国内新形势的新要求，与党中央、中央领导同志和中央党校校委的要求，与自身发展的要求都存在着不小的差距。有的单位办学中存在的问题解决得并不理想，有的单位办学思想、办学力量、办学措施尚未完全到位，有的单位教学质量还存在一些问题，个别单位存在的问题较多，办学中的某些不良现象有所滋长，有的甚至明知故犯，顶风违纪，做了一些绝对不应该做的事情。即使先进单位也有这样那样的薄弱环节。我们不能有丝毫的自满情绪，要增强忧患意识，保持清醒的头脑。

新世纪正在到来，明年是本世纪最后一年。党校函授教育面临着新的形势、新的要求和新的任务。我们要以党的十五大精神为指导，高举邓小平理论伟大旗帜，认真学习邓小平理论，自觉地用它武装思想，指导工作，改造世界观；要进一步坚持“面向现代化、面向世界、面向未来”的方向，深化教育改革，更新教育观念，增强教育创新意识，拓宽教育改革的视野，采取积极稳妥的步骤，对现行学制、专业、课程和考核制度进行改革，以利培养创造性人才和复合型人才，增强学员的创造力和适应性。要认真学习和弘扬98抗洪精神，以抗洪精神做好党校函授教育的各项工作，加强教学实施，严格教学管理和各项管理，进一步把好招生关、教材关、教学关和考核关；要深入贯彻胡锦涛同志关于党校函授教育工作的一系列重要指示精神，继续重视解决存在的问题，进一步推进学区建设和辅导站建设，认真开展教育评估，严格按照分院评估指标体系，切实搞好分院自身的教育评估，大力开展“办学队伍建设年”活动，采取各种有效措施，提高办学主体素质，更好地担当起培养高素质干部队伍的重任。

第二个问题，加强办学队伍建设，提高办学主体素质

加强办学队伍建设，提高办学主体素质

是这次年会的主题，也是总院长期以来十分关注并致力于解决的一项重要课题。本届领导班子到任后的第一次年会，即1993年10月函授工作会议，就把“健全各级办学机构，充实办学人员，提高办学人员素质”列为首要措施。1994年10月南京会议上，又把“加强两支队伍建设，提高函授师资和管理人员素质”列为6项任务之一。1995年年会上强调“要抓好组织落实，形成有力的组织保证”。1996年年会上提出“继续加强办学主体建设，不断提高自身素质”的任务，并且明确指出，“强化学区建设，主要应该抓好学区自身班子、师资、班主任三支队伍建设”。1997年年会上又把“加强办学主体建设，改善办学条件，适应办学需要”作为解决存在问题的三大对策之一。1995年修改《条例》时，把“队伍建设”作为一章写进了《中共中央党校函授学院函授教育工作暂行条例》，制订了加强办学队伍建设的相应的规章制度，如《中共中央党校函授学院工作人员守则》、《中共中央党校函授学院廉洁自律的规定》、《面授教师管理规程》、《关于班主任工作的规定》、《关于表彰奖励的实施办法》，等等。

在长期的办学实践中，由于各级党校和全院各级组织的共同努力，锻炼、造就了一支拥有6万余名教师和4.5万名管理干部构成的办学队伍，他们伴随着党校函授事业的发展而逐步成长起来，在中央党校函授教育事业的开创、巩固和发展过程中作出了重要的贡献。党校函授教育今天的局面是与他们任劳任怨、踏实工作、奋力拼搏、默默奉献分不开的。我们这支队伍是一支特别能战斗的队伍。办学队伍与办学任务之间存在着相适应的一面，这是基本的一面、主流的一面；同时又存在着不完全相适应的一面，办学中存在这样、那样的问题，也都与他们的素质不完全符合要求有关。尤其在当今条件下，各个方面对党校函授教育办学队伍的要求更高了，肩负的任务更为繁重了，对于提高办学质量的责任更大了。加强办学队伍建设已成为全院一项突出的、紧迫的课题，这是历史发展的必然要求。

一、充分认识强化办学队伍建设，提高办学主体素质的重要性和迫切性

（一）强化办学队伍建设，提高办学主体素质，是办学主体的地位和作用所决定的。办学实体是由办学主体和办学客体构成的有机统一体。在办学中，办学主体处于矛盾的主要方面，起主导作用。教育者素质的高低，往往决定受教育者素质的高低。名师、名校出高才，就是有力的例证。因此，要把中央党校函授教育办成全国第一流的干部在职教育实体，培养跨世纪的优秀人才，关键在于加强办学队伍建设，提高办学主体素质。可以说，关键在人，事在人为，人在素质。得在于人，失也在于人；成在于人，败也在于人。我们要充分认识到办学主体的重要地位和作用，提高强化办学队伍建设的自觉性，切实认识提高办学主体素质的紧迫性。

（二）强化办学队五建设，提高办学主体素质，是适应国际国内形势发展要求的需要。当前国际国内形势正在发生深刻的变化，出现了种种新的变动，世界格局多极化和经济全球化趋势加快发展，科学技术突飞猛进，知识经济初见端倪，国力竞争日趋激烈。我国改革进入攻坚阶段，发展处于关键时期。我们面临着严峻的国际经济和金融形势，国内经济生活存在不少亟待解决的问题。当今世界出现了教育改革大潮和终身教育的大趋势，许多国家和地区在十分重视普及教育的同时，高度重视职业教育、成人教育和终身教育。党和国家坚定不移地实施“科教兴国”战略，把科技、教育摆在优先发展的地位。当前，干部分流转岗，职工再就业，广大干部队伍要求学习适应新岗位的知识。面对知识经济大潮和现代科技突飞猛

进，国内成人教育和干部教育的竞争也十分激烈。所有这些新情况，必然会对党校函授教育产生重要的影响和提出新的要求。这也对强化办学队伍建设，提高办学主体素质提出新的客观需求，只有把办学队伍建设好了，主体素质提高了，才能更好地适应国际国内形势新发展提出的新要求，党校函授教育也才能顺应国际国内形势的发展而发展，取得主动的地位。

（三）强化办学主体建设，提高办学主体素质，是保证办学质量的需要。党校函授教育肩负着培养高素质干部队伍的崇高任务。胡锦涛同志要求我们“坚持正确的办学方向，造就高素质干部队伍”，“更好地为培养党的高素质干部队伍服务”。这就要求我们要坚持把质量放在第一位，服从培养高质量人才这个大局。办学质量的高低，取决于办学主体素质的高低。只有高素质的办学主体，才可能培养出高素质的人才。在长期的办学实践中，我们形成并坚持贯彻执行了“社会效益第一”的办学指导思想，“从严办学，质量第一”的办学方针，“严进、严管、严出”的办学原则，以及一整套保证办学质量的管理制度。很多单位的经验表明，只有坚定不移地、不折不扣地贯彻执行这些办学指导思想、办学方针、办学原则以及办学的管理制度，办学质量才有可靠的保证。否则，办学质量就会受到不同程度的影响，乃至有落空的危险。一些单位在具体执行、实施这些办学指导思想、方针、原则和制度的过程中，偏离、扭曲以至违背的事情时有发生，给党校函授教育、党校以至党的形象造成不良影响。究其最终原因，无不与办学主体的素质有关。可见，提高办学主体素质，是一个亟待解决的问题，是摆在全院面前的一项紧迫任务。

（四）加强办学队伍建设，提高办学主体素质，是改善办学队伍状况的需要。党校函授教育的办学队伍与办学任务之间存在着既相适应、又不完全相适应的状况。不完全相适应的一面，主要是一些单位的办学队伍数量不足，质量不高。在师资队伍方面，专业结构单一，知识老化，财经、政法类的教师紧缺；有的教师跨专业、多学科授课或一人同时承担多门课程教学，教学质量往往难以保证；有的对党校函授教育特点、规律不甚了解，教育思想和教学方法陈旧，常常以念书、画杠杠、讲习题答案代替讲课，难以适应素质教育的要求；有的不刻苦钻研教材，不认真备课，不研究讲课艺术，讲课平淡无味，缺乏吸引力；有的不注重师德修养，显得浮躁，责任心不强，讲课马虎应付，浪费甚至减少课时，影响教学效果，等等。在管理队伍方面，一些单位力量投入不足，人员缺额较大，长期超负荷、拼消耗，疲于应付；有的只能勉强应付办学的日常运转，管理粗放，工作不到位，存在的一些突出问题长期得不到解决；有的对上级下达的文件和颁发的规章制度，不认真学习、研究和贯彻执行，上级布置的任务常常不能完成；有的对管理人员重使用，轻培训，轻考核，以及函授人员轮岗，新手较多，一些管理人员缺乏必备的科学管理知识和管理能力，影响管理质量；有的以感情代替政策，编织“关系网”，助长“人情风”，庇护“特殊学员”，甚至与之串通一气，在入学资格、考试成绩、到课考勤、交送作业、毕业论文等方方面面弄虚作假，已成为培养真才实学人才的一大障碍；有的缺乏应有的职业道德，搞行业不正之风，利用手中各种办学权力，搞钱学交易，徇私枉法，捞取好处，谋取私利，等等。这些不正常现象，虽然是办学队伍的非基本、非主流的一面，但我们千万不可小视，这些已给党校函授教育的质量和形象造成不良的影响，已引起群众不满。在今年上半年总院收到的群众来信中，涉及考试严重作弊，考风不正的来信，占来信总数的37.7%。考风考纪经过数年连续治理，去年群众来信中这一类问题曾降至第三位，今年又上升到第一位，值得引起高度注意。涉及办学人员以至个别领导干部徇私舞弊、管理混乱、作风不良的来信，占来信总数的34.7%，涉及办学指导思想不端正、不按条件招收学员的来信，占来信总数的27.6%。群众来信给我们传递了重要信息：办学人员的职业道德、思想作风已到了非抓不可的时候了。我们只有认真对待和解决办学队伍中存在的上述问题，办学队伍的状况，才能得到根本改善，也才能更好地担负起培养高素质干部队伍的重任。

二、强化办学队伍建设，提高办学主体素质的总体目标和具体要求

（一）强化办学队伍建设，提高办学主体素质的总体目标。经过全院今后一年以至更长一段时间的共同努力，要求达到办学队伍建设进一步加强，办学主体素质明显提高，办学队伍中存在的不适应办学任务的主要问题基本得到解决，把全院的办学队伍建成为一支政治强、业务精、作风正，能担当培养高素质干部队伍重任，适应新世纪办学需要的队伍。

"政治强"，指应具备较高的政治素质和理论素质。办学主体要能自觉地用邓小平理论武装头脑，坚持党的基本理论、基本路线和基本纲领，在政治上、思想上与党中央保持高度一致，忠诚于党的干部教育事业，具有较强的事业心、使命感和责任感，能全身心地投入到党校函授教育事业中去。

"业务精"，指应具备的业务素质。办学主体应具有从事党校函授教育事业的专业理论知识、业务水平和领导、教学、管理能力，熟悉和掌握从事本职工作的各项方针、政策、规章制度和应知应会知识，在教学与管理工作中能保证较高质量，具有创新精神，能开创工作新局面。

"作风正"，指应具备的思想道德素质。办学主体应具有良好的职业道德和师德，并要具有较强的服务意识。要能坚持清廉办学、忠于职守、坚持原则、秉公办事，要能自觉抵制以学谋私、钱学交易、徇私枉法、违法乱纪等不良行为，并与之作坚决的斗争。

"能担当培养高素质干部队伍重任，适应新世纪办学需要"，是指办学队伍应具有的办学能力和适应能力。

（二）强化办学队伍建设，提高办学主体素质的具体要求。

1.加强全院各级组织领导班子建设，把各级领导班子建成为锐意进取、开拓创新、团结战斗的领导干部队伍。提请各级党校校委十分重视把全院各级组织的领导班子建设好，要选配有大学本科以上文化程度或高级职称、具有一定理论基础和学术造诣、有较强的组织管理能力的工作骨干，充实到全院各级领导班子中来。除由常务副校长、副校长分管或兼任分院院长、学区主任和辅导站站长外，要在校委成员中选配具备条件的适合人选，分别担任常务副院长、常务副主任、常务副站长，或创设条件，逐步吸收常务副院长、常务副主任、常务副站长参加校委，以利于党校函授教育工作的发展。要保持领导班子和办学队伍的相对稳定，保留骨干，以资熟手。党校函授教育的各级领导班子成员轮岗、调动，要稳步进行，避免在短时间内大换班，造成工作脱节。分院常务副院长、学区常务副主任和辅导站常务副站长的任职变动，要征求党校函授教育上一级组织的意见。党校函授教育各级领导班子要加强自身建设。

2.加强师资队伍建设，要把师资队伍建成为热心于党的干部教育事业、门类齐全、理论和专业功底深厚、严谨施教、能满足和胜任党校函授教育各类各门课程教学需要的、相对稳定的师资队伍。要求师资的专业技术职称与承担课程的相应学历层次相适应。要求领导干部班和在职研究生班由具有

副教授以上职务的师资讲授；本科班由具有副教授以上职务的师资为主，配合少量的讲师讲授；大专班以具有讲师以上职务的师资讲授为主。要求师资承担的课程，与本人从事的专业对口，跨专业任课的，必须事先经过专业培训，合格后才能上岗任课。党校函授教育的师资队伍采用择优选聘制，以各级党校的师资为主体，积极外聘目前党校尚紧缺的课程的师资，根据需要和可能调配和充实党校紧缺课程的师资，要加强学科建设，调整改善党校师资队伍的专业结构，拓宽和稳定师资来源，建立党校函授教育师资人才档案，合理利用教师资源。要运用多种方法，加强对师资的培训，提高师资的教学质量，各级组织要认真贯彻执行《面授教师管理规程》，加强师资的聘任管理和培训、考评等。

3. 加强管理队伍建设，要把管理队伍建成为数量充足、懂教学、会管理、具有奉献精神、思想过硬、工作过硬、作风过硬的管理队伍。管理队伍建设的当务之急，是对这支队伍进行调整、充实。现在很多工作得不到落实或落实得不理想，其中一个很重要的原因，就是任务重、人手少、办学力量不能适应办学任务的客观需要。这个问题不解决，很多问题都难以得到根本性的解决。现在有的分院各项任务完成得及时、出色，而有的分院对总院布置的任务往往没有动静，这种差异很大程度上在于办学力量投入的差异。北京市委机关工委分院现有 9000 名学员，却配备了 25 名管理干部，内部机构设置齐全，各司其职，运转正常，能满足办学任务的需要。本来按《中共中央党校函授学院函授教育工作暂行条例》规定，凡在籍学员万名以内的分院，应配备专职工作人员 10 名，每增加学员 2000 名，应增配专职工作人员 1 名。北京市机关工委分院不拘泥于已有的规定，而是从办学的实际需要出发，主动配备了超过《条例》规定人数 1.5 倍的管理人员。他们为全院树立了舍得投入办学力量的榜样，值得全院学习。应当指出，《条例》中关于管理人员配置数额的规定，是最低标准。而现在有些单位连这个最低标准都没有达到。他们的工作只能被动应付、顾此失彼、不深不细，往往不能按时完成规定任务。必须下决心争取在今后一年内按《条例》规定要求配足管理人员，彻底改变一些单位长期以来存在的办学人员配备不足的问题。要舍得选调精兵强将充实到函授队伍中来。对不适宜从事党校函授工作的人员要及时予以调整。

三、强化办学队伍建设，提高办学主体素质的措施

（一）要在各类办学人员中开展讲学习、讲政治、讲正气的活动。要组织大家认真学习邓小平理论，提高自身的理论素养和思想政治素质，自觉地同党中央保持高度一致，把思想和行动统一到十五大精神上来，增强从事党校函授教育事业的使命感、荣誉感和责任感。要坚持正确的政治方向，不断端正办学指导思想，充分认识党校函授教育事业的政治性和严肃性。要坚决纠正把党校函授教育事业当作“三产”对待，克服“趋利”倾向，认真地而不是敷衍地贯彻执行“社会效益第一”的办学指导思想、“从严办学，质量第一”的办学方针、“严进、严管、严出”的办学原则，以及全套办学的规章制度。要加强师德和职业道德教育。党校函授教育工作者肩负培养高素质干部队伍的崇高职责，要忠诚于党的干部教育事业，严于律己，以身作则，率先垂范，为人师表，自觉地纠正行业不正之风，坚决克服和破除关系网、人情风，坚决反对某些学员弄虚作假、骗取文凭的歪风和办学人员搞钱学交易，以学谋私，徇私枉法的恶劣行为。中央党校常务副校长郑必坚曾严肃指出，“我们决不搞假冒伪劣，要扎扎实实地拿出真东西来”。我们要深刻理解他的这一讲话精神，“搞假

冒伪劣”是走向自我毁灭的歧途歪道，是没有出路的，“拿出真东西来”才是正道，才是生存和发展之道。我们一定要对关系网、人情风对党校函授教育造成的严重危害性有足够的认识，增强与党校函授教育领域的歪风邪气和腐败现象作坚决斗争的自觉性。对违法犯罪的要绳之以法。发生在领导干部身上的案件，要从严从重查处，决不能轻描淡写，纵容庇护。我们要以整风精神，在办学人员中开展“三讲”活动，自觉地纠正各种偏差和各种不良行为，维护党校函授教育的原则性和严肃性。

（二）建立总院、分院、学区多层次的培训机制。加强对办学主体的培训，是提高办学主体素质的重要途径和主要手段。总院、分院、学区都要把办学主体的培训任务主动承担起来，建立全院各级组织分工合作、上下协调的多层次的培训机制。总院主要负责制订培训总体规划和宏观管理，对办学队伍和培训工作现状进行调查研究，确定不同对象的培训要求和内容，组织编写或编制各类教师、各类管理人员的培训大纲，选定培训教材，总结推广培训经验，指导全院的培训工作。

各级组织的培训对象大致作如下分工：

总院负责分期分批培训各分院、直属学区的负责人、各类教师和管理人员以及各学区主持工作的常务副主任。总院的教师和管理人员由总院负责培训。

分院（直属学区）主要负责各自范围培训工作的规划和管理，负责分期分批培训学区的其他负责人、各类教师和管理干部以及辅导站主持工作的常务副站长。

学区负责分期分批培训辅导站的其他负责人、各类教师和管理干部以及班主任等。

要求三年内要将全体办学人员轮训、培训一遍。对从事党校函授教育工作不久的新手、生手要优先安排培训。今后凡新上岗的办学人员要先培训，或到上一级组织对口见习，经考核合格后再上岗。

总院将充分发挥烟台培训中心培训各类人员的作用。有条件的分院也要建立培训基地。总院和分院都要建立培训基金，各级组织在对各类办学人员的培训上，一定要舍得投入。

要运用多种渠道，提高办学主体素质。除分期分批举办长短期相结合、以短期为主的综合培训或专业培训外，要创造条件引导各类办学人员，在办学实践中积累经验，增长才干，通过社会调查、挂职锻炼等多种渠道，注重向实践学习，要鼓励各类办学人员坚持在职进修，走自学成才的道路，刻苦钻研，成为行家里手。

要建立各类办学人员考核、考评制度。要对各级负责人、各类教师、各类管理干部逐步实行上岗资格证书和任课合格证书制度，以保证各类办学人员的质量。

（三）要以教育评估工作为重要杠杆，促进办学队伍建设。各级组织在教育评估工作中，要把强化办学队伍建设，提高办学主体素质列为重点内容，边评估、边检查、边总结、边整改。要求经过教育评估工作，对每个组织的办学队伍状况有一个符合实际情况的了解，好的、成功的做法和经验，要总结、交流；存在的问题，要切实予以解决。今后在学区教育评估验收和分院自评准备，都要认真把强化办学队伍建设，提高办学主体素质的要求贯穿其中，取得实效。

（四）要切实加强领导。实行“充实、提高、整顿、壮大办学队伍”的工作方针。要实现办学队伍建设的总体目标和具体要求，必须从多方面着手，一是充实办学人员，二是提高办学队伍的个体素质和整体素质，三是整顿办学队伍中存在的各种问题，实现加强办学队伍的目标。

要加强调查研究，制订办学队伍建设规划，各级组织应对自身办学队伍的状况有比较清晰的了解。最近，山西分院对办学队伍的现状作了一次调查，各分院、直属学区也要对办学队伍状况作一次全面、深入的调查研究，从自身承担的函授办学任务和办学队伍的实际情况出发，根据“充实、提高、整顿、壮大办学队伍”的工作方针，制订出办学队伍建设规划，提请所属党校校委进行一次专题研究，对提出的规划进行审核。规划经校委审定后，要认真付诸实施。

要充分依靠各级党校校委对加强函授办学队伍建设的领导。函授办学队伍建设中的若干问题，必须在各级党校校委通盘安排和支持下，才能得到妥善解决。全院各级组织要积极提出建议和要求，请校委研究解决。我们真诚地希望各级党校要主动地重视和关心这件事，把它列入校委议事日程，加强领导，勤加检查督促，并切实关心和逐步解决党校函授人员的职称评定、入党入团、晋级、工资、住房等切身利益，充分调动他们的积极性，促进全院各级组织办学队伍建设任务的完成。

同志们，我们这次会议的主题，对今后党校函授教育的健康发展关系重大。我们要围绕这个主题，深入讨论，统一思想，明确目标，商讨对策，使会议取得实效。为开好这次会议，为提高办学主体素质，为更好地担当培养高素质干部队伍的重任而共同努力!

认清历史责任　保证办学质量
把强化办学队伍建设放到一个突出的地位

——在中共中央党校1998年函授教育工作会议结束时的讲话

中共中央党校函授学院副院长　史信发

同志们：

我们这次年会，在中央党校校委的亲切关怀和直接领导下，在中共浙江省委、政府和中共浙江省委党校、浙江分院的高度重视和积极配合下，经过全体与会同志的共同努力，取得了圆满成功，实现了会议预定的目标，在党校函授教育历史上，开成了又一个团结的会议和成功的会议。在会议即将胜利结束之际，我代表总院院务委员会向荣获先进辅导站的100个单位表示热烈的祝贺，向省、自治区、直辖市委党校、有关部门和部队系统的负责同志和全体与会同志为开好这次会议所做的努力和贡献，表示衷心的感谢，对浙江省委党校和浙江分院为这次会议提供的热情周到服务和良好的会议环境致以诚挚的谢意。

下面，我讲几个问题：

一、会议概况

这次会议从10月11日至15日在浙江省委党校举行，历时5天。出席会议的有各省、自治区、直辖市委党校、部分副省级市市委党校、中央和国家有关部门党校和部队系统的负责同志，各分院、直属学区的负责同志和部分学区、辅导站的代表以及总院与会人员共173名。中央党校副校长张志新出席会议，并作了重要讲话，浙江省委常委、组织部部长周国富到会祝贺，并作了重要讲话，浙江日报、电视台、电台等新闻单位积极报道了会议消息。

这次会议是在举国上下，深入贯彻党的十五大精神，兴起学习邓小平理论新高潮的形势下，在我国遭受百年一遇的特大洪水灾害，抗洪斗争取得巨大胜利的情况下，是在国际国内形势出现新变动、新特点，面临新的机遇和挑战的情况下以及在贯彻落实胡锦涛同志关于党校函授工作重要批示取得初步成效的情况下召开的。

这次会议以党的十五大精神为指导，高举邓小平理论伟大旗帜，认真学习贯彻中共中央关于在全党深入学习邓小平理论的通知精神，深入贯彻落实胡锦涛同志关于党校函授教育工作的一系列指示精神，弘扬伟大抗洪精神，紧紧围绕“强化办学队伍建设，提高办学主体综合素质”这个主题进行。

会议按照预定安排和要求，全体代表认真学习了中央有关文件和深入学习了胡锦涛同志关于党校函授教育工作的一系列重要指示精神；听取和学习了张志新同志、周国富同志的重要讲话和孙钱章同志所作的题为《切实加强办学队伍建设，进一步提高办学主体素质，把党校函授教育的各项工作继续推向前进》的主题报告；在分组开展深入讨论的基础上，有17位同志在大会谈了会议体会和介绍了提高主体素质的经验，各地代表向会议提供了120份经验介绍材料；会议根据各分院和直属学区的推荐，表彰了100个先进辅导站；具体部署了1999年的招生工作和考务工作，顺利地完成了各项议程，取得了圆满成功。

全体代表一致赞同和拥护张志新同志的重要讲话精神，认为他的讲话高屋建瓴，阐述深刻，从宏观高度阐述了党校函授教育深入发展的一些带根本性的问题。他在“高举邓小平理论伟大旗帜，用邓小平理论指导党校函授教育工作”的题目下，强调指出，要增强大局意识，认清历史责任，坚持正确的办学指导思想；关键是用邓小平理论武装工作人员头脑，提高全体工作人员的政治素质，要认真研读《邓小平文选》，认真学习《邓小平教育理论学习纲要》，提高用邓小平教育理论指导工作的自觉性；要深入贯彻落实党中央和中央领导同志关于加强党校工作和函授教育工作的一系列指示，把工作重点继续放在总结经验教训，解决不容忽视的问题上，创造性地开展工作，进一步推进党校函授教育事业健康发展。代表们认为，张志新同志的讲话精神对党校函授教育工作有很强的指导意义，大家纷纷表示，一定要联系实际，认真贯彻执行。

全体代表也一致赞同和拥护孙钱章同志所做的主题报告，认为报告有高度、有深度、有力度、很实际，站得高、看得远，有较强的针对性，内容实在客观，分析透彻，目标明确，要求具体，措施切实。认为报告对办学成绩、经验的评价是恰如其分的；对存在问题能保持清醒头脑，敢于揭露矛盾，分析透彻；对提高主体综合素质的重要性、必要性和紧迫性能从教、学、管三方面的关系，从办学规律入手，从历史发展要求的高度，从办学队伍的现状等方面阐述得比较清楚；对今后的对策思路比较清晰，有章法；如何保证党校函授健康发展，党校函授教育以什么姿态进入21世纪，如何迎接新的挑战，报告都做了初步的回答。代表们认为，这次年会具有特殊意义，它是为党校函授教育迈向21世纪做好思想准备和组织准备的动员会。有些代表认为报告能严于剖析自身存在的问题，有针对性地提出对策措施是党校函授教育成熟的标志。有的代表说，总院适时地提出提高办学主体素质的主题，立足于战略上的长远思考，这是进一步贯彻落实胡锦涛同志重要批示又一重要举措。代表们表示听了报告以后，深化了认识，振奋了精神，鼓舞了士气，明确了方向，增强进一步搞好党校函授教育的责任感和使命感。大家认为，这次会议开得好，开得圆满成功。

这次会议所以取得成功，主要是这次会议具有主题准确、准备充分、讨论深入、服务优良等特点。

主题准确。与会代表普遍认为，这次会议有一个好的主题，赞赏这次会议的主题选得好，选得准，抓得及时。这次会议确定以“强化办学队伍建设，提高办学主体综合素质”为主题，是经过深思熟虑，反复权衡确定的。它符合党校函授教育办学的实际情况，符合大家的心愿和要求，符合历史发展的要求。与会同志一致认为，抓住了这个主题，就抓住了矛盾的主要方面，就抓住了提高办学质量的根本和关键。

准备充分。这次会议的主题，院领导早在去年底就已确定，会议主题报告的写作提纲，在今年5月在福建召开的教材建设研讨会上征求了部分分院同志的意见。曹明远、林大烈、石华翼、单鸿恩、刘潞、李天相、李治业等许多同志又在繁忙工作中抽时间为写好主题报告提供了许多有价值的书面和口头建议及背景资料。辽宁、湖北、湖南等34个分院、直属学区按总院规定于会前报送了综合汇报材料，为总院全面掌握下情，写好会议主题报告提供了积极的帮助。山西分院和总院研究室于会前对办学队伍状况作了调查研究，写出了调研材料。各分院和直属学区为推荐先进辅导站和向会议提供加强办学队伍建设的经验材料做了许多工作，为会议圆满成功作出了积极的贡献。

讨论深入。这次会议讨论比较认真深入，代表们都能敞开思想，畅所欲言，气氛比较热烈，紧紧围绕会议主题谈认识、揭问题、议措施，充分肯定成绩，认真剖析问题，畅谈加强办学队伍建设的重要性和迫切性，联系实际，有针对性地研究对策，积极提出了一些有价值的意见和建议，在许多问题上统一了思想，形成了共识。而且，会议把小组讨论、大会发言和交流经验相结合，会议开得生动活泼。

服务优良。这次会议提供了一流的服务工作和优良的会议环境，给全体代表留下了深刻的印象。这次会议的优良服务和可靠的后勤保障是会议取得成功的一个重要因素。浙江省委党校校委对这次会议十分重视，领导亲自抓，全校发动，对会务工作作了精心安排，全体会务人员提供热情周到的服务，校办公室、组织处、行政处、服务中心和分院的同志以出色的工作赢得了全体代表的好评和赞誉。请允许我以全体与会代表的名义再一次向浙江省委党校领导和全校教职员工致以最诚挚的感谢和敬意。

二、会议收获

（一）以一分为二的观点回顾总结了近年来的工作。一致认为，近年来中央党校函授教育工作是有成效的，各方面的工作都有显著的进步和变化。这些进步和变化是在胡锦涛同志7·22重要批示精神指引下取得的，党校函授教育是在胡锦涛同志直接关怀下前进的。大家认为，近年来全院工作的突出特点是以传达学习贯彻落实胡锦涛同志7·22批示精神为主线，认真抓了解决办学中存在的不容忽视的问题，加强基层建设（学区建设和辅导站建设）以及逐步开展教育评估等三件大事，这三者之间相互联系、相互贯通、相互促进。其目的都是为了落实胡锦涛同志重要批示中对党校函授教育提出的要求。切实抓好了这三件事，贯彻落实胡锦涛同志重要批示精神就能取得实效。这是近年来全院工作中的一条重要经验。衡量一个单位是否真心实意贯彻落实胡锦涛同志重要批示精神，不仅仅看他们是不是认真传达学习了，更重要的是要看他们的实际行动，要看他们在抓这三件大事中的实际态度和实际效果。与会同志以大量的事实说明大多数单位抓这三件大事的态度是认真或比较认真的，措施是得力的，成效是显著的。但也有少数单位，认识不到位，措施不得力，效果不明显。即使先进单位也有薄弱环节。所以，任何时候不能有自满松懈情绪，既要充分肯定成绩，又要正视存在的问题，要增强忧患意识和危机感，要继续抓住这三件大事不放松，进一步抓出成效来。

（二）认清历史责任，准确把握定位，增强了办好党校函授教育的政治性、原则性和严肃性。与会代表在讨论张志新副校长重要讲话时认为，他在讲话中提出的明确历史责任，准确把握定位是一个具有方向性、根本性的问题，只有进一步把这个问题搞明白，才能保证党校函授教育沿着正确的轨道健康发展。与会代表认为，党中央和中央领导同志对党校工作和党校函授教育寄予厚望，历史把党校推到了一个更加重要的地位，这是一种历史责任。胡锦涛同志殷切期望党校函授教育“坚持正确的办学方向，提高办学质量，更好地为培养党的高素质干部队伍服务”。我们应该从培养高素质干部队伍的高度去认识自己的历史责任，从这个战略高度给党校函授工作正确定位，认清我们担负的办学工作是一项极其重要的政治任务，是一项极其严肃的干部教育事业。只有这样，才能增强办好党校函授教育的政治性、原则性、严肃性，才能增强认真做好党校函授教育工作的事业心、使命感和责任感。

（三）明确了提高办学主体综合素质是一项战略性的基础工程和加强办学队伍建设中必须掌握的几个问题。全体代表围绕会议主题，就提高办学主体素质的重要性、必要性和迫切性展开了广泛深入的讨论，大家联系实际，从多角度、多侧面谈了自己的切身体会，并结合介绍了各自加强办学队伍的经验。一致认识到，加强办学队伍建设，提高办学主体素质，是关系到党校函授教育能否确保它的办学质量，能否更好地担当培养高素质干部队伍的重任，能否履行新时期党赋予党校的神圣使命和历史责任，能否适应新世纪办学需要的大事，必须花大气力、下真功夫把它切实抓好，真正抓出成效来。全体代表一致赞同把1999年列为党校函授教育的“办学队伍建设年”，采取积极有效的措施，使办学队伍建设得到切实的加强，办学主体素质取得明显的提高，使办学队伍中存在的主要问题得到基本解决，把全院的办学队伍建设为一支政治强、业务精、作风正，能担当培养高素质干部队伍重任，适应新世纪办学需要的队伍。全体代表在讨论中商讨了加强办学队伍建设的要求和措施，并明确了在加强办学队伍建设中必须掌握的几个问题。

1. 加强办学队伍建设，必须三支队伍建设一齐抓。在办学队伍建设中，领导班子队伍建设是关键，师资队伍建设是核心，管理队伍建设是基础，三者不可偏废。

2. 加强办学队伍建设必须从多方面着手。既要充实数量，又要提高质量，还要从实际出发，采取综合性的措施，切实解决办学队伍中存在的问题。

3. 加强办学队伍建设必须全面提高办学主体素质。全面提高办学主体由理论素质、政治素质、业务素质和思想道德素质构成的综合素质。并要注重提高办学主体的整体素质。办学主体成员的个体素质是办学主体整体素质的基础，但是办学主体的整体素质又不等于是若干个体素质的简单相加。要增强办学主体整体结构的合理性，整体功能的协调性以及整体内部的凝聚力等。

4. 加强办学队伍建设必须全院上下协同动作。加强办学队伍建设是全院各级组织的共同任务，既要分工协作，又要发挥各自的主动性、积极性，尤其是各级组织要重视加强自身队伍建设。

这次会议还听取了总院教务处处长欧亚

平、研究生办公室副主任吕敏所作的关于做好1999年招生工作的发言，具体部署了明年的招生工作；听取了总院考试委员会副主任张殿瑾关于做好考务工作的发言，重申了总院对考务工作的要求。

三、传达贯彻这次会议精神的几个问题

（一）向校委和单位领导认真汇报这次会议精神。代表们回去后，应尽快地向校委和单位领导汇报一次，主要传达张志新副校长重要讲话和孙钱章院长主题报告精神，拿出初步方案，提请校委和单位领导讨论一次。然后，再通过适当形式，向所属组织传达和贯彻落实。在逐级传达中，要重视提高认识，统一思想，从上到下形成共识；要把会议精神和本身办学队伍建设的实际情况结合起来，制订实现目标的步骤和措施；要狠抓落实，务求实效。

（二）根据这次会议精神和结合本身实际情况尽快制订办学队伍建设三年规划和逐年的实施计划。1999年是“办学队伍建设年”，怎样把“办学队伍建设年”活动扎实、有效地开展起来，应明确提出分步骤实施的目标、要求、措施，并认真付诸实施。各分院的三年办学队伍建设规划和年度实施计划可和总院培训办公室要求上报的两支队伍三年培训规划和年度实施计划结合起来。他们原要求9月30日前上报，已报的有铁道部分院、北京市委机关分院、上海分院和西安分院。北京市委机关分院按规定上报了两支队伍三年培训规划和年度实施计划，并成立培训工作领导小组，划定培训专用款项。我们研究，决定把这个规划列入办学队伍建设三年规划和年度实施计划，作为其中的重要内容。要求各分院、直属学区将办学队伍建设三年规划和年度实施计划于今年12月底前报送总院培训办公室。

（三）明年开展“办学队伍建设年”活动中，应深入一步贯彻落实胡锦涛同志重要批示精神。要继续抓紧解决办学中不容忽视的问题。继续推进学区建设和辅导站建设。继续抓好教育评估工作，认真搞好对学区和辅导站的教育评估的验收，积极搞好分院自评的试点工作，明年全面推开分院自评和检查验收。关于教育评估工作，总院今年底前还将召开专题会议具体部署。

（四）认真做好1999年招生工作。各分院、直属学区根据这次会议提出的明年招生工作的方针和要求，结合各自实际情况，按规定时间，认真申报招生计划，积极进行招生工作的宣传发动，按照招生简章规定的条件和要求，认真做好考生资格审查，切实组织考生进行考前复习迎考，加强对考生的考风考纪教育，使全体考生做好应考的充分准备，以正确的态度参加入学考试，严格把好招生关，保证新生质量。

（五）加大整肃考风考纪的力度。进一步贯彻落实去年3月深圳考务工作会议精神。今年下半年期末考试前，各单位要对整肃考风考纪情况进行一次全面的回顾检查。已趋成熟的、行之有效的做法和经验要坚持推广和发扬，各种漏洞、隐患和薄弱环节要采取有效措施逐个予以解决。尤其要物色可靠人员保管、运送试卷，一定要保证考试之前试卷处于绝密状态。任何单位不得再发生试卷严重泄密事件和擅自改变统一规定考试时间的事件。今后发生这类事件一定要严肃查办，对明知故犯，目无法纪，顶风违纪者要加重处罚，除要追究当事者的责任外，还要追究领导者的领导责任。如果对这类事件的处理轻描淡写，不严肃、不认真，这是十分有害的，就无法制止这类案件的继续发生，就会继续对党校函授教育产生危害，应该坚决予以纠正。

（六）加强领导，增强党校意识，切实把党校函授教育纳入党校工作的总体布局。党校函授教育办学队伍建设，它是党校办学队伍建设的一个组成部分，必须依靠各级党

传达贯彻中央党校 1998 年函授教育工作会议精神

全院认真传达贯彻中央党校函授教育工作会议精神

中央党校 1998 年函授教育工作会议结束后，与会代表返回原单位立即向校委汇报，并组织传达学习，狠抓贯彻落实会议精神的工作。

各分院、直属学区分别召开全体人员会、学区主任会等多种形式的会议，出席会议有党校校委领导、函办领导和有关工作人员，听取了与会代表对会议精神的传达。重点学习领会中央党校副校长张志新在开幕式上的重要讲话、总院院长孙钱章的工作报告和总院副院长史信发对会议的总结讲话。经过学习讨论，领会精神，达成共识。

各单位一致认为，这次会议是党校函授教育系统，贯彻落实党的十五大精神，深入学习贯彻中央领导同志对党校函授教育重要指示精神的一次重要会议。大家认为，这次会议，张志新副校长的讲话从高举邓小平理论伟大旗帜的高度，强调用邓小平理论指导函授教育的全部工作，立意高；孙钱章院长从党校函授教育适应形势发展需要出发，确定以“加强办学队伍建设，提高办学主体素质”为主题，抓得准；史信发副院长从贯彻落实的角度，提出的具体要求，措施实。大家还认为，这次会议，是党校函授教育系统，迎接新世纪到来的思想准备会，也是进一步提高办学质量，完成党赋予党校函授教育历史重任的动员会，具有十分重要的意义。

各单位对会议精神的传达贯彻作了周密

校校委的统筹安排和具体部署。各级函授组织要增强党校意识、全局意识，党校是党校函授教育赖以生存和发展的基础和母体。离开党校，党校函授教育就寸步难行。所以，一定要争取和维护校委对党校函授教育的领导，又要发挥自己的主观能动性；党校函授教育是新时期党校教育功能的拓展、延伸和必要补充，客观上党校教育已成为调干脱产轮训、培训和党员干部在职在岗教育并存的格局，各级党校校委要把党校函授教育进一步纳入到党校工作的总体布局，脱产班次和函授班要两手抓，要统一领导、部署、检查、总结，要把党校函授教育的主要工作，包括办学队伍建设，列入校委议事日程，直接过问，加强领导，促其实现，推动党校函授教育不断地向前发展。

同志们，让我们进一步团结起来，高举邓小平理论伟大旗帜，自觉地以邓小平理论统帅党校函授教育工作，认真贯彻落实这次会议精神，为开拓党校函授教育工作的新局面，以新的姿态把党校函授教育推向 21 世纪而作出新的贡献！

的部署。比如，辽宁分院，提出贯彻会议精神的总体思路是：第一步，召开省委党校、分院、东北联合视导组有关领导同志会议，邀请省委组织部干训处负责同志参加，传达会议主要精神，研究明年召开函授教育工作会议的问题。第二步，由分院三位领导，分头下去传达，并结合实际，认真抓好落实。第三步，在明年召开函授工作会议前，传达会议精神告一段落，并取得阶段性成果。第四步，结合省函授教育工作会议的部署，进一步突出重点，把明年"办学队伍建设年"落到实处。又如，湖北分院，10月23日由省委党校常务副校长周大仁主持召开校委会，专门听取"十月会议"精神汇报，研究贯彻落实措施；10月20日召开函授教育管理研讨会，26日召开分院全体人员会议，传达会议精神；拟于11月底、12月初召开全省党校函授教育工作会议，进一步传达贯彻会议精神，总结工作，表彰先进，布置明年"办学队伍建设年"活动和招生工作；拟定办学队伍培训三年规划等。还有，陕西分院、成都军区分院、北京市委机关分院、北京市公安局直属学区、上海分院、湖南分院、内蒙古分院、空军部队分院等单位，行动迅速、传达认真、全面部署，大都在年底至明年初结合召开函授工作会议、专业会议、评估工作等活动，扎扎实实传达贯彻会议精神。

各单位传达贯彻会议精神，重视实际效果。比如，湖南分院贯彻会议精神，从抓工作人员学习邓小平理论入手，每月集中两次，请有关专家、学者作专题辅导。通过学习，进一步提高政治思想觉悟，增强搞好党校函授教育工作的使命感和紧迫感。他们坚持用胡锦涛同志的批示精神和有关条例、制度规范办学行为，并拟于12月份开展一次学习管理制度竞赛，提高工作人员贯彻执行制度的自觉性。北京市公安局直属学区，在近期召开的辅导站站长会议上，根据总院提出的加强办学队伍建设的目标和要求，提出提高主体素质的五项措施：(1) 充分认识强化办学队伍建设、提高办学主体素质的重要性和迫切性，明确教育与工作的关系。(2)抓好三支队伍的培训。(3) 以教育评估为杠杆，促进办学队伍建设。(4) 把"从严办学，抓好考风考纪"作为加强队伍建设的重点去抓。(5) 完善各项规章制度建设，切实保障办学主体素质的提高。

有些单位采取边传达、边整改的办法，促进会议精神的尽快落实。比如，北京市委机关分院，在传达贯彻过程中，结合实际，对近年来两支队伍建设进行总结。在充分肯定成绩的同时，重点放在查找不容忽视的问题上。从师资队伍素质、事业心、工作态度，以及讲课艺术、讲课效果等方面进行分析。针对有的单位在教学管理中，存在"小马拉大车"的现象和管理粗放等问题，确定了近期工作重点和长期建设目标，并为下阶段分院函授教育评估作好准备。内蒙古分院等单位，要求函授教育工作人员，要认真学习好会议有关讲话和文件，站在培养跨世纪人才的高度，切实提高管理人员的素质，把建设一支懂教学、会管理、廉洁高效的办学队伍，作为贯彻会议精神的总要求、总目标。

传达贯彻十月会议精神，已成为全院上下的共同行动，成为当前完成各项任务的强大动力。一个抓办学队伍建设，提高办学主体素质，促进函授教育质量提高的活动，正在全院开展起来。

（钟　园）

陕西省委党校校委传达讨论杭州会议精神

中央党校1998年函授教育工作会议结束后，陕西分院迅速组织分院全体工作人员对会议精神进行了学习和研究。10月30日，陕西省委党校召开校委会议，听取并讨论了会议精神的传达及分院贯彻意见的汇报。校委认为，中央党校召开这次会议很重要，很及时。这是提高办学主体素质，保证办学质量，培养跨世纪人才的需要。它不仅对于函授教育，而且对于整个党校教育都是一个至关重要的问题。省、地、县各级党校要进一步加强对函授教育的领导，要把提高办学主体素质放在全校范围内来考虑，调整、充实力量，理顺关系，统筹安排，加大投入，保证函授教育健康发展。陕西省委党校常务副校长兰友仁主持会议并作了总结讲话。会议原则同意分院关于加强办学主体建设的意见：

（一）加强师资队伍建设。目前全省党校函授师资有400多人。要下气力把这支队伍建设好。1．坚持择优选聘教师。选聘教师必须坚持以下条件：(1)专业对口；(2)具备与所任班次相应的职称；(3)坚持先培训、后上岗；(4)每个教师每学期承担的课程不得超过两门。2．继续抓好分院教学指导小组的工作。要把教学指导小组办成分院教学方面的专家咨询小组，充分发挥他们在指导教学、为院领导在教学上的决策服务的作用。3．采取备课会为主要形式的以会代训方法，进行培训。分院每年举办两期，每期40—50人，争取三年内把60％以上的授课教师培训一遍，加上学区自身的培训，可以实现总院要求的三年内全部轮训一遍的目标。4．建立教学质量检查评估制度，把教学效果的好坏，教学水平的高低同年度考核、评选先进、教学津贴、专业职称评定挂钩。5．分院和学区要积极选派面授教师到总院和其他高校等参加师资培训、进修，有计划地培养函授教学骨干。6．鼓励和支持面授教师参加各种形式的教研和社会调查活动。7．分院、学区设教师培训专项经费，保证师资培训费用，同时对偏远贫困地区给予一定的扶持。8．办好《函授通讯》。

（二）加强行政管理队伍建设。1．要按总院的要求健全函授管理机构，配齐管理人员。地（市）委党校应由一把手兼任学区主任。2．按照分工，分院要负责培训好学区副主任、函办主任和县级辅导站站长这两级管理干部。学区、辅导站也要培训好本级或下一级其它干部。3．加强管理人员的自身建设。

（三）加强班主任队伍建设。1．完善和落实《班主任岗位职责》，并制定具体考核办法。2．学区每年、分院每三年评选、表彰一次优秀班主任，召开一次班主任经验交流会。3．各级领导要关心班主任的学习、晋升和生活待遇等方面实际问题的解决。

会议决定，于11月下旬召开陕西分院1998年工作会议，传达总院会议精神，研究讨论贯彻意见，并安排、部署明年工作。

（范　勇）

成都军区分院贯彻杭州会议精神见行动

中央党校在杭州召开的函授教育工作会议结束后，成都军区分院立即组织学习和传达。10月20日分院召开全体人员会议，由分院副教育长（军区宣传部教育处处长）赵明仁，详尽地传达了杭州会议精神。他说，以加强办学队伍建设，提高办学主体素质为主题的杭州工作会议，是中央党校函授教育历史上又一次具有重要意义的会议。他要求全体办学人员认清历史责任，明确自己的主体地位和作用，认真学习邓小平理论，提高自身的理论素质和思想政治素质，发扬伟大的"抗洪精神"，讲学习、讲政治、讲正气，扎扎实实地把分院函授工作抓紧、抓落实，努力提高分院函授办学质量。分院教育长（军区宣传部副部长）周绍荣在会上强调，全体办学管理人员必须时刻注意提高自身素质和整体素质，把办学队伍建成一支懂教学，会管理，具有奉献精神，思想过硬，工作过硬，作风过硬的管理队伍，为培养军队高素质的干部队伍作出应有的贡献。为了落实杭州会议精神，会上，分院领导对当前应抓的几项具体工作进行了周密部署和安排。一是落实人员专门负责草拟分院两支队伍的三年培训规划，包括短期和长期的培训目标，以及培训的渠道和方法；二是安排专人负责提前作好1999年招生工作计划，提出招生意见；三是分工专人负责拟订考务细则，量化评分，加大考试监控力度；四是责成教务处加强对应届毕业生论文撰写工作的检查，务使各个步骤落实到位，提高论文撰写质量；五是分专人负责年度工作总结，为《中共中央党校函授教育年鉴》提供资料。此次任务明确，责任到人，在会议精神鼓舞下，全院同志精神振奋，上下一心，各项工作正在积极而有序地进行。

（成都军区分院　张湘璧）

上海分院抓会议精神传达贯彻促进当前工作落实

10月28日，上海分院召开33所党校校长会，传达中央党校函授教育十月工作会议精神，张枫来副校长，中央党校函授学院华东地区视导组组长严家栋出席会议并讲话。

会议首先由严家栋、教务二处处长刘军传达中央党校副校长张志新和中央党校函授学院院长孙钱章在工作会议上的重要讲话和报告。接着，张枫来、严家栋就如何贯彻落实会议精神提出了要求。

张枫来同志在讲话中指出，这次函授工作会议很重要，会议提出加强办学队伍建设的主题，立足于战略上的长远思考，这是进一步贯彻落实胡锦涛同志关于党校函授工作重要批示的又一重要举措，对我们的今后工作有重要的指导意义。他要求，与会人员回去后，要尽快向党委和校委汇报，向全体办学人员传达；在汇报、传达中，要重视提高认识，统一思想，从上到下形成加强办学队伍建设的共识。对明年的工作要早作研究，要有新思路、新对策。要认真制定“办学队伍建设年”的工作计划，把这次函授工作会议的精神落到实处，抓出效果，争取在本世纪内把上海分院的办学队伍，建设成为一支政治强、业务精、作风正的队伍，为党校函授教育在新世纪有更大的发展打下基础。

严家栋在讲话中强调，大家领会这次函授教育工作会议精神，要抓住以下几点：一是要用大局的观点，从培养高素质干部队伍的高度来看待我们的工作；二是要明确函授教育是党校干部教育的重要组成部分；三是要明确提高函授教育质量，关键是提高办学主体队伍的素质；四是要把我们的注意力，放在解决存在的不可忽视的问题上；五是要努力使办学规范化。

传达会还根据工作会议的精神，对当前正在进行的辅导站评估验收工作作了布置，提出了要求。

（上海分院）

福建分院认真传达贯彻十月会议精神

福建省委党校校委对传达贯彻 10 月份召开的中央党校 1998 年函授教育工作会议精神非常重视，专题作了研究和部署，并以校委的名义于 12 月初召开了全省党校函授工作会议，省委党校常务副校长林述舜、省委党校副校长兼函授分院院长林俊德出席会议并讲话。会议认真传达了中央党校副校长张志新的重要讲话和孙钱章院长的主题报告，紧紧围绕提高办学主体素质，加强办学队伍建设，展开认真而热烈的讨论，充分认识强化办学队伍建设的重要性和迫切性，为建成一支政治强、业务精、作风正的办学队伍，达成了共识，提出提高办学主体素质的四项措施。

一、坚持以邓小平理论指导函授教育工作，落实胡锦涛同志对函授教育工作重要指示精神，着重解决办学中队伍素质、师资水平、管理力度和考纪考风等问题。巩固和发展两个建设年和教育评估的成果，提高一、二类学区（站）的比例，力争两年内把三类学区（站）下降到最低比例，全面加强基础建设，提高办学总体水平。

二、函授办学队伍的建设要根据总院的精神，结合实际，重点解决存在的问题和薄弱环节。一是调整充实个别函授部门领导班子，强调函授教育管理的双重性，即组织行政工作受同级党委领导，教学业务工作受上级函授部门领导，树立一盘棋思想，防止政出多门和各行其是。二是强化师资队伍的培养和教育，鼓励函授教师在职或脱产进修培训，目前还达不到本科学历的教师，可通过函授教育提高学历层次。坚持职称、专业和班次要求相适应；制定师资培训规划，讲究备课会质量，计划今后每年办 4 期师资培训班，增加课时，加强管理，注重实效，凡无故不参加培训的教师无资格任函授课程；三是开展分院和学区管理人员的培训工作，明年先训分院带学区，在取得经验基础上，后年普训站一级工作人员，要在两年内将所有函授管理人员培训一遍。

三、继续抓好教育评估，强化各项办学条件，把教学质量和管理工作提高到新水平。在总结推广三明、厦门学区教育评估现场会的基础上，各级校委再认真研究一次，分析情况，按照总院评估指标体系逐项逐条地对照、检查、评分，贯彻边评估、边总结、边整改的要求，以全面改善各项办学条件。

四、大力推进宣传报道工作。通讯报道工作是促进教学管理与质量的有力工具，要积极发动函授工作人员、教员和学员拿起笔来，把自身的工作实践、教学实践和学习实践的经验总结出来，加以交流与推广。各级函授部门要健全报道组织，主要领导任组长，每学区每年见报不少于3篇，凡被刊用的文章，分院将视情给予适当奖励。要掌握报道重点和时效，提高文章质量，力争分院函授通讯报道工作有长足的进步。

（福建分院　叶宝彬）

南京军区分院贯彻十月会议精神
在落实上下功夫

南京军区分院认为，1998年中央党校召开的十月函授工作会议，是一次极其重要的会议，会议对全面加强函授教育工作将起重要的推动作用。分院在贯彻这次会议精神时，根据不同对象、不同单位、不同情况，注重在落实上下功夫。

一、把加强师资队伍建设放在第一位。名师、名校出高才。加强师资队伍建设，这是会议提出的要求。近年来，分院虽然重视师资队伍建设工作，但离总院的要求，仍然存着较大的差距。对照这次会议所提出的任务，分院将采取四项措施：一是配足数量。按照一名教师承担70人教学任务的规定，目前，军区分院尚缺教师52名。对此，分院同担任教学任务的三所军队院校一起商讨解决办法，通过内配外聘将缺额配足。二是重新审核师资的任课资格。根据总院提出应聘教师专业技术职称必须与担负的教学班次学历层次相适应的要求，即领导干部班和研究生班必须有副教授以上职称的师资授课；本科班必须有副教授以上职称的师资为主，配合少量的讲师授课。分院对已经担任授课的147名师资的授课资格进行了重新审核。从审核看出，主要担任本科班教学有副教授以上职称的教师缺额较大，共缺17名，目前三所院校都已作了调整充实。三是注重配备和选聘专业课程的教师。由于军队院校主要是培养军队所需的各类军事技术人员，教师的门类与党校函授教育要求相比不够齐全，特别是今年开设法律专业课后，能够担任法律专业教学的教师明显不足。对此，分院要求三所院校解决专业教师不足的办法是：（1）选聘地方教师；（2）每年招收地方大学毕业生来军队院校工作；（3）选送年轻教师进修有关专业课程。目前，三所院校已着手进行这项工作。四是分期分批对所有任课教师进行一次以热爱党校函授教育、严谨施教为主要内容的培训。十月工作会议结束后，分院根据这次会议精神立即安排了培训计划，并已将培训计划上报总院和全军函办。分院认为，师资队伍素质不高，是制约面授质量的关键，因此，加强师资培训刻不容缓。

二、对管理队伍进行调整充实。一是调整。近年来，军区分院管理队伍中的多数同志工作勤勤恳恳，任劳任怨，一丝不苟，做出显著的成绩。但确有极少数人对工作不够负责任，影响了办学声誉。分院要求各单位对一些思想差、工作差、作风差的人员，及时进行调整调离。二是充实。军区分院通过调查了解到，原来配备的13个学区、43个辅导站的152名管理人员中，近年来由于干部转业、上学、调整等原因，共减少了37名，这些同志离开岗位后各单位虽然都安排了临时顶替的，但工作多数不落实，有其名无其实。分院再次发文，要求各单位一定要按照总院规定的数额，把管理人员配齐，并要求在今年年底前把这项工作落实。

三、继续开展评教、评管、评学活动。为了促进教学，促进管理，促进学习，分院一直在函授教育中开展“三评”活动。“三评”活动一年进行一次，至今已开展五年，收到了很好效果，大大推动和促进了分院的教学工作。例如，去年有个研究生毕业的授课教师，由于平时不认真备课，讲课马虎应付，结果当年被评为不合格教师，至今未恢复授课。分院每年表彰和奖励一批优秀教师、优秀管理干部、优秀学员，使分院的函授教育越办越有生气，教学质量不断提高。分院认为，在开展“办学队伍建设年”的活动中，继续开展“三评”活动，将会进一步推动和促进函授教育，使活动年的内容变得更加丰富多彩。

（沈朝勋）

重庆分院传达十月会议精神
部署1999年招生工作

10月24日，重庆分院及重庆市委党校函授学院在涪陵区召开了函授招生工作会议，传达中央党校十月工作会议精神，总结1998年工作，部署1999年招生工作。

副校长曾明德，首先传达了中央党校副校长张志新的讲话精神和总院院长孙钱章的主题报告，并结合党校函授的实际，强调分院要深入学习邓小平理论的重要性和办好党校函授教育必须提高办学主体素质的必要性。为贯彻十月会议精神，提出了四点意见：一是各单位的领导，要切实加强办学队伍建设，朝着政治强、业务精、作风正，能担当培养高素质干部队伍重任，适应跨世纪办学需要的目标努力；二是提高办学主体素质，必须加强重庆分院、市函院的各级组织的领导班子建设，把加强师资队伍建设、管理队伍建设落到实处，切实解决办学中存在的问题；三是结合年底前渝函各分院、中函各直属站的函授教育评估，要通过从内部创造条件和外部争取支持来促进党校建设，促进两支队伍建设；四是坚持“社会效益第一”的办学指导思想，坚持“从严办学，质量第一”的办学方针，在1999年的招生工作中，必须严把“入学关”，以保证新生质量。

常务副校长程大鹏到会并讲话，他强调了党校函授教育的重要性，并结合明年的招生工作，要求把好入学关，严格考风考纪，实行一定比例的淘汰率。他还强调，要始终抓住函授教育质量不放，每年解决一、二个突出的问题，通过函授教育评估，促进党校及函授办学队伍的建设。

市委组织部干训处负责同志到会并讲话，表示积极支持市委党校函授教育工作。

（重庆分院）

院务会议

中央党校函授学院1998春季院务扩大会议纪要

（1998年1月25日）

中央党校函授学院于1998年1月19日至21日，在北京召开了春季院务扩大会议。出席会议的有院长孙钱章、副院长史信发、黄士安、刘利群，各处、室负责人，以及处务委员以上干部共59人。院领导主持了会议，孙钱章同志作了会议总结。

会议以党的十五大精神为指导，高举邓小平理论伟大旗帜，深入贯彻胡锦涛同志关于党校函授教育的重要指示，认真回顾1997年的工作，总结办学经验，查找存在问题，提出1998年的工作任务和目标。要继续坚持正确办学指导思想与办学方向，进一步提高办学质量，更好地为培养党的高素质干部队伍服务。

现将会议情况纪要如下：

一

会议回顾和总结了1997年的工作。与会同志一致认为，1997年是不平凡的一年，我们经历了百年雪耻，香港回归，中华民族扬眉吐气；党的十五大胜利召开，规划了奔向21世纪的宏伟蓝图；我国的社会主义现代化建设和改革开放事业取得了举世瞩目的成就。在大好形势的鼓舞下，党校函授教育事业，更加蓬勃发展。一年来，在中央领导同志的亲切关怀下，在校委的正确领导下，在各级党政部门和党校的大力支持下，全院上下齐心协力，在完成函授教育任务方面主要做了以下工作：

（一）深入地传达学习党的十五大精神。党的十五大，是旧世纪即将结束、新世纪即将到来的重要时期，党召开的一次历史性会议。会议确立了邓小平理论为全党的指导思想；选举产生了以江泽民同志为核心的新的中央领导集体；提出了我国走向21世纪的战略任务。十五大是我们党历史上新的重要里程碑。根据校委和总院的部署，全院上下，认真地组织传达和学习十五大的精神，紧密联系实际，结合工作，从历史责任的角度，加深培养党的跨世纪人才重要性的认识，用十五大精神武装全体学工人员的头脑，坚持用邓小平理论指导党校函授教育工作。

（二）全面地进行党校函授教育工作的大检查。遵照胡锦涛同志和校委的指示，自1996年底至1997年初，历时4个月，全院各级组织，在认真准备的基础上，以中央党校派出工作组检查和单位自查相结合的方式，对函授教育工作进行了全面大检查。去年7月22日，胡锦涛同志在看了中央党校校委《关于党校函授教育检查工作报告》后，作了重要批示，充分肯定“党校函授教育取得的成绩是显著的”，同时指出：“存在着一些不容忽视的问题”。这是对我们的关怀和鞭策。总院把贯彻落实胡锦涛同志的重要批示，作为一项政治任务来抓，首先，组织全院认真地传达学习，领会精神实质。第二，把查找和解决办学中存在的问题作为工作重点。第三，在落实上下功夫。在与贵州省、重庆市党校协商的基础上，进一步理顺办学关系。为了检查、整顿办学中的问题，自去年下半年以来，全院开展函授教育评估工作。按计划将在两三年内完成此项工作。通过大检查，促进函授教育质量的提高。

（三）召开了1997年党校函授教育工作会议。为了更好地学习党的十五大精神，贯彻胡锦涛同志关于党校函授教育工作的指示，研究新形势下培养高素质干部队伍的问题，1997年10月16日至20日，召开了有全国部分省市委党校常务副校长、各分院、直属学区负责同志参加的函授教育工作会议。会议总结了1997年“学区建设年”的经验，表彰40个优秀学区，决定1998年作为“辅导站建设年”。会议统一认识，明确任务，狠抓基层，夯实基础，进一步开创函授教育的新局面。

（四）加强了函授教育的组织计划与科学管理。遵循胡锦涛同志和校委的指示精神，总院采取一系列措施，全面提高函授教育质量。

首先，进一步把好招生关。在“控制适度规模，确保招生质量”的方针的指导下，1997年的招生工作，加强计划指导，严格生员报考资格审查，整肃考风考纪，顺利地完成了招生任务，特别是研究生招生工作，通过1995年、1996年两年的试办，积累了一定的经验，去年在条件成熟的省会城市，继续试点招生，受到各级党政机关的欢迎。

第二，进一步把好教材关。根据形势的发展变化和教学需要，教材编写工作在前几年工作的基础上，去年对1998年上半年使用的教材进行全面审查，按照十五大的精神，聘请专家把关，加大审修力度；全年共编审签发教材111种，其中，新编11种、修改28种、审改21种、重印51种，编审签发教辅资料94种。全年编审教材及教辅资料总字数2240余万，教材编写质量又有进一步地提高。去年9月1日，江泽民总书记向党校领导要函授学院编写的四本书（《马克思主义哲学原理》、《建设有中国特色社会主义的理论》、《干部写作概论》、《普通逻辑学》）和“教学参考资料”、“学习指导纲要”。在党的十五大期间，他又对校领导说，函授的几本教材我看了一遍。这是对党校函授教育的鼓励和鞭策。教材发行工作也取得了新的进展，职能部门三次召开会议，修订制度，推广经验，加强管理，不断提高发行质量。去年，向全国180多个直发单位，发行的文字教材和音像带，基本满足了教学的需要，受到大家的好评。

第三，进一步把好教学关。“教学计划”和“教学具体安排”是安排教学工作的主要依据，为了促使做好教学的各项准备工作，“教学计划”提前6个月、“教学具体安排”提前4个月下发。加强教学管理是提高教学质量的关键。去年，总院在加强业务指导的同时，召开了第三次教学管理工作会议，总结抓教学管理的经验，研究当前教学管理中存在的主要问题，明确1998年教学管理工作，以加强自学管理为重点，进一步提高学员的自学质量。针对部分教材新、教员新的特点，还组织了三次不同类型的备课会，以会代训，不断促进提高教学工作水平。

第四，进一步把好考核关。全院各级组织十分重视考核工作，从提高思想认识入手，不断改进考核手段。全年在招生、期末和补考三次全院性考试中，注重提高命题质量，加大管理工作力度。1997年的期末考试，实行考试试题题签制、试题混装制、属地发卷制，适当扩大了命题对教材的覆盖面，这一重大举措，有利于促进学员认真听课，按时完成作业，全面掌握教材重点的内容。

（五）加紧烟台培训中心的建设。培训中心是进行师资和管理人员培训，加强对外交流的重要基地。为保证工程按期完工，投入使用，总院充实和加强了专门班子，加大了投入。在建的1.7万平方米的大楼内装修正在进行，4千多平方米的职工宿舍楼、锅炉房和配电室附属建筑正在加紧建设中。整个工程预计今年6月底可以竣工并交付使用，运营前的各项准备工作正在抓紧进行。

（六）积极开展对外交往活动。坚持面向现代化、面向世界、面向未来，是函授教育办学的正确方向。去年，先后接待英国、美国、加拿大等国家以及香港的成人教育机构代表团来访；组织地方党校和分院负责人两批共46人，到美国考察成人教育；院领导受校领导的委托，组织部分省级党校校长就终身教育问题访问奥地利等西欧国家。通过互访，开阔视野，了解世界，着眼于未来，努力干好党的干部教育事业。

（七）做了大量的机关服务保障工作。总院机关各个部门，努力做好工作，全心全意为函授教育服务。行政部门，在“为办学提供可靠的后勤保障”的思想指导下，爱岗敬业，尽职尽责；财务部门为保证教学需要，坚持原则，大胆管理，合理开支，厉行节约；院报、院刊和《函授快讯》配合中心工作和教学任务，积极组稿，加大宣传力度；电化教研部门，开拓进取，创造条件，初步建起“网络管理信息系统”，为全院的自动化管理，迈出了可喜的一步；视导委、研究室和院办公室当好院领导的参谋助手，努力完成院领导赋予的各项工作任务。

（八）加强机关党的建设和思想政治工作。总院十分重视党的思想建设、组织建设和作风建设。一年来，按照校委的要求，组织全体人员就庆祝香港回归、十五大召开、学习邓小平理论和有关会议精神传达等重大问题进行学习，加强世界观的改造，提高贯彻执行党的基本理论、基本路线、基本方针的自觉性。各级领导干部带头艰苦奋斗、厉行节约、反腐倡廉。全院深入开展向优秀学员张书庭同志学习的活动。营造“讲学习、讲政治、讲正气”的政治生活环境，建设高层次的函院文化，使党校函授教育更好地“适乎世界之潮流，合乎人群之需要”。

与会同志坚持一分为二的观点，一致认为，过去的一年，函授教育工作虽然取得了明显的成绩和进步，但与中央领导同志和校委的要求，还有很大的差距。当前，最主要的仍然是有的单位和领导，对于办学指导思想和办学条件方面存在的问题认识不足，措施不力，必须引起高度重视，不断加以解决。

二

会议认为，1998年是全面贯彻落实党的十五大提出的各项任务的第一年，是真理标准大讨论和党的十一届三中全会召开二十周年。遵照中央关于总揽全局、精心部署、狠抓落实、团结一致、艰苦奋斗、开拓进取的方针和中央领导同志关于做好党校工作、发展党校函授教育事业的指示及中央党校校委1998年工作要点的要求，全院必须进一步深入学习和掌握党的十五大精神，高举邓小平理论的伟大旗帜，继续深化教学改革，强化科学管理，加强基础工作，稳定办学规模，不断提高办学质量，努力开创党校函授教育工作新局面。

（一）认真学习贯彻十五大精神，坚持用邓小平理论指导函授教育工作。党校函授教育是成人教育的一种重要形式，是党校教育的重要组成部分。各级组织和全院人员必须坚持用邓小平理论指导党校函授教育工作，用邓小平理论武装干部，教育学员，坚持马克思主义学风，为党培训更多的合格人才。各级组织要把这作为全院大局的工作来抓，以之统领其他各项工作。在学习贯彻十五大精神的过程中，要坚决贯彻落实胡锦涛同志关于党校函授教育的一系列指示，不断端正办学指导思想，完善规章制度，强化科学管理，切实解决存在的一些不容忽视的问题，进一步提高办学质量。

（二）探求教学规律，强化教学管理，提高教学质量。党校函授教育要全面、正确地把十五大精神贯彻到教学工作中去。各级组织在狠抓教学机构落实的基础上，认真组织力量深化对教学工作规律的研讨，要把主要精力放在抓好教学和教学管理工作上，不断提高教学质量。要认真贯彻执行总院制定的1998年教学计划，切实抓好教学工作的各个环节，大力加强自学管理，增强学习效果；按照教学工作发展的需要，择优选聘任课教师，狠抓面授质量；强化新开课程的电化教学，确保教学质量；健全和完善教学信息反馈渠道，及时反馈教学工作信息，改进工作。

要不断探索和总结研究生班试办工作的经验，研究加强和改进对研究生班教学工作的管理。做好95级学员毕业及其相关工作。对已经办班或拟申请办班单位的办学条件，要坚持标准，严格审查，确保办班质量。对领导干部研究生班（甲班），要做好追踪调查和研究工作，加强指导和管理，做到教学相长，努力办出我院教育的特色，进一步扩大党校函授教育在社会上的声誉和影响。

要组织力量，科学论证，调整专业与课程的设置。根据十五大精神，要树立精品意识，组织有关专家和人员，对文字教材、音像教材及配套的辅助资料进行修订，继续完成各班次、各专业、各年级新编教材和辅助材料的编写和审读任务。要继续为学员编写党性教材。对各种教材的印（录）制和发行工作，精心组织，加强检查，保证质量。

（三）认真抓好1998年招生工作，加大考务管理工作改革的力度。要按照平衡、控制、规范的原则，安排好今年的招生工作。各级组织要严密组织，严把报考资格审查关、入学考试关、录取关，确保生员质量，切实保证1998年招生工作任务的顺利完成。

要加大考务管理工作改革的力度，继续推行考试试题题签制、试卷混装制、属地发卷制，促使学员认真读书、全面复习，提高学习的自觉性和学习水平。在试卷印制等方面，总院将陆续推出新的举措。通过加强考务管理工作，促使办学质量不断得到提高。

（四）为全国党校工作会议提供有关材料。根据中央党校校委的计划安排，今年上半年拟召开全国党校工作会议或全国党校校长座谈会，总结近几年来特别是贯彻党校工作条例以来党校工作的基本经验，研究新形势下如何深化党校改革和解决当前党校系统办学中的重大问题。按照中央党校校领导的指示，中央党校函授学院要为会议研究党校函授教育工作，准备党校函授教育办学情况、党校函授教育学历、规范地方党校函授教育等方面的材料，供会议讨论使用。

（五）认真搞好党校函授教育评估工作。按照中函字［1997］22号文件《关于开展函授教育评估工作的通知》的规定，在1997年开展评估工作的基础上，1998年评估工作的主要任务：上半年，检查验收学区教育评估工作，辅导站要进行自我评估。下半年，检查验收辅导站评估工作，同时开始分院自我评估，并力争在部队系统开始评估工作。函授教育评估工作是一项涉及党校函授教育全局的新的工作，各分院、学区、辅导站要组织精干力量，拟定计划，周密安排时间，分期分批地展开。要力争经过三年左右的努力，把党校函授教育的质量，全面提高到一个新的水平，初步建立健全具有党校特点的函授教育评估体系。要积极争取所在党校校委和分管校长的领导和支持。领导的参与和重视，是搞好教育评估的关键。当前，要特别注意防止走过场，要采取得力措施，保证工作踏实顺利地进行。

（六）验收烟台师资培训中心工程，积极做好投入使用前的准备工作。根据工程的进展情况，烟台师资培训中心将在6月底以前竣工并交付使用，要组织相关人员参加验收工作。

培训中心投入使用前，要进一步研究，定机构、建班子、配骨干，把各方面的工作积极开展起来，为尽快投入运营、开展培训工作，做好准备。

（七）检查1997年十月工作会议关于加强辅导站建设任务的落实情况，积极筹备1998年十月工作会议。上半年，要组织力量，深入分院、学区，检查贯彻1997年十月工作会议关于加强辅导站建设任务的落实情况，主要检查"三落实"、"三到位"的情况，即：抓好思想落实，实现正确办学思想和办学方向到位；抓好组织落实，实现加强办学主体建设，人、才、物投入到位；抓好措施落实，实现全面贯彻执行规章制度，严格全方位管理，加强基层建设到位。要从抓加强基层建设入手，促使分院、学区、辅导站切实研究解决存在的问题，认真改进办学工作，保证和提高函授办学质量。

今年的十月工作会议，将在系统检查和总结加强学区和辅导站建设经验的基础上，重点研究抓好分院建设，进一步提高分院领导水平和管理水平，探求分院对学区管理问题，研究管理主体的管理职能、管理办法，强化计划管理和调控机制，进一步提高预测分析和科学决策水平。

（八）加强办学主体培训，努力提高自身素质。国际国内形势的发展变化，对党校函授教育提出了越来越高的要求，必须狠抓办学主体建设，不断提高自身素质，才能适应工作的要求。总院、分院、学区和辅导站，除了应有计划、有步骤、分期分批地选送相关人员参加学习深造、进修、短期培训外，要本着"在干中学、在学中干"的精神，紧密结合工作和思想实际，就办学中的主要问题（比如，如何提高领导艺术和方法、如何提高科学决策水平），采取总结工作经验和理论研讨相结合的办法，将实践经验上升到一定的理论高度，互相学习，共同提高。

要加强师资培训，总院、分院、学区要一起动手，开展多层次、多渠道的师资培训，要层层开好备课会，继续录制和发行供教师备课使用的录相带。要继续支持边远省区分院举办师资培训班，不断扩大师资培训面，促使教师不断提高自身水平。

（九）搞好宣传工作，加大宣传力度。党校函授教育事业，适应世界发展潮流的要求，适应党培养干部的要求，适应社会主义事业发展的要求。应当把函授教育事业纳入到党和国家整个事业中认识，要从函授教育在党和国家整个事业中的重要地位，来看待加强宣传党校函授教育的重要意义。

努力办好《党校报·函授教学与管理》、《函授快讯》、《学习导刊》，并会同其他有关报刊做好宣传党校函授教育的工作，扩大党校和党校函授教育的社会影响。主要是宣传党校函授教育的办学方针、指导思想和精心组织、严格管理、整肃考风考纪等情况。在办学过程中，在教、学、管各方面，都涌现出许多好人好事，如孔繁森、崔大庆、张金根，最近又涌现出为保护国家财产与持刀歹徒搏斗而壮烈牺牲的张书庭（铁道部分院兰州学区学员、兰州铁路分局兰西机务段陇西分段党总支书记），他们都是党培养教育出来的好党员、好干部、好学员。从英雄成长的轨迹中可以看出，他们在党组织的关怀下，通过党校函授学习，使自已在各方面进一步得到了提高。把他们的英雄事迹挖掘出来，报道出去，使更多的人了解英雄的业绩，鞭策和激励大家努力干社会主义，建设我们伟大的国家。

（十）继续深化对党校函授教育科学体系的研究。为了更好地适应新世纪中国和世界发展潮流对人才需求提出的要求，必须深入开展对党校函授教育科学体系的研究，这是强化教学管理、提高办学质量的需要，也是党校函授教育自身巩固、提高和继续发展的需要。要积极探索和把握党校函授教育的特点、规律、体系和机制，运用科学理论，指导办学实践，使我们的办学行为更加自觉，更加符合客观事物发展的规律。各级组织要把这当作一件大事来抓，发动群众，组织力量，深入研究，综合提高，力求取得积极的成果，促使党校函授教育不断迈向新台阶。

（十一）积极开展外事活动，加强国际合作与交流。在烟台培训中心投入使用后，要积极寻求国内外合作办学伙伴，努力开拓合作渠道。要根据需要与可能，积极联系和组织相关人员出国考察成人教育发展的情况，开阔视野，增强事业心，努力办好党校函授教育事业。

（十二）加强行政后勤、财务管理工作，提高服务质量。要强化服务功能，加大管理力度，着重在提高服务质量和基本保障能力上下功夫。行政管理要加强交通安全、防火、保密教育，努力做好各方面的工作。积极推进办公自动化进程，促进总院机关局域网尽快投入使用。搞好财务、物资管理，加强艰苦朴素、厉行节约、勤俭办学的教育，完善各项规章制度，更好地为党校函授教育服务。

（十三）加强调查研究，改进工作作风。各级组织要有组织、有计划、有目的地开展调查研究工作，正确掌握和吃透院情，及时了解办学中的新情况、新经验和倾向性的问题，增强工作的指导性和决策的正确性。总院将组织力量，采用小型座谈会、意见征询会、抽样调查、典型调查等多种多样的调查方法进行专题调研。把调查和研究紧密结合起来，防止调查与研究相脱节。每次调查，要力争提出既有情况，又有分析、有解决问题的思路和对策的调研报告，注重提高调研的质量和水平。

各级组织的领导同志，要经常深入教学第一线，掌握动态，发现问题，研究改进措施，就地指导和帮助基层解决问题。上半年，总院将分片先后召开分院院长座谈会，逐步建立分院院长工作例会制度、向总院定期汇报工作制度等，加强上下间的联系，及时沟通情况，密切关系，以利于工作的顺利开展。

（十四）进一步加强机关党的建设，弘扬“团结、敬业、务实、创新”的函院精神。组织全体人员，认真学习贯彻十五大精神，学习党的基本理论、基本路线、基本方针，联系实际，改造思想，指导工作，要提高全体党员和职工的政治觉悟，提高政治鉴别力和政治敏锐性，形成讲学习、讲政治、讲正气的风气，增强办好党校函授教育事业的政治责任感和使命感。

要积极开展党的工作，加强思想建设和组织建设，做好发展新党员工作。要严格组织生活，定期召开组织生活会和领导干部民主生活会，不断提高组织生活会的质量。要深入开展学英模、赶先进的活动，加强对全体党员的党性教育和党性锻炼。要增强党组织的凝聚力和战斗力，充分发挥党组织的战斗堡垒作用和党员的先锋模范作用。

要深入开展经常性的思想政治工作，积极促进函院文化建设。各级办学单位的党组织和行政领导，既要抓教学组织工作，又要抓党的工作，有针对性地做好学工人员的思想政治工作，关心群众的思想、学习、工作和生活。要做好工会、青年和妇女工作。要进一步弘扬“团结、敬业、务实、创新”的函院精神，尤其要强调团结敬业、无私奉献，营造团结和谐的良好环境，为建设高层次的函院文化做出新贡献。

要严格遵照党中央、中纪委关于反腐倡廉的各项指示、规定，廉洁自律，洁身自好，反对拜金主义、享乐主义和极端个人主义，反对以学谋私和钱学交易的不正之风，自觉维护党校函授教育的声誉。

会议结束时，孙钱章同志在总结讲话中指出，面对21世纪，随着世界经济一体化的发展，国际国内对人才的需求将越来越旺盛。党校函授教育，适应世界发展潮流的要求，适应党培养干部的要求，适应社会主义事业发展的要求，受到广大党员干部的热烈欢迎。它具有很强的生命力。要把党校函授教育事业纳入到全党、全国，以至全世界发展战略格局中，来看待我们所从事事业的重要意义。回顾过去一年工作所取得成绩的原因和新的形势对党校函授教育提出的要求，他特别强调了以下三点：(1) 坚持增强主人翁意识。全院同志，以党校函授教育事业为重，识大体、顾大局，把大局放在第一位。大家在各自的岗位上，兢兢业业地工作，有许多同志甚至以牺牲自己的健康为代价，作出无私的奉献。(2) 坚持创造性思维、开拓式工作。事业的发展，工作的推进，关键在于理论思维能力如何，能否抓住主要矛盾，提出分析和解决问题的思路和对策。在考虑和解决问题的过程中，要有“悟”性，从此事“悟”出彼事；从今天“悟”出明天，甚至后天可能发生什么问题。开动脑筋，出新点子，努力改进工作，把我们的事业不断推向新的台阶。(3) 坚持讲团结。全院各级组织之间、各部门之间、各同志之间，团结状况总的说来还是比较好的，我们的工作之所以年年有进步，全院上下，团结一致，是其中重要的一条原因。团结出智慧、出力量、出效益、出人才。为了党的干部教育事业，大家要互相学习、互相支持，心往一处想、劲往一处使，拧成一股绳，这是一种觉悟，是一种境界，是我们事业取得胜利的根本保证。

中央党校函授学院 1998年暑期院务扩大会议纪要

(1998年8月31日)

中央党校函授学院院务扩大会议于8月26日至28日在北京举行。中央党校副校长张志新出席会议并讲话。参加会议的有总院领导及处（室）务委员以上干部，共50多人。会议由院领导主持。孙钱章院长作会议动员和总结。现将会议情况纪要如下：

一

会议认真学习党的十五大精神，学习江泽民总书记关于《努力建设高素质干部队伍》和《领导干部要在理论学习新高潮中起表率作用》等重要论述，学习胡锦涛同志关于党校函授教育工作的重要指示。在此基础上，认真总结上学期工作，细化下学期工作。会议着重研究如何提高办学主体素质问题，由各处、室负责同志介绍各自实施科学领导和有效管理的经验与体会。他们的发言内容丰富、生动、实在，从不同方面、不同角度，从理论与实际的结合上阐发了切身体会，使与会人员受到启发和教育，反响强烈。

会议紧张热烈、重点突出、主题鲜明。这次会议的开法有所创新，突出提高办学主体素质这个主题，由总院机关的处、室负责同志将实践经验上升到理论的高度加以总结。与会同志认为，这种开法主题新、立意高、形式活、内容实。这是加强自我教育、互相学习和培训干部的一种好办法。

二

会议对上半年的工作进行了认真总结。大家一致认为，在中央领导同志的亲切关怀下，在校委的正确领导下，全院同志高举邓小平理论伟大旗帜，深入学习贯彻党的十五大精神，贯彻落实胡锦涛同志关于党校函授教育工作的一系列重要指示，按照全院工作计划要点，紧紧围绕提高办学质量这个中心，统筹安排、周密计划、精心组织、狠抓基层、强化管理、夯实基础，比较好地完成了各项工作任务。

（一）教学改革和教学管理工作深入开展。认真编制了1999年上半年教学计划和1998年下半年教学具体安排，并提前下发执行。从98级开始，将党性教育纳入教学计划，强化党性教育，使之落到实处。对讲座课的作业提出了更高的要求，注重提高学员分析和解决实际问题的能力。以培训跨世纪高素质干部队伍为着眼点，确定98级各班次各专业的课程设置，调整部分专业的教学内容，使其结构更趋于合理。继续抓了教学管理及师资培训工作，5月份在湖南长沙召开了《邓小平理论》和《刑法总论》两门课程备课会；编印第三次教学管理工作会议经验材料汇编和优秀毕业论文选。培训工作成立专门机构，上半年在甘肃、吉林和内蒙古分院，对部分学区主任、辅导站站长、管理人员及教师进行培训，取得了良好的效果。

（二）研究生班试办工作进一步推开。完成了98级在职研究生班的招生任务。在京外招生单位有所扩展，坚持严肃、公正、公平的原则，招生任务已圆满完成；对研究生甲班的教学与管理工作进行探索，在制定培养方案、教学计划、聘任导师、学员管理等方面，初步积累了一些经验；为培养跨世纪高层次人才的需要，经调查论证，拟制了《政治学专业》培养方案和招生办法，各项教学工作已准备就绪；95级在职研究生班47名学员完成了学业，顺利毕业，其中有10多名申报了硕士学位考试。在职研究生班试办工作总的发展态势是良好的。

（三）教务和考务管理工作进一步加强。98级招生工作，做到招生需求和招生指标的供给大体平衡。进一步理顺办学关系，稳妥地处理贵州分院成立后的善后事宜，调整了黑龙江地区的办学单位的关系，促进统一办学步伐；会同总政宣传部函授办解决了军队党校函授教育中的有关问题。加大对学籍管理改革的力度，在北京、南宁、厦门、上海、大庆、昆明等地举办教务管理软件培训班，共有72个分院、学区的150名微机操作人员参加学习，为实行学籍自动化管理打下了基础。

为强化全院考试工作的组织领导，严把“考核关”，年初组成考试委员会，下设办公室，专门负责命题制卷、考务等方面的工作。各级组织十分重视考风考纪，各单位成立有党校领导和机关干部参加的考试领导机构，精心组织，保证考试工作的顺利进行。

（四）教材编、印、发工作的质量进一步得到提高。教材编写调整机构，充实力量，建立院外编写队伍，扩大编委会成员，严把编写质量关。为发挥函院整体优势，5月份，在福建举行了中函教材研讨会，将大专、本科24种教材的审改任务承包给部分分院。半年来，完成编审教材65种，其中，新编写11种、修改27种、重印27种，编审总字数1400多万字。编写教学辅助资料53种，其中，新编写12种、修改32种、重印9种，编审总字数500万字。

加强了教材的印刷、征订、发行的质量管理。印刷教材，强化精品意识，保证质量；征订教材3次，达到“准时、准确”；发行工作达到“准确、及时、安全、有序”的要求。

（五）电化教学与网络建设发展较快。年初，组建电化教研室，配备充实人员，增加设备投入，注意选聘优秀教师，提高音像制品质量。

网络建设步伐加快，继网络布线工程之后，按计划完成系统整体集成的部分工作。利用总院的网络功能，实现国际互联网。局域网建设一期工程业已完成，二期工程即将启动。

（六）函授教育评估工作全面铺开。今年，是函授教育评估工作关键的一年，按计划分院要完成对学区、辅导站评估检查验收工作，各分院要进行自我评估，部队系统分院也要开展评估，为明年全面完成函授教育评估工作打好基础。上半年，总院在武汉召开了评估工作会议，对评估工作进行检查和布置。随后，组织5个评估检查小组，深入到21个学区、13个辅导站，调查了解评估情况。从检查情况看，多数学区、辅导站的评估工作基本符合总院要求，分院对学区评估的检查验收工作顺利，在10月前后可完成对学区的检查验收。

（七）烟台培训中心建设正在加紧进行。对建设培训中心，函院尽了最大的努力，成立了领导小组，下设办事机构，投入了相当的力量，保证建设用款及时到位，协调与当地有关部门的关系。培训中心和总院机关有关部门的同志做了大量艰苦、细致、扎实的工作。由于种种原因，工期一再变更。目前，有关部门正在安排力量，加紧进行中。

（八）各项服务、保障工作做得较好。各服务、保障部门，胸怀全局，立足本职，做好工作，全心全意为函授教育服务。行政部门除了完成值班、打字、物资采购、管理等经常性任务外，把防火、防盗、保卫、安全放在突出的位置。财务部门在加强财务管理、坚持为教学服务上下功夫，经申报，国家计委收费管理司于今年2月批准了我院的办学收费标准。

（九）院报、院刊、函授快讯，围绕全院中心工作，比较好地发挥了报刊的宣传报导和教学指导的作用，得到各方面的好评。函授教育年鉴1996年、1997年卷本，业已完成编审付印任务，可望于今年10月份与读者见面。视导委、研究室和院长办公室，在发挥参谋助手作用方面，积极主动地完成各自担负的工作任务。

（十）机关党的思想作风建设和思想政治工作不断得到加强。院机关党委按照校机关党委要求和函院实际情况，积极认真组织政治理论学习，提高党员干部讲学习、讲政治、讲正气的自觉性。强调领导干部带头学习邓小平理论，提高自身素质，增强拒腐防变能力。孙钱章、谢保忠二同志被评为中央党校优秀党员；孙钱章同志还被评为中直机关优秀党员；唐和祥同志被评为中央党校优秀党务工作者。函院机关党委被评为目标管理达标成绩优秀单位。注意发挥院工会的作用。进一步弘扬“团结、敬业、务实、创新”的函院精神。

三

会议突出提高办学主体素质这个主题。有14位处、室领导谈了自己在实施领导和管理工作中的体会。有的同志以“领导者要善于运筹”为题，谈了对当处长的认识和体会。“凡事预则立，不预则废”。“运筹帷幄之中，决胜千里之外”，讲的是运筹的极端重要性。作为一名处、室领导，要学会善于运筹。一是看大局。要把处、室工作放在全院这盘棋上，找准自己的位置，增强角色意识。如在试办研究生班时，95级仅招生几十名学员，相对于全院几十万名学员来说，这仅是个小数；但从全局来认识，又绝非小数，它标志着党校函授教育办学向高层次发展的方向。把创牌子、摸路子、育英才作为工作的指导思想，坚持工作任务高起点、工作尺度高标准、工作目标高层次。从95级研究生班圆满毕业来看，证明院领导班子决定办在职研究生班的方向是对的，教学质量是好的，办得是成功的。二是抓大事。一个单位的领导，要学会捕捉工作中的主要矛盾，抓关键、攻要害，如编制教学计划和教学大纲，促使教学工作规范化；建章立制，运用制度管人管事，促使管理工作制度化。抓住这些关键环节的工作，从而带动和促进全盘工作的开展。三是闯新路。担任领导工作的同志，必须增强创新意识，工作不能拘泥于现状，要注意捕捉新信息，研究新问题，探索新路子，使工作年年有进步。四是不停步。从反映论和过程论的观点来讲，真理无穷尽。一个领导者不能满足于已取得的成绩，而要不断地总结工作，查找差距，永不停步地前进。有的同志讲了“充分发挥处务会领导班子的整体效应”，介绍了在工作中坚持民主集中制的认识和做法。凡属重大问题和重要工作，均由处务会进行集体讨论，充分发扬民主，在大家取得共识的基础上，由处务会成员集体决策，然后，按分工负责制，分别组织实施。他们体会到，要坚持好民主集中制。加强领导班子的团结是基础，严格按规章制度办事是保障，充分调动骨干力量的积极性是动力。大家团结一心，奋发进取，使教材印制和发行工作，一年上一个新台阶。在会上发言的题目还有：“思路决定出路”、“领导者要有创新意识”、“领导者要学会逆向思维”、“当好参谋助手，为领导服务、为教学服务、为全院工作人员服务”等等。这次会议的发言有以下四个特点：（1）紧扣提高办学主体素质这个主题，话不离题；（2）理论联系实际紧密，将实践经验上升到理性加以总结，有一定的理论高度和深度；（3）不仅讲如何做好工作，而且还讲如何做人；（4）自己动手写稿，自己上台讲。讲得有声有色，令人信服。达到了自我教育、互相学习、取长补短、共同提高的目的。

四

会议指出，当前党校函授教育面临新的形势任务，十分繁重，全院同志必须深入学习和掌握党的十五大精神，高举邓小平理论伟大旗帜，紧密联系实际，继续深化教学改革，强化科学管理，加强基础工作，为把函授教育质量提高到一个新的水平而努力。下半年的主要工作任务是：

（一）认真学习贯彻党的十五大精神，加强对邓小平理论的学习，并用以指导党校函授教育的全部工作。党的十五大提出，高举邓小平理论伟大旗帜，把建设有中国特色社会主义事业全面推向21世纪，这是全党各项工作的主题，也是党校函授教育工作的主题。全院同志要积极响应党中央的号召，兴起学习邓小平理论的高潮，把学习理论与贯彻落实胡锦涛同志关于党校函授教育工作的一系列重要指示紧密结合起来，用以指导党校函授教育各项工作。不断端正办学指导思想，搞好教学与管理，进一步完善规章制度，强化科学管理，认真解决存在的一些不容忽视的问题，不断提高办学质量。

（二）深化教学改革和教学管理，加强教材建设，做好师资和管理干部队伍培训，不断提高教学水平。编制99级各班次各专业课程设置；修订1999年上半年教学计划和学习具体安排。各单位要认真组织力量，深入探讨教学工作规律，切实抓好教学工作的各个环节，提高教学管理水平。认真总结95级研究生班工作经验，着力研究领导干部研究生班甲班的工作，不断探索加强指导和管理工作方面的规律，及时改进工作。加强面授教师和管理干部的培训，提高面授课质量。强化新开课程的电化教学，确保教学质量。

针对未来形势发展需要，遵循党的十五大精神，进一步调整专业与课程的设置。强化精品意识，组织力量对文字教材和音像教材及配套的教辅资料进行修订。继续完成各班次、各专业、各年级新编教材和教辅资料的编写和审读任务。继续完成学员党性教材的编写任务。对各种教材的印（录）制和发行工作，精心组织，加强检查，保证质量。教材印发工作，以改版（由小32开改为大32开）为龙头，不断创新，全面提高教材质量。

（三）抓紧抓好十月工作会议的各项准备工作。今年的十月工作会议，将在系统检查和总结加强学区和辅导站建设经验的基础上，着重研究提高办学主体素质问题。各单位要抓紧上报经验总结材料，各项会务准备工作要抓紧落实。参加会议的全体同志，要群策群力，集思广益，研究制定提高办学主体素质的各项措施，进一步提高党校函授办学质量。

（四）继续抓好函授教育评估工作的指导和检查。各级函授部门要紧紧依靠党校校委的领导，按照总院的统一部署，抓紧做好工作。下半年，全面检查验收辅导站评估工作，各分院要做好自评的准备工作，部队系统党校函授教育评估工作将在下半年展开。组织第二批评估工作检查小组下去检查指导。在深入调查研究的基础上，研究制定明年检查验收分院评估工作的方案，为明年完成全部评估任务打好基础。

（五）做好1999年的招生准备工作，加大考务管理力度，促进学籍管理改革方案的落实，进一步提高教务管理水平。招生工作要严格把关，按照适度从紧的原则，采取自下而上、自上而下相结合的方法，拟订1999年的招生计划。考务工作，要在命题、制卷、印发、交接、保管和考场规范等方面，完善制度，加大力度。认真组织监考，整肃考风考纪，维护党校函授教育的声誉。学籍管理，要在上半年培训微机人员的基础上，进一步落实改革方案，使学籍管理自动化水平提高一步。

（六）深入调查研究，为全国党校工作会议提供有关材料做好准备。根据校委领导的指示，函院组织专门班子，对函授教育的发展情况、规范地方函授教育和学历等三个问题，经多方调查，反复研究修改，已形成初稿。在此基础上，还要继续抓紧修改，把材料准备好。

（七）编制电教工作规划，启动网络建设二期工程。要在调查研究的基础上，按分院、学区教学的实际需要，拟制电教工作三年规划，有步骤地实施。对自动化网络二期工程，应在山西电教与微机管理工作会议的基础上，选择试点单位进行试点，积极启动，注重实效。要加速软件设计，继续办好微机培训班，提高总院局域网的使用效率。积极完成烟台培训中心的弱电建设工作。

（八）抓紧落实烟台培训中心开业运营前的各项准备工作。烟台培训中心经过近三年的努力，即将建成运营，要尽快做到思想、组织、物资三个落实。思想上要从完成基建转变到办学上来；组织上要积极物色、选择得力、精干的部门领导和工作人员，建立各种必要的制度；物资配备要有超前意识，进行多家比较选购，本着节省开支，少花钱、多办事的原则，做好各项准备工作，为首期培训班开学创造条件。要积极开展外事活动、加强对外交流与国际合作，广开生源，开门办学。

（九）办好《党校报·函授教学与管理》、《函授快讯》、《学习导刊》和年鉴，加大宣传力度。院报和快讯是函院的喉舌，要紧紧围绕全院的中心工作，加大宣传力度；院刊要以指导教和学为重点，为党校教员和学员服务，为函授教育服务。党校函授教育年鉴要抓紧1995年卷和1998年卷资料征集工作，精选精编，保证质量。

（十）深化对党校函授教育特点、规律、体系和机制的研究。按照总院《1998年—1999年函授教育部分科研课题》的要求，要组织好科研项目的立项、审定和落实工作。对课题应严格审查把关，决不能滥竽充数。已启动的课题，要定期检查，加以督促。

（十一）做好行政后勤、财务管理工作，提高服务质量。行政工作要把防火、防盗、防事故放在突出的位置，加强领导，督促检查。努力做好各项服务工作，努力提高服务质量。财务工作要本着服务与管理并重的精神，厉行节约，勤俭办一切事业，管好钱、用好钱，为党校函授教育服务。

（十二）加强机关党的建设，弘扬“团结、敬业、务实、创新”的精神。院机关党委要按照校委和校机关党委的要求，对下半年政治理论学习，特别是邓小平理论学习，制定计划，作出安排。处以上领导干部要带头学好、用好，坚持理论联系实际，改进思想作风，指导工作。要继续加强思想建设和组织建设，发挥党组织的战斗堡垒作用和共产党员的先锋模范作用。要发挥工会的作用，为群众办好事、办实事，关心和解决职工的困难。弘扬“团结、敬业、务实、创新”精神，加强精神文明建设和函院高层次文化建设，团结一心，奋发进取，为发展党校函授教育事业，积极做出贡献。

五

孙钱章院长在总结发言中指出，总院机关中层干部的健康成长，特别是年轻干部进步得比较快，党校函授教育事业后继有人，这是我们事业兴旺发达的一个标志。他说，14位同志的发言，实际上是探讨领导科学与科学领导问题，它涉及到领导者的本质、领导原则、领导环境、班子结构、科学决策、知人善任、指挥协调、检查监督、科学总结、领导方法与艺术、领导过程、日常工作、作风和修养、领导效能，等等。他还说，马克思在总结巴黎公社经验教训时，曾经精辟地指出，领导者的本质是社会的负责的公仆。这就清楚地告诉我们，各级领导干部都要坚持党的全心全意为人民服务的根本宗旨，努力加强世界观的改造，心里时刻装着群众，要始终不渝地为群众谋利益。对待党和人民的事业不但要有热情，更要有激情，全身心地投入工作，这既是成就事业的保证，又是培养和锻炼干部的需要，正是我们事业的希望所在。他指出，这次会议意在培养和提高干部，这是一种好形式、好办法，今后还可以组织专题研讨会，深入探讨党校函授教育的特点、规律、体系和机制，不断提高办学主体素质，进一步提高办学质量，为发展党的干部教育事业不懈地努力奋斗。

张志新副校长在讲话中指出，这次会议开得很好，大家总结工作不是就事论事，而是就事论理，总结做领导工作和管理工作带规律性的经验，这对提高干部的领导能力、水平和艺术，很有意义。从14位同志的发言和会议讨论的情况看，有以下几个特点：（1）增强大局意识。领导干部要学会站在战略高度观察和思考问题，各人的工作岗位和职责不同，但是，都要纳入到大局来看待。历史把党校推到了更加重要的地位，党校函授教育是党校教育的重要组成部分，把党校函授教育纳入到全党全国乃至全世界的战略格局中，来看待我们所从事的干部培训工作，具有特殊的重要意义，从而进一步增强我们的事业心和使命感。（2）增强全局意识。领导干部一定要正确处理好局部与全局的关系，办事情、想问题，要多从全局进行思考，摆正自己的位置，遇到问题和矛盾，就能保持一种比较平和的心态，努力做到局部服从全局。（3）增强超前意识。古人云：凡事预则立，不预则废。大家不但要做好正

第四次教学管理工作会议

强化管理　狠抓落实　全面提高教学质量

——在中共中央党校函授学院第四次教学管理工作会议上的工作报告

（1998 年 12 月 3 日）

中共中央党校函授学院副院长　刘利群

同志们：

中共中央党校函授学院第四次教学管理工作会议今天正式开幕了。这次会议的主题是：深化改革，强化管理，狠抓落实，全面提高教学质量。在党的十五大精神和邓小平理论指导下，我们将深入研究胡锦涛同志关于加强党校函授教育工作指示的落实情况，认真贯彻中央党校 1998 年 10 月函授工作会议精神；总结教学管理工作，交流教学管理经验，明确教学管理任务；深层次探讨保证教学质量的管理问题。下面，我代表总院讲三个问题：

一、近年来教学管理工作情况的回顾

近年来，在党的十五大精神指引下，各级办学单位能够认真贯彻胡锦涛同志对党校函

在做的事情，还要谋划下一步干什么，以及怎样干，不断总结提高，推动工作不断前进。面向 21 世纪，党校函授教育应该着重研究什么问题，给跨世纪的党政领导干部以什么样的知识，以及如何进一步改进办学工作，这些都需要认真对待，我们必须有超前意识，否则，工作就会陷入被动。（4）增强创新意识。领导干部必须具备创新意识，只有创新，工作才能得到发展。这次，我到辽宁、吉林、内蒙古考察党校函授教育工作，各单位在开展党校函授教育工作中，多有创造，积累了宝贵的经验。辽宁分院的领导同志在取得工作成绩的同时，仍然保持一种清醒的头脑，不断查找差距，有针对性地研究解决问题，促使工作不断前进。这种精神值得发扬。同样，领导干部对待自己也要持这种态度，保持清醒的头脑，既看到自己的长处，更要明白自己的短处所在。在工作中，能尽职尽责，算是好干部；如果再有创造，有新的发展，那就是开拓型的干部。最后，他希望大家通过这次会议，更加自觉地学习理论，勇于探索，加强调查研究，善于总结经验教训，不断提高领导工作能力和水平，把党校函授教育事业搞得更好。

授教育工作的一系列指示，落实历次中央党校函授工作会议和中函教学管理工作会议精神，在教学管理上做了大量的工作，尤其在抓“教”与“学”方面取得了显著的成绩，积累了一些经验，教学质量有了一定的提高，获得了较好的社会效益。基本情况如下：

（一）教学管理机构和制度得到了进一步的完善。

为了强化教学管理职能，保证教学质量，总院教学管理机构作了部分微调，专门成立了考试委员会、培训办公室以及院报院刊编辑部，教学处在教学管理、师资管理以及处行政三个办公室建制的基础上，又与研究生办公室合署办公。与此同时，分院的教学机构也作了一定的改进。目前，教学管理工作除少数单位由教务科负责外，大多数单位设有教学科；学区、辅导站都配备有专人负责教学工作，教学管理机构得到了进一步的完善。部队各分院在总政科文局的统一领导、管理之下，理顺了关系，健全了机构。有的分院和学区为了有效地增强教学厚度，还成立了专业教研室。

为了规范教学管理工作，进一步完善了教学规章制度。今年总院已着手对《中共中央党校函授学院管理制度汇编》进行修改工作，增订了《党员领导干部在职研究生教学管理实施办法》、《电化教学管理制度汇编》等制度，教学处还制订了《教学处机关制度汇编》，明确了各个办公室的职责和各种管理制度规定。各分院、学区、辅导站也能根据本单位、本地区的实际情况，完善各项教学管理制度。如河北分院华北油田学区在贯彻执行总院及河北分院有关规章制度的基础上，结合本单位的实际，制定了针对性和操作性较强的教案检查、试讲、作业检查及讲评、自学效果抽查、补课、班主任工作等八项制度，从而使函授教学管理工作逐步走上了制度化、规范化、科学化的轨道。

（二）教学改革有了新的举措。

今年以来，总院和各办学单位，在教学改革方面做了大量的工作，采取了一些新的举措，取得了一定的成效。首先，进行专业课程设置调整。为了适应知识经济和社会主义市场经济发展的要求，培养更多的复合型人才，对99级的专业设置作了调整，将大专班党政管理专业改为行政管理专业，政法专业改为法律专业；本科班党政管理专业与行政管理专业改为行政管理专业，涉外经济专业改为贸易经济专业，政法专业改为法律专业。调整后，中函大专班设行政管理、经济管理、法律三个专业；本科班设行政管理、经济管理、贸易经济、法律四个专业。同时，将领导干部班明确为中函领导干部函授班（经济管理专业本科）。从98级开始，将《党性教育》作为一门课程列入了课程设置中。总院举办了党性教育教材研讨会，逐步做到党性教育有计划、有课时、有教材、有检查考核。99级专业调整后，增加了《知识经济概论》课程。在职研究生班的课程设置，本着“少而精”的原则，既突出了专业的主干课程，又注重了领导干部学习的特点。其次，调整《教学计划》。改进了英语课程的考核方式，并增加了录像串讲的时、次数，增加了毕业班开卷考试的门数和闭、开卷课程的面授时、次数，并适当压缩了讨论时间；改变了讲座课的考核方式，由写心得体会改为撰写课程论文。第三，对编制教学大纲作了进一步论证。今年七月份，总院召开了有部分院校的专家、学者参加的编制教学大纲论证会。会议肯定了编制教学大纲的必要性，并提出了原则要求：一是要体现党校函授教育的特色；二是要体现深化教学改革的精神，并对下一步教学大纲的编制工作，提出了落实意见。第四，改进了考试命题和教材编写、制作工作。在考试命题工作中坚持了以教材为基础、以教学具体安排为重点、以学习指导纲要为范围的原则，使教、学、考等重要环节日趋统一。在各类教材的编写、制作中，能够把好政治关，体现串讲课与讲座课的特色，引导学员增强创新能力。第五，为了推动教学研究工作，总院编印下发了中函第三次教学管理工作会议《把好教学关，强化自学管理，提高教学质量》的经验汇编，并出版了93—95级优秀毕业论文集。不少分院也编印了优秀毕业论文集。

（三）各个教学环节特别是“教”与“学”的环节得到了加强。

各单位能认真贯彻第三次教学管理工作会议精神，认真抓好“教”、“学”、“管”等教学环节的落实，特别在抓“教”与“学”上下功夫。

为了突出“教”的主导地位，各单位做了大量的工作。一是一些单位建立了教学组织与管理的权威性机构。比如，总参分院国际关系学院学区成立了由院内外10名专家组成的教学中心组，中心组成员还兼任学科小组长或教学小组长，并亲自授课；二是坚持集体备课，规范面授教学。铁道分院济南学区制订了“三会一考核”的管理制度。即开学前召开各函授站任课老师参加的集中备课会；期中考试后召开期中考试成绩分析会；期末考试前召开期末复习备课会；学区对辅导站定期进行教学工作考核；三是狠抓课堂教学，切实提高面授效果。吉林分院在课堂教学中做到了“三坚持”，即坚持按学历教育的标准化要求规范教案和讲稿；坚持公开教学和观摩教学，不断改进授课方法；坚持理论联系实际，增强教学的思想性、科学性和针对性。青海分院坚持面授效果检查制度，分院成立了由3—4人组成的面授效果检查小组，长年有计划地进行跟班听课，并写出检查评语；机关函授部门组织人员值班。对教师面授进行巡回检查；组织学员进行评教等；四是函授、面授、刊授和电化教学相结合，多种手段并用。比如北京市工业党校分院的《党校教学信息》、陕西分院的《函授通讯》、青海分院的《党校教育》报和江苏分院的《函授学报》等，这些报、刊对指导党校函授教学发挥了重大的作用，受到了广大教师和学员的好评。

党校函授教育最基本的特点是有指导的自学。各单位针对“自学”这一薄弱环节，采取了一些有效的措施。一是提高对自学的认识。辽宁、吉林、云南、新疆、湖北、北京市工业党校分院等单位能够及时传达总院教学管理工作会议精神，充分利用开学典礼、入学教育、班组活动等多种形式，对学员进行思想教育，使学员树立刻苦自学的思想；二是建立各种自学组织，推动自学活动的持续、深入开展；三是制定各种自学制度。比如湖北、青海等分院制定、下发了《学员自学管理规程》，促进了学员自学；四是采取灵活的自学方法。除常见的“课前预习、课后复习”方法外，不少单位还总结了“读”、“想”、“串”、“写”、“记”、“作”等一整套行之有效的自学方法。北京市委机关分院顺义函授站对学员的作业提出了“合理安排时间，解决工学矛盾，在自学理解的基础上完成作业；作业化整为零，随学随做随改，不积压、不突击，不占用大块时间；作业必须按时交，过期不收，不计算学分”的做法，提高了学员自学质量；五是督促学员自学。青海分院民和辅导站采取“按时完成作业；教师课前提问；到学员单位、家中检查；检查自学笔记；发挥自学小组的作用以及组织自学经验交流”等六种形式督促学员自学，取得了较好的效果。

在“管”的方面，各单位注意了实施科学管理，完善网络管理体系，逐步实行程序化管理、层次管理、制度管理和目标管理。一是加强了教学管理。甘肃分院在管理教学中，坚持了“五个统一”，即统一课时，统一进度，统一重点、难点，统一作业题，统一评分标准。青海分院在教学管理中引入了激励机制，实行三级承包，建立院长、教务科长、班主任三级联动制度，签订合同，共同负责，利益挂钩；二是严格考试、招生管理。安徽分院推出了“考场细分化”的新举措，把治理考风考纪的工作重点落实到规范考场上。青海分院采用“立体全方位混合交叉监考法”，在考场纪律方面要求十分严格，做到了“五个一律”：凡发现作弊的，一律按“0”分处理，一律张榜公布，一律通知本单位，入学考试一律不录取，凡党校系统的人，一律开除学籍。该分院对毕业班的论文答辩工作，组织严密，要求严格，从今年大专毕业班的情况看，一般答辩的不通过率为10%左右。大部分办学单位对考试中发现的问题能够认真查处。比如，沈阳军区分院，把考试中存在的工作人员严重失职和考场违纪情况和处理结果书面向上报告，向下通报，并在工作人员会议上公开曝光，点名批评，使大家受到教育，受到震动。不少单位对考试出现的泄题等严重违纪问题的单位能够派工作组进行整顿，并进行严肃处理；有的将学区降格为辅导站，有的撤换、调整了领导班子；三是加强了教学档案建设。今年总院教学处共整理、归档各种教材、资料近万册（份）。近年来教学档案建设也逐渐引起了各级办学单位的重视，如吉林分院白城学区几年来，共立档案209卷，录像档案35盘，录音档案48盒，照片档案3册；四是坚持“以点带面”。广西分院采取“深入基层及时发现典型；按不同的层次或区域交流经验；会上交流与书面交流相结合；交流会坚持‘专、短、小、实’的原则以及巡回交流”等措施，促进了教学管理工作。

（四）教学管理人员与教师的培训走出了新路子。

为了提高教学管理人员与教师的素质，今年以来，总院把对他们的培训提上了日程并走出了新的路子。截止12月份，总院召开教师备课会2次，举办管理干部和教师培训班3次。每次备课会都进行了认真的准备，编印备课会教材，聘请专家、学者讲课，收到了较好的效果。通过备课会，统一了教学指导思想，明确了教学的重点和难点；开阔了视野，获得了信息；广泛地交流了经验，研讨了教学方法。特别是对教学管理干部专门组织培训，这在近几年来，尚属首次。这些培训主要有以下特点：一是着眼于综合素质的提高；二是改变了传统的培训形式，加大了创新力度；三是教师与教学管理干部合训，先合后分，同时培训。各分院、直属学区也都能采取召开备课会、选送中青年教师到中央党校或地方大专院校培训、组织观摩教学、定期召开专题研讨会和教学方法研究会等方式培训，教师的教学水平在不断的提高。

（五）教育评估工作取得了阶段性成果。

全院的教育评估工作进展基本顺利，今年主要是学区、辅导站的自评以及对它们的检查验收，军队系统党校函授教育评估也已开始。在评估中坚持了以教学工作、教学质量为重点，突出了教学管理的评估。由于各级认识到位、领导重视、工作到位、整改到位，整改工作已初见成效，阶段性成果比较显著。不少单位办学条件得到了改善，师资力量得到了加强，管理制度化有明显进步。辽宁、甘肃、青海、云南、吉林等分院边整边改，措施到位，敢动真格，对一些教学思想不端正、条件差、管理不到位的辅导站，做出“降”、“撤”、“改”、“停”的决定，并适时建议调整了部分单位的领导班子。

近两年来的实践，使我们体会到：各级领导重视，不断端正办学指导思想，是搞好教学管理工作的前提；健全教学管理组织机构，完善、落实规章制度，是搞好教学管理工作的基础；强化教学管理职能，切实抓好各个教学环节的管理，是提高教学质量的基本保证。

应当看到，近年来，虽然我们在教学管理方面取得了一些成绩，但还存在一些不容忽视的问题：如，一些单位办学指导思想有待进一步端正，主要表现为教学投入不足、质量把关手软；教学管理人员和师资队伍素质有待于进一步提高；教学管理手段、制度还不够落实；部分地区狠抓考风考纪力度不够。对上述存在的问题，我们不能有丝毫的麻痹情绪，要增强忧患意识，保持清醒的头脑，在今后的工作中加以认真解决。

二、党校函授教育面临的形势及对我们的要求

即将到来的21世纪是一个充满挑战与竞争的时代，党校函授教育所面临的国际、国内形势是很严峻的，既有机遇，又有挑战。今年5月4日，江泽民同志指出："当今世界，科学技术突飞猛进，知识经济已见端倪，国力竞争日趋激烈"。在知识经济时代，知识将成为最重要的经济和生产要素。江泽民同志号召"全党和全社会都要重视知识创新、人才开发对经济发展和社会进步的重大作用，使科教兴国真正成为全民族的广泛共识和实际行动"。这是以江泽民同志为核心的党中央对迎接知识经济的挑战、实施科教兴国战略的新的动员令，标志着我党振兴中华进入了一个新阶段，为我国面向二十一世纪的教育改革和发展进一步指明了方向。知识经济给成人教育带来的影响是巨大的。首先，在知识经济条件下，成人教育的地位、作用将会发生巨大变化。1997年联合国在德国汉堡召开了第五届国际成人教育大会，会议的主题是"成人学习：21世纪的关键"。会议认为，成人教育是迈入21世纪的一把钥匙。其次，适应智力资本和知识经济的需要，教育要由维护型学习向创新型学习转变。要把教育当作一个学习过程，教学模式要转到以学习者为中心，把开发学员的潜能作为教育过程中最主要的要求；要营造一种鼓励学生自由讨论、鼓励标新立异的氛围和环境；在人才培养模式上从按计划转到个性化、选择性的教育模式，教育体制要从封闭转到开放的体制；要逐步发展现代远距离教育，教育形式要摆脱时间和空间的限制。第三，加大成人教育结构比例，更好地适应未来以知识为主导的社会。由于知识技术更新的频率加快，知识经济社会对上岗以及下岗后转岗培训的要求会愈来愈大，专业性也会愈来愈强，对成人教育的要求也会愈来愈高。为了适应知识经济的发展，中央和教育部门的领导一再强调大教育观问题，把国民教育后的再教育放在突出位置。国内客观上已形成了一种教育市场，呈现出激烈竞争的态势。形势的发展，对党校函授教育提出了更高的要求：

（一）要深入贯彻党的十五大精神，不断端正办学指导思想。

坚持正确的办学方向，不断端正办学指导思想，这是一个带有根本性的永恒主题。首先，我们要继续认真贯彻党的十五大精神，高举邓小平理论的伟大旗帜。全院同志要积极响应党中央的号召，掀起学习邓小平理论特别是邓小平教育理论的新高潮。邓小平教育理论是邓小平理论的重要组成部分，是跨世纪在知识经济条件下我国社会主义教育事业改革和发展的行动指南。按照党中央的指示与要求，教学管理部门和院校正在推进邓小平理论"进教材、进课堂、进头脑"的工作。我们要进一步认真学习贯彻邓小平理论，这是贯彻党的十五大精神一项长期而重要的任务。要把学习理论与贯彻落实胡锦涛同志关于党校函授教育工作的一系列重要指示紧密结合起来，不断端正办学指导思想，搞好教学工作，迎接新世纪的挑战。为了迎接知识经济时代的到来，我们必须确立以下四种观念：一是未来观。教育要面向未来，要有超前意识；二是开放观。教育要面向世界，要有开放意识；三是动态观。知识经济是一个动态变化的系统，与此密切相关的现代教育不能不是发展变化、动态前进

的；四是改革观。教育必须改革。党校函授教育要进一步加强素质教育和通才教育，培养跨世纪的具有创新精神和实践能力的高素质人才，无论在思想观念，还是在体制制度、教育模式、培养目标等方面都要逐步适应知识经济时代的需要。

其次，要真正把狠抓教学质量摆到全院工作的中心位置。教学和教学管理是党校函授教育的前沿阵地，在这方面我们要不断加强认识，做到：一是认识到位。要充分认识教学工作的重要性，不能口头上讲起来重要，在实际工作中就放到次要位置；二是组织到位。要不断完善教学管理机构，充实教学管理人员；三是教学投入到位。要做到“以函养函”，舍得投入，保证足够的经费用于教学；四是教改措施到位。要正确处理教学、教学管理和各方面管理的工作关系，紧紧围绕保证和不断提高教学质量，进一步调整工作布局，在全面推进强化科学管理的基础上，使教学管理工作更上一个台阶。

第三，要正确处理“规模、质量、结构、效益”四者之间的关系。教师、学员、班主任比例要适宜，备课质量要不断提高，施教结构要合理，课堂知识含量要充实。坚持“社会效益第一，教学质量第一”。正确的办学指导思想是立教之本，党校函授教育要立足当代，面向未来，不断提高素质教育水平。我们要根据党的科教兴国战略，高举“三个面向”的旗帜，深化教学改革，强化科学管理，弘扬抗洪精神，狠抓教学质量，胜利跨入21世纪。

（二）要认真落实中央党校十月函授工作会议精神，努力提高办学主体素质。

加强办学队伍建设，提高办学主体素质是今年我校函授教育工作会议的主题。在十余年办学实践中，我们已经形成了一支拥有10余万人组成的办学队伍。这支队伍为党的干部队伍建设作出了重要贡献，是一支特别能战斗的队伍。但是，由于知识经济时代即将来临，加强办学队伍建设，提高办学主体素质是当务之急。为此，会议提出要把全院的办学队伍建设成为一支政治强、业务精、作风正、能担当培养高素质干部队伍重任、适应新世纪办学需要的队伍，并提出了在各类办学人员中开展讲学习、讲政治、讲正气的活动，建立多层次培训机制、加强教育评估、加强领导等措施。我们应认真贯彻、落实，在教学管理和有关教学质量上大做文章，为全面提高党校函授教学质量夯实基础。

（三）要加大教学改革力度，在提高、保证教学质量上狠下功夫。

近年来虽然我们在强化教学管理、狠抓教学质量方面做了很多工作，也取得了一定的成绩，但也存在着有的教学内容偏多、教学手段、方法单一等问题。面对知识经济的挑战，党校函授教学必须作进一步的改革。一是要增强“创新”观念，强化“质量”意识。创新是党校函授教育的灵魂，也是教改的核心。党校函授教育要培养创造性人才，必须要创新教育思想、教学内容、教学方法，必须要营造有利于创新的环境。“质量”是党校函授教育的生命线，提高教学质量是实现邓小平同志“三个面向”的教育思想的落脚点，是提高人才竞争能力的需要，是适应我国经济结构、产业结构调整的需要；二是要落实素质教育，不断完善教育质量的宏观调控机制。素质教育是党校函授教育的一大特色。当前的任务，就是要把提高综合素质进一步落到实处。党校函授教育有了一定的教育质量宏观调控机制，比如网络办学、教育评估，召开教学管理工作年会等，并有一套管理制度。在质量宏观调控机制方面，好的东西要坚持、要抓落实，也要逐步完善；三是要抓好学科建设，注重通才训练。学科建设是办好专业的根本。要以科研为先导，反映理论前沿的成果，积极探索新的课程结构，充实、完善和更新教学内容，注意培养复合型人才。

（四）要进一步落实胡锦涛同志关于党校函授教育的一系列指示，切实把好“教学关”。

为了适应形势发展的要求，进一步规范党校函授教育工作，我们要继续认真贯彻落实胡锦涛同志关于党校函授教育工作的一系列指示，在“控制规模，加强管理，深化教学改革，保证办学质量”的指导下，严格把好“教学关”。随着新世纪的到来，把好“教学关”也有了更高更新的要求。为此，我们要注意以下几个问题：一是要突出“管”字。要在抓“教”与“学”的基础上，在“管”上大做文章。关于“管”的问题，我们在后面还要作专门的深入的探讨；二是要加大教学中的信息量和知识含量。为了适应知识经济时代的要求，根据中央党校提出“三个基本”、“五个当代”（即《马克思列宁主义基本问题》、《毛泽东思想基本问题》、《邓小平理论基本问题》和《当代世界科技》、《当代世界经济》、《当代世界法制和我国法制建设》、《当代世界思潮》、《当代世界军事和我国国防》）精神，要加大教师的知识面和面授教学的知识含量；三是要认真开展在知识经济条件下党校函授教学规律、特点及机制的研究工作。要提高对这一工作重要性的认识，以科学的理论为指导，采用科学的方法，把这一研究深入开展下去，使党校函授教学沿着正确的轨道更好地前进，不断迈向新的台阶；四是要认真总结教学管理工作经验，制订好跨世纪的教学工作规划。随着改革的不断深入，面对新世纪的挑战，要求各办学单位，充分发动群众，进行自下而上的经验总结工作。坚持教学管理年会制度，做到一年抓一个主题，一步一个脚印，做到年年有进步、有提高。计划明年召开的第五次教学管理工作会议的主题是“深入探讨21世纪党校函授教学管理工作，交流和总结管理经验”，为十五周年院庆作准备，使党校函授教学工作更上一层楼，以新的姿态迈进新世纪。

三、强化教学管理的几个问题

教学是党校函授教育的中心，而“教、学、管”又是教学中的三个关键环节。“教”在教学中处于主导地位，“学”在教学中处于主体地位，而“管”在教学中处于基础地位。教学管理包括教学行政管理、教学质量管理、师资管理以及教学管理人员的管理等等。根据今年中央党校函授工作会议精神，我们要把抓“管”作为明年整个教学管理工作任务重点。希望大家围绕这个问题，深入开展讨论，把“管”这个问题议深议透。把重锤砸在管理上，向管理要质量，向管理要效益，达到全面推动教学工作、提高教学质量的目的。下面就强化教学管理问题，谈几点意见：

（一）规范教学行政管理。

1. 发挥教学管理网络整体优势，规范教学管理行为。

经过十多年的努力，党校函授教育已初步形成了具有自身特色的、主要依托各级党校，同时也依托地方院校和军事院校的“总院、分院、学区、辅导站”四级党校函授教育管理网络。这个管理网络的最大特点是点多、线长、面广。整个中函系统有教学管理人员4万多名，聘请的教员约6万多名，大约有10万人的办学大军。为了规范教学行政管理，一要进一步完善四级教学管理网络体系。当前，部分地区仍存在着多头办学的现象，给教学管理工作带来了诸多不便，有待于进一步理顺关系，保证有指导的教学；二要形成科学的管理、调控机制。要加强教学管理宏观调控，做到一级管好一级，一级对一级负责，防止中间梗塞，既要保证好总院教学宏观控制有效性，又要保证各办学单位的教学自主权；三要严格按照总院教学管理的规章制度办事，强调工作规程的落实；

四要采取现代科学方法和现代化先进技术手段管理教学。各单位要把教学活动作为一项系统工程进行管理，尽量采用计算机网络等先进技术，按照信息管理的方法，做好教学信息管理，使教学管理目标得以迅速实现。目前“中函网络管理系统”二期工程试点已经正式启动，各有关单位要抓好此项工作。

2. 加强教学计划及课程管理，以适应形势发展的需要。

教学计划的管理是党校函授教学管理的重要组成部分，也是教学管理的一个起始环节和中心环节。教学计划的管理包括教学计划的制订、执行及其检查和评价。为了加强教学计划的管理工作，做到“上足课，上好课”，一是要强调教学计划的法规性。凡属教学计划的修改、变更均应有总院或相应的办学单位的教学主管部门的正式文件或通知，否则一律无效；二是要保证计划规定的各门课程教学的落实。要注意克服“重闭卷课，轻开卷课，忽视讲座课”的现象。对外语、计算机等课程的教学决不能流于形式，要注意不断改善办学条件，以保证教学计划的落实；三是要保证教学计划规定各种课时的落实，特别是电教和讨论课时的落实；四是要搞好教学计划的检查和评价工作。各办学单位的教学主管部门，要定期派人到各点检查、评价教学计划的落实情况，发现问题，及时纠正。

课程管理是指在特定的社会条件下，对课程编订、课程实施和课程评价等方面进行组织、领导、监督、检查的过程。课程设置既要体现党校函授教育的特色，又要体现时代性、适用性和专业性，要将社会需要作为课程设置的一项指导原则。在这方面已经做了不少工作。今年九月，总院成立了第二届教材编审委员会。为了做好“专业课程设置、教学计划、教学具体安排、教材、教学参考资料、学习指导纲要、电教、导刊、命题”九统一工作，经过近年来的论证、准备，下一步将着手进行教学大纲的编制工作，以进一步规范党校函授教学。教学大纲的编写要具有党校函授教育的特色，要有时代性、适用性和权威性。

3. 加强班级管理，搞好班组建设。

教学班是党校函授教育组织体系中最基层的单位，是开展教学活动和进行管理工作的实体，是组织学员进行党性教育的重要阵地。通常一个班以不超过 50 人为宜。要成立班委员会和学习小组，要明确各自职责，积极开展活动。一定要选聘政治素质好、工作责任心强、有一定的教学组织管理能力、热爱党校函授教育事业的人当班主任。一般情况下，一名班主任管 50 名左右学员；特殊情况，100 人的大班要配备两名班主任。为了强化班级管理，各级要逐步建立、健全检查、总结班级工作与管理的制度，科学构建班级考评机制。

4. 抓好学员资料管理，搞好教学档案资料工作。

继续做好学员资料、成绩管理工作的改革，应用计算机技术实现学员资料管理的自动化、科学化、规范化，建立学员资料档案室。各单位要做好各类教学资料的清理、归档工作，逐步规范各类教学档案。

（二）强化全面质量管理。

教学质量是党校函授教育的生命，教学质量管理是教学管理的核心。把科学的管理理论和方法应用于教学管理领域，对教学的各个环节和教学的全过程实行控制，实行全方位的教学质量管理，达到及时调整和改进教学、全面提高教学质量之目的。

1. 掌握教学动态，克服教学中的盲目性。

掌握信息是正确教学决策的前提。教学管理的一般程序是：决策、执行、反馈、再决策、再执行、再反馈。如果没有及时而准确的信息反馈，教学管理就会出现盲目性、瞎指挥和再决策的失误。党校函授教学管理主要通过调查研究和听课等来掌握教学的真实信息，各级领导要深入基层，采取种“试验田”、召开调查会、听课等方法掌握第一手教学情况，以指导、改进函授教学工作。

2．加强课堂教学，提高面授质量。

课堂教学管理直接影响面授质量的好坏，从而影响教学质量的优劣。为了加强课堂教学，提高面授质量，一是要教学模式科学化。教师要根据教学目标、教材和教学对象采取不同的教学模式，不断改进教学内容、方式和方法。课堂教学要富有吸引力，并能激发学员的学习动机，必须创造良好的课堂气氛。因此，要求教师在课堂上要精神饱满，富有活力，语言生动，发音清晰，具有幽默感，不要照本宣科；二是要教学手段现代化。要加强教学软、硬件建设，加大教学投入，不断改善教学条件。要将幻灯投影仪等用于教学，有条件的地区应逐步采用计算机多媒体、计算机网络等先进技术；三是要教学管理规范化。首先，要坚持正常的教学秩序，保证教学的稳定性，建立教学指导小组，认真执行教案审查、试讲等各种教学制度；其次，教师要掌握课堂教学管理的技巧，教学过程中善于观察学员的活动，能设法让学员紧跟教师的教学，避免课堂出现空闲时间和学员无事可做的现象；四是要坚持面授效果检查制度。各级要健全课堂效果检查制度，把听课和分析课堂教学作为管理课堂教学的方式和手段。各级办学单位的主要领导要亲自到课，了解课堂的实际情况，以推动不断提高课堂教学效果。

3．搞好课外自学管理，做好作业的检查与调控。

课外自学管理是教学管理的一个重要组成部分。一是要建立、健全自学组织。各级办学组织要专门分工有人负责此项工作，同时配备好课外自学活动的教师；二是要建立、健全自学管理制度。总院编制《自学管理暂行规定》（讨论稿），这次提交会议讨论；三是要教师进行课前提问，以检查学员预习情况；四是要经常对学员自学笔记进行抽查，每学期对各门课组织 1—2 次自学笔记大检查；五是要做好作业的检查与调控工作。作业是教学工作的重要环节，它有助于培养学员的独立的自我管理、控制能力。要认真做好作业的阅批工作，做到错处有标记、阅后有批语、给分较合理，各办学单位每学期都应对阅批作业情况进行一次普遍检查。

4．严格教学质量控制，做好教学评析工作。

教学质量问题，不能只停留在一般的检查上，要严格教学质量控制。首先，各级要制定教学质量标准。党校函授教育的教学质量标准主要有：按年级、按学期、按阶段、按专业课程要求制定具体的质量指标；根据培养人才的目标和要求衡量学员知识水平、学习能力以及党性修养等方面的具体指标；衡量教师教学的具体质量指标等。只有提出了教学质量标准，党校函授教育的师生员工才有奋斗的目标，才有评价教学工作好坏和教学质量高低的依据。其次，要进行教学质量检查。主要采用日常检查、定期检查、期末检查、测验、听课、座谈评议等方法进行，辅导站每月、学区每季度、分院每学期都要进行教学质量检查。第三，要进行质量分析。各办学单位的主要领导对教学检查结果每月都应进行 1—2 次教学质量分析，提出解决问题的办法和途径，及时调整教学。第四，搞好教学评价。教学评价，也叫教学评估，它是搞好教学管理、提高教学质量的重要环节。党校函授教育的教学评价工作通常包括三个方面：一是对学员的评价。主要包括日常检查、定期检查和总结检查三种，采取考试和毕业论文答辩等手段进行。当前，总院对考试工作作了一系列改革，总的方向就是由单纯用考试、测验来鉴定教育质量向教育质量的全面评价转化，注意能力考查。毕业论文答辩是把好学员出口关的重要一环，要求毕业论文的选题要扣紧专业；论文答辩的时间要充分；论文答辩的不通过率通常应为5%左右。目前总院已制订了《评选学区、分院、总院级优秀毕业论文实施办法》(征求意见稿)，在这次会议上征求大家的意见；二是对教师的评价。主要采取系统观察、用学员的测验、考试成绩来评价以及按优、良、中、合格、差五等来评价教师的等级等方法进行。考核的方式主要有管理者评、同行评、教师自我评价、学员评价等；三是对整个教育的综合评价。根据《中共中央党校函授学院函授教育工作暂行条例》规定，每3年在全院范围内进行一次党校函授教育评估。为了搞好评估工作，中央党校办公厅下发了51号文《中央党校函授教育评估指标体系》。对学区、辅导站的评估工作，今年年底结束，明年上半年组织进行补课。分院一级评估，明年进行自查和检查验收。全院的教育评估工作预计明年年底前完成。

5. 抓好教学研究与改革，促进教学管理工作。

教学研究与改革是教学管理的一个重要领域，总院、分院和直属学区的领导在教学研究与改革中要起着十分重要的作用。要根据本单位的具体情况，确定教学改革的目标，制订教学改革的计划和措施，鼓励教师参与制定教学改革计划；要组织教学法研究活动，建立教学法研究组织，组织教学法座谈、研究、观摩活动；要组织和培养教学改革的核心力量；要加大对“学分制”、“淘汰制”的研究力度，考虑变现在固定学年制为弹性学年制，或学年制与学分制相结合；变学习固定课程为部分选课制等等。要增加教学实施的灵活性，以更好地适应学员的实际需要。各办学单位的一把手要亲自抓教改，组织成立教学改革和研究的工作小组，研究和推广先进教学经验。

(三) 加强师资和教学管理人员两支队伍的建设。

为了落实十月工作会议精神，明年要在加强师资和教学管理人员两支队伍建设上下功夫。

1. 加强师资队伍建设。

师资的质量是提高党校函授教学质量的关键，要把师资队伍建设作为一项战略任务来抓。师资队伍建设的重点是抓教师的选聘和培训。首先，要规范教师的职业道德。要“抓公德、重师德、讲道德、倡美德”。教师的职业道德，概括为：“忠诚教育，严谨治学，为人师表”。所谓“忠诚教育”，即热爱党校函授教育事业，树立强烈的事业心和高度责任感，忠于职守，履行职责；不计名利，甘为“人梯”，忘我工作，为党校函授教育事业无私奉献；精心施教，精心育人，努力培养“理论、知识、党性、能力”四为一体的高素质党员领导干部和骨干人才。所谓“严谨治学”，即刻苦钻研业务，提高教学和科研能力，努力成为本学科本专业的行家；遵循教学规律，改革教学方法，提高面授教学质量；严密组织教学，严格要求学员，把传授知识、培养创新能力和提高思想政治觉悟结合起来，积极培养优良的学风。所谓“为人师表”，即带头保持政治坚定性、思想道德的纯洁性和良好的师德，以高尚的人格力量感染学员，做到寓德于教、言传身教；注意自身修养，时时处处严格要求自己，做学员的表率。其次，要搞好教师的选聘。坚持择优选聘，调配和充实紧缺课程的师资，改善专业结构，拓宽和稳定师资来源。各办学单位要建立师资人才档案，合理利用教师资源，做到资源共享。明年总院拟着手建立师资档案库和编辑函授《骨干教师名录》工作。总院还编制了《面授教师审批备案的规定》(征求意见稿)，这次拿到会议上，听取大家的意见；第三，要加强对师资的培训。一是要建立多层次、多形式的培训网络，采取多种培训方法。中函系统的师资培训，主要采取总院和分院两级短期培训的形式，可采用开备课会、培训班、研讨会，使用备课录像带、组织讲师团以及组织教学观摩讲课等方法进行；二是充分发挥中央党校、省党校及地方和部队高等院校师资、设备的作用，以利于教师在职进修；三是在培训中注意面向实际和满足办学单位、学科发展、教师个人三方面的需要；四是培训要做到有计划、有重点，着眼于保证教学质量和师资队伍的整体素质结构。

2. 搞好教学管理人员队伍的建设。

党校函授教育管理包括教学管理、教务管理、教材管理、行政管理、财务管理……等，不管是哪类管理人员，都是办学人员，都要强化教学管理意识，增强教学质量的责任心，提高自身素质。党校函授教育管理的重点是教学管理。建设一支高素质的包括各级领导在内的教学管理人员队伍，是保证函授教学质量的组织基础，要做到"人员管理要从严、队伍建设要从优、素质提高要从实"。为了搞好教学管理人员队伍的建设，首先，要认真搞好教学管理人员的选聘工作。教学管理人员的选聘要坚持高标准，优化结构，以适应教学管理工作的需要。其次，要严格按规定配齐教学管理人员。根据第二、三次教学管理工作会议精神，各分院一律设教学科，配足工作人员。第三，要规范教学管理人员的职业道德。教学管理人员的职业道德可概括为："求实、善谋、高效、廉洁"。所谓"求实"，即一切从实际出发，讲实话、报实情、办实事、求实效；把对上负责与对下负责一致起来，真抓实干，务求落实；牢固树立为学员、为基层服务的思想，深入实际，调查研究，倾听教师和学员的呼声，热忱帮助基层解决实际问题和困难。所谓"善谋"，即刻苦学习，勤于动脑，积极钻研本职业务和高科技以及计算机、联网等知识，不断提高全面素质和谋划能力；视野开阔，思想敏锐，能参会谋，充分发挥职能作用。所谓"高效"，即坚决执行上级命令、指示，雷厉风行，令行禁止；高标准，严要求，团结协作，讲究效率，细致准确，保证工作质量，圆满完成任务。所谓"廉洁"，即遵纪守法，廉洁奉公，慎独自律；正确使用手中权利，秉公办事，反对以权谋私和权钱交易；扶正压邪，坚决抵制不正之风，同违法乱纪行为作坚决斗争。党校函授教育体系的主要负责同志，除了应具备一般管理人员的素质之外，他们还必须具有广博的知识结构、改革和创新意识，坚持创造性思维、开拓式工作，注重教学，通晓教学，关心教学，把自己的主要精力放在保证教学质量上。第四，实行岗位目标管理责任制，量化考核。逐步制定和完善各类教学管理人员岗位责任制和目标管理考核细则，开展岗位职责量化考核活动。第五，搞好教学管理人员的培训。为了搞好教学管理工作，教学管理人员除必须具备管理知识、理论、能力之外，还必须具备较高的文化、专业素质，为此，要加大对教学管理人员的培训力度，一是要明确任务，合理分工。总院、分院、学区共同承担培训任务，建立全院各级组织分工合作、上下协调的多层次培训机制；二是要采取多种培训方式。如，采用学习文件、制度以及组织讲座、学习观摩、研讨交流、考试考核等方式进行培训；三是采取有力措施，保证培训工作的落实。聘请高水平的专家、学者和领导讲课，编写具有中函特色的教育管理培训教材。各办学单位要舍得投入，拿出一定的经费，用于培训。

（四）狠抓教学管理制度的落实。

总院制定了103个方面的制度，其中有一半以上是教学管理方面的制度。胡锦涛同志指出"有管理制度是好的，但最重要的是下大力量去抓，使之真正落实。不落实，制度也是空的"。我们在第一次教学管理工作会议上就提出了抓"思想、组织、制度、工作"四落实问题，但从当前情况来看，还是落实不够的，特别在组织和制度方面。抓落实，也是我们这次会议的主题内容之一。在今年六月总院召开的第二次在职研究生工作会议上，把“落实规章制度”作为今后的一项重要任务。要抓好教学管理制度的落实，首先，要进一步完善教学管理制度。制度不合理的地方要修改，不全的地方要补充。这次会议，我们提出了《学员自学管理暂行规定》（征求意见稿）等三个制度请大家提意见、修改，就是对现有教学管理制度的补充；其次，要严格执行教学管理制度。落实教学管理制度是贯彻胡锦涛同志指示的重要方面，是党校函授教育规律、特点的要求，是提高教学质量的要求，也是成人教育形势发展的客观要求。要抓好教学管理制度的落实，领导要重视；教学管理制度要具体化、细化、量化并具有可操作性；要建立考核检查落实工作的组织机构；要定期检查、考核教学管理工作情况；要建立激励机制等。

强化教学管理是一项系统工程，是一项艰巨、复杂而光荣的任务。其中，强化全面质量管理是重点，加强师资和教学管理人员两支队伍建设是关键，规范教学行政管理是基础；落实教学规章制度是保证。为了顺利完成明年的各项教学任务，各办学单位要充分依靠各地方党委、各级党校校委的领导，注意改进工作作风，加强调查研究，狠抓各项教学工作的落实。在新的一年里，集中力量把好“教学关”，在抓好“教”与“学”的环节的同时，下大力抓好“管”这个环节，抓紧、抓好、抓出成绩、经验来。明年的教学管理工作会议，要把总结交流这方面的经验，作为会议的主要内容之一。

同志们，在新的一年即将到来之际，我们要深入贯彻党的十五大精神，在邓小平理论的伟大旗帜下紧密团结起来，求深务实，改革创新，兢兢业业，奋力拼搏。通过深化教学改革，强化教学管理，把党校函授教学工作搞得更好，为培养跨世纪的高素质干部队伍作出应有的贡献！

强化科学管理　进一步提高教学管理工作水平

——在中共中央党校函授学院第四次教学管理工作会议的总结

（1998年12月6日）

中共中央党校函授学院教学处处长　王　炳

同志们：

我们这次会议在广西区委、广西区委党校和广西分院领导的高度重视和积极配合下，经过与会全体同志的共同努力，取得了圆满成功，实现了预期的目标。在会议即将结束之际，我代表总院和与会全体同志，向荣获总院优秀毕业论文奖的56名毕业学员和荣获优秀毕业论文评选组织奖的7个分院、直属学区表示热烈的祝贺！向给予我们大力支持、辛勤工作、热情周到服务的区委党校和广西分院的领导和同志们表示衷心的感谢和诚挚的问候！同时，我还要向各位代表并通过你们向各分院、直属学区的领导和同志们，为开好这次会议所付出的辛勤工作表示感谢和敬意。几天来，各位代表参与热情高，认真听取各个报告，踊跃发言，积极交流经验，深入探讨问题，互相切磋，提出了许多宝贵的意见和建议，对加强和改进今后的教学管理工作将会产生极其重要作用。现在，我代表总院作会议总结，主要讲三个问题。

一、会议概况

这次会议从12月3日到6日在广西壮族自治区首府南宁召开，历时4天。出席会议的有各分院、直属学区负责教学管理工作的院长、副院长（副主任）或教学科长和总院的同志，共100余人。广西壮族自治区党委副书记马庆生、组织部副部长刘延刚同志和自治区党校常务副校长龙观水同志到会祝贺，并作了重要讲话。广西电视台等新闻单位报道了会议消息。

这次会议是在举国上下深入贯彻党的十五大精神，兴起学习邓小平理论新高潮，中央党校今年十月函授教育工作会议胜利结束之后的大好形势下召开的。会议以马列主义、毛泽东思想、邓小平理论为指导，紧紧围绕"强化管理，深化改革，狠抓落实，全面提高教学质量"这一主题进行。与会同志认真学习了江泽民总书记关于培养能够担当跨世纪重任的高素质干部的论述，重温了胡锦涛同志对党校函授教育工作的重要指示，听取了中央党校函授学院孙钱章院长关于《党校函授教育过去、现在和未来的思考》的重要讲话和刘利群副院长作的《强化管理，狠抓落实，全面提高教学质量》的主题报告，还听取了北京师范大学原党委书记周之良教授作的《世纪之交话教改》的学术报告。会议收到各地代表提供的严把教学关，加强教学管理方面的经验材料80余篇。在分组广泛深入讨论的基础上，有5位同志在大会上发了言，从理论与实践的结合上谈了各自的工作经验和体会。各位代表认真讨论、修改了总院拟出台的《学员自学管理暂行条例》、《评选学区、分院、总院级优秀毕业论文实施办法》和《面授教师审批备案制度的规定》等3个法规性文件，提出了很好的意见。会议对93级至95级获得总院级优秀毕业论文奖的56名毕业学员和获得优秀毕业论文评选组织奖的7个分院和直属学区进行了表彰和奖励。会议还就如何贯彻今年中央党校十月函授工作会议精神，深化改革，强化管理，加强教学管理队伍和师资队伍建设，进一步搞好和提高教学质量问题进行了广泛深入的探讨。全体代表一致赞同和拥护孙钱章院长的重要讲话和刘利群副院长的主题报告。大家认为孙院长的讲话深谋远虑，具有很高的前瞻性，对党校函授教育在21世纪初的发展作了深入的思考，给我们提出了新的任务，要求我们要创造性思维，开拓式工作。刘副院长主题报告的内容针对性强，客观实在，要求具体，措施明确。通过这次会议学习，提高了认识，开阔了视野，学到了经验，明确了方向，增强了进一步搞好教学管理的责任心和使命感，是一次重要的会议，务实的会议，成功的会议，将对贯彻落实今年十月函授工作会议精神和今后的教学管理工作乃至整个党校函授教育工作起到积极的促进作用。

这次会议能够达到预期目的，取得圆满成功，主要原因：一是主题选得准。这次会议的主题是在前几年深入贯彻落实胡锦涛同志对党校函授教育工作指示，着重抓"教"和"学"两个重要环节，并取得显著成效的基础上，为迎接新世纪的到来，适应知识经济时代的挑战，强化素质教育，贯彻落实十月函授工作会议精神，解决教学管理中存在的薄弱环节，进一步提高管理水平而提出来的。大家深切地体会到，管理水平和教学质量的高低，工作是否到位，关键是要有高素质的管理队伍和教师队伍，管理人员要会管、敢管、严管，教学人员要为人师表，热爱函授教育事业，还要会教、严教。因此，这次会议以“强化管理，深化改革，狠抓落实，全面提高教学质量”为主题，选得好、选得准，抓住了提高教学管理水平和提高教学质量的关键和根本；二是准备充分。这次会议主题今年初已经确定。为了使会议开得扎实，具有实效，总院领导召集教学处同志多次研究有关主题报告及其它专题材料的撰写问题，并广泛征求了吉林、青海、湖北等部分分院和总院机关有关处室的意见，吸取了总院在长春召开东北三省管理干部培训班和湖北分院召开教学管理工作研讨会好的做法和经验。各分院和直属学区向会议报送了认真准备、精心总结出来的教学管理经验材料80余份，内容十分丰富，为开好会议做出了积极贡献；三是主题报告站得高，务实，有新意。代表们一致认为，刘利群副院长作的主题报告，不仅全面、恰当评价了近年来教学管理工作的成绩，指出了存在问题，而且从党校函授教育为党培养面向21世纪的高素质合格党政干部的高度，在理论与实践结合上讲清了党校函授教学行政管理、全面质量管理的基本概念、内涵，以及实施管理和质量控制、检查评价的方法、措施，提出了一些新的思想和举措，对如何认真贯彻今年十月函授工作会议精神的要求实实在在。大家听了深受鼓舞和教育；四是讨论深入。代表们紧紧围绕主题报告，采取大会发言与小会交流，会上研讨与会下切磋和经验交流与专题讨论相结合的方法，联系各自的工作实际，敞开思想，畅所欲言，进行了热烈而深入的讨论，研究了对策，提出了不少有价值的意见和建议，深化了认识，在许多问题上统一了思想，形成了共识，使会议取得了较好的效果；五是会训结合。为了贯彻落实今年十月函授工作会议关于切实加强队伍建设的精神，我们在会议内容和时间安排上，力求把研究业务工作和对与会人员的培训有机结合起来，既有研讨函授教学改革与教学管理问题的工作报告，又有领导、专家围绕加强办学队伍建设，提高办学主体综合素质的专题报告。与会代表既要学习工作会议文件，交流经验，又要学习一些教学改革和教学管理的知识，参加函授教学管理知识答卷活动，变单一的工作会议为会训结合，使会议取得了更好的效益，也为今后各级办学单位对函授教学管理人员的培训实践了一种新的方法；六是保障有力。优良的服务和可靠有力的后勤保障是这次会议取得成功的一个重要因素。广西区委党校十分重视这次会议，把做好保障工作作为学校的一项重要任务来抓，专门成立了有各职能部门负责人参加的领导小组，对会务工作作了精心安排。全体会务人员的出色工作、热情周到的服务，受到全体代表们的一致好评和赞誉。

二、会议的主要收获

这次会议在总结、检查、交流近年来，尤其是第三次教学管理工作会议以来，“教”与“学”管理工作情况和经验的基础上，着重商讨了如何贯彻今年中央党校十月函授教育工作会议精神，强化教学管理，加强教学管理人员和教师队伍建设，提高办学主体素质问题，取得了较好的效果，主要有以下几点收获。

（一）进一步认清了形势，看到了薄弱环节，明确了今后教学管理工作的任务。

新世纪即将到来，明年是本世纪最后一年，党校函授教育面临着知识经济到来的挑战，也面临我们的事业不断发展壮大与办学的诸多方面还存在不容忽视薄弱环节的矛盾，面临成人教育市场的激烈竞争。更为重要的是，党的十五大提出的宏伟目标，使党校函授教育面临着培养跨世纪合格人才的艰巨任务。同志们在讨论中说，时代赋予我们党校函授教育重要的任务，党中央领导同志对党校函授教育寄予厚望，我们一定要认清历史责任。近年来，我们的教学管理工作虽然取得了很大成绩，但也存在一些不容忽视的问题。大家表示在今后工作中，要坚定不移地“坚持正确的办学方向，提高办学质量，更好地为培养党的高素质干部队伍服务”，把强化教学管理、狠抓落实，保证和提高教学质量作为明年工作的首要任务。教学管理工作千头万绪，但最根本的是按照胡锦涛同志的指示，切实把好“招生关、教材关、教学关、考核关”。这次会议提出的深化教学改革，在抓好“教”与“学”的基础上，侧重抓好“管”，强化教学管理人员和教师队伍建设，提高办学主体素质的主题，就是我们明年的工作重点，是贯彻落实十月工作会议精神的具体体现，一定要下大力气，抓紧落实，取得明显的成效。

（二）交流了经验，对加强教学管理和师资队伍建设达成了共识。

这次会议紧紧围绕强化管理，深化改革，全面提高教学质量的主题，进行了认真的讨论，广泛地交流了经验，代表们对加强教学管理和师资队伍建设问题的重要性、迫切性有了更深刻的认识。大家说，加强教学管理和师资队伍建设是实现党校培养“知识、理论、党性、能力”相统一的高素质干部的要求，也是适应当前科学技术迅速发展，迎接知识经济到来的挑战，实现“科教兴国”的战略的需要。另一方面，加强队伍建设，是改善办学队伍与办学任务之间不相适应的现状，提高教学管理人员和教师队伍整体素质，保证和提高函授教学质量的根本保证。它对党校函授教育乃至整个党校教育事业都是至关重要的问题。大家一致表示，要按照今年中央党校十月函授工作会议的部署认真把“两支”队伍建设落实好。

（三）加深了对强化教学管理的认识，明确了规范教学行政管理、全面质量管理和落实规章制度在教学管理中的重要意义。

教学管理在党校函授教育中处于基础地位，是教学的关键环节。“管理出质量，管理出效益”是代表们的共识，也是教育工作的基本规律。大家在讨论和交流经验中用大量的事例，亲身的体会畅谈了强化教学管理的必要性和重要性。大家认为，全院各级组织都必须牢牢树立强化教学管理意识，认真做好管理这篇大文章。强化教学管理，首先，要规范教学行政管理。这样才能发挥已初步形成、具有自身特色的“总院、分院、学区、辅导站”的党校函授四级教学管理网络的优势，加强宏观调控，做到一级管好一级，层层负责。规范教学行政管理也是落实教学计划，加强班级管理、面授教学管理、学员自学管理、作业、考核、评价、教学档案管理的重要保证。其次，要强化全面质量管理。党校函授教学管理是一项巨大的系统工程，只有把系统工程理论、现代科学管理的方法应用于教学管理各个环节和教学全过程，实行全方位的管理，既管进，又管出；既管教，又管学，全面掌握教学动态，加强课堂教学、课外自学、教学评价等项工作，才能达到全面提高教学质量的目的。第三，要狠抓教学管理制度的落实，强化制约机制。制度是强化教学管理的保证。没有规矩，不成方圆。如果没有科学、完善的制度，管理就会成为空中楼阁，保证和提高教学质量的目标就会落空。党校函授教学管理，要靠制度来规范，靠制度管理，函授教育质量也要靠制度来保障。实践证明，总院制定的《中共中央党校函授学院管理制度汇编》是行之有效的，是多年办学的经验总结，在加强教学管理、保证和提高教学质量方面发挥了很好的作用。讨论中，大家表示一定要在今后工作中狠抓教学管理规章制度的落实，组织教学人员认真学习《制度汇编》，加强考核检查，奖优罚劣，并且要根据函授教育形势的发展，不断补充完善教学管理的规章制度，强化教学管理的约束机制和激励机制。各级办学单位也要根据本单位的实际，充实完善相应的教学管理制度和实施办法，把总院制订的教学管理规章制度真正落到实处。

（四）讨论、修改了三个教学管理法规，完善了教学管理的宏观调控机制。

这次会议中，各位代表对总院提交的《学员自学管理暂行条例》、《评选学区、分院、总院级优秀毕业论文实施办法》和《面授教师审批备案制度的规定》三个教育管理法规进行了认真的讨论，提出了很好的修改、完善的意见。这三个法规是在已有规章制度的基础上，总结、吸收了以往教学管理工作中的新鲜经验，经过各分院、学区同志共同努力而制定出来的。在此，我代表总院对为这三个法规的制定做出辛勤劳动的同志表示感谢。希望各位代表在今后继续完成对这三个文件的修改任务，并及时反馈给总院教学处。

三、对贯彻落实会议精神和今后工作的几点意见

明年党校函授教学管理工作的任务、工作重点都已明确，现在的关键是如何采取切实措施，把这次会议的基本精神认真落实好。

各位代表返回单位后，要认真向校委或部门领导汇报这次会议精神，并结合本单位实际提出贯彻落实这次会议精神的意见，争取领导的认可和支持，认真组织落实。据我们了解，去年有一些单位在传达第三次教学管理工作会议精神时，草草从事，传达走了过场，更谈不上落实会议提出的任务了，甚至有的单位会议开完，文件入档，根本就没有传达会议精神。希望今年一定要克服这种不良倾向，一定要组织教学管理人员传达学习这次会议精神，不仅要向本级管理人员认真传达，而且还应采取一定方式向下级教学管理人员传达，把重锤砸在“管”字上。在传达学习中，要认真学习孙钱章院长的讲话、刘利群副院长的主题报告，学习兄弟单位的经验，并结合教学管理的实践，总结经验，找出存在问题，制定落实措施。

下面，我就明年的工作讲几点意见：

明年的教学管理工作任务，从总体上说，就是要在十五大精神的指引下，高举邓小平理论的伟大旗帜，继续深入贯彻落实胡锦涛同志和中央党校校委对函授教育的指示精神，进一步端正办学指导思想，深化教学改革，在抓好“教”与“学”的基础上，侧重抓好“管”的环节，强化科学管理，狠抓制度落实，尤其是要按照今年十月工作会议的部署，切实加强办学队伍建设，要在提高教学管理人员和教师队伍的素质上下功夫，搞好和提高教学质量。

（一）要把学习邓小平的教育理论与贯彻落实胡锦涛同志对党校函授工作的指示结合起来，进一步端正办学指导思想，在解决办学中存在问题上下功夫。

邓小平理论是建设有中国特色社会主义的指导思想，他关于党的建设、干部队伍建设、干部教育及教育要“面向现代化，面向世界，面向未来”的一系列论述是指导我们党校函授教育的理论基础，我们在贯彻落实胡锦涛同志关于党校函授教育工作的指示时，一定要用邓小平理论去认识、理解胡锦涛同志指示的内容及其重大的现实意义和深远的历史意义，增强大局意识，认清历史赋予党校函授教育的责任，提高执行中央领导和中央党校校委对函授工作指示的自觉性。各级办学单位，尤其是各级领导班子一定要准确把握胡锦涛同志指示的精神实质，认清本单位在办学中存在的主要问题和薄弱环节，进一步端正办学思想，在解决教学管理中不容忽视的问题上狠下功夫。

（二）要认真落实十月工作会议精神，切实抓好教学管理和师资队伍建设。

今年中央党校十月函授工作会议，把1999年确定为“办学队伍建设年”，是在去年和今年相继开展“学区建设年”和“辅导

站建设年”的基础上，为适应党校函授教育的当前实际，立足于战略上的长远思考，进一步贯彻落实胡锦涛同志重要指示的又一重要举措。与会同志一致认为一定要切实抓好教学管理队伍和教师队伍的建设，重点要抓好以下几项工作。

一是要进一步健全教学管理机构，提高人员的数量和质量。要落实胡锦涛同志“把好教学关”的指示，保证和不断提高教学质量，必须有健全的教学管理机构，充实的管理人员。孙钱章同志曾强调：“加强管理队伍建设，一是充实数量，二是提高质量”。各级办学单位都比较重视这项工作，取得了良好的效果，多数分院、直属学区都设立了教学科，人员数量和质量有所提高，队伍保持相对稳定，教学管理水平不断提高。但也勿庸讳言，目前，仍有一部分办学单位没有按总院制度规定，设立教学科，配足人员，学区没有专职教学管理人员，使教学管理工作处于被动应付局面，“小马拉大车”的状况没有完全改变。总院要求各级办学单位一定要趁明年全院开展“办学队伍建设年”的大好时机，进一步健全教学管理机构，提高、充实人员的数量和质量，保持队伍相对稳定，打好提高教学管理水平的基础。

二是要强化政治、业务、科技文化知识学习。管理人员和教师要认真学习党的十五大精神，认真研读邓小平理论，学习《邓小平教育理论学习纲要》，深入学习中央领导同志对党校函授工作的指示，提高政治思想素质。同时，也要认真学习《中共中央党校函授学院管理制度汇编》等规章制度，学习教育学、心理学、领导学、管理学等基础理论和知识，不断提高业务水平，还要学习计算机等现代科技文化知识，提高科学文化素质，使每一个教学管理人员和教师成为政治强、业务精、作风正，能担当培养高素质干部队伍重任，适应新世纪办学要求的合格人才。

三是要进一步搞好管理人员和教师队伍的培训。今年总院成立了培训办公室，教学处原师资培训办公室也更名为师资管理办公室，专司教学管理人员和教师的管理与培训工作。一年来，在总院的直接领导和各分院、学区的大力支持下，先后举办了多次管理干部培训班和主讲教师备课会。与往年相比，今年不仅加大了管理人员培训工作的力度，也取得了较丰富的经验。明年要在已有成绩的基础上，采取长、短班、进修班等多种形式，充分发挥烟台培训基地的作用，加大对管理人员队伍的培训力度。总院、分院主要负责学区以上的负责干部和管理人员的培训，学区主要负责辅导站、班主任一级管理人员的培训。总院培训办公室正在拟制培训规划，将在充分征求各分院意见的基础上，正式出台实施。要继续举办微机学籍管理、档案管理学习班和微机网络建设与管理人员培训班，使管理人员能熟练运用计算机进行各项教学管理和网络信息传送，力争全院管理人员的整体素质有较大提高。

对教师的培训，总院将设立教师培训基金，加大培训力度，进一步组织好新课、难讲主课的备课会，还将适时组织青年教师观摩讲课比赛。各分院、直属学区也要相应加强对教师的培训工作。总院召开备课会后，各分院、直属学区也要召开相应的备课会。各种教师培训班、备课会都要结合课程内容认真学习邓小平理论，加强师德教育，培养教师敬业爱岗，乐于奉献精神。要提高教师选聘质量，聘请学术造诣深、讲授艺术高、在全国有较高知名度的学科带头人讲课，不仅要讲授教材内容、教法，还要介绍学科发展前沿动态，加大信息量。对“老五门”的函授教师培训主要是更新知识，改变专业知识结构，使之适应函授教育发展的需要。要注重加强对经济管理、法律等新专业所需教师的培训、外派进修，有条件的单位要积极引进一些新开专业的紧缺教师，改变一名教师讲多门课、多个专业的状况。总之，函授教育的根本在学员，关键在教师，出路在自身。

（三）要严格按规章制度强化科学管理，切实保证和提高教学质量。

依靠制度强化科学管理，向管理要效益，向管理要质量，是各级教学管理部门的基本指导思想。胡锦涛同志曾指出：有管理制度是好的，但最重要的是下大力量去抓，使之落实，不落实，制度也是空的。多年的教学管理实践已经证明《中共中央党校函授学院管理制度汇编》是行之有效的，目前正在根据办学形势的发展对它进行修改完善。这些制度和措施是全院上下实施教学宏观管理和微观指导的基本依据，也是我们办学取得显著成绩的保证。今后，仍然要严格执行已有的各项规章制度，保证教学管理的制度化、规范化、科学化。这次会议经过讨论修改的《学员自学管理暂行条例》、《评选学区、分院、总院级优秀毕业论文实施办法》和《面授教师审批备案制度的规定》等3个法规制度，将根据大家的意见修改后，尽快下发试行，希望各级办学单位能够认真贯彻执行。明年还拟制定一些制度，如编撰《党校函授教育骨干教师名录》等。今后，总院将加强宏观管理，采取措施，严肃认真地检查各办学单位执行规章制度的情况，对于达不到管理规程要求或在管理上存在严重问题的办学单位，视情限期整顿或停办，决不迁就姑息。

（四）要坚持以教学为中心，不断深化教学改革。

坚持以教学为中心是党校函授教育一切工作的基本指导思想，根据形势发展变化，以及党校函授教育面临的任务，不断深化教学改革是坚持教学为中心的重要内容，也是提高函授教育质量的重要途径。当前，国际国内出现的新形势、新变化，要求我们党校函授教育要更新教育观念，增强教育创新意识，拓宽教学改革的视野。教学改革不仅要在用邓小平理论武装学员头脑上下功夫，而且要在强化综合素质教育，培养创造性人才上想点子，出措施。要改变单纯的以传授知识为主的教育，突出创新素质的培养。改革要有利于培养学员的创新精神、创造意识、创造性品格和实际创造能力。近几年，我们党校函授教学管理是在不断改革中前进的。今年，根据形势的发展，在总结以往工作经验的基础上，教学改革方面做了一些工作。关于这方面的内容，刘副院长的报告已讲到，希望各单位要认真执行各项改革措施，遇到问题及时向总院教学处反映。明年要在拓宽学员的学习领域，形成比较灵活的课程体系，增加学员学习自主权、研究、调整教学计划、现行学制、专业和课程设置、考核制度等方面加大改革力度。要在深入调查研究、科学论证的基础上，根据实际情况陆续出台一些新的改革措施，如：严把出口关，加强毕业论文答辩管理，实行淘汰制；加强师资的管理，实行审批备案制；改进、提高备课录像带和复习串讲录像带质量；举办全院性学科知识竞赛活动等，以适应素质教育、创新教育的要求。要加大对学分制和课程设置研究的力度。有关这些方面，有条件的分院和直属学区可以先行一步，创造经验，以便总院在全院范围内推广。

（五）要密切上下联系，改进和加强总院对全院教学管理工作的宏观指导。

总院是领导党校函授教育的职能机构，对全院的函授教育工作实行统一领导、检查、督促。因此，加强总院与分院、学区、直至辅导站的联系是顺理成章，理所当然的事。但近年来，在教学管理方面上下情况交流、互通信息较少，甚至总院发了有关通知，分院如何实施不见回音，造成宏观指导上缺少根据，软弱无力。造成这种状况的原因有我们总院教学处主动向下了解情况少、深入基层调研少的原因，也有各级办学单位工作忙，人员少、无暇顾及向总院报告情况，反映存在问题，提出建议的原因。今后，上下都要注意改进这方面的工作，尤其是我们教学处更应主动多做与下面的沟通工作。了解情况、科学分析是正确决策和有效管理的前提。所以，必要的上下沟通是不可少的，以前做得不够，今后一定要加强。有些分院同志反映总院部门多，向下要的材料多，这有一定的道理，但也不完全如此。如有的分院一年里几乎没有给总院教学管理部门电话联系过工作，更没有上送过一份材料。因此，我在这里说明一下，各分院、直属学区每年要上报的最低限量的几项材料：

（1）每学期末上报下学期各年级、各班次、各专业的教学实施计划。

（2）按《面授教师审批备案制度的规定》及时报送面授教师审批备案材料。

（3）按照要求，及时报送参加总院级优秀毕业论文评选的论文材料。

（4）每年底报送贯彻落实全院教学管理工作会议情况材料，要求材料能反映传达、落实措施、取得成效和经验及存在不足的情况。

（5）每学期末向总院报送教学管理工作总结情况，包括本学期中教学管理工作的计划、重要举措、成功经验和存在问题，以及对总院教学管理方面的意见和建议。

同志们，我们的会议就要结束了，大家回去以后面临的工作任务是艰巨而光荣的。让我们高举邓小平理论的伟大旗帜，发扬伟大的抗洪精神，自觉地以邓小平理论指导党校函授教学管理工作，认真落实这次会议精神，在各自工作岗位上做出更大成绩，为党培养更多更好的高素质干部队伍作出新的贡献。祝同志们返程一路顺风。

谢谢大家！

中共中央党校函授学院
第四次教学管理工作会议纪要

（1998 年 12 月 16 日）

中共中央党校函授学院于 1998 年 12 月 3 日至 6 日，在广西壮族自治区委党校召开了第四次教学管理工作会议，现将会议情况纪要如下：

一

参加这次会议的有各分院、直属学区主管教学管理工作的领导和部门负责人以及总院有关同志，共 116 人。广西壮族自治区委副书记兼区委党校校长马庆生同志出席开幕式并讲话，区委组织部副部长刘延刚、区委党校常务副校长龙观水等同志也参加了会议。

会议以党的十五大精神和邓小平理论为指导，紧紧围绕“强化管理，狠抓落实，全面提高教学质量”这个主题进行。全体代表认真学习了江泽民总书记关于培养高素质干部队伍的论述和胡锦涛同志关于党校函授教育工作的重要指示，听取了孙钱章院长《关于党校函授教育的过去、现在和未来的思考》的重要讲话、刘利群副院长作的题为《强化管理　狠抓落实　全面提高教学质量》的工作报告、北京师范大学原党委书记周之良教授作的《世纪之交话教改》的学术报告，并分组展开热烈讨论。会议收到与会单位提交的加强教学管理、严把教学质量关方面的经验交流材料80余份。在分组讨论的基础上，有5位同志在大会上作了专题发言。大家还讨论了总院提出的有关加强学员自学管理、师资管理、评选优秀毕业论文等方面的文件。会议对93级至95级获得总院级优秀毕业论文奖的56名毕业学员和获得优秀毕业论文评选组织奖的7个分院和直属学区进行了表彰和奖励。总院教学处处长王炳作了会议总结。

与会代表一致赞同孙钱章同志的重要讲话。会议指出，当前，世界政治格局多极化，经济全球化，科学技术发展迅猛，知识经济初见端倪。国内外教育市场竞争十分激烈。我国为了在下个世纪竞争中取得战略上的主动，立于世界民族之林，党中央提出实施科教兴国战略和建立知识创新体系。党校函授教育应认真思考和谋划如何适应新世纪培养人才的需要，以怎样的姿态进入新世纪，为党和国家培养更多的高素质人才服务。会议着重指出，我们必须高举邓小平理论伟大旗帜，遵循中央领导同志的指示精神，不断研究和探索党校函授教育深层次的问题，进一步探索它的特点、规律、体系和机制，发挥党校系统整体优势，不断加强教学管理，努力做好各方面的工作，把党校函授教育继续推向前进。

二

全体代表一致赞同《工作报告》中对教学管理工作的总结。会议认为，在党的十五大精神指引下，在中央党校和各级党校校委的正确领导下，各级组织及教学管理部门认真贯彻胡锦涛同志关于党校函授教育工作的重要指示，落实中央党校函授教育工作会议和教学管理工作会议精神，在教学管理方面做了大量的工作，尤其是在抓“教”与“学”方面，取得了比较明显的成绩。主要表现在：一是健全和充实教学管理机构，进一步完善制度。总院和分院教学管理机构进一步得到充实和加强，绝大多数学区、辅导站都设有职能机构和专人负责教学管理，保证了各方面工作有序地进行。在完善规章制度方面，总院已着手对《管理制度汇编》进行修订、增补工作，各分院、学区也从本单位的实际情况出发，不断完善各项教学管理制度，使教学管理工作向制度化、规范化和科学化的轨道不断前进。二是教学改革和教学管理工作深入开展。教学计划进一步规范，对制订教学大纲作了进一步论证；确定了98级各班次、各专业的课程设置，调整了部分专业的教学内容；将党性教育列入课堂教学，做到有计划、有课时、有考核；许多分院、直属学区普遍加大教学实施和教学管理的力度，不断提高教学质量。三是教学管理人员与师资培训工作得到加强。在总院统筹和有关分院的支持下，召开教师备课会两次，先后举办了甘肃分院辅导站站长培训班、东北三省以分院负责人和学区主任为主要对象的管理干部培训班、内蒙古分院管理干部与教师培训班，精心组织，周密实施，聘请院、校负责同志、专家、学者授课，做到授课、研讨、交流、问卷调查与征询意见相结合，收到较好的效果，初步摸索了提高办学主体素质的路子。四是党校函授教育评估工作全面展开并取得了阶段性成果。在教育评估工作中，坚持以评估教学质量和教学管理工作为重点，工作进展基本顺利，各单位坚持边评边改，使存在的问题不断得到解决，对提高办学质量起到了积极的促进作用。

会议指出，在教学管理方面，也存在一些问题和不足。如有的单位的办学指导思想有待进一步端正，教学管理人员和师资队伍素质有待进一步提高，教学管理手段、管理制度有待进一步加强，有的地区考风考纪还存在不少问题等。对于这些问题，我们不能有丝毫的麻痹情绪，要增强忧患意识，保持清醒的头脑，在工作中认真加以解决。

三

会议根据中央党校校委和总院关于1999年工作计划的安排，结合函授教育的实际，对新的年度加强教学管理工作提出了如下的要求：

1. 规范教学管理。党校函授教育经过十几年的发展，已形成了“总院、分院、学区、辅导站”四级教学与管理网络，要注重发挥党校系统整体优势，规范教学管理行为，做到一级管一级，一级对一级负责，注意防止中间梗塞，保证总院有效地进行宏观调控。要加强计划与课程管理，注意克服“重闭卷课，轻开卷课，忽视讲座课”的现象，定期检查和评价教学计划的落实情况，要加强班组建制，配备得力的班主任，强化班级管理。要抓好学员资料管理，搞好教学档案资料工作。

2. 强化全面质量管理。要掌握教学动态，做好信息反馈工作，克服教学中的盲目性，对教学的各个环节和教学全过程，实行全方位的质量管理；加强课堂教学，不断完善教学内容、方式和方法，增强课堂教学的吸引力，激发学员学习的热情和积极性，坚持对面授效果检查制度，提高面授质量；加强课外自学管理，建立健全自学管理制度，尤其要加强对作业的检查工作；严格教学质量控制，做好教学评析工作；抓好教学研究与改革管理，推广先进教学经验，提高教学管理水平。

3. 加强师资和教学管理人员两支队伍的建设。一是加强师资队伍建设。要抓好教师的选聘和培训工作，坚持择优选聘教师，合理利用教师资源，建立师资人才档案库，做到资源共享；要加强多层次、多形式、多渠道的师资培训工作；要规范教师的职业道德，忠诚党的干部教育事业，严谨治学，为人师表。二是搞好教学管理人员队伍的建设。严格按规定配齐教学管理人员，认真搞好教学管理人员的选聘工作，搞好教学管理人员的培训；规范教学管理人员的职业道德，增强服务意识，努力做好教学服务工作；实行岗位目标管理责任制和量化考核。

4. 狠抓教学管理制度的落实。领导要重视，进一步完善教学管理制度；制度要具体化、细化、量化，要有可操作性；建立考核检查落实工作的机构，定期检查、考核教学管理制度落实情况。

会议希望，在党的十五大精神和邓小平理论的指引下，全院同志更加紧密地团结起来，求真务实，改革创新，兢兢业业，奋力拼搏，深化教学改革，强化教学管理，使党校函授教学工作再上一个新台阶，为培养党的高素质干部队伍做出新的贡献。

教学与管理研讨会

总院在成都召开教学与管理研讨会

当今，世界各国高新科技发展迅猛，世界正朝着经济全球化、政治格局多极化方向加速发展，一个以“知识经济”占主导地位的新时代正在到来。国内各项改革势头强劲，目前形势发展对党校函授教育既提出了严峻的挑战，又提供了更好的发展自己的机遇。我们要注意研究和谋划战略发展方面的问题，坚持创造性思维、开拓式工作，增强创新能力和适应能力，抓住办学中一些深层次问题开展科学研究，采取相应对策，以更好地适应形势和社会发展的需要，适应培养党的高素质干部队伍的需要。这是孙钱章院长在总院召开的教学与管理研讨会上，向全院同志提出的要求。

这次会议，是3月20日至22日在四川省委党校召开的。会议主要研究规范地方党校函授教育，研究当前办学中存在的深层次问题，研究今年十月会议主题，研究加强分院办公室建设，更好地发挥办公室参谋助手作用等问题。出席会议的有部分省委党校、分院负责人及分院办公室主任和总院有关人员，共43人。孙钱章院长出席会议并讲了话。四川省委党校常务副校长、分院院长李锡炎，副校长、分院副院长华孝清，副校长吕汝伦同志到会并讲话。会议由总院院长办公室主任张东升主持。

与会人员围绕会议议题和会议提供的“关于规范地方党校函授教育的意见”等专题材料，进行了认真研讨。大家各抒己见，畅所欲言，气氛热烈，许多同志发表了很有见地的意见和建议。大家一致认为，为了维护党校的声誉，切实办好地方党校函授教育，更好地为培养党的高素质干部队伍服务，对地方党校函授教育加以规范是完全正确和必要的。大家对规范地方党校函授教育的依据、对象、主体、内容和举措等，比较充分地交换了意见，在一些问题上取得了共识，为下一步提供给中央党校校委形成关于规范地方党校函授教育问题的文件打下了比较好的基础。与会同志在分析当前办学中存在的深层次问题时指出，党校函授教育如何适应形势和社会发展的需要，以什么样的新姿态跨入新世纪，更好地为培养党的高素质干部队伍服务，这是摆在全院面前的一项重要而紧迫的课题。全体同志一致赞同，在总结和肯定学区建设和辅导站建设取得阶段性成果的基础上，进一步加强办学队伍建设，提高办学主体素质，作为今年十月会议的主题。会议期间，张东升同志召集与会的分院办公室主任座谈。他作了“充分发挥办公室参谋助手作用，努力提高党校函授教育办公室工作水平”的发言，大家展开了热烈的讨论。会上还布置了加强总院与分院之间信息沟通、《函授快讯》组稿，以及年鉴资料征集工作。会议开得生动活泼，紧扣主题，富有成效。大家一致认为，这次会议题目好、组织好、保障好，使会议取得了实效，达到了预期的目的。

会议结束时，孙钱章院长发表了题为《目前形势发展与党校函授教育》的重要讲话。他在分析了当前国际国内形势发展时强调，大家要增强全局观念，要有战略眼光，要强化终身教育、素质教育，贴近社会、贴近市场，进一步调整专业和课程设置，改进教学内容和教学方式，更好地为培养党的高素质干部队伍服务。

（钟 匧）

目前形势发展与党校函授教育

——在教学与管理研讨会上的讲话（摘要）

中央党校函授学院院长 孙钱章

当今，世界各国高新科技发展迅猛，世界正朝着经济全球化、政治格局多极化方向加速发展，一个以“知识经济”占主导地位的新世纪正在到来。各国政府，尤其是西方发达国家，在重视国民教育的同时，更加重视终身教育，把它作为国家总体发展战略的有机组成部分。国内各项改革势头强劲，有干部转岗，职工再就业，在职在岗干部知识更新等问题，这些都向干部教育提出了新的更高要求。我们国家提出“科教兴国”的发展战略，中央和教育部门的领导一再强调大教育观问题，把国民教育后的再教育放在突出位置，国内客观上已形成了一种教育市场，呈现出剧烈竞争的态势，这对党校函授教育既提出了严峻的挑战，也提供了更好的发展自己的机遇。

党校函授教育必须适应形势和社会发展的需要，增强全局观念，要有战略眼光，要强化终身教育、素质教育，贴近社会、贴近市场，进一步调整专业和课程设置，改进教学内容和教学方式。比如研究生班科社专业，能不能改为政治学专业？如改为政治学专业，除了坚持学习马克思主义基本理论主课外，还可以考虑设置以下课程：第一，古今中外治国思想史，中国具有几千年的文明史，曾几度兴衰，世界其它国家也有兴亡之事，为什么兴，为什么亡？值得研究。作为一个领导干部，应具备什么样的治国思想和谋略，以史为鉴，从历史上应总结什么经验教训。第二，治国者应具备广博的知识，比如，马克思主义哲学、决策学、政策学、社会学、心理学、领导学、管理学等。第三，治国名人评点，可以评罗斯福、丘吉尔，也可以评斯大林，还可以评蒋介石。关键不是评他们做什么，而是评他们为什么想到做什么，想到做什么比做什么更重要。第四，能力训练，研究生与本科生不一样，前者应是高层次的、创造性人才，是综合能力、理论思维能力很强的人。第五，基础课程，比如，人才学、秘书学、写作理论与实践、当代科技等。

党校系统办函授教育是形势发展使然。中函这一块，总体来说是不错的，自从王震、蒋南翔同志创办党校函授教育至今，已经十三年，从无到有，从小到大，逐步向规范化、制度化、程序化、科学化的管理方向迈进。但也存在一些问题，有的办学指导思想不够端正、规模过大、硬件投入不够、软件跟不上；有的办学行为不够自觉；有的以感情代替政策，漏题现象时有发生等。各级办学组织要遵照胡锦涛同志的批示精神，切实解决这些存在的问题。同时，要研究和解决规范地方党校函授教育的问题。现在，全国党校办函授，有中央党校、省委党校办的(这是中央文件明文规定可以办的)，还有地、市党校办的，也有大专院校和非办学单位利用党校这块阵地办的，有近10种办学模式。这种情况的出现没有什么奇怪，事业需要人才。问题是有的办学单位不严肃，入学不考试，教学管理松懈，甚至搞假文凭，出现了某些不正之风。这么多办学单位，出入于党校大门，社会上许多人看不明白，最后把帐都算在中央党校和地方党校身上，严重影响了党校的声誉，也影响了党的形象，已经到了非规范不可的地步。

关于今年十月会议将研究什么问题，确定什么主题？经过会议讨论，大家赞同在总结和肯定学区建设和辅导站建设取得阶段性成果的基础上，党校函授教育以什么样的姿态跨入新的世纪，迫切需要进一步加强办学队伍建设，提高办学主体素质，以更好地适应为培养党的高素质干部队伍服务，把这列为会议的主题。

党校函授教育在发展中也存在着深层问题，一是形势发展与党校函授教育的任务；二是如何进行素质教育；三是党校函授教育如何适应市场经济的需要；四是规范地方党校函授教育问题；五是教学改革问题；六是办学主体素质提高问题；七是办学指导思想问题；八是转变观念与思维方式问题。

目前形势发展对党校函授教育提出了更高的要求，我们要注意研究和谋划战略发展方面的问题，坚持创造性思维、开拓式工作，增强创新能力和适应能力，抓住办学中一些深层次问题开展科学研究，采取相应对策，以更好地适应形势和社会发展的需要，适应培养党的高素质干部队伍的需要。我们决心以党的十五大精神为指导，高举邓小平理论伟大旗帜，团结在以江泽民同志为核心的党中央周围，坚决贯彻落实胡锦涛同志关于党校函授教育一系列重要指示，深化教学改革，强化科学管理，全面提高办学质量，将党校函授教育事业不断推向前进。

中央党校函授学院教学与管理研讨会纪要

（1998年3月23日）

为了进一步贯彻落实胡锦涛同志关于党校函授教育的一系列重要指示精神，加强党校函授教育的教学与管理工作，提高办学质量，总院于3月20日至22日，在成都召开了教学与管理研讨会，现将会议情况纪要如下：

一

这次研讨会，是在九届全国人大、政协会议刚刚结束，全党、全国人民正在认真地传达学习和贯彻“两会”精神的重要时刻召开的。同时，也是党校函授教育新学期刚刚开始，全院各项工作正在部署和落实的时候召开的。会议根据当前的形势和任务，抓住函授教育中教学与管理这个主题，邀请了部分领导和专家进行座谈讨论。

出席会议的有长期从事党校函授教育工

作的部分省级党校校长、分院院长和办公室主任，以及总院有关处室负责人，共43人。孙钱章院长参加了会议，在会议结束时发表了《形势发展与党校函授教育》的重要讲话。四川省委和省委党校领导对这次会议非常关心和支持，会前，四川省委副书记、省委党校校长秦玉琴会见孙钱章同志，省委党校常务副校长李锡炎、副校长华孝清、吕汝伦等到会并讲话。

会议高举邓小平理论伟大旗帜，认真贯彻党的十五大和最近召开的九届全国人大、政协会议精神，着重研究贯彻落实胡锦涛同志关于规范地方党校函授教育指示的问题，为中央党校校委准备今年召开的全国党校工作座谈会作材料准备。会议期间，还召集部分分院办公室主任开会，专门研究加强办公室建设，充分发挥办公室参谋助手作用。

会议采取领导与专家结合、大会与小会结合、研讨与咨询结合的方法进行。就重点问题，集中精力，广开言路，畅所欲言，集思广益，进行了高层次、深层次的探讨。与会领导与专家开动脑筋，创造性地思维，提出了一些很有见地的建议与意见。会议开得生动活泼，紧扣主题，富有成效。大家一致认为会议题目好、组织好、保障好，使会议取得了实效，达到了预期的目的。

二

与会同志认为，孙钱章院长的讲话阐述深刻，富有新意，提出和回答了当前党校函授教育中的一些重要问题。

（一）党校函授教育面临的形势。当代世界经济一体化、政治多极化，科学技术飞速发展，一个以“知识经济”占主导地位的新世纪正在到来。未来世纪的竞争，将是人才的竞争。各国政府，尤其是西方发达国家的政府，在重视国民教育的同时，更加重视终身教育，把它作为国家总体发展战略的有机组成部分。我们国家提出的科教兴国发展战略，中央以及教育部门的领导一再强调的大教育观问题，都把国民教育后的再教育放在突出的位置。国内在客观上已形成了一种教育市场，呈现出竞争态势，这是我们面临的形势。

（二）大教育观的问题。这个问题，无论在我们国家，还是在国外都越来越被重视。在出访西欧几个国家时，深感西欧已形成教育市场，竞争相当剧烈。未来世界的竞争，说到底是人才的竞争，是高素质人才的竞争，是担任领导职务的人才竞争。我们要培养取胜的人才，要抓好素质教育。要明确什么是素质和素质教育、当前在职在岗党政干部应具备什么样的素质、教育怎样做到超前性和预见性。学历教育是一种形式，下一步能不能开展新的教育形式，比如岗位培训。应该把党校函授教育纳入到全党、全国，乃至世界大格局中来看待，保持清醒的头脑，注意研究和谋划战略发展方面的问题。

（三）教学改革问题。党校函授教育必须适应形势发展的需要，对所设专业和课程要作适当调整。比如研究生班的科社专业，能不能改为政治学专业？如改为政治学专业，除了开设马克思主义理论课外，可以考虑设置如下五个方面的课程。第一，古今中外治国思想史。中国具有几千年的文明史，曾几度兴亡，世界其他国家也有兴亡之事，为什么兴？为什么亡？值得研究。作为一个领导干部，应具备什么样的治国思想和谋略？以史为鉴，从历史上应总结什么经验教训？都值得研究。第二，治国者应具备广博的知识，比如马克思主义哲学、战略学、政策学、社会学、心理学、领导学、管理学等。第三，治国名人评点。可以评罗斯福、丘吉尔，可以评斯大林。关键不是评他们做什么，而是评他们为何想到做什么，想到做什么比做什么更重要。第四，能力训练。研究生与本科生不一样，前者应是高层次的创造性的人才，是综合能力、理论思维能力很强的人。第五，辅助课程，比如人才学、秘书学、写作理论与实践、当代科技等。

（四）当前办学中急待解决的问题。在老一辈无产阶级革命家、教育家王震、蒋南翔同志亲自倡导下，党校函授教育自创办至今，办学已经十三年，从无到有，从小到大，已成为覆盖全国的以培训党员干部为主要对象的一种重要的办学形式；教学与管理逐步向规范化、程序化、制度化、科学化的管理方向迈进。但在办学中也存在一些问题，有的办学指导思想不够端正，规模过大，硬件投入不够，软件跟不上；有的办学行为不够规范；有的以感情代替政策，漏题现象时有发生等。各级办学组织要遵照锦涛同志的批示精神，切实解决这些存在的问题。

（五）规范地方党校函授教育问题。党校系统办函授教育是形势发展使然，进行规范是为了更好地适应形势发展的需要。现在全国党校办函授，有中央党校、省委党校办的（这是中央文件规定可以办的），也有地、市委党校办的，还有大专院校和非办学单位利用党校这块阵地办的，有近 10 种办学模式。这种情况的出现没有什么奇怪，事业需要人才。问题是有的办学单位不严肃，入学不考试，教学管理松懈，甚至搞假文凭，出现了某些不正之风。这么多的办学单位出入于党校大门，社会上许多人看不明白，最后把帐都算在中央党校和地方党校身上，严重影响了党校的声誉，也影响了党的形象，已经到了非规范不可的地步。

（六）函授教育中的一些深层问题。一是形势发展与函授教育任务；二是如何进行素质教育；三是函授教育如何适应市场经济的需要；四是规范问题；五是教学改革问题；六是办学主体素质提高问题；七是办学指导思想问题；八是转变观念与思维方式问题。

（七）关于今年十月会议的主题。四年多来，在运作机制中，有五年发展规划，有滚动式的年度计划，还有一年一次的工作会议。今年十月会议的主题是提高办学主体的素质和管理能力。4 万 5 千多名办学管理人员的素质怎么样，直接关系到教育质量，而教育质量又直接关系到党的声誉。面对未来形势的发展，只有不断提高办学主体的素质，办学才能做到超前性和预见性。今年十月会议还要总结学区建设两年、辅导站建设一年取得的阶段性成果，部署 1999 年要抓的主要工作。1999 年十月会议研究提出跨世纪函授教育的设想，2000 年十月会议，是党校函授教育 15 周年，要认真总结经验，将党校函授教育推向新的世纪。

三

与会人员本着对党校函授事业高度负责的精神，对总院提交会议的几个专题材料，进行了热烈认真的讨论，发表了许多很好的意见和建议。

（一）关于规范地方党校函授教育的依据。大家认为，胡锦涛同志对党校函授教育非常关心和爱护，四年多来，多次作过重要指示，尤其是去年的“7·22 批示”，指出“要下决心把中央党校的函授教育整顿好、管理好，保证质量，提高水平。同时，对地方党校函授教育进行规范，使其健康发展”。胡锦涛同志的重要批示，高屋建瓴，切中要害，对党校函授教育提出了很高的要求，对进一步完善党校函授教育体系，发挥党校系统优势，提高地方党校函授教育的整体办学质量和办学效益，更好地为培养党的高素质干部队伍服务，具有十分重要的现实意义和深远意义。胡锦涛同志的重要批示，是规范地方党校函授教育的依据和方针，各级组织必须坚决贯彻执行。

（二）为什么要进行规范。大家赞同孙钱章同志对当前党校函授教育形势的分析，一致认为，中央党校自开办函授教育以来，取得了很大的成绩，适应了国家现代化建设的需要，为党和国家培养了大批领导干部和骨干人才。但办学中确实存在一些不容忽视的问题，中函各级组织要遵照胡锦涛同志的批示精神，切实解决这些存在的问题。同时，要研究和解决规范地方党校函授教育的问题。规范函授教育势在必行。

大家认为，总院提交讨论的《关于规范地方党校函授教育的意见》，是一个基础比较好的文件，它提出和回答了地方党校函授教育规范中的一些重大问题，对大家很有启发和帮助。大家还认为，起草规范文件，要着眼于贯彻落实胡锦涛同志的指示精神，着眼于党校函授教育事业的发展，着眼于培养党的高素质干部队伍。与会同志指出，规范是一项政策性很强的工作，目前形成这种办学格局，有多方面的因素。规范既要贯彻好中央的精神，又要照顾到地方的利益，注意把握好一个“度”。规范可以先易后难，逐步深入，做得稳妥一些。有些同志建议，规范需要搞两个文件：一是起草一个类似《条例》的文件，对规范的方针、原则、措施、范围作一些具有约束力的规定，这个文件最好以中央或中央党校的名义下发，要有权威性和可操作性。二是把《意见》改写成文件，讲清为什么要规范、怎么落实好各项规定要求。

（三）关于今年十月会议的主题和开法。大家赞同钱章同志提出的，以“提高办学主体素质”为主题，但在落实上要有一些硬性措施和要求，注意务虚和务实相结合，把十月会议开成总结交流经验、部署工作任务的会议，确实解决办学中的一些重大问题。

（四）关于加强各级函授办公室建设问题。大家认为，办公室是各级领导的“左右手”、“综合部门”、“要害部门”。办公室的工作人员要珍惜这个荣誉，认真学习，努力工作，真正当好领导的“参谋助手”，全心全意地为党校函授教育服务、为领导服务、为群众服务。深入实际，改进作风，不断提高办公室的工作水平。关于办好《函授快讯》的问题，大家认为，总院办的《函授快讯》，加大了函授教育的宣传力度，很有必要。《函授快讯》从去年底创刊至今，已发行了12期，对了解全院办学情况，指导办学工作起到了其他刊物不可替代的作用。当前，各分院要进一步提高认识，不能因为工作忙，把办《函授快讯》同搞好工作对立起来，当成额外负担，要自觉地抓好此项工作，尽快成立报导组，为《函授快讯》供稿，共同把全院的《函授快讯》办好，以推动函授事业的发展。关于年鉴工作，绝大多数分院按总院的要求，已把材料汇集上来，现在正在做两卷的编辑工作。今年还准备要再编两卷。希望这两卷材料未补齐的单位，尽快补齐，并做好后两卷的材料征集报送工作。

（五）关于教育评估工作。各分院比较重视，按总院去年的《通知》要求，普遍已经行动起来，学区评估工作大多数单位已基本结束，正在组织验收；少数尚未进行或没有评完的学区，希望抓紧进行，按计划认认真真地搞好。通过评估，硬件要跟上，舍得投入；软件也要跟上，促进各项工作的落实，不断提高办学质量。

（六）关于党校函授教育深层次问题的研究。总院将根据会议研究的意见，责成有关部门拟定题目，然后采取指定或招标的办法，按课题拨给经费，请一些分院或有关人员进行专题研究，经过认真地调查研究，写出报告。

与会人员认为，这次专家型研讨会的形式很好，希望总院今后对一些重大政策问题，在决策或出台之前，多开一些小型会议，进行一些调查研究，请一些专家共同探讨，献计献策，把党校函授事业搞得更好。

党员领导干部在职研究生工作会议

强化科学管理　不断提高办学质量

——在第二次研究生工作会议上的讲话

（1998年6月9日）

中央党校函授学院院长　孙钱章

我院党员领导干部在职研究生班已经办了三年。现在，也还在试办的过程中。三年来，由于大家的共同努力，取得了一些成绩，有一些好的经验。但是，成绩只能说明过去，关键要解决存在的问题。我们是中央党校办学。从研究生的布点情况来看，有中直、国家机关，有部委、有各省党校，也有部队的大军事单位。在这个层次办学，显然就不单单是个教育问题，应该说是个重大的政治问题。我们在办学过程中，应该有这个意识，不要就函授教育论函授教育，要把它纳入到全党、全国乃至世界的大格局中去看我们的函授教育。没有这样一种高度，没有这样一种自觉性，或者形不成这样一种意识，这个学是办不好的。

1998年，我们把研究生的点，作了进一步拓开。报了3000多，应考2000多，计划录取1000多。录取方案，多次研究，几经反复，大体确定了。应该说是公道、公正、公平的。这次招生，各单位作了大量工作，有的工作非常认真。像浙江、化工部的招生考试，考前辅导就集中了好长一段时间，其他设研究生点的，都做了大量工作。各级领导也很重视，像云南的令狐书记，就直接过问这个事。应该说，组织是有力的。

现在的问题是，我们把学员请进来了，经过考试录取了，怎么让他学好，怎么把班办好，达到我们的目的和要求，把人家送出去？这是一项系统工程。办好研究生班，要做哪些工作？有哪些思想障碍、有哪些观念的东西，影响到我们做好工作？这是我们应该考虑的。比如，办学指导思想问题，是为了几个货币呢？还是为了事业的发展，培养高素质的人才？当然，我们党校也好、部队也好，不会用国家的财政拨款来从事函授教育这方面的工作。因此，在国家规定的前提下，组织点合情合理合法的学费收入。这叫做可以理解，目的在于以学养学。如果单纯把经济利益放在第一位，是与我们的办学宗旨相悖的。再比如，质量意识问题。人家一边工作，一边学习，上有老、下有小，工作任务还很重，是单位的支持、同志们的帮助，给他提供了方便条件，他才能出来学习。在这种情况下，我们如果不尽到全部责任，就有负于党的期望，也对不起学员。质量，我们自始至终要放在一个很重要的位置。端正办学指导思想，这是一个前提。我到函院快五年了，老唱这个调，还要不断唱下去：端正办学指导思想，不断提高办学质量。

怎么在端正办学思想的基础上提高办学质量？重锤一定要砸在管理上。就是通过科学的管理和有效的组织实施工作，保证并不断提高办学质量。

管理，从硬的方面说，必要的设施，一定要跟上。一定要舍得投入，因为这是办学的硬件基础。这是第一号。

第二，在人力不够时，一定要舍得花钱去聘人，也要求组织部门为此增加这方面的人员和编制。我们各个单位、各个部门的编制是有限的。但是，我们为什么不可以在社会上去找更多的同志来从事这方面的工作？一定要有人员和人才的保证。如果没有人员和人才的保证，那就是瞎对付这个事业，糊弄学员。这是不对的，是违背党的原则，违背办学宗旨的，也对不起自己的良心。人员一定要到位。要特别强调小班建制。小班建制，班主任要跟上，教学组织要跟上，领导和指导小组要跟上。如果这些跟不上，办学就没有保证。据了解，有些分院已经组成了研究生班的领导小组和指导小组，并且在有效地开展工作。这样就很好。

第三，要用制度管。凡是有人活动的地方，应该用相应的制度来规范。这样，才能逐步纳入科学管理的轨道。这次会上发了一个《党员领导干部在职研究生班工作手册》，供大家讨论。刘副院长在报告中，也提出了一些内容。我们一定要把制度好好琢磨琢磨，按规范办事。

第四，就是要从严管理。我们整个办学系统的每个环节，都要特别认真的对待这个问题，不要放松。尤其对那些不太自觉的个别学员，更要提出严格要求。尽管在某个层次、某个单位，他是个领导干部。他在单位怎么样，我们管不了。但是，你上学了，是我们的学员，应该按我们办学的原则和要求办。我们从严要求学员，是对学员负责任。我们要求严一点，在情理之中、是应该的。尤其我们研究生班，面对的是领导干部，起码是副处、有的还是正、副部级干部。为了对事业负责，也是对他本人负责，还是要从严要求。要求这些学员按照办学的规矩行事。至于在学习过程中，有些学员有特殊情况，如出国考察，还是有别的事情，那也要按规定办事，该请假请假、该补课的补课。只有这样，才能使我们办学的质量和水平不断提高。

第五，从严管理还有一个问题，就是要把管理者自己管住、管好。这就是要抓好办学主体。中央党校函授系统专兼职管理人员四到五万。这个办学主体的自身素质和自我管理水平怎么样，直接关系我们的办学。要强化自我管理，一定要把自己管住、管好。应该说，这将近五万名同志，多数是兢兢业业的，在进行艰苦的创造性工作。但是，也确有个别的同志做的不大像话，影响很不好。尤其是办学时间长了，与学员熟了，在这种情况下，越要注意。绝不允许利用办班的权利，去搞一些违背党纪、国法的事，不要用感情代替政策，用感情代替原则。办学主体这一块，也应该有个不断提高自我管理水平的问题。

对于聘请的65000名教员，也要组织好，管理好。这是教学的主体。他们的水平和素质怎么样，直接关系到学员的学习。这些教员是我们请来的。但是，有个问题，一开始就要请好。对他们的素质、水平、能力等等，也要进行分析。不能抓个秃子就是和尚。也不能搞关系，不能用“关系”代替原则。另外，对他们也有个督促、监督的问题。比如，教员，也要讲政治，业务课要教好，作风上也要按党的要求来办。不能上了台，就云遮雾罩，那不行！因为人家学员浪费不起时间、耽误不起时间。如果一个教员，面对五十个学员，讲半天课，没有好好准备，去糊弄人家。一个学员三个小时，五十个学员就是一百五十个小时。一天才多少个小时？对教员这一块，我们固然要注意对他们管理工作的方法和艺术，但一定要管好。否则，办学也没有保证。

第六，一定要进行创造性思维、开拓性工作。我们有规章制度，有程序化的东西。这些重要不重要？当然重要。这是一个前提。但是，这并不妨碍我们进行开拓式的工作。明天做的，总要比今天有一些新道道、新套套、新路子、新办法。而后天做的，总要比明天做的有点长进，或者拿出一点新的东西。比如说，办研究生班，你光给他“灌”、光给他“装”，这是不行的。什么叫“研究生”？我记得在我们试办第一期的时候，我就讲过这个问题。研究生是背着麻包来装知识的呢？还是带着加工器来学“点金术”？我认为，研究生，就是要形成综合性、高层次、创造性理论思维能力。在研究生期间，就是要通过读有字书而转变成会读无字书，而且要把无字书读出字来。否则，就不叫研究生。研究生要读书，老师要教，但是教什么？除去教一般的知识外，一定教人家读书的方法、研究问题的方法和创造性理论思维的方法。学生学，你别光是背个口袋来，什么东西都往里面装，要形成一种能力，就是综合性、高层次、创造性理论思维能力。我们的教员，应该有这种责任，引导人家上路。上什么路？就是要上通过会读有字书变成会读无字书、要把无字“天”书读出字来的路。这才叫“研究生”。要把研究生班搞得活一点。比如讲课，除了教材上的内容外，要组织讲座，对大家关心的理论上的热点和难点问题，请人讲一讲。再一个，活动要组织得丰富多彩，要注意能力训练，别弄成书呆子。如果人家进来时是一个思路很活跃的人，读了一段研究生后，变成书呆子了，那就是彻底失败。

一年多来，我一直在构思一个问题，也注意广泛征求意见。应该说，也得到了大家的共识。院班子也讨论过。这就是在研究生班甲班，并逐渐到乙班，开设政治学专业治国方略研究方向的问题。我考虑设五类课程：一是古今中外治国思想史。包括我们党和国家领导人的治国思想。以史为镜，可鉴兴替。二是治国大学问的研究。像战略学、政策学、领导学、社会学、心理学，还有法学等。三是治国名人评点。唐宗宋祖，秦皇汉武、彼得大帝，罗斯福、丘吉尔。还要研究我们党的一些领导人，他们在领导中国革命和建设中有着丰富的经验和理论，我们从中应该学些什么？四是能力训练。比如作为一个领导者，主持方案论证会的能力、拍板定案的能力、演说能力、做思想政治工作的能力，还有在革命大转变和改革时期驾驭全局的能力，乃至于如何搞新闻发布会，如何答记者问，等等。五是有助于形成和提高战略思维能力、组织管理能力的知识。比如科技史、知识经济，等等。

什么是研究生？在座的诸位，包括我自己在内，我们这些办研究生班的人，恐怕要下点功夫，好好琢磨琢磨。我是不主张，研究生一进来，一天到晚拘泥于课堂。我们要多搞些灵活机动的、形式多样的活动，有助于培养综合性、高层次、创造性思维能力的高素质人才。在座诸位，还有从事这方面的工作的同志，我希望都能做到创造性思维、开拓式工作。

总而言之，为了党的事业，为了培养高素质的人才，我们应该多动脑子，使学员在有限的时间内，能够学到更多的知识，掌握更多的本事，增强更高的能力。

深化教学改革　确保办学质量

——在第二次研究生工作会议上的报告

（1998年6月9日）

中央党校函授学院副院长　刘利群

同志们：

今天，中央党校函授学院第二次在职研究生工作会议正式开幕了。这次会议是继去年五月长沙工作会议之后，研究生教育工作又一次重要会议。其基本任务是：以十五大精神和胡锦涛同志指示为指针，总结交流一年来的情况和经验，深入探讨新形势下深化教学改革，落实规章制度，提高办学质量的新举措，把在职研究生教育工作提高到一个新的水平。希望与会同志集中精力，开动脑筋，献计献策，把会议开好。

现在我就长沙工作会议后一年来的工作、形势及落实规章制度，确保办学质量等问题，代表总院报告如下，请与会同志审议。

一、一年来工作的简略回顾

去年五月长沙工作会议至今已经一年了。长沙工作会议初步总结交流了试办党员领导干部在职研究生班的经验，研究制定了加强管理的措施，为在京外试办在职研究生班奠定了良好的基础。一年来，全院上下结合本单位的实际情况，认真贯彻这次会议精神，进行了大量开拓性的工作，使在办班次得到了巩固提高，试办工作进展顺利，取得了可喜的成绩。

（一）端正办学指导思想，加强了对在职研究生试办工作的领导。

在职研究生班向京外扩展后，点多、线长、面广，如何在远距离情况下管住，总院首先从抓思想认识入手，端正办学指导思想。一年来，各有关分院认真抓了办学指导思想教育，多次组织教学管理人员学习胡锦涛同志有关函授教育的指示和中央党校函授学院在职研究生班的规章制度，并结合开学典礼、入学教育、学期总结，反复动员，端正思想，使全体教管人员增强了做好在职研究生教育工作的使命感和责任感，使坚持“社会效益第一”和“教育质量第一”的办学指导思想成为全院的共识和努力方向。全院上下把培养跨世纪高素质的领导人才作为在职研究生教育的唯一宗旨和根本任务，坚持高标准，严要求，用创造性的思维，开拓式的工作，努力把在职研究生教育办出特色。在不断提高认识的基础上，加强了对在职研究生教育工作的领导。总院加强了在职研究生教育的宏观指导和管理，为研究生办公室充实了人员，增配了办公用房和设备。各分院把在职研究生教育列入议事日程，并责成一名领导同志分管。没有成立研究生教育领导小组的，多数单位成立了领导小组或指导小组，并配备了专职人员，加大了人力、物力、财力投入。许多领导同志深入教学第一线，了解教学情况，解决教学中存在的问题。如广东分院由校领导和分院领导组成研究生工作领导小组，下设办公室。湖南分院成立了由两位省委党校领导和三位课程主持人及管理教研室主任组成的指导小组，并成立了研究生办公室。在第一学期中，指导小组先后3次召开会议，研究解决教学问题。一年来，由于全院上下认真抓了办学指导思想教育，加强了对在职研究生教育工作的领导，从思想上、组织上保证了在职研究生试办工作的顺利进行。

（二）进一步完善了教学管理运行机制，加强了规章制度建设。

教学管理运行机制和规章制度建设，是在职研究生教育一项基础性工作，是实行科学管理的根本保证。在职研究生班创办之初，由总院直接管理，种“试验田”，这是必要的和有益的。但是，随着办学规模的逐步扩大和办学点的增多，必然要求寻找新的管理模式。从1996年开始，我们对教学管理机制进行了新的探索，采取了在教学上依托校教研部，在管理上依托各个分院的做法。1997年进一步加强了这种探索。五月在长沙召开的工作会议上，总院下发了《党员领导干部在职研究生班教学管理实施办法》，从领导机构、教师选聘、教学管理、教材编发、党性锻炼等方面，进一步明确了总院和分院的工作职责和标准，使以总院为主体，校教研部和分院为两翼的教学管理机制进一步完善。各个分院对教学管理模式也进行了探索，创造了一些好的经验。如湖南、四川、安徽、陕西等分院，在教学管理上依托研究生部，使教学工作形成了合力。一年来，全院上下按照《教学管理实施办法》，各司其职，各负其责，分工合作，密切配合，为在职研究生教育的健康发展奠定了基础。

一年来，我们还把加强制度建设作为强化基础建设的一项重要工作来抓。总院研究生办公室分工专人，在广泛调查研究的基础上，对党员领导干部在职研究生班试办以来制订的各项规章制度进行了修订和补充，新拟订了《党员领导干部在职研究生班教学计划编写要求》、《党员领导干部在职研究生班毕业论文工作暂行规定》、《党员领导干部在职研究生班（甲班）教学规程》等10项制度。各分院根据总院颁发的规章制度，结合本单位的实际，制订了具体实施细则。如浙江分院、空军分院、海军分院，长沙会议后分别制定了《党员领导干部在职研究生班教学管理实施意见》和《党员领导干部在职研究生班教学管理工作细则》、《党员领导干部在职研究生班教学管理实施办法》，对总院规定，结合分院情况，进行了细化。目前，已基本形成了在职研究生教育的管理制度体系，使在职研究生教育工作有章可循，纳入了制度化、规范化轨道。

（三）围绕提高教学质量，实施了多项教学改革。

一是科学拟制培养方案、教学大纲和教学计划。本着博采众长，走自己的路，用心探索，逐步成熟的精神，对97级在职研究生培养方案进行了反复研究论证，认真推敲。总的思路是，要使我院培养的研究生，既具有国民教育系统研究生相应的知识水平，又具有党校在职研究生教育的特色，即成为党性坚强的、德才兼备的、复合型的、能胜任较高层次领导工作重任的管理人才。与此同时，我们根据培养方案，对教学大纲、教学计划进行了精心研究，从在职研究生的实际出发，注意总结经验，吸取有益的建议，使教学大纲和教学计划更趋规范和合理。二是实行“休耕”轮招制度。为使在职研究生教育稳步地发展，根据现有办学条件，在深入调查研究的基础上，提出《实行“休耕”轮招制度的意见（试行）》，经总院领导批准，于去年10月下发实施。“休耕”轮招制度的实施，为在职研究生稳步地发展奠定了基础。三是拓展了办学班次。根据总院领导关于为党和国家培养高层次领导干部的思路和97级在职研究生班有一部分高级领导干部报名的情况，试办了科社专业97级甲班。该班实行双导师制，采取学员自学与导师指导相结合的学习方法，在课程设置上，本着少而精的原则，既突出了科社专业的主干课程，又注重了高级干部学习治党治国治军的理论。首批招收16名学员，其中国家部长级1名，军队大军区级2名、军级12名，地方省委党校教授1名。经过一个学期的试办，反映良好。甲班的试办，为今后的办学渠道、办学方式，以及提高整体办学水平拓展了领域。四是英语教学采取分层施教。针对在职研究生班外语水平参差不齐，整体年龄偏大，工学矛盾突出的实际情况，在深入调查研究的基础上，提出了外语教学分层施教意见。各分院按照《意见》要求，对97级学员，普遍采取水平测试，摸底排队，分类编班，因材施教的方法，抓好英语教学，从而满足了不同水平学员的要求。五是改进考试命题和阅卷。根据在职研究生班各门课程不同情况，采取闭卷、开卷、撰写论文和心得体会及考查等多种考核形式，并相应提出不同的命题要求，使考试工作向着规范化、标准化的方向迈进。期末考试期间，为了保证阅卷的质量，我们还采取了分片集中阅卷的办法，取得了比较好的效果。

（四）加大了教学管理力度，促进了教学质量的提高。

一年来，我们在教学管理上主要抓了六个方面的工作。一是加强了调查研究，采取了随班听课、问卷调查、包括印发授课教师授课效果评估表等方法，随时了解解决教学管理中的问题。并两次召开分院领导会议和一次召开在京单位班主任会议，编发了16期《研究生工作通报》，通报了情况，交流了教学管理情况和经验。通过上述举措，加大了宏观教学管理力度。二是慎重选定扩办点。对去年申办在职研究生班的30多个省（市）级分院和部队分院，在多方考察的基础上，从中遴选了办学条件好、领导力量较强的7家。今年对25个省（市）级分院和部队分院申办在职研究生班，只批准了13个办学点，着眼于试办一家，成功一家。为使办班分院和学区适时地集中精力，解决办学中的突出矛盾，不断提高办学质量，对7个办学点实行了“休耕”。三是严把招生关。按照招生简章规定，严格入学资格审查，确保招生质量。去年对已达到录取分数，但因职级和学历不符合规定的24人都未予录取。今年的考生资格审查，在各分院预审的基础上，总院对上报的3054人进行了复审，对不符合报名条件的40人取消了报名资格。四是严格教师选聘。多数分院认真执行总院关于教师选聘的规定，从本单位、本地区聘请有丰富研究生教学经验的专家、教授担任授课或指导教师。有的分院，如海南等分院，不惜重金，跨地区聘请高水平教师授课，为高质量地完成教学任务创造了条件。浙江分院为拓宽学员知识面，开设了讲座课。上学期请省委讲师团团长讲“社会全面发展问题”，请省经委规划院著名专家讲“浙江经济发展战略问题”，请省统计局总统计师讲“我国国民经济统计的实践与发展问题”。这学期请著名经济学家盛洪讲“西方经济学的前沿理论”，受到了学员欢迎。据广州、内蒙古、海军3个分院问卷调查，对教学满意和比较满意度，均为100%。山西分院问卷调查，对教学满意和比较满意度为93%。五是狠抓面授考勤。总院对北京地区四个分院的面授到课率情况进行了分析，并同缺勤比例较大的分院共同研究了提高面授出勤率的措施，使该分院面授出勤率有明显上升。各分院加大教学管理力度，从抓落实制度入手，采取了许多措施提高面授出勤率。如化工部教学点，针对学员分散在全国几个省市、工学矛盾突出的特点，采取每学期集中3次面授，每次7至9天，且利用2个双休日，使面授出勤率有所提高。国家机关分院航天二院学区，结合学区特点，探索出“强化、实化、细化”的教学管理方法和以情促管，以管促学的情感管理思想，取得了好的效果。六是严肃考风考纪。期末和招生考试期间，总院都派出巡考人员协同各分院抓好考风考纪。今年招生考试是参考人数最多的一年，总院派出50余人的巡考队伍，分赴全国25个考点送卷巡考，中央党校副校长张志新，在北京地区巡视考场，对我们的工作表示满意。各分院加强对考试工作的领导，一些校、院领导同志亲临考场巡考和监考。有的分院还邀请组织、纪检部门的同志参与监考。由于领导重视，组织工作严密，招生考试秩序井然，考纪严明，在校内外和社会上造成了好的影响。

通过以上工作，促进了教学质量的提高。目前，95级47名学员，已有7人通过了硕士学位英语和大部分课程考试，另有8名以同等学力正在申请。96级党员领导干部在职研究生班运转良好。97级党员领导干部在职研究生班基本转入正常运转，从期末《马克思主义经济著作选读》课考试结果看，教学质量是好的，参加考试的667名学员，优良率达65.8%（80分以上），及格率达99%（60分以上），不及格的7名（含5人因违纪作零分处理）。学员们普遍感到，通过学习扩大了知识范围和视野，思想水平和理论水平有了一定程度的提高，读与不读研究生大不一样。大家感受颇深的是，所学知识与工作结合紧密，有些知识虽然过去似曾相识，但今天学起来，角度和深度都不同以往，教授们引导“钻进去”研读，“跳出来”应用，受益匪浅。有许多学员把所学知识运用到工作中去，使同事刮目相看。有的在有关报刊杂志上发表文章，把所学知识转化为成果。

（五）多方筹措，备齐了研究生用教材。

教材是在职研究生教育的基础，没有完备的教材，在职研究生教育就很难展开。在职研究生教材，除总院组织力量编写一部分外，大量需要外购。由于教学计划确定后，用于购买教材的时间较短，加之市场捉摸不定，因此教材成为萦绕我们心中的难题。尤其是在职研究生班向京外拓展后，面广、线长、点多，问题就愈显突出。为了保证在职研究生班各个年级、班次开学前都能拿到教材，我们一方面在内部进行协调，尽早制定教学计划；另一方面，不等不靠，定下一种教材就及时购买。一年来，经多方筹措，备齐三个年级、两个专业、六个班次的教材共42种。去年上半年距开学一个半月全部到位，下半年距开学三个半月到位，保证了教学工作的开展。

以上是一年来工作的简略回顾。在肯定上述成绩的同时，必须清醒地看到我们工作上还存在差距和不足：一是在职研究生班工作尚处试办阶段，各项政策、措施尚不完全配套，亟需予以加强和完善。二是总院在宏观指导上，深入调查研究不够，对教学管理中的问题，检查、监督、总结不够。三是在教学管理上，有的分院指导思想还不够端正，领导和教师教学精力投入不足，组织还不落实，人员还不到位；一些单位在思想上、工作方法上还没有摆脱大专、本科的教学管理模式，亟需更新观念，改进工作方法；有的分院贯彻规章制度还不到位，执行规章制度打折扣；有的分院所聘师资力量不强，在教学内容和方法上还不能满足研究生层次的要求；有的分院所聘教授数量未达到总院的要求。四是总院和分院之间沟通不够。信息不畅，教学管理情况反馈甚少，一些要求上报或反映的问题不能及时上报或反映。这些问题的存在，不同程度地影响着在职研究生教育的质量，应引起高度重视，认真加以解决。

二、认清形势，明确任务，进一步端正办学指导思想

同志们，当今世界正发生着深刻的变革，呈现出经济全球化、信息社会化、知识

产业化、教育终身化态势。一个以知识经济占主导地位的新世纪正在到来。世界各国都瞄准21世纪制定自己的发展战略，研究对策，改革教育。终身教育已成为许多国家发展战略的有机组成部分，一个面向21世纪世界性的教育改革大潮正在兴起。当前和今后一个时期内，各国都面临着激烈的国际竞争和综合国力较量的挑战，这种竞争和挑战，是国际间综合国力的较量，实质上是科学技术和国民素质的竞争，其核心是人才的数量和质量的竞争，归根到底是教育的竞争。教育正深刻影响着人类的前途命运和历史进程。

面对国际教育竞争的挑战和我国社会主义现代化建设的大业，我们党高瞻远瞩，适时地确立了“科教兴国”的发展战略。党的十五大继续把教育摆在优先发展的战略地位，特别强调要振兴科技和繁荣经济，必须坚持教育为本，积极发展各种形式的职业教育和成人教育。今年4月29日，江泽民总书记在考察北京大学时强调，必须紧紧围绕经济建设中心，坚定不移地实施科教兴国战略。并指出，把科教兴国战略贯彻好，实施好，对我们祖国的繁荣昌盛和中华民族的全面振兴，具有极其重要的意义。最近，中央和教育部门的领导同志一再强调大教育观问题，把国民教育后的再教育放在突出位置。目前，不论是教育部门、高等院校，还是组织、人事部门，都在做教育这篇大文章。社会办学单位越来越多，教育领域形成了激烈竞争态势。随着经济体制、政治体制改革的深入，出现了干部转岗、职工再就业等新情况。为提高在市场经济大潮中的适应能力，转岗干部急需更新知识，在职在岗干部要求读研究生的越来越多，这为在职研究生教育供了新的契机。

国际、国内形势的发展既为在职研究生教育提供了有利的机遇，同时也提出了严峻的挑战。我们在职研究生班在中央党校校委的高度重视和正确领导下，在各办学单位的大力支持及全体同志的共同努力下，经过3年艰苦创业，初步探索出了一条培养高素质干部的路子，积累了一定经验，充分显示了党校系统的整体功能和优势。但必须清醒地看到，我们在职研究生班创办时间还比较短，在办学质量和管理方面还存在一些薄弱环节，社会、舆论对研究生的质量越来越关注。

面对新的形势，我们的任务更艰巨，责任更重大。我们必须以党的十五大精神为指导，高举邓小平理论的伟大旗帜，深入学习、认真贯彻江泽民、胡锦涛等中央领导同志有关加强干部队伍建设和党校函授教育的一系列指示，进一步端正办学指导思想，深化教学改革，全面提高办学质量，为党培养高素质的领导人才作出贡献。近几年办学的实践说明，要把在职研究生教育办好，最根本的是要切实端正办学指导思想。这是搞好在职研究生教育的总开关，是贯穿办学全过程的永恒课题。抓住了这个根本，其他问题就会迎刃而解。要端正办学指导思想，就是要不断纠正思想上、观念上的错误认识，当前重要的是要把握好以下几个方面的问题。

一是要切实处理好经济效益与社会效益的关系，始终坚持正确的办学方向。我们创办在职研究生班的根本宗旨是充分利用党校系统的教育资源，为党培养急需的高素质干部，特别是领导干部，这是历史赋予我们的崇高职责。党校的性质、任务、目标决定了党校函授教育必须坚持社会效益第一，以社会效益带动经济效益，以经济效益保证社会效益。正确处理经济效益与社会效益的关系，实质上是一个办学方向问题。我们必须自觉地把社会效益放在首位，在任何情况下，要坚持经济效益服从社会效益、服从培养高素质干部这个大局。尽管我们办学经费相当困难，但该花的钱还是要花。要舍得在人力、物力、财力上投入。只有舍得投入，办出水平，办出声誉，办出社会效益，才能有一定的经济效益。现在，在职研究生班尚处在试办阶段，各办学单位要从长计议，务必从讲政治的高度来认识这个问题，自觉坚持正确的办学方向。

二是要紧紧抓住提高办学质量这个中心不放，始终把质量摆在首位。质量问题，不仅对党校函授教育是生命攸关的问题，而且，对于建设高素质干部队伍，乃至党的形象和声誉，都会产生重大影响。在职研究生试办实践告诉我们，只有注重质量，在质量上下功夫，才能使在职研究生教育越办越兴旺。在职研究生班的办学质量有其特定的内涵，不同于其它高等院校和科研单位的研究生。它是党校函授教育体系中招收的有政治身份、职级、文化程度明确限定的高层班次，一开始就建立在高起点、高标准的基础上。这就要求我们必须牢固地树立质量观念和精品意识。从在职研究生班创办以来的情况看，总的情况是好的，但发展还不平衡，有些分院在办学质量方面还存在一些不容忽视的问题。例如有的单位管理粗放，缺乏力度；有的单位师资数量不足，一个教师一门课一讲到底；有的单位教师负担过重，忙于应付……，以上这些问题，必须引起重视。各级领导一定要把主要精力投入到教学方面来，深入研究函授教育的规律和特点，跳出大专、本科的教育模式，探索适合在职研究生教育的方式，牢牢把住质量各个关口。对质量问题必须精心设计，制订科学的、高起点的培养方案和教学计划，既要瞄准国家规定的研究生标准、又要办出党校特色。要选聘和建立一支高素质、高水平的师资队伍；要抓好党性教育，严格管理，严格要求；要认真抓好面授、自学、研讨、考试考核等各个教学环节。只有这样，我们的办学质量才更可靠，才更有保证。

三是要巩固与发展办学的积极成果。在职研究生班的创办，标志着党校函授教育上了一个新的台阶。在短短的三年时间里，发展到今天这样的规模，是相当不易的，我们必须十分珍惜，一定要以创新精神，不断研究新问题，拓宽新思路，把在职研究生班办得更好，更具特色。目前，我们一定要把已办的95级、96级、97级在职研究生班巩固好，决不能有丝毫的松懈。尤其是95级，学业即将完成，更要善始善终，这一炮一定要打响，证明我们培养的研究生质量是高的，是经得起历史检验的，这对我们在职研究生的今后发展意义重大。

在职研究生教育还处在试办阶段，要巩固与发展办学的积极成果，还需要做大量艰苦、细致的工作。尤其值得重视的是，有的办学单位对在职研究生班工作重视不够，这主要表现在“三个投入不足”，即：领导精力投入不足、办学经费投入不足、办学力量投入不足。有的分院、学区至今组织机构尚不够落实，人员还不到位；有的单位工作缺乏创新、开拓精神，满足现状。这种状况，不要说巩固发展办学成果，就连维持也是较困难的。各分院一定要加强对在职研究生工作的领导，紧紧围绕在职研究生培养目标，进行大胆、深入地探索，注意总结办学中的经验和教训，进行创造性的工作，不断提高办学质量，使在职研究生班不断巩固发展。

四是要正确处理好全局与局部的关系，牢固树立整体观念。党校函授教育是一个巨大的社会系统工程，为确保办学质量，必须由总院实施统一领导。中央党校函授学院制定了《党员领导干部在职研究生班办学规程》，划分了总院与分院各自的职责，总院侧重宏观决策、管理和调控；分院侧重具体运作和组织实施。这是我们履行职责的依据，但分工不等于分家，总院与分院是一个有机整体，要密切配合，相互支持。考虑、处理问题时要顾全大局，自觉做到局部利益服从全局利益。

总院与分院之间要经常保持联系渠道的畅通。分院工作的好坏，直接关系到办学质量，如果我们哪个单位在办学上出了问题，受影响的就不只是一个单位，而是关系到全局。为此，各办学单位一定要维护总院的权威，无条件地服从总院的统一领导；要维护统一的纪律，决不能合胃口的就执行，不合胃口的就不执行，甚至另搞一套。一定要在职责规定范围内积极开展工作，要在不违背总院确定的办学方针、原则、政策的条件下，按照当地的情况和需要，充分发挥主观能动性，进行创造性的工作，把工作做深做细，落到实处，开创工作的新局面。要定期向总院报告工作，对总院要求上报的报表、资料，要按规定上报，以免延误时间而影响总院工作进程。总院要多为分院着想，进一步改进工作方法，加强调查研究，不断提高宏观指导水平。

以上四个方面，是一个有机的整体。我想，如果把这四个方面的工作真正做好了，那么，我们在职研究生班一定会更顺利、更健康地向前发展，取得更大的成绩。

三、把握关键环节，抓好规章制度落实，努力提高办学水平

规章制度是办学经验的总结，是对办学规律特点的探索。抓好规章制度的落实，是提高办学质量的基本途径。几年来，我们在创办在职研究生班的实践中，制定了一系列规章制度，明确了总院、分院、各个机构、各种人员的任务、职责及其相互关系，明确了各项工作的指标与要求，从而保证了在职研究生教育的正常运转和教学质量的提高。现在规章制度有了，已经汇集成册，作为讨论本，发给大家，供大家补充、修改。当前，特别要研究如何真正地贯彻落实。

（一）深化认识，在思想上落实。

对事物本质的认识是行为的先导，落实规章制度，也要从认识抓起，认识提高了，思想端正了，行动才能自觉。认识深度，工作力度和规章制度的落实程度三者是密切关联的。作为办学人员对落实规章制度要有更清醒的认识和更透彻的理解，以增强使命感和责任感，为落实规章制度奠定坚实的思想基础。

1. 落实规章制度是贯彻胡锦涛同志指示的重要方面。

胡锦涛同志对函授教育的指示中反复强调的一个重点，就是“加强管理，保证质量”，并指出：“有管理制度是好的。但最重要的是下大力量去抓，使之真正落实。不落实，制度也是空的”。我们这次会议，把贯彻落实制度作为中心议题，就是要把胡锦涛同志的指示落到实处。

2. 落实规章制度是在职研究生教育规律、特点的要求。

党校在职研究生教育与国民教育系统研究生不同，有自己特有的规律和特点。我们的规章制度是几年来办学经验的总结，是对在职研究生教育规律、特点的探索。按在职研究生的规律、特点办事，从一定意义上讲，就是要按这些规章制度办事，否则将受到惩罚。

3. 落实规章制度是提高办学质量的要求。

在职研究生班是党校函授教育体系中高层次的班次，是金字塔的塔尖，它培养的对象，是担当跨世纪领导重任的、德才兼备的人才。我们的教育质量如何，关系到党的干部队伍建设，关系到党校的声誉和在职研究生教育的生存和发展。落实规章制度是提高在职研究生教育质量的根本途径。从培养高素质干部队伍这一根本目的出发，必须抓好规章制度的落实。

4. 贯彻落实规章制度是成人教育形势发展的客观需要。

随着改革的深入，我国成人教育发展迅猛，竞争激烈。其中，质量竞争是最重要的竞争，质量竞争是声誉竞争，是社会影响的竞争，也可以说是人心的竞争。我们的在职

研究生教育还处在初创阶段，办学中的新问题、新情况层出不穷。形势的发展要求我们必须加强规章制度建设，抓好规章制度落实，强化科学管理，努力提高办学质量，使之在激烈竞争中立于不败之地。只要我们培养的研究生质量可靠，任何责难和疑虑都会不攻自破。

（二）*把握关键环节，结合具体工作抓好落实。*

我们的规章制度来源于实践，是实践经验的规律性总结，它涵盖了教学管理工作的方方面面，一定要全面贯彻落实，特别是要注意抓住重点，抓住关键，结合具体工作抓好落实。

1．落实招生制度，严把招生关。

严把招生关，是提高办学质量的第一个重要环节。近年来，根据招生工作实践，总院制定了规范招生各个环节的一系列规定，这是做好招生工作的基本依据。我们一定要严格执行“计划招生，控制规模，严格把关，保证质量”的方针，把好招生关。

（1）加强考前辅导。从几年招生实践看，搞好考前辅导是提高招生考试质量的重要环节。因此，考试复习资料要尽早送到考生手中，以使考生有更多的时间进行应考复习和准备。各分院务于考前认真组织好考前辅导，以提高招生考试质量。

（2）严格审查制度。各分院要严格掌握招生条件，对报考者的政治面貌、学历、职级进行严格审查，认真查验学历、任职凭证和人事组织部门开具的公函，把好第一关。然后，由总院终审，共同把关，坚决杜绝不符合条件者入学。

（3）严密组织，加强领导。招生工作是一项严肃的工作，工作头绪多、要求精细，必须严密组织，加强领导。要继续坚持统一命题、统一考试、统一判卷、统一录取的“四统一”做法。各分院要按照考务工作规定和要求组织好入学考试，确保公平与质量。

2．严格按照教师选聘规定，做好教师选聘工作。

教师是保证教学质量的决定因素。没有高素质、高水平的教师，教学质量就无法保证。为此，《党员领导干部在职研究生班办学规程》、《指导教师工作规则》、《教学管理实施办法》中，都对教师选聘提出了严格要求。但从执行情况看，一些单位所聘教师确有一部分知识面比较窄，水平不高。有的单位所聘教师没有与大专、本科拉开档次，有的只囿于本校、本院内选聘。对此必须引起重视，一定要严格按照教师选聘规定，把教师选准、选好。

（1）严格选聘条件。所聘教师通常应具有副教授以上职称，专业理论水平高，教学经验丰富，政治素质好。其中，教授职称所占比例不得低于50％。指导教师的职称必须是本专业或相近专业的职称。课程主持人应为该课程的学术带头人，具有总体设计和协调安排该课程教学的能力。不能降格以求。

（2）广开选聘渠道，严格进行考察。要打破校际和门户之见，不仅从党校、军队院校内部选聘，还可以从高等院校、科研单位和党政机关中选聘，充分利用各方面的教育资源。要在深入调查的基础上建立师资人才库，对所聘教师进行严格考察，择优选聘。每一学期要对聘任教师进行一次考评，不胜任的要及时调整，予以解聘。在这个问题上，首先要考虑教学质量和社会效益，绝不要因为局部利益和照顾关系而影响大局。

（3）严格审批程序。各分院要按照办学规程规定，将推荐的课程主持人、授课教师和指导教师的基本情况，包括职称、教学简历、教学经验和成果等，以书面形式提前三个月报总院审核，未经总院批准不得随意聘任。

3．加强面授管理，抓好面授教学。

面授教学是在职研究生教育的基本形式之一，是提高教学质量的关键性环节。为搞好面授教学，《教学管理实施办法》作了专门规定。从执行情况看，有些教师教学方法还不适应在职研究生的特点和要求，有的单位组织工作不到位，要求不严，到课率偏低。因此，必须加强教和学两个方面的管理，抓好面授教学。

（1）要认真做好面授的组织工作。面授教学要根据学员情况，灵活安排，可安排在双休日，也可相对集中进行。要针对影响面授教学的各种因素，及时采取相应对策，以保证面授教学顺利进行。

（2）面授教师要认真研究面授教学特点，改进教学方法。要按照教学计划，围绕若干专题进行启发式、研讨式的讲授，讲清重点、热点，解开难点、疑点，对学员学习起引路、点拨和启迪作用。每堂课至少要留出20分钟进行答疑、研讨，着力在培养学员分析研究问题和解决问题的能力上下功夫。

（3）加强教学情况反馈。教学管理人员和班主任，要坚持随班听课，实地了解教学情况，及时发现问题，向有关部门和教师反映，以不断改进面授教学。

（4）严格管理。班主任要认真抓好考勤。事假、病假必须开据证明并经批准，否则按旷课论处。对缺课超过1/3者，按规定作补考处理。因特殊原因未达到规定的最低听课时数，应将情况上报总院处理。

4. 强化自学管理，抓好学员自学。

自学是学员完成学业的基础，是掌握知识，增强党性，提高能力的主要途径。自学在函授总学时中占2/3比重，成为函授教育的主体形式。从掌握的情况看，有80％的学员达不到自学要求。因此，必须下大力抓好。

（1）从教育入手，激发学员自学的内在动力。自学是学员自觉的能动行为，要从明确学习目的，端正学习态度入手，提高其学习自觉性。要引导学员珍惜学习机会，增强学习的使命感和责任感；要引导学员正确处理好水平与文凭的关系，正确处理工学矛盾，科学地安排学习内容和时间，掌握读书的方法和技巧，关心和研究与本专业理论和实践有关的前沿问题。为实现“理论、知识、党性、能力”四位一体的培养目标而奋发努力。

（2）充分发挥教师的指导作用。教师必须从在职研究生实际出发，不断探索辅导学员学习的规律，自觉把面授和自学指导结合起来，根据学科的特点、教学进度，提出自学要求，进行自学具体指导，引导学员掌握正确的思维方法和记忆方法，进行研讨式的教学。

（3）充分发挥班主任的督导作用。班主任处在自学管理第一线，要定期不定期地检查学员的自学情况，落实自学管理的各项制度，总结交流自学管理方面的经验，帮助学员处理好自学与工作、自学与家务的关系，掌握科学的自学方法，提高自学效果。

（4）以制度规范自学。自学除启发自觉外，还要靠抓制度规范。各单位要抓好自学计划和作业制度的落实，要把作业作为考核学员学习成绩的重要内容，对未完成每学期作业的学员，不得参加期末考试。科社专业97级甲班实行“自学登记表”制度，也是抓自学的一种办法。各单位应注意探索抓好自学的办法，不断总结经验，抓好自学。

5. 严格期末考核工作，严肃考风考纪。

考核是督促学员学习，检验教学效果，确保教学质量的重要手段。考风不正，考纪不严，不仅影响教学质量，而且会给社会、党校函授教育声誉造成不良影响。几年来，我们重视了期末考核工作，收到了较好的效果，但每次考试都有个别作弊现象发生，因此，我们必须把期末考核工作作为保证教学质量的关键环节来抓，切实抓好。

（1）加强领导。考风考纪问题关键是领导的认识和态度。各级领导要高度重视期末考核工作，要把期末考核工作列入议事日程，认真研究，严密组织，精心部署。要加强对下级考核工作的监督检查，抓好各项规章制度的落实，采取各种有效措施把期末考核工作抓好。

（2）加强考务工作管理。要严格按照考务规定，规范考场设置，营造一个严肃、公平、公正的考场环境，确保考试的可信性、有效性。要加强监考力度，选派党性强、作风正派、坚持原则、敢抓敢管的干部担任监考，上级部门要加强巡考，协助下级抓好考务工作。

（3）严格考核制度和纪律。对考试作弊者，一经发现，该门课成绩以零分记；学员因故不能参加考试者，应于考前请假和申办补考手续。未经批准而不参加考试、缺考两次者，按退学处理；在一学年内，经补考仍有两门不及格者、令其休学或退学。以上规定是明确的，各分院和学区照章办事即可，不必再行“细化”，更不允许通过所谓“细化”而放宽要求。有特殊情况的报总院裁定，非特殊情况，矛盾不要上交。

6．严格党性锻炼，突出党校特色。

注重党性教育，以党性锻炼为核心，是党校在职研究生教育区别于其他成人教育最显著的标志，这是党校在职研究生教育性质、基本任务和培训目标所决定的，因此必须抓好。

（1）要把党性锻炼置于突出地位，把党性教育作为必修课，引导学员从多方面进行党性锻炼，提高党性修养。

（2）要把党性教育经常化。除每学期安排党性教育课外，要把党性教育贯穿于教学活动和学员学习的全过程。要联系实际进行党性教育，把教学过程每一环节作为考察学员党性表现的重点。

（3）要落实党性教育制度。一是组织生活制度。研究生班要成立临时党支部，学员过双重组织生活，每学期要组织两次活动，进行组织生活和党性分析。二是党课制度。每学期安排一次党课，强化学员的党性观念。三是党性锻炼总结制度。每个学员每学年写一份党性锻炼总结，作为衡量学员党性表现的重要内容。

以上我只是就如何结合教学管理具体工作抓好制度落实问题谈了点意见，教学管理环节很多，这里就不一一赘述。总之，只要我们把握关键环节，结合具体工作抓好落实，规章制度就能落到实处。

（三）采取有效措施，抓好规章制度落实。

1．加强领导，健全机构。

落实规章制度，领导是关键，机构是保证。各办班分院要进一步加强对在职研究生班的领导，把在职研究生教育纳入函授教育总体工作中统筹规划，统一调度指挥，分工一名领导分管。要把落实规章制度列入议事日程，定期不定期地进行检查督导，总结经验，肯定成绩，发现问题，及时纠正。要按层级管理原则，落实责任制，一级抓一级，常抓不懈。在加强领导的同时，要抓好管理机构的健全。去年长沙会议上，要求各办班分院建立研究生领导小组和办公室，配齐相应专职人员，有的分院至今仍然是一套班子，两块牌子，人员不到位，这种机构虚设，人员打飘的情况，哪里还谈得上狠抓规章制度落实？当前首要的是健全机构，配齐配足人员。97级（含97级）以前办班单位，机构人员未完全落实的，应抓紧落实。98级办班单位亦应在7月底前将机构人员落实，并将情况报总院。

2．进行规章制度教育，强化落实意识。

各办班分院要对研究生系统全体工作人员进行规章制度教育，把落实规章制度工作做到每个办学人员身上。在教育中，要结合各自的工作岗位，学习相应的规章制度，采取边学习，边对照检查，边改正的做法，发现有与规章制度相抵触、相违背的地方，立即改正，对薄弱环节要尽快采取措施改进。通过规章制度教育，使办学人员熟悉规章制度，强化制度意识，提高其落实制度的自觉性。今后，要把熟练掌握规章制度列为各类人员上岗的重要条件之一，并进行必要的考核，不能以其昏昏，使人昭昭。

3．建立检查约束机制，促进规章制度落实。

各办班分院要定期不定期地对落实规章制度进行检查。要结合期末、学年总结，把贯彻落实规章制度情况作为重要内容进行检查总结，并向总院写出报告。总院将结合巡考、听课、调查研究等工作，对各分院落实规章制度情况进行检查，并通过《研究生工作通报》及时反映情况，交流经验。总院还将把规章制度建设和落实情况作为研究生教育评估一个重要内容，在适当时机进行考核评估。对搞得好的要进行表彰奖励，对差的要限期达标。

4．不断总结经验，抓好规章制度的完善和落实。

我们的在职研究生教育还处于初级阶段，规章制度是有了，但还不健全、不完善。随着改革的深入，新情况、新问题不断出现，我们要注意总结经验，不断补充完善规章制度，逐步形成科学化、规范化、具有党校在职研究生教育特色的规章制度。

落实规章制度是一项艰巨复杂的工作，既要严肃认真，又要态度坚决，不能搞形式主义。各办班分院可根据总院的规章制度制定若干细则，但其基本精神必须与总院保持一致。在抓落实工作中，要以实事求是的科学态度和方法，敏锐地发现问题，深入地分析问题，主动地解决问题，自觉地抓好规章制度落实。

同志们，办好在职研究生班是一项功在千秋，利在当代的崭新事业，我们已经有了比较好的基础，让我们共同携起手来，高举邓小平理论旗帜，认真贯彻胡锦涛同志的指示精神，进一步端正办学指导思想，认真落实规章制度，强化科学管理，扎实工作，开拓进取，努力提高办学质量，以崭新的面貌迈向21世纪。

预祝会议圆满成功！

强化科学管理　确保办学质量

——在第二次在职研究生工作会议上的总结

（1998年6月13日）

中央党校函授学院教学处副处长兼研究生办公室主任　王　炳

同志们：

中央党校函授学院党员领导干部在职研究生班第二次工作会议，自6月9日至13日，历时5天，今天就要闭幕了，在会议即将结束之际，我首先代表总院领导和研究生办公室全体同志，代表与会全体人员，向总政科文局、海军政治部宣传部、向海军政治学院领导、海军部队分院全体工作人员，为开好这次会议所给予的关心和支持，所付出的辛勤劳动，所做出的精心安排和周到热忱服务，表示衷心的感谢和最诚挚的敬意！同时，我还要感谢各分院、学区的领导和工作人员，感谢各位与会代表对本次会议所给予的支持与合作。不少单位，为了开好这次会议，从四月中旬就开始准备经验材料和各种资料，与会代表在会议期间所表现的积极参与、踊跃发言，认真负责精神值得我们敬佩。几天来，代表们对许多问题都进行了认真研究，提出了许多富有建设性的意见。现在，我代表总院作会议总结。主要讲三个问题。

一、会议概况

这次会议是继去年5月长沙党员领导干部在职研究生班第一次工作会议后，在京外7个省级分院、5个部队分院和1个系统扩点试办领导干部在职研究生班取得一些经验的基础上，今年又在京外扩点招生的情况下召开的。会议目的是为了认真学习十五大精神，全面贯彻落实中央领导同志和中央党校校委有关党校函授教育的指示，总结交流试办党员领导干部在职研究生班经验，通过以会代训的方式，进一步端正办学指导思想，研究、学习和贯彻落实《党员领导干部在职研究生班工作手册》，强化科学管理，规范办学行为，把党员领导干部在职研究生班管理工作逐步纳入科学化、制度化、规范化的轨道，不断提高办学质量。

参加这次会议的有1996年、1997年已试办在职研究生班的分院、学区的代表；有今年开始试办在职研究生班的安徽分院、广西分院、云南分院、四川分院、甘肃分院、山东分院、陕西分院、重庆分院、国内贸易局教育培训中心、国防大学分院、海军部队分院广州舰艇学院学区、空军部队分院长春飞行学院学区，以及空军二航院学区的代表；还有总政科文局、海军政治部宣传部、海军政治学院的领导、总院孙钱章院长、刘利群副院长及总院研究生办公室和其它有关处室的同志共65人。

这次会议以邓小平建设有中国特色社会主义理论为指导，遵照江泽民同志关于建设高素质干部队伍和《高举邓小平理论伟大旗帜，把建设有中国特色社会主义事业全面推向二十一世纪》讲话精神，认真学习了胡锦涛同志和中央党校校委关于党校函授教育的重要指示；听取了总院孙钱章院长的讲话和刘利群副院长作的《进一步端正办学指导思想，深化教学改革，落实规章制度，确保办学质量》的主题报告；深入讨论了总院制订的《党员领导干部在职研究生班工作手册》；总结交流了办学经验，会议收到各单位经验交流材料22篇，有8位同志在大会上作了专题介绍；基本落实了98级党员领导干部在职研究生经济管理专业培养方案。经过与会代表的共同努力，会议开得生动活泼、严肃认真，大家一致认为，这是一次求实的会议，培训的会议，鼓劲的会议，达到了预期的目的。

二、会议的主要收获

（一）回顾了一年来的工作成绩，找出了薄弱环节。

代表们一致认为，一年来，在党的十五大精神指引下，在中央党校校委和总院正确的领导下，在各有关方面有力配合下，试办党员领导干部在职研究生班工作进展顺利，1997年在京外依托分院开办党员领导干部在职研究生班，使总院研究生教育向前迈出了决定性一步，为进一步向外拓展闯出了路子，打下了基础，积累了经验。经过一年多实践，课程设置逐渐趋于合理、教师队伍和管理工作人员初具规模，教学方法不断得到改进，教学管理逐步走上正规。同时，大家也清楚的看到，开办党员领导干部在职研究生班尚处探索阶段，对其特点和规律性认识还不够；有的授课教师的教学方法和教学内容乃囿于本科班模式，还没有拉开档次；有的分院和学区管理机构还没有设立，人员不完全到位；教学管理力度有待加强。招生考试中，也暴露一些薄弱环节。这些都有待于在深化改革中加以认真解决。

（二）认清了形势，增强了办好党员领导干部在职研究生班的信心。

通过5天来的学习和讨论，同志们一致认为，我们正处在世纪之交，培养高层次、高素质跨世纪领导骨干和专业人才，是历史赋予我们的光荣使命，是把建设有特色的社会主义事业全面推向21世纪的一项基础性工程。办好党员领导干部在职研究生班既是实现跨世纪宏伟目标的迫切需要，又是适应新形势下提高领导干部自身素质的强烈要求，更是党校函授教育自身发展的必然结果。每个同志应不断增强办好党员领导干部在职研究生班的责任感和使命感，始终坚持把为党培养高素质干部作为我们办好研究生班的唯一宗旨和根本目的，以更高标准办学。

（三）印发和讨论了《党员领导干部在职研究生班工作手册》，增强了按章办事意识。

去年长沙研究生工作会议，我们印发了中央党校函授学院《党员领导干部在职研究生班教学管理实施办法》，对加强教学管理，规范办学行为起到了很好的指导作用，但内容尚不够完整、系统。各单位在办学实践中反映还有许多工作要规范、要统一，今年试办单位反映开办研究生班底数不足，不知如何操作和管理。鉴于此，我们在总院以往经验、吸取其他班次管理工作条例的基础上，汇编了这本《党员领导干部在职研究生班工作手册》，印发会议讨论研究。代表们对这本《手册》给予充分肯定，并且也提出了一些中肯的意见。同志们一致认为，《党员领导干部在职研究生班工作手册》是党校多年函授教育管理经验的总结，是总院三年多研究生班试办工作探索的结晶，是规范党员领导干部在职研究生班办学行为的依据和准绳。它的产生，使在职研究生班各项工作有法可依，有章可循，是党员领导干部在职研究生班试办工作逐渐走向成熟的标志。代表们一致表示，要认真学习、全面贯彻落实《党员领导干部在职研究生班工作手册》，以《手册》规范自己的办学行为。

（四）交流了办学经验，初步探索了在职研究生班管理规律。

通过学习和讨论，大家在以下四个方面达成了共识：

1.端正办学指导思想，坚持正确办学方向，是确保办学质量的根本前提。

端正办学指导思想，是我们办学中一个带根本性的永恒课题，是总的导向，办学中出现这样或那样的问题或偏差，尽管可以找出许多原因，但归根结底，还要归结于办学指导思想是否端正，办学方向是否正确。所以胡锦涛同志一再强调，要坚持正确的办学方向，始终要把质量放在第一位，要注重社会效益。在这个重要原则问题上，我们的态度一定要坚决、明朗，不可产生任何偏差。要坚定不移地贯彻执行“从严办学，质量第一”的办学方针，牢固树立质量意识和精品意识，正确处理经济效益和社会效益的关系，始终把“社会效益第一”、“教育质量第一”放在首位，这不仅是确保办学质量的根本前提，也是关系到在职研究生教育事业兴衰成败的关键。

2.完善规章制度，强化科学管理，规范办学行为，是确保办学质量的基础。

党员领导干部在职研究生班已试办三年，规模逐年扩大。在办学实践中，迫切要求有一套较为完善、系统的、切实可行的规章制度来规范办学行为和指导实际运行。自1995年试办党员领导干部在职研究生班开始，我们就着手制定有关在职研究生班管理的一些规章制度，先后制定了《党员领导干部在职研究生班办学规程》、《在职研究生班教育指导委员会章程》、《在职研究生学籍管理暂行办法》、《在职研究生学习成绩考核暂行办法》等7项，去年又制定了《党员领导干部在职研究生班教学管理实施办法》，今年在原有基础上又增加了16项内容，并将其汇编成册。这是确保办学质量的一项基础性工作。同志们一致认为，《在职研究生班工作手册》的发行对于进一步提高党员领导干部在职研究生班管理质量和管理水平具有重要指导意义。

3. 依法治学，严格要求，严格管理，狠抓落实，是确保办学质量的重要保证。

现在，一套规范在职研究生办学行为的规章制度已经有了，能否发挥它应有的作用和效能，重要的在于落实。胡锦涛同志曾说过：有规章制度是好的，但关键还在于落实。我们一定要提高贯彻落实规章制度的自觉性，坚持用规章制度约束和规范自己的办学行为，严格要求，严格管理，做到有章必循，违章必究，使在职研究生教育逐渐纳入规范化和制度化轨道。为此，各级办学组织，一要认真组织参加研究生工作管理人员系统地学习《在职研究生班工作手册》，熟练地掌握其中每一项制度的主要内容和基本要求，不断统一思想认识，提高贯彻执行的自觉性。要把熟练掌握《在职研究生班工作手册》，作为各类管理人员上岗任职的条件之一，定期或不定期地进行必要的考核和抽查，督促贯彻落实。二要牢固树立向管理要质量，一切按规章制度办事的观念，切实以《在职研究生班工作手册》规范办学行为，维护它的统一性、严肃性和权威性。三要在贯彻执行中根据各自的实际情况就某些主要的规章制度制定实施细则，以便具体操作，但必须符合《在职研究生班工作手册》的基本要求和基本精神，不得另搞一套。四要及时检查规章制度的贯彻执行情况，发现偏差，及时纠正，保证规章制度不折不扣地落到实处。同时，还要积极提出完善规章制度的建设性意见，以便修正、补充，使《在职研究生班工作手册》更趋完善。

4. 不断深化教学改革，是提高办学质量的根本途径。

再过一年多的时间，世界将进入 21 世纪。21 世纪是知识经济和信息经济时代，面对知识经济对成人教育提出的更高要求，目前，高等教育正在进行改革和创新。党校函授教育要适应形势发展的需要，适应社会的需要，在专业和课程设置、教学内容、教学方式等方面，也要深入进行改革。要强化素质教育，着重培养学员的创造能力和适应能力，把办学重心转移到素质、能力、创造力的培养上来，以便为党培养更多的合格人才。在这方面我们已作了一些有意义的探索，采取了一些具体措施，但从总的讲改革的力度还不够，步子迈的还不大。如在职研究生班的课程设置上，有的反映知识面偏窄，内容偏旧，与培养跨世纪高层次复合型人才的要求还有差距。在教学内容上，与当前国家企事业管理体制改革、社会主义市场经济的运行机制和当前急需研究和解决的热点与难点问题还有不相适应的一面。在教学方法上，如何适应党员领导干部在职研究生班特点和规律，下功夫培养研究生的思维能力、科研能力、解决实际问题的能力，增强研究生的党性锻炼等等方面，还有待深入研究。今后教学改革，坚持以教学为中心，强调打牢基础，适当拓展研究生的知识面，加强实践环节。要抓好教材、师资队伍和管理人员队伍建设。按照十五大精神，对研究生教材进行修正和重新编写，对考试制度和考试方式进行改革，以适应培养研究生的需要。

（五）基本确定了 98 级录取名单，研究了 98 级经济管理专业培养方案，取得了共识。

98 级研究生招生工作，我们仍然采用了去年的统一命题、统一送卷、统一阅卷、统一录取，严肃考风考纪的做法。从总体讲，今年研究生招生考风考纪是好的，基本上把住了考试这一关，社会反映是好的，考生是服气和顺心的。但是也有个别单位考风考纪存在一些问题，主要表现是领导不够重视，处理问题的态度不够坚决，措施不够得力。限于时间，这里就不点名了。考风考纪决不是个小问题，它直接关系到党校办学的质量和信誉。我们不能等闲视之，应引起高度重视，切实抓好。录取名单，如果没有特殊情况，就按这次会议上确定的方案定了。个别问题，会后再另行研究。

三、对落实会议精神和今后工作的几点意见

通过这次会议，今后一个时期党员领导干部在职研究生班工作的指导思想、任务和有关规章制度基本上都明确了。摆在我们面前的主要任务，就是采取切实措施，把这次会议的基本精神认真落实，保证和提高办学质量。这里，我想再强调几点：

（一）认真传达、贯彻这次会议精神。

各位代表返回单位后，首先要认真向校委或部门领导汇报这次会议精神，并结合本单位实际提出贯彻落实这次会议精神的意见，取得领导的认可和支持。办学实践证明，哪个单位领导重视，组织落实，管理到位，办学质量就有保证；反之，组织不落实，管理缺乏力度，领导不重视，办学质量就难保证。

其次，组织参加研究生工作的管理人员传达这次会议精神，认真学习《党员领导干部在职研究生班工作手册》，并结合自己办学实践总结经验，找出存在问题，制定整改措施。

（二）今后工作任务。

今后工作任务，从总体上说，就是以十五大精神为指导，认真贯彻中央领导同志和中央党校校委关于函授教育的指示精神，进一步端正办学指导思想，深化教学改革，认真学习、全面贯彻落实《党员领导干部在职研究生班工作手册》，强化科学管理，狠抓落实，不断提高办学质量。这里讲几项具体工作。

1．95级在职研究生，部分学员很快要进行毕业论文答辩，还有部分学员要申请硕士学位，其论文答辩要推迟一段时间。但是，无论是哪部分学员都要做好工作，善始善终，保证培养质量。

2．96级在职研究生，两年课程学习即将结束，很快进入论文撰写阶段，有关分院一定要给学员选配好指导教师，尽早到位，抓好毕业论文选题、开题、资料收集、调研和论文撰写工作。这项工作要抓紧落实，否则，可能会影响到毕业论文的质量。

3．97级已经开了个好头，初步走上了正规，一定要把好教学关，选聘好主讲教师，抓好第二学期期末考试，狠抓教学管理，确保教学质量。

4．98级录取工作基本结束，培养方案和第一学期教学大纲与教学计划已经下发。回去后，办学单位还没有建立研究生（办公室）领导小组的要尽快建立，人员不足的要尽快充实；要尽快选定第一学期课程主持人，聘好授课教师，根据总院下发的第一学期各科教学大纲和教学计划，制定教学具体实施计划。

在做好上述工作的同时，我们将下大力气研究在职研究生教育中的一些深层次问题，深化教学改革，采取多种手段，确保办学质量。

（三）健全正常申报制度，做到上下沟通，情况明了。

按时申报有关资料，在原来的《党员领导干部在职研究生班教学管理实施办法》中已有明确规定，但一年来的执行情况不是很好。原因主要是人手不足或者认识上的问题。这给总院研究生管理工作带来一定困难。有的分院反映，总院向下面要的材料太多，这个我们要注意加强计划性、协调性，尽量减少不必要的报表。但是，必要的材料是正确决策和有效管理的前提，从而是不可缺少的。因此，各分院、学区不要怕麻烦，该上报的材料，要按时上报；该反馈的信息，要及时反馈。只有情况明了，信息通畅，总院才能有针对性地出台一些措施，才能奖优罚劣，发挥激励机制的作用。为了工作的方便，这里，我再重申一下各分院应主要上报的材料：(1)授课教师由各分院选聘，

电化教学和计算机管理工作会议

高举邓小平理论伟大旗帜 把电化教学和计算机管理工作推上一个新台阶

——在电化教学和计算机管理工作会议上的讲话

中央党校函授学院副院长 史信发

同志们：

我首先代表中央党校函授学院向与会同志们表示热烈的欢迎！对山西省委党校领导和同志们的关心、支持表示诚挚的感谢！

这次会议，是总院成立以来首次召开的电化教学工作会议。这次会议的主要议题，是以党的十五大精神和邓小平理论为指导，深入学习胡锦涛同志关于党校函授教育的指示，进一步落实1997年10月工作会议精神，总结电化教学和计算机管理工作的经验，正确分析我们所取得的成绩和存在的问题，商讨迈上新台阶的对策。实际上这是一次“诸葛亮”会，希望各位代表同心同德，把握大局，集中精力，集思广益，积极献计献策，为把我们的工作推向新的台阶而共同努力。

下面我代表总院讲三个问题，供与会同志们讨论。

一、对工作的简略回顾

电化教学与计算机管理工作，由于两者

开学前三个月最迟一个月报总院审批；第四学期，为学员选配指导教师，报总院审批。(2) 上报学期教学实施计划。(3) 新生入学教育结束后，各分院应将情况写成简报报总院。(4) 学期期中、期末分两次以“教学情况反映”简报形式报总院。(5) 各分院（学区）应于每学期开学后的一个月内将上学期学员考核成绩表报总院。这些材料，都是各分院、学区为了做好工作而必须掌握的，其中大部分是分院、学区的最基本的工作内容，不是总院额外压给的负担。

总院研究生办公室办有《研究生工作通报》这一内部刊物，将及时收集各地信息予以沟通和宣传。

同志们，我们正处在世纪之交，面临着新的机遇和挑战，任重而道远。让我们在党的十五大精神指引下，共同努力，脚踏实地，从严办学，强化科学管理，确保办学质量，更好地为党培养高素质干部队伍作出新贡献！

谢谢大家！

的起步和内容不尽相同，为此，下面我分别讲一讲。

（一）电化教学情况。

电化教学是党校函授教育的一种重要形式，中央党校函授学院在初创时期即采用了自学、面授、刊授和电化教学四种方式进行教学。当时设备简陋，技术水平较低，条件很差，为了保证学员及时收听收看新开设课程的音像教材，总院电教室的同志和主讲老师在地下演播室，克服了种种困难，完成了大量音像教材的制作，对培养函授学员起到了一定的作用。但是，随着党校函授教育的发展和教育水平的提高，总院制作的音像教材在质量上暴露出不少问题。主要表现在：授课内容不规范；重点不突出；主讲老师教学方法单调，缺乏艺术性；制作质量粗糙等。针对这些问题，1993 年 10 月到任的总院新的领导十分重视电教工作，亲自抓电教改革，使电化教学工作有了明显进步，特别是 1997 年 3 月，为了进一步适应教学需要，总院成立了电化教研室，加大了电化教学改革力度，使电化教学工作呈现新的局面，主要表现在：

1. 健全机构，明确职责。总院电化教研室是由电教管理办公室、自动化办公室和音像制作中心组建的。电化教研室成立后，在明确各岗位职责范围的基础上，围绕提高质量问题，坚持“更精、更细、更严”的原则，实施了严把“三关”的改革措施：严格主讲教师、审定教师的选聘；严格教案、讲稿、字幕的审定；严格音像教材的终审和监制。并再三要求每个环节做到精心设计、精心录制、精心编辑、精心把关。由于职责明确，精力集中，严格操作，各个环节的工作比较到位，使音像教材从形式到内容，都有明显的改进，大大提高了音像教材的质量。

2. 改善设备，提高技术。总院为了提高音像教材的质量，舍得投入，先后投入资金 500 多万元，购进了摄像机、录像机、特技编辑机、字幕机和录音复制机等一大批先进的设备。与此同时，还充实了专业技术人员，并进行技术培训。由于改善了设备，提高了工作人员的素质，为提高音像教材质量创造了良好的条件。

3. 着眼特点，规范教学。近年来特别是 1997 年以来，总院根据课程性质和教材内容的不同，在摸清电教特点的基础上，规范了教学，强调音像教材的内容要与十五大精神保持一致，增强了音像教材的指导性，改变了过去“串讲课和讲座课人为的两张皮、缺乏特色”的现象。目前，串讲课规范为三大块：第一块是前言部分，主要讲清串讲的目的意义，讲清教材的体系结构和主要内容。主要引导学员从宏观上把握知识体系。第二块是教学重点，主要根据教材和教学具体安排规定的重点问题，进行重点讲授。具体做到：(1) 凡体现教材主线内容的展开讲，主线以外内容的压缩讲。(2) 凡需要概括、归纳、分析和综合的内容重点讲，教材上比较明确的点到为止。主要引导学员在微观上把握重点问题。第三块是考试复习部分，主要结合重点问题讲清考试题型特点和要求，明确联系实际的方向和路子。主要引导学员在宏观和微观的结合上全面把握所学内容，注重提高思维能力和创造能力。对于讲座课也要求讲出特色，强调在教材基础上有概括、有归纳、有升华，讲出深度，讲出新意。具体做到：一是讲清原理，从总体上把握教材的知识体系；二是讲新情况、新问题，讲热点、难点、重点问题，注重提高学员的新知识，开拓新思路，提高创新能力；三是回答和解决认识上的深层次问题。此外，在形式和制作方法上进行了改革，如加配字幕，增加图表，运用外景，采取对话、问答等生动活泼、多样化的形式和手段，提高了音像教材的整体效果，深受教学人员和广大学员的欢迎。

4. 遵循教学规律，完善电教制度。制度建设是强化电教管理的一项基本建设，只有健全电教管理制度，依靠制度实施管理，电教管理才能走上制度化、规范化、科学化、程序化的轨道。为此，总院在总结以往经验的基础上，制定和修改了各项管理制度：电教岗位职责范围；工作人员操作规程；电教管理工作规程；音像课教师工作细则；聘请音像课主讲老师的协议书；音像教材字幕细则；电化教学审定工作细则；音像教材终审工作细则；音像教材制作规程等近十个制度。由于制度健全，不仅使电教工作有了专人组织实施和管理，做到了责任明确，分工协作，工作有序，奖罚分明，而且有了合理的工作流程，明确了标准，严格了要求，为音像教材制作的良性运行奠定了坚实的基础，使音像教材的质量逐年提高。

总之，几年来，电化教学工作发展主流是好的，成绩是显著的。据统计，1995年以来，总院聘请主讲老师202名，其中教授、副教授占85%左右，有的是著名专家、教授。录制124个学科，190门课程，音像教材共录制十万多盘，其中录音教材七万多盘，录像教材二万多盘，较好地完成了音像教材的制作任务，保证了几年来电化教学的需要。从终审和实践的情况看，音像教材效果是好的，优质率逐年提高，呈现着良好的发展势头，多数音像教材基本符合“政治性、科学性、针对性、逻辑性、艺术性”的要求，主讲老师多数做到了内容熟悉、能脱稿讲授、口齿清晰、声音洪亮、速度适中、层次分明、符合逻辑、详略适当、联系实际、方法灵活、深入浅出、字幕配合较好，受到了教学人员和广大学员的好评。

（二）计算机管理情况。

电化教研室自1997年3月成立以来，一项中心任务就是筹建“中央党校函授学院网络管理信息系统”，而系统的规划、设计、实施与维护，是一项庞大复杂的系统工程。为确保系统的实施，总院专门成立了由院长挂帅、各部门领导组成的系统建设领导小组和由主管副院长挂帅、各业务部门骨干组成的系统开发业务小组。对系统既进行总体部署，又提出了具体要求，并对整体工作进行协调和领导，保证了机房建设、项目招标、网络布线、软件设计等工作有组织、有领导、有目标、有计划、有监督、有步骤地进行。

1. 分析函授特点，确定系统建设方案。为迎接知识经济时代的到来，加快现代化建设步伐，在分析函授学院特点的基础上，电教室制定了函授学院广域网建设的长期规划和近期目标，并就近期目标的落实，提出了“中央党校函授学院网络管理信息系统”建设方案。通过市场调查和专家论证，经过与十几家公司的接触和两轮的系统竞标，选择了网络建设合作公司，并对“中央党校函授学院网络管理信息系统”建设方案进行了充分的论证，为系统开发、应用和推广做了必要的准备。为保障函授学院总院局域网络工程和覆盖全国2200多个办学网点的广域网络工程的顺利实施，为使函院计算机教学与管理系统的规划和管理有序进行，电教室健全了机构，完备了制度，使大家职责明确，工作有序，自觉发挥工作的积极性和创造性，全力以赴投入工作。

2. 进行硬件建设，连通总院局域网。在全院的大力支持下，电教室修建了专门的网络机房，在较短时间内完成了布线任务，调通了120个网点，并为全院配置了67台微机，建成了总院局域网络系统。同时，为充分发挥网络系统的作用，一方面积极进行网络管理软件开发，另一方面自觉克服技术难关，尽早发挥网络功能，在总院机房安装了国际互联网代理服务器，使各办公室上网时，不用单独办理入网手续，不必增加调制解调器等硬件设备，就能通过总院局域网络在国际互联网上漫游，收发电子邮件等，这样既保障了工作人员及时了解国际国内动态信息，又节省了资金费用，同时保证了网络的安全和总体控制，方便了管理。

3．面向各部门进行应用软件开发，逐步测试各管理功能。网络系统的灵魂和血脉是丰富的应用软件和信息资源，面向实际应用的管理软件只能依靠我们自己组织力量进行开发。电教室与合作公司共同开发的应用软件共完成60个人的月工作量，提供了400多个管理模块和150多张报表，基本上覆盖了总院各处室的业务工作。目前这一应用软件正在试运行阶段，很快各职能部门将把丰富的业务信息送上网络，届时，将会充分体现网络化管理的巨大效益。

4．培训管理、技术人员，提高计算机应用水平。硬件环境、管理软件和操作人员，是网络管理信息系统成功应用的三大要素，缺一不可，必须同时到位，为此，电教室采取多种形式有计划的组织培训工作，如1997年4月份就举办三期培训班，共培训40多人，为系统的顺利使用进行了必要的准备。同时，为推动分院的计算机应用工作，电教室还与教务处一道，进行了分院业务骨干的计算机应用培训工作。

5．维护教务管理系统，全面采集学员基本信息。在各分院的支持下，电教室优化了教务管理软件，并由各分院上报了数据软盘，经过二年的普及和推广应用工作，多数分院的相关部门摆脱了手工劳动，提高了工作效率和管理质量。同时，大约66万份学员信息装入了总院计算机系统进行了自动化管理，便于及时、准确地了解学员第一手资料。

总之，经过不懈的努力和踏实的工作，计算机自动化管理已初见成效。在做了大量的准备工作的基础上，“函授学院网络管理信息系统”建设已有了实质性进展，并取得了阶段性成果：一期工程已通过验收并逐步投入使用。这不仅会给总院工作带来新的风貌，也预示着与各分院、学区相关的二期工程建设即将启动。

综上所述，电化教学与计算机管理工作的实践使我们体会到，要搞好电化教学和自动化管理工作必须做到：一是认真贯彻十五大精神，把邓小平理论贯彻到党校函授教育各项工作中，是完成任务和把工作推向前进的根本依据；二是强化创新意识，营造创新环境，建立创新体制和机制，是完成任务和把工作推向前进的重要途径；三是强化远教意识，树立系统观念，统一认识，统一行动，同心协力，做到共商大计、共建系统、共享资源、共创辉煌，通过共商、共建，实现共享和共创，是完成任务和把工作推向前进的根本保证；四是健全制度，依靠制度实施管理，是电教和计算机管理工作走上制度化、科学化、规范化、程序化轨道的必备条件；五是培养典型，总结经验，用典型来推动工作，是完成任务和把工作推向前进的有效方法；六是领导重视，健全组织，完善机构，明确职责，调配主管和专职人员，提高工作人员的整体素质，调动一切积极因素，上下形成合力，是完成任务和把工作推向前进的前提和基础。

我们在电化教学和计算机管理工作方面，取得的成绩是显著的，这是主流方面，但也存在一些不容忽视的问题，（1）从全院来看，对电化教学和计算机管理的认识上还有很大差距。有些分院态度不够积极；有的分院不舍得投入人力、财力，甚至有的分院连一台微机都没有，影响了电化教学质量和网络建设的进程。（2）总院制作的音像教材有些还存在不同程度的质量问题，影响大家的积极性。主要表现在制作的技术上、主讲老师授课的效果上、音像教材的审定上都存在不足，缺少新意，距上档次、出精品的要求还有差距，有待于进一步改进和提高。（3）计算机网络建设是一项全新的工作，在理论和技术上的准备不够，加之目前国内没有可以借鉴的先例，许多工作是在探索中前进的，一些经验和教训有待总结。受诸多因素的影响，应用软件设计时返工率比较高，影响了工程的进度。（4）有的分院和学区对总院电教计划不落实。有的以面授取代电化教学；有的把总院制作的音像教材只供教师备课用，不与学员见面；有的在播放时，随意性较大，学员缺乏兴趣，教师缺乏参与感，到课率比较低，使电化教学流于形式。

上述问题，产生的原因是多方面的，它不同程度地影响着电化教学质量和计算机网络建设的进程，影响着党校函授教育的声誉，必须引起高度重视，在今后工作中认真加以解决。

二、我们面临的新形势和新任务

我们这次会议，是在全党全国人民认真学习、贯彻、落实十五大精神，高举邓小平理论的伟大旗帜，在以江泽民同志为核心的党中央领导下，把建设有中国特色社会主义事业全面推向21世纪的新形势下召开的。

从国际形势看，我们正处于世纪之交、承前启后、继往开来的重要时期。当前，国际形势正在发生着深刻的变化，呈现出经济全球化、信息社会化、知识产业化、教育终身化、手段远程化的崭新的态势。随着知识经济时代的到来，世界上一个以知识和信息为基础、竞争与合作并存的全球化市场经济正在形成。知识经济是一个全新的经济形态，这一新概念是1990年联合国研究机构首先提出来的，是指当今世界上一种新类型的富有生命力的经济，建立在知识和信息的生产、分配与使用上的，它起源于80年代兴起的高科技革命。90年代以来世界经济向知识经济转移，以美国为首的发达国家已掌握了知识经济的主动权。世界经济合作与发展组织主要成员国其国内生产总值的50%以上是以知识为基础的，发达国家科技进步对经济增长的贡献率已超过了其他生产要素贡献率的总和。90年代以来，美国出现了“三高”和“三低”的经济奇迹。所谓“三高”：一是经济增长率高，去年它们的经济增长率达到3.9%，创历史新高；二是综合竞争力高，据美国国家竞争委员会宣布，美国在27个关键技术领域中取得24个领先地位；三是企业利润高，主要表现在美国微软公司的市场产值已大于美国三大汽车公司的总和，近年美国经济增长的主要源泉是5000家软件公司。所谓“三低”：一是失业率低，去年11月份美国失业率已降至4.6%，为24年来的最低点，接近充分就业率；二是通货膨胀率低，去年第三季度降至1.4%，是30年来的最低水平；三是财政赤字占国民经济的比重低，1997年财政年度，联邦政府的财政赤字从1996年的1073亿美元降至226亿美元，仅占国内生产总值的0.3%，为30年来的最低水平。美国经济增长所以强劲，主要是由于高科技迅猛发展的推动，由于经济信息化、经济知识化的推动，使之率先进入信息时代、知识经济时代。

面对知识经济时代严峻的国际竞争，使即将跨入新世纪的世界各国都把培养高素质人才作为自己的发展战略。未来各国之间的竞争，将是科技、教育和综合国力的竞争，归根到底是人才的竞争，是创造力的竞争。发展教育，特别是发展国民教育后的再教育，已成为世界各国发展战略的重点，而培养人才的创造性思维和创新能力在这场竞争中起关键性的作用。所以，加快科技进步，促进经济增长，提高知识创新和技术创新能力，发展现代远程教育，已成为世界各国共同的追求。

从国内形势看，党的十五大提出了推动我国政治、经济、文化全面发展的跨世纪的宏伟目标。党所制定的国民经济和社会发展的“九五”计划和2010年远景目标，已全面实施，我国正面临着改革攻坚和开创新局面的艰巨任务。要完成这一新的历史任务，必须不断提高全党首先是各级领导干部的领导水平和执政水平。实现这一目标，最根本、最重要的是坚持用马列主义、毛泽东思想，特别是用邓小平理论武装各级领导干部的头脑。江泽民同志在十五大报告中强调指出："发展教育和科学，是文化建设的基础工程。培养同现代化要求相适应的数以亿计高素质的劳动者和数以千万计的专门人才，发挥我国巨大人力资源的优势，关系到二十一世纪社会主义事业的全局。"他在报告中再次重申"要切实把教育摆在优先发展的战略地位。"所以"科教兴国"是我国发展现代化建设的伟大战略举措。对于我们来说，这是党和人民对我们寄予的殷切希望，全国党校函授教育战线上的所有同志都必须以满腔的热情认真学习和领会十五大精神，积极响应党中央关于进一步兴起学习邓小平理论新高潮的号召，牢固树立科教兴国的战略思想，以百倍的信心和坚韧不拔的努力，加快党校函授教育改革和发展的步伐，把我们的工作不断推向前进。

随着现代科学技术迅猛发展和知识经济时代扑面而来，给我们提供了新的机遇与新的挑战，如何迎接知识经济时代的到来，历史向我们提出了一个严峻的课题。作为一个国家、一个民族来说，必须具有自己的竞争能力和自己独特的文化，以占有自己的位置。正像江总书记强调的那样，"创新是一个民族进步的灵魂，是一个国家兴旺发达的不竭动力"，"一个没有创新能力的民族，难以屹立于世界先进民族之林"。但从我国的现实情况看，人口众多，资源相对贫乏，经济与科技相对落后，教育与文化素质较低，尤其国家创新能力与国家发展需求和国际先进水平差距较大，近年来还有拉大的迹象。突出表现在我国科技国际竞争力落后于经济国际竞争力，如1996年我国国民生产总值排在世界第7位，而科技国际竞争力排在世界第28位。这反映了我国知识创新和技术创新的效率不高。1996年我国从事研究与发展总人数和企业研究与发展总人数均列世界前4名，而我国科学研究和专利指标的国际竞争力分别为世界第32位和21位。所以，我国面临的形势是严峻的，中国再不急起直追，将在知识经济大潮中处于被动地位。

面对知识经济大潮，党校函授教育要顺应时代潮流的发展，必须进行一些深层次的战略性思考。

（一）要认真学习江总书记关于知识经济和建立创新体系的重要批示精神，迎接知识时代的到来。

去年，中国科学院组织了一批专家学者撰写了一份长达46页、5万字的《迎接知识经济时代，建设国家创新体系》的报告，报告中明确了中国国家创新体系结构、主要功能和总体目标。对此，引起了我国最高决策层的极大关注，江总书记在春节期间将这份报告阅读了多遍，赞同报告中的想法，并作了重要批示：知识经济、创新意识对于我们21世纪的发展至关重要。东南亚的金融风波使传统产业的发展会有所减慢，但对产业结构调整则提供了机遇。科学院提了一些设想，又有一支队伍，我们认为可以支持他们搞些试点，先走一步。真正搞出我们自己的创新体系。这一重要批示，是以江泽民同志为核心的党中央对迎接知识经济挑战、实施科技兴国战略的动员令，标志着我国科技兴国进入了一个新的阶段，为面向21世纪我国教育的改革和发展进一步指明了方向。所以，认真学习江总书记重要批示精神，关系到党校函授教育的生存与发展问题，也关系到国家生存和前途问题。

（二）要强化素质教育，培养创造性人才。

人的创造力包括创新意识、创造性思维能力和创造技能三个方面，其中创新意识是根本，创造性思维能力是基础，创造技能是手段。素质教育的核心是培养创造力，当代国际竞争，实际上是创造力的竞争。所以，我们要实现应试教育向素质教育的转变，注重培养函授学员的创新意识、创造性思维能力和创造技能尤为重要。

（三）要强化通才教育，培养复合型人才。

随着现代科技的发展，现在学科的发展越分越细，同时，又高度综合，更多的向综合方向发展，而且，人文科学同自然科学发生了交叉融合。实践证明，解决一些重大理论或实践问题，依靠单一学科或某一方面的研究成果远远不够，即使是进行某一学科的研究，也需要多学科、多方面的知识作保障，为此，我们要深化教育改革，逐步树立适应知识经济的新教育观，努力培养面向21世纪的适应知识经济需要的综合型人才，提高我国科技的国际竞争能力。

（四）要强化终身教育，提高国民素质。

终身教育是本世纪60年代在国际上出现的一种教育思潮，反映教育进步的现代趋势，那种“一次性”的学校教育已不能适应现代生产、科技进步和社会发展的需要。在发达国家，人的一生要更换五至八种职业，使受教育作为一个人的终身过程。而且当今知识老化加速，现在一个大学生刚走出校门，就有60％—70％的知识陈旧。当一位教师经过长期的努力而终于站到讲台上的时候，他的知识结构可能在某些方面已经显得有些陈旧。加上我国各项改革深化，大批职工下岗，干部分流，他们迫切需要学习适应新岗位的知识。因此，党校函授教育要突出终身教育的功能，要开展干部分流的转岗教育，适应干部分流的需要。

（五）要通过计算机网络技术与音像教学手段的结合，发展现代远程教育。

现代远程教育，是随着数字通信卫星、计算机网络建设的日趋成熟而应运而生的一种新的教学模式。它充分利用了远程通信信道、计算机网络通信以及多媒体技术等现代化信息传播手段的优势，建立起一个同时异地或异时异地的“虚拟课堂”，在这样的课堂中完全没有时间和距离的界限，也没有对参加学习人数的限制，使得在职人员不离开工作岗位就可以接受函授教育。所以，我们要树立远教意识，深入研究，科学考证，统一规划，分步实施，层层落实，为实现函授教学与管理的科学化、现代化而努力。

总之，21世纪将是国际经济和科技竞争非常激烈的一个世纪，正如江泽民同志指出的那样，“说到底是综合国力的竞争，关键是科学技术的竞争”。“全党和全社会都要高度重视知识创新、人才开发对经济发展和社会进步的重大作用，使科技兴国真正成为全民族的广泛共识和实际行动”。综合国力不仅体现一个国家的经济实力和科学技术发展水平，而且是一个国家的文化素质和全民素质的表征。国家强盛依靠的是科学技术的进步，科学技术的进步取决于人才的素质，取决于人才的创新能力，而人才创新能力的培养是依赖于成功的教育。因此，是否拥有发达教育和高素质的人才，是能否在21世纪的竞争中处于主导地位的关键所在。百年大计教育为本，这是一个普遍真理。为此，我们党校函授教育是顺应世界潮流而产生，也要顺应世界潮流而发展，要把党校函授教育纳入到全党、全国以至世界战略发展格局中来看待，使之适应21世纪的发展需要，积极参与21世纪的竞争，开拓进取，走出一条适应我国国情和党校函授教育特点的现代远程教育之路，这是时代赋予我们的艰巨任务。

三、当前需要认真做好的几项工作

通过对工作的回顾，感到我们所走的路子是对的，发展是健康的，成绩是显著的；通过对国际和国内形势的分析，深感形势逼人，任务艰巨，特别是深入贯彻十五大精神，中央号召全党兴起学习邓小平理论的新高潮，随着教材的不断更新，摆在我们面前的任务更为繁重；面对新形势和新任务，正确地分析我们所取得的成绩和存在不容忽视的问题，围绕怎样把我们的工作推上一个新的台阶，我先讲五点意见供同志们讨论。

（一）响应党中央的号召，兴起学习邓小平理论的新高潮。

党的十五大把邓小平理论确定为党的指导思想并写入党章，要求全党重视学习，善于学习，兴起一个学习马列主义、毛泽东思想特别是邓小平理论的新高潮。为贯彻落实这一要求，最近中央通知深入学习邓小平理论。这是以江泽民同志为核心的党中央为推动全党深入贯彻十五大精神而采取的重大举措。如何兴起学习邓小平理论的新高潮，把学习和工作提高到十五大所要求的新水平，是党校函授教育一项重大而紧迫的任务，是实现中华民族跨世纪发展的根本思想保证。为此，我们必须把学习邓小平理论和十五大精神结合起来深入学习，充分认识党校函授教育在兴起学习邓小平理论新高潮中所处的地位和责任，坚持理论与实际、学习与运用、言论与行动、改造客观世界与改造主观世界相统一，切实把邓小平理论作为党校函授教育的基本教材，其它党校函授教材的编写也要以邓小平理论为指导，使邓小平理论真正进入党校函授的课堂，进入函授学员思想，渗透到函授教育各项工作中去。

（二）适应时代发展的需要，把教育现代化建设提上议事日程。

现代远程教育是教育现代化的一个重要标志和重要内容，也是党校函授教育的发展方向，各级领导务必从现代化教育发展的战略高度，充分认识电化教学和计算机网络建设的时代意义。要有超前意识，统一思想，达成共识，切实把电化教学和网络建设摆到重要位置，提到议事日程，给以应有的重视。改变那种“讲起来是优势、重要，用起来是劣势、不重要，甚至成为一种负担”的现象。为此，各分院、学区要健全机构，要有一名领导主管电教和网络建设工作，调配1—2名专职人员管理这项工作。凡属机构不健全、人员不到位的分院、学区，务必尽快予以改善和落实。

（三）完善制度，增加投入，进一步提高电化教学的质量。

从现代化教育的发展规律出发，结合党校函授教育的实际情况，建立和完善必要的规章制度，是促进电化教学良性发展的重要保证。因此，各分院、学区都要自觉地建章立制，用科学的管理制度规范电教工作。要把电教设备的配置、使用、管理和人员的培训、操作及电教计划的组织落实等纳入科学的制度化管理轨道，以促进电化教学的健康发展。

电教设备是电化教学的物质基础。播、录、放三位一体的电教设备不健全，电化教学就不可能正常运转。因此，各级组织在电教工作上要舍得花钱办学，进行必要的投资，包括专职人员的培训。目前，有些分院、学区把电化教学工作摆到了重要位置，舍得花钱办电教，形成了比较完整的电教设施系统，使党校函授教育拥有了更大的生机和活力。但也有一些分院和学区缺乏必备的电教设备，或者设备陈旧，或者不落实总院下达的电教课时，这不仅不能适应党校函授教育的发展，也落后于现代化教育的需要，直接影响着教学质量的提高，所以，我们要本着以学养学的原则，舍得投入，不断改善电教设备，认真执行电教计划，为电化教学创造良好的教学条件，势在必行。

胡锦涛同志的重要批示的核心思想是提高办学质量问题。质量是旗帜问题，质量直接关系到党校函授教育存在的价值，关系到总院的整体形象和声誉问题。没有可靠的质量保证，电化教学就不可能有良好的效果。要进一步提高音像教材的质量，在教学内容上必须充分考虑党校函授教材的不同特点和函授学员的不同要求，力争聘请一些高素质的专家、教授主讲。在电化教学的形式、制作方法上要推陈出新，要采取一人讲、多人讲、答记者问、研讨式、加背景资料等多种形式和手段，把真实性和艺术性融为一体，改变过去“技术陈旧、方法单一、画面呆板”的状况。总之，总院今后录制的音像教材要力求生动活泼，丰富多采，以增加学习兴趣、启迪学员的思维能力和创新能力，保证收视效果，真正使我们的音像教材上档次、出精品。

（四）充分发挥辅导教师的作用，实现音像课与辅导课的有机统一。

大家知道，分院、学区和任课教师是电化教学的直接组织者。只有各分院、学区树立电教意识，在整个教学过程中自觉地实施电化教育，做到认识到位、组织到位、责任到位、行动到位、质量到位，才能使电化教学充分发挥作用。目前，从分院、学区电化教学实施情况看，大体有以下四种情况：一是按照总院教学计划征订总院制作的音像教材，并按要求进行播放，使之直接与广大学员见面，基本保证了电化教学的正常实施；二是分院按照总院教学计划征订总院制作的音像教材，只用于教师备课，所属学区和辅导站只订录音教材，供教师备课；三是分院按照总院教学计划征订少量总院制作的音像教材，主要用于教师备课，所属学区和辅导站的电教课由面授取代；四是分院按照总院教学计划征订部分新课音像教材，用于备课。同时，录制自身面授课的音像教材，复制下发或转售所属学区、辅导站。

形成上述四种情况的原因：一是对电化教学这一新的现代化教学手段缺乏应有的认识，只满足于传统的教学方法，不肯积极引进和运用电化教学手段；二是认为电化教学有“先天不足”，难以做到教与学的直接沟通，针对性差，没有教学双边交流，故出现“重面授、轻音像”的现象；三是音像教材花费大，总院制作的像带价格太高，学区和辅导站难以承受；四是总院录制的音像教材存在质量问题，播放的效果不好；五是分院制作、复制的音像教材，可减少开支，增加收入；六是实施电化教学手段后当地教师课时量减少，收入降低。

出现上述情况，原因是多方面的，有主观原因，也有客观原因，有认识问题，也有实际问题。面对这些问题，大家能不能形成共识，使电化教学工作呈现生机和活力。实际上有些单位的做法已经解决了这个难题。例如，有的分院、学区为了提高电化教学效果，组织各教学班任教老师与学员一起看录像，一起讨论，并根据反馈的意见，进行有针对性的面授辅导，取得良好的效果。他们有一条最基本的经验就是“学员视听音像课是在教师的指导下进行的”，这种作法大有学问，大有作为，值得提倡。为此，这个问题我想多说几句，并请同志们注意总结这方面的经验，用活生生的典型来推动电教工作的发展。

实践经验表明，单纯地面授或单纯地使用音像教材都不能保证教学水平和教学效果。因为单纯的面授，受师资和师资水平的限制，教学水平难以保证；单纯的放音像，缺乏情感和信息交流，学员不适应，教师没有参与感，教学效果难以保证。只有把两者有机地结合起来，才能1＋1＞2，真正保证教学质量。

怎样搞好电教面授辅导呢？首先要弄清这种辅导的特点。一是电教面授辅导课具有中间性。从整个教学过程来看，这种辅导是处在音像课主讲教师的“教”和学员的“学”的中间环节。我们制作的音像教材，虽然聘请了一流的名教授，既是教材的主编，又是教学具体安排和命题的参与者，具有一定的权威性，但由于师生之间在时间和空间上的分离，造成师生之间的情感无法沟通，主讲老师无法从学员那里得到信息反馈，因而，双边活动变成了主讲老师的单边活动。电教面授辅导课正是为解决这一缺陷应运而生的。二是教学内容具有再现性。由于这种辅导的中间性，又决定了这种辅导在教学内容上的再现性。从课堂内容来看，要与音像课中主讲老师所讲内容相衔接，充分体现主讲老师的思路、意图，对音像课内容进行概括、总结。三是教学任务具有多重性。电教面授辅导课担负着补偿性教学与主导性教学的双重职责，主要任务是消化、巩固、掌握音像教材的教学内容。通过这种辅导，既要帮助学员对音像课内容进行梳理，使学员消化、理解、掌握知识，不吃“夹生饭”，又要做好知识向实用的转化工作，立足于解决问题，把知识转化为技能，有意识地引导和培养学员的思维能力、自学能力和创新能力。

其次，要研究辅导的方法。分院、学区的经验表明进行电教辅导时，要从如下几个方面入手：一是在组织学员收听收看音像课之前，辅导老师要提前收看，在切实把握重点、难点的基础上，归纳整理提纲，发给学员，让他们带着问题听课；二是在音像课后要适当安排座谈讨论，把学员反映的问题归类整理，有针对性地辅导；三是根据教材内容及主讲老师的意图，对重点问题进行重新强调，对不够明确的重点问题更换个角度创造性的再现，以利于学员更好地把握重点；四是难点问题进行剖析，把知识结构变成认知结构；五是由于某些音像教材知识体系比较复杂、层次较多，学员难以把握，要进行整理加工，重新编制成简约化、结构化的系统知识，形成学员容易接受的知识框架结构，有利于学员系统把握；六是通过对典型例题和考试题型的示范解答，有利于学员对所学内容的全面把握，有利于学员对考试题型特点和要求的把握，有利于完成传授知识与发展能力同步进行双重开发的任务，有利于培养学员的创新意识、创造性思维能力和创造技能。

（五）强化远教意识，确定试点单位，加快网络建设二期工程的步伐。

实行现代远程教育，是一个跨世纪的宏大工程，也是党校函授教育发展的基本走向。最近，国家教育部提出的“关于发展我国现代远程教育的意见”明确提出：我国现代远程教育的发展目标是——以高新技术为依托，不断扩大规模，优化结构，到 2010 年，基本形成多规格、多层次、多形式、多功能，具有中国特色的现代远程教育体系。怎样适应这一形势需要，如何统一规划、分步实施、层层落实，是摆在我们面前的一项紧迫而艰巨的任务。目前，总院自动化管理一期工程已告一段落，正在按照教学、教材、教编、电教、教务和院办的顺序逐个办公室安装、调试、培训和使用，二期工程即将启动。二期工程建设如何进行，总院电化教研室提出了一个方案，已经院长办公会批准，是一个切实可行的方案。大家知道，二期工程涉及 70 个分院和数百（700）个学区的全国性广域网，其规模和难度较大，只有分期分批分步骤有计划地进行，才能减少浪费，少走弯路。为此，总院决定二期工程先试点后推广，分期分批地实施。这次会议的一个重要议题，就是确定试点单位，希望大家树立全局观念，争当试点，做二期工程的开路先锋。为使二期工程顺利展开，总院还决定对试点单位给以支持和鼓励，在启动资金软件开发费用上给予一定的补贴。对于二期工程的组织与管理等细节问题，如责任与权限的明确、合作公司的选择、总院如何把关、工程如何验收等一系列问题，要本着“共商大计、共建系统、共享资源、共创辉煌”的原则，通过磋商达成共识，以保障二期工程的顺利完成，使系统尽快发挥其效能。

同志们，如何把电化教学和计算机网络建设提高到一个新水平，要靠大家共同努力，希望上下团结一致，拧成一股绳，互相学习，互相支持，心往一处想，劲往一处使，这是我们把电化教学和计算机网络建设推上新台阶的根本保证。

最后，祝大会圆满成功！

狠抓落实　强化管理

——在电化教学和计算机管理工作会议闭幕式上的总结

中共中央党校函授学院电化教研室负责人　谢广乔

同志们：

中央党校函授学院电化教学、计算机管理工作会议，今天就要结束了，这次会议得到了山西省委党校、中函山西分院领导的支持和帮助，他们为这次会议的顺利召开，做了许多实际工作，提供了良好的条件，给了我们许多的方便。在会议即将结束之际，我代表中央党校函授学院和全体代表向山西省委党校及中函山西分院的领导和同志们表示衷心地感谢！也向到会的各位代表们为这次会议付出的真诚的努力表示衷心地感谢！

现在，我代表总院，对本次会议做以下总结。

一、会议概况

本次会议从7月29日到8月3日在山西举行，历时6天。出席会议的代表有17个分院和直属学区共49名代表。

这次会议是在全党全国人民认真学习、贯彻、落实党的十五大精神，高举邓小平理论的伟大旗帜，在以江泽民同志为核心的党中央领导下，把建设中国特色社会主义事业全面推向21世纪的新形势下召开的。

会上，史信发副院长作了“高举邓小平理论伟大旗帜，把电化教学和计算机管理工作推上一个新台阶”的主题报告。在紧张的6天会议中，一方面，大家热烈地讨论了史副院长的报告，并且一致认为史副院长的讲话，不仅分析了高科技在教育领域的发展趋势，同时也提出了我们中函系统电化教学、计算机网络建设发展的具体的指导性意见和要求，使大家受益匪浅。另一方面，大家还毫无保留的介绍了各自的情况和经验，为总院今后电化教学工作提出了非常好的改革建议。使我们电教和微机管理工作人员以及到会的代表同志们得到了共同的提高。

总之，大家一致认为，这次会议虽然是函院成立以来，电化教学、计算机管理工作专业性方面的第一次会议，但是开的很成功，很圆满。

如果说，这次会议开的很好的话，其原因主要在于：

（一）准备充分。

为了开好这次会议，电化教研室在主管副院长史信发同志的主持下，先后为此召开了7—8次的预备会议，从确定会议主题、材料准备、会址选择、代表划定、会务安排等等方面，都进行了慎重的研究，明确职责分工。努力做到：有条不紊，准备充分，万无一失。

会议主题报告，也是几易其稿。从我们主观上，也是想尽最大的努力，争取使报告的内容做到观点鲜明，有的放矢，措施得当，切实可行。

（二）重点突出。

本次会议实际上是安排了两个内容，一个是电化教学，另一个是网络建设。从远程教育的发展趋势看，它们必然要合为一体。但由于在现阶段，我们要解决的问题还不完全相同。因此，在讨论过程中，还是有所区别，有所侧重。这就更便于代表同志们有重点、有目的的就这两方面的问题展开充分而富有建设性的讨论。

（三）虚实并举。

在会议过程中，代表们不仅学习了党的十五大精神，还学习了江泽民主席对《迎接知识经济时代，建设国家创新体系》报告的重要批示。通过学习，大家认识到我国正面临着改革攻坚以及如何开创新局面的艰巨任务。我们作为党校函授教育工作者，肩上的任务十分繁重，容不得我们丝毫懈怠，我们必须付出加倍的努力，不断创新，才能不断地将工作推向前进。

与此同时，代表们还就我们会议主题在实际工作中面临的一些亟待解决的问题，进行了充分的讨论和磋商，集中精力，献计献策，并且在不少方面取得了共识，使会议达到了预期的目的。

二、主要收获

本次会议，时间不长，但普遍反映，收获不小，主要表现在以下几个方面：

（一）统一了思想，提高了认识。

电化教学是党校函授教学的重要手段，网络建设是党校函授教学和管理的一项系统工程，它们都是函授教育向现代化发展的一个重要标志。它们的重要性，它们在教育实施过程中的地位和作用，是由其本身的性质决定的，我们不应该一般性地看待这个问题，而是要提高到适应时代发展，适应社会主义现代化建设的需要，适应为党培养高素质干部队伍这样的高度，来认识我们电化教学和微机管理这样一件事。

通过讨论、交流，大家在这个问题上有了共识，可以肯定地说这是一个很好的转变，也是一个很大的收获。

行动是受思想支配的，思想统一了，认识提高了，这样在实际工作中，大家就会自觉地把它放在相应地位置去考虑，去安排。过去，那种把电化教学认为“可有可无”，“可多可少”的状况，就有可能得到纠正。

对于网络信息系统的建设，这次我们提出要共商大计，共建系统，共享资源，共创辉煌，通过共商共建，实现共享共创的基本思想（或叫基本方针），也得到了大家的认同和肯定。

（二）明确了任务，增强了信心。

通过讨论，大家对如何加强电化教学与网络建设的领导，强化电教意识与网络意识，完善电教与网络设备，提高电教与网络应用的效果等等方面的任务，有了更深入更明确的理解。

这次会议，我们原则确定了网络建设二期工程的试点单位。二期工程的试点单位，是通过自报公议，平等竞争，择优选定的原则确定的。之所以采取这样的方法，也是为了调动大家的积极性，充分发挥分院、直属学区的潜力。当然，选点只是第一步，大量艰苦细致的工作还在等待我们，特别是试点单位对此要有充分的准备。

领导重视是促进和完善电化教学与网络建设的根本保证。电化教学与网络系统毕竟是一种手段，要充分运用这种手段，为提高函授教育质量服务，为提高办事效率和管理质量服务，离不开领导的重视和支持。大家认为：领导重视不仅仅是指领导要有分工主管，更重要的是要把分管的工作提到议事日程，有安排，有要求，有检查，有总结，有奖罚。做到一抓到底，常抓不懈。才能使得这项工作逐步走向良性循环。

设备配套包括专业人员的配备，是实施电化教学与网络建设的物质基础。尤其对网络系统而言（不含外部条件）更要在硬件、软件和管理人才方面进行齐装配套。对此，大家感触很深，设备缺三少四，不成系统，不能齐装配套，是不可能提高电化教学的效果，也不可能提高网络系统的使用效能。

（三）提出了搞好电教与网络建设工作的措施。

一次会议，我们不可能讨论很多问题。只要我们认认真真地研究哪怕是一两个迫切需要解决的问题，经过广泛磋商，集思广益，取得共识，找到对策，我想这样的收益，恐怕是不能算小的了。

本次会议，对于怎样进一步搞好电教工作与网络建设，大家比较一致的意见是：

1. 加强领导，健全组织。各分院、各学区要有一名领导负责主管，并调配 1—2 名专职人员，负责日常业务工作。

2. 抓紧配备，积极培养专业人才。电化教学和微机管理，是一项专业性、技术性很强的工作，专业人员配备和人才培养显得尤为突出。各分院、各学区要提早动手，选好培养对象，做到选好、配好、培养好、使用好。

3. 建立正常的联系制度。只要工作全面展开，就会不断地出现新情况，新问题，怎样解决和处理好这些新问题，往往需要上下通气，及时协商、共同努力。

今后，总院与各分院、学区除保持一般性的日常联系外，还可考虑每年（分片或分区）召开一次这样的会议，大家座到一起，交流经验，共商对策。

4. 原则确定了网络建设试点单位的操作程序和选评办法，初步拟定了二期工程的实施方案。

三、如何贯彻会议精神

会议结束以后，怎样贯彻落实会议的精神，我代表总院提出以下几点要求，供大家参考。

（一）认真传达会议精神。

大家都知道，江总书记最近对中科院关于《迎接知识经济时代，建设国家创新体系》的报告作了重要批示，他指出："知识经济，创新意识对于我们 21 世纪的发展至关重要。"要"真正搞出我们自己的创新体系"。江主席在这里提到两个重要的概念，一是知识经济，一是创新意识。而这两个重要概念对于我们从事函授教育的同志来讲，联系最为紧密。因为，我们大家知道，知识经济不是以物质产品为商品，它是以知识的传播、增值、应用作为它的商品。而要建立创新体系，首先也应该从最基础做起，也就是从教育做起。可见教育起着多么重要的作用。

党校函授教育要贯彻"以学养学"，就必须把钱用到刀刃上。刀刃在哪里？刀刃就在提高办学质量上，提高干部素质上。就是要想办法用现代化的手段提高办学质量。

我们这次会议强化电化教学与计算机管理，就是要为受教育者提供一个技术先进的手段，提供一个更为方便、有效的学习条件，提高知识的传播和扩散的效果。会议的重要性也就在这里。

大家回去以后，不仅要向各省（区）中函分院、学区的领导同志汇报会议精神，而且也要使工作在函授教育第一线的同志们知道，如果我们不努力提高自己的素质，不尽快采用新技术、新手段，就难以迎接 21 世纪的挑战，这一点我们都要有充分的思想准备。

（二）切实抓好落实工作。

尽管我们这次会议开的不错，但毕竟还是限于会议，如果说好，无非是开了一个好头。要把会议定下来的问题变成行动，就是要落实。

落实工作对于大多数分院和学区，可能不存在什么问题。对于有的分院和学区，可能在人员、设备、资金和技术等方面存在着或多或少的困难，我想这些问题的解决，主要的还是要依靠分院、直属学区领导的精心策划和统筹安排，把有限的资金，尽可能多地投入到电化教学和微机管理上来。

大家都知道，做任何一项工作，争取一个好的"投入产出比"，是我们所期望的，办教育也是这样。但是一个好的"投入产出比"，首先是指要有投入，而且教育投入，知识投入是长效投入。只要投入对路，就有可能取得长期效果。如果投入过少，达不到一定的量变，也就不可能取得质变的效果，这个辩证关系，我想大家应该是有体会的。因此，仅仅从这个意义上讲，投入也是落实。

总院对电化教学工作一直是很支持的，也考虑到分院、学区的困难，最近刚刚草拟了两项投入规定：

1. 改革发行办法，降低像带价格。从录像带加密后，陆续收到学区、辅导站来电来函，反映音像教材征订较难。总院准备从下学期开始，将音像带征订、发行工作由教材处划归到电化教研室，将订单直接扩大发放到学区、辅导站。过去一些大分院集中征订，这样有利于组织管理，仍可以继续实行。再就是像带收费标准，我们准备再一次进行成本核算后与物价局协商，尽量降低费用。使学区、辅导站能够少花钱多订带，保证教学使用。

2. 对网络建设的支持。总院为支持和鼓励分院、直属学区尽快实现自动化管理，除总院本身投入以外，准备对进行网络建设软件开发的分院、直属学区给予行政上和技术上的支持。这项建议已经总院院长办公会讨论通过，二期工程开始后逐步落实。

对于落实问题，我着重强调了投入问题，至于其它的怎样统筹安排，周密计划，明确分工，专人负责等等方面就不再讲了。

（三）关于分院自行开发软件的要求。

在我们党校函授系统中，一些分院特别是省级分院，在人才、资金、环境条件等方面，有相当的优势，特别是在教学和管理需求的认识问题上，有的分院走在了前面，如辽宁、安徽等分院。我们之所以要在二期工程中选定部分试点单位，也是限于总院人力精力有限，不可能满足所有分院的要求。因此，我们支持有实力的分院，在技术设计指标和数据库模型相对一致的前提下，进行本分院的局域网建设和软件开发。对在工程建设中，遇到的一些问题和困难，总院将尽最大努力给予帮助，协助分院解决相关问题，无论是否是试点单位，只要是着手进行建设的分院，要求在明年十月份以前争取完成软件设计和网络建设。总院将在明年十月底或适当的时机，召开网络建设经验交流会，通过交流，演示，请专家评测，选出网络建设优秀单位，总院将给予奖励，并在一定范围内协助推广。

我们进行网络建设的总体目标是，要以最快的速度实现我院全国联网，为全面提高函授教育质量和管理质量服务，为推动我院早日迈进现代化教育行列贡献力量。

（四）规范制度，严格管理。

一定的规章制度，反映了一定范围内的工作内容和工作程序。它应该具有科学性和规范性。也就是说我们办事情要有章可循，照章办事。这里有两层意思，一是要有制度，要有章程；另一个是有了制度，就要严格按制度办事，不能各行其是，有章不循。

就总院本身而言，由于院领导抓的比较早，抓的也比较紧，现在已经有了一套比较齐全的规章制度。当然，在实践中，我们还要根据新的情况不断地充实，不断地完善。

但是，对于电化教学和网络系统的管理而言，尤其是网络系统，可以说这是一项全新的工作，我们可能会遇到各种各样的新情况，新问题，面对这种情况就更需要我们运用创造性思维，因地制宜地制定出切实可行的管理措施。这样，就有可能使我们的工作，从一开始，就有一个较好的开局，有了好的基础，再坚持不懈，持之以恒，我们的工作就会不断地推向前进。

本次会议由于到会的各分院领导和同志们能够共同参预我们的讨论，为推动我院的电化教学，加快网络建设，积极献计献策，使我们开扩了思路，受到了教育，对此，我代表总院向大家表示衷心地感谢！我们相信大家回去以后一定能把会议精神传达好，贯彻好。

中共中央党校函授学院
电化教学和计算机管理工作会议纪要

（1998年8月15日）

中央函授学院于1998年7月29日至8月3日，在山西忻州召开了首次电化教学和计算机管理工作会议。出席会议的有17个分院、直属学区的代表和总院有关人员，共49人。总院副院长史信发出席会议并作主题报告，会议由总院电化教研室负责人谢广乔主持。山西省委党校副校长许国生、闫宝礼以及山西分院、山西省委组织部干教处、忻州地委等单位的负责同志到会祝贺并讲话。现将会议情况纪要如下：

一

会议以党的十五大精神和邓小平理论为指导，深入学习贯彻胡锦涛同志关于党校函授教育工作的一系列重要指示，进一步落实1997年“十月工作会议”的精神。与会人员对史信发同志的报告，展开了热烈的讨论，紧密联系全院电教和网络建设的实际，对电化教学和计算机管理工作进行认真总结，肯定成绩，分析问题，查找原因，研究对策。会议还专门研究了网络二期工程的启动和试点问题。会议主题鲜明、重点突出、形式多样。会上的发言和演示，准备充分，表演水平较高，受到好评。由于大家的共同努力，会议达到了预期的目的。

二

总院副院长史信发在《高举邓小平理论伟大旗帜，把电化教学和计算机管理工作推上一个新台阶》的主题报告中，对当前党校函授教育面临的形势作了深刻的分析。他说，我们正处在世纪之交的重要时期，世界呈现经济全球化、信息社会化、知识产业化、教育终身化、手段远程化的态势。随着知识经济的到来，21世纪将是经济和科技竞争的世纪，正如江泽民同志指出的，“说到底是综合国力的竞争，关键是科学技术的竞争”。在国内，实际上也存在一个教育市场的竞争。我们党校函授教育顺应社会潮流的发展，纳入到全党、全国，乃至世界战略格局中来考虑，使之适应21世纪的发展需要，走出一条适合我国国情和党校函授教育特点的现代化远程教育之路。他强调了五点：一是要认真学习江总书记关于知识经济和建立创新体系的重要论述，提高认识，做好工作；二是要强化素质教育，培养创造性人才；三是要强化通才教育，培养复合型人才；四是要强化在职教育，提高学员素质；五是要通过计算机网络技术与音像教学手段的结合，发展现代远程教育。他要求从事电化教学和网络工作的同志，要做到：（1）要积极响应党中央的号召，兴起学习邓小平理论的新高潮，坚持用邓小平理论指导党校函授教育全部工作；（2）为适应时代发展的需要，要增强紧迫感，把教育现代化建设提上议事日程；（3）完善制度，增加投入，进一步提高电化教学的质量；（4）充分发挥辅导教师的作用，实现音像课与辅导课的有机统一；（5）强化远程教育意识，确定试点单位，加快网络建设工程的步伐。最后，他强调，当前，要牢固树立“科教兴国”的思想，进一步提高电化教学和网络建设的质量。没有质量作保证，电化教学和自动化管理就不可能有良好的效果。全院同志要以百倍的信心和坚韧不拔的努力，加快党校函授教育改革的步伐，把工作不断推向前进。

三

会议通过学习和讨论，统一了思想，明确了任务，研究了措施，进一步增强搞好电化教学和网络建设重要性、紧迫性的认识。会议的主要收获是：

（一）认清形势，统一认识。

与会代表通过学习江泽民同志关于知识经济和建立创新体系的重要论述，深深感到，在新科技迅速发展和知识经济扑面而来的形势下，增强创新意识，是党校函授强化素质教育的重要要求和内容。在听取史信发同志对国际和国内形势的分析后，进一步认识到，无论是国际还是国内，都存在一个人才竞争的问题。这种竞争给党的干部教育事业，包括党校函授教育事业，提出了更高的要求，我们要有紧迫感、危机感和责任感。要保持清醒的头脑，靠创新求生存，靠创新求壮大，靠创新求发展，不辜负党和人民对我们的期望。

（二）查找问题，明确任务。

与会代表在交流经验，介绍本单位今后打算的基础上，查找问题。大家认为，当前电教和网络建设，虽然有较大发展，但也存在一些问题，如有的单位领导重视程度不够，资金投入不足，管理、运用不善等。与会同志进一步明确了加强电教与网络建设领导、强化电教意识与网络意识、完善电教与网络设备、提高电教与网络效果等方面的任务。

（三）明确网络建设的规划与目标。

与会代表一致认为，总院提出的网络建设规划与目标是可行的，经过努力是可以实现的。规划共分四个阶段完成：一是建立总院局域网，实现总院办公自动化和业务管理现代化；二是实现试点分院、试点学区的办公自动化和教学管理现代化，实现总院、试点分院、试点学区间的网络互联，实现各种管理数据的网络传递和信息共享；三是建立总院广域网，实现总院、分院、学区、辅导站四级机构全面办公自动化和教学管理现代化；四是筹建远程教育研究与开发中心，运用国家信息高速公路和总院广域网络系统，实现现代化远程教育的计算机管理。

（四）加速网络建设的步伐。

与会同志对总院二期工程设想表示了极大的热忱和兴趣。许多代表谈到，网络化管理是现代化管理的必然趋势，晚搞不如早搞。有的说，即使当不上“试点单位”，自己也要动手搞起来。代表们认为，以竞标的方式进行试点单位的选择，有利于各分院之间进行交流，有利于减少浪费、少走弯路。为此，大家在讨论中纷纷以积极的态度，争当二期工程的试点单位。

（五）提高建章立制的自觉性。

会议期间，与会代表学习了《总院电化教研室管理制度汇编》。大家认为，制度建设是电化教学和网络建设的一项基本任务，反映了一定范围内的工作内容和工作程序，具有一定的科学性和规范性。只有建立和完善规章制度，用制度规范行为，向制度管理要效益，向制度管理要质量，才能使电化教学和网络建设逐步走向制度化、规范化、科学化的轨道。

会议要求与会单位和代表，要认真传达这次会议精神，把传达会议精神和落实会议任务结合起来。会议还提出，这次会议虽然只有部分单位参加，但会议精神对全院都是适用的，希望全院同志为把电化教学和网络建设推上一个新台阶而共同努力！

《管理制度汇编》修订、增补工作会议

总院在上海召开《管理制度汇编》修订、增补工作会议

为了全面贯彻落实胡锦涛同志去年“7·22”重要批示精神，进一步完善全院办学的有关规章制度，提高办学质量，11月8日至14日，总院在上海分院召开《中共中央党校函授学院管理制度汇编》（简称《制度汇编》）修订、增补工作会议。会议请部分分院专家、学者、教授共同对现行的有关办学制度进行修改。已完成了第一阶段的审修任务。

现行的《制度汇编》是1996年10月编成并颁布执行的。两年来，《制度汇编》在促进全院教学管理科学化、规范化方面，发挥了积极的作用，赢得了各方面的好评和赞许。大家认为，这部《制度汇编》，从思想性、政策性、规范性和可操作性等方面是好的，基本能适应当前党校函授教育的需要。但两年来，党校函授教育的发展很快，变化很大，部分制度、条目及内容需要进行“增、删、改、调”，有的体例、结构、文字也有不尽合理的地方。因此，抓紧对《制度汇编》进行修订是适时的、必要的。

自去年十月工作会议总院提出修改《制度汇编》以来，得到了全院各级组织的重视和支持，许多单位结合教学管理实际，提出很多宝贵的修改意见。今年6月，总院组织机关各处室和21个分院，分工承担部分制度的修订、增补任务。到目前为止，共收到修订稿143件，其中总院各处室提交42件，17个分院提交101件，每项制度都有3—4个单位提交修改稿，具有一定的代表性，为修改工作提供了较好的基础。

这次修改《制度汇编》，以党的十五大精神和中央领导同志关于党校函授教育工作一系列重要指示精神为指导，以党校函授教育的办学指导思想、办学方针和办学原则为依据，注重总结和吸收党校函授教育实践中的好经验、好做法、好内容，力争在科学性、系统性、规范性等方面有新的提高。这次修改工作先宏观、后微观，先修改《条例》，后修改各项具体制度。在总体布局和章节安排上，都有一些变化。同时，在体例上、技术上也进一步统一，力求做到表述规范、简洁、准确。经过审修人员的共同努力，《制度汇编》第一阶段的审修任务已顺利完成，预计年底定稿，明年初重新印制颁发。

（中函办）

学籍管理工作

中央党校函授学院学籍管理工作改革方案

一、总的目标

应用计算机技术实现学籍管理的自动化、科学化、规范化，达到各种数据通过网络传输，各种表、册、证通过计算机打印，学籍变动情况实现动态管理，各类档案资料利用磁（光）盘载体保管，查询、利用学籍档案在计算机上实现。

二、改革内容

1. 改进新生报名登记表，使主要项目与学员卡片、学员名册的项目保持一致，并适用于各个班次。新的新生报名登记表（样表），从1999年起下发执行。

2. 各办学单位将新生报名登记表的主要项目录入磁盘，将新生照片用扫描仪输入磁盘，按要求时间将数据传输到总院，不再填报学员卡片、学员花名册及基本情况统计表。

3. 增加毕业学员登记表，在学员毕业后由各办学单位用激光打印机按统一格式打印，送学员所在单位组织部门，存入本人档案。取消学员成绩表和学员学籍表。

4. 各单位新生注册人数统计表和各学期注册人数统计表均用计算机录入磁盘，按要求时间将数据传输到总院，由总院汇总统计。

5. 学员考试成绩由各办学单位及时录入磁盘，按要求时间传输到总院。

6. 毕业班总补考名单及课目表由总院汇总统计，各办学单位不再上报总补考名单及课目表。

7. 各学期的学籍变动情况，由各办学单位录入磁盘按要求时间将数据传输到总院。跨分院转学的学员由各单位提出申请，经总院同意后，通过网络转递。

8. 毕业证书及学历证明由总院统一办理。毕业学员名单经过与各办学单位核实后转入磁盘，由教务处学籍办组织印制毕业证书的工厂用激光打印机打印好毕业证书及学历证明（将原三联式学历证明改为一联学历证明存入本人档案），分别发往各办学单位。照片的审核工作由各办学单位负责。总院按计划在北京或到部分办学单位分别加盖钢印。

9. 毕业学员的档案材料经汇总转入光盘后长期保存。

三、实施步骤

抓好试点，摸索经验，逐步展开。

1.96级选定10%的办学单位进行试点。

2.97级选定30%的办学单位扩大试点范围。

3.98级力争60%的办学单位基本实现

改革的目标。因1998年新生报名登记表已开始启用，在内容上与学员卡片不尽一致，总院将适时下发一个新生入学登记表，各单位应按此表项目录入。

4.99级所有办学单位全面实施改革方案。

要求各办学单位按时向总院传输的各种数据，在未上网之前，应上报数据磁盘。新生照片用扫描仪输入磁盘，要积极创造条件，逐步实施。新生照片未输入磁盘的单位，应将照片装订成册报送总院。

积极稳妥地推进学籍管理改革

——在中央党校函授学院首次学籍管理工作座谈会上的讲话

（根据3月16日、4月6日两次讲话纪录整理）

中央党校函授学院教务处处长　欧亚平

关于学籍管理改革问题，是一个重大的问题。借这个机会，讲一些情况和想法，目的是供同志们讨论时参考，讲得不对的地方，请大家批评指正。

一、关于学籍管理工作的现状

学籍管理工作的现状如何？我认为，搞清楚这个问题的确很重要。正确地看待这个问题，正确地分析学籍管理工作的现状，是我们正确行为的先导，是我们加强和改进学籍管理工作的重要前提。在这个问题上，如果我们的认识是客观的、清醒的，是接近或者说符合实际的，那么，讲强化科学管理和深化改革，就有了认识上的基础，这是很重要的一个先决条件。

关于学籍管理工作的现状，我想套用两句比较流行的话：一句叫做成绩讲够，再就是问题讲透。从两个方面来讲，可能比较符合辩证法，符合两点论，也经得起推敲，容易站得住脚。成绩要讲够，我觉得很重要的一点，就是不断强化对学籍管理重要地位和作用的认识，共识是有的，问题是能不能真正到位，还不好说。知和行的统一需要有一个过程，做好了并不容易。应该说，我们现在对于学籍管理的重要性的认识是越来越深刻了，否则，也不会有这两次专门的座谈会。现在，大家已经普遍认识到：学籍管理是一项十分重要的基础工作，贯穿于整个党校函授教育的全过程，这些年办学实践使我们看得越来越清楚，对于以远距离开放式办学为特征的党校函授来说，学籍管理作为基础工作其地位和作用是至关重要的。学籍管理工作好坏与否，质量如何直接关系到党校函授的办学水平，关系到党校函授教育的健康发展。形成这样的共识，认识到这个程度，我想，这本身就是个很大的进步。认识有了，思想重视了，行动起来就会比较自觉。

中函自1985年开始创办以来，全院上下对于学籍管理的重要性认识是逐步趋于一致的。绝大多数单位都非常重视学籍管理工作，基础工作常抓不懈，常抓常新，始终是把它摆在应有的重要位置不断加强的。经过近13年来的实践和探索，特别是近3年多以来的不断改进和完善，可以说，我们的学籍管理工作已经基本上路，初步形成了具有党校自身特色的学籍管理体系和运作机制，为提高办学质量发挥了越来越重要的作用。

关于学籍管理的现状，我想，做这样的基本估价，下这样的论断，应该是不算过分的，是基本符合实际的，不算王婆卖瓜，自卖自夸。总起来看，这些年来，中函的学籍管理工作是有成绩的，是取得了明显的进步的，成绩和进步是大家共同努力的结果，应该归功于大家，归功于全体中函人，特别是在座的同志们。这是必须充分肯定和积极评价的。如何看待我们学籍管理的工作，做到成绩要讲够，首先要有这个总的印象。否则，我们的信心就树立不起来，更不要说鼓舞士气了，气可鼓而不可泄，劲可聚而不可散。

关于成绩，具体的再讲三条，概括得不一定全面准确，主要是看能不能大体反映学籍管理工作的实际，能不能反映我们所取得进步和成绩。成绩要讲够，三条行不行？大家还可以补充。

一是领导重视，机构健全，人员到位，工作落实。全院各级办学单位领导深刻认识到学籍管理在办学中的地位和作用，把加强学籍管理的组织领导、严把学员出口关摆在了重要位置，列入了重要议程；各级办学组织大都明确规定有领导同志分工负责学籍管理，建立了学籍管理机构，把政治强、懂业务、工作细、作风正的同志放在学籍管理岗位上，保证了学籍管理工作机构健全、人员到位、工作落实。我认为，这一条很关键，是做好学籍管理工作的重要保证。

二是建章立制，靠制度办事，工作有章可循。总院除在《中共中央党校函授学院函授教育工作暂行条例》中就学籍管理作出了专项规定和提出了明确要求外，还先后制定下发了大专班、本科班和领导干部班《学籍管理章程》、《学员卡片填报细则》、《关于办理毕业证书的若干规定》和《学籍档案管理办法》等有关学籍管理的规章制度，并已编入中共中央党校函授学院《管理制度汇编》，成为全院管理制度体系的一个重要组成部分，为规范全院学籍管理提供了重要依据。全院不少办学单位根据总院有关规章制度，对学员注册、学籍变动、成绩登记、毕业办证等重要工作做出了具体的操作规程和细则，保证了学籍管理工作的顺利实施。这是学籍管理工作基本形成体系和运作机制的重要标志。

三是加强投入，初步启动学籍管理改革。近几年来，在全院上下各级办学组织的共同努力下，党校函授教育取得了长足的进步，形成了相当的规模，形势喜人，形势逼人，平均每年招收新学员若干万名，毕业学员若干万名，学籍管理任务明显加重。面对这种情况，我们在院领导的正确领导下，在各职能部门的积极配合下，在全院各级办学单位的大力支持下，从 1995 年开始对学籍管理工作进行改革，初步设计了教务管理系统软件，并投入试用，当然，这套软件还有一些不尽如人意之处，还存在着这样那样的问题，需要在实践中不断加以改进和完善，但是，应当看到的是，这套软件的投入试用，标志着我们中函学籍管理的思路已经开始进入一个新的时期，学籍管理自动化已经摆上了日程，其积极意义是不可低估的。与此同时，总院还适应了这个总的改革思路和要求，加强了自身建设，加大了人、财、物的投入，调整和充实了学籍管理人员，配备了微机和打印机，建立了档案资料室。各级办学单位也采取了一些相应措施，不断改进和完善学籍管理，增加投入，装备技术手段和条件，为推进学籍管理自动化迈出了可喜的一步。我已经注意到了，全院绝大多数办学单位将 96、97 级的学员卡片录入了磁盘，有 20 多个办学单位还上报了成绩磁盘。在办理 94 级大专班学员毕业证时，全院有 1/3

的办学单位使用微机打印学员姓名和毕业证号，速度快，质量高，今年办理95级本科班毕业证工作就更加规范了。这些都为推动全院实现学籍管理自动化开了个好头，起到了示范导向的作用。

成绩讲三条，够不够，能不能说明问题，我想，基本上可以了，讲多了就有自吹自擂之嫌了。成绩不讲跑不了，问题不讲不得了。在充分肯定成绩的同时，也必须清醒地看到，我们的学籍管理工作与不断发展变化的形势还有不相适应的地方，与日益发展的党校函授教育事业的要求还有相当大的差距，学籍管理的水平不高，发展也不平衡，尤其是技术手段的滞后，已经越来越成为日益制约和困扰我们的一个大问题。

总起来讲，目前在学籍管理中存在以下几个问题，应该引起我们的足够重视：

一是仍然有个别办学单位对学籍管理工作的重要性认识不足，重视不够，还没有真正把学籍管理放到应有的位置上，往往是注重招生，不注意学籍管理基础工作，有的领导平时关心不够，工作机构不健全，人员配备也不齐，有的大分院，几万学员的大分院，管学籍的就一二个人，甚至就是这么一二个人还经常不稳定，严重地影响了学籍管理工作的正常开展。有的嘴上讲重要，实际上做起来不是那么回事，雷声大，雨点小，这怎么行？

二是一些办学单位学籍管理搞得不规范，不能够按照条例和章程的要求和规定，进行有效的管理，叫做有令不行，有禁不止，不能严格执行总院的有关规章制度。比如有的单位老是不能按时上报学员注册统计表和学籍变动情况表，这是个老问题，也搞了几次通报批评了，伤和气的事，我们也不愿意这么做，不得已而为之。希望大家顾全大局，注册上不来，招生报名数上不来，直接影响的是考试工作，别的还不说，这就影响很大很不好了。还有的单位对学员资格审查不严格，结果举报上来了，搞得都很被动，或者造成一些遗留问题，也很麻烦。不要认为这是小事，小事不小。

再就是办毕业证也有不少问题，基础工作在下面，还是要严格制度、严格程序、严格审验，切实把基础工作做好，效率就会高起来。最近总院在办毕业证工作中提出了“三严格五程序”的要求，搞了五道工序，层层把关，目的是严格把关确保办证质量，万无一失，可能有的同志操作中觉得麻烦，不过，还得这么做，最后一关，“宁停三分，不抢一秒”。顺便讲一下，希望大家理解。如果以后我们的改革深化了，改革方案启动了，实现了，效率提高了，办证速度会极大地快起来，质量也会更有保证。开这个会，根本的目的也就在这里。

第三个方面的问题，也是严重制约和困扰我们的，越来越显得紧迫和尖锐的问题，而且这个问题与上面讲到的两个问题也有直接的联系。这就是不少的单位学籍管理的水平还比较落后，技术条件不行，基本上还是手工操作，速度慢，差错多，制约和影响学籍管理的质量。有的单位舍不得投入或投入不够，不愿改善和运用技术手段，满足于现状。或者虽然也装备了微机等现代办公条件，但不配套，也缺乏技术操作人员、人机分离，“死机现象”突出。我想，这些问题的存在恐怕应该算是学籍管理工作中的困难和障碍，看不到不行，不承认更不行。这就是现状的一面，是回避不了的。是我们必须下大力气甚至付出代价去着力解决的问题。

二、关于学籍管理的出路问题

上面讲了，我们的学籍管理就是这么个现状，成绩不小，问题不少，维持是不行的了，世界潮流浩浩荡荡，形势发展如此之快，以不变应万变，肯定不灵，怎么办？出路何在？这是摆在我们中函人面前的一个十分紧迫而又尖锐的问题，出路只有一条，就是不断深化改革，向改革要效益，向改革要质量，向改革要出路。否则是没有别的办法和出路的。我认为，上面讲到了学籍管理中存在的问题，归根到底是相对落后的手工操作方式与日益繁重的学籍管理工作任务之间的矛盾，正是这个矛盾和由此派生出来的一系列问题，制约和困扰了中函学籍管理质量和水平的提高。这个矛盾太突出了，不解决好这个主要矛盾，我们的管理就上不去，就会老是处于被动的局面，就不可能走上通往学籍管理自由王国之路。所以，根本的出路就是在前段工作的基础上，进一步深化学籍管理改革，加速引进和运用现代技术手段，逐步实现学籍管理自动化、现代化。具体来讲，为什么要不断深化改革，从道理上讲主要有以下四层意思：

第一，领导要求越来越高，与之适应，就必须不断进行改革。这是深入贯彻中央领导同志和校委领导指示的重大举措。胡锦涛同志早在 1993 年 10 月就指示我们，“加强科学管理，保证教育质量”，去年又多次强调“要提高质量，把好‘四关’”。中央党校和函授学院领导也反复强调，要把“重锤敲在管理上”。通过强化管理，提高办学质量。因此，作为教学管理重要组成部分的学籍管理，必须遵照中央领导同志和校委的指示精神，不断深化改革，向改革要效益，向改革要质量，向改革要出路，才能更好地为提高办学质量服务。

第二，形势在发展，任务在加重，不改革也不行。这是我院函授教育发展的客观需要。中央党校函授教育从 1985 年创办以来，总院下属分院和直属学区由原来的十来个发展到目前的六、七十个，学区由几十个发展到 600 多个，辅导站由百十来个发展到 1700 多个。点多线长面广，规模大，学员众多，这就是我们的特点。也是我们的难点和压力所在。学籍管理中使用的各种表、卡、证、册就有几十种，各类数据上亿个，所需材料数量大，类别多，要求高；办学十几年来的档案材料越积越多，给保管、查询、使用带来很大困难。因此，学籍管理不仅工作十分繁重，而且“包袱”越背越重，已经严重超负荷，背不动了。就拿学员卡片来说，刚开始办中函时只有几万学员，现有的工作方式完全可以应付。现在规模这么大了，几十万人的卡片，堆起来就不少，连放的地方都成了问题。大家都觉得累赘，用起来也十分不方便。如不尽快改变目前这种落后的手工操作的管理模式，就很难适应中函教育发展的需要，势必影响办学质量的提高。因此，改革学籍管理势在必行，别无选择。

第三，全院上下已经具备了改革条件，打下了一定的工作基础。实际上在普通高等教育系统使用计算机进行学籍管理早已普及，我们已经比人家落后了。前年，总院设计了教务管理系统软件，经过近两年的试用和实践，取得了一定的效果；各分院和直属学区在学籍管理自动化方面积极采取措施，购置设备，配备人员，推广应用，也取得了很大成绩，个别分院搞得还更快、更好一些。我们总感到很被动，我们的动作迟缓，显得滞后了，有一种被推着走的感觉，尤其是这次南宁会议之后，这种感觉就更明显了，的确是很受刺激。不改革就要被淘汰了，的确有一种危机感。

第四，这是各级办学单位的迫切愿望。全院在校学员各种表、卡的填写、汇总和上报工作，主要集中在分院和学区进行。面对这样繁重的工作，各级办学单位迫切要求实现学籍管理自动化，提高工作效率。这是当前学籍管理受人员编制限制，摆脱学籍管理落后现状的唯一出路。去年 12 月，我们在北京召开的学籍管理改革方案征求意见的座谈会上，驻京的 12 家办学单位绝大多数认为，学籍管理自动化势在必行，越快越好，早上马比晚启动要主动得多。这反映了大家希望尽快实现学籍管理自动化的迫切愿望。

深化改革是众望所归，大势所趋，正是在这个背景下，总院这次推出的《学籍管理工作改革方案》和《学籍管理工作改革方案具体实施办法》（详见会议附件，内容不再赘述）。这个方案是在经过多方听取意见、反复科学论证的基础上制订出来的，在南宁会议上，又进行了认真的讨论和修改。应该说，现在这个方案是全院上下集思广益的结晶，是大家共同努力的产物。这个改革方案如能按期实现，那么全院的学籍管理将会出现革命性的突破，中函的学籍管理水平和质量在原来的基础上会有比较大的提高。这个方案，很大的一个特点是改革信息载体，逐步实现从纸张载体向光盘、磁盘载体过渡。而且，适应这个变化，将随之取消或简化一些工作环节和程序，极大地提高效率，解放生产力。我个人认为，这个方案铺开实行以后，至少会有几个方面的好处：

（1）把关更严。全院学籍管理实现自动化后，各种资料、数据更加齐全、完整，不仅使总院能全面掌握全院学籍管理情况，而且各级办学单位录入计算机的资料、数据就难以变更，毕业把关更加严格，办学质量得到保证。

（2）便于管理。学籍管理实现自动化后，管理工作更加规范、科学，录入电脑材料就可随时查询、打印，便于使用和保管。

（3）提高效益。学籍管理实现自动化后，全院各种表、册上报快，数据综合快，资料查找快，提供各种服务更准更快。同时，学籍管理实现自动化后，可以大大减少劳动强度，节省大量的人力、精力和时间，可以腾出更多的人力、精力和时间，放在了解新情况，研究新问题，总结新经验，提出新对策，把学籍管理搞得更好。

总之，学籍管理自动化，可以达到应用计算机技术实现各种数据通过网络传输，各种表、册、证通过计算机打印，学籍变动情况实现动态管理，各类档案资料利用磁（光）盘载体保管，学籍档案资料的利用就可在计算机上进行。另外，需要强调的是，我们搞的这个改革方案规定了三步走的实施步骤，第一步在96级选10％的办学单位进行试点，第二步在97级选定30％的办学单位扩大试点范围，第三步在98级力争60％的办学单位基本实现改革的目标。这样做，我们认为是积极的，也是稳妥的，是可行的，是充分考虑了我们的承受能力的实际情况的，确定的目标经过努力是可以实现的。各单位要认真做好准备，积极创造条件，加大工作力度，切实把深化改革的工作做好。

三、讲一下如何组织实施的问题

现在，方案已经出台，具体实施办法也有了，改革思路大体已经明确，大的目标和方向也已经确定。我看，关键就在于狠抓落实，使之成为现实的东西。当务之急，我认为要做到四个到位：

1．认识要到位。学籍管理改革事关重大，各单位都要把学籍管理改革工作提到日程上来，加以高度重视，统一认识，步调一致。特别是学籍管理实现自动化是我院各项管理工作实现自动化的第一步。这一步走好了，对我院即将推出的教学、教务、教材、财务等各项改革，全面实行自动化管理将打下坚实的基础。

2．组织要到位。总院这次制订的《学籍管理工作改革方案》和《学籍管理工作改革方案具体实施办法》，是全院办学单位工作的依据，行动的准绳，奋斗的目标，务必照此办理，认真落实。希望同志们要明确学籍管理改革的具体内容和实施步骤，特别要明确各自的任务，回到单位后要按总院的要求抓紧组织实施，确定专人负责，做好分工，从组织上保证改革方案的顺利实施。这就叫做大家的事大家做，而且还必须无条件地做好。

3．投入要到位。改革不是一句空话，

是要付出代价才会有所收获。人、财、物是改革必不可缺的物质基础。如果不投入足够的资金，不配备足够的设备，不调配一定数量的、熟练的专业技术人员，改革方案再好也是要落空的。目前，各单位在经费十分紧缺的情况下，都不同程度地配备了微机和专业人员，有了一定的物质基础。但距学籍管理自动化要求还有不小的差距，有些方面的差距还是比较大的。希望各单位要根据办学实际，千方百计，尽力而为，努力增加人、财、物的投入。为实现学籍管理改革任务打下坚实的物质基础。该出手时就出手，而且出手还要大方，否则，没有必要的投入，怎么会有回报和产出。

4．措施要到位。各单位要根据总院要求，结合本单位情况，制订出一个切实可行的具体实施办法，要排出时间进度表，自我施压，要有一种时不待我的紧迫感。切实做到目标到位，投入到位，工作到位，确保学籍管理改革顺利进行。

最后，提醒一下，在实践中，改革的方案要逐步完善，不断改进，这就要求我们必须注意总结经验，深化认识，使方案更加符合实际需要。因为，我们对客观事物的认识，总是在实践、认识、再实践、再认识的过程中逐步深化的，这是认识论的一般规律。在学籍管理改革初期，在管理方式的逐步并轨过程中，在手工操作和使用微机两种手段并存、互相交叉的情况下，可能会发生一些预想不到的困难和问题，甚至会出现比原先单纯手工操作还要费时、费力的现象。这虽是暂时现象，但一定要有充分的思想准备。

最后，补充一句，要搞好改革攻坚，相关的培训工作也要跟上，总院也正在考虑这个问题，打算分期分批组织学籍管理人员和技术操作人员进行培训。磨刀不误砍柴工，必要的投入是值得的，是会得到回报的，分院也要做好相应的安排，多层次、多途径、全方位地做好这个工作。总之，只要我们认真对待，不断探索研究，不断总结经验，全院上下同心同德，齐心协力，不怕困难，开拓进取，学籍管理改革的目标就一定能够实现。

谢谢大家！

中央党校函授学院学籍管理工作座谈会纪要

（1998 年 4 月 10 日）

中央党校函授学院学籍管理工作座谈会，于 1998 年 3 月 16 日至 20 日、4 月 6 日至 9 日分别在广西壮族自治区区委党校和福建省厦门市委党校召开。出席座谈会的有 66 个分院、直属学区的负责人和学籍管理工作的同志，以及总院有关人员共 102 人。现将座谈会主要情况纪要如下：

一

座谈会以党的十五大精神和中央领导同志关于党校函授教育的重要指示为指针，以中央党校 1997 年十月函授工作会议精神为依据，紧紧围绕进一步深化学籍管理改革，更好地为提高全院办学质量、培养高素质干部队伍服务这一主题进行。

总院黄士安副院长出席了会议并作重要讲话；总院教务处欧亚平处长作了《积极稳妥地推进学籍管理改革》的讲话。与会代表对总院提出的《学籍管理工作改革方案》和《学籍管理工作改革方案具体实施办法》，进行认真讨论，并提出了许多建议和意见，会议最后由欧亚平同志作总结。

广西自治区委党校副校长张敦和厦门市委党校常务副校长施凤堂等到会并讲话。

与会人员一致认为，这次学籍管理工作座谈会主题明确，安排紧凑，形式生动活泼，是一次务实、鼓劲、改革的会议，鼓舞了大家做好学籍管理工作的信心和决心，增强了为培养党的高素质干部队伍的使命感和责任感。大家认为，改革方案和实施办法基本可行，具有较强的可操作性。座谈会达到了预期的目的。

二

座谈会分析了当前全院学籍管理的现状，充分肯定党校函授教育创办以来，特别是近几年来学籍管理工作取得的成绩和经验，认真查找学籍管理中存在的问题，进一步明确学籍管理改革的方向。这次座谈会取得了以下的成果：

(一) 进一步加深对学籍管理重要性的认识。

通过讨论，大家认识到，学籍管理是一项重要的基础工作，贯穿于党校函授教育的全过程。党校函授教育是以远距离开放式办学为特征的教育，学籍管理尤为重要，它直接关系到党校函授办学水平，关系到党校函授教育的健康发展。全院对学籍管理总的来说是重视的，绝大多数单位始终把它摆在应有的重要地位，经过不断的实践和探索，特别是近几年来随着办公自动化程度的提高，学籍管理加大了投入和培训，初步形成了具有党校函授教育特色的学籍管理体系和运作机制，为提高办学质量发挥了越来越重要的作用。

(二) 找出全院学籍管理中存在的主要问题。

大家认为，当前，全院学籍管理中存在的问题主要表现在以下几个方面：一是少数单位还没有真正把学籍管理摆在应有的位置，组织机构不健全，人员配备不足，且不能相对稳定，影响工作的正常开展；二是有的单位学籍管理不规范，没有严格执行学籍管理规定和要求，不能按时上报学员注册统计表和学籍变动情况表，对录取学员资格审查不严格，办理学员毕业证书不符合要求等等；三是一些单位学籍管理基本上还是手工操作，速度慢，差错多，质量低；四是有的单位资金投入不够，现代化程度不高，虽然配备了微机，但不配套，没有得到充分的利用和开发。以上问题的存在，严重地影响了全院学籍管理和办学质量的进一步提高。

(三) 进一步强化了学籍管理改革的意识。

与会同志认为，提高学籍管理水平的出路在于改革，目前，全院学籍管理工作与形势发展不相适应，与党校函授教育事业的要求还有很大的差距。大家认为，要使学籍管理提高到一个新的水平，必须在前几年原有改革的基础上，进一步强化学籍管理改革意识，加速引进和运用现代技术手段，逐步实现学籍管理自动化、现代化。向改革要效益，向改革要质量，向改革要出路。

(四) 基本认同了总院提出的学籍管理改革方案。

大家认为，总院改革方案与实施办法，是在听取多方面意见、反复论证的基础上制订的，是全院上下集体智慧的结晶。这个改革方案和实施办法，符合全院函授教育发展的客观需要，符合各级办学单位要求实现学籍管理自动化的迫切愿望。大家希望，总院修改后，应尽快下发执行。

(五) 进一步深化了加强学籍管理队伍建设重要性的认识。

与会人员认为，事业靠人，人靠素质，素质靠培训。加强培训工作，提高管理人员的素质，是实现学籍管理现代化的前提。今年，总院将分期分批对分院学籍管理人员进行专业技术培训。各单位对这项培训工作要切实做到高度重视，分层负责，整体推进，积极实施。学籍管理责任重大、要求较高，学籍管理人员队伍应保持相对稳定，“保留熟手，以资骨干”，学员在10000名以上的办学单位配备学籍管理人员3—4名；学员在10000名以下的配备学籍管理人员2—3名。

三

座谈会在统一思想认识的基础上，对今后全院的学籍管理改革工作和会议传达贯彻提出了具体要求，这就是：

（一）制定本单位学籍管理改革的工作计划。

总院提出的《学籍管理工作改革方案》和《学籍管理工作改革方案具体实施办法》，对全院学籍管理改革的目标、内容、方法、步骤作了明确规定，对每年的工作重点也提出了要求，各单位要结合自身的实际情况，制定具体的工作计划，并赋予实施，力争尽早实现总院提出的改革目标。

（二）狠抓学籍管理改革的落实。

学籍管理是教务管理的重要方面，任务重、内容多、操作细、要求高，各级领导要高度重视，加强领导，做到人员到位，设备到位，措施到位。要按照学籍管理改革方案，实现统一软件，统一机型，统一培训，统一要求。要想方设法，克服困难，努力增加硬件设施。有条件的单位设立办公自动化建设基金，以确保学籍管理改革方案顺利实施。关于统一机型问题，各分院、直属学区务必配置IBM系列计算机，1至2台服务器，具体配置要求：内存32M以上，可扩至256M，硬盘6G以上，主频200HZ以上，光驱16倍速以上；其它IBM系列微机可自行配置。打印机2台以上。计算机和打印机均选用性能可靠的品牌机。

（三）认真传达贯彻座谈会的精神。

一是各单位向校委、分院领导汇报会议精神，加大宣传力度，为推动学籍管理改革做好宣传舆论工作；二是要切实按照总院要求，排出工作进度时间表，并采取有力措施，不等不靠，真抓实干，扎扎实实地推进改革工作；三是要正确处理好改革工作与日常工作的关系，做到一手抓管理改革，一手抓日常工作，处理好这两者之间的关系，做到两不误；四是要加强联系，沟通信息，不断探索，总结经验，交流信息，信息共享。

表彰奖励

表彰抗洪抢险斗争中英雄模范人物的通知

各分院、直属学区：

今年入汛以来，我国一些地方遭受严重洪水灾害。特别是长江发生了自1954年以来的又一次全流域性大洪水，松花江、嫩江出现超历史记录的特大洪水，引起举国上下的高度关注。在这场严峻的抗洪抢险斗争中，地处灾区的广大学员和工作人员坚决响应党中央的号召，与当地军民一起，团结奋战，顽强拼搏，奋不顾身，舍身忘死，为保卫人民群众的生命财产，为夺取抗洪救灾的最后胜利作出了重要贡献。

总院院长办公会研究决定，对在抗洪救灾斗争中涌现出来的英雄模范人物予以通报表彰和奖励。现将有关具体事项通知如下：

一、表彰奖励范围：中函所有年级、班次的在籍学员和负责中函的专职工作人员被评为省级和大军区级以上的英模人物；被评为地（市）级以下的模范人物由分院（直属学区）予以表彰和奖励。

二、上报截止时间：1998年10月31日（事迹突出的英模材料可随时上报，以便进行宣传）。

三、上报的内容：1000字以内的文字材料和奖励证书复印件。

中共中央党校函授学院

1998年9月7日

表彰100个先进辅导站的决定

各分院、直属学区：

一年来，全院各级组织认真学习贯彻中央领导同志关于党校函授教育工作的重要指示和去年中央党校函授教育工作会议精神，大抓基层，夯实基础，提高质量。在加强学区建设的同时，大力开展“辅导站建设年”活动，涌现出一大批工作成绩显著、建设成果突出的先进辅导站，有力地推动了党校函授教育事业的发展。为了表彰先进，开展学先进活动，进一步促进和加强辅导站的全面建设，根据各分院、直属学区和有关方面的推荐，经总院院务会议研究决定，北京市委机关分院联合大学辅导站等100个单位评为先进辅导站，予以表彰和奖励。

希望受表彰的单位发扬成绩，保持谦虚谨慎的态度，戒骄戒躁，继续前进，为党校函授教育事业再立新功，争取更大的光荣。总院号召，全院各级组织和全体人员要向他们学习。学习他们坚定不移地贯彻落实党校函授教育办学宗旨的政治立场，始终坚持正确的办学指导思想的严肃态度；学习他们讲政治、顾大局，严谨治学，恪尽职守，团结奋进，勇于改革的开拓精神；学习他们强化科学管理，狠抓基础建设，从严要求，扎扎实实的工作作风；学习他们认真执行“以学养学”的原则，勤俭办学的良好风气。

让我们紧密地团结在以江泽民同志为核心的党中央周围，高举邓小平理论伟大旗帜，认真学习贯彻党的十五大精神，深入贯彻落实中央领导同志关于党校函授教育工作的一系列重要指示，进一步坚持正确的办学方向，端正办学指导思想，深化教学改革，加强科学管理，改进工作作风，提高办学质量，更好地为培养党的高素质干部队伍服务。

受表彰的单位（排名不分先后）：

北京市委机关分院联合大学辅导站
北京市工业党校分院京西学区北京工美集团总公司辅导站
天津分院南开学区
河北分院邢台学区威县辅导站
河北分院石家庄学区井陉辅导站
山西分院阳泉学区市直辅导站
内蒙古分院包头学区土默特右旗辅导站
内蒙古分院赤峰学区巴林左旗辅导站
辽宁分院沈阳学区大东辅导站
辽宁分院大连学区旅顺口辅导站
辽宁分院朝阳学区北票辅导站
吉林分院延边学区龙井辅导站
黑龙江农垦总局分院九三学区
黑龙江北安农垦分院呼玛辅导站
上海分院虹口辅导站
江苏分院镇江学区扬中辅导站
江苏分院苏州学区吴江辅导站
江苏分院连云港学区东海辅导站
浙江分院温州学区瑞安辅导站
浙江分院嘉兴学区海盐辅导站
安徽分院宣州学区绩溪辅导站
安徽分院安庆学区桐城辅导站
江西分院九江学区修水辅导站
江西分院赣江学区南康辅导站
江西分院上饶学区婺源辅导站
山东分院聊城学区临清辅导站
山东分院枣庄学区山亭辅导站
福建分院泉州学区永春辅导站
福建分院三明学区沙县辅导站

河南分院郑州学区中国长城铝厂辅导站
河南分院省直学区洛阳矿山机械厂辅导站
湖北分院十堰学区丹江口辅导站
湖北分院黄冈学区罗田辅导站
湖北分院襄樊学区南漳辅导站
湖南分院衡阳学区祁东辅导站
湖南分院湘西学区直属辅导站
广东分院湛江学区廉江辅导站
广西分院南宁学区
南宁分院校部辅导站
海南分院琼海辅导站
四川分院广元学区直属辅导站
四川分院成都学区 420 厂辅导站
重庆分院沙坪坝辅导站
重庆分院潼南辅导站
云南分院煤炭党校辅导站
云南分院呈贡辅导站
贵州分院六盘水学区安顺辅导站
贵州分院毕节学区纳雍辅导站
贵州分院遵义学区习水辅导站
贵州分院黔西南学区直属辅导站
西藏分院山南学区
陕西分院安康学区安康辅导站
陕西分院渭南学区韩城辅导站
陕西分院西安飞机工业（集团）有限责任公司辅导站
西安分院新城辅导站
甘肃分院兰州炼油总厂辅导站
甘肃分院白银学区景泰辅导站
甘肃分院天水学区北道辅导站
宁夏分院直属青铜峡辅导站
青海分院民和辅导站
新疆分院沙湾辅导站
新疆兵团分院农 6 师辅导站
中央直属机关分院第一辅导站
中央国家机关分院冶金辅导站
铁道部分院直属培训中心辅导站
铁道部分院上海学区蚌埠分局辅导站
铁道部分院兰州学区银川分局辅导站
总参分院郑州电院学区郑州辅导站
总参分院合肥电院学区 88203 部队辅导站
总参分院西安通院学区 803 厂辅导站
总后分院东北学区农牧大学辅导站
总装分院指院学区 89750 部队辅导站
海军分院政院学区上海基地辅导站
海军分院广州舰院学区湛江辅导站
空军分院沈空二学区吉林辅导站
空军分院济空一学区济南辅导站
第二炮兵分院指挥学院辅导站
国防大学分院国防大学一号院辅导站
国防大学分院广东武警学区中山支队辅导站
武警部队分院湖北总队学区直属辅导站
北京军区分院 51002 部队学区直属辅导站
北京军区分院军区司令部学区 51402 部队辅导站
沈阳军区分院 81233 部队辅导站
济南军区分院 54685 部队辅导站
南京军区分院南后学区南京总医院辅导站
广州军区分院广州学区 53802 部队辅导站
成都军区分院昆明一学区直属辅导站
成都军区分院贵阳学区直属辅导站
兰州军区分院军区司令部辅导站
北京市公安局学区丰台辅导站
大庆学区
七台河学区勃利辅导站
双鸭山矿务局学区
鹤岗矿务局学区
鸡西矿务局学区鸡东辅导站
哈尔滨第一机器制造厂学区轴承辅导站
哈尔滨飞机制造公司学区
齐齐哈尔三大厂学区北钢辅导站
中国一汽轻型车厂学区
中共中央党校直属辅导站

中共中央党校函授学院
1998 年 10 月 15 日

函授教育评估与视导工作

印发 1998 年上半年教育评估工作计划的通知

各分院、直属学区：

当前，党校函授教育评估工作形势很好，绝大多数单位的教育评估工作已积极开展起来。有些单位领导重视，措施有力，工作很有声势，取得了初步经验。但也有个别单位的教育评估工作开展得不够得力。为了统一步骤，抓紧实施，现将 1998 年上半年有关教育评估工作的安排通知如下：

一、工 作 任 务

根据中函字［1997］第 22 号文件《关于开展函授教育评估工作的通知》规定，1998 年上半年教育评估的任务是分院检查验收学区教育评估，函授站自我评估。如果上半年完成不了，可以延续到今年 10 月份。各分院要尽快制定教育评估的工作规划。

二、检查验收学区教育评估的工作要求

第一，各分院要尽快组织若干个有权威、懂业务、能力强的精明强干的检查小组，分期分批地逐个检查验收学区的教育评估情况。

第二，检查验收工作组组成后，要选一二个学区试点，解剖麻雀，总结经验，培训骨干，以便指导面上工作。

第三，检查各项指标，不能凭印象和关系，要查看原始记录，检查现场，掌握第一手材料。

第四，要检查整改方案制定得怎么样，工作差距找得是否准确，整改目标以及实现的时间、步骤和措施如何。

第五，一定要对各学区评出各类等级，以利于鼓励先进，鞭策后进。对于不及格的办学单位，要限期改正，逾期达不到整改目标者，要严肃处理。

三、函授站自我评估的工作要求

第一，各分院要根据中函字［1997］第 22 号文件规定的原则和要求，从本地区和本系统的实际出发，制定函授站教育评估实施方案。

第二，函授站要建立评估领导小组和办事机构，组织好工作班子。

第三，各学区要选一二个函授站试点，以便指导面上工作，分院则要检查和指导学区的试点工作。

第四，对自我评估的各项指标打分，必须要真实、客观，要有原始记录和第一手材料，决不允许打印象分和关系分。

第五，要提出比较实际的整改方案。整改方案，要有整改目标及其实现的时间、步骤和措施。

四、注 意 事 项

第一，检查验收学区评估的工作和函授站自我评估，可以结合进行。

第二，当前，教育评估工作要注意防止走过场，采取得力措施，保证工作顺利进行。各项指标打分一定要真实，不允许虚假；不要急于求成，不能抢时间、赶进度，要一个环节一个环节地抓，扎扎实实，务见成效，确保教育评估的工作质量。

第三，教育评估，是一项崭新的工作。经过三年左右的努力，初步建立和健全具有党校特点的函授教育评估体系。必须解放思想，实事求是，边干边学。坚持创造性思维，开拓式工作，把教育评估和总结经验与理论研究结合起来。

第四，教育评估是全局性工作，要积极争取校委和分管校长的领导和支持。领导重视，真抓敢管，是搞好教育评估工作，防止走过场的关键。要正确处理评估工作和日常工作的关系，互相促进，相得益彰。

中共中央党校函授学院

1998 年 1 月 12 日

提高认识　严格要求
切实搞好中央党校函授教育评估工作

——在中央党校函授教育评估工作会议上的讲话

(1998 年 4 月 8 日)

中央党校校委委员、函授学院院长　孙钱章

同志们：

刚才王德夫同志代表中央党校函授教育评估委员会作了主题报告。这个报告是在试点、调研的基础上，经过认真讨论、反复研究后形成的。报告总结了我院前段开展教育评估工作的主要经验，并针对存在的问题提出了对策。希望与会代表认真进行讨论，以便修改后贯彻执行。下面我讲两个问题：

一、为什么要召开这次会议

召开这次会议的直接目的，是为了检查前段教育评估工作情况，部署今年的评估工作。大家知道，开展教育评估工作，是总院五年规划中的一项重要内容。因此，早在 1995 年，总院就正式提出了开展教育评估工作的任务，并在调查研究的基础上，制订了试点方案，于 1996 年开始试点工作，1997 年 7 月在全院铺开。一年来，各分院在各地党委和党校校委的领导下，教育评估工作总的进展情况是顺利的，效果也是比较好的。现在，各分院大都进入了学区评估的验收阶段；辅导站自我评估和验收要在年内完成；分院的自我评估也要在下半年上马。召开这次会议，是为了对前段工作进行阶段性总结，部署今年的工作，通过集思广益，在肯定成绩、坚定信心的基础上，着重研究存在的问题和解决问题的对策，使我们的步骤更加实际，措施更加有效、有力，力争取得实效，把我们的教育评估工作健康、深入地开展下去。

开展评估工作的最终目标，是贯彻锦涛同志指示，进一步提高办学质量。办学质量是函授教育的生命，是函授事业赖以发展的基础。提高办学质量，要从多方面创造条件。回顾我们走过的路子，1993年的十月工作会议，我们根据当时校委的指示，主要抓了治理整顿、端正办学方向问题。把过去办的公司全部交出去，一门心思办教育。经过整顿，理顺了办学关系，直属总院的办学单位由146个并为66个。1995年的十月工作会议，我们制定了工作方针。这就是至今仍在执行的“深化教学改革，强化科学管理，加强基础工作，全面提高办学质量，为把中央党校函授学院办成全国第一流的干部教育实体而奋斗”的工作方针。1995年，我们重点抓了建院十周年的庆祝活动，系统地总结了办学经验，并在十月工作会议上制订了五年规划，开始提出开展教育评估工作的任务。1996年和1997年两次十月工作会议，又先后提出强化学区建设和强化辅导站建设的任务。所有这些，都是为了创造条件，提高办学质量。今年的十月工作会议，主题已经确定，这就是提高办学主体的素质和能力。我们的体制是中央党校办学，四级管理。有直属单位66个，学区627个，辅导站1800多个，教学班12000多个，专职管理人员45000人，聘请教员65000人。他们的素质如何，关系重大。这就是1993年以来我们共同走过的并将继续走的路子。它说明，为了保证办学质量，必须从各方面创造条件，说明评估不是目的，而是保证和提高办学质量的手段。我们召开这次会议，其最终目的，是贯彻锦涛同志指示，不断提高办学质量，把党交给我们的这项工作做得越来越好。这是我讲的第一个问题。

二、为什么要开展教育评估

对事物本质的认识是正确行为的先导。搞好评估工作，关键的关键是要抓认识。认识到位了，行动才能自觉，办法才能多。那么，为什么要开展教育评估呢？

（一）它是教育规律的要求。

办学有主体和客体。办学主体有校长、教员、教学管理人员。客体是学员。其中，矛盾的主要方面是主体。办学主体主观上想办好学，除了需要不断总结、提高认识外，很重要的手段是评估，包括自我评估和有组织、成系列的评估。通过评估，检查达标情况，弄清办学水平达到的程度，找出主观和客观的差距，发现问题，以利改进。因此，进行教育评估，是教育规律的要求。同时，我们是在活生生的办学，办的是以党员干部为主要对象、采取业余方式学习的教育。不仅要遵循教育的普遍规律，还要遵循自身的特殊规律。这就需要探索特殊规律，了解在办学各方面体现特殊规律的情况。为此，也需要进行评估。

（二）它是不断提高办学网络办学能力的需要。

中央党校函授学院的办学体系是成网络的，从总院、分院、学区到辅导站，覆盖了全国党政军群。应该说，绝大多数单位办得都非常认真，但发展不平衡。怎样才能使每个管理层次都做到高标准、严要求，很重要的手段就是开展教育评估。通过评估，认识自己，也请别人帮助认识自己，保证和提高办学质量。我经常说，我们党有一个不成文的规矩，一百件事办好了，应该；一百件事中有一件事做得不对，做得不完善，就要自觉地接受批评。我们有两千多个管理单位，每个单位都应该搞好。如果有哪个层次、哪个单位没有搞好，就应该作自我批评，应该采取措施加以改进，以保证办学质量。有的同志把我们的网络形容成联合舰队、集团军群、大乐队。在联合舰队中，哪怕是一艘较小的船，也必须开好。在大乐队中，每个乐手都要演奏好，不允许出噪音。我们是网络，是整体。牵一发而动全身，都要服从和服务于大局。因此，要加大评估力度，在不平衡中求得新的更高层次的平衡。

（三）它是形势发展的需要。

可以从以下几方面进行分析。

1. 从世界各国教育发展的态势看，终身教育，或者说系统工程教育，已经成为许多国家发展战略的重点。而且越来越重视办学质量。从我们调查研究和掌握的信息看，提高办学质量的一个重要手段，就是教育评估。通过自我评估和聘请有关专家、有关组织进行评估，发现问题，提出问题，解决问题，不断提高办学水平。例如，年前我同几位省委党校的校长到西欧考察成人教育，他们就特别重视教育质量，强调“自我反省”，强调“请专家帮助我们搞评估”。

2. 从我国情况看，中央越来越重视公民素质的提高。国民教育系统主要解决公民就业前的知识和专业准备问题。至于干部的终身学习和提高，则要靠成人教育。成人教育要保证办学质量，做到对党、对国家、对学员负责，就要提高办学主体的素质。开展教育评估，显然是一项重要措施。据我看到的材料，新中国成立后，国民教育系统已经开展过几次全国性的教育评估。最近一次是1996年开始的。国家教委决心用四年时间，对全国高校进行评估。

2. 随着改革的不断深入，越来越多的同志需要接受教育和再教育。我们必须对这些同志负责，让他们认真地学点东西，以便更好地投入工作。我们应该认识自己，战胜自己，切实把学办好。世界上最难的事是自己战胜自己。要战胜自己，最好的办法是开展教育评估。

3. 当前国内成人教育已经形成了竞争的态势。两年来，经国家教委批准可以办函授、夜大、成人教育的高校就有200多所。面对这种形势，我们靠什么？靠网络优势是不够的，靠我们这块牌子也不行，根本的在于把质量搞上去。这几年函授教育之所以搞得红红火火，就是因为我们从严管理，保证了办学质量，所以声望越来越高。干部到我们这里学习，不仅是作为一种荣誉，而且因为党校办学规范，能实实在在地学到东西。如果我们哪个单位硬件跟不上，软件跟不上，责任心不强，指导思想不端正，甚至把事情搞砸了，受影响的就不只是一个单位，而是全局，甚至给党直接造成不良影响。所以总院十分重视评估工作，不断提出要求，并把视导委定为具体办事机构。视导委的几位老同志为此付出了艰辛的劳动，也付出了很大的代价。但归根到底还要靠在座的同志，靠各级党校领导的支持。

（四）它是加强自我管理的需要。

由于工作需要，这几年我搞管理科学、领导科学。我认为，无论是国民经济的宏观管理，中观管理，还是微观管理，最主要的是自我管理。中央党校办函授建立了如此庞大的网络体系，如果自己管不住自己，计划、目标、决策、组织、实施、检查、监督跟不上，说明我们没有能力。如果自己管住了自己，并且比别人管自己的效果更好，这就说明你是自觉的，就有了工作的主动性。在这个问题上，胡锦涛同志对我们非常关心。我从北大回党校已经21年。在组织安排下，先后在九个部门呆过。据我了解，作为中央最高决策层重要成员的中央党校校长，在一个短时间内对一个部门有过七次指示的情况不多。锦涛同志为什么特别关心函授学院？我认为主要是它的影响大。办好了，好的影响巨大；办得不好，坏的影响也巨大。中央党校校委对函授学院是关心的。但是，要办好函授，校委怎样领导，怎样支持，也不能代替我们自身的努力。所以，关键的关键在于我们自己。如果我们自己管不住自己，境界、认识、水平上不去，工作的程序性、科学性、制度化跟不上，那就是我们自己的问题。

在各级党委和社会各界的支持下，我们

中函，也包括省函，影响越来越大，对我们的鼓励越来越多。但我们不能躺在已有的成绩上。一个人，一个组织，躺在自己已有的成绩上，是绝对没有出息的。正确的态度应该是，越是这种情况，越要自我反省，越要注意办学中的不足，并采取有力措施加以改进，不断提高办学质量。而要做到这一点，教育评估应该说是一种不可缺少的重要手段。

（五）它是未来竞争的需要。

从长远的角度看，迎接跨世纪的任务，还必须把党校函授教育纳入全党、全国、全世界的战略格局中来认识、来考虑。迎接新任务，基础打不好不行。所以评估这种手段非常重要。我们应该考虑，从本世纪末到下世纪初，适应世界格局的变化和我国深化改革的要求，我们的干部需要学些什么，我们又能给他们些什么？以我们自身素质衡量，条件够不够？应该创造什么样的条件，以适应这种要求？我看到一个材料：《日本21世纪发展战略》，副标题是《终身教育》。日本要求成年公民在21世纪都要达到研究生水平，并要求它的社区为公民的学习提供咨询意见，解答他们有关学习的各种问题，包括学习什么内容，在哪里学习，还可以帮助具体联系。美国纽约大学，在籍学员41万，学制有6年、5年、4年、3年、2年、1年、几个月，甚至只有3天的。就读方式有住校的、走读的，还有远距离的。他们在斯堪的纳维亚半岛和北欧设有教学班，搞远距离教学。我们在现场看到，按一下电钮，挪威上课的情况就调出来了，学生和教师还对了话。联系我们的实际，将来我们的干部要学些什么，我们教些什么，办学形式、教学方式、软硬件建设是否适应，现在就应该考虑。有同志说："函授教育万岁！"这说明，函授事业有巨大的生命力，还要继续发展下去，因为它符合整个发展潮流。那么未来怎么搞？如果现在还不清楚，下一段就无法适应。

从另一方面考虑，现在国家机关改革力度很大，紧跟着中直机关、各省、地、县机关的改革也必将进行。面对这种情况，我们必须考虑对那些在岗的，对那些通过学习准备转岗的，以及对那些虽已下岗但在现实生活中仍需体现个人价值的同志，在学习提高上能提供点什么。我们的自身素质、条件是否适应这种新情况，如果我们办学不那么认真，教育评估又马马虎虎，条件不行，不适应，又不思改进，显然是不行的。

再有，近年来我们开展对党校函授教育体系即党校函授办学的特点、规律、体系、机制的理论研究。我们这个教育体系对我们的工作提出了什么要求，对我们的办学组织、办学网络以及各层次、各岗位的人员提出了什么要求，这是必须考虑的。胡锦涛同志向我们提出了规范问题。而我们现在有"十函"：中函、省函、地函、组函、宣函、讲师团函、大专院校函，以及工、青、妇函等等。这"十函"都从党校这个空间出出入入。上半月50多人上课，下半月可能就几个人。老百姓不知道怎么回事，都认为是你党校办的。班次太乱不成，需要规范。那么规范与评估是什么关系。德夫同志刚才讲到，山东把那些不符合条件的都停办了。山东省分院还提出哪个地市与地方大专联办，又不注意办学的严肃性，今后中函、省函就不在那里招生，干脆脱离开。山东今年还提出不办自己的研究生班，完全办中函的。这又与评估有什么关系？

现在确有一些干部想混文凭。他们不好好学习，想到管理松的地方去。但真正想学点东西的，则愿意到管理严格的地方来学习。办学质量越高，吸引力越大。为什么每年考北大、清华的学生那么多？就是因为它管理严格。北大从蔡元培先生开始，就对教师、学生严格管理，并不断开拓新学科，不断占领学科制高点，所以牌子越来越响。我们如果不采取措施，不能正确认识自己、约束自己、提高自己，怎么能占领制高点。以教材为例，现在很多大学用中函的教材。我对总院教材编研室的同志说，要对教材进行研究，尽快提高质量。因为人家踩在你的肩膀上，不继续提高，他们就会超过你，就不能占领制高点。我们是一个整体，要不断发现问题、提出问题、分析问题、解决问题。所以说，开展教育评估，是保证并不断提高办学质量的重要措施和手段。

搞好评估，首先要解决认识问题。认识上不去，总强调没有人，负担重，工作不到位，要求不严格，态度不严肃，评估就无法搞好。德夫同志讲，我们有的单位太马虎。我们不能自己糊弄自己，因为这会危及整体，危及事业。要强化这方面的认识。前一段我们的评估工作取得了一些成绩，但不能估计过高，重要的是发现问题和不足，自觉地、千方百计地战胜自己。世界上最大的难题就是自己战胜自己。我们要解决这个问题。不能100％地战胜自己，战胜一大半也可以。不能总是自我感觉良好，对问题视而不见，好比一个地方是黑的，就是不朝那里看。一个人脸上有灰，照照镜子，洗干净就变白了，这不是很好吗？同志们对评估问题，无论如何要有足够的重视，按照要求严格去做。具体问题，德夫同志代表函授教育评估委员会、代表总院，全都讲了，大家还可以讨论。哪些需要强化的，哪些措施还不够得体，大家提出意见，然后形成一致意见。

同志们，为了开好这次会议，湖北省委党校的同志做了许多工作。校班子很重视。周大仁同志打电话，他很忙，要到镇江开党建会，但还是赶回来了。宗校长、曾校长、林校长、邓校长以及省党校各系统的老朋友们，我在办公厅工作时的老朋友们，为此做了大量工作。我们党校是一家人，办函授教育使我们的关系更加紧密了。在此，我代表总院全体同志，向省委党校以及在座的全体同志，表示衷心的感谢！

当前评估工作的形势和任务

——在中央党校函授教育评估工作会议上的报告

（1998年4月8日）

我受中央党校函授教育评估委员会的委托，向大会做《当前评估工作形势和任务》的工作汇报。总院函授教育评估工作的提出和实施有一个过程。根据总院五年规划的要求，1995年，总院召开的十月工作会议提出在全院开展评估工作的任务。1996年下发了文件和评估指标体系，到1997年春季，因种种原因，除在个别省分院进行试点外，评估工作并没有在全院铺开。

1997年6月，在试点工作基础上，总院重新制定了指标体系，下发了22号文件，部署了全面开展教育评估的工作，党校系统函授教育评估工作，从此全面铺开。

从1997年6月到现在，全院的评估工作，已经进行了10个月，今年，更加繁重的评估工作任务，正摆在全院同志的面前。在这样一个重要时刻，总院召开这次会议，是十分必要的。

下面，我就党校函授教育评估工作的形势和任务，讲几个问题。

一、评估工作的基本形势

在各级党校领导同志的关心和支持下，经过全院上下的共同努力，党校函授教育评估工作，已经开展了近一个年头了，怎样正确地认识和估价近一年来的评估工作，既是我们大家都关心的问题，更是我们需要首先在思想上明确和解决的问题。

我们认为，从整体上讲，评估工作的形势是好的和比较好的。表现在三个方面：

1. 大多数单位对评估工作认识明确，领导重视，工作到位，发展是健康的。

其一，认识到位。大家普遍认识到，党校函授教育评估工作是一项新工作，是贯彻落实锦涛同志关于党校函授教育一系列指示的重要措施，对于党校函授教育的发展，具有战略性意义。各分院召开各种会议，传达学习锦涛指示和总院评估文件，提高了认识，进行了比较充分的思想发动工作。有些分院，还根据工作的进展，反复进行了学习、讨论，不断提高认识，武装头脑，取得了很好的效果。湖北分院的同志们说，锦涛同志的重要批示和党校函授教育办学方针，通过评估深入人心，使大家深深感到：党校函授教育是得到中央领导同志的关怀和直接指导的，要求是高的，管理是严的。评估工作一定要搞好，要积极参与、支持评估工作。

其二，领导重视。很多省市党校，特别是地市党校的主要负责同志，或分管副校长都亲自领导评估工作，他们亲自作思想动员，布置和检查评估工作，较好地解决了领导重视的问题，保证了评估工作的顺利开展。辽宁、吉林、安徽、河北、湖北、广东、四川、甘肃、宁夏等省市党校的常务副校长，不仅担任评估领导小组组长，而且在第一线指挥，评估工作搞得有板有眼、有声有色。

其三，工作到位。各分院普遍组成了包括校内各主要部门负责人在内的工作班子，细化了总院下发的评估指标体系，认真进行了评估试点工作。有些分院的领导深入评估第一线，仔细地一个点一个点地检查指导，解决问题，工作很投入、很到位。辽宁分院评估检查组行程 9500 公里，走遍全省 132 个辅导站，被称为“评估质量万里行”。

吉林分院由省委党校常务副校长等 6 位校委领导亲自带队，分别抽调省分院、校人事处、机关党委、教研室组成数个检查验收小组，分赴各学区进行检查验收，历时 56 天，完成全省各学区验收工作。

其四，整改到位。多数分院认真贯彻了“边评边改”的方针，整改工作很有成绩。上海闸北区委党校认真对待这次评估，作到了“未评先改”，效果很好。这就使评估工作较好地解决了评估与整改结合，边评估、边提高的问题。

以上说明，从评估工作本身看，发展是好的。

2. 评估整改工作初见成效，阶段性成果比较明显。

(1) 加大投入力度，改善办学条件。

在评估过程中，各单位对照指标体系，增加投入，改善办学条件，主要表现在：

——新建、扩建教学设施。

天津分院：在验收的 15 个单位中，评估期间新建、扩建教学大楼、校舍的就有 8 家。北辰区委党校由区委拨款 200 万元，扩建现代化教学大楼；南开区委拨款 1200 万元给区委党校新建 5000 平方米校舍。现在天津分院多数学区，办学规模与办学设备基本相适应，函授用的教室都在 10 个以上，做到小班同时上课，学员有活动和休息的地方。

——兴建微机房，购置微机。

辽宁分院有 36 个辅导站建立了微机室，

共有微机 863 台，最多的辅导站达 60 台。

河南分院，通过评估，所有学区都新建了微机室，购置几十台微机。河北分院 8 个学区新购微机 170 多台。

——修缮图书室并增加图书。

安徽巢湖学区投资 60 万元修缮图书馆，并购置一批新书；

辽宁分院有 78 个辅导站购置新图书；

天津分院南开区委拨款 32 万元为区委党校购置图书；

——购置新桌椅、增加教室音响设备。

辽宁分院盘山县委党校投入 33 万元更新桌椅，清原县委党校在整改中，卖掉轿车和校长使用的“大哥大”，筹资 8 万元购置新桌、椅。

河南分院原来学区没有音响设备的，教室音响效果不好的，通过这次评估，都整修和完善了音响设备。个别学区还增加运教材、拉试卷的车辆。

(2) 增加函授管理人员编制，调整加强师资队伍。

——增加函授管理人员。

天津分院在教学、教务管理人员的配备上，积极争取各级党委的支持，增加编制。目前，全分院 15 个单位，都根据总院要求确定 3—7 名编制，函授专职工作人员基本配齐，并实现了小班建制、小班授课。目前共有专职工作人员 73 名，专、兼职班主任 134 名，管理 6344 名学员。湖北分院在评估前有 7 个学区函授工作人员配备不足，通过评估整改专职人员增加 19 人，由原来 29 人，增加到 48 人。

——加强教师队伍建设。

辽宁分院在评估中，根据评估指标关于辅导站教员不少于 8 人，有中级职称以上的不少于 6 人的规定，对不达标的单位（约占 15%）要求在整改阶段达到指标。黑山县委党校、于洪、凌河区委党校向社会招聘教师，从 100 名应聘者中，选聘 8 人。在提高现职教师教学水平上，辽宁分院制定更新教师知识的措施，要求两年内教师要掌握一门新学科，并达到讲课水平。许多学区都设奖金鼓励教师开展科研和进行社会调查。

湖北分院随州市委党校，通过组织部门选调了 4 名本科生到校任教；襄樊市委党校选调 4 名青年教师任教函授。

——面授教师择优上岗，加大面授课的管理力度。

辽宁分院采用教师试讲竞争上岗制。锦州学区 1997 年组织三次全学区统一试讲。第一次试讲 12 人，通过 8 人；第二次试讲 17 人，通过 9 人；第三次试讲 12 人，通过 10 人。北京工业党校为提高教师水平，结合评估指标的要求向全校函授任课教师提出五点要求：精心备课，认真讲课，讲满课时，重视作业，教书育人。

(3) 管理制度化有明显进步。

通过评估，广大分院都把健全各项规章制度，作为规范办学的前提，狠抓规章制度的落实。他们根据总院制定的条例和规章，结合本地实际，制定出相应的规章制度实施细则和具体办法，使日常的管理和运作更加制度化、规范化。如广东分院具体制定 6 项制度：

——有效的考勤制度。在提高面授率方面，提出五种做法：考勤计分制、缺勤补考制、听课制、考勤奖惩制、交纳面授保证金制。

——校领导跟班听课制度。每次听课都建立记录卡存档，年终考核。

——班级管理制度。要求班主任成为政治思想工作的指导员，课堂考勤的统计员，课外组织的辅导员和生活保障服务员。

——学籍管理和淘汰制度。

——档案管理制度。

——函授监督制度。制定函授教育监督工作暂行规定，各学区成立质量监督小组，全分院共聘请 224 名函授质量监督员，人员为退休原校领导和在职的人事干部、教师、管理干部等。

(4) 党性教育得到了加强。

党性教育是党校函授教育的一个特点，但以前有些单位做得不好。在评估中，各单位针对党性教育中存在的薄弱环节，采取整改措施，党性教育得到了进一步加强。

河南分院在评估中，找出党性教育存在的主要问题是：学员入学时没有制定党性锻炼计划，毕业时没有党性锻炼总结；班级没有按要求召开民主生活会，也缺少多样性教育形式；没有定期进行党性锻炼方面的分析和小结。针对这些问题，分院要求学区在整改中，全面贯彻落实总院《关于党性教育与党性考核的实施意见》，提出措施，限期整改。

辽宁分院朝阳学区北票市委党校，制定《党性教育制度》，把党性教育分为分散和集中两种形式：分散，每次面授课前 10 分钟，由班主任进行思想教育讲话；集中，按照他们自已编的党性教育材料，分 12 讲，每学期两讲，以班会形式系统讲授，党性教育纳入班主任工作量化考核。

旅顺口区委党校制定了《学员党性锻炼考核细则》，把理论课、出勤率、考场纪律等纳入党性考核当中，加以量化。既使党性锻炼经常化，又倡导了理论联系实际的学风。

(5) 引起了上级党委对党校函授教育的高度重视和实际支持。

这次评估工作的开展，不仅促进函授教育的进一步发展，同时加强了党委对党校函授工作的领导和支持。有些党校的上级党委把评估工作列入议事日程，帮助所属党校解决有关问题，支持他们达到评估的标准。

天津分院在这次评估中，主动向分管党校的地方党委领导汇报评估工作，积极争取领导的重视和支持。北辰区委很重视党校函授教育工作，把本区后备干部的培训纳入干部培训规划，并和党校一起研究制定了不降低报名条件，不要求照顾录取，不许任何人为干部特别是领导干部上学走后门等严格的管理制度，以评估达标标准要求党校。

通过评估，进一步加强了上级党委对党校工作的领导和支持，办学单位与上级党委形成合力，对党校教育事业的发展必将产生和已经产生了深远的影响。

3. 学区验收工作正在紧张而有序地进行，整个评估工作正向纵深发展。

至去年底，学区的自我评估阶段，多数单位都已结束，少数单位正抓紧进行自评。检查验收学区评估的工作，各分院正在做出计划安排，从目前看，上半年多数学区可以完成检查验收任务。

辽宁分院，去年年底基本结束了辅导站检查评估工作，经过初步总结，评出优秀辅导站 17 个，占辅导站总数的 20%。良好和及格的辅导站 55 个，占辅导站总数的 65%。不及格辅导站 13 个，占辅导站总数的 15%。

从去年 10 月下旬开始，天津分院开展了对学区的评估验收工作，至 12 月 4 日结束，历时 45 天，验收 15 个单位。1998 年 1 月 13 日评委召开会议，评出优秀学区 2 个，良好和合格学区 9 个，暂不表决的单位 4 个。

山东分院经过评估整改，省函本科砍掉 1/2，省办研究生班全部停办，辅导站撤消了 25 个。

吉林分院经过评估整改，1997 年将省函招生数额压缩 20%，10 个辅导站暂停招生；1998 年 21 个辅导站暂停招生，撤并 5 个辅导站。

此外，新学期开学以来，安徽、湖北、广西、河北等四个分院，分别召开了全省党校函授教育评估工作会，各学区分管评估工作的领导参加了会议，汇报并总结了学区自评情况。各分院在会上布置了上半年检查验收学区评估工作的安排，全面铺开验收工作，把评估工作进一步引向深入。

这些分院布置检查验收学区评估工作的共同特点是：

——成立了有权威、懂教学、会管理的验收小组。

——选择一二个学区作验收试点，总结经验，培训骨干，然后向面上推开。

——学区在做好自评基础上，写出总结报告，向分院申请验收。

——个别学区自评中没有严格按指标体系的要求认真自评，打分偏高或马虎从事，不认真制定整改措施，自评质量不高的，暂不验收，待其改正后再组织验收。

以上评估工作的形势说明：第一，近一年来的评估工作，虽然发展是不平衡的，个别差的单位也是存在的，但是，就全院的整体形势而言，是好的和比较好的。第二，近一年来评估工作的成绩，主要是各分院、学区、辅导站的同志们干出来的，总院的指导是以大家的工作和创造出的经验为基础的。第三，对搞好评估工作信心不足是没有根据的。实践表明，评估是党校函授教育发展的客观要求，也是广大办学人员的要求。不但应该进行评估，而且具有搞好评估的客观条件，只要我们共同努力，评估工作一定能够搞好。

二、当前评估工作存在的主要问题

评估工作的整体形势是好的，发展是健康的，而且已经取得了明显的阶段性成果。我们应该在这个认识的基础上进一步增强搞好评估工作的信心和决心，认真落实胡锦涛同志指示，全面提高党校函授教育质量。

我们既要充分肯定成绩，又要清醒地看到存在的问题。当前评估工作中存在的主要问题有：

1. 有的单位，特别是有的分院的一些领导同志，没有把这次评估工作真正提高到贯彻落实胡锦涛同志指示的高度来认识，对评估工作的重要性、必要性认识还不到位，对评估工作的态度不够积极。

这些单位，没有把评估工作放到应有的位置上认真进行研究部署和检查指导，只是开个会，发个文件，既不亲自抓试点，也不深入基层，检查指导，基本上处于推一推、动一动的状态。

2. 有的单位，积极主动地争取校委和主要领导同志的领导与支持不够，基本上还没有形成校领导挂帅、有关部门参与的工作局面。

这次评估工作，涉及党校工作的诸多方面，对于省以下党校来说，并不只是函授教育的评估，在一定意义上讲是整个党校教育的评估。没有党校主要领导同志的重视，没有各有关部门的广泛参与，搞好评估工作是不可能的。

3. 有的单位对评估工作的态度不够严肃认真，对总院搞好评估工作，防止走过场的一些要求，没有认真落实。

总院一再指出，评估工作是党校函授教育的一项全新工作，从上到下都没有经验，因此，在自评和检查评估的各个环节上，都应经过试点，取得经验，再全面铺开。但仍有少数单位，不经试点就盲目铺开。

各单位应根据总院下发的评估指标体系，分别制定适合本地区本部门的评估指标体系，把总院的指标体系细化，至少要定出本单位评估的重点，并定出给分点、扣分点，这样才能统一口径，便于操作。但是有的单位至今仍未达到这些要求，而只把总院的指标体系转发下去，不做起码的说明和补充。

4. 评估所必需的材料工作基础薄弱，不少单位在材料的收集、补充、整理上，还有较大差距。

材料工作是评估工作的基础，它既是自评阶段不可缺少的一道“工序”，又是检查评估的基本依据。因此，整个评估工作质量的高低，在一定程度上要看材料工作做得是否细致准确、系统完整。

目前，材料工作的主要问题是：

（1）以往办学过程中对原始材料（含若干档案材料）的收集整理、保存不够重视。

（2）有的同志在评估过程中对材料工作的重要性认识不够，没有组织足够的人力抓材料，材料工作的力度和细致程度不够，致使现有的材料不足以说明办学的现状。

（3）打印象分，或凭印象检查验收的现象，在一些地方依然存在。

5. 有的单位没有认真执行“从严掌握标准”的要求，打分普遍偏高，有的打分高到严重脱离实际的程度。

这种做法，违背了实事求是的原则，与评估的目的是相悖的，应尽快纠正。

以上问题的存在，不是普遍的，但又是不容忽视的。其原因既有认识问题，又有方法问题，然而，根本的仍是认识问题。我们应从贯彻落实胡锦涛同志指示的高度，去检查本单位、本部门的认识是否到位，要把是否积极认真地对待评估工作，当作是否积极认真地贯彻落实胡锦涛同志指示的重大原则问题来看待。当然，总院评估委员会办公室的工作不够深入，检查不够全面，指导不够有力和及时。我们将认真总结经验，改进工作方法和工作作风，并希望得到同志们的批评监督。

三、1998年评估工作的基本任务和要求

今年全院评估工作的基本任务是：以十五大精神为指针，以贯彻落实胡锦涛同志指示为中心，按照总院的要求和安排，实事求是，从严要求，深入细致，分期分批地在年底前完成学区的检查验收，辅导站的自评和检查评估，分院的自我评估任务。

第一，目前多数分院正在和即将开展学区检查评估。这些分院要在学区自评补课的基础上，按照总院的要求，高标准分期分批地完成学区、辅导站的检查验收工作（辅导站自评及验收，要求同学区一样。总院不再开会）。

第二，已初步完成学区检查评估任务的单位，工作的着重点应放在学区复查补课以及分院自评上，这些分院的自评要先行一步，注意总结经验。

第三，处于自评阶段的单位，工作重点应是合理安排时间，处理好评估和日常工作的关系，全面评估与重点评估的关系；质量和进度的关系；评估和整改的关系；自我评估和检查评估的关系，在结合上做好文章。

第四，对于有可能走过场的单位，分院应组织专人，深入下去，帮助指导。对存在的主要问题应逐一定人定时，限期解决。

第五，军队系统的评估工作，由全军党校函授教育办公室提出方案，报总院批准，组织实施。

为了圆满完成今年党校函授教育评估的任务，特提出以下要求：

第一，分院要认真担负起评估工作第一线指挥部的重大责任。分院组织领导评估工作的优劣，将作为总院评估各分院的重要内容。分院处在党校函授教育评估工作最关键的地位。学区、辅导站的自评离不开分院的指导，学区的检查评估和辅导站的抽查任务又由分院直接承担。同时，分院自查工作也应在年内完成。因此，分院认真担负起自己的重大责任是完全必要的。

第二，进一步加强学习，努力把对这次评估工作的认识，提高到贯彻十五大精神，落实胡锦涛同志指示，规范办学行为，为迎接21世纪党校函授教育腾飞打下坚实基础的战略高度上来，党校函授教育的全体工作人员也应该做到这一点，各级领导同志尤其应该做到这一点。应该看到，认识是个逐步深入的过程，随着工作的展开，我们的认

识，应该不断提高，这是做好任何工作的前提。同时，还应该看到，党校函授教育，是由各级党校，而不是党校的某一个部门承办的，因此，希望各级党校的领导同志按照十五大精神和胡锦涛同志指示，统筹安排，切实加强领导和监督，把评估工作搞好。

第三，各分院要努力争取党校主要领导同志的领导和支持。各级党校主要领导同志的重视和支持，是搞好评估工作的关键，这已为各分院评估工作实践所证明。但是，主要领导同志除函授工作外，还有许多工作要管，工作担子重，函授部门要主动争取主要领导同志的领导和支持。主动争取和被动等待，结果大不一样。这一点，务请各分院的负责同志注意，决不可掉以轻心。

第四，要注意不断改进工作方法和工作作风。能不能把这次评估工作搞好，除了要看思想认识是否到位，有没有领导的重视外，还要看工作方法如何。因此，不断地改进工作方法和工作作风，是保证搞好评估工作的必然要求。

当前，各分院必须认真按照总院关于要开门评估，不能关门评估；要经过试点，不能未经试点，一哄而上的要求，广泛吸收有关方面参与评估工作，认真而不是敷衍地搞好试点。此外，根据各单位在工作基础、工作力度存在问题等诸多差异的情况，应该着重提出注意分类指导的要求。把评估各个阶段的工作做细、做深，加强针对性，避免一般化。

第五，评估工作要和总结经验、探索规律相结合。应该说，像此次评估工作这样，自上而下，自下而上，有组织有领导有时间保证的，系统、深入、细致的检查，在检查的基础上做出分析，评估、整改，在党校函授教育历史上，尚属首次。通过评估工作，我们既可以发现不足，又可以总结出不少有价值的经验和教训；既可以在许多问题的认识上，由感性上升到理性，提高自觉性，避免盲目性；还可以从中探索党校函授教育的若干基本特点和规律。所以，我们要抓住这个时机，在做好评估工作的同时，力争在总结办学经验，探索党校函授教育特点、规律方面，取得积极的成果。

以上五条要求概括起来就是十个字，即：思想要升华，工作要深化。

此外，为保证自我评估和检查验收工作的质量，做出以下十条具体规定：

1. 自评总分超过验收总分数幅度过大（超过检查评估得分的15%以上）者，验收评估结果下降一个等级。

2. 评估必须以系统、完整、符合实际的材料（以原始材料为主）为依据，不能凭印象分析和关系打分。无系统、完整、不符合实际的材料者，检查评估结果，下降一个等级。

3. 自评结束后，必须尽快写出包括整改内容和计划的总结，并报上一级办学单位，提出检查验收申请报告，才能进入检查评估。无申请报告者，不能进入检查验收。

4. 评估的检查验收队伍，必须由有权威、懂教学、会管理的人员组成；必须组织检查验收人员认真学习有关文件，熟悉党校函授教育的政策规定与各项制度，掌握评估指标体系，统一打分标准和评估工作的基本程序。

5. 每一个单位的检查验收实际时间（不含往返路程和其他与评估无关的活动）不得少于三天。

6. 分院对学区，学区对辅导站的检查验收工作，必须逐个进行，不得抽查了事。

7. 总院对分院进行的学区检查验收工作，分院对学区进行的辅导站检查验收工作，要进行抽查。

8. 自评和检查评估均须评出优秀、良好、合格、不合格四类，没有分类或优秀超过20%—25%者，不予验收。

9. 对经检查评估存在问题仍较严重或定为三四类的单位，分院应对其分别做出限期改正，减少招生名额，暂停招生，直至取消办学资格的处理。

10．1997年7月，全院开始评估工作以来，因管理不善，函授教育办学过程中发生重大责任事故，或办学人员严重违纪违法，造成恶劣影响，又未严肃处理的单位，不论其他项目的评估结果如何，均应以评估不合格单位论处。已经做了严肃处理的单位，当年评估降低一个等级。

同志们，党校函授教育评估工作，已经健康地开展起来了。我相信，通过这次会议同志们的共同努力，党校函授教育评估工作任务，一定能够圆满完成。我们的这个目标一定要达到。我们的这个目标一定能够达到。

（王德夫）

关于1999年的党校函授教育评估工作

——在中央党校第二次函授教育评估工作会议上的报告（摘要）

（1998年12月21日）

中共中央党校函授学院副院长 刘利群

1999年党校函授教育评估的基本任务是：以十五大精神为指导，以贯彻落实胡锦涛同志关于办好党校函授教育的重要指示为指针，按照总院的统一部署和要求，各分院和直属学区于1999年上半年基本完成自我评估；总院从下半年开始，有计划、有步骤、分期分批地对分院和直属学区的自我评估进行检查验收。

1999年，分院评估工作即将全面展开，函授教育评估工作即将进入关键阶段。为做好分院评估工作，总院做了一系列准备：制订了适用于分院和直属学区评估工作需要的《中央党校函授教育评估指标体系》，并由中央党校办公厅印发各地；组织了河北、吉林、甘肃、四川、湖北、安徽6个分院进行试点；9月下旬，又在河北省廊坊市委党校召开了分院评估试点工作座谈会，总结分院评估试点工作经验。为了做好分院的评估工作，全面完成评估工作任务，要进一步认识分院评估工作的重要意义，把握分院评估工作的特点，明确分院评估工作的预期目标。

（一）分院评估工作的重要意义。

1．必须从大局的高度、战略的高度来认识分院评估乃至整个党校函授教育评估的意义。什么是大局呢？国际大局是和平与发展。当代的重要特点是政治格局多极化和经济全球化，特别是科学技术日新月异，知识经济已见端倪，以知识为基础的综合国力竞争日趋激烈。国内的大局则主要是社会主义的改革开放和现代化建设。党的十五大以后，我们进入了改革的攻坚阶段和发展的关键时期。干部素质问题、人才素质问题比任何时候都显得更为突出。因此，培养好面向21世纪的合格的党政领导干部和各种人才，已经成为我们党校教育包括党校函授教育的大局和主题。特别是在党校脱产培训容量有限的情况下，胡锦涛同志要求我们坚持正确的办学方向，提高办学质量，更好地为培养党的高素质干部队伍服务。这就进一步明确了党校函授教育的历史地位，明确了全面提高干部素质是党校函授教育的崇高历史使命和严肃的政治任务。我们必须从这个高度来认识开展党校函授教育评估包括分院一级函授教育评估的意义。要增强大局意识，认清我们的历史责任，通过分院评估，进一步解决函授办学中存在的某些不容忽视的问题，坚持正确的办学方向，提高办学质量，更好地为培养党的高素质干部队伍服务。

2. 分院评估是加强科学管理、规范办学行为、提高办学质量的有效手段。通过评估，可以进一步健全、完善和落实各项规章制度，促使函授教育更好地实现科学化、制度化、规范化管理。

3. 分院评估是提高全院整体办学水平的重要环节。分院在中央党校函授教育办学网络中处于总院与地方"结合部"的地位，起着承上启下的重要作用。它既是总院办学方针、规章制度、教育计划以及各项指示的贯彻执行者，又是所在区域、系统内党校函授教育的领导和组织者，具有双重职能。它负责所属各办学单位函授教育办学活动的运转、各种班次教学计划的实施，保证总院制定的方针、计划、制度的全面贯彻落实，并对办学单位进行指导、检查，对于提高所在区域、系统的整体办学水平和办学质量起着决定性的作用，在党校函授教育办学网络中是重中之重。认真抓好分院的评估，就牵住了牛鼻子，对于提高全院函授教育整体办学水平和教学质量，有着十分重要的意义。

4. 分院评估还是提高整个党校函授教育办学水平的重要环节。分院不仅处于总院与地方"结合部"的地位，而且还处于中函与省函"结合部"的地位。由于实行"一套人马，两块牌子"的体制，分院一级机构，实际上又是省函的"司令部"，还承担着进一步规范省函的任务。应该利用这次中函开展教育评估的机会，结合进行省函的教育评估。这是分院评估的一个重要特点和特殊意义所在。

（二）分院评估工作的特点。

分院评估与学区、辅导站评估相比，具有许多共性的东西，它们都是党校系统的函授教育评估，但是，由于分院在党校函授教育系统中的地位不同，有其不同于学区和辅导站的特点。只有把握这些特点，才能搞好分院的评估。

1. 要联系学区和辅导站的办学状况评估分院自身。分院自我评估主要是评估分院自身的办学水平和办学质量，特别是分院履行职责的能力。但分院又是一个办学网络，它包括分院、学区和辅导站三级，其办学水平和教学质量必然要在学区和辅导站的办学中表现出来。分院履行职责的能力，不仅要看分院的组织、领导和管理，还要看学区、辅导站办学的效果。因此，分院自我评估，既不能以学区、辅导站的评估代替分院自身的评估，又不能脱离学区、辅导站的办学状况，孤立地就分院评估分院。只有联系学区、辅导站的办学状况，才能准确地评估分院。

2. 学区、辅导站办学中的问题，要从分院的管理中找原因。学区和辅导站办学中存在的问题，反映出分院在领导和管理中存在着某些薄弱环节，所以分院负有一定的责任。但是，又不能简单化地把学区、辅导站存在的问题全部看作是分院的问题。因为党校函授网络实行分级管理，上级党校依托下级党校设立函授机构，办学中的诸多问题，必须依靠所在党校才能解决，单靠分院是不能全部解决的，所以办学单位及其所在党校也有一定责任。因此，需从实际出发，对具体问题进行具体分析。

3. 通过分院的评估进一步推动学区和辅导站的整改。分院的整改不仅仅是分院自身的整改，而且是分院整个办学网络的整改。它应该也必将推动学区与辅导站加大整改力度。

4. 分院自我评估是一次全面的自我检查、自我总结和加强自我管理的过程。这就要求分院主动地动员学区来评估分院，请学区帮助分院找差距，对分院提出批评和建议。分院领导必须虚心听取各种意见，认真分析原因，切实改进工作。

5.分院评估实质上是对党校工作的一次检查与评估。函授教育是党校教育的重要组成部分，函授工作是在校委领导下，党校全体员工直接或间接参与下进行的，分院评估的主要内容，诸如办学的指导思想、专职人员的配备、师资队伍和管理队伍的建设、电化教学和办学设施的改善、财务管理的加强，都与校委领导和党校各部门有关。这就要求校领导高度重视分院评估，切实加强领导，并动员全校员工广泛参与和支持分院评估工作。

（三）分院评估工作的预期目标。

分院评估的预期目标，概括地说就是提高整体办学水平和办学质量。分院要以评估为契机，有效地促进整体办学水平上一个新台阶。具体说来，要重点抓好以下四点：

1.进一步端正办学指导思想。

各分院和直属学区要在评估中对照评估指标体系，找出办学指导思想上存在的主要问题，认真把它解决好。要随着党校函授教育事业的发展和形势的变化，不断解决办学指导思想上出现的新问题，坚持正确的办学方向。

2.强化教学管理，全面提高教学质量。

各分院与直属学区要把教学质量作为评估工作的重点，认真找出教学各个环节上存在的差距，采取有效措施，把教学质量明显提高一步。

3.进一步提高管理的科学化、制度化、规范化程度。

实现科学化、制度化、规范化管理是教学管理规律的要求。各分院和直属学区要在不违反总院各项规章制度的前提下，总结自己的办学经验，创造性地建立和健全自己的规章制度，并认真贯彻落实。同时，要以评估指标体系为标准，切实规范办学行为，从而使管理的科学化、制度化、规范化程度再提高一步。

4.加强办学队伍建设，进一步提高办学主体素质。

各分院和直属学区要以评估为手段，努力实现总院提出的提高办学主体素质的总目标，使办学队伍建设进一步加强，办学主体素质明显提高，办学队伍中存在的主要问题基本得到解决。

要进一步抓好函授教育评估工作

——在函授教育评估工作会议上的总结（摘要）

中共中央党校校委委员、函授学院院长　孙钱章

这次会议，应该说是一次开得很好的会议。会上两个报告、八个经验介绍、六个小组的讨论发言，代表们普遍反映很好。为什么要开这个会？张志新同志和刘利群同志都讲了。下面我讲几个问题。

一、关于评估工作的重要性

1.我们办学13年，可以说是从无到有、从小到大，建立起了一套相对完整的体制、机制。这套体制和机制运行到现阶段，到底情况怎么样？如果没有大量的数据、没

有大量的事实作依据，就难以作出准确的判断和评价，从而也就难以做到针对存在的不足采取有效的改进措施。所以，要通过评估，对办学以来的情况尤其是现状作个正确的评价，以便进一步推动工作。

2. 进行评估是按教育规律办事的要求。我们常说，要认识规律，按规律的要求办事。那么，党校函授教育的规律是什么？也就是说事物内在的必然的本质的联系是什么？怎么证明我们是认识了规律并按规律的要求办事了呢？比如说，以教学为中心的问题，整个管理的体系，其内部的基本结构，我们的教学管理，它们的规律是什么？怎么证明我们认识到了这些规律、并按这些规律的客观要求办事了呢？这些都需要通过评估来正确认识。

3. 评估工作是提高教学质量的要求。首先是办学质量，包括办学的基本指导思想、办学的运行机制等等。要用办学的高质量来保证我们的教学，用高质量的教学来保证我们学员学习的质量。办学质量、教学质量始终体现在学员学习的质量上。这是密切联系的三个方面，但其核心问题是教学，最后体现在学员的学习质量上。那么，我们的办学水平和质量如何？学员的总体学习水平和质量如何？要准确地回答这些问题，就要进行评估。应该说，评估是我们不断提高办学质量，从而保证教学质量、保证学员学习质量的客观要求。

4. 评估工作是函授教育向高层次发展的要求。我们办学到现在已经进入第十四个年头，整个国际、国内形势的发展对我们提出了新的要求。现在，我们面临着激烈的竞争，同时也有很多的机遇。应如何从目前的实际情况出发，适应新形势的要求，使函授教育向高层次发展？要明确这一点，就需要进行评估。评估工作就是向更高层次跨越的一次重要准备，是回顾检查总结，从而为下次飞跃进行的必要准备。

5. 评估工作是工作部署的需要。今年召开的评估会议，重要的有武汉会议和这次会议。应该说，学区、辅导站的评估到现在已基本告一段落。现在学区、辅导站的评估情况怎么样，需要我们冷静地考虑和认真地总结。在这个基础上，这次会议要布置分院的评估工作。

二、几点要求

1. 要结合中央的战略考虑、结合胡锦涛同志一系列指示的精神、结合我们的实际，进一步消化这次会议上张志新同志的报告和刘利群同志主题报告的精神。回去后要向有关领导同志汇报，向主管校长、主持日常工作的常务副校长汇报。汇报后要与领导同志共同研究如何传达贯彻这次会议精神。

2. 要进一步建立健全组织，把函授教育评估工作搞好。建议主持日常工作的常务副校长亲自挂帅抓评估工作。评估虽然是函授教育的评估，其实是党校建设的客观需要。通过评估可以促进市、县、区党校的建设，也可以促进省级党校的建设。所以，要把这次评估作为促进和加强党校建设的一个环节。

3. 要深入分析，找出存在的问题，边整边改。深入分析，找出问题，不仅是胡锦涛同志指示的要求，也是我们办学人员应该做的。我们党有一条不成文的规矩：一百件事，做对了是应该的；如果一百件事中有一件做错或不完善，该打板子就要打板子、该自我批评就得自我批评。一个组织或一个人，躺在成绩上是绝对没出息的。我们办学这么长时间，确实取得了很大成绩，也得到中央领导同志以及社会的肯定。但是，我们应该认识到这是对我们的鼓励。我们应该考虑，哪些事情做得还不完善，还存在什么问题？原因何在？怎么改正？这才是促进事业不断发展的重要思维方式。在办学问题上，我们仍然还有一些深层次的问题需要反省。如专业课程设置是否适应形势发展的要求？我们的教务管理工作、考风考纪以及学籍管理做得怎么样?再比如,我们的管理体制,胡锦涛同志讲要规范,怎么规范、规范什么、为什么要规范?我主张全方位多层次地对一个事物进行分析。我在研究领导科学、管理科学过程中形成这么一个基本观点:任何一个比较大的社会问题都是多种原因在一个长时间或较长时间内逐步形成的,要解决一个比较大的社会问题或我们办学中比较大的问题,必须从相关方面创造条件,才能解决好,单一的措施是不行的。对外说,我们不能护短。对我们自己来说,关键的关键不在于看成绩,而在于不断地发现、分析并采取措施解决问题。对于问题的发现、分析,提出解决问题的办法,是一个过程。有一个问题是不容忽视的,那就是办学指导思想问题。不要就函授教育谈函授教育,要把它纳入到全党全国乃至全世界的战略格局中来认识。在这个问题上是不是认识统一了,认识达到怎样的高度和深度?要找问题、分析问题,边整边改。评估是一种手段,目的在于提高整体办学水平、提高总体教学质量,从而保证学员的学习质量。学员的素质、水平提高了,推动了事业的发展,我们从事教育工作的价值就能得到应有的体现。

三、下一步评估工作的做法

为了搞好分院评估检查验收工作,我们首先抓了三个验收试点单位:湖北分院、河北分院、甘肃分院。明年"五·一"后开始试点验收。随后,吉林分院、辽宁分院、四川分院、安徽分院、广东分院陆续开始检查验收工作。这只是个大致设想,其他分院不要等,该做的要按照会议的精神做。条件成熟的,可以向总院提出验收申请报告,总院将按照成熟一个、验收一个、分期分批的办法抓紧进行分院评估的检查验收工作。

四、关于部队的评估

12 月 21 日部队在广州开了中函全军函授教育工作会议。这次会议的主要内容是汇报交流和研究下一步的工作、评估问题以及考前的一系列问题。部队的办学,领导很重视,在进一步朝理顺关系的方向发展。从他们的办学质量和办学水平来看是有很大进步的,但也存在一些不容忽视的问题。对一些薄弱的环节,他们也在采取措施改进工作。地方对部队办学中存在的问题感到着急,这是对党负责的态度,是对部队爱护的心理。但是,对这个问题我不主张过多地讲,我更不主张笼统地讲部队、地方。是哪个分院的问题就讲哪个分院,笼统地讲大概念不科学。我主张,管好自己的人,看好自己的门,办好自己的事。

【第一次全院函授教育评估工作会议】 4 月 8 日至 10 日,总院在武汉召开了函授教育评估工作会议。出席这次会议的有部分省级党校的常务副校长、老校长、分管副校长和 28 个省、市区分院的院长或副院长,以及总政全军党校函授教育办公室的同志和总院的有关同志,共 56 人。孙钱章院长在会议开始和结束时讲了话。视导委副主任王德夫作了工作报告。湖北省委党校常务副校长周大仁讲了话。

湖北、辽宁、天津、安徽、河北、广西 6 个分院的代表在大会上介绍了各自开展评估工作经验;全体代表实地考察了湖北分院黄冈学区的自我评估工作。

这次会议主要分析了评估工作的形势,统一思想认识,研究解决评估工作中存在的问题的对策,提出了防止评估走过场的十项措施,部署了 1998 年的评估工作。这次会议对全院评估工作的健康发展产生了积极的影响。

(王德夫)

【总院召开党校函授教育分院评估指标咨询研讨会】 总院于 6 月 4 日至 5 日在北京召开了函授教育分院评估指标咨询研讨会。应邀参加会议的有：严家栋（上海市委党校原常务副校长、华东区联合视导组组长）、曹明远（辽宁省委党校原常务副校长、东北区联合视导组组长）、周诚圭（湖北省委党校原教育长、分院视导组副组长）、王栾周（吉林省委党校校委委员、教育长）、张长云（安徽省委党校原教育长、分院顾问、视导组组长、华东区联合视导组成员）、林大烈（北京市委机关工委副书记、分院院长）。中央党校副校长张志新出席会议并讲了话。总院领导孙钱章、史信发、黄士安、刘利群同志及总院机关有关人员也参加了会议。

与会同志对会议提供的《中央党校函授教育评估指标体系》（适用于分院和直属学区）（修改稿）展开了热烈的讨论。提出了不少有益的意见，对这个指标体系的修改和完善发挥了积极的作用。（王德夫）

【总院召开分院评估试点工作座谈会】 9月24日至26日，分院评估试点工作座谈会在河北省廊坊市委党校召开。参加会议的有河北、吉林、甘肃、四川、湖北、安徽6个试点分院的负责同志，六大区联合视导组长，以及河北省委党校和廊坊市委党校的有关同志，共20多人。中央党校副校长张志新，函授学院院长孙钱章、副院长刘利群出席会议并讲话。

这次会议主要是交流分院评估试点工作经验，研究如何搞好分院的评估工作，不断把教育评估工作引向深入的问题。会上，河北、吉林、甘肃、四川、安徽、湖北等6个分院介绍了开展教育评估工作的经验，与会同志进行了认真深入的讨论。达到了预期的目的。（王德夫）

【第二次全院函授教育评估工作会议】 12月21日至23日，总院在厦门召开第二次函授教育评估工作会议。各大区联合视导组组长，部分省常务副校长，分管副校长，各分院负责人，总院有关人员出席会议。张志新副校长到会作了讲话，刘利群副院长作题为《提高认识，严格要求，切实作好分院函授教育评估工作》的工作报告，孙钱章院长作会议总结。8个试点单位（含部队）介绍了分院自评经验，6个小组代表在大会上发了言。

这次会议主要是，高举邓小平理论伟大旗帜，以党的十五大精神为指导，以胡锦涛关于党校函授教育一系列指示为指针，检查武汉会议精神落实情况，总结前段评估工作，交流分院评估试点工作经验，商讨部署1999年度以分院自评和验收为中心的全院函授教育评估工作任务。

会议认为，武汉会议以后，各分院进一步提高了对评估工作的认识，认清了全院评估工作的形势、明确了存在的问题和工作任务，认真按武汉会议要求开展评估工作。学区和辅导站的评估验收工作，大多数分院已基本结束，有的分院正在补课；分院一级评估试点工作已取得初步经验，即将全面展开。党校函授教育评估工作已经进入关键时期，1999年评估工作任务是艰巨的。

会议指出，1999年全院评估工作的基本任务是，以十五大精神为指导，以落实胡锦涛关于党校函授教育的一系列指示为中心，按照总院的统一部署和要求，各分院和直属学区要于1999年上半年基本完成自我评估；从下半年开始，总院将分期分批地一个一个地对分院和直属学区的自我评估进行检查验收。争取在1999年底基本完成对全国各分院（不含部队分院）和直属学区的评估验收工作。

为保证1999年分院评估工作任务的顺利完成，会议对分院评估的预期目标、方法步骤、基本要求，作出了明确规定。

（王德夫）

办 学 队 伍 建 设

加强两支队伍培训工作的通知

各分院、直属学区：

为了深入贯彻落实中央领导同志关于党校函授教育工作的一系列重要批示和中央党校校委的指示精神，提高管理人员和教师队伍的整体素质，全面提高党校办学质量，必须进一步加强对管理干部和教师的培训工作。现特提出如下要求：

一、要高度重视培训工作，充分认识全面提高管理人员和教师队伍的整体素质，对于搞好培训工作，促进函授教育事业健康发展的重要性及其深远意义。要把培训工作列入重要议事日程，定期分析研究情况，作出具体安排，检查落实。

二、要有一位领导分工负责培训工作，并指定一个部门或专职干部负责制定本单位的阶段性培训规划和年度培训计划，有计划、有步骤地积极开展培训工作。

三、要设立专项培训经费，加大人力、财力、物力的投入，为培训工作的顺利进行，创造必要的物质条件。

四、每次进行培训前，将培训时间、地点、内容、对象和人数报总院培训办公室。总院将给予配合。各单位每次培训结束后，要将培训工作总结及时报总院培训办公室。

五、请将你单位负责培训工作的领导姓名、部门、电话和制定的阶段性培训规划、年度培训计划，于9月31日前报总院培训办公室备案。

以上各项，望各单位结合实际情况，研究制定措施，抓紧落实。总院将对各单位的培训工作，列为进行教育评估的重要内容，作为衡量综合办学能力、评定办学规模的主要依据之一。

中共中央党校函授学院

1998年6月30日

在中央党校函授学院管理干部培训班开班典礼上的讲话

（1998 年 7 月 16 日）

中央党校函授学院副院长　刘利群

同志们：

中央党校函授学院管理干部培训班，今天开班了。首先让我代表中央党校函授学院，向出席今天开班仪式的各位领导同志和参加这次培训班学习的全体同志表示热烈的欢迎。参加这期培训班的有吉林、辽宁分院的负责人和学区主任，有黑龙江省的分院和直属学区负责人及部分辅导站站长，共 102 人。对这期培训班，吉林省委党校校委和吉林分院非常重视，采取多种措施，为我们提供了热情周到的服务和创造了良好的学习条件，让我代表总院和参训的全体同志，向他们表示衷心的感谢。

同志们，党校函授教育肩负着为党培养高素质干部队伍的重任。培养高素质的干部，是我们党校函授教育的办学宗旨，也是我们的神圣使命和根本任务。要完成这一根本任务，必须把坚定的政治方向放在首位，持续不断地端正办学指导思想，只有这样，才能确保我们的教育质量不断地提高。同志们，质量问题，对党校函授教育来说，是生命攸关的大问题。对此，胡锦涛同志已对党校函授教育作过多次批示和指示，期望我们把工作做好。我们认识到，要提高和保证党校函授教育的质量，很重要的一点，就是必须加强办学主体队伍的建设，全面提高办学队伍的自身素质。在我们办学过程中，只有办学主体队伍的素质提高了，才能保证实现我们的办学宗旨，才能为党培养出合格的高素质的干部。我们常说，打铁先要自身硬，教育者必须首先受教育。从事教育工作的人，唯有自身素质高，才能有能力有本事，不辱历史使命，不负党和人民的重托，培养出高素质的学生。否则的话，就无法正确地“传道、授业、解惑”，就难以为人师表，就难以担当起培养高素质干部队伍的重任。因此，总院决定加大办学主体队伍的培训力度，提高办学主体队伍的素质。为此，总院不仅设立了培训办公室，而且在山东烟台建设了 23000 多平米的培训基地。同志们，我们今天举办这个培训班，目的就是为了深入贯彻落实胡锦涛同志的重要批示和指示精神，进一步提高大家对党校函授教育事业重要地位的思想认识，进一步端正办学指导思想，以“强化办学队伍建设，提高办学主体素质”为主题，加强学区建设，使大家的认识水平、领导水平、业务水平和管理能力再提高一步，以适应为党培养高素质干部队伍的需要。

同志们，为什么培训学区主任呢？因为学区在我们党校函授四级办学管理网络中占有重要地位。学区不仅是承上启下的重要环节，而且具有教学和管理的双重职能。总院的决策和分院的管理措施，必须通过学区向下贯彻落实。学区既要承担具体的教学实施任务，又要承担对所属辅导站的管理任务。

学区是处于教学与管理第一线的办学实体。学区的教育与管理状况如何，直接影响全院函授教育的质量。学区既然具有这样的重要地位，而各位又是学区的主要负责人，是领导者，所以只要各位的思想政治素质水平、领导水平、业务能力提高了，同时领导和带动起一班人，那么学区和所属辅导站的教学质量和管理水平就会有一个新的起色，工作就能上一个新台阶。

同志们，这次培训班，要重点学习党的“十五大”报告精神，学习江泽民同志关于培养高素质干部队伍的有关论述，学习胡锦涛同志关于党校函授教育的重要批示和指示，还要认真学习《中共中央党校函授学院管理制度汇编》。另外，还要请中央党校校委委员、副教育长、博士生导师王瑞璞同志、中央党校函授学院副院长刘利群同志、中央党校函授学院教材编研室主任、教授高金海同志和吉林分院院长高国田同志分别作专题报告。其间，还要安排分组座谈研讨、大会经验交流，还要进行结业考试。为了使大家有劳有逸，中间安排两个半天的参观考察。整个培训班，一共七天时间。

同志们，这次培训班，时间紧、内容多，希望大家珍惜这次学习机会，安下心来，集中精力，认真学习有关规章制度，用心听取专题报告，积极参加座谈研讨，吸取别人的先进经验。通过学习，争取每位同志都有收获和提高。

预祝这期培训班圆满成功。谢谢！

强化办学队伍建设　提高办学主体素质

——在中央党校函授学院管理干部培训班上的总结

（1998年7月22日）

同志们：

我们这一期管理干部培训班就要结束了。首先，我代表全体参加学习的同志，对吉林省委党校和吉林分院的同志，在这次培训班期间，所给予的大力支持和热情周到的服务，表示衷心的感谢。现在，我就这期培训班的学习情况作一简要的总结。

参加这期培训班的有辽宁分院、吉林分院的负责人和学区主任、副主任，有黑龙江农场总局、北安农管局、黑龙江国防工业等分院的负责人和辅导站站长，有大庆、七台河、鸡西矿务局、双鸭山矿务局、鹤岗矿务局直属学区的负责人和辅导站站长，有吉林分院和总院的工作人员，共计102人。

同志们，对学区和辅导站负责人进行培训，是总院贯彻落实胡锦涛同志关于党校函授教育的重要批示和去年十月工作会议精神的一项重要举措。目的是通过培训，进一步提高大家的政治思想素质和领导业务水平，进一步端正办学指导思想，以加强学区和辅导站的建设。办班七天来，全体参训同志以江泽民同志关于努力建设高素质干部队伍的讲话和胡锦涛同志关于党校函授教育的重要批示为指导，以“强化办学队伍建设，提高办学主体素质”为主题，认真学习了有关文件和总院的《管理制度汇编》；听取了中央党校校委委员、副教育长王瑞璞同志所作的《全面准确地把握邓小平理论》的专题报告，中央党校函授学院副院长刘利群同志所作的《党校函授教育面临的形势和任务》的专题报告，中央党校函授学院教编室主任高金海同志所作的《党校函授教育的特点、规律、体系、机制》的专题报告，中央党校函授学院吉林分院院长高国田同志所作的《学区建设与学区工作研究》专题报告。同时还就学习邓小平理论和党的十五大精神，深入贯彻胡锦涛同志的重要批示，端正办学指导思想，提高办学质量，加强办学队伍自身建设等问题进行了深入探讨；分析了当前办学主体队伍建设中存在的主要问题，研究了解决问题的措施和途径；交流了加强办学主体建设，当好学区主任的经验体会。在分组讨论的基础上，还有六位同志做了大会发言，介绍了他们办学中的管理经验，使参训同志深受启发。这期培训班，我们还收到了书面材料16份。这些材料从不同的侧面说明了很多问题，是同志们实践经验的总结升华，也是党校函授教育办学中的宝贵财富。今天上午，我们进行了结业考试，同志们不仅认真地回答了试题，还上交了一份内容丰富颇有见地的调查问卷。许多同志在问卷中紧密联系工作实际，指出了办学中存在的问题，找出了办学主体特别是管理干部综合素质上存在的差距，为把党校函授教育推上新台阶，提出了许多建设性意见。更难能可贵的是，有些同志对党校函授教育的长远建设阐述了许多深层次的战略性思考。对同志们的经验体会、建议、意见和战略性思考，我们将带回总院，认真地分析研究，使之上升到理论高度，指导我们的办学实践。

这期培训班，时间不长，内容却较丰富，达到了预期的目的。用同志们的话来说，这期培训班，办得及时，办得成功，使大家增加了信息接收量，提高了思想认识，开阔了办学视野，学到了经验，增长了管理水平和领导能力，必将对学区和辅导站建设起到推动作用。

总结这期培训班，主要收获有以下几点：

一、增强了深入学习邓小平理论，学习党的十五大精神，贯彻落实胡锦涛同志重要批示的紧迫感。同志们认真听取了王瑞璞同志关于《全面准确地把握邓小平理论》的专题报告，对邓小平理论的历史地位，邓小平理论的基本体系和基本要点有了更深的认识。通过学习邓小平理论，结合党校函授教育所面临的新形势和新任务，更感到进一步深入贯彻落实胡锦涛同志对党校函授教育所作重要批示的重要性和紧迫感。与会同志指出，在以往学习的基础上，结合新的形势要求再一次集中而系统地学习胡锦涛同志关于党校函授教育的重要批示，感到又有新的收获。同志们说：胡锦涛同志在短短的时间内，先后对党校函授教育作了七次重要批示，充分体现了中央领导同志对党校函授教育的高度重视和关怀。在批示中，胡锦涛同志既充分肯定了我们的成绩，也提出了不容忽视的问题，还指明了党校函授教育的正确方向，提出了严格的办学要求。这充分说明了办好党校函授教育，是加强党的建设，培养高素质干部队伍的百年大计，不仅有重要的现实意义，而且有深远的历史意义。我们必须深入持久地学习贯彻胡锦涛同志的重要批示，既要看到成绩又要看到问题，上至总院，下至分院、学区、辅导站乃至班组，都要千方百计地发现问题，分析问题，解决问题，使我们的管理水平、领导能力和办学质量在解决问题和开拓进取中不断提高。许多同志表示，贯彻落实胡锦涛同志的批示是一件长期的工作，回去后，一定要遵照胡锦涛同志的批示精神，认真地摆问题找差距，研究解决的办法，把各项工作搞得更好。

二、增强了办好党校函授教育的使命感。通过学习文件和听取讲座，同志们对当前的国际国内形势，有了新的认识。同志们说，世纪之交的当今世界正在发生着深刻的变革，经济全球化、信息社会化、知识产业化、教育终身化势不可挡。一个以知识经济占主导地位的新世纪正向我们走来。一个面向21世纪的世界性教育改革大潮正在兴起。各国都面临着激烈的国际竞争。这种竞争，实质上是人才的竞争，而归根结底又是教育的竞争。教育正深刻影响着人类的前途命运和历史的进程。大家一致认为，中国要想在激烈的竞争中立于不败之地，跻身于世界强国之林，就必须不断地培养大批高素质人才。其中，培养大批高素质党员领导干部的重担就责无旁贷地落在了我们各级党校、以及党校函授教育系统的肩上。这一历史重任极其光荣而艰巨，在座的各位同志有幸献身于党校函授教育事业，感到骄傲和自豪。同志们说，党校函授教育，我们只能把它搞好，不能搞坏，否则就会贻误时机，辜负党和人民的重托，对不起社会主义现代化建设的千秋大业。许多同志表示，回单位后一定要把工作做得更好、更细、更扎实，把学区和辅导站的教、学、管各项工作再向前推进一步，上一个新台阶。

三、进一步端正了“社会效益第一”，“教育质量第一”的办学指导思想。胡锦涛同志批示中告诫我们，“要坚持正确的办学方向，造就高素质的干部队伍”，这是对我们的极大信赖和期望，使大家深受启发和教育。同志们说，这是党校函授教育办学指导思想的集中体现。我们必须始终坚持把培养造就高素质干部队伍作为办学的唯一宗旨和根本任务，不能有丝毫的动摇。同志们还普遍认识到，我们办学存在这样或那样的问题，归根结底或多或少都与指导思想不端正有关。为了把党校函授教育办成全国第一流的成人教育实体，同时也为了在国内外成人教育的激烈竞争中立于不败之地，保证党和国家对德才兼备的高素质干部的需要，我们必须强化质量意识，视办学质量为党校函授教育的生命，把“社会效益第一”的思想贯穿于办学的始终，把“从严办学，质量第一”的方针摆在办学工作中的第一位，严把党校函授教育的质量关。

四、增强了科学管理意识，提高了执行管理制度的自觉性。《管理制度汇编》出版发行已经两年，这样坐下来集中时间，集中精力，系统地学习，对于许多同志还是第一次。密切联系本人的工作实际，边学习有关规定，边听取别人的经验介绍，管理意识得到了进一步增强。同志们深有感触地说，管理是一门大学问，管理出质量，管理出效益；管理不严，放任自流，就无法保证培养目标的实现。我们必须站在党校函授教育长远建设的战略高度，从为党为国家培养高素质干部队伍这个大局出发，充分认识科学管理的重要性，必须不断地克服管理上的模糊认识和薄弱环节，增强管理意识，把我们的管理能力、管理质量提高到一个新水平。

同志们还进一步认识到，强化科学管理必须依“法”治学，建立和执行严格的规章制度。总院通过十多年的办学实践，已经制定出一整套涉及教、学、管、考等诸多方面的规章制度。当然，它还有不尽完善之处，但总的来说，还是已见成效切实可行的。同志们说，这些规章制度是规范中函系统办学行为的准绳和依据，是我们办学的法规。我们必须熟记和掌握它的基本内容，坚决地贯彻执行，要依“法”治学，克服人治，克服一切不符合或违背各种规章制度的作法和行为。

五、增强了强化学区和辅导站建设的责任感。通过学习，大家进一步明确了学区、辅导站的性质、任务和它在“四级”办学管理网络中的地位、作用。大家知道，学区具有教学与管理的双重职能，既要承担具体的教学实施任务，又要承担对所属辅导站的管理任务。总院和分院，必须通过学区来联结大量的辅导站，总院的决策和分院的管理措施都要通过学区贯彻落实。学区是承上启下的办学实体，是关系到全院办学质量的关节点。党校函授教育的办学方向和办学方针、教学计划和教学意图、规章制度和管理措施等，归根到底要靠学区和辅导站来坚持、实现和落实。因此说，学区和辅导站处于教、学、管的第一线，是党校函授教育的基础。学区与辅导站教学与管理状况如何，直接影响党校函授教育的质量。学区和辅导站的面貌是人们判断和评价党校函授教育的一个重要窗口，体现着党校函授教育的形象。学习期间，同志们还用学区、辅导站所处的地位、应发挥的作用来衡量自己的工作，感到作为一个学区、一个辅导站的主要领导，肩负着很重的任务，领导者的综合素质和工作实践太重要了。同志们说，党和人民把一个学区、一个辅导站交给我们，我们必须倾全力把它管好、建设好，绝不能辜负党和人民对我们的期望。

同志们，大家的收获可能还有许多，但这一期培训班仅仅是一次短暂的加油或充电，不可能把所有问题都研究得很透彻，也不可能把我们的领导能力和管理水平一下子提得很高。我们只能把这次学习看作是一个新起点，把别人的经验带回去，在今后的工作中，继续努力学习、深入钻研，不断提高自己的综合素质和领导水平，带动本部门的一班人，把学区、辅导站的教、学、管各项工作做得更好。为此，向同志们提出以下几点希望：

一、希望同志们注意总结办学经验，不断研究探索党校函授教育的特点、规律、体系和机制。党校函授教育是一项崭新的事业，没有现成的经验可供借鉴。党员干部在职在岗学习，既不同于普通的国民教育，又不同于一般的成人教育，有其固有的特点和规律。为了推动这项崭新事业的蓬勃发展，为了使它健康成长，党校函授教育战线上的每一位同志，特别是各级领导同志，要把党校函授教育纳入到全党全国乃至全世界的战略格局中去思考，而不能仅仅就函授而论函授，绝不能埋身于具体事务，满足于忙忙碌碌，要不断加强调查研究、总结经验，研究、探索并掌握党校函授教育的特点和规律，逐步建立和不断完善与之相适应的体系和机制，使我们的各项工作更具有计划性、科学性和预见性。

二、希望同志们不断端正办学指导思想，及时查找并解决办学过程中出现的不容忽视的问题。实践证明，我们不论哪个管理层级，它的主要负责人办学指导思想端正与否，对办学质量的好坏至关重要。通过这次培训，大家对端正办学指导思想之重要有了新的认识，但还不能满足。端正办学指导思想，是我们办学过程中一个带根本性的永恒课题，是维系党校函授教育的生命线。正如前面谈到的，仔细想想，办学过程中已经或正在出现的一些问题：比如办学中不敢严格管理，两支办学主体队伍数量不足、素质不高，管理机构不健全，资金投放不到位，没有做好以学养学等问题，或多或少、直接间接都与办学指导思想不够端正有关。因此，我们要切记胡锦涛同志的重要批示，经常地学习有关的文件和规章制度，学习总院、分院的有关规定和要求，不断对照检查办学中存在的问题，并及时地加以改正和克服。要切记小道理要服从大道理，局部服从全局，不但领导同志要这样做，每一个工作人员都要这样做。只有这样，才能不断地端正我们的办学指导思想，提高我们的管理水平和办学质量。

三、希望同志们狠抓规章制度的贯彻落实，把管理水平、管理质量再向前推进一步。众所周知，我们已经制定了一套比较科学、完整、切实可行的规章制度，现在的关键在于认真贯彻执行。正如胡锦涛同志所言："有管理制度是好的。但最重要的是下大力量去抓，使之真正落实。不落实，制度也是空的"。这一批示非常重要，切中要害。

谁都懂得无法不行，有法不依更不行。规章制度再好，不贯彻落实，无异于废纸一张。我们办学过程中出现的问题，很多是疏于管理所致。究其原因往往并非规章制度不健全，无“法”可依，相反，多数是管理者管理意识、“法”治观念淡薄，或怕得罪人，有章不循所致。

怎样才能使各项规章制度得到贯彻执行和全面落实呢？首先，要提高我们各级领导同志的认识，增强“法”治观念，强化管理意识，坚决照章办事，不搞实用主义，杜绝随意性。勿庸讳言，办学过程中，有许多具体问题，比如托人情，拉关系，面子等等，有些事不办也很难，但是我们要认真考虑一下，不该办的就要坚持原则，不能因小失大，不能因眼前某些问题的解决而影响党校函授教育的声誉。有时鱼和熊掌不可兼得，因此，凡涉及原则问题，关键时刻要能咬牙挺住。要顾全大局，要在制度面前人人平等，不搞特殊照顾，不怕得罪人，不但敢管，还要会管，要讲方法、讲策略、讲原则，最终是坚持原则。其次，不仅领导这样做，还要教育全体管理人员都要这样做。要组织他们认真学习《管理制度汇编》，做到人人知法、懂法、守法，坚持廉政自律，不搞以权谋私，把我们的各项工作置于各项规章制度的严格约束之下。

四、希望同志们有计划、有步骤地搞好培训工作，加强两支队伍的建设。今年十月工作会议的主题已经确定，就是“强化办学队伍建设，提高办学主体素质”。同志们，培养造就高素质的干部队伍，必须有高素质的管理人才和高素质的教师队伍。目前，有些单位管理人员数量不足，既懂教育又会管理的高素质管理人才更少。与办学要求相比，现有管理人员的政治思想素质、业务水平和管理能力都有待于进一步提高。我们教师队伍的知识结构、专业结构和教学水平，以及文化素质、教师道德修养、成人教育教学法等，也需要进一步调整和提高。总之，两支办学主体队伍的整体素质，还不能完全适应党校函授教育的客观要求和教学改革形势发展的需要。对此，大家的体会一定更深。因此，我们一定要做到密切注视教育改革的发展动态，看到终身教育正成为当今世界教育发展的潮流。为了适应社会飞速发展对知识和能力的需求，人们已从一次学习发展为终身学习，以求不断发展，全面发展，适应社会。成人教育是终身教育的一个重要组成部分，已成为进入 21 世纪的钥匙和促进人全面发展的重要手段。同志们，形势逼人，竞争激烈，我们要想立于不败之地，首先要提高办学主体的素质，使教育者先受教育，其中包括做好培训工作，强化两支队伍建设。今年，总院设立了培训办公室和培训基金，烟台培训基地正在抓紧施工，可望年内启用，最近又下发了《关于加强两支队伍培训工作的通知》。这一系列举措，都是加强两支队伍建设的具体行动。总院举办的这期东北三省管理干部培训班，就是这种思想的具体实践。这期培训班从下发办班通知开始，培训办公室又与参训单位多次联系办班事宜，要求按总院要求参加学习，但是仍有些单位，如辽宁分院所属有 5 个单位，黑龙江农垦局分院有 7 个单位，黑龙江北安农管局有 9 个单位没有参加培训班学习，对于这个问题，请有关分院领导了解一下，希望他们加强认识，提高增强自身素质的自觉性。希望各分院、学区、辅导站，要按照总院《通知》的要求，指定专人负责，加大培训力度，从本省、本地、本县的发展大局考虑，制定本单位的培训规划和实施计划，分期分批地培训两支队伍。要将培训工作开展情况及时通报总院培训办公室，使四级办学管理网络形成联动、互动。我们这期培训班结束后，要求各分院、直属学区，协同学区开办本单位所属的辅导站管理人员培训班，并于今年 10 月底，将所办的培训班的基本情况及达到的目标成果，以文字材料报总院培训办公室。同志们，让我们共同努力，经过一个时期，逐步建立起一支政治强、业务精、作风正、效率高的管理人员队伍和一支专业结构合理、政治思想过硬的高素质、高水平的教师队伍。

五、希望同志们加强自身的思想道德修养，做到敬业爱岗，率先垂范。同志们都是各单位的领导，既要抓教学又要抓管理，既要管学员，又要管教员，既要管人，又要管物，担子重、责任大。我们自身工作的好与差，直接影响到两支队伍的建设，最终要影响党校函授教育的办学质量。这就要求我们个人的素质比一般管理人员的素质还要高。没有高素质的领导，带不出高素质的队伍；没有高素质的办学主体就培养不出高素质的干部。打铁先要自身硬，这是不言而喻的老生常谈，但真正做到就不容易了。希望同志们从自身做起，当一名党校函授教育战线上的合格的领导者，并以此共勉。

最后，我还要着重讲一下，本期培训班所以成功，除了全体同志们的共同努力之外，一个重要的因素是得到了吉林省委党校的大力支持，从一个月前开始筹备办班时起，吉林省委党校校委就给予了高度重视，不仅热情欢迎总院到长春来办班，欢迎东北地区各分院、学区和辅导站的同志们到吉林省委党校来参加培训，还指定专人分工负责，配合总院工作。不仅在住宿、饮食、交通、医疗等方面提供了热情周到的服务，校领导还参加开班典礼，高国田院长还给大家讲了生动的一课。对此，同志们感受至深，溢于言表，我谨代表全体参训同志，代表总院的工作人员，再次向吉林省委党校领导、向吉林分院的同志以及各位做后勤服务工作的同志表示衷心的感谢。

（王敏生）

充分发挥办公室参谋助手作用
努力提高党校函授教育办公室工作水平

——在1998年3月办公室主任座谈会上的发言

中央党校函授学院院秘书兼院长办公室主任　张东升

十五大的灵魂是高举邓小平理论的伟大旗帜，团结和带领全党全国人民把建设有中国特色社会主义事业全面推向21世纪，一定要把党建设好，关键是要有一支高素质的干部队伍。当今世界国际竞争的焦点，是综合国力的竞争，是人才的竞争。十五大强调，要大力发展教育和科学，积极发展各种形式的职业教育和成人教育。社会主义初级阶段的基本纲领，包括有政治建设、经济建设和文化建设，建设有中国特色社会主义的文化，是综合国力的一个重要标志。我们党校是从事文化建设的重要阵地，通过党校教育，坚持马列主义、毛泽东思想、邓小平理论作为指导思想，培养大批的合格人才，推进社会主义事业不断前进。党校函授教育是党校教育的重要组成部分，也是十五大强调要积极发展的一种成人教育。中央关于新时期加强党校工作的决定和指示，胡锦涛同志关于党校函授教育工作的一系列指示精神，进一步明确了新形势下党校工作和党校函授教育的历史使命、指导思想、培训目标和基本任务。我们这次会议的任务，就是根据上述指示精神，紧紧围绕努力发挥办公室的职能作用这个中心，学习文件，提高认识，交流经验，研究探索努力发挥参谋助手作用的途径和措施，以不断提高办公室的工作水平，更好地为党培养高素质干部队伍贡献力量。

一、关于函授学院（分院）办公室的性质、任务、作用问题

江泽民总书记等中央领导在全国省、自治区、直辖市委秘书长座谈会上，对办公厅（室）的性质、任务、作用等问题作了深刻的阐述。在性质问题上，江泽民同志说："办公厅是党委的左右手，是一个综合部门"，"是一个要害部门"，"办公厅是上情下达、下情上达的枢纽"，"办公厅处在承上启下的地位"。在任务问题上，江泽民同志说："办公厅至少有这样一些任务：一是为领导提供情况，二是领导决策以后参加贯彻实施，三是对党委决策前后出现的一些矛盾进行协调，四是承担处理领导机关的一些日常事务"。在作用问题上，江泽民同志说，当前要特别强调发挥好这样几个作用：一是参谋助手作用，二是督促检查作用，三是协调综合作用。江总书记的深刻阐述，对办公厅（室）的工作进一步指明了方向，提出了更高的要求，也寄以殷切的期望。

江总书记所阐明的对办公厅（室）工作有普遍指导意义的基本原则，同样适用于党校工作和党校函授教育。虽然党校函授教育办公室的工作不好与党委办公厅相比，但在基本的性质、任务、作用上是大体相同的。中央［1990］15号文件、［1996］11号文件明确规定：党校既是培养党政领导干部和理论干部的学校，又是党委的一个重要部门。党校所具有的这种双重性质，就决定了党校系统办公厅（室）既具有一般党政办公厅（室）的基本职能，同时又具有作为学校办公室的特点。所以，江总书记的讲话，对党校和党校函授教育办公室的工作同样具有重要的指导作用。我们要从党校函授教育的实际出发，结合自身特点，认真贯彻落实。

在发挥办公室基本职能作用问题上，总院领导指导思想是明确的，是贯彻和体现了中央领导同志和中央党校校委的指示精神的。指出：办公室是一个综合枢纽部门，是领导的参谋助手，并组建了院长办公室；狠抓整章建制，在总结过去函授教育工作的经验基础上，形成了各项规章制度和机关工作流程图，坚持按层级负责，按程序办事；坚持创造性思维，开拓式工作，加强调查研究，协助院领导研究和形成政策；坚持实事求是，敢于反映真实情况；协助领导起草好主要文件；特别强调要加强对党校函授教育特点、规律、体系和机制问题的研究，努力把党校函授教育提高到新的水平。总院领导对办公室提出的上述指导思想和基本要求，我们要认真学习贯彻，努力把办公室的工作提高到一个新的层次。

这样强调发挥办公室的参谋助手作用，决不是从办公室本身需要出发的。说到底，它是从完成党校函授教育所承担的重要任务的需要出发的，是为加强全局工作服务的。我们要完成这样重要的使命，要靠各级组织领导，也要靠各部门和全体工作人员的共同努力，充分发挥办公室的参谋助手作用，协助领导搞好各方面的工作，对完成党校函授教育的基本任务是有积极作用的。在这一点上，全院上下左右应该取得共识。

二、关于办公室的工作重点问题

在办公室工作的布局上，要处理好重点工作和基础工作的关系。

办公室既要发挥参谋助手作用，为领导

决策服务；又要发挥综合枢纽作用，为领导、学员和全院职工工作正常运转服务，哪一方面的工作都要搞好。总结过去工作的实践经验，我们认为，应把下述几个方面的工作作为工作重点：

（一）协助领导，考虑全局，提出建议。

要当好领导的参谋助手，这应该成为第一项重点任务。中央发布的［1996］11号文件《中国共产党党校工作暂行条例》，这是指导新时期党校工作和党校函授教育的法规性文件，我们要紧紧围绕深入贯彻11号文件，结合每个时期的实际情况和工作需要，为院领导提供一些参考建议。例如，通过起草总院每年工作重点，对全年工作布局提出建议；通过起草重要会议的文稿，努力把中央的精神、校委的要求和党校函授教育工作实际结合起来，提出一些工作建议；通过调研报告，把想到的提高党校函授教育质量的思考意见等反映给领导参考。通过这些工作，努力发挥参谋助手作用。

（二）信息调研工作。

信息是当今世界的战略资源和宝贵财富，谁拥有信息，谁就能赢得工作的主动，而立于不败之地。做好信息工作，是对党校函授教育进行科学决策和正确指导的重要基础和重要依据。因此，搞好信息调研工作，应成为各级领导和办公室的一项基本任务。党校函授教育是一项崭新的事业，在教、学、管方面，内容生动活泼、丰富多彩，需要不断研究新情况，探索解决问题的新思路。为此，（1）要建立健全信息渠道，使上情下达，下情上达，建立和完善工作汇报制度，各分院办公室每学期要向总院报送综合工作情况报告，平时的工作动态要及时反馈；（2）分院院长座谈会和专业会议，这是交流情况、总结经验、研究问题、提出建议的一种比较好的形式；（3）专题调研，围绕中心工作，拟定专题，深入调研，提出对策意见。无论哪种调研，都要将调查与研究紧密结合起来，防止调查与研究相脱节。每次调查，都要拿出成果，力求提出一个既有情况，又有分析，有解决问题的思路和对策的调研报告，这样的调研成果，对领导决策就会有一定的参考价值。

（三）文件起草工作。

撰写文件是办公室经常进行的一项重要工作。起草重要文件，要把起草工作和调查研究工作紧密结合起来，调查研究是搞好文件起草工作的基础，搞好文件是调查研究的一个重要目的。办公室执行的是起草工作，是文件形成的第一道工序，还要经过领导同志和领导集体讨论修改，才能最后完成。如果办公室能够提供一个有较好基础的文件稿，可以使领导同志节省一些时间，对领导来说可以起到事半功倍的作用。要搞好文件的撰写工作，不单纯是文字表达问题，它需要提高我们的理论水平、政策水平、党校函授教育业务工作水平以及逻辑思维能力和抽象概括能力。我们要加强学习，提高素质，在起草文件方面，做出积极努力。

（四）协调和催办工作。

协调的实质是处理好各有关部门之间的关系，保证总院领导班子决定事项的贯彻落实。根据党校函授教育的实际情况，协调的内容大体有：（1）办文协调，管理和校核文件是一项重要的秘书工作。在文件处理过程中，要对涉及方针性、政策性问题是否与已发布过的文件保持连续性，提法是否已经同相关文件相衔接，内容涉及到其它有关部门的是否取得一致等问题，进行校核，并进行必要的协调。（2）办会协调，对每周的院长办公会、院务会议题的协调，在征询议题中，按工作的轻重缓急和准备成熟程度，进行筛选、排列，报院领导同意后，提交会议审议。有关大型会议的具体筹备工作，也需由办公室与有关方面进行协调。（3）办事协调，在日常工作中，有一些衔接上的问题，也需由办公室出面，加以统筹协调，保证各方面的工作正常有序地进行。

催办工作，是保证总院领导班子决定的各项工作能够得以落实的重要一环，应及时了解并向有关领导反映贯彻执行情况，促进问题的解决。这方面的工作还比较薄弱，要采取措施，大力加强。

（五）努力办好《党校函授教育年鉴》和《函授快讯》。

总院领导将这两项工作交给了院长办公室承担，关于办好年鉴和快讯的问题，在去年十月会议前后，已发了专项通知，各级领导对此比较重视，并分工有专人负责，希望我们共同努力，把年鉴和快讯的工作办得更好。

上述这几项工作，是迫切需要大力加强的重点工作。与此同时，对其他各项基础性业务工作，也要给予足够的重视。在各项业务工作中，要注意体现全面性，防止片面性。比如，秘书工作要把文件运转和催办落实结合起来，防止只重视文件传阅，忽视催办落实。文书档案工作，要把保存管理与开发利用结合起来，在搞好收集、整理、保存管理的基础上，逐步开发利用，充分发挥文书档案的作用。外事工作，要把外事与内事结合起来，党校函授教育要突出教学工作，通过外事推动党校函授的教学和科研工作的发展。接待工作，要把热情周到的服务和注意勤俭节约结合起来，接待各方面的客人，要注意礼貌待人，热情服务，又要注意勤俭，防止铺张浪费。总之，各项业务工作都要围绕中心，服务大局，努力提高各项业务工作水平，更好地为党校函授教学和科研工作服务。

三、关于提高办公室工作人员素质问题

要发挥办公室参谋助手作用，承担光荣而繁重的任务，必须要有一支与承担任务相适应的干部队伍。目前，当务之急是要设置机构，配备得力干部，这是一个重要的组织保证。

（一）要适当加强办公室的领导力量和充实业务骨干。

从党校函授教育的特点和办公室工作需要出发，应该选调一些具有一定理论政策水平、对党校函授教育比较熟悉、有较高的文字表达能力、思想作风好的同志，充实到办公室工作。按照《中央党校函授学院函授教育工作暂行条例》第八条规定，分院机关必须设置办公室，配备相应数量和质量的工作人员。现在，总院院长办公室共有 10 人，从工作经历、文化层次和年龄结构上，实行老、中、青三结合，其中有局级干部 2 人、处级干部 3 人、科级干部 3 人、部队正师职干部 2 人。担任领导工作的同志，注意抓大事，善于出主意，大胆用干部，调动和发挥大家的积极性和主动性；被领导的同志，找准自己的位置，增强角色意识，工作刻苦勤奋，保证了办公室各项工作的正常运转。

（二）在建立机构和配备力量的同时，通过学习和工作实践，不断提高干部的素质。

在政治素质方面，对党的路线和重大决策，必须认真学习，深刻理解，坚决执行，在政治上与中央保持一致。认真学习马克思主义、毛泽东思想、邓小平理论，不断提高理论思维能力，掌握马克思主义的立场、观点、方法，运用唯物辩证法观察和回答现实问题。在思想素质方面，要牢记党的全心全意为人民服务的根本宗旨，树立正确的世界观、人生观、价值观。要强调增强“三种观念”、“两种意识”，发扬“一种精神”。增强三种观念：一是全局观念，要把办公室的工作放在大系统和全局中来思考，关心全局，考虑大事；二是组织观念，工作中要按层级负责，按程序办事，坚持请示报告制度，不可自作主张；三是保密观念，在办事、办文、办会中，要自觉遵守保密纪律。增强两种意识：服务意识与参与意识。办公室的工

作具有服务性与综合性的特点，既要参与政务，又要办好事务；既要对内协调，又要对外联系。服务意识是否强，服务工作做得好坏，直接影响工作的质量与效率，也会影响到党校函授教育的形象与声誉。所以，要认真、细致、周到、热情地搞好各项服务工作。要发扬实干精神和无私奉献精神，任劳任怨，不辞辛苦，创造性地进行工作。在业务素质方面，提倡干一行、爱一行、钻一行，要了解和熟悉党校函授教育各方面的业务工作情况，熟悉本职岗位的政策规定和制度，掌握岗位工作需要的专业理论知识和基本技能，学习和掌握现代办公手段，不断提高业务工作水平。

四、关于加强对办公室工作的领导问题

在办公室工作中，贯彻落实中央和校委的指示精神，贯彻总院领导提出的要求，进一步发挥参谋助手作用，关键在于领导的重视和支持。党校函授教育开办以来，随着形势的发展变化，办公室的工作职能、工作范围、工作重点等，也有了新的发展和变化。我们要认识这种发展和变化，思想观念和对办公室工作的指导，都要适应这种发展和变化。希望领导同志要善于使用这个机构，充分发挥它的职能作用，更多地使用办公室搞好提供信息、调查研究、撰写文件、催办落实等各项工作。对办公室工作人员，在政治思想和业务工作上，要高标准、严要求，对职级、职称、工作和生活条件等问题，要多关心、多帮助，充分调动大家的积极性和创造性，做好本职工作。

总院领导对办公室的主要工作都亲自过问，有些工作是领导同志直接布置的，直接听汇报，亲自提出文稿思路并审阅修改办公室提供的文稿，和办公室的同志一起研究一些重要工作问题。这不仅有利于工作任务的完成，而且也使办公室工作人员从领导同志那里学到了许多做事、做人的好东西，在实际工作中得到了锻炼和提高。

从办公室工作的同志来说，要处理好领导重视与自觉努力的关系。本身要充分认识自己所担负任务的重要性和艰巨性，要振奋精神，勇于进取，开拓创新，扎实工作，努力提高工作质量，积极主动地发挥作用。要动脑筋，想办法，主动为领导服务，为各部门服务，为全院学工人员服务，用自己的工作实绩，争取各级领导的重视和支持。只有这样，才能更好地发挥办公室的参谋助手作用和综合枢纽作用，完成组织上交给我们的“承上启下，协调左右，联系内外”的重要任务。

上面我讲了一些如何做好办公室工作的意见，仅供大家参考。这次会议，在学习文件，提高对做好办公室工作认识的基础上，还要重点研究建立信息渠道，搞好年鉴和快讯等方面的工作，我们准备了三份材料，提供会议讨论修改，会后，报请总院领导审定批准后，坚决贯彻执行。

（1998 年 3 月 18 日）

信 息 与 年 鉴 工 作

加强党校函授教育信息工作的意见

为了深入贯彻落实胡锦涛同志关于党校函授教育工作的重要批示和一系列指示，遵照胡锦涛同志提出的“现在，首先要管理好自己，把中央党校下属的分院、学区严格管理起来”的指示精神，加强党校函授教育信息工作，密切上下级联系，建立通畅的信息渠道，是摆在全院各级组织，尤其是摆在总院和分院面前的一项紧迫而重要的课题，是改进办学工作，提高和保证办学质量的一项不可缺少的重要举措。为切实加强这项工作，使它落到实处，特提出如下意见：

一、正确分析信息工作的现状

就总院和分院之间的信息沟通和传递分析，有一些分院，如辽宁、甘肃、陕西、安徽、湖南、湖北、总参、铁道部等分院比较重视平时信息的反馈，基本能及时报送总院规定报送的材料，对总院及时了解下情，指导工作起了积极的作用。但是，总的说来，我院信息工作比较薄弱和落后：信息渠道不畅，信息传递滞后，信息资源零散，信息资料综合研究和利用不够，等等。总院和一些分院往往对下情似乎有所了解，又了解不透，若明若暗，在一定程度上影响了对全院整体情况或分院情况的正确分析和准确判断，对工作的决策、指导，对成功经验的推广和存在问题的解决不可能不产生一些消极影响。产生这种状况的原因是多方面的。有些组织对信息工作的重要性认识不足，重视不够，没有把它放在应有的位置上来安排，没有把信息工作看成是指导工作必不可少的工具，没有把做好这项工作看成是自己应尽的义务和不可推卸的职责，相反，把它看成是一种负担，采取应付态度；有些组织只满足或习惯于会议精神的传达和工作任务的部署，而对于贯彻、落实、执行情况缺乏有力的跟踪检查和督促，不重视或无力对下情进行必要的检查、了解和研究；相当多的组织没有相应的机构或专人（专职人员或兼职人员）负责对信息的采集、整理、加工和传递；总院和分院之间没有明确建立定期检查工作和报告工作的制度，总院和分院综合部门之间没有建立相对固定的、通畅的信息渠道，等等。因而，现在许多分院和直属学区的信息不能迅速传递上来，学区与分院之间同样存在这一情况，在上下级联系和沟通方面存在一定程度的“中间梗阻”现象。影响了总院和分院对全局情况的了解和研究，这种状况与指导一个全国性的办学实体的客观需要是不相称的，必须尽快改变。

二、充分认识信息工作的重要性

党校函授教育信息工作是对党校函授教育办学工作进行科学决策和正确指导的重要

基础和重要依据。要做到"情况明、决心大、方法对"，离不开强有力的信息工作做保证，只有加强信息工作，全面、准确、及时掌握党校函授教育办学工作各方面的信息，并对获取的信息进行深入的综合和研究，才能掌握全院动态，吃透下情，发现倾向性问题，采取正确对策，避免工作的盲目性和随意性。

加强信息工作是适应我院管理体制的需要。我院是由中央党校办学，在地方，依托省、地（市）、县级党校分级管理，在军队系统，由总政宣传部科文局统一归口，依托招收中央党校函授学院学员的各大军事单位和所属军、师级单位分级管理。它的教学与管理网络辐射全国和全军系统，它的教学与管理网点伸展到除港、澳、台以外，全国31个省、自治区和直辖市的广大城乡、机关团体、企事业单位以及全军系统。现在总院下属53个分院、641个学区（其中直属学区14个）、1700个辅导站，它们面广量大、点多线长、情况各异，呈现不同的特点，具有较大的差异性。不仅总院面对这样的情况。一个分院往往管理一二十个学区、数十个辅导站，也同样面对比较复杂的情况。加强信息工作显得尤为重要。要指挥这样一个全国性的、庞大的办学实体，必须依靠灵敏、通畅的信息工作，准确地掌握全院的真实情况，才能做到指挥若定，才能从全院的实际情况出发，作出正确的决策，实施符合实际情况的指导。

• 加强信息工作是强化层级管理的需要，强化层级管理，各级组织要在加强自身管理的基础上，一级管好一级，总院管好分院，分院管好学区，学区管好辅导站和教学班。胡锦涛同志指出："现在，首先要管理好自己，把中央党校下属的分院、学区严格管起来"。遵照胡锦涛同志指示，总院首先要把自己管理好，同时，要重点加强和改进对分院的管理和领导；分院也要把自己管理好，同时，要重点加强和改进对学区的管理和领导。只要总院和各分院能切实把自己管理好。同时又能分别地加强和改进对分院和学区的管理和领导。我院的办学工作就会有更大的进步和改观。但是，这对信息工作提出了更高的要求，不论是总院或分院要把自己管理好和加强下属一级组织的管理都必须依靠信息工作的支持。加强信息工作，不仅是总院和分院加强和改进自身管理的必然要求，也是总院和分院加强下一级组织管理的必备条件。只有总院对各个分院的情况了如指掌，分院对各个学区的信息了如指掌，总院对分院、分院对学区才能实施针对性较强的、有效的管理。

加强信息工作是解决存在问题、提高办学质量的需要。解决存在问题有赖于对党校函授教育的现状作出一分为二的分析，既要充分肯定成绩，也要正视存在的问题，不论是取得的成绩和存在的问题都需要有充分的信息做基础。从大量的信息中总结、归纳成绩，分析、查找存在的问题。尤其是对存在的问题的成因、程度、危害更需要依靠可靠的信息做出符合事实的判断。这样，才有利于正确认识存在的问题。这是解决存在问题的第一步。只有正确认识存在的问题，才能更好地提高解决存在问题的自觉性，才能使存在的问题得到逐步的解决，进而达到提高办学质量的目的。

由此可见，信息工作是搞好党校函授教育的一项十分重要的基础工作，必须迅速改变信息工作薄弱、滞后的状况，采取有力措施加强信息工作，使它更好地为培养党的高素质干部队伍服务。

三、加强信息工作的措施

（一）要加强信息工作的领导。总院、分院、学区等各级组织的领导要高度重视信息工作，充分认识信息是当今世界的战略资源和宝贵财富。谁拥有信息，谁就能赢得工作的主动，而立于不败之地。要十分重视开发利用信息资源，做好信息工作。各级组织的负责人要亲自抓信息工作，把信息工作列入议事日程，建立、健全相应机构，配备和充实相关人员，建立必要的规章制度，大力做好党校函授教育各种信息的采集、开发、加工、传递和利用，使信息工作更好地为提高办学质量服务。

（二）要建立和疏通通畅的信息渠道。要在总院和分院（含直属学区）之间、分院和学区之间架构通畅的信息渠道。要重视建立信息主渠道或基本渠道的工作。今后信息主渠道或基本渠道的工作由总院、分院、学区的综合部门承担。要把总院、分院、学区的综合部门办成各级组织的信息中心。今后涉及到全局性的主要信息必须由各级组织的综合部门汇集、整理，进行综合研究和加工，及时向上一级综合部门传输。学区综合部门必须及时向分院综合部门传输，分院综合部门必须及时向总院综合部门传输，保持信息主渠道或基本渠道畅通无阻，保证办学的各种主要信息源源不断地向分院综合部门和总院综合部门输送，能使总院和分院领导及时掌握办学的各种动态，以便采取各种不同的对策举措，更有效地实施层级管理。与此同时，还必须广开多种信息渠道，实行基本渠道和多种渠道相结合。多种信息渠道，包括：分院有关部门，如教学、教务、教材、学籍、财务科室与总院对口处室之间的信息渠道，院报、院刊通讯网络渠道、《中央党校函授教育年鉴》资料征集渠道、《函授快讯》通联渠道等等。要在重视发挥主渠道作用的基础上，充分发挥多渠道沟通信息的作用。

（三）要建立工作报告制度。为了密切上下级联系，及时沟通信息，分院、学区必须定期和不定期地分别向总院和分院递送工作报告，正式报告工作。工作报告分为综合报告和专题报告两种。综合报告主要报告一个学期的工作概况、取得的主要成绩、存在的问题、采取的措施以及经验、体会等，既要反映工作全貌，又要突出重点，要反映工作特色，防止一般化、程式化，一般篇幅控制在3000字—5000字之内。综合报告每半年（一个学期）报告一次，分别于每年的7月底和12月底前报送，一式5份。专题报告主要报告重要活动、重大事件、上级有关会议精神的贯彻情况、专项工作和其他需要专题报告的内容。专题报告不定期报送。报告次数、篇幅视实际需要而定，报送时也需一式5份。以上综合报告是必送报告，学区必须按期向分院报告，分院必须按期向总院报告；专题报告是选送报告，其次数、时间不作硬性规定。此外，各分院、直属学区自编的党校函授报刊、简报，包括定期的、不定期的，要向总院院长办公室报送，每期10份。

（四）加强综合部门的力量，配备和充实专业人员。加强信息工作，加强党校函授教育办学工作各种信息的采集、整理、研究、加工、传递和利用，关键要有专门的人员和相应的力量，各级组织负责人要亲自动手抓信息工作以外，要加强、充实综合部门的力量，要选配适合的人选专门从事这一工作。信息工作能不能搞上去，关键在于人。各个分院的办公室或秘书科、院务科、综合科一定要配置有相应理论水平和实际工作经验，有较强分析、综合能力和写作、表达能力的专职人员具体承担信息、文秘工作，才能使信息工作从组织上得以保证，而落到实处。

（五）要逐步运用现代化手段搞好信息工作，要积极创造条件，运用微机加强信息管理。在调查研究的基础上搞好党校函授办学信息的软件开发，逐步摆脱传统的手工操作手段。经过试点，逐步实现分院和总院之间微机联网，使信息快速传递，便于检索和利用，并做到信息资源共享，使信息工作在提高办学质量中发挥更大的作用。

中央党校函授学院院长办公室

1998年3月18日

办好《函授快讯》的意见

《函授快讯》在总院领导的重视和关怀下，终于同读者见面了。目前，已出版了7期，各方面对《快讯》的反映还比较好，认为总院创办《快讯》很必要、很及时，《快讯》对搞好党校函授教育工作有很强的指导作用。它既是沟通上下关系、密切相互联系的纽带，又是传达中央及校委指示、总院部署工作、传达信息的重要手段，有利于推动党校函授教育事业的发展。大家希望把《快讯》办好，越办越好，办出水平，办出特色，更好地为党校函授事业服务。

《快讯》刚刚起步，大家对办《快讯》不太熟悉，不大了解。目前，多数单位为《快讯》撰稿工作还没有完全开展起来，来稿还比较少，稿件的质量也不太高，写一般的工作情况多，写高质量的稿件少。缺少思想性、经验性和可操作性；缺少有“份量”有影响力的稿子。各单位如何运用好《快讯》推动本单位的工作，更好地为办学活动服务，也需要进行研究。为了把《快讯》办好、发挥它应有的作用，需要解决好以下几个问题。

一、提高办好《快讯》的认识

认识是行动的先导，各级领导只有从思想上认识到办好《快讯》的重要性和必要性，才能自觉地把办好《快讯》工作当成自己的工作，投入足够的人力、物力支持办刊工作。创办《快讯》，是总院领导根据党校函授教育事业发展的需要，根据形势和任务的要求，经过充分酝酿、论证，慎重考虑后决定创办的。创办《快讯》可以达到以下四个目的。

一是更好地促进党校函授教育事业的发展。《快讯》集思想、教育、任务、政策、要求、经验、体会于一体，是函授教育的“一面镜子”。它以最快的速度、最忠实的手法，全面准确地反映党校函授教育的面貌。它坚持一分为二的观点，既以满腔热情的态度，宣传函授教育事业取得的成绩；又以极端负责的精神，剖析存在的问题，及时提出改进、预防和解决的办法，进行正确的舆论导向。《快讯》是落实胡锦涛同志对党校函授教育的一系列指示的重要措施，有利于指导办学活动，规范办学行为，加强科学管理，坚持正确的办学方向，提高办学质量，更好地促进党校函授教育事业的健康发展，适应新形势下，党校函授教育事业发展的新要求，为党和国家培养更多合格的高素质党员干部，实现十五大提出的跨世纪宏伟目标。

二是更好地向各级领导和机关汇报、宣传党校函授教育取得的成绩。向各级领导和机关，特别是向中央和校委，汇报、宣传党校函授教育的工作情况，是各级函授教育组织应尽的职责，是争取上级领导和机关，对党校函授教育的支持和领导的实际步骤，是我们做好函授教育的重要保证。过去，汇报工作主要是通过面谈、会议、报告等形式进行。现在有了《快讯》，就可以经常向领导和机关通报函授教育信息，包括成绩、缺点、经验和不足。《快讯》是领导同志了解函授的一个重要“窗口”，更有利于各级领导加强对函授事业的领导和指导。

三是更好地指导全院的办学活动。经过12年的艰苦创业，中央党校函授教育，已经发展成为除台港澳之外覆盖全国规模的在职在岗党员干部教育实体，拥有54个分院、

641个学区（含直属学区）、1700个辅导站、1万多个教学班。过去指导办学工作、教学活动，总院办的《导报》、《导刊》发挥了重要的作用。但“一报一刊”主要是面向广大学员和教员。随着函授教育形势的发展，指挥像这样庞大规模的办学工作，需要有一种更强有力的手段，各级领导需要有新的办法，《快讯》正是适应了这种要求，充当了各级领导同志的“参谋”和“助手”，将在办学中发挥应有的指导作用。

四是更好地交流信息，密切关系。通过《快讯》，可以交流信息、经验，促进互相学习，共同提高。《快讯》是一种无形的纽带，它把总院与全院、单位与单位、部门与部门、领导与群众、上级与下级、教员与学员之间，紧密联系在一起，拉近了关系，密切了关系，增强了凝聚力和向心力，促进了全院的大团结，更好地发挥函授系统的整体功能、大联合舰队的优势，有利于巩固党校函授教育阵地。

总而言之,《快讯》是从实际需要出发创办的,是总院的一项重大决策,不是权宜之计。各级办学组织要充分重视,共同把它办好。

二、认真组织好撰稿投稿工作

办好《快讯》的关键,是各单位,特别是分院(直属学区)积极、踊跃的撰稿投稿。没有充足的稿源和高质量的稿件,不可能把《快讯》办好。有的同志对撰稿有畏难情绪,认为写稿难、写高质量的稿子更难。其实,写稿与做事情一样,只要认真去做,掌握写稿的特点、规律,多看多写多研究,稿子就一定能写好,就能“从必然王国走向自由王国”,写出高质量的稿件来。要写好《快讯》稿件,我们认为应该注意把握好以下几个环节。

(一)坚持正确的撰稿原则。原则,是从高层去规范写稿的思想方法和创作方法。稿子的思想性是稿子的灵魂,没有正确的政治观点,写作就会迷失正确的方向;没有正确的创作思路,就写不出高质量的稿件。因此,写稿子必须坚持正确的写作原则。《快讯》的写作原则应该是“二个坚持、三个结合”,即:坚持以马列主义、毛泽东思想、邓小平理论为指导,坚持实事求是;同上级的意图结合,同中心任务结合,同本单位的实际情况结合。

（二）抓准报导的方向，写《快讯》稿子，要求要有很强的思想性，严格的政治标准。各单位的领导和撰稿人员，要熟悉总院关于创办《函授快讯》的通知要求，了解报导的范围，掌握报导线索。从全院经常性工作来看，《快讯》的基本任务是：（1）广泛深入地宣传党校函授教育的办学宗旨、培训目标；（2）及时传达上级领导和机关的重要指示、批示、讲话，以及贯彻落实的重大举措等；（3）大力宣传党校函授教育所取得的重大成果，比如典型事例、典型事迹、典型人物、典型经验等，让各级了解函授，让函授走向社会；（4）及时通报重要会议、重要动态和重要信息；（5）总结推广函授教育、管理等方面的主要经验和体会，等等。

（三）提倡快速、扎实的工作作风。《快讯》稿件的基本要求是“快”。《快讯》以报导消息、信息为主要任务，如果一条消息、一个信息不能及时报导，迟迟不能同读者见面，就失去了消息、信息本身存在的意义，这是各级领导和撰稿人必须高度重视的问题。还有，就是要“实”。坚持实事求是的原则，无论大稿子还是小稿子，大事件还是小事件，反映的事一定要准确。“准确”是《快讯》撰稿中的基本要求，是它的生命线。因此，写成的稿件，一定要经过领导的审查把关，绝不能出现报导失实的“假冒伪劣”文章。这既是思想作风问题，也是“新闻”道德行为问题。

三、办好《快讯》需要着力解决的几个具体问题

办《快讯》不仅是总院的任务，也是全

院各级办学组织的任务，更应该是各级办公室、秘书部门的一项具体任务。为什么要把办《快讯》的任务交给各级办学组织的办公室或秘书部门？这是因为这些单位是一个综合部门，对领导的意图最了解，参与中心工作最多，对情况最熟悉，最有发言权。因此，各级办公室和秘书部门承担此项任务，责无旁贷。当前，办好《快讯》需要从思想上、组织上、业务上着力解决好几个具体问题。

（一）各单位要加强对这项工作的领导。各级组织，特别是分院（直属学区）的领导，要有“精品”意识。是否关心和支持《快讯》工作，不仅要看来稿多少？还要看来稿的质量如何？一条好的“消息”，一篇好的“经验”，就能鼓舞士气，推动工作，给一个单位的精神面貌带来很大的变化。所谓“一石激起千层浪”，一篇有影响的稿子，它的作用是无可估量的。因此，各级领导要加强对《快讯》撰稿、组稿工作组织领导，把它提上议事日程，成立高水平的报导班子，写高质量的稿子，争当报导“状元”，充分利用总院的《快讯》，为本单位的函授教育服务。

（二）组织一支高水平的报导队伍。各分院（直属学区）的办公室或秘书部门，要具体承担本单位的组稿任务。（1）选拔2—3名政治思想素养好，文字水平高、业务能力强的人员，组成一个报导组，从事报导工作；（2）重要稿件，分院和办公室领导要亲自过问，甚至自己动手撰写；（3）总院《院报》聘请的通讯员，同时聘为《快讯》通讯员，不再另发聘书；（4）总院拟按原各大行政区范围，逐步成立分片报导组，并指定一名专职（或以主要精力抓《快讯》报导的兼职人员）任组长。由总院付给劳务费和活动费，开展组稿工作（办法另行规定）。

（三）加强报导骨干的业务培训。提高通讯员的业务水平，是办高质量《快讯》的关键。各单位要重视对报导骨干的培训工作。培训办法：一是以分院（直属学区）为单位，结合任务专门培训。希望各单位一年培训1—2次；二是上下结合培训。总院拟在明年适当的时候，分片集中通讯员进行短期培训，以提高他们的业务水平。三是调训。总院根据需要和可能，选调一部分通讯员有重点有目的的研究一些专题，从而提高报导质量。

（四）各单位要为报导人员提供必要的工作条件和环境。在人力、物力、财力上给予支持；一些重要会议、重大活动、下基层调研等活动要有意识的安排报导人员参加。为报导人员创造一个良好的工作条件和环境，保证报导工作的正常进行。

（五）建立激励机制。为了调动撰稿积极性，总院拟制定一些奖励措施，从1998年度开始，每年将评选组稿先进单位和优秀作者，并给予表彰和奖励。

以上的措施，仅供大家研究、讨论。

中央党校函授学院

函授快讯编辑部

1998年3月18日

认真做好今年年鉴资料征集工作的通知

各分院、直属学区、总院各处、室：

编辑、出版《中央党校函授教育年鉴》，对于积累史料、总结经验、指导工作、扩大宣传，切实办好党校函授教育具有重要意义。总院决定在今年尽早发排1996年卷、1997年卷年鉴的同时，抓紧征集1995年卷、1998年卷的年鉴资料，加快征集和编辑进程，力争年底将这两卷发排。现将有关事项通知如下：

一、征集的年限和对象

1995年卷，主要反映1993年下半年和1994年的办学情况，其资料征集年限为1993年下半年至1994年。凡此期间有中函办学任务的分院、直属学区、总院已设的处室均属征集对象。

1998年卷，主要反映1997年的办学情况，其资料征集年限为1997年。凡此期间有中函办学任务的分院、直属学区、总院已有处室均属征集对象。

二、征集的内容和要求

（一）工作概述。要分别撰写、报送《1993年下半年至1994年工作概述》和《1997年工作概述》。由各分院、直属学区和总院各处室负责撰写报送。工作概述是反映各单位工作概貌、特点、措施和实绩，进入《年鉴》的重头文章。一定要由适合人选（或由单位负责人、或由办公室负责人、或由原任负责人撰写，撰稿者应具有一定文字功底），在年度工作总结的基础上进行深度加工，争取写出精品。工作概述采取记述兼说明的文体；一定要用事实讲话，加大信息含量；要回避第一人称；切不可将省函的事混杂在里面；经验教训不要单列，可寓于事实的记述之中；所有事实要真实可靠；全文贯通成篇，前后呼应；要有一定的份量和一定的篇幅（5000字左右），力戒空泛；要在文末注明作者姓名。以上诸点，务请注意，千万不可随便写一点，应付了事。成稿后，要用电脑打印，报送一式二份。

（二）分院、直属学区负责人及所属科室负责人名册（表1、2）。填写负责人的称谓要规范。分院负责人填院长、常务副院长、副院长，直属学区负责人填主任、副主任。分院所属科室负责人填科长、主任、副科长、副主任，不要将具体工作人员填入。直属学区不设科室的可填教学负责人、教务负责人、教材负责人、学籍负责人、财务负责人，不要将具体工作人员都填成部门负责人。1993年下半年至1994年和1997年的分院、直属学区负责人及所属科室负责人名册要分别填写，认真校对，保证所填姓名、职务不错、不漏。填好后，一律用电脑打印，各报送一式二份。

（三）学区、辅导站负责人名册（表3、4）。学区负责人填主任、副主任，辅导站负责人填站长、副站长。没有中函教学与管理任务的学区、辅导站不要填入。此名册各分院必须认真加工整理，学区及其所属辅导站负责人名册要逐个填写，整理成一份完整的名册，不要将各学区填报的原始材料直接报来。1993年下半年至1994年和1997年的所属学区、辅导站负责人名册要分别整理填写，认真核对，保证不出差错。填好后，一律用电脑打印，各报送一式二份。

（四）各分院、直属学区编辑出版（含内部出版）的函授报刊、简报、函授教学、管理经验文集、优秀毕业论文选等，凡1993年下半年至1994年和1997年期间出版的要分别各报送一式二份。教学管理经验选、优秀毕业论文选，每册要推荐其中两篇精品，在目录上注明。

（五）专项工作条目。1993年下半年至1994年和1997年专项工作条目，由总院各处室负责编写。分工如下：

1. 教学工作，由教学处负责；

2. 在职研究生工作，由教学处研究生办负责；

3. 招生、学籍、考务工作，由教务处负责；

4. 教材编、印、发工作，由教编室、

教材处负责；

5. 电化教学工作，由电化教研室负责；

6. 院报院刊工作，由报刊编辑部负责；

7. 视导工作、教育评估工作，由视导委负责；

8. 行政、财务工作，由行政处、财务处负责；

9. 党校函授教育科研工作，由研究室负责；

10. 师资培训基地建设，由培训中心办公室负责；

11. 国际交流合作，总院机构变动，总院组织序列，由院办负责；

12. 机关党的工作，由机关党委负责。

总院各处室按照上列分工负责编写1993年下半年至1994年和1997年的有关条目，必须制订条目编写方案，落实人员，精心编写。

以上（一）项至（四）项为各分院、直属学区必报资料；（一）项和（五）项为总院各处室必报资料，要确保完成，按期报送。

各分院、直属学区除必须完成上列必报资料外，还要积极选报下列资料：

1. 同级党委、政府关于党校函授教育的文件及其负责同志的指示、题词。

2. 新闻媒体对党校函授教育的报道材料。

3. 教学改革、教学与管理经验材料，要推荐精品。

4. 评为分院优秀毕业论文篇目、作者（表5、6，填好后用电脑打印）。

5. 各类学员名册（一律用电脑打印）。

（1）评为分院级领导干部班、本科班优秀学员名册(表7、8)，需附分院表彰决定。

（2）评为省部级、国家级英模学员名册（表9、10）。

（3）晋升为地厅师级以上职务的学员名册（表11、12）。

（4）晋升高级职称的学员名册（表13、14）。

6. 各类照片（每幅照片均需注明年代，并有简短的文字说明）。

以上选报资料采取多报多用、少报少用、不报不用的原则，各分院、直属学区要以积极的姿态报送选报资料，使本分院和直属学区的工作在《年鉴》中能得到比较充分的反映，希望大家珍惜这一机会。

三、报送的时间

（一）必报资料必须于今年6月底前报送总院《年鉴》编辑部。

（二）选报资料必须于今年8月底前报送总院《年鉴》编辑部。

各分院、直属学区、总院各处室接此通知后，要立即研究部署，组织力量，指派专人，贯彻落实。在去年年鉴资料征集工作中，多数单位领导重视，行动得力。辽宁、安徽、甘肃、宁夏、陕西、铁道部等分院抓得较紧，资料报得较快。宁夏、新疆、青海、海南、农垦等分院和大庆、哈一机等直属学区负责人亲自撰写工作概述。辽宁、宁夏、安徽、河北、国防大学、海军、济南军区、南京军区等分院报送的分院及所属科室负责人名册和分院所辖学区、辅导站负责人名册，均经过认真加工整理，用电脑打印，清清楚楚，一目了然。宁夏、陕西、空军、国防大学等分院报送的资料比较齐全，质量也较好。但是,也有少数单位对这项工作重视不够,措施不力,行动迟缓,对《年鉴》的及时编辑出版产生了一定的不利影响。在今年年鉴资料征集工作中,希望去年做得好的单位要发扬光大,争取今年做得更好;去年做得不够的单位要改变被动状态,积极主动地、高标准地完成今年年鉴资料征集工作。对各单位《年鉴》资料报送情况我们将及时通报。

中共中央党校函授学院

1998年4月6日

两卷党校函授教育年鉴已编纂完成

中央党校函授教育年鉴，1996年卷和1997年卷，在院领导高度重视和亲自部署下，经过一年来各分院、学区、总院各处室、各部门和全体编辑人员的共同努力，已编纂完成。将由中央党校出版社出版，可望在今年10月函授工作会议期间，与广大读者见面。

这两卷年鉴分为“文献篇”、“实践篇”、“经验篇”、“组织篇”和“成果篇”。入选了近2000篇文章和资料，约300万字。在编辑两卷年鉴的过程中，认真贯彻了力求体现年鉴的功能和要求、力求保持年鉴资料的准确性和完整性、力求精选精编的“三力求”编辑思想，编辑人员做了大量艰苦细致的工作，使这两卷年鉴具有相应质量。当读者打开并阅读了这两卷年鉴以后，1995年和1996年中央党校函授教育的工作概貌就比较清晰地呈现在大家面前，它较好地发挥积累史料的存史作用，以史为鉴的指导作用，媒介、窗口的宣传作用，将成为全院各级组织指导办学实践的有效工具。它的编辑出版是党校函授教育的一件喜事。

这两卷年鉴，由院长孙钱章担任主编，副院长史信发、黄士安、刘利群担任副主编。成立了由总院及各部门负责人共23位同志组成的中央党校函授教育年鉴编审委员会，进行审定把关。7月3日，总院举行了首次年鉴编审委员会会议，对这两卷年鉴进行集体审议，并获得通过，孙钱章同志出席会议并讲话。

孙钱章同志说，编辑出版党校函授教育年鉴是一件很重要、很有意义的事情。邓小平同志曾指出，“编辑出版年鉴很有必要，这是国家的需要，四化建设的需要”。江泽民同志说过，“年鉴工作人员的辛勤劳动是很有价值的”。朱镕基同志指出，“年鉴可以温故知新，知往鉴来”。王震、蒋南翔同志和现任中央党校领导都十分重视年鉴工作。

他强调指出，年鉴是记录昨天，启发今天，它会给人们很多启迪。年鉴，记载史实，方便查阅资料，它能够反映工作的程序性和有效性。有了年鉴，不仅可以以史为鉴，吸取历史经验，还可以让人们充分了解和正确认识党校函授教育。党校函授教育经过十四年的发展，已成为具有全国规模和影响的干部在职在岗教育的重要渠道，编印年鉴，以利指导、改进工作，促进党校函授教育健康发展，这是十分必要的。

他还要求，各级组织和广大办学人员，要正确认识年鉴的性质、任务、功能和作用，增强利用年鉴的意识，既要自觉地、积极地向党校函授年鉴提供资料，又要善于运用它指导工作。他指出，编辑年鉴是一项系统工程，要靠全院各级组织和总院各部门的重视和努力，不能把它看成是额外负担。各单位、各部门认识要到位、人员要到位、工作要到位，要认真抓好新两卷（1995年卷和1998年卷）资料的征集和报送。资料征集是编好年鉴的基础，只有可靠、准确、高质量的资料，才能编出高质量的年鉴。年鉴编辑部的同志要精选精编，保证质量，编出精品，为党校函授教育事业服务。

（钟　园）

调 整 收 费 标 准

执行新的收费标准的通知

各分院、直属学区：

中央党校函授学院办学新的收费标准，业经国家计委收费管理司批复，现转发给你们，望结合各单位的实际情况，认真贯彻执行。现将有关问题通知如下：

一、各单位都必须认真贯彻执行新的收费标准，不得另立收费项目和收费标准。各分院、直属学区应根据本单位的情况，确定学费标准，尽快到各省物价部门办理有关收费手续。

二、新学费标准确定后，应尽快向总院备案。新备案的收费标准为上交总院的基数标准。各单位务必严格执行总院规定的分院、直属学区的留成比例，让利于基层。

三、实行“新生新办法，老生老办法”的原则。发布 1998 招生简章时，新的收费标准还未得到批准，因此，1998 年以前招生的学员，仍执行原收费标准，从 1999 年以后招生的新学员，执行新的收费标准。

中共中央党校函授学院

1998 年月 4 月 28 日

中央党校函授学院收费标准的复函

计司收费函［1998］11 号

中央党校函授学院：

你院《关于办学收费标准的请示》收悉，经研究，函复如下：

一、你院招收大专班、本科班和领导干部班学员，可收取报名考试费、学费、教材资料费和毕业证工本费。

（一）报名考试费收费标准：大专班、本科班和领导干部班学员每人 30 元，在职研究生班学员每人 40 元。其中，符合条件免试入学的学员收取 12 元。

（二）学费标准：大专班每人每学年 600—800 元，本科班和领导干部班每人每学年 700—900 元，具体标准由你院各分院报所在省、自治区、直辖市物价部门核定。

在职研究生班每人每学年3000元。

（三）教材、资料费按实际成本计收。

（四）毕业证工本费，每证8元。

二、学费收入的分成比例由你院与各分院协商确定。

三、你院应严格执行规定的收费标准，不得再加收其它费用，自觉接受物价部门的监督检查。

四、此标准自1998年1月1日起实行，试行二年。

此复。

国家计委收费管理司

1998年1月20日

北京地区函授分院收费的通知

各分院、直属学区：

根据国家计委收费司“关于中央党校函授学院收费标准的复函”（计司收费函［1998］11号）精神，并报北京市物价局同意办理收费许可证。凡1998年以后入学的学员，一律按以下收费项目及标准收费：

一、报名考试费：大专班、本科班和领导干部班学员每人30元，在职研究生班学员每人40元，其中，符合条件免试入学的学员每人12元。

二、学费标准：大专班每人每学年800元，本科班和领导干部班每人每学年900元，在职研究生班每人每学年3000元。

三、教材费：大专班每人每学年120元，本科班、领导干部班每人每学年140元（邮运费另加）。

四、毕业证工本费：每证8元。

各分院、直属学区须到所属区、县物价局办理收费许可证。

中共中央党校函授学院

1998年6月24日

科　研　工　作

中央党校函授学院1998年—1999年函授教育部分科研课题

一、1998年10月中央党校函授工作会议的主题
　　——努力提高办学主体的素质
二、国有企业、国家机关深化改革对党校函授教育的影响及对策
三、强化党校函授教育的素质教育
　　1. 素质教育的涵义、意义、作用及评价方法
　　2. 进一步加强党校函授教育中的党性教育
　　（内容、形式、方法、效果及考核办法）
　　3. 强化党校函授素质教育的途径和方法
四、深化党校函授教育改革，适应社会和经济发展的需要
　　1. 深化党校函授教学改革，不断提高教学质量
　　（专业、班次、课程设置、课时、面授、自学及考试等的改革）
　　2. 强化党校函授教育的科学管理，努力提高办学质量
　　（教材、教学、教务、财务、行政等方面的管理改革）
五、规范地方党校函授教育的必要性和措施
六、党校函授教育与其它成人教育的比较研究
七、党校函授教育的特点、规律、体系和机制
八、21世纪党校函授教育的发展前景与战略
九、党校函授教育学

教学计划

【98级党员干部大专班和本科班教学总计划(节选)】

一、培养目标和对学员的要求

培养目标：分别达到具有大学专科和大学本科文化程度，比较系统地掌握马克思主义、毛泽东思想和邓小平理论，树立无产阶级世界观、人生观，自觉地执行党的基本路线，坚定地走建设有中国特色社会主义道路，努力实践全心全意为人民服务的宗旨，既具有专业理论知识和科学文化知识，又有决策判断、组织管理和开拓创新的实际能力。

为达上述培养目标，要求大专班和本科班的学员努力做到：

1. 掌握理论。通过自学、面授、电教和刊授，不断系统地掌握马克思主义、毛泽东思想和邓小平理论，并用基本理论武装头脑，树立马克思主义的世界观和人生观，掌握马克思主义的方法论；

2. 丰富知识。通过学习，掌握专业基础知识、专业知识和相关的科学文化知识，丰富自已，提高专业、文化水平；

3. 增强党性。通过学习理论，联系实际，进一步树立共产主义的远大抱负，增强党性，提高贯彻执行党的“一个中心，两个基本点”的基本路线的自觉性；

4. 提高能力。将所掌握的原理和知识密切联系实际，努力提高认识问题和解决问题的能力。

二、学制、专业、课程和考核方式

学制：大专班，三年；本科班，二年半。专业：大专班开设党政管理、经济管理专业和政法专业。本科班开设党政管理专业、行政管理专业、经济管理专业、涉外经济专业和政法专业。课程：本着“学马列要精、要管用”的原则，精选马克思主义基本理论、毛泽东思想和邓小平理论课，开设适应社会主义市场经济需要的专业基础和专业知识以及文化知识与技能课程。考核方式：闭卷考试、开卷考试、做作业、写心得体会、写党性锻炼小结、论文答辩等。

三、教学时数

每周安排22学时，上半年19周共418学时，下半年20周共440学时，每学年为858学时，大专班三年共计2574学时；本科班二年半共计2156学时。

党性教育课每周安排1学时，在实施过程中，时间可相对集中使用。

大专班和本科班的电教辅导课与面授辅导课，每学期一般不少于20次，平均每周一次以上，本科班的外语辅导课，每学期不低于15次。各分院、直属学区可根据实际情况调整电教辅导和面授辅导时数，但不得少于总院教学计划规定的最低学时。

讨论时数，每门闭卷考试课，不得少于3次，每次2学时。

自学时数，每周不得少于14学时。并安排一定时间阅读辅导刊物。

四、教学方针、方式和方法

教学方针是以邓小平理论和党的基本路线为指导，坚持马克思主义基本原理同中国的具体实际相结合，贯彻理论联系实际。

教学方式是自学和辅导相结合，坚持以自学为主，通过面授、电教等方式，尽可能给予系统的辅导。

自学，要求按计划的进度，读完规定的

教材，做到课前有预习，课后有复习，并及时完成作业。辅导，采用面授、电教、刊授等形式。

学习马克思主义理论，采取原著和原理相结合的方法。大专班以学原理为主，本科班以学习原著（马克思主义经典文选和邓小平理论文选）为主。大专班教师应比较系统地辅导每门课程的基本原理，本科班应比较系统地讲解经典著作中的基本原理。各班次的课程均应讲清基本原理的理论和实践意义。

五、教学的指导原则和管理制度

教学的指导原则是有指导地自学。学员必须虚心接受指导，按教学计划，循序渐进地学习；教师和教学管理人员，要努力为学员服务，指导和帮助学员学习。

实行严格的教学管理和学籍管理制度。各级教学和教务管理，对学员入学、退学、报到注册和听课、作业、论文、党性锻炼等成绩，必须登记造册，建立学籍档案。

学员必须遵守有关规章制度，特别是听课和考试制度。每学期面授缺课 1/3 以上者，不得参加该门课期末考试；考试时不得代考、不得代做作业、代写论文，不准以任何形式作弊，发现作弊行为，按零分处理，情节严重者给予党纪、政纪处分。

实行奖励制度。对学习成绩优异，党性锻炼成绩显著的学员，给予奖励和表彰。

【第八期领导干部函授班教学总计划（节选）】

一、培养目标和要求

按照中校字［1991］7 号文件的规定，领导干部函授班总的培养目标：培养忠诚于马克思主义、德才兼备的领导骨干，使学员比较系统地掌握马克思主义、毛泽东思想和邓小平理论，树立无产阶级世界观、人生观，自觉地执行党的基本路线，坚定地走建设有中国特色社会主义道路，努力实践全心全意为人民服务的宗旨，既具有专业理论知识和科学文化知识，又有决策判断、组织管理和开拓创新的实际能力。具体目标是按照江泽民同志在纪念中国共产党成立七十五周年座谈会上的讲话精神要求，通过函授教育培训、引导和帮助领导干部从以下五个方面努力提高自身的素质：

（一）具有远大的共产主义理想，坚持正确的政治方向，坚持走社会主义道路，坚决贯彻执行党的基本理论、基本路线和各项方针政策；

（二）努力实践党的全心全意为人民服务的宗旨，密切联系群众，特别是工农群众，坚决维护人民群众的利益；

（三）解放思想，实事求是，一切从实际出发，善于开拓前进，具有唯物辩证的思想方法和工作方法；

（四）模范遵纪守法，保持清正廉洁，发扬艰苦奋斗精神，自觉拒腐防变，坚决反对消极腐败现象；

（五）刻苦学习，勤奋敬业，不断加强知识积累和经验积累，具备做好本职工作的专业知识和能力。

按照上述目标，要求参加领导干部函授班的学员从四方面来努力：

1. 掌握理论。系统地掌握马克思主义、毛泽东思想和邓小平理论的基本知识，并用基本理论武装头脑，掌握马克思主义的方法论；

2. 丰富知识。通过学习，掌握有关领导干部所需要的专业基础知识、专业知识和相关的科学文化知识，丰富自己，提高专业、文化水平；

3. 增强党性。要求通过学习，联系自己的思想，解决深层次的思想问题，进一步确立共产主义世界观和人生观，坚定社会主义信念；

4. 提高能力。要求将掌握的知识转化为能力，主要是提高认识问题和解决问题的能力。

二、学制、课程和考核

学制为二年半。

课程设置贯彻少而精的原则，以马克思主义基本理论为主课，同时开设社会主义现代化建设相关的课程（课程设置和考核方式详见附表）。

三、教学时数和要求

每周学习 22 学时。工作时间抽出两个半天共 8 学时，加上两个休息日，每个休息日 4 学时，共 8 学时，再加上三个晚上，每晚 2 学时，共 6 学时。上半年 19 周共 418 学时；下半年 20 周共 440 学时；每学年为 858 学时，二年半共计 2156 学时。

党性教育课每周安排 1 学时，在实施过程中，时间可相对集中使用。

第 5 学期除所学课程外，还要写党性锻炼小结、撰写毕业论文和进行毕业论文答辩，并认真做好毕业鉴定。

面授和电教课安排，扣除期末总复习所需时数，三门主课加起来，基本每周一次课（4 学时计）。一学期共约 14 次面授课。

讨论时数，闭卷考试课平均每门 3 次，每次 2 学时。

四、教学方针、方式和方法

教学方针是以邓小平理论和党的基本路线为指导，坚持马克思主义基本原理同中国的具体实际相结合，坚持理论联系实际。教学方式是自学和辅导相结合，坚持以自学为主，通过面授、电教等方式，尽可能给予比较系统的辅导。

自学，要求按计划的进度，读完规定的教材，做到课前有预习，课后有复习，并及时完成作业。辅导，采取面授、电教、刊授等方式。

学习马克思主义理论，采取原著和原理相结合的方法。以学习原著（马克思主义经典文选和邓小平理论文选）为主，以业余学习为主，进行必要的辅导和讨论，每学期期末集中 7 至 10 天脱产复习。

五、教学的指导原则和管理制度

函授教育的指导原则是有指导地自学。学员必须虚心接受指导，按教学要求，循序渐进地学习；教员和办学单位的领导，要努力为学员服务，指导和帮助学员学习。

针对领导干部的特点，建立严格的考核制度，考核方式采取闭卷考试、开卷考试、做作业、写论文等方式。主课闭卷和开卷考试成绩均占总分的 80%；平时作业成绩和面授考勤分各占 10%。考查课采取写心得体会文章的方式，成绩为优秀、良好、及格、不及格。毕业论文实行答辩制度。

建立严格的教学管理和学籍管理制度。各主管办学单位必须建立学籍档案。对学员入学、退学、报到注册和听课、作业、论文、党性锻炼等成绩，必须登记造册，建立学籍档案。

学员必须遵守有关规章制度，特别是听课和考试制度，听课应有考勤制度；考试不得代考，不得代做作业、代写论文，不准以任何形式作弊，发现作弊行为，按零分处理，情节严重者给予党纪、政纪处分。

实行奖励制度。对学习成绩优秀，党性锻炼成绩显著的学员，给予奖励和表彰。

附表 1：98 级大专班专业，课程设置和考核方式

附表 2：98 级本科班专业、课程设置和考核方式

附表 3：第八期领导干部函授班课程设置和考核方式

附表 1：　　98 级大专班专业、课程设置和考核方式

学期		党政管理专业 课程	考核方式	经济管理专业 课程	考核方式
98.9—99.1	第一学期	邓小平理论简明教程	闭卷	邓小平理论简明教程	闭卷
		马克思主义哲学原理	闭卷	马克思主义哲学原理	闭卷
		干部写作概论	开卷	干部写作概论	开卷
		普通逻辑学	做作业	普通逻辑学	做作业
		党性教育	写心得	党性教育	写心得
99.2—.7	第二学期	政治经济学（资本主义部分）	闭卷	政治经济学（资本主义部分）	闭卷
		中共党史简编	闭卷	社会主义市场经济简明教程	闭卷
		中国近代史教程	开卷	中国经济管理思想史简编	开卷
		现代科学技术概论	写心得	农村经济管理学	写心得
		党性教育	写心得	党性教育	写心得
99.9—2000.1	第三学期	行政管理学	闭卷	财政学	闭卷
		政治学原理	闭卷	工业企业经营管理概论	闭卷
		国际共产主义运动史	开卷	国家税收概论	开卷
		社会主义社会学	写心得	微机操作基础	实习
		党性教育	写心得	党性教育	写心得
2000.2—.7	第四学期	党的建设简明教程	闭卷	经济管理学原理	闭卷
		社会主义市场经济简明教程	闭卷	对外经济管理学	闭卷
		国家公务员制度概论	开卷	中共党史简编	开卷
		微机操作基础	实习	环境科学概论	写心得
		党性教育	写心得	党性教育	写心得
2000.9—2001.1	第五学期	经济管理学原理	闭卷	法学概论	闭卷
		法学概论	闭卷	经济法简明教程	闭卷
		经济法简明教程	开卷	实用管理数学基础	开卷
		当代国际政治和中国对外关系	写心得	社会保障概论	写心得
		党性教育	写心得	党性教育	写心得
2001.2—.7	第六学期	思想政治工作教程	开卷	国内贸易经济管理	开卷
		公共关系学简明教程	写心得	管理心理学	写心得
		管理心理学	写心得	中国经济地理教程	写心得
		党性教育	写小结	党性教育	写小结
		毕业论文	答辩	毕业论文	答辩

98级大专班专业、课程设置和考核方式

学期		政法专业 课程	考核方式
98.9 | 99.1	第一学期	邓小平理论简明教程	闭卷
		中国宪法概论	闭卷
		法理学教程	开卷
		普通逻辑学	做作业
		党性教育	写心得
99.2 | .7	第二学期	马克思主义哲学原理	闭卷
		民法学教程	闭卷
		社会主义市场经济简明教程	开卷
		中国法律史	写心得
		党性教育	写心得
99.9 | 2000.1	第三学期	刑法概论	闭卷
		行政法与行政诉讼法教程	闭卷
		中共党史简编	开卷
		婚姻家庭法	写心得
		党性教育	写心得
2000.2 | .7	第四学期	经济法简明教程	闭卷
		刑事诉讼法与民事诉讼法教程	闭卷
		西方法律史	开卷
		现代科学技术概论	写心得
		党性教育	写心得
2000.9 | 2001.1	第五学期	涉外经济法教程	闭卷
		劳动法学教程	闭卷
		国际法教程	开卷
		刑事侦查学	写心得
		党性教育	写心得
2001.2 | .7	第六学期	环境法	开卷
		司法文书概论	写心得
		微机操作基础	实习
		党性教育	写小结
		毕业论文	答辩

附表 2：　　98 级本科班专业、课程设置和考核方式

学期		党政管理专业 课程	考核方式	行政管理专业 课程	考核方式
98.9—99.1	第一学期	马克思主义哲学经典文选	闭卷	马克思主义哲学经典文选	闭卷
		领导科学概论	闭卷	领导科学概论	闭卷
		邓小平理论文选	开卷	邓小平理论文选	开卷
		现代管理技术	写心得	现代管理技术	写心得
		党性教育	写心得	党性教育	写心得
99.2—.7	第二学期	马克思主义科学社会主义经典文选	闭卷	马克思主义科学社会主义经典文选	闭卷
		社会主义市场经济概论	闭卷	法学基础	闭卷
		马克思主义伦理学	开卷	新时期党的建设概论	开卷
		世界近现代史	写心得	社会调查与统计	写心得
		党性教育	写心得	党性教育	写心得
99.9—2000.1	第三学期	马克思主义党的建设经典文选	闭卷	行政管理学教程	闭卷
		行政法与行政诉讼法教程	闭卷	中国政治制度史	闭卷
		中国领导思想史简编	开卷	行政法与行政诉讼法教程	开卷
		当代西方政治制度	写心得	组织行为学	写心得
		党性教育	写心得	党性教育	写心得
2000.2—.7	第四学期	党务管理概论	闭卷	社会主义市场经济概论	闭卷
		宏观经济运行与管理	闭卷	市场经济法律制度概论	闭卷
		文艺学原理	开卷	公务员应用文写作	开卷
		计算机操作实用教程	实习	计算机操作实用教程	实习
		党性教育	写心得	党性教育	写心得
2000.9—2001.1	第五学期	中国历代治国思想要览	开卷	当代国际政治	开卷
		社会调查与统计	写心得	当代西方政治制度	写心得
		中国政治制度史	写心得	系统科学概论	写心得
		党性教育	写小结	党性教育	写小结
		毕业论文	答辩	毕业论文	答辩

98级本科班专业、课程设置和考核方式

学期	课程/专业	经济管理专业 课程	考核方式	涉外经济专业 课程	考核方式
98.9—99.1	第一学期	马克思主义政治经济学经典文选	闭卷	马克思主义政治经济学经典文选	闭卷
		市场经济法律制度概论	闭卷	英语(第一册)	闭卷
		英语(第一册)	开卷	邓小平理论文选	开卷
		现代管理技术	写心得	现代管理技术	写心得
		党性教育	写心得	党性教育	写心得
99.2—.7	第二学期	社会主义市场经济概论	闭卷	国际投资和我国利用外资概论	闭卷
		宏观经济运行与管理	闭卷	英语(第二册)	闭卷
		英语(第二册)	开卷	国际贸易理论与实务	开卷
		中国区域经济管理概论	写心得	中国对外贸易理论与政策	写心得
		党性教育	写心得	党性教育	写心得
99.9—2000.1	第三学期	货币银行学	闭卷	货币银行学	闭卷
		国际金融简明教程	闭卷	国际税收概论	闭卷
		邓小平理论文选	开卷	涉外经济会计	开卷
		社会主义国有资产管理概论	写心得	经济数学方法	做作业
		党性教育	写心得	党性教育	写心得
2000.2—.7	第四学期	对外经济理论与实务	闭卷	国际营销	闭卷
		国际投资和我国利用外资概论	闭卷	企业涉外经营管理概论	闭卷
		外国经济管理思想史简编	开卷	商务谈判	开卷
		计算机操作实用教程	实习	世界经济地理教程	写心得
		党性教育	写心得	党性教育	写心得
2000.9—2001.1	第五学期	管理会计简明教程	开卷	涉外经济法	开卷
		国民经济统计学	写心得	国际经济法教程	写心得
		现代西方经济学	写心得	计算机操作实用教程	实习
		党性教育	写小结	党性教育	写小结
		毕业论文	答辩	毕业论文	答辩

98级本科班专业、课程设置和考核方式

学期		政法专业 课程	考核方式
98.9—99.1	第一学期	社会主义法制论纲	闭卷
		民法学总论	闭卷
		马克思主义法学经典文选	开卷
		宪法学	写心得
		党性教育	写心得
99.2—.7	第二学期	刑法总论	闭卷
		民法学分论	闭卷
		社会主义市场经济概论	开卷
		律师社会学教程	写心得
		党性教育	写心得
99.9—2000.1	第三学期	刑法各论	闭卷
		行政法学	闭卷
		竞争法学	开卷
		计算机操作实用教程	实习
		党性教育	写心得
2000.2—.7	第四学期	刑事诉讼法学	闭卷
		民事诉讼法学	闭卷
		国际经济法教程	开卷
		财税法教程	写心得
		党性教育	写心得
2000.9—2001.1	第五学期	行政诉讼法学	开卷
		金融法学	做作业
		律师学教程	写心得
		党性教育	写小结
		毕业论文	答辩

附表 3： **第八期领导干部函授班课程设置和考核方式**

学期		课程	考核方式
98.9—99.1	第一学期	马克思主义哲学经典文选	闭卷
		邓小平理论文选	开卷
		现代市场经济	开卷
		系统科学概论	写心得
		党性教育	写心得
99.2—99.7	第二学期	领导科学概论	闭卷
		马克思主义政治经济学经典文选	开卷
		马克思主义伦理学	开卷
		中国政治制度史	写心得
		党性教育	写心得
99.9—2000.1	第三学期	宏观经济运行与管理	闭卷
		中国领导思想史简编	开卷
		新时期党的建设概论	开卷
		当代中国政治制度	写心得
		党性教育	写心得
2000.2—2000.7	第四学期	行政法与行政诉讼法教程	闭卷
		中国历代治国思想要览	开卷
		党务管理概论	开卷
		计算机操作实用教程	实习
		党性教育	写心得
2000.9—2001.1	第五学期	当代西方政治制度	开卷
		江泽民重要讲话选编	写心得
		社会调查与统计	写心得
		党性教育	写小结
		毕业论文	答辩

【1998年教学计划概述】 总院制定的教学计划主要有教学总计划和学期教学计划。教学总计划是按年级、按专业班次在规定的学制时间内组织实施教学的总体设计的基本文件。它包括大专班、本科班教学总计划和领导干部函授班教学总计划，其内容主要包括本年级的培养目标和对学员的要求、学制、专业课程和考核方式、教学方针、方式和方法以及教学指导原则和管理制度。学期教学计划是按教学总计划的总体要求而制定的，其内容包括本学期各专业开设的课程、各门课程教学总时数以及自学、电教辅导、面授、讨论、作业、复习考试的时间分配，考核方式及考试和补考时间的安排。每个学年有两个学期的教学计划。1998年上学期教学计划：大专7个班次3个专业，开设26门课程，其中95级毕业班每个专业开设3门（1门开卷考试、2门免试），并要求撰写毕业论文和进行答辩；96、97级各专业班次均开设4门（2门闭卷考试、1门开卷考试、1门写心得体会或做作业）。本科10个班次5个专业，开设40门课程，每个专业均开设4门（2门闭卷考试、1门开卷考试、1门写心得体会或做作业）。领导干部函授班2个班次，开设8门课程，每个班次均开设4门（1门闭卷考试、2门开卷考试、1门写心得体会或做作业）。1998年下学期教学计划：大专班8个班次3个专业，开设35门课程，其中96、97级每个班均开设4门（2门闭卷考试、1门开卷考试、1门写心得体会或做作业）、98级每个班均开设5门（2门闭卷考试、1门开卷考试、1门写心得体会或做作业、1门党性教育课）。本科15个班次5个专业，开设60门课程，其中96级毕业班，每个专业开设3门（1门开卷考试、2门免试），并要求撰写毕业论文和进行答辩；97级各专业班次均开设4门（2门闭卷考试、1门开卷考试、1门写心得体会或做作业）；98级各专业班次均开设5门（2门闭卷考试、1门开卷考试、1门写心得体会或做作业、1门党性教育课）。领导干部函授班3个班，开设12门课程，其中第6期毕业班开设3门（1门开卷考试、2门免试），并要求撰写毕业论文和进行党性锻炼小结；97级1个班次开设4门（1门闭卷考试、2门开卷考试、1门实习）；98级1个班次开设5门（1门闭卷考试、2门开卷考试、1门写心得体会或做作业、1门党性教育课）。1998年教学计划与1997年教学计划相比，作了如下调整：1．96级本科班各专业课程因学制由原来的三年改为两年半而作了微调；2．本科班涉外经济专业英语课的考核方式由原来的“闭、开卷”改为“闭卷”；经管专业英语课的面授时间由18次改为14次；3．98级各专业班次均增设了党性教育课，使党性教育做到了有计划、有课时、有教材、有检查考核；4．本科毕业班课程由2门开卷考试、2门免试改为1门开卷、2门免试；5．为了防止教材使用版本出差错，在计划里，增设了“教材版本或印刷时间”一栏。 （姚东锋）

95 级大专班第 6 学期党政管理专业教学计划

时间 项目 课程	教材版本或印刷时间	教学总时数	面授辅导时、次数	电教辅导(录像串讲)时、次数	讨论时、次数	自学时数	作业时数	复习考试时数	考核方式	备注
市政管理学	1997	80	16 (4 次)			33	15	16	开卷	安排 10 周,每周 8 学时。考试时间由分院或直属学区统一安排。
国家公务员制度概论	1996.8	40		6 (2 次)		34				安排 10 周,每周 4 学时。
公共关系学简明教程	1996.9	40		6 (2 次)		34				安排 10 周,每周 4 学时。
毕业论文		239		6 (2 次)		233 (撰写论文和答辩)			答辩	撰写安排在前 15 周。1998 年 6 月 10 日前交稿,最后两周论文答辩。
小 计		399	16 (4 次)	18 (6 次)		334	15	16		1998 年 6 月 13、14 日总补考。

95 级大专班第 6 学期经济管理专业教学计划

时间 项目 课程	教材版本或印刷时间	教学总时数	面授辅导时、次数	电教辅导(录像串讲)时、次数	讨论时、次数	自学时数	作业时数	复习考试时数	考核方式	备注
审计学	1996.8	80	16 (4 次)			33	15	16	开卷	安排 10 周,每周 8 学时。考试时间由分院或直属学区统一安排。
环境科学导论	1997	40		6 (2 次)		34				安排 10 周,每周 4 学时。
农村经济管理学	1996.10	40		6 (2 次)		34				安排 10 周,每周 4 学时。
毕业论文		239		6 (2 次)		233 (撰写论文和答辩)			答辩	撰写安排在前 15 周。1998 年 6 月 10 日前交稿,最后两周论文答辩。
小 计		399	16 (4 次)	18 (6 次)		334	15	16		1998 年 6 月 13、14 日总补考。

96级大专班第4学期党政管理专业教学计划

课程＼时间＼项目	教材版本或印刷时间	教学总时数	面授辅导时、次数	电教辅导(录像串讲)时、次数	讨论时、次数	自学时数	作业时数	复习考试时数	考核方式	备注
行政管理学	1997	133	24(6次)	3(1次)	6(3次)	64	25	11	闭卷	安排19周,每周7学时。1998年7月10日上午9:30—11:30考试,8月29日上午9:30—11:30补考。
政治学原理	1996.9	133	24(6次)	3(1次)	6(3次)	64	25	11	闭卷	安排19周,每周7学时。1998年7月10日下午2:30—4:30考试,8月29日下午2:30—4:30补考。
国家公务员制度概论	1996.8	76	16(4次)			37	15	8	开卷	安排19周,每周4学时。考试时间由分院或直属学区统一安排。
普通逻辑学	1997	57		6(2次)		20	25	6	作业	安排19周,每周3学时。由分院或直属学区出5道作业题。
小计		399	64(16次)	12(4次)	12(6次)	185	90	36		

96级大专班第4学期经济管理专业教学计划

课程＼时间＼项目	教材版本或印刷时间	教学总时数	面授辅导时、次数	电教辅导(录像串讲)时、次数	讨论时、次数	自学时数	作业时数	复习考试时数	考核方式	备注
财政学	1997	133	24(6次)	3(1次)	6(3次)	64	25	11	闭卷	安排19周,每周7学时。1998年7月10日上午9:30—11:30考试,8月29日上午9:30—11:30补考。
国内贸易经济管理	1997	133	24(6次)	3(1次)	6(3次)	64	25	11	闭卷	安排19周,每周7学时。1998年7月10日下午2:30—4:30考试,8月29日下午2:30—4:30补考。
实用管理数学基础	1996.12	95	16(4次)			54	15	10	开卷	安排19周,每周5学时。考试时间由分院或直属学区统一安排。
管理心理学	1996.11	38		6(2次)		32			写心得体会或做作业	安排19周,每周2学时。写一篇2000字的心得体会或做5道作业题。
小计		399	64(16次)	12(4次)	12(6次)	214	65	32		

97级大专班第2学期党政管理专业教学计划

课程＼时间＼项目	教材版本或印刷时间	教学总时数	面授辅导时、次数	电教辅导(录像串讲)时、次数	讨论时、次数	自学时数	作业时数	复习考试时数	考核方式	备注
政治经济学(资本主义部分)	1997	133	24(6次)	3(1次)	6(3次)	64	25	11	闭卷	安排19周,每周7学时。1998年7月11日上午9:30—11:30考试,8月30日上午9:30—11:30补考。
中共党史简编	1997	133	24(6次)	3(1次)	6(3次)	64	25	11	闭卷	安排19周,每周7学时。1998年7月11日下午2:30—4:30考试,8月30日下午2:30—4:30补考。
中国近代史教程	1997	95	16(4次)			54	15	10	开卷	安排19周,每周5学时。考试时间由分院或直属学区统一安排。
现代科学技术概论	1997	38		6(2次)		32			写心得体会或做作业	安排19周,每周2学时。写一篇2000字的心得体会或做5道作业题。
小计		399	64(16次)	12(4次)	12(6次)	214	65	32		

97级大专班第2学期经济管理专业教学计划

课程＼时间＼项目	教材版本或印刷时间	教学总时数	面授辅导时、次数	电教辅导(录像串讲)时、次数	讨论时、次数	自学时数	作业时数	复习考试时数	考核方式	备注
政治经济学(资本主义部分)	1997	133	24(6次)	3(1次)	6(3次)	64	25	11	闭卷	安排19周,每周7学时。1998年7月11日上午9:30—11:30考试,8月30日上午9:30—11:30补考。
社会主义市场经济简明教程	1997	133	24(6次)	3(1次)	6(3次)	64	25	11	闭卷	安排19周,每周7学时。1998年7月11日下午2:30—4:30考试,8月30日下午2:30—4:30补考。
中国经济管理思想史简编	1996.10	95	16(4次)			54	15	10	开卷	安排19周,每周5学时。考试时间由分院或直属学区统一安排。
农村经济管理学	1997	38		6(2次)		32			写心得体会或做作业	安排19周,每周2学时。写一篇2000字的心得体会或做5道作业题。
小计		399	64(16次)	12(4次)	12(6次)	214	65	32		

97级大专班第2学期政法专业教学计划

课程＼时间项目	教材版本或印刷时间	教学总时数	面授辅导时、次数	电教辅导(录像串讲)时、次数	讨论时、次数	自学时数	作业时数	复习考试时数	考核方式	备注
政治经济学(资本主义部分)	1997	133	24(6次)	3(1次)	6(3次)	64	25	11	闭卷	安排19周,每周7学时。1998年7月11日上午9:30—11:30考试,8月30日上午9:30—11:30补考。
社会主义市场经济简明教程	1997	133	24(6次)	3(1次)	6(3次)	64	25	11	闭卷	安排19周,每周7学时。1998年7月11日下午2:30—4:30考试,8月30日下午2:30—4:30补考。
中共党史简编	1997	95	16(4次)			54	15	10	开卷	安排19周,每周5学时。考试时间由分院或直属学区统一安排。
国家公务员制度概论	1996.8	38		6(2次)		32			写心得体会或做作业	安排19周,每周2学时。写一篇2000字的心得体会或做5道作业题。
小计		399	64(16次)	12(4次)	12(6次)	214	65	32		

96级本科班第4学期党政管理专业教学计划

课程＼时间项目	教材版本或印刷时间	教学总时数	面授辅导时、次数	电教辅导(录像串讲)时、次数	讨论时、次数	自学时数	作业时数	复习考试时数	考核方式	备注
马克思主义党的建设经典文选	1996.8	133	24(6次)	3(1次)	6(3次)	64	25	11	闭卷	安排19周,每周7学时。1998年7月12日下午2:30—4:30考试,8月31日下午2:30—4:30补考。
行政管理学教程	1997	133	24(6次)	3(1次)	6(3次)	64	25	11	闭卷	安排19周,每周7学时。1998年7月12日上午9:30—11:30考试,8月31日上午9:30—11:30补考。
党务管理概论	1997	95	16(4次)			54	15	10	开卷	安排19周,每周5学时。考试时间由分院或直属学区统一安排。
微机操作实用教程	1997	57	24(6次)	6(2次)		17	10(实习)		实习	安排19周,每周3学时。实习为上机时间。
小计		418	88(22次)	12(4次)	12(6次)	199	75	32		

96级本科班第4学期行政管理专业教学计划

课程 \ 时间 \ 项目	教材版本或印刷时间	教学总时数	面授辅导时、次数	电教辅导(录像串讲)时、次数	讨论时、次数	自学时数	作业时数	复习考试时数	考核方式	备注
行政管理学教程	1997	133	24 (6次)	3 (1次)	6 (3次)	64	25	11	闭卷	安排19周,每周7学时。1998年7月12日上午9:30—11:30考试,8月31日上午9:30—11:30补考。
行政法与行政诉讼法教程	1997	133	24 (6次)	3 (1次)	6 (3次)	64	25	11	闭卷	安排19周,每周7学时。1998年7月12日下午2:30—4:30考试,8月31日下午2:30—4:30补考。
当代西方政治制度	1995.4	95	16 (4次)			54	15	10	开卷	安排19周,每周5学时。考试时间由分院或直属学区统一安排。
微机操作实用教程	1997	57	24 (6次)	6 (2次)		17	10 (实习)		实习	安排19周,每周3学时。实习为上机时间。
小计		418	88 (22次)	12 (4次)	12 (6次)	199	75	32		

96级本科班第4学期经济管理专业教学计划

课程 \ 时间 \ 项目	教材版本或印刷时间	教学总时数	面授辅导时、次数	电教辅导(录像串讲)时、次数	讨论时、次数	自学时数	作业时数	复习考试时数	考核方式	备注
国际贸易理论与实务	1997	133	24 (6次)	3 (1次)	6 (3次)	64	25	11	闭卷	安排19周,每周7学时。1998年7月12日上午9:30—11:30考试,8月31日上午9:30—11:30补考。
国际金融简明教程	1997	133	24 (6次)	3 (1次)	6 (3次)	64	25	11	闭卷	安排19周,每周7学时。1998年7月12日下午2:30—4:30考试,8月31日下午2:30—4:30补考。
国际投资和我国利用外资概论	1996.3	95	16 (4次)			54	15	10	开卷	安排19周,每周5学时。考试时间由分院或直属学区统一安排。
现代西方经济学	1995.10	57		6 (2次)		45		6	写心得体会或做作业	安排19周,每周3学时。写一篇3000字的心得体会或做5道作业题。
小计		418	64 (16次)	12 (4次)	12 (6次)	227	65	38		

96级本科班第4学期涉外经济专业教学计划

课程＼时间＼项目	教材版本或印刷时间	教学总时数	面授辅导时、次数	电教辅导(录像串讲)时、次数	讨论时、次数	自学时数	作业时数	复习考试时数	考核方式	备注
国际投资和我国利用外资概论	1996.3	133	24(6次)	3(1次)	6(3次)	64	25	11	闭卷	安排19周，每周7学时。1998年7月12日上午9:30—11:30考试，8月31日上午9:30—11:30补考。
国际金融简明教程	1997	133	24(6次)	3(1次)	6(3次)	64	25	11	闭卷	安排19周，每周7学时。1998年7月12日下午2:30—4:30考试，8月31日下午2:30—4:30补考。
国际经济法教程	1997	95	16(4次)			54	15	10	开卷	安排19周，每周5学时。考试时间由分院或直属学区统一安排。
现代西方经济学	1995.10	57		6(2次)		45		6	写心得体会或做作业	安排19周，每周3学时。写一篇3000字的心得体会或做5道作业题。
小计		418	64(16次)	12(4次)	12(6次)	227	65	38		

96级本科班第4学期政法专业教学计划

课程＼时间＼项目	教材版本或印刷时间	教学总时数	面授辅导时、次数	电教辅导(录像串讲)时、次数	讨论时、次数	自学时数	作业时数	复习考试时数	考核方式	备注
刑事、民事诉讼法教程	1997	133	24(6次)	3(1次)	6(3次)	64	25	11	闭卷	安排19周，每周7学时。1998年7月12日上午9:30—11:30考试，8月31日上午9:30—11:30补考。
经济合同法教程	1996.3	133	24(6次)	3(1次)	6(3次)	64	25	11	闭卷	安排19周，每周7学时。1998年7月12日下午2:30—4:30考试，8月31日下午2:30—4:30补考。
劳动法学教程	1996.8	95	16(4次)			54	15	10	开卷	安排19周，每周5学时。考试时间由分院或直属学区统一安排。
财税法教程	1997	57		6(2次)		45		6	写心得体会或做作业	安排19周，每周3学时。写一篇3000字的心得体会或做5道作业题。
小计		418	64(16次)	12(4次)	12(6次)	227	65	38		

97级本科班第2学期党政管理专业教学计划

课程 \ 时间项目	教材版本或印刷时间	教学总时数	面授辅导时、次数	电教辅导(录像串讲)时、次数	讨论时、次数	自学时数	作业时数	复习考试时数	考核方式	备注
马克思主义科学社会主义经典文选	1997	133	24(6次)	3(1次)	6(3次)	64	25	11	闭卷	安排19周,每周7学时。1998年7月13日上午9:30—11:30考试,9月1日上午9:30—11:30补考。
市场经济法律制度概论	1996.9	133	24(6次)	3(1次)	6(3次)	64	25	11	闭卷	安排19周,每周7学时。1998年7月13日下午2:30—4:30考试,9月1日下午2:30—4:30补考。
马克思主义伦理学	1997	95	16(4次)			54	15	10	开卷	安排19周,每周5学时。考试时间由分院或直属学区统一安排。
世界近现代史	1997	57		6(2次)		45		6	写心得体会或做作业	安排19周,每周3学时。写一篇3000字的心得体会或做5道作业题。
小计		418	64(16次)	12(4次)	12(6次)	227	65	38		

97级本科班第2学期行政管理专业教学计划

课程 \ 时间项目	教材版本或印刷时间	教学总时数	面授辅导时、次数	电教辅导(录像串讲)时、次数	讨论时、次数	自学时数	作业时数	复习考试时数	考核方式	备注
马克思主义科学社会主义经典文选	1997	133	24(6次)	3(1次)	6(3次)	64	25	11	闭卷	安排19周,每周7学时。1998年7月13日上午9:30—11:30考试,9月1日上午9:30—11:30补考。
法学基础	1997	133	24(6次)	3(1次)	6(3次)	64	25	11	闭卷	安排19周,每周7学时。1998年7月13日下午2:30—4:30考试,9月1日下午2:30—4:30补考。
社会调查与统计	1997	95	16(4次)			54	15	10	开卷	安排19周,每周5学时。考试时间由分院或直属学区统一安排。
新时期执政党建设概论	1997	57		6(2次)		45		6	写心得体会或做作业	安排19周,每周3学时。写一篇3000字的心得体会或做5道作业题。
小计		418	64(16次)	12(4次)	12(6次)	227	65	38		

97级本科班第2学期经济管理专业教学计划

课程＼时间＼项目	教材版本或印刷时间	教学总时数	面授辅导时、次数	电教辅导(录像串讲)时、次数	讨论时、次数	自学时数	作业时数	复习考试时数	考核方式	备注
市场经济法律制度概论	1996.9	133	24(6次)	3(1次)	6(3次)	64	25	11	闭卷	安排19周，每周7学时。1998年7月13日下午2:30—4:30考试，9月1日下午2:30—4:30补考。
宏观经济运行与管理	1997	133	24(6次)	3(1次)	6(3次)	64	25	11	闭卷	安排19周，每周7学时。1998年7月13日上午9:30—11:30考试，9月1日上午9:30—11:30补考。
英语(第二册)	1997	114	56(14次)	3(1次)		18	25	12	开卷	安排19周，每周6学时。考试时间由分院或直属学区统一安排。
日语、俄语										
中国区域经济管理概论	1997	38		6(2次)		32			写心得体会或做作业	安排19周，每周2学时。写一篇3000字的心得体会或做5道作业题。
小计		418	104(26次)	15(5次)	12(6次)	178	75	34		

97级本科班第2学期涉外经济专业教学计划

课程＼时间＼项目	教材版本或印刷时间	教学总时数	面授辅导时、次数	电教辅导(录像串讲)时、次数	讨论时、次数	自学时数	作业时数	复习考试时数	考核方式	备注
社会主义市场经济论纲	1997	133	24(6次)	3(1次)	6(3次)	64	25	11	闭卷	安排19周，每周7学时。1998年7月13日下午2:30—4:30考试，9月1日下午2:30—4:30补考。
英语(第二册)	1997	152	72(18次)	3(1次)		36	25	16	闭卷	安排19周，每周8学时。1998年7月13日上午9:30—11:30考试，9月1日上午9:30—11:30补考。
日语、俄语										
企业涉外经营管理概论	1997	95	24(6次)			46	15	10	开卷	安排19周，每周5学时。考试时间由分院或直属学区统一安排。
外国经济管理思想史简编	1997	38		6(2次)		32			写心得体会或做作业	安排19周，每周2学时。写一篇3000字的心得体会或做5道作业题。
小计		418	120(30次)	12(4次)	6(3次)	178	65	37		

97级本科班第2学期政法专业教学计划

课程＼时间＼项目	教材版本或印刷时间	教学总时数	面授辅导时、次数	电教辅导(录像串讲)时、次数	讨论时、次数	自学时数	作业时数	复习考试时数	考核方式	备注
法理学教程	1996.4	133	24 (6次)	3 (1次)	6 (3次)	64	25	11	闭卷	安排19周,每周7学时。1998年7月13日上午9:30—11:30考试,9月1日上午9:30—11:30补考。
宪法学教程	1997	133	24 (6次)	3 (1次)	6 (3次)	64	25	11	闭卷	安排19周,每周7学时。1998年7月13日下午2:30—4:30考试,9月1日下午2:30—4:30补考。
中国法律思想史概论	1996.8	95	16 (4次)			54	15	10	开卷	安排19周,每周5学时。考试时间由分院或直属学区统一安排。
西方法律制度与理论	1997	57		6 (2次)		45		6	写心得体会或做作业	安排19周,每周3学时。写一篇3000字的心得体会或做5道作业题。
小 计		418	64 (16次)	12 (4次)	12 (6次)	227	65	38		

第六期领导干部函授班第4学期教学计划

课程＼时间＼项目	教材版本或印刷时间	教学总时数	面授辅导时、次数	电教辅导(录像串讲)时、次数	讨论时、次数	自学时数	作业时数	复习考试时数	考核方式	备注
新时期党的建设概论	1997	133	24 (6次)	3 (1次)	6 (3次)	64	25	11	闭卷	安排19周,每周7学时。1998年7月13日上午9:30—11:30考试,9月1日上午9:30—11:30补考。
行政法与行政诉讼法教程	1997	114	16 (4次)			71	15	12	开卷	安排19周,每周6学时。考试时间由分院或直属学区统一安排。
党务管理概论	1997	114	16 (4次)			71	15	12	开卷	安排19周,每周6学时。考试时间由分院或直属学区统一安排。
微机操作实用教程	1997	57	24 (6次)	6 (2次)		17	10 (实习)		实习	安排19周,每周3学时。实习为上机时间。
小 计		418	80 (20次)	9 (3次)	6 (3次)	223	65	35		

第七期领导干部函授班第 2 学期教学计划

课程 \ 时间项目	教材版本或印刷时间	教学总时数	面授辅导时、次数	电教辅导(录像串讲)时、次数	讨论时、次数	自学时数	作业时数	复习考试时数	考核方式	备注
领导科学概论	1997	133	24（6 次）	3（1 次）	6（3 次）	64	25	11	闭卷	安排 19 周，每周 7 学时。1998 年 7 月 13 日上午 9:30—11:30 考试，9 月 1 日上午 9:30—11:30 补考。
马克思主义政治经济学经典文选	1997	114	16（4 次）			71	15	12	开卷	安排 19 周，每周 6 学时。考试时间由分院或直属学区统一安排。
马克思主义伦理学	1997	114	16（4 次）			71	15	12	开卷	安排 19 周，每周 6 学时。考试时间由分院或直属学区统一安排。
中国政治制度史	1996.8	57		6（2 次）		45		6	写心得体会或做作业	安排 19 周，每周 3 学时。写一篇 3000 字的心得体会或做 5 道作业题。
小计		418	56（14 次）	9（3 次）	6（3 次）	251	55	41		

96 级大专班第 5 学期党政管理专业教学计划

课程 \ 时间项目	教材版本或印刷时间	教学总时数	面授辅导时、次数	电教辅导(录像串讲)时、次数	讨论时、次数	自学时数	作业时数	复习考试时数	考核方式	备注
社会主义市场经济简明教程	修改 1998.4	140	24（6 次）	3（1 次）	6（3 次）	71	25	11	闭卷	安排 20 周，每周 7 学时。1999 年 1 月 10 日上午 9:30—11:30 考试，3 月 6 日上午 9:30—11:30 补考。
对外经济管理学	修改 1998.4	140	24（6 次）	3（1 次）	6（3 次）	71	25	11	闭卷	安排 20 周，每周 7 学时。1999 年 1 月 10 日下午 2:30—4:30 考试，3 月 6 日下午 2:30—4:30 补考。
国际共产主义运动史	1997.3	100	16（4 次）			59	15	10	开卷	安排 20 周，每周 5 学时。考试时间由分院或直属学区统一安排。
当代国际政治与中国对外关系	修改 1998.4	40		6（2 次）		30		4	写心得体会或做作业	安排 20 周，每周 2 学时。写一篇 2000 字的心得体会或做 5 道作业题。
小计		420	64（16 次）	12（4 次）	12（6 次）	231	65	36		

96级大专班第5学期经济管理专业教学计划

项目/时间/课程	教材版本或印刷时间	教学总时数	面授辅导时、次数	电教辅导(录像串讲)时、次数	讨论时、次数	自学时数	作业时数	复习考试时数	考核方式	备注
社会经济统计学原理	审改 1998.4	140	24 (6次)	3 (1次)	6 (3次)	71	25	11	闭卷	安排20周,每周7学时。1999年1月10日上午9:30—11:30考试,3月6日上午9:30—11:30补考。
对外经济管理学	修改 1998.4	140	24 (6次)	3 (1次)	6 (3次)	71	25	11	闭卷	安排20周,每周7学时。1999年1月10日下午2:30—4:30考试,3月6日下午2:30—4:30补考。
中共党史简编	重印 1997.10	80	16 (4次)			41	15	8	开卷	安排20周,每周4学时。考试时间由分院或直属学区统一安排。
普通逻辑学	1997.3	60		6 (2次)		23	25	6	做作业	安排20周,每周3学时。由分院或直属学区出5道作业题。
小计		420	64 (16次)	12 (4次)	12 (6次)	206	90	36		

97级大专班第3学期党政管理专业教学计划

项目/时间/课程	教材版本或印刷时间	教学总时数	面授辅导时、次数	电教辅导(录像串讲)时、次数	讨论时、次数	自学时数	作业时数	复习考试时数	考核方式	备注
经济管理学原理	修改 1998.4	140	24 (6次)	3 (1次)	6 (3次)	71	25	11	闭卷	安排20周,每周7学时。1999年1月11日上午9:30—11:30考试,3月6日上午9:30—11:30补考。
党的建设简明教程	修改 1998.4	140	24 (6次)	3 (1次)	6 (3次)	71	25	11	闭卷	安排20周,每周7学时。1999年1月11日下午2:30—4:30考试,3月6日下午2:30—4:30补考。
经济法简明教程	修改 1998.4	100	16 (4次)			59	15	10	开卷	安排20周,每周5学时。考试时间由分院或直属学区统一安排。
社会主义社会学	修改 1998.4	40		6 (2次)		30		4	写心得体会或做作业	安排20周,每周2学时。写一篇2000字的心得体会或做5道作业题。
小计		420	64 (16次)	12 (4次)	12 (6次)	231	65	36		

97 级大专班第 3 学期经济管理专业教学计划

项目 / 时间 / 课程	教材版本或印刷时间	教学总时数	面授辅导时、次数	电教辅导(录像串讲)时、次数	讨论时、次数	自学时数	作业时数	复习考试时数	考核方式	备注
经济管理学原理	修改 1998.4	140	24 (6 次)	3 (1 次)	6 (3 次)	71	25	11	闭卷	安排 20 周,每周 7 学时。1999 年 1 月 11 日上午 9:30—11:30 考试,3 月 6 日上午 9:30—11:30 补考。
财政学	修改 1998.4	140	24 (6 次)	3 (1 次)	6 (3 次)	71	25	11	闭卷	安排 20 周,每周 7 学时。1999 年 1 月 11 日下午 2:30—4:30 考试,3 月 6 日下午 2:30—4:30 补考。
财务会计概论	审改 1998.4	100	16 (4 次)			59	15	10	开卷	安排 20 周,每周 5 学时。考试时间由分院或直属学区统一安排。
现代科学技术概论	1997.9	40		6 (2 次)		30		4	写心得体会或做作业	安排 20 周,每周 2 学时。写一篇 2000 字的心得体会或做 5 道作业题。
小计		420	64 (16 次)	12 (4 次)	12 (6 次)	231	65	36		

97 级大专班第 3 学期政法专业教学计划

项目 / 时间 / 课程	教材版本或印刷时间	教学总时数	面授辅导时、次数	电教辅导(录像串讲)时、次数	讨论时、次数	自学时数	作业时数	复习考试时数	考核方式	备注
法理学教程	修改 1998.4	140	24 (6 次)	3 (1 次)	6 (3 次)	71	25	11	闭卷	安排 20 周,每周 7 学时。1999 年 1 月 11 日上午 9:30—11:30 考试,3 月 6 日上午 9:30—11:30 补考。
经济法简明教程	修改 1998.4	140	24 (6 次)	3 (1 次)	6 (3 次)	71	25	11	闭卷	安排 20 周,每周 7 学时。1999 年 1 月 11 日下午 2:30—4:30 考试,3 月 6 日下午 2:30—4:30 补考。
中国宪法概论	修改 1998.4	100	16 (4 次)			59	15	10	开卷	安排 20 周,每周 5 学时。考试时间由分院或直属学区统一安排。
婚姻家庭法	新编 1998.4	40		6 (2 次)		30		4	写心得体会或做作业	安排 20 周,每周 2 学时。写一篇 2000 字的心得体会或做 5 道作业题。
小计		420	64 (16 次)	12 (4 次)	12 (6 次)	231	65	36		

98级大专班第1学期党政管理/经济管理专业教学计划

课程 \ 时间 \ 项目	教材版本或印刷时间	教学总时数	面授辅导时、次数	电教辅导(录像串讲)时、次数	讨论时、次数	自学时数	作业时数	复习考试时数	考核方式	备注
马克思主义哲学原理	修改 1998.4	140	24（6次）	3（1次）	6（3次）	71	25	11	闭卷	安排20周，每周7学时。1999年1月12日上午9:30—11:30考试，3月6日上午9:30—11:30补考。
邓小平理论简明教程	修改 1998.4	140	24（6次）	3（1次）	6（3次）	71	25	11	闭卷	安排20周，每周7学时。1999年1月12日下午2:30—4:30考试，3月6日下午2:30—4:30补考。
干部写作概论	审改 1998.4	80	16（4次）			41	15	8	开卷	安排20周，每周4学时。考试时间由分院或直属学区统一安排。
普通逻辑学	1997.3	60		6（2次）		23	25	6	做作业	安排20周，每周3学时。由分院或直属学区出5道作业题。
党性教育	新编 1998.4	20	12（3次）		6（3次）			2	写心得体会	安排20周，每周1学时。
小计		440	76（19次）	12（4次）	18（9次）	206	90	38		

98级大专班第1学期政法专业教学计划

课程 \ 时间 \ 项目	教材版本或印刷时间	教学总时数	面授辅导时、次数	电教辅导(录像串讲)时、次数	讨论时、次数	自学时数	作业时数	复习考试时数	考核方式	备注
中国宪法概论	修改 1998.4	140	24（6次）	3（1次）	6（3次）	71	25	11	闭卷	安排20周，每周7学时。1999年1月12日上午9:30—11:30考试，3月6日上午9:30—11:30补考。
邓小平理论简明教程	修改 1998.4	140	24（6次）	3（1次）	6（3次）	71	25	11	闭卷	安排20周，每周7学时。1999年1月12日下午2:30—4:30考试，3月6日下午2:30—4:30补考。
法理学教程	修改 1998.4	80	16（4次）			41	15	8	开卷	安排20周，每周4学时。考试时间由分院或直属学区统一安排。
普通逻辑学	1997.3	60		6（2次）		23	25	6	做作业	安排20周，每周3学时。由分院或直属学区出5道作业题。
党性教育	新编 1998.4	20	12（3次）		6（3次）			2	写心得体会	安排20周，每周1学时。
小计		440	76（19次）	12（4次）	18（9次）	206	90	38		

96级本科班第5学期党政管理专业教学计划

项目 时间 课程	教材版本或印刷时间	教学总时数	面授辅导时、次数	电教辅导（录像串讲）时、次数	讨论时、次数	自学时数	作业时数	复习考试时数	考核方式	备注
宏观经济运行与管理	重印 1997.10	96	16（4次）			49	15	16	开卷	安排12周，每周8学时。考试时间由分院或直属学区统一安排。
中国政治制度史	1997.9	50		6（2次）		44				安排10周，每周5学时。
当代西方政治制度	审改 1997.9	50		6（2次）		44				安排10周，每周5学时。
毕业论文		244		6（2次）		238（撰写论文和答辩）			答辩	撰写安排在前15周，1998年12月6日前交稿，最后两周论文答辩。
小计		440	16（4次）	18（6次）		375	15	16		1998年12月12、13两日总补考。

96级本科班第5学期行政管理专业教学计划

项目 时间 课程	教材版本或印刷时间	教学总时数	面授辅导时、次数	电教辅导（录像串讲）时、次数	讨论时、次数	自学时数	作业时数	复习考试时数	考核方式	备注
组织行为学	新编 1998.4	96	16（4次）			49	15	16	开卷	安排12周，每周8学时。考试时间由分院或直属学区统一安排。
公务员应用文写作	新编 1998.4	50		6（2次）		44				安排10周，每周5学时。
现代管理技术	1997.3	50		6（2次）		44				安排10周，每周5学时。
毕业论文		244		6（2次）		238（撰写论文和答辩）			答辩	撰写安排在前15周，1998年12月6日前交稿，最后两周论文答辩。
小计		440	16（4次）	18（6次）		375	15	16		1998年12月12、13两日总补考。

96级本科班第5学期经济管理专业教学计划

课程＼时间、项目	教材版本或印刷时间	教学总时数	面授辅导时、次数	电教辅导（录像串讲）时、次数	讨论时、次数	自学时数	作业时数	复习考试时数	考核方式	备注
管理会计简明教程	1996.10	96	16（4次）			49	15	16	开卷	安排12周，每周8学时。考试时间由分院或直属学区统一安排。
国民经济统计学	1997.5	50		6（2次）		44				安排10周，每周5学时。
中国区域经济管理概论	1997.10	50		6（2次）		44				安排10周，每周5学时。
毕业论文		244		6（2次）		238（撰写论文和答辩）			答辩	撰写安排在前15周，1998年12月6日前交稿，最后两周论文答辩。
小计		440	16（4次）	18（6次）		375	15	16		1998年12月12、13两日总补考。

96级本科班第5学期涉外经济专业教学计划

课程＼时间、项目	教材版本或印刷时间	教学总时数	面授辅导时、次数	电教辅导（录像串讲）时、次数	讨论时、次数	自学时数	作业时数	复习考试时数	考核方式	备注
涉外经济会计	1996.11	96	16（4次）			49	15	16	开卷	安排12周，每周8学时。考试时间由分院或直属学区统一安排。
涉外经济法教程	重印1997.4	50		6（2次）		44				安排10周，每周5学时。
国际税收教程	1996.3	50		6（2次）		44				安排10周，每周5学时。
毕业论文		244		6（2次）		238（撰写论文和答辩）			答辩	撰写安排在前15周，1998年12月6日前交稿，最后两周论文答辩。
小计		440	16（4次）	18（6次）		375	15	16		1998年12月12、13两日总补考。

96级本科班第5学期政法专业教学计划

课程 \ 时间项目	教材版本或印刷时间	教学总时数	面授辅导时、次数	电教辅导(录像串讲)时、次数	讨论时、次数	自学时数	作业时数	复习考试时数	考核方式	备注
国际经济法教程	1997.11	96	16 (4次)			49	15	16	开卷	安排12周,每周8学时。考试时间由分院或直属学区统一安排。
司法文书概论	修改 1998.4	50		6 (2次)		44				安排10周,每周5学时。
律师学教程	修改 1998.4	50		6 (2次)		44				安排10周,每周5学时。
毕业论文		244		6 (2次)		238 (撰写论文和答辩)			答辩	撰写安排在前15周,1998年12月6日前交稿,最后两周论文答辩。
小计		440	16 (4次)	18 (6次)		375	15	16		1998年12月12、13两日总补考。

97级本科班第3学期党政管理专业教学计划

课程 \ 时间项目	教材版本或印刷时间	教学总时数	面授辅导时、次数	电教辅导(录像串讲)时、次数	讨论时、次数	自学时数	作业时数	复习考试时数	考核方式	备注
马克思主义党的建设经典文选	审改 1997.9	140	24 (6次)	3 (1次)	6 (3次)	71	25	11	闭卷	安排20周,每周7学时。1999年1月13日上午9:30—11:30考试,3月7日上午9:30—11:30补考。
社会主义市场经济概论	新编 1998.4	140	24 (6次)	3 (1次)	6 (3次)	71	25	11	闭卷	安排20周,每周7学时。1999年1月13日下午2:30—4:30考试,3月7日下午2:30—4:30补考。
中国领导思想史简编	1996.8	100	16 (4次)			59	15	10	开卷	安排20周,每周5学时。考试时间由分院或直属学区统一安排。
当代西方政治制度	审改 1997.9	60		6 (2次)		48		6	写心得体会或做作业	安排20周,每周3学时。写一篇3000字的心得体会或做5道作业题。
小计		440	64 (16次)	12 (4次)	12 (6次)	249	65	38		

97 级本科班第 3 学期行政管理专业教学计划

项目 时间 课程	教材版本或印刷时间	教学总时数	面授辅导时、次数	电教辅导(录像串讲)时、次数	讨论时、次数	自学时数	作业时数	复习考试时数	考核方式	备注
行政管理学教程	修改 1998.4	140	24(6 次)	3(1 次)	6(3 次)	71	25	11	闭卷	安排 20 周,每周 7 学时。1999 年 1 月 13 日上午 9:30—11:30 考试,3 月 7 日上午 9:30—11:30 补考。
社会主义市场经济概论	新编 1998.4	140	24(6 次)	3(1 次)	6(3 次)	71	25	11	闭卷	安排 20 周,每周 7 学时。1999 年 1 月 13 日下午 2:30—4:30 考试,3 月 7 日下午 2:30—4:30 补考。
当代中国政治制度	1997.3	100	16(4 次)			59	15	10	开卷	安排 20 周,每周 5 学时。考试时间由分院或直属学区统一安排。
系统科学概论	1997.3	60		6(2 次)		48		6	写心得体会或做作业	安排 20 周,每周 3 学时。写一篇 3000 字的心得体会或做 5 道作业题。
小 计		440	64(16 次)	12(4 次)	12(6 次)	249	65	38		

97 级本科班第 3 学期经济管理专业教学计划

项目 时间 课程	教材版本或印刷时间	教学总时数	面授辅导时、次数	电教辅导(录像串讲)时、次数	讨论时、次数	自学时数	作业时数	复习考试时数	考核方式	备注
货币银行学	修改 1998.4	140	24(6 次)	3(1 次)	6(3 次)	71	25	11	闭卷	安排 20 周,每周 7 学时。1999 年 1 月 13 日上午 9:30—11:30 考试,3 月 7 日上午 9:30—11:30 补考。
国际金融简明教程	重印 1997.10	140	24(6 次)	3(1 次)	6(3 次)	71	25	11	闭卷	安排 20 周,每周 7 学时。1999 年 1 月 13 日下午 2:30—4:30 考试,3 月 7 日下午 2:30—4:30 补考。
中国股份经济理论与实践	修改 1998.4	100	16(4 次)			59	15	10	开卷	安排 20 周,每周 5 学时。考试时间由分院或直属学区统一安排。
外国经济管理思想史简编	1997.3	60		6(2 次)		48		6	写心得体会或做作业	安排 20 周,每周 3 学时。写一篇 3000 字的心得体会或做 5 道作业题。
小 计		440	64(16 次)	12(4 次)	12(6 次)	249	65	38		

97级本科班第3学期涉外经济专业教学计划

项目 时间 课程	教材版本或印刷时间	教学总时数	面授辅导时、次数	电教辅导(录像串讲)时、次数	讨论时、次数	自学时数	作业时数	复习考试时数	考核方式	备注
国际贸易理论与实务	1997.8	140	24(6次)	3(1次)	6(3次)	71	25	11	闭卷	安排20周,每周7学时。1999年1月13日上午9:30—11:30考试,3月7日上午9:30—11:30补考。
国际金融简明教程	重印 1997.10	140	24(6次)	3(1次)	6(3次)	71	25	11	闭卷	安排20周,每周7学时。1999年1月13日下午2:30—4:30考试,3月7日下午2:30—4:30补考。
中国对外经贸理论与政策	新编 1998.4	100	16(4次)			59	15	10	开卷	安排20周,每周5学时。考试时间由分院或直属学区统一安排。
微机操作基础	修改 1998.4	60	24(6次)	6(2次)		20	10(实习)		实习	安排20周,每周3学时。实习为上机时间。
小计		440	88(22次)	12(4次)	12(6次)	221	75	32		

97级本科班第3学期政法专业教学计划

项目 时间 课程	教材版本或印刷时间	教学总时数	面授辅导时、次数	电教辅导(录像串讲)时、次数	讨论时、次数	自学时数	作业时数	复习考试时数	考核方式	备注
刑法总论	新编 1998.4	140	24(6次)	3(1次)	6(3次)	71	25	11	闭卷	安排20周,每周7学时。1999年1月13日上午9:30—11:30考试,3月7日上午9:30—11:30补考。
民法学教程	1996.8	140	24(6次)	3(1次)	6(3次)	71	25	11	闭卷	安排20周,每周7学时。1999年1月13日下午2:30—4:30考试,3月7日下午2:30—4:30补考。
公司法教程	修改 1998.4	100	16(4次)			59	15	10	开卷	安排20周,每周5学时。考试时间由分院或直属学区统一安排。
国际经济法教程	1997.11	60		6(2次)		48		6	写心得体会或做作业	安排20周,每周3学时。写一篇3000字的心得体会或做5道作业题。
小计		440	64(16次)	12(4次)	12(6次)	249	65	38		

98级本科班第1学期党政管理/行政管理专业教学计划

课程＼项目＼时间	教材版本或印刷时间	教学总时数	面授辅导时、次数	电教辅导(录像串讲)时、次数	讨论时、次数	自学时数	作业时数	复习考试时数	考核方式	备注
马克思主义哲学经典文选	修改1998.4	140	24(6次)	3(1次)	6(3次)	71	25	11	闭卷	安排20周,每周7学时。1999年1月14日上午9:30—11:30考试,3月7日上午9:30—11:30补考。
领导科学概论	1997.9	140	24(6次)	3(1次)	6(3次)	71	25	11	闭卷	安排20周,每周7学时。1999年1月14日下午2:30—4:30考试,3月7日下午2:30—4:30补考。
邓小平理论文选	新编1998.4	80	16(4次)			41	15	8	开卷	安排20周,每周4学时。考试时间由分院或直属学区统一安排。
现代管理技术	1997.3	60		6(2次)		48		6	写心得体会或做作业	安排20周,每周3学时。写一篇3000字的心得体会或做5道作业题。
党性教育	新编1998.4	20	12(3次)		6(3次)			2	写心得体会	安排20周,每周1学时。
小计		440	76(19次)	12(4次)	18(9次)	231	65	38		

98级本科班第1学期经济管理专业教学计划

课程＼项目＼时间	教材版本或印刷时间	教学总时数	面授辅导时、次数	电教辅导(录像串讲)时、次数	讨论时、次数	自学时数	作业时数	复习考试时数	考核方式	备注
市场经济法律制度概论	1997.9	140	24(6次)	3(1次)	6(3次)	71	25	11	闭卷	安排20周,每周7学时。1999年1月14日上午9:30—11:30考试,3月7日上午9:30—11:30补考。
马克思主义政治经济学经典文选	重印1997.4	120	24(6次)	3(1次)	6(3次)	53	25	9	闭卷	安排20周,每周6学时。1999年1月14日下午2:30—4:30考试,3月7日下午2:30—4:30补考。
英语(第一册)	审改1996.3	120	56(14次)	3(1次)		24	25	12	开卷	安排20周,每周6学时。考试时间由分院或直属学区统一安排。
日语、俄语										
现代管理技术	1997.3	40		6(2次)		30		4	写心得体会或做作业	安排20周,每周2学时。写一篇3000字的心得体会或做5道作业题。
党性教育	新编1998.4	20	12(3次)		6(3次)			2	写心得体会	安排20周,每周1学时。
小计		440	116(29次)	15(5次)	18(9次)	178	75	38		

98 级本科班第 1 学期涉外经济专业教学计划

项目/时间/课程	教材版本或印刷时间	教学总时数	面授辅导时、次数	电教辅导(录像串讲)时、次数	讨论时、次数	自学时数	作业时数	复习考试时数	考核方式	备注
英语(第一册)	审改 1996.3	150	72 (18 次)	3 (1 次)		38	25	12	闭卷	安排 20 周,每周 7.5 学时。1999 年 1 月 14 日上午 9:30—11:30 考试,3 月 7 日上午 9:30—11:30 补考。
日语、俄语										
马克思主义政治经济学经典文选	重印 1997.4	140	24 (6 次)	3 (1 次)	6 (3 次)	71	25	11	闭卷	安排 20 周,每周 7 学时。1999 年 1 月 14 日下午 2:30—4:30 考试,3 月 7 日下午 2:30—4:30 补考。
邓小平理论文选	新编 1998.4	80	16 (4 次)			41	15	8	开卷	安排 20 周,每周 4 学时。考试时间由分院或直属学区统一安排。
现代管理技术	1997.3	50		6 (2 次)		39		5	写心得体会或做作业	安排 20 周,每周 2.5 学时。写一篇 3000 字的心得体会或做 5 道作业题。
党性教育	新编 1998.4	20	12 (3 次)		6 (3 次)			2	写心得体会	安排 20 周,每周 1 学时。
小计		440	124 (31 次)	12 (4 次)	12 (6 次)	189	65	38		

98 级本科班第 1 学期政法专业教学计划

项目/时间/课程	教材版本或印刷时间	教学总时数	面授辅导时、次数	电教辅导(录像串讲)时、次数	讨论时、次数	自学时数	作业时数	复习考试时数	考核方式	备注
民法学总论	新编 1998.4	140	24 (6 次)	3 (1 次)	6 (3 次)	71	25	11	闭卷	安排 20 周,每周 7 学时。1999 年 1 月 14 日上午 9:30—11:30 考试,3 月 7 日上午 9:30—11:30 补考。
社会主义法制论纲	新编 1998.4	140	24 (6 次)	3 (1 次)	6 (3 次)	71	25	11	闭卷	安排 20 周,每周 7 学时。1999 年 1 月 14 日下午 2:30—4:30 考试,3 月 7 日下午 2:30—4:30 补考。
马克思主义法学经典文选	新编 1998.4	80	16 (4 次)			41	15	8	开卷	安排 20 周,每周 4 学时。考试时间由分院或直属学区统一安排。
宪法学	新编 1998.4	60		6 (2 次)		48		6	写心得体会或做作业	安排 20 周,每周 3 学时。写一篇 3000 字的心得体会或做 5 道作业题。
党性教育	新编 1998.4	20	12 (3 次)		6 (3 次)			2	写心得体会	安排 20 周,每周 1 学时。
小计		440	76 (19 次)	12 (4 次)	18 (9 次)	231	65	38		

第六期领导干部函授班第5学期教学计划

课程 \ 时间 \ 项目	教材版本或印刷时间	教学总时数	面授辅导时、次数	电教辅导(录像串讲)时、次数	讨论时、次数	自学时数	作业时数	复习考试时数	考核方式	备注
宏观经济运行与管理	重印 1997.10	96	16 (4次)			49	15	16	开卷	安排12周,每周8学时。考试时间由分院或直属学区统一安排。
马克思主义伦理学	1997.10	30		6 (2次)		24				安排10周,每周3学时。
江泽民重要讲话选编	修改 1998.4	30		6 (2次)		24				安排10周,每周3学时。
毕业论文		240		6 (2次)		234 (撰写论文和答辩)			答辩	撰写安排在前15周,1998年12月6日前交稿,最后两周答辩。
党性锻炼小结		44			4 (2次)	40 (撰写小结)				安排在17—18周,每周22学时,1998年12月31日前交稿。
小计		440	16 (4次)	18 (6次)	4 (2次)	371	15	16		1998年12月12、13两日总补考。

第七期领导干部函授班第3学期教学计划

课程 \ 时间 \ 项目	教材版本或印刷时间	教学总时数	面授辅导时、次数	电教辅导(录像串讲)时、次数	讨论时、次数	自学时数	作业时数	复习考试时数	考核方式	备注
新时期党的建设概论	重印 1997.10	140	24 (6次)	3 (1次)	6 (3次)	71	25	11	闭卷	安排20周,每周7学时。1999年1月13日上午9:30—11:30考试,3月7日上午9:30—11:30补考。
宏观经济运行与管理	重印 1997.10	120	16 (4次)			77	15	12	开卷	安排20周,每周6学时。考试时间由分院或直属学区统一安排。
中国领导思想史简编	1996.8	120	16 (4次)			77	15	12	开卷	安排20周,每周6学时。考试时间由分院或直属学区统一安排。
微机操作基础	修改 1998.4	60	24 (6次)	6 (2次)		20	10 (实习)		实习	安排20周,每周3学时。实习为上机时间。
小计		440	80 (20次)	9 (3次)	6 (3次)	245	65	35		

第八期领导干部函授班第1学期教学计划

课程＼时间＼项目	教材版本或印刷时间	教学总时数	面授辅导时、次数	电教辅导(录像串讲)时、次数	讨论时、次数	自学时数	作业时数	复习考试时数	考核方式	备注
马克思主义哲学经典文选	修改 1998.4	140	24 (6次)	3 (1次)	6 (3次)	71	25	11	闭卷	安排20周,每周7学时。1999年1月14日上午9:30—11:30考试,3月7日上午9:30—11:30补考。
现代市场经济	修改 1998.4	120	16 (4次)			77	15	12	开卷	安排20周,每周6学时。考试时间由分院或直属学区统一安排。
邓小平理论文选	新编 1998.4	100	16 (4次)			59	15	10	开卷	安排20周,每周5学时。考试时间由分院或直属学区统一安排。
系统科学概论	1997.3	60		6 (2次)		48		6	写心得体会或做作业	安排20周,每周3学时。写一篇3000字的心得体会或做5道作业题。
党性教育	新编 1998.4	20	12 (3次)		6 (3次)			2	写心得体会	安排20周,每周1学时。
小计		440	68 (17次)	9 (3次)	12 (6次)	255	55	41		

教 学 具 体 安 排

【教学具体安排概述】 教学具体安排是教学计划的具体化，由教材主编、副主编或主讲老师撰写。每学期均按不同的年级、专业、班次编写，并于开学前4个月左右下发各分院、直属学区，学员人手一册。它是实施面授、电教、讨论、自学、作业、复习考试等各种教学活动和教学管理的依据；也是教师教学、学员成绩考核和考试命题的依据；在整个教学活动中起着教学大纲的作用。其内容包括：一、指导思想和目的要求。二、学习书目。三、学习时间。四、教学安排。五、复习考试。1998年上半年教学具体安排：大专班3个专业，7个班次，设考试课17门（闭卷课10门、开卷课7门）；本科班5个专业，10个班次，设考试课30门（闭卷课20门，开卷课10门）；领导干部函授班2个班次，设考试课6门（闭卷课2门，开卷课4门）。1998年下半年教学具体安排：大专班3个专业，8个班次，设考试课24门（闭卷课16门，开卷课8门）；本科班5个专业，15个班次，设考试课35门（闭卷课20门，开卷课15门）；领导干部函授班3个班次，设考试课7门（闭卷课2门，开卷课5门）。（李成玉）

【《市政管理学》教学具体安排】（95级大专班第6学期党政管理专业考查课）一、目的要求：通过学习，使学员提高市政管理的理论水平和实际工作能力。二、学习总时数：80学时，每周8学时，10周。其中面授4次，16学时。三、教学安排：分三个单元。第一单元（导论、第1—3章）：学习时数，16个学时，面授4学时。学习重点：市政的内涵和市政的发展；我国市政管理主体的组织体系；城市政府与其他市政管理主体之间的权责关系。第二单元（第4—6章）：学习时数，24学时，面授4学时。学习重点：市政过程的基本环节及市民参政的作用；以法治市的内涵及其城市立管理法的权限；科教兴市的意义和内容。第三单元（第7—14章）：学习时数，24学时，面授8学时。学习重点：市人民政府各工作部门对本市社会公共事务进行依法管理的内容；在我国当前社会主义市场经济体制建设过程中，各级城市政府及工作部门的管理权限、机构设置、人员编制将怎样深化改革。作业题，共25道（略）。四、复习考试：第9、10周。（李成玉）

【《审计学》教学具体安排】（95级大专班第6学期经济管理专业考查课）一、目的要求：通过学习，使学员充分认识国家实行审计监督制度的现实意义和重要作用；掌握审计的基本理论知识和方法；了解审计程序、内容和重点。二、学习总时数：80学时，每周8学时，10周。其中面授4次，16学时。三、教学安排：分四个单元。第一单元（第1章）：学习时数，8学时，面授4学时。学习重点：审计的功能与属性；审计的对象和目标；审计的职能与作用；审计的产生与发展的基本动因。第二单元（第2—6章）：学习时数，24学时，面授4学时。学习重点：中国的审计管理体系及其各类审计机构的职责、权限；审计分类及应遵循的原则；审计方法、种类及选择原则；审计程序及主要内容；审计准则的含义及基本内容；

审计依据的种类、特点；运用审计依据应注意的问题，审计证据的含义、特点及收集、鉴定和分析方法；审计工作底稿的内容及编制要求和方法；内部控制制度的含义和作用；内部控制制度的评审。第三单元（第7、8、10章）：学习时数，24学时，面授4学时。学习重点：资产、负债、所有者权益审计的重点及内容；收入、成本费用、利润审计的重点及内容；会计凭证审计的要点；会计账簿审计的要点；会计报表审计的要点；经济效益审计的含义、特点、分类和意义；经济效益审计评价原则和标准；管理审计的主要内容。业务经营审计的主要内容。电子数据处理（EDP）系统的构成、特点及其对审计的影响；电子数据处理（EDP）系统的审计方法；电子数据处理（EDP）系统内部控制制度的评审。第四单元（第9章）：学习时数，8学时，面授4学时。学习重点：审计报告的类别与作用；审计报告的内容；审计报告编写步骤与要求；审计意见书与审计决定。作业题，共31道（略）。四、复习考试：第9、10周。（李成玉）

【《行政管理学》教学具体安排】（96级大专班第4学期党政管理专业考试课）一、目的要求：通过学习，掌握社会主义市场经济体制建立过程中的行政管理学原理、准则，以促进我国行政管理体制改革和逐步实现行政管理科学化、现代化和法制化。二、学习总时数：133学时，每周7学时，19周。其中面授6次，24学时。三、教学安排：分四个单元。第一单元（导论、第1章）：学习时数，21学时，面授4学时。学习重点：我国当前行政管理学是党政干部的必修课；行政管理的基本原理；行政管理的一般原理及如何运用、如何扫除相应的障碍。第二单元（第2—5章）：学习时数，56学时，面授8学时。学习重点：行政管理体制的构成与类型及其改革的作用和内容；我国各级政府机构及其改革；我国党政机关编制管理的基本内容；我国干部人事制度改革的基本内容。第三单元（第6、7章）：学习时数，21学时，面授4学时。学习重点：分清何谓行政领导者、个人与集体及其产生方式；转向现代科学行政决策的标志和现代行政政策体制的构成；行政协调的类型及其机制与行政监督内外部体系主体构成。第四单元（第8—10章）：学习时数，21学时，面授8学时。学习重点：依法行政的含义和意义；行政越权与侵权；行政失职与渎职的内涵；把握跨世纪集成型行政人才的内涵、特征和造就的途径。作业题，共27道（略）。四、复习考试：第18、19周。（李成玉）

【《政治学原理》教学具体安排】（96级大专班第4学期党政管理专业考试课）一、目的要求：通过学习，从理论和实践的结合上搞清国家的实质和形式，以及与此相关的阶级、政党、人民、政治家、政治战略、民族和国际政治等知识，提高学员对我国政治体制改革必要性的认识，自觉地推进有中国特色社会主义民主政治的建设。二、学习总时数：133学时。每周7学时，19周。其中面授6次，24学时。三、教学安排：分三个单元。第一单元（导论、第1、2章）：学习时数，28学时，面授8学时。学习重点：国家的起源和实质；国体与政体的关系；资本主义和社会主义国家机构的基本组织原则和区别。第二单元（第3—7章）：学习时数，70学时，面授12学时。学习重点：马列主义的阶级和阶级斗争理论；社会主义的阶级和阶级斗争问题；社会主义政治体制改革的必要性和方法；我国政党制度的特点和优越性；人民、政治家、阶级和政党的关系；资本主义国家和社会主义国家人民的不同地位和作用；政治战略和政治决策的关系及原则；政治问题和如何实现决策的科学化、民主化；社会主义民族问题的复杂性和长期性。第三单元（第8章）：学习时数，21学时，面授4学时。学习重点：帝国主义国家和社会主义国家对外政策的区别。作业题，27道（略）。四、复习考试：第18、19周。（李成玉）

【《国家公务员制度概论》教学具体安排】（96级大专班第4学期党政管理专业考查课）一、目的要求：通过学习，使学员了解国家公务员制度的一般知识，认识我国建立国家公务员制度的必要性和重要意义；掌握我国公务员制度的基本内容和特点。从而努力提高自身的综合素质、适应能力和工作水平，做合格的国家公务员和党政管理人员。二、学习总时数：76学时，每周4学时，19周。其中面授4次，16学时。三、教学安排：分五个单元。第一单元（第1—3章）：学习时数，12学时，面授4学时。学习重点：我国公务员制度的基本内容和特点；我国建立公务员制度的重要意义；我国“国家公务员”的含义和范围；我国公务员义务与权利的主要内容和特点。第二单元（第4、5章）：学习时数，8学时，面授4学时。学习重点：职位分类的含义及其意义；我国公务员职位分类的内容和特点；公务员录用的原则和标准。第三单元（第6—10章）：学习时数，20学时，面授4学时。学习重点：公务员考核的原则和意义；公务员的奖励原则和条件；公务员纪律的基本内容；公务员处分的种类和程序；公务员职务升降制度的主要原则和内容；我国公务员职务任免制度的主要原则和内容。第四单元（第11—13章）：学习时数，8学时。学习重点：我国公务员培训的类型、内容和方法；公务员交流的范围、原则和形式；公务员回避的含义和意义；我国公务员回避的种类及其范围。第五单元（第14—18章）：学习时数，20学时，面授4学时。学习重点：公务员工资保险福利的含义及其意义；公务员工资制度的基本原则；公务员辞职辞退的条件和程序；实行公务员辞职辞退应注意的问题；我国公务员的退休方式与条件；公务员申诉控告的条件和程序；公务员申诉控告的义务和责任；我国公务员管理体制。作业题，共27道（略）。四、复习考试：第18、19周。（李成玉）

【《财政学》教学具体安排】（96级大专班第4学期经济管理专业考试课）一、目的要求：通过学习，比较系统地掌握国家财政、税收、国债、国家预算、财政体制和财政宏观调控等方面的理论、基本知识和基本制度；弄清我国新财税体制改革的基本内容及其深远意义；明确在社会主义市场经济条件下，财政在国家宏观调控体系中的重要地位和作用。二、学习总时数，133学时，每周7学时，19周。其中面授6次，24学时。三、教学安排：分五个单元。第一单元（第1、2章）：学习时数，28学时，面授4学时。学习重点：财政及其产生；我国社会主义财政的产生与发展；财政分配与生产的关系；财政分配与其他分配的关系；财政的作用。第二单元（第3—6章）：学习时数，42学时，面授8学时。学习重点：财政收入的来源与性质；社会主义国家筹集财政收入的意义、原则和形式；我国税收制度和税收的职能作用；社会主义财政支出的内容、原则及合理安排财政支出的意义；国债的负担与限度。第三单元（第7章）：学习时数，14学时，面授4学时。学习重点：国家预算及我国实行复式预算的必要性；国家决算；我国预算法。第四单元（第8、9章）：学习时数，21学时，面授4学时。学习重点：国家预算管理体制及其改革；建立国家预算管理体制的原则；国家预算管理体制各种模式的比较；我国预算体制改革及分税制。第五单元（第10章）：学习时数，14学时，面授4学时。学习重点：财政平衡；财政平衡与社会总供求平衡；财政赤字及弥补赤字的方式；财政政策；财政政策的目标和手段。作业题，共39道（略）。四、复习考试：第18、19周。（97级大专班第3学期经济管理专业考试课，内容基本相同） （李成玉）

【《国内贸易经济管理》教学具体安排】（96级大专班第4学期经济管理专业考试课）一、目的要求：通过学习，掌握商品流通的基本常识，了解当前商品流通的基本政策，探索商品流通的基本规律，提高对商品流通在国民经济中的地位作用的认识。二、学习总时数：133学时，每周7学时，19周。其中面授6次，24学时。三、教学安排：分四个单元。第一单元（第1、2章）：学习时数，28学时，面授4学时。学习重点：马克思主义流通理论；商品流通在国民经济中的地位与作用；商流、物流、信息流、资金流在商品流通中的各自功能和运行过程。第二单元（第3、4章）：学习时数，35学时，面授8学时。学习重点：国内贸易的主体、客体、载体与中介组织；生产资料、农产品与日用工业品的流通体系与交易方式；连锁经营、代理与配送制推行的重大意义。第三单元（第5、7、9、10）：学习时数，35学时，面授8学时。学习重点：国内贸易中的四大体系、即商品市场体系、商贸法律体系、宏观调控体系、行政管理体系。第四单元（第6、8章）：学习时数，21学时，面授4学时。学习重点：商品流通过程中的价格、税收和利润；改革开放以来流通体制改革取得的巨大成绩及发展趋势。作业题，共35道（略）。四、复习考试：第18、19周。

（李成玉）

【《实用管理数学基础》教学具体安排】（96级大专班第4学期经济管理专业考查课）一、目的要求：通过学习，使学员掌握一些管理数学的常用知识和方法，在管理工作中解决一些实际问题，为实现管理工作科学化、现代化打下基础。二、学习总时数：95学时，每周5学时，19周。其中面授4次，16学时。三、教学安排：分四个单元。第一单元（第1、2章）：学习时数，25学时，面授4学时。学习重点：函数的基本概念；常见的初等函数在经济管理工作中的应用和解决实际问题的方法；数列的基本概念；利用等差、等比数列解决实际问题的方法。第二单元（第3、4章）：学习时数，30学时，面授4学时。学习重点：统计的基本概念；用样本估计总体的几种方法；概率的基本概念；利用概率的有关公式计算一些典型的应用问题。第三单元（第5章）：学习时数，20学时，面授4学时。学习重点：行列性的性质和计算；矩阵的基本概念和运算法则；用矩阵的初等变换方法求解线性方程组。第四单元（第8章）：学习时数，10学时，面授4学时。学习重点：决策问题的概念；风险型决策问题的期望值法和决策树法。作业题，共49道（略）。四、复习考试：第18、19周。另注：本教材共8章，其中第6、7章为自学，不讲授、不考试。

（李成玉）

【《中共党史简编》教学具体安排】（97级大专班第2学期党政管理专业考试课、96级大专班第5学期经济管理专业和97级大专班第2学期政法专业考查课）一、目的要求：了解中国共产党领导全国各族人民进行新民主主义革命、社会主义革命和社会主义建设的历史，结合党史学习毛泽东思想，学习邓小平理论，总结历史的经验教训，提高贯彻执行党在社会主义初级阶段基本路线的自觉性，继承和发扬党的优良传统作风。二、学习总时数：133学时，每周7学时，19周。其中面授6次，24学时。三、教学安排：分三个单元。第一单元（第1—5章）：学习时数，49学时，面授8学时。学习重点：中国半殖民地半封建社会的特点和主要矛盾；中国共产党是马克思列宁主义同中国工人运动相结合的产物；陈独秀右倾投降主义错误；第一次大革命失败的主要原因和教训；关于农村包围城市革命道路的理论；王明“左”倾冒险主义错误；遵义会议及其历史意义；关于新民主主义革命理论；延安整风运动及其历史意义；中国共产党第七次全国代表大会的历史功绩；中共七届二中全会的基本内容；关于人民民主专政的理论；中国新民主主义革命胜利的基本经验。第二单元（第6—8章）：学习时数，42学时，面授8学时。学习重点：建国后头三年党的中心任务和战略策略方针；社会主义革命的理论和党在过渡时期的总路线；中国共产党第八次全国代表大会的历史功绩；关于社会主义社会矛盾的新学说；大跃进和人民公社化运动的错误；关于社会主义建设的重要思想；“文化大革命”发生的原因和主要教训；必须根本否定“文化大革命”。第三单元（第9、10章）：学习时数，28学时，面授8学时。学习重点：中国共产党第十一届中央委员会第三次全体会议及其历史意义；改革开放和社会主义现代化建设的巨大成就，中国共产党第十四次全国代表大会及其历史意义；建设有中国特色社会主义的理论；党在社会主义初级阶段的基本路线；中国共产党第十五次全国代表大会及其历史意义。作业题，共20道（略）。四、复习考试：第18、19周。（李成玉）

【《政治经济学（资本主义部分）》教学具体安排】（97级大专班第2学期党政管理专业、经济管理专业和政法专业考试课）一、目的要求：通过学习，掌握商品经济的基本原理，了解资本主义经济体制的本质及其发展规律，认识资本主义被社会主义代替的必然性，坚定共产主义信念，提高建设社会主义的自觉性，增强建立社会主义市场经济体制的信心。二、学习总时数：133学时，每周7学时，19周。其中面授6次，24学时。三、教学安排：分五个单元。第一单元（第1—3章）：学习重点：政治经济学研究的对象和学习政治经济学的意义；商品经济和价值规律；资本主义经济制度的形成。第二单元（第4、5章）：学习时数，21学时，面授4学时。学习重点：资本的本质和剩余价值的产生；资本积累的实质及其对无产阶级的影响；资产阶级与无产阶级对立的根源。第三单元（第6、7章）：学习时数，28学时，面授4学时。学习重点：资本循环及其必须具备的条件；社会总资本及其运动的特征；社会总资本再生产的实现条件。第四单元（第8—11章）：学习时数，28学时，面授8学时。学习重点：剩余价值转化为利润，平均利润的形成；商业资本及其在资本主义经济中的作用；信用及其在资本主义经济中作用；剩余价值的具体形成；资本主义经济危机。第五单元（第12—14章）：学习时数，21学时，面授4学时。学习重点：帝国主义的基本经济特征；国家垄断资本主义；垄断资本主义经济中的国家调节。作业题，共36道（略）。四、复习考试：第18、19周。（李成玉）

【《中国近代史教程》教学具体安排】（97级大专班第2学期党政管理专业考查课）一、目的要求：通过学习，掌握中国近代史的基本史实，了解近代中国国情和中国近代史的发展，认清帝国主义侵略本质、懂得落后就要挨打的道理，增强爱国主义和民族自强精神，提高建设有中国特色社会主义的自觉性。二、学习总时数：95学时，每周5学时，19周。其中面授4次，16学时。三、教学安排：分四个单元。第一单元（绪论、第1—3章）：学习时数，20学时，面授4学时。学习重点：中国近代史的基本内容和学习中国近代史的重要意义；林则徐的禁烟运动及东南沿海人民的反侵略斗争；鸦片战争失败的原因；近代史上第一批不平等条约的签订及其对中国社会的影响；太平天国的纲领和政策；太平天国领导集团内部的分裂，太平天国革命的失败原因和历史意义；第二次鸦片战争的起因和后果。第二单元（第4、5章）：学习时数，20学时，面授4学时。学习重点：洋务运动的内容、性质、作用和历史地位；中国民族资本主义近代工业的产生；英、俄势力入侵新疆和左宗棠收复新疆失地；镇南关大捷和《中法越南条约》；《马关条约》的签订和中日甲午战争对中国社会的影响。第三单元（第6、7章）：学习时数，20学时，面授4学时。学习重点：戊戌维新运动兴起的社会背景；戊戌维新运动的理论基础和政治纲领；百日维新；戊戌维新运动的性质、失败原因和历史意义；外国传教士的侵略行径与蓬勃发展的反洋教斗争；义和团的兴起和发展，义和团反帝运动的历史意义和经验教训；八国联军的入侵和《辛丑条约》的签订。第四单元（第8—10章）：学习时数，25学时，面授4学时。学习重点：辛亥革命前夕中国社会状况；中国同盟会的成立及其与保皇派的论战；清王朝的“预备立宪”；武昌起义和中华民国南京临时政府的成立；帝国主义破坏革命和袁世凯窃夺革命果实；辛亥革命失败的原因、经验教训和历史意义；袁世凯的反动统治和反袁斗争；段祺瑞独裁卖国与“护法运动”；“五四”前的新文化运动和马克思主义的初步传播。作业题，共23道（略）。四、复习考试：第18、19周。（李成玉）

【《社会主义市场经济简明教程》教学具体安排】（97级大专班第2学期政法专业、经济管理专业和96级大专班第5学期党政管理专业考试课）一、目的要求：通过学习，搞清市场经济的基本概念，弄懂社会主义市场经济的一系列重要理论问题，初步掌握市场经济发展的规律，自觉参加社会主义市场经济法律体系的建设。二、学习总时数：133学时，每周7学时，19周。其中面授6次，24学时。三、教学安排：分四个单元。第一单元（第1章）：学习时数，14学时，面授4学时。学习重点：市场经济的特点和功能；社会主义市场经济基本特征和所有制基础；社会主义市场经济运行机制。第二单元（第2—5章）：学习时数，49学时，面授8学时。学习重点：经济体制的一般原理；我国经济体制改革的目标是建立社会主义市场经济体制；现代企业制度的内涵和社会主义市场经济要求建立的我国现代企业制度的基本特征；加强建立现代企业制度，企业管理；社会主义市场体系的含义、形成、特征、作用、内在结构和培育；社会主义市场经济有效的宏观调控、调控的任务、手段和政策。第三单元（第6—8章）：学习时数，35学时，面授8学时。学习重点：社会主义市场经济中个人收入分配的原则和多种分配形式及社会保障制度；农业、农村和农民问题在我国经济发展中的重要性；深入改革，稳定和完善农村基本经营制度；发展社会主义市场经济要求对外开放，实现国内市场与国外市场衔接；我国对外开放的方向、格局和政策。第四单元（第9、10章）：学习时数，21学时，面授4学时。学习重点：市场经济在一定意义上说是法治经济；建立社会主义市场经济法制体系的基本原则；美、德、日三国市场经济体制的比较和借鉴。作业题，共32道（略）。四、复习考试：第18、19周。（李成玉）

【《中国经济管理思想史简编》教学具体安排】（97级大专班第2学期经济管理专业考查课）一、目的要求：通过学习，了解和掌握中国古、近代经济管理的基本思想，吸取借鉴中国古、近代经济管理思想中符合科学的经验和方法，提高经济管理能力，促进我国的社会主义现代化建设。二、学习总时数：95学时，每周5学时，19周。其中面授4次，16学时。三、教学安排：分四个单元。第一单元（第1章）：学习时数，20学时，面授4学时。学习重点：先秦经济管理思想的历史前提和理论前提；先秦时期的经济管理规划、指导方针和原则；先秦时期思想家关于国民经济活动的调控原则、机制、杠杆、手段的思想；先秦时期经济资源开发利用的思想；先秦时期经济管理的方针谋略。第二单元（第2章）：学习时数，20学时，面授4学时。学习重点：秦汉时期经济管理的决策思想和模式；秦汉时期自然资源、人力资源的开发和管理；秦汉时期经营管理的指导思想、谋略和方法。第三单元（第3、4章）：学习时数，25学时，面授4学时。学习重点：魏晋南北朝隋唐五代时期国民经济管理的战略目标与决策，魏晋南北朝隋唐五代时期国民经济活动的调控与控制；魏晋南北朝隋唐五代时期经济资源开发与利用；宋元明清时期国民经济的结构；宋元明清时期国民经济的调节、控制、监督；宋元明清时期的纸币管理思想；宋元明清时期经营管理的谋划和方法。第四单元（第5章）：学习时数，20学时，面授4学时。学习重点：中国近代经济管理思想遇到新的重大课题；近代化、工业化的战略目标；近代经济思想管理思想的发展演变；近代企业的经营管理思想。作业题，共25道（略）。四、复习考试：第18、19周。（李成玉）

【《马克思主义党的建设经典文选》教学具体安排】（96级本科班第4学期党政管理专业、97级本科班第3学期党政管理专业闭卷考试课）一、目的要求：通过学习，完整准确地领会马克思主义建党理论，掌握其立场、观点和方法，提高理论素养和分析解决实际问题的能力，为进一步加强和改进新时期党的建设而尽自己的努力。二、学习总时数：133学时，每周7学时，19周。其中面授6次，24学时；电教辅导1次，3学时；讨论3次，6学时。三、教学安排：分三个单元。第一单元：学习时数，35学时。面授2次，8学时；讨论1次，2学时。学习内容：《文选》所选马克思和恩格斯的著作。学习重点：无产阶级政党的性质和特点；党的纲领和任务；党的思想理论建设。第二单元：学习时数，42学时。面授2次，8学时；讨论1次，2学时。学习内容：《文选》所选列宁的著作。学习重点：新型无产阶级政党的思想基础、组织基础；列宁关于执政党建设的基本理论。第三单元：学习时数，42学时。面授2次，8学时；讨论1次，2学时。学习内容：《文选》所选毛泽东的著作。学习重点：毛泽东建党思想的特点、基本原理；毛泽东对执政党建设理论的探索。作业、讨论题，共40道（略）。四、复习考试：第18、19周。（兰如先）

【《党务管理概论》教学具体安排】（96级本科班第4学期党政管理专业开卷考试课）一、目的要求：通过学习，了解党务管理的基本原理，增强党务管理的责任感，提高党务管理能力和水平。二、学习总时数：95学时，每周5学时，19周。其中面授4次，16学时。三、教学安排：分四个单元。第一单元（第1—3章）：学习时数，15学时。面授1次，4学时。学习重点：党务管理学的研究对象；党务管理的作用及意义；党务管理工作的指导方针和基本原则；完善党务管理制度与体制的重要性及制度化建设的原则。第二单元（第4—7章）：学习时数，30学时。面授辅导1次，4学时。学习重点：党务管理科学化的涵义及任务；党务管理中运用科学技术的重要性；党务管理方法的涵义、特点及主要内容；党务管理者素质的基本要求；党务管理者的考核和选拔；各级党委加强对党务管理领导的重要性。第三单元

(第8—9章)：学习时数，15学时。面授1次，4学时。学习重点：党务目标管理的意义；党务管理目标的内容、实施；党务目标管理中必须处理好的几个关系；党员组织管理的内容及党的组织机构管理的要求；党的干部工作管理基本内容与原则。第四单元(第10—17章)：学习时数，25学时。面授辅导1次，4学时。学习重点：基层党务管理工作的作用、任务和指导方针；基层党组织建设的责任制；各类基层组织党务管理的主要内容。作业题，共14道（略)。四、复习考试：第18、19周，具体时间由分院或直属学区统一安排。(第六期领导干部函授班第4学期开卷考试课，教学总时数为114学时，教学内容和重点基本相同，教学的目的要求较高，要求把握党务管理的基本原理与方针，提高与加强党务管理的自觉性和实际工作能力，作业题多3道)。 (兰如先)

【《行政法与行政诉讼法教程》教学具体安排】(96级本科班第4学期行政管理专业闭卷考试课)一、目的要求：通过学习，正确认识和把握社会主义行政法制建设的基本方针和要求，增强依法行政的观念，严格依法办事，促进行政管理工作法制化。二、学习总时数：133学时，每周7学时，19周。其中面授6次，24学时；电教辅导1次，3学时；讨论3次，6学时。三、教学安排：分四个单元。第一单元（第1—3章)：学习时数，21学时。面授1次，4学时，讨论1次，2学时。学习重点：行政法学的研究对象；行政法学与行政法的区别；行政法的概念；行政法律关系；新中国行政法的发展历史。第二单元（第4—6章)：学习时数，14学时。面授1次，4学时。学习重点：行政主体的含义；行政主体与行政法主体的区别；我国行政机关的体制；国家公务员的含义；我国国家公务员的义务与权利的关系；其他行政法主体应具备的条件。第三单元(第7—11章)：学习时数，56学时。面授2次，8学时，讨论1次，2学时。学习重点：行政行为的含义与实施形式；行政程序的含义与特征；我国的行政立法体制；行政执法的含义与形式；行政许可与确认、认可和免除的区别；行政处罚与行政处分、执行罚的区别；行政指导的含义及种类；行政合同的含义与特征；行政处分与纪律处分的区别；行政司法的含义与形式。第四单元（第12—14章)：学习时数，28学时。面授2次，8学时。讨论1次，2学时。学习重点：行政违法、行政不当、行政侵权的区别；行政责任的含义及构成要件；行政赔偿的含义与特征；行政法制监督的含义与特征；加强我国行政法制监督的途径；行政诉讼的含义与特征；人民法院受理行政案件的范围；共同诉讼；行政案件执行的基本条件。作业、讨论题，共38道（略)。四、复习考试：第18、19周，(第六期领导干部函授班第4学期开卷考试课，内容基本相同，考试时间由分院或直属学区安排)。 (兰如先)

【《当代西方政治制度》教学具体安排】(96级本科班第4学期行政管理专业开卷考试课）一、目的要求：通过学习，了解西方政治制度发展的历史和当代西方政治制度的特点，认清西方议会制度、多党制度的资产阶级性质，把握西方发达资本主义国家政治制度建设的经验教训，从正反两方面为我国深化政治体制改革提供有益的启示。二、学习总时数：95学时，每周5学时，19周。其中面授4次，16学时。三、教学安排：分四个单元。第一单元（引言、第1、2章)：学习时数，25学时。面授1次。学习重点：西方政治制度的理论基础；西方国家议会的主要职权；西方国家政府体制的类型及政府的主要职能；西方国家公务员制度的特点和作用；战后西方国家政治制度的变化；英国宪法的构成及其特点；英国议会的组成及其职能；英国责任制内阁的基本原则；英国反对党的地位和作用。第二单元（第 3、4 章）：学习时数，25 学时。面授 1 次，4 学时。学习重点：美国宪法的基本原则；美国总统的职权；美国政府的行政机构；美国国会的职权及国会的组织；美国联邦法院的组成及其职能；美国两党制的特点；法国总统的权力、地位及其作用；法国中央政府的组成及其特征；法国议会的组成及职权。第三单元（第 5、6 章）：学习时数，15 学时。面授 1 次，4 学时。学习重点：联邦德国《基本法》确立的政治制度；意大利议会的职权及宪法法院的职权。第四单元（第 7、8 章）：学习时数，20 学时。面授 1 次，4 学时。学习重点：《日本国宪法》的主要特点；日本多党制的特点；瑞典议会监察专员制度的特点与优点。作业题，共 23 道（略）。四、复习考试：第 18、19 周，时间由分院或直属学区统一安排。（兰如先）

【《国际投资和我国利用外资概论》教学具体安排】（96 级本科班第 4 学期涉外经济专业闭卷考试课）一、目的要求：通过学习比较系统地了解国际投资和我国利用外资的基本理论，掌握我国利用外资的政策和方法，更好地为社会主义现代化建设服务。二、学习总时数：133 学时，每周 7 学时，19 周。其中面授 6 次，24 学时；电教辅导 1 次，3 学时；讨论 3 次，6 学时。三、教学安排：分四个单元。第一单元（第 1、2 章）：学习时数，21 学时。面授 1 次，4 学时；讨论 1 次，2 学时。学习重点：国际资本供给与需求的基本格局；国际资本流动的机制；各种国际投资基本方式的概念；战后国际直接投资发展的特征；怎样分析和选择我国利用外资的方式。第二单元（第 3—5 章）：学习时数，25 学时。面授 1 次，4 学时；讨论 1 次，2 学时。学习重点：国际投资环境的构成因素及环境评价；我国国际投资环境的改善；东道国吸引外资的法律规定和双边保证规定；国际投资争议解决的方法和基本程序；跨国公司进行投资的基本战略。第三单元（第 6—9 章）：学习时数，42 学时。面授 2 次，8 学时；讨论 1 次，2 学时。学习重点：我国利用外资的基本理论、特点和作用，以及基本原则和措施；外商在我国投资的主要形式；我国利用外商投资的主要法律规定；我国对外商投资企业管理的主要内容；我国借用外资的管理；我国对外债的管理。第四单元（第 10、11 章）：学习时数，21 学时。面授 2 次，8 学时。学习重点：我国现行外汇管理体制；人民币汇率制度的改革；我国外汇市场的现状与发展趋势；汇率风险的规避；我国企业跨国经营的特点和主要类型，以及经营过程中的主要问题和对策。作业、讨论题，共 37 道（略）。四、复习考试：安排在 18、19 周，（96 级本科班第 4 学期经济管理专业开卷考试课，考试时间由分院或直属学区统一安排）。（兰如先）

【《国际经济法教程》教学具体安排】（96 级本科班第 4 学期涉外经济专业、96 级本科班第 5 学期政法专业开卷考试课）一、目的要求：通过学习，了解国际经济法发展沿革、基本特征、指导原则和主要内容，及其在我国对外开放中的地位与作用，弄清基本概念和主要制度，从深化改革、扩大开放和发展对外经济贸易与技术合作关系的实际出发，解决对外经济关系中的各种法律问题，自觉地适应社会主义市场经济的需要，为利用国内外资源和全方位开拓国内外市场服务。二、学习总时数：95 学时，每周 5 学时，19 周。其中面授 4 次，16 学时。三、教学安排：分三个单元。第一单元（1、3、4、6、7 章）：学习时数，45 学时。面授 2 次，8 学时。学习重点：国际经济法的概念、特点、产生和发展沿革；国际经济法的渊源、基本原则；国际贸易法、国际工程承包、国际金融法和国际税法的一般概念和主要内容；我国对外开放与国际经济法的关系。第二单元（第2、5章）：学习时数，30学时。面授1次，4学时。学习重点：国际投资法的概念；外国投资的法律保护；国际投资关系中的主要法律问题；国际技术转让法的概念和基本内容。第三单元（第8章）：学习时数，10学时。面授1次，4学时。学习重点：国际经济贸易仲裁的概念以及有关仲裁的国际公约或规则，仲裁与其它解决争议方式的异同；我国涉外经济贸易仲裁的实践。作业题，共24道（略）。四、复习考试：第18、19周，时间由分院或直属学区统一安排。（兰如先）

【《刑事、民事诉讼法学教程》教学具体安排】（96级本科班第4学期政法专业闭卷考试课）一、目的要求：通过学习，了解和掌握刑事、民事诉讼法的基本理论和基本制度，进一步认识和理解诉讼法作为程序法是从诉讼程序方面保证刑法、民法、经济法、劳动法、婚姻法等实体法的正确实施，保证整个诉讼过程中的方向和内容要符合国家的意志和要求。二、学习总时数：133学时，每周7学时，19周。其中面授6次，24学时；电教辅导1次，3学时；讨论3次，6学时。三、教学安排：分五个单元。第一单元（第1—6章）：学习时数，28学时。面授1次，4学时；讨论1次，2学时。学习重点：诉讼法学的研究对象；刑事、民事诉讼法的概念和特征；刑事诉讼法与民事诉讼法的区别；诉讼法的历史类型；诉讼法的适用范围；我国诉讼法的基本原则和制度；管辖的概念和种类。第二单元（第7—9章）：学习时数，21学时。面授1次，4学时；讨论1次，2学时。学习重点：刑事诉讼参与人的特征、种类和法律地位；刑事诉讼法证据的概念、分类和种类；我国运用刑事诉讼证据的指导原则；强制措施的概念及其种类。第三单元（第10—13章）：学习时数，28学时。面授1次，4学时。学习重点：刑事附带民事诉讼的特征，附带民事诉讼提起应符合的条件；期间、送达的涵义；立案、侦察、起诉的内容；审判监督程序的特点；刑事诉讼中的执行程序。第四单元（第14—18章）：学习时数，21学时。面授1次，4学时；讨论1次，2学时。学习重点：民事诉讼当事人的概念和特点；共同诉讼人和第三人；民事诉讼委托代理人和法定代理人；举证责任的概念与特征；财产保全与先予执行适用的范围；诉讼费。第五单元（第19—22章）：学习时数，21学时。面授2次，8学时。学习重点：民事审判程序、执行程序；涉外民事诉讼特征、管辖的种类。作业、讨论题，共39道（略）。四、复习考试：安排在18、19周。（兰如先）

【《经济合同法教程》教学具体安排】（96级本科班第4学期政法专业闭卷考试课）一、目的要求：通过学习了解经济合同与经济合同法律制度的一般知识、技术合同与涉外经济合同法律制度的基本内容，重点掌握我国现行经济合同法律制度的理论和知识，增强合同法律意识，提高在经济活动中依法办事的自觉性。二、学习总时数：133学时，每周7学时，19周。其中面授6次，24学时；电教辅导1次，3学时；讨论3次，6学时。三、教学安排：分四个单元。第一单元（第1、2章）：学习时数，14学时，全部用于自学、作业。学习重点：经济合同法律制度、经济合同法的产生、修改和发展；我国经济合同法的运用范围和结构体系；经济合同法的基本原则。第二单元（第3—10章）：学习时数，42学时。面授2次，8学时；讨论1次，2学时。学习重点：经济合同订立的程序、主要条款；经济合同的形式、代订经济合同；经济合同履行的概念、基本原则、主体和程序、分类履行的意义；确认无效经济合同的基本条件、处理程序和法律责任；经济合同变更、解除的概念、程序和法律责任；承担违反经济合同责任的条件、主要方式和违反经济合同责任的免除；经济合同担保的概述、保证、抵押、质押、留置、定金；经济合同纠纷的仲裁、司法审理；经济合同管理部门及管理监督职能、违法查处；经济合同的鉴证和公证。第三单元（第11—20章）：学习时数，49学时。面授3次，12学时；讨论1次，2学时。学习重点：购销合同的基本内容、违约责任；建筑工程承包合同的概念、法律特征、形式和种类；加工承揽合同的种类、主要内容；仓储保管合同的概念、法律特征、主要内容；货物运输合同当事人的权利、义务、违反此种合同的法律责任；供用电合同当事人的权利和义务、违反此种合同的法律责任；财产租赁合同的主要内容、当事人的权利与义务、违反该种合同的法律责任；借款合同的订立、主要内容、变更、解除及违反的法律责任；财产保险合同当事人的权利、义务和法律责任；经营管理合同的概述。第四单元（第21、22章）：学习时数，14学时。面授1次，4学时；讨论1次，2学时。学习重点：涉外经济合同的概念、法律特征、涉外经济合同的订立、履行、转让、变更、解除和终止；技术合同的法律特征、基本原则。作业、讨论题，共32道（略）。四、复习考试：第18、19周。

（兰如先）

【《劳动法学教程》教学具体安排】（96级本科班第4学期政法专业开卷考试课）一、目的要求：通过学习了解劳动法的基本理论知识，掌握我国劳动法的法律、法规和党的有关方针政策及实务；把握基本概念和基本原理，理论联系实际，以提高遵守和执行劳动法的自觉性。二、学习总时数：95学时，每周5学时，19周。其中面授4次，16学时。三、教学安排：分两个单元。第一单元（第1—10章）：学习时数，45学时。面授辅导2次，8学时。学习重点，劳动法的概念和调整对象；我国劳动法的本质、作用和基本原则；劳动法律关系；劳动就业、劳动合同、工资、劳动保护、社会保险；劳动纪律与职业道德；职工民主参与；劳动争议、劳动法执行的监督检查，以及违反劳动法的法律责任。第二单元（第11—19章）：学习时数，40学时。面授2次，8学时。学习重点：劳动安全卫生与保护；职业培训、劳动纪律与职业道德；社会保险、福利和救济；外商投资企业民主参与的形式和意义；劳动争议、劳动法执行的监督检查及违反劳动法的法律责任。作业题，共34道（略）。四、复习考试：第18、19周，时间由分院或直属学区统一安排。

（兰如先）

【《国际贸易理论与实务》教学具体安排】（96级本科班第4学期经济管理专业、97级本科班第3学期涉外经济专业闭卷考试课）一、目的要求：通过学习，掌握有关国际贸易理论、各国对外贸易政策和有关国际贸易基本知识及实务操作技能，提高从事涉外经济工作的能力，为建立具有中国特色、适应改革开放和社会主义市场经济发展需要的国际贸易营销体制和实务体系作出贡献。二、学习总时数：133学时，每周7学时，19周。其中面授6次，24学时，电教辅导1次，3学时，讨论3次，6学时。三、教学安排：分两个单元。第一单元（第1—5章）：学习时数，63学时。面授3次，12学时，讨论2次，4学时。学习重点：国际贸易与对外贸易的基本概念及产生、发展和作用；各国制定的对外贸易政策及其理论依据；国际贸易管理；关税措施和非关税措施；世界贸易组织和世界多边贸易体制；中国对外贸易管理的必要性和措施，外汇、海关和商检管理。第二单元（第6—10章）：学习时数，

56 学时。面授 3 次，12 学时，讨论 1 次，2 学时。学习重点：国际贸易术语；进出口合同的主要条款及其基本内容；签订与履行进出口合同的基本知识及意义；研究商品贸易方式及其运用；国际承包与劳务合作的含义及我国对外承包与劳务合作的基本方针、经营原则。作业、讨论题，共 40 道（略）。四、复习考试：第 18、19 周。

（兰如先）

【《国际金融简明教程》教学具体安排】（96 级本科班第 4 学期经济管理专业、涉外经济专业、97 级本科班第 3 学期经济管理专业、涉外经济专业闭卷考试课）一、目的要求：通过学习使学员掌握国际金融的基本理论；了解我国金融体制特别是外汇体制改革的内容和方向；掌握国际金融的基本技术。学习中要密切联系中国金融外汇改革与业务发展实际，运用所学理论和方法分析解决实际问题，为参与国际经济金融合作奠定基础。二、学习总时数：133 学时，每周 7 学时，19 周。其中面授 6 次，24 学时；电教辅导 1 次，3 学时；讨论 3 次，6 学时。三、教学安排：分四个单元。第一单元（第 1、2 章）：学习时数，35 学时。面授 2 次，8 学时。讨论 1 次，2 学时。学习重点：国际收支概念；平衡表；经常项目、资本项目所包含的内容，国际清偿能力的概念与组成；国际收支失衡的原因；国际收支调节的经济政策；国际储备的作用；衡量国际清偿能力的一般标准；外汇储备的作用；衡量外汇储备是否适度的标准；外汇的概念及种类；外汇标价方法；黄金输送点；纸币制度下汇率的决定因素；汇率变动对国际收支的影响；汇率变动对国内经济的影响；购买力平价理论；利率平价理论；人民币汇率政策目标体系。第二单元（第 3、4 章）：学习时数，35 学时。面授 2 次，8 学时；讨论 1 次，2 学时。学习重点：广义、狭义国际金融市场的概念；货币市场的利率体系、主要业务和作用；伦敦银行同业拆放利率；银行中长期贷款的特点；外国债券与欧洲债券；证券一级市场和二级市场；资本市场的特点；欧洲货币市场的结构、作用和后果；外汇市场的参加者；即期外汇交易、远期外汇交易、外汇期货交易的特点；外汇掉期交易、战后外汇市场的特点；我国银行间外汇交易的内容和方式；我国外汇市场的弊端；国际货币基金组织的宗旨；国际货币基金组织的贷款种类；世界银行的宗旨；亚洲开发银行的主要业务；国际货币制度的主要内容；布雷顿森林体系的主要内容；现行国际货币制度的特点；货币自由兑换的类型和条件。第三单元（第 5、6 章）：学习时数，28 学时。面授 1 次，4 学时；讨论 1 次，2 学时。学习重点：短期借贷；银团、项目贷款；出口信贷；国际金融组织贷款、商业银行贷款、政府贷款的特点；我国外债管理的原则和目标；欧洲债券的种类；国际债券的发行方式；国际债券的利率、欧洲债券市场的特点；国际融资租赁的概念和特征；资本性租赁的特点；杠杆租赁；国际投资的主要方式；国际结算的特点；汇款结算方式；托收的种类；托收项下的融资方式；信用证结算的特点；国际贸易结算中的单据。第四单元（第 7—9 章）：学习时数，21 学时。面授 1 次，4 学时。学习重点：甲乙丙三种外币存款的对象和种类；外汇贷款资金的来源、外汇贷款的特点；外汇贷款的发放原则；获得外汇贷款的条件；浮动利率贷款；对外担保的种类；我国主要的对外担保业务；外汇管理的积极作用和消极作用；直接外汇管理和间接外汇管理；进口外汇管理和出口外汇管理的主要内容；资本项目管理的主要措施；复汇率制度；1994 年我国外汇体制改革的主要内容；我国的三金工程。作业、讨论题，共 32 道（略）。四、复习考试：第 18、19 周。

（兰如先）

【《行政管理学教程》教学具体安排】（96级本科班第4学期党政管理专业、行政管理专业闭卷考试课）一、目的要求：通过学习，掌握行政管理学的基本知识体系，了解行政管理的职能、基本条件、基本过程和基本方法，进而掌握行政管理活动的基本规律，提高行政管理工作的自觉性、科学性和预见性，提高实际工作能力、工作水平和工作效率。二、学习总时数：133学时，每周7学时，19周。其中面授6次，24学时；电教辅导1次，3学时；讨论3次，6学时。三、教学安排：分五个单元。第一单元（绪论、第1—4章）：学习时数，42学时。面授2次，8学时，讨论1次，2学时。学习重点：行政管理的涵义和行政管理的研究内容；行政管理职能的主要内容；行政体制的主要内容；行政组织的涵义、类型和构成要素；行政组织设置的步骤和行政组织建设的原则；行政领导的职责和过程；行政领导者的素质。第二单元（第5—8章）：学习时数，28学时。面授1次，4学时，讨论1次，2学时。学习重点：行政信息的处理；行政决策的特点、意义和原则、程序；行政执行的原则、方式和基本程序；行政监督的涵义、作用及原则和过程。第三单元（第9—11章）：学习时数，21学时。面授1次，4学时。学习重点：人事行政的基本原则；中国公务员制度的基本内容和特点；财务行政的涵义、特点和功能；国家预算的编制和执行；机关管理的主要内容和要求。第四单元（第12、13章）：学习时数，14学时。面授1次，4学时。学习重点：行政现代方法；行政法规的制定和实施。第五单元（第14、15章）：学习时数，14学时，面授1次，4学时，讨论1次，2学时。学习重点，行政效率的测评原则和方法；提高行政效率的基本途径；我国行政改革的目标、内容和基本原则。作业、讨论题，共30道（略）。四、复习考试：第18、19周。（兰如先）

【《马克思主义伦理学》教学具体安排】（97级本科班第2学期党政管理专业、第7期领导干部函授班第2学期开卷考试课）一、目的要求：通过学习，掌握马克思主义伦理学的基本理论，明确加强思想道德建设的意义、方法和途径，提高自身进行思想道德修养的自觉性，不断提高自已的共产主义道德水平和开展社会主义精神文明建设的能力。二、学习总时数：95学时，每周5学时，19周。其中面授4次，16学时。三、教学安排：分四个单元。第一单元（第1篇）：学习时数，20学时。面授1次，4学时。学习重点：道德的本质和社会作用；道德的发展规律和历史类型；道德的基本范畴。第二单元（第2篇）：学习时数，15学时。面授1次。学习重点：马克思主义伦理学的创立过程及发展；经济伦理、科技伦理、政治伦理的基本内容。第三单元（第3篇）：学习时数，25学时。面授1次，4学时。学习重点：马克思主义伦理学的道德体系；社会公德、婚姻家庭道德和职业道德；马克思主义的人生价值观。第四单元（第4、5篇）：学习时数，25学时。面授1次，4学时。学习重点：道德评价的实质和主要方法；道德教育的实质和基本原则；道德修养的基本途径。作业题，共28道（略）。四、复习考试：第18、19周，时间由分院或直属学区统一安排。（兰如先）

【《社会调查与统计》教学具体安排】（97级本科班第2学期行政管理专业开卷考试课）一、目的要求：通过学习，掌握社会调查和统计的一般理论；了解社会调查和统计的一般过程；明确社会调查的基本类型；熟练掌握社会调查实施过程中各个环节的操作技能；学会收集社会信息、进行统计描述和分析的一系列方法和技术；提高从定性、定量两个方面分析问题的能力。二、学习总时数：95学时，每周5学时，19周。其中面授4次，16学时。三、教学安排：分四个单元。第一单元（第1—3章）：学习时数，20学时。面授1次，4学时。学习重点：社会调查的涵义和基本功能；社会调查学的方法体系和理论指导；社会调查的一般程序及方案设计的主要内容；普查、典型调查、重点调查和抽样调查的基本概念。第二单元（第4—6章）：学习时数，20学时。面授1次，4学时。学习重点：操作性定义的涵义、社会测量的涵义和测量尺度、问卷的基本形式和类型、问卷的设计技巧；五种基本调查方法的概念、特点、种类和实施技巧；信度和效率的涵义，二者之间的关系。第三单元（第7—9章）：学习时数，20学时。面授1次，4学时。学习重点：统计学的涵义、功能、研究过程及统计指标；数据资料的审核与整理技术；数据资料数量的特征的测量方法。第四单元（第10—13章）：学习时数，25学时。面授1次，4学时。学习重点：时间数列的概念、种类及分析的常用指标；指数的概念与分类；综合指数的编制方法及因素分析；抽样推断的涵义、抽样误差的计算方法、抽样推断方法；相关与回归的概念与种类、简单线性相关系数的计算方法。作业题，共28道（略）。四、复习考试：第18、19周，时间由分院或直属学区统一安排。 （兰如先）

【《英语》（第二册）教学具体安排】（97级本科班第2学期涉外经济专业闭卷考试课）一、目的要求：通过本学期的学习，学员应进一步巩固前一学期所学的内容，掌握本学期的基本语法规则、基本句型、常用单词和词组，能较熟练地运用语法知识理解语法结构较复杂的长难句，能够借助词典和其他工具书阅读、翻译与课文难度相当的英语文章，并且具有基本的听、说能力，能进行简单的日常会话，为进一步提高英语水平打下良好的基础。二、学习总时数：152学时，每周8学时，19周。其中面授18次，72学时；电教辅导1次，3学时。三、教学安排：分三个单元。第一单元（第1—5课）：学习时数，40学时。面授6次，24学时。学习重点：由that、if、whether、who、whom、whose、which、what、when、where、how、why引导的宾语从句；过去将来时；动词不定式作主语、表语、定语、宾语、宾语补语和状语；不定式的被动形式、进行形式和完成形式；带连接代词或连接副词的不定式结构；for……to……结构；选择疑问句；反意疑问句；动名词作主语、宾语和表语；动名词复合结构；单词和词组340多个。第二单元（第6—10课）：学习时数，48学时。面授6次，24学时。学习重点：现在分词作定语、状语、表语、补语；现在分词的完成式和被动式；过去完成时；将来完成时；过去分词作定语、状语、表语和补语；现在完成进行时；过去完成进行时；由who、whom、whose、that、which、where、when、why引导的限制性定语从句；who、whom、whose、which、where、when引导的非限制性定语从句；单词和词组280多个。第三单元（第11—15课）：学习时数，48学时。面授6次，24学时；录像串讲1次，3学时。学习重点：由that、whether、who、whom、whose、which、what、when、where、why、how等引导的主语从句、表语从句、同位语从句；介词后的宾语从句；由as、just as、as if、as though引导的方式状语从句；由so、that、in order that、lest、for fear that、in case引导的目的状语从句；由so……that、such……that、that引导的结果状语从句；由though、although、even if、even though、whatever、no matter what、whether……or等引导的让步状语从句；情态动词can、could、may、might、shall、should、will、would、must、ought to、need、dare等的意义和用法；虚拟条件句；表示与现在事实相反的虚拟条件句、表示与过去事实相反的虚拟条件句、表示将来不太可能实现的情况的虚拟条件句、倒装虚拟条件句；虚拟语气在某些宾语从句、主语从句、表语从句、同位语从句及状语从句中的应用；单词和词组290多个。作业：辅导课前预习，包括记忆单词、预习语法、句型和课文；辅导课后背诵所学句型例句，朗读课文，完成各课的练习；利用业余时间反复记忆常用单词和词组。四、复习考试：第18、19周。（97级本科班第2学期经济管理专业开卷考试课，内容基本相同） （兰如先）

【《社会主义市场经济论纲》教学具体安排】（97级本科班第2学期涉外经济专业闭卷考试课）一、目的要求：通过学习，系统掌握社会主义市场经济理论，深入研究实践中提出的新问题；提高发展社会主义市场经济、促进经济体制深化改革、推动社会生产力发展和加快社会主义现代化建设的自觉性，增强实际工作的能力。二、学习总时数：133学时，每周7学时，19周。其中面授6次，24学时；电教辅导1次，3学时；讨论3次，6学时。三、教学安排：分四个单元。第一单元（第1—3章）：学习时数，35学时。面授2次，8学时；讨论1次，2学时。学习重点：市场经济的含义及其一般性和特殊性；社会主义市场经济的含义及客观必然性、所有制基础和运行机制。第二单元（第4—7章）：学习时数，35学时。面授2次，8学时；讨论1次，2学时。学习重点：社会主义市场经济的基本框架；社会主义市场经济的企业制度，市场体系和宏观调控。第三单元（第8—11章）：学习时数，35学时。面授1次，4学时；讨论1次，2学时。学习重点：按劳分配在社会主义市场经济中的实现和我国逐步实现共同富裕；社会主义市场经济运行中的社会保障制度；经济增长和经济发展。第四单元（第12、13章）：学习时数，14学时。面授1次，4学时。学习重点：我国经济走向国际市场的意义和基本形式；加深认识市场经济是法治经济，以及研究怎样完善和维护社会主义市场经济的法律体系和秩序。作业、讨论题，共45道（略）。四、复习考试：第18、19周。

（兰如先）

【《法理学教程》教学具体安排】（97级本科班第2学期政法专业闭卷考试课）一、目的要求：通过学习，掌握法的一般理论、法的结构、法的运行、法制与社会等基本问题，提高对社会主义法制建设和法理学理论研究重要性的认识，运用法学基本理论为社会主义现代化建设服务。二、学习总时数：133学时，每周7学时，19周。其中面授6次，24学时；电教辅导1次，3学时；讨论3次，6学时。三、教学安排：分五个单元。第一单元（绪论、第1—4章）：学习时数，28学时。面授1次，4学时；讨论1次，2学时。学习重点：法学的研究对象、法理学的地位和范围、法的本质；法的基本特征、法与自由、法与秩序、法与效率；法的规范作用、法的社会作用；资本主义法；法的继承和移植。第二单元（第5—8章）：学习时数，21学时。面授1次，4学时；讨论1次，2学时。学习重点：法律规范的概念、特征、结构、种类；我国社会主义法律的渊源的表现形式；规范性法律文件系统化方法；法的一般分类、法律体系概念；法律部门的划分标准和原则、我国社会主义法律部门的内容；法律关系的概念及特征、法律关系的种类、主体、内容和客体；法律关系的产生、变更和消灭。第三单元（第9—12章）：学习时数，28学时。面授1次，4学时；讨论1次，2学时。学习重点：法的制定的概念、立法的指导思想和基本原则、立法体制；法的适用的概念和特征；我国法的适用的基本要求和原则、我国法的适用的效力范围；法律解释的含义和法定解释的含义；守法、违法、法律责任；法律制裁、监督的概念、国家机关的法律监督。第四单元（第13—16章）：学习时数，28学时。面授2次，8学时。学习重点：法制的概念、社会主义法制模式、法制建设的地位和内容；市场经济是法制经济、建立适应市场经济要求的法律制度、法制在市场经济体制改革中的作用；法制与民主的关系；社会主义法制与党的政策的关系；法律意识、法律文化、建立社会主义法制的法律文化基础。第五单元（第17—19章）：学习时数，14学时。面授1次。学习重点：法与道德的异同；社会主义法制与道德；科技对法的影响，法对科技的影响；法与宗教的历史考察、社会主义法制与宗教。作业、讨论题，共51道（略）。四、复习考试：第18、19周。

（兰如先）

【《马克思主义科学社会主义经典文选》教学具体安排】（97级本科班第2学期党政管理专业、行政管理专业闭卷考试课）一、目的要求：通过学习，系统而有重点地掌握科学社会主义基本原理，了解科学社会主义的产生、发展历程，增强运用马克思主义的立场、观点和方法解决实际问题的能力，坚持社会主义、共产主义理想，加深对建设有中国特色社会主义理论的认识，提高贯彻执行党的基本路线的自觉性。二、学习总时数：133学时，每周7学时，19周。其中面授6次，24学时；电教辅导1次，3学时；讨论3次，6学时。三、教学安排：分三个单元。第一单元（《文选》第一部分）：学习时数，42学时。面授2次，8学时，讨论1次，2学时。学习重点：《共产党宣言》对共产主义必然代替资本主义的客观规律和无产阶级政党学说的阐述；《法兰西内战》对巴黎公社革命经验的科学总结；《哥达纲领批判》关于共产主义两个发展阶段的理论和共产主义第一阶段的分配原则；恩格斯关于唯物史观和剩余价值论是社会主义从空想变为科学的理论依据的论述；《社会主义从空想到科学的发展》所阐述的科学社会主义的基本内容。第二单元（《文选》第二部分）：学习时数，42学时。面授2次，8学时：讨论1次，2学时。学习重点：《怎么办?》对革命理论重要意义的阐述；《社会民主党在民主革命中的两种策略》提出的无产阶级在民主革命中必须掌握领导权的原理；《国家与革命》对马克思关于共产主义发展阶段理论的发展；列宁关于商业是社会主义建设重要环节的论述；《论合作社》对农业社会主义改造理论的阐述；《论我国革命》对落后国家社会主义建设理论的探索。第三单元（《文选》第三部分）：学习时数，35学时。面授2次，8学时；讨论1次，2学时。学习重点：《新民主主义论》对无产阶级在新民主主义革命中领导权思想的阐述；人民民主专政理论的主要内容；毛泽东对过渡时期总路线的概括；《关于正确处理人民内部矛盾的问题》对社会主义基本矛盾和正确区分与处理两类矛盾学说的阐述。作业、讨论题，共28道（略）。四、复习考试：第18、19周。

（兰如先）

【《市场经济法律制度概论》教学具体安排】（97级本科班第2学期党政管理专业、经济管理专业、98级本科班第1学期经济管理专业闭卷考试课）一、目的要求：通过学习，掌握市场经济是法制经济，市场经济法律制度的基本结构及其基本理论，提高对市场经济法律制度理论及实践重要性的认识，运用社会主义市场经济法律制度理论为社会主义现代化服务。二、学习总时数：133学时，每周7学时，19周。其中面授6次，24学时；电教辅导1次，3学时；讨论3次，6学时。三、教学安排：分五个单元。

第一单元（绪论，第1—3章）：学习时数，28学时。面授2次，8学时；讨论1次，2学时。学习重点：市场经济是法制经济、市场经济法律制度的基本结构、法制在市场经济体制中的作用；公司法概述、有限责任公司、股份有限公司、公司的合并、解散；破产法概述、破产申请的提出和管理、和解和整顿、破产宣告和破产清算；经济合同法概述、经济合同的订立、经济合同的担保和履行、经济合同无效。第二单元（第4—7章）：学习时数，28学时。面授1次，4学时；讨论1次，2学时。学习重点：汇票、本票、支票；保证、抵押、质押、留置；财产保险合同、人身保险合同；证券关系主体、证券的发行和交易、上市公司收购。第三单元（第8—10章）：学习时数，21学时，面授1次，4学时；讨论1次，2学时。学习重点：竞争法概述、不正当竞争行为；产品质量责任和义务、产品质量的监督管理；消费者的权利、经营者的义务、消费者权益争议的解决。第四单元（第11—13章）：学习时数，21学时。面授1次，4学时。学习重点：专利权、专利的申请、审查和批准程序、专利代理、专利权的保护；商标法律制度；广告法律制度；预算法的概念和原则、预算程序。第五单元（第14—16章）：学习时数，21学时。面授1次，4学时。学习重点：税法概述、流转税法、所得税法、财产税法、特定行为税法和资源税法、税收管理；中国人民银行法、外币、信贷和结算管理的法律规定、外汇管理的法律规定；会计法律制度；审计法律制度。作业、讨论题，共53道（略）。四、复习考试：第18、19周。（兰如先）

【《法学基础》教学具体安排】（97级本科班第2学期行政管理专业闭卷考试课）一、目的要求：通过学习，了解马克思主义法学基础理论，熟悉我国现行法律知识，掌握重要部门法律的基本制度，提高运用法律分析和解决实际问题的能力，增强依法办事的自觉性。二、学习总时数：133学时，每周7学时，19周。其中面授6次，24学时；电教辅导1次；3学时；讨论3次，6学时。三、教学安排：分五个单元。第一单元（导论、第一编）：学习时数，28学时。面授1次，4学时；讨论1次，2学时。学习重点：法的定义、法的本质、法的特征、法在上层建筑中的地位；中国社会主义法的本质、作用；社会主义民主与法制的关系；社会主义法制原则。第二单元（第二编）：学习时数，14学时。面授1次，4学时；讨论1次，2学时。学习重点：宪法的本质、特征；我国宪法的主要内容；公民的基本权利与基本义务。第三单元（第三编）：学习时数，35学时。面授2次，8学时，讨论1次，2学时。学习重点：民法的概念、基本原则、基本制度；民事法律关系及其构成要素；民事法律行为、代理的概念和种类；财产所有权、合同、知识产权、婚姻、继承；民事责任；刑法的基本原则；犯罪的概念和犯罪构成、犯罪客体和犯罪客观方面、犯罪主体和犯罪主观方面；正当防卫；犯罪的预备；未遂和终止、共同犯罪、犯罪种类；贪污、贿赂罪的犯罪构成。第四单元（第四编）：学习时数，28学时。面授1次，4学时。学习重点：民事诉讼的基本原则和基本制度；诉讼的概念和要素；诉讼当事人的诉讼权利和义务；简易程序、特别程序、审判监督程序；刑事诉讼法的基本原则；刑事审判管辖；辩护和代理、刑事强制措施；刑事附带民事诉讼。第五单元（第五编）：学习时数，14学时。面授1次，4学时。学习重点：国际公法概念、特征和基本原则；引渡、庇护的概念；联合国的宗旨；国际私法的概念和调整对象；冲突规范的概念和种类；司法协助的概念；国际经济法的概念、基本原则和内容。作业、讨论题，共64道（略）。四、复习考

试：第18、19周。（兰如先）

【《宏观经济运行与管理》教学具体安排】

（97级本科班第2学期经济管理专业闭卷考试课）一、目的要求：通过学习，认识发展社会主义市场经济，加强宏观经济管理的必要性，认识宏观经济运行规律，初步掌握宏观经济管理的基本原理和方法，明确概念、掌握原理、提高认识，学以致用。二、学习总时数：133学时，每周7学时，19周。其中面授6次，24学时；电教辅导1次，3学时；讨论3次，6学时。三、教学安排：分三个单元。第一单元（导言、第1—3章）：学习时数，28学时。面授1次，4学时；讨论1次，2学时。学习重点：宏观经济与微观经济的区分；宏观经济管理的概念与特征；社会主义市场经济体制下加强宏观经济管理的必要性；政府部门、市场体系、微观经济基础在宏观经济运行中的作用；社会总供给与社会总需求的涵义及社会总供求平衡的实际意义；经济周期的概念、类型；我国经济周期波动的特点。第二单元（第4—8章）：学习时数，42学时。面授2次，8学时；讨论1次，2学时。学习重点：政府的宏观经济管理职能、机构设置和管理人员的选拔任用；宏观经济管理目标的内容、特点及制定原则；宏观经济计划管理的特点及宏观经济计划的类型；宏观经济管理的经济监督、行政监督、法律监督和社会监督；宏观经济信息的概念和作用；新的国民经济体系的构成；宏观经济管理信息系统的加强和完善。第三单元（第9—14章）：学习时数，49学时。面授3次，12学时；讨论1次，2学时。学习重点：产业政策的内容和作用；运用产业政策对产业结构的调节；财政政策的目标和运用；货币政策的内容、主要工具及其作用；投资政策的主要目标和工具；收入政策的内容和作用；外贸对宏观经济总量平衡的影响；利用外资政策宏观调节包括的内容；国际收支不平衡的宏观调节。作业、讨论题，共46道（略）。四、复习考试：第18、19周。（96级本科班第5学期党政管理专业、第六期领导干部函授班第5学期、第七期领导干部函授班第3学期开卷考试课，内容基本相同）。（兰如先）

【《企业涉外经营管理概论》教学具体安排】

（97级本科班第2学期涉外经济专业开卷考试课）一、目的要求：通过学习，提高涉外经营的现代知识水平和业务能力，推动企业更好地走向国际市场，参与国际竞争。学会利用国内外两种资源，开拓国内外两个市场，正确处理对外经济关系，提高企业涉外经营的经济效益。二、学习总时数：95学时，每周5学时，19周。其中面授6次，24学时。三、教学安排：分四个单元。第一单元（第1章）：学习时数，10学时。面授1次。学习重点：我国对外经济开放理论；我国对外经济开放格局的形成；企业涉外经营的涵义。第二单元（第2—5章）：学习时数，30学时。面授2次，8学时。学习重点：企业涉外经营的特点；外商来华投资的目的；我国企业涉外经营的战略目标、主要形式；中外合资经营与合作经营的区别；“三来一补”形式的利弊分析；我国利用外资的两种方式及其比较；如何提高我国利用外资的质量和水平；国际技术转让的特点；我国引进技术的消化吸收与国产化；涉外商务谈判及特点；涉外商务谈判的一般阶段划分、各谈判阶段应注意的问题。第三单元（第6章）：学习时数，10学时。面授1次，4学时。学习重点：合资企业的特征；中外合资经营企业的优势与劣势及特征；中外合资经营企业的类型；契约式的中外合作企业；外商投资企业的设立和终止。第四单元（7—11章）：学习时数，35学时。面授2次，8学时。学习重点：中外合资经营企业中的董事会、工会；中外合资经营企业中组织机构的设置；人力资源管理的内容；正确处理中外合资企业中中外人员的关系；合资经营企业的工资制度；我国企业如何进入国际目标市场；中外合资经营企业产品的销售方向与内外销售比例；我国企业产品出口外销的渠道及促销策略；中外合资经营企业投入资本管理；无形资产管理；国际贸易结算；外汇风险管理；我国外汇管理制度的改革；外商投资企业外汇收支平衡问题。作业题，共46道（略）。四、复习考试：第18、19周，时间由分院或直属学区统一安排。

（兰如先）

【《宪法学教程》教学具体安排】 （97级本科班第2学期政法专业闭卷考试课）一、目的要求：通过学习，掌握宪法的基本理论和知识，比较深入地学懂弄通宪法学主要内容，增强宪法意识，为改革开放和社会主义现代化建设服务。二、学习总时数：133学时，每周7学时，19周。其中面授6次，24学时；电教辅导1次；3学时；讨论3次，6学时。三、教学安排：分五个单元。第一单元（导言、第1、10章）：学习时数，28学时。面授1次，4学时；讨论1次，2学时。学习重点：宪法学的研究对象；学习宪法学的意义和方法；宪法的概念和本质；资产阶级宪法的产生和发展；我国社会主义宪法的产生和发展；宪法的基本原则；监督宪法的实施。第二单元（第2、3、4、9章）：学习时数，35学时。面授2次，8学时；讨论1次，2学时。学习重点：我国是人民民主专政的社会主义国家；爱国统一战线和各民主党派；中国共产党领导的多党合作和政治协商制度；人民代表大会制度是我国根本的政治制度；中华人民共和国的选举制度；中华人民共和国是多民族的单一制国家；中华人民共和国的民族区域自治制度、特别行政区制度；正确认识中华人民共和国的国家标志——国旗、国徽、国歌和首都。第三单元（第5、6章）：学习时数，28学时。面授1次，4学时；讨论1次，2学时。学习重点：中华人民共和国经济制度的基本特点；我国的分配制度；国家保护公民的财产所有权和继承权；社会主义经济建设的指导思想、方针和途径；社会主义精神文明是社会主义社会的重要特征；社会主义思想道德建设，社会主义教育科学文化建设。第四单元（第7章）：学习时数，14学时。面授1次，4学时。学习重点：公民基本权利和义务概念的含义；中华人民共和国公民的基本权利和基本义务。第五单元（第8章）：学习时数，14学时。面授1次，4学时。学习重点：全国人民代表大会及其常委会；中华人民共和国主席；国务院；中央军事委员会；地方各级人民代表大会和地方各级人民政府；民族自治地区的自治机关；审判机关和检察机关。作业、讨论题，共35道（略）。四、复习考试：第18、19周。

（兰如先）

【《中国法律思想史概论》教学具体安排】 （97级本科班第2学期政法专业开卷考试课）一、目的要求：通过学习，了解中国历史上的主要学派、学者、政治法律家、思想家的法律理论、观点、见解，以及它们的发生、发展和沿革，提高分析法学理论问题的能力，为进一步学习法学理论和进行法律实践打下良好的理论根基。二、学习总时数：95学时，每周5学时，19周。其中面授4次，16学时。三、教学安排：分五个单元。第一单元（导言、第1章）：学习时数，10学时。全部用于自学、作业。学习重点：中国古代社会的一般特点和古代法律思想的哲学基础；中国法律思想史的范畴和发展线索；中国法产生的一般过程。第二单元（第2章）：学习时数，10学时。全部用于自学、作业。学习重点："以德配天"的君权神授说；"礼治"思想对法律活动的影响；"明德慎罚”思想及其表现。第三单元（第3章）：学习时数，20学时。面授2次，8学时。学习重点：孔孟的法律思想；墨家的法律思想；晋秦法家的法律思想；荀子的法律思想。第四单元（第4章）：学习时数，20学时。面授1次，4学时。学习重点：封建正统法律思想的确立及主要内容和特征及社会化；封建正统法律思想的哲理化、局部深化及它的衰落。第五单元（第5章）：学习时数，25学时。面授1次，4学时。学习重点：资产阶级改良派的法律思想；清末修律中的礼法之争；资产阶级革命派的法律思想；五四新文化运动代表人物的法律思想；国民党统治集团代表人物的法律思想；无产阶级革命家的法律思想。作业题，共14道（略）。四、复习考试：第18、19周，时间由分院或直属学区统一安排。（兰如先）

【《新时期党的建设概论》教学具体安排】（第六期领导干部函授班第4学期、第七期领导干部函授班第3学期闭卷考试课）一、目的要求：通过学习，系统地掌握马克思主义党的学说的基本原理，了解无产阶级政党产生、发展和自身建设的客观规律，了解党在社会主义事业中的领导地位和作用，以及如何实现其领导作用的规律。要深刻认识党在执政和改革开放条件下面临的新情况、新问题，掌握邓小平新时期的建党思想，掌握新时期党建的任务和指导思想，以及一系列的建党原则、方针政策。提高觉悟、增强党性，发挥党员的表率和先锋模范作用。二、学习总时数：133学时，每周7学时，19周。其中面授6次，24学时；电教辅导1次，3学时；讨论3次，6学时。三、教学安排：分四个单元。第一单元（第1、2章）：学习时数，21学时。面授1次，4学时。学习重点：新时期党建面临的新形势、新任务；新时期党建的任务和目标；列宁关于建设新型无产阶级政党的理论；毛泽东建党思想的基本原理；邓小平关于新时期的建党思想。第二单元（第3—6章）：学习时数，49学时。面授2次，8学时；讨论1次，2学时。学习重点：共产党的领导是社会主义事业发展的客观规律；坚持党的领导必须改善党的领导；坚持党的基本路线；围绕党的基本路线加强党的建设；社会主义代替资本主义的历史必然；资本主义理想和现阶段奋斗目标的关系；把思想建设放在首位；邓小平理论武装全党；什么是党的思想路线，怎样坚持这条路线。第三单元（第7—10章）：学习时数，35学时。面授2次，8学时；讨论1次，2学时。学习重点：民主集中制是党的根本组织制度和领导制度；在改革开放和社会主义市场经济条件下特别要强调坚持和健全民主集中制；发展党内民主，充分发挥全党的积极性、创造性；自觉维护党的团结和中央的权威；党的干部标准和干部路线；政治路线的实现要靠组织路线来保证；当前干部队伍建设两项重大而紧迫的战略任务；干部制度改革；共产党员的标准；共产党员的党性修养；党的基层组织的地位和作用；新时期党的基层组织建设的指导方针。第四单元（第11—13章）：学习时数，14学时，面授1次，4学时；讨论1次，2学时。学习重点：执政党的党风问题关系到党的生死存亡问题；保持党与群众的密切联系；反腐败斗争的理论和实践；制度建设在党建中的地位；健全和完善党内监督；中国共产党处理同各国共产党及其他政党关系的基本原则。作业、讨论题，共31道（略）。四、复习考试：第18、19周。

（兰如先）

【《马克思主义政治经济学经典文选》教学具体安排】（第七期领导干部函授班第2学期开卷考试课）一、目的要求：通过学习，掌握马克思主义分析研究问题的立场、观点和方法，提高理论素养和研究新情况、解决新问题的能力，提高执行党的基本路线的自觉性，为建设有中国特色的社会主义贡献力量。二、学习总时数：114 学时，每周 6 学时，19 周。其中面授 4 次，16 学时。三、教学安排：分四个单元。第一单元：学习时数，42 学时。面授 1 次，4 学时。学习内容：《文选》所选马克思的《资本论》和恩格斯的《反杜林论》的有关篇章。学习重点：商品和货币理论；价值规律；平均利润和生产价格理论。第二单元：学习时数，12 学时。面授 1 次，4 学时。学习内容：《文选》所选列宁的《帝国主义是资本主义的最高阶段》的有关篇章。学习重点：资本输出及其形式；垄断与竞争并存的关系；第三单元：学习时数，18 学时。面授 1 次，4 学时。学习内容：《文选》所选马克思的《哥达纲领批判》和恩格斯的《共产主义原理》。学习重点：马克思、恩格斯对未来社会的描述及其前提条件；马克思、恩格斯关于按劳分配的基本理论。第四单元：学习时数，30 学时。面授 1 次，4 学时。学习内容：《文选》所选列宁、斯大林、毛泽东的著作。学习重点：社会主义提高劳动生产率的重要性；规律的意识性与人们的主观能动性的统一；社会主义革命的目的是解放生产力。作业题，共 30 道（略）。四、复习考试：第 18、19 周，具体时间由分院或直属学区统一安排。（98 级本科班第 1 学期经济管理专业、涉外经济专业闭卷考试课，内容、要求基本相同。复习考试安排在第 19、20 周）。

（兰如先）

【《领导科学概论》教学具体安排】（第七期领导干部函授班第 2 学期、98 级本科班第 1 学期党政管理专业、行政管理专业闭卷考试课）一、目的要求：通过学习，掌握领导科学的基本理论和方法，结合我国社会主义现代化建设和改革开放的实践，自觉地改进领导方法和领导作风、提高领导工作水平。二、学习总时数：133 学时，每周 7 学时，19 周。其中面授 6 次，24 学时；电教辅导 1 次，3 学时；讨论 3 次，6 学时。三、教学安排：分五个单元。第一单元（导言、第 1、2 章）：学习时数，21 学时，面授 1 次，4 学时。学习重点：领导科学的产生、性质、研究对象和任务、领导的产生、领导的性质、社会主义条件下无产阶级领导的实质及领导者的本质；社会主义条件下领导者的责任、权利和义务；领导环境的涵义，特征及领导者认识、适应、利用、改造环境的必要性、基本途径、方法。第二单元（第 3—6 章）：学习时数，28 学时。面授 1 次，4 学时；讨论 1 次，2 学时。学习重点：组织在领导中的作用及组织结构理论；我国领导体制的特点、弊端和改革方向、内容；领导班子的特色、结构；领导班子结构科学化的必要性、基本标志、主要原则、基本内容和途径；选人用人在领导工作中的重要作用，领导者的选才原则及用人之道。第三单元（第 7—11 章）：学习时数，28 学时。面授 2 次，8 学时；讨论 1 次，2 学时。学习重点：调查研究在领导活动中的地位、作用，调研应遵循的基本原则及调研的主要方法；领导战略、政策在领导活动中的地位、作用及其制度的原则、程序；科学决策的民主化、决策的原则、步骤；领导协调的原则、方法和艺术；领导监督的原则和方法；激励的指导思想、主要方式，思想政治工作的原则。第四单元（第 12、13 章）：学习时数，14 学时。面授 1 次，4 学时。学习重点：领导方法论基础的内容；基本领导方法的主要内容；领导艺术的作用；领导者处理日常事务的基本原则。第五单元（第 14—17 章）：学习时数，28 学时。面授 1 次，4 学时；讨论 1 次，2 学时。学习重点：现代领导观念和领导思维方式的基本内容；领导作风的实质和作用，领导作风的主要内容，改进领导作风的必要性；领导者素质和修养在领导中的作用；领导者素质的基本内容；提高素质的方法和途径；领导绩效的特点和作用，考评领导绩效的主要内容和原则，提高领导绩效的途径。作业、讨论题，共39道（略）。四、复习考试：第18、19周。（兰如先）

【《对外经济管理学》教学具体安排】（96级大专班第5学期党政管理专业和经济管理专业考试课）一、目的要求：通过学习，了解对外经济管理中的一些基本概念，掌握对外经济管理的基本原则、政策、措施和方法。理论联系实际探讨对外经济管理中的现实问题。二、学习总时数：140学时，每周7学时，20周。其中面授6次，24学时。三、教学安排：分四个单元。第一单元（第1—5章）：学习时数，42学时，面授8学时。学习重点：对外贸易的一般程序与方式；我国对外贸易在发展中存在的问题及管理的必要性；对外贸易管理的各项政策和措施；技术贸易的内容、特点、方式及我国技术进出口管理的有关问题；服务贸易的发展及我国服务贸易的状况与管理问题；我国外贸经营管理体制的内容及我国外贸经营管理体制的改革；关贸总协定与世界贸易组织的宗旨、原则和作用，我国加入世界贸易组织的意义及面临的挑战。第二单元（第6—10章）：学习时数，49学时，面授8学时。学习重点：我国利用外资的概念与形式；外商投资企业的管理体制；对外商投资企业的工商行政管理；我国进出口与技术引进管理、劳动管理、企业内部管理；我国借用国际金融组织贷款、外国政府贷款、国际商业贷款等基本概况；贷款程序及管理内容；外债管理目标及管理体制；外债规模和结构管理；外债效益与偿还管理；当代国际跨国公司的发展及其作用；我国企业的对外投资、跨国经营的特点。第三单元（第11章）：学习时数，21学时，面授4学时。学习重点：经济特区、沿海开发区及浦东开发区的发展概况；经济特区、沿海开发区及浦东开发区的作用、必要性；对经济特区、沿海开发区及浦东开发区管理应抓的主要工作。第四单元（第12章）：学习时数，14学时，面授4学时。学习重点：外汇和外汇率的含义；国际收支平衡表；我国国际收支的调节；国际结算的主要工具与形式；外汇贷款的特点、使用范围；我国外汇管理的必要性；我国外汇管理的内容；我国外汇管理制度的沿革。作业题，共29道（略）。四、复习考试：第19、20周。（李成玉）

【《国际共产主义运动史》教学具体安排】（96级大专班第5学期党政管理专业考查课）一、目的要求：通过学习，掌握马克思主义关于共产主义理论产生的社会历史条件，以及与工人运动相结合变为现实社会制度，进而推动社会进步的发展历程、发展规律和经验教训，加深对社会主义必然代替资本主义的认识，坚定共产主义信念，提高思想理论和政治素质，自觉地投入建设有中国特色社会主义的伟大事业。二、学习总时数：100学时，每周5学时，20周。其中面授4次，16学时。三、教学安排：分四个单元。第一单元：（绪论、第1—3章）。学习时数，30学时，面授4学时。学习重点：了解国际共产主义运动史的研究对象；弄清马克思主义诞生的标志和工人运动兴起并发展为共产主义运动的进程；掌握马克思、恩格斯指导国际无产阶级联合起来，开展反对资本统治与克服工人运动内部各种错误思潮的斗争；巴黎公社革命的历史意义和重要经验教训；欧美国家普遍建立社会主义工人政党并发展为国际联合组织——第二国际的时代背景、重要活动和产生的理论与策略分歧，弄清马克思主义者反对修正主义者斗争的内容和意义；把握列宁主义诞生的历史条件、基本标志和时代意义。第二单元（第4、5章）：学习时数，20学时，面授4学时。学习重点：掌握进入垄断资本主义时代，以列宁为代表的布尔什维克在1905年民主革命中的策略及其同孟什维克斗争的内容；弄清布尔什维克党在列宁领导下夺取俄国十月社会主义革命胜利的历史条件和时代意义；掌握列宁提出新经济政策的主要内容及其对经济不发达国家建设社会主义理论和实践意义；弄清斯大林领导苏联人民建设社会主义的历史成就和基本经验教训；弄清第二国际破产后，共产国际建立的历史意义及其在中期活动的主要贡献和错误。第三单元（第6、7章）：学习时数，15学时，面授4学时。学习重点：弄清各国共产党和工人阶级在反法西斯斗争中的作用，以及西班牙民族革命战争的经验教训；掌握共产国际确立反法西斯统一战线战略方针的历史背景和实践意义；了解二战胜利后，欧亚一系列社会主义国家建立的条件；弄清欧洲共产党和工人党情报局的功过和重要教训；了解中苏两党从意见分歧到党际关系破裂的原因教训。第四单元（第8—10章）：学习时数，25学时，面授4学时。学习重点：了解二战结束以来，社会主义和工人运动在西方资本主义国家和第三世界取得的新发展；认识西方资本主义国家和发展中国家如何走适合本国实际的社会主义道路；弄清民族民主国家选择非资本主义发展道路的时代历史背景和值得总结的经验教训；弄清社会主义国家改革的必然性和改革中出现的两种方向、不同结果；认识中国特色社会主义理论和实践的世界意义；认识社会主义和工人运动发生曲折是难于避免的现象，但前进的步伐始终是不可挡的。作业题，共20道（略）。四、复习考试：第19、20周。（李成玉）

【《社会经济统计学原理》教学具体安排】（96级大专班第5学期经济管理专业考试课）一、目的要求：通过学习，掌握社会经济统计学原理的基础方法，运用于实际工作之中，提高领导干部科学决策和分析问题及认识问题的能力。二、学习总时数，140学时，每周7学时，20周。其中面授6次，24学时。三、教学安排：分五个单元。第一单元（第1—3章）：学习时数，21学时，面授4学时。学习重点：统计的涵义和统计学的基本概念；统计指标，指标体系统计分类；统计分组和分配数列；统计表。第二单元（第4、5章）：学习时数，28学时，面授4学时。学习重点：总量指标的概念、种类和计量单位；各种相对指标的涵义和计算方法及其运用；各种平均指标的概念和计算方法及其运用；各种标志变异指标的概念和计算公式。第三单元（第6章）：学习时数，14学时，面授4学时。学习重点：时间数列的概念和种类；时间数列的水平指标及其计算；时间数列的速度指标及其计算。第四单元（第7章）：学习时数，21学时，面授4学时。学习重点：指数的概念、作用和种类；综合指数的计算方法；指数体系。第五单元（第8、9章）：学习时数，42学时，面授8学时。学习重点：抽样方法的若干基本概念；抽样的组织形式；相关分析，回归分析的意义和种类。作业题，共31道（略）。四、复习考试：第19、20周。

（李成玉）

【《经济管理学原理》教学具体安排】（97级大专班第3学期党政管理专业和经济管理专业考试课）一、目的要求：通过学习，掌握经济管理学的基本理论和基本方法，树立现代管理意识，提高运用所学理论分析和解决经济管理中现实问题的能力。二、学习总时数：140学时，每周7学时，20周。其中面授6次，24学时。三、教学安排：分五个单元。第一单元（导言、第1—4章）：学习时数，28学时，面授4学时。学习重点：经济管理学原理的性质、研究对象、研究方法、必要性、任务和原则；经济管理学的二重性理论的内容和意义；管理现代化和经济管理现代化的涵义，实现经济管理现代化的必要性；经济管理现代化的内容，实现经济管理现代化的途径，经济管理者的类别、作用、职责和对其素质的基本要求及提高素质的根本途径，经济管理组织的客观依据、原则和体系；经济管理体制的内容。第二单元（第5—9章）：学习时数，28学时，面授4学时。学习重点：人力、物力、财力资源的涵义和特点，现代科学技术的涵义、特点，人力资源管理的意义、内容及完善劳动力管理制度；物力资源管理的意义、内容和完善生产资料市场；财力资源管理意义、内容及完善财政、金融管理体制；现代科学管理的任务、内容和要求；经济信息在经济管理中的作用，经济信息系统的涵义、结构和加工的程序；发展信息产业的必要性、措施。第三单元（第10—12章）：学习时数，21学时，面授4学时。学习重点：经济管理目标的涵义、特点、作用和种类；经济管理目标的确定、实施；经济预测的涵义、作用、内容；经济预测的步骤、方法；经济决策的涵义、作用、类别；经济决策的程序、方法。第四单元（第13—18章）：学习时数，35学时，面授8学时。学习重点：计划的涵义及社会主义市场经济条件下的特点；计划在经济管理中的地位和作用；经济计划的综合平衡、建立计划管理体制的基本原则；经济监督的涵义、内容、形式、种类、特点和功能；经济调控的涵义、任务、目标、手段和原则；思想教育的内容、原则、方法、特点和作用；依法管理经济的涵义、特征、原则和任务；社会保障的涵义、功能和任务，建立社会保障应坚持的指导思想和原则；完善城市社会保障体系，建立农村社会保障制度。第五单元（第19章）：学习时数：14学时，面授4学时。学习重点：经济效益的涵义和分类；经济管理效益评价的涵义和作用；评价经济效益指标体系的内容；评价经济效益方法。作业题，共31道（略）。四、复习考试：第19、20周。（李成玉）

【《党的建设简明教程》教学具体安排】（97级大专班第3学期党政管理专业考试课）一、目的要求：通过学习，掌握马克思主义建党学说的基本原理和党中央关于新的历史时期加强党的建设的方针和政策，提高在改革开放和社会主义现代化建设过程中加强党的建设的自觉性，增强党性修养，做一名合格党员。二、学习总时数：140学时，每周7学时，20周。其中面授6次，24学时。三、教学安排：分四个单元。第一单元（第1、2章）：学习时数，21学时，面授4学时。学习重点：党的建设是一门科学；在社会主义市场经济条件下的加强党的建设的重要性；马克思、恩格斯的建党思想；列宁的建党学说；毛泽东的建党思想；党的十一届三中全会以来邓小平关于加强党的建设的理论；马克思主义建党学说的基本原理。第二单元（第3、4章）：学习时数，28学时，面授4学时。学习重点：建设有中国特色社会主义必须坚持和改善党的领导；党的领导的含义和实现党的领导的主要途径；在社会主义市场经济条件下必须加强和改进思想政治工作；中国共产党是工人阶级的先锋队；新的历史时期党的建设的总目标和党的建设的基本要求；党的建设必须密切联系党的基本路线，保证党的基本路线的贯彻执行；坚持党要管党和从严治党的方针。第三单元（第5、6章）：学习时数，28学时，面授4学时。学习重点：党的思想建设是保持党的工人阶级先锋队性质的首要条件；注重从思想上建设党是我们党的优良传统；在改革开放和发展社会主义市场经济过程中必须继续把思想建设放在首位；新时期党的思想建设的根本任务和加强党的思想建设的途径及方法；党风的含义和中国共产党的三大作风；执政党的党风问题是有关党的生死存亡的问题；当前党内产生不正之风和腐败现象的原因和加强党风建设的对策。第四单元（第7—12章）：学习时数，49学时，面授12学时。学习重点：民主集中制的含义、民主集中制是党的根本组织原则；新形势下坚持和健全民主集中制要着重解决的问题；正确的政治路线确定之后干部就是决定因素；德才兼备的干部标准和干部队伍“四化”方针；党员队伍建设的重要作用和意义；党员的标准；新时期党员增强党性修养的主要内容和途径；党的基层组织是党在社会基层组织中的战斗堡垒；党的基层组织的任务和建设的方针；党的团结是党的生命，正确处理党内矛盾和斗争是巩固和发展党的重要途径；批评与自我批评是解决党内矛盾和斗争的基本方法。作业题，共28道（略）。四、复习考试：第19、20周。（李成玉）

【《财务会计概论》教学具体安排】（97级大专班第3学期经济管理专业考查课）一、目的要求：通过学习，掌握财务会计的基本理论和一般操作方法，解决企业管理财务会计工作中的实际问题。二、学习总时数：100学时，每周5学时，20周。其中面授4次，16学时。三、教学安排：分三个单元。第一单元（第1—4章）：学习时数，35学时，面授8学时。学习重点：企业会计目标、经营目标、财务目标之间的联系，企业会计体系的组成以及财务会计核算方法；会计准则的含义、模式、要素；会计核算的基本前提和一般原则；货币资金的管理及会计处理方法，短期投资、应收款项、坏账等处理方法，以及存货的计价方法；固定资产、无形资产、递延资产的取得成本的确定原则，成本摊销方法，长期投资会计的处理方法。第二单元（第5—8章）：学习时数，40学时，面授4学时。学习重点：负债的定义、性质，负债的确认和计价，流动负债、长期负债及其相关的债务处理；收入与费用、确认与计量的基本原则，会计处理的基本方法，各类流转税与所得税的会计处理方法，利润计算与分配的基本方法；所有者权益的内容及会计处理方法，资本变动的会计处理；资产负债表、损益表、财务状况变动表的格式、特点，现金流量表的编制方法，我国财务报告的组成。第三单元（第9、10章）：学习时数，15学时，面授4学时。学习重点：会计报表与内容，会计报表分析所采取的步骤及其分析方法；特殊业务会计包括的主要内容及其会计处理方法。作业题，共29道（略）。四、复习考试：第19、20周。（李成玉）

【《法理学教程》教学具体安排】（97级大专班第3学期政法专业考试课）一、目的要求：通过学习，掌握法的一般理论、法的结构、法的运行、法制与社会等基本问题，提高对社会主义法制建设和法学理论研究重要性的认识，运用法学基本理论为社会主义现代化建设服务。二、学习总时数：140学时，每周7学时，20周。其中面授4学时。三、教学安排：分五个单元。第一单元（绪论、第一篇）：学习时数，28学时，面授4学时。学习重点：法学的研究对象、法理学的地位和范围，法的本质；法的基本特征；法的规范作用，法的社会作用；资本主义法；法的继承、法的移植。第二单元（第二篇）：学习时数，28学时，面授4学时。学习重点：法律规范概念、特征、结构、种类；我国社会主义法律的渊源的表现形式；规范性法律文件系统化方法；法的一般分类，法律体系概念；法律部门的划分标准和原则；我国社会主义主要法律部门的内容；法律关系的概念及特征，法律关系种类，法律关系主体、内容和客体；法律关系的产生、变更和消灭。第三单元（第三篇）：学习时数，28学时，面授4学时。学习重点：法的制定概念，立法的指导思想和基本原则、立法体制；法的适用的概念和特征，我国法的适用的基本要求和原则，我国法律适用的效力范围；法律解释的含义和法定解释含义，守法、违法、法律责任；法律制裁、法律监督的概念，国家机关的法律监督。第四单元（第四篇）：学习时数，28 学时，面授 8 学时。学习重点：市场经济是法制经济、建立适用市场经济要求的法律制度，法制在市场经济体制改革中的作用；法制与民主的关系；社会主义法与党的政策的关系；法律意识，法律文化，建立社会主义法制的法律文化基础。第五单元（第五篇）：学习时数，14 学时，面授 4 学时。学习重点：法与道德的异同；社会主义法制与道德；科技对法的影响，法对科学技术的影响；法与宗教的历史考察，社会主义法制与宗教。作业题，共 39 道（略）。四、复习考试：第 19、20 周。98 级大专班第 1 学期政法专业考查课与其基本相同。（李成玉）

【《经济法简明教程》教学具体安排】（97 级大专班第 3 学期党政管理专业考查课）一、目的要求：通过学习，提高学员对经济法在市场经济运行中所发挥的规范作用的认识，增强经济法制观念，使之运用经济法的法律手段、引导和保护社会主义市场经济健康地运行和发展。二、学习总时数：100 学时，每周 5 学时，20 周。其中面授 4 次，16 学时。三、教学安排：分五个单元。第一单元（第一编）：学习时数，15 学时，面授 4 学时。学习重点：经济法的调整对象；经济法的地位和作用；经济调整的基本原则和意义；经济法的主体、客体；经济权利和义务；经济法律关系的运行和保护。第二单元（第二编）：学习时数，20 学时，面授 4 学时。学习重点：公司的概念；有限责任公司、股份有限公司的基本规定；违反公司法的法律责任；全民所有制工业企业的概念及其法的作用；全民所有制企业的转换经营机制；现代企业集团的法律制度；中外合营企业、中外合作企业和外资企业法律基本规定；乡镇企业、合伙企业法律的基本规定；企业破产制度的基本规定。第三单元（第三编）：学习时数，15 学时。学习重点：反不正当竞争法基本内容；广告法基本内容；拍卖法、消费者权益保护法的基本内容；经济合同法、技术合同法、涉外经济合同法的比较。第四单元（第四编）：学习时数，20 学时，面授 4 学时。学习重点：计划法、价格法、统计法、农业基本法、农业技术推广法和防洪法的基本内容；基本建设投资法和城市房地产管理法的基本内容；税收法、建筑法、公路法、铁路法、海关法和外贸法的基本内容。第五单元（第五、六编）：学习时数，20 学时，面授 4 学时。学习重点：我国土地管理法、森林法、国家自然保护区和野生动物保护法的基本内容；我国破产资源法的基本内容；电力法、煤炭法、节能法、国有资产管理法的基本内容；经济仲裁法和经济司法的基本内容。作业题，共 46 道（略）。四、复习考试：第 19、20 周。（97 级大专班第 3 学期政法专业考试课的内容与其基本相同）。（李成玉）

【《中国宪法概论》教学具体安排】（97 级大专班第 3 学期政法专业考查课）一、目的要求：通过学习，掌握宪法学的基本理论和知识，了解中国宪法和宪政的发展规律与特点，弄通宪法学的主要内容，增强宪法意识，为改革开放，依法治国和社会主义建设服务。二、学习总时数：100 学时，每周 5 学时，20 周。其中面授 4 次，16 学时。三、教学安排：分五个单元。第一单元（导言、第 1、10 章）：学习时数，20 学时，面授 4 学时。学习重点：宪法学的研究对象；学习宪法学的意义和方法；宪法的概念和本质；资产阶级宪法的产生和发展；中国社会主义宪法的产生与发展；宪法的基本原则；中华人民共和国宪法的实施保障。第二单元（第2、3、4、9章）：学习时数，25学时，面授4学时。学习重点：我国是人民民主专政的社会主义国家；我国的爱国统一战线和各民主党派，中国共产党领导的多党合作和政治协商制度；人民代表大会制度是我国根本的政治制度；中华人民共和国选举制度；中华人民共和国是多民族的单一制国家；中华人民共和国的民族区域自治制度；中华人民共和国的特别行政区制度；正确认识中华人民共和国的国家标志——国旗、国徽、国歌和首都。第三单元（第5、6章）：学习时数，20学时，面授4学时。学习重点：中华人民共和国的经济体制的性质和基本特点；我国的分配制度；国家保护公民财产的所有权和继承权；社会主义经济建设的指导思想、方针和途径；社会主义精神文明是社会主义社会的重要特征；社会主义思想道德建设；社会主义教育科学文化建设。第四单元（第7章）：学习时数，10学时。学习重点：公民基本权利和义务概念的含义；中华人民共和国公民的基本权利；中华人民共和国公民的基本义务。第五单元（第8章）：学习时数，15学时，面授4学时。学习重点：全国人民代表大会及其常务委员会；中华人民共和国主席；国务院；中央军事委员会；地方各级人民代表大会和地方各级人民政府；民族自治区地方的自治机关，审判机关和检察机关。作业题，共36道（略）。四、复习考试：第19、20周。98级大专班第1学期政法专业考试课与其基本相同。（李成玉）

【《马克思主义哲学原理》教学具体安排】

（98级大专班第1学期党政管理专业、经济管理专业考试课）一、目的要求：通过学习，掌握马克思主义科学世界观和方法论，增强党性，提高思想政治素质和理论思维能力，更好地坚持党的基本路线，为建设社会主义而努力工作。二、学习总时数：140学时，每周7学时，20周。其中面授6次，24学时。三、教学安排：分五个单元。第一单元（绪论、第1章）：学习时数，21学时，面授4学时。学习重点：哲学和哲学的基本问题，区分唯物主义和唯心主义；马克思主义哲学的特点和生命，以及学习马克思主义哲学的重大意识；物质、意识，以及它们的相互关系；深刻理解世界的物质性，树立辩证唯物主义的一元论世界观，坚持一切从实际出发，防止和克服主观主义。第二单元（第2、3章）：学习时数，28学时，面授4学时。学习重点：唯物辩证法是关于普遍联系和发展的一般规律的科学；事物之间的普遍联系和系统的基本特征；世界发展的永恒性，以及事物发展过程的状况和总趋势；对立统一是辩证法的实质和核心；矛盾的基本属性及其在事物发展中的作用；矛盾的普遍性和特殊性及其相互关系，理解这种关系对建设有中国特色社会主义的重要意义。第三单元（第4、5章）：学习时数，28学时，面授4学时。学习重点：实践在认识中的地位作用；认识中主体和客体的相互关系、理论和实践的统一；实践作为检验真理的标准的确定性和不确定性；认识发展的辩证过程；真理的客观性和价值性、绝对性和相对性及其辩证关系。第四单元（第6、7章）：学习时数，28学时，面授4学时。学习重点：社会发展规律和人的自觉活动之间的关系；社会基本矛盾及其运动规律；社会主义社会基本矛盾的特点和性质及其同党在现阶段基本路线的关系。第五单元（第8—10章）：学习时数，21学时，面授8学时。学习重点：马克思主义阶级斗争学说和国家学说的基本内容；社会主义社会阶级斗争的特点和坚持无产阶级专政的意义；意识形态的本质及其相对独立性，以及加强社会主义精神文明建设的重要意义；关于人民群众和个人在历史发展中的作用，树立群众观点，坚持群众路线，正确认识群众、阶级、政

党、领袖之间的关系。四、复习考试：第19、20周。 （李成玉）

【《邓小平理论简明教程》教学具体安排】(98级大专班第1学期党政管理专业、经济管理专业和政法专业考试课）一、目的要求：通过学习，掌握邓小平理论的精髓、基本观点和科学体系，从而坚定社会主义、共产主义信念，提高思想政治素质和解决实际问题的能力，增强贯彻执行党的基本路线、基本纲领和各项方针政策的自觉性。二、学习总时数：140学时，每周7学时，20周。其中面授6次，24学时。三、教学安排：分六个单元。第一单元（前言、第1、2章)：学习时数，21学时，面授4学时。学习重点：邓小平理论的形成、发展及其理论和现实意义；解放思想、实事求是是邓小平理论的精髓，走有中国特色社会主义道路的重要性。第二单元（第3—5章)：学习时数，21学时，面授4学时。学习重点：我国的国情和社会主义初级阶段的科学含义及基本特征；社会主义的本质和基本任务；改革是一次伟大的革命。第三单元（第6—8章)：学习时数，21学时，面授4学时。学习重点：对外开放是我国一项基本国策；建立社会主义市场经济体制的必要性和现代企业制度的基本特征；进行政治体制改革的必要性和应坚持的原则。第四单元（第9—11章)：学习时数,21学时,面授4学时。学习重点:正确理解社会主义精神文明建设的重要地位和文化建设的目标、任务;四项基本原则是立国之本;社会主义建设的发展战略。第五单元(第12—14章):学习时数,21学时,面授4学时。学习重点:和平与发展是当今世界的两大主题和我国对外工作的方针；在改革开放中要坚持共产党的领导;“一国两制”构想的科学涵义和主要内容。第六单元(第15章):学习时数,21学时,面授4学时。学习重点:党在社会主义初级阶段的基本路线和基本纲领;全面坚持党的基本路线和基本纲领应注意哪几方面的问题。四、复习考试：第19、20周。 （李成玉）

【《干部写作概论》教学具体安排】（98级大专班第1学期党政管理专业、经济管理专业考查课）一、目的要求：通过写作练习，提高学员写作能力，做到能写一般的机关应用文章。掌握应用文的写作的基础知识和干部常用文体特别是公务文书的基本特点和写作要求，能够写作、审订、修改干部常用文章，具备社会主义建设新时期党政干部、公务员、经济管理干部和一般领导干部应有的写作能力。二、学习总时数：80学时，每周4学时，20周。其中面授4次，16学时。三、教学安排：分四个单元。第一单元（第一篇)：学习时数，16学时，面授4学时。学习重点：怎样学习写作；马克思主义文风；叙述和议论；文体分类；构思与修改。第二单元（第二篇)：学习时数，20学时，面授4学时。学习重点：公文的含义、功用、特点和类别，标印格式和写作要求；通用公文和日用公文主要文种的写作要点。第三单元（第三篇)：学习时数，20学时，面授4学时。学习重点：“经济文书”的含义、功用、类别、特点与写作要求；“法律文书”、“司法文书”及“诉讼文书”的含义、功用、类别；主要经济文书及诉讼文书的含义、功用及其格式和写作要求。第四单元（第四篇)：学习时数，16学时，面授4学时。学习重点：新闻文体的含义、基本规律及新闻工作的党性要求；新闻文体的分类及主要新闻文体（消息、通讯、评论）的含义、特点和写作要求；正确认识理论和理论文章，掌握理论文章写作的基本程序和方法。四、复习考试：第19、20周。

（李成玉）

【《组织行为学》教学具体安排】（96级本

科班第5学期行政管理专业考查课）一、目的要求：通过学习，提高领导者从科学的角度把握工作人员心理状态和行为特点的能力，从而有效地协调个人、群体和组织之间的关系，充分发挥每个人的能动性和创造性，争取获得最佳工作绩效。二、学习总时数：96学时，每周8学时，12周；其中面授4次，16学时。三、教学安排：分四个单元。第一单元（第1—2章）：学习时数，16学时；面授1次，4学时。学习重点：组织行为学的研究范围；组织行为学的特点与目标；研究组织行为学的方法论原则；组织行为学的研究方法。第二单元（第3—10章）：学习时数，24学时；面授1次，4学时。学习重点：知觉的特性，态度的特性；个性的心理结构；激励理论的类型和主要内容；群体中的人际关系类型；影响群体绩效的因素；群体间行为的管理；群体行为中的压力因素及对付措施；构成冲突的原因及应付策略。第三单元（第11—15章）：学习时数，24学时；面授1次，4学时。学习重点：领导者在组织中的角色和作用；领导理论的三种类型；组织沟通的基本内容；绩效评估的分类和方法；组织设计的权变因素和科学原则；组织结构的内容和形式；工作设计的发展阶段；工作设计的综合模型和实施原则。第四单元（第16—17章）：学习时数，16学时；面授1次，4学时。学习重点：组织变革的目的；影响组织变革内外因素；组织变革的内容；组织开发的方法。四、复习考试：第11、12周。（姚东锋）

【《管理会计简明教程》教学具体安排】（96级本科班第5学期经济管理专业考查课）一、目的要求：通过学习，提高管理会计的理论水平和实际操作能力，促使企业改善经营管理，提高经济效益。管理会计是一门应用经济科学，学习时，不仅应掌握它的基本理论，还要学会必要的技术方法。按要求完成作业题，包括计算练习题，是学好这门课程的重要途径。二、学习总时数：96学时，每周8学时，12周；其中面授4次，16学时。三、教学安排：分四个单元。第一单元（第1—2章）：学习时数，16学时；面授1次，4学时。学习重点：管理会计的概念；管理会计与财务会计的区别和联系；成本按经济职能分类；成本按其习性分类；混合成本及其分解；全部成本法概述；变动成本法概述；变动成本法与全部成本法的区别；变动成本法的优点及其局限性。第二单元（第3—4章）：学习时数，24学时；面授1次，4学时。学习重点：预测分析概述；本量利分析概述；损益分界点的测算；利润预测；成本预测；销售预测；资金预测；决策分析概述；短期经营决策分析最常用的专门方法；生产什么产品的决策分析；生产产品数量的决策分析；生产方法的决策分析；产品最佳售价的决策分析。第三单元（第5章）：学习时数，16学时；面授1次，4学时。学习重点：长期投资决策概述；货币的时间价值；投资的风险价值；资本成本；现金流量；净现值法；内部报酬率法；现值指数法；投资回收期法；平均投资报酬率法；固定资产的投资决策；固定资产的更新决策。第四单元（第6—8章）：学习时数，24学时；面授1次，4学时。学习重点：全面预算概述；全面预算编制方法；弹性预算和零基预算；责任会计概述；责任中心；对责任中心的考核；内部转换价格；标准成本法概述；成本差异的种类；成本差异的分析计算方法。四、复习考试：第11、12周。

（姚东锋）

【《涉外经济会计》教学具体安排】（96级本科班第5学期涉外经济专业考查课）一、目的要求：通过学习，比较系统地了解涉外经济会计的基本原理、方法和技术，掌握会计如何为决策整理和提供经济信息，提高利用会计信息进行决策的能力，增强开展对外经济活动的本领，更好地为我国现代化建设服务。二、学习总时数：96学时，每周8学时，12周；其中面授4次，16学时。三、教学安排：分四个单元。第一单元（第1—2章）：学习时数，24学时；面授1次，4学时。学习重点：会计的基本前提和一般原则；会计要素准则；涉外会计的基本内容和特点；复式记账窗口和会计恒等式；账户及其借方和贷方；借贷记账法及其记账规则与会计分录；分类账的记录与试算平衡；现金制的结账与应计制的账项调整。第二单元（第3章）：学习时数，16学时；面授1次，4学时。学习重点：外币与外币业务；外汇与外汇汇率；汇兑损益的概念及其会计处理原则；汇兑损益的逐笔轧计法和月末集中轧计法；单货币记账制与多货币记账制；外表报表的换算方法。第三单元（第4—6章）：学习时数，24学时；面授1次，4学时。学习重点：出口贸易的主要价格条件；国外费用的主要内容；国际贸易结算方式；出口贸易的种业；自营出口与代理出口贸易会计；进口业务种类；自营进口业务与委托代理进口业务会计；易货贸易会计。第四单元（第9—10章）：学习时数，16学时；面授1次，4学时。学习重点：外商投资企业投入资本的一般概念和投资方式；投入资本的计价和验证；投入资本的会计处理；会计报表的意义、种类和编制要求；资产负债表与损益表；会计报表的分析。四、复习考试：第11、12周。（注：由于教学时间有限，教材第7—8章为自学内容，不安排考试）

（姚东锋）

【《社会主义市场经济概论》教学具体安排】

（97级本科班第3学期党政管理和行政管理专业考试课）一、目的要求：通过学习，系统掌握社会主义市场经济理论，深入研究实践中提出的新问题，提高建设有中国特色社会主义的自觉性，增强建立社会主义市场经济体制的信心。二、学习总时数：140学时，每周7学时，20周；其中面授6次，24学时；电教辅导1次，3学时。三、教学安排：分三个单元。第一单元（第1—4章）：学习时数，49学时；面授2次，8学时。学习重点：市场经济的含义及其产生的基本条件；市场经济的基本功能；我国社会主义市场经济的历史必然性及其体制的基本框架；社会主义市场经济的所有制结构；社会主义市场经济的运行机制。第二单元（第5—9章）：学习时数，56学时；面授3次，12学时。学习重点：现代企业制度是社会主义市场经济运行的微观基础；建立现代化企业制度的基本思路；社会主义市场体系的基本属性和作用；建立健全社会主义市场体系的基本途径；宏观经济调控的含义、本质及意义；宏观经济调控体系、目标及原则；政府在宏观经济调控中的基本职能；市场经济下的宏观经济调控手段；坚持按劳分配为主体，多种分配方式并存的制度；坚持效率优先、兼顾公平的原则；社会保障体系的基本内容及其作用；我国社会保障制度改革的方向、原则及其途径。第三单元（第10—11章）：学习时数，21学时；面授1次，4学时。学习重点：建立市场经济法律制度的必要性；建立和完善社会主义市场经济的法律制度；对外开放是我国一项长期的基本国策；社会主义市场经济条件下对外开放的基本立足点。四、复习考试：第19、20周。

（姚东锋）

【《中国领导思想史简编》教学具体安排】

（97级本科班第3学期党政管理专业、第七期领导干部函授班第3学期考查课）一、目的要求：通过学习，了解和掌握中国历代思想家、政治家关于领导思想的基本观点及实践经验；探求领导活动的规律，为各级领导干部提供历史借鉴。二、学习总时数：120

学时，每周6学时，20周；其中面授4次，16学时。三、教学安排：分四个单元。第一单元（第1—2章）：学习时数，48学时；面授2次，8学时。学习重点：了解先秦时期中国传统领导思想的形成过程和基本理论框架；儒、墨、道、法、兵诸家关于领导活动总目标的设定与总方针的确立；传统的重民、用人和决策思想的基本原则；领导者素质与领导方法。第二单元（第3—4章）：学习时数，18学时；面授1次，4学时。学习重点：中国传统领导思想的形成、确立及儒家领导思想的主导地位；汉初"无为而治"领导思想的基本内容及其社会实践效果；曹操、诸葛亮的领导思想比较；唐太宗的用人思想评价。第三单元（第5—6章）：学习时数，12学时。学习重点：改革家王安石的领导思想；陈亮、叶适的功利主义领导思想；朱元璋的集权领导思想；康熙、雍正的用人决策思想；顾炎武、黄宗羲的领导思想。第四单元（第7—8章）：学习时数，30学时；面授1次，4学时。学习重点：了解中国传统领导思想在近代发生的重大变化；传统领导思想向民主主义领导思想的转化；传统经验决策思想向近代决策思想的转变；政党思想的出现。四、复习考试：第19、20周。 （姚东锋）

【《行政管理学教程》教学具体安排】（97级本科班第3学期行政管理专业考试课）一、目的要求：通过学习，使学员掌握行政管理学的基本知识和理论体系，了解行政管理的基本职能、基本条件、基本过程和基本方法，进而掌握行政管理活动的基本规律，提高行政管理工作的自觉性、科学性和预见性，提高实际工作能力和工作效率。二、学习总时数：140学时，每周7学时，20周；其中面授6次，24学时；电教辅导1次，3学时。三、教学安排：分五个单元。第一单元（绪论、第1—4章）：学习时数，42学时；面授2次，8学时。学习重点：行政管理的涵义和行政管理学的研究内容；行政管理职能的主要内容；行政体制的主要内容；行政组织的涵义、类型和构成要素；行政组织设置的步骤和行政组织建设的原则；行政领导的职责和过程；行政领导者的素质。第二单元（第5—8章）：学习时数，28学时；面授1次，4学时。学习重点：行政信息的处理；行政决策的特点和意义；行政决策的原则和程序；行政执行的原则和方式；行政执行的基本程序；行政监督的涵义和作用；行政监督的原则和过程。第三单元（第9—11章）：学习时数，21学时；面授1次，4学时。学习重点：人事行政的基本原则；中国公务员制度的基本内容和特点；财务行政的涵义、特点和功能；国家预算的编制和执行；机关管理的主要内容和要求。第四单元（第12—14章）：学习时数，21学时；面授1次，4学时。学习重点：行政现代方法；行政法规的制定和实施。第五单元（第15—16章）：学习时数，14学时；面授1次，4学时。学习重点：行政效率的测评原则和方法；提高行政效率的基本途径；我国行政改革的目标、内容和基本原则。四、复习考试：第19、20周。 （姚东锋）

【《当代中国政治制度》教学具体安排】（97级本科班第3学期行政管理专业考查课）一、目的要求：通过学习，了解当代中国政治制度的基本内容及其产生、发展和演变的趋势，研究它的利弊得失，认识共产党领导下的社会主义中国政治制度的优越性，掌握其发展的规律，明确其改革的方向。二、学习总时数：100学时，每周5学时，20周；其中面授4次，16学时。三、教学安排：分三个单元。第一单元（第1—3章）：学习时数，30学时；面授1次，4学时。学习重点：人民民主专政的阶级实质和职能；人民代表大会制度遵循的主要原则及人民代表大会的职权；中国共产党领导的多党合作制的政治基础和基本方针、特点和重大意义。第二单元（第4—7章）：学习时数，30学时；面授1次，4学时。学习重点：国务院的性质、地位和职权；国家行政机关的首长负责制与民主集中制的关系；当代中国司法制度的基本原则和具体司法制度；当代中国军事制度的发展。第三单元（第8—11章）：学习时数，30学时；面授2次，8学时。学习重点：发展人民直接参与制度的必要条件；人民政协的性质、任务和职能；当代中国选举制度的基本原则；我国干部人事制度的主要内容；民族区域自治制度的基本原则、特点和优点；“一国两制”的主要内容及其伟大意义。四、复习考试：第19、20周。

（姚东锋）

【《货币银行学》教学具体安排】 （97级本科班第3学期经济管理专业考试课）一、目的要求：通过学习，了解货币银行学的知识体系，掌握其基本概念和基本原理，并运用所学理论来分析国内外在金融领域中所出现的新情况新问题。二、学习总时数：140学时，每周7学时，20周；其中面授6次，24学时；电教辅导1次，3学时。三、教学安排：分四个单元。第一单元（第1—4章）：学习时数，35学时；面授2次，8学时。学习重点：货币银行学的基本内容；货币与货币流通规律；货币需求、货币供给和通货膨胀；国际收支和国际收支差额；国际收支对货币供求的影响。第二单元（第5章）：学习时数，28学时；面授1次，4学时。学习重点：信用的产生、发展类型和基本形式；信用活动中产生的金融工具、金融资产和金融创新；利息和利息率；金融市场；第三单元（第6章）：学习时数，28学时；面授1次，4学时。学习重点：金融机构的组织体系；中央银行、存款货币银行及其主体商业银行、专业性银行和政策性银行的分工类型、职能特征、经营原则和业务范围；非银行金融机构；保险公司、信托公司、证券公司等。第四单元（第7—8章）：学习时数，35学时；面授2次，8学时。学习重点：货币政策的含义和目标；中央银行制度下的货币创造；货币政策的工具、传导机制的效应；我国中央银行的货币政策；金融发展。四、复习考试：第19、20周。

（姚东锋）

【《中国股份经济理论与实践》教学具体安排】（97级本科班第3学期经济管理专业考查课）一、目的要求：通过学习，掌握股份经济中发展股份经济认识在我国建立和发展社会主义市场经济的过程中发展股份经济的必要性和必备条件，了解我国股份制度的现状，结合国内外发展股份制度的经验，探索和研究在我国发展股份制度的形式、特点及其管理等问题，提高社会主义市场经济条件下经济管理能力。二、学习总时数：100学时，每周5学时，20周；其中面授4次，16学时。三、教学安排：分五个单元。第一单元（第1—2章）：学习时数，20学时；面授1次，4学时。学习重点：股份经济及其特征；马克思关于股份经济的思想及其现实意义；股份制的积极作用；我国发展股份制的必备条件。第二单元（第3—4章）：学习时数，15学时。学习重点：我国股份制试点中的规范化问题和要求；我国股份公司的组建；我国股份制企业的特点。第三单元（第5—6章）：学习时数，20学时；面授1次，4学时。学习重点：股票及其种类、发行、上市和市场价格问题；债券与股票的区别；我国股份制中的股息与红利的性质和分配问题。第四单元（第7—8章）：学习时数，20学时；面授1次，4学时。学习重点：股份制企业的组织机构及其职能；股份制宏观管理的必要性；国家对股份制宏观调控的原则和手段。第五单元（第9章）：学习时数，15学时；面授1次，4学时。学习重点：西方国家股份制的特点；亚洲发展中国家和地区发展股份制的措施；国外股份制对我们的启示。四、复习考试：第19、20周。（姚东锋）

【《中国对外贸易理论与政策》教学具体安排】（97级本科班第3学期涉外经济专业考查课）一、目的要求：通过学习，掌握马克思主义的国际分工原理，懂得我国对外开放的必要性与必然性，了解改革开放以来我国外贸体制改革、对外贸易所取得的成就，着重掌握我国现行的对外贸易政策以及管理对外贸易的基本方法，全面提高学员的对外贸易的理论政策水平，以增强贯彻执行党的各项基本路线的自觉性，提高管理对外贸易的能力，为继续扩大我国对外贸易服务。二、学习总时数：100学时，每周5学时，20周；其中面授4次，16学时。三、教学安排：分四个单元。第一单元（第1—2章）：学习时数，15学时；面授1次，4学时。学习重点：新中国社会主义对外贸易是如何建立的；社会主义新时期对外贸易的主要特征；我国对外贸易的性质和在国民经济中的地位与作用；马克思主义的国际分工与国际价值理论；如何处理好对外开放与自力更生的关系。第二单元（第3—4章）：学习时数，35学时；面授1次，4学时。学习重点：工业化国家的对外贸易战略；发展中国家的对外贸易战略；初级产品出口战略、进口替代战略和出口替代战略的作用及带来的问题；全方位对外开放条件下我国的对外贸易战略；大经贸战略；对外贸易政策的构成与类型；不同时期我国的对外贸易政策；我国对外贸易管理；我国鼓励出口的主要措施；进出口商品价格的构成、职能和作用。第三单元（第5—6章）：学习时数，30学时；面授1次，4学时。学习重点：中国利用外资；中国引进技术；中国对外投资；中国与国际经济组织的关系；中国对外贸易体制改革。第四单元（第7章）：学习时数，10学时；面授1次，4学时。学习重点：中美贸易关系；中日贸易关系；中国与欧盟的贸易关系；中国与香港的经贸关系；中国如何开拓亚非拉发展中国家市场。四、复习考试：第19、20周。（姚东锋）

【《刑法总论》教学具体安排】（97级本科班第3学期政法专业考试课）一、目的要求：通过学习，联系工作实际，理解和掌握刑法的基本原则，犯罪和犯罪构成理论，刑罚理论，正确区分罪与非罪、此罪与彼罪的界限，提高运用刑法理论分析犯罪、正确定罪量刑的能力，以更好地依法同犯罪斗争，维护社会治安，保障改革开放和社会主义现代化建设事业的顺利进行。二、学习总时数：140学时，每周7学时，20周；其中面授6次，24学时；电教辅导1次，3学时。三、教学安排：分五个单元。第一单元（第1—3章）：学习时数，14学时；面授1次，4学时。学习重点：刑法的性质、机能、创制和解释；我国刑法的适用范围；刑法的基本原则。第二单元（第4—6章）：学习时数，28学时；面授1次，4学时。学习重点：犯罪的基本特征和认定；犯罪概念与犯罪构成的关系；犯罪客体的概念、种类，犯罪客体与犯罪对象的区别；犯罪客观方面概念，危害行为和危害结果；犯罪主体的概念，刑事责任年龄，刑事责任能力；犯罪主观方面概念，犯罪故意，犯罪过失，犯罪动机与目的；正当防卫的构成条件，无过当防卫，紧急避险与正当防卫的关系。第三单元（第7—10章）：学习时数，35学时；面授2次，8学时。学习重点：犯罪预备、未遂和中止；共同犯罪的概念和条件，犯罪集团的特征，共同犯罪人的分类及其处罚；单位犯罪的概念、特征和处罚；罪数的标准，继续犯、想象竞合犯、结果加重犯、惯犯和牵连犯。第四单元（第11—13章）：学习时数，28学时；面授1次，4学时。学习重点：刑罚的概念、特征、刑罚的功能、目的；刑罚的种类，非刑法处理方法；量刑的原则，量刑情节。第五单元（第14—16章）：学习时数，21学时；面授1次，4学时。学习重点：累犯、自首的概念、种类、成立条件和处罚，数罪并罚的原则、适用；缓刑的概念、适用条件、考验期，减刑的概念、适用条件和执行、假释的概念、适用条件和考验；刑罚消灭的概念、特征、时效，赦免的概念、种类。四、复习考试：第19、20周。

（姚东锋）

【《民法学教程》教学具体安排】（97级本科班第3学期政法专业考试课）一、目的要求：通过学习，使学员了解民法的基本理论和基本制度，弄清民法和商品经济的关系，把握民法在社会主义市场经济法律体系中的基本地位和主导作用，进而能够运用民法学理论知识去分析现实生活中层出不穷的民法问题，学会用民法手段保护公民和法人的合法民事权益，自觉为发展社会主义市场经济服务。二、学习总时数：140学时，每周7学时，20周；其中面授6次，24学时；电教辅导1次，3学时。三、教学安排：分五个单元。第一单元（第1—3章）：学习时数，21学时；面授1次，4学时。学习重点：民法的概念和本质，民法与社会主义市场经济的关系，民法的基本原则；民事法律关系的要素及其产生、变更和消灭；民事权利的概念、本质和分类，公民的民事权利能力和民事行为能力；个体工商户、农村承包经营户以及个人合伙的概念和财产责任；法人民事权利能力的范围和法人民事行为能力实现的特点，法人成立、变更、消灭的程序。第二单元（第4—5章）：学习时数，21学时；面授1次，4学时。学习重点：民事法律行为的概念、特征及其构成要件；无效民事行为和可撤销民事行为；附条件和附期限民事法律行为；代理的类型及其产生根据，代理权行使的原则．无权代理的认定。第三单元（第6—8章）：学习时数，42学时；面授2次，8学时。学习重点：物权的变动；所有权的概念及其权能内容，所有权的取得和消灭；他物权的种类和各种具体他物权的权能；共有的分类以及共有财产的分割方法；相邻关系的处理原则；债的几种重要分类及其意义，债的履行原则，债的不履行的民事责任；各种具体的担保方式；不当得利与无因管理；知识产权的概念、特征、范围和种类。第四单元（第9—10章）：学习时数，21学时；面授1次，4学时。学习重点：遗产的范围，法定继承人的范围和顺序，代位继承和转继承，遗产分配的原则；遗嘱的有效条件，遗嘱的变更、撤销和执行；接受和教育继承、遗赠的效力；人格权和身份权的区别，具体人格权。第五单元（第11—12章）：学习时数，21学时；面授1次，4学时。学习重点：民事责任制度的意义，归类原则及其正确运用；民事责任的形式，侵权与违约责任；诉讼时效和期限的概念及其意义。四、复习考试：第19、20周。

（姚东锋）

【《公司法教程》教学具体安排】（97级本科班第3学期政法专业考查课）一、目的要求：通过学习，使学员系统地掌握公司法的基本理论，了解公司的产生、发展过程，熟悉现行公司法律知识，提高运用所学知识分析、解决现代企业制度建设过程中有关公司实践问题的能力。二、学习总时数：100学时，每周5学时，20周；其中面授4次，16学时。三、教学安排：分四个单元。第一单元（第1—4章）：学习时数，25学时；面授1次，4学时。学习重点：公司和公司法；公司法与全民所有制工业企业法；设立公司的条件；国有企业改建为公司。第二单元（第 5—8 章）：学习时数，25 学时；面授 1 次，4 学时。学习重点：有限责任公司与股份有限公司形式的比较；有限责任公司的组织机构；国有独资公司；股份有限公司的设立；股份发行。第三单元（第 9—12 章）：学习时数，20 学时；面授 1 次，4 学时。学习重点：上市公司；公司债券的发行；公司财务会计报告；公司的合并。第四单元（第 13—16 章）：学习时数，20 学时；面授 1 次，4 学时。学习重点：公司的清算和破产；外国公司；外国公司分支机构的法律地位；违反公司法承担法律责任的主体；违反公司财务制度、侵占公司财产的违法行为及其处罚；违反公司登记管理的违纪行为及其处罚。四、复习考试：第 19、20 周。

（姚东锋）

【《社会主义法制论纲》教学具体安排】（98 级本科班第 1 学期政法专业考试课）一、目的要求：通过学习，认识社会主义法制的涵义、地位、基本要求，历史发展，基本特征及基本原则等社会主义法制的一般理论，并认清依法治国，建设社会主义法治国家的基本条件，掌握法治与法制，法治与市场经济，法治与民主政治，法治与精神文明，法治与法律职业及社会主义法治意识等的辩证关系，并能够运用所学理论分析依法治国，建设社会主义法治国家实践中的问题，达到一般理论的掌握，意识的培养，能力的提高，为法治实践服务。二、学习总时数：140 学时，每周 7 学时，20 周；其中面授 6 次，24 学时；电教辅导 1 次，3 学时。三、教学安排：分六个单元。第一单元（第 1—2 章）：学习时数，21 学时，面授 1 次，4 学时。学习重点：社会主义法制的涵义；社会主义法制的地位；社会主义法制的基本要求；建设社会主义法治国家的意义；社会主义法制的发展战略；社会主义法制的发展、一般状况。第二单元（第 3—4 章）：学习时数，28 学时；面授 1 次，4 学时。学习重点：认清社会主义法制的基本特征；掌握社会主义法制建设的基本原则。第三单元（第 5—7 章）：学习时数，28 学时；面授 1 次，4 学时。学习重点：掌握依法治国与民主政治的辩证关系，认识法律的价值与法律的权威。第四单元（第 8—10 章）：学习时数，21 学时；面授 1 次，4 学时。学习重点：了解、认识依法治国与市场经济及精神文明的关系、认识法律体系的一般理论。第五单元（第 11—12 章）：学习时数，21 学时；面授 1 次，4 学时。学习重点：社会主义法制体制；依法治国与法律职业。第六单元（第 13 章）：学习时数，7 学时；面授 1 次，4 学时。学习重点：依法治国与法治意识。四、复习考试：安排在 19、20 周。

（姚东锋）

【《马克思主义法学经典文选》教学具体安排】（98 级本科班第 1 学期政法专业考查课）一、目的要求：通过学习，了解马克思主义经典作家关于法的论述，进一步掌握马克思主义法学尤其是邓小平民主法制理论，提高对依法治国，建设社会主义法治国家重要性的认识。二、学习总时数：80 学时，每周 4 学时，20 周；其中面授 4 次，16 学时，三、教学安排：分三个单元。第一单元（上篇）：学习时数，24 学时；面授 1 次，4 学时。学习重点：《德意志意识形态》；《对民主主义者莱茵区域委员会的审判》；《论住宅问题》；《反杜林论》；《路德维希·费尔巴哈和德国古典哲学的终结》；《野蛮时代与文明时代》；《恩格斯书信》。第二单元（中篇）：学习时数，24 学时；面授 1 次，4 学时。学习重点：《矛盾的立场》；《国家与革命》；《论“双重”领导和法制》。第三单元（下篇）：学习时数，24 学时；面授 2 次，8 学时。学习重点：邓小平论法律。四、复习考试：第 19、20 周。

（姚东锋）

【《马克思主义哲学经典文选》教学具体安排】(98级本科班第1学期党政管理、行政管理专业、第八期领导干部函授班第1学期考试课）一、目的要求：通过学习，掌握马克思主义哲学的基本原理，增强党性。树立科学的世界观，同时要从我国改革开放和现代化建设的实际出发，创造性地运用马克思主义的立场、观点和方法，自觉地执行党在新时期的基本路线和各项政策，努力做好本职工作。二、学习总时数：140学时，每周7学时，20周；其中面授6次，24学时；电教辅导1次，3学时。三、教学安排：分六个单元。第一单元：学习时数，21学时；面授1次，4学时。学习内容：《文选》中的《关于费尔巴哈的提纲》、《致巴·瓦·安年柯夫》（节选)、《致约·魏德迈》（节选)、《〈政治经济学批判〉序言》(节选)。学习重点：新唯物主义和旧唯物主义的根本区别；生产力在社会历史中的重要作用；马克思主义对阶级斗争学说的主要贡献；历史唯物主义的基本原理。第二单元：学习时数，21学时；面授1次，4学时。学习内容：《文选》中的《资本论》第一卷二版跋（节选)、《反杜林论》（节选)、《自然辩证法》（节选)。学习重点：马克思辩证法和黑格尔辩证法的关系；辩证法和形而上学两种思维方式的对立，以及唯物辩证法创立的意义；辩证法的基本规律，特别是辩证否定观的基本要点；唯物辩证法对自然科学研究的指导意义。第三单元：学习时数，21学时；面授1次，4学时。学习内容：《文选》中的《在马克思墓前的讲话》、《家庭、私有制和国家的起源》(节选)、《路德维希·费尔巴哈和德国古典哲学的终结》（第4章)、《关于历史唯物主义的部分书信》。学习重点：两种生产及其相互关系；国家的起源和本质；关于社会历史发展的动力；上层建筑的相对独立性。第四单元：学习时数，21学时；面授1次，4学时。学习内容：《文选》中的《论社会经济形态》、《唯物主义和经验批判主义》（节选)。学习重点：社会经济形态发展是一种自然历史过程；辩证唯物主义认识论的三个重要结论；真理的客观性、绝对性和相对性；实践作为检验真理标准的辩证性质；自由和必然的关系。第五单元：学习时数，21学时；面授1次，4学时。学习内容：《文选》中的《辩证法的要素》、《谈谈辩证法问题》、《辩证法和折衷主义》、《论战斗唯物主义的意义》（节选)、《论我国革命》。学习重点：对立统一规律是辩证法的核心和实质；两种发展观的对立；唯心主义产生的认识论根源；政治和经济的辩证关系；辩证逻辑的四个要点；列宁运用辩证法论述俄国建设社会主义的道路。第六单元：学习时数，21学时；面授1次，4学时。学习内容，毛泽东对马克思主义哲学在中国的运用和发展。学习重点：实践在认识中的地位和作用；认识过程的辩证关系；矛盾普遍性和特殊性的关系；矛盾的同一性和斗争性的关系；人的自觉能动性和客观规律性的关系；社会主义社会的两类不同性质的矛盾。四、复习考试：第19、20周。（姚东锋)

【《邓小平理论文选》教学具体安排】（98级本科班第1学期党政管理、行政管理、涉外经济专业、第八期领导干部函授班第1学期考查课）一、目的要求：通过学习，全面系统地理解和掌握邓小平理论的科学体系和基本内容，提高马列主义的理论水平和思想政治素质，增强贯彻执行党的基本路线和基本纲领的自觉性。二、学习总时数：80学时，每周4学时，20周；其中面授4次，16学时。三、教学安排：分三个单元。第一单元：学习时数，24学时；面授1次，4学时。学习内容：《文选》代序一、二、三和总论。学习重点：邓小平理论的历史地位和指导意义；邓小平理论同马列主义、毛泽东思想的关系；马克思主义的文风问题。第二单元：学习时数，24 学时；面授 1 次，4 学时。学习内容：《文选》第 1—2 卷各篇。学习重点：解放思想、实事求是的思想路线；邓小平理论的形成和发展；社会主义的根本任务和各项任务。第三单元：学习时数，24 学时；面授 2 次，8 学时。学习内容：《文选》第 3 卷各篇。学习重点：社会主义社会的发展动力；社会主义社会的协调发展和全面进步；关于祖国统一和一国两制。四、复习考试：第 19、20 周。

（姚东锋）

【《英语》（第一册）教学具体安排】 （98 级本科班第 1 学期涉外经济专业考试课）一、目的要求：系统学习英语语音知识、能正确朗读和书写英语字母，掌握英语音素的发音要领和基本读音规则以及基础语法和基本句型，能较熟练地运用所学的语法知识，理解结构较复杂的长句。能比较顺利地阅读并正确理解课文，能借助词典和其他工具书阅读、翻译与课文难度大致相当的英语文章。具有初步的听、说能力，能进行简单的日常会话。二、学习总时数：150 学时，每周 7.5 学时，20 周；其中面授 18 次，72 学时；电教辅导 1 次，3 学时。三、教学安排：分三个单元。第一单元（第 1—7 课）：学习时数，52.5 学时；面授 6 次，24 学时。学习重点：英语字母，48 个音素的发音要领和国际音标，字母和字母组合的读音规则，基本语调；名词的数，指示代词，人称代词（主格和宾格），物主代词，名词所有格，动词 to be 和 to have，there be 结构，词类，陈述句，一般疑问句，祈使句；260 多个单词和词组。第二单元（第 8—12 课）：学习时数，37.5 学时；面授 6 次，24 学时。学习重点：句子成分，一般疑问句和特殊疑问句，一般现在时，现在进行时，一般过去时，一般将来时，be going to 结构，反身代词，情态动词；230 多个单词和词组。第三单元（第 13—17 课）：学习时数，45 学时；面授 6 次，24 学时。学习重点：现在完成时，形容词和副词的比较等级，物主代词绝对形式，被动语态，数词，过去进行时，状语从句；320 多个单词和词组。四、复习考试：第 19、20 周。（98 级本科班第 1 学期经济管理专业考查课，120 学时，内容基本相同）

（姚东锋）

【《民法学总论》教学具体安排】 （98 级本科班第 1 学期政法专业考试课）一、目的要求：通过学习，了解民法的基本理论、基本原则和民事主体制度、物与民事法律行为制度和民事责任制度，进一步认识和理解民法是社会主义市场经济的基本法，民事法律制度是社会主义市场经济法律制度的重要组成部分，从而提高运用法律、依法办事能力，自觉地为发展社会主义市场经济服务。二、学习总时数：140 学时，每周 7 学时，20 周；其中面授 6 次，24 学时；电教辅导 1 次，3 学时。三、教学安排：分四个单元。第一单元（第 1—4 章）：学习时数，35 学时；面授 1 次，4 学时。学习重点：民法的概念；民法的性质和地位；民法的调整对象和方法；民法的适用范围；民法的渊源；我国民法基本原则；民事法律关系的概念、特征及其构成要素；民事法律关系产生、变更和终止的原因；民事权利。第二单元（第 5—7 章）：学习时数，35 学时；面授 2 次，8 学时。学习重点：公民的概念及公民的民事权利能力和民事行为能力；监护；公民的人格权和身份权；宣告失踪和宣告死亡；法人的概念、成立条件及其分类；法人的独立财产；法人机关、分支机构和代理机构；企业法人的成立、变更和终止；公司法人、合作社法人和基金会法人；合伙的概念和特征及分类；合伙财产；合伙的内部关系和债承担；入伙和退伙。第三单元（第 8—10 章）：学习时数，35 学时；面授 2 次，8 学时。学习重点：物的法律概念与特征；物在法律上的分类；几种特殊的物；民事法律行为概念、特征及其分类、形式；民事法律行为的有效要件及效力；无效民事行为和可撤销、可变更的民事行为；附条件和附期限的民事行为；代理的概念与特征；代理行为的有效要件及种类；委托代理权的授予；代理权的发生、变更和消灭；无权代理；代理关系中的连带责任。第四单元（第11—12章）：学习时数，21学时；面授1次，4学时。学习重点：诉讼时效的概念与特征；诉讼时效的种类；诉讼时效期间的开始、中止、中断和延长；期间与期日；民事责任的概念与特征；一般民事责任的构成要件；免除民事责任的条件；民事责任的归类原则；民事责任的分类；民事责任的承担。四、复习考试：第19、20周。

（姚东锋）

【《党性教育系列讲座纲要（试用）》教学具体安排】（98级各班次各专业第1学期党性教育课）一、目的要求：通过学习，认识党性修养的必要性，加强党性修养的紧迫性；认识马克思主义理论是党性修养的指南，增强党性修养的自觉性；认识在新的历史时期坚定共产主义理想和信念的极端重要性。二、教学总时数：20学时，每周1学时，20周；其中面授3次，12学时。三、教学安排：分三个单元。第一单元（第一讲）：学习时数，6学时；面授1次，4学时。学习重点：党性教育的目的要求；什么是党性、党性原则和党性修养；党性的时代特征和新时期党性修养的紧迫性。第二单元（第二讲）：学习时数，6学时；面授1次，4学时。学习重点：掌握邓小平理论是当代中国共产党人党性修养的根本要求；马克思主义世界观和方法论是马克思主义全部学说的理论基础。第三单元（第三讲）：学习时数，6学时；面授1次，4学时。学习重点：共产主义理想是最科学最先进的思想；共产党员在新时期尤其需要坚定共产主义理想和信念。四、总结考核：第19、20周。

（姚东锋）

【《现代市场经济》教学具体安排】（第八期领导干部函授班第1学期考查课）一、目的要求：通过学习，对比分析资本主义市场经济和社会主义市场经济的区别和联系；注重分析研究新情况、新问题，提高驾驭现代市场经济的理论水平和实际操作能力，自觉地发展社会主义市场经济。二、学习总时数：120学时，每周6学时，20周；其中面授4次，16学时。三、教学安排：分四个单元。第一单元（第1—3章）：学习时数，30学时；面授1次，4学时。学习重点：生产关系与生产力的关系；经济规律；当代世界经济格局；市场经济一般性质；市场经济基本规律；市场经济的社会形式；社会主义市场经济与资本主义市场经济的关系；市场经济的产生过程与积累过程。第二单元（第4—6章）：学习时数，30学时；面授1次，4学时。学习重点：现代企业制度；企业资本循环；企业资本周转；三次产业；产业结构；市场体系及其构成；社会主义市场体系的培育。第三单元（第7—9章）：学习时数，24学时；面授1次，4学时。学习重点：宏观调控及其目标；宏观调控手段；资本主义宏观调控；社会主义宏观调控；国民收入及其增长途径；国民收入的分配；平均利润；个人收入分配；社会保障制度。第四单元（第10—12章）：学习时数，24学时；面授1次，4学时。学习重点：国际经济循环；国际分工；参与国际经济循环的基本形式；社会主义市场经济的对外经济关系；市场经济体制；市场经济运行机构；资本主义市场经济的运行；社会主义市场经济体制；市场经济的法治；社会主义市场经济的法律体系。四、复习考试：第19、20周。

（姚东锋）

在职研究生班教学计划

97级党员领导干部在职研究生班经济管理专业第2学期教学计划表

（1998.3—1998.7）

学时项目／课程	总学时	面授	讨论	串讲复习	考试	自学学时	考试方式	学分	考试时间
西方经济学	168	48（12次）	4（1次）		4（1次）	112	闭卷	5	7月11日上午8:30—11:30考试，9月5日上午8:30—11:30补考。
西方管理思想史	144	40（10次）	4（1次）		4 1次	96	开卷	4	7月11日下午2:30—5:30考试，9月5日下午2:30—5:30补考。
英 语	180	52（13次）		4（1次）	4（1次）	120	闭卷	5	7月12日上午8:30—11:30考试，9月6日上午8:30—11:30补考。
古文选读	180	48（12次）	4（1次）	4（1次）	4（1次）	120	闭卷	5	
会计核算与会计管理方法	84	24（6次）			4（1次）	56	开卷	2	7月12日下午2:30—5:30考试，9月6日下午2:30—5:30补考。
其 它	24					16			
合 计	600	164（41次）	8（2次）	4（1次）	16（4次）	400		16	

97级党员领导干部在职研究生班科学社会主义专业第2学期教学计划表

（1998.3—1998.7）

学时项目／课程	总学时	面授	讨论	串讲复习	考试	自学学时	考试方式	学分	考试时间
科学社会主义原理与建设有中国特色社会主义理论	180	48（12次）	4（1次）	4（1次）	4（1次）	120	闭卷	5	7月11日上午8:30—11:30考试，9月5日上午8:30—11:30补考。
国际共产主义运动专题研究	120	32（8次）		4（1次）	4（1次）	80	开卷	4	7月11日下午2:30—11:30考试，9月5日下午2:30—5:30补考。
英 语	180	52（13次）		4（1次）	4（1次）	120	闭卷	5	7月12日上午8:30—11:30考试，9月6日上午8:30—11:30补考。
古文选读	180	48（12次）	4（1次）	4（1次）	4（1次）	120	闭卷	5	
当代资本主义研究	72	24（6次）				48	论文	2	
其 它	48					32			
合 计	600	156（39次）	4（1次）	12（3次）	12（3次）	400		16	

97级党员领导干部在职研究生班经济管理专业第3学期教学计划表

(1998.9—1999.1)

项目 / 学时 / 课程	总学时	面授	讨论	串讲复习	考试	自学学时	考试方式	学分	考试时间
宏观经济管理研究	180	48 (12次)	4 (1次)	4 (1次)	4 (1次)	120	论文	5	课终考试。
领导科学与科学领导	60	20 (5次)				40	论文	2	课终考试。
现代企业经营管理研究	144	36 (9次)	4 (1次)	4 (1次)	4 (1次)	96	闭卷	4	1999年1月9日上午8:30—11:30考试。3月6日上午8:30—11:30补考。
英　语	192	56 (14次)		4 (1次)	4 (1次)	128	开卷	5	1999年1月9日下午2:30—5:30考试。3月6日下午2:30—5:30补考。
古文选读	192	48 (12次)	4 (1次)	4 (1次)	4 (1次)	132	闭卷	5	
其　它	24					16			
合　计	600	160 (40次)	8 (2次)	12 (3次)	12 (3次)	400		16	
备　注	1.面授、串讲等每次按4学时计算。 2.面授(含串讲、讨论)与自学学时的比例为1:2。								

97级党员领导干部在职研究生班科学社会主义专业第3学期教学计划表

(1998.9—1999.1)

项目 / 学时 / 课程	总学时	面授	讨论	串讲复习	考试	机动	自学学时	考试方式	学分	考试时间
社会主义思想史	180	48 (12次)	4 (1次)	4 (1次)	4 (1次)		120	闭卷	5	1999年1月9日上午8:30—11:30考试。3月6日上午8:30—11:30补考。
当代国外社会主义理论与实践	132	32 (8次)	4 (1次)	4 (1次)		4 (1次)	88	论文	4	课终考试。
英　语	180	52 (13次)		4 (1次)	4 (1次)		120	开卷	5	1999年1月9日下午2:30—5:30考试。3月6日下午2:30—5:30补考。
古文选读	180	48 (12次)	4 (1次)	4 (1次)	4 (1次)		120	闭卷	5	
政治学原理	84	28 (7次)					56	论文	3	课终考试。
其　它	24					8 (2次)	16			
合　计	600	160 (40次)	8 (2次)	12 (3次)	8 (2次)	12 (3次)	400		17	
备　注	1.面授、串讲等每次按4学时计算。 2.面授(含串讲、讨论)与自学学时的比例为1:2。									

98级党员领导干部在职研究生班经济管理专业第1学期教学计划表

（1998.9—1999.1）

项目／学时／课程	总学时	面授	讨论	串讲复习	考试	机动	自学学时	考试方式	学分	考试时间
马克思主义经济著作选读	180	48（12次）	4（1次）	4（1次）	4（1次）		120	闭卷	5	1999年1月9日上午8:30—11:30考试。3月6日上午8:30—11:30补考。
邓小平理论专题研究	132	40（10次）	4（1次）				88	论文	4	课终考试。
英　语	180	52（13次）		4（1次）	4（1次）		120	闭卷	5	1999年1月10日上午8:30—11:30考试。3月7日上午8:30—11:30补考。
古文选读	180	48（12次）	4（1次）	4（1次）	4（1次）		120	闭卷	5	
经济统计与分析	84	24（6次）			4（1次）		56	开卷	3	1999年1月9日下午2:30—5:30考试。3月6日下午2:30—5:30补考。
党性教育及其它活动	24					8（2次）	16			
合　计	600	164（41次）	8（2次）	8（2次）	12（3次）	8（2次）	400		17	
备　注	1. 面授、串讲等每次按4学时计算。面授（含串讲、讨论）与自学学时之比为1:2。 2.《古文选读》的学时和学分未统计在合计栏内。									

【《西方经济学》教学计划】（由中央党校谢鲁江教授制订，供97级经济管理专业第二学期使用）

一、目的要求：通过学习，使学员了解西方经济学的主要内容及其新的发展，主要流派的基本观点和立场，掌握西方经济学家分析经济制度及经济运行的一些基本概念和方法，为探索建立社会主义市场经济提供参考。

二、教学时间：（见“教学计划表”）

三、主要学习书目：《西方经济学》，高鸿业主编。《现代西方经济学》，高鸿业、吴易风著。《现代产权经济学》，张军著。《经济学》，（美）萨缪尔逊、诺德豪斯著。《当代西方经济学说》，刘涤源、谭崇台著，《西方新制度经济学》，卢现祥著。

四、专题讲授12讲：导论、微观经济学（一）、微观经济学（二）、微观经济学（三）、微观经济学（四）、宏观经济学（一）、宏观经济学（二）、宏观经济学（三）、经济增长与经济周期，失业通货膨胀、新自由主义经济学，产权理论与企业制度和制度分析与经济发展。

五、考核办法：开卷考试。

（于志伟）

【《西方管理思想史研究》教学计划】（由中央党校刘潮教授制订，供97级经济管理专业第二学期使用）

一、目的要求：通过学习，使学员了解西方管理思想的产生与发展，掌握西方管理思想史上各理论学派的主要观点，吸收和借鉴其科学的成分，为经济管理专业课的学习与研究奠定理论基础。

二、教学时间：（见“教学计划表”）

三、主要学习书目：《西方管理名著提要》，孙耀君主编。《西方管理评介》，李兴山、刘潮主编。《当代管理思想评述》，江峰著。《管理的前沿》（美）彼得·德鲁克著。《资本主义经济管理理论的发展》，张宣三著。

四、专题讲授10讲：西方管理思想的

产生与发展、古典管理理论、行为科学理论、管理过程理论、社会系统理论、决策理论、系统管理理论、经验主义学派理论、权变理论和管理科学理论。

五、考核办法：闭卷考试。

（于志伟）

【《古文选读》教学计划】（由中央党校陆钦教授制订，供97级经济管理专业和科学社会主义专业第二学期使用）

一、目的要求：通过学习，使学员掌握古今词义异同，熟悉古代汉语的语法规律。锻炼学员的分析、鉴赏能力，达到能够阅读难度相当于古文《资治通鉴》的水平。

二、教学时间：（见“教学计划表”）

三、教学安排12讲：第一讲《召公谏厉王弭谤》、《邹忌讽齐王纳谏》；第二讲《过秦论》、《论贵粟疏》；第三讲《前出师表》、《后出师表》；第四讲《项羽本纪》；第五讲《谏太宗十思疏》、《封建论》；第六讲《逍遥游》、《吊屈原赋》；第七讲《报任少卿书》；第八讲《金石录后序》；第九讲《录鬼簿》、《病梅馆记》、《与妻书》；第十讲《秦晋殽之战》、《曹刿论战》；第十一讲《峨眉山行记》、《入蜀记二则》；第十二讲《石钟山记》、《送东阳马生序》。

四、考核办法：闭卷考试。

此计划也适用于98级第一学期经济管理专业。

（于志伟　翟东景）

【《会计核算与会计管理方法》教学计划】（由中央党校董艳玲讲师制订，供97级经济管理专业第二学期使用）

一、目的要求：通过学习，使学员掌握财会的基本理论和方法，包括会计的职能、对象、要素、准则、任务、核算方法等；能够编制和分析会计报表，为企业管理者、投资人、债权人和税务、财政等部门提供经济信息；能够利用现有的财会数据参与企业的预测、决策分析。

二、教学时间：（见“教学计划表”）

三、主要学习书目：《企业会计学》，黎文珠、林刚主编，中国人民大学出版社；《计算机财务管理》，张瑞军主编，中国人民大学出版社，等。

四、教学安排：共6讲。手工与计算机条件下财务会计基本理论和会计核算方法，流动资产的核算方法、长期资产、负债和所有者权益的核算方法，收入、费用和利润的核算方法、会计报表的编制和分析方法、管理者利用财务数据进行分析的方法。

五、考核办法：开卷考试。

（于志伟）

【《科学社会主义原理与建设有中国特色社会主义理论专题研究》教学计划】（由中央党校汤有伦教授制订，供97级科学社会主义专业第二学期使用）

一、目的要求：通过学习，全面理解和掌握邓小平建设有中国特色社会主义理论体系，增强用马克思主义的立场、观点、方法分析和解决问题的能力，提高坚持和贯彻党的基本理论、基本路线和基本方针的自觉性。

二、教学时间：（见“教学计划表”）

三、主要学习书目：《邓小平文选》第二、三卷，党的十一届六中全会《关于建国以来若干历史问题的决议》，党的十二大报告、十三大报告、十四大报告、十五大报告。

四、专题讲授：12讲。第一讲：科学社会主义的创立、发展及基本理论体系；第二、三讲：社会主义代替资本主义是人类社会发展的必然趋势；第四、五讲：建设有中国特色社会主义理论的形成、发展和历史地位；第六讲：社会主义的本质和根本任务；第七讲：社会主义初级阶段与党在初级阶段的基本路线和纲领；第八讲：我国社会主义改革的理论与实践；第九讲：社会主义民主政治建设；第十讲：社会主义精神文明建设；第十一讲：中国社会主义现代化建设的国际环境；第十二讲：社会主义的历史命运。

五、考核办法：闭卷考试。

（于志伟）

【《国际共产主义运动专题研究》教学计划】（由中央党校蔡金培教授制订，供97级科学社会主义专业第二学期使用）

一、目的要求：通过学习和研究，指导学员了解国际共产主义运动的基本历史进程的基础上，对国际共产主义运动的历史和理论进行专题研究，掌握其发展规律和经验教训，坚定社会主义信念，更自觉地沿着邓小平建设有中国特色社会主义道路前进。

二、教学时间：（见“教学计划表”）

三、主要学习书目：《世界社会主义共产主义运动》，曹长盛、杜康传、李忠杰主编，东北师范大学出版社1995年出版；《世界社会主义的历史和理论》，黄宗良等主编，中央编译出版社1995年出版；《国际共产主义运动史》（修订本），张中云主编，中央党校出版社1994年出版。

四、专题讲授：8讲。马克思主义与国际共产主义运动、共产主义政党发展变化与国际共产主义运动、无产阶级革命运动及其战略策略、社会主义制度的创立、发展和改革、无产阶级国际组织和党际关系、国际共运大论战及其经验教训、苏联东欧剧变及其经验教训、建设有中国特色社会主义与世界社会主义运动。

五、考核办法：撰写论文。

（于志伟）

【《当代资本主义研究》教学计划】（由中央党校胡振良教授制订，供97级科学社会主义专业第二学期使用）

一、目的要求：通过对当代资本主义新现象、新变化的学习和研究，揭示当代资本主义的本质及其发展趋势，坚定社会主义信念，提高用马克思主义立场、观点和方法分析、解决问题的能力。

二、教学时间：（见“教学计划表”）

三、主要学习书目：《社会主义从空想到科学的发展》第3节，《马克思恩格斯选集》第3卷第740—760页；《帝国主义是资本主义的最高阶段》第9节，《列宁选集》第2卷第683—688页；《邓小平文选》第3卷。

四、专题讲授6讲：当代资本主义发展及其对科学社会主义提出的新问题，战后资本主义生产力的发展和生产关系的变革，当代资本主义社会、政治与文化（两讲），当代资本主义世界体系，当代资本主义的历史地位和发展趋势。

五、考核办法：撰写论文。

（于志伟）

【《宏观经济管理研究》教学计划】（由中央党校赵长茂教授制订，供97级经济管理专业第三学期使用）

一、目的要求：通过学习，加深对社会主义市场经济条件下进行宏观经济管理必要性的认识，探索宏观经济运行的规律性，认真掌握宏观经济管理的基本原理和基本方法，提高分析问题、研究问题和解决问题的能力。

二、教学时间：（见“教学计划表”）

三、主要学习书目：《宏观经济运行与管理》，李兴山主编，中央党校出版社1995年版；《社会主义市场经济辩证法》，马平著，中国文联出版公司出版，等。

四、专题讲授：安排12讲。宏观经济运行与管理引论、宏观经济管理系统中的政府及其行为、宏观经济管理目标的选择和组配、社会总供给与社会总需求的关系及其调控、宏观经济的周期波动、宏观经济的计划管理、财政政策及其运作、税收政策及其运作、产业结构和产业政策、就业观念和就业政策、对外经济政策、发达市场经济国家宏观经济管理模式比较。

五、考核办法：撰写论文。

（于志伟）

【《领导科学与科学领导》教学计划】（由中央党校冯秋婷教授制订，供97级经济管理专业第三学期使用）

一、目的要求：学习和掌握领导科学与科学领导的理论和方法，提高科学领导能力和水平，并为今后总结领导工作经验、不断提高科学领导水平奠定坚实基础。

二、教学时间：（见“教学计划表”）

三、主要学习书目：马克思：《法兰西内战》三，《马克思恩格斯选集》第二卷；列宁：《苏维埃政权的当前任务》，《列宁选集》第三卷；毛泽东：《关心群众生活，注意工作方法》，《中国革命战争的战略问题》，《关于领导方法的若干问题》，《党委会的工作方法》；周恩来：《怎样做一个好的领导者》；邓小平：《在扩大的中央工作会议上的讲话》等；江泽民：《努力建设一支高素质的干部队伍》。孙钱章主编：《领导科学概论》，中央党校函授学院1995年内部发行，《现代领导方法与艺术》，人民出版社1998年出版；何孝瑛、冯秋婷：《新编领导科学论纲》，党建读物出版社1996年9月出版。

四、专题讲授：5讲。领导科学的研究对象和领导本质，领导职能和领导过程，领导者素质、领导班子结构和领导体制，领导方法和领导艺术，领导政绩和领导效率。

五、考核办法：撰写论文。

（于志伟）

【《现代企业经营管理研究》教学计划】（由中央党校刘潮教授制订，供97级经济管理专业第三学期使用）

一、目的要求：通过学习，使学员了解现代企业管理的基本概念和基本原理，掌握企业管理的主要内容，研究和探索我国国有企业在改革与发展中面临的问题及改革的方向和途径，提高学员的企业管理理论水平和综合分析能力。

二、教学时间：（见“教学计划表”）

三、主要学习书目：《现代企业经营管理》，董舜琪主编，北京经济学院出版社出版；《国有企业改革理论与途径》，胡静林主编，经济科学出版社出版；《现代企业制度概论》，邓荣霖主编，中国人民大学出版社出版。

四、专题讲授：9讲。企业经营管理导论，企业经营环境分析与市场、企业经营战略、经营决策、经营计划、新产品开发与技术发展、企业财务与成本费用管理、国有企业改革与途径、现代企业制度。

五、考核办法：闭卷考试。

（于志伟）

【《古文选读》教学计划】（由中央党校陆钦教授制订，供97级经济管理专业和科学社会主义专业第三学期使用）

一、目的要求：通过学习，培养学员的分析、鉴赏能力，掌握古今词义异同，熟悉古代汉语的语法规律，最终使学员达到能够阅读相当于《资治通鉴》难度的古文水平。

二、教学时间：（见“教学计划表”）

三、教学安排：12讲。《晋灵公不君》（重点），《触龙说赵太后》；《岳阳楼记》（重点），《伶官传序》；《答司马谏议书》（重点），《与高司谏书》；《阿房宫赋》（重点），《种树郭橐驼传》；《六国论》（重点），《法云寺》；《让县自明本志令》（重点），《钱神论》；《滕王阁序》（重点），《与韩荆州书》；《贾谊论》（重点），《狱中上母书》；《报刘一丈书》，《书吴藩二子事》；《天时不如地利，地利不如人和》（重点），《田单建功》；《避风岩记》，《峨眉山行记》；《神思》（重点），《师说》。

四、考核办法：闭卷考试。

（于志伟）

【《社会主义思想史》教学计划】（由中央党校肖贵毓教授制订，供97级科学社会主义专业第三学期使用）

一、目的要求：通过学习，使学员比较系统地了解社会主义思想、学说的产生、演变和发展的历史过程及其规律，提高坚持和执行党的基本路线的自觉性。

二、教学时间：（见“教学计划表”）

三、主要学习书目：《马克思恩格斯选集》（1—4卷）、《列宁选集》（1—4卷）、《斯大林选集》（上、下卷）、《毛泽东著作选读》（上、下册）、《邓小平文选》（1—3卷）的指定内容、《社会主义思想史纲》，肖贵毓、张海燕主编，中央党校出版社1998年2月出版、《中共中央文件选编》，中央党校出版社1994年出版。

四、专题讲授12讲：社会主义思想史引言，科学社会主义的产生，马克思恩格斯关于“两个必然”理论与经济文化落后国家向社会主义过渡，马克思恩格斯关于未来共产主义社会的科学预测，列宁主义及其在社会主义思想史中的地位，列宁关于社会主义社会的理论，列宁关于民族和殖民地问题的理论，斯大林的社会主义理论与实践，伯恩施坦和伯恩施坦主义，布哈林思想评介，科学社会主义在中国的传播和毛泽东思想的形成，邓小平理论是科学社会主义在中国发展的新阶段。

五、考核办法：闭卷考试。

（于志伟）

【《当代国外社会主义理论与实践》教学计划】（由中央党校白平浩副教授制订，供97级科学社会主义专业第三学期使用）

一、目的要求：通过学习，分析和认识当代国外社会主义主要流派、思潮的理论观点，借鉴和吸取国外社会主义实践的经验与教训，把握世界社会主义运动的发展趋势，坚定社会主义的信念和走建设有中国特色社会主义道路的信心，增强用马克思主义的立场、观点和方法分析和解决问题的能力。

二、教学时间：（见“教学计划表”）

三、主要学习书目：《当代国外社会主义研究》，周必文主编，中央党校出版社1996年6月出版，《社会主义思想史纲》，肖贵毓、张海燕主编，中央党校出版社1998年2月出版。

四、专题讲授8讲：国外社会主义运动和思潮现状，前苏东地区左翼运动和思潮现状，越南、古巴的社会主义理论和实践，发达资本主义国家共产党的走向，社会党国际与民主社会主义思潮，西方马克思主义评介，生态社会主义评介，第三世界的社会主义运动和思潮。

五、考核办法：撰写论文。

（于志伟）

【《政治学原理》教学计划】（由中央党校王仲田教授制订，供97级科学社会主义专业第三学期使用）

一、目的要求：通过学习，使学员比较系统地了解和掌握马克思主义政治学的基本理论和基本方法，掌握政治活动的基本规律，增强政治意识和政治观念，提高政治敏锐性、政治鉴别力和分析、解决现实政治问题的能力，提高政治领导的能力和水平。

二、教学时间：（见“教学计划表”）

三、主要学习书目：《邓小平的政治观》，侯少文著，中共党史出版社1997年6月出版，《中国特色的民主制度》，王仲田著，中央党校出版社1997年9月出版，《政治学基础》，王浦劬主编，北京大学出版社

在职研究生甲班教学计划

98级党员领导干部在职研究生班政治学专业甲班第1学期教学计划表

（1998.9.28—1999.2.13）

教学内容	教学时间	考试(核)内容	完成时间
政治学专题研究	1998年9月28日—1998年11月22日（8周）	撰写论文	1998年11月23日—1998年12月6日（2周）
中外政治制度史专题研究	1998年12月7日—1999年1月23日（7周）	完成教学计划所列作业题	不单列作业时间
马克思主义思维方法专题研究	1999年1月24日—1999年2月13日（3周）	写一篇心得体会	1999年2月底
注：1.1999年2月14日至2月28日放寒假。 2.1999年3月1日开学。			

【《社会主义思想史》教学计划】（中共中央党校科社教研部肖贵毓教授制订，供科社专业97级甲班第二学期使用）

一、教学目的：通过学习，使学员比较系统地了解社会主义思想产生、演变和发展的历史过程及其规律，为掌握科学社会主义理论奠定基础，增强运用马克思主义的立场、观点和方法研究新情况、分析新问题的能力，更好地把握邓小平理论的体系和精神实质，提高执行和贯彻党的基本路线和纲领的自觉性。

二、学习安排：分六个单元。第一单元绪论；第二单元社会主义从空想到科学的发展；第三单元社会主义由空想变为现实的飞跃——科学社会主义发展的新阶段；第四单元马克思、恩格斯、列宁、斯大林同时代其他工人活动家的社会主义思想；第五单元科学社会主义在中国的运用和发展；第六单元走向21世纪的社会主义。

三、考核办法：在规定时间内完成一篇5000字左右的论文。（李士甲）

1996年出版，《政治的逻辑：马克思政治学原理》，王沪宁主编，上海人民出版社1994年出版，等。

四、专题讲授7讲：政治与政治学，政治关系与国家政治权力，国家制度与国家机构，公民、政党与政治团体，政治过程与政治行为，政治文化与政治发展，政治谋略与政治家。

五、考核办法：撰写论文。

（于志伟）

【《当代国外社会主义思潮专题研究》教学计划】（由中共中央党校科社教研部白平浩副教授制订，供科社专业97级甲班第二学期使用）

一、教学目的：通过学习，认识和了解当代国外社会主义主要思潮的主要理论观点，并加以比较、借鉴，从而开阔视野，增强运用马克思主义立场、观点、方法分析和解决问题的能力。

二、教学安排：分五个单元。第一单元，民主社会主义；第二单元，西方马克思主义；第三单元，欧洲共产主义；第四单元，新托洛茨基主义；第五单元，世界带有民族主义色彩的社会主义。

三、考核办法：自选题目撰写一篇3000字左右的心得体会。（李士甲）

【《社会学与民族学专题研究》教学计划】（由中共中央党校科社部龚学增教授制订，供科社专业97级甲班第二学期使用）

一、教学目的：学习马克思主义社会学和民族学的基本理论，掌握邓小平关于社会主义社会全面发展的思想和党的民族、宗教政策，提高理论和政策水平，增强分析和解决我国社会主义现代化建设过程中出现的各种社会问题的能力。

二、教学安排：分七个单元。第一单元，社会学的研究对象和基本概念；第二单元，马克思社会学的产生和发展；第三单元，社会调查的基本方法；第四单元，社会问题的社会学研究；第五单元，马克思主义民族观基本理论；第六单元，民族经济、民族关系及民族区域自治制度问题；第七单元，马克思主义宗教观基本理论。

三、考核办法：自选题目撰写一篇3000字左右的心得体会。（李士甲）

【《政治学》教学计划】（由中共中央党校政法教研部王仲田教授制订，供科社专业97级甲班第三学期使用）

一、教学目的：通过学习，使学员比较系统地掌握马克思主义政治学的基本理论知识和基本研究方法；了解国家政治权力的本质、结构和特征，掌握政治活动的基本规律和基本原则；增强政治观念和政治学科意识，提高政治理论素养以及运用理论分析和解决实际问题的能力，提高管理水平和领导艺术。

二、教学安排：分六个专题。第一专题，政治的本质与国家政治权利的特征；第二专题，国家制度的基本内容和国家机构的科学设置；第三专题，公民与政党；第四专题，政治统治与政治管理；第五专题，政治文化、政治发展与政治民主；第六专题，政治家的特征、作用和基本素养。

三、考核办法：自选题目撰写一篇3000字左右的心得体会。（李士甲）

【《邓小平理论专题研究》教学计划】（由中共中央党校科社教研部叶庆丰教授制订，供科社专业97级甲班第三学期使用）

一、教学目的：深入学习、正确领会和掌握邓小平理论完整的科学体系和精神实质，提高运用邓小平理论解决实际问题的能力，增强贯彻执行党的基本路线、基本纲领的自觉性。

二、教学安排：分七个专题。第一专题，邓小平理论的形成和发展；第二专题，邓小平理论的精髓；第三专题，邓小平理论的首要基本理论问题；第四专题，邓小平的经济理论；第五专题，邓小平的民主法制思想；第六专题，邓小平的精神文明建设思想；第七专题，邓小平新时期军队建设思想。

三、考核办法：在规定时间内写一篇3000字以上的论文。（李士甲）

【《法学专题研究》教学计划】（中央党校政

法教研部刘永桂、张恒山教授制订，供科社专业97级甲班第三学期使用）

一、教学目的：通过学习法学的基本理论知识和必要的部门法知识，掌握依法治国的基本原理，提高贯彻执行党的依法治国基本方略的自觉性。

二、教学安排：共四个专题，第一专题马克思主义法制思想；第二专题法理和宪法研究；第三专题刑法学研究；第四专题民法学研究。

三、考核办法：选作两道作业题，于开学后（1999年3月1日）连同读书笔记一起，交责任导师。（李士甲）

【《政治学》教学计划（节选）】（供政治学专业98级甲班第一学期使用）

一、教学目的：学习马克思主义特别是邓小平关于政治关系、社会主义政治制度、国家政权建设、政治体制改革等重大政治问题的论述。把握社会主义政治建设的一般及特殊的规律，提高对政治科学的认识能力和政治领导能力、决策水平。

二、教学方法：学员自学和导师辅导相结合，导师进行重点提示，学员自学，在自学的基础上开展专题研究，根据教学计划完成每个单元的专题作业。

三、教学内容：共九个专题，第一专题，政治学的研究对象和理论体系；第二专题，政治关系与政治权力；第三专题，国家性质、国家政体与国家结构形式；第四专题，政治组织；第五专题，政治过程；第六专题，政治行为；第七专题，政治文化；第八专题，政治发展；第九专题，政治家的特征、作用和基本素养。其中第一、二、四、五、八、九专题为学习重点。

四、考核办法：完成本计划中的学习内容后，学员自选题目，撰写一篇5000字的文章，由导师评定成绩。（郭春元）

【《中国政治制度史》教学计划（节选）】（供政治学专业98级甲班第一学期使用）

一、教学目的：通过本课程的学习，系统地了解几千年来我国政治制度演变的历史及其规律和经验教训，以史为鉴，提高领导素质和管理水平，增强政治体制改革意识，促进我国社会主义民主政治建设。

二、教学方法：学员自学，完成作业，导师指导，组织讲座，开展专题讨论。

三、教学内容与重点：本课程分六个专题进行学习。第一专题，夏、商、周、春秋时期奴隶制的政治制度；第二专题，战国、秦、汉时期封建政治制度的产生和确立；第三专题，三国两晋南北朝、隋、唐时期封建政治制度的发展与完备；第四专题，宋、元、明、清时期封建中央集权制的强化；第五专题，鸦片战争后清王朝时期半殖民地半封建的政治制度（1840—1912）；第六专题，中华民国时期的政治制度（1912—1949）。

四、专题研究：1．封建的中央集权君主专制政体对中国社会的影响。2．中国官吏制度的经验教训。3．中国近代政治制度演变的特点。

五、考核办法：完成教学计划规定的作业题。（郭春元）

【《外国政治制度史》教学计划（节选）】（供政治学专业98级甲班第一学期使用）

一、教学目的：使学员比较系统地了解外国（主要是美国、英国、法国等西方发达资本主义国家）政治制度的产生、演变和发展历史过程及其原因，学习掌握这些国家政治制度的特点、变化及其发展趋势。

二、教学方法：1．按照教学计划提出的学习重点和学习中要着重思考的问题，向学员推荐相关的阅读参考书；2．学员自学。学员除了从总体上了解西方政治制度外，还要根据各自的特点，开展专题研究，完成专题作业；3．讨论答疑。对自学中遇到的疑

总院各处室、各部门工作概述

教 学 处

1998年，教学处在院领导的直接领导和各处室的大力支持下，本着“总体运筹，重点突出，分步实施，稳中求进”的精神，深化教学改革，强化教学管理，狠抓各项教学环节的落实，全面提高教学质量，取得了一定成绩。

一、健全组织机构，完善规章制度。根据总院领导对部分内部机构设置调整的决定，教学处按新的职能分工进行了相应调整。将原师资培训办公室改为师资管理办公室，主要负责全院师资队伍的管理；成立了处务委员会；充实了各办公室力量，全处人员由9名增加到11名，并优化了组合。根据总院有关规章制度，结合教学处的实际，修订和制定了《教学处职责》、《教学指导委员会办公室职责》、《教学管理办公室职责》、《师资管理办公室职责》、《研究生办公室职责》、《处务行政办公室职责》、《教学处工作人员守则》、《会议制度》、《办公室管理制度》、《考勤制度》、《关于教学和文书档案管理、借阅制度》、《文件办理规定》、《关于教材、资料的采购和管理规定》等规定。

二、制定三年工作规划，加强宏观调控。在广泛听取意见、进行缜密论证基础上，制订了教学处三年工作规划。规划包括完善专业和课程设置、改进教学计划、编制

点、难点问题与指导教师进行研讨。

三、教学内容与重点：分四个专题，分别介绍美国、英国和法国的政治制度，最后介绍这些国家政治制度的新变化。

第一专题，美国政治制度的形成及其特点；第二专题，英国的政治制度的形成及其特点；第三专题，法国的政治制度的形成及其特点；第四专题，后冷战时期发达资本主义国家政治制度变化及其发展趋势。

四、考核办法：完成教学计划规定的作业题。（郭春元）

【《马克思主义思维方法专题研究》教学计划(节选)】（供政治学专业98级甲班第一学期使用）

一、教学目的：使学员比较系统地掌握辩证法规律转化的哲学思维方法、辩证法范畴转化的哲学思维方法、辩证思维的逻辑方法和领导决策的思维方法等内容，增强辩证地分析问题的能力，自觉地坚持解放思想、实事求是的思想路线，为高举邓小平理论的伟大旗帜，全面贯彻执行党的基本路线和基本纲领，奠定坚实的世界观、方法论基础。

二、教学方法：1. 由教师布置和提示专题研究内容。2. 学员自学并开展专题研究，完成专题作业。3. 教师主持讨论和答疑。

三、教学内容与重点：本课程的学习研究分四个专题进行。第一专题，马克思主义哲学思维方法（上）；第二专题，马克思主义哲学思维方法（下）；第三专题，辩证思维的逻辑方法；第四专题，领导科学决策的思维方法。

四、考核办法：写一篇学习心得体会。

（郭春元）

教学大纲、建立师资档案库等 14 项内容。

三、调整专业、课程设置，拟制教学计划和教学具体安排。遵循“造就高素质党员干部”的培养目标，与教编室一起对 99 级各班各专业课程设置作了调整。将大专班党政管理专业改名为行政管理专业，政法专业改名为法律专业；本科班党政管理专业与行政管理专业合并为行政管理专业，涉外经济专业改名为贸易经济专业，政法专业改名为法律专业；领导干部函授班改为领导干部函授班（经济管理专业本科）。从 1998 年开始，把党性教育纳入教学计划，做到有教材、有学时、有面授、有讨论、有考核；将原计划中规定的大专、本科班讲座课做 5 道作业题和写心得体会，改为写一篇 3000—4000 字的论文。

组织制定和编写了 1998 年下半年和 1999 年上半年的教学计划与教学具体安排。其中，1998 年下半年的教学计划与教学具体安排涉及 26 个班次，53 门课程，近 40 万字，外聘教师 47 人；1999 年上半年的教学计划与教学具体安排涉及 20 个班次，51 门课程，近 29 万字，外聘教师 42 人。教学计划提前 6 个月下发，教学具体安排提前 4 个月下发，保证了各办学单位组织实施教学和教师备课的需要。

四、落实 1998 年季度会议精神，召开教学管理工作会议。1998 年 12 月在广西壮族自治区委党校召开了第四次教学管理工作会议。会议紧紧围绕强化科学管理，加大教学管理力度，全面提高教学管理水平，重点就如何抓好“管理”方面的问题进行广泛深入的讨论。提高了抓“管”重要性的认识，统一了思想，交流了经验，查找了差距，明确了规范教学行政管理、强化全面质量管理，加强师资和教学管理人员两支队伍建设和狠抓教学管理制度落实等任务。

五、积极探索师资培训途径，不断提高师资培训质量。研究提出了《建立聘任面授教师审批备案制度》、《建立师资档案库》、编辑《骨干教师名录》具体实施方案；改进备课会的形式，成功地举办两次备课会。5 月和 11 月先后在湖南长沙和山东青岛举办了两次教师备课会，200 余名教师参加了培训，对新开设的《邓小平理论简明教程》、《民法学分论》等四门课程进行集体备课。请教材主编讲解理论体系、全书框架结构和各章节的重点、难点，解答教学中的疑难问题；请有关专家、学者、教授作专题报告，介绍与本学科有关的理论观点、学术动态及相关知识，提供信息，开阔视野，拓展思路，提高教师的施教能力，收到了较好效果。

录制教师备课录像带。在电化教研室的大力协助下，全年共录制了 8 部教师备课录像带。在内容上作了一些改进，各分院反映较好。

六、整理了档案材料，改进了档案管理工作。对历年来形成的各类文件、教材、教学辅助材料进行了全面整理和归档。共整理各种教材、资料近万册（份）。根据不同班次、专业、年度按内容分门别类立卷、归档。指定专人负责，做到了登记清楚，分类合理，管理规范，使用方便的要求。

（教学处　供稿）

教　务　处

1998 年，教务处本着改革要有新突破，管理要有新举措，工作要有新思路的要求，整体推进教务管理工作，较好地完成了各项工作任务。

一、招生工作

按照招生工作方针，确保招生质量，着重抓了 3 个方面工作。

（一）认真组织 1998 年招生报名工作。一是搞好招生宣传，做好咨询工作，提供指导和服务；二是认真查处群众来信来电举报问题，对典型性问题及时作了通报，引起了有关办学单位的重视；三是认真做好报名人数统计工作，为招生考试制卷、分卷提供了准确的数据。

（二）强调招生工作做到“三个切实”。一是切实把好考生资格审查关；二是切实做到不超越管辖范围交叉招生；三是切实按照办学规定的权限招生。适时下发了1998年招生录取工作通知，提出明确要求，确保新生质量；认真审核了各办学单位上报的录取表，经综合平衡后，分别下达给各分院、直属学区；严格审核了各办学单位上报的免试生名册，对不符合免试条件的，通知有关分院、直属学区进行纠正；经过全院各级办学单位共同努力，圆满完成了1998年招生工作。

（三）认真做好下一个年度的招生准备工作。1998年9月下发了关于分院、直属学区申报1999年招生计划通知；重新修订了招生简章，并经10月杭州工作会议讨论后定稿下发；按照招生规模“适度从紧”的原则，采取自下而上、上下结合的方法，确定了招生指标，经院审定后分别下达各分院、直属学区；积极开展招生调研工作，了解生源形势，为制定切实可行的招生计划，进一步改进招生工作做好准备。在北京地区召开座谈会，了解情况，听取意见；同时，以信函方式征求了部分分院的意见。

二、学籍管理工作

（一）严把毕业学员办证关。在办理学员毕业证书时，实行了“三严、五审”制度，即：严格制度、严格程序、严格审核；初审、一审、二审、三审和终审。由于组织周密，层层把关，确保了办证质量。1998年在全院办理95级大专班、本科班和第五期领导干部函授班学员毕业证书时，除少数分院外，大部分分院办证符合规范化要求，办证质量较高。

（二）认真落实学籍管理改革方案。一是在深入调查全院学籍管理情况的基础上，1998年初，制定并推出了全院学籍管理改革工作方案和实施办法，二是1998年3、4月，先后在南宁和厦门分片召开了全院学籍管理工作座谈会，各分院的有关领导和学籍管理人员共102人参加。通过充分讨论，统一了思想认识，完善了改革方案，明确了目标任务，指明了努力方向。三是1998年5月至8月，在北京、上海、大庆、昆明等地，分期分批举办了5期教务管理软件培训班，全院参加培训的办学单位共72家，培训微机操作人员共150余名。9月下旬，教务处与电化教研室在空军分院共同举办了教务软件研讨会，邀请全院10家分院，对招生、学籍和成绩3个教务管理软件进行了论证研讨。11月下旬，又邀请10家分院在天津分院召开了教务软件测试会。四是派出软件技术人员对全院改革试点单位实地检查了学籍管理改革方案落实情况。与此同时，全院各级组织按照总院改革方案目标和要求，加大了人、财、物的投入，为推进学籍管理自动化，打下了一定的物质基础。

（三）做好学员入学注册、转学、退学、成绩登记和学籍档案等方面的管理工作。一是及时做好98级新生及各学期的在籍学员注册统计工作，并按时上报院领导及有关部门；二是1998年各分院、直属学区按规定时间和要求上报注册统计报表的时间性、准确性和规范性均有提高；三是清理了毕业学员学籍档案，初步建成了毕业学员学籍档案室；四是改进全院学籍管理表、证的制作工作，做到及时准确发放。落实了试点单位毕业证书的打印。

三、协调工作

一年来，在理顺办学关系、规范办学行为方面，做了如下协调工作：一是针对贵州分院成立后在办学关系上存在的一些问题，继续进行协调工作，稳妥地解决了善后事宜，理顺了办学关系；帮助该分院改进办学过程中薄弱环节的工作，强化科学管理，提高办学质量。二是根据院领导指示，1998年初，派人到黑龙江地区调解了办学单位之间在办学关系上的矛盾，加快了该地区统一办学的步伐。1998年12月上旬，总院正式批复设立中函黑龙江分院。三是针对军队中函教育中存在的问题，与院有关部门一起会同总政多次交换意见，提出解决办法，规范了军队办学行为。

四、专项工作

一年来，完成了院里交办的专项任务：

（一）积极参与了中央党校1998年函授教育10月工作会议筹备工作：起草了评选全院先进辅导站的条件和要求，起草了发放铜牌、证书和奖金的报告及表彰100个先进辅导站的决定。二是组织制作和发放了先进辅导站铜牌和证书。三是完成了100个先进辅导站材料汇编工作。

（二）完成了管理制度汇编的18个管理制度修改工作。（闵遗修）

教　材　处

1998年，教材处在党的十五大会议精神鼓舞下，在胡锦涛同志关于党校函授教育一系列重要指示的指引下，在院班子的正确领导和各处室的大力支持下，全处同志团结一致，齐心协力，扎扎实实，勤奋工作，较好地完成了各项任务。

一、完善教材印制管理制度，确保教材印制质量。今年，共印制教材、资料317种，计1676万余册，用纸2776吨，新设计教材封面46种。在印制管理中，精心组织、精心设计、精心运作，一丝不苟地进行。教材处及时派人员下厂检查印制进度与质量。做到管理工作数据化、工作进度表格化和调度协调程序化，全面掌握印制工作的情况，及时调整任务，使教材印制质量和速度有了保障。

二、加强教材校对工作，提高教材文字质量。确定一名处务委员负责组织指导教材校对工作，对校对质量标准及有关规定进行了细化；明确了校对的具体要求。先后两次召开校对质量研讨会，通过总结交流经验，进一步提高校对人员的业务素质，校对质量有明显提高。全年校对教材、资料等211种，计5880余万字（含二校）。

三、及时组织教材征订，提供印发册数数据。根据教学需要，全年对中函学员使用的教材、资料和党校系统自办函授使用中函教材等进行了4次征订。并将本年度可供零售教材及其定价印成《中函教材目录》发给相关单位。及时统计汇总各种教材、资料征订册数，制定教材印制、发行计划，将任务分别下达给各教材承印厂印制、发行。

四、周密组织教材发行，力争教材及时到位。根据各单位订购教材的种类与数量，及时制定发行计划，组织教材承印厂采取铁路托运、公路运送和邮寄等方式，向全院182个教材直发点和社会成人教育有关单位发行。全年共发行教材、资料等1630余万册，达到了“准确、及时、安全、有序”的要求。

五、加强教材出版业务联系，及时办理出版手续。为使教材按国家出版规定及时出版发行，教材处加强了与北京市新闻出版局的业务联系。主动向他们介绍有关情况，提前向他们预报需要办证的时间、数量及教材名称等，及时办理了41份教材印制委托书和125份内部书刊准印证。保证了各类教材的及时印发。

六、发展零售教材业务，规范零售教材管理。3月和11月分别在深圳市委党校和云南省委党校召开了零售教材工作会议，出席两次会议的代表共有91人。会议总结交流了教材零售工作经验，表彰奖励了先进，出台了《中央党校函授学院零售教材管理办法》，促进了零售教材工作，使年零售教材量比上年增加了50%。

七、加强印刷质量管理，保证教材印制质量。5月针对个别印刷厂印制教材样书把关不严出现质量问题，紧急召集印厂厂长，专题研究如何克服松劲情绪，采取有效措施，强化教材印发质量。通报了在教材排版、校对、印刷、装订中出现质量标准不高的种种现象，各厂代表认真查找印制质量问题及原因，提出改进的具体措施。教材处并制定下达了教材样书制作质量标准及质检办法，成立了样书质检组。会后，教材及样书印制质量有了明显提高。

八、召开教材承印厂厂长工作会议，全面展开教材改版工作。9月17日教材处在京召开了教材承印厂厂长工作会议。会议明确了计划用三个学期时间，将131种中函教材，全部由小32开本改为大32开本，封面和版式设计与改版工作同步进行，使教材的开本与国际国内出版业接轨。

九、深入印厂检查指导，促进印制、发行工作。6月8日到24日，12月18日到31日，教材处两次组织质量检查组，分批深入各印厂，对其印发中函教材的情况进行检查指导。通过听、看、查、问，在了解实际情况的基础上，对各厂好的方面给予肯定和表扬，对存在的问题给予批评指正，通过现场检查指导，对各厂提高教材印发质量起到了促进作用。

十、严格教材费用结算的“三审”把关制控制成本，降低费用。教材处在审核各厂结账单据时，严格执行“三审”把关后，才能将各厂结账单据和审核结果送财务处办理结账手续。全年教材的印制、发行费未出现任何违反财经制度的现象。还密切注视市场纸张价格趋势，当发现教材用纸价格有所下调时，及时通报教材承印厂。在保证教材用纸质量的前提下，视情下调了付给印厂教材用纸费。全年节约购纸费90余万元。下半年开始的教材改版，也是通过考查论证和细致核算，认定在原版价格基础上，基本不增加费用的情况下决定的。

十一、做好书库管理，教材样书验收发放。对教材、资料进行了清理分类，编拟教材目录，制作标牌，使教材进出库数目清楚，提高了工作效率。今年验收教材样书、资料241种，计42800册。上送有关部门、领导和下发部分分院的样书共10924册。

（杨朝旺）

教材编研室

1998年，教材编研室认真贯彻十五大精神，以邓小平理论为指导，努力把中函教材建设推上新台阶，较好地完成了各项工作任务。一年来，主要做了以下工作：

一、举办首次中函教材咨询研讨会。5月19日至23日在福建举行了中函教材咨询研讨会。参加会议的代表有总院、分院的领导和教材主编及部分骨干教师和学员代表。会议强调，中函教材建设要上新台阶，必须充分认识教材建设的地位和重要意义，实行领导、专家、教师三结合。会议落实了教材审改计划，将中函大专和本科共24种教材交给部分分院审改，开拓了教材建设的渠道。在此基础上，派出4位同志分为两组于6月23日至7月16日，赴湖北、云南、四川、重庆、辽宁、吉林、甘肃、山西、陕西等分院，具体落实了35种教材的审改任务。这项工作得到了各分院的大力支持，审改计划顺利完成。分院教师的审改意见和建议，为提高教材质量，提供了很有价值的参考。

二、出台新的稿酬标准，稳定教材编写队伍。年初，教材编研室先后走访了新闻出版署、中央党校出版社、人民出版社、北京出版社、北京大学出版社等单位，在调查研究的基础上，4月23日，教材编研室向院领导提交了《关于提高稿酬标准的请示》，5月11日院长办公会予以批准，较大幅度地提高了基本稿酬标准，并于6月1日起执行。新稿酬标准的出台，为中函教材建设上新台阶创造了必要的物质条件，对稳定作者队伍起到了重要作用。

三、完成99级专业、课程设置和制订全年教材编写计划。1999年上半年使用的教材编写计划，早在1998年3月就完成初稿，在教学、教务、教材和电教等处室配合下，于5月定稿。99级专业和课程设置论证工作也于5月开始操作，并于6月22日同教学处合作拿出方案，反复修改后经教材编审委员会讨论通过，并印发全院。1999年下半年教材编写计划在1998年7月开始酝酿，9月拿出初稿后部分实施，在与相关处室充分协商后12月2日定稿并全面实施。

四、完成教材编审任务。全年先后完成了1998年下学期和1999年上学期使用教材与教学辅助资料的编审工作。1998年编审教材共122种，其中新编教材20种，修改教材33种，重印教材69种；编审教学辅助资料共106种，其中新编20种，修改46种，重印40种。全年编审总字数约2700多万。

五、启动党性教育教材编写工作。1998年3月1日教材编研室将《党性教育基础知识讲座》目录和前三章初稿寄往部分分院征求意见，4月13日至18日举行党性教育教材研讨会，张志新副校长和郭允中同志与会，并发表了重要意见。会议期间完成98级第一学期三讲的修改任务，从而保证了教学用书。《讲座》的其余各讲，有关分院于6月初，分别寄来细目，6月16日召开专家论证会，并在此基础上委托中央党校党建部修改《党性教育基础知识讲座》细目。6月22日，《讲座》细目返回有关分院，分别撰写，11月完成初稿，经主编和专家修订，12月交付印刷。这项工作不仅请专家学者参与，还请分院长期从事党性教育工作的同志参与，上下结合，反复研讨，保证了教材质量。

六、扩大教材编审委员会和建立院外编审队伍。为适应教材编审任务的需要，根据院领导的指示，新一届教材编审委员会委员由原来的17人增至27人。在第一次会议上，委员们审查论证了99级各班次各专业的课程设置方案。并建立院外编审队伍，从中央党校、北京大学、中国人民大学、国防大学、空军指挥学院等单位聘请部分有关专家教授，请他们不定期参与教材编审工作。

七、完成其他工作和任务情况。教材编研室三个专业组，为配合本学科的教材建设，建议并直接参与购置图书资料；资料室还配合总院各处室购置了部分图书，全年共购买图书1624册（套），并全部登录、编辑上架。按照院办公室的布置和要求，教材编研室对《函授教材编写规程》、《关于编写函授教学辅助资料的若干规定》、《关于"乡土教材"编写和使用的若干规定》、《函授教材编审委员会章程》等规章制度，作了相应修改。

此外，结算了教材稿费和分院审改教材费，给作者分发了样书；协助教材处填写"北京地区非出版单位印制内部资料性出版物"申请表69份；根据修订后的《关于编写函授教学辅助资料的若干规定》对1999年上学期使用的53本教学辅助资料进行了规范；本科班和领导二部函授班的36种教材和53本教学辅助资料由小32开本改成大32开本，组织各组对教材处校对中提出来的问题进行了处理，保证了教材和辅助资料的质量；组织填写出版图书申请表8份，出版教材8本。

八、加强政治理论学习，不断提高政治理论素质。一年来，教材编研室组织全室同志学习邓小平理论，学习中央文件、中央领导同志的讲话，提高了全室同志思想政治和理论素质，指导了教材编审工作。

（曹玉海）

行政处

一、安全保卫和防火工作。安全保卫工作，主要认真抓了规章制度的落实，对值班员加强了检查和监督。由于措施到位，增强了值班员的责任心，使安全工作落到实处，做到了安全保卫工作无问题。防火工作，一是对容易出现火灾隐患的单位和部位经常检查，及时发现问题，认真改正，消除了隐患，堵塞了漏洞；二是由各处室负责人组成的防火委员工作到位，做到了警钟常鸣，常抓不懈，工作认真细致；三是更换和增加了消防器材，做到了有备无患，因此防火工作得到比较好的落实。在年终校防火委检查评比中，破例给函院打了100分，获得全校防火工作第一名的好成绩，并且受到校领导通报表扬。

二、车队工作。车队工作主要抓了安全行车、遵守交通法规的教育，并且定期检查、维修、保养车辆，一旦发现问题，及时排除故障，使车辆保持良好状况。车队还注意抓了服务质量，为乘客提供热情周到的服务，受到院内外好评。全年出车2416次，行车179186公里，节油3684公升，其中出长途车26654公里，计56次，全年没有发生交通事故和违章现象。

三、打字复印工作。打字室除圆满地完成了全院各处室交给的日常工作外，还加班加点完成了中央党校1998年函授工作会议文件、烟台培训基地等大量文件的打印工作。打印稿件480万字，油印45万张，装订7.3万份，复印15万页。

四、物资采购和管理工作。全年采购物品共计125447件，959028元，节约资金约15万元。物资采购严格执行校有关规定，按程序办事，大件贵重物品有购物申请报告，主管院领导批准，3人以上负责采购，坚持货比三家、物美价廉的原则。小件物品2人以上负责采购。物资管理健全了资产账目，对固定资产的管理做到了种类、数量、放置地点清楚，便于核查。

五、文件收发和通讯联系工作。全年收发报刊、文件64409份，其中发各种挂号信7192件，收各种挂号信3150件，收发平信3851件，发收传真216件，收发报刊5万份。做到认真登记，随到随发，不积压、漏发。接传电话1万余次，做到文明用语，热情服务，及时、准确无误。

六、办公楼安装了监控报警系统和窗户防护栏。在院长的大力支持下，安装了办公楼报警监控系统，更换和新装了窗户的防护栏，经验收，质量合格，从而为安全保卫工作提供了有力的物质保障。

七、圆满地完成了十月工作会议的会务工作。会务工作由于事先准备充分，会中工作周到细致，受到了与会代表的好评，圆满地完成了任务。

八、办公楼内外的卫生工作。为了使函院有个舒适的工作环境，加强了卫生的打扫和检查工作。每天打扫卫生两次，在节假日和重大活动前搞了8次卫生突击周活动。整洁有序的环境，受到校内外好评。

（孟庆崑）

电化教研室

一年来，在院统一部署下，在院领导的关心、指导和各兄弟处室大力支持和帮助下，全室同志团结敬业，开拓进取，较好地完成了各项任务。

一、认真学习贯彻党的十五大精神，用邓小平理论指导电化教研室的全部工作。重视政治学习，注重提高全室人员的政治素质和理论修养。制定了政治学习制度，强调用邓小平理论武装头脑，在政治上、思想上与党中央保持一致；强化政治意识。在聘请主讲教师时，强调了政治素质和政治责任心，在讲授内容上，强调要与党的十五大精神保持一致；在音像教材审定过程中，强调把好政治质量关，对十五大以前录制的音像教材，进行了认真的复审，对不符合中央精神和与教材内容不一致的音像教材，及时进行重录和部分修订，基本达到了音像教材与文字教材相一致的要求。

二、明确岗位职责，健全管理制度。制定和修改各种规章制度21项，编辑了《电化教研室管理制度汇编》。《音像教材制作规程》、《电化教学实施》编入总院《管理制度汇编》。全室同志认真贯彻落实各项制度，提高了工作效率。

三、加强业务学习，提高办学主体素质。坚持业务学习制度，采取召开“诸葛亮会”、组织专题讨论、进行课题研究、派出培训等方式，有目的的提高办学主体应具备的业务素质，使大家能熟悉和掌握从事本职工作的各项方针、政策和应知应会的知识，有力地保证了全室各项工作的完成。

四、召开了首次电化教学和计算机管理工作会议。于1998年7月29日至8月3日在山西召开了电化教学和计算机管理工作会议。会议在党的十五大精神指引下，以邓小平理论为指导，深入贯彻胡锦涛同志关于党校函授教育的指示和中央党校函授工作会议精神，总结电化教学和计算机管理的经验，分析了取得的成绩和存在的问题，商讨迈上新台阶的对策。

五、编辑了《把电化教学和计算机管理工作推上新台阶》一书。经过3个多月的搜集整理，完成了全书的统筹和编辑工作。全书共33万字，分四部分：一是会议文件；二是经验选编；三是电教室管理制度选编；四是音像教材讲稿选编。

六、依据教学计划，较好地完成了全年音像教材录制任务。全年选聘36名主讲教师，录制46门课程，其中考试课25门；讲座课13门；教师备课教材8门，聘请审定教师32名，审定时间636小时，以及修改和审定讲稿、校正字幕等工作。从整体效果上看，所录制音像教材的质量稳步上升，优良率达到85%以上，满足了教学需要，受到广大教师和学员的欢迎。

七、进一步完善和规范审定机构，明确了各自职责。成立了几个业务小组：一是策划与设计小组，主要对音像教材从内容、形式和手段上进行统筹与设计，力争在内容、形式、手段和效果上有突破性的进展；二是监制小组，根据教学大纲和教学具体安排的要求，对音像教材从整体上讲行审查，认真把好质量关，提高音像教材的政治性、针对性、逻辑性、艺术性，符合标准方可复制发行；三是综合技术审定小组，对音像教材严格把关，力争上档次、出精品；四是终审小组，主要由院领导组成，在专家教授审定和电化教研室修改的基础上，进行全面的审查批准。

八、对原录音像教材进行认真的复审与修订。对十五大以前录制的音像教材进行了全面的复审，其中，《社会主义市场经济简明教程》、《农村经济管理》等6门课程因教材有较大修改和内容上不符合十五大精神而重新录制；《法学基础》、《宏观经济管理学》等3门课程因对考试题型讲授不符合中函院考委会命题办1998年7月新规定而进行部分重录，确保了音像教材的质量。

九、加强编辑与复制，提高了制作水平。负责编辑的同志对后期编辑工作做到了认真负责，一丝不苟。对可能出现差错的环节，安排核对、检查，做到一门一门的对照，一盘一盘的检查。全年共复制音像教材16329盘，其中录像带4762盘，录音带11567盘。

十、加强计算机硬件管理与技术服务，搞好教务管理系统软件维护工作。指定专人对硬件设备和软件使用进行维护和技术支持，只要出现故障或发生使用中的技术问题，都能做到随叫随到，及时检修，保证了计算机硬件的良性运转和计算机系统的正常使用。对“教务管理信息系统”软件，又进行部分功能的调整和扩充，采用电话、电子邮件、上门服务等各种形式帮助解决软件应用中遇到的问题，及时处理分院上报的数据，采集学员信息66万余条，使60多个分院摆脱了手工作业，提高了工作效率和管理水平。

十一、完成了校级科研项目，成功地组织了专业组鉴定、验收工作。“中央党校函授学院网络管理信息系统”一期工程，经校科研部批准，确定为校级科研项目，经过一年的设计、测试，已处于鉴定验收阶段。为方便应用和整体维护，在系统设计时，提供了面向高、中、低业务管理三个层面的三套系统，根据各门业务上的需要，设计了400多个管理模块，120多个报表，可对函院主要业务实现全面管理。

十二、克服技术难关，加快网络建设的步伐。网络布线共设置了128个网点，并将各处室单机联入网内，在单机上安装网卡，进行了网络设置和网络联调，联通网点30多个，形成了网络工作环境。与此同时，还利用总院网络功能，在机房安装了国际互联网代理服务器，使各工作站上网时，不用单独申办入网手续，不必增加设备，就可通过院内局域网与国际网互联，既节约了经费，又方便了管理。

十三、加强与各兄弟处室的联系和交流，进行了计算机应用的宣传和培训工作。院机关先后完成了对28名50岁以下的在职干部的计算机培训工作，总院机关已有82%的在职人员参加了培训并通过了结业考试，取得了良好的学习效果，为函授学院网络系统的使用打下了良好的基础。

十四、根据网络建设总体规划，重点抓了二期工程试点工作。召开电化教学和计算机管理工作会议，随后又在北京召开了计算机管理工作座谈会，确定了10家试点单位，成立了二期工程建设领导机构和业务实施纵向联络机构，明确了二期工程目标和任务，安排了二期工程实施方法和步骤，发布了二期工程的技术开发标准，确定了工程的启动和截止时间。

十五、改革了发行方式，扩大征订范围。音像教材征订发行工作，由教材处划归为电化教研室管理，并对征订发行工作作了较大的调整，除原征订渠道外，总院还将征订单直接发到各学区、辅导站。上半年发行音像教材8700盘，其中录音带6200盘，录像带2500盘，较好地完成了征订发行工作。

十六、服从大局需要，积极为烟台基地建设做贡献。自院领导把基地弱电建设的规划、设计和协调工作交给电化教研室后，全室以大局为重，在保证正常工作的前提下，先后多次派人前往烟台基地进行考察、论证，在基地建设领导小组的支持下，先后确定了基地的闭路电视教学等系统工程的设计、施工方案，已完成了第一阶段的施工任务。　（谢广乔）

机关党委

1998年，函院机关党委按照工作目标管理的要求，较好地完成了任务。

一、贯彻十五大精神，加强邓小平理论学习

围绕提高办学质量，把函院办成全国第一流的干部教育实体这一任务，院机关党委认真组织党员干部学习邓小平理论，用以指导函授教育。上半年重点学习、讨论：邓小平理论的指导意义和历史地位；邓小平理论对党校函授教育的指导意义和作用；社会主义初级阶段的基本路线和纲领；经济体制改革和经济发展战略等专题。下半年主要是落实《关于在全党深入学习邓小平理论的通知》精神，认真学习江泽民总书记的重要讲话，并结合“讲学习、讲政治、讲正气”为主要内容的党性党风教育，组织学习邓小平理论。院机关党委还编写、整理了“学习邓小平理论和十五大报告知识竞赛 120 题”，组织党员、干部进行学习、讨论，推动了邓小平理论的学习。

二、结合实际，开展经常性的政治思想工作

（一）一把手抓党建抓思想作风建设，逐步得到落实。院、处一把手十分重视党的思想作风建设。院机关党委也多次专题研究讨论党建问题。11 月召开了有各处室一把手参加的院机关党委扩大会议，讨论党的思想作风建设和理论学习问题，使函院政治思想工作得到了进一步加强。

（二）院机关党委、支部协助行政领导开展经常性政治思想工作。注意了解党员、干部、聘用人员的思想、工作情况，有针对性的做好思想沟通和教育工作，使函院形成一个良好的工作、学习环境，各处室都展现出良好的精神风貌，许多同志在自己岗位上兢兢业业，埋头苦干，加班加点，不计名利，保证了函授教育任务的顺利完成。

三、突出自律防腐教育，搞好党风廉政建设

院机关党委认真组织党员干部学习江泽民总书记在中央纪委第二次全会上的重要讲话和尉健行同志的报告。院领导、院党委都进行讨论，并联系函院实际情况研究贯彻落实中纪委以及中央党校、函授学院关于干部廉洁自律的各项规定。院党委还协助行政部门做好移动电话的登记清理等工作。从检查了解的情况看，函院党员干部还是自觉认真执行廉洁自律各项规定的。如，有的同志在烟台培训基地筹建、内部装修物资设备购买过程中，多次严词拒绝接收有关业务单位、商品推销人员的礼金贿赂，有的款项上万元、几万元，并主动将无能拒收的礼品，如茅台酒、红塔山烟、不锈钢器具等，按照规定如数交公，登记处理。表现了共产党员拒腐蚀，不受诱惑，廉洁自律的优秀品质。

另一方面，函院、函院职工在捐资助学、扶贫帮困、尊老助幼等献爱心活动中，一贯积极踊跃。如，今年向张北地震灾区个人捐款 14220 元，防洪赈灾个人捐款 18210 元。函授学院单位捐款 15 万元。

四、继续推进精神文明和函院文化建设

（一）党组织始终注意把“团结、敬业、务实、创新”的函院精神，落实到工作中去，引导党员干部牢固树立为人民服务的宗旨，为党的事业勤奋工作，多做奉献。现在，分院、学区来总院办事的同志，都感觉到总院工作人员积极主动，热情周到，认为到总院就像到了自己的家一样温暖。

（二）院党委通过加强对院工会工作的支持、指导，开展多和形式的高尚文明的文体活动，密切党群关系，干群关系，大力发展高层次函院文化，加强职工的集体主义观念，增强凝聚力，使函院成为一个团结战斗集体。院舞蹈队今年再次接受校工会、校精神文明办公室的委派，代表中央党校参加青龙桥地区“五月的鲜花”汇演。舞蹈队经过艰苦排练，演出舞蹈节目“走进新时代”，受到了青龙桥地区有关领导和驻地机关单位赞许，并荣获舞蹈一等奖，还被选调到海淀区参加海淀区解放五十周年“火红的大地”专场演出。为庆祝“七一”党的生日，院摄影协会，举办了第二次摄影作品展，并评选出若干佳作，给予奖励。我院男子乒乓球队在 1998 年中央党校乒乓球团体比赛中，再次勇夺桂冠，实现四连冠。党组织、院工会还积极组织职工在繁忙工作之余，外出参观、学习，接受教育。如参观周总理生平事迹展览等。通过组织观看电影“泰坦尼克号”、垂钓、周末度假等，活跃职工文化生活，促进身心健康。举办国庆联欢会，元旦迎新会。另外，有的同志，利用外出开会，调研、巡视的机会，抽空去瞻仰革命圣地、纪念馆或到贫困地区了解社情，自觉接受爱国主义、集体主义教育。

(三) 院机关党委继续主办“函院生活”，坚持每两周出1期。全年出20期，配合中心，指导工作，交流信息和办学经验。

五、继续抓紧党的组织建设

院机关党委始终重视党的组织建设和组织发展工作，党委、支部多次进行讨论研究，特别是如何加强对要求入党积极分子的了解和培养。党组织还向要求入党的同志发了《入党教材》，并组织学习，具体帮助他们提高对党的认识，端正入党动机和明确自己的努力方向。1998年2名预备党员按期转正，1人经考核被接受为中共预备党员。现在还有一些要求入党的积极分子，在党组织的帮助和教育下，正在努力创造条件，提高自己的综合素质，争取早日加入党组织。为了加强对青年的培养、教育，院机关党委同校团委联系，成立了函授学院团支部，并积极开展了活动。如，参加读书会，外出参观，参加校团委组织的纪念三中全会二十周年知识竞赛等活动。 （唐和祥）

院长办公室

一、学习政治理论和时事政策

组织全体同志深入学习贯彻党的十五大和十五届三中全会精神，学习贯彻全国人大和全国政协会议精神，学习和弘扬98伟大的抗洪精神，学习邓小平理论。在所有学习中，把学习邓小平理论放在中心位置。学习中，注意将学习理论与指导工作实践相结合，学习理论与提高组织生活会质量相结合，学习理论与改造世界观相结合。不断提高思想政治水平，提高理论思维能力，提高创新能力，为做好本职工作，发挥参谋助手作用，打下了比较坚实的思想和理论基础。

二、一年来所做的主要工作

(一) 根据中央和校委关于1998年工作安排的指示精神，按照院领导提出的要求，紧密结合函院的实际，研究拟定了函院1998年工作要点。强调认真学习贯彻党的十五大精神，坚持用邓小平理论指导函授教育工作，对探讨教学规律，加大考务管理工作改革力度，搞好函授教育评估工作，努力提高办学主体素质，加强党校函授教育科学体系的研究，以及加强机关党的建设等十四个方面，作出了全面安排。任务明确，重点突出，要求具体。最后经院长办公会议讨论批准，颁布执行。

(二) 为全国党校校长座谈会提供有关材料。按照校领导的指示，函院要为会议研究党校函授教育工作准备党校函授教育办学情况、党校函授教育学历、规范地方党校函授教育等方面的材料。这三方面的材料，最后均由院办牵头协调，前两个材料由院办负责撰写和修改，经院长办公会议研究，上报校委。

(三) 组织专人撰写年度工作会议主题报告。院长办公会议研究确定，年度工作会议以提高办学主体素质为主题。5月份草拟了报告提纲，在教材建设咨询研讨会上征求了华东片六省一市分院负责人意见；7月份着手写主题报告详细纲目；8月份再次征询部分分院负责人意见后，进一步充实内容，写出主题报告草稿，经院长办公会议研究审定，与会代表一致赞同这个主题报告，并给予好评。

(四) 出版《函授快讯》40期。从整个情况看，起到了报导中心、指导工作、交流情况、总结经验的作用，受到了各方面的赞许，尤其是受到基层单位的欢迎。

(五) 中央党校函授教育年鉴1996年卷和1997年卷，在院领导高度重视和亲自布置下，在全院同志的支持和配合下，在全体编辑人员的共同努力下，力求保持年鉴资料的准确性和完整性、力求精选精编的编辑思想，两卷共用稿 2038 篇，345.7 万字。这是建院以来，党校函授史料的力作。

（六）修订、增补《中央党校函授学院管理制度汇编》。6 月，组织总院机关各处室和 21 个分院，分工承担部分制度的修订、增补任务。共收到修订稿 143 件。11 月，在上海分院举行《制度汇编》修订、增补工作会议，请部分分院专家、学者、教授等对现行的有关办学制度进行修改。随后，在北京又进行了统稿工作。

（七）协助领导积极做好与中央有关部门的沟通工作。在有关校、院领导直接参与下，与中组部干教局负责人就党校学历问题进行了磋商，努力探索解决学历问题的途径与办法。

（八）办文、办会、办事。在办文方面，主要承担了全院性文稿的起草工作：

1. 关于函授学院向校委汇报工作提纲（1998 年 6 月 30 日）；

2. 关于党校函授教育学历问题的报告；

3. 1998 年春季院务扩大会议纪要；

4. 1998 年年度工作会议主题报告；

5. 成都会议(部分分院院长座谈会和院长办公室主任座谈会)工作报告和会议纪要；

6. 编辑《党校工作文件选编》、《中央党校 1998 年函授教育工作会议文件汇编》。

此外，为校领导撰写讲话稿和文稿。还承担了武汉教育评估工作会议、深圳、昆明零购教材发行工作会议、福建南平教材建设咨询研讨会、大连第二次研究生工作会议等的会议纪要和撰写修改任务。

上半年，共校核各种通知 72 件（含以院办名义发的通知 20 件），请示 17 件，处理各部门办文 435 件。

在办会方面，主要承办了年度工作会议、成都会议、春季院务扩大会议，参与了武汉教育评估工作会议、福建南平教材咨询研讨会、大连第二次研究生工作会议、党性教育教材研讨会、专业调整专家论证会等有关会务工作。

在办事方面：

1. 接待了来函院办事、联系工作的客人，近 4000 人次；

2. 接待了美国、英国、日本、奥地利、澳大利亚等国家有关成人教育机构代表团来访，商谈合作办学事宜；

3. 组织地方党校和分院负责人两批 32 人出访美国，考察成人教育情况；

4. 陪同院领导到四川、湖北、福建、辽宁、新疆、山东、广东、山西、浙江等地参加会议、检查工作、调查研究。

（九）努力做好对外宣传工作。会同有关部门和同志积极做好对外宣传工作。一方面，做好公关工作，在校内，向校领导和有关部门；在校外，向中央国家机关有关领导和部门，主动赠送函授教育教材，争取各方面对党校函授教育的关心和支持。另一方面，努力做好宣传报道工作，利用宣传媒体及时报道党校主要领导和分管领导对党校函授教育的指示、讲话和意见，报道领导同志的活动动态，报道党校函授教育的进展情况，使社会各界更多地了解党校函授，关心党校函授，支持党校函授。（刘森海）

研究生办公室

1998 年，是试办党员领导干部在职研究生班以来招生人数最多的一年，在院班子的直接领导和各处室的大力支持下，顺利地完成了各项工作。

一、完成 98 级在职研究生班的招生工作。按照校、院领导的指示精神，1998 年招生的单位，在原办学点基础上，又增加了陕西、甘肃、山东、广西、云南、四川、安徽、重庆等省、市新的办学点。经过几个月周密组织，紧张工作，完成了98级党员领导干部在职研究生班经济管理专业招生考试命题、试卷印制、考生资格审查、考前辅导、招生考试和录取工作。

二、召开了第二次研究生工作会议。经院领导批准，于6月9日至13日在大连海军政治学院召开了第二次研究生工作会议，与会代表60余人。会议紧紧围绕提高办学质量这个中心，认真学习中央领导同志和中央党校校委关于党校函授教育的指示；总结交流办学经验；讨论修改《党员领导干部在职研究生工作手册》；确定98级招生录取方案和部署工作。会议期间，领导到会并讲了话。此次会议，取得了良好效果。

三、认真组织95级论文撰写和答辩工作。95级在职研究生班是总院试办的首届研究生班次，为做好该班的论文撰写和论文答辩工作进行了统筹安排，认真准备，周密实施。95级在职研究生在导师指导下，按总院的要求，于5月下旬完成了毕业论文的撰写，6月27日开始组织论文答辩。对此，中央党校和总院领导十分重视，张志新副校长和孙钱章院长、史信发、刘利群副院长亲临答辩现场具体指导。答辩会由中央党校经济学部副主任张伯里等6位教授、副教授主持，全班学员全部通过答辩，其中7人取得了硕士学位。教授、专家对在职研究生的论文质量给予了高度评价，认为所写论文具有一定理论高度和深度，对于指导实际工作很有参考价值。7月16日，95级在职研究生班全体学员参加了中央党校暑期毕业典礼，受到了胡锦涛同志的亲切接见，并合影留念。

四、进一步加强教学的宏观管理。为规范办学行为，强化教学管理，先后采取了一些教学管理措施：对各分院、学区上报的教学计划及“授课教师资格审核表”等进行认真审核；及时了解和通报教学情况，指导各分院的工作；组织人员深入分院进行学术调研，了解贯彻落实大连研究生工作会议情况和教学管理情况；广泛听取各单位授课教师对实施专题性教学的意见；探索命题改革路子，吸收有关分院、学区的授课教师参与命题，汲取各分院的命题经验，不断提高命题质量。

五、组织编写、汇编部分教材和资料。1998年以来办公室组织力量开始着手抓教材建设，变选购为主逐步做到以自编教材为主，以逐步形成具有党校在职研究生特色的教材体系。完成了《古文选读》、《西方管理理论研究》和《现代企业经营管理》的编写；汇编并下发了《98级学员入学学习文件》、《党员领导干部在职研究生班工作手册》、《总结、交流、提高——第二次研究生工作会议文件和经验材料汇编》；编辑了1995年至1998年在职研究生班招生考试试题集；修订了《99级经济管理专业研究生招生考试复习资料》。

六、顺利开展试办在职研究班甲班的各项工作。根据院领导关于试办党员领导干部在职研究生班政治学专业（治国方略研究方向）98级甲班的决定，组织力量拟制了培养方案，并召开了两次专家论证会，形成了具有一定特色的培养方案；根据培养方案，先后进行了制订《招生办法》、审查学员资格、召开招生会议、选聘导师、制订教学计划及制定规章制度等工作。9月27日召开了98级甲班学员、导师见面会，刘海藩副校长、孙钱章院长在会上讲了话。

为加强97级甲班的教学及管理、交流第一学期教学情况，研究第二学期教学计划，总院于8月中旬在青岛召开了97级甲班导师联席会和教学交流研讨会，导师与学员进行了双向交流，并采取请专家、学者讲课，制发录音、录像带，发通报等多种方式，加强对教学工作的组织管理。

（研究生办　供稿）

考试委员会办公室

考试委员会办公室是1998年初成立的总院考试委员会的办事机构，负责考试命题和考务管理工作。一年来，主要做了以下工作：

一、充实人员，明确岗位职责

原有工作人员仅5名，其中命题工作人员3名，考务工作人员2名，人员不足，难以适应工作需要。在院领导的大力支持下，从院内有关处室调剂补充了4名同志，后经多方考查，又选聘了5名政治素质较高、业务能力较强的同志。将全室14名同志划分到考试命题和考务管理两个办公室，并明确了各自的岗位职责和工作要求。

二、命题制卷工作

（一）先后完成了98级招生考试、1998年两个学期期末考试和补考、95级大专班和96级本科班、第五期领导干部函授班总补考，以及洪灾地区学员补考等6次命题制卷工作，涉及148门闭卷考试课，命题332套，制卷459.4万份。其中上半年期末考试25门课程、命题100套，比上年同期的18门课程54套试题增长85%；下半年期末考试27门课程、命题108套，比上年同期的24门课程96套试题增长12.5%。考试命题办公室人员先后6次到印刷厂监印，严格执行三审三校制度，确保了命题和制卷质量。

（二）调整题型、题量的试题内容。1998年各班次考试试题均作了适当调整，采取题小、量大、分值低的原则，以促使学员认真钻研教材。大专班的判断题由5题改为10题，每题2分。本科班和领导干部函院班增加了5道多项选择题，每题2分；判断题改为辨析题，不仅回答对错，还要分析说明理由。各班次的论述题和本科班的辨析题，都加大了理论联系实际的力度和跨章节的综合性；法学和行政管理学等还增加了案例分析，以突出素质教育，培养和考核学员分析实际问题和理论思考能力。

（三）组织修订和编写了99级各班次的招生考试复习纲要。根据党的十五大精神，在纲要修订中进一步突出了邓小平理论的指导地位，本科班和领导干部函授班还把邓小平理论作为单独一科进行了编写。纲要规模和98级基本相同，大专班的纲要约27万字，本科班的约31万字，领导干部函授班的约17万字。考试命题适当增加了经济体制改革和依法治国的新内容。比如，经济学试题中增加了有关公有制实现形式的内容，行政管理学以精减与效率原则为题考核学员对当前行政体制改革意义的理解，语文试题出了“转变择业观念”等一类作文题，等等。此外，还汇编了96级、97级、98级各班次的招生考试试卷及答案。

（四）选聘分院教师组建题库。1998年下半年办公室报请主管院领导同意，选聘了5个分院的教学一线教师参与题库组建工作，对8门主考课程的试题及答案进行了编撰。

三、考务工作

（一）先后完成了招生考试、期末考试、补考、总补考、洪灾地区学员补考等8次考务组织管理任务。多次召开会议，周密部署，连续下发了三次关于做好考试工作的通知。考试期间，校院领导多次亲临考场巡视。招生考试期间，抽调了49人，组织了24个巡考小组分别到22个省、区和部队分院、学区巡视检查考试情况，每天还派出10多个小组30多人到驻京单位考场巡视。当发现重大违纪问题时，院领导主持召开紧急会议，采取弥补措施，确保了考试的顺利进行。

（二）健全考务工作班子，培训考务工作人员。各分院、直属学区都按总院的要求先后成立了考试委员会或考试工作领导小组，配备了相应的专职考务工作人员。总院11月份在重庆举办了考务工作人员培训班。

（三）修改和完善考务规章制度及考区分类考评办法。先后走访了北京市委机关分院等单位，听取了有关部门的意见，对各分院、直属学区贯彻落实深圳考务工作会议后的情况进行了调查研究，并于9月召开了北京地区各分院关于考务工作的座谈会。在此基础上，增补了三个具体规定，重新修订了考区考核达标办法。

（四）从严治考、查处违纪事件。由于各级领导重视、要求明确、措施得力，考风考纪总体上是好的，但也发生了广州军区分院、国防大学分院桂林陆院学区、南宁军分区辅导站等试卷泄密事件，以及空军沈阳学区某站提前考试、空军司令部考场多人作弊、北安农垦局分院一考场秩序混乱等问题。办公室都及时向考试委员会和院领导报告并提出了查处意见。通过违反考风考纪单位的上级主管部门对违纪当事人作了严肃处理。（鲁金波）

院报院刊编辑室

院报院刊编辑室在院领导的直接指导和各处、室的大力支持下，通过全体同志共同努力，比较好地完成了1998年的工作任务。

一、院报工作。院报从1998年开始改为以《党校报》专刊的形式出版，提升了规格，全年编发了20期。突出了院报的指导性和知识性，加强了对全院中心工作和各阶段重点工作的宣传报道。

（一）增强了院报的指导性。院报在一版增设了“院长论坛”栏目，发表了20余篇总院和分院院长、副院长的文章和讲话；对中央党校领导出席函院会议、指导工作、巡考等情况及时在头版作了报道；围绕党校函授教育的一些重大问题发表了10多篇编辑部文章和本刊评论员文章；为贯彻落实胡锦涛同志关于党校函授教育的重要指示精神，连续发表了五论“严把‘四关’”的系列评论。此外，还及时介绍了一些分院、学区落实中央领导同志有关指示精神和总院有关会议、文件精神的工作经验。

（二）围绕中心工作加大了宣传力度。院报及时报道了专业调整论证会、完善教学大纲编制问题讨论会、教学管理研讨会和备课会等重要会议的情况，并通过“教学方法探讨”、“教学经验交流”、“毕业论文指导”、“学院通讯”、“简讯”等栏目发表了100多篇（条）有关教学的文章和报道，介绍了一些分院、学区、辅导站的教学管理经验和进行教学改革的情况，并介绍了一些学习方法和学员的学习经验、体会。

辅导站建设是1998年全院的一项重点工作。院报发表院领导的有关讲话和编辑部文章。及时报道了总院在甘肃分院举办辅导站站长培训班的情况，并出了专版。还连续编发了几十篇有关辅导站建设的文章和通讯，介绍了一些分院、学区加强辅导站建设的情况和经验。发表了题为《总结工作经验，加强检查督促，进一步推进辅导站建设》的本刊评论员文章。

（三）加强了对重点工作的宣传。加强了对贯彻十五大精神和学习邓小平理论的宣传。院报及时发表了中央党校校院领导的有关讲话，而且发表了题为《进一步贯彻十五大精神，认真学习邓小平理论》、《认真贯彻〈通知〉精神，深入学习邓小平理论》等本刊评论员文章，院报还开设了“十五大文件学习”和“邓小平理论学习”专栏，发表了一些同志就学习十五大文件和邓小平理论心得体会的文章。

加强了对招生和考试工作的宣传。为配合做好招生工作，专刊在招考前发表了编辑部文章，在“招生工作”专栏中，发表了多篇有关招生考试的文章，介绍了一些分院、学区狠抓招生考试工作的举措。在头版头条报道了校院领导巡视考场、听取考务工作汇报、同考生交谈的情况。在“考务工作研究”、“学院通讯”、“简讯”等栏内，发表了40余篇文章和通讯，报道了一些分院、学区治理考风考纪的一些举措和办法，并用半个版的篇幅发表了《齐抓共管，严把招生考试关》的招考述要等。对期末考试也做了相应的宣传报道。

加强了对评估工作的宣传。院报及时报道了函院召开的评估指标体系咨询研讨会及校院领导的讲话。还及时报道了武汉评估工作会议和第二次函授教育评估工作会议情况，发表了校院领导的讲话，并先后用两个整版篇幅介绍了湖北、广西、安徽、河北、天津、辽宁等分院评估检查的经验。

加强了对党性教育的宣传。为了配合搞好党性教育工作，院报及时报道了党性教育教材研讨会的情况及校院领导的讲话，而且发表了《务必把党性教育作为全院大事来抓》、《深入开展“三讲”教育，切实提高思想政治素质》的编辑部文章和评论员文章。出了“党性教育”专版，报道了一些分院、学区党性教育的做法和经验。

加强了对提高办学主体素质工作的宣传。院报全面报道了年度工作会议的情况，刊登了校院领导的讲话和主题报告，发表了编辑部文章。对总院与分院联合举办的甘肃分院站长培训班、东北三省函授管理干部培训班、内蒙古函授教学管理干部暨教师培训班及其他分院、学区对教师和办学人员进行培训的情况和经验及时作了报道。

（四）加强和扩大了对党校函授教育的宣传。院报开设了“函院介绍”“改革开放和现代化建设中的函授学员”等栏目，组织了系列文章对现代化建设中的中央党校函授教育进行系统介绍，对函授学员在改革和现代化建设中运用所学知识开拓进取所取得的成绩进行了大量报道。还扩大了院报的发行范围。除在原《导报》的发行范围发行外，还增发给了《党校报》的订户。

（五）增强了知识性。开设了“学苑”、“学习辅导”、“文化漫谈”、“读书方法”等栏目，发表了一批知识性强的文章；为使读者了解“知识经济”、中国古代教育和外国成人教育，发表系列文章和登载几十篇文摘进行了专题介绍。

（六）在活跃版面方面做了一些努力。增加了能体现函院精神、反映党校函授教育面貌的图片新闻，并注意了诗歌、书法、篆刻、绘画作品的选登。在版式设计上也作了一定的改进。

二、院刊工作。全年出了8期。院刊开设了“焦点信息”等栏目，增加了一些有利于帮助学员学习和提高工作水平的内容，发表了关于机构改革、亚洲金融风暴、职工下岗和再就业、建立健全社会保障体系、粮食流通体制改革等大家关心的热点、焦点问题的专题论文或信息介绍专稿。编辑部的同志还对院刊的改革进行了认真探讨，并提出了一个比较好的改革思路。

三、通讯员队伍建设。院报向各宣传报道组寄发了《致各宣传报道组》的信和院报编辑部1998年的《工作设想》和1998年组稿总计划。在院报上公布各单位给院报的投稿数和在院报上的发稿数，并排出名次，起到了明显的促进作用。有些单位专门召开会议研究了宣传报道工作，并对通讯员提出了具体要求。院报还评选出了8名优秀通讯员、2名优秀撰稿人和5个先进单位。

四、加强自身建设，做好各项工作。院报、院刊修改补充了编辑工作规程、编辑部职责范围、编辑人员岗位职责，编辑工作流程及流程图、院报编辑部岗位目标要求等。院报加强了与总院各处的联系，及时沟通信息。负责编务的同志积极做好编务工作，及时对来稿进行分类、登记，向作者寄发院报、院刊，稿酬统计与发放等。全体同志积极参加全院组织的活动和相关工作，如劳动、巡考、文艺宣传、办黑板报、摄影展，以及教材编写工作和《年鉴》的有关工作等。(舒金城)

视 导 委

1998年，是视导委工作活跃、内容充实、作用突出的一年。一年来，主要完成了下列工作：

一、教育评估工作

1．4月8日至10日，总院在武汉召开了中央党校第一次全国党校系统函授教育评估工作会议。这次会议总结了前阶段的评估工作，分析了当前评估工作的形势，指出了存在的问题，提出了十项措施，部署了1998年的评估工作任务。孙钱章院长到会并讲了话，王德夫同志作了主题报告，湖北、辽宁、河北、广西、安徽、天津等6个分院作了典型经验介绍，会议针对学区评估中存在的问题，提出了防止走过场的十条规定。

2．制定了分院一级评估指标体系。经多次召开小型座谈会、专家咨询会，并经征询试点单位河北分院以及辽宁、吉林分院的意见，经过多次反复修改于7月最终完成了分院评估指标体系送审稿，经呈报院、校领导批准，以中央党校名义下发各省级党校校委和分院（含直属学区）执行。

3．积极开展分院自评试点，召开廊坊会议，推动分院自评工作。视导委根据各分院评估工作进展情况，将吉林、河北两分院定为总院试点单位，并要求联合视导组在各大区也要试点。9月，视导委根据分院自评中的问题，明确提出了分院自评必须做到“十要”的要求。即认识要提高，领导要投入，工作安排要有位子，要开门评估，标准要坚持，材料要规范，重点要抓住，站区要搞好，奖惩要分明，整改要跟上。9月下旬，总院在河北省廊坊召开了自评试点工作座谈会，张志新副校长和院领导孙钱章、刘利群到会并讲话。这次会议对推动分院自评工作起到重要作用。

4．组织了第一轮学区、辅导站评估的检查工作。6月中旬至7月初，经院领导批准，视导委组织了有各处室同志参加的5个评估工作检查组，分赴陕西、青海、内蒙古、吉林、重庆等分院，深入21个学区、13个辅导站，检查了解评估工作进展情况。对解决评估工作发展不平衡问题起了积极作用。

5．对军队系统开展评估工作作了初步安排。视导委根据总院的要求，专门研究部署了军队系统党校函授教育的评估工作。鉴于军队的特殊性，军队系统评估工作，由总政全军党校函授教育办公室，根据总院的统一部署和要求，统一组织。总的原则是：标准要坚持，时间要抓紧，工作要做细，不赶进度，不走过场。评估具体实施办法，由总政全军党校函授教育办公室与总院商定后，组织实施。

6．12月21日至23日在厦门召开中央党校第二次函授教育评估工作会议。会议主题是检查前段评估工作，交流分院自评经验，部署1999年评估工作任务。张志新副校长到会并讲话，刘利群副院长代表评估委员会作主题报告，孙钱章院长作会议总结，8个单位介绍了分院自评经验，6个小组代表发了言。大家反映这次会议，准备充分，内容实在，肯定了成绩，交流了经验，明确了方向，会议开得节俭高效。

二、处理群众来信

视导委指定专人负责这项工作，定期就信访中提出的问题进行分析研究，并查处一些违纪案件。1998年群众来信反映的主要问题有：办学指导思想不端正；考试作弊严重；办学人员徇私舞弊；管理混乱。群众来信与往年比较的主要特点是：反映的问题多数基本属实；反映考风考纪问题的比以往增多；反映办学人员，尤其是单位领导人徇私舞弊、作风不正的比以往增多。

三、视导组织建设与活动

1. 调整华北联合视导组组长人选，因原华北联合视导组组长蔡醒民退休，经请示院领导批准，并与有关方面协商，决定河北省委党校常务副校长杨伯亚任华北联合视导组组长。

2. 为进一步推动分院评估工作，并在评估工作中加强视导工作，1998 年西南、华北、华东、西北、东北、中南六大区的联合视导组分别召开会议，交流在评估工作中加强视导工作的经验。

四、其他工作

1. 编印了《视导工作》14 期，比较及时地推广了分院评估工作和开展视导工作的经验。

2. 及时处理有关函授学历问题的来信、来访、来电。视导委指派专人负责接待处理、回答有关学历的各种问题，并编印了 4 期《学历问题情况反映》、《学历问题来信选编》、《关于妥善解决党校学历问题的建议》等材料。

3. 在院领导直接主持和院办、研究室同志参与下，视导委陈世豪同志完成了《关于规范党校函授教育的意见》送审稿。

（王德夫）

研　究　室

1998 年，研究室在院领导的正确领导和兄弟处室的大力支持下，深入学习邓小平理论，发扬积极进取精神，认真履行职责，共同努力，勤奋工作，较好地完成了院领导交给的任务。一年来主要做了以下工作：

一、健全组织和制度。针对年初因总院机构调整研究室人员变动较大的情况，经院领导决定，先后调进 3 名同志到研究室工作，充实了研究室的力量。同时，修订了《研究室工作职责范围》，增加了“党校函授教育科研工作组织管理”的职责；并在调查研究的基础上，拟制了有关科研工作管理的规定。为研究室正常开展工作、实施科学管理提供了组织和制度保证。

二、参与 1998 年度工作会议的部分材料工作。一是开展专题调查研究，及时围绕 1998 年函授教育工作会议“强化办学队伍建设，提高办学主体素质”的主题，派出两名同志赴安徽和江苏分院进行调研，写出了调研报告上报院领导。同时，还请辽宁、山东、山西、广东和甘肃等分院对会议主题进行专题研究，多数单位按要求提交了研究成果；研究室也以此为科研课题进行认真研究，并于 9 月底写出了课题成果报告。二是负责大会典型发言的材料组织工作。在调查研究和审阅各分院有关经验材料的基础上，经院领导同意，确定了大会典型发言的 17 个单位，并与发言单位商定各自的发言内容，对发言材料进行了反复修改，共审阅、修改材料约 20 万字。大会发言取得较好效果。

三、开展党校函授教育的科研工作。一是研究室派人到本校科研部、国防大学、军事科学院和空军指挥学院等单位学习科研工作的经验，在此基础上，拟定了《中央党校函授学院科研工作章程》及有关文件。二是拟定科研课题。根据院领导的指示精神并紧密结合中央党校函授教育的实际，研究拟定了“中央党校函授学院 1998—1999 年函授教育的部分科研课题”。三是在全院开展科研工作。研究室协助院领导在总院召开了各处、室负责人会议进行动员，向各分院、直属学区下发了“科研误题”和在全院开展科研工作的通知，至 1998 年底，有 33 个单位申报了 113 个课题，收到正式申报表 52 份，先后向院领导申报两批共26个科研课题，其中第一批的11个课题获准立项，到年底为止，有7个课题提供了研究成果。

四、参加关于规范党校函授教育问题的研究工作。并将其列为科研项目，成立了课题组，研究室部分同志参加了这一工作。年底，向院领导上报了研究成果。

五、参与关于党校教育学历文件的起草工作。在院领导的直接领导下，研究室部分同志参与了党校教育学历的文件起草工作。

六、出刊《信息与研究》15期。并协同《中国市场经济报》赴辽宁分院组稿，完成了中央党校函授学员谈“深入学习贯彻党的十五大精神，深化企业改革，促进企业发展”专版的采编任务，于11月份见报。

七、编辑《强化办学队伍建设，提高办学质量》经验选编。该选编是从分院、学区和辅导站上报的100余篇经验材料中，选出58篇编辑而成的。（周华彬）

培训办公室

1998年2月，总院成立了培训办公室，负责对全院办学队伍培训工作的统筹规划和组织实施。

一、统筹规划，设计全院培训工作

培训办公室成立后，拟定了《培训办公室职责范围》，明确该室所承担的任务及职责规范。4月，拟定并呈报了《中央党校函授学院管理干部队伍1998—2000年培训规划》、《中央党校函授学院管理干部队伍1998年培训实施计划》、《中央党校函授教育系统教师三年培训规划》和《1998年中央党校函授教育系统教师培训实施计划》。6月30日，拟定并下发了《关于加强两支队伍培训工作的通知》（中校函字［1998］第32号文件）。10月，中央党校1998年函授教育工作会议后，培训办公室又重新修订了《1999年至2001年中央党校函授学院管理人员和教师培训规划》，以及1999年的《实施计划》。11月，拟定并呈报了《中央党校函授学院管理人员和教师培训工作规程》。

二、组织实施，举办两支队伍培训班

全年，培训办公室分3期举办了4个培训班。第一期，3月31日至4月5日，在兰州市举办了中央党校函授学院甘肃分院辅导站站长培训班，参训人员以辅导站的站长、副站长和部分学区主任为主，共125人。第二期，7月16日至22日，在长春市举办了中央党校函授学院东北三省管理干部培训班，参训人员以分院负责人和学区主任为主，包括少量辅导站站长，共102人。第三期，8月22日至9月2日，在呼和浩特市举办了中央党校函授学院内蒙古分院教学管理干部暨教师培训班，参训人员以各学区分管教学的校领导、学区主任和部分教师为主，共103人，其中管理干部68人，教师35人。这期培训班先合后分，两步进行，管理干部于29日结业，教师转入两门课程的研讨，于9月2日结业。3期4个班共培训5省区各分院、直属学区、学区、辅导站的领导干部、管理人员和教师300余人；同时也为培训工作探出了路子，积累了经验，起到了较好的示范作用。

三、调查研究，了解两支队伍和培训工作的有关情况

培训办公室结合办班，采取不同形式，对部分分院管理人员和教师两支队伍的素质以及培训工作的现状，进行了较为广泛的调查研究。其一是下发调查表。上半年，分别向青海、宁夏、陕西、西安、内蒙古等5个分院寄发了《中央党校函授学院本科班面授教师及所授课程情况统计表》、《中央党校函授学院大专班面授教师及所授课程情况统计表》、《中央党校函授学院培训教师情况调查表》、《中央党校函授学院面授教师情况调查表》；其二是进行问卷调查。在举办甘肃、东北三省两期培训班时，向参训人员发了学区、辅导站管理人员情况调查表和调查问卷(内蒙班亦发)，培训办公室将问卷中反映出的意见和要求整理成专题材料，提供给院领导和各处室参考；其三是开展实地考察。截止9月初，培训办公室利用到外地举办培训班之便先后考察了甘肃、兰州军区、宁夏、内蒙古、吉林、辽宁等分院和白银、白银金属公司、青铜峡、长春、延边、呼和浩特、吉林等学区及会宁辅导站，每到一地都邀请部分领导、管理干部、面授老师和班主任等座谈，了解两支队伍的状况，倾听他们对培训工作的意见和要求。10月份，办公室有关人员到云南开会时又考察了云南分院，参加了评估验收小组对五华、盘龙两个学区的评估验收工作，到云南分院直属学区、景洪学区召开了座谈会。12月底，办公室有关人员出席了铁道部分院第一次教学观摩评比会。这些考察活动不仅使培训办公室了解了下情，也积累了许多搞好培训工作的知识和经验。

四、服从全局，协助有关处室完成阶段性中心工作

培训办公室牢固树立全院一盘棋的思想，积极协助有关处室开展工作。根据院领导的统一部署，4月、11月和12月份先后派人参加了长沙备课会、青岛备课会和南宁教学管理工作会议，并为青岛和南宁会议聘请了专家和专业课教师。4月和1999年1月，全室人员还参加了巡考工作。

五、加强培训办公室自身建设

在思想建设上，用邓小平理论武装头脑。结合工作、思想实际学习邓小平文选，利用办班之便反复听取专家、学者的辅导报告，不断提高思想和政治素质；不定期地召开民主生活会，结合办班总结、半年小结、全年总结谈心得体会，开展批评与自我批评，进一步增强团结和战斗力。在作风建设上，严格要求，严格管理，爱岗敬业，无私奉献，继承和发扬党的优良传统。在业务建设上，努力提高业务知识、业务水平、业务能力，刻苦读书，向工作在第一线的管理人员和教师学习。有两位同志还参加了电脑培训。此外，培训办公室认真抓了资料和档案建设，做到了文件和资料分类清楚、放置有序，还整理了对培训工作有参考和学习价值的专题报告材料约20万字。

（王敏生）

教学与培训工作

【长沙备课会议】 5月22日至27日，总院在长沙市委党校召开1998年上半年备课会议，就《邓小平理论简明教程》、《刑法总论》两门课程进行集体备课。各分院、直属学区的教师和部分教学管理人员，共130人出席。总院刘利群副院长参加会议，并在会议开始时讲了话。长沙市委组织部部长秦卓夫、湖南省委党校副校长、湖南分院院长刘普生到会并讲话；湖南分院副院长李治业和长沙市委党校常务副校长任一平参加了会议。长沙电视台对会议作了新闻报道。会议期间，《邓小平理论简明教程》主编、中央党校博士生导师吴雄丞教授和《刑法总论》主编、北京大学博士生导师陈兴良教授讲授了教材理论体系、框架结构和各章节的教学重点；解答了教师们在教学和备课中遇到的疑难问题。会议还邀请中央党校理论研究室主任周锡荣教授，最高人民检察院顾问、刑法修改工作小组成员、中国政法大学教授侯国云分别作了《学习邓小平理论在认识上的几个问题》和《贯彻十五大精神，加强刑事法制建设的研究》的专题报告，深刻分析了两本教材中涉及的一些理论问题，使与会人员得到许多新的信息，开阔了视野、拓宽了思路，为讲好这两门课做了理论和学术准备。会议还选出四位来自分院的教学效果比较好的教师进行示范教学。大家很受启发。这次备课会集讲授、报告、观摩和研讨于一炉；让专家、学者、主讲教师和教学管理人员齐集一堂，共同分析教材、研究教案、探讨教法，把握了教材的体系、结构，明确了教学重点、难点，统一了教学指导思想，充分体现了集体备课的优势。 （张驭涛）

【青岛备课会议】 11月10日至15日，总院在青岛市委党校召开了1998年下半年备课会议。刘利群副院长出席会议并讲话。教学处处长王炳作了大会总结。备课会就《国际金融简明教程》和《民法学分论》两门课程进行集体备课。各分院和直属学区的主讲教师等140名代表与会。

会议聘请《民法学分论》教材主编、北京商学院法律系主任李仁玉教授和《〈国际金融简明教程〉教学具体安排》的撰写人、中国人民大学财政金融学院金融系涂永红博士，分别讲授两本教材的理论体系、框架结构，讲解各章节的学习重点，解答老师们在教学和备课中遇到的疑难问题，并和大家一起共同研讨如何讲好这两门课。备课会邀请了中国人民大学财政金融学院金融系博士生导师陶湘教授、清华大学法学院院长马俊驹教授分别给大家作了《东南亚金融动荡》、《人民币汇率》、《国际资本市场与中国经济发展》、《物权法的发展与我国物权法的制定》、《关于起草统一合同法若干问题的介绍》和《制定一部崭新的民法典》6场专题报告。同时备课会还约请了内蒙古分院牙克石大兴安岭林管局党校校长侯建华教授结合《国际金融简明教程》的教学，谈了函授教学法。

这次备课会使大家明确了两门课程的教学指导思想，统一了对教材基本内容的理解，统一了对教学重点、要点的把握，统一了对教材难点、疑点的解释，统一了对理论联系实际的引导，学习和交流了教学方法，与会同志对今后讲好课心里更有谱了。

（郑三立）

【《毕业论文工作规定》】 是总院为了指导学员撰写毕业论文，规范毕业论文工作，提高毕业论文质量，把好毕业关，根据《中共中央党校函授教育工作暂行条例》的有关规定制定的。《规定》由6个部分组成：一、毕业论文的撰写要求；二、毕业论文工作程序；三、毕业论文的指导老师；四、毕业论文的答辩；五、毕业论文的评阅标准；六、毕业论文的时间安排。此《规定》是在上年《毕业论文工作规程》的基础上经修改、补充而成，与《规程》相比，它有两个明显的变化：一是“规程”被改为“规定”；二是《规定》由6个部分组成，《规程》由7个部分组成，《规程》第六部分，即毕业论文工作的经费，在《规定》中被删掉。此外，《规定》还对《规程》的某些字句、内容进行了修改或补充。较《规程》更为简明、严谨、科学。 （刘国君）

【《中共中央党校函授学院99级各班次各专业课程设置》】 课程设置是根据党校函授教育的培养目标、学制和专业等拟定的，它是教学计划、教学大纲、教学具体安排的依据。每招收一届学员必须拟定一次，使学员了解掌握本届生教学的指导思想和目的要求、教学时间、教学内容、考试方式等等。将大专班党政管理专业改名为行政管理专业，政法专业改名为法律专业；本科班党政管理专业与行政管理专业合并为行政管理专业，涉外经济专业改名贸易经济专业，政法专业改名为法律专业。调整后，中共中央党校函授学院的大专班设三个专业：行政管理专业、经济管理专业、法律专业；本科班设四个专业：行政管理专业、经济管理专业、贸易经济专业、法律专业。同时，将领导干部函授班改名为领导干部函授班（经济管理专业本科）。在专业调整的同时，经多方咨询和论证，并以98级各班次各专业课程设置为基础，根据形势的发展变化，调整了99级各班次各专业课程设置。99级大专班设24门课程。其中闭卷课10门，开卷课6门，讲座课8门。本科班和领导干部班设20门课程。其中本科班闭卷课8门、开卷课5门、讲座课7门；领导干部班闭卷课4门、开卷课9门、讲座课7门。大专班学制3年，教学总学时2335学时；本科班与领导干部班学制为2.5年。教学总学时均为1931学时。 （李成玉）

【东北三省管理干部培训班】 7月16日至22日，总院在吉林省委党校举办了东北三省管理干部培训班。培训对象主要是东北地区（不含军队）的各分院负责人和学区主任，还有少量的辅导站站长，共92人。培训班的目的是“强化办学队伍建设，提高办学主体素质”。刘利群副院长在开班典礼上讲话。培训期间，参训人员集中学习了江泽民同志关于《努力建设高素质干部队伍》的重要讲话、胡锦涛同志关于党校函授教育的一系列指示和总院《管理制度汇编》的部分内容；由中央党校校委委员、副教育长王瑞璞、刘利群副院长、总院教编室主任高金海、吉林分院院长高国田等分别作了《全面准确地把握邓小平理论》、《党校函授教育面临的形势和任务》、《党校函授教育的特点和规律》和《学区建设与学区工作研究》的专题报告。参训人员就学习邓小平理论和十五大精神、贯彻落实胡锦涛同志的重要指示、端正办学指导思想、加强办学队伍建设、提高办学质量等问题进行了深入研讨。6位同志在大会上发言，16个单位提交了书面材料。结业前，进行了开卷考试和问卷调查。结业式上，总院培训办公室主任王敏生作学习总结；刘利群副院长向完成学习任务考试合格者颁发了结业证书。 （张驭涛）

【甘肃分院辅导站站长培训班】 4月1日至5日，总院和甘肃分院在甘肃省委党校联合举办了甘肃分院辅导站站长培训班。参训人员主要是甘肃分院各辅导站站长、副站长，也有少部分学区主任、副主任，共91人。培训班以江泽民、胡锦涛同志的有关讲话和指示为指导，以端正办学指导思想、提高政治思想和业务素质、管理能力为目的，采取学习文件、领导讲课和交流研讨相结合的方法进行。由总院院长孙钱章教授、总院教编室主任高金海教授、甘肃分院常务副院长石华翼分别作了《党校函授教育的过去、现在和未来》、《党校函授教育的特点和规律》和《如何当好辅导站站长》的专题报告。在分组讨论《怎样搞好辅导站建设》的基础上，有7位同志在大会上介绍了辅导站建设的经验。这次培训班使全体参训人员提高了深入贯彻落实胡锦涛同志批示的自觉性和主动性；进一步端正了办学指导思想；增强了搞好辅导站建设的责任感和使命感；强化了科学管理意识。

举办本期培训班，是总院在1998年"辅导站建设年"中的一项重要举措，也是培训办公室成立后第一次办班。

这次培训班还向每位参训人员分发了调查问卷，管理人员情况调查表、培训教师情况调查表。结业时进行了开卷考试，参训人员全部合格，均获取了总院颁发的结业证书。

（张驭涛）

【内蒙古分院管理干部暨教师培训班】 8月22日至9月2日，总院和内蒙古分院在内蒙古自治区委党校联合举办了管理干部暨教师培训班。参加这期培训班的有内蒙古分院各学区分管教学的校领导、学区主任，1998年下学期《国际金融简明教程》、《社会经济统计学原理》的任课教师，总院和分院的有关领导共103人。其中管理干部68人，教师35人。刘利群副院长，内蒙古区委党校副校长兼分院院长于德水，中央党校校委委员、副教育长王瑞璞先后在开班仪式上讲了话。

培训期间，首先由王瑞璞教授，中央党校文史部主任刘景禄教授，内蒙古区委党校函授部主任高志英副教授，北京师范大学原党委书记周之良教授和北京师范大学语文教研室主任朱家珏教授分别给全体参训人员作了《全面准确地把握邓小平理论》、《教师的文化修养与中外文化比较》、《关于强化学区和辅导站建设问题》、《师德与教育改革》、《成人教育的面授艺术》的专题报告。之后，管理干部和教师分开活动。管理干部学习胡锦涛同志关于党校函授教育的重要指示和总院《管理制度汇编》，讨论、研究在办学主体建设中存在的主要问题和解决方法，探讨怎样当好学区主任和辅导站站长，提出对党校函授教育的战略性思考，填写调查问卷和表格，参加开卷考试，8月29日结业。教师专业课培训分三步进行：请中国人民大学经济学博士涂永红、国家统计局统计师郭辉明分别讲授《国际金融简明教程》和《社会经济统计学原理》两本书的框架、结构，解析书中的难点、重点，回答提问；教师个人撰写教案，按学科分成两个小组，人人登台示范教学，接受全组同志评议；交流收获和体会，9月2日结业。

举办既有管理干部又有教师参加的培训班，这是首次。由于组织严密、形式新颖、内容丰富，充分调动了全体参训同志的积极性，不仅较好地解决了两支办学队伍共同存在的主要问题，也较好地解决了它们各自存在的主要问题，取得了事半功倍的效果。

（刘国君）

招 生 录 取 工 作

【下达 1998 年招生计划的通知】

各分院、直属学区：

现将 1998 年招生计划发给你们，并就有关问题通知如下：

一、要严格招生计划。1998 年的招生计划是在充分考虑分院（直属学区）的办学条件、管理水平和招生意见的基础上，经过认真研究并经中央党校校委审查批准制定的。因此，务必认真执行。各分院（直属学区）录取的新生总数，不得突破总院下达的招生计划指标数。如果录取新生比例高于实际参加考试总人数的 70%，总院将酌情减少其招生指标数。

二、要认真执行“以党员干部为主要对象”的招生规定。报考领导干部班必须是县处级以上党员领导干部，个别特殊情况，必须报总院批准才能报名。报考大专班、本科班的非党员干部（入党积极分子）的比例必须严格控制。

三、要严格资格审查，确保新生质量。要按照《招生简章》规定的报名条件严格进行资格审查，学历要审查毕业证书原件，专业证书、结业证书、学业证书不能作为报考的学历依据；领导干部职务要审查其任职通知复印件，对职级拿不准的，要请地市以上组织人事部门认定。在学区初审的基础上，分院要进行复审，对不符合报考条件者，一律取消录取资格或学籍。要严格掌握免试条件，认真审查核实，切实把好生源质量关。

四、要认真执行分院之间、军地之间不得交叉招生的规定，不得招收形不成班次、难以集中听课和考试的学员。总院对此曾三令五申。但个别分院在 1997 年招生中仍违反规定，越界和交叉招生，造成不少矛盾，产生不良影响。个别军队分院招收零散学员，不能集中听课和考试，很难保证教学质量。1998 年招生工作已经开始，分院（直属学区）要采取果断措施，坚决制止上述问题再次发生，否则，将追究有关单位的责任。

五、要按时上报报名人数。各分院、（直属学区）务于 1998 年 3 月 10 日前将报名人数报总院教务处招生办公室（电话与传真号为 010.62805507）。上报报名人数，按班次、专业分开，考生人数与免试生人数分开，分计、合计人数要核对准确无误。上报后的人数不得增减，不能更改。逾期不报者将不发招生考试试卷。

中共中央党校函授学院

1998 年 1 月 12 日

【98 级党员干部大专班招生简章】 总院于 1997 年 10 月 27 日下发了 98 党员干部大专班招生简章，对招生的有关问题作了明确规定。

关于招生对象和报名条件：招收党政机关、企事业单位、社会科学研究部门及解放军中的党员干部。报名人员必须具有高中（或中专）毕业文凭和三年以上工龄，年龄一般在 45 岁以下，坚持党的基本路线，品德良好，遵纪守法，身体健康，能长期坚持学习。

关于招生办法：自愿报名，组织同意，统一考试，择优录取。凡具备下列条件之一者可免试入学：（1）大专毕业以上学历；（2）具有高中毕业学历，近五年来获得省、部级以上荣誉称号（劳动模范、优秀党员、先进工作者、三八红旗手等）者、军队二等功以上荣立者。录取方案由我院审核批准后，由各分院或直属学区签发《学员入学通知书》。分院之间不得交叉招生。地方和军队在同一地区招生，地方只招收地方学员，军队只招军队学员。

关于报名时间和手续：报名时间、自招生简章公布之日起，至 1998 年 2 月 28 日止。报名者须到所在学区领取和填写《报名登记表》，经本人所在单位组织人事部门审核同意、签署意见，并加盖公章。报名时须缴验高中或中专毕业证书原件，缴近期同版一寸免冠正面照片三张，缴报名考务费 30 元（不含复习资料费），免试入学者必须按时履行报名手续，交验有关证件，并缴报名费 12 元。

关于专业和学制：开设党政管理、经济管理和政法三个专业。学制均为三年。

关于收费标准：经我院所在地区物价部门核准，每生每学期收学费 300 元，教材资料费 60 元（不含邮运费）。凡经单位批准报考入学的，学费可本单位干部教育经费中列支。 （孙文波）

【98 级党员干部本科班招生简章】 总院于 1997 年 10 月 27 日下发了 98 级党员干部本科班招生简章，对招生的有关问题作出了明确规定。

关于招生对象和报名条件：招收党政机关、企事业单位，社会科学研究部门及解放军中的党员干部。报名人员必须具有大学专科毕业文凭和两年以上工龄，年龄一般在 50 岁以下，坚持党的基本路线，思想政治觉悟高，遵纪守法，身体健康，能长期坚持学习。

关于招生办法：自愿报名，组织同意，统一考试，择优录取。凡具备下列条件之一者可免试入学：（1）本科毕业以上学历；（2）高级专业技术职称；（3）具有大专毕业学历，近五年来获得省、部级以上荣誉称号（劳动模范、优秀党员、先进工作者、三八红旗手等）者、军队二等功以上荣立者。录取方案由总院审核批准后，由各分院或直属学区签发《学员入学通知书》。各分院之间不得交叉招生。地方和军队在同一地区招生，地方只招地方学员，军队只招军队学员。

关于报名时间和手续：报名时间，自招生简章公布之日起，至 1998 年 2 月 28 日止。报名者须到所在学区领取并填写《报名登记表》，经本人所在单位组织人事部门审核同意、签署意见，并加盖公章。报名时须缴验大专学历证书原件，缴近期同版一寸免冠正面照片三张，缴报名考务费 30 元（不含复习资料费），免试入学者必须按时履行报名手续，交验有关证件，并缴报名费 12 元。

关于专业和学制：开设党政管理、行政管理、经济管理、涉外经济管理和政法五个专业。学制均为二年半。

关于收费标准：经我院所在地区物价部门核准，每生每学期收学费 350 元，教材资料费 70 元（不含邮运费）。凡经单位批准报考入学的，学费可在本单位干部教育经费中列支。 （孙文波）

【第八期领导干部函授班招生简章】 总院于 1997 年 10 月 27 日下发了第八期中央党校领导干部函授班招生简章，对招生的有关问题作出了明确规定。

关于招生对象和报名条件：招收党政机关、企事业单位以及解放军中具有大专毕业以上文化程度的县、处（团）级以上党员领导干部。其中，县、处（团）级干部年龄在 50 岁以下，地、厅（师）级干部年龄在 55 岁以下，党性强、作风正，遵纪守法，身体健康，能长期坚持学习。

关于招生办法：省、自治区、直辖市分院招生，主要在省会城市，经我院批准，也可在地市级城市设立教学点招生；军队分院招生，限定在省会以上城市。各分院之间不得交叉招生。地方和军队在同一地区招生，地方只招地方学员，军队只招军队学员。

关于报名时间手续：报名时间从招生简章公布之日起至 1998 年 2 月底止。凡报名者，须填写“报名登记表”，经所在单位组织人事部门审核同意、签署意见并加盖公章，然后到所在省市委党校函授部门报名。报名时须验核大专学历证书原件、缴学历证书复印件和职务、党员证明信，缴近期同版一寸免冠正面照片三张，缴报名考务费 30 元（不含复习资料）。各分院对所有报名者逐一审核，符合条件的，发给准考证，参加我院统一组织的入学考试，成绩合格者，由我院审核批准后，由分院发《学员入学通知书》。凡具备下列条件之一的县、处（团）级以上领导干部可免试入学：(1) 本科毕业以上学历；(2) 高级专业技术职称；(3) 具有大专毕业学历，近五年来获得省、部级以上荣誉称号（劳动模范、优秀党员、先进工作者、三八红旗手等）者、军队二等功以上荣立者。免试入学者必须按时履行报名手续，缴验有关证件，并缴报名费 12 元。

关于学制：学制为两年半。

关于收费标准：经总院所在地区物价部门核准，每生每学期收取学费 350 元，教材资料费每生每学期 70 元（不含邮运费）。凡经单位批准报考入学的，学费可在本单位干部教育经费中列支。（孙文波）

【98 级党员干部大专班招生单位】 经总院批准，招收 98 级党员干部大专班学员的单位有 37 个分院和 8 个直属学区。它们是：山东分院、上海分院、福建分院、南宁分院、海南分院、云南分院、四川分院、重庆分院、西藏分院、甘肃分院、陕西分院、西安分院、宁夏分院、黑龙江农垦分院、北安农垦分院、黑龙江国防工业分院、内蒙古分院、中央直属机关分院、中央国家机关分院、铁道部分院、北京市委机关分院、北京市工业党校分院、总参分院、总后分院、国防科工委分院、海军分院、空军分院、二炮分院、国防大学分院、沈阳军区分院、北京军区分院、兰州军区分院、济南军区分院、南京军区分院、广州军区分院、成都军区分院、武警部队分院和直属大庆学区、哈轻厂学区、七台河学区、鸡西矿务局学区、双鸭山矿务局学区、鹤岗矿务局学区、北京市公安局学区及总院直属班等。（孙文波）

【98 级党员干部本科班招生单位】 经总院批准，招收 98 级党员干部本科班学员的单位有 56 个分院和 8 个直属学区。它们是：山东分院、上海分院、江苏分院、浙江分院、安徽分院、江西分院、福建分院、湖南分院、广东分院、广西分院、南宁分院、海南分院、湖北分院、河南分院、云南分院、四川分院、重庆分院、贵州分院、西藏分院、甘肃分院、陕西分院、西安分院、青海分院、宁夏分院、新疆分院、新疆兵团分院、辽宁分院、吉林分院、黑龙江农垦分院、黑龙江国防工业分院、北安农垦分院、内蒙古分院、山西分院、河北分院、天津分院、中央直属机关分院、中央国家机关分院、铁道部分院、北京市委机关分院、北京市工业党校分院、总参分院、总政分院、总后分院、国防科工委分院、海军分院、空军分院、二炮分院、国防大学分院、沈阳军区分院、北京军区分院、兰州军区分院、济南军区分院、南京军区分院、广州军区分院、成都军区分院、武警部队分院和直属大庆学区、哈轻厂学区、七台河学区、鸡西矿务局学区、双鸭山矿务局学区、鹤岗矿务局学区、北京市公安局学区及总院直属班。

（孙文波）

【第八期领导干部函授班招生单位】 经总院批准，招收第八期中央党校领导干部函授班学员的单位有38个分院和1个直属学区。它们是：山东分院、浙江分院、安徽分院、福建分院、广东分院、广西分院、南宁分院、海南分院、湖北分院、云南分院、重庆分院、甘肃分院、陕西分院、西安分院、青海分院、宁夏分院、新疆分院、新疆兵团分院、黑龙江农垦分院、黑龙江国防工业分院、北安农垦分院、内蒙古分院、山西分院、河北分院、天津分院、中央国家机关分院、北京市委机关分院、总参分院、国防科工委分院、空军分院、二炮分院、国防大学分院、北京军区分院、济南军区分院、南京军区分院、广州军区分院、成都军区分院、武警部队分院和直属北京市公安局学区。

（孙文波）

【1998年招生考试属地送卷的通知】

总政宣传部科文局党校函授教育办公室：

经总院研究决定，部队系统1998年招生考试实行属地送卷的办法，具体要求如下：

一、各部队分院以行政省区域为属地，将属地范围内各单位所有考生数字报给你们。

二、由你们指定属地部队某个单位牵头，按规定时间到指定地点领取试卷。

三、请你们务必于3月31日前将牵头单位的联系人、电话及属地各单位考生人数按班次、专业统计上报总院考试委员会办公室。

四、总院考办联系人：张宇翔

联系电话：66767138（军）

62805509

中共中央党校函授学院

1998年3月5日

附：

中央党校函授学院：

中校函字［1998］第8号《关于1998年招生考试属地送卷的通知》收悉。《通知》要求军队以行政省区域为属地，由部队某个单位牵头组织1998年招生考试试卷分发及集中的工作。由于部队系统除七个大军区所在地之外，其余省区仅有函授学区或辅导站，多数没有专职考务管理人员，且没有上下级行政隶属关系，由他们牵头领取、分发试卷，难以确保试卷分发管理的安全性和及时性。

从以上实际情况出发，建议在军队系统继续试行从年初期末考试开始的属地送卷的改革，不再做大的变动。

全军党校函授教育办公室

1998年3月9日

附：

总政宣传部科文局全军党校函授教育办公室：

3月9日函悉。

经院长办公会研究，关于部队党校函授系统1998年的招生考试试卷发送问题，仍按中校函字[1998]第8号通知办。那些没有专职考务管理人员，难以确保试卷分发管理的安全性和及时性的单位，今年就不要招生办班了，已报名的考生可就近转往地方党校。

中共中央党校函授学院

1998年3月11日

【认真做好1998年招生考试工作的通知】

各分院、直属学区：

为认真做好1998年招生考试工作，现提出以下要求：

一、各级函授部门的考试委员会、考试领导小组务必要进一步端正办学指导思想，从讲政治、讲正气的高度，充分认识从严治考的重要性和迫切性。切实加强政治思想工作，提高全体工作人员的责任心，帮助考生端正学习目的，增强遵守考纪的自觉性，营造考风正、考纪严、公平竞争的良好环境。

二、各单位要严格按照《考务管理规程》的要求，采取有效措施，加大管理力度，特别要抓好考卷运送保管、考场设置、证件核对和严格执纪等重要环节。要严格按照统一规定的时间组织考试，答卷连同缺考的空白试卷要按考场注明考号顺序装订，各考场余卷连同机动试卷由考区考点登记后上交分院。各考区考点一定要以认真负责的态度，确保考试的顺利进行。

三、考区考点与考场规模的设置必须符合《考务管理规程》的规定。各个考区考点要将考场规则、监考人员职责、违纪考生及举报监督办法公布于众。为使考卷分配与标准考场互相配套，总院决定自本次招生考试起，将试卷装袋数改为每袋 26 份和每袋 5 份两种规格，并按发卷总数（以各专业考生人数 108％的考卷数为发卷总数）的 80％为 26 份袋和 20％为 5 份袋的比例搭配下发。各单位要做好考场安排，将考生相对集中，每考场考生为 25—30 人，不得设置不规范的考场。

四、为做好试题答案的保密工作，自本次考试开始，在考试结束后，总院即将答案传真到各分院和阅卷直属学区，届时请各单位做好接收的准备。

望各单位在此次考试中做到思想重视，组织严密，措施有力，工作到位，真正落实考区考核评定标准，尽心尽力完成招生考试工作任务，把全院的考务管理工作推向一个新的阶段。考试工作结束后，请各分院、直属学区将考务工作总结和考区达标初评情况的材料于 5 月底以前报总院考试委员会办公室。

中共中央党校函授学院

1998 年 3 月 12 日

【纠正军地分院交叉招生问题的紧急通知】

各分院、直属学区：

总院在招生简章和招生工作的通知中都明确要求："地方和军队在同一地区招生，地方只招地方学员，军队只招军队学员"。但是，在 1998 年中函招生工作中，一些军队分院对下属学区、辅导站要求不严，不能严格按总院的规定执行，擅自在地方招生。个别军队报名点，竟采取在地方报纸刊登广告、放宽资格审查条件、扩大招生范围等办法，招揽地方人员报名，造成了不良影响，严重违背了招生工作纪律，扰乱了党校函授招生工作秩序。鉴此，为了严肃总院规定，经研究决定，请军队有关分院认真清理 1998 年中函招生报名情况，将接收的地方报名生，在招生考试后移交地方分院。地方分院要按照新生录取条件，一视同仁，择优录取。总院届时将审查新学员名册，发现问题要严肃处理。

中共中央党校函授学院

1998 年 4 月 6 日

【98 级招生考试】 根据 98 级招生简章规定，大专班考试科目为政治理论、语文、历史、地理、数学，分别于 4 月 24 日上午、下午、25 日上午、下午进行考试。本科班考试科目为马克思主义基础理论、专业课（党政管理专业、行政管理专业考党史和党建及行政管理基础知识，经济管理专业考经济管理基础知识、涉外经济专业考涉外经济基础知识，政法专业考法学基础知识）、语文、涉外经济管理专业加试英语，分别于 4 月 26 日上午、下午、27 日上午、下午进行考试。领导干部班考试科目为马克思主义基础理论、语文、党史及党建和行政管理基础知识，分别于 4 月 28 日上午、下午、29 日上午进行考试。（孙文波）

【认真做好 98 级新生录取工作的通知】

各分院、直属学区：

为了认真贯彻落实中央领导同志和中央党校校委关于切实做好招生工作的指示，严把“招生关”，确保新生质量，圆满完成招生任务，现就98级新生录取工作强调以下几点：

一、要高度重视，加强组织领导。对今年的新生录取工作，各分院、直属学区要高度重视，要从大局出发，严肃对待和认真解决招生中的有关问题。主要领导要亲自抓，扎扎实实地做好思想工作和组织工作。要选调坚持原则、秉公办事、具有评阅试卷经验的专业教师和党性强、业务精、作风正、工作认真的干部参与阅卷、核分、登分工作。要请组织、人事、纪检部门的同志参加录取工作，以确保录取工作的严肃性、公正性。要创造良好的工作环境，排除各种干扰，保证录取工作顺利进行。

二、要坚持条件，搞好资格复审。对达到录取分数线的考生，各分院、直属学区要认真组织报名资格复审。报名时没有审查毕业证书原件的要审查原件，专业证书、结业证书、学业证书等不能作为录取的学历依据。要坚持“党校函授教育的招生对象主要是在职的党员干部”的原则，严格控制非党干部（入党积极分子）比例，党员干部与非党干部可采用不同的录取分数线。领导干部班必须是县处级以上党员领导干部。对免试生的条件只能从严，不能放宽。

三、增加透明度，接受群众监督。在录取工作之前，各分院、直属学区要将考试成绩书面通知考生，或以学区为单位张榜公布，并允许考生查分。对群众举报的问题要认真查处。对确属弄虚作假、考场舞弊者，坚决不予录取。如事后查出被录取者，要坚决取消其学籍。对录取工作中不坚持原则的单位和个人，要追究责任，严肃处理。

四、要做好录取方案的申报工作。各分院、直属学区要认真填写《考生录取审核表》、《免试生名册》，并于6月5日前报总院教务处。录取方案经总院审批后，各分院、直属学区应按批复的录取指标由高分到低分录取并签发录取通知书。根据考场情况分析、试卷评定结论和有关方面的反映等情况，进行综合评价，对情况不同的学区可酌情采用不同的录取分数线。

五、要做好招生工作总结。招生工作结束后，各分院、直属学区要认真进行总结，在肯定成绩的基础上，要真正找出差距，吸取经验教训，研究对策，提出建议，写出书面报告，于9月5日前报送总院。

中共中央党校函授学院

1998年4月23日

【98级新生录取工作】 按照总院1998年4月23日《关于认真做好98级新生录取工作的通知》要求，各分院、直属学区于1998年6月上旬将《大专班本科班领导干部考生录取审核表》和各班次的《免试生名册》报总院审核。总院于1998年6月分别向各分院、直属学区批复下达了录取新生名额。基本实现了原定的招生计划。（孙文波）

【申报1999年招生计划的通知】

各分院、直属学区：

1999年招生工作即将启动。在招生工作中要继续贯彻“计划招生、适度规模、严格把关、保证质量”的招生指导方针。现就申报1999年招生计划的有关事项通知如下：

一、招生对象以党员干部为主，其他报考条件不变；招生班次为大专班、本科班和领导干部班；大专班设行政管理、经济管理、法律等3个专业，本科班设行政管理、经济管理、贸易经济、法律等4个专业，领导干部班设经济管理专业（本科）。

二、各单位要深入调查研究，全面分析招生形势，依据本地区、本单位的生源情况，自身的办学能力，抓紧制定招生计划，并呈报本部门、本系统干部主管部门批准，列入干部培训规划。如果1999年招生计划数与往年有明显的增减，则必须在报告中说明情况。

三、为严格履行报名资格审查手续，总院决定于 1999 年，启用新的《招生报名登记表》，请各单位按新表印制。

四、各单位务必在今年 12 月 10 日前，将 1999 年招生计划书面报告和 1999 年招生计划统计表报总院教务处。

中共中央党校函授学院

1998 年 10 月 8 日

【党员领导干部在职研究生班政治学专业（治国方略研究方向）98 级甲班招生工作的通知】 根据中央关于加快培养高素质干部队伍的指示精神，总院决定试办党员领导干部在职研究生班政治学专业 98 级甲班。现将该班培养方案、招生办法、报名登记表发给你们，请按照招生办法的规定，尽快向总院推荐学员，以便按程序进行审批，保证按时开学。

中共中央党校函授学院

1998 年 7 月 9 日

【98 级政治学专业（治国方略研究方向）甲班招生办法】 根据中央关于加快培养高素质干部队伍的指示精神，中央党校函授学院决定 1998 年 9 月试办政治学专业（治国方略研究方向）党员领导干部在职研究生班甲班。该班培养目标、课程设置、学习安排等，按照《中央党校函授学院党员领导干部在职研究生班政治学专业（治国方略研究方向）98 级甲班培养方案》办理。招生具体办法如下：

一、招生对象、名额

本期政治学专业党员领导干部在职研究生班，招收省、自治区、直辖市副省（副主席、副市长）级，中央国家机关副部级，人民解放军和人民武装警察部队副军级以上职务的在职党员领导干部。招收名额 20 名左右。

二、招生条件

1. 必须具有大学本科毕业或具有同等学力者；

2. 身体健康，年龄在 55 周岁以下；

3. 自愿长期坚持学习，能遵守学习纪律。

三、招生程序

自愿报名，分院推荐，总院批准。报名人员须书面申请，经省、自治区、直辖市党委组织部同意后，由分院向总院推荐，由总院审核批准。

人民解放军、人民武装警察部队报名人员书面申请后，经其所在的大军区、军兵种、总部组织部门同意后，交总政治部宣传部科文局向总院推荐，由总院审核批准。

四、报名时间和手续

7 月 25 日前开始报名，8 月 18 日结束。总院在 7 月 25 日前将招生办法及报名表（式样附后）发到招生的有关分院。分院将推荐的报名人员的个人申请及报名表于 8 月 18 日前报总院。总院于 8 月底前将审批的名单通知各分院。

五、注册、开学时间

9 月 12 日（星期六），学员到总院办理注册手续并参加开学仪式，与导师会面。

六、学费

每人每学年学费 3500 元，书费、资料费、录音教材及其他等费用 2000 元，合计 5500 元，三年共计 16500 元。学员注册时一次或分年度交清。

【1998 年在职研究生班的招生工作】 98 级党员领导干部在职研究生班，设经济管理专业。经核准，在 27 个教学点招生（其中新批准教学点 16 个）。招生考试于 4 月 28 日至 29 日两天举行，择优录取新生 1458 名，注册新生 1413 名。（万昌鸿）

【做好 1999 年党员领导干部在职研究生班招

生工作的通知】

各有关分院：

为保证做好我院党员领导干部在职研究生班1999年的招生工作，现提出如下要求：

一、切实加强组织领导

1. 各有关分院的领导，一定要把在职研究生班的招生工作，作为事关在职研究生教育质量的一件大事，思想上高度重视，工作上切实抓紧，一定要直接过问，亲自动手，抓细抓实。

2. 要选派责任心强、原则性强、政策观念强、作风细致的同志负责招生工作。

3. 要组织招生工作人员认真学习胡锦涛同志、中央党校校委和函授学院关于做好函授招生工作的指示、在职研究生班1999年招生简章及有关文件，熟悉招生工作的政策规定和操作办法。

4. 要及时了解招生工作的进展情况，妥善处理工作中遇到的问题。要督促所属人员按时完成总院规定的上报情况和材料的任务，细致做好招生各个环节的工作。

二、严格进行资格审查

1. 99级考生资格的审定由分院负责。

2. 各分院要按照“招生简章”关于招生范围、对象和报考条件的规定，认真审查考生的政治面貌、职级、学历和工作单位所在地点。政治面貌和工作单位所在地，要查验所在单位人事、组织部门（其他部门开具的证件无效）开具的公函；职务要查看任职命令复印件，职称、学历要查看任职资格证书、学历证书和奖励证书等原始件。凡是证明材料或证件不全、开具公函的单位不符合要求的，均不能办理报名手续。

3. 资格审查实行两审制，最后由分院主管领导把关，并签署意见。

凡是由于资格审查不严造成错漏的，由分院负责。

4. 如在“资格”上弄虚作假，无论何时发现，都要取消其录取资格和学籍，并将情况向当事人所在的人事、组织部门通报。

5. 要重视依靠所在地区党委组织部门，请他们协助和指导资格审查工作。

三、严格掌握工作进程

1.《报名登记表》由各分院按本通知印发的式样和规格印制。

准考证由分院自行印制，在资格审查合格后发给考生。准考证号，按规定编制为6位数。第一、二位数为分院字头，第三位数为专业代码（99年的专业代码统一为“1”），第4、5、6位数为考生顺序号。已办分院的字头，按本通知所附数字编写（附件2），新办单位的字头，由总院下达招生批复时通知。

2. 各分院接受考生报名的截止日期为1月31日，逾期者原则上不再受理报名事宜。

3. 3月10日前将《考生花名册》、《报名情况统计表》、《办班分院的机构和工作人员登记表》送达总院研究生办公室。

4. 各单位在制印和填写本条第三款所述表格时，要按统一的式样和规格，用微机打印，填写人和审核人要签名。要在规定的时间内上报，不得擅自改变表格的式样和规格，不得手写，不得拖延上报时间。

四、精心组织招生考试

严格按照总院《考务管理规程》的各项要求，精心做好招生考试的各项工作。

1. 严格挑选和培训监考人员。要挑选责任心强、原则性强、具有一定的考务经验，最好是请担任过处以上领导职务的同志参加，负责在职研究生班招生考试的监考工作。要组织他们学习总院制订的《考试程序》、《考场规则》和《监考人员守则》，使他们明确招生考试的纪律、操作方法和监考人员的职责、要求，以高度的责任心和原则性，完成好监考任务。

2. 妥善保管试卷。要严格按照《关于取送试卷的若干规定》、《关于保管试卷的规定》，确保试卷在运转和保管中，措施严密，手续严格，安全、保密，万无一失。实施中不能单人操作，保管时不得独门独锁，不准提前拆封。违者，要追究责任。

3. 按规定设置考场。要在环境安静、条件具备的地点设置考场。考场要相对集中，开考前要彻底清场，课桌的抽屉口要背向考生。每个考场都要配足监考人员。考点要将考场规则、监考人员职责、违纪处置及举报监督办法公诸于众。

4. 招生考试答题纸，由各分院按总院《关于在职研究生班考试用纸等问题的通知》中提出的式样、规格和纸质印制。

考试时，监考人员在考前向考生讲明答题纸的填写方法，按要求填全、填准。字迹要工整。

考试结束时，监考人员要当场将考卷按要求装订并密封。然后，按要求填写试卷袋封面。最后，经办人签名。

5. 严肃执行考试纪律。必须按统一规定的时间组织考试。必须严格执行考试纪律。凡有作弊行为，该门课程判为零分；监考人员要及时向考生指明并在《考场情况报告单》上详细记载其作弊情节，不能笼统，不得简略。

附件：分院准考证号字头编制表

中共中央党校函授学院

1998 年 10 月 30 日

附件

99 级在职研究生班准考证字头安排表

单　位	字头	单　位	字头	单　位	字头
中央国家机关分院	01	南京军区分院	16	黑龙江分院	31
北京市委机关分院	02	浙江分院	17	新疆兵团分院	32
北京市工业党校分院	03	湖南分院	18	新疆分院	33
空军分院	04	广东分院	19	福建分院	34
总参分院	05	广西分院	20	吉林分院	35
总装备部分院	06	海南分院	21	直属公安局学区	36
海军分院	07	重庆分院	22	中直机关分院	37
中贸教育培训中心	08	陕西分院	23		38
国防大学分院	09	四川分院	24		39
化工部石家庄管理干部学院	10	云南分院	25		40
山西分院	11	甘肃分院	26		41
内蒙古分院	12	铁道部分院	27		42
沈阳军区分院	13	上海分院	28		43
山东分院	14	江苏分院	29		44
安徽分院	15	青海分院	30		45

考 务 工 作

【考试属地送卷的通知】

铁道部党校函授部

总政宣传部科文局党校函授教育办公室

1998年上学期期末考试在即，为了试卷的安全保密和最大限度地缩短试卷运行时间，总院院长办公会决定，这次试卷发送仍采用属地送卷的方式进行，现提出以下几项具体办法和要求：

一、以行政省、自治区、直辖市为属地，铁路、部队各分院将在属地范围内的考生人数按年级、班次、专业分别报给铁道部党校分院和总政科文局全军函授教育办公室。

二、部队各分院在报考生人数时，必须遵守属地的原则，不能各学区、辅导站接卷后再跨省、区自行送卷。

三、由你们分别在每个属地送卷区域内指定一个单位牵头，按总院规定的时间和地点领取试卷，并办理好接卷手续。

四、请你们务必于6月15日前将牵头单位的联系人、办公电话及住宅电话（必须是地方线号码），所属各单位考生人数按年级、班次、专业统一上报总院考委办公室。

五、今后，在每年的招生考试和每学期的期末考试前一个月，即按上述要求将属地送卷的统计工作做好，报考委办公室。

中共中央党校函授学院

1998年5月26日

【做好1998年上学期期末考试工作的通知】

各分院、直属学区：

1998年上学期期末考试在即，为做好这次考试工作，特提出以下要求：

一、领导重视，严密组织。各级领导要从讲政治、讲原则、讲正气的高度，充分认识做好这次考试工作的重要性，树立从严治考的观念。各级考试委员会（领导小组）要严密组织，亲临考场第一线，切实把这次考试工作搞好。做到思想工作落实、组织工作落实、保障工作落实，严格按《考务管理规程》办事，圆满完成这次考试任务。

二、严格管理试卷。为确保试卷的安全保密，各单位必须严格执行《关于取送试卷的若干规定》和《关于保管试卷的规定》，采取有力措施，把好每一个环节，保证试卷不出问题。总院再次重申：任何函授部门、任何工作人员，绝不允许在考前私拆卷袋，违纪者，将严肃处理。

三、严格按总院有关规定安排考场。学员分散的地方，集中到条件较好的考点考试，严禁私拆大袋装试卷来安排小考场，否则将取消其考试成绩。

四、加大巡、监考工作力度。各分院要实行分院范围内交叉巡考，挑选熟悉考务工作、有责任心、敢于执纪、有大专文化程度以上的干部监考(军队系统绝对不允许请战士监考)，搞好考前培训。对那些责任心不强、监考违纪的人，要及时更换，严肃处理。

五、本学期考试仍实行题签制。答题纸由总院统一印制下发。各班次考试题型如下：

（一）大专班：

1．单项选择题（3选1，每题1分，10题，共10分）

2．简答题（回答要点，不需论述。每题4分，5题，共20分）

3．判断题（只判断对错，不需简述理由。每题2分，10题，共20分）

4. 论述题（概述有关原理，联系实际。每题10分，3题，共30分）

（二）本科班、领导干部函授班：

1. 多项选择题（4选2以上。每题2分，5题，共10分）

2. 简答题（回答要点，不需论述。每题4分，5题，共20分）

3. 辨析题（回答对错，并简述理由。每题5分，4题，共20分）

4. 论述题（强调理论联系实际。每题15分，3题任选2题，共30分）

六、请各单位填写好《考试委员会（领导小组）成员表》，加盖公章后上报总院。

考试期间，总院将派出巡视员赴各分院检查考务管理工作落实情况。考试结束后，请各单位将考试总结材料，于7月底前报总院考委办公室。

中共中央党校函授学院

1998年5月28日

【做好1998年下学期期末考试工作的通知】

各分院、直属学区：

1998年下学期期末考试将在1999年1月中旬举行，各级组织要认真汲取以往考试工作的经验教训，切实做好这次考试工作。

考风考纪经过近几年的综合治理，日趋好转。不少分院、直属学区积累了一套较为完备、行之有效的从严治考的做法和经验，涌现了一批领导重视、措施周密、真抓敢管、从严治考的单位。1997年群众来信中关于揭发考风考纪问题的来信从过去占第一位，降至第三位。可是，还有个别单位出现了试题泄密、擅自改变统一规定的考试时间、纵容考生作弊、监考人员进行反监考等严重事件，值得引起我们高度重视。各级组织要遵照胡锦涛同志的重要批示，真心实意地把好考核关。只有切实把好考核关，才能保证教学质量，才能培养有真才实学的人才，才能维护党校和党的声誉和形象。如果在考核关上三心二意，松松垮垮，就会造成极为恶劣的后果。我们要以坚决、果断的决心，慎之又慎的态度和严密周全的措施，坚定不移地把住考核关。为此，对今年下学期的考试，特提出以下要求：

一、加强组织领导。期末考试期间，各级组织的领导要亲自负责，认真抓好考试工作。要实行分级管理领导责任制，充分发挥考试委员会或考试领导小组的作用，逐级立下"军令状"，一级抓一级，责任到人，工作到位，确保考试工作顺利进行。哪个单位出了问题，要追究哪个单位领导人的责任。对各项考试准备工作，要认真研究，周密部署，精心安排。尤其对试卷管理、考场设置、巡考监考、阅卷登分等重要环节，要制定具体措施，加强检查督促，狠抓工作落实。各级领导成员要分工负责，深入考场巡视检查，特别要到考风考纪问题较多的单位坐镇督导。

二、统一思想认识。在考试前，要认真组织函授工作人员和参与考试工作的人员深入学习胡锦涛同志关于党校函授教育工作的一系列重要指示，要讲学习、讲政治、讲正气，充分认识党校函授教育工作的严肃性和政治性，自觉地贯彻执行"从严办学，质量第一"的办学方针，要从为党培养高素质人才和维护党校函授教育声誉的大局出发，端正考风、严肃考纪，坚决防止和克服对期末考试工作降低要求、放松管理的思想和做法，严肃认真地把期末考试工作搞好。

三、加大巡考、监考力度。一要加强巡视督导。总院将派出巡视员到分院、直属学区巡视，还将组织部分分院负责同志交叉巡考。分院向每个学区或直属考点，都要派出2名巡考员，负责押送试卷、与学区共同保管试卷；检查学区考务工作落实情况，指导学区抓好考试各项工作；认真巡视考场，检查和监督监考人员认真履行职责。如学区下面还分设考点，学区须派出得力人员前往组织考试，并直接担任考点的主监考。二要选聘好巡考、监考人员。要选聘党性强、作风正派、坚持原则、认真负责、严格执纪、敢于管理的教师、干部担任巡考监考工作，邀请组织、人事、纪检部门的干部参加巡考监考。对巡考监考人员要进行培训，学习考务管理工作的有关规定，明确巡考监考职责，提高巡考监考能力。三要建立健全监督制约机制。设立举报信箱、举报电话；将各级各类人员的职责、权利、义务和纪律公诸于众，使各级领导、巡考监考人员、学员之间互相监督；巡考监考人员要挂牌上岗，亮名巡考监考，严格履行《巡考人员守则》、《监考人员守则》；学区之间要实行交叉监考；每个考场的监考人员也要场场交换，不要固定不变；监考中，凡是任课教师、班主任、有熟人亲朋关系者，都要回避；主动邀请新闻、宣传部门进行舆论监督，增强考试工作的透明度，务求考试工作公正、公平。

四、严格执行规章制度。总院制定的有关考务管理工作的各项规定，是规范考试工作的依据，各单位必须认真贯彻执行。过去，有的单位有章不循、执纪不严，应引起有关单位领导的高度重视。各级领导和全体考务工作人员，要增强按章办事的意识，严格执行各项规章制度。一定要严格按照《考试程序》、《考场规则》组织考试；认真做好试卷的安全保密工作，严禁擅自复印试卷；严格遵守总院规定的考试日期和考试时间；按照规章制度设置考点、考场；严格执行考试纪律，全力维护考试的严肃性、公正性，确保考试的良好秩序，使各项考务工作正规化、规范化。如有违纪作弊、弄虚作假者，不管是领导干部还是普通工作人员或学员，都要严肃查处，决不姑息迁就。

五、抓好考前复习和考纪教育。考前复习是完成本学期教学任务和巩固教学成果的重要环节。各单位要认真抓好考前复习，使学员全面系统地掌握所学知识，努力考出好成绩。辅导教师必须充分准备，抓住重点，讲解难点，注重效果，不要把精力用到猜题押题上，以免误导学员。对学员要加强自觉遵守考试纪律的教育，增强求真知、正考风、守考纪的自觉性。

六、做好期末考试工作总结。各分院、直属学区要把期末考试工作总结与考区分类考评结合起来，从考试的组织领导、考前准备、试卷保管、考场设置、执行考纪等方面，进行全面总结，肯定成绩，找出问题。并制定改进措施。各单位要于1999年2月上旬将今年下学期期末考试工作总结报送总院。

中共中央党校函授学院

1998年12月7日

【1998年上学期期末考试考务工作】 1998年上学期期末考试于7月10日至13日举行，各班次、各专业闭卷考试科目共25门。总院于1998年5月28日向各分院、直属学区下发了《关于做好1998年上学期期末考试工作的通知》，对做好期末考试工作中加强组织领导、严格试卷管理、加大巡考力度等有关问题提出了明确要求。同时，明确了这次期末考试仍实行题签制，答题纸由总院统一印制下发。考试办公室根据各班次、各专业的学员注册人数和考试课程，编制了印卷计划和分卷方案，安排保密厂负责印制、分发和包装，组织总院及各分院干部护送试卷到各分院、直属学区，并与接卷单位直接办理验收交接手续。试题答案及评分标准待考试结束时由总院发往各分院、直属学区。总院对这次期末考试派出12个组24人，分赴黑龙江、内蒙古、山西、青海、湖南、贵州、西藏、新疆等12个省(自治区)进行重点巡考。经检查了解，这次期末考试总的情况是好的。（李广清）

【1998年下学期期末考试考务工作】 1998年下学期期末考试于1999年1月10日至14日举行，各班次、各专业闭卷考试科目共27门。总院于1998年12月7日向各分院、

直属学区下发了《关于做好1998年下学期期末考试工作的通知》,对做好期末考试工作中加强组织领导、统一思想、加大巡考监考力度、严格执行规章制度、抓好考前复习和考纪教育等有关问题提出了明确要求。考试委员会办公室根据各班次、各专业的注册人数和考试课程,编制了印卷计划和分配方案。试卷由保密厂印制、分发和包装,并组织得力干部押送到各分院、直属学区,并与接卷单位办理了验收交接手续。试题答案及评分标准考试结束时由总院发往各分院、直属学区。总院对本次期末考试进行有重点地巡视检查,共组织14个小组28人,分赴安徽、福建、江苏、江西、广西、海南、贵州、重庆、四川、河南、陕西、宁夏、内蒙古、黑龙江分院巡视和指导期末考试工作。同时,总院机关还派出56人次检查了解了驻京单位的期末考试情况。

(李广清)

【1998年招生考试考务工作】 1998年招生考试于4月24日至29日进行。总院于1998年3月12日向各分院、直属学区下发了《关于认真做好1998年招生考试工作的通知》,对招生考试工作中加强组织领导、加大管理、规范设置考场和做好保密工作等方面提出了明确要求。总院对这次招生考试进行全面巡考,共派出24个组49人,分赴河南、浙江、黑龙江等分院、学区巡视检查考试情况。同时,总院机关每天派出10个巡考组30多人,检查了解北京地区各分院招生考试情况。 (李广清)

【做好96级本科班、第6期领导干部班学员毕业前总补考工作的通知】

各分院、直属学区:

96级本科班、第6期领导干部班学员毕业前总补考,将于1998年12月中旬进行。请你们按照《关于学员毕业前总补考办法的规定》,认真做好总补考的准备工作。将需要参加总补考的学员名单及补考课目核实准确,分别填报《总补考名单及补考课目表》,务必于1998年9月30日前报总院考委办公室。同时附一简表,说明本分院、直属学区每门课程的补考人数,以便准备试卷。

为切实做好总补考工作,现提出如下要求:

一、参加总补考的学员名单及补考课目必须由分院、直属学区统一汇总,反复核实,一次报齐,做到不漏、不错。不按时报者,总院将不列入总补考制卷计划。

二、参加总补考的学员必须是已经学完教学计划规定的全部课程,并参加过各个学期的期末考试,累计只有一门闭卷考试课和一门开卷考试课成绩不及格者,或只有两门开卷考试课成绩不及格者。超过此规定的,必须说明原因,并附有关证明和分院、直属学区的意见,报经总院核准后,方能参加总补考。

自动退学的学员,或累计有两门闭卷考试课不及格者,累计有一门闭卷考试课和两门开卷考试课不及格的学员,应坚决淘汰,不得参加总补考。

三、批准休学并已报总院备案复学(按学籍管理规定,保留学籍时间不超过一年)的95级本科班、第5期领导干部班的学员,可以参加这次总补考,需补考的课目另列表提前报总院考委办,以便准备试卷。

四、各分院、直属学区必须集中或分片设立考场,统一进行总补考,学区不得单独设置考场考试。凡不在分院(直属学区)设置考场的考试,其成绩一律无效。总补考考场设置情况请填表报总院。

五、总补考闭卷考试课由总院统一命题制卷(开卷考试课由分院统一命题制卷),无论何种试卷,在考前都由分院(直属学区)妥善保管,任何人都不得以任何理由提前拆封试卷。凡用复印卷考试者,其成绩也无效。

六、总补考的日期、时间是全院统一的

规定，任何人都不能改变。凡不在总院统一规定的时间内进行的总补考，其成绩无效。

七、严格执行考试纪律。总补考的各项要求与其他考试相同，违背总院规定的总补考成绩一律无效。

附：

96级本科班、第六期领导干部班学员总补考时间安排表。

中共中央党校函授学院

1998年7月28日

96级本科班、第6期领导干部函授班总补考时间安排表

日期、时间	试卷代号	总补考课程	学期	专业	考试方式
1998年12月12日（星期六）上午9:30—11:30	01	社会主义市场经济论纲	第一学期	党政、行政、政法	闭卷
			第二学期	经管、涉外	
			第一学期	领导干部	
	02	英语（第一册）	第一学期	经管、涉外	闭开卷
	03	领导科学概论	第二学期	党政、行政	闭卷
	04	民法学教程	第二学期	政法	闭卷
	05	马克思主义科学社会主义经典文选	第三学期	领导干部	闭卷
			第三学期	党政、行政	
	06	货币银行学	第三学期	经管	闭卷
	07	企业涉外经营管理概论	第三学期	涉外	闭卷
	08	刑法学教程	第三学期	政法	闭卷
	09	行政管理学教程	第四学期	党政、行政	闭卷
	10	国际金融简明教程	第四学期	经管、涉外	闭卷
	11	刑事、民事诉讼法学教程	第四学期	政法	闭卷
1998年12月13日（星期日）上午9:30—11:30	12	市场经济法律制度概论	第一学期	党政、行政	闭卷
	13	马克思主义政治经济学经典文选	第一学期	经管、涉外	闭卷
	14	法理学教程	第一学期	政法	闭卷
	15	英语（第二册）	第二学期	经管、涉外	闭开卷
	16	马克思主义哲学经典文选	第二学期	党政、行政、政法	闭卷
			第二学期	领导干部	闭卷
	17	行政法与行政诉讼法教程	第三学期	党政、政法	
			第四学期	行政	闭卷
	18	法学基础	第三学期	行政	闭卷
	19	宏观经济运行与管理	第三学期	经管	闭卷
	20	国际贸易理论与实务	第三学期	涉外	闭卷
	21	马克思主义党的建设经典文选	第四学期	党政	闭卷
	22	国际贸易理论与实务	第四学期	经管	闭卷
	23	国际投资和我国利用外资概论	第四学期	涉外	闭卷
	24	经济合同法教程	第四学期	政法	闭卷
	25	新时期党的建设概论	第四学期	领导干部	闭卷

续表

日期、时间	试卷代号	总补考课程	学期	专业	考试方式
1998年12月12日（星期六）下午2:30—4:30	26	邓小平论建设有中国特色社会主义文选	第一学期	党政、行政、政法	开卷
			第一学期	领导干部	
			第二学期	经管、涉外	
	27	社会主义国有资产管理概论	第一学期	经管、涉外	开卷
	28	市场经济法律制度概论	第一学期	领导干部	开卷
	29	中国领导思想史简编	第二学期	党政	开卷
			第二学期	领导干部	
	30	中国政治制度史	第二学期	行政	开卷
	31	宪法学教程	第二学期	政法	开卷
	32	领导科学概论	第二学期	领导干部	开卷
	33	马克思主义伦理学	第三学期	党政	开卷
	34	当代中国政治制度	第三学期	行政	开卷
	35	外国经济管理思想史简编	第三学期	经管、涉外	开卷
	36	西方法律制度与理论	第三学期	政法	开卷
	37	马克思主义党的建设经典文选	第三学期	领导干部	开卷
	38	国际经济概论			
	39	党务管理概论	第四学期	党政	开卷
	40	当代西方政治制度	第四学期	行政	开卷
	41	国际投资和我国利用外资概论	第四学期	经管	开卷
	42	国际经济法教程	第四学期	涉外	开卷
			第五学期	政法	
	43	劳动法学教程	第四学期	政法	开卷
	44	行政法与行政诉讼法教程	第四学期	领导干部	开卷
	45	党务管理概论			
	46	宏观经济运行与管理	第五学期	党政、领导干部	开卷
	47	组织行为学	第五学期	行政	开卷
	48	管理会计简明教程	第五学期	经管	开卷
	49	涉外经济会计	第五学期	涉外	开卷

注：1. 总补考闭卷由总院命题，开卷由各分院命题；

2. 外语总补考，英语由总院命题，日、俄语由分院命题。

【96级本科班、第六期领导干部函授班学员毕业前总补考考务工作】 96级本科班、第六期领导干部函授班学员毕业前总补考于1998年12月12日至13日举行，总补考科目为党政管理、经济管理、涉外经济和政法专业的25门课程。总院于7月28日向各分院、直属学区下发了《关于做好96级本科班、第六期领导干部函授班毕业前总补考工作的通知》，对有关问题提出了明确要求。教务处根据各分院、直属学区报来的参加总

补考的学员名单、专业和科目编制了试卷印制、分发计划。试卷通过机要交通发至各分院、直属学区。各分院、直属学区按照总院规定的日期和时间具体组织实施总补考。

（李广清）

【95级大专班学员毕业前总补考考务工作】 95级大专班学员毕业前总补考于6月13日至14日举行。总补考科目为党政专业和经管专业的25门课程。总院于1997年12月30日向各分院、直属学区下发了《关于做好95级大专班学员毕业前总补考工作的通知》，要求各分院、直属学区如期上报了参加95级大专班学员毕业前总补考名单和各科总补考人数。教务处认真核定参加总补考各科人数，编制了印卷计划和分配方案。试卷由保密厂印制，并通过机要交通发至各分院、直属学区。各分院、直属学区按照总院规定的日期和时间具体组织了总补考。

（李广清）

【为抗洪救灾学员补考】 1998年夏秋季，我国长江、嫩江和松花江地区发生了特大洪灾，广大学员奋勇地投入抗洪救灾斗争，因抗洪救灾耽误了上学期期末考试。总院于8月18日专门下发通知，决定11月14日、15日为抗洪救灾学员进行补考。参加这次补考的单位共35个，其中分院26个，直属学区9个：湖南、湖北、江西、江苏、安徽、铁道部、黑龙江农垦总局、黑龙江北安农管分局、黑龙江国防工业、吉林、内蒙古、总参、总政、总后、总装、海军、空军、二炮、武警、国防大学、沈阳军区、北京军区、兰州军区、南京军区、济南军区、成都军区分院；哈一机、哈飞、七台河、鸡西、双鸭山、鹤岗、华安、大庆、一汽轻型车厂直属学区。

（李广清）

【考务管理培训】 总院考试委员会办公室于11月5日至8日在重庆市委党校举办了考务管理工作人员培训班。参加培训班的有重庆分院、四川分院、贵州分院、黑龙江国防工业分院、海军分院、武警部队分院、第二炮兵分院、兰州军区分院和直属一汽轻型车厂学区及总院有关人员，共19人。这次培训，主要学习了胡锦涛同志关于党校函授教育工作的指示；中央党校校院领导有关考务管理的讲话，学习了总院考务管理规定的8个文件。大家不仅提高了思想认识，熟悉了考务管理规定，而且增强了责任感和事业心。同时，大家还对《中共中央党校函授学院考区分类考评办法》（征求意见稿），提出了一些好的建议。

（李广清）

注 册 与 毕 业 工 作

【认真做好98级学员注册统计工作的通知】

各分院、直属学区：

现将98级学员注册统计工作及有关事项通知如下：

一、新学员学号的编法

新学员报到注册后，即启用新编学号。具体编法如下：

1. 大专班、本科班学号为7位数，其中第1位数代表班次（1代表大专班、2代表本科班），第2位数代表年级（98级用“8”），第3位数代表专业（1代表党政管理、2代表经济管理、3代表涉外经济、4代表政法、5代表行政管理），最后4位数为学员顺序编号（0001开始）。

2. 领导干部班学号为7位数，其中第1位数代表期数，第2、3位数代表分院或直属学区，最后4位数为学员顺序编号（详见附表）。

二、各种表格的打印、填报

1. 各分院（直属学区）必须将新学员基本情况使用今年总院配发的教务管理软件录入磁盘，并将数据（其中学员姓名必须与身份证复印件完全一致）进行认真核对无误后，打印出各班次的《学员名册》、《学员入学注册人数统计表》、《学员基本情况统计表》。录入时，学员姓名中遇有微机打不出的字，要列表（学号、姓名）上报，《学员名册》必须填全。

2. 今年新招生的分院（直属学区）和情况有变化的单位，必须填报《分院、直属学区地址、开户银行》和《函授工作人员登记表》。

三、从98级开始取消学员成绩表和学员学籍表，启用《毕业学员登记表》和《毕业学员鉴定表》。请各单位自行印制毕业学员登记表封面和毕业学员鉴定表。毕业学员登记表中学员基本情况和成绩表由微机自动打印。

四、各年级、班次每个学期的《注册人数统计表》和《学籍变动情况统计表》，应按要求录入磁盘打印出书面表格一并上报总院。

五、新建分院（直属学区）的代码：贵州15，总政71，二炮86，黑龙江国防工业47，哈轻厂67，直属二班66。

六、几点要求：

1. 新学员注册时，必须上交近期4张一寸、2张二寸同版证件像片和身份证（工作证、户口本）的复印件，手续不全不予注册。

2. 将录好的各班次注册新生基本情况数据磁盘和打印的《学员名册》、《学员入学注册人数统计表》和《学员基本情况统计表》，务必于10月20日前上报总院教务处。

中共中央党校函授学院

1998年6月17日

附表 **第八期领导干部班学号字头分配表**

序号	分院	学号字头	序号	分院	学号字头	序号	分院	学号字头	序号	分院	学号字头
1	中直机关	——	14	天津	814	27	国防科工委	827	40	黑龙江农场总局	840
2	中央国家机关	802	15	内蒙	815	28	北京工业党校	——	41	河北	841
3	总参	803	16	广西	816	29	四川	829	42	北京市公安局	842
4	总政	——	17	海南	817	30	四川（二）	——	43	西安	843
5	直属二班	805	18	青海	818	31	宁夏	831	44	南宁	844
6	北京军区	806	19	铁道部	——	32	新疆	832	45	兰州军区	——
7	沈阳军区	——	20	空军	820	33	济南军区	833	46	武警部队	846
8	北京市委机关	808	21	国防大学	821	34	成都军区	834	47	黑龙江工办	847
9	山西	809	22	济南	——	35	山东	835	48	北安农场	848
10	安徽	810	23	南京军区	823	36	浙江	836	49	海军	849
11	云南	811	24	广州军区	824	37	福建	837	50	二炮	850
12	陕西	812	25	湖北	825	38	广东	838			
13	甘肃	813	26	新疆兵团	826	39	重庆	839			

【新生注册工作】 6月17日总院向各分院、直属学区发出《关于认真做好98级学员注册统计工作的通知》，对新生注册工作提出了明确要求。(一) 明确了新生学号的编法，对大专班、本科班、领干班的学号位数和各位数代表的内容作了明确规定。(二) 各分院、直属学区必须使用1998年总院统一配发的教务管理软件将新学员的基本情况录入磁盘，并将数据进行认真核对无误后，打印出各班次的《学员名册》、《学员入学注册人数统计表》、《学员基本情况统计表》报总院。(三) 从98级开始取消学员成绩表和学员学籍表，启用《毕业学员登记表》和《毕业学员鉴定表》。《毕业学员登记表》封面和《毕业学员鉴定表》由各分院、直属学区按照总院提供的式样自行印制。《毕业学员登记表》中学员基本情况和成绩表均由微机自动打印。（四）各年级、班次每个学期的《注册人数统计表》和《学籍变动情况统计表》，应按要求录入磁盘打印出书面表格，连同磁盘一并上报总院。(五) 新学员注册时必须上交近期4张一寸、2张二寸同版证件像片和身份证件，将录好的新学员注册基本情况数据磁盘和打印的《学员名册》、《学员入学注册人数统计表》和《学员基本情况统计表》于每年10月20日以前上报总院。

（王梅顺）

【学期注册工作】 坚持了每学期进行注册统计的制度，1998年上学期和下学期各分院、直属学区按规定时间和要求上报注册统计表，总的情况是好的，报表的时间性、准确

性和规范性均有提高，为学员毕业办理毕业证书工作打下了良好的基础。（王梅顺）

【办理95级大专班毕业证书的通知】

各分院、直属学区：

今年上半年，各单位在办理95级本科班和第五期领导干部班毕业学员毕业证书工作中，领导思想重视，组织工作严密，审核把关严格，如期、圆满地完成了办证工作。特别是铁道部、辽宁、河南、江苏、浙江、福建、北京市工业党校、重庆、北京市公安局、西安、安徽分院（直属学区）的本科班和济南直属学区的领导干部班的办证工作尤为突出。他们的主要特点是：学籍管理人员业务熟悉，工作高标准、严要求，基础工作做得好；学员成绩表分类（毕业、缓毕业和不能毕业）打印，并编有总目录表，学员学籍变动情况标注清楚，便于审核查证；坚持对每个毕业学员的成绩及有关情况逐个认真审核，发现问题及时纠正；使用微机打印毕业学员姓名和编号，字体整洁、清楚、位置适中；学员毕业像片符合要求，粘贴端正、干净；办证遗留问题少。他们的做法和经验值得各单位学习。

总院定于今年9月初开始办理95大专班毕业学员毕业证书，为把此项工作做得更好，现就办证工作中的有关事项重申如下：

一、各单位要严格按照总院《办理毕业证书工作程序》（见附件）和“三严五审”的要求，认真做好办证基础工作：1.毕业学员姓名和毕业证编号一律用微机打印，毕业学员姓名一定要与其身份证姓名一致，凡毕业学员姓名中微机打不出的字，应用毛笔或碳素硬笔书写全名；2.学员毕业证书像片一律用近期二寸正面免冠像片，不得使用一寸、艺术、戴墨镜、带印迹等不规范的像片；3.毕业学员成绩表要按规范要求填全、填写清楚，不得随意涂改、粘贴、简化。凡不符合上述要求的一律不办理毕业证书。

二、各单位毕业证书编号范围（附表）是按第6学期注册人数满编的，凡因毕业学员人数增加造成编号不足的，由总院从机动号中予以解决。

三、各单位要按总院安排的办证时间表提前一天到京，凡因有特殊情况提前或推迟来京办证的，须事先与总院教务处联系商定。

四、各单位向总院交清各项经费后，方能办理毕业证书。

中共中央党校函授学院

1998年6月17日

附　办理毕业证书程序

根据中共中央党校函授学院《管理制度汇编》有关规定和要求，办理毕业证书务必做到“三严、五审”，即严格制度、严格程序、严格审核，初审、一审、二审、三审和终审。

一、初审。分院（直属学区）要切实做到对毕业学员各科成绩和打印的毕业证书逐个严格审核，凡不符合办证要求的，务必就地立即纠正。

二、一审。在分院（直属学区）做好办证各项基础工作的前提下，总院和分院（直属学区）共同负责核对学员毕业证书的起止编号，总院审核毕业证书和学员卡片，重点审核毕业学员姓名和像片，分院（直属学区）审核学员成绩登记表。凡不符合办证要求的，则坚决不予办理。所有办证遗留问题要分类清理查实，列出清单，说明原由，注明出处，总院、分院各一份。

三、二审。总院指定专人对毕业证书、学员成绩登记表严格审核，重点审核毕业学员成绩、姓名和毕业证编号。凡发现成绩不全或不符合毕业要求的，则坚决不办理毕业证书。

四、三审。总院指定专人（必须二人同时操作）逐个对毕业证书加盖钢印，同时审核毕业证像片和编号，凡发现有问题的不得加盖钢印。盖印后的毕业证书，仍按原编号顺序排列。

五、终审。总院和分院（直属学区）共同负责，总院负责核对学员成绩登记表，分院（直属学区）负责核对毕业证书，并重点审核毕业学员姓名及钢印，双方审核无误后，签字办理移交手续。

附表

95级大专班毕业证书编号分配表

序号	单位	学员人数	毕业证书编号
1	山东	5467	422001—427467
2	上海	1170	427468—428637
3	南京	1312	428638—429949
4	浙江	4951	429950—434900
5	安徽	1964	434901—436864
6	江西	5646	436865—442510
7	福建	3895	442511—446405
8	广东	39	446406—446444
9	南宁	494	446445—446938
10	海南	1250	446939—448188
11	湖北	242	448189—448430
12	云南	1321	448431—449751
13	重庆	2143	449752—451894
14	成都	620	451895—452514
15	六盘水	240	452515—452754
16	毕节	287	452755—453041
17	遵义	90	453042—453131
18	黔西南	94	453132—453225
19	西藏	394	453226—453619
20	甘肃	5065	453620—458684
21	陕西	5351	458685—464035
22	西安	1081	464036—465116
23	青海	2383	465117—467499
24	宁夏	558	467500—468057
25	辽宁	299	468058—468356
26	吉林	2938	468357—471294
27	哈一机	258	471295—471552
28	北安	699	471553—472251
29	七台河	109	472252—472360
30	双鸭山	107	472361—472467
31	鸡西	108	472468—472575
32	鹤岗	37	472576—472612
33	华安	63	472613—472675
34	大庆	1894	472676—474569
35	内蒙古	6912	474570—481481
36	中直机关	282	481482—481763
37	中央国家机关	1164	481764—482927
38	铁道部	8765	482928—491692
39	统计局	2342	491693—494034
40	北京市委机关	721	494035—494755
41	北京市工业党校	745	494756—495500
42	北京市公安局	991	495501—496491
43	直属班	120	496492—496611
44	总参	844	496612—497455
45	总政	59	497456—497514
46	总后	122	497515—497636
47	国防科工委	163	497637—497799
48	装院	2857	497800—500656
49	沈阳军区	712	500657—501368
50	南京军区	419	501369—501787
51	兰州军区	246	501788—502033
52	国防大学	1157	502034—503190
53	空军	471	503191—503661
54	海军	166	503662—503827
	合计	81827	
	机动号		503828—

【办理96级本科班、第6期领导干部班毕业证书的通知】

各分院、直属学区：

今年下半年，各单位在办理95级大专班毕业学员毕业证书工作中，认真执行总院《办理毕业证书程序》中提出的“三严五审”的要求，毕业办证工作更趋完善和规范。在54个办学单位中，除少数分院外，大部分单位符合规范化要求，办证工作质量较高。浙江、铁道部、福建、北京市工业党校、北京市公安局、西安、内蒙、云南、上海、总参、南京军区分院（直属学区）等工作较为突出。他们的主要特点是：领导思想重视，组织工作严密，审核把关严格；学籍管理工作人员业务熟悉，认真负责，基础工作做得好；毕业证书符合规范要求，用微机打印姓名和编号字体整洁、清楚、位置适中，照片剪贴端正、干净，学员成绩登记表清楚、整齐。

96级本科班、第6期领导干部班即将毕业，总院定于1999年3月初开始办理毕业证书，现就有关事项通知如下：

一、各单位要按照总院《关于办理毕业证书的若干规定》和《办理毕业证书程序》的要求，认真做好各项准备工作和初审工作。一定要严格进行毕业资格认定，并认真核实姓名，要用微机打印姓名和毕业证号，照片必须是二寸证件照。凡不符合规范要求的一律退回返工。

二、从96级起总院不再下发学员成绩登记表。第一批试点单位的学员成绩登记表一律用微机自动生成打印，其他单位可用微机自动生成或打字机打印，不准用手工填写。学员成绩登记表应按毕业、缓毕业（缺一门成绩）、不毕业三类分别打印。学员成绩登记表册前面要有目录，注明各学区毕业证号分配范围、空号以及各专业人数、毕业总人数。

三、各单位毕业证编号范围（附表1、2）是按第五学期注册人数满编的，凡因特殊情况编号不足时，可由总院在机动号中解决。

四、各单位按总院安排的办证时间提前一天到京，如有特殊情况，须事先与总院教务处联系商定。

五、学籍管理改革第一批试点单位（铁道部、辽宁、北京市委机关、北京市工业党校、沈阳军区分院和北京市公安局直属学区）请按《学籍管理改革第一批试点工作进度表》做好准备工作。具体办证时间另行安排。

六、各单位向总院交清各项经费后，方能办理毕业证书。

中共中央党校函授学院

1998年11月6日

附表1　**96级本科班毕业证书编号分配表**

序号	单位	学员人数	毕业证书编号
1	山东	2981	9430001—9432981
2	上海	1076	9432982—9434057
3	江苏	4341	9434058—9438398
4	浙江	1957	9438399—9440355
5	安徽	7653	9440356—9448008
6	江西	4830	9448009—9452838
7	福建	2476	9452839—9455314
8	广东	1292	9455315—9456606
9	广西	2534	9456607—9459140
10	南宁	556	9459141—9459696
11	海南	458	9459697—9460154
12	湖南	7119	9460155—9467273

续表

序号	单位	学员人数	毕业证书编号
13	湖北	5848	9467274—9473121
14	河南	4741	9473122—9477862
15	云南	2708	9477863—9480570
16	四川	413	9480571—9480983
17	成都	159	9480984—9481142
18	重庆	1593	9481143—9482735
19	六盘水	169	9482736—9482904
20	毕节	177	9482905—9483081
21	遵义	191	9483082—9483272
22	黔西南	92	9483273—9483364
23	西藏	166	9483365—9483530
24	甘肃	3104	9483531—9486634
25	陕西	3422	9486635—9490056
26	西安	503	9490057—9490559
27	宁夏	696	9490560—9491255
28	新疆	3083	9491256—9494338
29	新疆兵团	1906	9494339—9496244
30	青海	397	9496245—9496641
31	吉林	2497	9496642—9499138
32	农场总局	561	9499139—9499699
33	北安	645	9499700—9500344
34	哈一机	122	9500345—9500466
35	哈飞	70	9500467—9500536
36	华安	81	9500537—9500617
37	大庆	699	9500618—9501316
38	七台河	255	9501317—9501571
39	鸡西	138	9501572—9501709

序号	单位	学员人数	毕业证编号
40	双鸭山	103	9501710—9501812
41	鹤岗	220	9501813—9502032
42	内蒙	2856	9502033—9504888
43	山西	2529	9504889—9507417
44	河北	6087	9507418—9513504
45	天津	2057	9513505—9515561
46	中直	149	9515562—9515710
47	国家机关	435	9515711—9516145
48	总参	5919	9516146—9522064
49	总后	1201	9522065—9523265
50	总装	1699	9523266—9524964
51	国防大学	2556	9524965—9527520
52	海军	1998	9527521—9529518
53	空军	2455	9529519—9531973
54	北京军区	2295	9531974—9534268
55	济南军区	528	9534269—9534796
56	南京军区	1200	9534797—9535996
57	广州军区	429	9535997—9536425
58	成都军区	1788	9536426—9538213
59	兰州军区	719	9538214—9538932
60	宣化炮院	362	9538933—9539294
	小计	109294	
61—66第一批试点单位		10873	9539295—9550167
	合计	120167	
	机动号		9550168—9551000

附表 2

第 6 期领导干部班毕业证书编号分配表

序号	单　　位	学员人数	毕业证书编号
1	中直机关	76	22901—22976
2	国家机关	163	22977—23139
3	总　　参	156	23140—23295
4	宣化炮院	109	23296—23404
5	装　　院	296	23405—23700
6	北京市委	224	23701—23924
7	山　　西	295	23925—24219
8	安　　徽	81	24220—24300
9	云　　南	198	24301—24498
10	陕　　西	294	24499—24792*
11	甘　　肃	210	24793—25002
12	天　　津	419	25003—25421
13	内 蒙 古	105	25422—25526
14	广　　西	99	25527—25625
15	海　　南	33	25626—25658
16	青　　海	210	25659—25868

序号	单　　位	学员人数	毕业证编号
17	空　　军	456	25869—26324
18	济　　南	130	26325—26454
19	南京军区	149	26455—26603
20	新疆兵团	104	26604—26707
21	国防科委	108	26708—26815
22	北京工业党校	230	26816—27045
23	重庆(原四川二)	96	27046—27141
24	宁　　夏	82	27142—27223
25	新　　疆	146	27224—27369
26	济南军区	210	27370—27579
27	成都军区	316	27580—27895
28	湖　　北	421	27896—28316
	合　计	5416	
	机　动		28317—28400

* 其中 24752—24792 为西安市

【毕业颁证工作】 总院分别就 95 级本科班、第五期领导干部班和 95 级大专班毕业学员办理毕业证书的工作向各分院、直属学区发出通知，就有关事项提出了严格要求，作了明确规定。

在办理毕业证书工作中，全院始终坚持“三严五审”制度，确保毕业“出口”质量。“三严”，即严格制度，严格程序，严格审核。“五审”，即初审（由分院、直属学区自行对毕业学员成绩和办理毕业证书有关事项进行审核）；一审（由总院、分院或直属学区共同审核毕业学员的姓名和照片）；二审（由总院负责重点审核毕业学员的成绩）；三审（由总院指定 2 人专门负责对毕业证书加盖钢印）；终审（由总院与分院或直属学区共同对毕业学员成绩和毕业证书把关审核确认无误后登记签字交接）。实践证明，“三严五审”制度是行之有效的，在各个环节上均发现并解决了一些漏洞和差错，对严把毕业关，保证办学质量起到了积极作用。此外，还处理了大量办证遗留问题和补办毕业证书的工作。

（王梅顺）

教材印制、发行工作

【中央党校函授学院教材工作会议纪要】 为进一步提高教材编写、印制和发行管理质量，总院于1998年11月10日至12日，在云南省委党校召开了教材工作会议，出席会议的有部分分院的领导、教材科长和总院有关处室的领导。总院副院长史信发作了工作报告，云南省委党校常务副校长李师程、省委组织部杨汝鉴处长出席开幕式并讲话。教材处处长吴江浩主持会议。现将会议主要情况纪要如下。

(一)

这次会议以党的十五大精神和邓小平理论为指导，深入学习胡锦涛同志和中央党校校委关于加强党校教材建设的有关指示，认真贯彻落实十月函授工作会议对教材建设提出的新任务、新要求，探讨教材建设的新特点，共商教材编印发行良策，开创教材工作新局面，更好地为培养党的高素质干部队伍服务。

全体代表听取了史信发副院长作的题为《高举邓小平理论伟大旗帜，开创党校函授教材工作新局面》的工作报告，分组进行了深入讨论。统一思想，统一认识，统一政策，统一要求。会议还对零购教材工作作了专题研究。会议表彰奖励了16个先进单位和50名先进个人。

与会代表认为，这次会议开得很必要、很及时。会议的重点突出，措施具体，可操作性强，达到了预期目的。

(二)

与会同志完全赞同史信发同志对教材工作情况的总结。大家认为，全院教材建设，在中央领导同志的亲切关怀和校委的正确领导下，几年来，特别是党的十五大以来，总院对全院函授教材进行了多次、全面的修订和补充，使函授教材更加体现现代性、科学性和实用性。中函教材现已达到131种，教学参考资料、学习指导纲要和学习导刊达到148种，基本形成了一套适应在职党员干部培训、门类比较齐全、专业性较强的党校函授教材体系，受到了广大教师和学员的欢迎，也受到各级党校和社会成人教育的欢迎。

1997年9月3日，中央党校领导汪家镠同志接到江泽民总书记亲自打来的电话："我看了中央党校的四本书（指函授教材《马克思主义哲学原理》、《建设有中国特色社会主义的理论》、《干部写作概论》、《普通逻辑学》），还不错，请你给我送几套来，包括'教学参考资料'和'学习指导纲要'也一起送来"。江总书记关心党校教材建设，这是对党校函授教育工作的鼓舞和鞭策。代表们说，我们一定不辜负中央领导同志的希望，坚决按照胡锦涛同志"7·22"批示精神，严把教材关，把教材质量提高到一个新的水平，更好地为培养党的高素质干部队伍服务。

(三)

代表们一致赞同史信发同志在报告中对当前国际、国内形势的分析。未来21世纪，将是国际经济和科技竞争非常激烈的一个世纪。随着知识经济时代的到来，世界呈现出经济全球化、信息社会化、知识产业化、教育终身化的的发展趋势，各国都把培养高素质人才作为自己的发展战略。因此，发展教育，特别是发展国民教育后的再教育，已成为世界各国发展战略的重点。我们要认清形势，把党校函授教育纳入到全党、全国和全世界战略格局中来看待。要抓住机遇，迎接挑战，立足本职，高标准，严要求地做好中函学员使用教材的编印发行工作，要研究面向全国成人教育市场，提出开拓新的思路。

大家完全赞同报告中提出今后教材建设的主要任务和要求。一是要改革创新，进一步提高质量。必须树立精品意识，把教材的印发质量再提高一步。二是要扩大发行范围，为党培养更多高素质人才服务。中函教材贴近社会实际，符合成人教育要求，把中函教材推向社会，尽可能满足全国党校函授和社会成人教育对中函教材的需求。三是要尽快建立零购教材体系和管理办法，建立奖励机制，调动各方面的积极性。四是要加强协作，密切配合，全院上下通力合作，形成全院性的中函教材发行网。

代表们还就吴江浩同志对《零购教材管理办法》的说明进行了讨论。一致认为，在中函教材越来越受欢迎，零购单位和数量越来越多的情况下，出台一个管理办法，加强统一管理，提高发行质量，是必要的、适时的。大家认为，中函教材在保证中函学员使用的基础上，同时满足全国党校和社会成人教育的部分教材的需求，发挥两个积极性，有利于发展教育事业，为党培养高素质人才作贡献。代表们还对《零购教材管理办法》和奖励细则，提出了很多很好的建议。

会议明确了今后零购教材工作的主要措施。一是要认真贯彻落实总院《零购教材管理办法》，照章办事，使其工作进一步规范化、科学化。二是零购教材是教材建设中的一项重要工作，各级领导要重视教材零购工作，把此项工作提到领导议事日程上来，对零购教材做到有方案、有计划、有布置、有检查，并在抓落实上狠下功夫。三是总院每学期要及时向各级组织提供零购教材目录，供购书单位选购，并要像抓中函学员使用教材那样，抓好零购教材的印制、发行工作，使其准确、及时到位。四是各购书单位要及时上报零购教材征订计划，及时通报有关情况，及时结账。五是完善《零购教材管理办法》，有关政策要相对稳定，发挥各方面的积极性。总院和各零购教材单位要团结一致，齐抓共管，扎扎实实地做好此项工作。

【教材征订工作】 1998 年，教材处对中函学员使用的教材、资料和党校系统自办函授使用中函教材，共进行了 4 次征订。每次征订都将该学期各年级、各专业所征订的教材、资料打印成征订单，寄给全院 182 个教材直发单位。各单位根据各自需要，按征订单所列项目和要求填写，在规定的上报期内报给总院教材处。再由教材处对征订情况进行分类汇总，拟制出教材印制、发行计划，报院审批后实施。今年教材征订工作，做到了汇总数据及时，为印制、发行提供了可靠依据。

（杨朝旺）

【教材印制工作】 1998 年，共印制教材、资料 317 种，计 1676 万余册，一亿零一百余万印张，用纸 2776 吨，新设计教材封面 46 种。在组织计划和调度教材印制管理过程中，从接收教材原稿到版式设计，确定版序，排版送样，组织校对，办理书号，计算印张，直至核红付印全过程，都按照精心组织、精心设计、精心运作三原则，一丝不苟地进行。为强化跟踪管理，教材处除沿用往年派人下厂检查外，增加了各印厂定期报告印制进度和质量的制度。并根据管理工作数据化，工作进度表格化和调度协调程序化的“三化”要求，进一步改进和完善了各种计划及应用表格。坚持与各印厂、教编室的业务往来，都必须有详细的文字记载。这样，既便于全面掌握印制工作的整体进程，又便于及时调整业务，使教材印制质量和速度有了保证。

（杨朝旺）

【教材发行工作】　今年教材发行工作主要做法有：一是教材处及时制定教材发行计划，并将发行单尽早下达给各厂，便于各厂及时、准确发行；二是各承印厂严格执行教材发行情况报告制度，促使其在规定时间内将教材发出；三是各教材接收单位及时准确地填报《教材接收情况回执》，使教材处和发书印厂及时了解教材发行到位情况，及时处理发行中出现的有关问题。由于措施具体，执行有力，今年向全院182个教材直发点，共发出教材、资料1630余万册，基本达到了发数准确、到位及时、管理有序的要求，较好地完成了教材发行任务。（杨朝旺）

【教材校对工作】　今年以来，教材处重视与加大了教材校对工作的管理力度，其主要做法：一是教材处分工一名处务委员，负责组织与指导教材校对工作；二是加强校对员的思想工作，向他们反复讲明中函教材的特点、规律及其重要性；三是在每学期的大批量校对任务来到前，向校对员讲明本学期的任务，实施方法，并提出具体要求；四是对校对质量标准及有关规定进行了细化，使评定校对质量优劣和实施奖惩工作有章可循；五是今年召开了两次校对工作研讨会，总结交流经验，提高校对员的业务素质。由于强化了校对管理，全年校对教材、资料211种，计5880余万字（含二校），经统计校对质量有明显的提高。（杨朝旺）

【教材出版业务联系工作】　为使教材按国家出版规定及时出版发行，今年教材处加强了与北京市新闻出版局的业务联系，如主动向其介绍中函教材是供党、政、军、企党员干部学习使用，是培养高素质干部队伍的教科书；请出版管理处领导参加我院教材工作会议，使他们进一步了解我院教材的内涵、性质等情况；在每学期使用教材的计划基本确定后，提前向其预报需要办证的时间、数量及教材名称等情况。通过这些工作，使出版管理部门对中函教材有了进一步的了解，疏通了办证渠道。全年共办理了41份教材印制委托书和125份内部书刊准印证，为教材承印厂及时印发教材提供了保障。（杨朝旺）

【召开第一次零售教材工作会议】　经院领导批准，于3月26日至29日，在深圳市委党校首次召开了零售教材工作会议，与会代表37人。会议旨在将中函教材推向社会，尽可能满足全国党校自办函授和社会成人教育对中函教材的需求，为党和国家培养高素质人才服务。会上史信发副院长作了《加强教材建设和零售教材工作，为党培养高素质干部队伍服务》的主题报告，教材处吴江浩处长就总院关于零售教材组织体系、管理办法的设想作了讲话。会议表彰、奖励了零售教材先进。与会代表认真讨论了《报告》和《讲话》，对推进教材零售工作提出了许多建设性的意见与建议。会议达到了预期目的，为以后的规范零售教材工作奠定了基础。（杨朝旺）

【召开第二次零售教材工作会议】　11月10日至12日，在云南省委党校再次组织召开了零售教材工作会议。此次会议是为实现零售教材制度化、规范化管理，确保零售教材健康、持续发展召开的。会上史信发副院长作了《高举邓小平理论伟大旗帜，开创党校函授教材工作新局面》的主题报告，教材处吴江浩处长就《中共中央党校函授学院零售教材管理办法》和《零售教材奖励细则》做了说明，表彰、奖励了16个先进单位和50个先进个人。经过与会代表讨论，统一了思想认识，达到了预期目的。全年零售教材售出量比上年度增长了5成。（杨朝旺）

【召开教材印制质量管理工作会议】　5月14日，针对锦州印刷厂印制教材样书把关不严出现的质量问题，经院领导同意，教材处紧急召集承印厂厂长，专题研究如何克服松劲情绪，采取有效措施，强化教材印刷质量会议。会议首先通报了教材在排版、校对、印刷、装订中存在质量标准不高种种现象。尔后厂长们自动对号，查找本厂教材印制质量问题及其原因，提出相应的解决办法与措施。与此同时，教材处制定并下达了《中函教材样书制作质量标准及质检办法》，成立了样书质检组。此次会议，对各厂震动较大，整改迅速，见效快，教材及样书的印制量都有了明显的提高。（杨朝旺）

【召开教材承印厂工作会议】 9月17日，教材处在京组织召开了教材承印厂厂长工作会议。会议主要议题是布置教材改版工作问题。与会代表听取并讨论了《总结经验，展望未来，为实现中函教材精品建设而努力》的工作报告。会议明确了于1999年底前，分三个学期，将131种中函教材，全部由小32开改为大32开，封面和版式设计及改版工作要同步实施，使中函教材的开本与国际国内的图书出版业接轨，以崭新的面貌跨入21世纪。会议要求各教材承印厂在教材改版后的印制、发行过程中，一定要高标准、严要求，要在实践中不断总结经验，采取有效措施，确保教材印刷质量，尤其要确保教材样书首先达到精品目标。（杨朝旺）

【开展教材质量检查工作】 6月8日至24日，12月18日至31日，教材处两次组织质量检查组，分批深入各印厂，对其印发中函教材的情况进行检查指导。其作法是，首先听取厂领导介绍印发中函教材的具体作法、进度和质量等情况，对该厂印发中函教材情况有个全面了解；尔后，深入科室、车间查看各道工序的操作过程和质量情况；再到库房和发行现场，开包抽查成品教材的印刷、包装质量，查看发行清单和发行的组织与实施。通过听、看、查、问，在了解实际情况的基础上，对各厂好的方面给予肯定和表扬，对存在的问题给予批评指正。通过深入印厂现场检查指导工作，对各厂提高教材印发质量起到了促进作用。（杨朝旺）

【审核教材印发费用工作】 教材处对各厂结账单据审核，采取“三审”把关制。即首先由印制办和发行办主任对各厂所报报账单据的基础数据进行核对初审，确认无误后交给综合办；再由综合办一笔一笔地反复核算的复审，在确认无差错后进行汇总上账；最后将报账单据送处领导终审的“三审”把关后，才能送交财务处办理结账手续。由于审核工作认真细致，严把“三审”关，全年所报销的教材印制、发行费，未出现任何违反财经制度现象。教材处还密切注视了市场纸张价格趋势，当发现教材用纸价格有所下调时，就将因纸张价格下调而导致教材用纸费用下调情况，及时通报教材承印厂。在保证教材用纸质量的前提下，视情下调了付给印厂教材用纸费。仅此一项，全年节约购纸费90余万元。下半年开始的教材由小32开逐步改版为大32开，是在通过考查论证和细致核算，确认基本不增加费用的情况下进行的。（杨朝旺）

【教材书库管理和样书验收、发放工作】 今年教材处进一步加强了书库和资料室的管理工作，对教材、资料进行了清理分类，编制教材目录，制作标志牌，使教材进出库数目清楚，提高了工作效率。书库对自取单位的教材发行，做到了及时准确，有效地保障了教学；对零散零购教材，能在收到订单的一周内发出教材，零购用户满意。全年验收教材样书、资料241种，计42800册。上送有关领导、部门和下发部分分院的样书共10924册，做到了及时无差错。（杨朝旺）

教 材 建 设

【中央党校函授学院教材建设咨询研讨会会议纪要】 中央党校函授学院教材建设咨询研讨会于1998年5月19—23日在福建省南平市举行。出席会议的有华东六省一市的分院、南京和济南军区分院、部分学区和辅导站等12个单位的负责人、主讲教师代表、学员代表、部分教材主编、总院领导和有关人员，共40余人。福建省委党校副校长林俊德、南平市委党校常务副校长陈亨有、武夷山市委副书记兼党校校长肖天喜等同志出席会议并讲话。

总院副院长史信发教授在会上作了《高举邓小平理论伟大旗帜，把党校函授教材建设推上一个新台阶》的主题报告。他在讲到党校函授教材建设面临的新形势、新任务时强调了四点：一是要高举邓小平理论伟大旗帜，全面贯彻十五大精神。邓小平教育理论是邓小平理论的重要组成部分，邓小平同志曾经精辟地指出："办教育，关键是教材。教材要反映出现代科学文化的先进水平，同时要符合我国的实际情况"。"编好教材是提高教学质量的关键。要有足够的合格人力加以保障"。二是知识经济扑面而来，科学技术突飞猛进，使党校函授教育面临着难得的机遇和挑战，对党校函授教材建设提出了更高更新的要求，我们应以创造性精神编写出适应21世纪新形势和干部需要的高水平教材。三是在改革开放和社会主义现代化建设中，对人才综合素质的要求越来越高，编好教材是提高党校函授教育质量的关键，我们要为培养跨世纪的人才工程做出贡献。四是中央领导同志非常关心党校函授教材建设，我们应严把教材关，让中央领导同志放心。

会议经过深入研讨，取得了以下共识：

会议认为，函院十几年来，在教材建设方面，作出了较大的努力。特别是近五年来，着眼于马克思主义理论的运用，着眼于对实际问题的理论思考，着眼于新的实践和新的发展，在教材建设方面，取得显著的成绩。有的同志把教材建设成绩概括为四个字："新、全、强、实"。新，以我国改革开放和现代化建设的实际问题、以我们正在做的事情为中心，做到学科新、内容新。全，门类较全。既有大专班、本科班的教材，又有领导干部班、研究生班的教材；既有政治、法律、经济等方面的教材，又有科技、文史、外语等方面的教材；从国内到国际，从古代到现代，从纵向到横向，方方面面的教材都编写了。强，主要体现在针对性、实用性、可读性等均较强。实，党校函授教材的一个显著特点，就是它有一定的理论高度和深度，注重理论联系实际，通俗易懂，好学好记。因此，党校函授教材受到教师、学员的普遍欢迎，也受到社会各界的赞誉。

会议强调，我们的教材建设与形势和任务的要求，还存在较大的差距。党的十五大提出，把建设有中国特色社会主义事业全面推向21世纪，必须大力发展科学技术和教育事业，培养千百万高素质的人才。要培养合格的人才，就必须办好教育，要办好教育就必须有高质量的教材。

会议提出，中函教材建设要面向21世纪，具有时代特色，一要站在国际和国内发展战略的高度，思考和认识教材建设的地位和重要意义，增强使命感和责任感；二要实行领导、专家、教师三结合，要在继续依靠专家的同时，依靠函授教学第一线的教师和学员，吸收骨干教师直接参与教材的审改工作。

会议规划了今后几年的教材建设任务：

（一）制定教材建设规划，不断提高教材质量。教材建设应从指导思想、总体目标、阶段步骤和主要措施等方面进行规划。在指导思想方面，坚持以十五大精神和邓小平理论为指导，坚持理论联系实际的原则，贯彻“质量第一”的方针；在总体目标方面，强调编写出一套适应新世纪需要的党校函授教材，即形成适应21世纪知识经济的需要，具有党校教育特色、相对稳定的函授教材体系；在阶段步骤和主要措施方面，强调解放思想，坚持创造性思维、开拓式工作，加强组织管理，抓好主编、责编、复审、终审等各个环节，层层把关，确保教材质量。

（二）聘请专家和教学第一线的教师审改教材，提高教材的权威性和适用性。聘请知名专家、教授对现有教材写出审阅意见，以便进一步修改；同时，总院要建立“人才库”制度，弄清各分院的优势学科，充分利用党校系统和全院的网络优势，吸收第一线的教师参与教材审改工作。长期从事函授教学的教师最了解所使用教材的优点和缺点，最熟悉学员的需要，充分调动他们参与教材建设的积极性，将为中函教材上新台阶提供“足够的合格人力”保障。

（三）进一步论证专业和课程设置，完善教材体系。专业设置和课程设置是教材建设的前提，只有专业设置和课程设置科学、合理，才谈得上编写出符合社会主义现代化需要的教材。目前，中函院设有大专班、本科班9个专业和研究生班2个专业，这些专业的开设，受到学员的欢迎，取得良好的社会效益。但随着形势的发展，专业与课程设置必须作相应地调整，使之更加合理化，以推动教材建设，完善教材体系。

会议对分院骨干教师参加教材审改工作，提出了具体要求：

（一）审定教材的基本指导思想和框架结构。分析本教材是否符合党的十五大精神，是否以邓小平理论为指导，严把政治关。对教材的章、节、目大框架提出具体修改意见。删哪些？说明原因。增哪些？既要说明原因，又要写出增写部分的纲目。要拿出尽可能具体的意见书。

（二）解决教材的重复交叉问题。包括本教材自身的重复交叉问题和与中函院本专业其他教材的重复交叉问题，提出具体处理意见，既注意本学科的体系完整性，又要避免重复和交叉。

（三）解决基本概念、基本原理表述的准确性问题。对教材中基本概念和原理表述不准确的，提出修改意见，或直接在教材上改动。

（四）按《函授教材编写规程》的技术规格要求，在教材上直接予以修改。包括序号、引文、数字书写、时间的表述、不规范文字等。

（五）闭卷考试课的教材，请同时对教学辅助资料（《教学参考资料》、《学习指导纲要》）加以审改。

会议最后强调，进一步加强党校函授教材建设，是全院的大事，各级组织都要加强领导，精心组织，为编写出以十五大精神和邓小平理论为指导，适应21世纪在职在岗干部学习需要，具有党校特色、相对稳定的党校函授教材而共同努力！

（1998年5月28日）

【总院举行专家论证会　研究调整专业设置问题】　总院于2月7日在北京举行专家论证会，以“党校函授教育专业如何设置，才能更好地适应世界潮流和社会发展需要”为主题，研究专业设置调整问题。应邀参加会议的专家有：董新保（清华大学经济管理学院教授、博士生导师）、陈兴良（中国人民大学法律系教授、博士生导师）、王海平（中国人民大学教务处处长、博士生导师）、周志忍（北京大学政治学与行政管理学系副主任、博士）、赵曜（中央党校博士生导师）、刘炳瑛（中央党校博士生导师）、蔡长水（中央党校博士生导师）、石泰峰（中央党校政法部副主任、教授）、李良栋(中央党校政法部副主任、教授)、王仲田(中央党校教授)、刘潮(中央党校经管教研室主任、副教授)。总院领导和有关职能部门负责人参加了会议，孙钱章院长主持会议并讲了话。

与会专家认为，党校函授教育现有的4种班次（大专班、本科班、领导干部函授班、研究生班）和六个专业（党政管理、行政管理、经济管理、涉外经济、法学和科学社会主义），基本体现了党校函授教育的特点，总的来说是好的。但随着世界经济一体化的发展，在新的世纪中，国际国内对人才的需求将越来越旺盛，对党校函授教育的要求越来越高，党校函授教育能否符合党培训高素质干部队伍的要求，符合干部在职在岗学习的要求，是否具有更强的生命力，是摆在面前的重要课题。大家对党校函授教育过去取得的成就和作用，表示赞赏和支持，并提出了许多好的意见和建议，希望党校函授教育面向21世纪，不断改进工作，更好地提高办学质量，取得更大的成绩。会议根据党的十五大精神和形势的发展要求，重点研究党校函授教育专业设置问题。专家们一致认为，目前开设的班次和专业多数是可行的，但其中有的专业，随着形势和社会需求的发展，应作适当调整。调整的原则是：第一，专业设置要与社会需要相吻合，社会需要什么专业就设置什么专业，没有一成不变的。当然，专业设置要有一定的稳定性，经过三五年也需要作调整，这是正常的。第二，专业的名称要科学、响亮，要体现党校教育自身的特点。与会者畅所欲言，各抒己见，对党校函授教育调整专业设置问题，发表了许多很好的意见。

钱章同志在讲话中表示，感谢与会的各位专家、学者、教授，对党校函授教育专业和课程设置问题，发表了许多有益的意见；感谢各级党政组织和社会各界，对党校函授教育的关心、支持和帮助。钱章同志责成有关职能部门，对大家提出的意见进行整理和研究，最后提出专业设置调整方案，报院长办公会议审议批准。（中函办）

【党性教育教材研讨会】 4月14日至18日，总院在北京举行党性教育教材研讨会。中央党校副校长张志新出席会议并讲话。会议邀请了中央党校机关党委原书记郭允中，辽宁、云南、湖南、陕西、安徽、中直机关工委、北京市委机关分院负责人，中央党校有关专家、教授，共20多人参加。总院领导史信发、黄士安、刘利群同志和有关人员也参加了会议。会议集中研究编写党性教育教材问题。会议采取领导、专家和函授教育工作者相结合的方法，遵照十五大精神，以邓小平理论为指导，总结交流党校函授进行党性教育的实践经验，放眼世界、放眼未来，探讨编写一本在新形势下如何对党员和党员干部进行党性教育的教材，为培养党的高素质干部队伍服务。与会同志各抒己见，集思广益。会议取得了可喜成果。（曹玉海）

【总院第二届教材编审委员会成立】 9月2日总院召开第二届教材编审委员会成立大会。教材编审委员会成员和总院有关同志出席了会议。会议由史信发副院长主持。孙钱章院长出席会议并讲话。与会同志对教材编研室提出的《99级各班次各专业课程设置(讨论稿)》进行了讨论。大家认为讨论稿较好地体现了时代的特点，框架结构基本可行，同时对专业设置和课程设置及其实施计划提出了一些有益的意见。会上，总院领导还向受聘担任函院教材编审委员的专家颁发了聘书，宣读了《函授教材编审委员会章程》（曹玉海）

编辑出版的教材简介

【《货币银行学》】 中央党校函授学院教材。中央党校出版社1995年10月出版，后经几次修改于1998年9月由中央党校出版社第4次出版。

本书由中国国际经济关系学会副会长、国务院发展研究中心世界发展研究所学术委员、中国人民大学博士生导师陶湘教授、中国人民大学财政金融系副主任陈雨露博士主编。

本书第4版付印前，由作者进行了较大修改，并增加了第8章。修改后的教材共分8章，主要内容：导论、货币与货币流通规律、货币供求与通货膨胀、开放经济下的货币供求、信用、利率与金融市场、金融机构体系、货币政策、金融发展。

本书以马克思主义货币金融理论为指导，坚持实事求是的原则，以社会主义市场经济为背景，借鉴西方国家货币银行学某些研究成果，形成具有中国特色的货币银行学教材。适合广大干部学习。（李钧泽）

【《中国股份经济理论与实践》】 中央党校函授学院教材。1993年中央党校函授学院内部印行。后经几次修改使用，1998年由中央党校出版社出版。

本书由中央党校王儒化教授主编。这次出版前，主编根据近年来我国改革开放出现的新情况和新问题，对本书进行了较大的修改。全书共分9章，主要内容由股份经济的一般原理、我国发展股份经济的现实意义和必备条件、我国股份经济的发展与规范、建立有中国特色的股份制企业，股票与证券市场、股息与红利，我国股份制企业内部领导和管理体制、宏观调控，国外股份制的发展及其启示。

本书以党的十五大精神和邓小平理论为指导，紧密联系我国改革开放实际和股份制经济的发展历程，并介绍了国外股份制发展的历史经验。具有理论性、政策性和可操作性的特点。（李钧泽）

【《现代市场经济》】 中央党校函授学院教材。1995年内部印行，1996年11月中央党校出版社出版，1998年3月第2版。

本书由中央党校经济学部原主任、博士生导师刘炳瑛教授主编。

本书第2版付印前，由主编根据党的十五大精神进行了较大的修改。修改后的教材内容主要包括：导论、市场经济及其所有制基础、市场经济的生产过程和积累过程、市场经济的企业制度及其再生产、市场经济的社会再生产、市场经济的市场体系、市场经济的宏观调控、市场经济的社会保障制度、市场经济的对外经济关系和国际经济循环、市场经济体制及其运行机制、市场经济的法律体系。

修改后的教材更好地体现了党的十五大精神和邓小平理论，既系统地阐述了马克思政治经济学的基本原则，又实事求是地探索了现代市场经济规律和运行机制，具有理论性、政策性和求索性的特点。（李钧泽）

【《财政学》】 中央党校函授学院教材。1996年4月，由中央党校函授学院内部印行。1998年4月，中央党校出版社出版。

本书由财政部原部长助理韩国春、财政

部预算司原司长、中国财政协会常务副秘书长、财政部科研所研究员宗新中和中央党校教授裴元秀主编。

本书出版前由主编进行了较大的修改，由原来的11章改写为10章，并增加了新的内容。修改后教材内容有财政的产生与发展、财政在社会再生产中的地位和作用、我国社会主义财政收入、税收、财政支出、国债、国家预算与决策、我国预算管理体制的演变、财政平衡与财政政策。

本书的特点是紧密联系我国财政工作的实际，系统地阐述了财政理论知识，突出了财政现实和财政政策的运用，适合在职干部学习。（李钧泽）

【《邓小平理论简明教程》】 中央党校函授学院教材。1998年3月由中央党校函授学院内部印行。

本教材是在《建设有中国特色社会主义的理论》的基础上，按照党的十五大精神重新编写的。它吸收了国内有关研究成果。

本书由中央党校马克思主义研究所原所长、博士生导师吴雄丞教授主编。

本教材共分15章。主要内容：邓小平理论是当代中国的马克思主义；解放思想，实事求是，走自己的路；我国还处在社会主义初级阶段；社会主义的本质与根本任务；改革是社会主义的发展动力；对外开放是改革和建设的必要条件；社会主义的经济体制改革；社会主义的政治体制改革；有中国特色社会主义的文化建设；社会主义建设的政治保证；社会主义建设的发展战略；社会主义国家的外交战略；社会主义的领导力量和依靠力量；按照“一国两制”的构想实现祖国统一；坚持党的基本路线和基本纲领毫不动摇。

本书最大的特点就是适应时代要求、教学需要，比较系统地、准确地阐发了邓小平理论的基本观点和精神实质。（汤玉奇）

【《党的建设简明教程》】 中央党校函授学院教材。1996年4月，由中央党校函授学院内部印行。1998年3月修改后，再由中央党校函授学院内部印行。

这本教材由中央党校博士生导师万福义教授、赵生晖教授、叶笃初教授任主编。

修改后，本教材共分12章。主要内容：导论，马克思主义建党学说，党在社会主义事业中的地位和作用，新时期党的建设的目标和任务，党的思想建设，党风建设，党的组织原则，党的制度建设，党的干部队伍和领导班子建设，党员队伍建设，党的基层组织建设，正确处理党内矛盾和斗争、巩固和发展党的团结统一等。

本书的主要特点：比较系统、全面、准确地阐明了新时期加强党的建设的重要意义；回答了市场经济条件下党的建设面临的许多新课题。本书还具有简明扼要、条理清晰、针对性强等特点。（汤玉奇）

【《马克思主义哲学经典文选》】 中央党校函授学院教材。1996年12月，中央党校函授学院内部印行。1998年2月，本书再次进行修改，内部印行。修改的主要内容是：文选全部选自马克思、恩格斯、列宁、毛泽东的选集的最新版本；篇幅在1996年教材的基础上作了适当删节，由16开本改为32开本。另外，对个别著作的题解和注释作了适当修订。

本书由中央党校函授学院原副院长梁振中和赵玉瑾教授编选和注释。

本文选遵循学马列“要精、要管用”的原则，精选了马克思主义哲学创立以来的一些重要著作。按照历史发展顺序，分为三部分：即“马克思主义哲学的创立及其在19世纪的运用和发展”、“列宁对马克思主义哲学在俄国的运用和发展”、“毛泽东对马克思主义哲学在中国的运用和发展”。在每部分的前面，对经典作家在不同历史时期的主要著作，提出和论述的基本哲学观点，加了提示性的简短导语。对新选著作和其中个别难点，还作了简明的题解和注释。

本文选的特点：严格按照历史顺序编排，便于学员较为系统地了解马克思主义哲学的产生、发展的历史过程和依据，从理论和实践的结合上深入学习和掌握马克思主义哲学基本原理，从而避免脱离具体历史实际，对马克思主义采取断章取义、随意搬用的不良学风。此外，本文选所选著作比较精粹，每篇导语和注释也较准确，共 23 万多字，适合在职干部和党校函授学员学习。

（汤玉奇）

【《社会主义社会学——社会问题和社会政策》】 中央党校函授学院教材。本书于1985年作为试用教材，在函授学院内部使用。后经过三次修订，于 1998 年 3 月，由中央党校出版社正式出版。

本书由中央党校科社部原副主任高平教授主编。

本书由绪论及 15 章组成。主要内容：中国社会，人口问题，老年问题，社会主义现代化建设中的妇女发展和妇女问题，社会主义现代化建设中的青年和青年问题，社会主义现代化建设中知识分子和知识分子问题，社会主义的社会工作，城市现代化过程中的城市建设和城市管理，村镇建设和村镇发展趋势，环境问题，社会秩序问题，劳动就业问题和劳动制度，婚姻家庭问题，民族问题，宗教问题等。

由于《社会主义社会学——社会问题和社会政策》一书旨在通过我国还处于社会主义初级阶段这一现实的社会关系的研究，力求探索出一些关于社会生活、社会矛盾、社会管理、社会发展等一些规律，并使之为国民经济和社会发展相协调服务。此外本书针对性、现实感、可操作性均强，而且内容充实、资料新颖、所涉及的均为人们日常生活的焦点、热点和难点话题。（汤玉奇）

【《社会主义行政管理概论》】 中央党校函授学院教材。1996 年 8 月，由中央党校出版社出版。1998 年 3 月，经修订后，再由中央党校出版社出版。

本书由中央党校副校长、博士生导师刘海藩教授、保定市委党校副校长吴安民副教授主编。

本书共分四篇 13 章。主要内容：导论、行政管理体制、行政组织、行政权力、行政管理法规、人事行政管理、财务行政管理、机关管理、行政管理目标、行政决策、实施管理、行政监督、行政管理方法、行政管理效率等。

这次修订，仍然保留本书原有篇章和基本观点。着力删繁就简和补充一些新鲜内容。

本书的主要特点：从我国的国情出发，指出了行政管理学是研究国家推行政务活动规律的科学，着重阐述和探讨了行政管理体制、行政组织、人事行政管理、行政决策、行政监督等重要问题。比较全面系统地阐述了行政管理学的基本概念、基本理论和基本知识，回答了在社会主义市场经济条件下，如何不断地提高管理水平和行政效率，进行体制改革和实施行政监督等热点和难点问题。

本书的理论体系比较严密，内容丰富，结构完整，条理清楚，文字简洁，深入浅出，通俗易懂，集理论性、知识性和可读性于一体。适合于党校函授学员和在职干部学习之用。

（汤玉奇）

【《邓小平理论文选》】 中央党校函授学院教材。1998 年 2 月，中央党校函授学院内部印行。

本文选由中央党校科学社会主义教研部主任、博士生导师赵曜教授选编。

本书选编了《邓小平文选》一、二、三卷的有关文章和重要讲话共43篇，从中将最有代表性的三篇作为总论，其余按卷编排，第一卷4篇，第二卷11篇，第三卷25篇，每卷都按时间顺序排列。其主要内容有解放思想，实事求是，团结一致向前看；中国共产党第十二次全国代表大会开幕词；在武昌、深圳、珠海、上海等地的谈话要点；马列主义要与中国的实际情况相结合；今后的主要任务是搞建设；共产党要接受监督；正确地宣传毛泽东思想；各方面都要整顿；尊重知识，尊重人才；完整地准确地理解毛泽东思想；高举毛泽东思想旗帜，坚持实事求是的原则；实行开放政策，学习世界先进科学技术；坚持四项基本原则；新时期的统一战线和人民政协的任务；目前的形势和任务；坚持党的路线，改进工作方法；社会主义首先要发展生产力；党和国家领导制度的改革；建设社会主义的物质文明和精神文明；党在组织战线和思想战线上的迫切任务；办好经济特区，增加对外开放城市；一个国家两种制度；建设有中国特色的社会主义；我们的宏伟目标和根本政策；在中央顾问委员会第三次全体会议上的讲话；和平和发展是当代世界的两大主题；改革是中国的第二次革命；政治上发展民主，经济上实行改革；改革是中国发展生产力的必由之路；在中国共产党全国代表会议上的讲话；社会主义和市场经济不存在根本矛盾；关于政治体制改革问题；中国只能走社会主义道路；吸取历史经验，防止错误倾向；立足民族平等，加快西藏发展；我国方针政策的两个基本点；一切从社会主义初级阶段的实际出发；科学技术是第一生产力；中央要有权威；以和平共处五项原则为准则建立国际新秩序；在接见首都戒严部队军以上干部时的讲话；改革开放政策稳定，中国大有希望；坚持社会主义，防止和平演变等。此外，本书还节选了江泽民在十五大报告中的第三部分“邓小平理论的历史地位和指导意义”、《在学习〈邓小平文选〉第三卷报告会上的讲话》和《深入学习邓小平理论》等三篇，作为本书的代序。（汤玉奇）

【《行政管理学教程》】 中央党校函授学院教材。1997年4月，由中央党校函授学院内部印行。1998年3月再次印行前，作者又根据有关专家、学者的建议，对全书进行了修改，增加了部分章节。

本书由梁振中和王仲田同志主编。

本书共分绪论和16章。主要内容：行政管理职能，行政体制，行政组织，行政领导，行政信息，行政决策，行政执行，行政管理，人事行政，财务行政，机关管理，行政方法，行政法规，行政文化，行政效率，行政改革等。

目前，国内出版的行政管理学教材很多，但适合函授学习的教材并不多见。本书的编写在吸取、参考了国内行政管理学现有成果的基础上，力求教材结构合理，内容全面，简明通俗，适合自学，从而形成具有函授特色的教材。（汤玉奇）

【《组织行为学》】 中央党校函授学院教材。1998年1月，由中央党校函授学院内部印行。

组织行为学是行政管理类的一门新兴学科。它从管理心理学中脱颖而出，集心理学、行为学、管理学于一体，形成了一门应用性较强的独立学科。通过这门课程的学习，有助于领导者从科学的角度把握工作人员的心理状态和行为特点，加强对所属人员心理、行为的预测、调控和引导，以充分发挥每个人的能动性和创造性，有效地协调个人、群体和组织之间的关系，争取获得最佳的工作绩效。

本教材由中央党校哲学教研部丁冬红教授、中国人民大学校长助理彭和平教授主编。

本教材共分6篇17章。主要内容：组织行为学概述，组织行为学的实际应用与研究方法，知觉，态度，个性，激励理论，群体内部的行为，群体之间的行为，群体压力，群体冲突，领导者的作用和权力，领导理论概述，组织理论与组织过程，组织设计与组织结构，工作设计，组织变革的理论和模式，组织变革与组织开发的对策等。

在编写过程中，作者坚持以马克思主义为指导，联系我国社会主义现代化建设的实际，根据中央党校函授教育的特点，对组织行为学的基本理论作了简明扼要、深入浅出的阐述。这是本书的最大特色。此外，这本书可操作性强，且好记易懂。 （汤玉奇）

【《经济法简明教程》】 中央党校函授学院教材。1996年9月，中央党校函授学院内部印行。1998年3月，主编对全书进行了重要修改后，由中央党校出版社出版。

本书由北京大学分校刘隆亨教授任主编，中央党校副研究员陈文英任副主编。

本书分六篇23章。主要内容：经济法的概况、对象和地位，经济法律关系；公司法，全民所有制工业企业法，集体所有制企业法和乡镇企业法，私营企业、合伙企业和个体工商户法律规定，外商投资企业法，企业破产法；反不正当竞争法、广告法和拍卖法，产品质量法和消费者权益保护法，经济合同、技术合同、涉外经济合同的法律规定；计划和价格以及统计的法律规定，农业经济法，基本建设投资法和交通运输法，税收法，金融法，海关法和对外贸易法，会计法和审计法；土地、森林、草原、野生动物等自然资源的分配与保护的法律规定，矿产资源法与能源保护法，国有资产管理的法律规定；经济仲裁法，经济司法。

本书以现行的经济法律法规为基本内容，内容充实，涵盖面广，各章节结构合理严谨，在全面地阐述了经济法律法规的基础上，又突出了各部门法的重点，深入浅出，适用性强。 （李志萍）

【《法理学教程》】 中央党校函授学院教材。1998年4月，经过作者修改后，由中央党校函授学院内部印行。

本书由中央党校政法部副主任石泰峰教授主编。

全书分绪论和17章。主要内容：法的概念，法的作用，法的历史发展；法律规范，法律渊源，法律体系，法律关系；法的制定，法的适用，法的遵守，法律监督；法与经济，法与政治，法与法律文化，法与道德，法与科学技术，法与宗教。

本书以马克思主义法学理论为指导，从我国社会主义法制建设的实际出发，结合函授教学的特点，简要地阐述了法理学的基本原理和法制建设中的基本问题。 （李志萍）

【《中国宪法概论》】 中央党校函授学院教材。1998年3月，经过作者修改后，由中央党校函授学院内部印行。

本书由中央党校政法部黄子毅教授、中国公安大学徐秀义教授主编。

全书分为10章：导言、宪法的基本理论、中华人民共和国国体、中华人民共和国的政权组织形式、中华人民共和国的国家结构形式、中华人民共和国的经济制度、社会主义精神文明建设、中华人民共和国公民的基本权利和义务、中华人民共和国的国家机构、中华人民共和国的国家标志、中华人民共和国宪法的实施保障等。

本书的特点：以马克思主义宪法学和我国现行宪法为依据，并结合函授教学的特点，简明地阐述了宪法学的基本理论和知识。 （李志萍）

【《司法文书概论》】 中央党校函授学院教

材。本书于1996年作为试用教材，在中央党校函授学院内部使用。1998年3月，经作者修改后再次内部印行。

本书由中国政法大学法律系顾克广教授、谢廷英副教授任主编，中央党校政法教研部副研究员陈文英任副主编。

本书共分为六章。绪论、公安机关的主要司法文书、人民检察院的主要司法文书、人民法院的主要司法文书、律师事务所常用的主要文书、笔录类文书。

本书的主要特点：以马克思主义理论为指导，从我国社会主义司法制度建设的实际出发，结合党校函授教育的特点，简明扼要地阐述了司法文书写作的基本理论和各种司法文书文体的写作知识。尤其是作者又根据新颁布的刑法和刑事诉讼法的规定，对本书作了较大的修改，使本书行文更加规范，简明通俗，达到了理论性、知识性和实用性的统一。 （李志萍）

【《律师学教程》】 中央党校函授学院教材。1996年由中央党校函授学院内部印行。经过一年多的使用，作者根据《律师法》和新的《刑事诉讼法》作了进一步修改，于1998年8月，由中央党校出版社出版发行。

本书由中国政法大学法律系副主任、律师学教研室主任肖胜喜教授和谢廷英副教授主编。

本书共分为16章。绪论、律师制度的产生和发展、律师的性质和职责、律师执业制度、律师的权利和义务、律师的职业道德和执业纪律、律师活动的基本原则、律师事务所、律师管理、律师的惩戒制度和责任赔偿制度、律师收费和律师法律援助、刑事辩护、律师的刑事代理、律师的民事诉讼代理、律师的行政诉讼代理、法律顾问、非诉讼法律事务。

本书以马克思主义的法学原理为指导，从我国社会主义司法制度建设的实际出发，结合中央党校函授教育的特点，并借鉴了国内外有关律师制度方面的资料，简明扼要地阐述了律师制度的理论和律师实务的知识等问题。 （李志萍）

【《公司法教程》】 中央党校函授学院教材。本书编写于1995年8月，1998年经过作者修订后由中央党校函授学院内部印行。

本书由全国人大常委会法工委研究室副主任吴高盛、外交学院国际法教师、香港证券联合教育所法律研究员许燕宁任主编。

本书共分两篇16章。主要内容：公司法概论，公司法与相关法律的关系，公司的设立，公司转投资和国有企业改建为公司，公司形式；有限责任公司，股份有限公司，股份有限公司的股份发行和转让，上市公司和中国公司境外上市，公司债券，公司财务会计制度，公司的合并、分立，公司的解散、清算和破产，外国公司的分支机构，公司法中的法律责任，违反公司法的行为及其处罚。

本书依据《中华人民共和国公司法》的规定，结合我国经济改革中的实际问题，对公司法的理论和实践作了比较系统的阐述，是在市场经济条件下掌握必要的公司法律基本知识的专业用书。 （李志萍）

【《民法学总论》】 中央党校函授学院教材。1998年2月，中央党校函授学院内部印行。

本书由北京商学院法律系主任李仁玉教授主编。

本书共分12章，主要内容包括民法的概念和调整对象，民法的表现形式，民法的基本原则，民事法律关系，公民（自然人），法人，合伙，物，民事法律行为，代理，诉讼时效和期间，民事责任等。

本书立足于法在社会主义市场经济法律体系中的地位和作用，并充分考虑了中央党校函授教育的特点，既突出了少而精的原

则，又注重了民法基本制度、基本理论的阐述。（李志萍）

【《社会主义法制论纲》】 中央党校函授学院教材。1998 年 5 月，由中央党校函授学院内部印行。

本书由中央党校政法部副主任石泰峰教授主编。

本书共分 13 章。主要内容：社会主义法制概述、社会主义法制的历史发展、中国社会主义法制的基本特征、中国社会主义法制建设的基本原则、依法治国与法律价值、依法治国与法律权威、依法治国与民主政治、依法治国与市场经济、依法治国与精神文明、依法治国与完备我国社会主义法律体系、社会主义法律体制改革、依法治国与法律职业、依法治国与法治意识。

本书的主要特点：以马列主义、毛泽东思想和邓小平理论为指导，结合函授教学的特点，理论联系实际，简明扼要地阐述了社会主义法制是社会主义民主的客观要求，是社会主义市场经济顺利发展的需要；要进一步扩大社会主义民主，健全社会主义法制，就必须依法治国；社会主义法制对建设社会主义法治国家具有重要意义等基本理论。此外，本书内容丰富，通俗易懂，便于学习和掌握。（李志萍）

【《宪法学》】 中央党校函授学院教材。1998 年 4 月，中央党校函授学院内部印行。

本书由中央党校政法部黄子毅教授、中国公安大学徐秀义教授任主编。

本书除导言外，分 12 章。主要内容：宪法的基本理论，宪法的产生和发展，国家性质，国家政权组织形式，选举制度，国家结构形式，国家的经济制度，社会主义精神文明建设，公民的基本权利和义务，国家机构，国旗、国徽、国歌和首都，我国宪法实施的保障等内容。

本书以马克思主义宪法学和我国现行宪法为依据，特别是注意贯彻邓小平关于民主、法制和宪政建设的理论以及党的十五大关于依法治国、建设社会主义法治国家的思想，同时吸取了国内外有关宪法学论著的有益成果，并根据函授教育的特点，简要地阐述了宪法学的基本理论知识。（李志萍）

【《马克思主义法学经典文选》】 中央党校函授学院教材。1998 年 4 月，由中央党校函授学院内部印行。

本书由中央党校政法部副主任石泰峰教授主编。

本书由三部分组成。第一部分马克思、恩格斯论法律；第二部分列宁论法律；第三部分毛泽东、董必武、邓小平论法律。

本书的主要特点：以已经公开发表的马克思主义经典作家的著作为依据，既考虑每篇著作的代表性，又注意马克思主义法学发展的连续性，比较完整地反映了马克思主义法学经典的全貌。（李志萍）

【《公务员应用文写作》】 中央党校函授学院教材。1998 年 4 月，由中央党校函授学院内部印行。

本书由黑龙江省森工干部管理学院部文斌副教授任主编，金惠明、富春凯任副主编。

全书由绪论、上下篇（含四章）组成。主要内容：绪论，介绍本书的编写特点；上篇公文写作，分述公文的含义及分类、常用公文的写作；下篇日常应用文写作，分述日常应用文的含义及分类、主要日常应用文的写作。

本书具有以下特点：力求突破很多写作教材“多而杂”、“杂而简”的泛泛一般介绍的弊端，在文种的选择上，精心选了公务员在实际工作和生活中直接需要、经常使用，又必须加以研究的文体。在介绍方式上，先从区分文体差别入手，进而介绍具体写作方法，最后通过实例的印证增强实际操作能力。

全书贯彻了少而精的原则，突出了针对性、合理性、实用性、理论性等特点，简明扼要，通俗易懂，试用效果和社会反映良好。适合于党校函授学员和社会其他单位的工作人员使用。（孙经蕙）

【《社会主义市场经济简明教程》】 中央党校函授学院教材。1995 年 12 月由中央党校出版社出版，1998 年 9 月修改再版发行。

本书由中央党校辛守良教授任主编，史信发教授、王炳副教授任副主编。

本书共分 10 章，主要内容：社会主义市场经济总论、社会主义市场经济体制、社会主义市场经济的微观主体、社会主义市场经济的市场体系、社会主义市场经济的宏观调控、社会主义市场经济中的个人收入分配和社会保障制度、农村社会主义市场经济、国内市场和国际市场的衔接、社会主义市场经济的法律体系、国外市场经济模式的比较与借鉴。

本书的主要特点：比较系统地阐述了市场经济的特征和功能，社会主义市场经济的所有制基础、运行机制和体制框架。从理论与实践的结合上回答了我国从计划经济向市场经济转轨以及建立社会主义市场经济体制的有关问题。（李世华）

【《经济管理学原理》】 中央党校函授学院教材。1995 年 7 月，由中央党校出版社出版发行，1998 年 10 月修改后再版发行。

本书由中央党校孙钱章教授、张家口市委党校郝仙儒教授任主编。

本书共 20 章。主要内容：导言、经济管理总论、经济管理现代化、经济管理者、经济管理的组织、人力资源的管理、物力资源的管理、财力资源的管理、科学技术的管理、信息资源的管理、经济管理的目标、经济管理的预测、经济管理的决策、经济管理的计划、经济管理的监督、经济管理的调控、经济管理的思想教育保障、经济管理的法律保障、经济管理的社会保障、经济管理的效益评价。

本书的主要特点：以研究社会主义市场经济条件下经济管理的规律为主线，从理论和实践的结合上阐明经济管理是一门具有综合性特点的马克思主义应用科学；论述了经济管理原理是党和国家制定经济政策、方针的理论基础；指出了研究和学习经济管理原理是改善经营管理，提高经济效益的重要途径，也是培养和造就跨世纪经济管理人才的重要手段。（李世华）

【《马克思主义哲学简明教程》】 中央党校函授学院教材，中央党校函授学院内部印行。本教材是在《马克思主义哲学教程》修订本基础上，进一步改写并于 1998 年 3 月完成的。

本书由中央党校副校长、博士生导师杨春贵和张绪文、侯才教授任主编。

本书对马克思主义哲学基本原理作了简明扼要的阐述，全书分为绪论、物质和意识、世界的普遍联系和永恒发展、对立统一规律、认识和实践、认识的辩证过程和主体认识能力、社会规律和人的活动、社会基本矛盾、阶级和国家、意识形态、人民群众和个人在历史上的作用，共 10 章，约 22 万字。

本书对马克思主义哲学基本原理的论述，较为全面完整，并适当吸收哲学界科学研究的最新成果，在表述上，既简明扼要又深入浅出。阐述原理时，紧密结合我国社会主义现代化建设的理论与实践，体现了党在新时期的基本理论和基本路线。（刘建能）

【《〈邓小平理论简明教程〉教学参考资料》】

1998年4月，由中央党校函授学院内部印行。

本教学参考资料由中央党校马克思主义研究所所长陈道华教授、赵国良教授、郭建平副教授编写。

本参考资料由4部分组成。第一部分，关于《邓小平理论简明教程》的编写说明，分别讲述了“编写这本教材的背景和指导思想”、“这本教材的基本内容和体系结构”、“学习邓小平理论的重要意义和学习方法”三个问题；第二部分《教学大纲》中，分述了各章的教学目的和要求，重点和要点；第三部分《有关邓小平理论研究论点摘编》中，摘编了15个大问题的各种学术观点；第四部分《思考题及参考答案》中，提出和回答了数十个重点问题。

本参考资料有助于教员把握《邓小平理论简明教程》的基本内容，向学员讲清科学体系、基本概念和基本原理，开阔思路、拓展视野、联系实际，对提高教学效果，很有好处。 （汤玉奇）

【《〈马克思主义哲学经典文选〉教学参考资料》】 这本教学参考资料编写于1995年，后做过适当修订。1998年4月印行前又作了相应的改动和删节。

本参考资料，起初由中共中央党校函授学院赵玉瑾教授主编。1998年4月刊印本，由王俞、曲峰、田继昆、于之奇、李新元编辑整理。

本教学参考资料是为了帮助教师准确把握《马克思主义哲学经典文选》的教学重点、要点和难点，拓宽讲课思路，改进教学方法，提高教学效果而编写的。其主要内容：教材的编写说明、对文选各部分所选著作的辅导、理论界对与本教材有关的一些问题研究状况简介、思考题参考答案四个方面，内容比较丰富。

本教学参考资料对文选编选的指导思想、编排结构和教学方法作了简要说明，对各部分的辅导比较详细、准确、介绍了国内外理论界有关研究状况，对教师备课和讲授很有帮助。 （汤玉奇）

【《〈马克思主义哲学经典文选〉学习指导纲要》】 1995年，中央党校函授学院内部印行。1998年4月印行前又作了较大的修改。

该学习指导纲要由中央党校函授学院赵玉瑾教授主编。

该学习指导纲要包括《马克思主义哲学经典文选》总复习提纲、练习题及部分练习题参考答案两部分。总复习提纲按照《文选》的三大部分，并结合教学具体安排，分单元介绍每篇著作的基本内容和重点。练习题类型同期末考试题类型是一致的。

该学习指导纲要内容简练，重点突出，要点明确，以帮助学员在自学、听课和做作业的基础上，搞好复习和考试。

（汤玉奇）

【《〈邓小平理论简明教程〉学习指导纲要》】 1998年4月，由中央党校函授学院内部印行。

本纲要由中央党校马克思主义研究所所长陈道华教授、赵国良教授编写。

这本学习指导纲要分为两部分：一是总复习提纲，这部分主要是指明教材各章的中心内容和重点；二是练习题及参考答案。练习题类型是根据期末考试题类型拟定的，供学员在学习和复习中自测参考。这本学习指导纲要还拟出近百个练习题及参考答案。

（汤玉奇）

重 印 教 材 书 目

国际共产主义运动史
现代科学技术概论
中国政治制度史
现代管理技术
中国领导思想史简编
英语　（第一册）
新时期党的建设概论
马克思主义伦理学
当代国际政治和中国对外关系
组织行为学
管理心理学
中国近代史教程
微机操作基础
社会调查与统计
中国对外贸易理论与政策
社会经济统计学原理
刑法总论
宏观经济运行与管理
国际金融简明教程
管理会计简明教程
中国区域经济管理概论
国际税收教程
行政法与行政诉讼法教程
国际经济法教程
民法学教程
法学基础
刑事、民事诉讼法学教程
中共党史简编
行政管理学
市政管理学
党务管理概论
新时期党的建设概论
环境科学概论
新时期执政党建设概论
普通逻辑学
干部写作概论
当代西方政治制度
马克思主义党的建设经典文选
系统科学概论
英语　（第二册）
当代中国政治制度
领导科学概论
婚姻家庭法
政治学原理
马克思主义科学社会主义经典文选
货币银行学
世界经济地理教程
政治经济学（资本主义部分）
财务会计概论
中国经济管理思想史简编
中国历代治国思想要览
国际贸易理论与实务
社会主义市场经济概论
国民经济统计学
涉外经济会计
外国经济管理思想史简编
马克思主义政治经济学经典文选
市场经济法律制度概论
涉外经济法教程

（曹玉海）

音像教材简介

【**1998年音像教材制作概述**】 本计划以全院教学计划为依据，指导音像教材的制作工作，保证音像教材的制作适应函院电化教学工作的需要。由于音像教材制作必须提前一个学期进行，因此，本计划与函院1998年下学期教学计划和1999年上学期教学计划相吻合，是为这两个学期提供音像教材的。根据1998年下学期教学计划，共开设50门电教课程，其中使用旧版本音像教材32门，需新录制音像教材18门，此外，还需新录制师资培训备课带4门，共需新录制音像教材22门，必须于1998年上学期完成。根据1999年上学期教学计划，共开设42门电教课程，其中使用旧版本音像教材22门，需新录制音像教材17门，修改重录考试复习部分的有3门课程，此外，还需新录制师资培训备课带4门，共需新录制音像教材24门，必须于1998年下学期完成。1998年音像教材制作实施计划全部完成。1998年上学期新录课程聘请教师18名，其中教授15名，副教授1名，博士2名；聘请审定教师17名，其中教授8名，副教授及有关专业人员9名。1998年下学期新录课程聘请教师19名，其中教授15名，副教授2名，博士2名；聘请审定教师16名，其中教授11名，副教授及有关专业人员5名。录制形式采用了讲课加配字幕及有关资料。在吸取多方意见和建议的基础上，在电教计划表中将使用旧版本音像教材录制的时间标明，以免出错。1998年下学期根据文字教材修改的情况，在制订音像教材录制计划时，对将要使用的旧版音像教材进行了复审，《农村经济管理学》等教材变动较大的6门课程进行重录；按照电教串讲要求，对《宏观经济运行与管理》等3门考试串讲课中第三部分复习考试部分进行重录。

（王冀平　王松一）

【**《社会主义市场经济简明教程》串讲音像教材**】 是供97级大专班第4学期党政管理专业使用的3小时考试串讲课的电化教材，中央党校辛守良教授主讲。于1998年11月录制。由电化教研室组稿和审稿，经电化教研室负责人谢广乔审定。

本音像教材分三部分讲授。第一部分期末考试主要精神和总复习的要求。第二部分努力把握社会主义市场经济理论的科学体系。第三部分掌握社会主义市场经济一系列重要的理论问题，根据教材和教学具体安排分单元讲授。（王松一）

【**《西方法律社会学》音像教材**】 是供98级本科班第2学期政法专业使用的6小时讲座课的电化教材，中央党校石泰峰教授主讲。由电化教研室组稿和审稿，于1998年11月录制，经中央党校函授学院孟庆崑讲师审定。

本音像教材分为十个问题讲授。一、导论，二、法律社会学的历史发展。三、西方法律社会学主要流派。四、法律社会学的研究方法。五、法律概念的社会学解释。六、多元法的结构形式和相互作用。七、法律与社会。八、法律职业。九、纠纷解决方式。十、法律发展与社会变迁。（王松一）

【**《国际投资和我国利用外资概论》音像教材**】

是供97级本科班第4学期经济管理专业使用的3小时考试串讲课的电化教材，中央党校肖勤福教授主讲。于1998年11月录制。由电化教研室组稿和审稿，经电化教研室负责人谢广乔审定。

本音像教材分三部分讲授。第一部分前言，主要讲关于本门课程内容设计的指导思想，课程教材的结构和逻辑联系及学习方法。第二部分教学重点。第三部分复习考试，主要讲了关于考试题型和复习中应注意的问题。

（王松一）

【《农村经济管理学》音像教材】 是供98级大专班第2学期经济管理专业使用6小时讲座课的电化教材，中央党校王瑞璞教授主讲。于1998年12月录制。由电化教研室组稿和审稿，经电教室张宝聚副研究员审定。

本音像教材分两部分讲授。第一部分前言，主要讲了本课程的研究对象、学习意义和体系结构。第二部分教学重点，分十个问题讲授。

（王松一）

【《科学社会主义经典文选》音像教材】 是供98级本科班第2学期党政管理、行政管理专业使用3小时考试串讲课的电化教材，中央党校高金海教授主讲。于1998年11月录制。由电化教研室组稿和审稿，经电化教研室负责人谢广乔审定。

本音像教材分三部分讲授。第一部分导言，主要讲了《文选》的特点、体系结构和主要内容以及学习方法和要求。第二部分学习重点。第三部分复习考试，主要讲了复习考试应注意的几个问题和考试题型分析。

（王松一）

【《领导科学概论》音像教材】 是供第八期领导干部班第2学期使用的3小时考试串讲课的电化教材，空军指挥学院周华彬副教授主讲。于1998年11月录制。由电化教研室组稿和审稿，经电化教研室谢广乔主任审定。

本音像教材分三个问题讲授。一、《领导科学概论》的基本结构。二、《领导科学概论》的主要内容，分六个部分讲。三、复习考试中应注意的问题和题型分析。

（王松一）

【《现代科学技术概论》音像教材】 是供97级大专班第4学期政法专业、98级大专班第2学期党政管理专业开设使用的6小时讲座课的电化教材，中央党校吴义生教授主讲。于1998年12月录制。由电化教研室组稿和审稿，经电化教研室王松一研究员审定。

本音像教材分为六个问题讲授。一、《现代科学技术概论》简介。二、关于科学技术的理论。三、跨世纪的科学前沿。四、技术科学（应用科学）的新进展。五、高技术和高科技产业的展望。六、科学技术、知识经济、智能社会与我国的对策。

（王松一）

【《中共党史简编》音像教材】 是供97、98级大专班第2学期党政管理、经管专业、政法专业使用的3小时考试串讲课的电化教材，由中央党校翁仲二教授主讲。电化教研室组稿和审稿，于1998年10月录制。经中央党校于吉楠教授审定。

本音像教材分三部分讲授。第一部分前言，主要讲两个问题：一、学习《中共党史简编》课程的目的与要求；二、本课程的体系结构和主要内容。第二部分教学重点，根据教材和教学具体安排规定的重点问题讲授。第三部分复习考试，主要讲了考试题型特点和考试复习中的基本要求。

（王松一）

【《竞争法概论》音像教材】 是供97级本科班第4学期政法专业使用的6小时讲座课的

电化教材，由中央党校刘永桂教授主讲。电化教研室组稿和审稿，于 1998 年 10 月录制。经教编室孙经蕙教授审定。

本音像教材分为五个问题讲授。一、导言。二、竞争法律制度与我国反不正当竞争法的内容重点。三、几种商业违反市场行为的构成及其社会的危害性的内容要点。四、反垄断法在当代的发展的内容要点。五、国际主要国家的竞争法律制度的发展的内容要点。（王松一）

【《马克思主义哲学简明教程》音像教材】 是供 98 级大专班第 2 学期政法专业使用的 3 小时考试串讲课的电化教材，由中央党校张绪文教授主讲。电化教研室组稿和审稿，于 1998 年 11 月录制。经中央党校赵玉瑾教授审定。

本音像教材分学习重点和考试复习两部分讲授。第一部分学习重点，根据教材和教学具体安排规定的重点问题进行讲授。第二部分考试复习，主要讲考试题型的特点与要求。（王松一）

【《刑法概论》音像教材】 是供 97 级大专班第 4 学期政法专业使用的 3 小时考试串讲课的电化教材，由人民大学陈德洪教授主讲。电化教研室组稿和审稿，于 1998 年 10 月录制。经政法大学谢廷英教授审定。

本音像教材分前言、学习重点、考试复习三部分讲授。第一部分前言，主要讲授《刑法概论》的理论体系和主要内容及目的意义。第二部分学习重点。第三部分考试复习，主要讲了五种题型特点及要求。

（王松一）

【《工业企业经营管理概论》音像教材】 是供 97 级大专班第 4 学期经济管理专业使用的 3 小时考试串讲课的电化教材，由河北省委党校王宝琦教授主讲，电化教研室组稿和审稿。于 1998 年 9 月录制。经教编室李钧泽教授审定。

本音像教材分三部分讲授。第一部分前言主要讲了研究对象、结构体系和学习的重要意义。第二部分学习重点，根据教材结构体系和教学具体安排的要求，分四个单元讲授。复习考试部分主要讲了复习考试的基本要求和考试题型特点。

（王松一）

【《国际税收教程》音像教材】 是供 96 级本科班第 5 学期涉外经济专业使用的 3 小时考试串讲课的电化教材，由中央党校王金龙博士主讲，电化教研室组稿和审稿，于 1998 年 9 月录制。经中央党校经济学部景桂兰副教授审定。

本音像教材分三部分讲授。第一部分前言，主要讲了研究的对象、研究的范围、结构体系、基本任务和学习方法。第二部分重点问题。第三部分复习考试。主要讲了关于题型特点与要求和复习的基本要求。

（王松一）

【《行政法学》音像教材】 是供 97 级本科班第 4 学期政法专业使用的 3 小时考试串讲课的电化教材，中央党校陈德仲教授主讲。由电化教研室组稿和审稿，于 1998 年 9 月录制。经中央党校政法部刘永桂教授审定。

本音像教材分三部分内容讲授。第一部分前言，主要讲了串讲的目的和本书的理论体系。第二部分学习内容和学习重点。第三部分题型示例。（王松一）

【《民法学分论》音像教材】 是供 98 级本科班第 2 学期政法专业使用的 3 小时考试串讲课的电化教材，北京商学院李仁玉教授主讲。由电化教研室组稿和审稿，于 1998 年 10 月录制。经教编室陈德仲教授审定。

本音像教材分三部分内容讲授。第一部

分前言，主要讲了教材的体系结构和串讲的目的。第二部分学习重点，分单元讲授。第三部分复习考试，主要讲了复习要求和题型分析。（王松一）

【《刑法各论》音像教材】 是供97级本科班第4学期政法专业使用的3小时考试串讲课的电化教材，中国青年政治学院周振想教授主讲。由电化教研室组稿和审稿，于1998年10月录制。经中央党校政法部陈文英副教授审定。

本音像教材分三部分内容讲授。第一部分本教材的编写情况、体系、结构、特点和使用。第二部分学习重点。第三部分考试题型特点与要求。（王松一）

【《中国对外贸易理论与政策》音像教材】 是供98级本科班第2学期涉外经济专业使用的6小时讲座课的电化教材，北京商学院潘忠讲师主讲。由电化教研室组稿和审稿，于1998年9月录制。经中央党校函授学院电化教研室主任谢广乔审定。

本音像教材分两部分讲授。第一部分前言，主要讲了本课程的特点和教材体系结构及主要内容。第二部分教学重点与难点。（王松一）

【《民法学总论》音像教材】 是供98级本科班第1学期政法专业使用的3小时考试串讲课的电化教材，由北京商学院李仁玉教授主讲，电化教研室组稿和审稿，于1998年5月录制。经中国政法大学谢廷英教授审定。

本课程分三部分内容讲授。第一部分前言，主要讲了教材的体系结构及各章的主要内容和串讲的目的两个问题。第二部分学习重点，根据教学具体安排规定的重点问题，分四个单元讲授。第三部分复习考试，主要讲了复习考试的基本要求和考试题型特点，在讲述题型特点时并举例说明。（王冀平）

【《经济管理学原理》音像教材】 是供97级大专班第3学期党政专业、经济管理专业使用的3小时考试串讲课的电化教材，中央党校经济学部杨国民讲师主讲，由电化教研室组稿和审稿，于1998年6月录制，由经济学部景桂兰副教授审定。

本课程分三部分内容讲授。第一部分前言，讲述了本次串讲的目的、教材的体系结构和主要内容。第二部分学习重点，根据教学具体安排的要求分五个单元讲授。第三部分考试复习，主要讲述了考试题型特点及要求，并结合学习重点举例说明，以及考试复习的基本要求。（王冀平）

【《刑法总论》音像教材】 是供97级本科班第3学期政法专业使用的3小时的考试串讲课的电化教材，由北京大学陈兴良教授主讲，电化教研室组稿和审稿，于1998年4月录制，经中国政法大学谢廷英教授审定。

本课程分三部分内容讲授。第一部分前言，主要讲述了教材的特点及体系结构。第二部分学习重点，根据教材的体系结构分16章讲授。第三部分考试复习，主要讲了考试题型特点并结合学习重点举例说明；复习的基本要求。（王冀平）

【《经济法简明教程》音像教材】 是供97级大专班第3学期政法专业使用的3小时的考试串讲课的电化教材，由北京大学分校刘隆亨教授主讲，电化教研室组稿和审稿，于1998年4月录制，经政法部陈文英副教授审定。

本课程分三部分内容讲授。第一部分前言，主要讲述了本教材的基本结构、主要内容和串讲的目的要求。第二部分根据教学具体安排的要求分单元讲述了学习中应把握的重点问题。第三部分学习方法和考试复习，主要讲两个问题：一、针对经济法课程存在的三个难点，提出三种学习方法。二、考试题型及特点，并结合重点问题举例说明。

（王冀平）

【《民法学教程》音像教材】 是供97级本科班第3学期政法专业使用的3小时的考试串讲课的电化教材，由中央党校谢邦宇教授主讲，电化教研室组稿和审稿，于1998年4月录制，经函授学院孙经蕙教授审定。

本课程分三部分内容讲授。第一部分前言，主要讲述了教材的主要内容、体系结构以及本次教学安排的指导思想和目的要求。第二部分学习重点，根据教学具体安排规定的重点问题讲授。第三部分复习考试，主要讲了复习考试的基本要求以及考试题型和特点，并结合学习重点举例说明。（王冀平）

【《中国宪法概论》音像教材】 是供98级大专班第1学期政法专业使用的3小时的考试串讲课的电化教材，由北京大学法律系王磊博士主讲，电化教研室组稿和审稿，于1998年5月录制，经政法部刘永桂教授审定。

本课程分三部分内容讲授。第一部分前言，主要讲了学习本课程的指导思想、目的和要求、教材的体系结构和重要内容。第二部分学习重点，根据教学具体安排的要求分单元讲授。第三部分考试复习，主要讲两个问题，一是考试题型及特点；二是复习的方法。

（王冀平）

【《社会主义市场经济概论》音像教材】 是供97级本科班第3学期党政专业、行政管理专业使用的3小时的考试串讲课的电化教材，由国防大学张南征教授主讲，电化教研室组稿和审稿，于1998年5月录制，经空军指挥学院周华彬副教授审定。

本课程分三部分内容讲授。第一部分前言，主要讲两个问题：一、串讲的目的；二、教材的体系结构和主要内容。第二部分学习重点，按照教学具体安排的要求分三个单元讲授。第三部分复习考试，主要讲考试的题型及特点，并举例说明。（王冀平）

【《律师学教程》音像教材】 是供96级本科班第3学期政法专业使用的6小时的讲座课的电化教材，由中国政法大学肖胜喜教授主讲，电化教研室组稿和审稿，于1998年3月录制，经中国政法大学谢廷英教授审定。

本课程分两部分内容讲授。第一部分绪论，主要讲了律师学的研究对象；律师学地位及与有关学科的关系；学习和研究方法。第二部分根据教材的体系结构分16章讲授。

（王冀平）

【《宪法学》音像教材】 是供98级本科班第1学期政法专业使用的6小时讲座课的电化教材，由北京大学法律系王磊博士主讲，电化教研室组稿和审稿，于1998年6月录制，经函授学院高金海教授审定。

本课程分两部分内容讲授。第一部分导言，《宪法学》的体系结构和学习的目的意义。第二部分学习重点，在教材的基础上，理论联系实际地针对学员关注的重点、难点、热点问题进行讲述。（王冀平）

【《社会主义社会学》音像教材】 是供97级大专班党政专业使用的6小时讲座课的电化教材，由中央党校高平教授主讲，电化教研室组稿和审稿，于1998年4月录制，经空军指挥学院姚东峰副教授审定。

本课程根据教材的中心思想在概括教材的基础上分两部分讲述。第一部分学习本课程的重要意义和研究对象。第二部分教材的基本思想和体系结构，主要讲了三个问题：一、基本理论，包括：社会主义初级阶段理论；正确处理人民内部矛盾理论。二、系统理论，包括：社会结构理论；社会运行理论。三、应用理论，包括：人口问题；老年

问题；妇女问题；青年问题。（王冀平）

【《江泽民重要讲话选编》音像教材】 是供第6期领导干部班第5学期使用的6小时讲座课的电化教材，由中央党校李良栋教授主讲，电化教研室组稿和审稿，于1998年5月录制，经国防大学王松一研究员审定。

本课程分两部分内容讲授。第一部分前言，主要是对全书的简介。第二部分在概括全书的基础上，紧紧围绕“坚持和发展邓小平理论”这一条主线，主要讲了以下几个重点问题：一、邓小平理论是在社会主义现代化实践中产生和发展的理论。二、以江泽民同志为核心的党中央对邓小平理论的新发展。三、坚持和发展邓小平理论，关键在于要解放思想、实事求是。（王冀平）

【《当代国际政治与中国对外关系》音像教材】 是供96级大专班第5学期党政专业使用的6小时讲座课的电化教材，由中央党校亓成章教授主讲，电化教研室组稿和审稿，于1998年5月录制，经函授学院高金海教授审定。

本课程分两部分内容讲授。第一部分前言，主要对教材进行简介，以及明确学习的目的。第二部分在概括教材的基础上，紧紧围绕“当前国际形势与中国对外政策”主要讲四个重点问题：一、把握时代主题是认识国际形势的关键。二、当前国际形势的主要特点。三、我国周边国际环境。四、我国的对外政策及对外工作指导方针。

（王冀平）

【《公务员应用文写作概论》音像教材】 是供96级本科班第5学期行政管理专业使用的6小时讲座课的电化教材，由中央党校孙庆聚教授主讲，电化教研室组稿和审稿，于1998年6月录制，经文史部孙乃沅教授审定。

本课程分两部分内容讲授。第一部分前言，主要讲了国家公务员学会写作机关常用公文的重要性，以及应从四个方面努力，写出有一定质量的好文章。第二部分教学重点。（王冀平）

【《婚姻家庭法》音像教材】 是供97级大专班政法专业使用的6小时讲座课的电化教材，由政法大学王昌祯教授主讲，电化教研室组稿和审稿，于1998年5月录制，经中国政法大学谢廷英教授审定。

本课程分两部分内容讲授。第一部分主要讲了学习本课程的目的和要求及教材的体系结构。第二部分讲了《婚姻家庭法》的重点与难点，按照教材的章节顺序讲解。

（王冀平）

【《邓小平理论简明教程》音像教材】 是供98级大专班第1学期党政专业、经管专业、政法专业使用的3小时考试串讲课的电化教材，由中央党校赵国良研究员主讲，电化教研室组稿和审稿，于1998年6月录制，经函授学院高金海教授审定。

本课程分三部分内容讲授。第一部分前言，主要讲两个重点问题：一、指导思想和目的要求；二、教材体系结构。第二部分学习重点，根据教学具体安排的要求按教材的章节讲授。第三部分考试复习，主要讲了考试题型特点及考试复习的基本要求。

（王冀平）

【《党的建设简明教程》音像教材】 是供97级大专班第3学期党政专业使用的3小时考试串讲课的电化教材，由中央党校蔡长水教授主讲，电化教研室组稿和审稿，于1998年5月录制，经国防大学王松一研究员审定。

本课程分三部分内容讲授。第一部分前言，主要讲述了：一、要把握党的建设课程的基本指导思想和目的要求。二、关于教材的基本内容和体系结构。第二部分学习重

在职研究生班工作

【第二次在职研究生工作会议】 6月9日至13日总院在大连海军政治学院召开第二次党员领导干部在职研究生工作会议。36个办学点的负责人和总院机关有关人员共66人参加了会议。孙钱章院长、刘利群副院长和总政宣传部科文局张挥东大校、海军政治部宣传部副部长腾玉大校，内蒙古自治区党校副校长于德水、海南省委党校副校长邢植朝等出席了会议。

会议以十五大精神为指针，认真贯彻落实胡锦涛同志关于党校函授教育的重要指示，总结交流了一年来在职研究生班办学的情况和经验，探讨了在新形势下搞好教学改革、落实规章制度、提高办学质量的措施。

孙钱章院长在会议开幕和结束时都讲了话。有8个单位在会议上介绍了经验。会议还讨论修订了汇集在职研究生班现行规章制度的《工作手册》。（万昌鸿）

【95级党员干部在职研究生毕业典礼】 中央党校函授学院95级党员干部在职研究生毕业典礼，于8月30日上午在中央党校隆重举行。函授学院领导和各处(室)负责人、函院95级研究生班全体学员和指导老师代表参加了毕业典礼。中央党校副校长张志新同志和中央党校校委委员兼函授学院院长孙钱章同志出席毕业典礼并作了重要讲话。

95级在职研究生班是函院举办的首届研究生班，是函院直接组织教学与管理的在职研究生教育的“试验田”。经过三年来严格要求、严格管理的艰苦实践，取得了令人欣慰的成果，有47名学员圆满地完成了学业。在毕业典礼上，学员代表和导师代表发言，8名优秀学员、3名班干部受到表彰；

点，根据教材的体系结构和教学具体安排的要求，按照教材的章节顺序讲授。第三部分复习考试，主要讲考试题型特点及要求，并结合重点问题举例说明。（王冀平）

【《社会主义法制论纲》音像教材】 是供98级本科班第1学期政法专业使用的3小时考试串讲课的电化教材，由中央党校石泰峰教授主讲，电化教研室组稿和审稿，于1998年6月录制，经中央党校政法部刘艳讲师审定。

本课程分三部分内容讲授。第一部分前言，主要讲述了串讲的目的意义以及教材的基本结构和体系。第二部分学习重点，根据教材的结构体系和教学具体安排的要求，按照教材的章节讲述。第三部分复习考试主要讲了四种题型并结合重点问题举例说明。

（王冀平）

【《国民经济统计学原理》音像教材】 是供96级本科班第5学期经管专业使用的6小时讲座课的电化教材，由中国人民大学郭守杰博士主讲，电化教研室组稿和审稿，于1998年4月录制，经中国人民大学周伏平博士审定。

本课程根据教材的体系结构分章节进行讲授。该音像教材在讲授过程围绕教材重点，结合我国国民经济运行的实际，系统地讲授了国民经济统计学的基本原理、基本内容。（王冀平）

全体毕业学员领到了毕业证书，并向函院赠送了纪念品。（万昌鸿）

【95 级党员干部在职研究生毕业学员名单】 95 级党员干部在职研究生毕业学员计 47 名：雷红梅、司国建、朱朝晖、王玮、张金山、马遥、刘延文、安和平、刘勇、乔虹、蔡珂、郝捷、黄小京、周振民、孔梅、王志刚、曹德胜、王京玲、温德鑫、钱耿文、刘洁民、郑恒利、颜明池、史清莲、陈鸿飞、尉敏廷、张思友、杨建立、宗绍兴、余兴文、万廷、萧鲁青、齐霖霖、李景辉、阎中、张若妮、阎武堂、杨武林、韩雪、卢宏、贾建壮、李红强、王士豪、冯纪华、陈京花、王智杰、杨丽。三年来，有 17 名学员提升了领导职务；有 10 名学员晋升为高级职称；有 16 名学员受到本单位或省部级奖励。（万昌鸿）

【甲班的主要工作】（一）制订了 98 级甲班政治学专业（治国方略研究方向）培养方案。该方案既吸取了高校政治学专业有关课程设置的内容，又突出了培养高级干部研究掌握治国方略必须开设的课程，形成了具有一定特色的政治学专业（治国方略研究方向）培养方案。

（二）完成了 98 级甲班新生录取工作。7 月初制定了《招生办法》，7 月 22 日召开了有中直机关、中央国家机关分院和总政宣传部科文局同志参加的招生会议，介绍了开办 98 级甲班的基本思路和培养方案，研究了招生办法。经资格审查，报院领导批准，共录取学员 35 名。

（三）选配了 98 级甲班导师。经多方协商，反复研究调配，在校内外共为 98 级甲班学员选配了 59 名导师。其中：主导师 27 名（博士生导师 25 名，教授 2 名），除在中央党校聘请 19 名教授外，还在人民大学、北京大学、清华大学、社科院法学研究所聘请了 8 名知名教授担任主导师；责任导师 32 名（博士生导师 4 名，教授 28 名，中央党校 8 名、省委党校 6 名、地方高校 9 名，军队院校 9 名）。9 月 27 日召开了 98 级甲班学员、导师见面会。

（四）制订了 15 门课的教学计划。经与中央党校科社部、政法部、文史部等单位和有关教师反复协商，先后为 97 级甲班编制了 6 门课程的教学计划，为 98 级甲班编制了 4 门课程的教学计划，并对 1999 年上学期 5 门课程教学计划的制订进行了安排。

（五）购置配发了教材、教学参考资料，并着手组织选编新的教学用书。一年来为 97、98 级两届学员共购置教材 33 种，2500 余册。其中：为 97 级甲班学员购置教材 11 种 715 册，为 98 级甲班学员购置教材 14 种，1540 册。另为 98 级甲班学员配书 4 种 330 册。为学员订发《中央党校报告选》、《理论动态》、《科学社会主义》、《政治学研究》杂志 4 种，平均为每位学员订发了三种杂志。同时，一年来共整理、印发讲稿、资料 15 份（导师讲课稿 8 份，教学参考资料 7 份）约 20 万字；寄发讲课录音、录像带共 257 套，1160 盘。另外，组织编选《中国历代政治名人治国方略评介》、《中国历代治国方略文选丛书》（6 个分卷）。

（六）建立了有关规章制度。

（七）召开了 97 级甲班导师联席会议和教学交流研讨会。

（八）加强了教学管理工作。一年来，97 级与 98 级共聘请了有关专家、学者 9 人，组织了 8 次讲课，制发了录音、录像带，供学员、导师参考。

（九）组织了课程考试。全年对 97 级甲班 4 门课程及 98 级甲班 2 门课程的考试进行布置，专门发出通知，确定了选题，提出了办法和要求，并对 97 级甲班上半年的考试情况及成绩进行了通报。

（十）采用《研究生工作通报》及时通

报学员导师的学习、指导情况，全年编写简报13期，发出有关教学方面的通知11份。（张鸿岳）

【试办党员领导干部在职研究生班政治学专业（治国方略研究方向）98级甲班】 根据十五大和江泽民总书记多次强调的关于培养高素质干部队伍，造就能够担当领导重任的治党治国治军的政治家的指示精神，函授学院决定试办党员领导干部在职研究生班政治学专业（治国方略研究方向）98级甲班。招收副省（部）、副军级以上党员领导干部，学制3年，采取双导师制，开设14门课程。共招收学员35名。（郭春元）

【科社专业97级甲班导师联席会议】 1998年2月28日，总院召开了科社专业97级甲班导师会议。孙钱章、江流、赵曜、张式谷等13位主导师和刘利群副院长出席了会议。会议交流了第一学期教学情况，对第二学期计划进行了研究。校科社教研部严书翰教授对第二学期教学计划作了说明，与会导师对教学计划、课程安排及内容等方面提出了一些有益的意见和建议。（李士甲）

【科社专业97级甲班教学交流研讨会】 8月15日至17日总院在青岛市委党校召开科社专业97级甲班教学交流研讨会。孙钱章院长致开幕词。主导师江流、赵曜、张式谷、汤有伦、吴雄丞、张中云、沈宝祥、陈道华、严书翰教授，责任导师董德诚、宣如才教授及牟其琛副教授，学员顾秀莲、张希光、阮克庠、杨胜万、唐万年、白景峰、徐莉莉、顾杰及总院工作人员共30人参加了会议。与会学员围绕第一学年所学课程交流了心得体会，主导师江流、赵曜、张式谷、沈宝祥教授分别作了《社会主义在实践中发展》、《在实践的基础上对社会主义的认识和深化》、《关于学习邓小平理论问题的几点思考》和《关于邓小平理论的科学体系问题》的发言。学员与导师围绕科学社会主义理论研究的前沿问题进行研讨。学员对学习中遇到的疑点、难点问题向导师请教，导师分别作了答疑。（李士甲）

【政治学专业（治国方略研究方向）98级甲班学员、导师情况表】

学员	主导师		责任导师	
梁洪	李良栋	教授	石泰峰	教授
何为荣	李忠杰	教授(博导)	刘春	教授
贾永生	李忠杰	教授(博导)	王子今	教授
黄新	沈宝祥	教授		
邓铜山	郭德宏	教授(博导)	张连瑰	教授
雷国保	崔自铎	教授(博导)	何孝明	教授
李学忠	李景治	教授(博导)	史远芹	教授
吕家书	吴雄丞	教授(博导)	朱亚伟	教授
但志平	李景鹏	教授(博导)	尚金锁	教授
徐洸	严书翰	教授(博导)	陶传友	副教授
邬华扬	张中云	教授(博导)	侯少文	副教授
怀忠民	王瑞璞	教授(博导)	曲庆彪	教授
侯云春	刘炳瑛	教授(博导)	亓成章	教授
陈建国	江流	教授(博导)	赵明义	教授(博导)
杜世成	赵宝煦	教授(博导)	李庆臻	教授
吴爱英	蔡长水	教授(博导)	乔幼梅	教授(博导)
王久祜	赵宝煦	教授(博导)	李光耀	教授
姜大明	孙钱章	教授(博导)	李光耀	教授
丁一平	孙钱章	教授(博导)	耿仕信	教授
胥肖野	董新保	教授(博导)	万永全	教授
俞林森	周新成	教授(博导)	侯尚智	教授
赵树义	王道成	教授(博导)	黄乘矩	教授
王奎珍	万福义	教授(博导)	吕明灼	教授
朱争平	吴雄丞	教授(博导)	宋方敏	教授
莫顺宝	张中云	教授(博导)	张振岩	教授
王修智	周锡荣	教授(博导)	安作璋	教授(博导)
高新亭	李步云	教授(博导)	徐显明	教授(博导)
陶武先	杨春贵	教授(博导)	华孝清	教授
甘道明	杨春贵	教授(博导)	郭伟	教授

张逢堂	谢庆奎	教授(博导)	刘德骥	教 授
王三运	刘海藩	教授(博导)	王仲田	教 授
孙国强	刘海藩	教授(博导)	王仲田	教 授
宋秀岩	汤有伦	教授(博导)	景 晖	教 授
乔传秀	赵 曜	教授(博导)	李 浩	教 授
秦玉琴	赵 曜	教授(博导)	李锡炎	教 授

（郭春元）

【成立98级甲班教学工作小组】 总院依托空军部队、山东、四川分院成立北京、山东、四川三个教学工作小组，对教学活动实行总院统一领导，分片管理的体制。教学工作小组由党校或有关单位一位负责同志牵头，分院一名领导参加，指定一名工作人员负责联络工作，指定一名导师负责教学工作。教学工作小组的职责如下：

一、按照总院制定的培养方案和教学计划，督促导师、学员制订指导计划和自学计划，及时报总院研究生办公室。

二、经常与导师、学员保持联系，掌握导师指导和学员自学情况，及时向总院反映他们对教学管理的意见和要求，进行协调，帮助解决。

三、根据教学计划和学员学习中遇到的问题，对学员进行集体辅导。

四、分院组织学员和所在地导师或请有关专家、学者共同进行小型研讨活动。

五、协助总院做好每学年一次的教学研讨活动。

六、负责转发、承办总院研究生办公室发给教学工作小组所在地导师、学员的教学计划、教材、参考资料、录音带及通知等。

七、总院将根据工作需要，为各教学工作小组提供必要的文件、资料，并付给一定的办公费和劳务费。（郭春元）

【学员、导师见面会】 9月27日，总院在中央党校第一教室举行党员领导干部在职研究生班政治学专业（治国方略研究方向）98级甲班学员、导师见面会。出席会议的有：中央党校副校长刘海藩、副教育长王瑞璞、函授学院院长孙钱章、中央党校原教育长江流、政法部主任李忠杰、科社部教授张式谷、中国人民大学研究生院院长周新成、北京大学李景鹏教授等主导师17人；责任导师有山东大学教授赵明义、济南大学校长李庆臻、辽宁师范大学副书记曲庆彪、空军指挥学院教授朱亚伟、四川省委党校教授刘德骥、青海省委党校副校长景晖、青岛大学侯尚智教授等28人和17名学员。见面会由函授学院副院长刘利群主持，刘海藩副校长、孙钱章院长作了重要讲话。函授学院副院长史信发、黄士安出席了会议。

学员、导师见面会召开前，首先召开了导师会。向导师介绍了试办政治学专业（治国方略研究方向）98级甲班的基本思路、教学规程和有关规章制度，要求导师们严谨治学，团结协作，与总院一起把这个班办好，闯出一条高级干部在职在岗培训的新路子。孙钱章院长给导师们颁发了聘书。（郭春元）

【98级经济管理专业培养方案】

一、培养目标

培养德才兼备的、复合型的、知识水平较高的领导人才。具体要求：

1．具有较高的党性修养，坚持党的基本路线，全心全意为建设有中国特色社会主义事业服务。

2．具有坚实的马克思主义理论基础，较系统地掌握马列主义、毛泽东思想和邓小平理论。

3．掌握坚实的专业基础理论和系统的专业知识，具有从事经济管理和一定的科学研究能力，能担当跨世纪领导工作的重任。

4．具有一定的外语（英语）水平，借助工具书能阅读有关英文资料，并能进行一般的英语基础会话。英语基础较好的学员应争取达到硕士学位所要求的英语水平。

二、学制和研究方向

学制三年。

研究方向：宏观经济管理

微观经济管理

三、课程设置

(一) 公共基础课

1. 邓小平理论专题研究

2. 马克思主义经济著作选读

3. 外语（英语）或古文选读、文学艺术与文化

(二) 专业基础课与专业课

1. 西方经济学

2. 西方管理思想史

3. 宏观经济管理研究

4. 现代企业管理研究

5. 金融理论与实践

6. 发展经济学

(三) 选修课（见下页表）

(四) 科研实践与撰写毕业论文

由导师指导选定题目

四、课程安排与教学计划

第一、二、三、四学期课程安排与教学计划，附表于后。

第四学期确定指导教师。在导师指导下，选定论文题目，确定查阅资料的范围。

第五学期，搜集资料与调研，并根据所选论文题目的需要，在导师指导下补学有关知识，也可酌情安排专题讲座；作开题报告，正式进入论文写作阶段。

第六学期，完成论文撰写，进行论文答辩。

五、培养方法与授课时间

采取个人自学，集体授课与导师个别指导相结合；学时制为主，学时制与学分制相结合的培养方法。教学贯彻理论联系实际的方针。在个人自学、集体授课的基础上，辅之以必要的课堂讨论、专题讲座、参观考察、电化教学和科研、学术活动，把教与学、学习与实践紧密结合起来，使学员既掌握理论知识，又学会研究和管理的方法与技能，提高分析和解决实际问题的能力。

集体授课每月5天。原则上利用双休日授课，也可根据情况相对集中。课内学时与课外自学的学时比为1:2。

选修课一览表

序号 \ 方向	宏观经济管理方向	微观经济管理方向
1	经济统计与分析	经济统计与分析
2	现代管理技术与方法	现代管理技术与方法
3	经济法律制度专题研究	经济法律制度专题研究
4	领导科学	领导科学
5	会计核算与会计管理方法	会计核算与会计管理方法
6	市场营销学	市场营销学
7	贸易经济与涉外经济管理专题研究（讲座）	贸易经济与涉外经济管理专题研究（讲座）
8	社会主义市场经济理论（讲座）	投资经济专题研究（讲座）
9		工业经济学

每学期教学安排21周。其中授课、讨论和考试等课内教学活动为25天、50次课(半天为1次，按4学时计)，共200学时。第一、二学年课内教学活动总计800学时。第三学年主要用于撰写毕业论文。各分院可酌情在第五学期自行安排一些专题讲座。

六、考核与毕业论文

考核分考试和考查两种，必修课考试，选修课考查，根据不同类型的课程，可采用闭卷、开卷考试和提交论文等三种方式进行。考核成绩和评语记入《研究生考核成绩登记表》。成绩不及格者，可以补考一次，经补考后，有二门（含二门）以上不及格者，按肄业对待，发给肄业证书。

毕业论文是培养研究生的重要环节，是学习深化，理论升华，理论与实际相结合的成果，是对学习成绩的全面检验。学员完成规定的课程后，在导师指导下，于第四学期期末确定论文题目，第五学期作开题报告，正式进入撰写论文阶段，第六学期完成毕业论文并进行答辩。

七、党性教育

主要是通过学习马列主义、毛泽东思想和邓小平理论，来加强学员的党性修养，把改造主观世界和改造客观世界结合起来，自觉坚持党的基本路线和全心全意为人民服务的宗旨。同时，学员在学习过程中，应自觉提高使命感和自觉性，努力学习，积极工作，遵守纪律，尊敬师长，团结友爱，互帮互学，寓党性锻炼于日常学习和工作之中。

为了加强党性锻炼，研究生班建立临时党支部，学员过双重组织生活，每学期安排两次民主生活会，进行党性分析，或安排参观见学、听英模报告等活动，进行生动活泼的党性教育。

第五学期安排党性教育专题课程。课后每个学员都要结合自己的思想实际，写一份党性锻炼总结报告。党性锻炼总结报告是考核学员能否合格毕业的重要依据之一。

八、外语教学

为了使教学更加切合各地的实际，以收到更好的教学效果，总院对外语教学不作硬性的统一安排。各分院要结合学员外语水平的实际情况，根据培养方案确定的培养目标和教学计划总表规定的课时，本着严格要求、质量第一的精神和实事求是、讲究实效的原则，参照总院关于分班施教、分流施教的意见，确定外语教学的具体实施办法，制订好教学计划并报总院备案，选好教材和教师，精心组织教学和考核。

注：各课（英语除外）的教学计划、教学安排和主要参考书另订。（于志伟）

【98级政治学专业（治国方略研究方向）甲班培养方案】

一、培养目标

党员领导干部在职研究生班政治学专业（治国方略研究方向）98级甲班是为党培养治党治国治军的领导骨干和高级管理人才而设置的。经过系统培训，提高学员的马克思主义理论素养，掌握政治学专业治国方略研究方向的基本理论和基本知识，提高驾驭全局的领导才能，增强党性修养，造就和培养高举邓小平理论伟大旗帜，坚持有中国特色社会主义，全面贯彻执行党的基本路线，德才兼备的、复合型的高层次领导骨干。

二、学制，三年

三、课程设置及安排

第一学期

1. 马克思主义思维方法专题研究
2. 政治学通论专题研究
3. 中外政治制度史专题研究

第二学期

1. 中国古代治国思想史专题研究
2. 毛泽东、邓小平治国方略专题研究
3. 中国政治名人评介

第三学期

1. 外国治国思想史专题研究

2．外国政治名人评介

3．当代国际政治专题研究（含西方政治思潮评介）

第四学期

1．心理学专题研究

2．社会学专题研究

3．法学及依法治国专题研究

第五学期

1．领导学、战略学、决策学专题研究

2．公共政策学专题研究

第六学期

考虑选题、撰写论文，完成论文并进行论文答辩。

四、学习时间安排

（一）第一、二、三、四、五学期进行课程学习，在导师指导下进行一些专题研究。

（二）第六学期在导师指导下对毕业论文进行选题、查阅资料与调研，写作并完成论文，进行论文答辩。

五、培养方法

实行个人自学为主与导师个别指导及集体研讨相结合的培养方法。

（一）自学为主。学员根据培养方案与各门课程教学计划，认真读书，进行自学，3年内争取读30本书（精读10本，泛读20本）。为保证自学，学员应根据导师的辅导计划制订自学计划。在自学过程中，提出疑点、难点问题与导师研讨。

（二）实行双导师负责制。为每位学员聘请两位导师，主导师负总责，责任导师协助主导师具体指导学员学习。

主导师由总院负责聘请，责任导师由总院与分院和学员商定。导师均在开学前配齐到位，根据培养方案与各科教学计划制订指导计划，与学员确定面授指导时间。要求每门课至少面授辅导两次。

（三）采取相应的辅导教学方法。对于导师专业范围以外的课程，与本专业有关的学术报告、形势报告、专题报告等，总院采取寄发录音带和中央党校出版的《报告选》及有关参考书、资料的方法，帮助学员自学。

（四）定期召开教学交流会或专题研讨会。根据学员学习提出的疑点、难点和学科热点问题，每个学期集中或分散召开全体学员或部分学员导师参加的教学交流会或研讨会，加深对课程的理解，开阔思路，增强学员之间、学员与导师之间的联系与交流。

（五）坚持解放思想，实事求是的思想路线，发扬理论联系实际的学风。注意三个结合，既强调认真读书自学，又特别注重结合工作调查研究，在理论与实践的结合上有所创新；既强调提高理论与专业知识，更注重提高驾驭全局、领导决策的综合能力；既注意学习汲取古今中外的治国经验、教训，又着重根据现阶段中国的国情，结合各自的实践总结我党领导全国人民进行社会主义建设的经验和治国之道。

六、教学管理

根据严谨治学，教学相长，确保质量的原则和甲班学员均处重要领导岗位，工学矛盾更为突出，驻地分散，管理困难的特点，甲班在教学管理上采取以下措施：

（一）实行小班建制（每班20人左右）。

（二）配备专职教学管理人员和班主任。

（三）实行《学员自学登记表》、《导师面授情况登记表》登记制度。

（四）建立导师联席会制度，每学期开学前召开一次，对培养方案和教学计划进行研究，提出学习和辅导意见。

（五）实行学分制。在规定的教学时间内通过考核，取得相应学分，成绩即被认可。

七、考核办法

考核采用考试、考查两种方式。考试课成绩分优秀、良好、及格、不及格四个等次。考查课成绩分合格或不合格两个等次。考试与考查的方法，根据各门课程的特点和要求，采取撰写论文的方式（在规定的时间内完成）或由总院统一命题进行考试，或写

电化教学工作

【计算机管理工作研讨会】 9月23日至26日，总院在北京空军指挥学院召开了计算机管理工作研讨会。参加会议的有12个分院的代表和总院有关人员共36人。会议的主要议题是研讨“中函网络管理信息系统”建设二期工程问题，会议对搞好二期工程提出了四点要求：一是认真落实“山西会议”精神，抓住时机，尽快把中函网络建设和试点工程推动起来；二是对二期工程要精心组织、精心设计、精心施工，以创新精神把二期工程建设成高水平的工程；三是发扬团结协作精神，共同完成试点任务；四是试点分院要把二期工程作为重点工作来抓，切实把它抓好。会议以正式文件确定了10个分院为二期工程的试点单位；下达了二期工程的任务；确定了二期工程建设的指导原则、规划和工程进度表；公布了二期工程的数据结构标准；正式宣布了“中函网络管理信息系统”二期工程建设领导小组及下属的二期工程建设工作业务小组成立。

（王松一、张玉鹏）

【函授学院网络管理信息系统一期工程通过专家鉴定】 “中央党校函授学院网络管理信息系统”一期工程，经中央党校科研部同意，纳入全校科研项目。在系统设计时，提供了面向高、中、低业务管理三个层面的三套系统，根据各部门业务上的需要，设计了400多个管理模块，120多个报表，可对函院主要业务实现全面管理。日前，鉴定委员会认真听取了函授学院所作的研制报告和技术报告；测试报告、用户报告和资料审查报

学习心得体会等方式进行。考核成绩由责任导师评定并写出评语，主导师核定。

考核成绩和评语记入《研究生考核成绩登记表》，成绩不及格者可补考1次。经补考仍有2门（含2门）以上不及格者，按肄业对待，发给肄业证书。

八、毕业论文

第六学期在导师指导下选定题目，作开题报告，正式进入论文撰写阶段，完成论文定稿并进行论文答辩。

毕业论文答辩工作。按总院有关规程和分院有关细则执行。毕业论文由导师写出评语，评语中要明确做出是否达到研究生毕业论文水平的结论。

九、党性教育

党性教育主要通过学习马克思主义基本理论和相关理论知识，深刻地领会和把握邓小平理论体系的实质和精髓，联系个人的思想实际，把改造主观世界和客观世界紧密结合起来，坚定社会主义和共产主义信念，坚持党的基本路线，全心全意为建设中国特色的社会主义伟大事业献身。

学习中要提高使命感和自觉性，刻苦学习，遵守纪律，尊敬老师，圆满完成学业。

学习结束，每位学员要写一份党性锻炼总结，作为考核学员是否达到毕业条件的重要内容，由导师写出评语并评优、良、差三个等次。

十、文凭

学员学习期满，课程考试、考查合格，党性锻炼总结评为优良、毕业论文通过答辩者，准予毕业，发给中央党校党员领导干部在职研究生班毕业证书。 （郭春元）

告；仔细审阅了鉴定材料和有关文档资料；观看了系统演示汇报；课程组回答了鉴定委员会提出的问题。鉴定委员会经过认真的审议和讨论，一致认为，该系统的研制，满足了党校函授教育业务管理的需要。建立了完整的输入、浏览、删除、统计和转出报表体系，功能齐全，运行正常，性能稳定，安全性、保密性好，可以通过鉴定。

（王松一）

【着眼电教特点　规范教学内容】　1998 年，电化教研室根据不同类型课程性质和教材内容，针对“串讲课、讲座课、教师备课三张皮”的现象，严格规范了教学内容，使三种音像教材各具特色。一、考试串讲课。要求分三大块讲授：一是前言部分，概括介绍全书的基本内容和体系结构，讲清目的意义，引导学员从宏观上把握知识体系。二是教学重点部分，围绕教材和教学具体安排规定的重点内容加以阐述，突出重点，讲解要点。做到凡体现教材主线内容的展开讲，主线以外的内容压缩讲；凡需要概括、归纳、分析和综合的内容重点讲；凡文字教材上阐述比较清楚和明确的点到为止，主要引导学员从微观上把握重点问题。三是考试复习部分，主要结合重点问题讲清考试题型特点和要求。明确联系实际的方向。主要引导学员从宏观和微观的结合上全面把握所学重点内容，注重提高思维能力和创新能力。二、讲座课。要求在概括介绍全书基本内容的基础上，围绕全书的中心思想、当前学员关注的热点和实际需要，抓住几个主要问题，联系实际进行讲解，做到在文字教材基础上，有概括、有归纳、有深度、有新意、有特色，注重推进素质教育和提高创新能力。三、教师备课教材。着重讲授怎样备好课、讲好课的方法和经验体会，交流面授艺术。讲重点时着重讲清为什么是重点、怎样讲好重点，特别要讲清当前的热点、难点问题，介绍最新理论信息，注重解决深层次的认识问题。同时，在形式和制作方法上也进行了改革，增加图表，运用外景，采取对话、问答等生动活泼、多样化的形式和手段，提高了音像教材的整体效果。（王冀平　王松一）

【总院局域网的结构】　总院局域网的结构包括其硬件环境的网络拓扑结构和建立在硬件环境之上的网络管理信息系统的逻辑结构两个方面。

总院局域网络的拓扑结构为星形以太结构。即以中心机房的服务器群为中心节点，通过结构化的网络布线和网络交换设备和分布在全院各个办公室的 128 个网点相联，构成一个呈星形辐射状的网络。该局域网可通过多种接入方式（如 DDN、ISDN、电话拨号等）与 Internet 连接，且留有多种接口，以备将来与各分院的局域网相联，建成涵盖总院——分院——学区——辅导站的广域网络。

总院网络管理信息系统由总院电化教研室和机械工业电脑应用公司联合开发，包括院长办公、教学管理、教务管理、教材发行管理、电教管理、教材编研管理、系统管理、公共信息服务等 8 个子系统，基本涵盖了总院各职能处室的管理业务。该体系结构的优点是报表格式统一、系统易于维护和扩充。

（姚志红）

院刊简介

【《学习导刊》1998年第1期】 1998年1月8日出版。主编史信发，常务副主编王贵秀。供大专班使用。为贯彻胡锦涛同志1997年7月22日的重要批示，特约教学处撰写了《落实胡锦涛批示严格把好教学关》的重要文章。登载教学处制定的95级大专班第6学期、96级第4学期、97级第2学期党政管理、经济管理及政法三个专业教学计划7份。在"学习指南"栏目中，登载了主编教师徐理明、叶自成、李秉忠、姜春城、吴光辉、辛守良、于吉楠分别撰写的《如何学好〈行政管理学〉》、《怎样学好〈政治学原理〉》、《认真学好〈财政学〉》、《如何学习〈国内贸易经济管理〉》、《学习〈政治经济学〉(资本主义部分)需要注意的几个问题》、《以党的十五大精神为指导学习〈社会主义市场经济简明教程〉》、《怎样学习〈中共党史简编〉》等辅导文章7篇。还选登了论文指导教师撰写的毕业论文指导文章4篇和学员优秀毕业论文2篇。 (崔英华)

【《学习导刊》1998年第2期】 1998年1月15日出版。主编史信发，常务副主编王贵秀。供本科班使用。为贯彻胡锦涛同志1997年7月22日的重要批示，特约教学处撰写了《落实胡锦涛批示严格把好教学关》的重要文章。登载教学处制定的96级本科班第4学期、97级本科班第2学期、第6期领导干部班第4学期、第7期领导干部班第2学期教学计划12份。在"原著辅导"栏目中，登载了任铁缨《用专论结合的方法学习〈马克思主义党的建设经典文选〉》、高金海《在当代学习〈科学社会主义经典文选〉应做到四个结合》两篇原著辅导文章。原"原理辅导"栏目中，登载了刘春、陈德仲、姜春城、牛京、肖勤福、刘永桂、刘小兵、罗志先、钱寿根、王金龙、刘炳瑛、王文生、蔡长水、孙钱章、周华彬分别撰写的《怎样学好〈行政管理学教程〉》、《关于学习〈行政法与行政诉讼法教程〉的几点意见》、《怎样学习〈国际贸易理论与实务〉》、《关于学习〈国际金融简明教程〉的几个问题》、《把握体系注意方法学好〈国际投资与我国利用外资概论〉》、《关于学习〈刑事、民事诉讼法学教程〉的几点意见》、《谈谈学习〈经济合同法教程〉的方法》、《如何学好〈市场经济法律制度概论〉》、《怎样学好〈法学基础〉》、《怎样学好〈宏观经济运行与管理〉》、《如何学好〈社会主义市场经济论纲〉》、《如何学习〈法理学教程〉》、《关于学习〈新时期党的建设概论〉的几点意见》、《如何学习〈领导科学概论〉》等14篇原理辅导文章。在"教学经验谈"栏目登载了张健副教授《用新的视野讲授〈邓小平建设有中国特色的社会主义文选〉》。 (崔英华)

【《学习导刊》1998年第3期】 1998年5月8日出版。主编史信发，常务副主编王贵秀。供大专班使用。该期卷首发表王贵秀教授撰写的《重大突破——十五大对"法治"概念的确认及其意义》。在"复习指南"栏目中，登载了主编教师吴光辉、辛守良、姜春城、李秉忠、叶自成、于吉楠、徐理明、刘旭涛分别撰写的《复习〈政治经济学〉(资本主义部分)应注意的问题》、《〈社会主义市场经济简明教程〉重点问题解析》、《如何复习〈国内贸易经济管理〉》、《如何复习〈财政学〉》、《怎样复习和考好〈政治学原理〉》、《怎样复习和考好〈中共党史简编〉》、《如何复习和考好〈行政管理法〉》等辅导文章7篇。在“学习经验谈”栏目中登载了学员王璋、程幸福、张社会分别总结的学习经验《坚持函授学习，提高自身素质》、《党校函授学习的收获和体会》、《我是怎样坚持自学的》。登载了论文指导教师石鹤龄、龙文舟分别撰写的《谈谈毕业论文写作中存在的几个问题》、《撰写论文应注意的几个问题》。选登了学员程林章、徐友根分别撰写的优秀论文两篇。（崔英华）

【《学习导刊》1998年第4期】 1998年5月8日出版。主编史信发，常务副主编王贵秀。供本科班用。卷首发表王贵秀教授撰写的《重大突破——十五大对“法治”概念的确认及其意义》、胡晓涛、侯少文的《坚定积极地推进机构改革》等重要文章。为帮助学员复习原著，邀请高金海、卢先福两位教授分别撰写《〈马克思主义科学社会主义经典文选〉的复习重点和模拟试题》、《关于〈马克思主义党的建设经典文选〉复习考试问题》。邀请刘炳瑛、张盛念、肖勤福、孙钱章、石泰峰、蔡长水等教授分别撰写《社会主义市场经济论纲》、《国际金融简明教程》、《国际投资和我国利用外资概论》、《领导科学概论》、《法理学教程》、《新时期党的建设概论》等课程的辅导文章14篇。在“学习经验谈”栏目发表学员黄林成《三进党校（函授学习）收获多》一文。在“学员论文选登”栏目分别发表研究生班学员顾杰的《新民主主义论与新社会主义论》与学员刘志刚的《解决下岗职工再就业问题的根本出路》两篇优秀论文。（崔英华）

【《学习导刊》1998年第5期】 1998年7月15日出版。主编刘利群，常务副主编舒金城。供大专班用。卷首发表编辑部文章《努力提高自身的素质》，登载教学处制定的96级大专班第5学期党政管理专业、经济管理专业、97级大专班第3学期党政管理专业、经济管理专业、政法专业、98级大专班第1学期党政管理、经济管理、政法专业教学计划8份。邀请主编教师赵国良、侯才、孙钱章、辛守良、李秉忠、万福义、黄子毅、刘隆亨等教授，对本学期开设的《邓小平理论简明教程》、《马克思主义哲学原理》、《经济管理学原理》、《社会主义市场经济简明教程》、《财政学》、《党的建设简明教程》、《中国宪法概论》、《经济法简明教程》等课程分别撰写辅导文章11篇。在新设“党政论坛”栏发表孙钱章教授的《如何当好现代领导》与苏澄教授的《党风廉政建设与社会主义道德建设》。在新设栏目“焦点信息”中，发表《职工下岗与再就业问题研究综述》、《建设和完善社会保障制度问题研究综述》、《知识经济的本质和特征》等3篇文章。

（崔英华）

【《学习导刊》1998年第6期】 1998年8月1日出版。主编刘利群，常务副主编舒金城。供本科班用。卷首发表编辑部文章《努力提高自身的素质》，登载教学处制定的96级本科班第5学期、97级本科班第3学期、98级本科班第1学期党政管理专业、行政管理专业、经济管理专业、涉外经济专业、政法专业教学计划14份，以及第6期领导干部班第5学期、第7期领导干部班第3学期、第8期领导干部班第1学期教学计划3份。在“原著辅导”栏目中，登载了赵玉瑾的《如何学习〈马克思主义哲学经典文选〉》、任铁缨的《学习〈马克思主义党的建设经典文选〉要史论结合》、刘炳瑛的《如何学习〈马克思主义政治经济学经典文选〉》3篇原著辅导文章。为帮助学员学好原理课，邀请孙钱章、周华彬、蔡长水、牛京、张南征、刘春、姜春城、张盛念、谢邦宇、李汝川、梁鹰、罗志先分别撰写了《如何学习〈领导科学概论〉》、《关于学习〈新时期党的建设概论〉的几点意见》、《学好〈国际金融简明教程〉》、《认真学好〈社会主义市场经济概论〉》、《关于学习〈行政管理学教程〉的几个问题》、《怎样学好〈国际贸易理论与实务〉》、《如何学好〈货币银行学〉》、《民法问题举要》、《怎样学好〈刑法总论〉》、《怎样学习〈社会主义法制论纲〉》、《如何学好〈市场经济法律制度概论〉》等11篇辅导文章。在“焦点信息”栏目，登载《关于政府机构改革的思考》、《粮食流通体制改革问题研究综述》、《亚洲金融风暴研究述要》、《知识经济的本质和特征》等4篇当前焦点问题研究资料。

（崔英华）

【《学习导刊》1998年第7期】 1998年11月15日出版。主编刘利群，常务副主编舒金城。供大专班用。卷首发表编辑部文章《认真搞好复习，争取考出好成绩》。在“复习指导”栏目中，登载赵国良、静远、辛守良、万福义、李秉忠、刘潮、李钧泽、刘隆亨、黄子毅、梁鹰等对本学期闭卷考试课程《邓小平理论简明教程》、《马克思主义哲学原理》、《市场经济简明教程》、《党的建设简明教程》、《财政学》、《对外经济管理学》、《社会经济统计学原理》、《经济法简明教程》、《中国宪法概论》、《法理学教程》的复习重点及其要点所作的归纳和提示。为纪念党的十一届三中全会胜利召开20周年，发表吴雄丞撰写的《伟大的理论成果》和梁辛撰写的《马克思主义认识论与党的思想路线》两篇重要论文。在“焦点信息”栏目，登载《对东南亚金融危机的思考》、《知识经济与创新意识》两篇当前焦点问题研究资料。在“自学方法”栏目，登载常生荣的《浅论自学的三个转化过程》等3篇自学经验。在“学员论坛”栏目，登载邱俊、周仁濂、徐西胜等学员撰写的优秀毕业论文3篇。

（崔英华）

【《学习导刊》1998年第8期】 1998年11月8日出版。主编刘利群，常务副主编舒金城。供本科班用。卷首发表编辑部文章《认真搞好复习，争取考出好成绩》。在“原著辅导”栏目，登载赵玉瑾、刘炳瑛、王林分别撰写的《马克思主义哲学经典文选》、《马克思主义政治经济学经典文选》、《马克思主义党的建设经典文选》的复习考试的辅导文章3篇。在“原理辅导”栏目，登载张盛念、李钧泽、毛蓉芳、蔡长水、孙钱章、周华彬、刘春、刘永桂、谢邦宇、罗志先、梁鹰等对本学期的闭卷考试课程《国际金融简明教程》、《社会主义市场经济概论》、《货币银行学》、《国际贸易理论与实务》、《新时期党的建设概论》、《领导科学概论》、《行政管理学教程》、《刑法总论》、《民法学教程》、《市场经济法律制度概论》、《社会主义法制论纲》的复习重点及其要点所作的归纳与提示。为纪念党的十一届三中全会胜利召开20周年，发表孙钱章撰写的《论新时期党校功能的拓展》与周炳兴撰写的《党的思想路线和社会主义初级阶段理论》2篇重要文章。在“焦点信息”栏目，发表了张晓玲的《政治体制改革的重要意义和基本原则》、晓章的《我国政治体制改革的主要任务和内容》、刘德庚的《亚洲金融风暴对中国的影响和启示》3篇现实性很强的文章。在“学员论坛”，选登杜发平的《我国当前股份合作制中存在的问题与对策》、单柏林的《社会保障制度改革问题初探》2篇学员优秀论文。

（崔英华）

院报、快讯重要文章选登

为开创党校函授教育新局面而奋斗

《函授教学与管理》编辑部

1998年是全面贯彻落实十五大精神的第一年。中央党校1997年函授教育工作会议要求全院同志在新的一年里“以党的十五大精神为指导，深入贯彻落实胡锦涛同志关于党校函授教育的指示，进一步端正办学指导思想，继续加强学区管理，强化辅导站建设，全面提高办学质量，更好地为培养党的高素质干部队伍服务”。总院上月召开的1998年春季院务扩大会，是贯彻十月工作会议精神的重要会议，为开创党校函授教育的新局面，统一了认识，作出了部署。

开创党校函授教育的新局面是形势发展的要求。首先，是“适乎世界之潮流”的需要，人类即将迎来21世纪，世界各国为在未来竞争中处于有利地位，普遍重视人才的培养。确立科教兴国发展战略，已成为共识。我们党准确地把握了时代的脉搏，为迎接挑战，早已从战略高度作出培养高素质干部队伍的决策。以培训在职在岗党员干部为主要对象的党校函授教育，肩负着历史性的重任，只有开创新局面，才能适应世界形势发展的要求。其次，开创党校函授教育的新局面是贯彻十五大精神的需要。党的十五大以“高举邓小平理论伟大旗帜，把建设有中国特色社会主义事业全面推向二十一世纪”为主题。贯彻落实十五大精神，要求党校函授教育进一步发挥优势，在用当代中国的马克思主义邓小平理论武装党员干部、用社会主义现代化所需要的各种专业知识充实党员干部、全面提高党员干部的理论和业务素质方面有所作为，开创新的局面。再次，开创新局面是党校函授教育自身发展的需要。党校函授教育创办13年来，形成了较完整的体系和较好的运作机制，如何再上台阶，是摆在我们面前的新课题。党校函授教育自身的发展，如逆水行舟，不进则退，只有不断开拓进取，才能破浪前进。

要开创党校函授教育的新局面，我们在新的一年里就应从多方面做好工作：(一)深入学习贯彻十五大精神，用邓小平理论指导办学。我们要把办学的指导思想和行为统一到十五大精神上来，高举邓小平理论伟大旗帜。实现党的十五大确定的目标和任务，关键在党，关键在干部。为培养高素质干部队伍服务，是党校函授教育的光荣使命。对这一办学指导思想的任何偏离就是对十五大精神的偏离。（二）落实胡锦涛同志关于党校函授教育的指示，加强管理，提高质量。这是我们贯彻十五大精神的实际行动，必须抓住不放，务求实效。胡锦涛同志指示的精神实质是提高办学质量，重点是解决办学中存在的不容忽视的问题。我们应在“实质”和“重点”问题上下功夫。（三）深化教学改革。贯彻十五大精神，需要进行创造性思维、开拓式工作。适应21世纪对高素质人才的需求，我们必须强化素质教育，相应调整专业和课程设置；提高教材质量，增强其时代性、实用性、科学性；继续改革考核制度，依照素质教育要求，更新考核内容和方式，加大考务管理的改革力度，通过综合治理端正考风；在提高面授和电教质量的同时，强化自学管理。（四）加强办学主体建设，抓好两支队伍的培训。要从数量和质量两方面加强教学管理队伍建设。有些地方办学力量不足已成为制约教育质量的重要因素，必须采取坚决措施，按有关规定充实专职管理人员，同时加大对管理人员的培训力度，提高他们的管理水平，注意纠正行业不正之风。要加强师资队伍建设，合理配置教师资源，建立师资档案库、教授团、教学协作区等；注意充分发挥电化教学的作用；还要加大师资培训力度，开展多层次、多渠道的师资培训，层层开好备课会，充分利用即将投入使用的烟台培训基地，建立师资培训基金，提高教师素质，保证面授质量。（五）强化辅导站建设。我们把今年确定为辅导站建设年，这是实行“培根”战略，夯实党校函授教育基础的重要举措。要在继续加强学区建设的同时，重点抓好辅导站的思想建设、组织建设，切实加大投入，改善辅导站的设施。各级办学组织都要加强对辅导站建设的领导，并把辅导站建设与教育评估紧密结合起来，在准确评定类别的基础上，实行分类指导。对被评为第三类的辅导站，要采取有效措施加以整顿。还要开展创建优秀辅导站活动，注意总结交流辅导站建设的经验。（六）抓好教育评估工作。教育评估是推动各项工作的有力杠杆，是提高和保证党校函授教育质量的重要措施。这项工作在试点的基础上已在全院铺开。今年上半年各辅导站要搞好自我评估，下半年学区将对辅导站进行检查评估和总结表彰。各分院和学区要按总院要求，加强领导，认真部署，抓出成效，防止走过场。（七）开展党校函授教育特点、规律的研究。我们的办学行为如果符合党校函授教育的特点和规律，党校函授教育事业就会发展；否则，将受到惩罚。各级领导和办学人员都要充分认识调查研究的重要意义，一定要转变思想和工作作风，下决心沉下去，到基层深入开展调查研究，探索规律，用以指导实践活动。只要我们认真去做，就能不断从党校函授教育的必然王国走向自由王国。此外，我们还要进一步做好宣传工作、国际交流与合作、行政后勤和财务工作等。为了保证各项工作的顺利开展，开创党校函授教育的新局面，还必须加强机关党的建设，进一步弘扬“团结、敬业、务实、创新”的函院精神。

开创党校函授教育的新局面重在落实。党的十五大为我们指明了方向，胡锦涛同志的指示明确了党校函授教育的任务和要求，中央党校1997年函授教育工作会议作出了具体部署。只要我们认真贯彻落实，党校函授教育就一定会呈现出新的局面，迈上新的台阶。

强化质量意识
加强组织领导
严把“招生关”

——二论严把“四关”

《函授教学与管理》编辑部

去年中央党校函授学院院报发表了《必须严把“四关”，确保办学质量——一论严把“四关”》的编辑部文章，从总体上要求严格按胡锦涛同志的指示把好“招生关、教材关、教学关、考核关”。现在，中央党校函授学院1998年招生工作已开始，考生报名已基本结束，其他各项工作即将全面展开，严把“招生关”已成为我们当前的工作重点。“招生关”是胡锦涛同志提出的严把“四关”中的第一关。把好“招生关”是提高办学质量的第一个重要环节。为了确保生源质量，圆满地完成今年的招生任务，我们必须进一步强化质量意识，落实规章制度，加强组织领导，严格把好招生过程中的各个关口。

一、强化“质量第一”的意识，以强烈的政治责任感对待招生把关工作

坚持“社会效益第一，办学质量第一”，是中央党校函授学院办学的基本指导思想。胡锦涛同志明确指出：函院“第一位的是培养人才。我们要讲政治，讲大局，为培养人才服务”，“要服从培养高质量人才这个大局，要坚持把质量放在第一位”。由此可见，保证办学质量是一个事关大局的重要政治问题。它不仅决定着函院的生存和发展，而且对于落实建设高素质的干部队伍这一战略任务，乃至党的形象和声誉，都有影响。我们每个同志，都应牢固树立质量观念，强化“质量第一”的意识，防止和克服那种重经济效益而轻社会效益、重数量而轻质量或只顾眼前和局部利益而不顾大局的不良倾向。要以强烈的时代使命感和政治责任感，把好招生关，提高生源质量，为培养高素质的人才奠定良好的基础。

二、严格招生条件，切实落实有关招生工作的规章制度

近些年来，我们依据办学指导思想，总结招生工作中的实践经验，陆续制定了一系列严格招生条件和规范各个招生环节的行之有效的规章制度。要把好招生关，就要严格招生条件，切实落实这些规章制度。其中，应该特别强调的是：必须严格执行“按计划招生，控制规模”的要求，不能突破总院下达的计划招生数；必须严格执行资格审查制度，杜绝不合标准者入学；必须严格执行以党员干部为主的原则，严格控制非党员干部的比例；必须严格执行分院之间、军地之间不得交叉招生的规定；必须严格执行“公平竞争，择优录取”的原则，严肃考风考纪，严格执行录取方案申报审批制度，不可自行其事，自作主张。落实招生规章制度，态度要坚决。在规章制度面前必须坚持人人平等，任何人都不能搞特殊；必须严格按条件报考、按条件录取，毫不含糊。

三、加强组织领导，保证招生工作顺利进行

切实加强组织领导，是搞好招生工作的关键一环。各级主要领导应亲自抓，舍得下功夫、用精力，精心组织，周密安排。各分院和直属学区应成立招生工作领导小组，组成一支得力的招生骨干队伍。要挑选那些党性强、业务精、坚持原则、作风正派、工作认真负责的同志参加招生工作。也可请组织、人事、纪检部门的同志介入此项工作。要强化层级责任制，统一领导，层层负责，一级抓一级，全院形成强有力的招生组织领导系统。在组织领导工作中，要搞好宣传教育，提高同志们的思想认识，讲政治，顾大局，增强责任感。要注重调查研究，领导人要经常深入基层、深入群众、深入现场，了解真实情况，及时发现和解决问题。要奖惩分明，对敢于坚持原则、秉公执纪、工作认真负责的同志，给予表彰奖励；对不认真履行职责、徇私情、谋私利、不坚持原则的，要批评教育，追究责任，严肃处理。

总之，全院同志要高度重视招生工作，严格把关，做到思想认识到位、规章制度落实、组织领导和措施得力，确保今年的招生工作取得圆满成功。

进一步贯彻十五大精神
认真学习邓小平理论

《函授教学与管理》评论员

党的十五大是我党历史上一次具有深远历史意义的盛会。十五大的主题是高举邓小平理论的伟大旗帜，把建设有中国特色社会主义事业全面推向21世纪。贯彻十五大精神，最重要的就是认真学好邓小平理论，并学以致用。今年是全面贯彻落实十五大精神的第一年，全国正在兴起学习邓小平理论的新高潮。3月初胡锦涛同志在中央党校春季开学典礼上的讲话中就联系实际学习理论问题作了科学论述。我们中央党校函授学院全体学工人员要根据这一讲话精神，进一步贯彻十五大精神，认真学习邓小平理论，促进全院工作。

第一，要紧密结合国际国内形势学习理论，始终保持清醒的头脑和奋发进取的精神状态。邓小平同志的著作中有许多关于形势的精辟论述。我们在贯彻十五大精神、学习邓小平理论的过程中，要认真领悟贯穿在邓小平理论体系中的鲜明时代精神，学会运用邓小平理论的立场、观点和方法来看形势。要联系形势学习理论，通过学习理论正确认识和把握形势，把全院同志的思想统一到十五大精神上来。目前，我们正处于世纪之交，国际形势正在发生着深刻的变化。未来的21世纪，各国的竞争将是科技、教育和综合国力的竞争，是人才的竞争。发展教育，包括发展国民教育后的再教育，已成为许多国家发展战略的重点。我国确定了科教兴国的战略。作为在职干部教育的重要阵地，党校函授教育面临着十分难得的历史机遇，也面临着挑战。从国内来看，我们要把建设有中国特色的社会主义事业全面推向21世纪，正面临着改革攻坚和开创新局面的艰巨任务。培养跨世纪的高素质人才，已经作为事关全局的战略任务历史地摆在我们面前。同时，由于国内成人教育的飞速发展，我们又面临着激烈的竞争。因此，发展党校函授教育，进一步强化质量意识，更好地为培养跨世纪的高素质干部队伍服务，是时代的要求，是我国社会主义现代化建设和教育事业发展的需要。现在，党校函授教育总的形势是好的，这几年发展很快，但是必须看到还存在着一些不容忽视的问题，决不能盲目乐观。经验反复告诉我们，愈是形势好，愈要头脑清醒，保持对形势的客观全面的认识，善于发现问题和解决问题。这就需要有科学的理论作指导，需要联系形势学习邓小平理论。

第二，要紧密联系党校函授教育工作的实际来学习理论，更好地完成各项教学任务。进一步贯彻十五大精神，学习邓小平理论，要与落实胡锦涛同志关于党校函授教育工作的重要指示结合起来，做到紧密联系工作实际，学以致用。要坚持用邓小平理论指导办学工作，严把招生关、教材关、教学关、考核关。要编好关于邓小平理论的教材，引导学员根据十五大精神系统地学习邓小平同志的原著，在把握邓小平理论的科学体系和领会它的精神实质上下功夫。要以十五大文件关于教育工作的论述和邓小平同志关于教育工作的一系列指示为指导，加大投入，加强管理，注重素质教育，进一步提高教育质量，把对学员的理论教育、知识教育、党性教育和能力培养更好地落到实处。

第三，要紧密联系思想实际学习理论，牢固树立正确的世界观、人生观、价值观。邓小平理论中有许多关于这方面的论述。全院同志要联系思想实际深入学习邓小平理论，切实加强党性锻炼，牢固树立正确的世界观、人生观、价值观，努力提高思想政治素质。党校函授学员是在职在岗的党员干部，而且有一些是高中级干部。学员参加党校函授学习的过程，应该是提高认识和改造世界观的过程。根据胡锦涛同志在中央党校1998年春季开学典礼上的讲话精神，全院学员特别是高中级干部学员，要通过学习理论，不断增强坚持解放思想、实事求是的自觉性；不断端正入学动机和学习目的，努力实践全心全意为人民服务的根本宗旨；自觉地贯彻执行民主集中制，坚持讲原则、讲团结；增强拒腐防变能力，加强理论武装，在思想上筑起一道拒腐防变的坚强防线，在反腐倡廉中起好的表率作用。

总之，我们要进一步贯彻好十五大精神，认真学习好邓小平理论，落实好胡锦涛同志的重要指示，深化教学改革，全面提高教学质量，不断把党校函授教育事业推向前进。

在政治上同党中央保持一致 紧密结合实际严把"教材关"

——三论严把"四关"

《函授教学与管理》编辑部

邓小平同志曾指出："编好教材是提高教学的关键"（《邓小平文选》第2卷，第424页注释33）。在党校函授教育中，教材同样是提高函授教育质量的关键。因此，把好教材关具有十分重要的意义，是全面贯彻落实胡锦涛同志关于党校函授教育要严把"四关"指示的重要一环。

一、在政治上同党中央保持一致是把好教材关的前提和根本保证

我们的函授教育是要培养德才兼备的党政干部和骨干人才，为培养高素质干部队伍服务。为此，我们的教材就必须从德和才两个方面满足受教育者提高素质的需要，特别要坚持以马列主义、毛泽东思想、邓小平理论为指导，在政治上同党中央保持一致，科学地阐明党的基本理论、基本路线、基本方针政策。在教材建设中，坚持讲政治，坚持在政治上与党中央保持一致，是把好教材关、不断提高教材质量的前提和根本保证。

从1993年下半年开始，我们以马列主义、毛泽东思想和邓小平理论为指导，按照党的十四大、十五大精神，采取新编与修订并举的方式，推进教材建设，新编教材95种，修订教材36种，共新编、修订教材131种，形成了门类比较齐全的、适合在职干部学习的党校函授教材体系，取得了明显成绩，基本上满足了党校函授教育的需要，受到了中央领导同志和社会的好评。1997年9月3日江泽民总书记说："我看了中央党校四本书（指函授教材《马克思主义哲学原理》、《建设有中国特色社会主义理论》、《干部写作概论》、《普通逻辑学》），还不错。"这是对我们的极大鼓舞与鞭策。现在，我们要根据十五大精神和九届全国人大一次会议的有关文件对现有教材进行一次全面审查，该淘汰的就淘汰，该修改的就修改，该新编的就新编，使我们的教材在政治上、内容上更好地与党和国家的决策和工作部署保持一致。

二、理论联系实际是把好教材关的关键

科学的理论是实践经验的科学总结，理论若不与实际相结合，就会变成空洞的理论。在教材建设中，只有坚持理论联系实际的原则，才能把好教材关，使教材保持高质量和生命力，从而才能真正做到以科学的理论武装人。

首先，要联系当代科学技术发展日新月异的实际，联系当代经济、政治、法律、军事的实际。要使我们编写的教材通过不断吸收这些方面的实际成果，反映时代的精神，为我们的干部完成跨世纪重任提供科学的理论武装和知识手段。

其次，要联系建设有中国特色社会主义的实际。要不断充实社会主义现代化建设所需要的知识，科学地解答社会主义建设实践提出的新问题，以澄清模糊认识，提供科学指导。

再次，要联系党校函授学员的实际。中央党校函授学院，是"一所没有围墙的大学"，学员绝大多数都是党员在职干部，分散在各个单位，以自学为主，面授时间短。根据这些实际情况，我们的教材就应简明扼要，通俗易懂，适于自学。只有使教材建设工作紧密联系学员的实际，我们编写出的教材才能适应学员的需要。

三、建立健全并切实执行有关制度是把好教材关的重要一环

首先，要建立一套科学的管理制度。教

材建设是一项复杂的系统工程。每本教材的编写出版，都必须经过选定主编、作者撰写、主编统稿、责任编辑审读、教材编研室编辑人员复审、有关专家审定、总院领导终审或委托相应专家终审等一系列环节。为了使有关人员尽职尽责，做到多层次把好关，总院先后制定了《函授教材编写规程》、《编辑工作职责要求》等十几项规章制度，使教材建设逐步实现了制度化、规范化。实践证明，建立、健全并严格执行教材编写工作的有关制度是十分重要的。

其次，要建立主编负责制，这是把好教材关的十分关键的一环。主编水平如何，责任心怎样，与教材质量密切相关。为了确保教材质量，要坚持挑选在国内外有一定知名度、学术水平较高的教授、副教授和中央国家机关中既精通有关专业理论又有丰富实践经验的领导、专家担任主编，为保证编写出的教材具有科学性、权威性、可操作性创造有利条件。

第三，建立由中央党校各学科带头人、知名专家、教授组成的教材编审委员会，为把好教材关提供组织保证。

第四，进行社会调查，为把好教材关提供信息反馈。在党校函授教学第一线的教师和学员，最了解教材的使用情况和存在问题，深入下去向他们作调查，可听到许多关于改进教材编写工作的有价值的意见。

总之，在教材建设中，我们一定要高举邓小平理论的伟大旗帜，全方位地严格把关，从而不断提高教材质量，为进一步提高教育质量奠定坚实的基础。

务必把党性教育作为全院大事抓好

《函授教学与管理》编辑部

《中国共产党党校工作暂行条例》规定："党性教育是党校的必修课。党性教育内容要有针对性，要把学习马克思主义基本理论同增强党性锻炼结合起来，把改造主观世界和改造客观世界结合起来。"党校函授教育作为党校教育的重要组成部分，理所当然地也必须把党性教育作为必修课，这是党校函授教育不同于其他类型教育的显著标志。党的十五大适应国内外形势的要求，不仅进一步强调了"实施科教兴国战略"，而且明确提出在党员领导干部中"深入进行以讲学习、讲政治、讲正气为主要内容的党性党风教育"。我国改革开放的不断深入和社会主义市场经济的不断发展，必然在党性方面不断对共产党员提出更高要求。因此，在新形势下，以党员在职在岗干部为主要对象的党校函授教育，必须进一步加强党性教育，把它作为全院的大事认真抓好，以便更好地为建设高素质干部队伍服务。

为了加强党性教育，总院决定自98级开始全院各班次、各专业均开设党性教育课。党性教育不仅要寓于党校函授教育的全过程，还要在此基础上每学期安排党性教育课20学时，集中开展党性教育专题讲座和各种党性教育活动。党性教育必须贯彻理论联系实际的方针，各地应结合自己的实际情况，针对学员中普遍存在的思想问题，有的放矢，务求增强学员改造主观世界的自觉性，促进学员加强党性锻炼、注重党性修养。党性教育要采用灵活多样的形式，除授课外，还可请英雄模范作报告，让学员中的先进人物介绍事迹，开展以党性为主题的演讲会、座谈会、讨论会，组织参观访问、调查研究等。党性教育作为党校函授教育的必修课，要实行严格的考核制度，学员每学年必须制定党性锻炼计划，每学期撰写接受党性教育的心得体会，每学年进行一次党性分析和小结，毕业前进行党性锻炼总结。辅导站、班主任和班级临时党支部负责实施对学员党性锻炼的考核工作，考核成绩存入学籍档案，成绩不合格者不发给毕业证书。

为把党性教育这件事关全院的大事抓好，顺利实施加强党性教育的各项举措，当前要做好如下几项工作：

（一）统一思想，提高大家对党性教育地位、作用的认识。全院上下都要进一步认识党性教育的重要性。各单位的领导者应从落实党校函授教育宗旨和培训目标的高度，进一步做好教师和管理人员的思想工作，进一步提高学员的认识。要克服那种认为党校函授学习工学矛盾突出，学员由所在单位管，在学期间没必要搞党性教育和党性锻炼的看法。只有认识提高了，党性教育才能受到重视、得到加强。

（二）组织好党性教育教材的编写工作。教材是施教和自学的前提和基础，其质量直接关系到党性教育的成效。总院正在抓紧进行教材编写的组织工作。近期拟先编写活页教材，争取尽快完成《党性教育系列讲座纲要》。

（三）抓好党性教育师资队伍的选聘和培训工作。要选聘那些长期从事党性教育工作、有丰富教学实践经验的教师授课，也可以请有关领导讲授他们熟悉的专题。缺乏教师的单位应从上一级党校、或从高等院校、或从上级党委的宣传和组织部门聘请符合条件的教师。同时，要注意培养党性强、业务素质较高的年轻教师，为他们提供进修机会。分院还应组织好教师备课会、研讨会、教学观摩等活动，尽快建立起一支高素质的党性教育师资队伍。

（四）注意总结以往党性教育的经验。党校函授教育创办十几年来，我们始终坚持“理论、知识、党性、能力”四统一的培训质量目标，把党性教育摆在重要地位，各分院在教学实践中也创造了许多党性教育的好经验。希望大家都来总结，将其上升为理性认识，作为共同财富，用以指导今后的党性教育工作。同时，还应根据党的十五大精神和形势发展的新要求，在实践中继续探索党性教育的规律，创造适合本地区本单位实际的教学模式，为落实党校函授教育的宗旨和培训目标，作出自己的贡献。

切实抓好期末复习考试工作

《函授教学与管理》评论员

本学期期末复习考试阶段即将到来。为了做好期末考试工作，中央党校函授学院已下发了通知，提出了具体要求。全院各单位要切实抓好本学期的期末复习考试工作。

期末复习是学员巩固、升华、系统掌握一个学期所学知识的关键环节，也是搞好期末考试的重要先行环节。期末复习抓得如何，直接关系到一个学期的教、学效果，关系到期末考试的成败。因此，各单位一定要认真抓好期末复习工作。全院各级组织要高度重视期末复习工作，在认真总结以往经验的基础上，采取切实可行的措施，并使之落到实处。要提高学员对搞好期末复习的重要性的认识，安排各科主讲教师在作好充分准备的前提下认真对学员进行期末复习指导，同时要给学员的期末复习创造有利条件，保证学员有较充裕的复习时间。总之，各单位要努力使期末复习取得良好的效果。

随着期末复习阶段的结束，期末考试便到来了。考试既是对学员学习成效的检验，又是对各级办学单位工作的检验。抓好考试对进一步促进学员努力学习，改进办学工作，提高教学质量和党校函授教育的声誉，具有重要意义。

期末考试与入学考试有一些共同之处，因此，抓好本学期的期末考试可借鉴入学考试的成功经验。本刊本期第二版介绍了入学考试的有关举措，可供参考。这里需特别强调的是：各单位要按照总院关于做好本学期期末考试的通知精神，加强领导，周密部署，严格把关。

第一，要切实加强领导。实践证明，考试工作的好坏，关键在于领导重视的程度。凡是领导重视的单位，考试工作搞得就好，学员就满意，社会反响就好，办学声誉就高。否则，问题就会很多，漏洞便堵不胜堵。做好这次期末考试工作，摆在首位的就是要切实加强领导。领导要亲自挂帅，亲自上阵，真抓实干。对试卷保管、考场安排、监考人员培训、端正考风考纪等工作，各单位的有关领导同志都要周密部署，明确分工，逐项检查落实。各级办学单位要按总院的要求，建立健全考试领导组织和考务管理机构，选党性强、有经验、工作认真负责的同志充实考务工作队伍。

第二，要严格按章办事。为了规范考试工作，总院已制定了一套较完善的考务管理规章制度。但这些制度在有的单位没有得到全面贯彻落实。从以往暴露的问题看，不是无章可依，而是有章不循。因此，各级领导同志务必增强按章办事的意识，认真贯彻执行考务管理工作的各项规章制度，切实按总院的要求，组织好考试。对容易出问题的环节，如考场设置、试卷保密、考风考纪等，要高度重视，严格按规章制度抓实抓好，决不能有半点马虎。对违犯规章制度的，要根据问题的性质和造成的后果进行严肃处理。

第三，要进一步端正考风考纪。考风考纪是每次考试必讲的一个问题，这足以说明端正考风考纪的重要性。考风考纪，既是对考生的学习态度、党性觉悟、作风纪律的综合检验，也是对各级领导的办学指导思想是否端正以及教学组织和管理水平高低的综合检验。考风考纪是办学的窗口，人们往往通过考风考纪的好坏来评价办学的好坏。可见，考风考纪不是一件小事，而是关系到办学质量和办学声誉的大事。各分院、学区、辅导站都要加强考风考纪的宣传教育，使大家提高对端正考风考纪重要性的认识，增强端正考风考纪的自觉性，正确对待考试。要加大监考工作力度，建立有效的监督机制，把监考人员履行职责的情况与奖罚措施联系起来，以促进监考人员尽职尽责，做好监考工作。要大讲特讲“遵纪光荣、违纪可耻”，形成群众性舆论压力，用自觉遵守考纪的正气压倒违纪作弊的歪风。领导干部学员，要做带头遵守考纪的模范。要教育学员切莫因一时作弊丢了党性和人格而铸成终生大错，要求他们在公开公平竞争中考出真实成绩。

第四，要做好后勤保障工作，为考生创造舒适良好的考试环境，确保考试的顺利进行。

总之，各单位都要提高认识，加强领导，采取有力措施，切实抓好本学期的期末复习考试工作。

总结工作经验
加强检查督促
进一步推进辅导站建设

《函授教学与管理》评论员

自去年 10 月函授工作会议提出实施“培根”战略，开展强化辅导站建设活动以来，全院多数分院、学区、辅导站思想重视，行动迅速，措施有力，成效显著，使强化辅导站建设出现良好态势。但各单位的工作也不平衡。现在强化辅导站建设活动已进行了半年多，各单位都要认真总结工作经验，加强检查督促，进一步推进辅导站建设。

总结半年多来各单位加强辅导站建设的工作，可以看出这次活动在多数单位所体现出的特点：一、领导重视，列入议程。有的举行专题会议进行部署，有的把它列入年度工作会议的重点议题。国防大学分院及时召开了站班建设专题研讨会，提出实施“11541”工程，即建设一批一类辅导站，培养一支一流的班主任队伍，抓好五项工作，在办学思想上实现四个转变，实现一个目标——把站班建设提高到新的水平。甘肃分院在总院配合下，率先举办了辅导站站长培训班，体现了“抓头头，头头抓”的精神。内蒙分院提出在强化辅导站建设上做文章。福建分院向基层让利70万元，用于改善基层办学条件。湖北分院专门下达了《关于强化辅导站建设的意见》和《关于切实抓好辅导站建设的通知》。二、真抓实干，敢动真格。辽宁、吉林分院在对辅导站评估总结的基础上，有针对性地采取措施。辽宁分院既大张旗鼓地表彰“十佳函授站”，授予荣誉称号，给予奖励；又果断地对一些办学思想不端正、办学条件较差、管理不到位的单位，做出“降”、“撤”、“改”的决定：1个学区降为函授站，6个函授站降为函授点，4个函授站被撤销，9个函授站限期一年整改，被整改的函授站占全分院函授站总数的22.4%。吉林分院今年撤销了5个函授站，停止了21个函授站的招生。三、辅导站建设与教育评估相结合。这样做使辅导站建设找到了有效的载体和途径，教育评估也明确了目标，增强了动力。实践证明，两者相结合，有利于相互推动，相互促进。四、发挥辅导站在辅导站建设中的主动性和积极性。大连学区旅顺函授站注重自身建设，牢固树立为学员服务的思想，无微不至地热心为学员服务，被誉为“学员之家”。甘肃分院兰炼辅导站主动搞好“四整顿”、“三达标”。“四整顿”即整顿思想、整顿站风、整顿学风、整顿考风。他们还制订具体质量标准，实行量化管理，开展教育质量达标活动。“三达标”即教师教学质量达标、学员学习质量达标和班主任管理质量达标，从而使辅导站建设活动搞得扎扎实实，有声有色。

同时，我们也应看到，这项活动在全院范围内开展得还不够平衡。有的单位思想认识不到位，有畏难情绪；有的人手过少，无力顾及，这些地方辅导站建设活动进展迟缓，收效不大，少数地方甚至有“走过场”的危险。目前，这项活动的时间已经过半，实现原规定的要求和目标、任务相当艰巨。我们要有强烈的紧迫感和责任感，应该进一步认清深入开展这项活动是贯彻、落实胡锦涛同志关于党校函授教育工作指示的重要举措，是夯实基础、稳固基层的“培根”战略，也是切实解决存在的不容忽视的问题的实际步骤，从而增强搞好这项活动的自觉性和主动性。

不久前，总院发出了《关于认真做好今年10月函授工作会议准备工作的通知》。《通知》提出，今年10月会议将肯定学区建设和辅导站建设的阶段性成果，表彰奖励100个先进辅导站。各分院、学区、辅导站应积极行动起来，以此为契机，推动“辅导站建设年”活动在全院范围内深入、扎实地开展起来。

各分院、学区要加强对辅导站建设活动的检查督促。甘肃分院拟于今年7月下旬或8月上旬举行一次辅导站建设成果、经验、问题汇报检查会，这是适时的和必要的。各分院、学区要通过适当方式，对这一活动情况进行一次全面的回顾和检查，肯定成绩，总结经验，发现问题，有针对性地加强部署，确保这一活动取得更大成效。

各分院、学区要充分依靠同级党校校委、依靠当地党委加强辅导站建设。辅导站建设是与县级党校建设紧密联系在一起的。要加强和改善辅导站领导班子、师资队伍、办学设施等，必须依靠同级党校校委、依靠当地党委才能得到根本上的解决。辽宁、甘肃等分院的做法和经验充分证明了这一点。各分院、学区要及时提出问题、拿出方案，向校委和当地党委汇报，在他们的统一领导和部署下，有步骤地解决辅导站建设中必须解决的一些重要问题。

各分院、学区要重视运用教育评估促进辅导站建设，要防止加强辅导站的活动建设走过场，必须认真搞好教育评估。根据总院的部署，年底前要完成辅导站的自评和检查评估。评估中，要严肃认真，不走过场；坚持标准，不搞平衡；坚持原则，敢动真格；处理不手软，不怕得罪人。只有这样，教育评估才能取得实效，也才能促进辅导站建设落到实处。

各辅导站的同志在辅导站建设中要充分发挥主观能动性。要不等、不靠，想方设法解决辅导站工作中存在的主要问题。要积极努力，创造条件，争先创优，向一类辅导站看齐，争取加入“百佳辅导站”的行列，把辅导站的管理水平和管理质量提高到新的水平。

认真贯彻《通知》精神 深入学习邓小平理论

《函授教学与管理》评论员

中共中央今年6月24日发出了《关于在全党深入学习邓小平理论的通知》。我们要认真贯彻《通知》精神，在全院进一步掀起学习邓小平理论的热潮，推动党校函授教育再上新台阶。

中央《通知》指出，深入学习邓小平理论是当前一项重大而紧迫的任务。党的十五大把邓小平理论确立为党的指导思想，号召全党高举邓小平理论伟大旗帜，把建设有中国特色社会主义事业全面推向21世纪。当前，社会主义改革进入攻坚阶段，发展处于关键时期。世界格局多极化和经济全球化趋势加速发展，知识经济的兴起正在深刻地改变着当代经济和社会生活。我们既面临良好机遇，又面临严峻挑战。实现跨世纪的宏伟目标，最重要的就是高举邓小平理论伟大旗帜不动摇，坚持把邓小平理论作为观察、发展自己的强大思想武器，作为统领、贯穿各项工作的灵魂。

党校函授教育的神圣使命，就是用邓小平理论武装党员干部，为社会主义现代化事业培养大批高素质的人才。提高党校函授教育质量，实现我们的办学宗旨，最重要的就是在学习邓小平理论上下功夫，使广大学员真正学懂学通邓小平理论。

在今年9月1日中央党校秋季开学典礼上，胡锦涛同志指出：要把学习邓小平理论同学习贯彻十五大精神结合起来，努力使自己的学习和工作达到十五大要求的新水平；要把学习邓小平理论同学习贯彻中央关于经济工作的重大部署结合起来，努力实现今年经济发展目标；要把学习邓小平理论同新时期加强党的建设的实际结合起来，增强党要管党、从严治党的自觉性；要把学习邓小平理论同自己的工作实际和思想实际结合起来，努力改造主观世界，牢固树立科学的世界观、人生观、价值观；要把学习邓小平理论同开拓创新结合起来，开创工作的新局面，用新的理论成果丰富和发展邓小平理论。胡锦涛同志关于学习邓小平理论的这些指示对我们贯彻中央《通知》精神、学好邓小平理论具有重要指导意义，我们必须认真领会其精神实质，并落实到学习中。下面结合党校函授教育的实际，着重就如何进一步贯彻中央《通知》精神、深入学习邓小平理论强调几点：

一、提高各级办学组织的认识，加强领导。各级负责同志要充分认识用邓小平理论武装全体办学人员和广大学员的重大意义，把这项工作作为坚持正确方向、提高办学质量的根本大事来抓，建立健全学习的领导责任制，坚持一级抓一级，加强监督检查。

各级主要领导人要带头学、亲自抓，首先抓好办学管理队伍和教师队伍的学习，做到教育者先受教育，成为榜样。同时，逐步加大邓小平理论的教学力度，增加相关教学内容和课时；加强对邓小平理论的研究，提高教材水平；坚持教学的各个环节都能以邓小平理论为指导，使学员从理论和实践相结合的高度，深刻理解和掌握邓小平理论，以求全面提高教学质量和进一步端正办学方向。

二、坚持理论联系实际的学风。中央《通知》要求，“全党必须在学风上有一个明显进步”。理论联系实际的马克思主义学风是我们党的优良传统。学风是关系党的兴衰和事业成败的重大政治问题。坚持不坚持理论联系实际的学风，也是理论和政治上是否成熟的重要标志。党的十五大强调，马列主义、毛泽东思想一定不能丢，丢了就丧失根本；同时一定要以我国改革开放和现代化建设的实际问题、以我们正在做的事情为中心，着眼于马克思主义的运用，着眼于对实际问题的理论思考，着眼于新的实践和新的发展。邓小平理论作为当代中国的马克思主义，学习它必须坚持理论联系实际，学以致用。要努力造成认真学习、民主讨论、积极探索、求真务实的风气。

三、坚持“一个中心、四个结合”的学习方法。深入学习邓小平理论要坚持以研读邓小平著作为中心；同时使学习邓小平理论同选学马列著作和毛泽东著作相结合，同学习十一届三中全会以来党的路线、方针、政策和江泽民同志的讲话相结合，同学习其他知识特别是反映当代世界发展的各种新知识相结合，同加强党性锻炼与改造世界观相结合。党校函授教育以马列主义、毛泽东思想、邓小平理论为主课，同时开设与社会主义现代化建设相关的课程，党性教育是必修课。这是党校函授教育区别于其他类型教育的特点和优势。“一个中心，四个结合”是我们学习邓小平理论行之有效的途径和方法。各单位应本着中央《通知》精神，结合本地实际，坚持“一个中心、四个结合”的学习方法，并不断探索创新，注意总结新鲜经验，以便更好地把对邓小平理论的学习引向深入。

我们相信：只要认真贯彻中央《通知》精神，深入学习邓小平理论，坚持用邓小平理论指导办学、培养干部，党校函授教育就一定会沿着正确方向继续健康地发展，并顺利地跨入新的世纪！

提高办学主体素质
切实严把“教学关”

——四论严把“四关

《函授教学与管理》编辑部

“教学关”是胡锦涛同志要求党校函授教育把好的“四关”中的极为重要的一关。

教学是教学主体和教学客体的双向活动，也就是由教学主体（教学实施者）按照培训目标和教学计划，采取必要的教学手段，作用于教学客体（教学对象），使其发生符合预定要求变化的过程。教学过程是逐步提高教学对象综合素质、最终实现培训目标要求的过程。不论办哪一种形式的教育，能否实现预期目标，关键在于能否进行严格、有效的教学。因此，必须把教学作为一个重要关口严格把住。

长期的办学实践已经证明，只有在把好招生关、教材关的基础上，认真、严格地把住教学关，才有可能培养出高素质的合格人才，才能使把好招生关、教材关具有实际意义。同时，也才能为把好考核关奠定坚实的基础。如果不能把好教学关，招进的符合要求的学员也难以被培养成才，编印的优秀教材也难以发挥作用，考核关也难以把好。可见，把好教学关在把好“四关”中处于十分重要的地位。全院各级组织要提高认识，统一思想，形成共识，牢牢地把好教学关。

把好教学关，在很大程度上取决于办学主体的素质。办学主体在办学中处于矛盾的主要方面，起主导作月。只有提高办学主体的素质，才能切实把好教学关。今年10月函授教育工作会议已决定在今后一年中在全院范围内开展“办学队伍建设年”活动。我们要在“办学队伍建设年”活动中采取切实措施提高办学主体的素质,进而把好教学关。

提高办学主体素质，严把教学关，要求全院各级组织的领导者增强大局观念，认清历史责任，准确把握党校函授教育的定位，坚持正确的办学方向；高举邓小平理论伟大旗帜，用邓小平理论指导党校函授教育工作，用邓小平理论武装自己和全体学工人员的头脑；全面实现“理论、知识、党性、能力”相统一的培训质量要求，发扬党校“马克思主义是主课，党性锻炼是核心”的传统，突出党校函授教育的特色；更新教育观念，增强教育创新意识，拓宽教育改革的视野，培养创造性人才，大力培养学员的创新精神、创造意识、创造性品格和实际创造能力；深入教学第一线，了解教学的各个环节和全过程，总结经验，发现问题，改进工作，实行面对面的指导。

提高办学主体素质，严把教学关，要求全院广大教师做到教书育人，为人师表；具有较高的理论素养、思想政治素质和高尚的师德，忠诚于党的干部教育事业，自觉地和党中央保持高度一致，刻苦钻研，精通业务，具有胜任相应课程教学任务的专业基础、学术水平和教学能力，不断更新知识，提高和充实自己；认真履行教师职责，精通教材和教学大纲，按照《教学具体安排》的要求认真备课，写出教案，按规定的面授时数、次数、时间上好课；把“理论、知识、党性、能力”相统一的培训质量要求和教学意图贯穿于教学全过程，把教书与育人紧密结合起来，既要教育学员端正学习动机和学习态度、加强党性锻炼，又要认真向学员传授知识，特别要注重教给学员获取知识的本领，促进其知识向能力的转化，全面提高学员的综合素质；倡导良好的学风、学纪和考风、考纪，健全到课考勤，积极组织课堂或小组讨论，认真收缴、评阅、讲评作业，严格成绩考核，引导学员全面完成学习任务。

提高办学主体素质，严把教学关，还要求全院广大管理人员忠于职守，爱岗敬业，严格管理，热心为教学服务，坚持“严”字当头，把办学指导思想、办学方针、办学原则贯彻到各项管理工作中；积极为教员精心施教和为学员严谨治学提供优良的教学环境和完善的教学条件，解除他们的后顾之忧；维护党校函授教育事业的严肃性，坚持原则，办事公道，秉公执纪，自觉地抵制权钱交易、庸俗关系学、以感情代替原则等不正之风；坚决防止和反对各种弄虚作假的现象，切实保证各个教学环节在实施上不走样，不作假，不含水分，确保教学质量，确保培训人才的质量，使党校函授教育成为名符其实的培养高素质党员干部的一种重要形式和渠道，更好地为培养党的高素质干部队伍作出贡献!

确保教育质量
切实把好“考核关”

——五论严把“四关”

《函授教学与管理》编辑部

函院本学期各项教学任务已接近尾声，即将进入考核阶段。各个年级的期末考试将于1999年1月中旬举行，96级本科班和第六期领导干部函授班毕业论文的答辩也将全面展开，各个班次的党性教育和党性锻炼也要按规定要求进行考核。全院各级组织要认真贯彻落实中央领导同志关于“考风考纪，党校一定要把住”的指示精神，严格把好“考核关”。

“考核关”是胡锦涛同志要求党校函授教育把好的“四关”中的最后一关，也是确保教学质量的极其重要的一关。以严格的考核制度维系教育质量，这是任何一种教育必须采取的手段。当今,在各类教育中,考试考核依然是检验办学质量和学习成绩以及学生取得入学资格和毕业资格的通行手段。任何教育,概莫能外。把好“考核关”,对于党校函授教育尤为重要。这是因为党校函授教育的考试考核服从于和服务于培养高素质干部这个大局,关系到党校和党的形象和声誉,关系到培训干部的质量,最终关系到党的事业和前途。各级组织要从党性原则的高度,从干部培训大业的高度,切实把好“考核关”。

切实把好“考核关”,一要做到全面,二要做到严格,三要做到公正。唯有如此,才能真正把好“考核关”。

全面地把好“考核关”,就既要考核学员按教学计划规定修完的各门课程的学习成绩,又要通过毕业论文评审、答辩等方式考核学员运用基本理论和专业知识解决实际问题的综合能力,还要考核学员接受党性教育、进行党性锻炼的实际效果。这样的全面考核是由党校函授教育的性质和培训质量要求所决定的。如果只重视各门课程学习成绩的考核,放松或忽视毕业论文评审、答辩和党性锻炼考核,对于提高学员的综合素质和实现“理论、知识、党性、能力”相统一的培训质量要求是不利的。为了促进实施综合素质教育,全面实现培训质量要求,学员必须在三个方面达到要求,方能取得毕业资格:一是各门课程学习全部及格;二是通过毕业论文答辩;三是党性锻炼合格。以上三个方面的要求,如有一个方面达不到则不可毕业。因此,各级组织必须对这三个方面进行全面考核,不可偏废。

严格地把好“考核关”,就要做到严格要求,不降格以求。各门课程考试的命题要符合学科教学要求,有一定的难度和覆盖面;每次考试都要严格按规定要求精心实施,一丝不苟;阅卷评分要严格按标准执行,不可放宽标准,低分高判,送人情分;登分时不可无原则地把接近60分者拉成及格。论文答辩要在学区以上组织进行;答辩时间要有保证,不可每隔几分钟就结束一人次答辩;对伪假论文要认真查核;要有5%左右的不通过率或缓通过率,不能让论文质量低劣者和论文伪假者轻意过关或蒙混过关。每学期的党性教育成绩要认真考查,每学年的党性分析和毕业前的党性锻炼小结要认真组织落实。对学员的党性锻炼情况,小组要认真评议,学员单位党组织要审查,学区、分院要认真评定其合格与否。同时,要做到从严执纪,不放任宽纵。对考试考核中的违纪作弊者,一经查获,要从严处理,一步到位;坚决反对“几步曲”的软处理,因为这种软处理实质上无异于变相允许违纪作弊的错误做法;要防止和克服对违纪作弊者一手抓,一手放,不认真处理的宽纵行为;对办学人员违纪如泄漏试题、指使或包庇考生作弊、搞“反监考”等恶劣行为,要从严、从重查处,决不姑息。

公正地把好“考核关”,就要维护纪律面前人人平等,不准任何人享有特权,创造和维护公平竞争的条件和环境。在考试考核上决不允许搞因人而异,不能因为是自己的顶头上司、掌握实权者或关系户就处处开绿灯,不惜违反纪律无原则地给予“变通”、“方便”,庇护其过关。这是公正地把好“考核关”的最大的难点,也是对各级组织能否坚持原则,秉公执纪,做到考核公正的最大考验。各级组织必须从培养高素质干部的大局出发,从真正对每一位学员负责出发,从维护党校和党的形象和声誉出发,正确对待这个问题,突破这个难关,经受住这个考验。只有这样,才能使公正地把好“考核关”落到实处。

大量的事实已经证明,各级组织只有真正做到全面、严格、公正地把好“考核关”,才能切实达到“理论、知识、党性、能力”相统一的培训质量要求,才能培养出具有真才实学的合格人才,也才能为培养党的高素质干部队伍作出应有的贡献!

深入开展“三讲”教育 切实提高思想政治素质

《函授教学与管理》评论员

最近，党中央专门下发文件和召开电视电话会议，对在县处级以上党政领导班子、领导干部中深入开展以“讲学习、讲政治、讲正气”为主要内容的党性党风教育，进行了动员和部署。胡锦涛同志在会上发表了重要讲话，深刻阐述了开展“三讲”教育的意义、目的、要求和要把握好的问题。深入开展“三讲”教育，对于从整体上提高领导班子和干部队伍素质特别是思想政治素质，坚持党的基本理论、基本路线不动摇，增强党组织的凝聚力、战斗力，密切党同人民群众的联系，确保我国跨世纪宏伟目标的实现，具有重大的现实意义和深远的历史意义。党校函授教育各级组织要在全体学工人员中深入开展“三讲”教育。

党校函授教育各级组织在全体学工人员中开展“三讲”教育，首先是党校函授教育的性质、特点所要求的。党校函授教育不是一般的成人教育，它是以培训高素质干部队伍为战略目标的干部在职在岗教育；它也不是一般的学历教育，而是实施以思想政治素质为重点的综合素质教育，它必须保持党校教育以马克思主义为主课、以党性锻炼为核心的传统特色，把党性教育作为必修课，把党性教育和党性锻炼放到突出的位置。开展“三讲”教育是党性教育的重要内容，搞好“三讲”教育是我们搞好党性教育的内在要求。其次，在全院学工人员中开展“三讲”教育是与党校函授教育的基本任务和入学对象的特点相适应的。党校函授教育的基本任务是为我国社会主义现代化建设事业培养具有高等文化程度、忠诚于马克思主义、德才兼备的党员领导干部和骨干人才。它以党员干部为主要对象，大专班、本科班学员中有不少县、处、团级以上的干部，领导干部班和在职研究生班学员则全部是县处团级以上的干部。按照中央的要求，必须对他们进行系统的“三讲”教育。其三，在全院学工人员中开展“三讲”教育，是全面实现党校函授教育培训目标和培训质量要求的需要。党校函授教育的培养目标是造就高素质的党员干部，实现“掌握科学理论，丰富专业知识，提高党性素养，增强创新能力”的培训质量要求。开展“三讲”教育是实现以上培训目标和培训质量要求所不可缺少的重要举措。其四，在全院学工人员中开展“三讲”教育，是坚持正确办学方向、提高办学主体素质的需要。党校函授教育各级组织的领导者、各级管理干部和广大面授教师肩负着培养高素质干部队伍的神圣职责，必须率先垂范，为人师表，自觉地参加和接受“三讲”教育。

党校函授教育各级组织要充分认识在全体学工人员中开展“三讲”教育的重要性和必要性，有计划、有步骤地深入开展“三讲”教育。要认真学习、理解中央有关文件和胡锦涛同志在“三讲”教育电视电话会议上的重要讲话精神，把“三讲”教育列入工作部署，结合自身的实际情况，制定本学期结束阶段和明年上学期实施“三讲”教育的计划，狠抓落实，务求实效。要按中央提出的“三讲”教育的总要求开展活动，努力做到思想上有明显提高，政治上有明显进步，作风上有明显转变，纪律上有明显增强。要把“三讲”教育与党性教育课、基本理论课和相关课程的教学紧密结合起来，把“三讲”教育的基本内容和基本要求贯穿到这些课程中去，使“三讲”教育有基本的渠道和有效的载体。要坚持理论联系实际。“三讲”教育要提高学工人员的认识，武装思想，也要注重解决他们的实际问题。学员要联系思想实际和工作实际，也要联系函授学习的实际，着重解决学风学纪和考风考纪问题，做一名合格的学员。从事党校函授教育的工作人员要以整风精神，自觉地查找和纠正办学中的各种偏差和不良行为，坚决抵制不讲原则讲关系、不讲党性讲人情等庸俗风气的侵蚀和干扰，维护党校函授教育的原则性和严肃性。要抓住本学期结束阶段的有利时机，把“三讲”教育的要求渗透到学员的党性分析、党性锻炼小结和工作人员的年终总结中去。

党校函授教育的各级组织要切实加强对“三讲”教育的领导，做到有布置、有检查、有总结，促进“三讲”教育的深入开展，使全体学工人员的思想政治素质有一个较大的提高，推动党校函授教育健康发展。

加大培训力度 提高办学主体素质

《函授教学与管理》编辑部

教育者先受教育，培训者先受培训。这是古今中外一切教育必须遵循的基本准则。任何教育都由教育者与被教育者组成，在这对矛盾中，教育者总是处于矛盾的主导方面。作为办学主体的教育者，包括教师和管理人员，其素质的状况决定着办学的质量。因此，加大对教育者的培训力度，提高办学主体的素质，就成为提高办学质量的根本途径。

形势的发展迫切需要加大办学主体的培训力度。人类即将迈入21世纪，世界经济一体化进程不断加快，国际政治多极化趋势有新的发展，知识经济正悄然取代工业经济。未来的国际竞争将是人才的竞争，谁拥有高素质的人才，谁就能赢得主动。我们党高瞻远瞩，面对新世纪的机遇和挑战，适时地确立了科教兴国战略，为教育事业的发展提供了良好时机。党校函授教育创办13年来，已建立起基本适应社会主义现代化建设需要的庞大教师队伍和管理人员队伍，为党和国家培养出大批党员干部，对干部教育事业作出了重大贡献。但国际形势的变化、国内现代化建设和改革开放与社会主义市场经济的发展，对党校函授教育办学主体的素质提出了越来越高的要求。而教师队伍的专业结构、知识结构、年龄结构以及他们的教育观念、教学方法都难以适应迅速发展变化的形势要求；教学管理人员的思想政治素质、现代管理知识水平、决策和实际管理能力也存在一定差距。这已成为制约党校函授教育质量的重要因素，解决问题的基本方法就是强化培训工作，尽快提高办学主体的素质。

总院准备采取有力措施，逐步加大对各级办学主体的培训力度。今年3月举办的成都教学与管理研讨会，就办学的深层次问题展开了讨论，大家一致认为必须加强教、管两支队伍的培训工作，以保证办学质量的提高。在此认识的基础上，总院决定1998年10月党校函授教育工作会议以解决办学主体素质为中心议题。同时，为推动辅导站建设年活动的开展，中央党校函授学院甘肃分院已举办了第一期辅导站站长培训班，并取得了圆满成功。这次培训班以十五大精神为指导，贯彻落实胡锦涛同志关于党校函授教育的指示和去年党校工作会议精神，通过学习规章制度、专题讲座、研讨交流、考试等方式，使辅导站站长进一步提高了对党校函授教育的地位、作用的认识，进一步端正了办学指导思想，更加明确了自己工作的性质、职责和方法，增强了使命感和责任感，提高了政治和业务素质。参加培训的同志普遍反映，学了管用，受益匪浅。这个班的实践表明，培训办学管理人员十分必要。

当前，加大办学主体的培训力度应做好以下工作：

一、提高对培训办学主体紧迫性的认识。我们必须清醒地看到，党校函授教育的办学主体——教师队伍和管理队伍，随着形势的发展，在许多方面已不能适应需要，亟待培训和提高。胡锦涛同志指出的“存在不容忽视的问题”，突出反映在办学主体的素质存在差距。诚然，党校函授教育的师资和管理队伍总体状况是好的、不断进步的，过去为培养党的干部作出过贡献。但是，由于我国教育改革正在全面深入展开，国民教育按照“规模、结构、质量、效益”统一的原则，不断强化素质教育。我们如果不注意转变观念，不善于开拓进取，满足于已有成绩，沿袭传统，就会在激烈的竞争中遭到淘汰。

二、重视教师的培训工作。首先要克服“培训吃亏”论，那种“党校函授教育花钱培训教员划不来”的论调，既不明智，也不可取。我们必须胸怀全局，党校函授教育作为党校教育的重要组成部分，培训教师理所当然，这不仅是党校函授教育的需要，也是整个党校教育事业发展的需要。因此，总院、分院、学区都要行动起来，开展多层次、多渠道、多形式的师资培训工作。要坚持备课会制度，各级都要探寻适合自己的备课模式，采用专家主讲、播放录像、集体研讨、观摩教学等多种形式备课；要开展教学评比活动，领导、教师、学员共同参与，形成激励机制，为年轻优秀教师脱颖而出创造条件；要有计划地组织教师到上级党校或高校进修，尤其要注意为中青年教师提供进修机会；总院和分院要建立师资培训基金，逐步加大投入，有条件的还要建立师资培训基地。

三、强化管理人员的培训。党校函授教育的管理者必须是坚持和掌握党的基本理论和基本路线的模范，必须忠诚于党的教育事业，必须具有高尚的职业道德；管理者还要熟悉本职业务，了解现代管理科学知识，具备决策和实际管理能力。管理人员的培训工作，应因地制宜，形式多样，诸如：组织好政治理论学习，当前要特别注意贯彻十五大精神，学好邓小平理论；举办业务培训班，学习党校函授教育的各项规章制度；举办各类经验交流会，相互取长补短；开展党校函授教育理论研讨，探索党校函授教育的特点和规律等。总之，要通过多种形式的培训使管理人员的素质不断得到提高。

团结奋斗　开拓进取
将党校函授教育事业
继续推向前进

新的世纪即将到来，随着世界经济一体化、政治多元化的发展，国际国内对人才的需求将越来越旺盛。从世界教育发展的态势看，西方国家政府固然很重视国民教育，但是，西方很多国家，尤其是生产力水平发展比较高的国家的政府，越来越把注意力放在终身教育即国民教育后的再教育上。在西方，一个人哪怕读到博士后，参加工作后仍会感到知识不够用，因而提出需要学习、学习、再学习，要不断接受国民教育后的再教育。从国内发展情况看，亦是如此。党校函授教育，适应世界发展潮流的要求，适应党培养干部的要求，适应社会主义事业发展的要求，受到广大党员干部的热烈欢迎。它具有很强的生命力。要把党校函授教育事业纳入全党、全国以至世界发展的战略格局中来看待，要充分认识我们所从事的事业的重要意义。

为了继续推进我们的事业，全院同志应进一步做到：

不断增强主人翁意识。全院同志要以党校函授教育事业为重，识大体、顾大局，把大局放在第一位。多年来，各部门之间、各分院之间、各学区之间、地方与部队之间，在处理工作关系上，大家非常顾全大局，遇到问题先严格要求自己，多作自我反省，把方便留给兄弟单位。大家在各自的岗位上，兢兢业业地工作，有许多同志甚至以牺牲自己的健康为代价，有的家里遭到不幸，有的爱人得了不治之症，但是，他们仍然在顽强地工作着。这是一种什么精神？这是一种奉献精神。我们的办学队伍是一支特别能战斗的队伍。同志们在为党和国家培养建设社会主义伟大事业的栋梁之才做出自己的贡献。

坚持创造性思维、开拓式工作。事业的发展，工作的推进，关键在于理论思维能力，在于抓住主要矛盾，提出分析和解决问题的思路与对策。在考虑和解决问题的过程中，要有“悟”性，从此事“悟”出彼事；从今天“悟”出明天甚至后天可能发生什么问题。要开动脑筋，出新点子，努力改进工作，把我们的事业不断推向新的台阶。

坚持讲团结。从总体上看，全院各级组织之间、各部门之间、各同志之间，团结状况是好的。我们的工作之所以年年有进步，全院上下团结一致是重要原因。团结出智慧、出力量、出效益、出人才。团结是有原则的。领导者处在矛盾的主要方面的位置，责任更大些。作为领导者，如果心胸狭窄，不能宽以待人，不能容人，那怎么讲团结？假如领导者嫉贤妒能，不是爱惜人才，而是妒才，唯恐别人超过自己，那团结又如何搞得好？为了党的干部教育事业，大家要互相学习、互相支持，心往一处想，劲往一处使，拧成一股绳。这是一种觉悟、一种境界，是我们事业取得胜利的根本保证。

（孙钱章）

认清形势　顺应潮流
把握大局　开拓进取

——新年寄语

《函授快讯》编辑部

新年伊始，万象更新。我们以豪迈的心情，送走了光辉灿烂的1997年，迎来了充满生机与希望的1998年。值此辞旧迎新之际，愿全院广大函授工作者，以良好的姿态，拼搏的精神，开创党校函授教育的新局面。

当前，国际上，和平与发展的主流滚滚向前。世界多极化的格局正在加速发展，世界各国的经济、科技和综合国力的竞争日趋激烈，一种“知识经济”或称“信息经济”已在全球悄然兴起。用知识作为资本来发展经济，形成了“知识资本”的新概念。如果说，19世纪初，工业经济开始替代农业经济，那么，未来的21世纪，将是知识经济替代工业经济的时代。这一重大转折的意义，比从农业时代转向工业时代更加深远。知识经济时代的脚步声已经清晰可闻，一个新时代的到来不可阻挡。面对世界政治、经济形势的种种变动，全院函授教育工作者要认清形势，顺应潮流，把握大局，开拓进取，适应时代的要求，为党培养更多高素质的跨世纪优秀人才。

年前，中央党校领导同志在看望总院全体同志时强调指出，党校函授教育“适乎世界之潮流，合乎人群之需要”。当前，党校函授教育要提高质量，这是大家的要求，不然，怎么适乎世界之潮流，合乎人群之需要。世界潮流是什么？这是全球范围的，这个问题很严峻。我们的工作只要认真做了，就会被承认。至于一些不规范的东西，一定要认真对待，我们决不搞假冒伪劣，要扎扎实实地拿出真东西，怎么会不被承认呢？人才摆在那里嘛！所以，我们的工作是大有希望、大有前途的。我们要运用唯物辩证的观点正确分析现状，党校函授教育的成绩是十分显著的，办学质量总体上是有保证的，各项管理是健全和严格的，这些都已为社会所公认。但是，我们在办学中也存在一些不容忽视的问题，质量上也有不尽如人意的地方，管理中也有一些薄弱环节。尤其是我们队伍中有某种程度的短视行为和盲目自满情绪，这些都是影响质量的隐患。我们对这些问题要有强烈的忧患意识，下最大的决心，予以认真解决。

党校函授教育的根本任务，就是认真学

习和贯彻落实党的十五大精神，更高地举起邓小平理论的伟大旗帜，用邓小平理论武装全体学员头脑，把他们培养成社会主义现代化建设和改革开放事业的有用之才。江总书记强调指出，重视理论的问题，在我们党的队伍中，在我们党的高级干部队伍中，是一个需要进一步提起注意和认真解决的问题。他在讲话中，还特地对党校提出了明确的要求，他说，“中央党校在组织中央委员、候补中央委员，组织高级、中级领导干部和理论骨干学习邓小平理论方面，担负着重大的责任。中央党校教学和科研成效的大小，关键要看这一条做得怎么样。希望大家很好地总结经验，很好地探索和开拓，写出更有分量的关于邓小平理论的教材，在教学和科研中体现邓小平理论同社会主义改革开放和现代化建设实际的紧密结合”。我们要在今后办学工作中认真贯彻落实江总书记的这些重要指示精神，自觉地以邓小平理论指导党校函授教育全部办学工作。要深入持久地开展学习邓小平理论的活动，完整、准确地掌握邓小平理论的科学体系和精神实质，切实用邓小平理论的马克思主义立场、观点、方法，统一思想，指导工作，提高解决实际问题的能力；要坚持和强化马列主义、毛泽东思想、邓小平理论的主课地位，突出邓小平理论这个中心内容；要努力改进基本理论课的教学，坚持理论联系实际的学风，着力提高广大学员的理论素养和思想政治素质，增强贯彻执行党的基本理论、基本路线的坚定性和自觉性，提高理论水平和工作水平。牢固确立科学的世界观和方法论，增强党性锻炼，提高拒腐防变的能力。

深入贯彻落实胡锦涛同志关于党校函授教育工作的一系列重要指示精神，认真落实中央党校1997年函授工作会议确定的任务和目标，着力解决办学中存在的一些不容忽视的问题，是今后一个时期的主攻方向。是不是认真地贯彻落实胡锦涛同志一系列重要指示精神，要看在解决不容忽视的问题方面，是不是下了决心，见诸于行动，取得了实效。全院各级组织要在传达贯彻去年十月函授工作会议精神过程中，把查找自身存在的问题作为重点，并采取切实可行的措施。查找和解决问题，首先要提高认识，克服“自我感觉良好”的盲目自满情绪。其次，要勇于把自己摆进去，敢于揭短，而不护短，对问题不推诿、不掩饰，严于剖析，从严要求自己。再次，要有针对性，使存在的问题能尽快地得以解决。

在工作中，坚持创造性思维，开拓式工作，奋发进取，不断研究新情况，解决新问题，探索新路子，开创新局面。要脚踏实地，真抓实干，大力提倡说实话、办实事、鼓实劲、讲实效的作风，坚决反对做表面文章、搞花架子的形式主义。要抓好思想落实、组织落实、措施落实，实现正确的办学思想和办学方向到位；办学主体建设，人、财、物到位；全面执行规章制度，严格全方位管理，加强基层建设到位。在继续强化学区建设的基础上，强化辅导站建设，切实搞好教育评估等项工作，以更大的成绩向党的十一届三中全会召开20周年和改革开放20周年献礼！

以实际行动
落实江主席的最新指示

《函授快讯》评论员

今年入汛以来，我国一些地方遭受严重洪水灾害。特别是长江发生了自1954年以来的又一次全流域性大洪水，松花江、嫩江出现超历史记录的特大洪水，引起举国上下的高度关注。目前，抗洪形势仍然十分严峻。8月25日，江泽民主席向抗洪部队发出最新指示，要求抗洪抢险部队高度警惕，充分准备，全力以赴，坚决夺取长江抗洪决战全面胜利。江主席的最新指示，是夺取抗洪胜利的最新动员令，集中表达了全党、全军、全国人民夺取抗洪抢险全面胜利的坚强意志和决心。这一指示，既是对抗洪部队的，也是对全党全军全国人民的。我们全院上下，无论“前方”还是“后方”，无论领导还是学工人员，都要坚决地贯彻执行。

首先是受灾地区的中函办学单位，当前要继续做好抗洪抢险工作，发扬一不怕苦、二不怕死的革命精神，战胜洪魔。同时，要把受灾损失减少到最低程度，在党和政府的领导下，重建家园；第二是灾区之外的中函各办学单位，要积极响应党和政府的号召，关心和支援灾区，力所能及地多捐钱捐物，贡献一份力量，奉献一份爱心，帮助灾区人民渡过难关；第三是全院各级领导和全体人员，要认真地学习江主席关于抗洪救灾的一系列重要指示，坚定不移地贯彻落实党的十五大精神，发扬抗洪抢险第一线广大军民团结奋斗顽强拼搏的伟大精神，在完成抗洪救灾工作的同时，扎扎实实地做好新学期开学的各项工作，胸怀全局，立足本职，努力完成总院1998年下半年的教学任务；第四是下半年即将召开的十月工作会议，主题是加强办学主体建设，提高办学质量，这是完成党赋予我们的培养高素质干部队伍的关键，也是对灾区重建家园的最大支持，希望各单位以会议主题指导工作，并认真落实总院提出的各项要求；第五是今年的抗洪抢险是一场特殊的战斗，军民团结奋战，涌现出一批批优秀的各级领导干部、共产党员和英模人物，传颂着一首首可歌可泣的英雄赞歌。希望各级组织，及时加强对抗洪抢险先进事迹的总结，认真进行广泛宣传和学习，结合当前实际，把全院的思想政治教育、学员的党性教育和锻炼提高到一个新的水平，为党的事业培养更多合格的人才。

新学期开始了，工作千头万绪，希望各单位合理运筹、科学安排，做到抗洪教学工作两不误，以实际行动，支持和支援抗洪抢险，夺取全面胜利。

严字当头　质在其中

——写在1998年全院招生考试之后

《函授快讯》评论员

1998年中央党校函授学院招生考试工作，已经圆满结束。回顾和总结今年的招生考试，给人以启示。其中，一条极其重要的经验，就是严格要求、严格管理。严字当头，质在其中，“严”是确保招生质量的根本途径。

严格管理、严格要求，是中央党校函授教育一贯的基本指导思想。中央领导同志及历届中央党校校委领导，都十分强调党校函授教育要严格管理、严格要求。特别是近四年多来，胡锦涛同志先后七次对党校函授教育的办学指导思想、办学方向、办学方针、办学管理等问题，作了一系列重要指示，提出严格的要求。1996年11月29日，胡锦涛同志在同中央党校领导谈话时指出，“党校与别的部门不一样，要有特别严格的要求。党校函授教育管理严格，要求高，是应该的，而且要不断加强管理”。

全院各级组织在办学中，不断认识到严格管理的重要性。俗话说，“严是爱、宽是害，松松垮垮必自败”。中国流传春秋时期吴国国王拜大军事家孙武为将军的故事。吴王为了考察孙武的军事才能，让他当场用宫女代替士兵操练兵阵。孙武要求严格，开始吴王的两名宠姬担任队长，带头不听指挥，嘻嘻哈哈。孙武不留情面，当着吴王的面将两名宠姬斩首，严明了纪律，使宫女们很快被操练成一支整齐的队伍。吴王被孙武这种严格带兵的精神所折服，拜他为将军，以后孙武带兵为吴国称雄打了很多胜仗。严格管理，军事上如此，做其他事情也如此。今年的招生考试，绝大多数单位考风考纪好，按总院的要求，完成了考试任务，关链就是严格管理，敢管敢抓。实践证明，在招生考试中，凡是严格要求，敢动真格的，秩序就好，考风就正，就能考出真实水平。相反，考场问题多的单位跟考场不能严格管理有关。毛泽东同志说，“世界上怕就怕‘认真’二字，共产党就最讲认真”。我们各级组织，都要认认真真地把党校函授教育，包括入学考试在内的各项工作做好，为培养党的高素质干部队伍尽职尽责。

严格管理、严格要求，首先要提高思想认识。世界正处于世纪之交，人才竞争相当剧烈。党校的函授教育，只有认真地贯彻“从严办学，质量第一”的方针，认真把好招生关、教材关、教学关、考核关，才能保证党校函授教育质量不断得到提高。只有把办学指导思想搞端正，才能正确处理社会效益与经济效益的关系，坚持“办学育才”，而不是“办学生财”。以大局为重，以培养党的高素质干部队伍为已任，不论招生考试也好，期末考试也好，都能严格要求、严格管理，向严格要质量，向严格要效益，不断扩大党校函授教育的影响。一个全心全意为党和国家培养高素质人才的院校，绝对不用担心没有生源。其次，要有切实的措施。98级入学招生考试，凡是做得比较好的单位，都是考前准备充分，思想动员到位，复习辅导到位，组织监考的各项工作到位，形成一个有严密组织的考试运作机制，保证考试各个环节，一环紧扣一环，创造一个良好、公正的考试氛围。还有，领导要重视，一个单位的领导对考试工作重视程度如何，直接影响考试各项工作的落实。今年的招生考试，绝大多数单位领导十分重视，亲自过问，亲自抓落实。各单位成立以党校主要领导同志挂帅的考试领导机构，校领导同志和函授与业务部门负责人亲自带领巡考人员深入考场，检查督促工作，及时处理解决考试中存在的问题，保证了今年招生考试的顺利进行。实践证明，领导重视是顺利完成招生考试任务的根本保证。

今年的招生考试工作虽然已经结束，但录取工作还在紧张有序地进行，希望各分院、直属学区善始善终地把此项工作做好，为培养党的高素质干部打下坚实的基础。

党性教育的升华

《函授快讯》评论员

江姗，一个湖北农家六岁的小女孩，在洪水冲走家园、冲走奶奶、冲走妈妈以后，她以强烈的求生欲望，在洪水中挣扎，死抱一棵树苦苦等待九个小时，终于盼来了营救她的亲人。她得救了，获得了新生。人们得知后，引起强烈的反响，都想知道营救小女孩的人是谁？现在已经有了答案，他们就是武警湖北省消防总队、中函湖北分院省直学区97级政法专业学员隗德芳、王灿培、张建国、余永安、刘良栋等同志。他们在抗洪的危急关头，奉命进行救援工作，在一次一次抢险斗争中，还救出在嘉鱼县簰洲湾现场指挥抗洪抢险被大堤溃口洪水卷走的湖北省军区戴副司令员和其他战士。

隗德芳、王灿培等同志是普通的党校函授学员，却做出惊天动地的大事，他们的先进事迹在当地传为佳话。这是武警湖北省消防总队的光荣，也是湖北分院和全院的光荣。为什么在茫茫急流中，他们敢于冲锋陷阵？为什么明知洪水无情，却置个人生死于不顾，一次次进入险境，把亲人一个个救出来？因为他们响应党中央、国务院、中央军委的号召，誓死保卫长江大堤、保卫武汉、保卫人民的生命财产。因为他们心中装着人民，无私无畏，因此，在危难时刻，洪水就是命令，救人就是战斗，宁愿自已冒险，也要救出亲人，越是艰险越向前。他们的这种精神，来自对党、对社会主义、对人民群众的无限热爱；来自高尚的革命情操；来自对党校函授教育中党性教育和党性锻炼，在党校函授教育党性锻炼方面，交了一份优秀的答卷，值得全院的学员和所有从事党校函授教育工作者学习。

党校函授教育把党性教育作为学员的必修课，要求每个学员用邓小平理论武装头脑，认真改造主观世界，确立无产阶级的世界观和方法论，把自己锻炼成为忠诚于马克思主义、自觉贯彻执行党的基本路线、勇于开拓创新的无产阶级事业接班人。他们实践了党校函授教育的这一基本要求，成为大家学习的榜样。加强党性教育，进行党性锻炼已成为全院上下的共识。党性教育，是党校函授教育的基本要求，是培养在职党政领导干部，培养党的跨世纪高素质合格人才的基础教育。希望各级组织，充分重视党性教育这一课，为党的事业，培养更多像隗德芳、王灿培等政治上合格的学员。

方法对　收效大

——写在总院暑期院务扩大会之后

《函授快讯》编辑部

总院在暑期召开了院务扩大会议。为了开好这次会议，院领导班子多次进行研究，确定除总结上半年工作、细化下半年工作之外，重点放在总结各部门领导的工作经验，由部门领导谈自己如何实施科学领导、加强有效管理的体会。中央党校张志新副校长出席会议并对会议给予了充分肯定和较高评价。大家认为，这次会议开得好，方法对、收效大。会议达到了四个目的。

一是探路子。今年即将召开的“十月工作会议”的主题是加强主体建设、提高主体素质，这是关系到全院函授教育质量的全局性大事。如何把会议开好，开出成效，达到预期的目的，总院领导十分重视这个问题。院领导班子经过反复思考，决定把加强主体建设作为暑期院务扩大会议的重点，这既是总院机关加强自身建设的需要，也为开好“十月工作会议”探路子，摸经验，会议基本达到这个目的。

二是带了头。全院有数万名教学管理干部，这支队伍的质量如何？直接关系到落实党的十五大精神、贯彻胡锦涛同志对党校函授教育的一系列重要指示，为培养党的跨世纪高素质人才的大事。俗话说“打铁先要自身硬”，要培养高素质干部，首先要有一批高素质的管理干部。在管理干部中，总院机关作为组织指挥十余万办学大军的“司令部”，各部门领导的素质又是关键的关键。因此，提高主体素质，首先应从总院机关抓起，为全院各级组织提高办学主体素质带了个好头，作出表率，这是完全正确的。

三是受锻炼。会议采取人人“过招”的办法，要求每个处室领导干部自己动手写汇报提纲、自己总结提高、自己谈体会认识。这种办法，对领导干部是一次检查，也是一次督促和促进。与会的各部门领导充分认识这次会议的意义，它不同于往常开会，既是半年来的工作总结，又是自己向组织汇报思想、工作、学习情况的机会。有的处室领导讲，“这次开会是一次不考试的考试，不认真准备，就无法交待，对不起大家”。因此，每个同志都进行精心准备，交了一份比较满意的答卷，得到一次最实际的锻炼。

四是有提高。发言的每个同志，把担任领导工作以来的实践经验，进行概括和总结，上升到理论的高度，达到新的飞跃。正如张志新副校长讲话中指出的，大家谈经验不是就事论事，而是就事论理，把实际工作经验上升到理论的高度去认识，这对提高干部的领导能力、水平和艺术很有意义。大家无论在总结思想方面，还是在总结工作方法、工作作风方面，都从自己的实际出发，紧紧扣住搞好党校函授教育，提高主体素质这个主题，讲自己的经验，讲自己的故事。讲得朴实无华，生动感人，引起一定的震动和共鸣。会议经过交流，彼此之间互通情况、信息，相互得到启发，汲取了营养，大家受益，个人的经验变成为大家的共同财富，对今后搞好工作帮助较大。大家感到开这样的会议，"胜读十年书"。

与会人员对这次会议比较满意，认为这是一次形式好、方法对、收获大、提高快的会议，这对于搞好函授教育工作富有指导意义。大家希望对会议的经验进行总结，并加以推广。

进一步加强领导 不断把函授教育评估工作引向深入

《函授快讯》编辑部

最近，中央党校办公厅下发了《关于印发〈中央党校函授教育评估指标体系〉的通知》（中校厅［1998］51号），要求各单位结合自己的实际情况，切实做好相关工作。中校厅51号文件的下发，必将有力地推动函授教育评估工作的全面开展。

函授教育评估工作自去年七月开展以来，已经取得了阶段性重要成果，显示了对提高办学水平不可低估的作用。但也必须清醒地看到，教育评估工作的发展不够平衡，主要是质量问题。有些单位的评估工作搞得不深不实，成效不够显著；个别单位甚至走过场，评估后面貌改变不大。当前，学区、辅导站的评估工作正在按预定计划进行，分院的评估工作也将陆续展开。评估工作已进入关键阶段，各级组织应当对前一段的评估工作进行实事求是的分析，以便把评估工作搞得更好更扎实，不断引向深入，取得更大的成效。

第一，要把学习贯彻胡锦涛同志的指示贯穿于教育评估的全过程。胡锦涛同志对党校函授教育工作非常关心、非常重视，作过一系列重要指示。他多次强调，"党校函授教育是党校教育的重要组成部分，是多渠道培训在职党员干部的一种有效形式"。他从办学思想、培训目标、培训任务、教学管理、教学质量等方面，提出了严格的要求。既肯定了党校函授教育取得的成绩，又指出了要重视和解决存在不容忽视的问题。他的指示，体现了党对干部教育的指导思想，体现了培养党的高素质干部队伍的基本要求，体现了党校函授教育必须坚持"从严办学，质量第一"的办学方针，这是搞好党校函授教育工作的根本保证，也是做好党校函授教育评估工作的根本保证。因此，在教育评估过程中，各级领导和参加评估工作的同志，都要反复学习、深刻领会胡锦涛同志的指示精神，用以指导教育评估工作，保证评估工作的健康发展，以达到规定的评估目标，完成校委赋予的任务。

第二，要着眼于提高整体办学水平和教学质量。提高办学水平和教学质量，是各级函授部门一切工作的出发点和落脚点，是单位评估的根本目的。整体办学水平是由办学思想、教学设施、教师队伍、规章制度等诸多因素构成的，开展教育评估，就要从提高办学水平和教学质量这个根本目的出发，紧紧围绕决定办学水平的诸因素进行认真检查，找准问题，坚决整改，从而有效地促进整体办学水平和教学质量的提高。

第三，要进行全面的检查评估。在进行检查评估时，应从本单位的实际出发，有所侧重，突出重点。但必须按照中央党校办公厅51号文件中规定的函授教育评估指标体系内容，逐项逐条地进行对照检查。各单位对指标体系的各项规定要求，应该做到不加码、不降低、不走样。注意防止和纠正低标准、凭印象打分等偏向，如实地反映本单位的办学状况。

第四，要坚持高标准、严要求。严格评估条件，严格评估程序，严格评分标准，是教育评估工作的一项基本要求。各单位应把指标体系作为一面“镜子”，进行检查、评分、验收、评定类别，坚持高标准、严要求。首先，要有正确的认识和态度，弄清为谁而评、怎样去评？克服“自我感觉良好”的思想，纠正评分偏高的现象。还有，要实行开门评估，坚持群众路线，各单位要发动全体函授专职人员、班主任、任课教师以及有关职能部门的同志和学员代表参与评估工作，并积极争取省市委领导、组织、宣传、人事部门以及学员所在单位对教育评估工作的支持，虚心征求他们的意见，接受各方面的批评和监督。

第五，要在整改上下功夫。教育评估是手段，不是目的。通过评估，充分肯定成绩，查找存在的问题和薄弱环节，制订切实可行的整改措施，把教育评估的成果落实到端正办学指导思想、加强学区、辅导站建设、完善规章制度、强化教学管理、提高教学水平和办学质量上。整改要注意抓重点、改难点。既要抓好“硬件”，也要抓好“软件”。要贯彻边评边改的要求，凡能立即解决的问题，不等不靠，立即解决；一时不能解决的，要积极创造条件抓紧解决。教育评估是一个包括自我评估、整改落实和检查验收的完整过程。整改是教育评估的一个关键阶段，注重整改，把整改贯穿于教育评估的全过程，是一条成功的经验。

第六，评估工作应在校委的领导下进行。党校函授教育是党校教育的重要组成部分，它不单是函授教育部门的任务，也是整个党校的一项重要任务。前一段的评估经验证明，凡是所在党校重视，校委亲自抓，教育评估工作进行就顺利，成效就大。相反，问题较多，甚至走过场。积极争取校委加强对函授教育评估工作的领导和指导，既是搞好党校函授教育的需要，也是加强党校工作的需要，应把评估工作列入校委的议事日程，直接抓评估。各级函授教育部门，要主动向校委请示汇报，在校委统一领导下组织实施，积极推进党校干部教育事业的发展。

给全院同志的慰问信

各分院、直属学区领导和同志们：

我们即将告别1998年，迎来新的一年。值此辞旧迎新之际，特向全院各级组织的领导和同志们对总院工作的支持、配合，对党校函授教育作出的努力和贡献，表示衷心的感谢和亲切的慰问！

在过去的一年里，全院各级组织以党的十五大精神为指导，高举邓小平理论伟大旗帜，认真贯彻落实中央领导同志关于党校函授教育的一系列指示，实施“培根”战略，强化学区建设和辅导站建设，全面推进教育评估，有针对性地解决办学中存在的不容忽视的问题，推动各项工作深入开展，全院工作面貌出现了可喜变化。大多数单位办学方向和办学指导思想进一步端正，教学管理和各项管理工作的力度不断加大，严把招生关、教材关、教学关、考核关的工作得到加强，规章制度逐步完善和落实，学区和辅导站建设全面展开，办学主体建设进一步引起重视，办学条件不断改善。各级组织的领导和全院同志在胡锦涛同志“7·22批示”精神的指引下，兢兢业业、扎实工作、默默奉献、开拓进取，为党校函授教育事业不断前进谱写了新的篇章！

1999年是本世纪最后的一年。党校函授教育面临着新的形势、新的要求和新的任务，任重而道远。我们要以党的十五大精神为指导，高举邓小平理论伟大旗帜，坚决执行“科教兴国”战略，贯彻创新精神，增强大局意识，坚持正确的办学方向；要深入贯彻落实中央领导同志关于党校函授教育工作的一系列指示精神，继续重视解决办学中存在的问题，进一步把好招生关、教材关、教学关和考核关；要深化教学改革，采取积极稳妥的步骤，按照素质教育的要求，对现行学制、专业、课程和考核制度进行改革，增强学员的创造力和适应性，培养创造性人才和复合型人才；要认真贯彻落实中央党校1998年函授教育工作会议精神，大力开展“办学队伍建设年”活动，并与继续推进学区建设、辅导站建设和教育评估紧密结合起来，加强办学队伍的调配充实和培训提高，建设一支政治强、业务精、作风正，能担当培养高素质干部队伍重任，适应新世纪办学需要的队伍。在新的一年中，我们还要制订新的五年规划，做好2000年庆祝中央党校函授教育15周年的准备工作。

让我们在新的一年里，共同携起手来，团结在以江泽民同志为核心的党中央周围，在中央党校校委的正确领导下，以更高的姿态、更扎实的工作，为取得更大的胜利而共同努力!

中共中央党校函授学院

1998年12月1日

各分院、直属学区工作概述

山 东 分 院

1998年，山东分院坚持以全面提高办学质量为中心，以教学改革为重点，以全面开展教育评估验收为契机，顺利地完成了全年的各项工作。

一、做好招生工作。在保证生源质量的前提下，严格执行计划招生，根据各办学单位办学条件和办学情况，核定招生规模，并在招生考试中强化了以下措施：加大了宣传力度，通过《大众日报》、《齐鲁晚报》等发布招生广告，确保生源质量，仅本科班报名就查出不合格证书130余人，假证26人；考务工作实行分片责任制，狠抓难点和薄弱环节；继续实行标准考场制度，用标准考场的成绩作为衡量整个考点乃至整个考区考风考纪状况的依据。

二、推行教学改革。分院狠抓了备课改革，规范备课内容，不断改进备课会形式，分院要求备课主讲教师把综述方式改为研讨式，参加备课的省、市、地、县党校教师一起研讨，在此基础上对课程的各项内容形成共识，从而达到统一教学要求的目的。还对一些重点科目进行了重点改革，发挥市、地、县、区党校教师的主体作用，把一门课程的各章节分配给不同党校的教员去撰写教案，然后分别讲授，在此基础上充分研讨、取长补短，形成最佳讲授方案，最后定稿，发给各辅导站参照执行。分院在严把教师聘任关的基础上积极纠正面授教学的满堂灌现象，提出了讲练结合的要求。坚持听课制度，进行教学效果评估；建立学员课堂笔记检查制度，全面检验教师教学效果；在实行作业改革的班次，推行评、讲、练三结合课型，把每次面授分为作业讲评、讲授新课、完成课堂作业三部分。上述方法提高了学员的学习兴趣，促进了到课率，也保证了面授效果。分院针对学员自学环节薄弱的状况，在阶段作业的基础上，抓了阶段作业与课堂作业相结合。明确选编、布置作业题的指导思想，对作业题进行科学的布局和规划，搞好布置、检查、批阅、讲评，做好各学区、辅导站的抽查、督促工作。

三、狠抓考风考纪。全省范围内的考风考纪比前几年又有较大改观，各考点加大了考前辅导、考前教育、考场布置和监考培训的规范化，考生考试违纪人数由以前的10%降到2%—3%之间；各市地党校和大企业党校组织得力，秩序井然，杜绝了以往个别考点监考老师搞“反监考”、“反巡考”和“上有政策，下有对策”的现象，各考点普遍欢迎分院“突然袭击”；监考人员能恪尽职守，坚持原则，果断处理违纪现象，表现出“党校人”的高度党性和工作责任心。这是由于分院转发了《中国共产党纪律处分条例（试行）》中关于考务工作人员违纪处分的规定，印发《省委党校党委书记徐炳熹同志在下派监考工作人员会议上的讲话》，把考试提到讲政治、讲正气、讲党性、讲原则的高度，并在各考点推行了“八包”，即一包思想教育和发动；二包试卷取送、保密的绝对安全；三包考务队伍的组织和培训；四包考点、考场的规范设置；五包公正严格监考；六包严查违纪作弊事件；七包考务的规范记录和统计；八包考务总结。

四、开办中函在职研究生班。分院经校党委研究并报总院批准，开办了第一届中央党校函授学院经济管理专业党员领导干部在职研究生班。报名67人，实际录取35人。分院成立了研究生办公室，选聘了专职班主任，狠抓了入学考试，选举出强有力的支部和班委，开学后班级学风端正，纪律严明。

五、完善规章制度。分院制订修订了《学籍管理规定》、《省直学区班主任管理暂行条例》、《关于表彰奖励先进单位、先进个人的实施办法》、《山东分院临时用工的暂行规定》等等。制度进一步完善，管理进一步规范。

六、开展科研和教研活动。分院于7月中旬召开了由省委党校各教研部主任和部分市地党校分管函授的校长参加的党校函授教育工作研讨会，研讨了提高党校函授教育的教学质量和党校函授教育发展战略问题。会议还对调整函授教育的功能、调整函授教育的学历结构、专业设置、教学内容及相关问题提出建议和意见。省委党校副校长姚学政作了《把握大势，深入研究，努力开创党校函授教育新局面》的专题发言。分院编印了集各地经验、研究成果于一体的《强化教学管理，提高教学质量》、《把党校业余函授教育工作推向一个新阶段》、《理论与方法》、《探索与提高》等4本专项论文集，收集了近百名函授工作者、优秀教师、班主任及学员的研究成果，其中《理论与方法》、《探索与提高》由出版社出版。

七、评估工作初见成效。分院成立了省委党校副校长、分院院长姚学政任组长的评估领导小组，各学区、辅导站均成立校长或分管校长直接负责的评估机构，通过“听、谈、看、查”找问题、抓重点等等，把自查、互查与整改有机结合起来。以整改为中心，边评边改，重在检查验收，对没有按期完成整改的单位，以取消招生资格，减少招生额度，取消站点编制等形式进行督促，对整改优胜者则及时予以奖励。1998年重点整改了办学机构、办学设施，解决了考风考纪和办学规模、办学规范化问题。此外，分院通过广泛推荐、逐级审核，共评出先进办学单位26个，先进函授工作者127人，优秀教师117人，分别颁发证书和奖金。

（王宪昭）

江苏分院

1998年，江苏分院圆满地完成了各项工作，使得全省党校函授办学质量有了较大提高。

一、狠抓教学管理，督促各学区巩固教育评估成果，努力提高教学质量。南京学区、常州学区、镇江学区等召开教学管理经验交流会，进一步总结学区建设的经验，探讨函授教学的规律和办法；下半年，南通学区召开“评五优”会议，即评选优秀学员、优秀教师、优秀班主任、优秀函授工作者和优秀论文；盐城学区则开展评选优秀学员、优秀班主任和先进辅导站活动等等。分院于7月20日出台《关于函授学院直属学区“优秀教学奖”评选办法》，成立优秀教学奖评审委员会，并制发了《学员评教表》和《教师评教表》，采取百分制方法将有关评审标准予以量化考核。当年评选出一等奖2名、二等奖3名、三等奖6名。大部分学区也先后推出了评奖办法。

二、严格论文答辩，努力巩固和深化学员的学习成果。调整分院论文评审指导委员会，加强对论文工作的业务指导和质量监督；各学区向分院上报毕业论文工作的进展情况，届时分院派出若干个教研室主任、教授、副教授指导和检查论文答辩工作；对不合格论文，责令重做，延迟毕业。同时，注意发现和推荐优秀毕业论文。分院报送的4篇论文，全部入选总院优秀毕业论文，并获奖。1998年10月，在“南宁会议”上，江苏分院荣获总院颁发的“优秀毕业论文组织奖”。

三、制订考评细则，规范招生环节，落实具体措施，确保新生质量。根据上年度全省党校函授工作会议关于1998年招生实施“招生工作考评”的精神，1998年1月10日，分院印发了《招生工作考评细则》，遵循“从严办学，质量第一”的方针，对招生组织机构、报名登记等五个方面进行定性和定量相结合的考评，考评内容的比重分别为组织机构3%、报名登记12%、资格审查15%、招生考试50%、录取注册20%。并将此内容细化成21个指标，分段考评，最后由考评委员会依据得分多少排定名次。1998年度招生工作考评的先进学区为镇江学区、省直属学区、南京学区和常州学区。把奖罚机制引入招生工作中来，特别是对违纪违规行为采取倒扣分制，大大加强了招生计划的严肃性，增强了招生控制的“刚性”，减少了学区操作中的“弹性”，保证了招生工作的顺利进行，同时也得到考生和社会的好评。同年10月，江苏分院关于举办党员领导干部在职研究生班的申请，得到总院批准。

四、强化考务管理，促进制度落实，划片分类管理，激励齐抓共管。分院对考务工作实施目标管理，分类考核，并从招生考试工作做起。3月20日，下发了《1998年招生考试实施方案》，对各学区在考务管理中的组织机构、决策机构、办事机构和工作职责作了明确界定，并制定了治考的十大措施，即“考点设置合法、考场规模适当、考生证件完备、考试环境规范、试卷管理严格、重视考前教育、组织参加培训、实行异地监考、狠抓考风考纪、考场记录完整”等，为此制订了《考试考务工作考评标准》，从“领导重视、考场规范、措施得力、纪律严明、保障有序”等五个方面进行考评。并量化二级指标17项，三级指标40项。还特别强调提出“凡出现试卷泄密或提前、延迟考试时间，考评成绩则按零分计”。此考评方案的实施，有力地推动了从严治考工作。经考评，省直属学区、连云港学区、常州学区、镇江学区被授予“考务管理先进单位”；给予苏州学区、淮阴学区、宿迁学区、泰州学区通报表扬。并决定：各“考务管理先进单位”的直属班为免予巡考考点。

为进一步推动从严治考，分院按南京、苏北和苏南实行划片分类管理。并着重对个别办学单位进行重点治理。一段时间来，无锡学区反映问题较多。省委党校常务副校长潘宗白对此予以极大的关注，指派机关党委副书记和纪委副书记于7月23日至25日专程赴无锡学区调查考风考纪情况，并于8月24日批转了无锡学员的反映信。指出：无锡学区"从来信反映的情况来看，函授教学的问题已相当严重……"，"建议：1.校委会上念念这封信（请函授处同志参加），大家一起找找问题和原因；2.从开学起就抓好函授管理，把考风考纪这个'牛鼻子'抓紧；3.党校函授不仅传授知识，还要讲党的规矩"。潘校长的批示引起无锡学区的极大震动和重视。他们召开了三个会：校委会、全校教职工大会、全学区函授管理工作人员会，认真学习中央领导同志关于办好函授教育的一系列指示，学习中央党校函授学院的文件和规章制度，认识和理解潘校长的有关批示，决心认真整改，真抓实干，争取用2—3年的时间，彻底纠正考风考纪方面存在的问题，切实提高办学质量。同时调整和充实了函授教育工作的管理人员。江苏分院院部也指定一名副院长负责帮助无锡学区加强整改，规范办学。不久，无锡学区的办学面貌得到改观。

五、把好毕业关口，输送合格人才。1998年，各学区认真做好考试考核成绩核对、毕业论文答辩、党性教育小结等基础工作；分院认真查核学区上报的各种材料，为赴北京办证做好各项准备工作；坚决严把毕业关，对不合格的学员一律不予毕业。

六、召开学籍管理工作会议，加强学籍管理业务培训。8月16日至19日，分院在连云港市委党校召开了第三次学籍管理工作会议，省委党校副校长、函院院长陈兆德出席会议并作讲话，会议传达了总院"太原会议"精神，作了《加强学籍管理，提高办学质量》的工作报告，与会代表交流了经验，观摩了连云港学区学籍档案管理，讨论了分院关于《学籍管理改革实施方案》。学籍管理工作改革、加快学籍管理电脑化进程拉开了序幕。

七、召开华东联合视导组会议，认真研究和精心指导函授教育评估工作。11月18日至22日，分院承办了华东联合视导组会议，共11人与会。总院视导委员常忠书、华东联合视导组组长严家栋出席了会议，分院视导组组长孙超主持了会议。省委党校常务副校长潘宗白到会讲话。会议研究了如何贯彻总院年度工作会议精神和教育评估工作，交流了1998年视导工作情况，商讨了下一年的工作打算。

八、强化直属学区工作，让"窗口"充分显示分院教学质量和办学水平。遵照常务副校长潘宗白关于要把直属学区办成全省党校函授教育班级楷模的要求，对直属学区采取了多种强化管理措施。健全班主任责任制，规范班主任管理；创办了《直属班通讯》（每月一期）；认真贯彻落实总院制订的各项规章制度，做到制度面前人人平等；组织第二课堂，如举办"中国传统法律文化研讨会"，组织部分学员去地方法院参加案例审判旁听，去工厂、矿山参观调查等；出台面授课优秀教学奖评比办法；强化考风考纪，把遵章守纪作为学员党性锻炼的一个重要内容，做到不管任何考试，都能端正考风考纪，并考出优良成绩。

九、开展函授教育评估，促进办学单位建设。2月至11月又对各县（市、区）辅导站进行函授办学教育评估。制订了《辅导站函授教育评估指标体系》。各辅导站实行检查对照，开门评估，做到边评估，边整改，由各学区组织实施和验收。分院又组织5个验收抽查组，分赴13个学区，验收抽查了31个辅导站。并选择南京学区玄武辅导站为抽查试点。统一思想、统一标准。经过分院验收抽查，评出溧水及下关、扬中、武进、江阴、吴江、江都、沛县、盱眙、建湖、海门、东海、泰兴、泗洪等14个辅导站为优秀辅导站（其中扬中、吴江和东海等为总院表彰的优秀辅导站)。

十、认真开好全省党校函授教育工作会议，传达贯彻总院杭州会议精神，研究部署下年度工作。12月28日至30日在南京召开了全省党校函授教育工作会议。省委党校常务副校长潘宗白到会讲话，副校长兼函院院长郭荣成作《高举邓小平理论旗帜、坚持正确的办学方向，努力把我省党校函授教育工作推向新世纪》的工作报告，常务副院长方根林传达汇报中函总院“杭州会议”精神，副院长汪发良作关于辅导站教育评估工作总结；会议表彰了镇江等4个学区为“招生工作考评先进学区”和溧水等14个优秀辅导站。会议还就贯彻和落实有关文件精神和如何做好分院函授教育评估工作展开热烈讨论，提出许多建设性的意见。（方根林）

上 海 分 院

1998年，上海分院在校委的领导下，按照总院的统一部署，在分院所属32个辅导站开展了教育评估工作。

年初，在分管副校长夏军的主持下，分院确定闸北和宝山两个辅导站为试点单位，并在这两个辅导站召开了现场会。4月初在分管副校长张枫来的主持下，分院成立了函授教育评估领导小组，下设工作小组。各辅导站也成立了由常务副校长或分管校长挂帅的评估工作领导小组，并由教研室和教务科共同组成了工作班子。辅导站评估期间，分院评估领导小组组织了三次检查。第一次是在各辅导站自评工作基本结束时，于1998年6月11日至7月8日进行的。这次检查除分院的评估领导小组成员外，还抽调了各辅导站的评估领导小组组长和教务科长，组成5个小组，对分院所属辅导站进行分片交叉检查。检查后由各组推荐了9个评估工作开展得较好的辅导站。第二次检查是9月2日至3日，为了推荐出席中央党校函授学院表彰会的先进辅导站，评估领导小组又组织部分办学党校的负责同志，对上次检查后推荐的9个辅导站再次进行检查，最后评出虹口区委党校辅导站作为上海分院的先进辅导站出席总院召开的表彰大会。第三次检查是11月9日至20日，分院领导小组对第二次检查外的23个辅导站的评估工作进行检查验收。这次检查验收之前领导小组抽调了部分辅导站的负责人和部分教务科长，共36人，集中两天时间进行培训，统一思想、统一检查验收的标准，特别是对总院下发的评估指标体系进行认真的讨论。培训后分成6个小组，对辅导站的评估工作进行检查验收。

在评估工作中，分院评估领导小组采取抓典型，以点带面的方法，把评估工作不断推向深入。闸北、宝山党校的领导和办学人员对试点工作十分重视，接到试点任务后立即组织全校教职工投入紧张的评估工作。闸北党校层层发动，精心组织，全力投入。在短短的三个月时间，就做了五件事：摄制了一部反映函授教育的录像资料片——《闸北党校风貌》；制作了一套5个专题的函授教育宣传版面；整理了一套基础材料，负责这项工作的同志利用整个寒假收集、整理、规范目录、装订成册，共形成了146卷本有关教学、教务和学籍管理等方面的档案资料；美化了校园环境，用3万多元绿化校园，粉刷房屋，增添标志性设施，使校园环境焕然一新；认真写出了一份函授工作总结。把每项工作都落实到人，既订出整个评估过程的工作计划，又订出每周工作的日程，以确保工作计划的完成。4月6日分院在闸北、宝山召开现场会后。闸北、宝山两个试点，有效地带动了全分院各辅导站评估工作的全面开展，并起到了规范化的指导作用。

11月份评估工作进入全面验收阶段。

经过检查验收，绝大部分辅导站检查验收合格，个别单位不具备办学条件。评选出了宝钢、宝山、虹口、闸北、青浦5所党校为优秀办学单位，南市、普陀等20所辅导站为优良办学单位。

通过评估工作，各辅导站的工作特别是函授教育基础建设工作得到了很大的加强。1.进一步健全了辅导站组织领导机构。原来领导机构不够明确的辅导站在评估期间都明确了分管函授的校领导、辅导站站长、副站长。2.师资队伍、管理队伍建设得到了加强。近年来分院所属辅导站共引进教研人员40余名，教师的专业、年龄结构等得到进一步优化。各辅导站还通过挂职锻炼、进修、参加研讨会等形式不断提高教师业务水平。全市党校从事函授教学的教师共计340名，其中教授7名，副教授和高级讲师100余名。一支专业和年龄结构合理、教学效果好、适应函授教育发展的教师队伍正在形成。各辅导站还按照总院关于评估指标体系的要求，健全教学管理机构。一般除分管副校长和站长外，还配备专职或兼职管理人员。内部设岗也趋向合理，分工明确，各个岗位都制定了工作职责。各站还注重提高管理人员的业务素质，如通过举办计算机管理操作培训班，提高现代化管理的水平。一支懂教学、会管理的函授管理队伍也正在建立起来。3.建立健全了各项规章制度，函授教育管理逐步走向规范化、科学化。各辅导站根据自己的实际，或完善了各项制度，或加大了执行制度的力度。特别是各辅导站都认真地贯彻执行了教学管理、学籍管理、考务管理、档案管理方面的规章制度，使党校函授教学行为更加规范化、科学化。4.办学条件有了明显的改善。有的辅导站建起了新的教学楼，有的进一步优化了校园，有的增添了办公设备，特别是现代化办公、教学设备和现代化通讯、交通设备有了很大改善。各站纷纷向“一流的城市要有一流的党校教育、一流的教学设施”的目标而努力。

1998年，分院还完成了以下三项工作：根据校委“控制规模、注重质量”的精神，按照中央党校函授学院规定的条件严格审查，通过考试择优录取，顺利完成了招生工作；根据校委的精神，分院做了大量的自办函授大专班的准备工作，进一步拓宽了办学路子。分院利用晚上举办函授大专和本科预科班；分院还把在校外办的一百集团青年干部培训班移到校内，目前已办两期。

（苏新民）

安徽分院

1998年，安徽分院着重在队伍建设、基础设施建设、管理制度建设、教学指导、教育评估等方面，开展了一系列卓有成效的工作，取得显著成绩。

一、认真做好招生工作。分院先后召开了全省范围的招生会议、考务工作会议、录取工作会议。省委党校常务副校长金巨保、副校长兼分院院长王树勤多次作了讲话，统一思想，明确要求，严把“入口关”。各级组织一丝不苟地做好招生的各项具体工作：包括招生政策的宣传、报名资格的验审到各项资料、材料的发放，招生试卷的保密、保管、分发到巡考、监考人员的选聘，考试成绩的统计到新生录取名单等都严格按规定，精心运作。经过上上下下将近半年的紧张工作，安徽分院终于顺利完成了1998年的招生工作任务。

二、加强办学队伍建设。3月，省委党校校委加强了分院领导班子，增配了负责人两名，使分院的负责人增加到4名。并本着精兵强将办函授的原则，又陆续从省委党校其他处室和高校调进了3名年轻同志充实到分院学籍、教务和电教工作岗位上。分院党支部开展深入细致的思想政治工作，引导党员和入党积极分子发扬勤奋工作、乐于奉献的精神，发挥党员的模范带头作用；分院充分利用总院召开的各种业务会议以及分院自己举办的各种业务培训班，加强业务培训，努力提高新老工作人员的工作能力和水平，有力地保证了分院各项工作任务的顺利完成。

三、加大管理力度。1998 年，安徽分院进一步建章立制，加大管理力度，突出管理工作的现代化，扩大计算机在管理领域的广泛运用。在期末考试考务工作中继续执行"零分处理制"，并推出了加强考纪执行力度的"零分处理率"，即规定每一个考场都要达到 3%的零分处理率。并列为考区分类达标考评的重要依据之一，使期末考试的管理工作得到了进一步加强。分院在前几年建章立制工作的基础上，制定了一系列管理制度，如《安徽分院教师选聘制度细则》、《关于加强对学员的自学指导和自学管理的若干规定》、《学员作业批阅、讲评与管理的若干规定》、《试卷命题工作具体要求》等，使分院的管理制度达到了 60 余项。分院充实了微机管理人员，实现了分院内部的学籍、教务的微机化管理。分院举办了一期微机培训班。下半年，分院确定阜阳、滁州两个学区作为分院与学区之间微机联网、实现数据网上传输的试点单位，利用因特网和电子信箱进行联网试验，并获得了成功。

四、强化教学指导。3 至 4 月，安徽分院举办了首期考前辅导班，聘请有关教员授课，并指导各学区、辅导站搞好考前辅导工作。7 月分院先后召开了《法学概论》和《邓小平理论简明教程》两个备课会。9 月，分院召开了党性教育备课研讨会，并形成了《关于开展党性教育活动，加强党性教育工作的若干意见（试行）》。1998 年，分院注重发挥典型引路的作用，树立了桐城、绩溪两个先进辅导站，并在全省范围内宣传他们的先进办学经验，特别是开展教学活动的经验。分院改进了《安徽党校函授教育》的编辑工作，更有效地指导教学工作。

五、扎实地搞好教育评估工作。1998 年，安徽分院制定了有关在全省开展评估的任务、要求、步骤和方法的文件 10 余项，并召开了四次会议进行布置。为了搞好全分院范围内的教育评估工作，安徽分院还派分院内部有关同志到中央党校和有关省、市党校学习，共计 20 余人次。安徽分院还确定淮南学区为函授教育评估工作的试点单位，不断总结典型经验，以点带面，促进各学区、辅导站评估工作的开展。6 月，分院组织有关人员，随同省委党校校委负责同志，分成 6 个组，到全省每个学区和部分辅导站实地评估，全面检查和验收，形成了有关评估的系统资料和材料，并进行评比和总结，于 12 月召开了全省评估总结大会，表彰先进单位，总结交流经验，制定整改措施。其后，分院认真安排了自身的评估准备工作，迎接总院检查验收。

六、办学设施有所改善。完成了分院办公楼的装修和搬迁工作。省委党校专门腾出一幢三层的有 80 余间办公室的楼房作为函授楼，供分院办公之用，并进行了必要的装修，布上了专用照明线、专用空调线、专用电话线、专用微机线等线路，使整个办公楼窗明几净、焕然一新。安徽分院对 12 年办学的文件、资料、教材、音像、试卷等档案资料进行全面整理、建档，建立了一个综合档案室和教务、学籍、教材、财务四个专门档案室。综合档案室档案条目达 5000 余条，10 大类，500 余宗案卷。并制定了《档案工作岗位职责》，保证档案建设的连续性，保证档案工作为函授办学服务。1998 年，分院又更新了一台服务器，添置了三台奔腾Ⅱ微机，并实现了网上传输与操作，完成了全分院微机联网的各项准备工作。

（潘　藩）

浙 江 分 院

1998年，浙江分院坚持围绕“一个重点”，突出“三个环节”，抓好“三项建设”，出色地完成了各项任务。

一、围绕一个重点，即围绕贯彻胡锦涛同志指示精神

1998年，是继续深入贯彻胡锦涛同志指示精神，认真总结办学经验，把工作重点放在解决不容忽视问题上的关键年。分院于年初下发了省校函字［1998］20号《关于转发胡锦涛同志对党校函授教育工作的讲话、批示的通知》，印发了胡锦涛同志的历次讲话内容，先后在东阳、杭州、宁波等地召开了分管校长和学区主任会议，进一步统一思想认识，并结合党校函授教育评估工作，认真总结办学经验，查找和剖析存在的问题，使分院的各项工作取得了新的进展。一是办学指导思想进一步端正。“社会效益第一”、“教学质量第一”的观念增强了；从严治考，从严治学的自觉性提高了；极大地提高了各级组织领导的重视程度和管理人员的责任心。二是考风考纪有了好转，这年招生考试，全省派出巡考人员150余人，分赴11个地区，查处违纪者560余人，从而使考风考纪明显好转。三是研究生工作再上台阶。进一步充实和调整了研究生领导小组和专业指导小组，加强了教学形式和教学内容的改革，加强了学员的党性锻炼、研究讨论和读书活动。6月在大连会议上，浙江分院作了题为《探索高标准的教学管理方法，培养高素质领导管理人才》的经验介绍，得到了好评。

二、突出“三个环节”，即教的环节、学的环节和考的环节

分院把重锤敲在了突出“三个环节”上。在教的环节方面：根据总院的教学要求，制定出教学计划和实施方案；制定了教师聘任的管理规定，本科班教师由学区提名，分院统一审批；实行试讲，竞争上岗，对讲课质量进行抽查、考评、并实行奖罚制度；深入学区、辅导站搞调查研究。召开各类人员座谈会，检查各教学点教学计划的落实情况及教学各个环节的组织管理情况；召开党校函授教育专题研讨会，探讨党校函授教育的特点、规律和发展战略。在学的环节方面：引导学员加强自学，学会思考问题，发挥学员的能动性和创造性；制定学员自学管理规定，要求学员有自学计划；规定教师对学员自学要有指导性意见，班主任要及时督促检查自学计划的落实情况，分院每学期要进行一次检查指导。在考的环节方面：坚持对期末考试试卷进行分析。统计出85分以上的人数及比例，及格、不及格的人数、比例，实考、缺考、违纪的人数，进行试卷分析，并请主讲教师对评卷情况、出题难易程度写出报告，以便了解各教学点的教学质量、学员的掌握程度，及时改进试卷例题。坚持把教学和党性锻炼结合起来，把党性修养作为考核的重要内容，积极组织学员进行社会调查和考察活动，把学习理论，提高能力，增强党性融为一体，达到对学员的全面考核。

三、抓好“三项建设”，即制度建设、队伍建设、硬件建设

在制度建设方面：理顺关系，明确职责，坚持一级抓一级，一级对一级负责，分院把工作放在管理全局上，加强工作的计划性、指导性、规范性，发挥好司令部的作用；建章立制，使管理有章可循。根据制度规定实行目标管理，年终进行考核评比；使管理程序化，制定出一套管理流程，使管理达到程序化、规范化。在队伍建设方面：分院在各级党校的支持下，充实和调整了法律与管理学等学科紧缺的师资，使全省教师达到1200余人，比上年增加近20%，并加强师资培训，选派进修和召开备课会、教学研讨会、观摩会等形式，提高教师素质，采取“主讲制”、“择优聘任制”，考核和激励教师不断提高教学质量，充实、调整和优化函授管理队伍，健全学区、辅导站的管理机构，举行了一期专职管理人员培训班，并走出去到兄弟分院考察学习。在硬件建设方面：增加办学投入。办学经费，主要用于改善教室条件和办公自动化，把改善办学条件列入办学的重要考核指标；要求各学区半年内统一配备学籍管理用电脑，对于不能按要求配备电脑的单位不予新生注册。（逯智勇）

江 西 分 院

1998 年，江西分院顺利地完成了全年的招生、教学、评估等各项任务。

一、进一步端正办学指导思想，把好“三关”，重点解决存在的不容忽视的问题。分院利用各种机会，进行端正办学指导思想的教育，正确处理社会效益与经济效益的关系，并对指导思想不够明确，不注重办学质量的单位进行了通报批评。并努力把好“三关”：

（一）端正考风考纪，严把考核关。分院采取了几项新措施：层层签订责任状，一级抓一级，一级对一级负责；由省委党校机关党委、办公室、组织处、纪检、保卫处、工会 6 家组成的试卷分发保管小组，确保了试卷的保密；实行监考人员监考前抽签定考场的办法分派监考人员，每场轮换；印制监考巡考情况记录和当地组考情况记录两张表格，实行外派人员与当地工作人员互相监督；能主动邀请纪检、监察、新闻、教育等有关部门的领导参与检查监督函授考试工作。

（二）完善教学管理，严把教学关。分院制定、完善了考勤制度、请假制度、班主任跟班听课制度、旷课倒扣分制度、作业课堂做、缴管理制度、淘汰制度、到课率与班主任津贴挂钩制度、教师备课制度等，对教学管理起到了较好的推动作用。有的教员带病坚持备课写教案，有的班主任放弃休息日也要跟班听课，有的学员刚下火车飞机提着行李赶到课堂，有的学员出差在外打长途电话请假。

（三）采取新措施，严把招生关。分院在 1998 年招生工作中，采取了一些新办法。第一，加大了对考生报名资格的审查力度，考生报名一律要三证齐全（文凭原件、单位介绍信和工作时间证明）；由辅导站初审，站长把关；学区复审，学区主任把关；分院终审，院长签字把关；同时实行责任制，谁把关、谁签字，谁负责。第二，加大了招生考试的监考力度：监考人员一律异地调配，实行全省大交叉；考点实行封闭管理，考试期间，除巡视员外一律不得进入考场；考场必须设曝光台，及时对违纪考生进行曝光；学员携带的书、包等物放在指定地点统一保管。第三，为严格执行总院“控制规模、计划招生、严格条件、注重质量”的招生计划方针，坚持“公平竞争、择优录取”的原则，分院严格按照计划招生数划定指标，并统一划定了全省最低录取分数线，低于最低录取分数线的，不管是谁，一律不得录取。从而，确保了 1998 年的招生质量。

二、加强辅导站建设。加强领导班子、函授工作人员、师资、班主任四支队伍建设。结合评估，逐一考查了各辅导站领导班子，对不是党校主要负责人担任站长的县级党校，限期调整。全省有 8 个辅导站进行了调整，绝大多数辅导站的站长都由党校主要负责人兼任，全省先后有 20 多名辅导站的函授工作人员被调离，对学籍管理业务不太熟的工作人员，分院在九江举办了培训班，进行培训。针对县级辅导站师资队伍弱的实际情况，有不少县委党校，通过各种途径，调进了一批中青年教师，修水县委党校一年内调进7名教师。分院并采取走出去，请进来的办法，培训师资队伍。分院举办师资培训班两期，为辅导站、学区培训200多人次。在新班成立时，分院要求各学区、站要认真挑选热爱函授教育事业、懂教学、会管理、责任心强、作风正派、善于做思想工作的党员干部或党员教师担任班主任工作。新钢学区规定，函授班主任一定要中共党员担任，非党员干部不得担任函授班主任工作。

加强硬件建设。对不具备办学条件（函授工作人员的办公场所、教室、学籍档案室、小型书库等）的辅导站要限期整改，对整改仍达不到要求的，必须停止办学。通过评估检查，全省90多个辅导站，除极个别外，目前已基本能够达到总院要求的办学条件，泰和、吉水、靖安、南昌县等县委党校、上饶地委党校、九江市委党校都新建了教学大楼。丰城市等党校辅导站还购置了微机等设备。

三、开展教育评估工作。3月，分院下发了《关于在全分院进行教学质量评估大检查的通知》，要求各辅导站做好接受检查的准备，并根据《函授教育评估指标体系》进行自评自查。对所属辅导站进行评估验收。9月，分院从全省抽调16名同志，组成4个小组，分片对全省函授工作进行评估检查。评估结束时，分院评出了4个先进学区、9个先进辅导站和14个单项优秀办学单位。

四、积极参加抗洪救灾活动。1998年夏，江西省遭受百年未遇的特大洪灾。江西分院各级函授工作人员积极参加了各地的抗洪救灾活动，其中100多名党员干部参加了抗洪抢险突击队。灾后，广大函授工作者纷纷慷慨解囊、捐款捐物，广大函授学员也积极参加了抗洪救灾活动，全省共有22名函授学员荣获省部级以上“抗洪先进个人”荣誉称号。

（罗志猛）

福建分院

现将福建分院1998年的工作概述如下：

一、做好招生工作。分院坚持招生对象以党员干部为主，报考人员必须由党委证明其是党员或建党积极分子，由组织人事部门证明其是干部，方可报名。在报名时把非党考生另外造册，录取比例限定在10%—15%以内，保证了党员干部在录取新生中占绝大多数。分院在审查报考人员资格时，采取“初审、复审、终审”制，报考本科的考生其大专毕业证书须经院领导审定合格才能取得报考资格。凡持假文凭报考的，一律没收，并登记所在单位、职务，必要时予以通报批评。由于连续两年文凭打假，1998年招生报考中，假文凭数量明显减少。考前各地普遍举办了辅导班，指导考生认真复习迎考，进行遵纪教育。考前分院、学区、站均成立了考务领导机构，由函授机构领导和组织、人事、纪检等部门负责同志组成，分院抽调100多位教师经过培训后分赴各地巡考，除了在省城各学区统一组织监考外，各地普遍采取由学区统一安排，异地异校监考，加大了监考力度。所有考场都挂贴“守纪光荣、违纪可耻”的宣传标语。对考试中作弊等违纪行为，实行处理一步到位，一经发现则取消录取资格。考后分院以封闭式的办法评卷，分院对所有考点作综合分析，对其中达不到要求的11个考点，作出降低录取比例10%—30%的处理意见并通报全省。

二、开展教育评估工作。年初，分院制定了《福建省党校函授教育评估方案》，成立了评估工作领导小组，要求学区、站进行自我评估，之后学区对站的评估进行检查。9月，分院又发出《关于深入开展函授教育评估工作的通知》，要求学区、站要实事求是地评估，扎实细致地检查，认真评定等级，限期进行整改。10月初，分院在三明召开了学区函授教育评估自评汇报会及全省检查评估试点工作会议，会后分院组织评估检查小组，用三个月时间，对3个学区及所属的部分站进行评估验收。

三、加强教学管理。分院每学期开学初，及时下发了作业收缴的通知，将各门课程应完成作业的内容、时间和要求以书面形式告诉每位学员，要求独立完成不得打印、复印和抄袭。严格作业管理制度，班主任对学员的作业完成情况认真如实登记，杜绝打“人情分”，各学区、站要进行抽检，加强监督。对学员的面授，根据不同地区特点，灵活安排面授时间，以减少学员往返路途和住宿的困难。毕业班的论文答辩均放在双休日，同时搞好个人学习总结、鉴定、党员党性锻炼考评材料和评选工作。

四、严格考务管理。分院除了抓好招生考试外，每逢期末考试或总补考，都抓住机会对学员进行考风考纪教育，认真严肃安排好试卷的接收、保管、分发、运输、交接等。在福州的几个学区期末考试均采取统一抽调、组织，带动了各学区普遍推行异地异校推磨式监考，促进在学员中形成一种认真读书的好风气。分院发出《关于加强教务管理工作的若干规定》，对不及格门数超过规定的学员严格实行淘汰，对期考和补考中替考的一律取消学籍等。有的并通报全省。对平和辅导站96级大专班一个学员考试违纪不服管理，还殴打考务人员，受到开除学籍处分。事实证明，严生威，只有真抓敢管，才能提高函授教育在人们心目中的地位。

五、加强学员党性锻炼教育。分院从学员报考、参加考前辅导班学习起，就强调函授学员要做学习的模范、遵守纪律的模范和端正党风的模范。每次开学典礼都专门安排入学教育，并把党性教育贯穿于教学的全过程，既要讲党建理论，又要联系实际，通过支部、班组活动，培养集体主义精神，有些单位还组织就近进行革命传统教育和社会调查活动。分院组织编写了《福建省情与发展》，让学员从本省的历史和现状，意识到历史的使命感，一定要牢记党的宗旨，全心全意为人民服务。

六、加强管理队伍建设。按照总院的要求，加强辅导站的思想建设、组织建设和硬件建设，加强教学班的管理，经过一年的努力，各级函授办学的管理水平、工作效率、办事质量有较为明显的提高。分院现有工作人员13名，设置有办公室、教务科、学籍科，都配备了负责人。分院下辖12个学区，配备了正副主任26人，60个辅导站，配备专兼职站长、副站长122名，有390个教学班，共有专兼职管理人员600多名。分院制订了工作人员岗位职责，修改了班主任工作职责。分院党支部加强思想政治工作，组织管理人员认真学习邓小平理论。同时，搞好业务学习，认真学习总院的《管理制度汇编》，并完成了教材发行人员和学籍管理人员的培训。重视搞好师资培训工作，选派60多人次参加总院举办的师资培训班和备课会。依托省委党校为学区培训师资400多人次。建立学科联会制度，以学区为牵头单位，轮流在各站举行活动，开展教研和科研活动。健全教师聘任的审批手续，实行分级管理的报批制度，所有任课教师做到持证上讲坛，并严格考评，对不胜任的教师及时予以调整或解聘。全分院提高了讲课金、评卷费等标准，并把函授课时按主体班次的3/4计入教师工作量。

七、学籍管理逐步走向微机化。4月，总院在厦门召开学籍管理工作座谈会，分院各学区派一位具体从事学籍工作的同志列席会议。6月，还派2位同志到上海参加教务管理软件培训班学习。11月，分院举办学籍管理计算机“教务管理信息系统”操作人员培训班，要求各学区应用计算机建立“学籍档案管理系统”和“学员成绩管理系统”。

八、加快学区、站硬件建设。2月，分院发出《关于各学区硬件建设有关经费问题的通知》，督促检查各学区对分院1997年下半年在上交学费中提取5%返回各学区作为配置办公现代化设施的经费使用情况，并把它列入教学质量评估检查的一项重要内容。分院对学区上缴学费的比例下降5%，使学区和站有更多的办学经费，增强办学实力。

（杨克明）

天津分院

1998年，天津分院在总院和校委的领导下，主要抓了以下五个方面的工作：

一、认真学习贯彻胡锦涛同志的重要批示，进一步端正办学指导思想。分院十分重视胡锦涛同志重要批示的传达学习和贯彻落实，先后多次召开各种会议，原原本本地传达学习，引导大家吃透精神，提高认识，进一步端正办学指导思想，解决教育质量方面存在的问题。严把招生关、教材关、教学关、考核关，顺利完成了招生、毕业班工作，加大了教学、教务管理的力度，各项管理制度进一步完善，教育评估全面展开，学区和辅导站建设得到加强，办学条件有所改善。

二、严把"招生关"，搞好1998年招生录取工作。严格审核和控制招生单位，对不能承担面授的、没有专门管理机构的、不是党校系统的、招生达不到40人的单位都不给予招生指标。教育评估不合格的单位也坚决停止招生。严格实行考生资格审查。严格审查学历证件；严格审查"三证"，即职务证明、党员证明、处以上党员领导干部证明。非党员干部报名的必须是入党积极分子；正式录取前，分院再次复审，发现不符合条件的立即除名。对弄虚作假、严重作弊的，通报所在单位，严肃处理。分院举办了招生考试预科班，聘请副教授以上职称的老师进行辅导，引导考生全面复习，争取考出好成绩。分院根据总院《关于认真做好招生考试工作的通知》的要求，严格认真地组织了这次招生考试，专门举行全市招生工作会议进行动员。并专门向考生进行考前纪律教育，对党员干部提出更加严格的要求，把考试当成一次党性锻炼的机会。把《考场规则》、《考生须知》印发给每个考生。在全市各考点明显处设立了举报箱，同时悬挂巨幅标语，营造了"遵纪光荣、违纪可耻"的客观环境，增强了考生遵纪守法的自觉性。进一步改进了异地监考制度。分院抽调25位主讲老师，分组集中判卷，派专人进行复查，保证了判卷质量。认真做好录取工作，党员干部和非党员干部采取了不同的录取标准，严格控制非党员干部的比例；严格按照总院下达的录取指标录取。

三、坚持以教学为中心，严把"教学关"，加大教学管理力度，进一步提高教学质量。重点抓好"教、学、管"三个环节。在"教"的环节上，坚持主讲老师聘任制，择优上岗；保证总院规定的课时量或大于总院的课时量，增加了理论联系实际课；严密组织面授教学，规范教案。分院先后召开了两次备课会，并举办主讲老师研讨班，提高教师整体素质，重点解决教学内容和教学方法问题。对《社会主义市场经济概论》、《货币银行学》、《马克思主义党的建设经典文选》、《社会主义法制论纲》、《国际金融》、《市场经济法律制度概论》等6门课程进行教学观摩研讨活动。分院组织学员走出课堂，到实践中去，如参加庭审，开阔视野、增加知识和信息，提高解决实际问题的能力。在"学"的环节上，强化"自学"管理，提高教学质量，利用开学典礼的机会及运用临时党支部、班委会做好学员的思想政治工作，建立自学考察制度。主讲老师加强自学指导，并重点抓好听课环节、作业环节和考试环节。在"管"的环节上，根据总院规定每学期教学计划提前5个月下达各学区、函授站；具体教学计划提前两个月下达各单位，坚持主讲老师聘任制、择优上岗。对新聘任主讲老师进行试讲考评。制定了适合自身特点的《管理制度实施细则汇编》，使各项管理工作纳入科学化、制度化、规范化的轨道。分院于10月召开了班主任工作经验座谈会。介绍了班主任管理经验。

四、以教育评估为契机，全面加强学区、函授站建设。分院将教育评估三项主要内容“办学条件、教育管理、教育质量”，分解细化成10项评估标准，突出了三支队伍建设，领导班子（10分）、教师队伍（10分）、管理队伍（8分）。三支队伍哪一项达不到评估标准都不能建立学区。教师队伍一项，必须有能胜任函授教学任务的专兼职教师15名以上，其中专职教师不少于2/3（4分），任课老师具有副高以上职称的不少于3/4（4分）。建立辅导站也规定了必备条件。这样，评估指标统一量化，而且作为学区、辅导站的必备条件，各区县局党校纷纷按照指标充实、加强师资队伍。同时，加强了教学管理，规范教案，加强自学指导，提高面授质量和小班管理。并加快了党校硬件建设。一批党校由上级拨专款兴建了新校舍。北辰、宝坻、塘沽、武清、大港、医药等党校盖了新的教学楼。

五、做好毕业论文工作。分院建立了毕业论文领导小组，分院于6月召开毕业论文工作会议，部署了毕业论文工作。全市聘请了266位指导教师承担了毕业论文的指导任务，组成了117个答辩小组完成毕业论文答辩任务。

六、举行了全市党校函授教育工作会议。12月，分院召开了全市党校函授教育工作会议，参加会议的有各学区、函授站常务副校长、分管校长、组教科长100多人。市委党校常务副校长王全文，副校长、函授分院院长刘润忠出席。王全文、刘润忠等同志主持颁发荣誉证书仪式并和全体与会人员合影留念。会议由党校工作处副处长齐子明同志主持，函授分院副院长曹庆庆同志宣读中函院天津分院《关于表彰1998年度十佳学员、优秀教师、优秀教育工作者和优秀学员的决定》。分院常务副院长杜维训同志作了题为《树立创新意识，把党校函授教育工作提高到新水平》的报告。在这次会议上，受表彰的优秀教师37名、优秀教育工作者39名、优秀学员265名。在评选优秀学员的基础上，又评出10名最佳优秀学员。

七、积极开展科研工作。分院于5月下发了津党校函字［1998］19号文件，提出开展党校函授教育深层问题的科学研究，要求各学区申报课题不少于两篇。8月，分院下发了津党校函字［1998］31号文件，提出征集科研课题的具体要求。11月分院举办了全市党校函授教育科研课题研讨会，这次研讨会共收到论文53篇，市委党校专家组成评审组，经初审、复审，共评出优秀论文7篇，入选论文12篇。出席会议的有各学区、辅导站负责人，分院及直属学区负责人，获奖论文作者共60人。 （刘富来）

山 西 分 院

1998年，山西分院认真学习党的十五大精神和全省党校工作会议精神，深入贯彻落实胡锦涛同志对党校函授教育的一系列重要批示，积极探索，求真务实，认真完成了各项任务。

一、强化组织领导机制，搞好管理队伍建设。1998年，调整了分院领导班子，由主持工作的校长任分院院长，由校分管函授的副校长任常务副院长，省委党校函授学院新增派了两位副院长，形成了强有力的领导班子。同时，分院狠抓了函授管理队伍的建设。5月在忻州举办了全省党校函授教育业务管理知识培训班，各学区主任，直属辅导站站长，学籍管理人员都参加了培训班。提出“内强素质，外树形象，强化管理，保证质量”，从思想、组织、作风、纪律、环境等各方面全面加强、提高，建一流队伍，树一流形象，创一流业绩。此外，还深入开展了讲学习、讲政治、讲正气、讲团结、讲政策、讲原则、讲奉献、讲创新的活动，增强管理人员的“服务”意识，把各项工作做好。分院年底还设立了办公室、视导室、学籍、教务、教材等5个科室，任命了7位科级干部，理顺了各部门关系，继续完善了各科室规章制度，做到职责分明，责任到人。

二、强化师资队伍建设，狠抓教学管理。分院召开了全省党校函授教学与管理经验交流会，并组织专门力量对各单位的教学情况进行了检查，包括听课、检查到课率、抽查教案、作业，督促各单位保证教学质量。分院坚持择优聘任的原则，保证把最好的教师安排在函授教学课堂上。制定了《面授教师聘任办法》，具体规定了参与函授教学教师的条件，使教师选聘有章可循。各学区、辅导站在聘任、管理、考核教师方面新招高招迭出。实行了教师评议制度、集体备课制度、复试讲课制度、教师进修制度、优秀教师奖励制度等。临汾学区、长治学区率先实行的“考核择优，持证上岗”的办法，分院决定在全省党校系统推广函授任课教师资格考核聘任工作，实行持证上岗制度。

三、搞好函授教育十周年的庆祝活动，把分院函授教育提高到一个新水平。1998年是省委党校函授教育创办十周年。分院本着节约、隆重、朴实、鼓劲的原则，开展庆祝活动，编辑了毕业学员的优秀论文集、教学管理经验论文集，搞了函授教育十周年纪念画册、成果展，并且评选表彰了先进教师、优秀学员、先进工作者，展示了教学成果，总结了管理经验，探索了创新途径，使其成为发扬成绩，继续前进的强大动力。

四、扎扎实实打好基础，搞好日常管理、业务工作。在日常管理工作中，严格执行总院各项规章制度，并根据实际情况，制定和实施招生报名辅导站、学区、分院三级审核制度，实行责任制，把好入口关，做好中函新生报名审查工作。分院严把考试关，考试验两证、异地监考和交叉巡视并行，双线报告制，分院巡视员和各学区分别写出考试情况汇报。实行毕业三审制、课题论文指导责任制，严把毕业出口关，做好中函96级学员的毕业审查、证书发放等工作。

（潘浩敏）

河北分院

1998年，河北分院认真开展函授教育评估，推动了全省函授队伍建设和制度建设，改善了办学条件，促进了党校函授各项工作的开展。

一、开展评估活动，强化科学管理。分院召开了有地市委党校主管函授工作的校长、副校长、学区主任、部分县党校校长参加的函授评估动员会议，部署了函授教育评估具体工作，学习传达了胡锦涛同志关于党校函授教育的重要指示和省委副书记兼省函院院长赵世居对开展评估工作的批示，以总院评估标准为依据，制定了切合本省实际的“评估标准56条”。并成立了由省委党校常务副校长任组长、省委组织部、宣传部等领导同志参加的10人函授评估领导小组。各学区函授评估领导小组由所在党校常务副校长任组长，亲自抓评估，抓整改，向分院报告自查结果，并申请验收。分院通过深入调查研究、摸清底数，把办学指导思想、教学管理、学员管理、办学规模和办学条件等问题列为函授教育评估中应当解决的重点问题。在评估中，分院通过出简报、下通知、发文件、派检查组等形式加强指导和检查督促。认真开好两个汇报会。一是自查汇报会。这个会由分院评估领导小组主持，省委组织部、宣传部负责同志和各市委党校常务副校长参加，各学区由主管函授工作的副校长作自查汇报，大家通过总结、交流，看到了成绩，找到了不足，震动很大。二是验收汇报会。自查汇报会后，由分院评委组成6个验收组，根据评估检查验收细则分两批到各学区进行认真验收，将验收和打分结果向全体评委汇报。评委根据汇报情况对各学区、直属站进行投票打分、划等选优。经过评估验收，全分院被评为优秀办学单位的4个，实现达标的17个，由直属站降为教学点的1个，暂停招生的1个。在对学区评估的基础上，由分院和学区联合对各辅导站进行了认真评估。通过函授教育评估工作促进了函授教育事业的进一步发展。增强了社会上对函授教育的认识。学员质量也得到社会认可。全省各级党委对党校函授教育更加重视，组织、宣传、纪检部门进一步支持配合党校搞好函授教育。如办学体制、招生计划、录取分数线等都经省干教领导小组批准，并列入全省干部培训计划。函授招生、考试，省委组织部、宣传部、纪检委的领导和省委党校校委成员对全省各学区分片包干巡考；各市、县党委的相关部门也分别协助当地党校加强对函授考务工作的领导和监督，保证了考生质量，增强了考试的公正性。在“教”与“学”上下功夫，抓好教师与班主任工作。评估中各学区新调入教师43名，参加培训教师150多名，认真抓了备课、试讲、观摩教学和期末考评并形成制度，推行了班主任报酬与学员出勤率挂钩浮动的办法。班主任坚持跟班听课，开展各种形式考勤，对缺课学员电话询问，定期向学员所在单位通报出勤情况和专访学员单位等方法，促进了学员听课和自学的积极性，改善了办学条件。有两个学区重新建立了校舍，10个学区新建、改建或扩建了学员楼、教室、图书馆和学员餐厅，12个学区新建了微机教室，各学区微机总量已达500台，函授办公全部实现了微机化管理。8个学区配备了函授专用车辆。办学收入的48%以上用于改善办学条件。

二、进一步健全办学制度，实行分级管理。在规范管理方面，除认真执行总院的各项制度，还制定了适合河北情况的25项制度，如《班主任工作细则》、《面授教师管理暂行规定》等。各学区为掌握授课教师的教学情况，解决教的好与教的差一个样的问题，坚持对授课教师进行考评制度。邢台等学区的《关于提高函授教育质量的若干规定》、《教师讲课制度》、《教师备课及教案检查规定》等，衡水等学区制定了《关于教学和管理双向监督的实施办法》。其它学区还分别制定《关于进一步严肃考风考纪的规定》，《班主任工作规范》、《班主任工作百分制考评办法》、《班主任职业道德规范》、《班主任跟班听课和签到考勤制度》，华北油田等学区制定的《学员补课补考制度》、《学员自学效果抽查制度》、《学员党性教育实施意见》、《学员回访制度》等，进一步实现了函授管理的规范化、制度化。廊坊等学区坚持了每学期召开一次由函授、教务、教研部门负责人参加的专门研究函授教学中带有普遍指导性和方向性的“函授教学管理工作”会议，解决函授管理方面带有全局性的问题并提出指导性意见；坚持“三会一课”制度，即备课会、教学经验交流会、教学情况讲评会和听课制度。建立了班主任例会、经验交流会、评先选优等制度。

三、认真地进行党性教育活动。分院制定了《函授学员党性教育实施意见》，对学员党性教育的内容、途径、方法、要求等方面都作出具体规定，把党性教育贯穿于函授教育的始终，从开学典礼、入学教育、制定个人党性锻炼计划，每学期一次党性锻炼小结和一月三次民主生活会到毕业前的党性锻炼小结，贯穿函授教育全过程中，并通过参观调查、报告会、民主生活会和总结会、演讲会增强学员党性修养。

四、加强办学队伍建设，提高办学主体素质。12月份召开全省党校系统函授工作会议，省委副书记赵世居、组织部长兼函授学院院长刘德旺、省委党校常务副校长杨伯亚参加会议并讲话，主管副校长莘亦宾作函授工作报告。大会表彰了先进学区4个，先进辅导站12个，优秀教育工作者40人，优秀班主任25人，优秀教师15人。交流函授教学工作和管理工作，探讨函授办学规律及办学中的一些重要问题。为开创党校函授教育工作的新局面打下了良好基础。

（郭新慧）

内蒙古分院

1998年，内蒙古分院所开展的主要工作概述如下：

一、积极参与校庆活动。分院全体同志参加了校庆庆祝大会、运动会等大型活动；为校庆展览提供了函授教育材料；为《内蒙古党校五十年》专集撰写了介绍函授教育的专文《具有全区规模的党员干部在职教育》；分院教研科孙杰讲师的《毛泽东对外开放思想与实践的回顾和思考》论文被选入全校科研成果专辑《求实论丛》。

二、8月22日至9月2日，配合总院培训处，内蒙古分院承办，举办了全分院学区以上专职管理人员暨师资（《国际金融简明教程》和《社会经济统计学原理》两门课程）培训班。培训班集专题报告、学科讲授、自学、教学实践和讨论为一体。四个专题讲座是中央党校王瑞璞副教育长讲的《全面准确地把握邓小平理论》，北京师范大学原党委书记周之良教授讲的《关于师德和高等教育形势》，中央党校文史教研部主任刘景禄教授讲的《教师的文化修养》，北京师范大学语文教研室主任朱家珏教授讲的《成人教育的面授艺术》，使参加培训的同志提高了认识，开阔了视野，增强了责任感、使命感和提高自身素质的紧迫感。中国人民大学国际金融系副主任徐永红博士对《国际金融简明教程》、国家统计局培训中心郭明辉统计师对《社会经济统计学原理》的教材教法和相关难点、热点问题做了教学辅导。通过培训，增强了即将讲授这两门课的老师们的教学信心。

这个培训班的特点是：讲课教师层次高、水平高，专业性强；培训内容丰富、形式多样。参加培训的教师有机会与同行一道在研讨中学习，出于对科学的高度尊重，他们充分肯定每个人教学的优点，更毫不客气地提出教学的不足和问题。在总院培训处的周密筹备和指导下，在参加培训人员的积极参与下，这期培训班办得既有新意又具有一定的探索性，得到了充分的肯定。

三、完成了函授教育质量检查评估工作辅导站自查、学区检查验收；学区自查、分院检查验收的工作。

10月下旬到12月上旬，分院组织了由分院正、副院长、函授部正、副主任、各科科长及各学区正、副主任参加的4个检查验收评估小组（28人参加）对20个学区的函授教育工作进行检查验收和评估，抽查了12个辅导站的评估工作。

根据4个检查组的检查结果，经分院领导小组的综合评议，按评估体系的十大项45条标准，以1000分为满分打分，有6个学区得900分以上，占全分院学区总数的30%；有11个学区得800—899分，占全分院学区总数的55%；有3个学区得780—799分，占全分院学区总数的15%。

每个检查组在检查结束前，与各校领导认真交换了意见，对各学区的工作成绩和办学特色做到了充分肯定，对各学区工作的问题，特别是需要尽快整改的问题提出了明确要求。

检查评估是对各项工作的检查与总结，也是互相的学习与交流；既是压力也是动力。通过检查评估，对函授教育的发展起到有力的推动作用。（高志英）

辽宁分院

现将辽宁分院1998年工作的主要情况概述如下：

一、教学管理情况。制定培训规划，提高办学主体素质。分院制定了三年办学主体培训规划，成立了培训领导小组，并于5月举办了第一期全省函授学区主任培训班。培训班结束后，分四批到全国各省、市党校学习考察。7月，组织18名学区主任去吉林省委党校参加中函院举办的全国函授学区主任培训班。大家普遍认为收效大，提高快，学到了理论，总结了工作，交流了经验，开阔了视野。成立函授教学专家组。分院成立三个学科专家组，即基本理论专家组、专业理论专家组、综合理论专家组。集中一批教授、专家，集中时间，集中精力研究函授现行学制，专业和课程设置，课堂教学，教材编研，考试制度等，使党校函授教育突出党校的特点和规律，并在高层次上运行。开展精品课观摩活动。分院于9月至12月，在全省党校系统组织了精品课教学观摩活动。观摩是在不打乱正常教学进度和原有教学安排的情况下进行的，采取集中观摩与分散观摩、大型观摩与小型观摩相结合的办法。教员讲课结束后，立即召开座谈会，由专家组和其他参加听课的领导进行评课，肯定成绩，指出不足，重在提高。精品课观摩活动结束后，由专家组对精品课进行评选。最后评出一等奖1名，二等奖2名，三等奖3名和部分鼓励奖。这次为期半年的精品课观摩活动，反映出辽宁党校函授教学水平有了明显的提高，收到了较好的教学效果，对总结交流教学经验，提高教学质量，起到良好的推动作用。党性教育经常化、制度化。分院于5月制发了《关于加强党性和思想道德教育的若干意见》的文件，要求各学区和函授站把党性和思想道德教育课纳入教学计划，有计划有重点组织党性和思想道德教育专题讲座，每个学员在入学教育的基础上要写出个人增强党性和思想道德修养的计划，毕业时要写出个人总结。总结指导学员自学经验。分院在丹东市委党校召开的第八次函授教育研讨会上，介绍交流了辽河油田学区用学员的自学笔记指导、控制、督促、检查学员的自学效果的经验。

二、教务管理情况。严把“入口”（入学）和“出口”（毕业）关。以前，学员入学的资格审查是由各学区进行的，由于把关不严，有一些不具备入学条件的考生也被录取了，为此，不得不在学员毕业时由分院把关审查。93级中函本科班有10名学员、94级中函本科班有58名学员不具备本科录取资格，毕业时未予颁发本科毕业证书，而成为遗留问题，后经请示总院，不给予本科毕业资格，而作了相应处理。坚持评选优秀学员标准。1998年，96级本科毕业学员，按1%的比例可以评选出53名优秀学员。经审查，发现有一半以上各科总成绩平均不足85分，分院坚持总院的规定，决不降格以求，只有22名被评为分院级优秀学员。严格成绩考核与管理。每次考试前，各函授学区按时上报学员面授出勤和作业成绩软盘，评卷后由分院组织审核登分，然后，总成绩软盘再下发到各函授学区。

三、考务管理情况。每次考试，都组成以校领导为首的巡考领导小组，由省委组织部、宣传部和省人事厅等有关部门领导参加。校领导分别到全省各学区、函授站巡考。并建立一支稳定的、素质较高的巡考队伍，考前进行监考业务岗位培训。届时由校内处级领导干部带队到各学区巡考，实行分片包干责任制。巡考任务结束后，巡考人员要填写《巡考情况汇报表》，反映学区、函授站考试的基本情况，并进行口头汇报。经分院批准个别设在函授站的本科正考考场，其监考人员全部由学区派人负责，函授站人员不得进入考场。坚持参加补考和总补考的学员，全部集中到各有关学区参加考试，函授站不设补考和总补考的考场。严格执行《考场纪律》和《巡考人员规定》。零分处理一步到位，零分率不低于3%。1998年中函本科招生考试，共处理替考考生31人，零分处理违纪考生684人。处理违纪考生占参加考生总数的6%。

四、建章立制情况。1998年，分院组织力量，制定分院机关工作制度共21项，以保证机关内部工作高效有序的运作。

五、函授教育评估情况。去年末分院组成评估检查验收小组，对全省100多个函授站、点逐个进行检查验收。最后经过综合评审，评选出一类函授站17个，二类函授站55个，三类函授站13个。从一类函授站中又评选出“十佳函授站”，进行了表彰。同时，也处理了一批较差的函授站：1个函授学区降为函授站；4个函授站合并为2个函授站；5个函授站降为面授点；9个函授站黄牌警告，限期1年进行整改，一年后如无改变，取消其函授站资格。一年来，各函授学区加强了对所属函授站的领导，帮助端正办学指导思想，改善了办学条件，建立了相应的规章制度，提高了教学质量，大多数函授站发生了一定的变化。经过复查验收组综合评议，一年前已降为面授点的5个函授站中有1个恢复了函授站资格；限期一年整改的9个函授站有6个保留函授站资格。9月21日，省委党校向全省各学区、函授站下发了《关于对省函授分院进行评估工作的通知》文件，成立了评估领导小组，对这次评估的目的和要求，范围和内容，评估的方法和步骤等都作了周密安排。并把总院下发的评估指标体系10大类46条分解到各科室，落实到每个工作人员。形成“千斤重担大家挑，人人身上有指标”的全员参与评估工作的局面。分院召开了有各教研部负责人参加的座谈会和函授学区主管校领导、函授学区主任座谈会，征求他们的意见和建议，帮助分院评估、整改。又抽调人员帮助收集函授评估资料，整理函授档案。

六、探索函授教育规律情况。1998年8月，省委党校第八次函授教育研讨会，在丹东市委党校召开。这次研讨会的主题是加强班级管理，提高班主任工作水平。会议收到论文119篇，并评选出优秀论文，有46篇论文被收入论文专辑。会后，分院制发了《关于加强班主任和班级管理工作的意见》的文件，对班主任工作的性质、队伍建设、工作制度、加强领导，对班级管理工作重点、规范化要求等，都作了明确的规定。

（毛亦冰）

吉林分院

一年来，经过全体办学人员的共同努力，比较圆满地完成了各项工作任务。

一、基本完成招生任务。1998年，生源总量明显下降。给党校函授招生工作增加了一定的难度，分院按照办学规模与办学条件、教学管理能力相适应和挖掘潜力、调整机构、合理布局、择优录取的原则，实行“增、减、并、缓”的方针，即在生源较好的学区、辅导站，适当增加计划招生名额；生源不足的学区、辅导站，相应减少计划招生名额；个别在籍学员较少的直属站并入学区，纳入学区的招生范围；当年招生确有困难的实行“休耕”，暂缓招生，或只招一个专业/班次。同时成立了招生考试领导小组，切实加强对考试工作的组织领导。严格报考资格审查，严肃考试纪律，严密录取手续，实行二次验证（毕业证书原件），不合格者取消录取资格。保证了招生质量。长春、吉林、四平、辽源、延边学区等均实现了中函、省函本科班同时招生。

二、全面规范教学管理。随着课堂教学管理力度日益加大，在继续做好教师聘任、集体备课、师资培训的同时，坚持实行公开教学、观摩教学、普遍推行学员考勤和随堂测试相结合，开展教学考评、面授总结、教学方法研讨等，并有所创造。辽源学区举办教案展评，随堂考试密封评卷。考试（开卷）命题改革继续深化，监考人员培训不断规范，考务管理考核逐步完善，考试质量分析和通报制度作用明显，特别是组织、宣传、人事、纪检部门负责同志参与对考试的领导和监督，加大了执纪力度，有力地促进了考风考纪的显著好转。

三、评估整改效果明显。在全省党校函授教育评估检查的基础上，向总院呈报了评估总结报告，并被《视导工作》（总第27期）转发。同时，分院针对评估检查中发现的主要问题和薄弱环节，按照缺什么补什么、什么弱补什么的原则，狠抓了评估整改工作，进一步完善制度建设，加强档案管理，规范统计报表，征询对教学与管理的意见和建议。与此同时，规范了统计、报表工作，促进了档案建设，并组织了评估复查，重点复查了学区的制度建设和档案管理，抽查了10个辅导站的评估整改措施落实情况。从复查（抽查）的情况看，被复查（抽查）的学区、辅导站的面貌都发生了较大的变化。吉林、通化、辽源学区的办学条件明显改善，长春、延边学区对下指导工作日益加强，白城、四平学区的档案、制度建设不断规范。特别是班主任工作切实得到了加强。长春学区实行班主任全程随堂听课，跟班管理，进行班主任工作定量考核；白城学区建立班主任述职制度。学员思想教育和课外活动丰富多彩，吉林、四平、省直学区的学员演唱、联谊活动深受学员欢迎。

四、切实加强队伍素质建设。通过举办师资培训班、集体备课会，开展公开教学、观摩教学，进行面授教学总结，组织教学方法研讨等，教师的思想和业务素质有了明显的提高，函授师资数量不足、结构不尽合理的状况有所改善。管理队伍素质建设列入日程，走上正轨。通过评估整改，函授管理职能机构普遍健全，管理队伍得到充实和调整，管理人员培训机制逐步建立。通过强化培训和实践锻炼，管理队伍的质量、规范、责任、服务意识明显增强，教学管理能力得到提高，少数单位忽视教学管理队伍建设的现象已经改变，函授职能部门领导班子素质建设步伐加快，通过充实调整、业务指导、逐级培训，分院、学区、辅导站的领导班子（领导者）的战斗力、凝聚力明显加强，领导班子整体功能日益发挥出来。

五、加大巡视督导工作力度。围绕以教学为中心，突出以课堂、抓考场、抓制度落实为重点的巡视督导工作初见成效。就抓课堂而言，主要抓了集体备课，课堂教学（公开教学、观摩教学）、教学考评、学员考勤以及改善面授教师的工作和生活条件；就抓考场而言，主要抓了规范考场设置，落实试卷保密措施，严肃考试纪律，进行了考务考核和考试质量分析，并进行通报；就抓落实制度而言，除了管理制度的健全和完善，重点抓了按章办事，做到有章必循，违章必究，规范办学行为。有的学区设置了专职督导员，结合面授、考试，多次深入课堂、考场具体指导；有的还对教学效果差的教师亮了“黄牌”，对工作不负责的班主任、监考人员亮了“红牌”，从严办学，严格管理的办学方针得到了落实，同时，也促进了学区、辅导站建设。

六、召开全省党校函授教育工作会议。2月18日至2月20日，全省党校函授教育工作会议在省委党校召开，会议的主要议题是深入贯彻党的十五大精神，继续落实胡锦涛同志关于党校函授教育工作的重要指示，总结函授工作，部署 1998 年工作任务；交流经验，表彰先进。省委党校常务副校长孙占国同志在会上作了讲话。吉林省委党校教育长王栾周同志，作了工作报告。会议还对函授教育评估先进、达标单位进行了表彰奖励。评估先进、达标单位的代表分别介绍了各自的经验。

七、培训教学管理人员。配合总院于 7 月 16 日至 22 日，在吉林省委党校举办了东北三省中函分院、直属学区教学管理人员培训班。吉林分院参训人员全部参加了结业考试和调查问卷，并获得了结业证书。

（吉林分院　供稿）

宁夏分院

1998 年，分院在总院和区党校校委的正确领导下，认真贯彻执行胡锦涛同志关于党校函授教育的指示精神，较好地完成了各项任务。

一、认真传达、贯彻总院函授工作会议精神。3 月 2 日至 4 日，分院召开了全区党校函授教育工作会议，再次向与会人员传达了胡锦涛同志关于党校函授教育的重要批示、总院 1997 年函授教育工作会议精神和总院教学管理工作会议精神。分院负责人作了工作报告，交流了学区、辅导站和班组建设的经验，会议认真研究了如何加强辅导站建设和教学班组管理的问题。

11 月 11 日，分院向区党校校委汇报了中央党校 1998 年函授教育工作会议精神，经校委同意，12 月 23 日至 24 日，召开了 1998 年第二次全区党校函授工作会议。传达杭州会议和南宁教学管理工作会议精神，研究提高分院办学主体队伍素质，总结交流了五年来的办学经验，表彰先进办学单位、优秀任课教师、优秀班主任、先进工作者和优秀学员。区党校全体校委委员出席会议，欧阳齐校长作了讲话，分院负责人作了工作报告。

二、抓好全体办学人员的思想作风教育和整顿。在全体办学人员中坚持进行了“五个一”教育，即：要端正一个“社会效益第一，教育质量第一”的办学指导思想；坚持一个“从严办学，质量第一”的办学方针；执行一个“严进、严管、严出”的办学原则；明确一个“知识、理论、党性、能力”的培训目标；树立一个以教学为中心的思想。开展查、摆和提高活动，从办学指导思想上找根源，从教育质量上找弱点，从管理上找漏洞、在整改的基础上完善了规章制度。

三、抓好学区的评估验收工作。3 月 2 日至 8 月 1 日，先后对 7 个学区进行了评估检查验收。采取听汇报、查资料、看现场、找问题，提建议等方法，并先后召开有关领导、教学人员、管理人员、在校学员、毕业学员以及学员单位、组织部、宣传部、人事局、纪检委等单位的座谈会，听取各方面意见。这次评估检查验收，主要是对各学区指出存在的问题，要求限期整改。

四、完善考务管理制度，把好考试关。分院建立由区党校、组织部、宣传部、人劳厅、纪检委等有关部门负责同志组成的考试领导小组，学区（辅导站）也相应建立健全领导机构。开好考务工作会议，加强对考务人员的培训。实行主考、监考负责制，严格选派监考人员，建立举报制度、巡视制度和回避制度。严格学员参考资格，从严处理违纪考生。对作弊的考生一律不予录取；对累计二次作弊的学员，一律取消其学籍；对毕业总补考作弊的学员，一律取消其毕业资格。并随时公布作弊考生、学员的姓名、考号、学号，以教育考生和学员，起到严肃执纪的警示和教育作用。实行考区达标分类管理。每次大型考试初评一次，每个学年总评一次，以此确定考区类别。

五、做好五周年院庆活动的筹备工作。 1998年是宁夏分院建院五周年。分院根据校委的要求，于3月25日发出《做好院庆五周年的通知》，并组织力量做了以下工作：一是写好工作报告，认真总结五年来所取得的成绩、办学经验和存在的问题，提出今后改进的措施；二是组织编辑出版一本学员优秀毕业论文集《求索录》；三是组织编辑出版一本宁夏分院五周年纪念画册；四是评选先进办学单位一个，优秀教师30名，优秀班主任30名，优秀工作者20名，优秀学员50名；五是请中央党校、总院和自治区党委领导题词6幅。（贺德正）

陕西分院

1998年，陕西分院以十五大精神和邓小平理论为指导，继续深入贯彻落实胡锦涛同志关于党校函授教育的批示精神，以提高教学质量为中心，以辅导站建设为重点，以教育质量评估为动力，强化细化各项管理，加强基础工作，有力地提高了办学的整体水平。

一、继续贯彻落实胡锦涛同志批示精神，着力解决办学中存在的不容忽视的问题取得明显成效。 一年来，分院和各级办学组织结合工作实际认真解决存在的问题，一些学区、直属站都认真清理了把党校函授教育当作“副业”搞创收的错误思想。各学区和辅导站通过自查，办学指导思想得到了进一步端正，教学管理和各项工作的管理力度不断加大。有的学区对一些办学思想不端正、办学条件差，管理松懈的辅导站，作出了“停、撤、限期整改”的决定，渭南、咸阳、榆林学区都停、撤了一些辅导站。各辅导站进一步建立健全了规章制度。在硬件建设上，加大投入，办学条件得到进一步改善。分院添置微机9台，基本满足工作需要。

二、学区和辅导站教育质量评估工作取得阶段性成果。 2月，分院下发了《先进学区、辅导站评选办法》，结合分院实际，将总院的评估指标体系细化和量化。4月，分院及时传达了总院提出的“思想要升华、工作要深化”的精神和十项具体要求。并先后四次向总院写了评估进展情况汇报，陪同总院评估办人员到渭南、安康、延安学区检查。7月下旬，各学区、直属辅导站自我评估基本完成，分院发出了《关于进行函授教育质量评估验收的通知》，9月2日开始对学区、直属站的评估检查验收全面展开。分院在评估领导小组的领导下，组成有校委、分院、有关处室领导，教研室主任、教授，老干部和工作人员参加的评估小组，按照总院要求和评估程序，对学区和直属站进行了认真的检查、验收。10月底，分院对学区和直属站的评估检查验收工作全面完成。学区、直属站评估验收促进了办学指导思想的进一步端正，纠正了将函授教育当作“创收班”的错误倾向。解决了许多亟待解决的问题。调整了领导，实现了全校统筹兼顾。由校委一把手兼任学区主任、辅导站站长。健全了办学机构，充实了办学人员。商洛、榆林通过评估，健全了专门的函授管理机构，全省9个学区中7个学区设有专门的函授管理机构，各学区加强了对辅导站的领导，促进了辅导站的发展。促进了学区和辅导站的制度建设及教学管理档案的建设。分院掌握了各学区、直属站办学的实际水平，分院决定对办学质量较差的4个直属站暂停招生，进行整顿，并表彰了一批办学质量好的先进学区、直属站和辅导站。

三、严把“入口关”，招生工作继续保持良好势头。 与往年相比，在组织领导和考风考纪方面均有明显好转。考试前夕，省委有关领导打电话指示考试工作必须端正考风。省委党校成立了以兰友仁常务副校长为组长、省委组织部、干教办领导、省委党校全体校委成员及函授分院领导参加的招考领导小组，考试期间，领导小组全体成员及有关人员73人到各地各考点检查巡视。分院重视抓监考、巡视人员的选择和培训，各考点都设立了考风考纪意见箱，将监考人员姓名书写在黑板上，实行监考和考生的双向监督。1998年招生考试中替考取消资格的75名，严重违纪取消资格的17名，单科作弊，该门成绩作零分的208名。

四、坚持以教学为中心，教学管理工作取得新的进展。分院先后组织了两次备课会，并实行持证上岗制度。分院成立了由有关教研室主任、教授组成的教学指导小组，首届聘任了10人为指导小组成员，在函授教学中发挥了参谋和指导作用。各办学单位都相应制定了一整套行之有效的规章制度，对学员自学、党性锻炼起到了促进作用。

五、分院自身建设得到加强。不断完善了规章制度，使教学秩序进入了良性循环阶段。理顺了财务收支关系，使财务工作更好地为教学服务。充分发挥党支部的战斗堡垒作用，把大家的思想统一到十五大精神和胡锦涛同志关于函授教育的批示精神上来。分院实行"政务公开，财务公开"，使干部职工焕发了工作热情，加强了团结合作，提高了办学效率，出现了求真务实，真抓实干，团结奋进的新局面。（范　勇）

西安分院

1998年，西安分院以辅导站评估为契机，有针对性地解决办学中存在的主要问题，保证了各项工作任务的顺利完成。

一、深化教学改革，教学和教务管理工作进一步加强。改进了备课会。1998年，在召开《社会主义市场经济简明教程》、《国内贸易经济管理》等4门课的备课会时，把统一思想、提高认识放到首位。由教学效果较好的教师进行示范教学，开展观摩评教活动，并展评教案，交流教学经验，深受到会教师的欢迎。1998年，分院领导及有关工作人员，坚持听课。对授课质量较差、学员意见较大的教员，及时提出限期改进的要求。个别改进不大，效果不好的，予以解聘。进一步整治考风考纪。加大了检查力度。实行各巡考组起码在一个辅导站固定半天，严格抽查一场考试的全过程，并对上半年期末考试中违反总院《学员到课考勤规定》的少数辅导站进行通报批评。

二、认真贯彻总院《关于党性教育和党性考核的实施意见》，逐步实现党性教育工作的规范化。在总院下达《党性教育系列讲座纲要（试用）》以后，分院立即提出了《关于〈党性教育系列讲座纲要（试用）〉课教学的具体实施意见》，各辅导站积极行动，抓紧落实，党性教育工作正逐步走向规范化。不少辅导站都由常务副校长或分管函授的副校长亲自给学员上党性教育课，还要求其他各科教师在教学实践中体现和渗透党性教育。分院专门召开了党性教育课的备课会，统一教学指导思想，分析教学重点、难点，交流党性教育的经验。重视抓好入学教育，端正学习态度，要求学员制定自学计划和党性锻炼计划，并组织内容丰富、形式多样的党性教育活动。市党校辅导站近年来经常组织学员走出去，进行社会调查，考察经济开发区和高新技术开发区，参观延安革命圣地，邀请英模作报告，开展扶贫、献爱心活动。远东公司辅导站为配合98级本科、大专的党性教育课教学，邀请长江湖北段牌州湾一级抗洪英雄朱前程同志作抗洪抢险英雄事迹报告。寓党性教育于从严管理之中。临潼党校辅导站上学期对出勤率达不到要求，未按时完成作业，考试成绩不合格的28名学员坚决予以淘汰。坚持从严自律原则，认真进行党性分析和党性评议。市党校辅导站坚持在学员中开展党性分析和党性锻炼小结评议工作。将党性锻炼小结表送交所在单位党组织审核盖章，然后交分院审核后进入学籍档案。非党员写学习小结，由学习小组评议，经班委会审核存入学籍档案。

三、以评估为契机，强化辅导站建设，取得了阶段性成果。分院成立了评估领导小组。制定了《西安分院关于开展函授辅导站评估工作的实施方案》，专门编发了《评估工作通报》。下半年分院先后对办学时间较长的18个辅导站进行了检查验收，并按评估等级标准综合评定出优秀辅导站5个，一类辅导站7个，二类辅导站3个，三类辅导站3个。大多数辅导站重视评估工作。建立了评估领导小组和办事机构，收集和整理有关档案资料，并严格按照《辅导站评估指标体系》全面对照检查，进行自我评估，总结经验教训，边评估边整改，效果比较显著。正在实现由重规模向重质量转变，由粗放型管理向集约型管理转变，由重学习成绩向重素质提高转变，由重硬件建设向重软件建设转变。各站都调整、充实了领导班子和教学管理人员。已建立了一支专业对口、职称结构合理的专、兼职教师队伍。坚持按规定条件选聘班主任，建立班委会、临时党支部和学习小组，对搞好班务管理发挥了重要作用。教学、教务管理工作进一步加强。在师资选聘、教案审查、面授考勤、作业批改、论文指导、评教评学、考风考纪等方面加大工作力度，面貌大为改观。不断加大办学投入，努力改善办学条件。有与办学规模相应的固定教室、办公室、档案柜、电教设备和通讯工具等。 （雷福堂 孙 方）

甘肃分院

1998年，分院按照总院和省委党校校委的工作部署，认真开展“辅导站建设年”活动，以教育评估为手段，解决办学中存在的不容忽视的问题，基本实现了工作年会提出的推动全省党校函授教育上新台阶的目标。

一、办学指导思想进一步端正，把确保办学质量放在办学的首位。分院在1998年的辅导站建设年活动和评估工作中，把端正办学指导思想作为重中之重。从评估检查验收的结果看，大多数学区和辅导站，在思想认识上基本解决了“为什么办学”和“培养什么人”的问题；把党校函授教育看作是“创收”的手段和以“营利”为目的的错误思想，基本得到了纠正；质量问题普遍放到了办学工作的首位，形成了讲政治、讲正气、抓管理、上质量的良好局面。

二、组织机构进一步完善，领导班子得到了充实和加强。长期以来分院领导班子始终置于校委直接领导之下，院长由省委党校常务副校长亲自兼任。1997年11月，省委党校成立了干部在职教育学院，同时履行中函分院的职责，院长由常务副校长兼任，主管教学工作的副校长兼任第一副院长，并设专职常务副院长，吸收党校工作处处长和函授部3位副主任为院委会成员。科级建制由以前的4个增设为7个，设置院务办公室、教学科、教务科、教材科、学籍科、直属学区办公室、财务科，分工更加合理，人员总体素质显著提高。学区主任和辅导站站长基本由地、县党校常务副校长兼任，学区专职副主任、辅导站专职副站长均具有多年教学管理的经验和讲师以上职称。4月，在总院的大力支持下，对分院18个学区主任和74个辅导站站长进行了为期5天的专门培训，并通过综合考核，由总院颁发了培训合格证。7月以来，分院通过教学管理会、备课会、班主任工作会，进一步加强学区、辅导站教学与管理人员的培训。

三、硬件建设成绩突出，办学条件显著

改善。据不完全统计，全省有20多家新建了教学楼，新增教室120多间，新增办公室50多间，新增桌凳800多张；购置微机80余台，电视机、VCD、录放相机等100多台；新增车辆8辆。金昌、张掖、天水、平凉、白银市、酒泉等学区在硬件建设上成绩显著。永登辅导站筹集110多万元，用于改善办学条件。景泰辅导站兴建了微机房，配备8台微机，自购图书5000余册，县委、县政府干部和党校教职工、学员捐赠图书4000余册。

四、师资队伍数量有所增加，素质有较大提高。精心选调政治合格、专业对口、业务过硬的教师，充实到函授师资队伍中来。全分院各学区、辅导站新调进教师249名。对党校内部教师无力承担或质量难以保证的课程，一律外请具有中、高级职称的专家、学者担任。全分院共外请兼职教师230多名。各学区把党校系统的一流教师和社会各界的专家、学者组织起来，组建“教授讲课团”，在各辅导站巡回面授，对提高教育质量起到了积极作用。加大对师资的培训力度。各区（站）有30多名教师在中央党校、省委党校和其他高等院校攻读脱产或在职研究生学历；有280多名教师在中央党校、省委党校和其他高等院校接受过单科培训；有30多名教师在欧洲、香港等国家和地区，参加了短期学习和研修。每年暑期组织一批骨干教师，到东南沿海等发达地区考察学习，到省内地、县、乡和有关企业调查研究，大力开展科研活动。并认真开好分院和学区一年两次的教师备课会。开展教学观摩活动。开好教学研讨会、学员座谈会，坚持领导、专家听课制度，重视课堂教学情况反馈，帮助教师提高教学质量。

五、教学管理队伍逐步向专业化和素质型转变。分院坚持每周半天的政治学习制度，全面推广到了各学区和辅导站。一年多以来，分院增加了2名正教授、2名副教授、1名讲师，学区、辅导站精心选配了160多人充实到了函授办学机构，分院及各学区（站）有50多人因不适合函授教育工作岗位而被调整到校内其他部门。10月，分院召开班主任工作会议，制订了《班主任工作暂行规定》，对100名班主任进行了表彰奖励。认真开展职业道德教育活动，教育全体办学人员自觉地纠正行业不正之风，坚决克服和破除关系网、人情风，坚决反对一些学员弄虚作假、骗取文凭的歪风和办学人员搞钱学交易、以学谋私、徇私枉法的违纪行为。

六、严把“四关”，全力推动教学管理的规范化和科学化。把好招生关，严格执行了“计划招生，控制规模，严格把关，保证质量”的招生工作方针，严格了考生资格审查，有2200多人因不符合报考条件而被取消考试资格。把好教材关，确保教材发行的速度和质量。把好教学关，充实教学管理人员，加大师资培训力度，下功夫抓了面授、电教、自学、讨论、作业等各个环节，把好考核关，继续坚持了考场分类达标管理，加大了监考力度，完善由纪检、监察部门参与的监督机制。严防试题及试卷泄密现象，比较好地执行了党性锻炼（非党学员的思想政治素质表现）考核不合格者不得毕业的规定。学员毕业论文的撰写、评审、答辩工作基本实现了程序化和规范化，对伪假毕业论文的查处工作引起普遍重视。

七、坚持从严治考，考风考纪进一步好转。各学区、辅导站按照胡锦涛同志“考风考纪，党校一定要把住”的重要指示，继续加大整肃考风考纪的力度。从反腐败的高度，严明考试纪律，严格考试制度。1998年因一次考试作弊而以零分计算的学员841人，因两次作弊而被取消学籍的共420人。分院、学区、辅导站都成立由省、地、市（县）委主要领导牵头，组织、纪检、监察等部门有关负责人参与的领导小组，以加强领导和监督。考试工作逐步规范化。每场考试前，都要召开考务会，实行轮换考场监考制度。各考点均设立举报电话和举报箱，有些学区的大型考试还请新闻宣传单位拍摄考场实况，接受社会监督，增加透明度。1998年，省委党校向各考点派出巡考人员共400多人次，各考区互换主监考900多人次。分院还对1997年考风考纪较差的单位，进行了重点监督和检查。

八、辅导站评估检查和分院自评工作取得了阶段性成果。7月，分院在榆中县委党校召开了有12个试点单位参加的评估汇报会，10月，分院参照《中央党校函授教育评估指标体系》，结合我省实际，制订并颁布了《中共甘肃省委党校函授教育辅导站评估检查指标体系》，成立了由省委党校常务副校长任组长、主管教学的副校长任副组长、全体校委成员、分院常务副院长参加的评估检查验收领导小组，同时向各学区、辅导站下发了“全面开展辅导站评估检查验收工作的通知”。10月底到11月中旬，由校委领导亲自挂帅，相继在景泰、北道、静宁、兰炼等辅导站分片召开了4个评估检查验收现场会，培训了一批工作骨干。11月12日到12月9日，历时28天，组成八个检查验收小组，分别对全省各学区的所有辅导站的评估工作逐个进行了一次扎实认真的检查验收。在肯定成绩的同时，重点对存在的问题以及整改措施进行了分析和“诊断”。全省74个辅导站中，评出优秀的15家，良好的38家，合格的19家，不合格的2家。对先进辅导站给予表彰奖励；对不合格辅导站则予以取消；对合格辅导站，分院要在帮助其加强整改工作的基础上，明年再进行一次全面检查。

九、首期党员领导干部在职研究生班开端良好。根据校委领导的要求，分院成立了由校委领导牵头的领导小组和专家小组，设置了研究生办公室，配备了高素质的教学管理人员和班主任，组建了高水平、高职称的教师队伍。在研究生班的管理上，也摸索和积累了一定的经验，初步形成了一套有效的管理制度。省委对党校函授教育历来非常重视。一年多来，按照省委决定成立的甘肃省党校系统学历教育管理委员会，认真地履行了管理职责。省委组织部和干训处把党校函授教育纳入干训计划，并且深入实际，巡视、检查、指导工作。省委宣传部、省人事厅、省财政厅、省计委、省教委也给予了大力支持，为我们办好党校函授教育创造了重要条件。同时，各地、州（市）、县党委和政府部门对党校函授教育的重视和关心程度普遍提高，在地、县经济十分困难的情况下，尽可能在人力、物力、财力上给予保障，而且在领导、管理、监督等方面做了大量的实际工作。

（冯　湖）

青海分院

一年来，青海分院围绕强化管理、细化措施、深化评估、优化服务，即“四化”的工作要求，重点做了以下几项工作：

一、坚持以胡锦涛同志关于党校函授教育的一系列指示精神为指导，进一步端正了办学指导思想。分院所属各学区（站）都以各种形式，广泛深入地开展对指示精神的学习、宣传工作，使学习贯彻落实胡锦涛同志指示精神的热潮在全分院迅速形成。各学区（站）以学习贯彻“指示”精神为动力，深化教学改革，强化各项管理工作，严把招生关、教材关、教学关、考核关，认真分析办学中存在的问题，花大力气自查自纠，有针对性地解决不容忽视的问题，进一步端正办学指导思想。以评估为契机，进一步完善规章制度。通过学习“批示”，全体函授工作人员对党校函授教育的认识更深刻了，振奋了精神，鼓舞了士气，工作自觉性更高了，主动性更强了，干劲更足了。

二、精心组织实施“龙头带两翼”，即以教育评估为龙头，带动整治考风考纪和规范毕业论文答辩两翼工作的部署。

1. 切实抓好函授教育质量评估，有力地推动了学区、辅导站的建设。各学区（站）成立了评估机构，积极开展自评。分院在海东、西宁、石油局和民和辅导站试点，适时召开了分院教育质量评估与加强学区（站）建设经验交流会，明确了评估工作的重点和任务，交流了加强学区（站）建设的经验，进一步完善了分院评估指标体系。分院利用期末考试和98级招生考试下派巡视员的机会，由巡视员任组长，组织人员，先后两次对各学区（站）的自评和整改情况，对照评估指标体系进行了检查，摸清情况，指出问题，强化整改。在分院函授教育评估领导小组的直接领导下，聘请大专院校的专家、教授，开门进行检查验收，全面对照检查，确定了一、二、三类办学单位。其中有7个学区、2个辅导站为一类办学单位，16个学区（站）为二类办学单位，1个辅导站为三类办学单位。召开会议认真进行总结，梳理问题，确定整改期限。通过各单位的共同努力，分院的评估工作得到了总院评估检查组的充分肯定。

2. 加大整治考风考纪的工作力度，实现考风进一步好转，取得了实质性的进展。继续建立严密垂直的组织领导体系，实行“全方位混合交叉监考办法”和“五一律”（发现作弊一律按零分处理、一律张榜公布、替考的一律取消学籍、一律通报所在单位、学员是党校职工作弊的一律取消学籍）的措施，全封闭、高质量地完成了评阅试卷工作。

3. 保质保量地完成毕业班的论文指导与答辩工作。分院注意总结了以往毕业论文指导与答辩工作的经验，在95级领导干部班、本科班和大专班两轮毕业论文答辩中，实行分片组织、滚动进行、异地交换，以高质量的组织和管理，圆满完成了建院以来数量最多、规模最大的一次论文答辩工作。95级大专班99.7%的学员参加了答辩，答辩未通过的占实际参加答辩人数的10.2%。

三、强化教学管理，扎扎实实地抓好教学工作。一是狠抓面授到课率。规范考勤管理，进一步完善“三考核定”的办法；坚持班主任跟班听课制度，及时了解和反馈学员面授学习情况；严肃考勤纪律，坚决执行考勤减分制；加强与学员所在单位的联系，走访学员家庭，及时通报情况，共同做好工作。二是专项整治，重点整治了迟到、早退现象。其中，分院集中20天时间，对直属学区面授出勤情况，进行检查，有效地制止了面授到课的迟到、早退和误课的情况，绝大部分班级面授到课率保持在85%以上，其中有三分之一的班级按时上课率达到了90%以上。三是全面加强教学各环节的管理。一方面，有针对性地细化各种管理措施，坚持按期召开班主任工作会议、教学工作会议、年度工作会议，以及各种经验交流会，及时通报各种规章制度的完善和执行情况；另一方面，加大教学管理工作的力度，制定了分院《自学管理试行规程》，改进了评优标准和办法，积极探索建立激励机制的途径。四是加强学籍管理工作，提出了加强学籍管理的措施，明确工作职责，实行层层负责制，保证了学籍管理质量，做到及时、准确、严格、规范。五是加强师资队伍的培训力度，师资培训已形成制度。同时，积极创造条件，选聘青年教师上讲台，培养和锻炼师资队伍。

四、成功地举办了分院五周年院庆的各项活动。一是全面回顾了五年来的办学及创业历程，总结了搞好党校函授教育的基本经验，提出了再创党校函授教育新局面的工作思路和主攻方向。二是组织从事和参与过分院工作的校内外专家、教授以及毕业学员撰写文章，宣传党校函授办学。三是隆重举行了建院五周年总结表彰大会。总院对这次会议十分重视，院领导专门题词，总院院务委员会发来了贺信，并派专人到会祝贺。会上，表彰了9个优秀办学单位，15名分院初创人员，39名优秀教师，19名优秀班主任和26名先进工作者。四是直属学区举办了纪念建院五周年歌咏比赛，活跃了校园文化生活，激发了学员的学习热情，增强了班集体的凝聚力和向心力。（陈卫民）

新疆分院

1998年，新疆分院结合本地区实际，开展了一系列扎实有效的活动，促进了办学质量的提高。

一、开展教育评估检查验收活动。3月7日至8日，分院召开学区主任和教学点负责人会议，对检查验收工作进行了具体部署。4至7月，开展函授教育质量评估检查活动。4月5日至8日、12日至16日，分院分别对吐鲁番学区、塔城学区进行验收试点。通过试点，分院进一步细化了评估指标体系。4月8日至7月26日，分院派出4个组，每组由自治区党校校级领导带队，分赴南疆、北疆、东疆以及乌鲁木齐附近地区，对各学区、教学点进行评估检查验收。8月总结表彰。通过评估检查验收，评选出了6个优秀学区和一个直属教学点：昌吉州学区、八钢学区、阿勒泰学区、克拉玛依学区、喀什学区、巴州学区和沙湾教学点。8月18日，新疆党校函授教育十周年庆祝大会对以上优秀单位进行了表彰。分院成立了教育评估检查验收领导小组，常务副校长罗远富担任组长，多次召开会议，研究部署有关事宜。罗远富及校委其他负责同志分别率队参加检查验收。

评估检查验收得到了各地州市委领导高度重视。各地州市委领导均亲自出面听取本地区党校的汇报和评估检查验收小组的意见反馈。纷纷表示要尽快地解决本地区党校办学中存在的教师数量不足、办学经费短缺及办学硬件设施缺乏等方面的问题。地处偏远的克孜勒苏克尔克孜自治州委领导一把手亲自出面，号召全州党员以交一份“特殊党费”的形式给州党校捐款，并带头捐款500元，所筹50万元资金全部用于改善州党校的硬件设施。各地州党校以评估为契机，推动党校建设，使评估工作取得了阶段性成果。各级党校校委更加重视函授教育工作，形成了全校办函授的局面；办学队伍得到充实，办学队伍总体素质有所提高；办学行为进一步规范，奎屯学区制定了面授教师管理办法和班主任工作考核办法，八钢学区、昌吉州学区普遍建立和健全规章制度；档案管理进一步加强；办学条件得到改善，一批学区改建扩建教学楼、图书馆、添置微机、电教设备等。

二、加强办学队伍建设。分院提出1998年为“师资队伍建设年”。改进春季备课会和秋季备课会，采取了研讨式、观摩式备课方式。精心选派了区党校30余位骨干教员，到各学区进行教学指导、教学观摩。5月，分院在广东省开办了为期15天的师资培训班。培训内容为“国际金融”、“对外贸易理论与实务”。培训采取专家讲授与实地考察相结合的方式，有17个学区的19名教师参加了培训。开展教学研讨活动，以科研促教学。8月，举办了教学研讨会，共收到论文90余篇，并将有较高科研质量的论文选编成集。分院下达了评教指标体系，开展了评教活动。分院着力抓了班主任队伍建设，班主任队伍得到充实。5月中旬，在哈密召开的班主任经验交流会上，46位民、汉班主任提交了论文，交流了各自从事班级管理的经验和体会。

三、整肃考风考纪。1998年，分院认真贯彻胡锦涛同志关于严把“考核关”的指示，开展了考区达标评比活动。和田学区提出“防重于治”，重视考前教育。八钢学区注重营造浓厚的“遵纪光荣，违纪可耻”的考纪氛围。克拉玛依学区、独山子、塔西南教学点严格执行考务管理规定，一丝不苟。奎屯学区请中小学老师监考。哈密学区实行民汉教师搭配监考。伊犁州学区校领导分片负责，坚持制度面前人人平等。阿勒泰学区通过“致考生的一封信”强调遵守考风考纪的重要性。1998 年中函本科招生考试全分院共处理违纪学员 247 人，把住了招生考试关。

四、加强制度建设。经过较长时间的酝酿和反复讨论，《中函院新疆分院、自治区党校函授大学管理制度汇编》于 1998 年 8 月出版发行。“汇编”以《中央党校函授学院管理制度汇编》为依据，结合新疆的办学实际，形成了教学管理、教务管理、教材管理、考务管理、学籍管理、学员管理等一整套管理制度，为分院制度化、规范化管理打下了基础。

五、创办了新疆分院报。在自治区党校校委的高度重视和有关部门的大力支持、协助下，新疆分院报于 1998 年 8 月出版发行。它的出版发行有利于加强分院对各学区工作的指导和各学区之间的信息交流。

六、圆满完成了 1998 年招生计划。分院继续贯彻执行“计划招生、严格把关、保证质量”的招生工作方针。严格审查报考资格，不符合条件的一律不许报考。在录取工作中，实行集体领导、集体审批，坚持录取标准，杜绝任何“特批”。没有招收一个“特批生”和一个“关系生”，保证了新生质量。

七、举办新疆党校函授教育十周年庆祝活动。8 月 18 日，分院举办了新疆党校函授教育十周年庆祝活动。中央党校校委委员、总院院长孙钱章亲自到会祝贺。自治区党委副秘书长满宗洲讲话，自治区党校常务副校长罗远富全面总结了办学十年来的成果和经验体会。会议表彰了一批为党校函授教育事业做出突出贡献的优秀教师和优秀管理工作者。电视片“希望的田野”和以“前进中的党校函授教育”为主题的图片展，充分展示了新疆党校函授教育发展的十年历程和取得的丰硕成果。

（哈丽云）

新疆兵团分院

一年来，兵团分院主要抓了下列工作：

一、对分院的组织机构和人员进行了调整和充实。设立了视导组；调整了考试委员会；配备了办公室主任和学籍科长，12 月调入工作人员 2 名，有效地保证了函授工作的顺利开展。

二、加强考务工作，考风考纪出现了好转的势头。在招生考试前召开由学区、辅导站主要领导参加的考务会议，精心组织，周密安排。学期考试前召开巡考人员会议，提出具体要求，考中巡视员与监考人员认真负责，考后就考试情况发通报，公布作弊学员名单。农五师党校、农八师党校在抓考风考纪方面做得非常认真，从严要求，一经发现违纪的考生，都做严肃认真的处理。多数学员是赞赏的，社会的反映也很好。

三、狠抓教学管理，确保教学质量。一般都是选派主要教师任课，坚持学历、职称不合格的教师不准上讲台。学校的教师力量不足，宁可外请也不凑合。地理位置偏远的农一师、农九师、农五师学区距新疆的腹心地带六七百公里甚至上千公里，外请教师确有困难，但是，为了保证教学质量，他们还是远到兵团党校和乌鲁木齐市各高校聘请教师讲课。多数学区备课抓得很紧，凡是不经备课或备课不认真的教师不准上讲台，讲稿教案不符合要求的也不准上讲台。有的学区还建立了试讲的制度。试讲不成功的不准上讲台。有的学区评教活动搞得好，通过评教激发了教师的积极性，促进了教师授课水平的提高。作业批改、论文指导和论文答辩也都比以前有所改进，总的来看，教学质量都有一定程度的提高。

四、提高师资队伍和办学人员素质。采取多种方式加大培训力度。召开函授工作会议，由师局党校主管校长和学区主要领导人员参加，主要学习中央党校、中函院有关函授教育的文件，统一思想，统一认识，并通过研究函授教育的教学规律，进一步交流函授教育的办学经验，全面提高函授教育的办学水平。9 月举办了分院学籍管理人员微机培训班，总院教务处处长欧亚平出席了开班式，分院及学区（辅导站）22 人参加了培训班，为实现微机管理奠定了基础。召开两次备课会，为提高分院师资水平打下了基础。每次考试前都专门召开巡考人员会议，学区（辅导站）召开考务会议，对参加考务工作的人员进行培训，建立了一支合格、称职的考务人员队伍。

五、按照总院要求，认真搞好评估工作。分院成立了评估领导小组，由常务副校长、分院院长刘成林担任组长，并根据总院的要求，对兵团所属学区的评估检查工作做了认真的研究和周密细致的部署。分院印发了《关于党校系统函授教育质量检查评估的通知》，要求各学区按照通知精神认真做好自评自查工作。6 月底到 7 月初，分院对农六师、工一师学区进行了试点评估。9 月 18 日，分院召开了由各师局党校常务副校长和学区常务副主任参加的评估工作会议，对全面评估工作作了具体安排。从 10 月下旬开始，对所有学区进行了全面评估，经过评估，表彰了一批先进办学单位，并将传真机作为奖品发给先进办学单位，进一步改善了学区的办学条件。 （新疆兵团分院　供稿）

河 南 分 院

1998 年，河南分院全体人员在总院、省委和校党委的正确领导下，团结拼搏、务实创新、狠抓落实，较好地完成了全年各项工作任务。

一、端正办学指导思想，重视党性教育。认真贯彻落实胡锦涛同志关于党校函授教育的一系列重要指示，自觉把培养党的高素质干部队伍作为办学的根本目标和出发点，在日常的教学和管理活动中能够紧紧围绕着“教育质量第一，社会效益第一”的办学方针积极开展工作。不仅重视制度建设、队伍建设，而且还把主要精力用在严把教学管理的各个重要环节上。把党性教育和党性锻炼纳入函授教育的总体规划。要求学员每学期都制定党性教育和党性锻炼计划，要求教师在教学过程中把理论、科学文化知识的传播同党性教育结合起来，寓党性教育于理论、科学文化知识的教学之中。在各教学班普遍建立了临时党支部，并积极开展活动。

二、培训管理人员，理顺办学体制。一年来，分院结合招生考试和学区评估工作，对管理人员进行了培训，并积极推广和宣传先进学区的经验，进一步完善了管理网络体系和制度，加强了层级管理。新建立了济源学区、省直机关党校学区，进一步理顺了洛矿、洛轴、炮院等单位的办学关系；开通了分院与学区的电话传真；为明年全省实现微机联网制定了规划；经过学区评估，各学区的软硬件建设均有所加强。大多数学区力量配置精强，各项工作皆有专人负责。

三、严格各项管理，认真把好关口。实施了对学员的全面系统的管理，基本上把住了招生、教学、考核等关口。

在招生方面，分院成立了招生工作领导小组，组建了办事机构；严格对考生报名资格审查，上下结合推行了四级审核制和签名负责制；认真抽调和培训了巡视、监考人员；继续推行了“三把锁、三句话”制度，做好试卷保密和严肃考场纪律工作；严密组织并完成了招生评卷和登分工作；保证了招生质量，顺利完成了招生录取工作。

在教学方面，分院坚持以提高教师面授质量和学员自学质量为中心，狠抓了教学计划、师资选聘培训、授课质量考核、学员到课率和自学等环节。认真落实总院的教学计划，做到了面授、自学时数符合要求，考试、考查安排准确无误；严格选聘教师，认真执行教师竞争上岗、试讲上岗、把关审查上岗制度，坚持和推行了教学观摩试点的备课会，开展了示范教学、评教、评学活动，建立了教学质量考核制度，保证面授质量不断提高；采取多种措施督促学员到课，确保了学员到课率，加强了对学员学习目的的教育和学员自学的指导，提高了学员自学的整体水平。

在考核方面，分院以考风考纪为重点，狠抓了学员考试环节。每次考试都像招生考试一样严格执行总院有关规定，做到了认真安排、周密布置。

四、加强各级组织建设，优化整体功能。对于分院自身建设，提出了抓基础、抓队伍、抓制度、抓服务。端正办学指导思想，实施严格管理；强化管理职能，完善管理机制；健全规章制度，规范办学行为；明确岗位责任，提高队伍素质；深化业务研究，创造良好氛围；提高管理水平和工作质量，力求实现决策无误，管理无差错，人员无违纪的目标。并把其付诸实施，取得了初步成效。对于学区建设，上半年分院在洛阳市委党校召开学区评估检查验收试点会议，并实地进行了试点验收。在全省选调了30名处级干部和业务骨干，组成6个检查验收小组，分赴各地，按照评估指标体系逐条对照，逐条评分，进行了严格的检查验收。8月22日至25日，在三门峡召开了学区评估工作总结表彰会议。学区评估工作取得五大成效：办学指导思想进一步明确；促进了办学条件的改善；促进了专职管理人员和师资队伍的调整和补充；管理规范化有明显的进步；党性教育明显加强，办学声誉明显提高。同时，对荣获优秀学区称号和获得教学管理工作单项奖的办学单位进行了表彰。对于辅导站建设，秋季在全省范围内全面展开了对辅导站的评估。（曹志嵩）

湖南分院

1998年，湖南分院坚持“从严办学，质量第一”的方针，充分发挥各方面的积极性和主动性，使以教学为中心的各项工作都取得了新的进步。

一、学区和辅导站建设取得阶段性成果。1998年为辅导站建设年。分院以评估为手段，在强化辅导站建设的同时，继续抓学区建设，先后制订了《函授学区评估实施方案》和《辅导站评估实施方案》，对学区、辅导站建设提出了明确的目标、任务和要求。学区和辅导站建设得到市县党校的高度重视，不少单位召开校委会进行了专题研究，并把函授教育评估与学校达标工作紧密结合起来，统一计划，统一安排布置。各学区、辅导站对照评估指标体系，认真开展自评，肯定成绩，找准薄弱环节，边评估，边整改，以评估促进学区、辅导站建设。在自评的基础上，5月至10月，分院对各学区进行了检查评估。11月至12月，各学区对辅导站进行了检查评估。常德学区通过检查评估，对所属的10个辅导站进行了认真的分类排队，由学区主任带队，对办学指导思想不够端正、管理制度不健全的两个后进辅导站进行了认真整顿，帮助其端正办学指导思想，健全了规章制度。邵阳学区通过检查评估，对一个暂不具备办学条件的辅导站制定了整改措施，并决定1999年停止招生一年，以集中精力搞好整改。

（一）*领导班子有所加强，办学队伍得到充实和提高*。全分院14个地市学区，有7个学区是党校一把手兼任学区主任或第一主任，90%以上的县（市）辅导站是党校一把手兼站长。各地市学区的分管校领导在函授的招生、教学、管理、考核等环节上严格把关。函授工作队伍得到充实提高，有4个学区、21个辅导站增加函授专职干部27名，有5个学区和19个辅导站共引进法律、经济类师资37名。衡阳、郴州等学区，对学区和辅导站的工作人员进行了专门培训，组织大家认真学习了胡锦涛同志关于党校函授教育的重要指示和总院的《管理制度汇编》，并联系实际进行了考试。分院对学区的电脑操作人员进行了两次培训，先后组织19名教师参加了总院的备课会。

（二）*办学指导思想不断得到端正，办学行为进一步规范*。在加强学区、辅导站建设的过程中，全分院各级组织十分重视胡锦涛同志"7·22"批示的传达学习和贯彻落实。各学区、直属站都先后组织了专题学习和讨论，有的还把胡锦涛同志的批示传达、印发给学员，并作为对学员进行党性教育的重要内容。通过学习，多数单位的办学指导思想进一步端正，正确处理社会效益与经济效益的关系，坚持质量第一、社会效益第一。衡阳市为规范党校办学行为，坚持不自办函授大专班，每年减少收入约40万元，校一把手表示，宁可牺牲一些经济效益也要维护党校函授办学体系，保证党校函授教育质量。湘西自治州学区有一个专业招生人数少，开班困难，州委党校负责同志表示，为了培养少数民族干部，亏本也要办。指导思想端正了，教学管理和各项管理的力度不断加大，各项制度进一步得到完善和落实。

（三）*办学条件明显改善*。各学区、辅导站贯彻以学养学的原则，对函授加大了投入。据不完全统计，1998年各地市县党校筹措资金3000多万元，用于党校建设和设备添置，100%的学区、50%的辅导站有了标准化的教室，能保证函授教学的正常需要。4个学区增加了办公用房，15个学区购置了工作用电脑。

二、教学教务管理进一步加强。由于组织部门的大力支持，各级领导高度重视广泛宣传，深入发动，严格把关，今年顺利完成了招生计划，普遍实行了师资选聘制。教案审查制度和班主任跟班听课等制度，加强了对教学全过程的管理。衡阳学区对任课老师实行"三审一试"制，邵阳学区通过教学比赛选聘面授教师，常德学区解聘两名不合格的教师，衡阳学区试行"三段式"教学法，把有些课的面授分为"抓纲导读、重点研讨、串讲归纳"三个阶段，受到学员的好评。湘潭学区实行校领导听课制，规定正副校长每年听课不得少于20课时，并定期组织评课，以促使教师严格执行教学计划，认真备课，提高教学水平。株洲等学区认真抓作业批改，要求教师批改作业做到"五有"，有批改、有评语、有打分、有签名、有时间。对上述作法和经验，分院进行了总结推广。分院把考风考纪问题当作学风、党风建设来抓，除继续实行交叉监考、请组织纪检部门的同志参加巡考、对监考员实行奖罚、对舞弊学员全省通报等制度外，今年从招生考试开始实行了考区考核评分。以上制度的进一步落实，使考风考纪有新的进步。

（李治业）

湖北分院

1998年，湖北分院工作的主要情况概述如下：

一、做好教育评估工作。分院下发了

《关于认真抓好1998年函授教育评估工作的通知》，制定了《函授教育学区评估检查验收实施办法》，并确定黄冈、荆州两个学区为检查验收的试点，召开了分院评估领导小组与检查验收人员会议，进一步学习掌握学区教育评估指标体系，统一扣分标准，明确检查验收的工作任务、要求和具体做法。3月18日至26日，分院检查验收小组先后对荆州、黄冈两个验收试点学区进行了检查验收。验收工作分三步进行：调查研究，了解情况；根据材料，检查验收；通报检查结果，提出整改建议。通过对两个试点学区评估工作的检查验收，取得了验收的经验，为对各学区的全面验收创造了条件。分院从4月至6月，对所属21个学区的教育评估工作逐个进行了检查验收。学区评估验收工作结束后，召开评估领导小组和分院各科室负责人会议，根据各学区检查验收得分，结合学区各方面的工作情况，对照条件，全面衡量，综合评定各学区的等级。经评定，有5个学区评为一类，10个学区评为二类，6个学区调整为直属辅导站，其中1个评为三类。3月至6月，各辅导站进行自我评估工作。6月至10月，各学区对所属辅导站的评估工作检查验收。分院于8月26日至27日召开了学区主任和专职视导组长会议，部署学区对辅导站评估的验收工作。12月，遵照总院关于各分院必须对所属三分之一的辅导站评估进行抽查的规定，湖北分院下发了《关于认真做好辅导站评估抽查工作的通知》，组织7个组（每组3—4人，其中分院2人，学区1—2人），分两批，先后对7个学区的21个辅导站的评估工作认真进行了抽查。其中一类站5个，二类站14个，三类站2个。从抽查的情况来看，辅导站的自评情况良好，对办学的差距有较明确的认识，整改成效明显；学区对辅导站的评估都逐个认真进行了检查验收，并召开了总结交流、评比表彰会议。在抽查中也发现一些不足和不当之处，因而建议将3个一类站降为二类，3个二类站降为三类，1个教学点定为不合格的办学单位，停止招生，将予撤销。经抽查复议，全分院的辅导站等级评定结果是：75个辅导站中定为一类站的20个，占26.6%；二类站的36个，占48%，三类站的8个，占10.7%，降为直属教学班的11个，占14.7%。

分院的自评工作于8月开始。8月22日的校委会议专题研究和安排了分院的教育评估工作。湖北分院自评工作是总院的试点单位之一。分院自评工作分为四个阶段进行。第一阶段，动员准备。一是做好材料准备，包括拟制《分院教育评估实施方案》、《评估指标体系责任分解表》、《评估材料收集清单》、《评估工作日程安排》和12种调查、统计表格等。二是建立分院教育评估领导小组与评估办公室。三是先后召开了全校教职工评估动员大会，评估领导小组及办公室成员会议，各部处室负责人评估准备会议，和全体函授工作人员和直属班班主任学习评估指标体系会议等。第二阶段，收集整理材料。分院抽出三人广泛深入地收集各类办学的原始材料。共收集2633份107盒评估材料，编目清楚，整理规范，装盒精美。第三阶段，自评打分。评估打分开门进行，多方参与。先于10月23日召开学区主任会议，对分院予以评议、打分；再由各科室根据各自的职责范围，对照指标体系中的相关条目自评打分，找出差距；然后由评估领导小组用两天时间，查阅多种材料，综合各方意见，自评打分，并形成自评预案；最后，请校委审批分院自评预案，获准后上报总院。第四阶段，总结整改。制订《分院教育评估整改规划》，狠抓落实。同时，为迎接总院的检查验收作好准备，撰写了《分院自评打分的说明》。湖北分院的评估工作做到了领导重视，认识到位，组织到位，评估活动到位，成果到位。

二、以评估为动力抓好各项工作

（一）*严格把关，确保招生工作质量*。认真进行考生报名资格审查，报名考生必须持有所在单位组织人事部门的介绍信及其同意报考的意见和学历证明。坚持以招收党员在职干部为主，要求谁审查、谁签名、谁负责，坚持报考条件，严把资格审查关。召开招生考务工作会议，各级党校成立以常务副校长为组长的招生考试领导小组，建立监考和巡视两支队伍；认真抓好考前复习、辅导；狠抓考风考纪，严把招生考试关。并组织力量集中时间，封闭阅卷工作，贯彻执行总院关于招生录取工作的指导思想、政策、原则，坚持录取条件，完成了新生录取工作。

（二）*加强管理，努力提高教学质量*。分院分别于上学期和下学期召开了函授教学办公会，校委成员和各教研部负责人、分院领导参加。常务副校长周大仁和分管副校长曾瑞芝分别讲了话。并制定下发了鄂党校[1998] 29号《关于加强函授教学管理的暂行规定》和省校函［1998］29号《关于加强自学管理的暂行意见》等两份文件。分院于10月召开了全省党校函授教育管理研讨会，会上选举产生了湖北省党校教育研究会函授教育专业委员会。分院分别于4月和10月召开了《法理学》等9门课程的备课研讨会。6月举办第三期学籍管理人员培训班，加强教学工作的微机化管理。分院直属班将评估指标中涉及教学与班级管理的18条要求，印发给各班班主任和任课教师，先后召开6次会议贯彻落实。制定并下发了《湖北分院关于党性教育及考核的实施意见》和《1998年党性教育计划》等。结合分院的实际情况，编印出湖北分院《管理制度汇编》。有50项制度、规定，15项“工作职责”及其年度“工作流程”。

（三）*加强分院建设，努力改善办学条件*。湖北分院各学区、辅导站所在各市县级党校共投入1.2亿多元新建教学楼69栋；投入1285万元改造教室460多间；投入1300多万元添置电教、办公设备；分院自身投入近百万元扩改22间办公室、实施微机联网和绿化函授大院，更新添置了办公、电教设备等。

（四）*召开函授教育工作会议，贯彻总院精神*。1998年12月4日至6日，中共湖北省委党校召开了函授教育工作会议。全省42个党校分管函授工作的副校长和16个学区主任共90余人参加了会议。传达贯彻中央党校1998年函授教育工作会议精神，总结湖北分院一年的工作，部署下年度的函授教育工作。会议表彰了十堰学区等5个先进学区和恩施学区利川市辅导站等10个先进辅导站。另有十堰学区丹江口市辅导站、襄樊学区南漳县辅导站和黄冈学区罗田县辅导站被评为中央党校函授学院的先进辅导站。

（五）*参加抗洪抢险斗争*。1998年汛期，长江发生了建国以来罕见的特大洪水。湖北分院的广大学工人员，积极响应党中央的号召，投身到伟大的抗洪抢险斗争中。许多担任领导职务的党员干部学员，身先士卒，舍生忘死，带领群众与洪魔展开殊死搏斗，涌现出许多英模人物。有武警湖北省消防总队干部、97级中函政法班学员隗德芳，他与学员王灿培、张建国、余永安、刘良栋等同志，奉命驾舟从树上救出六岁女孩江珊。隗德芳获公安部一等功、省“抗洪模范称号”。参加嘉鱼县簰洲湾营救工作，救起1300多人的，是中函第五期领导干部班毕业学员、武汉轮渡公司副经理陈镇率领的船队。洪湖市市长、中函97级学员韩从根和监利县委书记、中函98级学员杨道洲，率领干部和群众在荆江大堤上战洪魔，事迹突出，被湖北省委、省政府、省军区授予“抗洪功臣”的光荣称号。有坚守在武汉龙王庙最险堤段的指挥长、江汉区区长、中函第五期领导干部班毕业学员林肖滨。还有监利县委党校的领导、教师和函授学员积极投入了抗洪战斗，其中97级函授学员、朱河镇青年突击队队长杨书祥同志在抢险中英勇地献出了生命。中央党校函授学院表彰了隗德芳、韩从根等抗洪抢险先进个人。（李天柏）

广东分院

1998年，广东分院紧紧围绕提高教学质量这一中心，加强宏观管理，狠抓制度落实，把函授教育的各项工作推上一个新的台阶。

一、坚持正确的办学方向。省委党校和各级党校领导，能够站在时代要求和历史责任的高度来看待函授教育，自觉将函授教育列入议事日程，注意研究和解决函授教育的问题，坚持做到重大问题"一把手"抓，业务工作分管领导具体抓，涉及全局工作"班子"一起抓，例如1998年在顺德召开的招生工作会议要求各市、县党校的"一把手"参加。深圳市委党校校委提出要从维护"三个形象"，即党校形象、特区形象和党的形象的高度来抓好函授教育，切实从管理人员的配备、面授教师的选聘、办公设备的改善等方面给予充分保证。分院保持党校函授教育的特色：一是在培养对象上，坚持了以党员干部为主体，以乡镇、科级以上领导和后备干部为重点。在培养目标上，以培养相应文化学历水平的合格领导干部为目标，真正体现党校学历内涵的要求，即理论、知识、党性和能力相统一。分院注意发挥党校系统联合办学的整体优势，毅然拒绝社会上种类繁多的培训中心、训练基地联合办学历教育的要求，同时对深圳工会培训中心、广州民航培训中心和韶关讲师团等招生点，进行认真整顿、停止招生。

二、逐步规范管理工作。第一，制定并完善教学和管理的工作规程。分院依据各市县党校评估反馈的意见和建议，认真制定和修改了《关于面授教师选聘的若干规定》、《省委党校函授学院学员学籍管理条例》等一整套规章制度，使函授教育的日常管理和运作更加制度化、规范化。

第二，不断完善函授教育监督制度。1998年，广东分院重新选聘函授教育质量监督员，共聘请懂教学、会管理、在职和返聘相结合的质量监督员242名。并修改和完善了《中共广东省委党校函授教育质量奖罚暂行规定》、《关于函授教育质量监督工作的暂行规定》。

第三，坚持检查评比奖惩制度。分院坚持在毕业班开展评比表彰优秀学员、先进面授教师、先进工作者和先进函授班的活动，采取精神奖励与适当物质奖励相结合，给先进个人和单位颁发荣誉证书、奖状和奖金。深圳市委党校年终开展评选优秀班主任、优秀任课教师、先进函授工作者和积极支持函授工作的先进处室。每年1月份组织全市各区委党校进行函授教育质量评比检查，3月份召开表彰大会。1998年拨出17.7万元进行表彰和奖励。

三、不断加强办学队伍。第一，抓队伍建设。建立一支与自己办学规模相适应的专兼职相结合的教师队伍。1998年分院共有教师1887名，其中专职教师1244名，占教师总数66%。兼职教师386名，占20%；外聘教师257名，占13.6%。建立一支比较稳定、善于管理、素质较高的管理队伍。目前，全分院有管理人员686人，管理人员有专科以上学历的569名，占总数的83%，深圳学区有管理人员19名，其中研究生学历8名，本科学历8名，大专学历2名。三是坚持小班管理，加强班主任选配。分院配有班主任621名，其中具有大专以上学历609名，占总数的98%。

第二，抓思想建设。坚持政治理论学习制度，选派3名管理骨干参加省委党校处长进修班的学习；积极参加“创优争先”活动，培养团结战斗、不计报酬、连续作战的好作风；结合监、巡考，组织下基层调查研究等工作，及时讲评好人好事，指出存在的问题；对基层反映的意见，分院都认真调查，及时处理，决不护短。深圳、汕头学区也先后被所属市委机关工委评为“先进党支部”、“成人教育先进单位”。

第三，抓业务培训。加大师资培训力度。省委党校除选送青年教师到中央党校和其他高校进修外，还召开了刑法学等10门学科备课会。分院继续对教务管理人员进行业务培训考核，对考核合格的教务人员颁发资格证书；分院所属学区都召开了各种形式的班主任经验交流会。5月，惠州学区进行班主任形象设计的讨论。深圳学区进行优秀班主任评比，总结和交流了班主任经验；暑假，分院组织了一次“出点子”活动。

四、严把“四关”。（一）严把入学关。坚持以办学条件和管理水平为基准拟定招生点。对某些办学指导思想不够端正，教学和管理跟不上，出现弄虚作假，严重作弊的单位坚决停止招生。坚持招生条件，严把报名关。实行逐级审查，层层把关，杜绝假文凭、假学历。共查出不符合条件考生70人。严格执行招生考试纪律，加强领导，严肃考场纪律，实行作弊“一步到位”零分处理。四是严格执行计划，按录取方案择优录取，不突破招生计划。

（二）严把教学关。择优选聘教师。分院制定了《关于党校函授教案编写工作的若干要求》，加强了教案编写的指导，坚持了集体备课制度。深圳学区还开展函授面授质量考评制度。各学区采取了点名、刷卡、补课及取消参加期末考试资格等措施，努力提高面授到课率。

（三）严把考试关。加大对考试作弊者的处罚力度，规定考试夹带一律按零分处理，雷同试卷一律取消该科成绩，代考者一律取消入学资格或学籍，作业作假一律参加总补考。1998年下学期期末考试中有四个考点答案雷同，实行全部重考。一个市委党校考场秩序混乱，省委党校和分院领导发现，当场宣布考试作废。某市一名组织部副部长考试由他人代考，分院查核后果断取消了他的学籍。某部一名副参谋长请人代替参加总补考，分院经核对无误后，取消其学籍，还通报其所在单位。1998年，分院共查出几百份弄虚作假的作业中，有半数是领导干部或掌握实权的“特殊学员”，但分院不给任何情面，一律取消成绩，责成补考。分院大力宣传和推广广东东莞市委党校总结的“加强思想教育，使学员不敢作弊，抓好教学，使学员不用作弊”的经验。各地都以东莞为榜样，认真地抓好考风和学风，使考风考纪有所好转。

（四）把好毕业关。分院依照学员学籍管理条例的规定，补考、缺考课目较多的学员，作清退处理。中函95级本科班淘汰率为22%；加大毕业论文的检查力度。1998年，广东分院共组织副高职称以上教师复审论文400多篇；针对近来代考代作现象，对毕业班主要科目考卷进行有重点的抽查，对各项成绩重新核对。特别对一些有群众来信检举的班，进行全面核对复查。

五、不断改善办学条件。1998年省财政又拨款500万元给贫困县、市党校改善办学条件。深圳市委党校投入500万元建立校园信息网络，并进入因特网、教育网和政府系统网，各科室实现了微机联网管理，并建立了学员面授考勤的电脑打卡系统和自动查询成绩的咨询系统。为适应特区培训干部的需要，深圳市委书记亲自召集有关领导在深圳市委党校现场办公，决定投资6亿元，将党校搬至市中心区，建成深圳市的一个新景点。广东省委决定由政府拨款1.7亿元兴建广东省委党校30层学员综合楼。1998年，广东省委副书记、广东省委党校校长高祀仁又拨款400万元，分院投资20多万元建成院内信息网络，各办公室都配备了电脑，基本实现了办公自动化。

（区君志　黄诗生）

广 西 分 院

一年来，广西分院做了以下几项工作，主要工作概述如下：

一、开展教育质量评估工作。根据总院的部署。分院把评估工作列为分院1998年的工作重点，多次召开会议，研究部署，统一思想，提高认识。选择了南宁、柳州学区为试点，分院多次派人下去，共同研究组织实施自评、检查验收的做法，经研究，提出了《关于开展函授教育质量自我评估的安排方案》，完善了评估指标体系。并在柳州市委党校召开了评估现场会，进行了验收试点。3月，分院组织了4个检查小组，分别对各学区的评估工作逐个检查验收。以评估指标为依据，逐条逐项进行对照检查，查看自评资料；检查硬件设施；查阅会议记录、教师备课教案、学员作业、论文指导记录、班主任工作记录、教学计划、面授考勤记录等原始资料；听取校委汇报自评情况；征求组织部门对办学情况的意见；组织召开函授工作人员座谈会、班主任座谈会、教师座谈会、学员座谈会等，同时分别对各单位的检查情况写出书面总结材料，为分类评级提供真实数据。10月上旬，分院评估领导小组集中进行评议，对14个学区进行评级，经过评议，评出了优秀单位3个，良好单位9个，及格单位2个。同时对近年来在改善办学条件、加强科学管理等方面成绩突出的单位，也给予肯定和奖励，评出了办学设施先进单位3个、师资队伍建设先进单位1个、学员管理先进单位1个。并召开了全区党校函授教育评估工作表彰大会。这次评估起到了一次学习、检查、总结、促进的作用。

二、加大办学设施建设。近年来各地市学区用于办学设施建设的资金共达4000万元。玉林市学区借助评估的契机，争取到市委、市政府的大力支持，将党校建设列为玉林市的重点建设项目之一，决定从1998年起，分三年拨款650万元进行党校校园建设。1998年，有6个学区新建了综合大楼，5个学区重新改造装修办公楼、教室，6个学区进行学员宿舍的改造，2个学区进行了校园的全面美化、绿化，所有学区都购置或更新了办公、电化教学设备，都在不同程度上加大了改善办学设施的力度，校园面貌有了新的改观。

三、加强三支队伍培训。分院健全了管理机构，成立了三支队伍培训办公室，配备了管理人员，落实了管理职责，制定了三年培训规划，落实了培训经费，建立了培训基地，组织汇编了《函授管理“三支队伍”培训学习资料》。做到有目的、有计划、有措施地进行函授教育领导班子、管理人员、教师三支队伍的培训。分院注重自身管理人员的培训，提高全体工作人员的政治素质和服务意识；分院将45岁以下的工作人员，分期分批参加学校计算机培训班。并组织了各学科教师、各类人员的备课会、培训班和研讨会5次，共计77人次。鼓励各学区通过采取多渠道、多形式的培训方式，加大师资培训力度。全分院利用寒、暑假组织教师到国外考察的14人次，到省内外考察学习的227人次，从事社会调查活动的423人次，就读研究生的30人，就读本科的30人，到其他高等院校进行短期进修学习的69人次，到基层挂职锻炼的32人次，参加各类研讨会、经验交流会等865人次。以上措施使全分院的管理、教学、科研水平都有了一定的提高，玉林市学区撰写论文45篇，由广西人民出版社公开出版了《硕果飘香》论文集；梧州市学区出版了论著《理论探索者的足迹》；北海市学区出版了校刊《北海论坛》；百色地区学区完成了国家级科研成果2项，省级成果9项，广西“九五”规划课题2项等。

四、加强电脑网络化管理。分院制定了电脑管理网络建设实施方案。分院增添了3台同创586、2台联想PⅡ、5台PⅢ计算机，计算机达到16台。各学区也都根据需要增购或更换了计算机，安装了专用电话。分院于6月和10月，先后举办各学区电脑管理人员培训班和召开了电脑管理研讨会。对中函、区函两套《教务管理系统软件》，进行了研讨，并进行软件的修改和调试。对操作人员强化培训，经统一考核合格者持证上岗。1998年7月底前全区14个学区全部联网成功，分院与各学区通过因特网，使用电子信箱进行业务联系，实现了公文传送无纸化的目标。

五、坚持不懈地抓考风考纪。健全了考务管理领导机构，成立了由自治区党校分管函授的副校长牵头，聘请组织、人事和纪检部门的负责同志以及分院有关人员组成的考试委员会。提出了既抓思想又抓行动、既抓考风又抓教风和学风、既抓课堂又抓考场、既抓巡考又抓监考的要求。一年来派出了巡考人员112人次，监考人员11人次。建立健全监督机制。不少学区采取了考场主任、监考员交纳监考风险金、签定责任书的办法。一年来处理了违纪考生181人次。

六、召开全区党校函授教育管理经验交流会。5月，分院召开了全区党校函授教育管理工作经验交流会，各学区的主要领导均到会，会议收到了经验材料45份。会后各学区纷纷组织函授管理人员和教师，互访观摩学习，达到了交流经验，促进全分院函授管理质量提高的作用。

七、进一步完善管理制度。1998年分院相继制定了《试卷保密管理制度》、《考试成绩计算机登录责任制》及《计算机操作员须知》和《改卷工作规定》等规章制度。学区也陆续出台了《关于函授教育管理的规定》、《关于加强素质教育的规定》和《关于加强听课评课质量的有关规定》、《关于加强函授面授管理的规定》、《教学及管理人员廉政建设责任制》、《严格考风考纪的规定》、《电脑管理员责任制》等等。

八、举办在职研究生班。区委党校常务副校长龙观水、分管副校长张敦对研究生办公室工作人员的选定、班主任和授课教师的选派，都亲自审定；对研究生班学员报名、招生考试、录取、课堂教学、期末考试等工作都严格把关。分院继续加大设施投入，增购了先进的录音录像设备，为研究生教室装上了空调设备。分院精选研究生班师资。负责研究生班的教学，其中有获得“五个一”工程奖和享受国家、自治区津贴的优秀专家、有功底深厚的学科带头人、有广西知名教授以及向全国高校聘请著名的教授博士生导师来校任教师。并严格管理，严格进行入学教育、严格执行自学、面授考勤、随班听课、班级管理、考试管理、党性教育、注重科研能力培养等制度。

九、积极配合中函总院开好业务管理工作会议。3月16日至21日，总院的学籍管理工作会议在广西自治区党校召开；12月2日至8日总院第四次教学管理工作会议也在广西召开，广西壮族自治区党委马庆生副书记、总院孙钱章院长、刘利群副院长等都亲临会议。在校领导的直接领导和校内各处室的密切配合下，分院成功地完成了会议的组织、接待任务。（聂观石　陈旦旦）

海南分院

1998年，海南分院围绕办学的总体目标，强化各项管理工作：

一、端正思想，从严办学，确保质量。

校党委非常重视把函授办学指导思想当做头等大事来抓，坚持“社会效益第一、教育质量第一、党校声誉第一”，正确处理社会效益与经济效益的关系，教学管理与教学质量的关系，办学规模与办学能力的关系，把提高函授教育质量、培养合格人才做为办好函授教育的唯一宗旨。抓好招生录取、面授辅导、考试等环节的工作。分院坚决贯彻总院关于招生工作的指示精神，严格控制规模，实行计划招生，切实把办学规模控制在办学条件和管理能力所许可的范围内，经过严把报名关、考试关和录取关，顺利完成了招生工作任务。择优聘任任课教师，加强任课教师的管理，认真开好备课会议，交流教学经验，探讨面授方法，注意把党性锻炼贯穿于教学的全过程，做到理论与实践相结合，知识传授与能力培养相结合，从而形成一套适合函授教学特点，适合学科内容特点，适合函授学员特点的教学方法。分院加强对考试工作组织领导，做到组织机构健全，层层负责，分工明确，责任到人，并组建一支素质好的监考队伍。这支队伍由党校系统熟悉考务工作，敢抓敢管的同志以及各市县纪委、组织部门的同志组成。对监考人员实行岗位责任制，对坚持原则，尽职尽责者给予表扬奖励。对不坚持原则，严重失职造成不良后果者取消其监考资格并追究其责任。严格执行考场纪律，凡违反考场纪律的考生，一经查实坚决处理、决不姑息迁就。

二、健全函授办学机构，加强办学管理人员队伍建设。目前，海南分院函授机构健全，人员配备充足，全省每个函授站都配备一名站长，并有一名校领导分管函授工作。分院不断加强对函授管理队伍人员的培训，提高管理工作人员的素质，组织工作人员学习马列主义、毛泽东思想和邓小平理论，认真学习胡锦涛同志关于党校函授教育工作的一系列批示，学习一切有关党校函授教育的文件，使大家充分认识党校函授的性质、任务、作用及其重大意义，增强函授工作人员从事党校函授工作的光荣感、使命感、责任感，使他们热心本职工作，乐于为党校函授事业尽心尽责，作出贡献。

三、搞好函授教育评估，提高函授教育质量。1998 年 5 月，分院派出验收小组对文昌市委党校函授站和临高县委党校函授站进行检查验收的试点工作，6 月至 10 月对其余函授站进行检查验收，分院派出验收小组到所有函授站进行开门验收，邀请同级党委组织部门、宣传部门、纪检部门、人事部门、教育部门和学员所在单位的领导或代表参加评估和验收。召开各函授站所在市县委党校的校长和函授站站长的联席汇报，听取校、站领导汇报。召开教师、学员、班主任座谈会，听取各方面有关人员的意见和建议。进行实地考察，检查教师教案，抽查学员作业，查看学员考勤表，观看教学设施和设备。最后，与校领导及函授站工作人员交流验收情况，对有突出特点的地方给予支持、表扬，作为典型在全分院宣传，对达不到标准的给予指出，并要求提出整改措施。10 月至 11 月，分院评估小组对函授站的教育评估工作进行综合和总结，历时两年的函授站教育评估工作基本结束。

四、严格执行各项规章制度，保证函授工作有序进行。分院严格执行总院的各项规章制度，明确函授工作人员必须遵守的纪律原则，立足加强队伍的自身建设，提高工作人员的政治素质和业务素质，规定各科室的业务范围，工作规范及职责，目标管理，做到各部门各司其职，工作人员各尽其职，从而使整个函授工作忙而不乱。（颜贻雄）

南宁分院

1998 年，南宁分院严格执行总院的教学计划，不断深化教学改革，各方面工作都取得了可喜的成绩。

一、开展教育评估工作。分院及时对评估工作进行了研究部署，成立了以常务副校长为组长，主管教学的副校长为副组长，各科室负责人为成员的评估领导小组。领导小组反复学习评估文件，提高认识，并多次召开全校教职工大会进行动员。各处室严格按照《中央党校函授教育评估指标体系》逐条对照检查，边评估边整改。由检查评估小组听取各科室自评汇报，按评估体系规定的评估项目逐项进行检查评估。在整改的基础上建章立制，规范管理，并综合评定、表彰优秀学员、优秀班干部、优秀班主任、优秀教员，以及先进科室。先后制定和修改完善了《教师备课、听课制度》、《评选优秀班主任规定》、《关于强化教学管理规定》、《教师政治考核方案》、《教师教学工作考核制度》、《教师科研工作考核制度和方法》等制度。通过评估，找到了存在的问题，发现了差距。由于整改措施得力，学员到课率明显提高，考风、考纪明显好转，教师素质普遍提高，教学质量走上了新的台阶。

二、深化教学改革。1998年，继续深化教学改革，强化素质教育，为改变教师为考试而教，学员为考试而学的偏向，着重抓了以下几个方面的工作。

第一，严格执行总院《关于党性教育与党性考核的实施意见》。每学期一开始，便对学员党性锻炼提出严格要求，要求每个学员都必须自觉接受党性锻炼，增强党性意识，加强世界观改造，从思想上实现从应试到提高素质的转变。在校期间必须严格执行总院和学校各项规章制度，在学期结束前每位学员都要交一份党性锻炼小结。

第二，严格要求教师授课做到理论联系实际。教师授课要根据党性教育的内容和要求，紧紧结合各学科的实际，有所侧重，有机结合。真正做到在传授知识的同时，增强学员的党性，树立正确的世界观、人生观和价值观，并提高学员分析问题、解决问题的综合能力。

第三，严把毕业论文关，促进学员把理论知识向党性、能力转化。提前一个学期设立毕业论文写作领导小组，坚持聘请专业理论水平和科研水平高、经验丰富、责任心强的教师负责毕业论文的指导工作。学员完成论文后，逐个参加答辩，没有指导教师签署同意答辩意见的一律不得参加答辩。评为优秀论文的不能超过15%，初次答辩不通过率不低于5%。严格的管理，极大地调动了学员撰写论文的积极性和主动性，学员普遍反映通过毕业论文的撰写与答辩，提高了自己运用所学知识分析问题和解决问题的能力。

三、加强师资管理。1998年，是南宁分院师资队伍建设年，分院紧紧围绕提高师资队伍素质这一目标，通过严格的考核，促进师资队伍素质的提高。

第一，抓教师政治表现考核，修改完善了《教师工作量考核实施方案》，从教师的政治表现、教学效果、科研水平三方面按百分制进行考核，政治表现占20分，教学占50分，科研占30分，分别考核后汇总，得出每位教师实际得分。根据《教师政治表现考核方案》规定，教师政治表现得分占总分的20分，着重从理论水平、工作态度、遵纪守法等6个方面考察每位教师的政治表现，基本做到以上6个方面可得14分。在此基础上采取加分和扣分的办法得出政治表现的最后得分。获得先进个人、先进集体；超额完成教学、科研工作；在政治学习中认真准备、积极发言；接受任务不讲价钱、顾全大局；全年出满勤者，可加分。不参加政治、业务学习，误课，上课迟到，擅自调课，犯错误受处分者，则扣分。通过对教师政治表现考核，促使全体教师热爱党校教育事业，努力学习，积极工作。

第二，抓面授质量评估。南宁分院有一

套教师教学评估制度和管理办法，即《教师教学工作考核制度》、《教师教学工作量统计表》、《教师教学质量测评和互评登分表》。分别由相当数量的学员、教师、校领导填写《教师教学质量测评表》和《互评登分表》，无记名打分，从高分到低分排出每学年教师教学质量表，对得分最高的前三名授予“教学优秀奖”，凡评估达不到学校规定要求的，停止该教师授课资格，真正实行荣誉与职务、职称、考核结果、奖金挂钩的教学机制，大大地激发了教师的教学积极性。

南宁分院还根据师资队伍中青年教师占多数的特点，在采取措施鼓励教师外出考察、进修、培训的同时，加大了自我进修力度。严格规定教师每个学期相互听课量。每学期初由教务处分发有关听课登记表给每位授课教师，授课结束后一周内交教务处核实，作为考核教师工作量的依据。对青年教师大胆使用的同时，由教学经验丰富的老教师与之“结对子”，实际“传、帮、带”。此外，还建立了严格的教案检查制度，要求每位面授教师都必须写出有明确的教学目的、教学重点、难点和步骤的教案，每学期初每位教师至少拿出一个教案集中交流。各教研室领导在开课前对教师备课情况进行一次检查，发现问题及时改进。平时教务处、校领导定期或不定期检查教案，每学期结束，所有任课老师都须把本学期所有教案交教务处检查评比。1998 年，南宁分院还举办了一次教学经验交流会，着重探讨了如何提高函授教育面授质量问题。

第三，建立健全科研激励机制，制定了《教师科研工作考核制度和方法》、《教师科研工作数量质量统计表》，建立了一套完整的科研考核体系，对教师发表的论文、论著，以及承担的课题等，根据是否公开发表，以及地厅级、省部级、国家级等不同级别，按每千字折合为相应的工作量，级别越高，折合的工作量越大。初级职称教师每年科研工作量定额为 360 小时，中级职称为 380 小时，高级职称为 400 小时。年终考核后，按总分从高分到低分列表公布，对得分前三名授予“科研优秀奖”，没完成科研工作量的，一律降低任聘等级或解聘。分院还设立了“论文奖”。凡公开发表的论文，按稿酬给予一定奖励，地厅级按稿酬 100%奖励；省级按 150%奖励；国家级按 200%奖励；科研成果获市级以上奖励，也按奖金额的 100%奖励，入选国家级研讨会的论文给予特别奖。1998 年，南宁分院举办了邓小平理论研讨会，任课老师均撰写了论文，着重探讨了如何把邓小平理论贯穿于中函教学之中，收到了较好的效果。

四、实施电化教学和计算机管理。分院根据授课情况实行一前一后的电化教学计划。课前电教计划主要接受对象为教员，每学期收到总院音像资料后，先安排有关任课教员视听。为了帮助教员修改、整理教案，还把录像带转录成录音带分发给有关教员备课。此外，还通过其它渠道，有选择地征订中央党校主体班专题课录像带供教师视听，以便让教师开拓自己的视野，弥补自身不足。课后电教计划的对象为学员，为了保证电化教学有序进行，一贯坚持电教课与面授课同等对待，每学期面授课结束后，总复习前安排电教课，并实行班主任考勤制度。通过电教课，既可弥补部分学员因公没有参加面授的缺陷，又可使学员将面授课学到的知识与电教授课的内容相互比较、充实，加深对有关知识的理解。南宁分院大胆地将计算机管理技术引入函授教育管理，开发了“中函南宁分院新生招生考试管理系统”，逐步与总院开发的“中函管理信息系统”接轨，并增加了“学籍管理子系统”、“招生子系统”。通过不断探索和实践，1998 年实现了对每学期注册人数、退学人数、成绩统计、补考人数统计等一条龙管理，及时、准确地按总院的要求上报各项数据资料，大大地提高了工作效率，减少了差错，增强了成绩管理的保密性、真实性，为顺利过渡到全部学籍档案管理计算机化奠定了坚实的基础。

（黄永久）

四川分院

1998年，分院在总院的安排和领导下开展党校函授教育检查评估工作，总结办学经验，找出存在的问题和差距，加强整改，促进党校函授教育事业的健康发展。

一、开展函授教育检查评估工作。1998年，函授教育评估检查处于准备发文、自查自评和综合检查阶段。3月，分院发出《中央党校函授学院四川分院，中共四川省委党校函授学院关于进行党校函授教育检查评估工作的意见》，对检查评估工作进行全面部署，建立了四川省委党校函授教育检查评估领导小组。4月召开的全省党校函办主任会议提出了“统一认识，领导重视，方法得法，措施有力，步骤稳妥，整改到位，经验升华，务求实效”的32字方针。四川分院的教育评估工作全面开展。各学区、直属站进入自查自评阶段。综合检查阶段从11月份成都学区试点开始，至次年4月上旬结束，前后历时近半年时间，行程达20000余公里，省委党校校委8位成员和省委组织部、省党校工作联络处、校内各处室、省委党校函授教育办公室和有关专业人员及从7所地市党校抽调的部分同志共120人参加了综合检查评估工作，对中函四川分院的各个学区、省函的各个分院和直属站进行了综合评估检查，实现了预期的评估检查目标。

二、加强教学及教学管理工作。分院选聘好各教学点的面授辅导教师，严格执行审批制度，保证辅导教师的质量。由总院出题考核的课程，分院聘请指导教师，负责对学区、辅导站的面授教师进行业务指导，解答教学中的疑难问题和参加总院的教学备课会及传达备课会精神，对由分院出题考核的课程，分院聘请了主讲教师，编辑出版了《党校函授教学》（中函版）、内容主要包括由分院出题考核的课程的“学习指南”、“专题辅导”、“复习提纲”、“复习思考题”等，加强对这些学科的教学指导。分院要求面授教师认真备课，写出详细的教案和讲稿，并交有关部门审查，合格后方能上讲台讲课，在管理方面，分院重点抓建章立制，实行规范化管理。分院先后出台了《关于教师聘任和管理的实施意见》、《关于严格执行总院教学计划的规定》、《关于学籍管理的若干规定》、《关于教材征订及发行管理办法》、《关于毕业论文撰写和答辩的实施意见》等规章制度。狠抓学员到课率。分院要求各教学班要研究和熟悉学员的基本情况，在编班、授课时间安排上，要根据学员的职业特点，分布区域合理灵活安排，尽量克服工学矛盾，要求班主任作好学员单位的工作，在工作安排上尽量与学习时间错开，避免冲突。在学习目的和态度方面进行反复的说服教育，不厌其烦，使学员的学习变为自觉行动。在教师安排上，尽量安排全校最优秀的教师担任函授面授教师，增强课堂的吸引力。四川大学辅导站新生的到课率不是很高，但越往后越高，关键是该站的面授教师教学水平和质量高，很多学员把因工学矛盾不能到课而视为损失，因而千方百计想办法挤时间听课。在管理上，严格执行规定，到课率低于70%的学员不得参加期末正考，只准参加补考，无故旷课达到1/3者，取消本学期考试资格，并通报学员所在单位，对确因工学矛盾缺课的进行补课。加大监考力度，严肃考风考纪。每逢期末考试和招生考试，分院都抽调校内有关部门的同志和函办工作人员一起到各学区和考点监考，发现问题及时处理，坚持原则，不论是领导干部还是一般学员一视同仁，决不姑息。在考风考纪问题上，四川分院一直要求各级办学组织做到学员“不愿违、不能违、不敢违”，即通过做思想政治工作，端正学习态度，使学员树立遵纪光荣、违纪可耻的观念，不愿在考场上违纪；通过规范考场，认真清场，加强监考力度，使有违纪动机的学员，无机可乘；通过严格执纪，抓典型，严肃处理，不手软，使学员不敢违纪。1998 年，由分院派出的监考人员处理了多起当地监考人员不敢处理的问题，取消了一个考场设置不规范、考场纪律不严的考点。

三、做好招生工作。98 级的招生工作，四川分院采取广泛宣传、全面铺开、严格审查，择优录取的办法进行，建立了有省委党校领导和省委组织部领导参加的招生工作领导小组，下发了《关于认真做好 1998 年中央党校函授招生工作的通知》，在《四川日报》刊登了招生广告和“招生简章”，分院印发了 5000 多份“招生简章”下发到各地市州委党校，进行广泛宣传。经过宣传发动，报名十分踊跃，四川分院严把招生入口关，大专、本科考生的资格审查必须由学区所在的地市州委组织部会同地市党校招办审查，免试生和研究生的资格审查，由省委组织部干训处、省党校招生办和函授分院共同审查。由于四川分院生源好、质量高，加之认真组织考前复习，98 级研究生的招生考试取得较好的成绩，录取率居全国各省委党校之冠。

四、改善办学条件。四川分院由于校委的重视和支持，借检查评估的东风，分院本部的办学条件得到了较大的改善，办公室、资料库全面装修，并配备全新的办公用具，各科室都配了微机，全办公室共有微机 14 台，分院与各个学区和直属站全部连网，分院函授办公室的所有工作人员都参加了微机培训，取得了微软授权培训中心合格证书。各学区亦配备了微机，分院组织了多期培训班，全分院学籍管理基本实现了计算机化管理，提高了工作效率和质量。

（四川分院　供稿）

云南分院

今年以来，云南分院主要做了以下几个方面的工作：

一、圆满地完成了 1998 年度的招生工作。在招生录取工作中，分院自觉执行中央和省委的干部教育政策，坚持招生工作中的重大问题和重要步骤请示省委干部教育委员会和校院党委，严格各种审批制度和审批手续；坚持了控制规模，适度发展的原则。分院采用了计算机登录考分，加强了招生的考务管理，各办学单位都成立了考务领导小组，一级抓一级，层层把关，保障了招生工作的正常运转。

二、参与和组织各种教研活动，教学改革有新举措。分院以集师资培训、备课、研讨于一身的“三位一体”的以会代训的形式，举办了 3 次研讨式备课会。分院编印了毕业学员优秀论文集《走向二十一世纪》，改版了教学辅导刊物《函授通讯》。

三、函授教育评估工作取得了阶段性成果。在分院、学区（辅导站）自评的基础上，先后于 8 月和 10 月，组织校内外有关领导和专家学者 62 人，分别对全省 54 家函授教育办学单位进行了综合评估。参加评估的领导和专家、学者普遍认为：云南省党校教育创办 11 年来，管理逐步规范，质量不断提高，声誉越来越好。但也存在着一些不容忽视的、亟待解决的问题。某些地区布点不合理，少数单位办学规模偏大；少数学区在管理上存在着一些薄弱环节；教师队伍、班主任队伍的素质有待进一步提高；部分教材内容陈旧，等。

四、教务管理工作得到了进一步加强。7 月，总院教务处在分院举办了西南三省一区学籍管理软件培训班，分院派了4位管理学籍的同志参加了本次培训班，经过试用，学籍管理逐步实现了计算机化；顺利完成了两个学期的学员注册、办理学员毕业证和优秀学区、管理人员和学员的评选工作等等；整治考风考纪形成了一整套行之有效的办法。分片、分组交叉监考，试卷保密，主要领导人负责制、评卷流水作业等等一整套较为完备的做法和经验。

五、成立了直属学区。在原来直属班的基础上，成立了直属学区。分院通过试验田找问题，摸经验，以指导和规范全省其它办学单位的办学行为。并成立了由省内知名专家、学者组成的指导小组，其每门课程教学由课程主持人和其它教授共同负责完成。

六、内务工作更加条理化、规范化。认真做好文书档案的归档工作；努力做好上情下达、检查、督办工作；此外，分院购置了一辆轿车，10台计算机。投资建设了直属学区固定的教学地点2000多平方米，9个教室，一个电脑室（投资70万元购电脑50台），购置210000元的电教设备，安装了4部电话。购置了复印机一台，照相机一台等等。办学条件得到了进一步的改善。

（吴世文）

西藏分院

1998年，西藏分院圆满地完成了各项教学与管理任务，办学质量和社会效益明显提高，受到学员和社会各界普遍好评，被中共西藏自治区委员会和西藏自治区人民政府授予“全区民族团结进步先进集体”。

一、领导重视，办学指导思想明确。自治区党委、区人民政府十分重视和关心党校函授教育。自治区领导多次亲临分院和拉萨学区巡视指导；区党委组织部、纪检委、宣传部、党校联合成立了“党校函授教育领导小组”，对函授招生、考试、教学管理、论文答辩、毕业审查、评估等工作加强监督和指导；区党校提出全校办函授，把函授工作列入议程，多次专题研究函授工作；校领导亲临考场、答辩会场和函授教学、招生、备课会议作指导，主动承担函授教学任务、指导毕业论文写作、主持答辩；各教研室积极主动承担函授教学工作，尽可能选派富有经验和知识层次较高的教师授课，办公室积极协调，从各处室抽派得力干部和教师参加函授监考、登分、招生等工作，教务处布置考场，总务处做好后勤保障等等，都为函授教育工作顺利进行提供了强有力的支持和保证。

分院始终端正办学指导思想、坚持正确的办学方向，牢记函授教育办学宗旨，努力培养忠于马克思主义、德才兼备、具有相当专业知识的优秀人才。帮助学员树立正确的学习目的，不断改造世界观、人生观和价值观。突出党性锻炼，要求学员在反分裂斗争中立场坚定、旗帜鲜明、自觉维护祖国统一和民族团结，在思想上、政治上与党中央保持一致。

二、严格把关，做好招生工作。分院严格考生资格审查。严格执行报考条件和免试规定，对不合条件的坚决不予报名。认真组织考前辅导。为方便考生考前复习，提高考生应考能力，考前分院专门召开考务管理及监考人员会议，校党委书记达娃亲自参加并讲话。学校全力以赴认真挑选责任心强、党性修养好的干部教师担任主监考、监考。招生考试中，200多名监考人员和工作人员无一违纪，6个学区的64个考场中，除26名考生因违纪作零分处理并取消考试资格外，考场秩序良好。整个考试过程聘请纪检、组织、宣传、教育等部门的领导现场考查、公证人员进行全过程公证。考后精心阅卷。流水作业、封闭管理。登分实行双向监督，认真复核，责任到人。

三、精心施教，提高教学质量。分院认真制定教学实施计划。根据西藏学员的实际情况，大幅度增加面授课时，比总院规定的主课增加了 18 个百分点，副课增加了 8 个百分点。全年召开两次全区函授教学工作会议和备课会议，布置教学任务、交流教学经验、统一思想认识。坚持选聘合格教师，以党校教师为主，从西藏大学、财经学校、银行学校等单位聘请教师，为保证专业课教学质量，上学期还从四川聘请两位副教授为本科班经济管理和政法专业学员授课，取得了较好效果。并加强教学监督。除班主任坚持跟班听课对师生进行监督外，还采取召开学员代表座谈会、院领导不定期巡视检查、学员评教等方式进行教学监督。对学员反映意见较大又不能改进的坚决更换，确保教学质量。大力指导学员自学。根据各年级专业实际适当加大作业量，促使学员自学。成立学习小组、出复习题、抽查学员课本及笔记等多种形式引导学员自学。学员作业完成率达 90%以上，期终考试及格率达到 85%以上。加强毕业论文指导工作。对毕业论文撰写和答辩，校党委极为重视，成立了由校领导牵头，区党委组织部、宣传部、纪检委和分院领导参加的毕业论文指导答辩工作领导小组和由各教研室领导及讲师以上专业教师组成的答辩及监督委员会，从校内外聘请专业教师、科研人员和专家教授指导学员论文写作，主持答辩，保证了毕业论文的质量。

四、严格管理，规范函授行为。分院内部分工明确，责任落实到人。严肃考风考纪，搞好考务工作。全年各次考试做到了领导重视、考场规范、措施得力、执纪严明、服务周到，各考区每次都达到了一类考区标准；对违纪学员和考生，坚持一步处理到位，全年共有 202 人受到零分处理，其中取消入学资格 26 人，开除学籍 4 人；各项考试中，邀请纪检、组织、宣传、公证、新闻等部门巡查监督；考纪严、考风正得到社会广泛赞誉。加强班主任工作，各班配备了责任心强、有管理经验的班主任，并建立班委和支部。班主任大胆工作、严格管理，积极组织各项班级活动，加强对学员党性教育和自学的指导，做好学员思想政治工作，增强了学员的凝聚力，面授出勤率保持在 70—90%。及时发放教材和有关学习材料，为学员预习和自学提供方便。做到提前征订、按期发行。加强学籍管理。全年建立学籍档案 1392 份，填写学员成绩 6000 余份，办理毕业学员鉴定与档案 535 份，并组织有关部门对毕业学员成绩全面复查。

五、努力工作，不断提高办学水平。按照总院教育评估的部署，采用先试点再推开的办法，实事求是地肯定成绩，认真找准存在的问题，有针对性地进行整改。对拉萨、山南、日喀则、那曲、昌都五个学区进行了全面细致的评估，5 个学区全部达标。承办了中函西南联合视导组第二次工作会议，整个工作较为圆满，西藏分院“实事求是、艰苦奋斗、无私奉献、勇于开拓，为建设高素质干部队伍而拼搏的精神”得到会议认可并决定在西南片区推广。努力提高工作人员素质，坚持学习邓小平理论，学习专业知识和业务技能。一年来广大管理人员和教学人员发扬“特别能吃苦、特别能战斗、特别能忍耐、特别能奉献”的老西藏精神，默默工作，无私奉献，为办好函授群策群力、尽心尽力。本着“以学养学、勤俭节约”的原则，结合西藏实际，制定了《函授教育经费收支管理暂行规定》、《函授经费支出标准的暂行规定》，做到独立账户、专人负责、严格管理、查无违纪。注重支部建设，积极发展新党员，一名同志光荣入党。加强思想政治工作，增强党性锻炼，提高党性修养，在反分裂斗争中做到立场坚定、旗帜鲜明、自觉维护祖国统一和民族团结，被学校评为社会治安综合治理先进集体。

（吕叶辉　扎　多）

重 庆 分 院

1998年，是原四川省委第二党校、原重庆市委党校、原重庆行政学院三校合一，组建新的重庆市委党校和重庆行政学院的第一年，也是新的中央党校函授学院重庆分院成立的第一年。一年来，新的重庆分院在总院和市委党校校委的领导下，高举邓小平理论伟大旗帜，认真贯彻党的十五大精神和胡锦涛同志重要指示，以提高办学质量为核心，整顿办学体系，狠抓考风考纪，加强“两支队伍”建设，全面完成了各项工作任务。

一、审查办学资格，整顿办学体系

三校合一以前，党校系统在重庆市范围的办学体制比较混乱，一个地区几所党校同时招生的现象比较普遍。为妥善解决这一问题，提高办学质量，把好招生第一关，新的重庆分院明确了“以区、县党校为主，以大型企业和部分事业单位党（干）校为辅，同一地区只设一个办学点”的思路，进行办学体系整顿。整顿中，重庆分院根据办学时间、师资状况、基础设施、组织机构、管理人员等指标，对原四川二分院、原重庆分院和原四川分院重庆行政学院学区的 70 多个办学点逐一审查，取消了 20 多个不符合办学要求、不具备办学条件单位的招生资格。又根据办学设施较全、师资力量具备、生源充足等条件，新审查设立了 9 个办学点。同时，严格控制本科招生资格，在实地考察的基础上，集体研究确定本科招生的办学点。

通过对办学资格的审查和办学体系的整顿，重庆分院充分调动了各学区、直属站加强自身建设和严格办学管理的积极性，促进了学区、直属站的发展和招生质量的提高。1998 年，重庆分院招收新生数量有所减少，但质量明显提高，新生中非党员干部比例大为降低。

二、健全规章制度，规范函授管理

新的重庆分院成立以后，其成员由原三校的函授工作人员组成。因为分别属于不同的体系，原三校函授的办学模式、教学管理、运转程序、规章制度都存在着一些差异。对此，重庆分院组织力量对原三校函授管理的做法和经验进行分析，扬原三家之长，在分析综合的基础上，探索更全面、更科学的管理模式。对原三校制定的函授管理制度进行清理，制定出《关于加强函授管理的暂行规定》，建立教师任课资格审查制度、教师指导毕业论文资格审查制度、责任教师制度、教师聘任制度、教师考评制度，加强和规范函授教育的管理。通过一年的努力，取得了很好的效果，在教师中出现了“三多三少”的良好现象。即写详细教案的多了，只写讲课提纲的少了；教学效果好的多了，讲课效果差的少了；挤时间搞科研的多了，不重视科研的少了。

三、消除院子意识，增进团结互助

由于新的重庆分院的成员由原三校的函授工作人员组成，又由于合并后办学点增多，学员人数增多，管理头绪增多，在思想上和工作上都有一个“磨合”过程。为了缩短这一过程，重庆分院在总院和校领导支持下，通过健全科室机构及人员的适当安排，加强思想政治工作，逐步消除了工作人员的“院子意识”，树立了“敬业、奉献、服务、协作”的分院精神。在人少工作量大的情况下，全体职工工作积极，团结齐心，克服重重困难，相互配合，较好地完成了承担的工作，保证了分院工作的正常运行。

四、加强“两支队伍”建设，提高办学主体素质

新成立的重庆分院认为，教师队伍建设和管理队伍建设是办好党校函授的重要条件和基本保证。为此，分院采取了若干措施，并取得了一定效果。一是调整师资队伍。即根据教学需要和教师志愿，在分院、学区、直属站进行教师专业结构调整，并对调整后的师资队伍进行培训。二是核实兼职教师。即根据条件明确各部门和各学区、直属站兼职教师的姓名和数量，不符合条件者一律不得任课。三是充实管理队伍。重庆市委党校为重庆分院配备了32名专职管理人员，设立了一正三副的专职领导班子和七个内部科室。同时，要求各学区、直属站参照分院的分工情况，设专人对口管理各项工作。在明确各科室工作职责和学区、直属站工作人员职责的基础上，逐步规范办事程序，使函授工作有条不紊。

五、端正考风，严肃考纪

重庆分院及其所在的重庆市委党校领导都十分重视考风考纪问题，把它作为党风党纪的重要组成部分，要求各办学单位高度重视，并采取了以下措施抓落实。一是发考务通知或开考务工作会，提出相应要求，明确奖惩措施。二是严格挑选监考人员，并进行集中培训，增强原则性和责任感。三是精心选派人员到各学区、直属站巡考，检查督促各办学点执行有关考风考纪的制度。四是严肃处理违纪学员。重庆分院要求每个考场在黑板上写上"违纪考号"一栏，发现学员违纪作弊立即公布，并明确其该科成绩记零分。

通过以上措施，端正考风、严肃考纪在重庆分院逐步变成了从领导到工作人员，到监考老师的自觉行动，考风考纪和考场秩序逐渐好转，受到中函总院、重庆市委组织部、教委等的充分肯定。

六、组织函授教育评估，促进学区、直属站建设

新的重庆分院成立以后，在理顺和协调各方面关系，保证函授工作正常运转的同时，根据总院的安排和部署，着手组织函授教育评估，促进学区、直属站的建设。6月，根据总院下发的评估指标体系，结合重庆市党校函授教育的实际，重庆分院做了相应的细化和补充，制定了《关于开展函授教育评估工作的通知》（渝委校函院1998年20号文件），提出了详细而明确的要求。7月，重庆分院在璧山县召开函授工作会，组织各学区、直属站负责同志共同研究函授评估工作。会上，重庆市委党校常务副校长、重庆分院院长程大鹏强调了搞好评估工作，以评促建，改善办学条件，促进教育质量提高的重要性。与会代表一致表示，要高度重视评估工作，认真而实事求是地搞好自查，并主动争取区、县、市委的支持。

（孙　栋　陈泽彬）

中直机关分院

1998年，在中直工委和总院的领导下，中直分院努力开拓，奋发进取，进行了"六化"建设，成效显著。

一、教学管理制度化。1998年，中直分院进一步完善教学管理的各项规章制度。对学员管理、班主任管理、学籍管理、成绩考核、考场规则、监考人员守则、学员出勤成绩记分、考务管理、毕业论文工作等作出具体明确的规定。下半年，按照总院部署，认真进行了教学质量大检查，较好地总结了经验并找出了存在的问题，进一步端正了办学指导思想，加大了管理力度。

二、教学管理规范化。一年来，中直分院在教学管理方面加强规范化建设，抓好入学教育，实现学员"三个转变"；严格考勤制度，保证课堂出勤率；班主任跟班听课，建立目标考核制度；开展争先创优活动，发挥班委会和党支部的作用；加强信息交流；建立备课会制度等等。

三、考务工作系统化。1998年，分院认真组织了招生考试和期末考试。认真搞好考前辅导，保证面授质量，为学员掌握学习内容并考出真实水平创造条件；端正考风考纪，严格考场纪律，确保考试的严肃性、公正性、公平性。每场考试都做到“四到位”：思想认识到位；保密措施到位；硬件设施到位；后勤保障到位。想到每一个细节，堵塞每一个漏洞。中直分院良好的考场秩序，受到亲临考场视察的中直工委常务副书记武连元、中央党校副校长张志新等领导同志及总院检查组的好评估。

四、毕业工作程序化。1998年，中直分院有95级经管大专班、96级经管本科班和第6期领导干部函授班学员毕业。分院组织了近20人的专家教授按照程序对学员毕业论文的撰写进行具体指导，从选题、构思到提纲草拟、初稿写出，从论文修改到定稿到审核答辩，层层把关，环环相扣，组织工作细致有序，收到了比较好的效果。

五、学籍管理电脑化。一年来，中直分院对学籍管理认真进行改革，实施电脑化管理，要求上报总院的有关文件、表格用微机录入、打印，分院购置了微机、打印机，安装了招生管理、成绩管理、学籍管理软件。1998年1月，总院对各分院注册统计情况进行考核评定，中直分院获得满分。

六、队伍建设过硬化。1998年，中直分院以“思想正、业务精、作风硬”为目标，努力加强教学管理干部队伍建设。一是注重理论武装，在全院开展读书竞赛活动。二是建设文明校风，弘扬“团结、敬业、务实、创新”的校风，开展以“文明语言、文明举止、文明着装”为内容的文明服务活动。三是增强服务意识，发扬“管理就是服务”的传统精神，自觉地立足管理搞好服务，用服务的精神搞好管理，保证了各项任务的顺利完成。 （刘建新）

中央国家机关分院

1998年，中央国家机关分院围绕“稳定办学规模，提高办学质量，重点加强辅导站建设”的要求，完成了正常教学任务和学区、辅导站的评估验收工作。

一、做好招生工作。分院强化入学资格审查，辅导站一审，分院二审，均审查有关材料原件，特别是学历证书一定要审查原件。凡持国家不承认学历证书的，一律不予通过。经过严格审查，保证了生源质量。招生考试由分院统一安排考场，统一安排监考人员和巡考人员，保证了考场设置符合要求，考场秩序良好。加强试卷保密工作，分院采取专人专车、当天向考点发送考卷的办法，保证了试卷在保密上不出问题。

二、学区工作及分院教学运行。按照总院下发的教学计划和教学具体安排，分院制定了教学实施计划，对各班次教学及教学各环节工作提出明确要求。学区和辅导站按照分院教学实施计划分别组织教学实施工作。

分院的学区经过调整和试运行，1998年两个学期学区教学组织工作进展顺利。各学区逐步探索出一套教学组织经验。现有学区运行体制符合中央国家机关分院的实际。分院由专人对学区教学组织工作进行检查。从检查的情况看，各学区都能按照分院教学实施计划要求，聘请高水平教师面授，合理安排授课进度，认真记录学员出勤情况。分院第一、二学区教学安排和具体实施工作比较好。面授教学课时量足，教学秩序稳定。第四学区开学准备工作比较细致，任课教师“联合办公”的经验被分院在各学区中推广。

三、加强辅导站建设。抓辅导站建设，1998年主要是提高函授工作人员政治业务素质。分院除了在学期的开学布置工作会、期末总结会和考前动员会上强调工作要求和工作纪律外，暑期分院举办了辅导站工作人员培训班。重点交流了“如何指导学员自学”和“班组建设与学员管理”等方面的工作经验，对提高辅导站工作质量发挥了重要作用。1998年辅导站工作有两方面突出进步。一是在学区教学安排的基础上，作业、讨论、毕业班工作进程安排和要求等比较明确、合理。二是作业评阅工作比较细致。如机械、工经、船舶辅导站，作业评阅有评语，有成绩和教师签字，起到了辅导和纠错的作用。

四、学区、辅导站评估验收。分院从4月开始，着力抓了学区、辅导站的评估工作。分院成立了评估工作领导小组，进行布置和安排。经过半年的精心准备、自我评估和自查，10月下旬，分院对所属14个辅导站进行了评估。评估结果为优秀的6个，良好的6个，及格的2个。分院所属学区为分院的教学组织机构，不是一级办学实体，且运行时间不长。对学区的评估主要是总结学区工作，查找存在问题，提出整改措施。

这次评估工作时间跨度大，涉及面广，运用人员多，了解情况细，取得了比较令人满意的成果。充分调动了各级函授办学人员的积极性，推动各学区、辅导站的工作上了一个新台阶；发现了许多经验与典型，促进了互相学习与交流；找到了差距，主要是管理人员偏少，服务工作跟不上。办学主体素质有待进一步提高。面授教师的管理工作薄弱。党性教育工作不够深入，认识上还存在差距。 （中央国家机关分院　供稿）

铁道部分院

1998年，铁道部分院以提高办学质量为中心，以评估整改为契机，以加强函授站建设为重点，完成了各项管理和教学任务。

一、加强教学管理。1月和7月，分院先后召开了《货币银行学》、《国际金融简明教程》和《邓小平理论》、《统计学原理》的备课会。聘请了编写教材的专家、教授讲课，讲清了全书的框架结构、理论体系、重点、难点、疑点和要把握的要点问题；提供了大量的理论知识信息，丰富了教材内容，拓宽了任课教师的知识面。分院开展了教学观摩评比活动。各学区于7月底前，分别组织了教学观摩，学区、函授站的任课教师参赛参评，认真写教案，反复进行面授演练。通过教学观摩，评选出参加分院竞赛的代表。分院组成了专家评委会，拟定评比标准。12月24日至26日进行观摩评比，专家评议打分，评出一等奖2名，二等奖4名，三等奖6名。会后编印出版了教案集，并进行了简要评点。分院每逢阅卷均由校领导认真把关。校领导亲自作动员，集中指定地点，统一标准，流水作业，分管校领导检查阅卷质量，对漏判、错判或评分标准不统一等问题及时纠正，保证阅评卷的质量。

二、认真进行党性教育。分院把党性教育列入教学计划，编辑出版《党性教育简明教程》，邀请老同志上党课，加强党性教育和党性锻炼，教育学员刻苦学习，遵章守纪；建立临时党支部、班委会，过好组织生活和学习生活；期末进行党性教育和党性锻炼总结，写出党性锻炼小结。不少学区对党性教育进行量化管理。上海学区、济南学区，将党性锻炼内容分成5大项18个方面进行年度考核评分。规定学员在考试中如有违纪行为，受到零分处理，犯有严重政治或经济错误，年度党性锻炼考核不合格。两次年度考核不合格者，不发给毕业证书。

三、加强教务管理。分院以总院《管理制度汇编》为依据，修订完善分院工作细则，制定各科室全年工作流程表。对学区、函授站工作人员分两批进行培训。举办三期教务管理软件培训班，使教务管理软件在学区和有条件的函授站得到应用。分院加强培训工作，有力地推动了学区、直属站培训工作的开展。济南、郑州、沈阳、哈尔滨等学区相继开办了管理人员培训班。济南学区进行先培训，后考试，检验成效，达标者上岗。上海学区把规章制度、管理人员应知应会的业务内容编成一百个问题，开展“百题竞赛”。分院加强了建档归档工作。分院严格整治考风考纪，严把招生、考试、毕业关。在招生工作中，严格执行“计划招生，控制规模，严格把关，保证质量”的方针。在报名资格审查中，认真执行“以党员干部为主要对象”的规定，严格控制非党干部比例，对不符合报考资格的坚决予以清退。在考务工作中，认真执行总院的各项考务规定，加大监考和执纪力度。继续推行考场分类达标管理，普遍实行纪检监察部门监督制，监考人员培训上岗，实行交叉监考。北京、兰州、柳州、上海、济南等学区，在整治考风考纪方面，都取得了显著成效。济南学区 1998 年 1 月的期末考试，对 49 名作弊者处理一次到位，全部按零分处理。7 月份期末考试，作弊者不到 1%，不及格人数大大减少。可见，好的学习成绩是学出来的，好的考风是严出来的。

四、搞好评估工作。分院成立了评估领导小组，六大区视导组代表分院实施评估、检查、验收工作。对总院的评估指标体系进行细化。分院全年先后召开 10 次评估工作会、座谈会、经验交流会，了解评估方案实施情况和评估工作进程，落实分院评估工作要求，边整边改。郑州铁路局领导分别拨款 500 万元和 150 万元给郑州党校、武汉党校建微机室、扩建食堂；沈阳铁路分局领导拨款 100 万元，为分局党校扩建教室；蚌埠铁路分局党委书记带领有关部门领导在评估试点现场会上，当众拍板，帮助分局党校解决组织机构、购买微机、传真机等办公设备问题；南京铁路分局领导决定投资数百万元，为分局党校立项、新建校舍；西宁铁路分局领导积极调整用房，解决函授学员上课租借教室的问题，并拨款 9 万元购买微机；济南铁路局领导执行评估标准一步到位，为济南学区和各函授站配齐工作人员，配好班主任(全是党员干部)。（高守邦）

北京市委机关分院

1998 年，北京市委机关分院以评估为契机，巩固老站，规范新站；加强教师队伍建设，提高教学质量，使函授工作再上一个新台阶。

一、认真开展函授教育评估，切实提高函授办学质量。分院专门成立了由正、副院长任组长的评估领导小组，组成了由分院有关科室专门人员参加的 9 人评委会，并制定了评估指标体系和实施方案。分两批对学区、函授站进行教育评估验收。主要通过听取汇报，检查课堂查阅档案、资料，察看教学设施，组织多种类型的座谈会等，进行综合考评，再由评委评分验收。发现联大学区思想重视，领导到位，在资料收集、档案整理、展板宣传、自查自评方面富有特色。分院及时在该学区召开现场会，推动了评估工作的深入开展。并重视边评边改。分院以书面形式明确肯定各办学单位的成绩，着重指出不足，加大对薄弱环节整改的力度。办学条件有所改善，办学力量进一步充实，促进了硬件建设，提高了领导和管理人员的质量意识和管理水平，使办学队伍的整体素质得到了提高。

二、隆重举行了分院五周年庆典。1998 年是中函北京市委机关分院建院 5 周年。4 月 17 日分院举行了隆重而简朴的五周年庆典活动，市委领导及总院领导出席会议并作了讲话。表彰了百名优秀学员、30 名函授先进工作者和 10 名优秀教师。北京电视台、北京日报、北京晚报都作了报道，更广泛地宣传了分院的办学成果。

三、严把入学关，保质保量做好招生工作。各学区、函授站领导高度重视这项工作，一是要把好报名关、资格审查关；二是要选聘有经验的老师，认真组织考生上好辅导课；三是要把好考试关，在录取中对资格审查严、考风考纪好的学区和函授站予以奖励。

四、认真做好毕业班工作。分院重视抓毕业班的工作。组织学员上好党课，写好党性锻炼小结；认真组织学员撰写毕业论文；为学员配备符合要求的指导老师，指导学员通过严格的论文答辩。分院评选出优秀论文，并编印了本科班和大专班两册《95 级学员优秀毕业论文集》。

五、狠抓教师素质，培养师资队伍。年初，分院专门召开了教学工作会，进行动员，提出要求。分院并加大集体备课力度，精心组织教师备课会。1998 年，分院先后组织了闭卷考试课程备课会，考查课、讲座课备课会，英语课备课会等 5 次大型备课会。到会教师共同磋商，分组研讨，明确并统一授课思路，探讨如何从改进教学方法上注重指导学员自学、增加学生学习兴趣，如何使学员在“理论、知识、党性、能力”多方面有所提高。分院还组织教学观摩课，一是聘请了北京经济管理干部学院的老师在崇文区函授站讲授《邓小平理论简明教程》课，并组织分院任课教师进行观摩。生动具体的观摩课为相关教师开拓了思路，有效地推动了理论课程教学的改进和水平的提高。二是安排了分院视导组一位教授示范了《现代科学技术概论》讲座课的辅导，使听课教师耳目一新，有效地传授了教学方法和经验。

六、强化班级管理，抓好班主任工作。1998 年各学区、函授站在班主任的配备上严格按总院、分院的标准，从人数到班主任的选聘条件等方面都进行了严格把关、并对新班主任进行了岗前培训。分院教学科的老师还经常深入各学区、函授站的教学班跟班听课，检查督导工作，有力地促进了班级管理工作。

七、继续搞好考区分类考核工作，强化考风考纪建设。在三次大考前，分院都专门召开考务工作会议，重申有关考试规定，并将其打印下发至各学区，还特别要求培训好监考员。对基础薄弱考区，分院领导及考务科人员都主动深入下去，帮助组织考前培训。分院设计了考试巡视情况报告表，在每门课程考试后，由考区负责人与分院巡视员共同填写该考区考试情况，内容涉及考区参考人数、缺考人数、违纪学员情况及处理意见，以便真实地反映各考区情况。暑期考试中，分院对下属 19 个考区进行了严格考核，结合寒假考试和招生考试的考核情况，在分院暑期工作会上进行了评比，共评出 5 个一类考区：东城学区、联大学区、通州函授站、妇女干校函授站、崇文函授站，同时颁发了奖状和奖金。对其中连续三年获得一类考区的东城学区，授予了“一类考区”铜牌，还奖给了 34 寸彩色电视机一台。

八、积极探索开展素质教育的教学方法。分院拨出专项经费支持各学区、函授站开设党性教育课和开展党性锻炼活动。分院特聘请市委直属机关二委常务副书记王火讲授党课。在下学期的开卷考试试卷中增加了辨析题，以提高学员分析问题和解决问题的能力，同时，改变讲座课作业为每人写一篇 3000 字左右的学习体会或论文，锻炼学员的写作能力和理论联系实际的能力。

九、加大研究生班管理力度。分院组织班主任学习兄弟分院的管理经验，针对自身的薄弱环节，进一步改进工作。坚持按标准选聘班主任。注意充分发挥每位班主任工作的积极性，根据他们各自的长处，分配他们承担研究生班的有关管理工作。并将工学矛盾这个问题作为突破口，做到“三个到位”，即组织到位、制度到位、服务到位。面授到课率始终保持在 85% 以上。

十、加强宣传报导，做好信息工作。1998 年初分院将《北京分院信息》改版为《北京分院简讯》，扩大了版面，丰富了报导内容，全年共出12期。向总院投稿43篇，被采用13篇，被总院评为1998年宣传报道先进单位。

十一、成立了视导工作领导小组。分院于1998年4月份成立了视导工作领导小组。设立了视导组办公室，明确了视导工作职责，制定了年度工作计划。视导小组成立后，先后参与了分院的教学检查、毕业论文答辩、期末开卷考试命题、阅卷组织、函授教育评估等多项工作。

（北京市委机关分院　供稿）

北京市工业党校分院

1998年，北京市工业党校分院圆满地完成了各项工作任务，管理水平、教育质量有了进一步提高，各方面有了长足的进步。

一、开拓创新，不断拓展办学单位。院领导亲自带队到办学申报点去考察，了解办学动机、指导思想、办学硬件、生源状况等，同时邀请申办单位的领导到分院来实地察看。1998年分院新开办学点8个，使分院的办学区域不断扩大，分院的办学点遍布北京市18个郊区县和工矿企业。

二、严格手续，认真搞好招生工作。分院加强对每一个报名者的资格审查，对于不符合招生条件的坚决不予办理。分院坚持复审制度，要求所有报考者的材料（包括报名表、毕业证书原件）必须送到分院逐一审核，对于材料不合要求的坚决予以退回。招生中，各学区、直属站坚持以党员干部为主要招生对象，坚持报名考生自愿报名与其所在组织部门推荐相结合。有的站点考生中党员干部占的比例相当大，如首钢学区矿山辅导站98级报名考生中党员比例达到了100％。

三、创造条件，教务工作实行微机化管理。分院于1998年调入了有一定计算机应用与管理水平的硕士生一名，添置了586计算机、激光宽幅纸打印机等设备。分院还抽调学区、站的计算机工作人员举办计算机管理专题培训班。目前分院学籍管理、成绩管理已基本纳入计算机管理，达到了规范、准确、快捷的目的。

四、精心组织，认真完成教学任务。每学期开学前均召开全体面授教师会，总结上一学期的教学工作，布置新学期的教学任务，期中先后进行了两次教学检查。教学检查的基本方法是随堂听课，学员无记名填表对面授教师打分评价，召开学员座谈会听取意见反映，统计与分析学员出勤，进行教学检查工作总结等。从98级开始，在教学中开设党性教育课程，分院精心设计，严格要求，由学区、直属站主要负责人担任讲课任务，要求学员认真写出书面党性教育学习小结，上交评阅，并挑选出10％的优秀小结上交分院。分院还组织了开卷考试课面授教师备课会2次，17门课程的62位任课教师参加。

五、严格把关，保证毕业论文质量。分院、学区和直属站，自上而下都成立了毕业论文工作领导小组和毕业论文主审工作领导小组。选聘的指导教师懂马列主义、懂经济、懂管理；专业对口，具备一定的科研水平和能力；学历层次不低于本科，职称不低于讲师，从而保证了毕业论文的指导质量。95级本科毕业班有34名学员的毕业论文被评选为分院级优秀论文，其中6篇被推荐为总院级的优秀论文，另有2名学员的毕业论文在省部级刊物上发表。分院95级毕业论文答辩工作受到中函院表扬，并获得优秀毕业论文组织奖荣誉证书。

六、真抓实干，搞好教育评估工作。分院按照中函院开展党校函授教育评估的文件精神及工作部署，结合自身情况制订了分院评估工作的计划和措施。1998年由分院专家组对大兴、京西、房山、首钢4个学区及其所属辅导站，进行了教育评估检查验收，按照指标体系逐项逐条对照、检查、打分，既肯定了成绩，又指出了不足，并明确提出整改意见。其他学区、辅导站抓紧搞好自评迎接分院检查验收。

1998年，分院已制订完善4个方面的74项管理规章制度，并汇编成册。

（陈天任）

总参分院

1998年，总参分院从严办学，整肃考风考纪，加大了管理力度，按照“辅导站建设年”的要求加强了基础性工作，办学质量有了明显提高。

一、进一步端正办学指导思想，理顺工作关系。1997年底分院召开了布置1998年工作的昆明会议，传达学习中央党校函授教育工作会议精神，认真分析了分院工作的形势，从端正办学指导思想入手，总结经验教训，明确今后方向。1998年6月又专门召开函授工作会议，进行检查讲评。进一步理顺工作关系，把军队中央党校函授教育置于各级政治机关的领导之下，有的学院把中央党校函授教育由基础部领导改为由政治部领导。各办学单位还从军队的特点出发，严格规章制度，强调令行禁止，进一步规范办学，严肃处理违纪事件，整顿作风纪律，提高了办学水平。

二、认真贯彻总院第三次教学管理工作会议精神，提高了办学质量。在教的方面，一是严格选聘教员。规定了选聘教员的条件、程序，加强对教员的检查和考核。不少学区还从地方聘请专家授课。二是组织精心备课。分院要求学区建立集体备课制度。国际关系学院学区充分发挥教学中心组的作用，保证教案的科学性、系统性。长沙工程兵学院学区明确作出了“一个同等对待”（函授教学与院内教学同等对待），“两个密切挂钩”（函授教学与评功评奖、与晋升专业技术职务密切挂钩），“三个不能上课”（没有教案、讲稿的不能上课，没有经过试讲的不能上课，试讲不过关的不能上课）的规定，并认真付诸实施，提高了面授的水平。三是科学安排，不搞集中性、期末突击性授课，尽量利用双休日时间上课，较好地解决了工学矛盾，提高了到课率。分院宣传了这两个学区的教学管理经验，起到了示范引路作用。

在学的方面，首先是教育学员端正学习态度，克服混文凭的思想。许多学区对学员加强了党性教育，请党性强、资历深的老教员讲课，把课堂授课与党性教育结合起来。长春装甲兵技术学校学区每年利用开学典礼、面授、考试之机，对学员进行教育，进一步增强了党性，端正了学习态度。同时，加强教学管理，狠抓学员到课率和作业完成率，坚持考勤登记，定期讲评，对面授到课率和作业完成率达不到规定比例的，取消其正考资格。绝大多数办学单位制度健全、登记清楚，处理严肃，管理到位，较好地促进了学员的学习积极性。

三、严格教务管理，肃整考风考纪。1998年上半年招生考试时，发生了合肥炮兵学院学区温州军分区办学点考试违纪事件。分院责成合肥炮兵学院学区严肃调查处理，对当事人给了纪律处分，并在学区范围内，进行作风纪律的整顿。分院抓住这一典型，对各学区的办学人员进行了整肃考风考纪的教育。1998年6月分院函授工作会议期间，由合肥炮兵学院学区函授办主任，在大会上就温州军分区办学点考试违纪情况作了检查，分析了原因，总结了经验教训，对学区的工作作了深刻的反省。分院领导利用这一典型事例，对考试中的一些问题进行了严肃批评，要求各学区引以为戒，抓好考风考纪，做到警钟常鸣，维护中央党校函授教育的声誉和威信。1998年度各种考试，各学区精心组织，认真培训监考人员。南京通信工程学院、电子技术学院、沈阳炮兵学院等学区严肃处理考试作弊事件。情节严重者，招生考试时，取消入学资格，期末考试时，当场请出考场。

四、把好学员入学和毕业关，抓好学籍管理。1998年分院在招生过程中注重抓了三点：一是坚决执行总院关于军队和地方不得交叉招生的规定；二是严格报名资格和录取资格审查，凡不具备规定条件的一律不予录取；三是搞好新生入学注册。发现不符合要求者不予注册。

分院和各学区严把学员毕业关，认真审查学员学习成绩，严格进行毕业鉴定，对不符合条件的不予办理毕业手续。由于工作比较到位，学员各种毕业材料齐全准确，上报及时，差错率低，办证率高。

学籍管理工作，自1998年开始全部在计算机上进行。各学区加强管理，专人负责，学籍变动严格按规定办事，不但上报及时，提高了效率，而且数据准确，逐步实现学籍管理规范化、科学化。

五、积极开展“辅导站建设年”活动，基层建设得到加强。一是对辅导站进行普查。摸清了辅导站的底数，好的和比较好的占90%以上；二是抓辅导站的组织建设和思想建设。普遍健全了领导班子，认真选配站长、临时党支部书记和班主任，经常开展活动，多数辅导站成为坚强的办学实体；三是建立健全各项制度。如国际关系学院等学区，制定了《辅导站组织管理暂行条例》、《班组长工作职责》、《班主任工作职责》等。有的辅导站把函授考评与部队年终总结联系起来，与部队干部述职报告结合起来，保证函授教育工作的落实；四是完善办学条件。学区加大对辅导站的投入，配备必要的教学设备，解决上课用的教室，使辅导站真正成为完善的办学实体。经分院推荐，电子技术学院学区直属辅导站、电子工程学院学区88203部队辅导站、西安通信学院学区803厂辅导站，被总院评为先进辅导站。国际关系学院学区南后18分部辅导站、信息工程学院学区54772部队辅导站、工程兵工程学院学区直属辅导站，作为分院的先进辅导站，受到了通报表彰。

六、开展了函授教育评估活动。分院领导亲自负责，成立了领导小组，函授办公室分工专人负责评估工作，并专门下发通知，作了具体部署。各学区认真组织学习总院、全军函办和分院的有关指示，认清搞好党校函授教育评估的目的、意义和具体要求，普遍成立了评估工作领导小组，并采取自下而上，上下结合的方式，开展了评估工作。通过召开座谈会、发问卷、查阅资料、个别了解等形式，首先对辅导站进行了检查评估。在此基础上，广泛征求各方面意见，对学区进行自查自评，分析形势，总结经验，找出薄弱环节，制定改进措施。许多单位认真贯彻边整边改精神，办学力量不足的，调整了组织，充实了函授办的人员；有的检查了办学指导思想，使培养人才、提高部队战斗力的目标，落实到办学的各个环节；有的改进了教学和教务管理，加大了管理力度。工程兵指挥学院学区还检查了选配教员中的问题，把中职以下职称的教员调整为中职以上职称的教员任教；南京炮兵学院学区针对办公设备不足的问题，加大了投入，又购买了一台微机，一台打印机，一台传真机和其它相应设备，改善了办学条件。各学区经过自我评估，有力地促进了函授工作的开展。截止到年底，多数学区向分院上送了检查评估报告为分院的检查验收创造了条件。

1998年分院办公自动化进步明显，财务管理严格有序，教材发放准确及时，新闻指导工作进步较大。到年底，上送总院稿件20余篇，发表了9篇。编发《函授简报》6期，对交流情况，推动工作起到了较好作用。

（丁自力）

总后分院

1998年，总后分院在总院、总政宣传部、全军函办及总后政治部的领导下，在总后各学区的共同努力下，比较好地完成了全年的各项函授教学与管理任务。总后分院基本实现了从组建阶段向发展时期的过渡；从扩大数量、规模向提高质量、效益上转型；各项工作进一步朝着规范化、制度化、有序化的轨道发展。

一、建立了一支较强的办学领导队伍。各级政治机关对函授教育工作都很重视。总后分院由总后政治部副主任李瑞海兼任院长，宣传部部长张朝宁、副部长杨杨兼任副院长。各学区也都由单位的政治部主任或副主任兼任学区主任、宣传部门的负责人或政教室领导兼任副主任，各辅导站配齐了站长和班主任。宣传部门对函授教育工作实行了统一归口管理。分院和学区都分别成立了函授工作办公室，具体负责和承办函授教育的教学、管理和其它日常工作。各级组织机构基本健全，人员基本配齐，职责比较明确，分工比较清楚。绝大部分都是懂教学、会管理、具有领导工作经验的内行。

二、进一步端正了办学指导思想。1998年，分院和各学区按照总院和总政的要求，认真学习贯彻了胡锦涛同志关于搞好函授教育的指示、总院的有关规定和制度、总政印发的《关于军队人员参加中央党校函授教育的若干规定》;专门召开会议传达贯彻5月份全军宣传部长会议精神，对总后函授教育进行了认真分析和研究，提出了落实意见和要求。通过反复、深入地做工作，广大办学人员进一步提高了认识、统一了办学指导思想；各单位普遍把函授教育工作纳入部队科学文化教育的重要内容，作为培养干部的重要途径。

三、重点抓好以面授和考试为重点的教学管理。一年来，各学区本着抓住重点、兼顾一般的原则，认真落实教学过程中的自学、面授、作业和考试四个环节。尤其是对面授和考试两个重要环节，抓得较经常、较细致、较有成效。多数单位严格试卷管理，采取保密措施运送考卷，防止泄密问题的发生；规范考场，一人一桌、对号入座、“三证”齐全，及时清理和收存学员带的包、书籍、资料，严格了考试纪律；注重优选教员，把好备课关，授课质量明显提高；加强教务和学籍管理，各种报表、证书和软件统计工作更加准确和规范。

四、进一步改善了办学条件。各学区和辅导站普遍有了独立的比较宽敞的办公用房，配置了传真机、微机、复印机和电话等教学所必须的设施。（总后分院 供稿）

国防大学分院

1998年，分院在总院和全军中函办公室的指导下，认真贯彻落实总院和总政治部有关指示精神，完成了全年的各项教学和管理任务。

一、注意控制规模，提高招生质量。分院把招生工作当作一项严肃的政治任务，果断地采取有力的措施，要求各学区、站认真遴选生源，严格考生资格审查，分院及时派出几个审查小组，赴各学区进行审核，淘汰了1/5的不合格的考生。分院聘请了一批有丰富教学经验的教师帮助考生进行考前辅导，顺利完成1998年的招生任务。分院并根据军地互不交叉招生的原则，由院领导带队，先后赴广州、郑州、石家庄、上海、安徽和新疆等地向地方党校移交了一批地方学员。

二、加强教学管理，注重党性教育。分院做好经常性的编拟、下发两个学期的教学具体安排，督促各学区尽早做好教学准备工作，编制了分院直属的五个站的教学课程表，并选聘教员，组织备课和授课等教学工作以外，还做了几件事：一是组织各学区召开了严把毕业关的工作会议，总结交流了6年来把好毕业关的经验体会；二是组织编印了3本优秀论文选；三是组织评选、印发了优秀教案。分院注意在教学中对学员进行经常性的党性教育，有一部分函授学员是抱着“镀金”、“混文凭”的思想入学的。为此，分院不断对学员进行办学宗旨的教育，做好经常性的思想工作，帮助学员牢固树立为实现新时期党的宏观目标而拼搏学习的思想。今年5月，分院在桂林专门就党性教育问题召开了会议。总结党性教育工作，交流经验，研究存在的问题，探讨新的办法，进一步提高认识，加强领导，推动党性教育工作进一步向前发展。

三、注重站班建设，提高师资素质。分院特向各学区、站发出通知，要求抓好站班建设。2月，分院在广州专门召开了加强站班建设的会议。总政治部科文局的领导同志到会作了讲话。会议提出要建设一批一类的函授站，培养一支一流的班主任队伍，重点抓好五项工作，在办学指导思想上要实现四个彻底转变，最终达到一个目标，把站班建设提高到一个新水平。

在选聘教员上，实现“择优选聘，竞争上岗”的原则。从国防大学3个政治理论教研室和石家庄参谋学院、军械学院、郑州测绘学院、广州舰艇学院等院校的政治理论教研室选聘长期在教学第一线，曾经担任过博士生、硕士生导师，以及教学经验丰富的教授、讲师从事函授教学。分院还经常就教学效果向学员征求意见，对教学不负责任、水平较差的教员，坚决停课撤换。为提高教员素质，分院注重做好教员的培训工作，对在职教员采取外出进修、参加总院和总政举办的各种类型教员培训班，还每年举办一期短期轮训班，提高教员的综合素质。分院于12月制定了《部队分院关于提高办学主体素质的三年规划》。在3年内将全体办学人员轮训、培训一遍；以教学评估为契机，要求各学区按规定配齐教学管理人员；在各类办学人员中开展讲学习、讲政治、讲正气的活动，每学期至少组织两次以上集体学习。分院于12月制定了《函授教育管理章程》，使分院函授教育在正规化、制度化、规范化、科学化道路上又向前迈进了一步。

四、认真办好在职研究生班。分院专门成立了研究生工作领导小组，聘请全军名师国防大学副校长、博士生导师、当代哲学家侯树栋中将担任组长，聘请国防大学马克思主义教研室主任(正军职)、博士生导师、教授许志功任副组长，由宣传部部长兼分院副院长运新宇、中央党校部队分校办公室主任兼分院副院长董诚担任组员。同时，在中央党校、国防大学、中央党校部队分校海军党校班等聘请一批业务精、经验丰富的教授、副教授执教。侯树栋、许志功还亲自参与教学，在教学中注重教书育人，他们高水平的教学和为人师表的风范受到了研究生们的一致好评。对个别不称职的教员，果断地进行了撤换。

五、严把考核关和毕业关。分院坚决贯彻执行“严进、严管、严出”的办学原则。下大力气狠抓考风考纪。分院要求工作人员不徇私情，不怕得罪人，把社会效益放在第一位，端正监考态度，严格履行监考职责。每逢考试，直属班都注意张挂“从严治考、端正考风”的横幅，营造良好的考试氛围。每个考场的黑板上都有“违纪考生考号登记栏”，把违纪考生考号登记上去，公布于众，并当场处理，对其他考生起到警示作用。一些学区考试时还与监考老师签订责任书，保证本考场不出现违纪现象。此外，为保证试卷质量，分院组织各专业骨干教员编拟了33门开卷考试试卷，使试卷质量大为提高。

分院严把毕业关，8月份在连云港召开了严把毕业关工作会议。并抓了以下工作：一是抓好毕业论文的撰写工作。选聘责任心强、业务过硬的教员给学员当论文辅导老师，加强班主任和指导老师对学员撰写论文的检查、督促，坚持论文的“三审”（一审选题和提纲，二审论文初稿，三审论文的定稿）制度。然后按照《规程》的标准做好论文的评阅。二是认真组织论文答辩。按照总院的有关规定，抽调高素质的师资，组建答辩委员会；答辩时，认真记录和评分、签署意见，不走过场。

六、舍得投入，保障教学。分院全体同志齐心协力，在教材发放高峰期，院领导带头，全体人员同甘共苦，一起装卸、包装教材，保质保量地完成了教材发放任务。全年共发行教材 39 万多册。录制发送录像带 285 盘、录音带 1189 盘。向各学区、站分发试卷 5 万余份。为便于各学区收取教材，分院分管教材的同志主动为下面分担了大量的工作，把从总院领来的教材分成小包，直接发送到辅导站。分院在电化教学方面投入了近 5 万元，注重硬件建设，对计算机教室的 12 台计算机，进行了升级换代，换成了高配置的 586 机，较好地保障了函授学员选修计算机课程的需要。（刘　波）

空军部队分院

空军部队分院以教学为中心的各项工作取得了较好的成绩和较大的进步。现概述如下：

一、理顺函授教育管理体制，调整充实领导班子。根据总政《军队人员参加中央党校函授教育管理意见》，经空军政治部与空军指挥学院领导协商，并经空军首长批准，重新调整成立了以空政敬应龙副主任为第一院长、指挥学院邹德玉副院长为第二院长和空指教务部、空政宣传部三位领导同志为副院长的领导班子。确定空政宣传部和军区空军政治部宣传处分别为分院和学区的上级主管部门，从而理顺并形成了分院——学区——辅导站和空政宣传部——军区空军宣传处——设站师（团）宣传科（股），双重领导管理体制。新的领导管理体制和领导班子确立后，增强了领导管理的力度，扩大了分院在全空军的影响，有力地推动了分院、学区和辅导站工作的开展。

二、把贯彻落实胡锦涛同志的重要指示，贯穿于指导管理办学的全过程。一年来，分院十分重视宣传、贯彻胡锦涛同志对党校函授教育工作的重要指示，并明确提出，以能否处理好社会效益与经济效益的关系，树立“教育质量第一”的观念，是否在建设高素质的办学队伍上狠下功夫，在完善函授教育必须的场所设备上舍得投入，作为检验办学指导思想是否端正的具体表现。各个学区在这一方面做了大量的工作。如广空一学区（桂林高炮学院）认真贯彻落实胡锦涛同志的重要指示，开展教育思想大讨论，在全学区范围内达成“教育质量第一”的共识。为端正学员的学习动机，纠正“重文凭、轻学习”的倾向，学区教学组每到一个辅导站，讲的第一课就是认真传达胡锦涛同志的重要指示和上级的有关规定。为了使胡锦涛同志的指示真正落实，一是加强对教学工作的全程控制。二是贯彻上级指示和有关规定，都能结合本学区的实际情况，从制度、要求上确保上级指示规定的落实。沈空第三学区（长春飞行学院），提出了“领导到位”、“指导到位”和“保障到位”，以及函授经费专款专用，所收学费全部用于“以学养学”，学院不收分文，由于办学指导思想端正，形成了一心一意办教育的良好氛围。

三、狠抓办学队伍建设，理顺分院、学区按业务归口的管理方式。一年来，分院根据总院《面授教师管理规程》，按照面授教师聘任条件，经过逐级申报、审核，共批准了专兼职教师 181 人，其中教授、副教授 86 名，讲师 95 名，并按规定颁发了聘书，从而建立了以院（校）在职教师为主体，以离退休教师为辅助，以邻近学区和部分地方大专院校教师为补充的面授教师队伍。分院积极组织各学区派出13人次参加总院备课会和业务培训。按总院的教学计划，分院和各学区都及时制订并下发了教学计划和面授课程表。在严把教学关方面，北空一学区由辅导站（班主任）、教学组和学员代表组成三结合教学评定小组，每半年对教员面授情况按“优秀、良好、一般”三个等级，进行总结评定，对达到前两级标准的教员给予表扬、奖励，重点安排授课，对评为“一般”的教员，提出应注意的问题，待重新审查合格后方能担负面授任务，有效地保证了面授课质量。

随着办学规模的发展，分院本着加强机关建设的要求，将办公室按教学、教务、财务、行政、研究生等分工组建科室，要求各学区按教学（教材）、教务（考务、学籍）、财务等分工配备3至5名的专职管理人员，建立健全辅导站专兼职负责人和班主任。分院、学区、辅导站现共有教学管理人员200余名，较好地实现了分院机关按教学、教务、财务、研究生等科室，上对总院，下对学区按业务归口的管理方式的转变，有效地加强了管理力度，提高了管理效益。

四、严格考务管理，严肃查处考试违纪。分院在98级招生考试、上学期期末考试中，都根据总院和总政全军函授办的指示精神，向各学区发出补充通知，并派出了12个检查组共20人次到各学区、辅导站巡考。各学区、辅导站在维护考风考纪方面采取了许多好的措施。如沈空二学区加强招生考试前的辅导力度，增加辅导内容和时间，用积极的手段减少和防止考生作弊。南空一学区在考前公布监考人员姓名和举报电话，考试时在试卷拆封前请学员派代表上台查验试卷密封情况，并请纪检、宣传部门拍摄考场实况，这些都对维护考试公平竞争和权威性起到较好的作用。对在招生、期末考试中发生的两次严重违纪事件，均按照总院、总政的要求，分别给予撤销学区和给当事人纪律处分等严肃处理。由于严肃处理违纪事件，并在试卷保管、巡考、监考等方面有针对性地采取改进措施，使得在下学期期末考试中考风考纪得到明显好转。

五、分院开发教务管理系统软件。分院开发的教务管理系统软件，经过一年来的修改完善，特别是入夏以来的突击攻关开发，经总政全军函授办验收得到肯定，并决定将该系统软件推向全军各分院试用。在9月23日至26日总院召开的计算机管理工作研讨会上，也得到总院的肯定和推广。该项目的开发、使用和推广，使分院的教务管理工作进一步科学化和规范化，并为分院建设赢得了荣誉。

六、发挥视导委的作用。分院视导委和学区视导组较好地发挥了团结、敬业精神，不等不靠主动积极地开展工作，严肃查处来信来访和违纪问题，保证分院主要工作的健康发展。

七、在职研究生教育工作。在继续完成96、97级研究生班教学的同时，还在长春地区试办了京外98级党员领导干部在职研究生班。

八、分院迁入新址办公。8月份在空军指挥学院全面整修教学楼的基础上，按照学院领导的安排，分院利用休整时间完成了办公机关从3号楼到5号楼的搬迁工作。投入10多万元，进一步改善了教学和办公条件。

（张义虎）

海 军 分 院

1998年，海军系统的中央党校函授教育体制实行改变，新建的海军分院与原海军部队分院共同努力，做好这一年的工作。

一、组建中函海军分院，理顺函授教育

管理关系。1998年8月，根据总政办公厅[1998]政发字第6号文件精神和总政宣传部的要求，海军政治部决定成立中共中央党校函授学院海军分院，取消原海军部队分院。从此，海军的党校函授教育结束了自1993年以来外“挂靠”国防大学、内“依托”海军政治学院办学的一段历史。海军分院隶属海军政治部，由海政宣传部承办，接受中共中央党校函授学院、总政宣传部和全军党校函授教育办公室的领导。海军分院设有7个学区，他们是：海军指挥学院学区，海军政治学院学区，海军大连舰艇学院学区，海军广州舰艇学院学区，海军潜艇学院学区，海军电子工程学院学区，海军航空技术学院学区。

海军分院办学的宗旨是，认真贯彻中共中央党校函授学院的办学方针，坚持为海军部队服务，为海军部队建设培养高素质的合格人才。

二、端正办学指导思想，把党校函授教育纳入干部理论学习和科学文化教育体系。在中央党校函授教育中，分院注意引导干部结合本职工作学习，既提高干部的理论水平，又促进部队的工作。为此，特别强调要端正办学指导思想，把坚持正确的办学方向贯穿于教学的各个方面，坚决纠正办学为“生财”、上学为“混文凭”的错误思想。实行统一招生，严格执行总政的有关规定，除个别部队家属子女外，禁止招收地方学员。分院还加强了硬件建设，海政宣传部专门设立了分院办公室，并按规定配齐了人员和车辆、复印机、传真机、微机、电话等必要的设备，各学区也按规定加强了硬件建设。在经费使用上，基本做到了专款专用，以学养学。

三、制定函授教育管理细则，加大函授教育管理力度。分院遵照总院制定的有关规定，结合自己实际情况，制定了《函授教育管理操作细则》下发给各辅导站执行。《函授教育管理操作细则》共分总则、招生、教学、注册、交费、毕业等六章45条规定，内容明确、具体，使党校函授各项工作的开展有了可靠的依据。

四、加强面授教学环节，注重提高教学质量。分院根据总院的部署，结合自己的实际情况，对所属学区和辅导站，学年有计划，学期有安排，精心组织面授教学。一是努力搞好大专、本科班的面授教学。分院有得天独厚的条件，可依托海军院校雄厚的师资力量，选派德才兼备的优秀教师到函授站授课。除要求教师必须讲清所授学科的重点难点问题外，还要求他们把党性教育渗透到面授教学的全过程，做到“五不”：不吃请、不游山玩水、不索要纪念品、不上歌舞厅、不趁机出售自己写的书籍。函授教师的言传身教，深受函授站领导和学区的好评。二是全力办好研究生班。把教学纳入学院正常的教学之中，并在教学上给予重点保障。从教学的组织、教学时间、授课教室到考场都要由学院教务部统筹安排，学区领导亲自参与制订、审查教学计划。规定研究生班的授课教师必须专业对口、在学术上有建树、尽可能是带过研究生的教授、副教授。除选聘本学院的教师外，还聘请了中央党校、东北财经大学乃至美国留学中国博士生导师等有一定知名度的教授授课。

1998年中央党校函授学院研究生会议在大连海军政治学院召开，该学院以“全力以赴，热情周到，服务到位，确保无误”的姿态投入接待工作，保证了会议圆满完成。

五、严格掌握标准，搞好招生录取工作。分院遵照总院“计划招生，控制规模，严格把关，保证质量”的原则进行招生工作。突出一个“严”字。加强对招生工作的领导。分院成立了以常务副院长为组长的领导小组，设立招生办公室，以确保招生工作顺利开展；严把报名关。强调报考者必须是现役军人及其家属子女，必须符合规定的学历；报考大专必须具有高中毕业证书原件；

报考本科必须具有大专以上的毕业证书原件等。并认真搞好考前辅导。帮助考生系统复习相关科目的知识，提高考试成绩，各学区专门选聘德才兼备的教授、副教授对考生进行考前辅导、答疑。严把录取关。根据总院下达的指标，对考生依据考试成绩由高到低择优录取。坚持杜绝开后门、拉关系、搞照顾等不正之风。

六、根据海军部队特点，进一步探索办学模式。海军部队中舰艇部队流动性大，海岛部队交通不便。而这些部队才是海军的主体。目前海军党校函授教学辅导模式还不太适应这些部队特点，学员大都为机关、陆勤部队人员。因此如何解决好舰艇部队、海岛部队的学习问题，是需要认真研究的课题。

（刘恩明　陈其荣）

武警部队分院

1998年，武警部队分院完成了各项教学与管理任务，现将有关工作概述如下：

一、在办学中正确处理三个关系。一是正确处理好社会效益与经济效益的关系。分院从自身做起，不以经济效益为目的，引导各学区把社会效益放在第一位，从部队长远建设的大局出发，把目标定在培养合格人才上。二是正确处理数量与质量的关系。分院要求各学区不追求招生数量，而把办学质量放在首位，以质量求生存、求发展、求声誉。三是正确处理办学规模和办学条件的关系。坚持做到根据自己的办学能力、办学条件，量力而行。招生中，严把入学关，对考生进行严格的资格审查，对不符合报考条件者不予报名，力争把最优秀的干部送到党校学习。福建总队在招生中，明确“三个优先”，即：表现好的干部优先；基层干部优先；专业对口干部优先，确保了招生质量。

二、把增强学员党性锻炼，贯穿到教学全过程。分院要求各学区坚持以党性教育为核心，强化学员的党性锻炼。教育大家不做特殊“学员”，争做合格的学员。贵州总队参加学习的学员大多数是部队各级领导干部，他们能够摆正自己的位置，以普通学员的身份严格要求自己，认真参加学习。领导率先垂范，以身作则，极大地影响和带动了各级干部参加学习的积极性，保证了党校函授教育的健康发展。其次，利用驻地条件进行党性教育。8740部队地处川北革命老区，是邓小平、朱德、罗瑞卿同志的故乡，学区经常组织学员参观学习，用老一辈无产阶级革命家的精神来激励学员的斗志和学习热情，收到了好的效果。三是把党性教育贯穿到日常的教学之中。湖北、安徽、辽宁总队学区要求每个学员一言一行都要维护党校形象，增强“党校学员”的意识，自觉为党校函授教育争光。今年夏季在抗御长江、嫩江和松花江的特大洪水中，湖北、辽宁总队、8620、8610等部队的广大学员，在抗洪抢险中，在长江九江大堤决口的关键时刻，在生与死的紧要关头经受了考验。

三、端正学习动机，积极促进知识转化。教育学员转变思想观念，消除重“文凭”轻“水平”的思想。入学之初，各学区抓住召开教育动员大会的机会，教育学员转变思想观念，懂得只有真才实学才能有用武之地。辽宁、贵州总队学区的政治部领导亲自上台做动员，教育大家不要拿空头文凭，只有具备真才实学才能在当今社会大舞台上一展身手，使一部分心存侥幸心理的学员放弃了混的思想，端正了学习的态度。在教学中，注重引导，帮助学员实现从知识到能力的转化。分院要求各学区因势利导，鼓励学员运用所学知识对遇到的问题进行剖析，找出解决问题的办法。8710部队政法专业一名学员，运用自己所学法律知识，成功地处理了多起战士家庭纠纷涉法案件，被战士称为连队“法学博士”。

**四、依托地方、军队高校师资办学，提

高教学质量。针对武警部队的实际情况，分院各学区坚持依托部队驻地高校，借助军、地师资力量办学，一是实行教师聘任制。各学区不惜代价，聘请当地高校有名望、有专长的教授讲课。湖北总队学区从武汉大学聘请名教授、名讲师为学员讲课，并在每个学期开学前把任教的老师请到部队，同学员一起召开教学座谈会、备课会，听取老师备课情况和学员对教师讲课的建议和意见。授课老师依照部队函授学员的特点和要求，有针对性地进行备课，提高了授课的有效性和教学质量。二是开展教学评估活动，建立教学激励机制。各学区从自身实际出发，制定出《函授教师教学情况考评表》，组织全体学员采取无记名方式，对任课老师的教学情况实事求是地进行评比打分，对优良者给予表扬，并继续聘任。对较差者限期改进，到期不能改进提高的予以解聘。各学区根据部队工作情况，妥善安排好面授时间，合理调整好面授方式，为学员提供方便，做到工作、学习两不误。贵州总队党委为保证学员的面授到课率，规定每次面授、考试时，抽调机关干部下去代职，防止部队管理工作挂“空挡”。二是完善面授考勤制度。各学区班主任坚持跟班上课，负责造册考勤，并将学员到课情况张榜公布，互相监督。

五、严肃考纪，端正考风。一是成立精干的考试领导小组。每次考试，分院都按照总院的要求，选派党性强、作风正、敢于负责的干部担任考场主考，到各学区负责监考工作。各学区成立领导小组，组织好考试。8740部队成立了由干部、纪检等部门人员组成的考试领导小组；安徽总队学区举办了监考人员培训班，对监考人员进行培训；湖北总队学区在考试中，监考人员实行挂牌上岗，在监考的同时接受考生的监督。二是严把考卷领送、保密关。各学区领取考卷后，严格按规定存放考卷，考试时由主考人员统一带到考场，当场拆封。考试结束后，再统一送交分院进行评判。三是考场规范化。分院要求每个学区在考场设置上必须使用标准教室，并实行单人、单桌。为使考场设置规范，安徽总队学区长期租用外单位教室作为考试地点；8740部队考试时，从纠察队派战士在考场外站岗，从而维护了考场的严肃性，保证了考试的公正性。四是考生持证上场。分院规定学员参考时，必须持学员证、警察证等有效证件对号入座，对作弊学员严格执行考纪，视情节轻重给予不同处理。

分院的工作还存在不足之处。一是分院成立较晚，工作经验不足，有时出现工作不到位的现象；二是由于部队高度分散，教学计划、学习制度落实的难度大，工学矛盾比较突出；三是个别工作人员不够认真负责。

（丰春明　于兰河）

总装备部分院

一年来，总装备部分院进一步加强了函授教育的组织管理，紧紧抓住教学、招生、考试等重要环节，建立健全了各项规章制度，不断提高了函授教育质量。主要抓了以下几个方面的工作：

一、切实加强了函授教育工作的领导，进一步理顺了教学管理体系。各级党委和政治机关对党校函授教育工作越来越重视，逐步把这项工作纳入党委和政治部门的议事日程，坚决杜绝各类违背办学指导思想的行为，抓好教学管理工作和各项学习任务的落实，严格控制招生对象和范围，严肃认真地抓好考风考纪，切实加强了试卷的安全保密管理，较好地维护了党校和军队的声誉。各单位还按照有关文件的要求，专门分工一位政治部领导兼管这项工作，担任学区、辅导站的领导，有几个单位是副政委担任，加强了学区和辅导站领导机构的建设，加大了管理力度。89740部队规定凡报考大专班的由下属部站党委讨论，报考本科班的由部站推荐，部队党委讨论，党委把住了招生质量关。各单位认真贯彻去年函授工作会议精神，对本单位函授教育管理体制进行了调整和改革，进一步理顺了教学管理关系。宣传部、分院多次召开院务会议，分析形势，明确工作重点，做好评估工作。目前，分院到学区、辅导站的关系都很顺畅，保证了各项工作的顺利进行。

二、狠抓考风考纪，函授教育质量不断提高。一是严格试卷管理，确保不发生泄题问题。各办学单位都能够严格遵守保密规定，通过保密机构对试卷进行妥善保管和传送。89720部队辅导站等几个单位，对试卷保管严密有序，保密员、保密室、保密柜齐全，完全按照制度办事，有效地防止了泄题事故的发生。二是严肃考试纪律，加强监考和巡考制度。许多单位考试前都对监考人员进行了培训，政治部领导亲自提要求，抓落实。89800部队马政委亲自对监考人员进行培训，部队领导同志亲自巡考。有的单位担心熟人监考有碍于情面，实行了机关干部与基层干部交叉监考。指挥技术学院学区、89801部队辅导站都按要求设置规范化考场，实行单人、单行、单桌，对主、监考人员进行正规培训并签订有效责任书，严格执行监考制度。三是加大执纪力度。各单位按照分院要求，发现作弊者能当场作零分处理。有的单位抓住替考者，在全基地进行通报批评，尤其是指挥技术学院学区、89720、89960、89770、89790、89760部队等辅导站在这方面做得更好。狠抓考风考纪，一些不良风气得到有效制止，打消了少数学员混文凭的念头，提高了广大学员学习的自觉性。

三、认真抓了教员队伍建设，提高了授课教员的授课水平和教学质量。各单位普遍重视抓好教员队伍建设，努力提高讲课水平。分院以组织讲师团的形式，聘请科大、指挥学院两个学区的优秀教员到基地授课，受到基地学员的好评。有些课程，不仅学员听，有的领导干部也去听。科大学区注意加强对教员的培训，加深了对教材重点、难点问题的理解和把握，提高了函授教员队伍的整体素质和授课能力，增强了授课的针对性，保证了面授的效果。89750、89770、89950、89820、89760部队积极与地方院校联系，注意选聘责任心强、水平高、教学经验丰富的教员讲课。教员课讲得好，调动了学员听课的积极性、学习的主动性。

四、重视学区和辅导站建设，办学条件有了很大改善。一是抓了教学和管理人员队伍建设。根据总院关于学区和辅导站应配备相应数量的工作人员的规定，各单位采取借调在职干部，返聘离退休老同志等办法，配备了一定数量的教学管理人员，并定期举办学籍、考务等方面的培训班，提高教学、管理人员的业务素质和工作能力，基本满足了函授教学管理工作的需要。二是抓了各项规章制度建设。认真执行总院一系列规章制度，并狠抓了落实，有效地保证了教学和考试质量。89720、89770、89820、89790部队等单位的函授站都明确规定，面授考勤缺课1/3以上，作业未能按时上缴的学员，不能参加期末考试，只能参加补考。各单位还根据实际情况制定了实施细则，减少了工作中的随意性。三是抓了硬件设施建设。多数单位增加了办公用房，添置了新的办公桌、椅、文件资料柜，配备了电脑、复印机、传真机等现代化设备，条件好的学区还配置了车辆，专门保障函授教学工作需要。工作中存在的问题已引起分院高度重视正在采取措施整改和解决。

（王文秀）

济南军区分院

1998年，济南军区分院坚持正确的办学思想，认真落实各项规章制度，狠抓教学管理，加强办学队伍建设，较好地完成了各项教学与管理任务。

一、增强讲政治意识，切实端正办学指导思想

（一）坚持用胡锦涛同志重要批示精神统一思想。分院把胡锦涛同志关于党校函授教育的重要批示通过军区《政治工作简报》下发到全区团以上部队，并对学习、贯彻提出了明确要求。分院专门用2天时间，组织函授教学、管理人员认真学习讨论。各单位利用入学教育、讲课辅导、班组讨论、考试教育等时机，反复传达学习贯彻胡锦涛同志的重要批示精神，统一思想，提高认识。分院和各学区、辅导站自觉以胡锦涛同志重要批示对照检查和改进工作，及时解决办学中存在的问题。54685部队辅导站通过学习看到了工作中的差距，立即充实管理人员，实行目标责任制，改进和抓好工作。10月，被总院评为先进单位，受到表彰。

（二）始终把教育质量摆在突出位置。分院院长、军区副政委谭乃达中将、特别重视函授教育质量问题。今年8月，他亲自签发了给各大单位的传真电报，就抓质量问题提出具体要求，再次强调指出："函授教育的生命在于质量。"每次听工作汇报、检查指导函授工作、批阅有关文件，都对质量问题十分关注。6月份，他亲自带领军区分院办公室人员，到担负教学任务的济南陆军学院，专题研究如何提高函授质量问题。分院院长、副院长坚持带领教管人员，深入基层听面授辅导和巡考，给予及时有力的指导。军区4名党委常委和各大单位的9名将军积极带头参加学习，严格要求自己，以良好的学风带动和影响部队。

（三）正确处理好社会效益与经济效益的关系。军区党委就确定，每年拿出30万元用于开展党校函授教育，为部队建设培养更多的合格人才。截止到今年，军区已累计为学员补贴200多万元。各办学单位也都不同程度地再拿出一定经费，给学员以适当补助。学费收入分院除留存20%的学费外，其余经费全部上缴和下拨。并为教学单位购置了微机、复印机、传真机、档案柜等办公设施，深受办学单位和广大学员的好评。

二、认真落实制度，严把提高函授教育质量的重要环节

（一）严格执行标准，认真做好招生工作。我区分院把干部参加党校函授学习，纳入干部科学文化教育的总体规划。各级认真审查考生资格，对未达到报考学历和不具备相应职务条件的报考人员，坚决不让他们参加招生考试。对达不到录取分数线的，坚决不予录取。

（二）精心组织，认真搞好面授辅导。每学期总院的教学计划下发后，及时组织有关人员研究，作出具体安排，并按照规定的课时和要求，认真抓好落实。对重要的课程，搞好集体备课，组织试讲，共同把关。在面授实施过程中遇有矛盾，各学区、辅导站领导亲自出面协调，保证学员能够听课。5月，分院教师在54631部队学区辅导时，正值该部队组织高科技学习，集团军副政委亲自出面协调，使问题得到圆满解决。分院每学期都坚持分山东、河南两片组织2支教师队伍深入到每个辅导站，对所有闭卷考试课程和部分开卷考试课程进行面授辅导。对部队干部接触少、专业性比较强的课程，如《国际金融简明教程》、《货币银行学》等，聘请驻济高校的专家教授讲课，使学员加深了对内容的理解。同时，各级狠抓学员的到课率，许多单位制作了《请假条》、《听课考勤手册》和《学员面授考勤登记表》。每次面授辅导前，辅导站将面授计划通知到每个学员，上课前点名，记录在册。对无故不到课的学员进行批评教育，对达不到规定到课率的学员取消期末考试资格，只能参加补考。各部队积极支持学员参加面授，每逢面授、考试，都派出机关干部到基层代职，让基层学员集中精力搞好学习。每次教师面授辅导，各单位都现场录音，对个别因特殊情况不能参加面授的学员，及时组织补课，确保每一个学员不缺课。

（三）加强检查督促，抓好学员自学。多数学员自学抓得比较紧，但也有一些学员感到工作太忙了，没有时间学；有的觉得业余时间应该放松一下，搞点娱乐活动；还有的认为参加函授学习，就是花钱捞文凭，没必要下功夫，等等。分院进行针对性的入学动机教育，并给学员创造良好的学习环境和条件，各学区和辅导站除严格落实军区统一作出的“每周六下午为党校函授学员自学时间，每次考试前要保证有一周时间复习”的规定外，还规定学员每周再利用1至2个晚上搞好自学。各级积极想办法，主动与有关部门联系协调，把“指导员之家”、“军官训练中心”和会议室等，作为党校函授学员的固定学习场所，定时开放。各辅导站根据教学计划和学员的文化基础，在学员中建立学习小组和帮学对子。许多辅导站还通过组织介绍自学方法、交流学习体会、作业展评等，督促学员落实自学计划，提高自学质量。11月，分院联合学区对学员自学落实情况进行了一次检查，在年底召开的军区党校函授工作会议上，通报表扬了42名学员，对存在的学习计划不落实、不按时完成作业等问题进行及时纠正。

（四）狠抓考风考纪，严密组织考试。分院把整肃考风考纪当作一件大事来抓，各级都成立了考试委员会或考务工作领导小组，加大抓考风考纪的力度。每次考试前，分院都以军区宣传部名义用传真电报下发通知，提出严格具体的要求。各考区认真挑选监考人员，专门安排时间进行培训，学习掌握总院考务管理有关规定和要求。各辅导站对学员进行考风考纪教育，增强大家遵守考场纪律的自觉性。每次考试，分院都向各考区派出巡视员，负责押送和回收试卷，指导督促各考区做好考务工作。各个考点都能严格按照总院的有关规定设置考场，许多单位在考场周围划出警戒区域，设立岗哨，悬挂张贴标语口号，营造严肃的考试气氛。各级监考人员认真履行职责，坚持原则，不徇私情，大胆管理，没有发生严重违纪问题。1月，胶东下了一场50年不遇的大雪，交通中断，2名学员克服重重困难，步行30里路赶到莱阳考点时，《马克思主义哲学原理》课已经考完。他们请求当场进行考试，但监考人员明确答复，考试时间由总院统一规定，全国同时进行，我们不能随便提前和推迟，你们可以参加下次补考。对违犯考试纪律的问题，分院敢于动真格，严肃处理。全年，有4名学员因严重违纪考试纪律被分院取消了学籍，在广大学员中产生了强烈震动。

三、加强“两支队伍”建设，不断提高办学主体素质

（一）选好配强“两支队伍”。由于部队精简整编，干部流动快、变动大。为此，分院注重加强管理人员队伍建设，做好稳定工作。挑选能够长期工作、党性原则强、综合素质好、有管理经验、有事业心责任感的干部充实管理队伍。分院各级办学单位现有领导和专、兼职管理人员112名，保证了组织机构健全，工作始终不断线。为完善师资队伍的学科结构，济南陆军学院还从地方大学招收了8名研究生，担负有关教学任务。现在担负党校函授教学任务的教师共57名，45%是高级职称，已达到了“领导干部班由具有副教授以上职务的师资讲授；本科班由具有副教授以上职务的师资讲授为主，配合少量讲师讲授；大专班由具有讲师以上职务的师资讲授为主”的要求。

（二）有计划有组织地搞好业务培训。在管理队伍培训方面，分院利用3天时间，集中组织管理人员原原本本学习总院《管理制度汇编》、总政办公厅《若干规定》和分院有关规章制度，逐章逐条理解。还在今年军区党校函授工作会议期间，专门安排一定时间，针对平时工作中容易出现问题的环节，进行专题培训。另外，还利用函授管理人员来分院办理函授业务等时机，进行个别培训。通过这些办法，使管理人员的业务素质和能力明显增强。在教师培训方面，除了积极选派教师参加总院组织的各类备课会之外，还坚持每季度搞一次教学研讨活动，对一些重点课程、章节展开深入讨论，交流教案，全年先后4次组织16名教师到山东大学、山东师范大学，观摩《宏观经济运行与管理》、《刑法总论》等6门课程的教学。派出5名青年教师到地方大学攻读硕士研究生，并选派教学骨干进修《社会主义市场经济论纲》等课程。还在教师队伍中采取以老带新的办法，对青年教师进行具体帮教，提高他们的教学水平。

（三）不断激发办学队伍的事业心责任感。分院经常组织办学人员学习邓小平教育理论，搞好经常性思想教育，使大家认清肩负的崇高使命，不断增强从事党校函授教育工作的光荣感和责任感。分院还在办学队伍中开展了争当“先进办学工作者”和“优秀教师”活动，每年都表彰一批先进典型，宣扬他们的先进事迹，对党校函授教育工作做出突出贡献的个人优先提拔使用，充分调动了大家的工作热情。54774部队宣传处干事、学区函授管理人员范峰，1998年被军区分院表彰为“先进办学工作者”，被部队党委提前晋升职务。分院学籍科科长李巍，在7月下部队押送试卷和巡考期间，由于天气炎热，长途奔波，导致战伤复发，便血严重，但他硬是坚持了一个多星期，直到考试结束后才返回住院治疗，部队的同志很受感动。主讲《马克思主义哲学经典文选》的卞瑞杰副教授，在去年12月下部队巡回面授前，接到祖父在京病故的消息，为了不影响给学员上课，他一大早从济南乘车到北京，匆匆见了祖父最后一面，没有来得及参加遗体告别仪式和追悼会，当晚就乘车前往河南开封，第二天早上一下火车就赶到教室给学员讲课。学员感动地说，卞副教授不仅给我们传授了知识，而且教给了我们敬业奉献的精神。（王继东）

南京军区分院

1998年，南京军区分院以继续贯彻胡锦涛同志关于党校函授教育的一系列重要批示精神，在提高教学质量上下功夫，着重抓了以下工作：

一、进一步强化质量意识。在传达、学习贯彻胡锦涛同志一系列重要批示的基础上，分院各教学处、各学区把提高教学质量作为中心贯穿到教学的全过程，教学任务比上一年度完成得更好。1998年上学期期末考试合格率达99.8%，下学期期末考试合格率99.6%。

二、狠抓面授落实。分院抓住“五会”，加强检查督导力度，促进了面授质量不断提高。“五会”，就是教育准备会、集体备课会、教学观摩会、教学评估会、专题研讨会。每个学期开学之前，分院都开一次教育准备会，传达总院的有关要求，统一思想，统一行动；然后，由各教学处组织教员集体备课，写出讲稿，分别试教，相互观摩，取长补短，开展评教活动；并对一些重点、难点、疑点，组织专题研究讨论。分院并重视面授时数的落实。要求教师对每门课程的辅导，不得少于总院计划规定时数的最低要求。每个学期进行一次检查评估，实行量化评分。达标者，记满分；达不到标的，按时数扣分；并与教学处的办学资格和分院下拨的经费挂钩。这样，就有力地促进了面授质量的提高和面授时数的落实。

三、强调自学的作用。一是广泛进行思想发动，讲清自学是党校函授教育的主体形式。要求各级办学组织，采取多种形式、多种手段经常进行思想教育，激发学员的内在动力，使学员从入校门开始，就注入自学为主的意识，自觉地坚持自学，依靠自己的力量，领会和把握教材的基本精神。二是推广先进的学习方法，引导学员坚持自学。1998年，一教处直属班在教师的指导下，广泛开展“五步读书法”活动，收到了较好的效果。分院及时推广了他们的做法，起到了促进自学的作用。这“五步读书法”是浏览、发问、精读、复述、复习。学员们反映：按照“五步读书法”，自学上路了，越学越有兴趣，越学越有劲头。三是加强组织领导，帮助学员妥善处理工学矛盾，提高自学效果。分院把抓自学作为辅导站领导和班主任的重要职责，要求各个教学班从实际出发，按单位、按住址编成若干自学小组，指定小组长，因地制宜地开展自学活动。特别是军区联勤部学区南京总医院辅导站，在这方面做得很好。他们所属的各个班次都是学期有自学计划，月有检查，周有小组活动，年终有总结、评比，使一些处理工学矛盾好、坚持自学有成效的同志和小组及时受到了表彰。

四、严把考勤和作业关。分院统一印制了考勤登记表发给教学班和任课教员，对面授实行双重考勤；统一印制了各门课程的作业题发给每个学员，要求按时按量完成作业。明文规定，凡缺课1/3以上的，没有按要求上缴作业的，坚决执行总院的规定，一律不准参加期末考试，只能参加期末补考。许多学区、辅导站、教学班还采取了一些具体措施，如一教处直属班对面授考勤率达标和上缴作业者发给考试资格通知单，并张榜公布于考场门前。监考人员在学员进入考场时，既检查学员证，又检查考试资格通知单，只有二者同时具备的才能参加考试。

五、抓好考区达标的评定。上半年招生考试时，两次召开会议专门研究考务工作和考区达标的考核问题。确定各考点由监考教员、监考员和单位领导三方组成评定小组，严格按照总院考核评定标准，共同对该考点评定分数和确定考区类别，然后将情况上报分院。分院根据评定小组和派出的巡考员的意见，结合平时所了解的情况，最后审定。下半年期末考试时，分院又采取领导和群众相结合的方法，在上半年初评的基础上，进行了年终达标总评，被评为一类考区的占70.5%；二类考区的占23.6%；三类考区占5.9%。

六、加大管理力度。1998年分院通过贯彻总院第三次教学管理工作会议精神，增强了各级办学组织的管理意识，加强了管理力度。一是充实管理人员。分院要求各级办学组织严格按照全军函办关于学区工作人员，1000名学员以内的，不少于3人；1000名学员以上的，不少于5人；辅导站工作人员至少2人的规定，配齐工作人员，以便开展工作。二是加强领导对考试工作的监控力度。分院和各教学处、学区均成立了由政治部领导同志亲自挂帅的考试领导小组。每次考试，领导小组的成员都亲临考场检查指导，按照总院《考务管理手册》的规定，一丝不苟地履行职责。三是规范考场设置。为整齐一致，分院印发了总院制订的《考场规则》、《考试秩序》，发至各考场张贴，要求所有考场均按单人、单桌、单行设置，抽屉背向考生，桌上贴有考号，考生对号入座，学员证放置在考号的旁边，所带物品一律放在考场的前面。

七、大力表彰先进。1998年分院评选出优秀学员107名，优秀教员12名，函授教育先进工作者46名，函授教育先进管理干部23名。对这些先进人物，分院进行了大力表彰，给他们发了荣誉证书和奖金，并通报各级办学单位。分院还宣传了两个比较好的辅导站，总结推广了他们的工作经验。其中，军区联勤部学区南京总医院辅导站，被总院批准为先进辅导站，在10月召开的党校函授教育工作会议上，受到了总院的表彰、奖励。

八、认真评选优秀毕业论文。分院成立了三个评选小组，评选报送总院的优秀毕业论文，把论文答辩中被评为优秀的毕业论文，统一审阅了一遍，并从中选出比较好的9篇提交分院领导审阅，最后确定最优秀的5篇上送总院。其中两篇被总院选为优秀论文。在1998年12月召开的第四次教学管理工作会议上受到了表彰。

1998年分院存在的主要问题：福建省军区学区在组织招生考试时发生了主监考教员私拆考卷的问题；在教学管理方面，特别是学区建设上还有许多薄弱环节，由于教学管理人员数量较少，素质不高，距总院关于规范、有序、高效的要求还有很大差距；有些单位，尤其是作战部队工学矛盾还比较突出，面授的次数和时数与计划要求存在差距。 （肖江春）

广州军区分院

1998年，认真贯彻落实胡锦涛同志的批示精神和总院、全军党校函授办的一系列指示，积极抓好党校教育各项工作的落实，使函授教育质量逐步得到提高。

一、认真加强学区和辅导站建设。分院根据办学条件和生源分布情况，及时调整压缩学区和辅导站，并对学区和辅导站负责人和工作人员进行了调整。6月下旬，分院在桂林陆军学院召开了函授工作会议，专题研究进一步加强学区辅导站建设的问题。会议传达上级精神，总结经验教训，制定整改措施，布置下步工作。与会人员通过认真学习总院《管理制度汇编》、总政治部关于《军队人员参加中央党校函授教育管理意见》，以及总政宣传部屈全绳部长在全军党校函授工作会议上的讲话，针对98级招生考试中存在的问题，进行了严肃认真的反思和教育整顿。与会人员联系各自的办学实际，自查自纠，认真吸取经验教训，进一步端正考风，严肃考纪，从严办学。鉴于个别学区、辅导站在1998年招生考试中存在的问题，分院责成有关当事人作出了深刻的检查，并宣布了对责任人的处理意见。经会议研究讨论，并报上级审定，对桂林陆军学院学区领导成员及办事机构作了较大幅度的调整。学区委员会成员从原来的4名增至7名；学区的办公室增至8名工作人员，办公室也由原来的2间增至4间，在函授教育的硬件、软件建设上，均有一定的改善。这次会议对被评为先进辅导站的广东省军区学区广州函授站、53802部队函授站、53061部队函授站，分别颁发了奖状和奖金。对问题较多的函授站和有关当事人，进行了通报批评和组织处理。同时学区与各函授站在履行职责和教学管理等方面，签订了责任书，明确了责、权、利，做到该奖则奖，当罚则罚。会后分院对依托教学的桂林陆军学院教员队伍进行调整筛选，聘请了42名教师担任授课任务，其中正副教授18名，讲师24名，个别难度大的课程还专门请广西大学、暨南大学教师授课；电化教学落实比较好，班主任制度和临时党支部健全，教学管理逐步走上正轨。

二、严肃查处办学中存在的问题。根据总院和总政宣传部的指示，分院就群众反映的桂林陆院学区98级招生考试泄密问题进行了深入的调查。针对该学区一些工作人员在办学中存在的严重问题，进行了严肃认真的处理，对该学区具体负责考务工作的人员由于保密意识和组织纪律观念差，办事草率马虎，造成这次试卷管理混乱和试题泄密的问题，由陆院给予其行政严重警告处分，责令写出深刻检查，在分院函授工作会议上深刻检讨，并将其调离函授工作岗位。分院对该学区三名负责人给予通报批评。给予南宁函授站负责人私拆领导干部班试卷的问题给予行政警告处分，并责令其写出深刻检查，在分院范围内进行通报批评。并暂停其辅导站的招生资格。责令桂林陆院学区进行全面的教育整顿，限期整改，并向上级写出深刻的检查报告。并暂停该学区的招生资格，集中精力办好97、98级两期函授班。责令桂林陆院学区与桂林市委党校反复协商，妥善移交了招收的120名地方考生。

三、严格组织期末考试。分院在1998年上半年期末考试中，坚持贯彻落实总院“从严办学、质量第一”的方针和总政办公厅《通知》，严格考务管理，遵守考试的各项规章制度，考前充分准备，考试严密组织，阅卷严肃认真。分院在6月函授工作会议期间，根据总院《关于做好1998年上学期期末考试工作的通知》的精神，对这次期末考试提出了明确要求，分院和学区成立了考试领导小组，要求领导小组成员集中精力，全力以赴抓好期末考试的各项工作，并及时协调工学矛盾，保证学员按时按要求参加考试；严格考务管理。试卷的保管和交接严格按照总院的规定执行，考场安排尽量规范。分院、学区共选派了76名干部到各考点巡考和监考。并认真检查学员作业本及到课率情况，对不按时上交作业和到课率低的11名学员不准参加期末考试。分院考试领导小组召开考务工作会议，指导和协助各学区函授站做好考试的有关准备，严明考纪，端正考风。考试前，分院派出两名责任心强、富有经验的同志到南宁领取试卷，返回后，及时存放到保密室登记保存。在开考前一天，派出专人把试卷送往下属各函授站。各函授站负责人也认真地进行了清点和签字验收，并送保密室保管。考试完毕后，由巡考人员签字验收密封后将试卷带回。自始至终保证了试卷的安全、保密。各学区及下属各函授站考场布置规范，考场周围设有引导员、纠察。考场安排考生适量，单人单桌，适当拉开距离。工作人员认真编排考场和考生考号，杜绝了“特殊考生”和“特殊考场”的现象。在考试期间，做到按时入场、按时开考，不提前和延长时间。监考人员都能各负其责，严肃认真地检查每个考生与座号是否相符，证件号与座位号是否相符，宣读《考场规则》，当众拆封试卷袋等。工作人员协助监考人员做好考试的有关工作。对监考人员进行了认真挑选和培训，成立了一支公正无私的监考队伍。要求监考人员一定要坚决贯彻上级的有关指示，按考务规则、监考规则、考场规则办事，认真履行监考人员的职责。分院、学区对监考人员采取了相应的奖惩措施。对从严监考者给予通报表扬和适当的奖励，不负责任者取消其监考资格，并进行通报批评等。分院、学区在人力十分紧张的情况下，为保证期末考试的质量，仍及时派出四个巡考小组共8人前往下属各函授站巡视考场和检查指导工作。各巡考组分片分工巡视各函授站的考试，不漏一个考点。分院的试卷评阅工作，于7月22日至31日在桂林陆军学院马列、政工教研室进行。学院教务部欧金平政委亲自主持召开了阅卷工作会议，并对阅卷提出了明确要求。及时组成了阅卷组，认真选聘阅卷组长，阅卷人员和计分、复核人员。要求阅卷人员必须持两证（阅卷证、军官证或文职干部证）才能进入阅卷现场。阅卷人员及工作人员必须执行和遵守阅卷秩序和阅卷纪律。阅卷人员在阅卷组长的统一领导下，认真熟悉试题要求，掌握答案要点和统一评分标准。阅卷按试题大类分工，流水作业，保质保量，实行签名负责。评阅完的试卷，均交工作人员进行检查核对，不符合要求的退回各组另评。负责登分的工作人员都以对学员高度负责的精神，反复检查，对登分完毕的试卷，采取封闭保管，以备检查。保证了阅卷登分工作的严肃性、准确性。（广州军区分院　供稿）

成都军区分院

1998年是成都军区分院各项工作发生

较大变化的一年。现将这一年工作的主要情况概述如下：

一、强化教学管理，全面提高函授教育质量。一抓招生工作。分院要求各学区严格资格审查，做到两个不录取。不合乎报考条件不录取；招生考试不及格者不录取。云南省军区一名团职干部和云南思茅军分区宣传科一位同志考试不过关，均未被录取。贵阳直属站曾先后取消了32名不符合报考条件考生的招生考试资格。重庆学区56018部队还制订了“三优先、三不录取”的规定，从政治素质上提出了严格要求。对立功人员、优秀党员、优秀基层干部优先录取；对现实表现差、受过党内外处分、招生考试违犯考场纪律的不录取。由于严抓招生环节，堵住人情风，有效地保证了招生质量。

二抓学员自学。上半年分院专门拟定了《关于加强学员自学管理的意见》，《意见》对学员自学要求以及班组对学员自学指导的要求及方法作了具体规定。下发各学区、辅导站，分院对这一《意见》逢会必讲，大力贯彻实施。半年多来，自学管理工作收到一定效果。有的学区和辅导站作了一些有效的探索，如重庆学区56018部队辅导站在调动学员自学积极性、完善自学管理制度、加强自学指导等方面作了不少的工作。各学区大多数学员制订了个人自学计划，对一周的学习和工作做了科学的安排。如攀枝花军分区96级学员张学良中校，除白天结合工作学习外，每周安排4个晚上自学，其余两个晚上机动，如自学时间受到特殊情况冲击，即用机动晚上弥补，做到时间落实。后来他还写了一篇介绍自学经验的文章在分院的《函授通讯》上发表。

三抓面授。一是对学员进行学习目的教育。教育学员树立一种珍惜感，抓住每一次面授机会，努力扩大知识面，加深对自学知识的理解，巩固学习成果。二是建立一种约束机制。很多学区严格执行了凡无故不参加面授的学员一律不准参加期末考试，只能参加补考的规定；各个学区、辅导站建立了严格的考勤制度，由班主任亲自考勤，按总院要求，作为平时成绩考核的重要依据。三是建立激励机制。部分学区建立了每年评选优秀学员的制度，把面授到课率作为评选的重要条件之一。四是遴选好面授教师。成都地区的授课教师由分院依托川大、师大等单位选聘，其他学区则在所在地的高等院校和地方党校中聘任。每学期授课前分院都把总院录制的教学录音带送发到教师手中，帮助备课。同时，分院还注重对教师的培训，不惜投入，年内两次派出数名任课教师参加总院和全军函办举办的备课会、研讨会，提高教师对党校函授教育的授课水平。通过以上各种手段，学员到课率明显提高，一般都在60%—70%左右，个别辅导站达到90%。

四抓考务。建立强有力的考务领导班子。分院由军区宣传部长牵头，组成7人考务委员会；各学区、辅导站建立以政治部副部长牵头的考务小组，做到层层把关，狠抓落实。每次考试前，分院都要专门召开一次考务工作会议，组织各学区科文干事学习中央领导同志对函授教育的重要指示，学习总院关于考务的规章制度，提高认识，熟悉业务，做到思想落实、措施落实。今年下半年在期末考务工作会上还搞了一次别开生面的书面考试，当场交卷，对促进管理干部学习业务起到了一定的推动作用。分院与各学区负责人签订“责任书”立军令状，谁的考场出问题，考风不正，考纪不严，必须向签字人追究责任，做到责任落实。分院还实行了考区达标分类管理办法，拟发了分类评选的详细细则，并先后表彰、奖励了20多个先进考场和30多个先进个人，做到激励机制落实。考试期间，分院每次都安排部分领导和管理人员，配合宣传部同志、组成巡视小组，分赴各地进行巡视检查。各学区、辅导站所在单位首长和领导小组负责人则就地巡视。各学区对试卷领发和保管、考场设置、监考人员选聘和培训，做到一丝不苟，严格按规范化的要求运作。各考场派兵执勤，严格检查学员参考证件；考场违纪者，一般能一次到位，当场处理；监考人员执纪不严者，有的也能当场宣布撤换。每次考试结束后，各学区即派专人将密封试卷送交分院，然后集中用专车送往分院设置的川联大“阅卷中心”进行认真评阅，确保试卷评阅质量。

五抓学籍管理和教学保障。分院设立学生处专管学籍工作，成效较为显著。现在几个大的学区也有专人管理这项工作。自从总院在厦门召开学籍管理工作会议后，分院学籍管理工作按改革方案进行了改革和完善，管理工作走上了更加规范化、制度化、科学化的轨道。

教学保障也直接关系着函授教育质量的提高。分院设立教保处，两名同志具体分管这项工作。每年教材、音带、试卷的接、管、送皆由教保处负责操作。尽管承担的面宽、量大，涵盖大西南五省市，每年进出资料、书籍30吨，但都做到合理安排，及时发放。特别是西藏边防哨所，驻地分散，冰雪封冻，交通中断，每年教材、资料的分发，十分艰难，但拉萨学区和各辅导站精心组织，仍较好地保证了学员教材的供应。

二、加强办学主体队伍建设，提高办学管理水平。一是要求各学区按办学规模配齐必要的管理人员。现5个学区增加了管理人员，使工作运转得到了加速。二是通过各种手段提高现有办学人员的整体素质，采取以会代训的办法，加强对各学区管理人员的思想教育，组织他们学习各种规章制度，熟悉业务；健全完善每周星期五下午的政治、业务学习制度，学习政治理论、政策法规、时事政治、科技手段，不断提高他们的政治素质和业务素质。下半年，分院还专门拟订了加强办学主体队伍建设的三年规划，并已逐项付诸实施。如健全学习制度、建立培训机制、开展专题讲座、外派学习、召开各种专业会议等。同时还建立激励机制，每年开展一次评选先进集体和先进个人的活动，给以精神和物质上的奖励。今年下半年分院表彰和奖励了先进集体10个，先进个人22名，并上报总院在全国范围内表彰了昆明和贵阳两个先进辅导站，在各级办学人员中引起了强烈震动。

三、开展教育检查评估，加快函授教育质量提高步伐。按照总院和全军函办的部署，9月初，分院开展了学区和辅导站的教育评估工作。建立了以军区宣传部长牵头的5人评估领导小组，负责组织实施全区评估工作。按总院和全军函办的评估体系，结合部队实际，制订了分院6项21条评估细则，召开分院全体管理人员和各学区分管函授教育的科文干事会议进行贯彻，组织学习上级有关指示和评估《细则》，掌握评估内容，明确评估目的、任务和要求。各学区相继建立了以政治部(处)主任、宣传处(科)长和科文干事组成的5人评估领导小组，具体负责学区、辅导站的评估工作。12月中旬结束评估工作。分院于12月中旬，派出四批工作组，分赴昆明、贵阳、重庆、成都学区，采取听、查、看、谈等方式对学区和辅导站进行实地考察，肯定成绩，查找差距，边查边改边实践，一时改不了的也作出整改计划，加快了学区和辅导站建设。据不完全统计，先后有8个学区、35个辅导站调整、补齐了领导班子，5个学区按比例增加了12名办学管理人员，38个辅导站明确了专(兼)职函授管理负责人，6个学区、11个辅导站加大了投入，购买了微机、打印机，装修了办公室，添置了学员课桌、凳子，西藏学区也做到了站站有微机，有效地改善了办学条件。

四、加强信息和经验交流，推动函授教育健康发展。一是分院的活动在总院刊物上得到了较充分的报导，经验介绍文章在总院汇编专辑中连篇刊发，较之以往有了较大突破。二是由分院领导倡导，于9月份创办了分院内部出版刊物《函授通讯》，使各学区、辅导站的办学经验和个人的学习经验能在分院范围内得到及时介绍和推广，推动函授教育事业稳步发展。该刊物发至各辅导站，年内已出版5期，其影响逐渐扩大，得到了学区领导和办学管理人员的积极支持，反映较好。为了使分院通讯报导工作健康地持续发展下去，采取了两项保障措施：一是充实和调整了原有通讯员队伍，使之在组织上得到落实。二是实行按稿计酬。凡在通讯上刊发的文章，由分院发给作者稿费，激发其写稿积极性。 （张湘璧）

沈阳军区分院

1998年，沈阳军区分院认真学习贯彻胡锦涛同志批示精神，采取得力措施，使函授教育有了新的起色。

一、解剖问题深化认识，切实把函授工作的着眼点和落脚点放到提高质量上来。沈阳军区分院在抓好自身学习领会的基础上，专门下通知，要求所属各级反复学习领会胡锦涛同志批示精神，利用两次监考集训的机会，把辅导站以上负责函授工作的领导和工作人员集中到沈阳，用2天时间学习，联系本单位实际，查问题，找原因，进一步明确方向。近年来，军区分院函授教育尽管多次受到肯定和表扬，但在少数单位还不同程度地存在学风学纪、考风考纪、管理不严等问题。认识到党校函授教育质量，不是一般性的问题，而是关系到培养跨世纪高素质人才的战略性问题，各级都能站在全局的高度，以对党的事业高度负责的态度，高标准高质量地办好党校函授教育。

二、实行全程跟踪，严格把好函授教育质量关。分院进一步加强了对函授教育工作的监管。严把招生关。分院重点查找了在往年招生工作中个别单位存在的考试不够严格、地方人员冒充部队干部参加学习、只挂名由别人替学等管理失职失控问题，并且专门下发了严把招生关的通知，强调必须按正规院校招生录取，组织考试，不符合条件的考试作废；禁止地方干部以部队名义参加考试学习，一经查出将做出严肃处理；加强对招生考试的监管，军区分院派出了5个组进行巡回检查，确保了招生质量。把好授课质量关。分院坚持请名师授课，无论是研究生班本科班，还是大专班，分院都聘请东北大学、辽宁大学的副教授以上职称的老师授课，坚持车接车送，定期走访，经常交换意见，为保证授课质量打下了较好基础。把好听课出勤关。分院和各学区、辅导站把到课率作为检查的一个硬指标。开课前签到，授课中检查，下课后交卡。累计旷课6次的学员，按自动退学处理；出勤率不足规定的学员，不准参加期末考试，只许参加补考。把好考试关。军区分院坚持每次考试前都进行专门集训。分院、学区层层组织检查组巡回检查，做到发现问题及时处理。

三、针对不断变化的客观实际，加强和巩固办学队伍。1998年部队大多数单位参加了抗洪抢险，同时又面临调整精简，使办学遇到了很多实际问题和困难。分院为保证函授工作的连续性和教学质量，注重始终抓住办学队伍建设这个根本不放。首先，调整充实办学队伍，加强对函授工作领导。根据总政文件精神，去年军区分院及时调整了组织领导和办学机构。分院院长由军区政治部副主任庞连杰兼任，宣传部刘念光副部长，大连陆院管教学的副院长和军区干训大队王树清大队长同时兼任副院长。分院下设一室三处：即办公室、教学处、教务处、教材处，明确指定专人负责，分院工作人员保持在10人左右，比原来有所加强，进一步理顺了常设业务部门的领导关系，方便了日常工作。其次，针对部队调整精简实际，及时调整学区和辅导站函授队伍。部队精简调整的范围规模比较大，有 2 个学区、8 个辅导站面临被撤销或合并。为此，分院进行了认真研究，主要做了三个方面的工作：一是召集有关学区和辅导站的领导和工作人员开会了解情况，统一思想，稳定情绪，强调在没有变动之前必须继续坚守岗位，绝不能因为个人去留影响工作，一定要对上级、对学员负责到底。由于分院工作及时到位，涉及调整精简的学区和辅导站的全体工作人员，都一如既往地坚持在函授工作岗位上，各项教学管理工作正常开展。二是责成学区和辅导站负责函授工作的领导同志和工作人员一起做好每个学员的思想工作，给他们吃定心丸，鼓励大家把函授学习坚持下去。许多想打退堂鼓的学员，心里有了数，表示无论到哪里干什么，都要把函授学习坚持下去，绝不辜负上级的关心和期望。三是从分院本身把工作做细做实。分院发出书面通知，要求有关学区和辅导站对凡是离开原单位的学员，姓名、去向、地址、年级、新的单位、联系电话等等，一一进行登记造册。要求将学费一次交清，待到新的单位以后，根据本人意愿，上报总院审批，该转学的转学，保证学有单位接收，退有明确手续，尽量达到学员满意。原来有些学员特别是 96 级本科学员，面临要毕业，担心下一步没有人管，拿不到毕业证。分院实行这个举措以后，他们思想稳定了，一致表示不论到哪里，都要按分院要求继续抓好学习。

（张相荣　关景杰）

兰州军区分院

1998 年，兰州军区分院在强化科学管理、狠抓考务管理、探索学习方法、注重学习效果等方面做了大量工作，现将主要工作概述如下：

一、在强化科学管理上下功夫，确保军区党校函授教育的制度化、规范化。分院重点抓了以下几方面的工作：

（一）完善组织机构建设。分院按地理区域集中起来，依托当地军分区、重新组建了 4 个辅导站。分院还按照逐级管理，分工负责、统一协作的原则，在全区部队形成了一个“工作有人管、情况有人知、上下能沟通、左右能配合”的管理体系。

（二）加强主体队伍的建设。一是加强了领导班子的建设。分院根据军区和各单位领导成员的变动，及时调整了分院和学区、辅导站领导机构。各级新班子成员还认真学习了江主席“两个武装”和讲学习、讲政治、讲正气的重要论述，学习总院、总政关于办学的指导方针和有关要求，并深入教学第一线，增强了抓好党校函授教育的责任感和使命感；二是加强了师资队伍建设。分院坚持“立足部队，面向社会，择优选聘，保证质量”的原则，采取试讲、观摩教学、集体备课等方法，提高了面授教师的教学水平。新疆军区学区在依托乌鲁木齐陆军分院办学的同时，又从新疆社会科学院、新疆教育学院聘请几名教授，建立起了一支稳定的师资队伍；三是加强了管理队伍建设。分院重新借调了 3 名干部，加强分院的管理。各学区、辅导站也配备了 1 至 5 名人员负责日常的管理工作。各级办学单位还采取学习规章制度和业务知识，加强思想道德教育等措施，提高管理人员的整体素质。

二、在考务管理上下功夫，促使分院办学质量不断提高。在 1998 年的招生考试和两次期末考试中，分院严格执行总院《考务管理规程》、《关于保管试卷的规定》、《考场规则》等规章制度，把住了考试关。一是加强考务领导。三次考试，分院都成立了考务领导委员会，加强对考务工作的领导；二是精心选派考务人员。分院从驻兰部队抽调一些责任心强、工作认真负责的干部担任各考点主考，并要求各单位自行选派监考，让主、监考人员相互监督，相互制约，避免了考务人员违纪现象的发生；三是坚持考务培训制度。分院于考前专门抽出时间，提高思想认识，熟悉考试程序；四是认真做好阅卷和成绩统计工作。考试结束后，分院从兰州大学聘请老师，采取封闭式的方法，集中阅卷，统一评定和统计成绩，保证了阅卷的准确性，杜绝了“人情分”、“关系分”。

三、在探索学习方法上下功夫，把教学规律与部队的实际结合起来。针对军区一些部队驻地偏远，学员分散等实际，分院积极引导各单位探索适合部队特点的学习方法。一是实行集体指导下的个人自学。有的单位统一制定了学习进度计划，规定了各课进度时限，并要求学习小组集体组织实施、定期检查讲评；二是搞好个人交流。一个月讨论交流一次，提出问题集体会诊；三是请领导、专业技术人员辅导讲课。如，结合邓小平理论学习，各单位请领导辅导《邓小平理论简明教程》、《邓小平理论文选》等课程；结合普法教育，请领导们讲《经济合同法教程》、《婚姻家庭法》等课程；结合两用人才学习，请专业技术人员讲解《微机操作实用教程》；四是把教学融于部队的实际工作。如党性教育，分院结合部队开展的“双争”活动、“三讲”教育等工作，要求各单位充分发挥教学班临时党支部作用，大力开展党性教育，在全区部队形成了学员学习在课堂、管理在军营、锻炼在本职的良好的党性教育机制；五是树立先进典型。结合半年和年终总结，各单位对学习刻苦、成绩优秀的学员，给予一定的物质和精神奖励，并与干部任命、使用结合起来，促进了广大学员学习的积极性。

四、在学以致用上下功夫，把学习效果转化为干部的工作能力和部队建设成果。分院十分注重学习效果，努力把学员所学的知识转化为部队战斗力。积极创造学以致用的良好风气。军区领导多次批示，部队开办函授教育必须着力提高干部素质，注重学习效果。根据军区领导的批示，分院一方面引导各单位注意把学员学习效果转化为个人的工作能力和部队建设成果；一方面要求各级办学单位把学员实际能力作为评选优秀学员的重要条件，大力宣传学以致用的典型，在部队形成了重知识、重能力的良好风气。通过函授课程的学习促进部队建设。如在学习《邓小平理论简明教程》时，酒泉军分区辅导站适时吸收全体官兵参加学习，提高了全体官兵的政治理论水平，在年底上级组织的理论考核中，取得了第一的好成绩。辅导站还结合《马克思主义哲学基本原理》、《社会主义市场经济简明教程》等课程的学习，及时开展了革命人生观、价值观教育和时事教育，收到了很好的效果，促进了部队的思想政治建设，分院及时介绍了他们的做法。鼓励学员运用所学知识创造新的成果。在军区部队广泛开展的“科技兴训”活动中，分院一方面积极引导广大学员牢固树立为部队建设建功立业的思想，一方面鼓励他们努力在本职工作岗位上做出新的成绩。据各单位反映，一年来，学员们运用所学的知识，积极研究探讨新形势下治军特点和规律，在全军、全国各种刊物上发表了大量的学术论文、理论文章、经验材料、典型报道，有力地指导和推动了部队建设。一些基层部队的学员还把所学的知识运用于军事训练和改革创新，使部队战斗力得到了显著提高。

此外，分院还着重抓了教学班临时党支部建设、教育质量评估准备工作、师资队伍建设等工作。但在以下几个方面抓得还不够：一是在学籍管理上，由于分院学籍管理人员的频繁变动，工作交接不清，一些表格、资料上报不及时、不准确，影响了总院正常的工作秩序；二是分院自身建设抓得不够紧，对学区、辅导站检查指导力度不大；三是宣传报道工作抓得不紧，影响了分院规模发展。

（李俊杰）

北京市公安局直属学区

1998年直属北京市公安局学区完成了全年教学与管理的任务，现将有关工作概述如下：

一、首届本科班学员毕业。北京市公安局学区95级党政管理专业首届本科班171名学员经过两年半的学习，胜利完成学业。学员在党性锻炼、政治理论、思想觉悟、专业知识和能力方面都有了显著提高。学区举行了隆重的首届本科生毕业典礼。北京市市长助理、北京市公安局党委书记、局长兼北京市公安局党校校长张良基，中共中央党校函授学院副院长刘利群，市公安局党委副书记副局长吕实民，市公安局党委副书记、副局长刘德，市局党校党委书记、常务副校长杨秉发等领导同志出席了典礼。

二、下达"通知"督促辅导站搞好自我评估。学区于4月15日给各区、县局、各业务处的政治部和教育训练部门下达通知。要求各辅导站"依据学区下发的《辅导站自我评估成绩打分表》逐条抓好落实，学区于5月2日至10日，再次到各辅导站检查验收"。

三、顺利地完成了95级党政管理专业大专班毕业论文的答辩工作。学区于5月12日至6月11日组织进行了95级党政管理专业大专班毕业论文的答辩工作。学区事先搞了答辩委员会主任委员的培训，毕业论文答辩工作结束后，于6月18日召开由答辩主任委员、委员和工作人员参加的座谈会，对这次答辩工作进行了认真的总结。

四、加强办学队伍建设，提高函授教育质量。6月初，学区接到总院《关于认真做好今年十月函授工作会议的通知》后，多次开会学习，领会《通知》精神。按照《通知》的要求，抓住"强化办学队伍建设，提高办学主体素质"这一主题，认真回顾了学区在办学队伍建设方面所做的工作，并由专人写了《加强办学队伍建设提高函授教育质量》的汇报材料。

五、表彰和处分。学区为了表彰先进批评后进，严肃办学，树立正气，对一贯遵守纪律，刻苦学习的95级党政管理专业大专班学员进行表彰；对不遵守纪律，学习不刻苦，出勤过少的96级大专班2名学员，97级大专班13名学员，97级本科班7名学员，予以注销学籍处分。经过个人总结，学员评议，单位推荐，学区主任办公会议批准，有41人被评为"优秀学员"，受到学区表彰。

六、召开会议认真贯彻总院1998年函授工作会议精神。学区于11月10日，在丰台分局辅导站召开全学区辅导站站长会，认真贯彻总院1998年函授工作会议精神。参加会议的有各辅导站站长，市局党校函授部部分工作人员，各县分局、业务处政治部门主管教育训练的同志，共50多人。市局党校党委书记、常务副校长、学区主任杨秉发作了《认真贯彻总院1998年函授教育工作会议精神，加强办学队伍建设，提高办学主体素质》的主题报告。

七、制定《关于党性教育与党性考核的具体实施意见》。公安局学区的同志经过学习、实践和调研，对如何在党校函授教育中加强党性锻炼，就党性锻炼的目的意义、考核内容、考核形式和几点最基本的要求，作了有益的探索。形成了《关于党性教育与党性考核的具体实施意见》。

（北京市公安局直属学区　供稿）

经验篇

中央党校1998年函授教育工作会议经验材料选登

发展党校函授教育的关键在于提高办学主体素质

浙江分院院长　杨仲林

搞好党校函授教育，说到底是人的问题，是办学主体的素质问题。因此，强化办学队伍建设，提高办学主体的素质，是发展党校函授教育，提高办学质量的一项十分紧迫的任务。

我们在实践中体会到，提高办学主体素质，关键是要加强师资队伍和管理队伍的建设。浙江省委党校很重视党校函授教育工作，在政策上给予倾斜，不断地充实师资力量，改善师资的专业结构，并且采取多种渠道和多种形式进行师资培训，建立了相应的制度和激励机制，基本能满足函授教育的需要，教学质量也有明显的提高。但是，师资的数量和质量仍有待于进一步提高。比如，传统的马列主义公共课教师比较充足，高素质的教师也不少，但经济专业、管理专业教师相对比较少，有个别课程只好由相近学科的教师仓促上阵。学区和辅导站，专业课教师缺门较多。少数教师在办学指导思想上、师德和思想作风上也存有一些问题。管理队伍方面，经过十几年的锻炼、充实、提高，管理工作是能胜任的。但跟中央领导同志的要求相比，跟总院、省委党校的要求相比，跟党校函授教育形势发展的要求相比，管理人员的素质仍有一定的差距。因此，近年来，我们把提高教师队伍和管理人员队伍的整体素质放在突出的位置，摆上党校工作和党校函授教育工作的重要日程，采取各项措施，收到较好的效果。我们的做法是：

一、学习、学习、再学习

1．学习邓小平理论，坚持用邓小平理论指导函授教育工作。高举邓小平理论伟大旗帜，把建设有中国特色社会主义事业全面推向21世纪，这是全党工作的主题，也是党校函授教育工作的主题。肩负培养高素质干部队伍重要任务的函授工作人员，首先要用邓小平理论武装自己，几年来，我们一直把它作为自身建设的首要任务来抓。我们认真组织分院每周一次的政治学习，每次由一位同志作中心发言，然后全体人员结合自己思想和工作实际进行充分的讨论。我们还要求各学区、辅导站认真组织函授教师和管理人员学习邓小平理论和十五大精神，并同函授教育的各项工作结合起来，贯穿到教学和管理工作中去。通过这些活动，大大提高了函授教师和管理人员对理论学习的兴趣，不少同志能从理论层面思考函授教育的前途和发展问题，提高了大家的理论素养和解决实际问题的能力。

2．学习胡锦涛同志关于党校函授教育的重要指示。我们认识到，胡锦涛同志的重要讲话、批示，是不断端正办学指导思想，搞好函授教学与管理，提高办学质量的强大思想武器。我们不仅及时作了传达贯彻，而且反复认真组织全体办学人员全面落实重要指示精神，对照分院自身的工作状况进行自查，及时研究改进措施。我们先后在嘉兴、舟山、杭州等地召开分管校长和学区主任会议，贯彻讲话精神，统一端正办学指导思想和加强教学管理、提高教学质量的认识。去年，我们召开的全省党校函授教育工作会议主题，就是以十五大精神为指导，深入贯彻胡锦涛同志关于党校函授教育的重要指示，进一步端正办学指导思想，强化管理，提高质量，更好地为建设高素质干部队伍服务。

3．学习函院规章制度，明确岗位职责，提高业务素质。我们认为，规章制度是重要的，但必须狠抓落实，有制度而不落实，就等于没有制度，科学管理就会落空。因此，我们反复强调学习规章制度，熟悉有关规章制度，并严格按制度办事，把学习和落实各项规章制度作为一项经常性的工作来抓。例如：每年入学教育的一个重要内容就是学习有关规章制度；每次考试前都组织监考人员和学员学习监考守则和考场规则；每聘任一届班主任，就组织他们学习有关的制度和岗位职责等，不断强化制度意识，强化岗位职责意识，并随时检查各项规章制度的落实情况。

二、优化配置，加强培训

随着党校函授教育事业的加快发展，办学规模的扩大，迫切要求我们优化和充实办学人员队伍。分院在校委的领导下，对自身队伍进行充实和优化配置，对管理人员鼓励和支持他们参加学习，提高学历层次。目前，分院全体管理人员都有大专学历，其中多数人已达本科以上学历。我们还对各学区、辅导站的管理人员的充实和配置提出要求：除了政治思想上的素质要求以外，函授管理人员要既懂教学，又会管理，具有较高专业素质和技术职称，有一定教学经验，有较丰富管理经验。

我们通过培训和进修，提高分院办学人员素质，以委托或选派形式，让教师去中央党校、国家行政学院、社会主义学院参加各种类型的师资进修班、研讨班、培训班学习，培训人数从1995年至今已有16人次。对学区、辅导站师资培训工作，我们采取备课会、教学研讨会的形式进行。每学期召开两门课的备课会，由分院主讲教师讲解，然后，由大家共同进行研讨。实践证明，这种备课会受广大教师欢迎，对提高师资水平、保证教学需要起了较好的作用。

为了尽快提高管理人员的素质，我们多次举办以学区主任为主的函授管理人员培训班。1996年在桐庐举办了函授教育管理工作研讨会，1997年在普陀区委党校召开了全省函授教学管理工作研讨会，不久前又在杭州举办了函授管理人员培训班。通过培训和研讨，总结了管理工作中的经验和教训，探索函授教育的特点和规律，提出了对策和改进措施，提高了管理人员的素质和能力。

三、开展调研，加强沟通

加强调研和沟通，使教师和管理人员更多地了解函授教育情况，是加强两支队伍建设的一个重要方面。我们每年年初，举行一次分院主讲教师暨直属学区任课教师座谈会，并邀请校领导及各部门负责人参加，向他们通报一年来函授工作情况及今后的打算，并请他们对函授工作提出意见和建议，同时，也给教师和管理人员提出要求和意见，以求互相配合。我们每学期还召开一次分院主讲教师会议，就教学各个环节的工作进行研讨，形成对教学工作的指导性意见，并以文件形式下发各学区、辅导站。此外，我们还利用召开备课会议以及个别交谈的机会同教师进行交流，密切了广大教师与函授部门之间的关系，增强了函授工作的凝聚力，保证了函授师资队伍的形成与稳定。

强化自身建设　确保办学质量

北京市委机关分院副院长　李雅兰

北京市委机关分院，认真贯彻落实胡锦涛同志关于党校函授教育的一系列重要指示，对照锦涛同志的指示精神，广泛发动各级函授组织和全体办学人员，认真查找自身存在的薄弱环节，采取切实有效的措施，一个问题一个问题的加以解决。大家体会到，要确保办学质量，尽管涉及到方方面面的问题，但加强自身建设是重中之重，是搞好党校函授教育的前提和基础。为此，我们在加强自身建设方面做了一些工作，下面我谈谈一些做法和体会。

一、下功夫抓好组织建设，强调人员到位，各司其职

1992年分院成立时，我们提出“从严办学、保证质量、控制规模、打好基础”的指导思想。为了做到办学力量和办学规模相适应，我们从上到下，办学机构和人员层层抓落实、扎扎实实地抓组织建设，为确保办学质量提供了组织保证。

首先，加强了分院的领导班子建设。从1993年起，分院成立教学管理领导小组，成员均是学区的主任和函授工作站站长。领导小组每月召开一次会议，使总院的有关精神和要求及时得到传达贯彻，对分院的重大工作及时进行研究讨论并作出决策，大大提高了工作效率，促进了各项工作的开展。

其次，加强分院办学机构建设。根据办学规模和教学管理的需要，我们适时将分院的机构进行了调整，设置了办公室、教学科、教务科、学籍科、教材科、考务科、微机室、文印室、招生办公室、档案室、图书资料室、研究生办公室、视导组办公室、班主任办公室等14个科室，配备和选聘了26名专职管理干部，充实到各科室。各科室实行了严格的责任制，并作为年终考核的依据。

还有，充实了各学区和函授站的办学队伍。结合总院部署的党校函授教育质量评估工作，指导和帮助各基层单位健全了领导班子，增加了专职工作人员和班主任。到目前为止，全分院的各级工作人员已有近二百人，绝大多数教学班实现了大班上课，小班管理，并实行了正、副班主任管理制。

二、下力气抓好思想建设，强调树立正确的办学指导思想

在实践中，我们深刻体会到，能否做到办学的高质量，真正落实培养高素质干部的要求，关键在于办学指导思想是否端正。分院全面贯彻落实党中央和中央领导同志关于党校教育的一系列重要指示精神，认真执行总院的办学方针，教育全体工作人员正确处理好社会效益同经济效益的关系，长远利益与近期利益的关系，不以营利为目的，舍得投入，不断改善办学条件。1996 年前，分院的办公地点设在市委机关大院内，考虑到分院办学面对的是上万名学员，各学区、函授站的工作人员进进出出市委机关，办公和教学诸多不便。于是，去年分院向东城区委党校租用了 16 间办公用房和两间 80 人的教室，保证了教学和工作的需要。由于分院注重把总院的办学指导思想体现在办学过程中，切实抓好了自身的硬件和软件建设，用实际行动为学区和函授站做了示范，因而也带动了基层建设，分院的要求也有了说服力。各学区和函授站都进一步加大了办学的投入，增强了必要的管理人员，添置了必要的教学设备，把办学的社会效益放在了第一位，使办学质量第一落在实处。

三、下决心抓好作风建设，强调严格管理，热情服务

几年来，分院始终把为北京市培养高素质的干部队伍，作为全体工作人员的神圣职责和办学的唯一目标。为此，我们不但要求全体工作人员，在工作中必须一丝不苟的贯彻落实总院的各项规章制度，严格管理，严格要求，树立全心全意为学员服务的思想。而且，还从自身的特点出发，注意在实践中总结经验，逐步建立并形成了一套适合自已的有效的管理制度。我们在坚持抓好组织建设、思想建设的同时，狠抓了分院的作风建设。建立了岗位责任制，把任务具体落实到每个人的身上，从分院领导到每个工作人员都有明确的职责，并引入竞争机制，奖优罚劣。因此，全院人员以积极的工作态度，奋发向上的精神风貌，全身心地投入到工作中去，满腔热情地为基层服务，为教学人员服务，为全体学员服务。为了确保各项工作的贯彻落实，我们把各科室的工作进行了量化，对不适应现岗位的工作人员适当进行调整，对不称职的工作人员及时进行解聘，从而很好地加强了分院的作风建设，不断地提高分院的办学水平，使分院的各项工作基本适应办学需要。

把提高教师队伍素质的工作落到实处

甘肃分院副院长　石华翼

办学主体的素质，处于核心地位的是教师队伍的素质。要提高办学主体的素质，首先必须提高教师队伍的素质。近年来，我们甘肃分院结合学区、辅导站建设，特别是在落实评估整改方案的过程中，把提高学区和辅导站教师队伍的素质作为解决“不容忽视问题”的重中之重，放在办学工作极其重要的地位。

1. 针对教师队伍数量不足和专业结构不合理的问题，精心选调政治合格、专业对口、业务过硬的教师，充实到函授师资队伍中来。1997 年，全分院各学区、辅导站新调进教师 249 人，绝大多数为大学本科以上文化程度。其中，中级职称 76 名，副高级职称 7 名。

2. 走开放式办学的路子，合理利用社会教师资源。对党校教师无力承担或质量难以保证的课程，在好中选优的基础上，聘请高等院校、科研院所以及职能部门具有中、高级职称的专家、学者担任兼职教师。全分院各学区、辅导站共外请兼职教师 230 多名，其中 90％的具有中级以上职称，50％的具有高级职称。

3. 组建“教授讲课团”。当前，在各区（站）教师队伍专业素质参差不齐、教学质量尚不平衡的情况下，把党校系统的一流教师和社会上的一些专家、学者组织起来，组建“教授讲课团”，是解决函授教学力量不足的重要途径。因此，我们打破条块分割和地域限制，在各学区(站)巡回面授，收到良好的效果。目前，在分院建立“教授讲课团”的基础上，18 个学区中已有 11 个学区组建“讲课团”，其成员达到 150 多人，在函授教学中发挥了重要作用。

4. 抓好长期培训，提高中青年教师的学历层次。1996 年底，函授教育大检查之后，根据校委的指示，分院要求，各区（站）45 岁以下的教师，在三年内必须全部达到本科毕业水平或具有讲师职称，五年内必须使 15％的教师达到研究生毕业水平。目前，各区（站）共有 80 多名教师正在中央党校、省委党校和其他高等院校攻读脱产或在职研究生班学历。

5. 抓好短期轮训，促进教师队伍的知识更新。分院规定，各区（站）每年必须保证20%的专业课教师参加一次两个月以上的对口培训，就教师本人所承担的专业课程进行单科强化和提高。1996年以来，各区（站）已经有280多名教师在中央党校、省委党校和其他高等院校接受过此类培训。

6. 注重实践锻炼，提高教师的综合能力。一是以省委党校苏州培训基地为依托，每年组织一批骨干教师，到东南沿海等发达地区考察学习，以增强教师对改革开放和现代化建设实践的感性认识；二是不定期地组织教师，就当前重大理论与实践课题，到省内地、县、乡和各类企业调查研究，分析和解决现实问题；三是大力支持教师开展多种形式的科研活动。这些措施，极大地提高了教师理论联系实际的能力，而且为教师评定专业技术职称创造了有利条件。

7. 发挥示范效应，抓好技能培训。一是开好分院和学区举行的一年两度的备课会，扩大集体备课面。1996年以来，有480多名教师参加过分院备课会，850名教师参加过学区备课会。二是开展经常化的教学观摩活动，分院规定，每学期各区（站）参加观摩教学的主课教师不得少于50%。通过观摩活动，由专家、教授、领导对课堂教学进行集体评价和鉴定，以促进教师之间取长补短、共同提高。三是开好教学研讨会、学员座谈会，坚持领导、专家听课制度，重视课堂教学情况反馈，帮助教师提高教学质量。四是注重对教师进行教学方法、讲课技巧、表达方式等技术因素的指导和培养。

8. 调动教师的自学积极性，培养自我提高意识。分院提出，要像重视学员自学一样，有计划地抓好教师的自学。教师在每一学期都必须有自学计划，要紧紧围绕自己所承担的课程，结合备课，下功夫弄懂弄通本门课程教学体系、讲授内容、相互联系、重点难点，并不断学习新观点、新概念、新知识，钻研新学科。

适应军队党校函授教育的特点 加强函授管理队伍建设

北京军区分院院长(宣传部部长) 王文宪

北京军区分院始建于1994年底，已办四期，学员两万多人。四年来，军区分院在抓函授质量建设方面，紧紧抓住管理队伍建设这个重要环节，使党校函授的各项工作落到实处。

一、走依托部队院校办学的路子，建立教管一体的函授教育队伍

走依托部队院校办学的路子，是由部队的实际需要决定的。部队的宣传部门只是行政管理机关，不具备教学实体的职能，而院校到部队开展函授教育又缺乏隶属关系，不具备行政管理的条件。我们把院校的教学力量和部队的行政管理力量有机结合起来，形成具有军队党校函授教育特色的教育体系。领导机构由军区机关和院校共同组成，建成一支教管一体的函授管理队伍，使二者优势互补。分院下设办公室和教学部两大机构，办公室由军区政治部宣传部组建，主管分院的行政管理，负责组织协调、上通下达等工作。教学部由装甲兵指挥学院组建，分管分院的招生、教学管理、学籍管理和毕业等项工作。目前，分院两大机构的专兼职人员已达24人，其中专职人员19人。分院所属的学区、函授站的管理人员编成，以部队的政治机关为基础组建，并由其主管函授日常行政管理工作。为增强学区、函授站的教学管理能力，分院坚持定期派出有教学经验的教员到各学区进行课程辅导，并负责检查学区、函授站的教管情况。为使教学工作正常开展，分院定期召开会议，分析形势，研究问题，对教学的各个阶段提出明确要求，对管理队伍中存在的问题及时加以解决，特别是对保持管理队伍的稳定，分院及时向部队各级政治机关提出协商解决办法，使教学工作始终有人抓、有人管，确保工作的连续性。我们分院所形成的三级函授管理网络，上下畅通，较为完善，对确保函授教育质量发挥着支柱作用，也体现了分院教学管理队伍组成的科学性和战斗性。

二、加强党的领导，努力增强函授管理队伍讲政治的意识

我们把函授管理队伍置于各级党组织和政治机关的领导下，始终把讲政治放在工作的首位，当作加强队伍建设的根本任务来抓。分院建立之初，北京军区党委就下发正式文件，把搞好中央党校函授教育作为干部在职大专教育的主渠道，列入各级党委的工作议事日程。军区分院的每次重大活动，如入学考试、期末考试、质量评估等，全部由军区政治部以传真电报的形式，提出具体的要求和实施意

见，从而引起了各级党委、政治机关和广大函授管理人员的重视。对函授工作中出现的重大问题，都由各级政治机关来调查解决，凡情节严重、影响面大的问题，还要通报全区，增强了问题处理的力度。为增强函授管理队伍的政治意识，我们注重加强教育。组织大家学习江主席关于讲学习、讲政治、讲正气的重要讲话，学习胡锦涛同志关于党校函授教育的有关指示，学习总院、总政关于办学的指导方针和有关要求，引导函授管理人员认清意义，明确责任，端正办学指导思想，切实把搞好中央党校函授教育，作为落实江主席关于“两个武装”批示的一件大事抓紧抓好。我们在函授管理人员岗位责任制细则中，专门设置了加强党性锻炼的内容，使广大函授管理人员讲政治、守纪律、听指挥的自觉性不断提高，工作责任感不断增强，保证了正常的教学秩序和办学质量。

三、制定明确的函授管理目标和细则，增强管理规范的可操作性

部队的函授管理工作者大多数是部队的行政工作人员，缺乏管理教学的经验，为了提高他们函授教学管理的能力，分院不是停留在一般的要求上，而是把功夫下在制定明确的管理目标和细则上，力争通过量化指标来增强规范管理的可操作性，使部队的函授管理人员能够依据管理目标进行具体组织实施。我们把“从严办学、提高质量、正规有序、争创一流”作为分院的管理目标。为使这一管理目标得到落实，经过反复论证，形成了一套具体的管理细则，使各级在工作中便于操作，让大家看到细则就能知道干什么、怎么干，只要按细则去办，函授管理工作就能搞好。为提高全体人员的管理水平，我们充分利用每年的函授教育工作会议和招生录取工作会议的时机，采取以会代训的形式，对函授管理人员进行培训，学习有关规定。同时，不断补充完善管理细则，使函授教育管理工作逐步走上科学化、规范化的轨道。

抓关键　打基础
不断优化办学主体素质

吉林省分院院长　高国田

落实胡锦涛同志关于党校函授教育的重要指示，规范办学行为，提高教学质量，真正担负起为党培养高素质干部队伍的重任，首先必须提高办学队伍的素质，这是党校函授教育事业能否健康持续发展的关键。几年来，我们按照总院的要求，高度重视办学队伍建设，在优化办学主体素质方面，做了些有益的探索和实践，取得了较好的效果。

一、加强领导班子建设，不断提高领导水平

分院的领导班子，在党校函授教育系统中处于重要地位，作为省委党校组织指挥函授教育的“司令部”和总院属地管理的“指挥部”，它担负着中函、省函教学、管理的宏观决策、综合指导、规划协调、研究督导等职能。中央、省委有关干部教育的方针、政策，总院、校委的工作部署、改革措施，只有通过分院领导班子的组织、贯彻、落实，才能得以实现。它的特定地位决定了只有加强自身建设，才能发挥其中坚作用，承担起承上管下的历史使命。因此，校委根据德才兼备、任人唯贤的原则，配齐配强了分院领导班子。同时，按照总院的要求调整了内设机构，将原中函办公室的职能一分为六，设置秘书科、教务科、学籍科、教材科、督导科、省直站，今年还拟成立教研科。聘任的六名科长，年富力强，达到了素质优化、结构优化的要求。分院领导班子坚持集体领导，分工负责。凡属党校函授教育方针政策性的大事，凡属全局性的问题，都由集体讨论决定，同时严格实行个人分工负责，根据集体的决议和分工，切实履行各自的职责，做到事事有人管，人人有责负，分工不分家，杜绝遇事推诿、互相扯皮的现象。充分发挥了集体智慧和领导班子的整体功能，提高了决策水平和办事效率。

二、加强管理队伍建设，不断提高管理能力

教学管理队伍是党校函授教育的一支基本队伍，教学计划的有效落实，教学活动的有序运行，教学管理的反馈调控，都要靠他们具体组织实施。切实加强教学管理队伍建设，是提高教学管理水平的前提条件。几年来，我们围绕增强素质，提高管理能力，采取了一系列有效的措施。(1) 健全职能机构，明确岗位。我们根据总院的要求，在函授教育评估中，建立专门职能机构和配备相应的管理人员，普遍充实调整了专（兼）职管理人员，改善了管理人员结构，提高了管理队伍的整体素质。(2)加大培训力度，实行分类指导。1997年，结合函授教育评估，分三个层次对管理人员进行了培训，即省委党校举办学区主任、部分辅导站站长培训班；市委党校举办所属辅导站站长培训班；各级辅导站举办专（兼）职管理人员培训班。(3) 组织对口考察，加强信息沟通。(4) 强化督导考核，建立通报制度。从1996年起，成立了督导科，围绕备课、面授、考试、评卷等主要教学环节强化督导。并以考核的结果，作为评选先进的客观依据。同时建立通报制度，利用“函授简讯”通报教学与管理情况以及全省的函授工作动态等，表扬先进，总结经验，推动工作，保证了教学活动的有序进行。

三、加强师资队伍建设，不断提高教学质量

切实加强师资队伍建设，是搞好党校函授教育的重要基础。(1) 择优选聘，竞争上岗。从1996年开始，我们建立了全省党校系统教师档案，为择优选聘面授教师提供了条件。我们要求各学区选聘授课教师，必须具有讲师以上专业技术职务；所学专业或校内任课学科应与授课科目相一致；在各学区普遍实行了函授课程招标试讲、竞争上岗制度。本科班任课教师由分院选聘，专科班任课教师由学区选聘。(2) 认真抓好师资培训，不断优化师资结构。我们先后举办了《现代管理学》、《计算机应用》、《会计学》、《世界经济》、《市场营销学》等专业教师进修班，共培训教师330多人次。有效地改善了师资的知识结构。(3) 精心组织集体备课，切实提高备课质量。(4) 开展观摩教学，加强函授教学法研究。(5) 认真抓好教学考评，不断完善反馈机制。每次面授期间，分院、学区派出视导组检查，加强对面授教学的检查、督促和考核，有针对性地改进教学工作，提高面授质量。

提高办学主体素质是创一流办学实体的根本保证

湖北省委党校副校长　林志春

近几年来，我们湖北分院在加强办学主体建设，尤其是加强教学管理人员队伍建设方面做了一些工作，基本上形成了一支政治素质优良、知识结构与年龄结构比较合理的函授教育管理干部队伍，基本适应全省党校函授教育繁重的教学组织与管理工作的需要，为党校函授教育和全省干部队伍建设发挥了积极的作用。我们的主要做法和体会有以下几点：

一、充分认识提高办学主体素质的必要性和紧迫性，不断提高强化办学队伍建设的自觉性

胡锦涛同志指出，“把一个经济健康发展、社会全面进步、充满生机和希望的中国带入21世纪，关键在人，首先在于提高各级领导干部的自身素质”。党校函授教育要完成胡锦涛同志提出的任务，为建设党的高素质干部队伍作贡献，必须有一流的教师和一流的教学管理人员。从办学队伍的现状看，全分院教学管理人员就其数量来说，基本符合总院的要求；但就其素质来说，有待于进一步提高。主要表现在：一些学区领导年龄偏大，平均年龄近50岁；有的领导班子平均年龄超过50岁；有近1/5的学区管理力量显得薄弱，思想素质和业务素质参差不齐等等。我们认为，提高办学主体素质，一般抓不行，必须有具体、过硬的措施和办法。基于这种认识，我们不断加大了办学主体建设的力度。在指导思想上明确提出，党校函授教育工作的重中之重，就是强化办学队伍建设，提高办学主体素质。强调“一个并重”、“四个突出”：即加强分院（学区）领导班子建设与加强整个教学管理人员队伍建设并重。在制定全省党校函授教育“九·五”发展规划中，突出办学主体建设；在办学经费安排上，突出办学主体建设的投入；在教育评估中，突出办学主体建设项目；在各项评优及奖励等方面，突出向办学主体倾斜。我们制定了《湖北分院函授教育办学主体“九·五”建设规划》，并下发加强办学主体建设文件等等。采取这些措施，其目的就是为了不断推进分院办学队伍建设，促进办学主体素质的提高。

二、采取积极主动的具体措施，努力提高办学主体素质

（一）开展学习邓小平理论的活动，夯实办学主体的理论基础。我们把用邓小平理论武装办学队伍放在突出位置。分院要求各学区坚持理论学习制度，每星期抽出半天时间，结合函授工作实际，加强读书和研究，提高理论政策水平，增强把握全局和解决实际问题的能力。几年来，我们对邓小平理论真学、真用，各级组织运用邓小平理论指导函授教育改革和发展的能力明显增强，讲学习、讲政治、讲正气的空气更加浓厚，有力地促进了全省党校函授教育事业健康稳步前进。

（二）进行端正办学指导思想的教育，奠定办学主体的思想基础。办学主体的办学指导思想是否端正，直接影响到函授教育的质量和声誉。1994年少数单位和人员，暴露“办学生财”的错误办学思想，我们采取会议上讲、文件上写、走下去等多种形式，引导大家正确处理“义”与“利”、“严”与“宽”的关系。对极少数不听招呼，我行我素，乱立收费项目或擅自提高学费的单位，会同有关部门进行查处。在分院范围内开展三讲活动：一讲开办党校函授教育的重大意义和成绩；二讲党校函授教育的地位和作用；三讲办学指导思想和办学方针正确性。特别是贯彻落实胡锦涛同志的重要批示以来，全体函授工作人员办学指导思想更加明确，各级组织坚持“社会效益第一”和“从严办学，质量第一”的指导思想更加自觉，办学主体的思想基础更加牢固。

（三）配齐配强办学主体的领头人，建设有作为的领导班子。去年，省委党校校委根据分院领导班子年龄偏大的情况，精心挑选配备分院新领导班子，任命了三位比较年轻的同志为副院长。三人中年纪最大的 45 岁，最小的 35 岁。这个班子综合素质较高，领导管理能力较强，是一个开拓创新的班子。对学区的领导班子建设和人员的配备，我们专门发文提出要求。经过努力，湖北分院各学区负责人的年龄结构、专业结构有了明显改善。

三、提出目标，明确任务，把提高主体素质的工作落到实处

最近，校委要求全校各处室将创一流工作的目标措施进一步分解细化，使之具有可操作性。为此，分院提出办学主体素质达到全国一流水平的具体目标。即：在二三年内，分院工作人员，全部达到大专以上学历，其中，85％以上达到大学本科学历；20％左右达到研究生学历；90％以上是中共党员；平均年龄在 40 岁左右。为达到这个目标，我们计划从明年开始，让分院没有大专学历、本科学历的工作人员免费参加党校函授大专班、本科班学习。要求学区，每年必须推荐一名工作人员参加党校在职研究生班学习。此外，我们将鼓励函授教育工作人员参加党校函授第二学历学习或单科学习。我们有组织地开展党校函授教育理论研究活动。党校函授教育是教育科学的分支学科，有其自身的特点、规律和机制，需要我们在工作实践中不断探索总结，形成指导实践的理论体系。分院拟成立“湖北省委党校教育研究会函授教育专业委员会”，有组织地在全省党校系统开展党校函授教育理论研究活动。每两年召开一次理论研讨会议，总结交流开展党校函授教育理论研究的成果，使广大党校函授教育工作者在研究中不断提高自身理论素质。

加强队伍建设　提高办学质量

新疆分院副院长　王　军

新疆区委党校 1994 年与中央党校函授学院联合办学以来，党校函授教育的办学规模不断扩大，办学层次不断提高。目前，新疆分院已在全疆十八个地州设立了学区，在六个大企业党校设立了直属教学点。现在，在校学员有 21000 余名，其中，中函本科学员 11000 余人。新疆分院把加强队伍建设，作为夯实办学基础的重点工作来抓，在 1997 年“学区建设年”和 1998 年“辅导站建设年”及函授教育质量评估工作中，我们都把队伍建设放在第一位。今年，我们结合新疆分院实际，提出了 1998 年为“师资队伍建设年”。通过两年的工作，两支队伍建设取得了一定的成效。我们的做法和体会是：

一、加强师资队伍建设，提高教学水平

首先，我们根据新疆分院各学区普遍存在师资不足的现象，按照各学区地域分布情况，在全疆成立了五个教学协作区。教学协作区内骨干教员相互调剂，并开展教学观摩、教学研讨活动。发挥了党校整体教学优势，弥补了学区间师资力量不平衡的缺陷。

其次，为加强分院对各学区教学工作的指导，分院成立了由自治区党校骨干教师（绝大部分是教研室主任）和有丰富教学经验的离退休教师组成“教学指导小组”。他们在每学期期末考试之前，深入学区教学第一线，通过上公开课、观摩教学课以及召开学区教师座谈会等形式，对各学区进行教学指导，至今已下派教员 70 余人次。

还有，我们对面授教员实行聘任制。聘任教师总的指导思想是：坚持标准，保证质量，立足校内，面向社会。在聘任条件上，不仅要求受聘教师具有较高的政治思想素质和职业道德，还要求要有相应的学历和职称。在聘任程序上坚持由个人自报，学区初审推荐，分院审定的聘请程序。师资聘用实行能者上，贤者用，不搞轮流坐庄，不搞利益均沾。在师资聘用上，我们强调要树立大师资观，不局限在校内。把眼光投向社会，充分利用当地师资资源，只要条件具备，就可以打破单位、部门限制，从其他院校聘请。目前，分院许多学区已经形成了一支较为稳定的兼职教师队伍。

再者，在师资培养上，改进备课方式，提高备课会质量。从1997年春季备课会起，变常规备课为研讨式、观摩式备课。改变了以往备课会单调沉闷的气氛，给广大面授教师增加了压力和动力，也加强了各学区间教师的相互交流和学习。我们注意区内外培训相结合。区内师资培训，除短期备课会外，根据函授教学需要和各学区实际，与学校教务部门协商，将师资培训列入学校开设主体班次计划，由学校教务部门组织实施，使函授师资队伍建设走上规范化和制度化的轨道，为提高师资队伍的素质奠定坚实的基础。

二、加强管理队伍建设，提高管理水平

我区党校函授教育点多、线长、面广，学员居住分散，工学矛盾突出。这种状况给教学管理带来困难，必须有一支作风过硬，业务熟练的管理人员队伍。近两年来，我们着重抓了管理人员的思想作风和业务培训。

去年，我们针对管理人员存在的问题，提出“31055”工程，“3”就是“三盆水”。第一盆水用来洗头，要求大家保持清醒的办学头脑，在成绩面前不沾沾自喜，对待办学中存在的问题及外界的指责不要妄自菲薄；第二盆水用来洗手，要求大家做到办学清廉、两袖清风，不拿原则作交易；第三盆水用来洗脚，要求大家站稳立场，言语、行为要符合中央和自治区的要求。“10”就是“十不准”，即：不准以权谋私、不准接受学区和学员的馈赠、宴请、礼金等等。“5”就是“处理好五种关系”即：分院与各教研室之间，分院与协作单位之间，分院与各学区、教学点之间，分院与学员之间，分院内部人员之间的关系。还有一个“5”，就是“树立五种意识”即：正确的办学意识、自觉的服务意识、良好的作风意识、规范的工作意识、高尚的道德意识。

1997年5月和8月，我们分别举办了学区主任培训班和全疆管理人员培训班。这两期培训班，着重学习《中共中央党校函授学院管理制度汇编》，为教学管理的制度化、规范化打下了基础。在业务培训之后，分院还组织他们分批赴内地省区党校考察，学习内地省区先进的管理经验。1998年5月，分院组织召开了“班主任经验交流会”，交流了班主任工作的经验体会，研讨了班主任工作的特点和规律，他们对创造性地开展班级管理工作提出了很多很好的建议。

三、加强队伍建设，做到“四个到位”

第一，认识到位。党校函授教育要生存，要发展队伍，要在激烈的成人教育竞争中立于不败之地，就必须加强办学队伍建设。特别是新疆党校函授教育系统在体制、人才、资金远不如内地省区的情况下，要保证办学质量，就必须在加强队伍建设方面，有清醒的认识。为此，我们要求从上到下，从领导到群众，都要有高度的责任感和紧迫感，始终把队伍建设放在第一位。坚持不懈，长抓不止，才能彻底扭转办学基础薄弱的被动局面。

第二，组织到位。党校函授教育，既是在总院领导下进行的，也是在本校委领导下进行的。各级党校加强队伍建设，领导重视是关键。没有各级党校校委的重视，就无法做到在人力、物力、财力等各方面的统筹安排，就难以落实加强两支队伍建设的措施。新疆分院在抓队伍建设的过程中，得到各级领导的重视和支持，自治区委党校校委把函授队伍建设，纳入到校委工作议事日程，并作为教改的主要内容，分管领导亲自抓，各项活动定方案，大会小会作动员，这是我们队伍建设取得成绩的前提和保证。

第三，措施到位。加强队伍建设，光说光喊、只说不干不行，需要切实可行的措施和扎实细致的工作。加强队伍建设，提高办学水平，是一项长期而复杂的系统工程，不可能毕其功于一役，要根据任务发展的要求，并结合新疆分院的实际，制定出切实可行的措施，付诸于实施，才能取得成效。近两年来，我们从实际出发，看准一件，抓一件，采取行之有效的具体措施，使工作落到实处。

第四，经费到位。加强队伍建设，要有经费保证。这几年，新疆分院虽然经费紧张，开支较大，但为了加强队伍建设，自治区委党校每年拿出几十万元用于党校函授教育的投资。在这个问题上，舍得投入，从而使得确定的培训规划得以顺利实施。

抓管理队伍建设
提高党校函授质量的体会

安徽分院合肥学区主任　郑德舜

加强办学队伍建设，提高办学主体素质是党校函授教育的内在规律要求之一。安徽分院合肥学区自1987年建立以来，尤其是近几年，越来越重视函授管理人员队伍的建设。我们在抓函授管理队伍建设方面，有以下两点体会：

一是校委重视，领导支持，是函授管理人员自身建设得以加强和提高的重要前提。合肥学区函授教育创办10余年，培训层次逐步提高，办学规模不断扩大，管理质量稳步提高，我们体会最深的是，校委和校领导的重视和相关部门的大力支持，是函授教育管理人员充分发挥积极性和创造性，出色地完成任务的可靠保证。在加强管理人员自身建设方面，校委有两个“舍得”：一是舍得给“地位”。校委从思想上重视，认真贯彻总院、分院一系列指示精神，真正把函授教育看作党校干部教育的重要组成部分，看作多渠道培训党员干部的有效途径。把它摆在重要的位置，对函授教育的重大问题，列入重要议事日程。校委平均每月至少召开一次专门研究函授工作的会议，深入讨论，形成决议，有的还专门发文。另外，校委主要负责人，要求相关部门支持函授管理部门工作，形成关心函授教育工作的合力。二是舍得“给人”。校委在配备学区班子和工作人员时，总是把党性强，理论功底厚，适合做管理工作的同志配备给学区。学区主要领导由两名校委成员担任。配备函授工作人员，也注意从全校范围内挑选素质高，精明强干的人员担任。在配备班主任时，校委放权给学区，给函办。合肥学区目前任用的班主任全部为聘用制，主要来源，一部分从人才市场聘请；另一部分从校内退下来的老同志中聘请。对于前一部分同志，我们采用签订合同，一年一聘的办法。由于机制变了，班主任的工作态度、吃苦精神、责任心都有了相当保证，真正做到了雷厉风行，事不隔夜，工作效率很高。

二是注重投入，满足办学需求，是函授管理工作高效运转和加强管理人员自身建设的基本条件。函授教育同其他事业一样，没有投入就没有产出，投入不足，管理工作就可能受到影响，办学主体素质的提高也可能受到影响。合肥学区对函授教育的投入，1996年占总数的79%，1997年投入占总数的61.4%。函授管理部门的办公用房、书库、教室、交通、通讯都在近年来得到了较好的改善和提高。目前，仅书库就有14间，280多平方米。全校仅有4部直拨电话，函授办就拥有3部。还有一台专供拉教材的厢式货车。由于校委注重投入，函授的管理得心应手，高效运作，函授工作人员在管理中大显身手，比较好地发挥了自己的聪明才智，函授管理的功能和效益也就得到了教员、学员和社会的认可，为促进党校函授质量的巩固和提高，做出了应有的贡献。

以学区领导为重点
全面提高办学主体素质

辽宁分院院长 孔秀娥

辽宁分院在十几年的办学实践中，深深体会到抓管理队伍建设的重要性，逐步加大了工作力度，以学区领导为重点，全面提高办学主体素质。

关于加强学区领导素质的建设，我们的主要做法是：

一、逢会必谈队伍建设，以会代训

除了专门安排时间培训队伍外，我们以会代训，利用每年必开的工作会、招生会、研讨会等各种例会，从不同角度谈队伍的建设问题。如端正办学指导思想问题，严格考风考纪问题，管理工作如何以教学质量为中心问题，等等。不仅摆事实，论是非，而且从人的素质上找原因，探讨解决问题的办法，既研究工作，又培训队伍。这种以会代训办法，一举两得。

今年，我们还专门举办了学区函授部主任培训班。从动员、学习、笔试到参观考察、汇报总结，使全省20余名函授部主任，进一步提高了认识，规范了行为，拓宽了视野。七月份，总院培训办公室举办东北三省函授部主任培训班，我们把它作为一次提高领导干部素质的好机会，积极配合，认真组织，提出明确要求。与会者认真学习兄弟单位的经验，找差距，学本领，使思想政治素质和业务能力都有较大提高。参加学习的同志反映，培训不仅学到其他单位的好经验，还听到了关于邓小平理论的辅导报告，收获很大。

二、及时检查督导，重在提高

我们从实际出发，在工作实践中带队伍。如在开学、毕业典礼的活动中，监考过程中，评估检查工作中，我们发现问题，就事论理，及时督促指导，帮助总结提高，不搞“秋后算账”。这种带队伍的办法，针对性强，易被接受，见效较快。

去年，全省函授站评估验收，发现个别学区工作很不到位，一问三不知，评估组就地批评指导，向他们宣传锦涛同志对函授工作的指示，指出他们只想挣钱不想投入的错误思想，并决定对有问题的学区重新自查自改，分院进行二次验收。经过督促检查，再去验收时，发现情况有了很大变化。通过这件事，学区领导受到触动，要干就得干好，干不好要费二遍事，而且丢面子。就事论理，及时督导，目的就是一个，提高办学主体素质，进而推动工作上档次。

三、培养、树立典型，赶有目标

榜样的力量是无穷的。培养典型，用典型引路，使大家学有榜样，赶有目标，这是我们加强队伍建设的又一体会。

几年来，我们经常宣传那些热爱函授事业，关心、支持党校函授，真抓实干的好领导。比如，朝阳党校常务副校长刘宝田同志，他把函授教育作为党校教育的重要组成部分，调配精兵强将干函授，定期研究函授工作中的队伍建设、面授教员聘任等重大问题。在大小会上我们多次宣传这样的一把手，宣传他们校委重视函授的做法，引起了各地党校领导的重视。

用典型说话，使先进受鼓励，后进有压力。我们每年召开一次全省表彰会，表扬奖励一批先进典型。

四、严格按章办事，规范行为

严格遵章守纪，规范办学行为，保证分院与学区之间，学区与函授站之间政令畅通，有令则行，有禁则止。十几年来，总院形成了一套完整的规章制度，省分院又结合本省实际作了一些新的规定，印发了《函授教育管理规程》。然而，制度再完整，不落实也无济于事。我们在强化提高主体素质时，抓制度落实，靠制度纪律约束，取得了很好的效果。我们在实践中体会到，函授教育工作，仅靠开会或个别指导是不够的，只有靠制度制约才能避免漏洞。我们把全省系统办学网络比作目，规章制度比作纲，举一纲而万目张。我们就是这样拽住风筝的弦，规范全省办学人员的行为和办学效果。前两年有一名县党校班主任从一个补办毕业证书的学员手里收了200元钱，接到举报后，我们严肃认真对待这个问题，要求他们立即查处，按章办事。第二天，学区回了话，200元钱如数退还学员，并取消该班主任的带班资格。

我们不仅要求各学区按章办事，而且分院带头执行规章制度，严格规范自己的一言一行。要求学区做到的分院首先做到。比如，执行公务时，不吃学员宴请，不游山玩水，不收土特产品，更不接受监考等各类费用。有的托人捎来监考费，我们退了回去；有时上车前，把劳务费扔在车上以表达心意，我们又扔了下去。几次拒收和大小会宣传，在全省上下形成清正廉洁办函授的好风气。这种做法，也带动学区领导，他们到各函授站工作也做到不收不拿，影响很好。

这次会议之后，我们要认真贯彻会议精神，虚心向兄弟单位学习，采取切实可行的措施，进一步提高办学主体素质，让党校函授教育事业顺利地跨入21世纪！

强化两支队伍建设 确保函授教育质量

福建分院厦门学区主任　邱荣斌

党校函授教育是党校教育的重要组成部分，是培训干部的重要途径和形式。函授教育的生命力在于质量。厦门学区自1993年创办以来，坚持贯彻“从严办学，质量第一”的方针，狠抓师资和教学管理队伍建设，有力地确保函授教育质量。

一、重视师资队伍建设，提高函授教学质量

从某种意义上说，函授教学的质量在很大程度上取决于教师的素质。因此，我们把师资队伍建设作为办学的一项长期的主要任务来抓，重视建立一支以副教授为主体的业务能力强、政治素质好、热心函授教育、胜任函授教学的教师队伍。

引入竞争激励机制，择优选聘教师。一是实行面授教师聘任制。严格按照总院的教师聘任条件要求，由校长办公会研究决定聘任人选。二是初步建立新课试教制度。如：今年政法专业的一些新课程，我们在试教的基础上择优聘任。三是建立教学评估制度。我们确立了上好一堂课“创优质产品”的理念，采用学员测评、开学员座谈会、领导和专家评课等多种形式，对教师上课进行评论，其结果作为选聘教师的依据。四是建立奖惩制度。对于教学质量高、考试优秀率高、及格率高的教师给以奖励；对于教学质量差，学员满意率达不到80%以上者随时解聘；对于上课迟到的严肃处理，通报全校，根据情节轻重扣发1至3个月奖金，年终不得评优。

重视师资培训。首先，我们建立了学习制度，把教师业务进修纳入学分制管理的重要内容，使教师培训经常化、制度化。其次，我们积极输送教师到省内外参加短期培训班、备课会、学术研究讨论会等等。第三，加强自身的理论和业务学习。组织教师学习《邓小平文选》，上半年闭卷考试第二卷、下半年闭卷考试第三卷，提高理论水平。组织教师参加技能考试和比赛。参加电脑培训。七月份组织授课比赛，通过教师之间的观摩交流，取长补短，对教学水平的提高有很大的促进作用。第四，不定期地邀请国内外专家、学者来校讲学、作学术报告。教师经过培训，提高了面授业务能力，拓宽了知识领域，保证了函授教学质量的提高。

二、强化管理队伍建设，提高教学服务质量

教学管理直接为函授教学服务，影响函授教学质量的高低。我们本着重点抓好教学管理，带动其他各项管理的原则，重视抓好教学管理队伍的建设。

其一，抓班主任队伍建设。班主任是联系学员的桥梁，是贯彻总院、分院意图的执行者，是函授教学最基层的管理者。我们选聘了一批党性强、作风正、懂管理、善于做思想政治工作、具有较强事业心的副处级以上领导干部和副教授担任班主任。在班主任队伍建设中，一是健全制度。学区制定了《聘请函授班主任的规定》。对班主任的选聘、配备和职责作了明确的规定，班主任职责履行不好的，给以解聘。二是严格管理。我们要求班主任执行“三做到、二抓好、一不得”制度。“三做到”，即班主任要做到严格要求自己，为人师表；做到深入班级，跟班点名；做到民主管理，虚心听取学员意见。“二抓好”，即抓好学员到课率；抓好作业准时上缴率。“一不得”，即不得与学员搞交易，做有损于党校函授教育形象的事。我们还制定了班主任目标责任制，把学员到课率和作业上缴率与班主任岗位津贴相挂钩。

其二，配备一支高水平的函授专职管理工作人员队伍。实践使我们认识到，管理工作人员是搞好党校函授教育的中坚力量，他们应有较高素质，懂教学、会管理，具备高效、一专多能的工作技能。为此，我们首先制定了《函授工作人员岗位责任制》，明确了各职位的工作职责，同时建立了奖惩制度和考核制度，把管理人员的权、责、利有机地结合起来，形成了一套监督制约机制，大大地提高了工作人员的工作效率。其次，重视培训，提高素质。我们把管理人员的培训规范化、制度化，组织他们学习《中共中央党校函授学院管理制度汇编》，并进行考试。我们还开办电脑操作培训班，有的管理人员参加中央党校函授学院和福建师范大学的学历培训。采取多渠道的办法，建立一支精干高效的教学管理队伍，沟通了上下感情，协调了教学关系，及时有效地解决了教学中出现的问题，保证教学工作有条不紊地开展。

加强班主任队伍建设
树立党校函授形象

湖南分院郴州学区常务副主任　廖美琳

函授教育是党校教育的重要组成部分。我们学区从1988年开办函授以来，已为郴州市培养了10680名大专以上文化程度的党员干部，其中，中央党校函授本科学员3249人。他们战斗在全市各条战线、各个部门，为郴州的改革开放和经济建设，以及各项事业的发展做出了积极的贡献。涌现了全国人大代表陈晓芳，全国先进党务工作者邱东圣，全国见义勇为先进分子陈世华等先进代表，在社会上产生了很好的影响，党校函授的声誉越来越高。十年的实践，使我们感到函授教育的质量与函授基础工作，特别是班主任的工作有着重要的关系。加强班主任队伍建设，提高班主任素质，对于办好党校函授、树立党校函授的良好形象，具有重要的作用。几年来，我们抓住班主任队伍建设，主要在选配、规范、培养三个方面下了功夫。

一、严选配，择优上岗

配备强有力的班主任队伍，是搞好班级管理、保证函授教育质量的基础。学区在选配班主任时，主要抓住三个方面：

第一，明确条件，克服误区。总院对函授班主任的基本条件作了明确规定。但是，一段时间有少数人把函授班主任看作是一种福利待遇。有的还把函授班主任工作看作是“事务”性的工作，误认为谁都可以承担。针对这些模糊认识，我们广泛开展了“如何选好班主任，树立党校函授形象”的大讨论，改变了那种当不当函授班主任无所谓的态度，形成人人想当班主任，个个争当班主任的局面。

第二，严格程序，竞争上岗。在班主任的选配上，按照“自愿报名、科室推荐、模拟演讲、组织审定、择优上岗”的程序进行。我们把新聘班主任名额、条件公布于众，在全校范围内发动符合条件者报名。然后在自愿报名的基础上，由所在科室签署意见，由函授学区组织“假如我是函授班主任”的模拟演讲，组织评委排出名次，再由学区和校领导根据各方面的条件进行综合比较，择优聘用。98级学区直属站招聘班主任，报名28名，经过严格审查，选定了11名。这11名班主任中，科级干部6人，党员教师5人。有4人在1997年曾评为单位先进工作者，2人评为优秀党员，有力地保证了班主任队伍的质量。

第三，坚持三个结合。我们在班主任配备的整体结构上，一是坚持老、中、青结合；二是坚持函授专职管理人员与兼职管理人员结合；三是坚持专兼职教师与行政科室负责人结合。这样，用人所长，调动和发挥了各方面的积极性，共同做好工作。

二、严规范，措施到位

对班主任的严格管理，集中体现在“三要管”：

第一，要管住。这主要是用制度规范班主任行为。1996年，我们在总院、分院《关于班主任工作的规定》和《关于班组工作的规定》的基础上，结合自己办学及班主任工作的实践经验，制定了《郴州函授学区班主任管理办法》和《郴州函授学区班主任工作细则》。除对班主任的聘任条件、职责、任务、要求作了明确的规定外，还对班主任的具体工作概括为十二大项，明确了每一项工作的主要内容、基本要求、完成时间。这样，有利于班主任掌握，便于操作，做到心中有数，工作起来有超前性、主动性。这一细则的贯彻实施，对学区班主任的管理工作起到了很大的推动作用。

第二，要管好。这主要是把好“四关”。一是把好入学教育关；二是把好组织面授关；三是把好自学指导关；四是把好作业关。这“四关”是检验班主任是否称职的一把尺子，也是评定班主任工作成绩的主要依据。由于抓住关键，班主任工作都比较到位。

第三，要管活。这就是不仅要求班主任要按章办事，而且要充分发挥班主任的积极性、主动性和创造性。几年来，在我们的支持和鼓励下，学区班主任动脑筋、想办法，创造性地开展了多种形式的学员活动，不断提高学员的党性锻炼意识、服务意识、公仆意识，提高学员自学能力、到课率、作业完成率；提高学员的自觉性和积极性。从而促进函授教育质量的提高。

三、严培训，提高素质

提高班主任的自身素质是做好班主任管理工作的前提。我们学区针对班主任实际情况，围绕提高班主任的思想政治和业务素质，主要采取了三项措施：

第一，定期集训。一般每学期集训二次，主要是对班主任进行党性修养的教育，职业道德教育和函授业务培训。

第二，宣扬典型。我们对班主任中涌现出的好人好事及时进行大力宣扬。例如，去年我区资兴、安仁等地遭受特大洪灾，班主任胡娜妮、卢碧蓉、李岩青、彭晓英、李隆生、陈明义、杨志芳等为了帮助学员解决困难，提高学员的巩固率，送书送温暖下乡。对这些好的班主任，我们都及时进行表扬，并在年终评比中给予奖励，其中被湖南分院评为优秀班主任的有16人，被学区评为优秀班主任的达89人。

第三，营造环境。学区认为，营造一个良好的外部环境，是保障班主任工作的重要条件。因此，我们关心、支持班主任的工作。比如，函授专职管理人员与新聘班主任进行“一帮一”活动，既增进了感情，又使新班主任很快进入角色。学区对函授班主任实行动态管理。对优秀班主任连聘连用，予以精神和物质鼓励；对个别不负责的班主任扣发津贴，进行批评教育，做到奖罚分明。我们采取许多措施，促进班主任自身的党性修养、学识水平和工作能力的不断提高，使他们能适应党校函授教育工作的需要。

总之，由于我们近几年来的努力，在加强函授班主任队伍的建设上进行了一些尝试，取得了一定成绩，使党校函授办学质量和社会声誉不断提高。我们决心学习兄弟学区的宝贵经验，继续加强班主任队伍建设，把党校函授教育事业推向前进。

强 化 管 理
建设一支高素质的教师队伍

铁道部分院济南铁路局学区主任 陈国庆

多年的实践，使我们深刻认识到，要确保党校函授的教学质量，必须“严”字当头，强化管理，建立和培养一支高素质的党校函授教师队伍。在这方面，我们的主要做法是：

一、细化总院、分院的制度和规定，激发教师的积极性

铁路系统点多、线长、函授学员高度分散，必须建立健全规章制度，实行强化管理。我们的指导思想是，要提高函授教学质量，必须认真贯彻落实总院、分院的各项规章制度、规定和要求，实现教学的规范化、制度化，向管理要质量。

多年来，学区把制度建设放在首位。关于函授的教学工作，在总院函授教育工作《暂行条例》和函授教育质量管理有关章程等文件，以及铁道分院的一些规定中都作了要求，学区结合济南铁路局的实际，根据自己的特点，进一步认真细化了这些制度和规定。从1991年开始制定并实施了《关于提高函授教学质量的规定》、《函授站工作达标考核办法》、《教学观摩制度》、《评阅作业管理规定》、《期中考试制度》等，初步完成了对总院、分院有关教学工作的制度、规定的细化。

为了调动教师的积极性和主动性，在制度建设中，注意引入竞争和激励机制，把教师教学效果与教师奖罚和经济效益挂钩。如《函授教学质量考核办法》规定：每学期末要对函授任课教师教学质量进行考评，由考核小组和学员，按条件进行定性定量测评，按得分多少，分为优秀、良好、一般、较差四个等级。对获得教学质量优秀的教师，由各党校给予表彰奖励。成绩突出者由学区授予“党校函授教学标兵”称号，并发给荣誉证书和奖金。任课教师在考核中如果测评为较差，一年之内将失去聘为函授任课教师的资格。

二、建立“三会一考核”的管理模式，加速函授教师队伍整体素质的提高

在严格执行总院、分院制度、规定和学区制定的措施、办法基础上，逐步形成了济南铁路局学区教学和管理“三会一考核”的管理模式。“三会”，一是期初备课会，二是期中考试成绩分析会，三是期末复习备课会。“一考核”，即学区对函授站定期实行工作目标考核。按照学籍管理、教学管理、思想教育、组织管理、财务管理五个方面，制定了27项考核指标。这27项指标基本涵盖了总院、分院、学区函授工作的各项制度、规定和办法的主要内容。“三会一考核”制度从1992年实行后，在全学区统一了函授课的教学思想、教学要求和教学进度，督促了教师备课。在提高函授教学质量和整体办学水平，培养、锻炼一支高素质的、经验丰富的函授教师队伍，推动党校函授教育走上规范化、制度化、科学化方面起到了重要的作用。

三、加强思想教育，强化培训机制，建设一支高素质的教师队伍

对于教师的素质，校委提出五个方面的要求：一是要有扎实的专业知识，每位教师要系统地、全面地掌握一门以上的专业理论；二是要完整地、准确地掌握马克思主义理论体系，认真学习和研究邓小平理论；三是要认真研究当前重大的现实问题，要运用邓小平理论的立场、观点、方法，提出解决问题的思路与对策；四是要提高透过现象把握事物本质和规律的能力，教学中做到理论紧密联系实际；五是要学马列、信马列、讲马列，树立共产主义的理想、信念和正确的世界观、人生观、价值观，要有奉献精神。

为了培养这样一支过得硬的教师队伍，校委提出“三个意识”、“一种精神”的要求作为标准。“三个意识”，即党校意识、党员意识、服务意识。“一种精神”，即奉献精神。要求党校教职工要树立党校观念，要以党校事业为重，不管干什么工作、在任何情况下，都要识大局、顾大体，一切维护党校的整体利益，维护党的声誉，为党校添光彩。

实践使我们认识到，要创建实实在在的一流函授学区，关键在人，最重要的是要建立一支高素质的教职工队伍，特别是要培养建立一支高素质的教师队伍。

抓好函授管理队伍建设 确保函授教育质量提高

大庆石油管理局党校党委书记 孟庆德

几年来，我们认真贯彻“社会效益第一”、“教学质量第一”的办学指导思想，坚持从严办学的方针，紧紧围绕提高函授教育质量抓管理，不断加强函授管理队伍建设，提高管理人员的素质，努力实现管理机构专门化，管理人员专业化、管理制度规范化。我们的主要做法和体会是：

一、抓敬业精神教育，忠诚于党的干部函授教育事业

在一些函授管理人员中，曾一度存在对函授教育的模糊认识。有的认为，函授教育不如主体班重要，函授教育是业余的，一般管管就行了。有的还认为，函授教育是为了拿文凭，教育质量高低无所谓，等等。我们针对存在的这些模糊认识，借鉴大庆“抓生产从思想出发，抓思想从生产入手”的思想政治工作经验，坚持抓管理从思想出发，抓思想从管理入手。举办函授管理人员学习班，学习邓小平理论，学习胡锦涛同志关于党校函授教育的一系列重要指示，并结合我校函授教育的实际开展讨论，认识党校函授教育是党校教育的重要组成部分，它同主体班次一样肩负着培训跨世纪人才的历史重任，从而提高对党校函授教育重大意义的认识，较好地解决了思想认识问题，管理人员更加爱岗敬业，全身心地投入函授事业。

二、抓树立服务意识，为学员提供优质服务

从一定意义上讲，管理就是服务。我们反复强调管理就是服务，要求函授管理人员都要树立热心为学员服务的思想，真正做到想学员之所想、急学员之所急、帮学员之所需，切实帮助学员解决实际困难。我们坚持每学年召开两次学员座谈会，征求他们对教学内容、教学方法及管理、服务等方面的意见、建议和要求，发现问题，及时进行整改。在函授管理的实践工作中，函授管理人员摆正了自己的位置，理顺同学员的关系，自己当好管理者，又当好服务员，主动和学员交朋友。做到坚持原则，大胆管理，严格要求，为学员提供良好的服务。比如，有的学员工作忙、头绪多，容易忘记面授时间，我们就坚持“三次通知、一次督促”，即在面授结束时通知下一次面授时间；考试结束时再通知一次；报到发教材不来的又通知一次，这样经常提醒学员参加面授。对于未参加面授又不了解情况的，打电话督促他们自觉补课。管理就是服务，不是抽象的，而是十分具体的，体现在经常的、大量的、细致的管理工作之中，因此，为学员服务，应该从具体的事情做起。

三、抓业务培训，提高工作水平

函授管理人员不但要敢于管理，还要提高工作水平，善于管理。敢于管理是责任心、事业心和原则性问题，善于管理是对于业务素质和工作能力的要求。基于这种认识，我们十分重视函授管理人员业务素质的提高，一是充实函授管理人员时，把好素质关。二是送出去进修学习，提高业务素质。三是积极参加总院和联合办学院校举办的业务培训班，以及以会代训的培训班，提高业务素质。四是举办函授管理人员研讨班，提高业务素质。五是自身加强学习，提高业务素质。通过多种途径，提高函授管理人员的业务素质，不少同志已成为函授管理的多面手。

四、抓公正廉洁建设，树立良好形象

函授管理人员的人品、人格怎样，不仅关系到个人的形象，也关系到党校的形象和声誉。公正廉洁是函授管理人员必备的素质之一，应该当作一件大事来抓。我们坚持正面教育，组织函授管理人员学习有关政策和规定，学习党规党纪，学习孔繁森等模范人物的先进事迹，做到内强素质，外树形象，在思想上、道德上筑起拒腐防变的坚固防线。我们要求每个管理人员，在任何时候、任何情况下都要模范遵守党的纪律和国家的法规，严格要求自己，公正廉洁。我们还依靠制度进行管理，制定了《关于函授管理人员廉洁自律的规定》，使人人知道怎样做是对的，怎样做是错的，从而在思想上分清了是非，在行动上更加自觉，防止违法乱纪的现象发生。

函授管理工作的实践告诉我们，创办一流函授，需要一流的管理，需要建设一流的管理队伍，这是确保函授教育质量的根本要求。

加强三支队伍建设
全面提高办学质量

浙江分院嘉兴学区海盐辅导站副站长　朱少坤

总结我校10年来的办学体会，我们认为，采取有效措施，切实加强三支队伍建设，是全面提高函授教育质量的一个重要环节。

一、建设好一支工作认真、办事效率高的辅导站工作人员队伍

学校领导把函授教育作为党校教育的一个重要组成部分，校长亲自挂帅，担任辅导站站长；副站长由懂业务，又具有较强管理能力的教务科科长担任。平时，站领导对下属工作人员管理非常严，不仅定期检查各项管理工作情况，及时召开中层干部会议，听取有关工作汇报，还随时召开学员座谈会，听取意见，以促进各项管理措施的落实。同时，站领导也很关心每一位工作人员的工作与生活情况，及时帮助大家解决工作中的问题和困难，极大地调动了大家的工作积极性。

辅导站经常组织工作人员认真学习总院、省分院关于函授教育工作的一系列条例、规定和指示，使大家熟悉和掌握函授教育工作有关规定，还多次组织大家到兄弟党校学习取经，组织有关同志参加有关业务培训，如今年上半年，我站选派一位专职管理人员参加了电脑培训，为我站尽快实现办公自动化做好准备。同时，辅导站也十分重视工作人员的思想政治工作，培养大家敬业爱岗精神。

为保证函授站各项管理工作落实到位，学校将党性强、作风正、素质高、责任心强的同志安排到辅导站工作，配备了2名专职工作人员和2名兼职工作人员。在配足配强工作人员的同时，学校还十分重视这支队伍的稳定，办学10年来，主持函授站工作的副站长一直没有调换，辅导站其他工作人员也不轻易换岗，从而确保了函授站各项管理工作有序地开展。

二、建设好一支责任心强、管理经验丰富的班主任队伍

班主任是教学班的管理者、组织者、领导者。我站在班主任队伍建设方面，着重了如下三个环节：一是选配好班主任。辅导站认真挑选热爱党校函授教育事业、懂教学、会管理、责任心强、作风正派、善做学员思想政治工作的党员教师担任班主任。二是帮助班主任。我们经常深入到学员中间，听取学员对班主任工作的意见和建议，并及时向班主任反馈；每学期召开1—2次班主任工作研讨会，总结交流工作经验，相互学习，取长补短，提高班主任管理水平；采取以老带新和典型引路的办法，不断提高班主任管理工作能力。三是提高班主任。在工作中，组织班主任反复学习胡锦涛同志对函授教育工作的重要指示，领会精神实质，从而使班主任在管理上始终突出一个“严”字，使每位班主任都能按照“常听”、“勤访”、“多联”、“做细”、“抓实”五个环节抓好班级管理，扎扎实实地做好管理工作。

三、建设好一支业务精、水平高的教师队伍

函授教育质量的提高，离不开一支高素质、高水平的教师队伍，我们按照政治强、业务精、作风正的要求，采取多种措施，以确保师资队伍质量。

1.严格选拔教师，对任课教师实行聘任制。校内选拔条件是：热爱干部教育事业，工作认真；专业对口，具有中级以上职称；具有较强业务知识水平和教学能力。我们还规定受聘教师每学期任课不超过两门。向校外聘请教师，主要是专业性较强的课程，其聘任条件是：单位业务骨干，工作责任心强；专业对口，理论功底扎实；具有中级以上职称。为保证外聘教师的质量，辅导站还建立了外聘教师档案库，对不同专业的外聘对象的情况存档备查，做到胸中有数，为函授教学准备了充足的教师资源。

2.注重教师的继续教育，通过多种途径更新教师知识结构，提高教学水平。首先，我们有计划、有目的地选送部分中青年教师到大专院校和上级学校参加进修培训。利用一切可能的机会，选派教师参加上级函院举办的备课会和短训班，或选派部分骨干教师参加有关科研理论研讨会，使他们开阔眼界，拓宽视野，呼吸新鲜空气，以不断提高他们的业务水平。其次，每学期至少召开一次教学工作研讨会，研究探讨教育规律和教学方法。再次，我们也积极鼓励自学，支持教师撰写科研文章。据不完全统计，近五年来，我站教师在市级以上报刊上发表科研文章达40余篇。此外，我们还利用可能的机会选派教师参加社会实践活动，提高解决问题的能力。

3.广泛听取学员的意见，使教师的教学能力，在创造性劳动的教育实践中逐步得到提高。根据教学相长的原则，辅导站所辖的各个班级，在班主任或班级党支部、班委的主持下，经常开展形式多样的班级活动，既有全班活动，又有班干部或小组活动，这些活动均邀请任课老师参加。活动中，任课老师及时听取和征求学员对课堂教学的反映，探讨教学问题，使教师的讲课艺术不断提高，从而使课堂教学吸引力更强。

“四管”齐下 加强教师队伍建设

重庆分院沙坪坝区委党校辅导站站长 何家银

我们在党校函授教育的办学实践中，遵循总院“社会效益第一”、“教育质量第一”的办学指导思想，不断加强辅导站自身建设，逐步摸索出加强教师队伍建设必须要管思想作风、管制度建设、管培养提高、管后勤保障的“四管”路子，收到了较好的效果。

一、管思想作风，提高教师政治素质

1. 组织教师学习邓小平理论。每月集中半天学习，主要是学习邓小平理论和党的十四大、十五大的有关文件，并要求写心得体会。为了加深对邓小平理论的理解，我们还组织教师参观了邓小平同志的故居，缅怀改革开放的总设计师，更加明确了十五大把邓小平理论确立为党的指导思想并写入党章的伟大意义。

2. 组织教师学习新党章。十五大后，我们组织教师学习了四次新党章，然后进行了一次党的基本知识测试，党员教师普遍加深了对新党章的认识和理解，增强了做新时期合格党员的自觉性。有三位青年教师经过学习，郑重地向学校党委提交了入党申请书。之后，校党委加强对这三位教师的培养。

3. 组织教师学习《中国共产党党校工作暂行条例》以及总院关于教师管理的有关文件，端正办学指导思想。通过学习，教师统一了两个观点：(1) 党校函授教育要处理好社会效益和经济的关系，应把社会效益放在第一位。(2) 在教学中，要处理好学术问题和政治问题的关系。

通过以上几方面的工作，全校教师队伍建设发生了三个变化。一是政治思想觉悟大有提高。校党委的凝聚力增强了，党员教师的奉献精神更强了，青年教师申请入党的积极性更高了；二是全体教师对函授“社会效益第一”、“教育质量第一”的办学指导思想更明确。没有一个教师参与经商活动，把主要精力都用在教学和科研上；三是集体荣誉感增强。教学上相互促进，同志间团结互助，关系融洽。

二、管制度建设，规范教师行为

根据总院的精神，我们制定了《教师选聘制度》、《教案检查评比制度》、《学员评教制度》、《示范教学制度》、《教学情况通报制度》、《学员与教师对话制度》。执行这些制度的目的，是为了促进教师加强师德修养，规范教师行为，提高教学质量。

执行《教师选聘制度》，择优选聘面授教师。我们遵循“坚持条件，不搞照顾，以校内为主，内外结合，提前落实”的原则，以把好教学质量关。

执行《教案检查评比制度》，督促教师认真备课。以此促进教师钻研教材，认真备课，写出详细的教案，为保证教学质量打下基础。

执行《学员评教制度》，客观地检查教学效果。让学员给教师打分，汇总后同教师见面。开展评教活动，促使教师从学员的意见中吸取营养，从而增强了教学的针对性和说服力。

执行《示范教学制度》，发挥教学的示范带动作用。每学期开学时，选择教学效果好的老师作教学示范。让教师间互相观摩，取长补短，提高讲课艺术，增强了课堂教学的吸引力，克服了个别教师照本宣科的平淡乏味现象。

执行《教学情况通报制度》，沟通情况，改进教学。对函授教学中的新情况、新问题、新动态，每月通报一次。通报内容包括教师的教学情况、学员的学习情况、教学的进度情况等，以供教师了解、分析，促使教师在教学活动中不断进行调整、充实、完善和提高。

执行《教师与学员的对话制度》，双向交流，教学相长。每学期的期中和期末，我们都要分别组织一次任课教师与学员代表对话。师生之间直接对话，相互沟通，使教学双方相互激励。

三、管培训提高，增强教师的业务能力

加强教师队伍建设，重在培训提高。我们采取了五条措施。

1. 积极支持教师取得高一层次的学历。1991年以来，先后支持五名教师取得了中函、川函的本科学历。凡学校同意读党校的，在学费上给予报销，在时间上给予保证，在学习上给予鼓励。

2. 安排教师参加教学备课会。多年来，无论是中函重庆分院或是四川省党校函授举办的教师备课会，只要接到通知，我们都安排教师参加。

3. 派教师到市委党校听课。凡属能结合本校主体班课程内容的专题，我们都派出教师去旁听，这对提高函授质量也有帮助。

4. 引进高学历教师。1996年，我们从高校调进了一位研究生学历的能胜任统计学等专业课教学的青年教师，改善了我校的教师结构。

5. 支持教师搞科研。规定讲师应在公开刊物上发表论文一篇，在内部刊物上发表一篇；学校发给与稿费同量的科研奖励费。近年来，我校的科研成果比较突出。

四、管后勤保障，为教师队伍建设奠定物质基础

后勤保障工作是教师队伍建设中不可忽视的基础工作，有利于教师集中精力搞好教学、科研。近

党校函授教育研究

强化自学管理 提高自学效率

鲁金波

坚持“自学为主”和“有指导的自学”是党校函授教育的基本原则。指导是自学的前提，自学是完成学业的基础。胡锦涛同志明确提出“要强化教学管理”，把好“教学关”。强化自学管理是把好教学关的重要组成部分。教学和教学管理人员都要把强化自学管理、提高自学效率作为自己神圣而光荣的职责，认真落实胡锦涛同志的指示，在强化自学管理、提高自学效率上下功夫。

激发学员的内在动力是强化自学管理、提高自学效率的基础。自学是学员自觉的能动行为，自觉需要动力，能动源于追求。因此，激发学员的内在动力，树立使命感，增强自信心，是开发自学潜能、强化自学管理和提高自学效率的基础。激发学员的内在动力，一要着眼于引导学员树立远大抱负，确立学习的时代感和责任感，并要和党性教育相结合，引导学员树立革命的人生观，把树立共产主义远大理想和学好本领为四化建设多做贡献的近期目标结合起来；二要着眼于引导学员克服“混文凭”等社会不良风气的影响，端正学习态度；三要帮助学员消除家庭事务、社会环境、自身条件等因素造成的自学障碍，增强学习毅力；四要发挥好党支部、班主任、班委会、自学小组的作用，利用各种时机，抓准倾向性问题予以解决。

激发学员内在动力要从入学教育抓起，并贯穿于整个学习过程。要引导学员在学习中央有关函授教育的方针、指示以及中函院教育文件的基础上，进一步明确学习目的，增强学习动力，为实现“理论、知识、党性、能力”四位一体的培训目标而发奋学习。

发挥教师的指导作用是强化自学管理、提高自学效率的关键。党校函授教育是有指导的自学。这一基本特征清楚地表明了教师指导和学员自学的关系。要发挥教师的指导作用，首先要提高教师自觉的指导意识。党校函授教育不同于一般国民教育，函授学员都是在职在岗学习，工学矛盾突出，组织松散，学时零散。这一特点决定了自学在党校函授教育中的重要性。函授教师必须从这一实际出发，把授课和自学指导结合起来，自觉增强指导自学的针对性。其次，要切实把好教师选聘关，把热心函授教育、肯于奉献的教师择优选聘到党校函授教育中来；要引进竞争机制，实行聘任合同制，制定科学的考评原则和具有可比性、导向性、务实性的指标体系。第三，要鼓励函授教师不断探索指导自学的规律，积累经验，提高指导效能。为此，一要善

几年来，主要抓了以下工作：

1.改善了办公条件。1997年以来，为教师新增办公室10间，增加新型办公桌20张，配备计算机31台，从而大大地改善了教师的办公条件，为教师教学、科研提供了较好的条件。

2.改善了教学环境。新增加教室六间（现共有教室15间），均配备了新型固定式课桌椅，为课堂教学提供了较舒适的空间。

3.改善教职工住房条件。今年3月份，学校自筹130万元，集资修建教职工宿舍24套。

4.保证教师需要的教学用书和参考资料。图书室现有藏书一万六千册。近年来，正在加大投入，尽可能地为教师的教学科研发挥更大的作用。

5.对教师每学期的讲课费、作业批改费、论文指导费、科研补助费及奖励费，都做到了及时兑现。

实践表明，加强教师队伍的建设，在管理上不可忽视后勤保障工作，在这方面工作做得越实在、越周到，对教师的困难解决得越好，就更能激发教师的爱岗敬业精神。

于运用教育心理学理论，从学习动机、求知欲望和事业心上激发学员的进取心；二要引导学员掌握正确的思维方法和记忆方法，“授人以渔”；三要引导学员制订好切实可行的自学计划，包括预习、复习、作业、通读、精读、做好读书笔记等；四要根据学科特点、教学进度对学员提出自学要求，进行具体指导。

发挥班主任的督导作用是强化自学管理、提高自学效率的重要举措。班主任工作在教学管理中起着纽带作用。班主任直接面对学员，处于自学管理的第一线，对学员最熟悉、最了解。他们的工作也最容易做到有的放矢，事半功倍。发挥好班主任的督导作用，首先要选配好班主任，把懂教学、善管理、乐于奉献、富有责任心、政治素质高、业务工作能力较强的人员择优聘为班主任；其次要制定好《班主任工作守则》，明确职责，规范自学管理的内容和要达到的目的，实行目标管理责任制；第三要重视培训工作，对班主任做到既使用又培养，帮助他们提高管理水平，同时还要肯于为坚持原则的班主任承担风险和责任；第四要协助班主任落实好各项自学管理的规章和制度，在时间安排上帮助学员处理好自学和工作、自学和家务之间的关系；在获取知识的途径上正确认识和处理好自学和面授指导的关系；在自学方法上处理好通读与精读、学习与应用、理解与记忆的关系等。

完善管理制度是强化自学管理、提高自学效率的保障。强化自学管理，提高自学效率，必须有一套完善的管理制度，全面规范自学环节和自学行为。经过全院的共同努力，目前许多分院相继制定了《自学管理办法》、《自学小组条例》、《自学检查制度》、《自学考核办法》等制度，并在自学过程中发挥了很好的作用。在第三次教学管理工作会议上，代表们也一致呼吁总院尽快制定全院统一的《党校函授教育自学管理条例》，充分反映了各级教学管理人员对自学管理制度重要性的认识与需求。

健全和完善自学管理制度，首先要正确认识党校函授教育自学的特点，强化对自学运行机制的研究，把握自学规律。任何有成效的自学都必然是学习目的、动机、兴趣、毅力、意志等自学心理因素与接受面授辅导、消化吸收教材、能动地利用学习讨论等自学能力因素，以及预习、复习、作业等自学环节因素的和谐统一。这些因素在学员独立获取知识、自我开发、自我更新、自我提高中处于什么地位，如何发挥作用，如何相辅相成等等，都需要认真地探索和发掘，不断有所发现、有所创新、有所前进。健全和完善自学管理制度，贵在落实。胡锦涛同志说：有管理制度是好的，但最重要的是下大力量去抓，使之真正落实。不落实，制度也是空的。我们要在落实中，发挥制度的作用，维护制度的严肃性，同时，又要注意总结经验，并结合本地区、本单位的实际情况进行细化，以便最大限度地发挥各类规章制度的效能。

把握好其他环节，全方位促进自学，是强化自学管理、提高自学效率的必要条件。强化自学管理、提高自学效率，不仅要把握好教师引导、班主任督导、制度规范等对自学有直接作用的管理环节，而且要把握好命题制卷与考试、论文评阅与答辩、作业检查与批改，以及社会风气的影响等环节。命题制卷与考试是整个教学环节上的重要组成部分。有人形象地把它们称之为自学的“指挥棒”是有一定道理的。试题过于简单、覆盖面过小、题型分布不当，考卷保密不严，考场监察松懈，阅卷过于迁就等等，都会对学员产生不良影响和多方面的不良后果，甚至损坏党校函授教育形象，自毁长城等。相反，试题覆盖面适当、难易适度，不断扩大考核能力的试题的比例、试卷保密性强、考场风纪严明、阅卷公正廉明，就会弘扬正气，对学员产生不可估量的激励作用，促进自学。同样，作业批改漫不经心，对不按时完成作业的行为轻易放过，对抄袭作业的行为不加处理，毕业论文评阅不坚持标准，答辩不严格把关，迁就照顾走过场，甚至保护过关等，也都会给学员自学带来消极影响。特别是对毕业论文的鉴定，实质上是对学员学业成绩和素质的综合性考核，评语的准确、公允不仅是对学员学业的认可，同时还要波及后届学员。所以，我们务必高度重视、坚持标准、严格把关。

函授教育中的不良风气，对学员自学也有一定的影响。如“混文凭”、“买卖文凭”，或者利用职权在函授教育中搞特殊化等等，都会影响学员自学的积极性。我们函授教育工作者虽不能从根本上消除这类丑恶现象，却有责任抵制这种现象的滋长蔓延。关键是坚持从严办学的原则，敢于和善于同这类丑恶现象进行不懈的斗争，以便使之最大限度地减少直至消除。

关于素质教育的思考

湖北分院副院长 李天相

党校干部素质教育，是一种高层次、高水平、高质量的教育，它有其自身的特点和规律。党校函授教育工作者包括领导干部、教师、班主任和全体函授工作人员，都要积极参与研究党校干部素质教育的规律，探索党校函授教育究竟如何提高干部的综合素质。

为培养高素质的干部队伍服务，是党校函授教育的办学宗旨。要实现这一宗旨，就要深入研究干部素质的结构、特点和现状，全方位地提高干部的综合素质。国家人事部编写的《国家公务员录用考试全国统编教材》提出："现代行政领导个体较全面、优良的素质结构模式是：德、才、学、识、体等内在素质全面具备。""德"是政治思想上的要求；"才"是领导能力上的要求；"学"是业务知识上的要求；"识"指远见卓识等；"体"指体质、精力和心理品格等。这个"素质结构模式"是对国家公务员的要求，也可以作为党校函授教育培养干部综合素质的大体要求。当然，在实施素质教育中，还需要将上述五项素质内容分别细化为若干要素，进而向教育对象提出具体要求。同时，党校函授教育培养的是跨世纪的干部人才，他们的素质结构应具有"高"、"全"、"新"三个特点，即素质标准更高、素质结构更全、素质要素更新，要适应跨世纪的挑战和竞争，适应把建设有中国特色社会主义事业全面推向21世纪的需要。仅仅掌握干部的素质结构和特点，还不能够有针对性地实施素质教育，只有既掌握了干部的素质结构、特点，又全面了解干部整体素质的现状，才能行之有效地科学地实施素质教育。我国干部队伍的素质总体上是好的，但也确有相当一部分干部的素质不适应社会主义现代化建设事业的要求，更不适应跨世纪所需要的干部人才素质的要求。因此，贯彻十五大精神，强化素质教育，尽快提高广大干部的综合素质，是党校函授教育的历史使命和崇高职责。

从以上对干部素质的结构、特点和现状所作的分析可以进一步看出，党校函授教育者必须树立整体教育观念，实行全方位全功能的函授教学，全面提高干部的综合素质。为此，一要根据干部素质结构构成的需要全面实施综合素质教育，包括以邓小平理论为中心内容的马克思主义理论教育，以党性为核心的政治思想教育，以发展智能为核心的专业知识教育，还有心理品格教育和体育等。二要全面开设实施综合素质教育的课程，包括马克思主义基本理论课、党性教育必修课、任职必学的专业课和文化科学技术操作课等。三要根据认识发展的过程和素质形成的轨迹，抓好第一课堂——学校课堂，引导学员掌握理论，丰富知识；办好第二课堂——社会课堂，指导学员通过社会实践锻炼党性，提高能力；同时还要开辟第三课堂——面向未来课堂，吸收最新信息，学习高、新技术，将学员素质层次提升得更高，使其素质内容充实更新。

此外，为了切实提高学员的素质，我们还要夯实理论基础，突出党性教育，着重提高干部的政治思想素质；注重导学导研，启发自觉自学，引导学员将理论和知识转化为能力和素质；加强激励、调控、考核、评估，强化党校函授教学培养干部素质的导向监控机制。

党校函授教育要充分发挥培养干部综合素质的功能，还必须要有高素质的函授教师、班主任和其他管理人员。只有高水平高素质的教学、管理队伍，才能办出高水平高素质的教育，培养出高水平高素质的干部。所以，各级办学组织都要高瞻远瞩，舍得投入，从跨世纪的战略高度千方百计建设好教师队伍和管理人员队伍。

应尽快建立师资档案库

李向恕

掌握全院的师资状况，对全院师资状况做到胸中有数，对加强师资队伍建设，确保办学质量，具有十分重要的意义。而要对全院的师资状况做到胸中有数，就有必要建立师资档案库。

事实上，"胸中有数"正好是对师资档案库自身基本功能的高度概括。具体地讲，师资档案库可帮助人们随时了解师资的数量和结构比例关系。首先，师资档案库可给人们提供全院及各单位师资数量的情况。函授总共有多少名教师，各分院有多少名教师，各学区、辅导站有多少名教师，他（她）们的姓名、性别、年龄、学历、职务、职称等分别是什么；担任本科班教学的教师有多少，担任大专班教学的教师有多少；隶属于党校系统的教师有多少，隶属于非党校系统的教师有多少；属于经济类专业的教师有多少，属于政治理论类专业的教师有多少，属于法律类专业的教师又有多少；当年被辞退的教师有多少，当年被聘任的教师有多少，连续被聘用的教师又有多少……通过师资档案库，将这些“知多少”的资料数据统计起来，从宏观上展示函院师资、师源的分布情况、流动情况和配置情况，为党校函院教育的有关决策提供客观的数量依据。

其次，师资档案库可给人们提供师资队伍内部有关的结构比例关系。教师的数量有了，各种“量”与“量”之间的比例关系也就在其中。首先是反映“教”与“学”的各种比例关系。总院的师生比率是多少，各分院的师生比率是多少，各学区的师生比率是多少，各辅导站的师生比率是多少，各专业的师生比率又是多少，以及上述比率逐年的变化情况如何等，这些比率是评价（或评估）函院办学效益、办学规模的重要参数指标。其次是反映教师队伍内部结构的许多比例关系。如师资队伍中各个年龄段人数之比（年龄结构），不同学历人数之比（学历结构），不同职称人数之比（职称结构），不同职务人数之比（职务结构），各门类、各学科人数之比（专业结构），以及党校系统教师人数与非党校系统教师人数之比，连续聘用教师人数与间断聘用教师人数之比……系统各要素的比例结构决定系统的功能输出，有什么样结构的师资队伍，就有什么样的教学功能。中央党校函授学院作为一所没有围墙的在职干部的高等学府，力求以最小的代价获取最大、最好的办学效益，展示师资队伍内部结构的师资档案库是须臾不能少的。

师资档案库远不是老式教师花名册所能比拟的。它极大地扩展和丰富了“花名册”的内容，为管理者提供更为全面的师资队伍的信息；它打破了教师资源条块分割、封锁闭塞的界限；它大大化简了询访师资队伍的方式和手续，领导者、职能部门、业务单位，可以随时浏览检索，以至指名道姓地，轻而易举地调用某某教师的档案资料。建立师资档案库是函授学院师资管理工作的一次改革和创新，把原来作坊式的小打小闹的师资队伍管理模式转变为现代化的科学的管理模式。如果说以前在函院办学规模还不太大的情况下，“花名册”管理模式还够用的话，那么到了今天，函院办学规模已经发展到地域覆盖全国，在校生几十万，大专生、本科生、研究生齐全，聘任教师6万多的情况下，“花名册”早已难负如此重任。例如现在有不少分院反映教师的数量不足，教师队伍的专业结构不甚合理，专业师资有失平衡，选聘渠道过于分散等问题，如果有了师资档案库就能及时地统计、比较、分析，作出决断。对于确属师资、师源匮乏的地区（或单位）就应当稳定办学规模，适当控制学员的招收数量；对于并非是师资、师源匮乏的地区（或单位）只需局部地调配好师资力量，采取诸如教师授课团等办法，改善师资结构，谋求更新更好的办学功能和办学效益。今后，随着各种深层次的“教”与“学”之间的矛盾逐渐显露，为了解决这些矛盾，使函授教育再上一个新台阶，师资档案库将派上更加广泛的用场。可以这样说，早建库早受益，晚建库多受损。

我们要统一思想，多方配合，下大力气，像管好学员的“学籍”一样，管好教师的“教籍”，尽快建好总院第一个完整的师资档案库，形成具有党校函授教育特色的教籍管理体系。

切实抓好学籍管理工作

总院教务处处长　欧亚平

学籍管理是一项十分重要的基础工作，贯穿于整个党校函授教育的全过程。学籍管理工作的质量如何，直接关系到党校函授教育的办学水平，关系到党校函授教育的健康发展。为了搞好学籍管理工作，总院推出了《学籍管理工作改革方案》和《学籍管理工作改革方案具体实施办法》。现在，方案已经出台，具体实施办法也有了，改革思路大体已经明确，大的目标和方向也已经确定，关键就在于狠抓落实，使之成为现实的东西。当务之急，我认为要做到四个到位：

1. 认识到位。学籍管理改革很重要，各单位都要把学籍管理改革工作提到日程上来，高度重视，统一认识，步调一致。特别是学籍管理实现自动化是我院各项管理工作实现自动化的第一步。这一步走好了，可为全面实行自动化管理打下坚实的基础。

2. 组织到位。总院这次制订的《学籍管理工作改革方案》和《学籍管理工作改革方案具体实施办法》，是全院办学单位工作的依据、行动的准绳、奋斗的目标，务必照此办理，认真落实。各单位要明确学籍管理改革的具体内容和实施步骤，特别要明确各自的任务，要按总院的要求抓紧组织实施，确定专人负责，做好分工，从组织上保证改革方案的顺利实施。这就叫做大家的事大家做，而且还必须无条件地做好。

3. 投入到位。改革不是一句空话，是要付出代价才会有所收获的。人、财、物是改革必不可缺的物质基础。如果不投入足够的资金，不配备足够的设备，不调配一定数量的、熟练的专业技术人员，改革方案再好也是要落空的。希望各单位要根据办学实际，千方百计，尽力而为，努力增加人、财、物的投入，并要使投入随函授教育的发展而逐年增加，以为实现学籍管理改革任务打下坚实的物质基础。否则，没有必要的投入，怎么会有回报和产出?!

4. 措施到位。各单位要根据总院要求，结合本单位实际情况，制订出切实可行的具体实施办法，要排出时间进度表，自我加压，要有一种时不我待的紧迫感。要切实做到目标明确，投入到位，工作到位，确保学籍管理改革顺利进行。

（据在学籍管理座谈会的发言整理）

加大监考力度 实现考风好转

湖南分院 覃正爱

函授教育的监考是考风建设的中心环节。考风的好坏与监考力度密切相关。因此要抓考风就必须抓监考，否则抓考风就是一句空话。那么，怎样才能加大监考力度呢?

第一，要成立考务工作领导小组。各学区、站无论是入学考试还是期末考试都要成立由校长或主管副校长负责的考务工作领导小组，具体负责考务工作，作好周密的考务安排。

第二，要创造净化的考试环境。所谓净化包括两个方面：一是考室的卫生要干净、舒适，干净、舒适的环境有利于学员保持舒畅的心情，在考场上专心致志，充分发挥水平；二是清场要干净。只有在考试入场前将考生携带的与考试有关的任何资料清除干净才能消除舞弊隐患。事实证明，凡清场工作做得好的考室其考风比不清场的好得多。

第三，要营造严肃的考试氛围。既然是考试就必须严肃、权威，不能嘻嘻哈哈，更不能为所欲为。要使平常在轻松环境中工作的学员认真对待考试就必须营造严肃的考试氛围。如张贴考试标语，进行考前动员，明确考试安排，宣读考试纪律，倒置考试桌椅，拉开考桌间距，按要求出具考试证件如身份证、准考证或学员证等等。这样就有利于使学员思想上引起足够重视，自觉遵守考试纪律。

第四，要选调和培训监考员。监考员的素质如何对考风影响极大。因此要选调作风好、敢碰硬的同志担任监考员，并加以培训。培训监考员的第一步就是明确监考纪律，对监考员进行约束。培训监考员的第二步才是监考技术培训，如发卷、收卷、装订等具体操作要求。通过技术培训，使监考工作规范化、程序化。

第五，要聘请组织、人事、纪委、教委等部门的同志参与巡考。这样一方面扩大了社会各界的参与，另一方面又可促使学员自觉维护考试纪律，增强考试的严肃性和公正性，提高党校的社会声誉。

浅谈函授巡考的作用及改进建议

江苏连云港市委党校 涂汉清 王海珊

中函院各级组织，在考试过程中实行巡考制度，是落实胡锦涛同志把好考核关的重要举措，是对考核实施监控的重要手段。几年来，江苏分院坚持巡考制度，收到了明显效果。

一、巡考的主要作用

函授考试实行监考制度，实质上是一种监督。巡考就是监考的延续和扩展，是高层监督。它的主要作用，是促进考务工作，全面落实考评标准，实现考风考纪的进一步好转。具体地讲，巡考在考务工作中发挥着以下作用。

1. 促进办学方针的贯彻落实

函院办学方针是“从严办学、质量第一”，它贯穿函授教育管理的每个环节。考试，无论是招生考试，还是期末考试，还是缓补考，都是展现函授办学方针的主要窗口，是把好“考核关”、“毕业关”的关键环节。在这个关键环节上，正确决策是搞好考务工作的前提。徐州学区在指导考务工作时，在决策上着重抓决策设计、决策执行、决策审查等三个环节。考试前，他们认真研究，精心设计，作出“三个四”决策：召开四个会（院长、主任会、党委会、辅导站负责人会、考务工作人员培训会），成立四个组织（考务领导小组、考务办公室、巡考组织、辅导站领导小组），印发四个材料（监考手册、考场规则、违纪处理规定、考试程序表）。考试中，他们一心一意扑在决策的执行和审查上，分工负责，深入基层，吃住在考点，巡查在考场，处理问题在现场。考试后及时做好总结。他们说，各项考务工作所以能顺利开展，得益于函授学院制定的考评标准，也得益于分院的巡考。

2. 促进考务工作的正常运行

考务工作具有特定的运行规律，有严格的工作程序，是一个多功能、多层次的相对封闭的体系。对这个体系，如不实行有效的管理，就可能出现违纪现象，也无法检查考评标准的落实情况。今年徐州学区考生近 4000 人，考点 11 个，考场 152 个。由于他们实行了领导到位、制度到位、执纪到位、奖惩到位等四项制度；由于分院认真巡考，仔细检查，及时纠正偏差，促使考务工作井然有序，正常运行，形成了良好的考风考纪。

3. 促进考务工作的规范化

考务工作面广量大，千头万绪，细致琐碎。考评标准对考试工作的领导、考场设置、考试措施、考场秩序、执纪、后勤服务等环节都有具体要求。去年，我们在常州学区巡考，看到他们的各个环节都很规范，取得很好的效果。连云港学区，通过分院巡考，取得了考务工作优秀的好成绩。今年连云港学区，在总结去年经验的基础上，又采取了很多新举措，主要有：（1）加大对考生考纪的宣传力度。（2）加大对监考人员的培训力度。（3）进一步规范考场。（4）制定试卷保管、试卷袋装订细则。这些措施的实行，使考务工作进一步制度化、规范化。今年出现绝大多数考生自觉遵守考场规则、作弊极少的新考风。不少巡考人员深有体会地说，以前稍一注意就可以发现作弊的，现在时时注意也难抓到了。

4. 增强监考人员的责任感

考场考风考纪的好坏，关键在监考。监考人员是考场的"执法官"。过去，监考人员上无压力，现在上有巡考，无形中增加了责任感。例如徐州学区实行监考人员的三挂钩制度，即在考场由巡考人员发现一起作弊者，监考人员记过一次；发现二起，扣发其全部监考费；发现三起，取消其监考资格。有的监考人员戏称巡考是"钦差大臣"、"高压线"，谁都不敢碰，不仅考生碰不得，而且监考人员也碰不得。

二、几点改进建议

1. 加强对巡考人员的培训，增强巡考的合力

入学考试，分院、学区和辅导站都有不少巡考人员。他们的素质如何，步调是否整齐，直接关系到巡考工作的成效。因此，应加强对各级巡考人员的培训。通过培训，使巡考人员具备以下素质：（1）原则性。要一切从办学方针出发，全面检查 17 条指标落实情况，做到一丝不苟、秉公办事。（2）实事求是。在巡考中要深入每个环节、每个考场，检查和纠正错误。（3）敏感性。要敏感地发现问题，又能讲究工作方法。各级巡考人员要形成合力，共同搞好监督。

2. 建立巡考责任制度，加强对巡考人员的管理

巡考人员受到各级考务工作者的欢迎，可以随时到各环节检查。为了规范巡考人员的行动，要进一步明确巡考人员的基本条件、权利、义务、奖惩及纪律要求，加强对他们的管理。对出色完成巡考任务的人员给予奖励，对工作不认真或出现工作失误，或违反巡考纪律的巡考人员给予批评和处罚。

3. 强化巡考制度，营造公平竞争的氛围

学区和辅导站的巡考人员，既是考务工作的组织者、监督者，又是保证考务工作正常运行的核心力量和基本队伍，要对考务工作负全部责任。分院的巡考人员，要对考务工作各个环节进行检查，对考场进行考核。三级巡考人员既要密切配合，营造公平竞争的氛围，又要明确分工，明确责任，在促进上多做文章。

几年来，由于各级领导的重视和巡考的促进，江苏分院的考务工作已走上科学化、制度化、规范化的轨道，形成良好的考风考纪。随着全院评估工作的开展，必将提高学区和辅导站的整体办学水平。巡考作为考务工作的一个不可缺少的环节，要不断总结经验，完善制度，适应新形势和新变化，促进考风考纪再上新台阶。

必须提高办学人员的素质

赵宗祥

搞好党校函授教育，提高办学人员的素质是关键。

首先，从讲政治的角度看，党校函授教育客观上要求有一支高素质的办学队伍。党校函授教育开办以来，始终坚持以马克思列宁主义、毛泽东思想和邓小平理论为指导，以在职党员干部为培训对象，目的在于为社会主义现代化建设事业培养更多的党性强、作风正、具有相应专业知识和领导管理能力的合格人才。这是一项艰巨的政治任务。而要完成这一任务，必须有一支高素质的办学队伍来承担。

其次，党校函授教育的办学特点也要求办学人员提高素质。中央党校副校长刘海藩在中央党校1996年函授工作会议上的讲话强调“三严”：严进、严管、严出。实践也充分证明，党校函授教育的质量重在管理，管理出质量。党校函授教育点多线长，学员分散，而且由于学员都是在职学习，所以工学矛盾显得尤其突出。这种状况给教学管理带来相当的难度，要求必须有一支各方面素质很高的办学队伍，以适应党校函授教育的需要。不然的话，其所影响的不仅仅是党校函授教育的质量和信誉问题，更重要的是党校函授教育的政治目的难以实现。

再者，从党校函授教育办学队伍的实际情况来看，也必须尽快提高办学人员的素质。党校函授教育经过十多年的发展，现已拥有一支几万人的专兼职的办学队伍。这支队伍，总的是好的，各分院、学区、函授站的工作人员，对党校函授教育认真负责、兢兢业业。没有他们的心血和汗水，就没有党校函授教育事业的今天。但是，也有一些不尽人意之处，如有少数同志没有把党校函授教育看作党的一项事业，而是抱着一种临时观念，应付一天是一天，对工作缺乏通盘打算和长远考虑；有的把经济效益放在首位，不顾自身力量，盲目铺摊子，管理松懈，问题不断；还有过不了人情关，对上级、同事、朋友、熟人，能宽则宽，失去原则。另外，近几年党校函授教育发展很快，一些刚刚承担起这方面工作的同志，还没有掌握党校函授教育的规律，工作经验不足，在实际工作中也出现了某些漏洞。上述这些问题说明，办学人员自身素质状况与党校函授教育这一政治任务的要求也是有差距的。解决这些问题，除加强制度建设外，也需要从提高办学人员的素质上下功夫，加强办学人员的自身建设。

办学人员的素质，首要的是思想素质。思想素质是灵魂，是支柱，是管方向的。办学人员具备了良好的思想素质，就能保证党校函授教育沿着正确的政治方向前进。《中共中央关于加强社会主义精神文明建设若干重要问题的决议》强调努力提高全民族思想道德素质，指出“加强思想建设，必须坚持马克思列宁主义、毛泽东思想，特别是用邓小平建设有中国特色社会主义理论武装全党、教育干部和人民”。作为办学人员，特别是领导者，必须坚持用马克思列宁主义、毛泽东思想和邓小平理论武装头脑，认真学习邓小平同志运用马克思主义立场观点方法研究新情况、解决新问题的科学态度和创造精神，努力掌握其理论的科学体系和精神实质，坚持辩证唯物主义和历史唯物主义，不断提高自己的思想政治素质，增强把握全局和解决实际问题的能力。在办学实践中，要加强党性锻炼，提高办好党校函授教育的事业心和使命感，坚持社会效益第一，经济效益服从社会效益；对学员负责，对总院负责，对党的事业负责；爱岗敬业，公道正派，坚持原则，不徇私情，坚决抵制各种不良风气。对办学人员来说，业务素质也是十分重要的。没有良好的业务素质，对党校函授教育各方面的工作就不能实施科学管理，就不能保证党校函授教育健康、有序地向前发展。因此，办学人员在努力提高自身思想素质的同时，还必须努力学习和掌握党校函授教育的规律，不断积累和总结新的经验，探索、创造新方法；同时要学习和掌握党校函授教育的各项规章制度和教务等方面的专业知识，学会用科学的方法管理党校函授教育。办学人员的素质是多方面的，但主要是思想素质和业务素质，这两方面的素质提高了，我们办学队伍的面貌就会有新的改观。

提高办学人员的素质，一是靠教育，二是靠实践。一个人素质的提高，是内在主观因素和外部客观条件多种因素综合作用的结果。而其中起重要作用的因素，就是通过教育和个人的努力。为了提高办学人员的素质，必须充分发挥上下两方面的积极性，加强对办学人员的培训，如定期召开业务会议，组织经验交流，树立先进典型，坚持以老带新，通报批评各种违纪现象等等，为他们提高自身素质创造良好的外部条件。办学人员素质的提高，关键还在于自己的努力。没有提高自身素质的迫切愿望和决心，外部条件再好，也是无济于事的。因此，作为办学人员必须抱着对党校函授教育高度负责的精神，刻苦学习马克思主义理论特别是邓小平建设有中国特色社会主义理论，学习专业知识，并运用所学的理论和知识指导办学实践，在办学实践中探索规律，学会办学。这里需要指出的是，对素质很差经教育又不肯改正者，应从办好党校教育的大局出发，建议主管部门坚决把其调离党校函授教育岗位。

党校函授教育任重道远，全体办学人员责任重大，让我们从抓好自身建设做起，努力造就高素质的办学队伍，把党校函授教育讲政治切实落到实处，不辜负组织的托付和广大学员的希望。

“网络”时代函授教育面临的机遇与挑战

李素玲

在知识经济时代，在信息化过程中，教育所处的地位十分特殊。一方面，教育领域是受信息化影响最大、最直接、最深刻的领域之一；另一方面，教育工作又是实现信息化过程中必不可少、非常重要的实际手段。离开了新一代劳动者和管理者的教育，离开了大范围、全社会的技术和观念的更新，信息化是无法想象的。

中央党校函授学院作为以培养德才兼备的党员领导干部和业务工作骨干为目标的高等函授教育机构，必须适应时代要求，不断提高整体办学水平和教学质量；必须充分利用现代化手段，加快自身建设步伐，把党校函授教育推向新的阶段。

党校函授教育实质上属远距离教育，这种教育形式与传统教育的根本区别在于：在教育、教学过程中，教育者、教育机构和受教育者在时间、空间上是分离的，这就使得教育机构和学习者之间的信息传递不能直接完成，而必须通过必要的手段和工具来实现。目前中央党校函授学院教学、管理信息的传递，主要依托总院—分院—学区—辅导站四级办学网络，采用邮寄、电话、传真等通讯手段来完成。随着社会需求的增加，办学规模的扩大，教学质量要求的提高，加之学员人数多、分布广，管理和教学人员缺乏，通讯手段相对落后等因素，必然带来各办学机构之间和教、学、管各环节之间的脱节现象日趋突出。教育信息传递、处理的速度、质量和效果，是制约函授教育机构整体办学水平和教学质量的重要因素。而改变这种状况，最快捷、最见成效的方法是加快计算机建设步伐，建立函授学院网络系统，全面实现函授系统的计算机网络化管理和网络化教学。

当今时代计算机技术、信息处理技术、网络传输技术的飞速发展，使得世界各国的远距离教育，正在从过去以文字教材为主的函授教育阶段，向文字教材和音像教材相结合的广播电视教育阶段、最后向以多媒体教材为主的计算机教育阶段转变。实现网络化管理与资源共享，进而通过国家信息高速公路向全国范围内的学习者传递多媒体教学信息，是21世纪我国远距离教育领域发展的必然趋势。我们的策略是，加快中央党校函授学院网络建设步伐，先期实现计算机网络化管理，实现网络信息的上传下达，政令畅通，提高管理效率和工作水平。同时抓紧计算机教学中心和网络设施建设，逐步实现远距离交互式计算机多媒体教学。届时，传统意义上的“教室”将不再重要，我们将建立起一套完备的网络教育“虚拟课堂”，实现“同时异地”或“异时异地”的网络化教学。在这样的课堂中，完全没有时间和距离的界限，也不受参加学习者人数的限制。受教育者不再受“工学矛盾”的困扰，随时随地可以接受在职在岗教育。更重要的是，网络教育是自我教育过程，电脑技术应用“参与式”、“启发式”教学，完全打破学生单项获取知识的渠道，使受教育者开阔眼界、积极思维。受教育者会懂得老师、课本只是一种手段，广阔的资讯需要自己去寻找，寻找的过程就是创造的过程。

当然，如何进行计算机网络建设，如何加快建设步伐，在函授系统、在党校系统都是一项开创性工作。计算机网络建设的规划、设计、实施与运行维护，是一项庞大复杂的系统工程。它面向函授教育，面向全国各省、市、自治区，以改善管理、提高事务处理水平和工作效率、全面改善办学质量为主要目标，将管理科学、教育科学、信息科学、系统论、运筹学、计算机技术、网络通讯技术等综合在一起。从一定意义上讲，计算机网络系统建设的关键因素是“管理和组织”而不是“计算机技术”。计算机网络建设需要进行科学的论证、规范的管理，不仅需要计算机技术人员的沟通和密切配合，更需要各级领导的支持，需要技术和业务部门间的相互理解和密切配合，需要资金和掌握现代化技术的人才作保证。计算机网络建设是一项长期、艰苦的工作，是我们函授教育工作者面临的重要任务。我们必须全身心投入，既要脚踏实地、勤勉敬业、艰苦奋斗，又要解放思想、实事求是，不断克服前进路上的困难，开拓进取。加快计算机网络化建设势在必行，搞好函授学院网络建设志在必行。

提高课堂教学质量的辩证法

中共新余市委党校　宁世春

党校函授课堂教学，是党校函授教育的一个重要环节。函授课堂教学质量的好坏，直接关系到党校函授教育质量的高低，关系到党校函授教育在社会上的声誉。对此，党校函授教育的领导和广大教师要有清醒的认识。如何提高党校函授课堂教学质量呢？关键的一条就是授课教师应根据党校函授教育特点，运用辩证法教学。

1．既要讲书本，又不能局限于书本。书本是学员最主要的学习资料。书本上的认识，是基本的知识，学员考试也主要是考书本上的知识。因此，教师课堂教学时，主要应把书本上的知识讲清、讲透。教师要做到讲清、讲透，有一项基础性的工作要做好，这就是对教学的内容要熟悉。俗话说：熟能生巧。一旦教师对所讲的内容很熟，能脱稿讲，讲起来就运用自如，左右逢源，课就充满生机和活力。而那种照念讲稿或念书的教学，机械呆板，教学效果差。教师在讲好书本知识的基础上，须考虑到函授学员具有年龄大、社会经验丰富、自学能力强的特点，在一般情况下，书本上的知识自己是能够看懂的。如果说教师只是从书本到书本，不加入一些新内容，学员听起来会觉得枯燥无味，不解渴。这就要求教师在讲清书本上的基本理论的同时，还要适当介绍、归纳一些与教学内容有关的当前理论界新的研究动态和研究成果，开阔学员思路，激发学员学习和思考问题的积极性。实践证明，这种教学方法很受学员欢迎。

2．既要讲理论，又要理论联系实际。理论联系实际，是党校函授教育的重要方针，也是党校函授教育生命力的根本所在。教师在进行函授课堂教学时，要进行理论知识的灌输，但不能从理论到理论，搞理论循环，而必须把理论和实际两者有机地结合起来。理论联系实际，要联系世界政治经济发展变化形势，联系我国改革开放和现代化建设中出现的新情况、新矛盾、新问题，联系本地区、本部门的热点难点，联系学员本身思想、工作中存在的一些问题。理论联系实际，有助于学员加深对理论的理解，提高学员运用所学理论分析和解决实际问题的能力。

3．既要讲点，又要考虑面。党校函授教育是在职教育。学员集中到党校学习的时间是有限的，但要求学员所要学习和掌握的内容是很丰富的。教师必须认真备课，反复推敲，对教材中哪些是重点、哪些是难点，要做到心里有数。对重点、难点要多讲、详讲，以增强教学的深度。这是“重点论”的要求。但是，授课老师又要注意，每门学科由于都有其内在的逻辑结构体系，是一个统一的有机整体。教师在讲重点、释难点的同时，要兼顾到教学内容的全面性和系统性，这是“两点论”的要求。这种点、面结合式教学既有利于学员掌握重点、难点，又有利于学员系统地掌握一门学科的知识。

4．既要讲，又要问，还要做。党校函授课堂教学是“讲、问、做”三者的统一。“讲”这一面我们强调得比较多，而在“问、做”这两个方面则有所忽视，在有些地方的函授课堂教学甚至没有做这两项工作。我们对此必须引起重视，把“问、做”当作党校函授课堂教学的两个重要环节来抓。“问”就是对学员进行课堂提问。“问”有许多好处：一是能促使学员预习课文。二是给学员压力，调动学员自学的积极性。三是有利于维持课堂纪律。那种认为对学员课堂提问，学员答不出来会伤害学员的自尊心的想法，是不正确的，实践中也是有害的。“做”就是教师每上完一堂课后，要布置一定数量的作业，对学员做的作业，教师要批改、评分和讲评。俗话说：好记忆不如赖笔头。通过学员做作业，学员就能够对教师所讲的理论进一步加深记忆和理解。

5．既要传授知识，又要注重党性锻炼。现在对党校函授学员的党性锻炼问题，有一种观点认为：党校党性锻炼是针对主体班学员而言的，对函授学员不存在党性锻炼的问题。这种观点是错误的。既然党校是党性锻炼的熔炉，就应该包括在党校学习、培训的所有学员。党校函授学员的党性锻炼，可通过多种途径，也有丰富的内容。就课堂党性锻炼来说，主要抓好以下几个方面：一是学员的到课率。二是学员在课堂上要认真听讲、做笔记，遵守纪律，尊敬教师，积极回答教师的提问。三是学员要按时按量按质完成教师布置的作业。四是端正考风，严守考试纪律。加强党校函授学员的课堂党性锻炼，有利于党员政治思想素质的培养，对学员、对党校函授教育都是十分有利的。

引导学员自学的途径初探

湖南分院　覃正爱

怎样引导学员自学是目前提高函授教育质量面临的一个突出问题，也是少数办学单位容易忽视的问题。为此本文就引导学员自学的途径作一初步探讨。

引导学员自学的途径很多，但归纳起来主要有八条：

1. **面授教学引导**。函授面授教学时间仅相当于全日制教学时间的四分之一，但所教课本的内容并不比全日制的内容少。这就对面授教员提出了一个尖锐的问题：函授面授是以教知识为主，还是以教自学方法为主？若以教知识为主，显然在如此少的面授时间里是很难办到的，对自学能力较强、社会经验较丰富的函授学员来说也是不适宜的。函授面授教学只能以教方法为主，“授人以渔”，而不是“授人以鱼”。换句话说，面授教学除讲体系结构、重点、难点、疑点外，主要应讲怎样学习、怎样理论联系实际的方法。通过面授教学克服学员自学中的障碍，学会理论联系实际，增强分析问题解决问题的能力，这样才能从根本上适应函授教学和学员自身的需要，达到函授面授教学的目的，取得好的面授教学效果。面授教学是引导学员自学的主要途径。

2. **作业批改引导**。做作业是函授学员巩固所学知识、加深记忆、联系实际的重要措施，也是函授学员加强自学的重要方法。作为面授教员如何对待学员作业对学员自学有很大影响。少数教员批改作业完全是走过场，极不负责任，往往只写个“阅”字或打个“✓”就万事大吉，既无好或坏的评语，更无对或错的理由。这种批改作业的态度是错误的，不利于引导学员自学。作业批改是引导学员自学的重要途径。学员通过教员的作业批改，特别是详细的作业评语，知道作业对或错及对与错的理由，把错的地方改正过来，对的地方给自己留下更深的印象，这样不仅可以巩固所学知识，而且可以进一步增强学员自学的信心和兴趣。

3. **鼓励写作引导**。针对函授学员有相当的文化基础、社会实践经验较丰富，但缺少作文实践训练的实际，面授教员可根据课程内容中与现实结合较紧的热点、难点问题出一些作文题目，鼓励引导学员撰写论文。学员拿到论文题后自己思考、看书、找资料直至撰写论文的过程，本身就是一个深入自学的过程。通过撰写论文不仅可以加深学员对课堂知识的理解，而且有利于学员把所学知识融会贯通、灵活运用。平时加强作文训练，有利于学员刻苦自学，提高写作能力，为以后写出高质量高水平的毕业论文打下坚实的基础。

4. **学员自讲引导**。函授学员无论是年龄，还是文化基础、实践经验，都参差不齐。少数学员尽管学历不高，但平时学习抓得紧，理论基础扎实、口头表达能力强、实践经验丰富。有的学员是多年的企业经理、著名的律师，他们对企业管理、刑事诉讼方面的知识相当了解，经验十分丰富。面授教员应充分发挥这些学员的特点，放下架子，虚心求教，甚至留下少量时间让这些学员登台自讲。这种登台自讲有三个好处：一是可以弥补老师实践经验的不足，起到拾遗补阙、教学相长的作用；二是可以增强学员自学的信心，对其他学员自学也是一种鼓舞；三是可以活跃课堂气氛，调动学员学习的积极性，增强学习兴趣。当然，这种学员登台自讲必须选准对象，在老师的精心指导下进行精心准备，否则也是难以收到好的效果的。

5. **自学组织引导**。函授学员集中学习的时间少，居住又很分散，如不建立自学组织，是不利于学员自学的。班主任应根据学员的分布情况和文化结构情况及时成立自学小组，并分配自学任务，定期检查督促。通过自学小组达到互帮互学、取长补短、相互促进的目的。

6. **资料编写引导**。资料编写包括教材编写和辅导资料编写。资料编写得好坏，对学员自学具有相当影响，甚至可以说对学员自学有一种导向作用。资料编得好，深入浅出，条理清楚，重点突出，能够理论联系实际，就能引起学员浓厚的学习兴趣；相反，若资料编得差，读起来玄深难懂、不知所云，味同嚼蜡，学员自然就失去了自学的兴趣，同时也会失去听课的信心。所以，讲引导学员自学千万不能忽视资料编写的重要作用。

7. **典型经验引导**。函授学员中不少人十分注重自学方法，善于挤时间学习，勤于思考问题，在校期间不仅能充分消化吸收书本知识，取得优异成绩，而且善于发挥创造。个别学员结合工作实际在校期间就在报刊上发表数篇论文、出版专著，甚至搞专利发明。这些学员大都是自学的典型，有丰富的自学经验，因此应鼓励这些学员总结介绍经验。通过自学典型的经验介绍，引导其他学员掌握自学方法，增强自学信心。自学典型的现身说法往往能收到意想不到的效果。

8. 严格监考引导。考试是对学员所学知识的检验，因此考试是抓函授教育质量、增强函授教育声誉的关键环节。若监考不严，甚至舞弊成风，无异于函授教育“自毁长城”。只有严格监考，真正创造一个严肃认真的考试氛围，让学员不敢舞弊，让学员不能舞弊，通过考试来检验学员的真实水平，这样才能督促学员丢弃不良动机，放弃舞弊幻想，认真学习，打牢基础，增强本领。因此，严格监考对学员自学的引导作用是最明显的。严格监考是引导学员自学最直接、最有效的途径。

提高函授教学管理人员和教师综合素质的探索

——写在内蒙古培训班结束之后

王敏生

今年8月22日至9月2日，总院与内蒙古分院联合举办了函授教学管理干部暨教师培训班。参训人员有内蒙古分院各学区分管教学的校领导、学区主任和承担1998年下半年《国际金融简明教程》、《社会经济统计学原理》教学任务的主讲教师，共96人。

8月22日培训班举行开班典礼，中央党校函授学院副院长刘利群代表总院致词，中央党校校委委员、副教育长王瑞璞和内蒙古区委党校副校长兼分院院长于德水出席典礼并发表讲话。培训班经过一周多时间对受训人员进行培训、考核后，举行结业式。这次培训作了一些新的探索，其特点是：教学管理人员和教师在培训中先合后分，同时培训；提高综合素质与备课相结合，全面培训。

在长期的办学实践中，各单位在教学的策划、组织、管理和运作方面，积累了不少经验，取得了可喜的成绩。但是，由于各种原因，各地发展并不平衡。有些教学管理人员由于忙于工作，不太注重学习和研究教育理论和教学知识，因而无法做到科学、有效地组织实施教学工作；作为教师，有的所学专业老化，知识面狭窄，不能适应新的专业课程的教学；有的教师虽然所学所教的专业对路，并掌握和能够运用一定的教学法，但由于职业道德水平不高，不认真备课，敷衍了事，致使讲课效果不好；有的教师师德高尚，但由于知识水平和专业能力较差，虽激情满怀却讲课效果不佳；有的教师虽然在知识的深度和广度上都有一定水准，但由于教学方法死板，讲课时照本宣科，味同嚼蜡，导致学员到课率下降；还有的教师，兼具上述几种毛病，其教学的效果就更是可想而知了。因此，要进一步提高教学水平和教育质量，就必须进一步提高教学管理人员和教师的素质。为此，总院、分院、学区、辅导站四级管理网络，就要共同努力，多方面采取措施。要提高教学管理干部的认识水平和综合素质，明确其在党校函授教育中的重要地位和作用，使他们懂得从事党校函授教育不但要有无私奉献的爱岗敬业精神，还要有实施科学管理的知识和技能；不但要懂得管理规律，还要懂得教学规律。对于教师，应建立教师继续教育制度，建立健全培训网络，加大培训力度，全面提高教师素质。

为了提高管理人员和教员的综合素质，这期培训班在进行专业培训之前，请中央党校校委委员、副教育长、博士生导师王瑞璞教授讲了《全面准确地把握邓小平理论》，请中央党校文史部主任刘景禄教授讲了《教师的文化修养与中外文化之比较》，请北京师范大学原党委书记、博士生导师周之良教授讲了《师德与教育改革》，请北京师范大学语文教研室主任朱家珏教授讲了《成人教育的面授艺术》，请内蒙古区委党校函授部主任高志英副教授讲了《关于强化学区和辅导站建设问题》。这些报告从理论修养、道德修养、文化修养、专业修养等多方面讲述了提高函授教育工作者的素质问题，对受训人员具有重要的启迪作用。在运作专业课培训的过程中，我们尝试改变由老师讲、学员听、划重点的模式。这次培训，除请中国人民大学经济学博士涂永红、国家统计局统计师郭辉明分别讲授《国际金融简明教程》和《社会经济统计学原理》外，还采取了一些新的举措：一是要求参训教师，不管是否讲过本课，都提前看书并撰写教案，在此过程中提出难点和疑点，然后汇集并交给主讲教师，以便主讲教师在讲全书框架结构时，着重解析书中的难点、疑点；二是按专业不同分成学习小组，由资深教授任正副组长，由组长、分院和总院的有关同志组成考核领导小组，负责对受训人员进行考核，许多受训人员撰写和修改教案到深夜，有的教案文字工整且达43页之多；三是组织示范教学，人人登台试讲，对每一个试讲者的讲课都进行集体评议，从所讲内容的把握和重点、难点、疑点的解析，到板书的运用技法，品头论足，不讲情面，既肯定成绩，也指出不足，不仅看专业知识，也看讲课艺术、面授方法、敬业精神，达到一人试讲、大家受益、集体备课、共同提高的目的；四是对相关专业的教师除培训外，还进行了本专业课的考试，然后由考核领导小组阅卷打分，严把考核关。在某一专业课备课试讲过程中，许多教学管理干部和另一课程的参训教师也参加听讲，感到获益不浅。

精心施教 严把“教学关”

鲁金波

在党校函授教育中，精心施教是认真落实锦涛同志指示、严把“教学关”的根本保证。

精心施教，首先要加强教师队伍建设。郑必坚同志在年初中央党校处以上干部大会上强调：“办好党校的关键在于建设一支素质优良的教师队伍。”目前我院的师资队伍不同程度地存在着人员紧缺、质量偏低的状况。有的单位师资骨干缺口较大，新开专业课教师严重不足；有的教师还习惯于传统的教学方式，不能适应党校函授教育的要求。我们必须下大力气改变这种状况。

加强师资队伍建设，一是要把它纳入全校教师的整体规划。各级校委都要予以高度重视，加紧对年轻教师的调进、培养，加快教师专业结构合理化的调整进程。二是充分利用各高校和社会科研单位的教师资源，把那些专业水平较高、党性强、乐于奉献的教师积极吸引和择优选聘到党校函授教育中来。三是加大培训力度，采取多种方式、多渠道地培训教师。总院已经提供了多种形式的培训，各分院、各学区也要积极行动起来，制定好近期和近三年的师资培训规划。四是建立必要的激励机制和竞争机制，制定科学的评估原则和具有可比性、务实性、导向性的指标体系，做到奖惩严明，以促进师资队伍建设和教师整体素质的提高。

教师是精心施教的主体，在教学中起主导作用，这是教育的一个普遍规律。任课教师正确把握党校函授教育的特点，是精心施教的前提。党校函授教育不同于一般的国民教育。函授学员都是在职在岗的学习，工学矛盾突出，组织松散，学时零散。这一特点决定了函授教学的特殊性，面授教师必须从这一实际出发科学地安排授课内容与重点，确保授课效果。认真组织备课是精心施教的关键。要提高教学质量，教师必须反复钻研教材、吃透教材，能够准确地把握教材的结构体系和重点、难点。而要真正做到这一点，仅仅靠教师的独自备课往往是不够的，特别是在目前党校函授教学新开专业课增多，而专业教师的数量不足、素质偏低的情况下，认真组织集体备课就尤为重要了。在集体备课时，要认真开展观摩教学和各种类型的教学研讨、教案展评活动，充分发挥授课教师的集体智慧，统一对教材结构体系和基本内容的把握，统一对教学重点、要点的理解，统一对教材难点、疑点的解释，统一对理论联系实际方面的引导。从而努力做到面授教员授课内容精炼，基本观点阐述深刻，分析问题有深度，善于联系实际并引导学员正确认识他们所关注的有关社会热点问题。此外，精心施教还必须以科研、调研活动为基础。要大力提倡和积极鼓励函授教员开展广泛的科研、调研活动，在深入研究深层次理论问题和社会热点问题的基础上，准确把握教材的理论体系；同时还要不断探索党校函授教学的特点、规律，以便加强教学的针对性，努力提高教学实效。

深化教学改革，健全和完善各项教学管理制度，是精心施教、严把教学关的基本保证。把好教学关，必须强化改革意识，完善教学管理机制，提高宏观调控和微观指导的能力，增强管理的科学性、实效性。几年来，经过全院上下的共同努力，我们取得了一些成绩，相继出台了教学方面的一些规章制度，但仍有一些制度不健全或制度本身不完善的地方。特别是有的单位并未认真执行这些规章制度，有的单位在贯彻“以学养学”的原则上不坚决，舍不得在教学上投入，造成软、硬件建设跟不上教学的需要。因此，深化教学改革，健全和完善各项教学管理制度，狠抓落实，仍然是全院的一件大事。胡锦涛同志曾明确指出：“有管理制度是好的，但最重要的是下大力量去抓，使之真正落实。不落实，制定也是空的。”我们要在落实已有的规章制度中深化教学改革，在教学改革中完善各项教学管理制度，保证办学主体，真正做到精心施教，严把教学关。

学理论　讲科学

中央党校函授学院副院长　刘利群

大家知道，邓小平坚持马列主义毛泽东思想的基本原理，并把它科学地运用到现实国情中，不但领导我们开创了建设有中国特色社会主义的新局面，而且也形成了建设有中国特色社会主义的理论——邓小平理论，使党在理论和实践上都获得了大丰收。当前，全党深入学习邓小平理论，就是为了更加富有创造性地把邓小平领导我们开创的事业继续推向前进。为了学有所成，我们首先要学习邓小平对待和运用理论的科学态度、科学方法。

一、坚持实践第一的观点，把实践纳人理论学习的过程中。我们学习理论的目的是为了现在和未来的实践。如果不是为了实践、不是带着实践的观点学习理论，就会成为脱离实践的空谈家，甚至会发展成为顽固的教条主义者。这样脱离实践学得的所谓理论往往会把人们的实践引错方向，助长形式主义、言行不一现象和其他不正之风的滋生。

二、坚持理论的指导作用，用理论为实践导航。不学会理论思维的民族是没有希望的民族。工人阶级及其政党要完成自己的历史使命，一刻也不能离开理论思维。我党的延安整风运动，批判了经验主义，提高了全党的理论水平，为夺取新民主主义革命的胜利提供了重要的思想保障。在即将跨入21世纪的今天，世界风云变幻万千，我们的同志如果理论根底浅，搞不好就会堕入迷雾，因此就更需要增强理论思维能力、提高理论思维水平。

三、坚持实践是具体的，防止生硬地搬用理论。理论是实践经验的概括和总结，对实践具有指导意义，这种指导可以说只是原则性的指导。赫拉克利特曾用“人不能重复踏进同一条河流”来描绘世界的运动和变化，实践也正如流水一样去而不返，接之而来的是新流水、是人的再实践。因此，实践再具体不过了。理论具有一般性，要随着实践的发展而不断接受检验、得到丰富，不能无条件地生搬硬套。不问时间、条件地生搬硬套，就是形而上学，就会违背客观规律，导致实践的失败。大家都知道，林彪、“四人帮”形而上学猖獗，使我国白白丧失了许多机遇和良缘。

四、坚持理论的严肃性，反对实用主义、庸俗化。实用主义者把理论特别是真理说成是任人打扮的姑娘，这实际上是一种不懂理论的表现。不错，理论确实是灰色的，但它却有质量，正确的理论是经过百炼的钢铁。坚持理论的严肃性，就应看到它的百炼过程，用历史的观点、实践的观点来对待它，掌握和熟悉它丰富的原材料和其产生的特定历史条件。如果不知理论产生的特定历史条件，随意用它说明事物、解释问题，就会一方面使理论变成了无本之木，另一方面使自己陷入实用主义的谬误之中。思想上的实用主义很难避免作风和行为上的庸俗化，在我们的政治生活中常常会有不讲原则、不坚持原则的现象，其内在原因恰恰是由于缺乏起码的理论常识，是不懂理论的结果。

五、坚持理论的系统性，不用只言片语唬弄人。理论的系统性、完整性是理论的内在逻辑联系的反映。如果对理论的内在逻辑关系没有搞明白，就可能误己误人。至于借着理论的权威，拿只言片语吓唬人，则是别有用心者的一贯伎俩，我们必须坚决反对。林彪说毛主席一句话顶一万句，他是把自己放在了唯一福音诠释者的位置上。对此，邓小平说：没那么回事，一句就是一句，怎么能顶一万句？邓小平坚持了毛泽东思想的完整性和系统性。我们要把这样的思想方法纳入到平常的工作中去，一切从大格局大趋势大方向上着眼，不要被只言片语、道听途说吓倒。只有这样，才能更好地做好工作，不断开创工作的新局面。

六、坚持把自己摆进去，立党为公，加强世界观的改造。这里所讲的是学习要有明确的目的性，即改造客观世界、改造主观世界、为人民立新功的主导意志。只有保持端正的学习态度，才可能在理论、知识、党性、能力方面真正有所收获，学有所成。毛泽东曾把不正确的学风说成党性不纯的表现，这是十分深刻的。人的世界观、人生观、价值观对人的理论学习、对人的思想方法影响极大。揣着私心杂念学习和运用理论，就不可能有科学的方法，不可能公正、全面、系统、准确地对待马列主义、毛泽东思想、邓小平理论，就会在实践中造成危害。

浅谈素质教育

林保卫

所谓素质，是指人在实践活动中经常而稳定出现的特质。它是由先天禀赋与后天活动所形成的一个完整的身心系统，包括三个基本内容：一是自然素质；二是心理素质，包括属于认知过程本身的感觉、知觉、记忆、想象、思维能力等智力因素和动机、兴趣、意志、性格等非智力因素；三是社会文化素质，包括科学素质、道德素质、审美素质等。

人的素质不是单一的，而是多元化、多层面、多组合的，经过不断的发展，最后达到整合，从而形成人的整体素质，使人成为复合型人才。从社会需要和人的全面发展看，一个人具备的素质越高，人的发展与提高就越快，人的价值和潜能就能得到更大程度的实现和发挥。

素质教育，第一次把人当作教育的主体加以重视，第一次把培养社会化人才作为教育的终极目标。这是一种先进的教育思想，其特点是“两全”，即全面化（德、智、体、美、劳全面发展）、全体性（面向全体学生）。

21世纪的竞争，就是人才的竞争。谁拥有高素质的人才，谁就有可能在竞争中取胜。这已经是今天世界发展的一大趋势。从某种意义上说，一个国家的国民素质的高低，决定了国家的命运。因此，世界各国特别是发达国家都非常注重国民素质的培养和提高。如美国提出了培养21世纪美国人的战略目标，而日本则更明确地提出要培养世界通用的日本人。由此看来，根据社会对人的要求来培养能力、提高素质、发展创造性，不仅仅是教育转轨的事，更是民族振兴、国家发展的大事。所以，党和国家极为重视素质教育的实施，颁布了具有重大战略意义的《教育法》和《中国教育改革和发展纲要》，提出了教育改革的中心任务就是大力推进素质教育。

尽管推行素质教育已是潮流所向、大势所趋，但应看到，在实施素质教育过程中，也还存在着种种非素质教育甚至反素质教育的思想，阻碍着素质教育的发展，必须予以澄清。如有些人认为，素质教育就是多开展几项活动，如运动会、文艺表演、绘画书法比赛等；还有些人主张，素质教育就是要搞特长教育。这些思想，其实都背离了素质教育。

素质教育是一个系统工程，学校教育、家庭教育、社会教育是其子系统，三者形成了一个多方面、多层次的通力合作的素质教育网络系统。

在学校教育这个子系统内，各学科又是各自独立又紧密相关的小系统，它们从属、服务于素质教育这个大系统。所以，学科教育中，应把本学科的教学置于素质教育整体要求下，考察和研究它的任务，分析它与母系统的联系。在这样的背景中，更有利于显现学科目标。

素质教育与应试教育是两种对立的教育思想，有不同的教育目标和教育机制。

素质教育讲究教学的整体效应，面向全体学生，以提高全民素质为根本宗旨，以培养人的基本素质为出发点。而应试教育则脱离社会发展和人的发展的实际需要，单纯应付考试，片面追求升学率，忽视对学生能力的培养，以应试作为教育教学的唯一手段和终极目的。有这样一种观点，认为实施素质教育，要减轻学生作业负担，进行愉快教育，就是可以对学生降低要求，可以放弃原有的教育教学规范，可以不备课、不布置作业、不进行考试。这种观点背离了素质教育。其根本错误在于未能全面科学地区别素质教育与应试教育。如果不及时予以澄清、纠正，必将影响素质教育的实施。

其一，实施素质教育并不否定、排斥应试和考试，我们所反对的是应试教育。因为人的技能的形成，不是一蹴而就的，需经过不断的、有计划的学习才能奏效。认为学习时要毫无负担，轻松愉快，是不现实的。

其二，素质教育主张人才结构的多样化、多层次、多规格，“全面素质加个性特长”。要完成素质教育的任务，教师必须精通教育理论，了解本学科规律，制定周密可行的计划。教师既要教给学生扎实的知识，更要重在培养人的思想品质、良好习惯和向上的情操。对此，教师应有正确的认识和把握，真正担负起培养21世纪高素质人才的使命。

实施素质教育，是我国教育改革的一项具有重大战略意义的决策，需全社会通力合作，同时也要纠正非素质教育、反素质教育、阻碍素质教育的思想、观点，务必使素质教育真正落到实处。

函授教育的由来

张　岩

英国空想社会主义者莫尔（Thomas More，1478～1535年）在《乌托邦》一书中提出了利用教科书和文字教材进行带有函授教育性质的主张，这是最早的关于函授教育的思想。

英国人艾萨克·皮特曼是第一个将速记教材寄给他学生的人，这一做法被视为函授教育的开端。

函授作为实施教育的一种手段，真正运用于教育则源于19世纪三四十年代的英国。当时，由于英国大工业的迅速发展，人们对接受高等教育提高从业技能的要求越来越强烈，迫切要求扩充现有的大学容量，希望把大学的办学范围扩大到校外，从而使不能进入大学校园的人即使住在校外也能接受高等教育。

1836年创建的英国伦敦大学，确立了校外学位制。这所大学本身不招生，只是对伦敦大学学院和国王学院的学生进行考试并授予学位，实际上是一个管理机构，现在成为英国50余所学院的联合体。伦敦大学校外学位制的做法是，要求个人首先要具备符合政府所规定的升入大学的条件，提出攻读学位申请，取得校外学位资格。然后再按照伦敦大学的教学要求，在其承认的学院通过全日或非全日制等教学方式进行学习，取得校外学位考试必需的学分，经伦敦大学批准后再参加考试，及格后授予学位。此后，英国新成立的学院，在没有独立成为大学之前都接受过伦敦大学的校外学位制。在英国成立学位授予委员会之前的128年中，伦敦大学是唯一有权授予校外学位的大学。

在19世纪后半叶，受伦敦大学校外学位制影响，牛津、剑桥等大学也都积极开展校外教育活动；校外学位制也由英国本土向世界各国扩展。由于这种学位制度采用自学、函授、夜校的方式学习，具有现代意义上的高等函授教育的性质，一般认为伦敦大学的这种学位制是高等函授教育的开始。

继英国之后，美国和加拿大成为开展函授教育最早的国家。1891年，美国芝加哥大学创办了世界上第一所由传统大学主办的函授部；1889年，加拿大安大略省京斯顿的皇后学院创办了大学函授教育。

由于高等函授教育在世界上的发展，美国在威斯康星大学的建议下，1915年成立了“全国大学扩展委员会”，有22所大学参加；1926年成立了美国“函授教育理事会”，有130个会员；1962年在荷兰雷登成立了“欧洲函授教育理事会”（它的成员包括了东欧以外的主要欧洲国家），并于1985年4月，与另一欧洲函授教育理事会合并成“欧洲函授学校协会”。

1938年在加拿大维克托利亚成立了“国际函授教育理事会”，这是函授教育史上的大事。理事会每三、四年召开一次大会。鉴于本世纪70年代开放大学、远距离教育在各国的出现，1982年在加拿大温哥华召开的第12次世界会议上易名为“国际远距离教育理事会”。1985年在澳大利亚墨尔本召开的第13次世界大会有50个国家600余名代表参加，中国也派代表参加了会议。

开创中国函授教育先河的是蔡元培先生。他于1902年在上海创办了中国教育会，依照通信教育教授法，开展函授教育。1914年商务印书馆创办了函授学社，这是我国最早的函授学校。新中国成立以后，中国人民大学是我国第一所创办函授教育的大学。

随着时代变化和教育技术的进步，函授教育名称因其内涵的丰富也有变化。19世纪30年代称为校外学位制，19世纪40年代称为函授教育，20世纪初称为校外教育，60年代称为开放教育，80年代称为远距离教育，现在称为终身教育。

增强从严治考力度
确保函授教育质量

甘肃分院白银市学区　李廷伯

考试是教学过程中一项很重要的检测工作。它对教学具有导向作用，对教学管理具有调控作用，对质量有把关作用，对学员具有检测作用。只有从严治考，才能起到以考促学，以考促教作用。而且函授考试，并不是单纯考学员。它既考教学、考组织、又考管理、考思想。考风即学风即党风，能否从严治考，关系到党校函授教学的质量，关系到党校的声誉和形象，关系到培养高素质干部队伍的办学宗旨。所以搞好考风考纪，坚持从严治考，是提高函授教育质量的内在要求。没有严格的考风考纪，就没有函授教育的质量。

考风考纪是函授教育的“第一难”，是最棘手、最难抓的工作，也是很重要、很关键的工作。光靠思想教育一手还不够，必须辅之以科学的管理，严格的制度，强有力的措施。真抓就不难。这几年我们在从严治考方面，加大了力度，探索了一条路子。

1. 从严治考，必须坚持“三抓”。一是抓思想，教育先行。在严格考风考纪上，既不搞教而不诛，也不搞诛而不教，而是把教育和处罚相结合。坚持把考风考纪教育经常化、制度化。二是抓制度，规范行为。制定制度，用制度规范考务管理，规范考风考纪管理，规范监考管理。如果说思想教育是“软管理”，那么制度就是“硬管理”。三是抓奖罚，是非分明。实行严格者奖，失职者罚。实践证明，一罚就灵。

2. *从严治考，必须坚持“四要”*。一是转变观念，标准要高。要坚定不移地为党培养高素质的干部队伍服务，进一步解决好“为什么办学”和“培养什么人”的问题，宁肯牺牲些收益，也要服从培养高素质人才的大局。把思想统一到十五大提出的“提高教学质量和办学效益”的精神上来。二是坚持原则，治考要严。因为“严是爱，松是害”，严了才有声誉；而迁就放任，是滋生各种问题的温床。三是增强责任，管理要细。管理是一种约束和控制，也是一种规范。对它必须增强责任心和使命感。对工作，心要想到，口要讲到，耳要听到，眼要看到，脚要走到。四是戒浮戒懒，作风要实。从严治考，是一件实实在在的育人工作，不能怕麻烦、图省事，要有求真务实的作风。要把工作做到班级、做到考场、做到学员。

3. *从严治考，必须坚持科学管理*。我们在从严治考中，总结了一套成功经验。形成了“1.2.3.4.5.10”的“一条龙法”。一是常念“一本经”，就是对从严治考，逢考必讲，做到常讲不烦，警钟长鸣。二是实行“两个封闭”，即考区、考场封闭管理。分工专人把门守岗。三是坚持“三不思想”，就是从严治考，决心不动摇；克服“难”字，工作不松劲；常抓不懈，领导不松气。四是强调“四个到位”，就是从严的思想认识要到位，组织管理工作要到位，执行制度要到位，落实措施要到位。五是把好“五关”，即把好入场关、教育关、验证关、违纪登记关、封卷关。六是严格执行“十不准”，即不准在考场内看书看报吸烟、不准互相闲谈放弃职责、不准无故走出考场滞留门外、不准无证学员和携带提包进入考场、不准为考生隐瞒作弊行为、不准搞小动作进行反监考、不准为学员传递夹带口授答案、不准对违纪现象视而不见当老好人、不准抽换考场登记、不准擅自隐匿作弊违纪学员的登记。凡是被总监考、巡考发现违反其中一条者，则进行经济处罚。由于认真贯彻各项制度，“十不准”变成了“十不见”。

4. *从严治考，必须坚持实行“三招”*。一是实招——作弊者的答卷判为零分，一次到位，不搞软处理。二是真招——严格奖罚。监考人员，凡是违犯了“十不准”，定罚不疑；凡是严格监考的，必奖不误。三是硬招——坚决淘汰。凡是作弊连续累计二次必须淘汰。据统计，在已毕业的各届学员中淘汰率为13%。

5. *从严治考，必须坚持提高队伍素质*。实践证明，只有培养一支素质较高的监考队伍，才能把从严治考落到实处，收到成效。监考队伍整齐，素质较高，监考能力强，在从严治考上，讲原则，不讲人情；讲党性，不讲关系；讲纪律，不讲亲疏，那么考风考纪会是一个新天地。

从严治考的结果，违纪逐渐减少，考风明显好转。

怎样当好学区函授部主任？

辽宁分院常务副院长 单洪恩

在党校函授办学的有机整体网络中，学区是至关重要的一环。而学区工作的负责人——函授部主任的工作水平，则直接影响到该学区的教育质量。因此，明确怎样才能当好学区函授部主任是十分重要的。

我认为，当好学区函授部主任应在多方面下功夫，要抓住一个“中心”、提高两个“素质”、坚持三个“依靠”、发扬四种“精神”、增强五方面“能力”、正确处理六种“关系”。

一、抓住一个“中心”——教学质量

教学质量是党校函授教育的生命。函授部主任只有紧紧围绕教学质量开展工作，才能保证党校函授教育事业历久不衰、兴旺发达。学区各个方面、各个环节的工作，说到底都是为提高教学质量服务的。因此，始终抓住教学质量这个中心不放，并抓出成效来，就成为当好函授部主任的重要条件。在这个服务过程中，必须深入教学、熟悉教学、弄懂教学，否则，就很难抓住教学质量这个中心。

二、提高两个“素质”——政治素质和业务素质

党校函授教育是培养高素质干部的一条重要渠道，从这个意义上讲，这项工作是一项政治性很强的工作。它要求做这项工作的函授部主任，要有较高的政治素质。有了较高的政治素质，才能适应这

项工作。教育历史悠久，但党校函授教育却很年轻；正因其年轻，所以更需要积累经验、不断提高。作为办学主体的一个代表——学区函授部主任,尤其要提高自己的业务素质。“以其昏昏,使人昭昭,难矣哉”。没有较高的业务素质,想管理好函授教育,那就太难太难了。毫不夸张地说,努力提高两个素质是履行好函授部主任工作职责的关键。

三、坚持三个“依靠”——依靠自己、依靠群众、依靠制度

内因是事物发展变化的根据，外因是条件。干好函授部主任要眼睛向内，在自己身上下功夫，就是说要依靠自己发挥主观能动作用。自己不努力，别人再怎么用劲也不起作用。依靠自己，不是说事无巨细都自己干，因为那样既办不好也办不到。必须依靠群众智慧、群体力量，依靠大家办事。一花独放不是春，万紫千红春满园。不依靠群众，个人再有能力也不行。把群众的积极性都调动起来，大家都满腔热情地投入工作，函授教育事业才能不断发展壮大。一个社会要建立正常秩序，必须是法制完备的社会。一个单位光靠领导不行，光靠思想工作也不行，还必须有切实可行的规章制度。依靠制度，而不是依靠人管人，这样才能持久，才有后劲。依靠制度，就是尊重客观规律，按客观规律办事，因为制度是在探索规律、总结经验的基础上形成的，不能把制度变成形同虚设的东西。

四、发扬四种“精神”——负责、奉献、求实、自律

一是要有负责精神。干什么工作都需要有负责精神，干函授教育尤其需要高度的负责精神。不但对当前的工作要敢于负责，尤其要对长远工作负责、对历史负责。一个国家的发展兴旺，从长远来说关键在人才。没有高素质的人才，社会主义现代化就是一句空话。而人才的培养靠教育，教育并不是立竿见影地发挥作用的，它是知识积累过程、人才培养过程。正因为如此，没有战略眼光，没有高度负责精神就很难实现函授教育的目的。这种高度负责精神也是函授教育本身的内在要求。负责精神很重要的一点是要进行创造性思维、开拓式工作。函授教育本身还是新事物，“小荷才露尖尖角”。没有创造性思维和开拓式工作，只是忙于日常事务，那就很难说是负责任了。

二是要有奉献精神。做函授工作的同志，特别是函授部主任，经常是起早贪黑，废寝忘食，没有星期天、节假日，往往是以牺牲健康为代价来完成各项工作任务的，这一点没有奉献精神是做不到的。表面看来，干函授似乎经济效益好一些，其实他们的所得和付出是不成正比的，付出远远高于索取，这不正是奉献精神的体现吗?

三是要有求实精神。函授教育是实实在在的工作，非常具体，非常细致，要求很高，要求很严，来不得半点虚假。端正办学指导思想，提高教学质量，都需要踏踏实实地工作，一点一滴地积累，任何虚假的东西，都不能培养出真正的有用的合格人才。俗语说，十年树木，百年树人。没有求实精神，就培养不出高素质的适应社会主义现代化事业需要的“四有”新人。

四是要有自律精神。自律是说函授部主任要严格要求自己。党校函授教育工作规律需要我们进一步探讨，还有许多政策性问题需要我们进一步把握。在建章立制、完善各项工作机制的过程中，难免有这样那样的疏漏，如果函授部主任没有自律精神，就可能出现这样那样的问题。另外，函授工作接触面比较广，如果没有自律精神，遇到问题就可能处理不当。发扬自律精神是对函授部主任自身素质的必然要求。

五、增强五方面“能力”

任何层次、任何部门的负责人都需要有一定的工作能力和工作水平。作为函授部主任，尤其需要有组织领导能力、协调平衡能力、知人善任能力、出谋划策能力、具体操作能力这五种能力。

组织领导能力。函授部主任不但要有具体工作能力，还要有组织能力和领导能力。函授部虽然是一个具体工作部门，但是它所管理的对象、管理的方面，要求它要有独立的组织能力和领导能力。没有这种组织领导能力，就担负不起这种责任。函授部主任这种既是战斗员又是指挥员的双重身份，要求他必须不断增强组织领导能力。

协调平衡能力。函授教育工作涉及到上上下下、左左右右、方方面面，没有协调平衡能力，就很难打开工作新局面。搞好协调平衡，就容易统一思想，凝聚力量。没有各方参与，力量集中不起来，很难把函授教育搞得有声有色。搞好函授教育，函授部主任必须努力增强自己的协调平衡能力。

知人善任能力。学区函授部门工作人员少、任务重，要求函授部主任要有知人善任能力。要了解人、关心人、培养人。要用人所长，避人所短，调动人们内在的积极因素，让其积极方面克服消极方面。任何人都是在历史提供的条件下工作的，谁能用好人，把人的积极因素调动起来，谁的工作成绩就大，就能开辟新天地。这里的关键是知人善任的能力。

出谋划策能力。任何一级领导者，其任务总的来说基本是两条：一是使用人，二是出主意。函授部主任对自己管辖的工作做出安排，是出谋划策；另一方面，作为校委的参谋和助手，也要经常为领导决策提建议、拿方案，也是出谋划策。“凡事预则立，不预则废”，搞好函授教育要求函授部主任必须有出谋划策能力。

具体操作能力。提高党校函授教育质量，首先是加强管理，向管理要质量。党校函授教育管理工作，是一项系统工程。任何一项具体的管理工作都牵动全局，所谓牵一发而动全身。函授教育工作无小事，出事就是大事，所以整个工作中各个环节的运作，函授部主任都需要懂得。不是说每项具体工作都要函授部主任具体干，但是不干不等于不会干。函授部主任必须有具体的操作能力，这就是说各项工作的各个环节你都懂，你都得明白应该怎么干，也真的会干。这样，你才能不犯瞎指挥的错误。

除了上述五个方面之外，要当好函授部主任，还要正确处理好得罪人与团结人、原则性与灵活性、付出与索取、内行与外行、想事与干事、敬业与流言等六种关系。

要确保招生质量

总院教务处处长　欧亚平

确保招生质量，是我们招生工作方针的最重要的内容。这个问题至关重要，大家必须给予高度重视，牢固地树立和不断强化质量意识，切实做到常抓不懈，不能有半点松劲。这个问题已是老生常谈了，特别是最近几年，更是年年招生年年讲，开会讲，发文件讲，不厌其烦。为什么？就是因为质量问题关系到党校函授教育的形象和声誉，关系到党校函授教育事业的生死存亡，关系到我们的前途、命运。坦率地讲，我们有个别单位确实有这方面的问题，有些问题造成的影响还很不好。所以需要经常讲一讲，提个醒，以便少出问题或不出问题。在明年的招生工作中，无论遇到什么新情况、新问题或新矛盾，哪怕局部出现生源萎缩的状况，我们也要坚决克服那种重数量、轻质量，放宽招生条件，降格以求，盲目上规模，片面追求经济效益的错误倾向。宁缺勿滥，质量第一。这是一个总的原则，动摇不得，要像抗洪抢险一样，必须严防死守。要切实做到，任尔东西南北风，咬定质量不放松。否则，我们就会犯致命的错误。说实话，党校函授教育是有着旺盛的生命力的。这些年的风风雨雨已经证明了这一点。但是，假如我们在质量上出纰漏，招生把关不严，生员质量低劣，不能培养出高素质的合格人才来，那么，我们就会在日益激烈的大竞争中败下阵来，正如胡锦涛同志讲的那样：自毁长城，自己把自己打倒。为此，在明年的招生工作中特别强调和重申做到三个“切实”：

一是要切实把好考生资格审查关。要严格执行总院规定的招生工作规程，严格执行报考、免试条件及资格审查制度，证件要齐全真实，要坚持审查原始证件，杜绝假冒。为了严把招生关，严格履行报考资格审查手续，总院已经决定使用新的《招生报名登记表》。新的登记表增加了“资格审查初审、二审签名”、“分院审查意见”以及“报名条件和报名手续”等项新的内容。请各单位参照印制，明年招生就使用新的登记表。

二是切实执行不准超越管辖范围交叉招生的规定。交叉招生，这是老问题，也一直在抓，但近年来发现有抬头的趋势，特别是军地之间交叉招生的问题比较突出。争生源，超越管辖范围交叉招生，是不顾大局的错误行为。这样做，既影响了团结，也不利于保证招生质量，很容易造成严重的不良后果。在这个问题上，应该提倡讲风格、讲团结、识大体、顾大局，树立全院一盘棋的意识，进一步端正办学指导思想；决不能只考虑局部或本单位的利益，见利忘义，影响和扰乱全院的招生工作秩序。有关的军队单位要高姿态，带个好头。总政函办要协助总院继续加强监督检查工作。今后，凡是超越管辖范围交叉招收的生员，该退回的要坚决退回，否则，总院将不予注册入学。对那些不听招呼、不守纪律、我行我素、为争生源搞交叉招生的单位和个人要严肃处理，决不姑息。

三是切实按照规定的权限招生办学。中央党校函授教育工作暂行条例及有关文件，明确规定了分院、学区及辅导站的职能和权限，各级组织必须按照规定的权限进行招生，规范办学。近年来，总院陆续接到群众来信，反映有的地方县级党校开办中函本科班，不能保证办学质量。为防止此类问题再次发生，总院已发文重申开办中函本科班的有关规定。在这里，我再强调一下：中函本科班只限在地市级以上党校招生办班，不得把本科班下放到县级党校去办。凡不按总院规定超越权限招生办学的，要按照文件精神及时纠正，妥善处理，以确保办学质量，维护我们党校函授教育的声誉。

目前形势发展与党校函授教育

中央党校校委委员
函授学院院长　孙钱章

当今，世界各国高新科技发展迅猛，世界正朝着经济全球化、政治格局多极化方向加速发展，一个以“知识经济”占主导地位的新世纪正在到来。各国政府，尤其是西方发达国家的政府，在重视国民教育的同时，更加重视终身教育，把它作为国家总体发展战略的有机组成部分。我国国内各项改革势头强劲，有干部转岗、职工再就业、在职在岗干部知识更新等问题，这些都向干部教育提出了新的更高要求。我们国家提出“科教兴国”的发展战略，中央和教育部门的领导一再强调大教育观问题，把国民教育后的再教育放在突出位置。国内客观上已形成了一种教育市场，呈现出剧烈竞争的态势，这对党校函授教育既提出了严峻的挑战，也提供了更好地发展自己的机遇。

大教育观的问题，无论在我们国家，还是在国外，都越来越被重视。我在出访西欧几个国家时，深感西欧已形成教育市场，竞争相当激烈。未来世界的竞争说到底将是人才的竞争，是高素质人才的竞争，是担任领导职务的人才的竞争。我们要培养取胜的人才，要抓好素质教育。要明确什么是素质和素质教育、当前在职在岗党政干部应当具备什么样的素质、教育怎样做到有超前性和预见性。学历教育是一种形式，下一步能不能开展新的教育形式(比如岗位培训)？我们不能就教育谈教育，而应该把党校函授教育纳入到全党、全国以至世界大格局中来看待，保持清醒的头脑，注意研究和谋划战略发展方面的问题。

党校函授教育必须适应形势和社会发展的需要，对所设专业和课程要作适当调整，进一步改进教学内容和教学方式。比如研究生班科社专业，能不能改为政治学专业？如改为政治学专业，除了开设马克思主义理论课外，可以考虑设置如下五个方面的课程。第一，古今中外治国思想史。中国具有几千年的文明史，曾几度兴亡，世界其他国家也有兴亡之事，为什么兴？为什么亡？值得研究。作为一个领导干部，应具备什么样的治国思想和谋略？以史为鉴，从历史上应总结什么经验教训？都值得研究。第二，治国者应具备广博的知识，比如马克思主义哲学、决策学、政策学、社会学、心理学、领导学、管理学等。第三，治国名人评点。可以评罗斯福、丘吉尔，也可以评斯大林，还可以评误国人物，比如蒋介石。关键不是评他们做什么，而是评他们为何想到做什么，想到做什么比做什么更重要。第四，能力训练。研究生与本科生不一样，前者应是高层次的创造性的人才，是综合能力、理论思维能力很强的人。第五，基础课程，比如人才学、秘书学、写作理论与实践、当代科技等。

党校函授教育在发展中也存在着深层次问题，一是形势发展与党校函授教育的任务；二是如何进行素质教育；三是党校函授教育如何适应市场经济的需要；四是规范地方党校函授教育问题；五是教学改革问题；六是办学主体素质提高问题；七是办学指导思想问题；八是转变观念与思维方式问题。

面对新形势对党校函授教育提出的更高要求，我们要抓住办学中的深层次问题开展科学研究，加强调查，商讨对策。要经过全院同志群策群力，逐个解决深层次问题。按照辩证唯物论的观点，解决问题有个过程。但要充分发挥主观能动性，努力把解决问题的过程缩短。我们要以十五大精神为指导，高举邓小平理论伟大旗帜，团结在以江泽民同志为核心的党中央周围，坚决贯彻落实胡锦涛同志关于党校函授教育的一系列重要指示，深化教学改革，强化科学管理，全面提高办学质量，将党校函授教育事业不断推向前进。

关于学员自学的管理问题

西藏自治区党校副校长
西藏分院院长　才旺班久

自学在党校函授教育中处于基础地位，这是由党校函授教育的性质和对象决定的。党校的函授教育是以业余的教、学为三的教育形式，其对象主要是在职在岗的党员干部，学员的工学矛盾和家学矛盾突出，这就使得采取有指导有计划自学为主的方式成为党校函授教育的重要特点。

根据总院规定，自学包含预习、复习、作业和总复习等环节。提高函授教育的质量，就必须在基础性环节上下功夫，认真抓好学员的自学。根据我们办函授教育以来总结出来的经验和教训，为克服自学中存在的问题，促进教育质量的提高，当前我们必须做好以下几个方面的工作。

第一，教育学员端正学习态度，认真自学。学习的目的是为了提高自身素质，增强分析、判断和解决实际问题的能力。但是，有些学员学习目的不明确，只想混张文凭了事，因而学习态度不端正。他们在矛盾和困难面前退缩，学习不刻苦，自学时间达不到规定的要求，课前不预习，课后不复习，考试靠作弊。这样，他们即使拿到了文凭又有什么用呢？所以，我们必须加强对学员的教育和管理，使学员提高认识，端正学习态度，自觉地搞好自学。

第二，统一思想，提高认识。函授教育工作人员必须认识自学在党校函授教育中所处的基础性地位，自觉地加强对学员自学的指导和管理，帮助教师正确引导学员自学，并注意总结经验，探索规律，制订规章制度，逐步把自学引上规范化轨道。

第三，建立制度，形成机制。我区办函授教育已有三年多时间，积累了指导和管理自学的一些经验和教训，当务之急是将其上升为规律性的认识，并在此基础上制订必要的规章制度，以规范自学环节。如何保证教学计划规定的自学时数真正得到落实，是我们建章立制首先要解决的问题。从我区干部休假时间长、出差次数多、路途遥远等实际出发，逐步建立《自学管理条例》，以使党校函授教育形成有效的指导和管理自学的运作机制。

第四，教师要改进教学方法，加强自学指导。要适应指导干部在职在岗学习的特点，帮助学员掌握教材的体系结构和重点难点，启发他们将基本原理同实践结合起来，切忌眉毛胡子一把抓的满堂灌，一定要想办法把课堂搞活。

班主任必须强化服务意识

中共延边州委党校　**金显道**

班主任是教学班的管理者、组织者和领导者，是校方、教师与学员及其单位相联系的桥梁和纽带。班主任必须全心全意为教学服务，为学员服务。总院对班主任工作的这些规定，明确了班主任在函授教育工作中的地位和作用，也对班主任工作提出了总的要求和所要达到的目标。班主任的功能就是为教学服务、为学员服务。班主任工作的“双服务”，是共产党员全心全意为人民服务的根本宗旨在函授教育工作中的具体体现，是由班主任所处的地位决定的。因此，班主任必须努力提高自身素质，强化服务意识。领导就是服务，管理也是服务，组织工作也是服务，桥梁和纽带作用也是服务。总而言之，班主任的工作从其实质和功能来说就是服务。为人民服务者，必须具备为人民服务的意识、本领和品质。班主任要做好自己的工作，首先要强化服务意识，着重提高自身素质，使自己适应所担负的工作。

班主任强化服务意识，树立“双服务”的思想是至关重要的。对于“双服务”，我们在实际工作中明确了以下几点：第一，明确了班主任的职责就是为教学服务，为学员服务。班主任的权力是组织给的，是为函授教育服务的，而不是为了谋取私利。第二，明确了班主任是公仆，学员群体是主人。班主任工作必须依靠学员，组织管理工作、执行规章制度都是为了督促学员更好地完成学业。第三，摆正校方、班主任、学员三者的关系，使班主任明确了自己是函授教育体系中的一个环节，在上下左右关系的处理上应采取主动积极的态度。第四，明确了班主任是一名勤务员，要爱岗敬业、任劳任怨、深入学员、关心学员，主动地接受批评和建议，接受组织和学员的监督。

“双服务”是班主任工作的出发点，是对班主任工作的总要求。班主任在实际工作中，应该立足于服务，管理寓于服务之中，服务贯串于管理的全过程。服务和管理是互相渗透、互相促进的。服务的水平决定管理的质量，管理的好坏反映服务的优劣。总之，管理要上档次，首先要强化服务意识，服务和管理要齐头并进。只有这样，才能有效地做到为教学服务、为学员服务，以确保实现培训目标。

教师是人类灵魂的工程师。师生关系是一种以教和学为纽带确立起来的崇高而神圣的关系，这种关系一旦受到腐蚀就会变成金钱关系、交易关系、庸俗关系。班主任在教学班内的权力是至高无上的。因此，班主任更应该加强党性锻炼，严格要求自己，讲政治、讲正气，坚持原则，遵守党规党法，勤勉廉洁，以身作则，为学员树立良好的榜样。

谈自学小组

鹤岗学区 吕艺高 樊万岗

中央党校函授教育的教学原则是自学为主、面授为辅。

党校函授学员要想获得知识，仅靠几次面授辅导是远远不够的，必须靠自学。所以，必须组建学员自学小组，指导学员充分地自学，以便获取更多的知识，出色地完成学业。

一、成立自学小组的意义

1. 成立自学小组是提高学员学习效率的需要。学习中会出现自我难以解决的难题。那么如何解决？除了请教老师外，可以借助自学小组来共同探讨、相互切磋、互帮互学、取长补短、提高效率……

2. 成立自学小组是传递信息的需要。自学小组可以向组员介绍有关情况、传递有关信息。例如因事缺课者可以通过自学小组来了解老师布置的作业及其要求。

3. 成立自学小组是学员交流感情的需要。自学小组不但可起到使学员互帮互学、互通情况的作用，而且还可成为学员沟通思想、交流感情的渠道。真可称之为："真理的殿堂，知识的海洋，健身的场所，交友的桥梁"。通过自学小组使学员之间建立友情，通力合作，形成团结、温馨、自强、自励、蓬勃、向上的氛围。

二、划分小组的原则

1. 就近原则。一个小组的成员应居住距离较近，单位距离较近，在同一个单位工作更佳。如此编组有一个明显的好处，那就是传递信息方便、快捷、高效。

2. 行业原则。我们的学员来自不同的行业，如采煤、机电、运输、政工、财税、金融等，应尽量把相同或相近行业的学员分到一起，如把搞财税、金融的学员分在同一小组，把搞采煤的学员分在同一小组，把搞机电的学员分在同一小组。同行业的人员具有共同语言，编在同一个小组有利于学习。

3. 互补原则。学习优劣互补：学习好的带动和帮助学习差的，学习差的促进学习好的更加努力。两者相互促进，相互补充，相互激励，相得益彰。

三、自学小组的管理

管理过程也就是发挥其作用的过程。

1. 按照3～10人建立一个自学小组。

2. 每一学科要求小组学习两次。要有阅读、有记录、有讨论……

3. 学习内容由任课教师指定。

4. 自学方式由小组成员决定，或读书、或讨论、或作笔记、或写心得、或进行社会实践。

5. 每学期开一次经验交流会。

6. 自学小组是班级的细胞，小组管好了，班级也就搞好了，可减少许多老师的工作量。

7. 每班每学期评出一、两个优秀小组——比学习、比思想、比作风……

8. 对于效果良好的自学小组进行奖励、表彰。按学期召开会议，表彰先进，颁发奖品，并请先进小组介绍经验。

浅议学区教学实施计划的制定

河北分院华油学区 赵远征

学区教学实施计划是根据总院和分院下发的教学计划制定的，学区的教学工作应根据教学实施计划来进行。学区教学实施计划在全面贯彻总院教学计划、提高教学质量、统筹学区工作、充分调动教与学两个方面的积极性等诸多环节中都起着不可低估的作用，因而学区在制定教学实施计划时，应认真对待、充分考虑，绝不能简单从事。在制定教学实施计划时要坚持超前性、严肃性，统筹兼顾，以使制定的教学实施计划更为周密、全面，更有可操作性和实用性，真正起到教学实施计划应该起到的作用。

一、坚持超前性

计划要先行，教学实施计划同样也要先行。教学实施计划如果在开学前夕匆匆赶制出来，就无法根据计划去做充分的准备工作。近几年我们都是在开学前3—4个月制定出计划，并及时打印、装订成册，然后发至校领导、教师、管理人员和学员手中，做到人手一册。这样，就使从事函授教学的工作者和学员都明白，本人在本学期是什么角色，具体有什么工作，什么时间教什么、学什么，有什么要求，怎样考核，奖惩在自己身上如何兑现。新学期教学实施计划实际上就是每人的工作时刻表、考核表、奖惩兑现表。实施计划的超前使得人人心中有本明白账，一切准备工作有充分的时间保障。例如：我们对新学期的授课教师采取择优上岗的试讲制度，试讲时由校领导、室主任和全体教师参加，并组成评课小组对试讲进行考评。凡试讲通不过者，给一定准备时间，再次试讲。二次试讲不能通过者，不允许上讲台。这样，就要求教学实施计划必须有超前性，留有充分的时间。否则，制度将无法落实。另外，计划超前，便于校属各处室各司其职，充分保证函授教育各方面的硬件提前合格到位，真正起到统揽学区全面工作、统一步调的作用。

二、坚持统筹兼顾

实施教学计划是函授工作的中心，其他一系列辅助工作又是确保中心的必要条件，二者相辅相成，相互促进。每期的教学计划，从学员入学到毕业论文答辩，一环扣一环，若有考虑不到之处，必然会产生“掉链子”现象，因而统筹兼顾显得格外重要。在教学实施计划中必须正确处理好六大关系：(1) 中心工作与辅助工作的关系；(2) 常规工作与阶段性工作（招生、考试、毕业论文答辩）的关系；(3) 主体班与函授班的关系；(4) 学员单位工作情况与函授时间的关系；(5) 面授与讨论、自学、作业、复习的关系；(6) 学员总人数及面授课时与授课老师、教室、场地、业余活动、食宿是否合理的关系。

比如：在处理学员单位工作情况与安排授课时间的关系时，我们不是简单武断地规定每月的面授时间，而是主动走访了大部分学员的主管领导，共同商讨，广泛听取单位的意见，百分之八十的单位都认为月初和月底生产、报表、总结、会议等事情较多，所以每月的面授时间就定在中旬。这样的教学实施计划来自于基层，实用性强，学员听课率当然就会高。实践证明，制定计划时只有做到统筹兼顾，才能为落实所制定的教学实施计划打下良好的基础。

三、坚持严肃性

在制定学区教学实施计划时首先要不折不扣地贯彻总院的教学计划，必须确保教和学的最基本时数，这是绝对的硬指标。要打破以往教学计划仅仅是时间安排的观念，把教学实施计划与制度、规章、要求、检查、奖惩融为一体，在计划中充分体现“六定”，即：定时间、定人员、定地点、定规范要求、定检查抽查、定奖罚和兑现办法。例如：在教学实施计划“定规范要求”中，我们就教案、授课、作业、学时、监考制定了如下的规范和要求：

1. 教案要坚持“四不”：(1)全书教案不完整不上讲台；(2)教案不充实新内容不上讲台；(3)试讲教案没通过不上讲台；(4)教案未经审核不上讲台。

2. 授课坚持“四要”：(1)内容要充实；(2)重点要突出；(3)难点要化解；(4)讲解要透彻。

3. 作业批改做到“三要”：(1) 要逐题批阅；(2) 要写出评语；(3) 要坚持标准。

4. 学时要坚持“三必须”：(1) 规定的学时必须遵守；(2) 面授课时必须上满；(3) 授课量必须实授实酬实计。

5. 安排监考人员实行“二避开”：(1) 安排某门考试课的监考人员时，该门考试课的授课教员要避开；(2) 与考生有亲属关系的人员要避开。

再例如：在教学实施计划中，对自学时数与效果有具体的抽查办法。其具体做法是：第一次面授结束后，由第二次面授的任课教师布置自学题目，待学员第二次听面授课时通过课堂小测验或当场提问等形式抽查自学情况与效果。这样做明显地提高了自学的质量。

近两年，胡锦涛同志对党校函授教育作了一系列指示，在肯定成绩的同时指出了一些不容忽视的问题，着重强调要完善规章制度，强化教学管理，把好“四关”，保证质量、提高水平，我们认为要认认真真地落实胡锦涛同志的指示，就要面对现实，踏踏实实地从头做起。就目前来看，首先要从制定和完善教学实施计划做起，使教学实施计划符合函授教学自身的特点。

我们认为，只要坚持超前性、严肃性，注意统筹兼顾，就能制定出全面的、切实可行的、操作性强的、符合函授教育特点的教学实施计划，使教学质量和教学管理更上一层楼。

课堂教学语言的运用刍议

——有感于一次评教活动

中共安徽省枞阳县委党校　方启明

某县委党校举行一次大型评教活动，由三期培训班共500余名学员对六位教师的六个专题的教学先后进行评议打分。教学内容经过了统一命题、集体定纲、自选专题、各自撰稿、集体修改、领导把关、最后定稿的过程。讲稿可算是精雕细刻了。讲课后，三期学员评议的结果近乎相同，各教师得分差异很大。究其原因，主要是受教学语言的影响。

课堂教学是一门艺术，是一种通过精心设计的有准备的演讲活动。在这里，教学语言的运用对教学效果起着至关重要的作用。而要运用好教学语言，则要注意做到明、畅、准、精、净。

明——就是表达的内容中心突出，条理性强，语言的逻辑严密，吐字清晰。话要说得清楚明白，使人一听就知道你说的是什么、要达到什么目的。不能说了一大通，听者还难解其意。

畅——就是表达顺畅，语速均匀，节奏感强，富于表情。断句要正确，表达要畅若流水，不结结巴巴。既不能用记录速度“播送”，也不能像小学生“背书”。抑扬顿挫要得当，不要随意拉长、抬高或降低音调。表情要丰富且自然得体，不要故意做作。

准——就是表达的内容政治观点对，传授知识正确，举例真实恰当。说话不要模棱两可、似是而非。对于道听途说、主观臆断、没有依据或吃不准的话都不要说，要有正确的舆论导向。

精——就是语言精炼，言简意赅，不重复啰嗦。言语中不拖“这个”、“呵”、“是吧”等类的“尾巴”。不是重点的不重复，与主题无关的不啰嗦，不能“放野马”。

净——就是语言洁净、不粗俗。讲坛是非常严肃的地方，杜绝用黄色或者低级的“调味品”来达到所谓活跃课堂气氛的目的。

总之，教学语言的运用是一门很深的学问。毛泽东说过：“语言这东西，不是随便可以学好的，非下苦功不可。”（《毛泽东选集》第3卷第837页）作为教师必须练好语言基本功，充分掌握语言表达的艺术，才能在课堂教学中取得良好的效果。

谈谈我们对班主任工作的规范化管理

湖南分院直属学区 彭立新

总院、分院明确提出1998年为辅导站建设年，班主任作为辅导站的主力军，其地位与作用非常重要。怎样抓好班主任工作呢？我们认为加强规范化管理非常重要。我们对班主任工作规范化管理的做法是：

一、班主任选聘的规范化

第一步，宣传发动。我们在新生入校前两个月就向全校各处室发一份班主任选聘书，选聘书上详细介绍了班主任工作的性质、特点及班主任条件。明确规定班主任必须是本科以上学历的党员干部，工龄在5年以上，符合条件又愿意担任班主任的，按规定时间到学区登记报名；第二步，填表。学区对已报名同志的情况进行了解，综合考评后，确定聘任对象，发给聘用表并要求认真填写。为了取得处室领导对班主任工作的支持，我们要求处室负责人在聘用表上签署推荐意见，并盖上公章；第三步，正式聘用。聘任对象把已填好的表送交学区，学区负责人找这些同志分别谈心一次，把班主任工作的困难讲充分，基本的工作任务、方法和要求介绍清楚，带什么班也告诉他，征求他的意见后，就正式聘用并发给聘书。

通过这样一套公开规范的程序，堵住了人情风和班主任问题上搞扶贫的倾向，保证了班主任的质量，同时也使全校的同志更加了解和支持函授班主任工作，为班主任工作创造了良好的环境。

二、班主任工作的规范化

班主任工作任务重，内容多，事务杂，压力大，大部分班主任又是兼职人员。如果其工作缺乏规范性，就容易出差错，在学员中造成不良影响。因此，班主任工作的规范化非常重要。为了使班主任工作规范化，我们制订了《班主任工作细则》，对班主任的工作任务、工作程序、工作要求作了详细规定。班主任对照这个《细则》就能知道自己什么时候该做些什么工作，怎样才能做好这些工作。对新任的班主任，为了使他们尽快熟悉函授班主任工作，尽早进入角色，我们都组织了业务培训，时间一般一至两天。主要学习《班主任工作细则》和《函授教育手册》，并请老班主任介绍经验，交流体会，增强他们对班主任工作的感性认识。

三、班主任考核奖惩的规范化

我们运用模糊数学的理论和方法，形成并通过了《直属学区函授班主任工作综合考核办法》。首先，根据班主任工作的内容确定班主任工作考核项目为：学员到课率，学员自学，跟班听课，思想政治工作，共四项。其次，根据各项目在班主任工作中的重要程度分别给予相应的权重（总权重值为10)。再次，班主任工作的综合得分等于各项目的得分乘以各项目的权重值，累加以后除以10。最后，我们规定综合评分在85分以上的为优秀，60—85分的为称职，60分以下的为不称职。学区每年召开一次班主任工作总结表彰大会，对优秀班主任进行表彰和奖励，对不称职班主任给予批评并限期改正，一学期之内工作没有明显改进的，取消班主任资格。

这个考核办法透明度高，操作性强，考核结果定量化，准确度高，经过实践检验，这对调动班主任工作积极性，提高工作的主动性能够发挥较大的作用。

四、班主任日常管理的规范化

班主任的日常管理是一项长期的工作，其重点内容是整章建制，并对其执行情况进行检查监督。要做到规范化的管理，我们认为必须坚持一期一次的班主任工作会，一年一次的班主任工作经验交流会，二年一次的班主任工作研讨会。坚持学区每月抽查两次以上考勤的制度，班主任每期写一篇工作总结的制度，以及学员定期对班主任工作进行评价的制度。学区还规定了班主任“三坚持、二不准”的行为准则。即：“坚持社会效益第一、教学质量第一的办学指导思想，坚持全心全意为学员服务的优良传统，坚持深入实际的工作作风”；“不准在考勤分、作业分上打人情分，不准借工作之便，谋取私利”。

严肃考纪是确保函授教育质量的关键

南京学区溧水辅导站 张建胜

考试是检验教学质量和学员学习成绩的重要手段。考风考纪既是对学员学习态度、党性觉悟的综合检验，更是对一个单位办学指导思想是否端正以及管理水平高低的综合检验。可以说，考风考纪是确保函授教育质量的关键。如果这一关把不牢，其他教学管理都是徒劳的。因此，我们把考风考纪作为教学质量中的重中之重，常抓不懈。我们主要抓了以下几个环节。

1. *抓教育*。十年来，我们首先用“质量第一，社会效益第一”的思想来统一全体管理人员的认识。以严肃的纪律，严密的组织，严格的管理来对待每一场考试，确保考试万无一失。其次是加强对考生的教育，我们把入学考试复习班的第一课作为考风考纪教育课，并利用集中发《准考证》的时间，由校领导对考生强调考风考纪的重要性，给考生打预防针，消除他们的一切侥幸心理。入学考试开了好头，就为日后抓考风考纪奠定了基础。新学员入学后的第一天，就学习总院、分院、学区有关的规章制度，突出考风考纪教育，并认真组织学员讨论，巩固入学考试中考风考纪教育的成绩。我们在班委中专设一名纪检委员，其职责主要是协助班主任抓好全班的考风考纪。考试前，发放《考场规则》，要求学员反复熟记。再次，在班委和党员干部中率先实行承诺制，为全班作表率。这样就取得了教育在先、防患于未然的效果。

2. *抓考场*。我们严格按照规定布置考场，每个考场进口处放一块醒目的“物品存放处”牌子，座位上只准放《准考证》或《学员证》等证件与笔，前方黑板上写着“凡考试作弊者，一律作零分处理”的大字，格外醒目。规范化的考场营造了良好的考试氛围。我们规定，除挂牌监考老师和巡考老师进考场外，无关人员一律不准进考场，对学员则执行学区规定的“七个不准”，对学员做到晓之以理，绳之以矩。

3. *抓监考*。一个考场考风考纪好坏取决于监考人员是否认真监考，严格执纪。我们一是选那些作风正派、办事公道、敢于坚持原则的同志担任监考；二是加强对监考人员的教育，每次考试前，都要召开专门会议，由校领导动员，要求全体监考人员必须认真履行《监考人员职责》，并把监考人员的监考情况作为评优晋级的一个重要因素；三是监考轮换制，实行监考人员轮换、交叉监考，班主任与任课教师回避的办法；四是建立总监考制，每次考试都成立由校领导、辅导站成员组成的考务领导小组，由校领导担任总监考，以保证考试顺利进行。

由于我们对考风考纪抓得早、抓得严、抓得细、抓得实，全校树立了良好的考风，赢得了社会的赞誉。我们自1987年招收第一期大专班学员以来，无论是入学考试，还是常规考试，无论是交叉监考还是学区派人坐地巡考，我们都保持了优良的考风考纪，多次受到学区的表扬，被称之为“放心考场”。1995年，我们被中央党校函授学院评为

"先进辅导站"。对抓考试，我们的体会：一是校领导要思想统一，高度重视，敢于坚持原则，支持执纪人员的工作。二是常抓不懈，持之以恒。我们是抓好每一次、抓好每一场，决不松一次、决不松一场，否则，就会功亏一篑。三是坚持以防为主的原则，防是基础，严是关键，抓好预防，就牵住了考风考纪的牛鼻子。

要科学安排面授教学时间

函　宣

面授教学对保证教学质量、培养合格人才起着十分重要的作用。科学安排面授教学时间是搞好面授的重要环节。

党校函授教育创办十多年来，各级教学管理部门十分重视这项工作，结合各地、各部门的实际，精心安排，不断实践、探索，积累了许多好的做法和经验，保证了面授教学质量。如有的单位根据学员居住比较集中、易于聚散的实际，采取"长流水，不断线"的方法安排面授时间，将各门面授课分散安排在全学期的双休日或节假日进行。有的单位根据学员居住分散、集中比较困难的实际，采取"相对集中、分段实施"的方法安排面授时间，将各门面授课安排在一个学期的前、中、后几个阶段集中进行，面授期间学员住校。但也有一些办学单位在面授时间安排上欠科学合理。比较突出的就是把面授课都集中安排在期末考试前若干天突击进行，随即进入复习考试。把一个学期内完成的教学任务集中在期末的短时间内完成。这样安排，面授组织工作虽然容易了，但偏离了教学计划的要求，违背了教学规律。其最主要的弊端是无法贯彻学员平时要坚持有指导的自学这一函授学习的基本原则，使学员不能很好地在如何掌握理论知识、提高能力、加强党性锻炼上下功夫，而是为了突击应付考试，获取一纸文凭。这样是难以达到党校函授教育所要求的质量的，也难于实现"理论、知识、党性、能力"相统一的培养目标。

质量是党校函授教育的生命线。"从严办学，质量第一"是我们的一贯方针。各级教学管理部门必须把好教学关，依据各自的实际情况，克服困难，想方设法、科学合理地安排好面授教学时间，确保面授教学质量。

提高党校函校教育质量略论

李治业

为适应改革开放和社会主义四化建设迅速发展的需要，加快干部培训步伐，经省委干部教育工作领导小组批准，1987年我省党校系统正式开办函授学历教育。

党校运用函授形式培训干部，拓宽了党校的办学渠道，增加了党校教育功能，为一大批难以脱产进党校培训的干部提供了在职深造的机会，不仅促进了党校的自身建设，而且产生了很好的社会效益。十年来，我省党校函授教育坚持"从严办学，质量第一"的办学方针和"理论、知识、党性、能力"四位一体、同步提高的培养目标，使3万余名干部已获得大专或本科文凭。这些干部活跃在全省各级党政机关，群众团体、企事业单位和解放军部队，成为我省四化建设的一支重要力量。他们当中有的被提拔到各级领导岗位，更多的人成为本部门、本单位的业务骨干，在各行各业大显身手，业绩卓著，很多人被评为县、地、省级和全国的优秀共产党员、先进工作者、劳动模范和优秀企业家。这充分说明党校函授教育的质量是好的，成绩是显著的。但是，随着党校函授教育事业的日益发展，办学规模的扩大，我们的办学工作也出现了一些不容忽视的问题，主要表现在有的办学单位不把党校函授教育当作党校教育的重要组成部分，不按党校的标准办学，而是把函授当作创收单位，片面追求经济效益，盲目扩大办学规模；有的招生工作积极认真，管理上则随随便便，怕管理严了"得罪人"影响关系等等。这种重经济效益，轻社会效益，重数量轻质量，重招生轻管理的现象存在，势必降低党校函授教育的质量，影响党校函授教育的声誉。为了保证党校函授教育的健康发展，更好地为党培养高素质干部队伍服务，我省党校函授教育必须进一步端正办学指导思想，正确处理好以下两个关系。

一、正确处理数量与质量的关系，坚持质量第一

事物的质量和数量是辩证的统一，没有无质的量，也没有无量的质。一定的质量需要一定的数量来体现，数量超过一定限度便将引起质的变化。数

量与质量的关系，质量应是第一位的。工厂生产的产品质量低劣，只能成为废品；学校不注重质量，则不能培养出高素质的人才。

党校是培养干部的学校。函授教育是党校的重要组成部分，它要有一定的学员数量，有一个适度的办学规模，这是加快干部培训步伐的需要，是我国现代化建设的需要。党的十五大制订了全国人民奔向新世纪的宏伟蓝图，明确了我国在本世纪末下世纪初的大政方针和目标任务。政治路线确定之后，干部就是决定的因素。十五大精神的贯彻落实，靠干部，靠高素质的人才。高素质的人才靠培养。我省“九五”干部教育培训规划提出“要有计划地开展干部学历培训，力争‘九五’末期，党政机关具有大专以上学历的干部，省直机关不低于干部总数的90%，地市州不低于干部总数的80%，县（市、区）不低于干部总数的70%”。党校作为干部培训的主要阵地，任重而道远。据统计，我省尚有二十余万50岁以下的干部文化程度在大专以下，有更多的干部文化程度未达到本科学历，这些同志急需提高自己的文化水平，改善知识结构，以适应新形势的需要。但由于工学矛盾和办学设施等方面的限制，他们中的绝大部分人不能进党校或其他高等院校脱产学习，而只能通过业余的在职学习来提高自己。党校函授教育是在职业余学历教育，它以马克思主义、毛泽东思想和邓小平理论为主课，突出党性锻炼和能力培养，强调学员综合素质的全面提高，更适合于干部教育的特点和需要，因而成为广大干部继续深造，提高自己学历层次的最佳选择。所以，党校函授教育需有一定的办学规模，以满足广大干部强烈的学习愿望和四化建设的迫切需要。

党校函授教育必须坚持“质量第一，社会效益第一”的办学方针，把为党培养高素质干部队伍服务作为唯一的办学宗旨。江泽民同志在建党七十五周年座谈会上的讲话中指出：“七十五年来，我们有一条基本的经验，这就是：党领导的事业要取得胜利，不但要有正确的理论和路线，还必须有一支能坚决贯彻执行党的理论和路线的高素质干部队伍”。贯彻十五大精神，落实十五大提出的各项任务，加速我国社会主义现代化的进程，在很大程度上取决于国民素质的提高和人才的开发。面对当今世界科学技术迅猛发展和综合国力的竞争越来越激烈的新形势，我们要把保证党校函授教育质量，造就高素质干部队伍放在国际、国内的大格局、大背景中来认识，从贯彻落实十五大精神的高度来认识，进一步解决“为什么办学”和“培养什么人”的问题，坚持正确的办学方向，把造就高素质干部队伍作为办学的基本任务和根本目的，始终不动摇。党校函授教育要有一定的经济效益，这有利于“以学养学”，改善办学条件，有利于改善职工福利、稳定师资队伍。但如果忽视社会效益，降低质量标准，片面追求经济效益，盲目扩大办学规模，办学规模超出了办学条件和办学能力，势必疏于管理，影响教育质量，有损党校函授教育的声誉。所以，党校函授教育必须牢固树立质量观念，强化质量意识，正确处理好数量与质量的关系，坚持质量第一，数量服从质量；正确处理社会效益与经济效益的关系，以经济效益服从社会效益，坚持社会效益第一，反对把党校函授教育当作“三产”，克服片面追求经济效益的错误倾向，宁可牺牲些收益，也要控制办学规模，保证办学质量，服从培养高素质人才这个大局。

二、正确处理招生与管理的关系，强化科学管理

工厂生产，为了保证产品质量，首先要选好原材料；农民种庄稼，为了获得更好的收成，必须选种育好苗。同一道理，党校函授教育要保证质量，招生是第一个环节。如招生的宣传发动工作做得好，干部报名踊跃，生源充足，考试竞争激烈，录取优中选优，有利于提高新生质量。相反，如工作随随便便，干部报考的积极性不高，参考人数少，为完成招生计划，录取工作势必放宽条件，降低标准，降格以求，影响新生质量。

管理是党校函授教育的根本，它包括教务管理、教学管理、学籍管理和考务管理，贯穿于党校函授教育的全过程。如果把招生比作第一个环节，管理工作则是整个链条。所以管理在党校函授教育中有着更为突出的重要地位。当前，有极少数办学单位认为招生是硬指标，不抓好完不成计划；而管理是软指示，多管少管，严管松管不现形。这是认识上的一个误区，对党校函授教育的质量危害极大，应坚决予以纠正。管理出质量，管理出效益。要保证教育质量，要使学员通过三年学习，在“理论、知识、党性觉悟和能力”四方面同步提高，做到既有文凭、又有水平，水平与文凭相符；既有学历，又有能力，学历与能力同步提高，必须把函授工作的重锤敲在管理上，认真做好管理这篇大文章，强化科学管理。要既管进，又管出，既管教，又管学，把办学的全过程和每个环节都认真管起来。管理工作，一靠教育，二靠制度。要教育学员明确学习目的，端正学习态度，正确处理好学习与工作的矛盾，学习与家务的矛盾，珍惜学习良机，刻苦学习，遵章守纪，在党校做一名合格学员，在单位做一名合格干部，以不辜负党的培养教育。严格规章制度，规范办学行为，是管理工作的基本手段，要认真执行教学计划，切实抓好面授、电教、自学、讨论、作业等各个教学环节，使以政治思想教育和党性锻炼为重点的综合素质教育在整个教学活动中得到充分体现和全面贯彻，使理论教育、知识教育、党性教育和能力培养都落到实处。考核，在整个管理过程中具有导向性、检验性和把关性的特点。党校函授教育是以党员干部为主体的干部在职教育，学员既要完成本单位的工作任务，又要搞好学习。尽管函授的面授和考试时间一般都安排在节假日，但工学仍存在一定的矛盾，学习中各种不稳定因素和干扰因素也比较多，大部分学员都能科学安排时间，正确处理工作与学习之间的矛盾，克服困难，做到工作学习两不误。但也有部分学员由于学习自觉性不高，缺乏刻苦精神，因而往往以工作忙或其它种种原因为借口，面授缺勤率高，不按时完成作业，自学也随随便便，想寄希望于考试作弊，蒙混过关。因此，强化考务管理，严把考试关，不仅对教师的教学水平和教学效果是一个很好的检验，更重要的是对学员的学习有着导向和促进作用。党校函授学员绝大部分是党员和入党积极分子，中央领导同志指出：外界对党校的要求很高、很严，一听说是党校学员，在党校学习，人们很自然地与党联系在一起。因此，党校函授教育的考风问题，既是学风问题，又是党风问题。如果考试纪律松弛，考风不正，不仅直接影响教育质量，影响培养目标的实现，而且将损害党校函授教育的名声，影响党在群众中的光辉形象。所以，我们一定要把考务管理作为党校函授教育管理的重头戏来唱，积极加大工作力度，坚持从严治考，切实纠正考试中的不正之风。只有从严治考，才能促使学员刻苦学习，掌握丰富的理论知识和专业知识；只有从严治考，才能锻炼学员的思维能力、分析能力和解决问题的能力；只有从严治考，才能培养学员良好的组织纪律性和诚实正派的思想品德，增强党性修养，成为高素质的人才。

（作者系中央党校函授学院湖南分院第一副院长）

办学经验集锦（一）——党性教育

重视党性教育 办出党校函授教育的特色

中共天长市委党校 陈梓松

重视党性教育，是党校函授教育有别于国民教育的一个显著特点。多年来，我们天长市委党校在对函授班学员进行党性教育方面，作了一些有益的尝试。

一、领导重视

学校领导把党性教育放在非常突出的地位上。每届新生的开学典礼，每届学员的毕业典礼，校长都大讲特讲党性教育的重要性，并请组织、宣传等部门的领导到场，共同对学员进行党性教育。校领导不管在什么场合，只要有机会，都不忘党性教育这件大事。

二、组织与人员落实

首先，在函授大专班建立临时党支部，使得党性教育和锻炼有组织保证。每一届新学员录取后，我校领导、函办负责同志、班主任等一起研究，组建临时党支部和党小组，有的班是党支部、班委会合一，有的班是单独组建。学员临时党支部在党校指导下开展工作，班主任具体负责检查落实。把那些有一定工作经验、党性强的同志推上临时支部领导岗位，让他们在党性教育中唱主角，起先锋模范作用，这是学员自己管理自己的好形式。几年来的实践表明，有坚强团结的临时党支部，其战斗堡垒作用发挥得越充分，其班级的学风考风党风就会越好。

其次是强化班主任工作。建设一支高素质的班主任队伍，对学员进行党性教育就有了人员保证。多年来，我校一直把班主任视为对学员进行党性教育的领头羊。选好领头羊，至关重要。我校严格按规定选配两名班主任，一正一副。校领导亲自过问，从严把关，选配那些善于做思想政治工作、有一定教学业务水平、作风正派的同志担任班主任。特别是对正班主任的挑选，慎之又慎，除了上述条件，还必须是党员。正班主任主抓全班学员的思想政治工作和党性教育，副班主任协助处理各种事务。

三、措施到位

第一，每一届大专班都要制定三年总体规划，每一年又有具体的实施计划。第二，新学员开学的第一天，除有关领导要对学员进行党性教育外，班主任专门带领学员学习有关党性锻炼的文件。每学期面授的第一天，班主任要用一、两个小时的时间，专门来总结上学期工作，布置本学期工作。其中，党性锻炼是必不可少的重要内容。平时班主任利用上课点名的时间，适时有针对性地对学员进行党性教育。第三，有确定的党性教育内容。第四，课堂教学融入党性教育内容。召开班会，开展一些有益的集体活动。

四、有考核和表彰

要求学员每年进行一次党性锻炼小结，班主任和临时党支部对其进行总结，指出成绩和不足，提出下年努力方向。毕业前，学员要撰写党性锻炼材料一份，系统总结党性锻炼情况，要求理论联系实际。班主任一一过目，并组织评选出优秀党性锻炼材料和优秀党性锻炼者，在会上予以表扬，并给予一定物质奖励，96届共表彰19名，97届共表彰18名。此举深受学员欢迎。

突出党性教育 加强管理措施

中共濮阳市委党校 耿相魁

党校是干部增强党性锻炼的熔炉。以马克思主义为主课，以党性锻炼为核心，这是党校教育区别于其他成人教育和干部教育的一个明显特点。党校函授教育是党校教育的重要组成部分，也应把党性教育置于突出地位，贯穿于办学的全过程。我们的主要做法是：

第一，强化马列主义、毛泽东思想特别是邓小平理论的教育，加强政治形势和爱国主义教育，提高学员的思想觉悟，把党性教育同遵守院规院纪教育结合起来。我们规定：党支部每学期至少召开三次民主生活会，要求学员在民主生活会上运用批评和自我批评的方法去解决思想上、认识上普遍存在的问题。每一学期都要进行党性分析小结，学员必须运用所学理论对自己的党性锻炼情况作一客观、正确的分析，以正确地认识自己，明确努力方向；要求每个学员每学期都要写出党性锻炼的心得体会。

第二，建立健全党性锻炼的组织机制，以促进学员党性锻炼的开展。我们在正式面授之前，采取民主选举和函授站指定相结合的方法，根据学员所在单位、职务、影响，学员的组织能力、领导能力、协调能力和各学员所在单位之间的距离，提名选举或指定年级支部书记和各班班长，建立各个班的党小组和学习小组，做到年级有支部，各班有小组，每个学员（已入党的）都要有临时党组织关系。支部和小组会同班委会对学员每个学期党性锻炼的情况、在学习期间的具体表现作出小结，填在表格中存档；同时，及时搞好“双向管理”、“双向教育”，将学员的党性锻炼情况、学员的学习表现和遵守纪律情况、党性教育实施规划等，与学员所在的工作单位相互通报，共同做好学员的管理教育工作。这样，既提高了学员的党性修养，又使学员增强了学习的自觉性。

第三，建立高素质的班主任队伍，加大党性锻炼的力度。为此，我们把班主任的聘任方法由原来的“伯乐相马”改为“赛场选马”，发动全校的所有干部、教师报名，参加班主任竞争上岗，并要求每位报名者写出治班设想的书面材料，书面材料里必须溶入学员党性锻炼的内容。函授站还成立了评聘小组，根据报名者的竞选材料、实际阅历、以往的管理效果等方面综合评估，优胜劣汰，最后确定了班主任的合适人选。这些班主任一上任，班级面貌就大为改观。各项评比活动的开展，使学员学习积极性激增，党性修养普遍提高，精神风貌焕然一新，面授率平均在70%以上，97级新生高达90%。

第四，改革教师面授方法，溶入党性教育的内容，强化质量评估工作。我们出台了《函授教师任课管理的若干规定暨授课质量评估的办法》，作为党校的文件下发全校各处室。各科任课教师的确定，采取竞争上岗与派任讲授相结合的方法，要求教师从宏观上驾驭教材，同时适当增加党性教育内容，把学员学习知识、提高能力和增强党性结合起来。在授课艺术方面，要克服照本宣科的念书和离题太远的闲扯，使教学生动幽默而不庸俗。函授站还成立了教学质量评估委员会，对每位函授任课教师从教案准备、教仪教态、语言表达、党性教育和讲述的重点难点、逻辑层次、理论联系实际等方面进行打分，分优、良、中、差四个档次进行评估。

第五，严肃考风考纪，减少违纪现象，提高党性修养，提高函授教育的社会声誉。考试既是对学员所学知识的检查，又是对学员党性的考验，也是提高学员党性修养的重要途径。所以，我们历来对考试都十分重视：考前召开动员会，要求监考人员坚持党性原则，切实负起责任；考间召开总结碰头会；考后召开经验交流座谈会，总结党性锻炼的经验与不足，以确定改进提高的措施。在对考务人员进行培训时，要求大家从党性原则的高度来认识考风，打破情面，严肃处理违纪现象：凡带“小抄”者，单科成绩一律为零；找人替考者，一律取消学籍；严重违纪者，除通告批评外，通知考生本人所在单位。我们把考风考纪上升到党性原则上强调，使遵守考纪成了师生自觉的行动，大大提高了师生的党性觉悟，维护了党校函授教育的良好形象。

于学习中增强党性锻炼

浙江分院 吴为民

党性锻炼是党校函授教育的重要内容，对于领导干部来说，增强党性锻炼显得尤为重要。但对于研究生班这一层次的领导干部来说，如何开展党性锻炼活动，这是值得探讨的新的课题。浙江分院十分重视领导干部研究生班党性锻炼这一主题。一个多学期以来，我们尝试着开展了一系列有特色的活动，取得了良好的效果。

以“讲学习、讲政治、讲正气”为主题，是现阶段党性锻炼的主要内容，这是毋庸置疑的。江泽民同志在许多场合再三强调，领导干部要加强学习，这成为我们开展党性锻炼活动的重要指针。“三讲”深刻体现了现时期在建设有中国特色社会主义的伟大事业中，对领导干部培养具有政治家素质和跨世纪能担当重任的领导和管理才能的要求。它是相互联系的，具有非常丰富的内涵。但我们认为对于研究生层次的领导干部来说，“讲学习”是居于首要位置的。离开了“学”字，要获得较坚实的马克思主义理论基础、较丰富的科学和管理知识、较深厚的人文涵养都是无源之水、无本之木。对此，我们紧紧抓住学习和研究这一主题，引导学员多读书、读好书、勤思考、善研究来加强党性锻炼，提高党性修养。

首先，让学员了解要树立正确的世界观、培养良好的道德情操，就必须认真学习。加强党性锻炼，应体现在增强学习的积极性和主动性等方面。认识世界，须先学而后有识，读的书多了，理论功底深了，眼界宽广了，才能明察秋毫，认识本质，不为假象所迷惑。道德情操不是与生俱来的，是一个人积数十年之功，自省、自励、自尊、自爱，不断砥砺人生才培养起来的；一个政治家能够胸襟宽阔、荣辱不惊、忧国忧民，那是向前人学习高尚人生境界，从政治风浪中学习人生真谛得来的。我们要努力营造一个加强学习研究与加强党性锻炼相互促进的环境，在学习中提高党性修养。

其次，学习、研究对勤政廉政有很大的促进作用。人活着总是有一定的境界的。人生的境界，有的庸俗不堪，有的正气浩然。为什么？重要的一点是学习使然。学习使人的生活境界不断提高，最终成为一个纯粹的人。自古以来，我们的先人就推崇读书对于人生的意义，不仅因为它给人以智慧和社会进阶之梯，还因为它给人一个知识的世界、理性的世界。对于领导干部来说，这片清纯的世界可以使人远离金钱美色和物质享受的诱惑，增强反腐抗变的能力。在一次党性教育课上，我们请一位老教授讲“读书、研究与修养”的问题，他针对学员普遍感到工作紧张、读书时间少这个问题，十分生动地向学员说明了“读书有读书的时间，不读书就没有时间”的道理；他讲爱读书常使人淡泊名利，注重精神追求，虽然好学之人未必都清廉，但自古清官无不好学。

第三，从抓好学风、班风上促进党性锻炼。学风、班风的好坏直接反映了学员党性锻炼的效果。我们强调学风问题的重要性，首先要求学员理论联系实际。其次是注意培养学员认真学习、潜心钻研的学习风气。这种风气一旦在班级中形成，便对每个人的学习产生很大的促进作用。

从多方面对学员党性锻炼进行考评

中共唐山市委党校函授部　周淑荣

为了加强函授学员在校学习期间的党性锻炼，切实提高学员的理论水平和政治觉悟，我们从以下几个方面对学员党性锻炼进行了考评，并规定每项应得的分数，满分为一百分。

1. 确立正确的世界观

努力学习和掌握马克思列宁主义、毛泽东思想和邓小平理论，认真改造世界观，有远大的共产主义理想，坚持正确的政治方向。掌握唯物辩证法的思想方法和工作方法。入学初，即制定两份个人计划，一份是党性锻炼计划，一份是学习计划，并坚持每学年检查、修订一次。

2. 积极听取面授辅导

学习态度端正，目的明确，积极听取面授辅导，上课认真听讲，遵守课堂纪律，学习成绩平均在85分以上。

3. 坚持自学

按时独立完成各科作业。课余坚持自学，有自学计划，有读书笔记，参加自学小组活动，交流自学体会和收获。

4. 正确处理工学矛盾

坚持按时听课，不迟到，不早退，不旷课，病事假累计不超过规定天数。按时交费、注册。

5. 遵守文明行为规范

尊重教师，团结同学，无打架斗殴或不团结现象，热爱班集体，爱护公共设施。按时参加班部和小组活动，且表现积极。

6. 遵守考场纪律

模范遵守考场纪律，端正考风，听从主、监考人员的安排和指挥，不交头接耳，不偷看他人答卷，不夹带“小抄”，不换卷。闭卷考试不携带任何书籍、报纸、笔记本和BP机、手机、计算器等物品。自觉防腐拒变，保持实事求是的治学态度和独立思考的学风。

在函授学习中如何增强党性锻炼

北京市委机关分院97级领导干部班学员　刘冰

党性锻炼对于提高干部队伍的政治素质具有十分重要的现实意义。党校是党性锻炼的熔炉，我们应利用在党校学习的有利时机，认真地进行党性锻炼。在学习期间增强党性锻炼，我认为主要是做好以下几点：一是要认真读书学习。人到中年，工作、家务负担都重，有一个到党校系统学习马克思主义理论的机会实在难得。要十分珍惜这个学习机会，深入系统地学习马列主义、毛泽东思想和邓小平理论，在学深学透上下功夫，努力掌握马克思主义的立场、观点、方法，用科学理论武装头脑，树立正确的科学的世界观和方法论，坚定正确的政治方向，提高执行党的基本路线的自觉性，自觉地在政治上、思想上与党中央保持一致。

二是要摆正自己的位置。我们参加学习的学员不论在单位担任什么职务，进入党校就是普通学员，任何人都不应该搞特殊化，都不能凌驾于校规校纪之上，要自觉地、模范地遵守学校各项规章制度，服从班主任和班委会、学员支部的领导和管理，对自己严格要求，在加强组织性、纪律性中锻炼党性。

三是要处理好工学矛盾。对于我们在职工作的学员来说，既要做好本职工作，又要学好理论课程，客观上时间确实难以安排。多数学员家庭负担也重，上有老，下有小，经常是里里外外，忙忙碌碌。但越是这样，越要科学、合理地安排时间，千方百计提高工作效率，挤出时间搞好学习。正确处理工学矛盾，需要毅力，需要决心，需要勇气。战胜困难的过程，就是锻炼党性的过程。

四是要积极认真地参加学校组织的各项活动。学校和班委会组织的各种教育活动，既能活跃班组生活，又是增强党性锻炼的好机会，要踊跃参加，从中接受新的教育。

学员遵守考纪的情况是检验其党性强弱的试金石

中共安徽省天长市委党校　陈梓松

函授学员党性强不强、党性修养高不高，可以从多方面去看，可以有许多衡量标准，如到课率高不高，作业是否按时独立完成，是否遵守面授纪律，各项活动能否积极参加，等等。但真正的试金石，最过得硬的检验是考试关，即看学员是否有端正的考风，能否严守考试纪律。其他方面的表现和衡量不是说可有可无，有的还很重要，但总的看来，有的难以细化，不便操作；有的虽可量化，但又易掺水，所以，往往给人不太过硬的感觉，不能真正令人折服。谁英雄，谁好汉，一上考场便分明。这决不是言过其实。我们评价学员党性强弱，不能只听其言，还要观其行，特别要观察其上考场时的行为。有的学员，平时吹得天花乱坠，说自己如何如何地讲学习、讲政治、讲正气，但一上考场就目瞪口呆，丑态百出，甚至偷看作弊，他说党性强只能是骗人的假话。而那些学习自觉性高、党性觉悟高的学员，无论怎么考，无论以什么形式考，都难不倒他们。相反，他们一上考场就如鱼得水，严明的考纪使他们脱颖而出。可见，严肃的考风，严格的考纪，决不会埋没党性强的英才；相反，只会使那些企图蒙混过关的党性弱的人暴露无遗。从这个角度讲，党校函授学员遵守考纪的情况是检验其党性强弱的试金石。

端正考风，严肃考纪，是提高党性教育质量和学员党性修养的内在要求和重要手段。严格的考试纪律对学员来说是外在的约束性规范，是外在的强制。这种外在的强制不仅可以有效地检测出学员党性的强弱，而且对提高党性修养有独特的警示作用。通过这种强行的检测辨别出闪光的金子和混浊的泥沙，扬善抑恶。对党性强，在考场上过得硬的学员，予以表彰，以弘扬正气；对那些党性弱，在考场上出丑甚至作弊的，予以批评和淘汰，以打击歪风。并且，对于这种外在的强制，即使是党性弱的人，也不得不接受其规范，他们中的绝大多数会从起初的反抗、不适应到被动默许，直到主动接受，自觉遵守考纪，从而使这些人在外部强制力的推动下，把党性锻炼变成自觉行动，达到党性觉悟有所提高甚至根本提高。

考试关是最后的关口，不设防或设防不严，党性教育的一切努力终将失败，提高党性修养也将徒有虚名。

办学经验集锦（二）——面授教学

我们是如何抓面授辅导的

中共山西省壶关县委党校 阎书忠 卫永昌

学员工作不离岗，食宿都在家，这就给面授辅导带来了一定的困难，在这方面我们的基本做法是：

1．抓教师讲课，变“要我学”为“我要学”。有一段时间，我们靠行政命令让学员来听课，不重视教师讲课效果，学员到课率较低。针对这种情况，我们在全校教师中开展了“如何改进教学方法的大讨论”，并通过互相听课、讲示范课，使大家得到了启发，一致认为：以前尽管备课认真、讲课卖力，但效果不佳，原因就在教学方法上。有的学员说我们的讲课是“一人讲，大家听，谁也不用动脑筋”，这就是问题的关键所在。因此，我们就认真抓教师讲课，采用多种多样的教学方法，如启发式、讨论式、聘请兄弟党校教师来我校讲课、参观、进行社会调查，有时也让学员登讲台。由于教师改进了教学方法，学员们都愿意到学校听课。这样，就为抓好面授辅导奠定了基础。

2．抓制度建设。党的纪律既是铁的纪律，又是自觉的纪律，铁的纪律是建立在自觉基础上的。尽管教师讲课方法好，学员到课率高，但仍有个别学员不按时参加面授辅导。因此，我们重申了函授部的各项规章制度，制定了我们学校的“三不准”：一是函授班不准随意改变函授部的有关规定和安排；二是教师不备课不准上课；三是学员不准随意缺课，不管你在单位是什么“官”，到了党校就是学员，就必须遵守函授部、函授班的有关制度。再加上严格签到，认真收缴作业，从而保证了面授辅导的正常进行。

3．抓班主任，班主任抓。函授工作搞得好不好、面授到课率高不高，在很大程度上决定于班主任，班主任是学校联接学员的桥梁。因此，我们在选班主任时，每届都挑选能坚持四项基本原则，能模范执行党的路线、方针、政策，思想上与党中央保持高度一致，工作中能认真负责、致力改革、为人师表、治学严谨、乐于为别人办事的同志当班主任，再加上实行工作与利益挂钩，极大地调动了班主任抓工作的积极性，使面授辅导工作取得了可喜成绩。这是使函授文凭与水平一致的重要条件。

面授中板书“五病”及其诊治

中共陕西省安康地委党校 马新萍

课堂教学是一个流动的过程。在这个过程中，讲授属有声活动，板书属无声活动，两者是课堂教学中的“左膀右臂”，不可偏废。面授中因重讲轻写或其他因素，造成板书常见的五种病症。现诊出“病名”，开出“处方”。

差。表现为握粉笔的姿势不对，力度轻重不当，粉迹深淡悬殊，书写潦草而难认。

处方：备课时认识板书的重要性和不可缺少性，加强板书基本功训练，认真练好粉笔字。

满。表现为讲授内容不分主次，想写就写，想划就划，造成满黑板都是板书，板书的效果差，使学员难分讲授轻重。

处方：备课时坚持板书“少而精”的原则，提纲挈领，有虚有实。备课中写出详细教案，设计好板书的内容和结构形式。讲课时使讲授内容和板书相对应。这样既能使自己的讲授有条不紊，又利于学员笔记、归总。

乱。表现为信手乱涂，横七竖八，小似蝇头，大则如斗。教师随心所欲，学员则眼花缭乱。

处方：备课也备板书，力求板书准确、完整、醒目，有示范性。

呆。表现为程式化，点点滴滴详尽罗列，或只是照抄章节。

处方：备课中，根据学员特点和教学内容设计板书，体现学科及其讲授人的风格，使板书同讲述组成一个有机的整体。避免单一，追求多样。

散。表现为形神无主，散乱不统一，可有可无。整个板书提不成形、放不成块，缺乏统领整个板书的线索、灵魂。

处方：备课时应严格区分哪些内容在每一次的整个讲授过程中不能擦掉并应贯穿讲授的始终；哪些内容可随写随擦而不影响讲授内容的完整、系统。注意了这一点，就会做到整个讲授过程无论如何海阔天空，都不会游离于主题之外，这就做到了讲授中的“形”散而“神”不散。

函授教学必须紧密结合改革实践

吉林分院长春客车厂党校函授站 魏梓龙

铁道部根据国家关于深化国有企业改革的精神，提出了减员增效、下岗分流的改革措施。这一举措本来是一项提高企业经济效益、利国利民的重要措施，但是，一些员工对此不甚理解，我们的学员也有一些想法，认为像我们这样的工厂，经济效益比较好，没有必要减员下岗。对于如何进一步提高经济效益、增强产品的市场竞争力，缺乏长远的打算。我在96级大专班开设的政治经济学和经济管理原理两门课的教学中，联系学员的上述思想实际进行了分析。

马克思主义认为，商品的生产价格＝成本价格＋平均利润，成本价格＝不变资本＋可变资本。不变资本是由原材料、厂房、机器设备、能源、管理费等构成。可变资本是劳动力价值（即工人的工资）。成本价格的高低，关系着资本家在竞争中的命运，资本家的成本价格越低，就越有可能降低商品的销售价格，有利于在竞争中取胜。马克思主义所揭示的这一原理，对于我们今天实行社会主义市场经济，仍然有现实指导意义。在社会主义市场经济条件下，有许多商品的生产价格在商品招标中标时就已经确定下来了，在价格一定的情况下，要增加利润，也就是要提高经济效益，就必须降低成本。生产成本降低了，经济效益就能提高。经济效益提高了，员工就能得到更多的经济利益。而降低成本，又有多种途径，诸如：减员增效、节约原材料、设备的充分利用和减少能源浪费、节约流通费用等等。我多次举例说明，假定我们生产一辆提速车，生产价格是240万元，若原材料、能源、管理费等是100万元，工资是100万元，那么，成本价格就是200万元，利润就只有40万元。如果员工减少，工资减少，材料、能源等节约，成本就下降，利润就必然提高。这是一道极简单的数学题，我们没有去认真注意、深刻理解这个道理。在讲授经济管理原理时，讲对人、财、物的管理，也同样举这个例子说明：只有搞好对人、财、物等的经济管理才能提高经济效益。通过讲授这些原理，与当前的工厂改革实际紧密结合，学员们进一步理解了深化改革的理论根据，提高了执行方针、政策的自觉性。有的学员说，这样理论联系实际，我们既学到了原理，又加深了对工厂改革政策的理解。

深 广 准 精

——《政治经济学》备课体会

山东分院费县辅导站 王 友

“政治经济学”是马克思主义理论的基础课，也是党校函授学员的必修课。随着改革开放的深入和社会主义市场经济的发展以及函授学员素质的普遍提高，对“政治经济学”这门课的教学提出了更高更新的要求。在新的形势下，如何就《政治经济学》教材备好课，搞好《政治经济学》的面授辅导，提高《政治经济学》的教学质量呢？我的体会是：

一、钻研教材要深。“政治经济学”是一门理论性、逻辑性很强的科学，整个《政治经济学》教材体系环环相扣，节节相连。这就要求我们在备课时，必须深入钻研教材，切实吃透教材。要想真正吃透教材，就必须从教材体系到教材内容，全面地准确地理解和把握。要做到这一点，我的体会是：既要粗读教材，又要有重点地精读教材。这个过程大体要经过三步：一是浏览，对教材有个大概了解；二是精读，尤其是对教材的重点、难点，要不厌其烦地反复阅读和钻研；三是在精读的基础上按照教学要求，细细地研究教材和《资本论》的有关内容，然后写出教案。同时，在认真钻研本教材时，还要广泛研究《政治经济学》教材的不同版本，尤其是党校函授的不同版本，从中找出重点。

二、搜集资料要广。《政治经济学》的教学，仅靠熟记教材内容是不够的，还要广泛搜集有关资料。因为教材是以理论阐述为主，讲课绝不能从理论到理论，而是要运用各种资料来分析、说明概念和理论，使概念和理论通俗易懂，增强授课效果。一要注意收集原著中的有关材料，如《资本论》中关于绝对剩余价值生产、相对剩余价值生产、资本循环、商业利润、地租等内容的阐述；二要注意广泛搜集各种学术资料，如对“政治经济学”有关原理的研究文章，对当代资本主义新情况、新动态、新趋势、新特点的介绍，对社会主义公有制实现形式的多样化、非公有制经济的地位和作用等内容的研究材料的收集。

三、理论联系实际要准。理论联系实际是学好《政治经济学》的基本方法，而《政治经济学》的基本理论，也为我们理论联系实际提供了充足的理论来源。在理论联系实际的过程中，一要联系国外的实际，也就是联系当代资本主义国家尤其是发达资本主义国家出现的新问题、新情况、新动态、新趋势、新特点，来分析马克思主义基本原理的普遍正确性，解决帝国主义为什么垂而不死、资本主义为什么腐而不朽等问题；二要联系建设有中国特色社会主义的实际，解决为什么要发展社会主义市场经济以及与市场经济有关的价值、价值规律、竞争、劳动力等问题。

四、撰写教案要精。教案是教师上课的讲本，撰写教案是教师备课的关键环节。在教案设计、撰写过程中，由于各授课教师的授课经验和风格不同，教案设计也不一样。但教案的基本要求——有利于学员学习、记忆和把握教材，这是一致的。这就要求在撰写教案时，既要研究教材内容，又要研究教学方法；既要考虑教师如何讲，也要考虑学员如何学、如何记。因此，教案的基本内容必须做到：概念明确、层次清楚、逻辑连贯、要点明确、重点突出。

提高面授教学的可听性

甘肃分院酒泉学区　俞德荣

从面授课角度讲，如果教师照本宣科，讲授无新意，提不起学员的学习兴趣，势必会影响到课率，而到课率又是保证函授教学质量的重要因素。因此，提高面授教学的可听性，增强教学的艺术性，激发学员的学习自觉性和积极性非常重要。我的体会是：

一、要主次分明

面授辅导不同于一般意义的讲授，具有自学指导性质。这个特点决定了每次面授容量都比较大，所以要明确每次辅导内容在教材体系中的地位和作用，做到条理分明、前后贯通，给学员一个清晰的线索、完整的体系。当然，也不能面面俱到、平均用力，而是力求在重点和难点上予以突破。这样，学员自学、复习都能提纲挈领，很快抓住重点。

二、要理论联系实际

要引导学员发扬理论联系实际的学风。教材往往侧重于理论知识的传授，学员往往有较丰富的实际工作经验和较强的工作能力，求知欲望强。如果教师引导学员运用所学理论去分析解决现实工作中的问题，学以致用，就会既加大了课堂教学的信息量，又使学员开拓视野、增强能力，从而提高学习兴趣。

三、要有的放矢

提高课堂教学的可听性，要靠师生共同努力。教师要研究教材，还要研究学员。通过指导学员自学，使他们产生释疑解惑的欲望，调动他们的听课兴趣。要深入到学员中调查，对他们普遍存在的疑难问题要重点释疑，对纯理论的问题要引导运用，对简单易懂的知识则一带而过或者不讲。总之，要针对学员的实际状况及其需要把握教学内容，确定灵活机动的教学方法。

四、要多用讨论法

如果教师满堂灌，即使口若悬河，学员也会兴味索然，因而要改变学员只作为知识被动接受者的地位，让他们做课堂的主人。最常用的方法就是启发引导师生之间、学员之间就概念、观点、原理及其运用展开讨论乃至辩论。思想和语言的交锋能培养人敏锐的感受、迅捷的反应、宽阔的视野，也能加深对问题的理解和记忆，增强语言表达能力。讨论本身还需要概括和归纳，这也有利于学用结合。学员成为学习的主人，无疑会使学习兴趣大增。同时，师生之间的讨论，是知识的交流，更是情感的交流。和谐、融洽、相互信赖的师生关系，也是提高学员听课兴趣的重要因素。

五、要把握节奏感

沉闷、拖沓的课，无论如何也激不起学员的学习热情。要正确把握课堂教学的节奏，主要是把握教学的高潮。教学内容本身有详略主次之分，因此知识点排列要讲究次序，次第加深。对难点、重点、兴奋点的讲解就是高潮所在。要把握高潮出现的时间，太早，因缺乏铺垫而显得突然；太晚，又难免拖沓、沉闷。

六、要重视方法传授

通过面授教学给学员传授知识，还应交给获取知识的方法。这就是所谓“授之以鱼，不如授之以渔”；交给他们“金子”，更要教给他们“点金术”。学员能在面授教学的有限时间里使自已掌握打开知识大门的钥匙，融会贯通，举一反三，肯定会使他们对面授辅导乐而忘返。学习方法的引导、教育是党校函授教育向素质教育转轨的必要举措，也符合现代教学规律。

面授中的语言艺术

中共酒泉地委党校　李玉忠

课堂教学主要靠教师的语言来传递信息，学员也主要靠教师的语言来接受信息，所以，课堂教学中教师的语言艺术就成为学员对知识掌握好坏的重要因素。有的教师备课很认真，教材很熟悉，但就是教学效果不理想，究其原因，主要是语言艺术不过关。搞好面授对面授语言的基本要求是：

快慢适中：函授课程内容多、面授次数少，只怕讲不完，语速过快成为函授教学的通病，造成学员难以消化和接受。语速适中，是说重点的地方要慢，讲标题、线索、框架要慢，而对其他比如举例、叙述、解释等则可适当放快速度，切忌快慢一致，前慢后快。

节奏感强：同样的一句话从不同的人口中说出来，将有不同的效果，究其原因主要是节奏感的问题，好的语言表述像动听的音乐给人以快乐、舒服。讲课也是如此，理论本身比较枯燥，所以要讲得使人爱听，必须注意语言艺术，抑扬顿挫，有松有紧，并用普通话，切忌一平到底。

表述准确：教师语言传递的信息可供几十人同时接受。表述不准，往往造成“伪”知识。所以，表述准确是面授语言的主要一环，对概念、原理及总结性的语言则要求更高，切忌信口道来。

避免口语：口语是人的语言习惯，往往自己也很难感觉到。在教学过程中最常见的要算“呢”、“啊”、“什么”等。讲者不知，听者索然，要避免口语，讲解简练，则需虚心听取别人的意见，有意识地改正。切忌语言拖沓，难分主次。

备课要做到“八点”

中共江苏省灌云县委党校　戴　淦

备课，是教师为完成函授教学任务所作的准备工作。包括钻研教材、收集资料、了解函授学员、考虑教法和写出教案。这些都是传统的成功做法，但从更新观念的角度来看，我认为备好课还要做到“八点”。

一、端正出发点。就是说要明确备课的目的，弄懂为什么要备课？备好课是教好课的前提，是提高教学质量的重要一环。备好课是教师创造性劳动的结晶，把课备好了，不仅能使教师更好地掌握教材与教法，而且还可以加强教学的科学性、预见性和计划性，充分发挥教师的主导作用。

二、明确根本点。就是要求弄懂备课的实质。我认为备课的实质是把书本知识转化为教学知识的过程，是研究教学艺术的过程。例如，书面语言转化为口头语言，抽象的转化为具体的，深奥的转化为浅显的，历史的转化为现实的，遥远的转化为身边的，呆板的转化为生动的，等等。如果能从这个高度要求自己，进行备课，就一定能够备好课。

三、抓住中心点。就是说要弄清备课的主要任务。有人说，备课主要是“吃透教材”，此话没有错，不过这更适合于初涉讲坛或缺乏理论课教学知识的人。对于有一定教学实践经验的教师而言，备课的主要任务是要研究学员，了解教育的对象，要“知彼”，并且进一步研究如何把教与学统一起来。

四、坚持结合点。这里要求的是理论联系实际。理论同实际相结合，在备课的环节里就要牢牢抓住。有人备课，往往习惯于备书本中的要点、重点、难点、疑点问题，而忽视了社会实践中的迫切需要解决的热点问题，不注重对现实问题的研究，结果变成空洞的说教。在改革开放、现代化建设的新时期，作为党校教师这一特殊的社会角色，要“开门备课”，备课既要贴紧教材和教学大纲，又要贴近实践；既要备“有字之书”的课，更要备“无字之书”的课，做教书和实践的有心人。教师要走上社会，深入工厂、农村搞调查，把书本知识同社会实践结合起来，才能备出筋骨兼备、有血有肉的好课来。

五、占据制高点。这里所说的是讲究备课形式的品位，要懂得最高级的备课形式是什么？要做好新时期的党校教师，最高级的备课形式是进行教学的科学研究。那种人云亦云、照本宣科、生搬硬套、不注重研究问题的教师是备不出什么好课的；上课时，只能人离不开讲台，眼离不开教案，嘴离不开课文。

六、注意平衡点。这指的是备课时既要考虑教书又要考虑育人。在备课中最容易失去知识教学内容和思想教育内容的平衡。一般情况下，把备课的重心放在知识教学内容上，而把思想教育内容当作随意说教的内容而不加认真研究和对待，这就造成教育质量的下降，进而影响了整个教学效果。

七、把握相长点。这方面的要求，是指教师的主导作用与学员的主体作用并重，要教学相长，比翼双飞。有人说备课就是备怎样讲。讲课要"讲"固然重要，因为"讲解"是教学的一个重要环节，但绝不是教学的全部。在通常的备课中，教师往往总想自己在课堂讲什么、怎样讲，而忽视了怎样引导、组织学员去学习。只备教不备学，只给"金子"不教"点金术"，实际上只备了不到一半的课。

八、激发闪光点。就是备课要备出特色来，备出个性来，备出自己的韵味来。教师要想在教学阶梯上往上攀登，就应当"知己"，相信自己的力量。此力量不仅仅来自向别人的学习，更重要的是要挖掘自己的潜力，开发自身的资源，展现自身做教师的灵性和天赋。备课中要尽量研究如何发挥自己的长处，让长处闪光，显示自己做教师天才的一面。一节好课在某种意义上就是展示教师自身教学个性美的课。用这种美去感染学员，激发学员，带动学员抵达理想的彼岸。

一课一个折子戏 反复锤炼出精品

中共四川省剑阁县委党校　王林乐

一门学科的教学任务总是通过每堂课来完成的，正如一出大幕戏是由每个单折构成的一样。大凡一出深受观众欢迎、久演不衰的戏，总有几个精彩的折子，每个折子里总有几处精彩的表演或唱段。所谓"台上三分钟，台下十年功"，这些艺术生命力都是经过反复锤炼后才得到的。函授教学的特殊性使我们把着眼点放在"重、难、热"三点上，每堂课都形同在演折子戏。这就要求教员在内容上对教材进行反复锤炼，掌握理论新信息，运用科研新成果讲出课堂新意来；在形式上借鉴其他艺术方法，灵活地加以处理，力求使学员在每堂课中有所得，在一种轻松和美的感受下完成学习任务。

讲课与唱戏有其共性，就是都要讲清事情，摆明道理。在京剧中，大师们在设计宣叙事理、抒发情感的中心唱段时多采用与"二黄导板——回龙——原板——二流——散板（或快二流）"相类似的组合唱腔板式。实际上遵循了"引出事由，点明主题，展开叙述，推向高潮，果断结尾"的艺术规律。在较短时间内交待清楚事件的来龙去脉，传递出大量的信息（例如马连良的"借东风"）。函授的面授时间是有限的，不允许我们在课堂上浪费时间。因此就要仔细推敲，把握好课堂教学内容，设计好课堂教学节奏，确定出课堂教学高潮，总结好课堂教学要点，力图把每堂课都搞成像折子戏一样的精品。对此，我是分三段做的：

第一段：引出事由，点明主题。就是先用一个现实生活中的生动例子或思想实际，以其生动性、趣味性、实践性形成一个小高潮，从而引起学员的注意，使其集中精力于教学内容上。然后用简短的语言讲清两个问题：一是本课内容在全书中的地位、作用；二是这堂课的实践意义。之后，迅速转入下段。这段的特点犹如戏剧中的"导板转回龙"，缓起快收，开门见山。

第二段：铺陈叙事，展开分析。这段是教学的重点，处理不好，学员就坐不住。在这段里就是要讲清本课的全部内容，阐明基本理论，引导学员正确认识分析问题，并给以学习方法的指导。因此，要求节奏沉稳，内容充实。教员的授课不仅要有可听性、咨询性、实用性，而且趣味性要浓，信息量要大，在结合本地实际的基础上，大量介绍国内外的先进经验、科研成果、经济信息等，供学员参考。教学着眼点也要由历史转到现实，由抽象理论转到具体实践，由基本原理转到操作技术，以达到提高学员素质的目的。运用评书艺术的"粘"字诀，不断形成高潮，层层推进，把学员留在课堂。这段的特点犹如戏剧中的"原板转二流"，不紧不慢，侃侃而谈。

第三段：小结要点，果断结尾。这段的任务是在讲清基本原理的前提下，提出本课必需掌握的要点加以总结。这段语言不宜太多，节奏应适当加快，要给人以启迪、回味、思考的余地。特别是党校教学，一定要在结尾时讲出积极性，激发出学员的干劲来。因此，结尾要果断有力，引起共鸣，切忌唠唠叨叨，拖沓压堂。这段的特点犹如戏剧中的“二流转散板（或快二流）”，推向高潮，嘎然而止。

概而言之，第一段要像“凤头”一样引人入胜；第二段要像“猪肚”一样丰富充实；第三段要像“豹尾”一样刚劲有力，才有可能成为一堂较好的课，并在此基础上反复锤炼出精品课来。

把提高面授到课率作为突破口
——青海分院民和辅导站的几点作法

民和辅导站按照分院领导提出的总体要求，围绕质量抓管理，抓好管理促质量，把突破口选在提高面授到课率上。

首先，抓学员的思想工作。学员是学习的主体。再好的工作思路如果没有学员的配合和支持也难以变成现实。于是，校领导、班主任利用各种机会与学员座谈、交心。三位校长带领有关人员分头深入到学员所在单位和家庭，了解情况，与他们沟通思想，澄清“文凭与水平”关系问题上的模糊认识，共同商讨解决“工学矛盾”的最佳办法。鼓励学员增强学习信心，坚持参加面授，学真本事，拿真文凭。

其次，创良好办学环境。外部环境是办好党校函授教育的必要条件。他们积极向县委有关领导汇报，在县委领导和有关部门的支持下，联合向全县有关单位下发了《关于进一步重视支持干部职工参加党校函授学习的通知》。《通知》要求把参加党校函授教育作为提高干部整体素质的大事来抓，协同党校对学员进行双向管理，并采取轮岗、换岗、加班等办法妥善解决本单位职工的工学予盾，保证学员严格按规定参加面授，做到工作、学习两不误。《通知》下发后，立即得到了有关单位的积极响应。县工商、税务、铁路等系统的领导表示：自己职工参加党校函授学习算正常上班，不仅不扣奖金，成绩优秀者还给一定奖励；不少单位领导主动为参加函授学习的职工调整工作，提供学习时间。一个重视党校函授教育、支持职工参加函授学习的大环境在全县形成。

第三，走出去，采众家之长。他山之石可以攻玉。他们在抓好内部各项工作的同时主动走出去，先后到直属、海南、海北、大通、循化等办学单位学习先进经验。在直属学区，他们学到了“考勤月报”制度；在循化辅导站，他们学到了勤俭办学的好作风；在海南学区，他们学到了教师集体备课、竞争上岗的先进办法……。然后结合本单位的实际情况吸收消化，从而拓宽了思路，创造性地制订出切合本站办学特点的一系列治学办法和措施。

（青　元）

办学经验集锦（三）——自学指导

从方法上指导学员读书和做笔记

鹤岗直属学区 樊万岗 吕艺高

函授，主要靠学员在指导下自学。党校函院的教材，质量比较高，但仅靠几次面授是解决不了问题的。所以，我们学区要求学员必须搞好自学，并指导学员掌握科学的读书方法和做笔记的方法。

读书和笔记是一个问题的两个方面，读书是掌握知识的过程，做笔记是消化理解、巩固记忆的过程。读书是前提，笔记是基础。

我们指导学员读书，主要从以下四个方面着手：

第一，要有计划地读书。要求学员参加面授前将老师所要讲授的内容阅读一两遍。这个读书计划以课程表安排的面授时间、面授内容为准。为检查学员课前是否读书，有三种方法：一要检查是否做了批注笔记；二要在课堂上提出问题；三要进行小测验。

另外，告诉学员，读书要循序渐进、由浅入深、由易到难。例如：指导学员阅读《普通逻辑学》，首先要搞清概念的内涵、外延，判断的种类特点，方可深入学习推理与论证。

第二，要有步骤地读书。告诉学员读书首先要浏览，然后精读，这样有利于掌握知识。

1. 浏览：即高速读书。粗略地把书翻阅一遍，了解大概，掌握中心。如指导学员阅读《管理心理学》，要求把握“管理中的人”、“人的需要”、“个体激励”和“领导行为”等重点科学理论。

2. 精读：对重要内容要吃透精神，把握实质。要逐章逐段、逐字逐句地深入钻研、透辟分析、仔细琢磨、充分理解。例如在学习《外国管理思想史》时，就要精读重点内容：泰罗的科学管理的三个出发点和四个原则。

第三，要科学安排学习内容和时间。长时间学习同一内容，会抑制大脑的记忆；内容交替学习，学习效果会明显提高。如：“英语”、“市场经济”、“现代管理技术”、“对外贸易学”等课程的教材要交替学习。

在时间分配上，要科学安排。如考试学科要多读多学，考查学科相对少读少学，因为一个人的时间是有限的。而每一学科的重点内容要放在大脑活动最佳的时间学习。

第四，要渊、博结合。学习知识，既要渊又要博。党校培养的管理干部，应是知识渊博的管理者。

渊，指学问之深。要求学员能从现象中提炼出本质，悟出哲理。

博，指知识面广。要求学员广泛猎取知识，使自己知识广博，以便为管理提供服务。

上面谈了读书的方法，以下再谈谈做笔记。我们要求学员使用常见的五种笔记方法：

1. 批注笔记。这种笔记是在所读的书上做笔记：如作圈、点、线等符号，或把读书时所产生的想法写在书边。此法易行，利于复习，可加深记忆。

2. 摘录笔记。对重点内容、精湛句段，可摘录（录原文）或摘要（摘大意），它有利于记忆和背诵。

3. 提纲笔记。它简明扼要，提纲挈领，适用于阅读长篇文章或书籍。它不仅要记载主要观点，而且要记载主要材料和论证方式。

4. 心得笔记。它又称随笔、札记、读后感。它是对学习内容的再造、发挥。这种笔记对于学员撰写毕业论文大有裨益。

5. 卡片。其独特性在于它是用一张张卡片构成。它可以是摘录，也可是提纲，又可是随笔。只不过记在卡片上而已。将卡片分门别类，以便查阅。

为了加强对自学的指导和管理，我们统一印制了《自学读书笔记》，发给每个学员。对于学员的笔记，我们每两个月检查一次，促使学员动脑动手，去想去记，使学员学有所得、学有所成。

浅谈函授学员的学习方法

江苏分院昆山学区96级本科班学员 王苏民

如何使函授学员以最少的时间投入获取最大的知识产出，亦即掌握科学、合理、简便、实用的函授学习方法，是函授学员普遍关注的问题。本文结合自己参加中央党校函授学习近两年来的心得和体会，就函授学习、特别是复习迎考中所采用的几种学习方法作一介绍。

1. 交叉侧重法。这是指利用手中所掌握的资料，采取逻辑分析的方法，把多线交叉点上的重点题列为重中之重的重点题。例如，进入复习阶段后，我把各种资料集中起来，通过列表分析，把期初教学计划、学习指导书、《学习导刊》上主讲老师的要求、期末总复习要求、本班辅导老师的讲课等五方面都讲到是重点的题目，即五线交叉点上的题目列为第一重点；其次，四线交叉点上的列为第二重点；再次，三线交叉点上的列为第三重点，依次类推。这样就能在复习时比较充分、全面、准确地把握各课程的考试重点，以便集中精力、重点突破、有的放矢地进行总复习。

2. 核心扩张法。就是依据交叉侧重法得出的第一重点、第二重点、第三重点等重点内容，以第一重点为核心，以重点顺序为层次，由内而外地逐步扩张，即先掌握第一重点，再掌握次重点，接下来掌握非重点，直至掌握全书的整个内容。这样就能够视复习进度和时间可能灵活调节复习内容，不至于因“临时抱佛脚”而顾此失彼。

3. 实用优先法。对于那些与本职工作直接有关的课程，无论是重点还是非重点，我都作为重点来学习。这些课程的内容即使我不参加党校函授学习，因工作需要也是必须学习的。如《市场经济法律制度概论》中有一章是“金融法律制度”，教育计划列为非重点章节，但因与我的工作紧密相关，我也作为重点内容，并结合《人民银行法》、《商业银行法》、《担保法》、《票据法》等有关金融法律、法规进行认真学习，这样也就相对地减轻了期末总复习的压力。

4. 难题先行法。我们在每学期的学习过程中总会碰到各种各样的难题，对这些“疑难杂症”，如果光靠考试前的十几天或几天的最后冲刺往往是难以奏效的，这就需要采取难题先行法，特别是重点中的难题。例如：我们所学的《马克思主义哲学文选》，由于该课大多是马克思、恩格斯、列宁等的原著，具有一定的难度和深度。因此，只有对其中的难点、重点题，在平时的自学中结合辅导老师的讲解抽出一定的时间进行反复研究，加深理解，才能做到临考不慌、从容应考。

5. 循环压缩法。所谓循环压缩法是指在进入期末复习阶段后，学员必须根据自己每天业余时间的多少制定出总复习计划。每门课程至少要梳理三遍，复习内容上由多到少逐步压缩，使用时间上由长到短逐步压缩，直至进入考场。

自学方法四题

徐文斌

一、要循序渐进

我们学习的各门知识都是成体系的，互相都有紧密的联系。一般来说，后面的内容是以前面的内容为基础的，但又比前面的内容更深入。我们只有按照教材从前到后的逻辑顺序学习，由浅入深，才可能看得懂、学得好。这一点，对于自学来说显得更为重要。许多大学者在谈到学习方法时都十分强调这一点。我国著名数学家华罗庚在寄语青年人时说：“要循序渐进，我走过的道路，就是一条循序渐进的道路。”俄国著名生理学家巴甫洛夫说：“我对我国有志于科学的青年有什么祝愿呢？首先，循序渐进。我一说起有成效的科学工作的这条最重要的条件时就不能不感情激动。循序渐进，循序渐进，循序渐进……在未掌握前一项时决不要开始后一项。”在函授学习中，如果我们不遵守循序渐进的原则，前面的内容还没学就去学习后面的内容（或学习跟不上进度，在前面的内容还来不及学时就勉强去接受后面的内容），那我们是很难学懂的。为了真正学好，我们就必须遵守循序渐进的自学原则。

二、要写读书提纲，注意把握教材内容的逻辑结构

写读书提纲可迫使我们读书时集中注意力，养

成把阅读和对课文内容的分析、概括结合起来的习惯，这对于理解和记住教材内容、把握其逻辑结构具有很大的作用，可说是行之有效的非常好的方法。写读书提纲先要分析每一讲、每一章节讲了哪几个大问题，每一个大问题里面又包含哪几层意思，它们有什么逻辑关系；然后用自己的话把它们简要地概括出来，写成不同层次的大小提纲。这些提纲可先边阅读边写在书本的空白处，然后全面推敲一遍之后再按其逻辑顺序写到笔记本上，并用不同的数字符号标明其层次。这样写出的提纲把课文的主要内容及其逻辑层次一目了然地揭示出来，使我们能提纲挈领地把握课文内容及其逻辑结构，把书越读越“薄”，既便于理解，又有助于记忆。

三、要把学与思、阅读与答题结合起来

我们在阅读教材时，一定要积极思考。孔子说：“学而不思则罔，思而不学则殆。”明代的著名哲学家陈献章说：“以我观书，随处得益；以书博我，则释卷而茫然。”他们的这些话都强调了在读书学习时积极思考的重要性，如果只读不思就会迷惘而无所适从或“释卷而茫然”。只有把阅读与思考结合起来，我们才有可能深刻理解和牢固掌握所学内容。编写读书提纲和解答思考题是促使我们把学与思结合起来的有效措施。如果我们能做到对教材至少阅读三遍的话，那么，读第一遍时，我们可从总体上获得对课文的基本内容的了解；读第二遍时，我们便可结合编写阅读提纲，明确课文的重点、疑点及课文内容的逻辑结构；读第三遍时，则要边读边释疑、边解答课后的思考题和教学计划中规定的讨论题，从而进一步把握课文内容。在阅读过程中，通过上述编写读书提纲、释疑、答题等几个环节，我们就能较好地把学习与思考结合起来，从而掌握好所学内容。

四、要把阅读与识记结合起来

知识的积累和水平的提高与人们对学习内容的识记是分不开的。如果一个人读了一本书之后，对书本上的内容毫无所记或对书上的主要内容绝大部分记不住，这就很难说他从这本书中得到了多少知识。我们反对一味地死记硬背，但我们要求对教材中的基本概念、重要原理在理解的基础上记住。记的东西越多，我们的知识积累就越多，这对提高我们的认识能力和工作能力具有重要意义。心理学的研究表明，在一般情况下，有意识记的效果要比无意识记好得多。在阅读教材时，如果我们不对自己提出记住有关内容的要求，那么，在读完一定内容之后我们记得的东西就会很少。但如果我们阅读时积极主动地边读边记，那我们就会在较短的时间内记住较多的内容。为了提高有意识记的效果，我们要求通过编写阅读提纲和答题，在理解的基础上记忆；因为只有理解了的东西，才容易记住，也才能变成自己的东西，从而才能灵活运用。

办学经验集锦（四）——整肃考风考纪

齐抓共管 严把招生考试关
——1998年招生考试述要

钟 韩

今年招生考试工作情况总的看主流是好的。绝大多数办学单位领导重视，思想认识到位，工作深入，准备充分，监考严格，考试秩序良好，创造了不少值得提倡推广的新做法新经验。

（一）领导重视，组织严密。根据胡锦涛同志关于“要把好招生关”的指示精神和校领导对做好今年招生考试工作的具体指示，孙钱章等总院领导多次召开会议，认真研究，周密部署，制定措施，提出要求，下发了《关于认真做好1998年招生考试工作的通知》。为了加强考试工作的组织领导，总院于年初成立了考试委员会，由孙钱章院长任主任，其他院领导和有关同志任副主任，下设办公室，专门负责考试命题和考务管理工作。考试期间，张志新副校长在院领导陪同下，亲自到北京市委机关、中直机关、国防大学等分院所属考场巡视。孙钱章院长和史信发、刘利群副院长先后到天津、浙江等地巡视了解考试情况。总院组织了24个巡考小组共49人分别到22个省、区和部队分院、学区巡视检查考试情况，同时总院每天还派出10多个小组30多人到驻京单位考场巡视。当发现重大违纪问题时，孙院长亲自主持召开紧急会议，采取紧急弥补措施，确保考试顺利进行。

绝大多数分院、学区领导对做好今年的招生考试工作都非常重视。他们认真贯彻胡锦涛同志关于党校函授教育的指示，坚持“从严办学，质量第一”的办学方针；认真落实总院《通知》，结合本单位实际情况作出部署。对试卷保管、考场安排、监考人员培训、严格考风考纪等工作，提出具体要求，采取有效措施。不少分院自今年招生工作一开始，就和省、市组织人事部门、干部教育部门联合确定招生计划和招生方案。在考试期间，除他们亲自巡考、监考外，还邀请了组织、纪检、宣传等部门的同志参加入学考试工作。各分院、学区都成立了考试领导小组，领导分工明确、各司其职、一级抓一级，层层把关。领导小组下设考务工作办公室，有的办公室分设宣传教育组、考务管理组、安全保卫组、后勤保障组，并规定了各组的具体工作职责。工作一环扣一环，事事有人办，件件有落实。

（二）端正入学态度，严肃考风考纪。许多办学单位把对考生的教育当作争取考风考纪根本好转的一项重要工作来抓。如甘肃、福建、青海、云南、北京市委机关等分院，都结合考前辅导对考生进行了明确学习目的、端正考风考纪的教育。安徽分院亳州学区（市委党校），为了加大宣传教育力度，营造一个良好的考试氛围，每日考试前半小时广播市委党校校长致考生的一封信和考生守则。同时，还与新闻宣传部门联合录制了《关于党校函授招生严肃考风考纪问题的电视讲话》在电视台连续播放，教育引导考生正确对待考试，自觉遵守考纪，切莫因作弊丢了党性和人格而铸成终生大错，收到了较好的效果。不少学区、辅导站也都在对考生进行思想教育的同时，安排有经验的专职教师进行了集中系统的考前辅导。这样做既提高了考生的应试能力，也有助于考风考纪的好转。

（三）按规定要求设置考场。绝大多数考场按25人至30人设置。有的学区虽然利用了礼堂、阶梯教室，但也只安排了30人作为一个考场。有的租车将分散的考生集中到一起考试。有的单位顶住了本地领导单设考场的要求，维护了考场设置的严肃性。多数考区划有警戒线，考场有分布示意图和指示牌。绝大多数考点都挂出中央党校函授学院招生考试的横幅，并配有醒目的宣传标语，如“公开竞争，反对腐败”；“考出党性，考出人格”；“遵纪光荣，违纪可耻”；“宁失考分，不失人格”等警言，营造了严肃的考场气氛。

（四）*认真选聘和培训监考人员*。考风考纪的好坏与监考人员素质的高低有直接关系。各分院、学区按总院颁发的《考务管理规程》，结合近几年来监考工作存在的问题，制定考务工作操作规程细则，认真选聘监考人员，选熟悉考务、党性强、作风正派、坚持原则、敢抓敢管的同志担任监考工作。对监考人员进行培训，要求他们认真学习《监考人员守则》，严格按规程操作。对监考人员实行奖惩制度。凡监考认真、敢抓敢管、成绩突出者，给予奖励。凡在考务工作中出现严重失误者，给予行政处分；特别严重者，追究法律责任。

（五）*加强试卷分发监管工作*。绝大多数单位对试卷的分发监管工作是重视的，采取了切实有效的措施，确保试卷分发及时、安全保密。为尽量缩短试卷在学区、考点的滞留时间，绝大多数分院都是在考前一二天由分院派出的巡视员将试卷直接押送到学区，并与学区的同志共同保管试卷。在分送试卷的过程中，每个交接环节都办理了严格的登记签收手续。许多分院、学区还请校档案室监管试卷。考试结束后，由分院巡视员两人以上将试卷带回分院，自始至终保证了试卷的安全、保密。

（六）*严格执纪，考试秩序井然*。由于考前准备工作扎实、细致、周到，所以考试井然有序。许多考场实行封闭性管理，请武警战士、公安干警担任门卫，考生凭准考证、身份证入场，无关人员一律不准进出考场，维护了考场的良好秩序。监考人员挂牌上岗，工作认真负责，敢抓敢管，每科考前都宣布考场规则。凡发现小抄、夹带等违纪行为，立即制止，并作零分处理，许多单位还张榜公布违纪考生姓名、工作单位、作弊内容等。凡请人代考者，立即收缴准考证，取消考试资格，并给予通报批评。为了加强监督力度，除设有监督举报箱、举报电话和采取监考人员更换考场等措施外，各级领导还亲自参加巡视检查。江苏、辽宁分院等单位请广播电台、电视台、报社等有关新闻单位进行现场监督和宣传报道。主考、监考、巡考人员与考生互相监督，真正做到公平竞争。不少办学单位的后勤保障工作有力，有的为考生准备午餐，安排午休，考场备有饮水，配有医生，深受考生欢迎。在上下齐心协力、多方密切配合下，今年的招生考试秩序井然，考生考出了真实水平，社会反响良好，提高了党校办学声誉。

今年招生考试暴露出来的一些问题主要表现在有些单位的试卷管理、考场管理和办学体制三个方面，需要引起重视，采取有力措施加以解决。

安 徽 分 院
严格执纪　赏罚分明

安徽分院在今年招生考试工作中严格执纪，赏罚分明。考场上严格执纪是从严治考的关键。各学区都加大了执纪力度，采取了各种措施：

第一，规范考场。在考场外划出警戒线，拉上绳子，禁止闲杂人员进入，以防止考场内外串通作弊。规范考场设置，严格按30人一个考场设置，桌子背对考生，对于不能移动的桌子，用纸将桌肚封住。考生只准凭两证（准考证、身份证）一笔参加考试。考生入场后将所带教材、资料等交监考人员保管，否则不发试卷。发现考生“夹带”，除立即收缴外，坚决按零分处理。实行滚动监考的方法，以便于监考人员及时回避熟面孔的考生，增加监考的公平公正性。

第二，对作弊的考生，不讲关系，不留情面，坚决执行“零分处理制”，并张榜公布其姓名和单位。凡发现替考者，除立即驱出考场外，还通报被替考者单位。这些做法在考生中引起极大震动，对端正考风起到较好的促进作用。

第三，赏罚分明，措施兑现。为增强监考人员的执纪责任心，调动他们的积极性，各学区一方面要求监考人员严格以监考人员守则作为行为准则，规范自身行为，做到“八不准”，即：不准讲私情，不准擅离职守，不准进行反监考，等等。对于那些不负责任的监考人员，轻则批评教育，重则当场免去其监考资格。另一方面，制定了一些奖励办法，如许多学区规定，凡抓住一个替考者，奖励20元，当场兑现。有的学区还在考试结束后评选“名星监考人员”、“十佳监考人员”、“糊涂监考官”等。这些措施有力地督促监考人员认真履行职责，严格执纪，从严治考。仅以本科考试为例，全省各学区共抓出替考人员36名；对于作弊的292名考生，该科成绩一律按零分处理，一次到位，决不姑息迁就。

党校从严治考的举措，受到社会各界的肯定和一致好评。教委系统参加巡视的同志说：“党校动真格的了，一年比一年更严”、“党校函授招生考试基本上达到了高考水平”。纪检委的同志说：“党校能如此严肃考风考纪，真不简单!”考生们也表示：“党校这样从严治考，无论我们能否录取，都服气。”一位参加巡考的老同志还欣然作诗一首来概括党校今年的招生考试工作：“党校九八招新生，应邀巡视考场情。监考作风堪赞赏，纪律严明不徇情。秩序井然风气好，抄袭作弊一扫空。谁言腐败难治理，认真就能正党风”。（韩 工）

湖南分院 领导重视 要求严格

领导重视是加强考试管理、严肃考风考纪的关键。湖南省分院于4月14日召开了1998年招生考务工作会议，各学区分管函授教育的校领导和主持工作的负责人、省委干部教育领导工作小组办公室主任、省委组织部干教处长等60多人出席会议。省委党校副校长刘普生在讲话中强调必须贯彻一个指导思想，即以十五大精神为指导，深入贯彻落实胡锦涛同志关于党校函授教育的指示，端正办学方向，全面提高办学质量；认识要统一到“两个第一”上，即“社会效益第一，办学质量第一”；要把好新生入学三个关，即报名资格审查关、招生考试关和录取入学关。他还提出强化四个管理：一是组织领导管理，即各学区要成立招生考试工作领导小组，下设办公室，组织一支精干、负责、高效的办事队伍；二是制度规程管理，即要严格按照制度规程办事，确保考务工作的各个环节万无一失；三是监考人员的管理，即要对监考人员进行认真培训，要他们认真履行职责，严格对巡考监考人员的奖罚制度；四是试卷的保密管理，即对试卷要专人、专房、专柜保管，以及严格遵守送卷、拆卷的规定，保证今年的招生考试试卷保密在我省不出现任何问题。他要求消除一个顾虑，即消除“搞严了会影响考生成绩，最终会影响录取率”的顾虑。

（钱寿根 郑三立）

内蒙古分院 严字当头 监考有新招

内蒙古分院在今年招生考试工作中，严字当头，监考工作有新招。一是领导重视，严密组织。分院和所属20个学区都成立了考试领导小组及相应的组织，由各级主要领导亲自抓。二是严格挑选监考人员。从各级领导机关和党校中抽调有监考经验的人担任监考，并需经考试领导小组核准。组织监考人员认真学习考务规程，增强严格执纪的自觉性。他们认为，考场考学生，同时也是考自己。防止作弊，千办法，万办法，监考人员过得硬是最根本的办法。三是严格监督。由校党委书记负责，建立监察组，监察考试领导小组及监考人员的工作；由考生监督监考人员，为考生设监督举报箱、公布举报电话，让考生监督监考人员是否秉公执法；监考人员不固定考场，在临考前抽签决定或由领导指定考场。（陈惠邦）

江苏分院从严治考的举措

1．实行异地监考，全省监考人员大循环。江苏分院从全省各学区、辅导站抽调有经验的优秀教师，统一编组，分赴各地进行监考，加大监考力度。

2．对考务委员会（领导小组）实行责任制。抽调分院工作人员、省党校处长以上干部、学区科长及退休教师50人，组成13个考评小组，分赴全省13个市进行巡视和检查，并对各考点进行综合评估。省委党校两位副校长和分院三位副院长，在事先不通知的情况下，分赴各学区，检查各考评小组的工作。环环相扣，组织严密。

3．营造考试气氛。分院请南京市宣传、纪检、组织、人事等部门领导和新华日报、江苏省电台和南京市电台的记者，亲赴各考场检查。各考场门前均有关于中函考试的横幅、标语、考场规则及违纪通报栏。每个考场的黑板上，均写有“几不准”的考场规定。考场人数一般在25人上下，清场彻底，考桌设置、人员间距规范。考场外有专人把守，考场门前划有警戒线，无关人员不得入内。

4．从严执纪，严把考试关。抓好监考人员的培训，印发考纪手册；强调两证齐全。泰州学区还通过有线广播播放考试规则。考场执纪严格，全省抓出替考40人，违纪者几百人。由于江苏分院从严治考，赢得了社会的信赖。（孙永顺 张锦城）

从严须攻坚　真功在考场

——安徽分院推行“考场工作细分化”的做法

考风考纪关系到党校函授教育的质量和形象。安徽省委党校在1997年、1998年招生考试中，推出“考场工作细分化”新举措。考场工作细分化，就是把治理考风的工作重点落实到规范考场工作上，按照中央党校和省委党校函授教育考试的规章制度，严明考场职责和纪律，并使招生指标直接与考场情况相联系。这是在招生考试录取工作中的一次尝试，也是整治考风考纪的一项具体措施。

（一）思想从严落实到考场。分院及各区站组织党校教职员工认真学习中央领导同志关于党校函授教育的重要指示，强调各级领导要讲政治、讲党性、讲大局，从培养高素质干部队伍和反腐败的高度来认识严把招生考试关的重要性。从严治考有难度，但只要坚决贯彻中央领导同志的指示，从思想作风上真正严起来，严格执行函授考务制度就不难。提高思想认识要见行动、严明考风考纪要落到实处。要敢于攻坚，做好规范考场、严明考纪这一篇文章，严格落实考场工作细分化，整肃考风，弘扬正气。

（二）领导责任直接到考场。各级党校都成立了以第一把手负总责的考试领导小组，会同上级党校巡考的同志统一领导组织本地的考试工作。为了增强考务工作的权威性和严肃性，各地都约请了组织、宣传、人事、纪检、教委等部门负责人参加考试的领导和组织工作，有的直接参与监考。除此之外，根据考场工作细分化的要求，各级校领导都要分工分片承包某一考点考场的考风考纪，是一定考场的直接领导责任人，以避免领导同志只拉架子不实抓、挂帅不出征、务虚不务实。

（三）严格设置考场。为了有效地实施管理，分院明确规定本科考试一律集中在地市党校函授学区进行，大专考试在有条件的县级党校设立考点考场。个别边远县级党校为方便考生确需设立本科考场的，须经分院根据其领导班子是否过硬、教室等基础设施是否具备条件等严格审查而定，并且由分院或学区直接派出骨干人员监考。无论本科、大专考场，一律每考场按30人安排，一人一桌，拉开适当距离，课桌反向放置。统一使用微机编排考场及考生考号序列，消除在安排考场中的一些不良的人为因素，杜绝“特殊考生”在“特殊考场”考试的现象。

（四）开展考区分类达标活动。一是考核评定一定要分出不同的类别，并兑现相应的奖惩措施；二是由考点、当地党政有关部门、上级党校巡考人员三个方面背靠背打分，综合评定；三是强调用事实来讲话，特别是以各个具体考场的考风考纪状况为基础，使考场秩序与达标直接挂钩。

（五）精心调配和培训监考队伍。监考教师是考场的执纪者。在考前都要组织监考人员培训，强调讲师德，严是爱，松是害，学习考务规则、监考规则，按考场规则办事。有的地方实行异地监考、推磨监考和回避制度等。对从严监考者给予表扬奖励，对不负责任的取消监考资格，扣除监考费，年终不得评为优秀等。有的地方把监考从严者评为优秀监考者，把监考不力者评为“糊涂监考官”。绝大多数监考教师敢抓敢管，从严执法，保证了考试顺利进行。

（六）加强考生教育。考生是考场的主体，考生的思想觉悟直接关系到考场的考风考纪。本着防重于治的精神，各地普遍举办考前补习班，在辅导考生复习迎考的同时，加强对考生进行考风考纪教育，广泛宣传总院和分院的考务规章制度，宣传零分处理制度和考场工作细分化的基本要求。向考生发公开信，有的党校负责人在电视上或通过报纸向广大考生和社会作从严治考的宣传，要求考生端正考试态度，以真才实学参加考试，宁失考分、不失人格。各考点考区周围悬挂大幅宣传标语，播放关于考试纪律的规定，为从严治考营造良好的气氛。考试期间，绝大多数考生都能自觉做到“两证一支笔”进考场，从严律己，使考场秩序井然、考风端正。

（七）采取综合措施。一是既要认真查阅监考教师的考场记录，又要听取考生的反映；二是在组织教师阅卷的同时，进行卷面答题分析，分院专门召开相应的会议对考风考纪进行讲评；三是通过微机录入考分后，依照分数成绩规律进行再分析。以此评定具体考场的考风考纪状况。在此基础上进一步确定各学区、辅导站的考风考纪状况，并兑现相应的奖惩办法。

（八）录取比例直接划到每一个考场。以考场作为划定分数线的基本单位，每一个考场都有淘汰率，同时对考纪严、考风正的考场给予指标奖励，对考风考纪不好的考场给予扣除指标等惩罚。

办学经验集锦（五）——加强毕业论文工作

导师在学员撰写毕业论文中的作用

山东分院费县辅导站 王 友

撰写毕业论文，这是综合考核和检验学员学习成绩的重要方式，是巩固和深化学习成果的重要环节。为了保证和提高毕业论文质量，中央党校函授学院各单位为每位学员聘请了指导老师。导师在学员撰写毕业论文中应起什么作用呢？我认为至少应起以下四个作用：

一、带路人作用

在毕业论文指导过程中，有时会遇到学员对毕业论文写作缺乏主动性、积极性的情况。有些学员本身水平较低，不知道怎样写论文；写作时，又不肯下力气、动脑子，提纲写得不像样，甚至连参考书也希望导师给准备好。对这样的学员，导师要切记，不能做保姆，而要做带路人。学员每走一步，导师都要坚持教给他们方法，提出具体要求，引导他们一步步地完成具体的写作工作。保姆式的导师，虽然能使学员较快地完成毕业论文，但它会使学员产生依赖思想，既加重了导师的负担，又不能使学员得到应有的锻炼。

二、引导作用

在论文指导过程中，往往会出现这样的情况：有时候导师的意见与学员的意见不一致，产生分歧、发生争论。在这种情况下，导师不能包办代替，不能强迫学员接受自己的意见，按照自己的意见去写作，而是要引导学员提高认识，按照正确的思路去写作。为此，导师要充分认真地听取学员的阐述，平等地与学员探讨。在肯定学员认识上正确之处的基础上，指出学员认识上的失误或片面性，引导学员完善并提高自己的认识。只有善于引导，才能真正提高学员的认识，锻炼学员的能力，使学员写出较高质量的毕业论文来。

三、搭桥铺路作用

导师指导学员撰写毕业论文，是一件细致而复杂的工作，必须讲究方式方法。可以这样说，学员要完成毕业论文，就如同步水过河一样。导师背着学员过河，代替学员去做本应由学员自己做的事，结果就会是导师负责、辛苦，学员自在、轻松。这样做，毕业论文虽然会写得很顺利，但却忘记了撰写毕业论文的根本目的是培养和锻炼学员的能力。因此，导师背着学员过河的方法不可取。正确的方法是替学员搭桥铺路，也就是在论文指导过程中，既要善于肯定学员正确的认识，促其上升到一定的理论高度，又要善于发现学员的不足，并做出中肯的分析，促其改进提高；既不能让学员感到撰写毕业论文茫然无路，也不能让学员感到撰写毕业论文可以不费吹灰之力就能‘坐享其成”。

四、指导作用

函授学员在撰写毕业论文过程中经常遇到两大难点：一是如何综合分析问题、提炼观点，二是文字的表达。因此，在论文指导过程中导师既要重视对学员论文题目涉及内容、观点的指导，又要重视对学员论文写作表达的指导。

论文题目是否精炼、论文内容是否正确、论文观点是否鲜明，这是论文成败的关键。这一点应当成为导师指导工作的着眼点。否则，就会失去指导的重点。但只重视这一点也是不够的。因为再好的观点、再好的认识必须通过文字来表达。所以，在学员动笔写初稿前，导师给学员讲一讲必要的写作常识，如论文的引论、本论、结论的写法，本论展开时的论证方法，段与段的衔接、过渡以及格式要求等，也是必要的。在修改初稿时，还要对论文的前后照应、语句是否通顺、是否合乎语法，以及文中的错别字、标点符号等进行必要的指导。只有搞好这两方面的具体指导，才能帮助学员提高认识，把握重点，写出质量比较高的论文。

选好题目是写好毕业论文的前提

甘肃分院白银学区 范 义

确定好选题是写好毕业论文的前提。如果题目定不下来，其他工作都无法着手。根据以往的经验，确定选题并不是轻而易举的事情。一个专业有那么多课程，每一门课程中又有那么多问题，每一个问题又可以从不同的角度做文章，到底选哪一门课程的哪一个问题，从哪个角度去论述才比较妥当呢？这的确需要费一番心思。

在解决这个问题的时候需要注意：

首先，要把客观要求和主观条件有机地统一起来加以考虑。在客观要求方面应当明确：该学科目前的学术理论水平状况；学术理论界提出了哪些疑难问题，争论的焦点在哪里；学习期间所涉及到的专业内容中哪些是反映该学科基本性质的重要问题，在这些重要问题中教师对哪几个问题讲解得较为深透，等等。在主观条件方面应当明确：你个人对哪一门专业课兴趣较大，成绩较好；在一系列重要问题中，你平时对哪一个问题比较关注、比较熟悉，“前沿知识”（即作为撰写论文的预备知识）较多；你对哪一个问题感受最深、体会最多、最具体，或者说哪一个问题最先在脑海中形成比较明确的、系统性的意见，等等。只要把这些问题考虑好，脑子里就不难出现一、两个或三、四个比较明确、大致可取的“目标”。

其次，从难、易的角度反复比较头脑中涌现出来的选择目标，看看哪一个最符合客观要求、最适应主观条件。这样，就容易把握论文题目的恰当高度了。北大一位教授曾把论文的恰当高度比喻为“篮球架子”。熟悉篮球运动的同志知道，“篮球架子”的高度是表现篮球运动技巧的最适宜的高度，即难易均衡的恰当高度。太高，谁也够不着；太低，就失去了竞争的趣味和意义。论文的题目也是这样，既不能贪图省事，也不能好高务远，因为两者都发挥不出作者的正常水平。

怎样才能比较顺利地找到论题的恰当高度呢？这要和上一个问题（即主客观条件的统一）的解决结合起来。从一开始选题，就要把思考的目标限制在本专业范围内，限制在本专业中自己学习较好、兴趣较浓的专业课程范围内，限制在这门专业课中自己学有专长的某个问题上，限制在自己对这个问题体会最多、感受最深的方面；然后，把自己选定的问题和角度与考核标准的一般衡度（即函授学员毕业论文的一般要求）对照起来，调整适当。这样确定下来的题目，高低难易程度就是比较恰当的，既符合普遍的水准，又适合个人的条件。

最后，当你对题目的范围、高度有一个大致的设想以后，还要从“大小”这个角度鉴别一下。一般地说，论文的题目宜小不宜大。“伤其十指，不如断其一指”，专谈一点，把问题谈透就是好文章。一篇论文最好只谈一个问题，同时抓两个兔子往往一个也抓不住。另外，为了把握更大些，选题时一定要主动争取老师的指导。

我们是如何组织学员撰写毕业论文的

湖南分院石门辅导站

毕业论文，既是对学员的综合考查，也是对学员的能力训练。从素质教育的角度来看，尤其应该侧重后者。因此，基层辅导站，务必把组织学员撰写毕业论文作为提高综合素质的一件大事抓好，抓落实。我们多年来组织学员撰写毕业论文的作法是：

视点：使理论联系实际

我们坚持理论联系实际的视点，明确规定毕业论文的写作必须坚持三个“一定要”。即：一定要切入生活实际，不能从理论到理论；一定要自己启脑动手，不能由别人捉笔代刀；一定要防伪打假，不能抄袭舞弊。对违反规定者，严格按有关条款处罚。这样，就确保了认识的到位，把学员逼上“梁山”，真正走理论联系实际的写作之路。

标的：为领导决策服务

在一般人看来，函授学员的毕业论文，只要能应付毕业考查，拿到文凭就行了，不必另定什么标的。然而我们却认为，党校函授学员的毕业论文一定要为领导机关决策提供重要参考。这并不是好高务远，因为函授学员撰写毕业论文有其特有的优势：一是学员多是党政机关干部，有的还是领导干部，他们有丰富的实践经验，为领导决策服务的期望值高；二是学员都是成年人，独立思考的能力强，可以进行思维创新；三是学员都有将所学知识转化为能力的强烈欲望，愿意一展才华。因此，“为领导决策服务”很自然地成了函授学员撰写毕业论文的首选标的。

运作：抓重点课题攻关

我站学员毕业论文选题经历了一个从分散自由选题向统筹安排选题的过程。在实践中，我们发现，分散自由选题，虽然能够较好地发挥各自的优势，但不能形成“拳头产品”，解决一些深层次的问题。于是我们注意发挥集体智慧，通过毕业论文的写作指导，把大家的视野转移到解决社会经济生活中的焦点上来，引导大家选择那些改革需要突破的课题，领导特别重视的课题，群众十分关心的课题。如：根据石门经济发展的需要，围绕县委提出的“兴工、强农、活商、富县”的总体发展战略选题；围绕县委实施的以招商引资为主要内容的“外力工程”选题；围绕县政府以开辟新的经济增长点为主要措施的“财源建设”选题；围绕县委开展的以“第二次创业”为主旋律的基层党建选题等等。使选题既切合专业特点，又具有实用价值，从而更加激发了学员写好毕业论文的社会责任感。

推荐：让成果产生效益

学员的毕业论文写成后，除了搞好评审答辩外，我们还着力向社会推荐，使这些研究成果产生应有的经济和社会效益。一是将论文汇编成册；二是组织专题论文发布会，请县里的有关领导出席，当面提出解决某些经济难题的对策与建议；三是把学员的优秀之作，向各级各类报刊推荐。据不完全统计，我站本、专科学员的毕业论文在市以上报刊公开发表的已有20多篇。94级本科班学员杨石旭同志撰写的毕业论文《以“外力工程”促进县城经济的发展》开了“外力工程”理论研究之先河，该文在《湖南经济》上刊发后，被国务院内刊转载。

怎样才能提高学员撰写毕业论文的积极性

桂林市少年宫内市委党校函授站　刘旗胜

毕业论文撰写是函授学员毕业前面临的一次大考，而毕业论文写作质量的高低很大程度上代表着学校的教学水平、教学成果。如何调动学员的写作积极性成为我们需要认真解决的问题，笔者认为可以从以下几个方面入手。

1. 创造公正、严肃的论文指导、答辩氛围。首先，指导、答辩老师必须统一思想，认识到严格要求、认真指导不仅是对学员负责也是对学校负责；认识到在工作中失职应付不仅有损于自己的职业形象还有损于学校的声誉，并最终影响到党校函授教育的经济效益与社会效益。其次，函授管理部门应制定科学的奖惩机制并严加执行。对认真负责、效果好的指导、答辩教师要加以奖励，对失职教师应予以惩罚。通过上述措施杜绝有些学员向教师求情送礼，使学员把精力放在写作上。

2. 调动学员的写作兴趣。

(1) 使学员对指导教师有兴趣。每个学员都会有自己心目中敬佩、喜欢的教师，让学员自主地选择自己喜欢的教师作指导老师，能最大程度地调动学员的写作兴趣，也便于在写作中双向交流。

(2) 使学员对论文题目有兴趣。确定指导教师后，由指导老师与学员共同拟定论文题目。论文题目应密切联系学员的工作环境、专业方向或是一些社会热点问题，使学员有认真写作的兴趣。

(3) 使学员在写作过程中保持兴趣。指导教师在指导过程中要经常与学员保持联系，及时了解学员的心态与论文写作进程，在学员遇到挫折时给以鼓励，在学员有所松懈时给以督促，并用多种方式如座谈、辩论、小组交流等形式对学员进行指导。

3. 触动学员的利益。我们要采取多种措施使学员感到下大力气写一篇好文章是有好处的。

(1) 建立具有足够吸引力的奖励机制，比如对优秀论文的写作者可退其学费；或与有关杂志社联系发表其文章等，通过奖励学员的极少数来调动大多数学员的写作积极性。

(2) 对少数伪劣论文的写作者，应把其弄虚作假或极不认真的情况通报其所在单位。若修改后仍不符合要求的，则严格按总院的规定不予毕业。这样会给以后各届学员产生正面影响，形成良性循环。如果我们出于短期利益或人情上的考虑，让个别不合格者过关则会形成恶性循环。

我们是如何搞好论文答辩工作的

陕西分院西安工程学院直属站　李　峰

一、坚持试答辩。每届学员毕业论文正式答辩

办学经验集锦（六）——在职研究生教育

函院研究生教育结硕果

总院研究生办公室

经中央党校校委批准，函院多方调查论证，于1995年办了第一期党员领导干部在职研究生班。在制定培养方案的基础上，1995年3月7日颁发了招生简章，限于在北京地区试办经济管理专业班。这期研究生班从报名的100余人中经过马克思主义基础理论、社会主义经济理论、经济管理理论、外语、数学五门课考试选优，正式录取48人（试读生5人），在9月5日正式开学。

经过三年的学习，47人圆满地完成学习任务，顺利毕业。今年8月31日举行了毕业典礼。这47人都撰写了毕业论文，并参加了论文答辩，其中16篇论文被评为优秀论文。47人中有11人被评为优秀学员，3人被评为优秀班干部。在学习期间，有17人行政职务得到提升，有11人由中级职称晋升为高级职称，4人获得省、部级以上奖励，16名学员的33篇论文或调查报告在省、部级以上报刊发表。总之，这个班次，经过广大教、学人员的共同努力，圆满地完成了教学任务，达到了办学目的，取得了丰硕成果，为今后研究生办学摸索出了可贵的经验，其主要收获是：

1. 学员的综合素质有了明显提高

三年来，我们坚持“知识、理论、党性、能力”相统一的培训质量要求，努力使我院培养的研究生既具有国民教育系统研究生相应的理论与专业知识，又具有党校在职研究生的特色，即成为党性坚强的、德才兼备的、复合型的、能胜任较高层次领导工作重任的管理人才。我们按此目标设置课程，安排教学活动，搞好日常管理。学员普遍反映：三年的学习，“受益匪浅”、“终生难忘”。

一是增长了知识。学员们在三年时间中共学完16门功课，较系统地学习掌握了马克思主义经济理论、邓小平建设有中国特色社会主义的理论和经济管理理论；系统地学习了领导科学与现代化管理技术与方法，武装了头脑，开阔了视野；同时，加强了外语训练，提高了外语水平。

二是锻炼了党性。这个班次，始终把加强党性修养、提高党性觉悟作为课程学习和培养目标的重要内容。经过三年有计划有目的的学习和锻炼，学员提高了对新形势下加强党性修养的必要性和紧迫

前，我们都从中选择3—4名毕业论文写得好（如选定题目大小得当，理论联系实际；收集材料多少适度，善于筛选运用；撰写提纲、草稿严肃认真，反复修改所写论文，文章结构合理、观点准确、文字比较流畅、思路清晰）、语言表达能力较强的学员向全年级学员和答辩委员会全体委员，进行正规的试答辩。试答辩会场悬挂横幅会标、答辩委员会主任、委员、记录员都佩戴标志。答辩由答辩委员会主任主持。学员在介绍完论文题目、选题过程、论点、论据、论证过程和主要结论后，由答辩委员会主任首先发问，其他委员自由提问，由学员现场作答。学员答问结束后，主持人在征得多数委员同意的基础上，当场宣布答辩是否通过，严肃庄重。最后由主持人对试答辩的优缺点进行讲评，使优秀的试答辩者给其他学员树立榜样，发挥示范效应。

二、正式答辩以集中或分组逐个答辩的形式按与试答辩同样的程序进行。坚持逐人答辩，可以防止或杜绝“克隆大师”蒙混过关，确保毕业论文的质量。95级本科班有位学员的论文在行文格式和语言文字上似大家风范，答辩委员会的专家发现此文很面熟，且引用的资料、论说的背景都与当时已实现了软着陆的经济形势不符。稍一追究，就弄清了“作者”是从某杂志上“克隆”来某著名经济学家在2—3年前发表的文章，理所当然地被“黄牌”警告，令其重写后再行答辩。

性的认识，增强了拒腐防变、经受“三个考验”、树立正确世界观人生观的自觉性。有的学员说，三年的党校学习生活，使自己的“灵魂得到洗礼”、“心灵得到净化”、“党性得到增强”。

三是提高了能力。学员们不仅注意吸收知识，而且注重学习掌握观察、分析和解决问题的立场、观点和方法，努力提高“综合性、高层次、创造性的理论思维能力”，取得了程度不同的进步。

四是培养了自学的兴趣和习惯。三年来，学员们以顽强的毅力克服了工学矛盾和学习与家务矛盾等不少困难，不少同志在出差路上、候机室里、医院的病床上都坚持学习，涌现出许多感人至深的故事。有的学员在小结时深情地写道：在职学习之路，“像一条河，曲曲折折；像一条路，坎坎坷坷；像一颗星，闪闪烁烁；更像一团火，蓬蓬勃勃”。求知的热情和良好的学习习惯，将是一笔足以终生受用的精神财富。

五是结交了学友，增进了友谊。完成学业的47名学员来自中央机关和北京市属的不同单位，在三年的同窗共读中，同学习、同娱乐、同过党的生活，思想上互勉，学习上互励，生活上互帮，结下了深厚的情谊。

2．撰写了很有分量的毕业论文

一是论题多数是我国改革开放和社会主义现代化建设中的重大理论与现实问题。参加论文答辩的全体学员所写的论文中，关于国企改革、住房制度改革、人事制度改革等属于当前改革热点方面的论文就有21篇。其余论文，多数是联系本职工作，抓住某个关系全局性的问题进行分析研究，提出对策措施。这些论文体现了学员对社会实际问题和矛盾的深刻体验，也体现了他们心系国家改革开放全局、致力于为改革和发展作贡献的强烈历史使命感和政治责任感。

二是论文有一定的理论高度和深度。这届学员毕业论文的共同特点是，善于综合运用所学的理论观点和方法去观察和研究现实问题。比如，冯纪华同学的毕业论文是：《人本主义是现代企业管理的核心——关于现代企业管理的思考》。在论文中，他从现代企业管理的主要内容出发，从哲学、管理科学和现实需要等方面论述了人本主义是现代企业管理的核心，进而在如何将以人为本的思想与企业管理实践相结合方面提出有针对性的措施，具有很强的理论性和现实意义。王玮同学撰写的《事业单位改革的思考》，史论结合，在回顾事业单位改革历程的基础上，根据我国社会主义市场经济的改革方向，强调要通过改革使事业单位在社会主义市场经济运行轨道上发挥其职能，提出了事业单位进一步改革的独到见解。

三是论文贴近现实，为有关部门指导工作提供了很有价值的咨询意见。比如，贾建壮同学撰写的《国有企业亏损的成因分析与对策思路》，在分析我国国有企业亏损的基本状况和严峻性的基础上，深入地论述了其深层次的原因是改革攻坚阶段的体制性矛盾、结构性矛盾及其引发的经济运行中经营性矛盾交互作用的必然结果，提出了包括八个方面的解决国有企业亏损问题的思路。再比如，张若妮同学撰写的《关于北京五家企业文化建设的实证分析和理论思考》，结合自己的工作实践，选择北京市五个不同所有制、不同行业企业文化建设的成功经验，通过实证分析，提炼出它们各自的文化建设的个性特色，又从理论上概括出这五家企业文化建设成功的四个共同点以及五点启迪，对众多企业的文化建设具有理论和实践参考价值。周振民同学撰写的《关于我国产业结构战略调整的思考》，全面地分析了我国目前产业结构变化的状况，深刻地剖析了导致我国产业结构失衡与低度化的成因。他把传统思想观念、传统政绩意识与升迁考核机制纳入分析过程，颇有新意。论文在分析问题和原因的基础上提出的产业结构战略调整的思路和对策，很有针对性，具有一定的实践参考价值。

3．积累了举办党员领导干部在职研究生班的经验

1995年举办的这个由总院直接组织教学和管理的班次，是我院党员领导干部在职研究生班的“试验田”。三年来，我们本着郑重决策、慎重“初战”的精神，边实践，边探索，边总结，不断改进，积累了一些经验。其要点有：

一是坚持高标准。党员领导干部在职研究生班，是党校函授教育最高层次的学历教育，必须把“高标准”作为办学的重要指导思想。

二是科学设置课程。按照培养方案的要求，设置必修课，同时适当设置一些选修课，突出专业课和专业基础课的教学，尽可能与硕士研究生的课程衔接，为外语基础好的学员日后申请学位创造条件。

三是严格教学管理。为了确保教学质量，我们

把严格要求的精神贯穿到教学的全过程。

四是注重聘请高水平的老师授课和指导。据不完全统计，三年来在本班担任授课和指导的老师共79人，其中教授、研究员58人、副教授10人，博士1人。除中央党校内的40位老师外，还从北大、人大、社科院和国家综合经济部门聘请专家、教授任课。实践证明，这样做，对于激发学员的学习热情、提高单位教学时间的效益、保证教学的高质量发挥了很好的作用。

五是舍得投入。为了把党员领导干部在职研究生班办好，函院舍得投入人力和财力。对于培养方案、课程设置、发展规模、招生录取及相关重大活动，函院领导都亲自过问、研究。对教学活动的必要开支，包括为保证质量而采取的某些强化措施，院里都给以充分保证，有力地促进了在职研究生教育的健康发展。

从战略高度上认识函院党员领导干部研究生班

中央党校教授、博士生导师　刘炳瑛

（一）函院在职研究生班适应了时代要求

中共中央党校函授学院开设领导干部在职研究生班，体现了站在新的战略高度探索函授教育发展增长点的思路。世界正在迎接以知识为基础的知识经济时代的到来，相应地21世纪必将成为教育的世纪。适应时代的要求，只有建设一支包括党政领导人才、经济管理人才和科技人才在内的人才大军，才能使我们的伟大事业更有把握地取得成功。

函授教育是培养建设人才大军的重要渠道之一。各条战线上的干部特别是领导干部，很需要更新知识，进一步学习提高，但不可能都脱产学习。正是为了解决这个矛盾，函授学院开设了领导干部在职研究生班，从而使领导干部能够在各自工作的领域，从研究生层次上系统地学习、研究邓小平理论和专业理论，增强坚持解放思想、实事求是的自觉性，提高分析、判断和处理问题的能力，破除落后的思想观念和习惯势力的束缚，积极探索，勇于实践，以改革的精神研究新情况、解决新问题。

（二）函院在职研究生班取得了成功经验

实践充分证明，函授学院的领导干部在职研究生班是成功的，其经验是满足了办学的两个基本条件：

一是函授学院领导的指导思想明确、策划精细、组织规范。这是搞好在职研究生班的前提条件。这个前提条件是由一系列切实措施组成的。第一，有一套精干的尽职尽责的常务班子负责研究生班的组织领导。第二，对开设在职研究生班做了充分论证。从培养目标到课程设置和课程结构做了反复研究论证，制定了切实可行的方案。第三，对办研究生班的条件做了严格规范。强调由高水平的师资队伍和管理人员保证教学质量和科学管理。第四，对毕业论文有明确规定，强调聘请高层次的教授、专家做导师。

二是学员条件。在严格的考试中择优录取的学员有三个显著特点：第一，学习研究的愿望强烈、自觉性强；第二，有比较丰富的实际工作经验；第三，思考问题的思想境界高、看问题深一些。

（三）函院在职研究生班使学员实现了学习、研究的两个转变

在职研究生班能够严格、认真执行各门课程的教学大纲、教学计划，保证了教学质量，达到了培养目标。毕业学员获得在职研究生学历是当之无愧的，也是学员艰苦努力钻研的结果。

毕业随感

95级研究生班学员　孔　梅

我于1995年7月考入中央党校函授学院研究生班，至今已三年了。在这即将毕业的时候，回顾三年的学习生活，我感到：在自己的生命历程中，有缘到中央党校函授学院深造，在这里汲取营养，磨炼意志，是一件值得庆幸的事。

三年前，我与中央党校函授学院研究生班差点儿失之交臂。记得刚刚看到招生简章时，我是兴奋的。虽说自己是本科毕业，但几年的工作实践使我感到：以往所受的学校教育只是为实际工作打基础、作准备，还远不能满足工作需要。在做好本职工作的同时，我一直渴望能有机会进行系统的再学习，却苦于学习、工作难以两全。函授学院开办在职研究生班为我提供了一个难得的机遇。然而，兴奋之余，我又感到为难。当时女儿只有6个月，尚未断奶，且正在患水痘。经过再三考虑，我决定放弃这次机会。没想到单位几位热心的同事替我报了

名，母亲虽然身体不好，得知此事后对我也很支持。就这样，我走进了考场。

坦率地讲，对于在职学习，我的思想经历了一个由被动到比较自觉的过程。三年的学习能够坚持下来，我真得感谢不断为我加油鼓励的老师和同学们。我和许多同龄人相似，白天在单位认真工作，下班回到家还要做家务，照顾幼小的孩子，生活中的各种困难接踵而至，而物质条件又是那么有限。“没房子，缺票子，孩子有一个，困难一大堆”是我一段时间生活的真实写照。在职学习，在我的思想上一度产生过动摇，觉得到党校的路太漫长，每当经过颐和园时，内心便自问：我会每周来一次吗？但走进教室，看到那些比自己年长、路途更远的同学早已安稳地坐在前排；看到班主任崔老师一丝不苟的考勤记录，我又自感惭愧。经过一段时间的学习，我的思想转变了，我告诫自己要珍惜这难得的学习机会。

三年来我体会到：在职学习，特别是在职函授学习，注定自始至终都伴随着学习与工作、学习与生活的矛盾，处理不好，会相互影响；处理得好，就会相互促进。函授在职研究生主要是利用业余时间学习，在这方面班里不少同学为我做出了榜样。我们班有40余位同学，年龄跨度较大，不少同志还是所在单位的负责人，但他们对学习孜孜以求，从不以工作忙为理由耽误学习。在他们的感召下，我也尽力安排好工作和生活，努力保证学习时间。有很长一段时间，我周五下班后把小孩从幼儿园接出来，然后乘火车把她送到昌平姥姥家，第二天五点多便起床，乘早班火车赶到党校上课。在准备以同等学力申请硕士学位英语考试的日子里，因正逢一年一度的政协大会，工作很忙，我没能顾上听辅导课，便在班主任老师和同学们的帮助下，找来复习资料，每天下班后在办公室学习4个小时。就这样，我于去年顺利通过了考试。通过三年的党校学习，我感到在掌握马列主义、毛泽东思想、邓小平理论和经济专业理论知识的深度和广度上有了较大拓展。知识的不断积累和更新，使我逐步具备了较为合理的知识结构，对提高思想水平、工作能力大有益处。三年来我在认真学习的同时，努力把所学知识与工作实际相结合，得到了领导和同志们的认可。1996年8月，我被评为全国政协首届十佳青年。同年底，我通过机关首次公开招考副处级干部考试、考核，走上了领导岗位。如果这算是一种成功的话，我认为这种成功并非是因为我背熟了哪本考试用书，而是在很大程度上归功于我在党校函授学院的学习。它不仅使我增长了知识，而且使我开扩了视野、活跃了思想。

三年的函院研究生学习结束了，面临的是新的起点和更高的要求，我只有不断努力，才能做得更好。

办学经验集锦（七）——教育评估

教育评估要制定方案分步实施

广西分院

在确定对柳州学区评估工作进行检查验收后，我们制定了一个实施方案，并将这个方案印发给了参加试点工作的每个成员和柳州学区。方案对检查验收的组织及分工、检查验收的主要内容、检查验收工作的具体安排、在检查验收中应注意的问题等，都提出了明确的要求。为了让被检查单位做好准备，我们将需要检查的各类资料事前通知对方，这些资料主要有：教师讲课的教案、学员上学期的作业本（每个专业、每个年级检查一个班）、各班班主任上学期的工作日记本、各班上学期的考勤登记本、95级本科班毕业论文、上学期期末考试大专班开卷考试科目的答卷以及自行制订的各项规章制度等。对准备召开的部分教师、班主任、学员参加的座谈会，也事先通知到人。参加检查验收工作的人员分四个小组，各组组长由分院的领导同志担任。按照总院制订的评估指标体系的七个项目分工，每个组负责检查一到三项指标。为便于检查，柳州学区给每个小组配备了熟悉所检查项目工作的函授管理人员为联络员。检查分为以下几个步骤：(1) 统一听取学区的自评工作汇报，一起实地察看各项办学设施；(2) 分组研究检查的方法，统一认识，统一要求；(3) 听取联络员对本项工作的具体汇报，查看各项有关资料，分别召开部分教师、班主任、学员代表参加的座谈会，找有关人员个别了解等；(4) 各组对检查情况进行综合分析，肯定成绩，指出不足，逐项进行打分；(5) 召开大会，由各组汇报交流检查情况及评分情况；(6) 总结检查情况，对被检查单位作出评价。

验收检查要处理好的几个关系

安徽分院

一是一般办学情况与办学特色的关系。一般办学情况反映了办学单位的常规性、程序性工作及实绩。办学特色则是办学单位结合自身实际情况开展创造性工作的结果，它体现了其办学的主动性、积极性和创造性，其实际效果往往大大超出常规性工作，更能反映其办学成效。

二是全面情况与中心环节的关系。全面办学情况反映了办学单位的整体办学状况与水平。教学是办学的中心环节，这一环节成功与否直接关系到四位一体的培训质量目标能否实现。因此在检查验收过程中，诸如师资力量与选聘、教学计划安排与落实、教学活动的开展、教学的反馈、作业和试卷的批阅以及一整套管理规章制度等，都是我们检查的重点。

三是查看原始材料与听取外界反应的关系。办学的原始档案、材料是函授办学历史与现状的直接载体，是获取办学情况的主要途径之一。而函授教育采取的是开门办学的形式，其目的是为了培养高素质的干部队伍，办学的各个环节及最终社会效果是否符合办学指导思想，需要学员及社会各界的监督和认可。因此，召开各相关部门及学员参加的座谈会，抽阅相关调查问卷，对于客观地、全面地反映和掌握办学实际情况及效果是十分重要的。

四是肯定成绩与找出差距的关系。肯定成绩，可以使大家准确地认识现实的起点，但这不是终极的目的。终极目的是通过验收找出差距，促进整改，提高办学能力。

检查验收要抓住重点

湖北分院

搞好函授教育评估的检查验收工作，必须掌握大量的真实材料，只有以材料为依据，才能作出正确的判断。所以深入调查研究，是搞好检查验收工作的基础。在大量的材料面前，必须处理好全面与重点的关系，把注意力放在关系办学质量的重点问题上，诸如领导重视函授教育的程度、党性教育的实施、专职人员的配备、班主任的配备与班级管理、教师面授管理、面授考勤管理和到课率、学员自学管理、作业的评阅与讲评、考务管理和考风考纪等。在查阅材料中，要多看、细看、开座谈会和个别访问交谈，要围绕这些重点问题进行。只有这样，才能找准办学中的薄弱环节，发现成功的经验。我们在荆州学区检查验收时注意抓重点，了解到：该校领导重视函授教育，1997年专门研究函授工作的党委会就有5次。在一次党委会上，常务副校长提出，要严格按评估指标的要求，缺什么补什么，使学区达到一类的标准。党委会还决定把学区专职人员由4人增到7人，拿出1.5万元添制办公设备，把办公室从旧房换到新房，增加3间办公室和1间书库、1间电教室，明确4间教室为函授专用。我们还了解到该学区班主任工作的一些成功经验。一位班主任向我们介绍了自己当好班主任的体会：第一，明确两个目标：一是引导学员提高理论与知识水平；二是引导学员发扬马克思主义学风，增强党性。第二，抓好三个环节：一是抓到课率，每次面授，两次考勤；二是跟班听课，对教师的要求和学员的意见实行双向反馈；三是检查学员的自学笔记和作业。第三，开展小组活动和做好思想政治工作，表扬先进，批评不良倾向。

边评估边整改

河北分院

总院要求我们开展评估工作要总结经验，肯定成绩，找出差距，认真整改。在评估中，我们认真贯彻了这一指导思想。我们在总结经验、肯定成绩的同时，着力抓了整改，做到了边评估、边整改。我们认为，只有边评估边整改，才能把函授教育工作向前大大地推动一步。在评估中，各学区对办学中不同程度地存在的重数量、轻质量，重招生、轻管理，重经济效益、轻社会效益，重知识教育、轻党性锻炼的倾向进行了认真整改，使函授办学条件、制度建设和管理水平等都有了很大的改观。一是加大了办学投入力度，半年来投入200多万元添置了170多台微机。据统计，现有13个学区都配备了函授专用微机、程控电话，有的还配备了传真机，有8个学区建起了微机教室；有13个学区改建、扩建、新建教室、学员楼（含学员食堂），共投资300多万元；有3个学区新配了函授专用车辆，两个学区购置了全套录像教学设备，新建了语音室，各学区投资比例均超过函授收入的30%；此外，各学区还增加了教师专职工作人员和专兼职班主任，使办学人员配备基本上达到了总院规定的比例。二是加大了师资培训力度。今年一开学，分院就开办了函授师资培训班，现已举办三期。培训师资110多名，今年还准备再办三期。半年来分院选派了70名同志到中央党校和其他高等院校进修。三是完善了十一项管理制度，诸如教师和函授专职管理人员双向监督机制、党性教育考核百分制、班干部遴选办法、班主任考评三结合、校长轮流听课等。

评估工作必须发动群众

天津分院

评估工作靠少数人是搞不好的，必须广泛发动群众。只有群策群力，才能把工作落到实处。从我们检查验收的情况看，大多数单位都能把评估指标按职责范围分解到部门，做到职责清楚，任务分明，让评估指标和广大群众见面，以便共同落实。有的单位在校园内挂起“以评估为契机全面提高办学水平”的巨大横幅标语，有的提出“人人肩上有指标，人人肩上有责任”的口号，使评估工作成为了群众的行动。这样做不仅使这项工作有了扎实的群众基础，更重要的是培养了工作人员的规范意识和质量意识。在验收中，我们对于那些发动群众不彻底的单位则要求他们补课。例如，有一个单位汇报比较详尽，办学条件也比较好，符合验收的要求，但在座谈时，与会者发言不积极，对评估工作很陌生，检查档案材料也不齐全，这说明没有充分发动群众进行评估，更没有把评估指标分解到部门。对此，我们要求他们补上发动群众这一课。这个要求引起了该单位领导的重视，他们一方面派常务副校长亲自向全校做了以党校办函授班和进行评估的重要性、必要性为主要内容的动员报告；另一方面派骨干到自我评估搞得比较好的单位去学习，本着缺什么补什么的原则进一步部署评估达标自查工作。又如有个单位在验收中，领导汇报得很好，自评打分也比较高，但通过同群众座谈、查看实物，发现软硬件建设差距较大，工作人员意见也比较大。对于这样的单位，我们除了指出存在的问题外，就是延期表决，限制进行整顿。

评估工作促进了教学管理水平的提高

辽宁分院

我们分院通过函授教育评估，促进了教学管理水平的提高，主要表现在以下几个方面：

一是加强了教师队伍建设。在评估自查过程中，大连学区普兰店市委党校对教师队伍进行大力整顿，调出4人，调入7人，教师平均年龄由50岁降到41岁，文化素质明显提高。黑山县委党校和于洪、凌河区委党校都向社会公开招聘教师，从100多名应聘者中选聘了8人，有的是大企业领导班子后备干部。西岗区委党校还从高等院校聘请8名知名专家任客座教授，与本校教师结成对子，进行业务指导，收效显著，其中2人获省教学大奖赛二等奖。

二是加大了面授管理的力度。其一，把住面授教师上岗关。许多单位实行教师由学区统一聘任制，通过试讲择优选聘。其二，实行教案展评制度。其三，实行课堂考核和评奖。其四，组织讲课大奖赛等教学活动。一年来几乎所有学区，都组织过教学大奖赛。有些站点还规定，授课教师必须参加大奖赛，不参加的，不得任课。

三是强化了班级管理工作。许多站点实行了班主任工作与工资奖金挂钩的目标责任制，建立了班主任工作手册等。辽河油田党校一些面授点与基层单位共建文明班，他们把职工函授学习纳入所在单位的日常管理与考核，面授出勤率、考试成绩成为职工考核奖惩的内容之一。大东区委党校，实行校内外齐抓共管，邀请学员所在单位党组织负责人担任校外辅导员；班主任每学期两次向学员所在单位通报学员学习情况和考试成绩；每学期召开一次单位负责人座谈会，互通情况，交换意见。

评估为函授教育注入了新的活力

吉林分院

我们分院以评估为契机，深化教学和管理改革，经过全体办学人员的共同努力，取得了较为明显的效果，评估为函授教育注入了新的生机和活力，主要表现在以下几个方面：

一、指导思想进一步端正。在评估中，我们既评估办学指导思想，又在评估过程中进一步端正办学指导思想。指导思想的端正，必然带来行为的自觉。诸如办学规模、招生条件、教学质量等，都与办学指导思想紧密相关。例如，我们主动将省函去年招生数额压缩20%，10个函授站暂停招生；今年省函计划压缩招生数额16.7%，21个函授站暂停招生，撤并5个函授站。宁肯牺牲些收益，决不损害党校函授教育的声誉。这已被越来越多的党校所认识，并日益成为大家共同遵循的准则。

二、组织领导普遍到位。在评估中，我们既评估组织领导状况，又加强对评估的领导，更加强对函授工作的领导。向同级党委报告评估情况，征求意见，受到党委的重视；定期向党委汇报工作，函授招生纳入干部培训计划，聘请组织、宣传、人事、纪检、监察部门负责同志参与领导和监督，收到良好效果。把函授教育工作列入校委议事日程，定期研究并解决有关重大问题，校委领导亲自参与主要教学活动，有力地加强了对函授工作的领导。这次评估中，省、市（州）、县（区）党校的绝大多数常务副校长，担任领导小组组长，并亲自率队检查，出现了领导到位，加强领导，领导推动评估，评估改善领导的可喜局面。

三、制度建设日臻完善。在评估中，我们既评估制度落实情况，又结合实际制订实施细则。我们依据中央党校函授学院的有关规定，修订了省分院《中函管理制度汇编》，并结合新的实践，修订了《省函管理制度汇编》、《机关管理制度汇编》，计86

项819条。与此同时，各学区、函授站都相应地制订了实施细则，有的已汇编成册。此外，我们还新建了重大问题请示、报告制度，工作、总结、通报制度，初步形成了函授教育制度体系。

另外，在评估中，我们的教学改革收到实效，学员管理加大力度，档案建设逐步完善，巡视督导深入开展，经费管理持续好转，办学条件不断改善，队伍建设明显加强。

评估验收学区辅导站
坚持标准　不徇私情

辽宁分院

辽宁分院下设函授站、点132个，分布于14个省辖市的县（区）和大企业中。在经过了历时一年的函授站点评估整改之后，分院对132个站点进行了检查验收。为搞好验收工作，该分院组建了由分院副院长任组长、抽调若干名有经验、有能力、坚持原则的工作人员参加的验收小组。总院视导委委员、东北联合视导组组长曹明远同志自始至终参加了评估验收工作。验收小组工作历时两个月，冒着严寒行程9500公里，对全省132个函授站点逐个进行了严格的检查验收。他们每到一处，不仅听学区和每个站点的汇报，而且将评估整改的指标体系一项一项地对照实地、实物进行检查并作出记录，以此作为验收的主要依据。

在验收工作中他们坚持标准，不搞照顾，不搞平衡。这次验收评出一类函授站17个，占函授站总数的20%；二类函授站55个，占函授站总数的65%；三类函授站13个，占函授站总数的15%。其中，有3个学区没有一类函授站。

在验收工作中，他们坚持有奖有惩的原则，做到奖惩分明。通过验收，评出沈阳市大东区委党校等十所县（区）委党校为先进单位，授予了“十佳函授站”的光荣称号和牌匾，每个单位奖励2000元。同时，对办学指导思想不端正、办学条件较差、管理不善的函授站作出了进行整顿的决定。其中，1个学区降为函授站；有6个函授站因不具备建站条件降为面授点；4个函授站被撤消；9个函授站限期整改一年，1998年12月31日前完不成整改任务，降为面授点。对个别学区犯错误的负责人作了处理。

处理意见出台以后，受到省党校函授系统上下的普遍支持。但也受到说情风的干扰。有的是被整顿的学区、函授站负责人找上门来，有的是上级主管部门出面做“工作”，特别是为犯错误的学区负责人说情的人更是三番五次到省函授学院求情。这些人中有的是领导，有的是熟人朋友，但验收小组坚持原则，对这些同志进行了耐心的解释说服工作，使他们从原来的说情人转变为执行处理意见的推动者和执行人，函授站点整顿处理意见得到了贯彻执行。

辽宁分院对站、点的验收工作做得扎实，做得认真，有力地促进了基层建设，促进了党校函授教育事业的发展。

以评估为契机
认真搞好整改

河北分院

我们河北分院在自我评估过程中，以评估为契机，着力搞好整改，取得了明显成效。

（一）加强了师资队伍建设。分院的评估从一定意义上讲是对省委党校若干方面工作的评估，也是对全省党校系统函授办学能力和水平的评估。函授教学是党校教学的重要组成部分，加强党校师资队伍的建设与加强函授教师队伍的建设是一致的。为此，在师资队伍建设上，我们主要抓了两个方面：一是加大了师资培训力度。把学校教师的培养与函授教学的需要结合起来考虑，校委派人到中央党校、北京大学和中国人民大学等高校商讨师资进修问题，在过去选派教师进修的基础上，继续选派教师外出进修；分院连续举办了四期师资培训班，共培训师资200余名。二是增加教师数量，改善结构。省委党校派出专人到全国部分高校招聘研究生人才，特别是经济类、法律类人才；各学区和辅导站根据分院的要求，也加大了招聘教师的力度。据不完全统计，评估期间各学区和辅导站新选配教师110名。

（二）促进了管理队伍建设。一是充实了管理队伍。评估前，分院及学区、辅导站，不少单位管理人员不足，经过自查整改，管理队伍得到进一步充实。分院工作人员达21人，其中7名处级（3名正处级），7名科级，9位同志有副高职以上职称；

学区和直属站专职管理人员有178名。评估中，管理人员也有较大增加，如保定学区，由12人增至17人；班主任队伍也有很大发展，共有专兼职班主任932名。二是加强对班主任的培训，召开了班主任工作经验交流会，提高班主任的管理能力。在1998年12月初召开的全省函授工作会议上，总结交流了班主任工作，有12人典型发言，并以放录像和书面材料等形式介绍了经验。他们现身说法，讲心得，谈体会，极具说服力。同时，会议还讨论了分院起草的《班主任工作细则》。

（三）完善了规章制度。要强化分院宏观管理，充分发挥分院各项职能，必须以健全完善的规章制度为基础。为此，我们针对学区、辅导站评估中检查出的亟待规范的问题，结合党校实际和分院教学需要制定了《关于面授教师管理的暂行规定》，对面授教师的聘任、职责、培训、考评作出明确规定；又制定了《关于学院、分院、辅导站职责范围的暂行规定》、《班主任工作细则》，明确了各级管理机构及管理人员、班主任的职责、任务和目标要求。这些规章制度的建立，为加强函授教育的科学管理、规范办学行为、提高整体办学水平提供了保证。

（四）分院办学条件有了明显改善。早在学区评估开始后，校委即着手对照评估要求和实际需要，有计划地改善分院的办学条件。校委多次研究分院的人员配备和硬件建设，除充实分院管理队伍外，还投资50多万元，购置了交通工具，增添了传真机、直拨电话、微机、录放设备等，增加并装修了接待室、会议室、微机房等，办公用房由原来的17间增加到36间。在分院的统一要求下，以评估为契机，各学区、辅导站的办学条件和教学手段也有了很大改善。近两年来，全省各级党校用于改善办学条件的投资共7582.5万元。有2个学区、直属站全部新建了校舍，10个学区、直属站新建或改建了教学楼、教室、图书馆和餐厅，20个学区（站）共拥有微机452台。

上下结合　从严自评

湖北分院

做好自评打分，是做好分院自我评估工作的重要一环。要做好这项工作，在思想上必须高标准严要求，即严格掌握标准，认真检查存在的问题。只有真正找出差距，找准差距，才能评出整改方向，评出办学质量，达到评估的目的。

在方法上，要认真做好上下结合工作。

1. 请学区主任参与分院自评打分。我们于1998年10月23日召开了一次学区主任会，发动他们用半天的时间查阅分院评估材料，并结合三年来分院在组织领导、教学管理以及服务等方面的工作情况，对分院办学作出评价，给分院打分，并以此作为分院自评的重要依据。同时，还召开了座谈会，请学区主任对分院办学提出批评、意见与要求。大家提的意见很中肯，主要是教学管理、教务工作和服务态度方面的意见、建议。分院领导和各科室负责人都到会直接听取意见。

2. 分析研究学区办学中存在的问题。要做到学区存在的问题从分院找原因，必须事先做好材料的准备。视导组把各学区评估验收时了解到的问题加以综合分类整理，作为分院自评的重要参考。

3. 各科室根据各自的职责范围，对照指标体系，对自己分管工作的相关条目进行自评打分，找出差距。

4. 在分散自评的基础上，评估领导小组根据分散自评的意见，逐条查阅材料，进行自评打分，形成自我评估预案。

5. 校委召开专题会议听取汇报，进行讨论，对分院自评预案进行审查、修改，批准后上报总院。

目前，我们分院的自评工作只做好了准备，上面讲的后三项工作还只是打算，以后将按照总院评估工作会议精神逐项进行。

组织篇

函授学院机构设置及负责人名录

院　长：孙钱章

副院长：史信发　黄士安　刘利群

院秘书：张东升

教学处：副处长　王　炳　鲁金波

教务处：处　长　欧亚平　副处长　钟　琴

教材处：处　长　吴江浩

教编室：高金海（主持工作）　副主任　曹玉海　姜春城

行政处：处　长　孟庆崑　副处长　朱友章

财务处：处　长　魏德山　副处长　武金凤

电化教研室：谢广乔（主持工作）　副主任　李素玲

机关党委：书　记　黄士安　副书记　唐和祥（专职）　陈世豪

考试委员会：副主任　张殿瑾　办公室主任　鲁金波（兼）

办公室副主任　赵玉瑾　张宇翔

视导委：副主任　陈世豪　王德夫

培训办公室：主　任　王敏生　副主任　王梅顺　董友忱　唐化一

研究生办公室：主　任　王　炳（兼）　副主任　吕　敏

报刊编辑部：主　任　舒金城　副主任　王振军

研究室：主　任　张鸿岳　副主任　周华彬

院长办公室：主　任　张东升（兼）　副主任　刘森海　尹尧昌

烟台培训中心：副主任　姜振华

注：教学处、教务处、教材处、教材编研室、行政处、财务处、电教室、机关党委为在编机构，余为内设非编机构。

各分院、直属学区及开设班次名录

一、分 院 55 个

（一）开设96、97、98级大专班、本科班，第6、7、8期领导干部函授班和96、97、98级党员领导干部在职研究生班的有北京市机关分院、空军部队分院；

（二）开设96、97、98级大专班、本科班，第6、7期领导干部函授班和96、97、98级党员领导干部在职研究生班的有北京市工业党校分院；

（三）开设96、97、98级大专班、本科班，第6、8期领导干部函授班和96、97、98级党员领导干部在职研究生班的有中央国家机关分院；

（四）开设96、97、98级大专班、本科班，第6、7、8期领导干部函授班和97、98级党员领导干部在职研究生班的有海南分院、陕西分院、内蒙古分院、国防科工委分院；

（五）开设96、97、98级本科班，第6、7、8期领导干部函授班和97、98级党员领导干部在职研究生班的有山西分院；

（六）开设96、97、98级本科班，第7、8期领导干部函授班和97、98级党员领导干部在职研究生班的有浙江分院、广东分院；

（七）开设96、97、98级大专班、本科班和97、98级党员领导干部在职研究生班的有海军部队分院；

（八）开设96、97、98级本科班和97、98级党员领导干部在职研究生班的有湖南分院；

（九）开设96、97、98级大专班、本科班，第6、7、8期领导干部函授班和97级党员领导干部在职研究生班的有总参分院；

（十）开设96、97、98级大专班、本科班，第6、7、8期领导干部函授班和98级党员领导干部在职研究生班的有重庆分院、甘肃分院、南京军区分院；

（十一）开设96、97、98级大专班、本科班，第7、8期领导干部函授班和98级党员领导干部在职研究生班的有国防大学分院；

（十二）开设96、97、98级大专班、本科班，第7期领导干部函授班和98级党员领导干部在职研究生班的有四川分院；

（十三）开设97、98级大专班、96、97、98级本科班，第7、8期领导干部函授班和98级党员领导干部在职研究生班的有山东分院；

（十四）开设96、97、98级本科班，第6、7、8期领导干部函授班和98级党员领导干部在职研究生班的安徽分院、广西分院；

（十五）开设96、97、98级大专班、本科班和97级党员领导干部在职研究生班的有沈阳军区分院；

（十六）开设96、97、98级大专班、本科班，第6、7、8期领导干部函授班的有云南分院、西安分院、宁夏分院、北京军区分院、济南军区分院、成都军区分院；

（十七）开设96、97级大专班、96、97、98级本科班，第6、7、8期领导干部函授班的有青海分院；

（十八）开设96、97、98级本科班，第6、7、8期领导干部函授班的有湖北分院、新疆分院、新疆兵团分院、天津分院；

（十九）开设96、97、98级大专班、本科班，第6、7、8期领导干部函授班的有福建分院、南宁分院、黑龙江农场总局分院；

（二十）开设97、98级大专班、96、97、98级本科班，第7、8期领导干部函授班的有广州军区分院；

（二十一）开设96、97、98级本科班，第7、8期领导干部函授班的有河北分院；

（二十二）开设97、98级大专班、本科班，第7、8期领导干部函授班的有武警部队分院；

（二十三）开设96、97、98级大专班、本科班，第8期领导干部函授班的有北安农场分院；

（二十四）开设96、97、98级大专班、96、98级本科班，第6期领导干部班的有中直机关分院；

（二十五）开设97、98级大专班、96、97、98级本科班，第7期领导干部函授班的有兰州军区分院；

（二十六）开设98级大专班、本科班，第8期领导干部函授班的有二炮部队分院；

（二十七）开设96、97、98级大专班、本科班的有上海分院、铁道部分院、总后分院、西藏分院；

（二十八）开设96级大专班、96、97、98级本科班的有江西分院；

（二十九）开设98级大专班、96、97、98级本科班的有吉林分院；

（三十）开设96、97、98级本科班的有江苏分院、河南分院、辽宁分院；

（三十一）开设98级本科班的有贵州分院、总政分院；

二、直属学区11个

（一）开设96、97、98级大专班、本科班，第7、8期领导干部函授班的有北京市公安局直属学区；

（二）开设96、97、98级大专班、本科班的有七台河、双鸭山、鸡西、鹤岗、华安、大庆等直属学区；

（三）开设96、97级大专班、本科班的有哈一机、哈飞等直属学区；

（四）开设97、98级大专班、本科班的有哈轻厂直属学区；

（五）开设98级大专班、本科班，第8期领导干部函授班的有黑龙江工办直属学区；

（各单位开设的班次系指1998年下半年开设的班次）

分院、直属学区及所属科室负责人名录

山东分院

分院	院长	姚学政
	常务副院长	王士富
	副院长	魏继贵
		张云汉
	巡视员	史万海
教学科	科长	唐公吉
教材科	科长	宋正宽
学籍科	科长	朱承禄
教研室	主任	王宪昭
院务科	科长	梁孝和
省直科	科长	栾强

江苏分院

分院	院长	陈兆德
		郭荣成
	常务副院长	方根林
	副院长	徐正超
		汪发良
办公室	主任	王刚
教学部	主任	周文筠
教材部	主任	郭庆玉
教务部	主任	曹绳镛
	副主任	朱军
直属班部	主任	李健
	副主任	谢家喜

上海分院

分院	分管校长	夏军
		张枫来
	院长	严家栋
	主持工作	刘军
办公室	主任	苏新民
学籍科	长	周芳华
教学科	长	茅华英
招生办	主任	朱炳涛
教材科	负责人	陈涛
直属学区	主任	周芳华

安徽分院

分院	院长	王树勤
	副院长	刘潞
		张达庆
函授部	副主任	解道华
		潘国祥
教务科	科长	潘国祥
学籍科	科长	徐临
教材科	科长	杨超
办公室	主任	王道才
教研室	主任	解道华

浙江分院

分院	院长	杨仲林
	副院长	林万雄
		郭素兰
		沈铁华
办公室	主任	逯智勇
教学科	科长	李荣华
教务科	科长	姜方忠
教材科	科长	李志远
研究生办	主任	吴为民

江西分院

分院	院长	唐峻
	副院长	程素珍
办公室	副主任	罗志猛
教务科	科长	尧平辉
教材科	科长	李洪
	副科长	陆卫珍
学籍科	科长	龚时嵘
教学科	负责人	曹云生

福建分院

分院	院长	林俊德
	常务副院长	叶宝彬
	副院长	杨克明
		蔡干钦
办公室	主任	杨祥飞
教务科	副科长	戴丽钦

天津分院

分院	院长	刘润忠
	常务副院长	杜维训
	副院长	曹庆庆
直属学区	负责人	刘素
教学部	负责人	汪悦
教务部	负责人	崔建国
教材部	负责人	刘伟
财务部	负责人	董玉慧
办公室	负责人	张宝铭

山西分院

分院	院长	许国生
	常务副院长	阎宝礼
	副院长	王永翔
教务科	科长	郭旭波
	副科长	王小蔚
学籍科	科长	齐凯梅
	副科长	董文辉
教材科	负责人	牛永刚
办公室	副主任	潘浩敏
视导室	副主任	赵红飚

河北分院

分院	院长	革亦宾
	副院长	张淑梅
		田寿山

	副院长	冯志兵
		任来学
		马永禄
教学科	科长	幽国杰
教务科	科长	万国庆
学籍科	科长	崔兰格
教材科	科长	罗志强
办公室	主任	郭强

内蒙古分院

分院	院长	于德水
	副院长	王传杰
函授部	主任	高志英
	副主任	王惠云
行政科	科长	薛如刚
教务科	科长	刘兴兆
教学科	科长	冯立民

辽宁分院

分院	院长	孔秀娥
	常务副院长	单洪恩
	副院长	杨玉琴
		李秀华
综合科	科长	邓庆杰
教务科	科长	张仲秋
学员科	科长	王淑敏

吉林分院

分院	院长	高国田
	副院长	徐伟光
		王英林
教务科	科长	郑涛
教材科	科长	杨兆琴
学籍科	科长	张坚毅
秘书科	科长	孟陶然
督导科	科长	王天宏
省直站	站长	樊东光

宁夏分院

分院	院长	欧阳齐
	副院长	贺德正
		张鸿宾
		贾晓丁
教务科	科长	杨新生
教材科	副科长	蒋跃军
办公室	秘书	杭勇

陕西分院

分院	院长	李秀潭
	副院长	徐广艾
		范勇
办公室	负责人	邵新强
教学	负责人	查莉萍
教务	负责人	吴临威
学籍	负责人	赵景芳
领干班	负责人	宁凤云

西安分院

分院	院长	夏泽民
	副院长	雷福堂
		曹诚
教学	负责人	高玉章
教务	负责人	朱枫
学籍	负责人	朱枫
电教	负责人	谢惠琴
教材	负责人	任为民
财务	负责人	张桂兰

甘肃分院

分院	院长	王文学
	常务副院长	石华翼
	副院长	王晋林
		张森春
办公室	负责人	冯湖
教学科	负责人	杨临春
学籍科	副科长	张美云
教务科	科长	张立公
教材科	副科长	沈永庆
财务科	科长	杜月莲
直属学区	主任	滕宗骞

青海分院

分院	院长	景晖
函授部	主任	申辉
	副主任	马远
办公室	主任	陈卫民
教务科	副科长	关建国
学籍科	负责人	赵付生
教材科	负责人	赵付生

新疆分院

分院	院长	邹群
	副院长	王军
函授部	主任	王军
	副主任	艾买提
		李辉
办公室	主任	李国庆
	副主任	赵歌燕
教务科	科长	哲文
	副科长	张胜青
		吐尔地
学籍科	科长	柯晓红
	副科长	董静
教材科	科长	范玉伟
编辑室	主任	哈丽云
直属学区科	科长	赵玲
	副科长	木合代斯

新疆兵团分院

分院	院长	刘成林
	副院长	蔡志远
		唐瑞平
函授部	副主任	陈建民
		田明德
办公室	主任	卢红英
学籍科	科长	单玉兰

河南分院

分院	院长	孙保定
	常务副院长	戴修常
	副院长	张冠显
		刘广才
办公室	主任	曹志嵩
教务科	科长	黄韶镝
	副科长	王崴
学籍科	科长	翟兰英
编辑部	主任	王岫青

湖南分院

分院	院长	刘普生

	第一副院长	李治业
	副院长	李爱祥
办公室	主任	廖阳生
	副主任	周英香
中函科	科长	黄象品
	副科长	王克修
教务科	科长	覃正爱
	副科长	刘宏斌
学籍科	科长	邓粮钢
研究生办	主任	彭益民

湖北分院

分院	院长	曾瑞芝
	副院长	张锦文
		王彩萍
		黄木林
办公室	主任	钱开冰
教务科	科长	白长江
招生办	科长	江长勇
学籍科	科长	刘小燕
教材科	副科长	汪光明
研究室	科长	陈述
直属办	主任	王星
视导组	副组长	周诚圭
		李天相

广东分院

分院	院长	黄绍清
	副院长	吉布武
		夏政
		刘少南
办公室	主任	区君志
	副主任	梁美莲
教务办	主任	廉奕
招生办	主任	夏政
视导办	组长	梁木
视导办	副组长	甘树忠
编辑室	主任	李战超
教研室	主任	吉布武
	副主任	张丽娟

广西分院

分院	院长	张敦
	常务副院长	聂观石
	副院长	徐锡鸿
		吉依民
		阮民恕
综合科	副科长	陈旦旦
教务科	副科长	李勋才
学籍科	科长	黄忠南
教材科	副科长	韦炳申
直属学区	主任	郭灿裕

海南分院

分院	院长	黄道明
	副院长	王琼兰
省直站	负责人	孟菲
视导组	负责人	洪温圣
教学科	负责人	王绥江
教务科	负责人	谢南丰
学籍科	负责人	钟小凤
教材科	负责人	陈家忠
办公室	负责人	洪锋

南宁分院

分院	院长	张伦书
	副院长	赵春营
		吴盛琦
		赵有和
		廖廷弼
教务处	处长	黄永久
	副处长	徐立
		林以兴
学籍科	副科长	江锐
教学科	副科长	卜重庆
教材科	副科长	肖正奎
财务处	副处长	梁红

四川分院

分院	院长	李锡炎
	副院长	华孝清
		白云谷
办公室	主任	黄智宪
	副主任	郑军
教学管理科	科长	李军
	副科长	田桂英
学籍管理科	科长	杨力
	副科长	曾玲
行政秘书科	科长	石昌谷

云南分院

分院	院长	李师程
	常务副院长	杨加柱
	副院长	吉恩松
		丁恒道
招生科	科长	李亚明
教研科	科长	李艳萍
教务科	科长	李平沙
教材科	科长	龙鹏飞
综合科	副科长	张礼平
办公室	主任	吴世文
研究生办	负责人	车德良

西藏分院

分院	院长	才旺班久
	副院长	曹昌民
		向巴宁扎
		戎新龙
办公室	负责人	戎新龙
教务科	负责人	向巴宁扎

重庆分院

分院	院长	程大鹏
	副院长	曾明德
		龚贵先
成人教育部	主任	龚贵先
	副主任	肖绍斌
		吴成英
		甘久芳
招生办	主任	孙栋
教务科	科长	朱天南
教研科	科长	汪虎
教材科	科长	周仁永
学籍科	科长	范浔华
直属分部	主任	吴成英
永川分部	主任	刁培清
研究生办	主任	龚贵先
	副主任	孙栋
视导组	组长	程大鹏

	副组长	曾明德
		龚贵先

中直机关分院

分院	院长	陈国民
	副院长	杨金永
		张素青
教务科	科长	玉淑君
	副科长	侯永峰
教学科	科长	赵世亮
学籍科	科长	玉淑君
教材科	科长	赵世亮
文档室	主任	玉淑君

中央国家机关分院

分院	副院长	邵旭军
		刘汉滨
		常大光
办公室	副主任	杨文玫
师资科	负责人	刘静伟
招生考务办	负责人	马萍
学籍科	负责人	张特民
综合处	处长	冯伟
培训处	负责人	杨春峰
人力资源处	处长	张志强
电教处	负责人	李奇珍

铁道部分院

分院	院长	吕昌
	副院长	钱秀琴
函授部	主任	钱秀琴
	副主任	柳安娜
教研室	副主任	孙晓林
教务科	副科长	焦秀敏
教材科	副科长	王新力
学籍科	科长	柳安娜
	副科长	黄石红
办公室	主任	张金云

北京市委机关分院

分院	院长	林大烈
	常务副院长	李雅兰
	副院长	李兵
办公室	主任	白菊梅
教务科	负责人	李庶佩
学籍科	科长	段贻聪
教学科	负责人	贺淑英
教材科	科长	王建国
考务科	科长	郑忠海
档案室	负责人	李晓玉
视导组	组长	林大烈
	副组长	李雅兰
研究生办	主任	白菊梅
班主任室	负责人	樊凤山
图书资料室	负责人	李晓玉

北京市工业党校分院

分院	院长	李永涛
	副院长	陈天任
教学处	处长	毕志辉
教务处	处长	姜振友
教材处	负责人	李顶银
财务处	负责人	李惠铭
电教室	负责人	张爱华
视导组	组长	王金生

总参分院

分院	院长	张黎
	副院长	林建超
		裘兴棠
	教务长	姜锋
教学组	组长	李永挥
教务组	组长	赵星堂

总后分院

分院	院长	李瑞海
	副院长	张朝宁
		杨杨
办公室	主任	傅爱平
	副主任	依滨
教学科	科长	何定康
教务科	科长	何定康
教材科	科长	程丽

国防大学分院

分院	院长	欧阳学德
	副院长	运新宇
		董诚
教学处	处长	张良骏
学籍处	处长	张述尧
教材处	处长	左名尧
财务处	处长	华焱平

空军部队分院

分院	院长	敬应龙
		邹德玉
	副院长	徐光
		王喜民
		王聘明
办公室	副主任	何孝明
		王征
		刘锦东
		杨岳锡
		周顺萍
视导委	主任	文辉江
	副主任	张义虎
研究生办	主任	徐守智
教务科	科长	张学廉
教学科	科长	常益民
财务科	科长	赵娟

海军分院

分院	院长	杨振明
	副院长	王金中
		滕玉
办公室	主任	于广林
财务处	处长	张恩荣
教务处	处长	黄孝虎
教学处	处长	黄孝虎

武警部队分院

分院	院长	胥昌忠
	副院长	赵北臣
教学科	主任	丰春明
教务科	负责人	于兰河
教材科	负责人	罗坚
财务科	负责人	吴晓红

总装备部分院

分院	院长	王占华

副院长　于本城
　　　　刘建国
　　　　王顺通
办公室主任　王文秀
教学办负责人　孙瑞霞
教务办负责人　朱耀光
教材办负责人　马武斗
学籍办负责人　姜丽敏

济南军区分院

分院院长　谭乃达
副院长　申万胜
办公室主任　王模
副主任　张宝明
　　　　刘建华
视导组组长　尹洪滨
教学科科长　曹新成
教务科科长　王继东
学籍科科长　王国良
教材科科长　薛庆连

南京军区分院

分院院长　张宝康
副院长　朱争平
　　　　刘东耕
办公室主任　朱永和
副主任　徐德林
教学科负责人　肖江春
教务科负责人　沈朝勋
学籍科负责人　朱秀令
教材科负责人　孔繁留

广州军区分院

分院院长　姚成友
副院长　饶新建
　　　　杨稳泉
办公室主任　张耀斌
副主任　王德海
　　　　李桂生
教学科科长　欧新民
教务科科长　涂炳林
学籍科科长　陈爱民
教材科科长　彭正祥
财务科科长　王德海

成都军区分院

分院院长　杨德福
常务副院长　韩大凤
副院长　周安准
教育长　周绍荣
副教育长　赵明仁
办公室主任　刘洪祥
教务处处长　翟风竹
教保处处长　于胜
学生处处长　杨正奇

沈阳军区分院

分院院长　庞连杰
副院长　刘念光
　　　　王树清
办公室主任　张相荣
教学处负责人　关景杰
教务处负责人　李晶磊
教材处负责人　周贤利

兰州军区分院

分院院长　张树田
常务副院长　詹忠富
副院长　范长秘
办公室主任　于建文
副主任　李志勇
　　　　高豫蜀
　　　　陈扶军
教务负责人　李俊杰
教学负责人　陈阳忠
学籍负责人　郭良
教材负责人　张桃园
财务负责人　邢晏

北京市公安局直属学区

学区主任　杨秉发
副主任　田银玲
办公室主任　粟新
副主任　张美三
　　　　康健
教务负责人　张美三
教学负责人　康健
学员管理负责人　李连义
学籍负责人　曹文生
教材负责人　康健

分院、直属学区所辖学区、辅导站负责人名录

山东分院

省直学区	主任	栾强
济南学区	主任	张锋
	常务副主任	王华起
	副主任	邹成敏
		张檀
		刘祥功
青岛学区	主任	蔡善成
	副主任	王瑞明
		郭石宝
平度辅导站	站长	杨建泽
	副站长	陈顺田
市南辅导站	站长	李振华
	副站长	宋培常
四方辅导站	站长	于春宪
	副站长	卢衍意
黄岛辅导站	站长	姜红岩
	副站长	王振山
胶州辅导站	站长	陈永江
	副站长	王现邦
莱西辅导站	站长	薛丕秋
胶南辅导站	站长	崔坤斗
即墨辅导站	站长	于普森
	副站长	刘忠传
李沧辅导站	站长	韩喜光
市北辅导站	站长	马靖
烟台学区	主任	李华君
	副主任	李晓平
莱阳辅导站	站长	黄卫
栖霞辅导站	站长	牟永起
莱州辅导站	站长	陈洪海
招远辅导站	站长	栾培区
济宁学区	主任	袁伟
	副主任	邵英
		王凤英

中区辅导站	站长	赵伟敏
兖州辅导站	站长	付兆喜
	副站长	孙海建
泗水辅导站	站长	张安
邹城辅导站	站长	苏德家
	副站长	王福迎
金乡辅导站	站长	董延建
汶上辅导站	站长	宋恩海
梁山辅导站	站长	高成立
鱼台辅导站	站长	仇新春
泰安学区	主任	张颖
泰山辅导站	站长	段宗正
郊区辅导站	站长	卢宗胜
威海学区	主任	张忠福
	副主任	王基舟
荣成辅导站	站长	张福金
	副站长	刘珊
文登辅导站	站长	宋文启
	副站长	刘玉友
乳山辅导站	站长	于鲁年
	副站长	于军
菏泽学区	主任	樊庆增
	副主任	李鲁燕
定陶辅导站	站长	张烁
曹县辅导站	站长	冯中山
成武辅导站	站长	张钦
巨野辅导站	站长	汪其元
单县辅导站	站长	张振海
鄄城辅导站	站长	王显峰
郓城辅导站	站长	陈广建
东明辅导站	站长	周浩
滨州学区	主任	李金怀
	副主任	杨茂盛
		姚文呈
		李善鲁
邹平辅导站	站长	杨金伟

博兴辅导站	站长	舒金卫
日照学区	主任	冯遵谦
	副主任	魏代增
莒县辅导站	站长	东庆良
五莲辅导站	站长	赵明滨
	副站长	刘加新
东营学区	主任	刘绪柱
	副主任	刘玉玲
广饶辅导站	站长	李兰贤
垦利辅导站	站长	陈军
东营区辅导站	站长	徐宝训
利津辅导站	站长	高兴隆
河口区辅导站	站长	刘琳堂
莱芜学区	主任	刘万河
	副主任	段明守
临沂学区	主任	程天斗
	副主任	李刚
		黄宝峰
郯城辅导站	站长	任传斌
	副站长	梁光辉
苍山辅导站	站长	赵怀莹
	副站长	宋中强
莒南辅导站	站长	朱传经
平邑辅导站	站长	李修柱
	副站长	石立国
费县辅导站	站长	凌佩湘
	副站长	张玉民
沂南辅导站	站长	冯尚起
	副站长	郭云堂
		黄传国
沂水辅导站	站长	李乐华
	副站长	王伟
临沭辅导站	站长	李首迅
	副站长	房晓华
山铝学区	主任	尹黄伦
聊城学区	主任	郭玉平

	副主任	郝东方
临清辅导站	站长	辛玉岭
阳谷辅导站	站长	孟广先
莘县辅导站	站长	李记旭
	副站长	钱玉杰
东阿辅导站	站长	张大安
	副站长	袁春英
冠县辅导站	站长	肖太宏
高唐辅导站	站长	白兴虎

江苏分院

直属学区	主任	李健
	副主任	谢家嘉
省级机关学区	主任	楼育校
	主任	张建宁
	副主任	杨宪
南京学区	主任	王东海
	副主任	缪献华
		汪恩华
白下辅导站	站长	王和鸣
秦淮辅导站	站长	李小华
建邺辅导站	站长	姚齐放
鼓楼辅导站	站长	姜兴学
下关辅导站	站长	范利云
浦口辅导站	副站长	张惠锁
大厂辅导站	站长	孙锦
栖霞辅导站	副站长	蒋殿浦
雨花台辅导站	站长	方钧华
江宁辅导站	副站长	俞有利
江浦辅导站	站长	范以铭
六合辅导站	站长	谷晴
高淳辅导站	站长	唐定虎
溧水辅导站	副站长	吴永胜
镇江学区	主任	石春海
	副主任	张水娟
		解耀华
丹阳辅导站	站长	周炳兴
	副站长	丁美娟
句容辅导站	站长	陈建祥
	副站长	杨雅琴
扬中辅导站	站长	郑云
	副站长	沈大银
		孙国荣
常州学区	主任	邵定基
	副主任	雷永康
武进辅导站	站长	陈飞跃
	副站长	徐之刚
		宋建明
金坛辅导站	站长	唐国和
		陈根银
	副站长	周学伟
溧阳辅导站	站长	龚友强
	副站长	吴晓
		王玉富
无锡学区	主任	龚祖慰
	副主任	沈建新
崇安辅导站	站长	孙晓兵
		吴德怡
北塘辅导站	站长	戴旭林
南长辅导站	站长	陶雅萍
		陈金初
郊区辅导站	站长	时敏扬
		孙英
新区辅导站	站长	董学斌
马山辅导站	站长	徐兆清
		于滢
锡山辅导站	站长	靳培兴
	副站长	沈惠珍
江阴辅导站	站长	黄国强
	副站长	蒋泉兴
宜兴辅导站	站长	许夕华
	副站长	吴春祥
苏州学区	主任	孙艺兵
	副主任	王锡泉
吴江辅导站	站长	黄平
	副站长	庄永先
昆山辅导站	站长	王建东
	副站长	陈茂军
太仓辅导站	站长	赵永生
	副站长	朱珍亚
常熟辅导站	站长	何振球
	副站长	杨标
张家港辅导站	站长	吴一帆
	副站长	薛振华
吴县辅导站	站长	朱继亚
南通学区	主任	潘永江
	副主任	姜作培
		刘志华
		臧乃康
海安辅导站	站长	王其银
	副站长	缪德清
如皋辅导站	站长	刘志高
	副站长	蒋文祥
如东辅导站	站长	胡其如
	副站长	唐国均
通州辅导站	站长	赵振南
	副站长	章新华
海门辅导站	站长	马红葵
	副站长	黄志达
启东辅导站	站长	任海麟
	副站长	陈永安
扬州学区	主任	阮衍宁
广陵区辅导站	站长	许斌
邗江辅导站	站长	朱德本
宝应辅导站	站长	高少林
高邮辅导站	站长	何秋华
江都辅导站	站长	汪辉
仪征辅导站	站长	邢忠昶
油田辅导站	站长	安志勇
华东石油局站	站长	王齐华
徐州学区	主任	刘春平
	副主任	陈素贞
丰县辅导站	站长	张显芝
沛县辅导站	站长	孟献华
铜山辅导站	站长	赵敏
新沂辅导站	站长	薛道云
邳州辅导站	站长	陈琳
睢宁辅导站	站长	张新余
淮阴学区	主任	苏诚友
	副主任	戴家才
		杜文连
淮阴县辅导站	站长	温步生
	副站长	卢万宁
涟水辅导站	站长	张耀明
	副站长	张成业
盱眙辅导站	站长	高学安
	副站长	高伟民
金湖辅导站	站长	冀平
洪泽辅导站	站长	席文斌

	副站长	伍顺元
淮安辅导站	站长	张超
	副站长	周喜作
清河辅导站	站长	曹爱国
		郑宪
	副站长	肖万忠
盐城学区	主任	吴兴鹏
	副主任	刘连才
		李新昌
		茆律章
响水辅导站	站长	陈国湘
	副站长	龚龙光
		吴再新
滨海辅导站	站长	黄毅
	副站长	高德洪
阜宁辅导站	站长	孟凡民
	副站长	曹廷峰
射阳辅导站	站长	孙亚东
	副站长	尤亚华
建湖辅导站	站长	王晓明
	副站长	刘明忠
盐都辅导站	站长	张国瑞
	副站长	张定成
		林汉宏
大丰辅导站	站长	黄远昌
	副站长	邱俊
		李永祥
		龚进
东台辅导站	站长	朱宝荣
	副站长	吴东湖
城区辅导站	站长	刘必春
	副站长	顾邦政
连云港学区	副主任	朱清扬
金陵石化学区	主任	于少楠
泰州学区	主任	查桂山
	副主任	丁国和
		吕华培
		虞登禹
泰兴辅导站	站长	张洪生
	副站长	王国友
		王翔
靖江辅导站	站长	袁明乔
	副站长	姚儒鸿
	副站长	洪卓如
姜堰辅导站	站长	卫家稳
	副站长	潘定平
兴化辅导站	站长	金永和
	副站长	谷幼农
		陈俊玉
宿迁学区	主任	陈运祥
	副主任	李鹏
宿豫辅导站	站长	桑小平
	副站长	周齐生

上海分院

教卫辅导站	站长	顾荣福
	副站长	蒋正华
建工辅导站	站长	康春江
	副站长	冯文彬
卢湾辅导站	站长	袁蓓灏
	副站长	张培春
南汇辅导站	站长	王安义
	副站长	陈国平
杨浦辅导站	站长	张建国
	副站长	曾麟
青浦辅导站	站长	陆树华
	副站长	施克仁
崇明辅导站	站长	郭英
	副站长	朱惠娣
纺织辅导站	站长	王志平
住总辅导站	站长	郭裕坤
	副站长	潘文成
奉贤辅导站	站长	陆群
	副站长	张根发
宝钢辅导站	站长	严德高
	副站长	陈鸿庆
浦东辅导站	站长	陆沪根
	副站长	陈希章
		顾银祥
长宁辅导站	站长	唐成览
石化辅导站	站长	鲁锦江
	副站长	姚建国
		王卫民
静安辅导站	站长	蔡根法
	副站长	李法全
徐汇辅导站	站长	杨杨
	副站长	蓝芝华
虹口辅导站	站长	何久隆
汽车辅导站	站长	林树楠
	副站长	诸葛镇
		倪嘶栋
		杨恩铭
		高万荣
金山辅导站	站长	陆炳其
	副站长	陈行建
普陀辅导站	站长	沈移元
	副站长	黎春洪
机电辅导站	站长	徐松庄
		陈延磊
闸北辅寻站	站长	杨月珍
	副站长	熊建平
嘉定辅导站	站长	秦志明
宝山辅导站	站长	厉自根
	副站长	张新文
		张立新
闵行辅导站	站长	任向阳
	副站长	刘定国
南市辅导站	站长	陈伟忠
		庞清江
	副站长	朱金芬

安徽分院

省直学区	主任	唐世杰
	副主任	李静兰
		张岚
长丰辅导站	站长	王德新
肥东辅导站	站长	刘家沛
肥西辅导站	站长	钟承才
市郊区辅导站	站长	朱为国
市交通辅导站	站长	黄英
市合钢辅导站	站长	汪寿康
中市区辅导站	站长	林华茂
六安学区	主任	刘德新
	副主任	高少传
六安市辅导站	站长	朱先捷
	副站长	裴成芬
		陈绪文
舒城辅导站	站长	马继康
	副站长	黄向东

霍山辅导站	站长	赵嗣文
	副站长	汪廷让
金寨辅导站	站长	钱学祥
	副站长	解大明
霍邱辅导站	站长	周 明
	副站长	王瑞烘
寿县辅导站	站长	许光友
	副站长	孙仁植
巢湖学区	主任	汤永昶
	副主任	盛昌生
安庆学区	主任	彭生高
	副主任	郑业智
芜湖学区	主任	李荣生
	副主任	潘克兰
		徐国荣
南陵辅导站	站长	罗会琰
繁昌辅导站	站长	俞家兰
	副站长	俞乃友
		任宽翔
芜湖辅导站	站长	陈士良
	副站长	徐德荣
		张平华
		王建华
宣城学区	主任	王成吉
	副主任	胡锦荣
铜陵学区	主任	汤晓华
	副主任	刘采仪
		沈承刚
铜陵县辅导站	站长	钱立华
马鞍山学区	主任	张效富
	副主任	袁晓明
蚌埠学区	主任	周德岭
	副主任	宋金昌
怀远辅导站	站长	吴国强
五河辅导站	站长	吕 明
	副站长	樊绪利
固镇辅导站	站长	左新培
蚌埠郊区站	站长	卢德银
蚌埠统计局站	站长	金 化
滁州学区	主任	沙广银
	副主任	王超武
定远辅导站	站长	王连益
凤阳辅导站	站长	程舒平
明光辅导站	站长	刘胜利
来安辅导站	站长	任衍山
全椒辅导站	站长	黄庆一
天长辅导站	站长	陈梓松
琅琊辅导站	站长	谢文跃
黄山学区	主任	徐勇勇
	副主任	毕增建
宿州学区	主任	解维领
	副主任	郑成光
		赵丙元
		孙庆伦
		陈月芳
墉桥辅导站	站长	吴振华
	副站长	李建华
泗县辅导站	站长	张希景
	副站长	马 威
肖县辅导站	站长	张奎建
	副站长	张秀华
砀山辅导站	站长	朱安东
	副站长	庞 兵
灵璧辅导站	站长	李 凯
	副站长	靖广兴
淮南学区	主任	刘全秀
	副主任	程相勤
凤台辅导站	站长	江明荣
潘集辅导站	站长	黄玉富
淮南矿学区	副主任	王 跃
		程爱萍
淮北矿学区	主任	吕希德
	副主任	黄宝勤
安大学区	主任	张长江
	副主任	蔡素珍
池州学区	主任	程世宁
马钢学区	主任	王建华
	副主任	张履康
铜陵有色学区	主任	温仲发
	副主任	孔祥兵
亳州辅导站	站长	蒋庆华
	副站长	刘金山
		赵洪运
阜阳学区	主任	耿 霖
	副主任	穆 森

浙江分院

直属学区	主任	刘杭宇
杭钢辅导站	站长	邵松涛
司法厅辅导站	站长	顾金法
	副站长	杨 弓
边防辅导站	站长	焦克俭
杭州学区	主任	陆亚泉
	副主任	张佩娟
淳安辅导站	站长	姜北方
	副站长	姚宏韬
		王海良
富阳辅导站	站长	周亦涛
	副站长	李娅民
余杭辅导站	站长	吴 勇
	副站长	凌美娣
桐庐辅导站	站长	张德扬
	副站长	骆国庆
建德辅导站	站长	刘锡兴
	副站长	童来清
临安辅导站	站长	俞康庭
	副站长	蔡友良
		沈百万
萧山辅导站	站长	俞彬文
宁波学区	主任	朱中人
	副主任	沃依群
奉化辅导站	站长	楼光宙
	副站长	马才军
余姚辅导站	站长	王永江
	副站长	罗利行
		黄来君
象山辅导站	站长	蒋亚娣
	副站长	周成安
宁海辅导站	站长	施宗璜
	副站长	罗晓明
鄞县辅导站	站长	陆国味
	副站长	蒋吉昌
宁波港务站	站长	钱嗣泽
	副站长	吴华水
慈溪辅导站	站长	黄银乔
	副站长	孙久义
温州学区	主任	蒋儒标
	副主任	潘步林

乐清辅导站	站长	王连飞
永嘉辅导站	站长	潘德惠
洞头辅导站	站长	林反坚
瑞安辅导站	站长	蒋锦荣
	副站长	邱益泽
平阳辅导站	站长	吴春震
苍南辅导站	站长	陈后强
	副站长	赖雪琴
文成辅导站	站长	陈建敏
	副站长	叶肖平
泰顺辅导站	站长	张忠武
	副站长	吴夏莲
台州学区	主任	金建
	副主任	魏鸣凤
椒江辅导站	站长	叶祥洲
	副站长	洪水
黄岩辅导站	站长	李曲法
	副站长	王文祥
路桥辅导站	站长	孙国利
	副站长	梁标
临海辅导站	站长	童必周
	副站长	王敏
三门辅导站	站长	龚琴新
天台辅导站	站长	金锦秀
	副站长	曹月凤
仙居辅导站	站长	张汝良
	副站长	王中南
		方振飞
温岭辅导站	站长	陈晓苏
	副站长	林晓培
玉环辅导站	站长	肖加福
	副站长	蒋德
金华学区	主任	贾恭惠
	副主任	宗开宝
兰溪辅导站	站长	王柏中
	副站长	李永良
义乌辅导站	站长	蒋亦生
	副站长	王联寅
东阳辅导站	站长	许华春
	副站长	孔跃明
浦江辅导站	站长	陈文言
	副站长	洪炜
磐安辅导站	站长	郭金明
	副站长	孔贡清
金华县辅导站	站长	方雨辉
	副站长	毛秀娟
武义辅导站	站长	钟新康
	副站长	吴立琴
永康辅导站	站长	何爱春
	副站长	方有余
绍兴学区	主任	叶振东
	副主任	房晓峰
诸暨辅导站	站长	朱堂
	副站长	冯品灿
		石良平
上虞辅导站	站长	葛金钢
	副站长	叶方
嵊州辅导站	站长	王国鑫
	副站长	裘导川
新昌辅导站	站长	王绍欣
	副站长	娄国良
衢州学区	主任	陈云汉
	副主任	王少勇
衢县辅导站	站长	黄浩
龙游辅导站	站长	杨青云
	副站长	徐建清
江山辅导站	站长	徐国华
	副站长	姜寒松
常山辅导站	站长	郑善波
	副站长	徐双木
开化辅导站	站长	何诗云
	副站长	孙以宽
巨化学区	主任	叶长明
	副主任	林清平
湖州学区	主任	舒川根
	副主任	董凌尧
长兴辅导站	站长	沈柏成
德清辅导站	站长	费惠全
安吉辅导站	站长	黄跃进
	副站长	范一直
丽水学区	主任	谢正法
	副主任	宋建设
景宁辅导站	站长	吴跃金
松阳辅导站	站长	阙桂生
	副站长	叶世根
青田辅导站	站长	应尚福
	副站长	林进高
云和辅导站	站长	朱阶平
	副站长	胡伟华
丽水辅导站	站长	朱献培
	副站长	周蕴敏
庆元辅导站	站长	胡敬超
	副站长	吴德庶
龙泉辅导站	站长	朱志伟
缙云辅导站	站长	陈晓良
	副站长	卢荣彪
遂昌辅导站	站长	林晨
	副站长	杨庆红
嘉兴学区	主任	徐锦才
	副主任	周宝珍
加善辅导站	站长	杨善岗
	副站长	朱庚生
		姚立军
海宁辅导站	站长	朱坤苗
	副站长	赵嘉年
桐乡辅导站	站长	王士杰
	副站长	程卫
海盐辅导站	站长	董成彪
	副站长	潘爱凤
郊区辅导站	站长	朱根荣
	副站长	冯玉珍
平湖辅导站	站长	张育民
	副站长	王一鸣
舟山学区	主任	任兆岳
	副主任	章荷青
		邵元华
普陀辅导站	站长	范家骝
	副站长	虞永国
岱山辅导站	站长	姜立瑞
	副站长	郑亚元
		郑芳春
		徐志男
嵊泗辅导站	站长	王岳忠
	副站长	林明忠
		胡国祥

江西分院

南昌学区	主任	王亚琴
	副主任	万发海

市直辅导站	站长	章元平
南昌县辅导站	站长	陈伟金
新建辅导站	站长	夏宗琅
郊区辅导站	站长	曹和华
进贤辅导站	站长	陈忠
九江学区	主任	吴集元
	副主任	杜治江
修水辅导站	站长	周江宁
	副站长	王小华
		梁学炳
武宁辅导站	站长	熊里燮
	副站长	刘堂河
瑞昌辅导站	站长	周启翔
	副站长	王义月
		刘明珍
永修辅导站	站长	刘显政
	副站长	熊茂东
		殷隆来
德安辅导站	站长	刘爱民
	副站长	江斌
		邱良
九江辅导站	站长	王承虎
星子辅导站	站长	黄纪槐
	副站长	徐金元
都昌辅导站	站长	卢封和
	副站长	钱典彪
湖口辅导站	站长	吴坚
	副站长	沈小华
		唐志峰
彭泽辅导站	站长	丁艺农
	副站长	冯建超
		任桂琴
浔阳辅导站	站长	张修炳
	副站长	郑守法
		黄金虎
庐山辅导站	站长	徐良德
	副站长	乔丽国
九江石化站	站长	吕敬绪
	副站长	鲍贵
九船辅导站	站长	周东军
	副站长	刘鹏
上饶学区	主任	丁建中
玉山辅导站	站长	李水花
弋阳辅导站	站长	蔡元义
德兴辅导站	站长	王高保
万年辅导站	站长	方进平
广丰辅导站	站长	杨培有
波阳辅导站	站长	江明林
婺源辅导站	站长	程茂盛
余干辅导站	站长	李恩华
德兴铜矿站	站长	余晖
抚州学区	主任	周龙仁
		万泽民
	副主任	林镜芳
		周南
		周泽南
临川辅导站	站长	王建华
东乡辅导站	站长	何英
	站长	何筱娟
广昌辅导站	站长	胡叔敏
资溪辅导站	站长	付星煌
红星辅导站	站长	陈志方
崇仁辅导站	站长	黄礼祥
宜黄辅导站	站长	张福如
乐安辅导站	站长	陈庚
黎川辅导站	站长	王凌
南城辅导站	站长	陈鑫庚
宜春学区	主任	欧阳佳福
	副主任	顾厚明
万载辅导站	站长	宋新民
	副站长	欧阳春生
宜丰辅导站	站长	黄立丰
	副站长	姚宏
高安辅导站	站长	胡逞均
	副站长	游国铭
丰城辅导站	站长	喻新年
樟树辅导站	副站长	宋债根
奉新辅导站	站长	贺康
	副站长	邓必运
靖安辅导站	站长	杨斌
	副站长	袁业琪
吉安学区	主任	吴兴东
	副主任	黄永远
吉安辅导站	站长	王静
	副站长	应水苟
吉水辅导站	站长	肖秋生
	副站长	董万兴
安福辅导站	站长	欧阳亮
	副站长	刘达才
井冈山辅导站	站长	赵中朝
	副站长	张清泉
吉安辅导站	站长	周冬芽
	副站长	王懿生
泰和辅导站	站长	周征江
	副站长	肖峰
新干辅导站	站长	孙维武
	副站长	张银甲
峡江辅导站	站长	袁传健
	副站长	李天德
永新辅导站	站长	肖奇锦
	副站长	周卷迈
遂川辅导站	站长	李福生
	副站长	余朝岸
万安辅导站	站长	王海宾
宁冈辅导站	站长	温澄清
赣州学区	主任	胡江波
	副主任	江宗新
南康辅导站	站长	曹佐胜
	副站长	朱挺龙
龙南辅导站	站长	叶柱林
	副站长	蔡德生
信丰辅导站	站长	吴建忠
	副站长	欧阳交忠
定南辅导站	站长	赖余房
	副站长	刘甫廷
大余辅导站	站长	卢伟
	副站长	兰乐平
于都辅导站	站长	许云鹏
	副站长	李卫东
兴国辅导站	站长	梅甲祥
	副站长	钟贞茂
瑞金辅导站	站长	罗光泉
	副站长	黄平
会昌辅导站	站长	李卓春
	副站长	邹泽涛
赣县辅导站	站长	陈西民
	副站长	付廷松
景德镇学区	副主任	计会德
乐平辅导站	站长	曾文波

	副站长	蔡衍宁
浮梁辅导站	站长	程文芳
	副站长	王益群
萍乡学区	主任	谢敏
	副主任	邓进双
新余学区	主任	胡慧明
分宜辅导站	站长	袁晖
鹰潭学区	主任	洪光平
贵溪辅导站	站长	王在煌
余江辅导站	站长	潘炉街
新钢学区	副主任	欧阳小缨
良山辅导站	站长	敖卫东
电力学区	主任	涂火金
	副主任	胡青春
昌河学区	主任	王焕章
南飞学区	主任	刘远征
	副主任	王雷
省直工委学区	主任	吴瑞安
江铜学区	主任	刘根源
	副主任	林忠
德铜辅导站	站长	贺贤忠
	副站长	陈素仙
省直学区		
南航辅导站	站长	丁群安
	副站长	涂发力
检察院辅导站	站长	吴伟祥
省陶瓷辅导站	站长	张家富
共青辅导站	站长	黄林根
	副站长	况泉水
丰矿辅导站	站长	顾大鸣
监狱局辅导站	站长	王绍华

福建分院

福州学区	主任	缪慈潮
	常务副主任	陈敏佑
	副主任	林茜
福清辅导站	站长	蔡瑞铮
平潭辅导站	站长	李劲青
	副站长	曾华仁
省直机关学区	副主任	侯一平
公安专学区	负责人	施经灯
厦门学区	主任	陈二加
	副主任	骆主福
同安区辅导站	站长	吕加福
	副站长	洪金全
集美辅导站	站长	黄卫灵
	副站长	艾猷芾
杏林辅导站	站长	林长勇
	副站长	林启敏
漳州学区	主任	李淑芬
	常务副主任	林孝午
	副主任	郑路
芗城辅导站	站长	左回初
	副站长	张如璋
龙海辅导站	站长	纪瑞仁
	副站长	陈乾山
漳浦辅导站	站长	黄美成
	副站长	郑康省
云霄辅导站	站长	罗深汉
	副站长	张淑琴
		郑健生
诏安辅导站	站长	谢永钦
	副站长	沈水武
东山辅导站	站长	张先英
	副站长	林云葆
南靖辅导站	站长	杨志强
	副站长	张永忠
平和辅导站	站长	叶文清
	副站长	蔡夏生
长泰辅导站	站长	戴旺基
	副站长	毕凡
华安辅导站	站长	李红缨
	副站长	阙炳武
泉州学区	主任	陈东水
	副主任	胡华兴
		陈毅生
丰泽辅导站	站长	黄昌明
	副站长	林永昌
晋江辅导站	站长	施天福
惠安辅导站	站长	吴新辉
	副站长	陈森章
南安辅导站	站长	周泗情
	副站长	陈友土
安溪辅导站	站长	许如竹
	副站长	李宏鸣
永春辅导站	站长	曾令宾
	副站长	姚清地
德化辅导站	站长	谢英杰
三明学区	主任	谢锦荣
	副主任	吴良平
		董光灶
沙县辅导站	站长	林启增
	副站长	徐柳珠
尤溪辅导站	站长	关野峰
	副站长	林燕
永安辅导站	站长	陈孝康
	副站长	陈开斌
大田辅导站	站长	廖之清
	副站长	田晃
		吴秀文
明溪辅导站	站长	李云生
	副站长	石秀苇
清流辅导站	站长	李初开
	副站长	欧阳俊生
		黄坤林
宁化辅导站	站长	温金亮
	副站长	赖美华
建宁辅导站	站长	罗进忠
	副站长	陈国钊
泰宁辅导站	站长	黄炳荣
	副站长	严旭东
将乐辅导站	站长	陈孙明
	副站长	曾垂光
三钢辅导站	站长	戴志明
	副站长	陈庆跃
莆田学区	主任	林元亮
	副主任	陈金毓
		林仲仙
莆田辅导站	站长	许冬红
	副站长	林永祥
城厢辅导站	站长	林宗哲
	副站长	林长征
仙游辅导站	站长	庄伟民
	副站长	张美良
涵江辅导站	站长	林祖泉
	副站长	鲍金锁
南平学区	主任	王飞
武夷山辅导站	站长	徐秀文
	副站长	王爱珍

	副站长	刘助民
邵武辅导站	站长	黄根长
	副站长	蔡星辉
建瓯辅导站	站长	叶芳俊
	副站长	蔡金泉
光泽辅导站	站长	林国芳
	副站长	官延礼
政和辅导站	站长	李声佑
顺昌辅导站	站长	李东君
	副站长	叶长顺
		宋秋萍
浦城辅导站	站长	林明华
	副站长	张厦南
建阳辅导站	站长	徐剑平
	副站长	洪长华
松溪辅导站	站长	游彩龙
龙岩学区	主任	钟树文
	副主任	吕辉园
		章子天
永定辅导站	站长	苏仁顺
	副站长	张天福
上杭辅导站	站长	郭文生
	副站长	张静芳
武平辅导站	站长	刘良宝
	副站长	孙玲
长汀辅导站	站长	曾宪江
	副站长	蔡宜增
连城辅导站	站长	傅锡发
	副站长	罗昌林
漳平辅导站	站长	杨秋桂
	副站长	黄天才
宁德学区	主任	缪云震
	副主任	刘培麟
		雷永昌
寿宁辅导站	站长	周道奇
	副站长	陈锦平
福安辅导站	站长	陈孟生
	副站长	王晋强
古田辅导站	站长	郑作鎏
	副站长	汤仰威
柘荣辅导站	站长	李强
	副站长	李昌盛
周宁辅导站	站长	徐少锋
	副站长	陈玲
宁德辅导站	站长	周伟民
	副站长	游招惠
福鼎辅导站	站长	金伯雄
	副站长	洪可钟
霞浦辅导站	站长	朱冰玲
	副站长	陈雪玉
屏南辅导站	站长	周斌雪
	副站长	陈以文

天津分院

蓟县学区	主任	邢国
	副主任	于胜来
静海学区	主任	苏东振
	副主任	杨桂芬
一轻学区	主任	刘俊心
	副主任	彭利平
宁河学区	主任	王俊元
	副主任	李国荣
和平学区	主任	周庆芳
	副主任	吴玲
		赵延庆
公用局党校站	站长	郑秉钧
	副站长	郝省芬
红桥学区	主任	梁凤儒
大港学区	主任	赵玉勇
机电总公司学区	主任	毕学仁
	副主任	陶桂兰
商工委站	站长	姜新泉
	副站长	梁银海
市政党校站	站长	刘玉华
	副站长	刘岩
		张子君
河西学区	主任	宁志宏
	副主任	王建国
大港油田学区	主任	蓝建华
	副主任	崔瑞玲
武清学区	主任	刘宝深
	副主任	王福荣
南开学区	主任	朱树江
	副主任	邱国祥
		王志谱
宝坻学区	主任	汪文建
	副主任	张维聪
河北学区	主任	王洪才
	副主任	裴福均
工委学区	主任	靳方华
	副主任	李学平
西青学区	主任	贾悦凡
津南学区	主任	赵宗礼
北辰学区	主任	王玉恩
	副主任	于素萍
化工学区	主任	徐晓林
	副主任	王维臣

山西分院

太原分院	主任	朱伯承
	副主任	田锐山
		刘香莲
大同一学区	主任	郭毅
	副主任	刘保民
		胡日红
大同二学区	主任	雷忠厚
	副主任	刘润兰
朔州学区	主任	李廷玉
忻州学区	主任	蔚世仁
	副主任	郭清良
		赵慧琴
晋中学区	主任	岂根源
	副主任	李如珍
吕梁学区	主任	安贞
	副主任	宋锐玲
		杨岗
阳泉学区	主任	袁振生
	副主任	卢光鉴
		尹燕灵
临汾学区	主任	郝毓祯
	副主任	张爱国
		郑巨东
		孙正平
运城学区	主任	秦福林
	副主任	李洪智
		潘富国
长治学区	主任	郭建华
晋城学区	主任	曹宏祥
	副主任	王文明

工办学区 主任 吴富贵
省直分校站 站长 周银忠
常务副站长 韩晋乐
副站长 吴东才
大同矿站 站长 尹家显
副站长 张小文
十三冶站 站长 栗育田
副站长 支力
太钢辅导站 站长 卢治纯
副站长 孔雁
西山辅导站 站长 张荣九
副站长 杨鸿艳
阳泉矿辅导站 站长 赵鸿承
副站长 吉云芳
电力辅导站 站长 茹国萍
副站长 曾跃飞
政法干院站 站长 康国梅
太化集团站 站长 吴子明
副站长 靳玉柱
吴长绪
平朔矿站 站长 辛怀荣
汾西矿站 站长 王克福

河北分院

邢台学区 主任 贾书成
副主任 孙元平
张一方
赵立柱
张同林
李建华
石家庄学区 主任 边雪成
副主任 王军
张春荣
吕翠琴
董赞霞
保定学区 主任 耿素德
副主任 孙艳华
王世平
贾博东
华油学区 主任 马九如
副主任 张国政
承德学区 主任 张雪儒
副主任 韩九宗
唐山学区 主任 李素珉
副主任 王兴社
宗玉田
周秀荣
秦皇岛学区 主任 金正文
副主任 裴翠印
王德富
石铁学区 主任 张银森
副主任 邵喜录
直属学区 主任 孙柳云
副主任 苏峰
郑铁魁
衡水学区 主任 皮玉明
副主任 刘秀明
刘振峰
装院学区 主任 张万忠
副主任 王中兴
省供销学区 主任 王翠花
开滦矿局学区 主任 李俊生
副主任 王宝奎
峰矿区学区 主任 赵洪泽
副主任 张建新
沧州学区 主任 蔡宝清
副主任 张振国
邯郸学区 主任 李天祥
副主任 许建立
直属辅导站 站长 马秀英
副站长 王庆云
赵葆林
陈韵津
张家口学区 主任 任秋娟
赵曙光
副主任 赵希忠
峰局学区 主任 张思海
副主任 邓新顺
屈华同
史红霞
省直工委站 站长 赵红焱
副站长 李丽娟
廊坊学区 主任 王双印
副主任 贺彦波
张英
毕凤芹
大城辅导站 站长 王春庭
副站长 陈克茹
文安辅导站 站长 任晓玲
副站长 邓宝俊
霸州辅导站 站长 梁永仓
副站长 郑静
永清辅导站 站长 宋振兴
副站长 刘卫平
三河辅导站 站长 隋宝军
副站长 王学生
雷宏伟
香河辅导站 站长 刘文林
副站长 顾彩华

内蒙古分院

直属学区 主任 高志英
呼和浩特学区 主任 王家恒
副主任 张志茹
土左旗辅导站 站长 郭振华
清水河辅导站 站长 安俊卿
副站长 刘文军
和林辅导站 站长 贾称心
副站长 常瑛
包头学区 主任 魏光欣
副主任 武亚芳
土右旗辅导站 站长 吴斌
固阳辅导站 站长 张耀忠
白云鄂博矿辅导站 站长 苏萍
赤峰学区 主任 何雨霖
副主任 刘力山
巴林右旗站 站长 马德新
翁牛特旗站 站长 盛海青
林西辅导站 站长 张瑞昆
克什克腾旗站 站长 蔺树臣
宁城辅导站 站长 朱融
敖汉旗辅导站 站长 张孝
巴林左旗站 站长 王祥
阿鲁科尔沁旗站 站长 江荣
乌海学区 主任 郭宝华
鄂托克前旗站 站长 赵晓云
呼盟学区 主任 刘雅民
新巴尔虎左旗站 站长 白雪峰
牙克石辅导站 站长 刘庆才

大雁矿务局站	站长	崔凤梅
免渡河站	站长	袁存海
海拉尔农场站	站长	胡春野
满洲里辅导站	站长	王家春
扎赉诺尔矿务站	站长	孙培贤
根河辅导站	站长	赵连荣
兴安盟学区	主任	张凤翼
扎赉特旗站	站长	高凤阁
哲盟学区	主任	王福全
科左后旗站	站长	孙海沧
科左中旗站	站长	陈德钧
开鲁辅导站	站长	田淑琴
扎鲁特旗站	站长	张文海
	副站长	杨和
库伦旗辅导站	站长	王铁山
锡盟学区	主任	朝格图
太仆寺旗站	站长	孟宪维
正镶白旗站	站长	肖荣
多伦辅导站	站长	任玉亭
苏尼特右旗站	站长	乌兰格日乐
西乌珠穆沁旗站	站长	杨清
乌盟学区	主任	于江河
	副主任	孙占民
化德辅导站	站长	高汉霄
凉城辅导站	站长	王贵元
	副站长	樊锡昀
兴和辅导站	站长	张存福
察右中旗站	站长	许非
	副站长	王喜科
商都辅导站	站长	龚明亮
丰镇辅导站	站长	赵文卿
卓资辅导站	站长	李志忠
察右后旗站	站长	贾勇
巴盟学区	主任	周福顺
	副主任	杨育才
杭锦后旗站	站长	王毅
	副站长	张连英
磴口辅导站	站长	葛红升
	副站长	马玉莲
乌拉特前旗站	站长	王安丽
	副站长	刘贵
五原辅导站	站长	王章记
伊盟学区	主任	李文艺
准格尔旗站	站长	李贵达
	副站长	刘克河
达拉特旗站	站长	袁德中
	副站长	全双喜
乌审旗辅导站	站长	陈文飞
	副站长	李永峰
杭锦旗辅导站	站长	樊树生
	副站长	程振刚
东胜辅导站	站长	刘荣
	副站长	胡生泉
阿盟学区	主任	聂录远
	副主任	曾昭田
		冯呼和
阿拉善右旗站	站长	孙平
	副站长	朝格宝音
		王桂芳
额济纳旗站	站长	张军生
	副站长	齐双宝
		王高峰
大兴安岭学区	主任	肖迎春
阿龙山辅导站	站长	樊久辉
满归辅导站	站长	李平
根河辅导站	站长	于文静
绰尔辅导站	站长	王清华
一机厂学区	主任	于永辉
		张玉贵
二机厂学区	主任	罗启钧
		邱荣光
包钢学区	主任	云继明
	副主任	孙志兴
		白雪
二〇二厂学区	主任	邹自志
包铝学区	主任	高普明
	副主任	赵志国
		殷梅园
		张金良
准煤学区	主任	王辉
	副主任	张春明

辽宁分院

沈阳学区	主任	王道臣
	副主任	张光宏
		刘莉莎
新城子辅导站	站长	张宝聚
	副站长	张启荣
苏家屯辅导站	站长	丁明志
	副站长	朱静
辽中辅导站	站长	李景新
	副站长	王广春
新民辅导站	站长	杨国远
	副站长	胡玉祥
法库辅导站	站长	时文余
	副站长	陈旭东
康平辅导站	站长	徐世春
	副站长	韩洋
大连学区	主任	杨斌
	副主任	王忠茹
		桑凤新
旅顺口辅导站	站长	张守柱
金州辅导站	站长	潘福南
甘井子辅导站	站长	赵为民
瓦房店辅导站	站长	周喜东
普兰店辅导站	站长	张士山
庄河辅导站	站长	柳长富
长海辅导站	站长	宁致斌
鞍山学区	主任	鲍振元
	副主任	王志洲
		吴志辉
		丁继清
海城辅导站	站长	徐龙
	副站长	范红军
		张振堃
台安辅导站	站长	贾信彩
	副站长	苗占福
岫岩辅导站	站长	许大海
	副站长	刘淑琴
千山辅导站	站长	崔东升
	副站长	赵荣良
		谷安平
抚顺学区	主任	付波
	副主任	钟庆军
		王丽
		狄锡侯
清原辅导站	站长	赵连诚
	副站长	谢洋
新宾辅导站	站长	赵桂敏

	副站长	刘殿贵
		杨洪升
本溪学区	主任	刘建筑
	副主任	陈波
		隋大利
		李月红
桓仁辅导站	站长	王圣璞
本溪辅导站	站长	王争平
丹东学区	主任	孙明基
	副主任	王玉珍
东港辅导站	站长	刘长信
	副站长	宋家常
凤城辅导站	站长	关振和
宽甸辅导站	站长	隋宝巨
锦州学区	主任	马占林
	副主任	邵东震
		谭维民
		吕新光
凌河辅导站	站长	金永玉
	副站长	赵文晋
义县辅导站	站长	阎丽华
	副站长	郭福芝
北宁辅导站	站长	孙耀纯
	副站长	石俊江
黑山辅导站	站长	王凤岭
	副站长	李荣启
辽阳学区	主任	吕有林
	副主任	周庆武
		宋成振
辽阳辅导站	站长	徐桂芬
	副站长	洪庆学
灯塔辅导站	站长	平载江
	副站长	王杰
弓长岭辅导站	站长	罗爱武
	副站长	谷凤斌
营口学区	主任	李信今
	副主任	王天志
		胡迪
大石桥辅导站	站长	张永泉
	副站长	莱丽芳
盖州辅导站	站长	张允玉
	副站长	高德忠
老边辅导站	站长	李云普

	副站长	魏洪革
铁岭学区	主任	穆青春
	副主任	刘国明
开原辅导站	站长	孙洪越
	副站长	许健
昌图辅导站	站长	张仲
	副站长	王昌
西丰辅导站	站长	蔺洪杰
	副站长	于显利
铁法辅导站	站长	刘汉贤
	副站长	李久成
清河辅导站	站长	方淑花
	副站长	关伟
		陈波
阜新学区	主任	崔振生
	副主任	王玉林
		郝基东
		赵华
阜新辅导站	站长	张桂英
	副站长	孙金义
彰武辅导站	站长	陈永昌
	副站长	温会武
朝阳学区	主任	刘宝田
	副主任	王会元
北票辅导站	站长	郭振军
	副站长	王世杰
		庄玉生
凌源辅导站	站长	支印怀
	副站长	杨海涛
	副站长	王海明
建平辅导站	站长	孙国福
喀左辅导站	站长	盛九方
	副站长	孟昭瑞
		刘天伟
盘锦学区	主任	王万昌
	副主任	齐函
		张晓梅
盘山辅导站	站长	李执权
葫芦岛学区	主任	肖瑞生
	副主任	佟民
兴城辅导站	站长	金景山
	副站长	张凤芝
绥中辅导站	站长	张志平

	副站长	王质贤
建昌辅导站	站长	胡林风
	副站长	贡小玲
龙港辅导站	站长	孙德权
	副站长	马广居
鞍钢学区	主任	谷茂绵
	副主任	王钢轮
矿山公司站	站长	张敏
三冶公司站	站长	李久玲
	副站长	解秀琴
辽河油田学区	主任	崔浩然
	副主任	王秀华
		李素梅
本钢学区	主任	李宝君
	副主任	高君
阜新矿学区	主任	赵秉清
	副主任	丁丹枚
		王坚
省直工委学区	主任	高德利
省直工委学区	副主任	王岳鄂
		马忠
直属学区	主任	杨玉琴
	副主任	陈平

吉林分院

长春学区	主任	李晓华
吉林学区	主任	蒋彩霞
四平学区	主任	苏丽华
辽源学区	主任	戚淑华
白城学区	主任	杜秀娥
通化学区	主任	张瑞霞
延边学区	主任	朴海锦
一汽学区	主任	高人亮
直属学区	主任	高国田
省直辅导站	站长	樊东光
社会主义学院	站长	韩忠金
粮专学校站	站长	刘秀兰
省统计局站	站长	孙溪泉
省监狱管理站	站长	王志业
中医学院站	站长	杨淑华
柴油机厂站	站长	马春林
水电学校站	站长	常之微
吉林医高专站	站长	孙庆安

空军二航院站	站长	张东平

宁夏分院

直属学区	主任	张鸿宾
	副主任	岳廷让
		于娣
银川学区	主任	齐岳
	副主任	王蕴锋
石嘴山学区	主任	曾向农
	副主任	陈国宪
		赵如生
		张勇
		白玉君
吴忠学区	主任	王珍
	副主任	焦兴德
固原学区	主任	张保栋
	副主任	路世明
		马忠莲
石炭井矿学区	主任	赵常青
	副主任	吴军
石嘴山矿学区	主任	董引福
	副主任	冯艾霞
盐池辅导站	站长	张志远
	副站长	魏军
灵武辅导站	站长	朱瑞
	副站长	马维国
青铜峡辅导站	站长	唐利
中宁辅导站	站长	秦新声
	副站长	鲁安宁
中卫辅导站	站长	吴永吉
	副站长	郑全仁
同心辅导站	站长	马占华
	副站长	马占龙
		张生瑞
莲湖辅导站	站长	潘新勇
	副站长	张其昌

陕西分院

安康学区	主任	王炳润
安康学区函办	主任	梁本荣
石泉辅导站	站长	陈长军
	副站长	黄河
平利辅导站	站长	刘自觉
	副站长	陈敬芳
紫阳辅导站	站长	邹家华
	副站长	覃承发
岚皋辅导站	站长	谢炳杰
	副站长	冯胜
宁陕辅导站	站长	赵瑞华
	副站长	徐海
旬阳辅导站	站长	陈京世
	副站长	陈文印
		李根东
镇坪辅导站	站长	李祖瑜
	副站长	蔡传存
白河辅导站	站长	杨俊时
	副站长	李永颖
安康市辅导站	站长	曹振荣
	副站长	杨树森
		刘明孝
汉阴辅导站	站长	沈兰康
	副站长	袁泽贵
咸阳学区	主任	胡补旭
	副主任	王志起
		王三锁
长武辅导站	站长	李栓彧
兴平辅导站	站长	张平耀
淳化辅导站	站长	郭崇德
铁十二局站	站长	窦选民
礼泉辅导站	站长	胡建中
乾县辅导站	站长	李茂亭
秦都辅导站	站长	吴启征
永寿辅导站	站长	李志宏
旬邑辅导站	站长	张德锋
	副站长	李兴盛
陕毛一厂站	站长	姜长寿
武功辅导站	站长	田春成
三原辅导站	站长	王刚民
	副站长	宗浩
咸阳师专站	站长	马超群
	副站长	杜人伟
纺机辅导站	站长	严俊祥
彬县辅导站	站长	崔彬英
渭南学区	主任	雷进虎
	副主任	王宏山
		李继祖
渭南学区函办	主任	高平洲
	副主任	李麦合
临渭辅导站	站长	李连成
韩城辅导站	第一站长	吉有民
	站长	吴亚丽
	副站长	王丽茹
合阳辅导站	站长	雷永民
澄城辅导站	站长	张建凯
大荔辅导站	站长	郝志起
	副站长	李新成
华县辅导站	站长	张龙生
	副站长	东少川
白水辅导站	站长	杨改民
	副站长	张万仓
华阴辅导站	站长	陈莉莉
蒲城辅导站	站长	于复兴
	副站长	马春长
印机厂辅导站	站长	李党
	副站长	张六成
		任久长
潼关辅导站	站长	周家有
富平辅导站	站长	杨新房
		王志诚
黄河厂辅导站	站长	张启民
韩矿辅导站	站长	薛复兴
延安学区	主任	陈国昌
	副主任	曹志斌
宝塔辅导站	站长	贺亚平
	副站长	李月芳
安塞辅导站	站长	谷培生
吴旗辅导站	站长	李世清
宜川辅导站	站长	白伟
黄陵辅导站	站长	卢印玺
延长辅导站	站长	呼永录
富县辅导站	站长	曹志峰
志丹辅导站	站长	刘汉清
子长油矿站	站长	李明清
七里村油矿站	站长	苏琳
槐树庄农场站	站长	魏波
商洛学区	主任	李永旭
	函办主任	张项全
洛南辅导站	站长	王勇
丹凤辅导站	站长	李生民

商南辅导站	站长	王健
山阳辅导站	站长	张俊旺
柞水辅导站	站长	焦瑞象
镇安辅导站	站长	常立成
榆林学区	主任	孙星才
	副主任	牛国梁
		王清海
府谷辅导站	站长	刘军峰
米脂辅导站	站长	杜兴元
横山辅导站	站长	蒋生春
靖边辅导站	站长	温怀德
	副站长	常维海
定边辅导站	站长	高维枝
吴堡辅导站	站长	刘树斌
绥德辅导站	站长	王文银
汉中学区	主任	罗定华
汉中学区函办	主任	蔡成业
勉县辅导站	站长	陈鹏
	副站长	崔元本
		朱震利
城固辅导站	站长	钟庆祥
西乡辅导站	站长	秦敬波
铜川学区	主任	王志清
	副主任	刘满荣
		王顺安
铜川学区函办	主任	何志海
宝鸡学区	主任	刘振平
扶风辅导站	站长	白东礼
	副站长	史安民
		罗海生
麟游辅导站	站长	王继荣
	副站长	张海平
公安干校站	站长	谭世魁
	副站长	赵里科
陕西财院站	站长	高献华
华兴公司站	站长	边泽炎
省直工委站	站长	雷晓云
西飞公司站	站长	马桂芬
	副站长	张玉平
国防工办站	站长	付芝安
	副站长	张炳涛
		丁酒香
老年理协站	站长	吕正庭
商专直属站	站长	王升翰
建科大直属站	站长	李焕全
西工院直属站	站长	李峰
西农直属站	站长	陈莉霞
五厂直属站	站长	严烈
通院直属站	站长	刘立群
西工大直属站	站长	张凯舟
远东直属站	站长	王和平
团校直属站	站长	张训德
交大直属站	站长	韦玲玲
向阳直属站	站长	朱枫
北郊直属站	站长	蔡新民
	副站长	李秋芳
文理学院站	站长	赵博
司法厅直属站	站长	周铁焕
	副站长	郝福京

西安分院

直属辅导站	站长	吕建谋
新城辅导站	站长	杨建昌
莲湖辅导站	站长	董建国
雁塔辅导站	站长	赵义录
闫良辅导站	站长	冯志进
临潼辅导站	站长	杜新峰
周至辅导站	站长	石周栓
户县辅导站	站长	马仓民
长安辅导站	站长	李毓武
高陵辅导站	站长	付志春
兰田辅导站	站长	穆广元
纺织局站	站长	于广崇
轻工局站	站长	卢玉莲
司法局站	站长	朱金芳
物资局站	站长	李俊轩
国税二分局站	站长	李桂芳
西电公司站	站长	谈汉斌
远东公司站	站长	徐泽民
庆安公司站	站长	任炳新
秦岭公司站	站长	王栓民
惠安公司站	站长	刘兴隆
韩城矿务局站	站长	薛福星
市教育学院站	站长	张天保
标缝公司站	站长	杨小林
公交公司站	站长	刘志宏
未央宫党校站	站长	王新勇

甘肃分院

直属学区	主任	滕宗骞
兰州大学站	站长	宋超英
兰州医学院站	站长	徐鸿昌
兰州商学院站	站长	刘淑华
市公交公司站	站长	吴继德
兰州炼油厂站	站长	周祥志
煤炭总公司站	站长	王履宣
四〇四厂站	站长	冯苏兰
炭素厂站	站长	于得水
金川公司站	站长	杨斌强
钢铁公司站	站长	李惇
铁合金厂站	站长	刘思忠
刘家峡辅导站	站长	杨国才
农垦总公司站	站长	刘志敏
兰州师专站	站长	李震岗
行政学院站	站长	陈宪
省建总公司站	站长	徐忠信
景泰辅导站	站长	杜全铭
会宁辅导站	站长	王平
临夏学区	主任	苏国铨
甘南学区	主任	杨春景
天水学区	主任	马忠信
北道辅导站	主任	胡掌义
清水辅导站	站长	纪自强
甘谷辅导站	站长	魏国计
定西学区	主任	张尔信
岷县辅导站	站长	苗新昌
陇南学区	主任	李民效
文县辅导站	站长	张怀碧
省直学区	主任	张治洲
兰州学区	主任	李培生
西固辅导站	站长	雒仰贤
榆中辅导站	站长	白一农
永登辅导站	站长	王安定
红古辅导站	站长	关世林
皋兰辅导站	站长	马凤英
白银公司学区	主任	龙镇德
白银学区	主任	葛惟惶
靖远辅导站	站长	周虎城
成县辅导站	站长	冯俊民

徽县辅导站	站长	王裕显
康县辅导站	站长	刘满奎
礼县辅导站	站长	曾奎
西和辅导站	站长	赵合璧
庆阳学区	主任	高希文
庆阳县辅导站	站长	刘志学
宁县辅导站	站长	贾致瑞
合水辅导站	站长	齐映辉
正宁辅导站	站长	张振峰
平凉学区	主任	田生才
泾川辅导站	站长	梁志刚
灵台辅导站	站长	李和生
崇信辅导站	站长	赵旭涛
华亭辅导站	站长	李海荣
庄浪辅导站	站长	柳六合
静宁辅导站	站长	张文辉
武威学区	主任	马鹏青
武威市辅导站	站长	金开茂
民勤辅导站	站长	常希善
金昌学区	主任	王云
张掖学区	主任	杨益润
张掖市辅导站	站长	张辅民
酒泉学区	站长	许德礼
金塔辅导站	站长	龚兆全
玉门辅导站	站长	赵魏城
敦煌辅导站	站长	姜生治
安西辅导站	站长	王定谊
玉门石管局学区	主任	冯心凭

青海分院

直属学区	主任	赵琦
西宁学区	主任	潘雄
	副主任	刘保民
海东学区	主任	李群
海南学区	主任	李长城
海北学区	主任	褚缜
海西学区	主任	赵崇瑜
黄南学区	主任	马学林
果洛学区	主任	郝生诚
玉树学区	副主任	李玉英
格尔木学区	副主任	李君云
石油局学区	主任	董兴国
四局学区	主任	韩福祥
	副主任	孙学宽
湟中辅导站	站长	郝广胜
大通辅导站	站长	李存寿
民和辅导站	站长	罗仕贤
乐都辅导站	站长	白树忠
	副站长	马福明
湟源辅导站	站长	张成蛟
化隆辅导站	站长	陈和魁
循化辅导站	站长	贾琥
互助辅导站	站长	张延圣
贵德辅导站	站长	蔡守祯
门源辅导站	站长	夏守荣
	副站长	马义财
尖扎辅导站	站长	才让太
平安辅导站	站长	辛佩贤
重型辅导站	站长	张刚强
都兰辅导站	站长	田应斌

新疆分院

乌鲁木齐学区	主任	姚文孝
	副主任	杨光
昌吉学区	主任	谢诚谋
	副主任	吴勇
奎屯学区	主任	王尚敏
克拉玛依学区	主任	黄松波
博州学区	主任	孔德华
	副主任	王彪
		阿布来提
伊犁地区学区	主任	朱培忠
	副主任	朱立范
		阿斯亚
伊犁州学区	主任	程积俊
塔城学区	主任	居中元
	副主任	宋发祥
		徐德寿
阿勒泰学区	主任	张贻勋
	副主任	纳斯尔
		杨小平
吐鲁番学区	主任	拜文新
	副主任	热扎克
巴州学区	主任	邓力群
阿克苏学区	主任	郭明书
和田学区	主任	邵维均
	副主任	阿不都拉
喀什学区	主任	梅海生
	副主任	艾色提
克孜勒苏学区	主任	刘士贤
	副主任	段启祥
八钢学区	主任	潘爱华
沙湾教学点	主任	王新晟
独山子教学点	主任	苗鲜
准东教学点	主任	肖美玉
新纺教学点	主任	任德胜
塔西南教学点	主任	侯志育
乌石化教学点	主任	李建华
吐哈教学点	主任	毛永红
	副主任	薛文林
哈密学区	主任	王生荣
	副主任	玉素甫
直属学区	主任	王军(兼)
	副主任	罗汉章

新疆兵团分院

直属学区	主任	唐瑞平
直属辅导站	站长	唐瑞平
市党校教学点	负责人	王淑敏
检察院教学点	负责人	范淑玲
农六师辅导站	站长	胡永芬
	副站长	赵毅征
		张都印
农十师辅导站	站长	贺明才
	副站长	黄煜霞
哈管局辅导站	站长	单顺才
乌管局辅导站	站长	江英时
农一师学区	主任	梁国盛
	副主任	陈大庸
农二师学区	主任	甄永杰
	副主任	何国庆
农三师学区	主任	唐宁
	副主任	王永康
农四师学区	主任	刘玉美
	副主任	孙理兴
农五师学区	主任	刘明文
	副主任	杨锋
农七师学区	主任	邵文志
	副主任	王新波

农八师学区	主　　任	费振飞
	副 主 任	何克湘
农九师学区	主　　任	徐一淮
	副 主 任	冯保生
工一师学区	主　　任	王三运
	副 主 任	冉龙富

河南分院

省直学区	主　　任	孙家善
	副 主 任	杨广先
		刘仁海
		田质良
郑州学区	主　　任	肖　玲
	副 主 任	王培合
		王文杰
长铝公司站	站　　长	周光荣
	副 站 长	史先玉
巩义辅导站	站　　长	贯占标
	副 站 长	马泊英
新密辅导站	站　　长	段连成
	副 站 长	王东惠
登封辅导站	站　　长	郭年凯
	副 站 长	李少军
新郑辅导站	站　　长	沈宝峰
	副 站 长	潘　明
管城辅导站	站　　长	王云霞
	副 站 长	朱红亚
开封学区	主　　任	程子良
	副 主 任	武文俊
		刘旭鹏
		安　方
尉氏辅导站	站　　长	王洪彪
通许辅导站	站　　长	祁建国
杞县辅导站	站　　长	朱付来
开封辅导站	站　　长	刘炳生
洛阳学区	主　　任	陈魁武
	副 主 任	乔反修
		肖秋英
郊区辅导站	站　　长	张木森
	副 站 长	王玉梅
吉利辅导站	站　　长	吕伯承
廛河辅导站	站　　长	李笑祥
直属辅导站	站　　长	杜福义
	副 站 长	张瑞武
玻璃厂辅导站	站　　长	彭绍宗
	副 站 长	李高明
孟津辅导站	站　　长	丁合江
	副 站 长	郭　海
汝阳辅导站	站　　长	李本善
	副 站 长	夏根东
新安辅导站	站　　长	王振随
	副 站 长	陈宏伟
偃师辅导站	站　　长	尚建民
	副 站 长	朱新生
平顶山学区	主　　任	陈宝山
	副 主 任	雷新生
矿务局辅导站	站　　长	宋寅杰
	副 站 长	刘仲芳
鲁山辅导站	站　　长	刘振峰
	副 站 长	刘　川
舞钢辅导站	站　　长	邢利兴
	副 站 长	梅世闻
新乡学区	主　　任	邢克鑫
	副 主 任	郭胜利
		张怀军
辉县辅导站	站　　长	赵全贵
	副 站 长	路秋群
卫辉辅导站	站　　长	许玉枝
	副 站 长	侯秋庄
长垣辅导站	站　　长	王登玉
	副 站 长	王凤林
获嘉辅导站	站　　长	郭月杰
	副 站 长	王著稳
原阳辅导站	站　　长	杜兴涛
	副 站 长	韩文修
焦作学区	主　　任	刘建珍
	副 主 任	李玉珍
矿务局辅导站	站　　长	于明勋
	副 站 长	张尽忠
武陟辅导站	站　　长	徐金诚
	副 站 长	靳国庆
安阳学区	主　　任	王爱宏
	副 主 任	路伟增
		张金水
		王中安
林州辅导站	站　　长	李永生
	副 站 长	李玉林
汤阳辅导站	站　　长	石庆德
	副 站 长	吕建军
滑县站	站　　长	赵子勤
	副 站 长	张佩良
内黄辅导站	站　　长	林付民
	副 站 长	李改焕
濮阳学区	主　　任	刘秋凤
	副 主 任	李宗瑭
		王亚平
南乐辅导站	站　　长	石玉英
	副 站 长	李记功
范县辅导站	站　　长	刘改勤
台前辅导站	站　　长	崔益民
	副 站 长	李志文
濮阳辅导站	站　　长	张世杰
	副 站 长	张可礼
清丰辅导站	站　　长	刘彦军
鹤壁学区	主　　任	翟庆昌
	副 主 任	王　敏
三门峡学区	主　　任	刘国民
	副 主 任	石文献
区直属辅导站	站　　长	郭三德
	副 站 长	裴建军
		朱安萍
渑池辅导站	站　　长	杨富友
	副 站 长	杨百春
卢氏辅导站	站　　长	白焕明
	副 站 长	任和平
许昌学区	主　　任	韩爱珍
	副 主 任	王光明
		童晓霞
漯河学区	主　　任	张梅花
	副 主 任	高得罡
		武俊峰
		邓书平
商丘学区	主　　任	李清江
	副 主 任	尚清廉
		冯建勋
		孙春鸣
		董巧真
永城辅导站	站　　长	程秀英
	副 站 长	朱红娟

夏邑辅导站	站长	李素云
	副站长	孙学仁
周口学区	主任	袁望东
	副主任	王平
鹿邑辅导站	站长	陈大明
	副站长	王景先
淮阳辅导站	站长	张兴山
	副站长	邱连珠
驻马店学区	主任	周世运
	副主任	佘兴国
确山辅导站	站长	马勤功
正阳辅导站	站长	刘艳华
	副站长	黄斌
平舆县辅导站	站长	李梅芝
	副站长	王炜业
上蔡辅导站	站长	王全国
	副站长	朱晓军
信阳学区	主任	甘永恒
	副主任	侯世武
空军一航院站	站长	邢生民
固始辅导站	站长	姚泽升
	副站长	赵华林
南阳学区	主任	崔明
	副主任	吕柯
		王德玉
镇平辅导站	站长	周超举
	副站长	王士题
方城辅导站	站长	王新华
	副站长	侯国安
唐河辅导站	站长	龚云亭
	副站长	陈中海
油田辅导站	站长	张振山
	副站长	李胜慧
西峡辅导站	站长	解夏令
	副站长	王金超
南召辅导站	站长	蔡长俊
	副站长	李建
邓州辅导站	站长	刘平均
	副站长	程传铅
中原油田学区	主任	田思忠
	副主任	展淑丽
		孟繁浩
计培中心学区	主任	郭济生
	副主任	赵银波
省工商局学区	主任	李棉英
	副主任	李安平
		郝清献
一拖学区	主任	安顺宗
	副主任	陈建洛
济源学区	主任	殷栓长
	副主任	李福和
炮院学区	主任	韩庆亮
	副主任	曹文华
洛矿学区	主任	韩桃元
	副主任	南莹莹
省直党校学区	主任	吴天顺
	副主任	刘俊杰
洛轴学区	主任	林建建
	副主任	苑辉

湖南分院

直属学区	主任	范小平
	副主任	彭立新
省直机关学区	主任	谢立三
	副主任	王卫东
培训中心站	站长	李建新
	副站长	彭福喜
		吴家淼
中山业大站	站长	廖经池
	副站长	杨照球
		胡茂才
青少年宫站	站长	陈涛
长沙学区	主任	范伯力
	副主任	杨少琼
		卢岳华
望城辅导站	站长	欧阳君利
长沙县辅导站	站长	王建洪
浏阳辅导站	站长	任厚林
宁乡辅导站	站长	刘朗清
	副站长	朱宪文
湘潭学区	第一主任	赵国荣
	主任	赵远琪
	副主任	马力坚
湘潭县辅导站	站长	彭泽湘
湘乡辅导站	站长	黄凤祥
	副站长	曾玉光
湘钢辅导站	站长	王擎柱
株洲学区	主任	何迪平
	副主任	曾柏桂
		胡建魁
直属辅导站	站长	周正飞
	副站长	齐铁安
南方公司站	站长	许文楚
湘江氮肥厂站	站长	陈勇
醴陵辅导站	站长	朱培旭
攸县辅导站	站长	丁继雄
常德学区	主任	曾祥永
	副主任	卢翕初
直属辅导站	站长	胡新明
汉寿辅导站	站长	郭建华
鼎城辅导站	站长	陈显龙
武陵辅导站	站长	陈宗群
桃源辅导站	站长	田达龙
临澧辅导站	站长	杨书舫
石门辅导站	站长	杨万龙
澧县辅导站	站长	郑学刚
津市辅导站	站长	潘津秀
安乡辅导站	站长	廖军华
益阳学区	主任	陈国治
	副主任	彭爱珍
桃江辅导站	站长	王世奇
	副站长	黎跃军
桃江司法局站	站长	吴哲仪
	副站长	杨立庆
安化辅导站	站长	李子升
沅江辅导站	站长	何伯华
大通湖农场站	站长	彭汉文
	副站长	丁童生
娄底学区	第一主任	张仁太
	副主任	岳振业
		邹华壹
		阳春喜
直属辅导站	站长	邓海芝
涟源辅导站	站长	贺耀贵
	副站长	曾跃民
冷水江辅导站	站长	谭武宁
	副站长	黄晓毅
新化辅导站	站长	刘应知
	副站长	彭运强

双峰辅导站	站长	朱均平
	副站长	曾肇琨
涟钢辅导站	站长	欧阳禹
	副站长	龙　雄
邵阳学区	主任	郭光荣
	副主任	文世隆
邵阳县辅导站	站长	胡汉荣
隆回辅导站	站长	刘兴太
	副站长	刘科棉
城步辅导站	站长	刘爱国
新宁辅导站	站长	蒋开和
新邵辅导站	站长	闵耀银
邵东辅导站	站长	何耀铭
洞口辅导站	站长	尹启光
武冈辅导站	站长	姚宏图
绥宁辅导站	站长	董文海
郴州学区	第一主任	刘松贤
	主任	李新生
	常务副主任	廖美琳
	副主任	刘名祝
		李跃农
资兴辅导站	站长	何满清
嘉禾辅导站	站长	李致顺
桂阳辅导站	站长	邓增贵
永兴辅导站	站长	陈梅娥
安仁辅导站	站长	张家全
临武辅导站	站长	卢小昌
	副站长	曾庆国
汝城辅导站	站长	贺文兴
	副站长	邝若刚
桂东辅导站	站长	朱茂才
永州学区	第一主任	杨正国
	主任	文锦菊
	副主任	廖　毅
直属辅导站	站长	蒋　俊
宁远辅导站	站长	成石华
	副站长	姜晓明
芝山辅导站	站长	王小军
冷水滩区站	站长	张和南
东安辅导站	站长	吴　炜
道县辅导站	站长	吴联忠
祁阳辅导站	站长	蒋旭日
江永辅导站	站长	何建锋
江华辅导站	站长	莫庆平
蓝山辅导站	站长	唐金良
新田辅导站	站长	齐吉生
双牌辅导站	站长	陈朝庭
衡阳学区	第一主任	唐斌成
	主任	刘景良
	副主任	唐振方
衡阳县辅导站	站长	肖仲春
耒阳辅导站	站长	王宗江
衡山辅导站	站长	谭运清
衡东辅导站	站长	李迪清
南岳辅导站	南岳站长	石宋明
祁东辅导站	祁东站长	王孝炳
常宁辅导站	常宁站长	易街芳
怀化学区	第一主任	王身杰
	主任	张举忠
	副主任	徐晓萍
		张继珍
		张志缓
鹤城区辅导站	站长	尹承录
黔阳辅导站	站长	申纪荣
洪江辅导站	站长	谢永安
会同辅导站	站长	陈自成
靖州辅导站	站长	俞启斌
通道辅导站	站长	杨正锦
芷江辅导站	站长	杨芳沅
新晃辅导站	站长	龙绍军
溆浦辅导站	站长	张　波
麻阳辅导站	站长	李叶平
辰溪辅导站	站长	余绍春
沅陵辅导站	站长	陈世桢
湘西学区	第一主任	王士林
	主任	屈国资
	副主任	丁香成
永顺辅导站	站长	李永谊
保靖辅导站	站长	瞿中明
花垣辅导站	站长	毛亚雄
吉首辅导站	站长	陈金生
泸溪辅导站	站长	李绍莲
古丈辅导站	站长	胡长仁
龙山辅导站	站长	谭贤安
张家界学区	主任	向永存
	副主任	龚德文
	副主任	丁开军
岳阳学区	第一主任	戴新果
	主任	许卫国
	副主任	张文传
临湘辅导站	站长	雷东岳
平江辅导站	站长	许何生
湘阴辅导站	站长	蒋学明
汨罗辅导站	站长	黎文彬
华容辅导站	站长	赵训义
省社科联学区	主任	曾郁圆
直属辅导站	站长	刘　刚
601直属站	站长	胡耀军
岳化直属站	站长	杨凯武
	副站长	阳国强
高校工委站	站长	杨承中
行政学院站	站长	张莲英
长铁辅导站	站长	周伟前
长炼直属站	站长	刘国平
	副站长	黎光明

湖北分院

省直学区	主任	姜德兴
	副主任	陈玉林
		秦　岩
恩施学区	主任	牟方碧
	副主任	潘锦万
利川辅导站	站长	何　平
咸丰辅导站	站长	何健民
来凤辅导站	站长	姚元树
鹤峰辅导站	站长	龙赞洲
建始辅导站	站长	刘友仲
巴东辅导站	站长	郑天荣
宜昌学区	主任	张世云
	副主任	余永宝
兴山辅导站	站长	王圣春
	副站长	曹向阳
秭归辅导站	站长	姜朝平
	副站长	尤　英
长阳辅导站	站长	李圣祥
	副站长	蒋育林
宜都辅导站	站长	曹光炳
	副站长	张光全
远安辅导站	站长	陈光斌

	副站长	李正平
十堰学区	主任	袁萍(兼)
	副主任	何富先
		吴海波
丹江口辅导站	站长	刘刚
郧县辅导站	站长	周清敬
郧西辅导站	站长	陈高林
房县辅导站	站长	赵兰芳
竹山辅导站	站长	杜余荣
竹溪辅导站	站长	王晓斌
襄樊学区	主任	王援朝
	副主任	沈梅芬
		王福兴
襄阳辅导站	站长	殷敬平
枣阳辅导站	站长	郭宏国
宜城辅导站	站长	肖立勤
	副站长	贾德保
南漳辅导站	站长	王宏大
保康辅导站	站长	张祖涛
谷城辅导站	站长	汤正梅
	副站长	占兴仁
老河口辅导站	站长	赵国恩
	副站长	王益民
樊城辅导站	站长	李帮进
荆州学区	主任	吴江平
	副主任	金翠荣
松滋辅导站	站长	胡启凤
石首辅导站	站长	皮才华
洪湖辅导站	站长	肖兴华
孝感学区	主任	王福初
	副主任	罗祥华
孝南辅导站	站长	邹敬斌
汉川辅导站	站长	钱想英
应城辅导站	站长	杨志耀
云梦辅导站	站长	代荣生
安陆辅导站	站长	杨新见
广水辅导站	站长	陈守林
大悟辅导站	站长	颜鹏飞
孝昌辅导站	站长	徐春平
黄冈学区	主任	罗红波
	副主任	胡耀荣
		郭小平
		陶文兵
团风辅导站	站长	易保华
浠水辅导站	站长	袁存贵
蕲春辅导站	站长	胡红安
武穴辅导站	站长	夏新楼
黄梅辅导站	站长	徐先文
罗田辅导站	站长	胡斌
英山辅导站	站长	段正德
麻城辅导站	站长	付太武
红安辅导站	站长	卢守能
咸宁学区	主任	艾国松
	副主任	吴传文
		冯萍
咸安区辅导站	站长	陈桂枝
	副站长	胡志强
赤壁辅导站	站长	徐昌祥
	副站长	雷昌文
通山辅导站	站长	余光华
	副站长	夏光林
崇阳辅导站	站长	黄文辉
	副站长	余国祥
通山辅导站	站长	李英豪
	副站长	黄河润
荆门学区	主任	陈国祥
	副主任	宁心红
		游海燕
荆门石化站	主任	江华
黄石学区	主任	余显柏
	副主任	汪燕玲
		杨建
阳新辅导站	站长	陈绪重
鄂州学区	主任	涂云桥
	副主任	倪井泉
仙桃辅导站	站长	刘永良
	副站长	郭昌钊
		荣凤姣
潜江辅导站	站长	陈桂兰
	副站长	毛伟芳
随州辅导站	副站长	李传国
天门辅导站	站长	谢钰
武钢学区	主任	王村平
	副主任	余峰
葛洲坝学区	主任	周想忠
	副主任	朱新方
东汽学区	主任	王载珏
	副主任	张方晶
		李俊敏
		蔡绍金
一冶学区	主任	李林舫
	副主任	邵芝花
		栾秀玉
江汉油田学区	主任	王良远
	副主任	董海燕
		李亚民
丹管局站	站长	陈希有
江夏辅导站	站长	汪俊臣
	副站长	舒治斌
蔡甸辅导站	站长	吴大友
	副站长	熊永安
武昌辅导站	站长	马进
	副站长	雷显云
桥口辅导站	站长	郭长生
	副站长	盛小琳
公用局站	站长	陈德如
检察院站	站长	刘信凤
	副站长	周忠武
		程涛武

广东分院

广州学区	主任	章岳云
	副主任	樊至光
		陈穗英
		陈遂怀
		谢世杰
从化辅导站	站长	张周玲
花都辅导站	站长	梁瑞甜
增城辅导站	站长	黄月媚
海珠区辅导站	站长	文风
白云区辅导站	站长	张海英
黄埔区辅导站	站长	林木舟
芳村区辅导站	站长	李卫东
广钢集团站	站长	丁国利
二轻集团站	站长	郑礼环
市秘书协会站	站长	曾志毅
民航辅导站	站长	胡敏
深圳学区	主任	肖伟
	副主任	廖海文

	副主任	李杨
南山辅导站	站长	薄忠信
	副站长	程方
汕头学区	主任	吴润生
潮阳辅导站	站长	张协元
澄海辅导站	站长	陈锦钊
湛江学区	主任	岑保光
	副主任	梁国干
吴川辅导站	站长	张人才
廉江辅导站	站长	陈锦棠
遂溪辅导站	站长	伍伟益
雷州辅导站	站长	陈铭
徐闻辅导站	站长	陈荣
清远培训站	站长	王春梅
珠海辅导站	站长	余信仁
	副站长	张海军
肇庆学区	主任	黄德尧
茂名学区	主任	杨庆贤
高州辅导站	站长	梁光
	副站长	杨文周
惠州学区	主任	邓光华
	副主任	张汉通
龙门辅导站	站长	罗建华
韶关学区	主任	李晓春
	主任	伍曼华
曲江辅导站	站长	丘勤
	副站长	王思汉
乐昌辅导站	站长	赖海仁
	副站长	赵开强
		王伟泉
韶关讲师团站	站长	张真宜
南雄辅导站	站长	周群健
紫金辅导站	站长	孙爱招
	副站长	廖岳华
汕尾辅导站	副站长	张骥

广西分院

直属学区	主任	郭灿裕
柳州市学区	主任	朱海鹏
	副主任	罗世伦
		严民富
桂林学区	主任	邓维尧
	副主任	宿富连
	副主任	伍云
		蒋纯启
梧州学区	主任	陈范生
	副主任	胡友章
		徐荣秋
		刘继斌
北海学区	主任	何裕洲
	副主任	张治钦
		覃家惠
钦州学区	主任	文唐
	副主任	郭志强
南宁学区	主任	吴重华
	副主任	李志华
		刘深藜
柳州地区学区	主任	韦明生
	副主任	莫秀球
		刘秋帆
贺州学区	主任	彭远麟
	副主任	黄礼明
		陆海平
玉林学区	主任	罗世昆
	副主任	吕万伟
		赖柏祺
		邓承雄
百色学区	主任	黄启学
	副主任	黄胜祺
		农光庭
河池学区	主任	唐钟球
	主任	覃元府
防城港学区	主任	裴铁河
	副主任	傅德讯
		王国艳
贵港学区	主任	莫旭贵
	副主任	甘进平

海南分院

省直辅导站	站长	孟菲
海口辅导站	站长	冯庆燕
琼山辅导站	站长	云大东
定安辅导站	站长	王德良
文昌辅导站	站长	许达思
琼海辅导站	站长	何国介
万宁辅导站	站长	崔东学
	副站长	叶竞春
陵水辅导站	站长	陈修道
三亚辅导站	站长	黄凤光
	副站长	郑杨君
澄迈辅导站	站长	王先夫
儋州辅导站	站长	陈克俐
临高辅导站	站长	罗大安
琼中辅导站	站长	苏定焕
		黄茂东
通什辅导站	站长	李志史
保亭辅导站	站长	胡茂琼
乐东辅导站	站长	孙发伟
白沙辅导站	站长	林斯胜
屯昌辅导站	站长	王思乾
昌江辅导站	站长	符文献
	副站长	翁蔚文
东方辅导站	站长	王琼艺
海钢辅导站	站长	吴坤淮

四川分院

成都学区	主任	鄢定云
	副主任	钟麟
直属辅导站	站长	钟麟
	副站长	秦楠
青羊辅导站	站长	周伊
	副站长	刘平贵
锦江辅导站	站长	陈素荣
成华辅导站	站长	张旭峰
	副站长	宋永乐
武侯辅导站	站长	黄爱萍
	副站长	唐振勇
团校辅导站	站长	姚世民
	副站长	叶秀华
警校辅导站	站长	赵川厚
	副站长	刘有才
420厂辅导站	站长	魏光照
	副站长	刘亚琪
成飞辅导站	站长	吴远鸿
	副站长	韩玲
统计局辅导站	站长	王贤德
	副站长	郑笠
智研所辅导站	站长	刘震忠
	副站长	邓淑骏

都江堰辅导站	站长	李泽南
	副站长	李道林
新津辅导站	站长	夷安清
	副站长	王志力
蒲江辅导站	站长	田邦中
	副站长	陈莉
内江学区	主任	李俊清
	副主任	吴契克
简阳辅导站	站长	韩树超
	副站长	徐育清
资阳辅导站	站长	管丽元
	副站长	王惠芳
资中辅导站	站长	黄朋中
	副站长	张泽寿
资中干函站	站长	粟茂华
安岳辅导站	站长	谢俊德
隆昌辅导站	站长	张大华
市中区党校站	站长	廖先正
广元学区	主任	阎川安
	副主任	袁康明
自贡学区	主任	黄蜀熊
	副主任	钟厚成
德阳学区	主任	宋德阳
	副主任	潘裕信
达川学区	主任	胡国生
	副主任	任纯刚
宜宾学区	主任	杨坚
	副主任	刘汉民
乐山学区	主任	薛建平
	副主任	王立银
凉山学区	主任	王杏禄
	副主任	王杜一
巴中学区	主任	李晓春
	副主任	郇敬明
攀枝花学区	主任	黄天友
	副主任	马晓阳

云南分院

直属学区	负责人	吴世文
省直机关学区	负责人	王家凯
省府学区	负责人	杨兴
市委党校学区	负责人	舒春明
五华学区	负责人	马雷
盘龙学区	负责人	张海梅
社院学区	负责人	王曜宇
民院政法学区	负责人	熊琴
公安学区	负责人	刘荣华
政法学区	负责人	何立新
石林学区	负责人	杨若平
嵩明学区	负责人	何英
曲靖学区	负责人	甘凤仙
昭通学区	负责人	陶永强
玉溪学区	负责人	管必英
红河学区	负责人	黄庆福
文山学区	负责人	许庆书
思茅学区	负责人	铁亚钢
楚雄学区	负责人	周永良
大理学区	负责人	杨晓刚
临沧学区	负责人	朱书重
保山学区	负责人	刘杰
德宏学区	负责人	廖元昌
云锡学区	负责人	侍嘉宾
云大学区	负责人	宋其喜
版纳学区	负责人	刀贵平
煤炭学区	负责人	潘菊芬
安宁学区	负责人	陈跃辉
地矿学区	负责人	温德跃
富民学区	负责人	张惠芬
丽江学区	负责人	和江

西藏分院

拉萨学区	主任	许广林
	副主任	尼玛
山南学区	副主任	王红
日喀则学区	主任	徐勇
那曲学区	主任	李有忠
	副主任	次仁班觉
		次仁占堆
昌都学区	主任	汪浩
	副主任	胡蓉
林芝学区	负责人	旺姆

重庆分院

万州学区	主任	谭万厚
	副主任	童文华
涪陵学区	主任	姚茂春
	副主任	夏传德
黔江学区	主任	谭昭源
	副主任	方政
内江学区	主任	吴契克
宜宾学区	主任	杨坚
泸州学区	主任	陈生军
南充学区	主任	程自常
广元学区	主任	袁康明
渝中直属站	站长	林忠碧
沙坪坝直属站	站长	何家银
九龙坡直属站	站长	黄寿田
大渡口直属站	站长	周玉生
北碚直属站	站长	李仲潇
万盛直属站	站长	蔡庆海
渝北直属站	站长	曹廷华
巴南直属站	站长	秦文东
长寿直属站	站长	栾钧涛
綦江直属站	站长	李蜀生
合川直属站	站长	周厚田
江津直属站	站长	李守臣
铜梁直属站	站长	朱礼平
潼南直属站	站长	骆积高
机关工委站	站长	杨武吉
乡企干校站	站长	黄平
长安厂站	站长	苏中慧
江陵厂站	站长	李玉生
特钢公司站	站长	霍永凡
石桥直属站	站长	李卿惠
轻工干校站	站长	龚泽希
西车厂站	站长	陈春雷
中集公司站	站长	戴平
工商干校站	站长	张可
重钢公司站	站长	王洪展
天府矿务局站	站长	朱明炳
铝加工厂站	站长	陈光华
松藻矿务局站	站长	涂文辉
嘉陵公司站	站长	高峻奇
长江厂站	站长	刘洪
钢梁宣传部站	站长	徐韵
重庆绸厂站	站长	杨德碧

中直机关分院

直属学区	主任	张素青

	副主任	玉淑君
第一辅导站	站长	赵世亮
	副站长	侯永峰
第二辅导站	站长	陆建国
	副站长	陈国华

中央国家机关分院

第一学区	主任	党艳群
第二学区	主任	马丽萍
		王宁
第三学区	主任	徐兰溪
第四学区	主任	李忠明
第五学区	主任	袁东瑞
第六学区	主任	赵胜利
第七学区	主任	贺存军
财政部站	站长	袁东瑞
机械局站	站长	党艳群
冶金局站	站长	李忠明
交通部站	站长	李祖平
国管局站	站长	胡长玉
船舶党校站	站长	马丽萍
石油党校站	站长	赵胜利
兵器党校站	站长	王宁
中医研究院站	站长	袁君
航天二院站	站长	贺存军
机械机关站	站长	陆志军
国际航空公司站	站长	王飞
电子部教育中心	站长	盛晨媛
工经研修中心站	站长	王克满
华北矿专站	站长	刘威卫
政法干院站	站长	徐兰溪
邮电大学站	站长	乔红梅
二轻党校站	站长	杨作玉
卫生部站	站长	张红文
中科院站	站长	侯建中
海洋局站	站长	员学文
水利部站	站长	苏倩

铁道部分院

哈尔滨局学区	主任	金晓峰
	副主任	王远福
哈尔滨分局站	站长	李俊才
	副站长	李绪德
哈尔滨直属站	站长	施玉坤
牡丹江分局站	站长	罗树申
	副站长	黄培兴
佳木斯分局站	站长	李书臣
	副站长	王颖
齐分局辅导站	站长	孙宇新
	副站长	王长发
		马文章
海拉尔分局站	站长	卢学诗
	副站长	龚学甫
加格达奇站	站长	张风武
	副站长	李英
伊图里河站	站长	刘忠民
	副站长	常德义
沈阳局学区	主任	宋玉国
		王廷权
锦州分局站	站长	何松华
沈阳分局站	站长	宋元富
吉林分局站	站长	侯士成
通辽分局站	站长	姜广信
长春分局站	站长	张廷印
白城分局站	站长	孙庆有
通化分局站	站长	王志清
图们分局站	站长	刘春秋
丹东辅导站	站长	杨琳绪
北京局学区	主任	查学东
	副主任	王瑞
北京局直属站	站长	王瑞
天津分局站	站长	陈景平
石家庄分局站	站长	邵喜录
太原学区	主任	关晓宝
	副主任	李晓红
太原工程处站	站长	宋山银
临汾分局站	站长	张国治
大同分局站	站长	高德福
太原分局站	站长	吴伏生
呼和局学区	主任	李海霞
	副主任	韩德智
呼和局直属站	站长	张亚中
包头辅导站	站长	郭鹤英
	副站长	张建斌
集宁辅导站	站长	王树明
郑州局学区	主任	张春和
	副主任	孙景武
郑州局直属站	站长	孙景武
洛阳分局站	站长	张丽
郑州分局站	站长	夏铭海
新乡辅导站	站长	汪树林
武汉学区	主任	汪义智
	副主任	李珍苟
襄樊分局站	站长	曲永辉
武汉分局站	站长	王经东
武汉直属站	站长	李珍苟
西安学区	主任	程远超
	副主任	寇鸿亮
西安分局站	站长	李志成
安康分局站	站长	王长顺
工程公司站	站长	李衡生
西安直属站	站长	李冬燕
济南局学区	主任	陈国庆
	副主任	王长琳
直属辅导站	站长	王策
济南分局站	站长	王培广
	副站长	王戈力
青岛分局站	站长	江敦起
	副站长	单连云
徐州分局站	站长	裴业启
	副站长	吴介仁
上海局学区	主任	徐国梁
	常务副主任	梁恒荟
蚌埠分局站	站长	赵永清
	副站长	吴章才
福州分局站	站长	林汉平
南京分局站	站长	陆友政
	副站长	吴亮
上海分局站	站长	马灿云
	副站长	葛德善
杭州分局站	站长	叶洋茂
上海直属站	站长	罗招香
戚墅堰厂站	站长	高江淮
浦镇工厂站	站长	李厚高
铜陵工厂站	站长	黄雨生
广州集团学区	主任	徐万水
	副主任	匡增意
		刘萍
广州直属站	站长	刘萍

长沙辅导站	站长	李灵芝
	副站长	周伟前
怀化辅导站	站长	陈翠菊
柳州局学区	主任	姚绍芳
	副主任	胡信元
柳州直属站	站长	胡信元
南宁辅导站	站长	谢永玫
	副站长	王精华
柳州厂辅导站	站长	戴曾建
成都局学区	主任	曾　践
		伍振国
直属辅导站	站长	伍振国
兰州局学区	主任	郑　磊
	副主任	刘洪文
		刘振远
武威分局站	站长	崔国仁
	副站长	姚永芬
兰局机关站	站长	马魁发
	副站长	和贵庭
兰州分局站	站长	周光超
	副站长	郭振业
兰州工程处站	站长	杨秀英
	副站长	韩福玲
银川分局站	站长	李马川
	副站长	邱光峰
西宁分局站	站长	沈　强
	副站长	杜振栓
乌鲁木齐学区	主任	李广品
		史柏林
	副主任	陈　永
乌鲁木齐站	站长	史柏林
分局辅导站	站长	徐广珍
哈密分局站	站长	杨廷宝
库尔勒辅导站	站长	张天泽
昆明局学区	主任	梁荣和
		杨宗和
直属辅导站	站长	杨宗和
开远辅导站	站长	陆继元
铁一局学区	主任	袁长顺
铁三局学区	主任	吴淑梅
铁四局学区	主任	田世淮
	副主任	曲淑玲
铁五局学区	主任	滕德义

	副主任	李淑英
大桥局学区	主任	王运江
电化局学区	主任	付洪建
	副主任	李立新
隧道局学区	主任	时圣功
中铁建函授部	主任	单永新
铁十一局学区	主任	孙承刚
铁十一局站	站长	孙承刚
铁十二局学区	主任	齐秀英
铁十二局站	站长	齐秀英
铁十四局学区	主任	王福生
铁十四局站	站长	王福生
铁十五局学区	主任	王　玲
铁十五局站	站长	王　玲
铁十六局学区	主任	陈东波
铁十六局站	站长	陈东波
铁十七局学区	主任	黄　煊
铁十七局站	站长	黄　煊
铁十九局学区	主任	孙志文
铁十九局站	站长	孙志文
铁建机关学区	主任	林立人
铁建机关站	站长	林立人
石家庄学区	主任	吴　忠
直属辅导站	站长	吴　忠
部机关辅导站	站长	郎效儒
大连厂辅导站	站长	刘发祥
太原厂辅导站	站长	张太锁
长机厂辅导站	站长	谭跃臣
大同厂辅导站	站长	焦建中
株电厂辅导站	站长	王前全
齐厂辅导站	站长	张麟新
江岸厂辅导站	站长	周　玲
株车厂辅导站	站长	陈国琪
长客厂辅导站	站长	鲍志全
西安厂辅导站	站长	杜明春
哈尔滨厂站	站长	董　慧
牡丹江厂站	站长	冯玉亮
大连铁院站	站长	孟祥云
南口厂辅导站	站长	姚国平
洛阳厂辅导站	站长	孙贵民
四方厂辅导站	站长	张世楼
武昌厂辅导站	站长	王新民
沈阳厂辅导站	站长	宋秀梅

唐山厂辅导站	站长	藏有琦
株桥厂辅导站	站长	唐伏龙
南昌辅导站	站长	刘润泉
济南厂辅导站	站长	王洪根
上饶辅导站	站长	程洪涛
中铁程辅导站	站长	张庆熹
资阳厂辅导站	站长	杜绪伦
重庆分局站	站长	张万成
分院直属站	站长	钱秀琴

北京市委机关分院

东城学区	主任	孙永安
	副主任	张　红
		李红玲
政法干院学区	主任	杜石平
	副主任	马荣辉
		何建春
		史万亨
联大学区	主任	孟月乔
	副主任	赵丽珠
西城辅导站	站长	柳雄伟
	副站长	张春鸣
通运中心站	站长	付兆庚
	副站长	曹艳清
崇文职大站	站长	迟瀛绵
	副站长	吴　田
海淀企业工委站	站长	钟亚萍
	副站长	刘林英
宣武电大站	站长	张锁玲
	副站长	徐晓亮
房山辅导站	站长	张志仁
	副站长	邢延清
门头沟辅导站	站长	贺其明
	副站长	王东升
企业文化培训站	站长	关金利
	副站长	蔡志堂
教科院培训站	站长	陈锡章
	副站长	赵志忠
		刘　江
丰台教委站	站长	徐国勋
	副站长	张剑虹
医药总公司站	站长	孙金生
	副站长	刘金柱

市总职工大学站	站长	张谨
妇女干部学校站	站长	明励
	副站长	赵沙
机械局职大站	站长	刘宗仁
	副站长	陈国义
市安全三局站	站长	肖雅静

北京市工业党校分院

京西学区	主任	雷家鹏
	副主任	刘新民
		丁振刚
		王建民
矿务辅导站	站长	安宝春
地安门辅导站	站长	程安瑛
长矿辅导站	站长	张全来
大台辅导站	站长	邓振立
北后辅导站	站长	王建民(兼)
工美辅导站	站长	丁振刚(兼)
房山学区	主任	王仲源
	副主任	吕金华
良乡辅导站	站长	刘振田
	副站长	邱施
交通队辅导站	站长	刘继竹
	副站长	石荣军
韩村河辅导站	站长	王伟
	副站长	荣得峰
首钢学区	主任	霍光来
	常务副主任	周天
	副主任	韩广盛
		段宏韬
直属辅导站	站长	周天
	副站长	董宝裕
矿业公司站	站长	刘铁克
	副站长	崔士珍
北内学区	主任	杨清华
	副主任	金萍
喇叭沟门站	站长	方瑾
大兴学区	主任	郭奇
	副主任	黄淑燕
青云店站	站长	李玉亮
密云学区	主任	赵长荣
	常务副主任	贯长营
	副主任	李德轩
		李连成
直属一辅导站	站长	李德轩
直属二辅导站	副站长	王桂芹
直属三辅导站	副站长	于凤云
石城辅导站	站长	陈淑兰
	副站长	李桂芬
新城子辅导站	站长	胡凤霞
	副站长	魏素芹
太师屯辅导站	站长	李金环
	副站长	陈荣才
穆家峪辅导站	站长	李玥
	副站长	郭生海
巨各庄辅导站	站长	齐生学
	副站长	赵雪松
溪翁庄辅导站	站长	张广军
	副站长	岳景珍
印刷辅导站	站长	高慧明
	副站长	张月香
二轻辅导站	站长	杨作玉
	副站长	张敏
怀柔辅导站	站长	周东金
	副站长	焦振东
平谷辅导站	站长	晏占山
	副站长	赵春青
昌平农广校站	站长	徐万厚
	副站长	韩继英
昌平统计局站	站长	郑全智
	副站长	于桂谦
		王久莉
延庆成教站	站长	徐留纪
	副站长	叶秀莉
延庆电大站	站长	杨成慧
	副站长	韩满旺
房山统计局站	站长	宋振群
	副站长	张利君
房山供技站	站长	武瓴
	副站长	王成
顺义杨镇站	站长	张克服
	副站长	郝福成
顺义电大站	站长	何心有
	副站长	许景山
上苑辅导站	站长	李元和
	副站长	张伟
耐火辅导站	站长	吴泽君
	副站长	李怀建

总参分院

陆指学院学区	主任	魏建忠
	副主任	苗宏
金华消防站	站长	张拥军
宁波消防站	站长	严旺军
江西消防站	站长	宋锦龙
常州消防站	站长	周国兴
常州武警站	站长	汤勤荣
南通武警站	站长	钟志刚
盐城武警站	站长	蔡云冲
镇江武警站	站长	王向阳
边防总队站	站长	项军
江苏消防总站	站长	钱灿兵
无锡消防站	站长	谢学富
福建省军区站	站长	兰忠平
52404部队站	站长	林培雄
陆参学院学区	主任	童克勤
	副主任	韩庆亮
国关学区	主任	李而炳
	副主任	王庆太
83013部队站	站长	陶正明
	副站长	张培国
浙江省军区站	站长	孔嵬
	副站长	舒建平
83480部队站	站长	李玉龙
	副站长	张峻
32261部队站	站长	刘纯益
	副站长	张德崇
8690部队站	站长	王跃明
	副站长	王宏明
皖军区后勤站	站长	李运宁
	副站长	卢海洋
学区直属站	站长	郑海松
	副站长	刘宁扬
外语学院学区	主任	刘鸿辉
	副主任	杨开太
		孙国强
54784部队站	站长	何俊启
	副站长	赵松刚
57322部队站	站长	汪新亮

	副站长	张锦红
84609部队站	站　长	郭明立
	副站长	张景瑞
57326部队站	站　长	刘　捷
	副站长	房　松
信工学院学区	主　任	王和平
	副主任	张志国
54774部队站	站　长	范　峰
54800部队站	站　长	朱金明
54773部队站	站　长	吴　浩
54786部队站	站　长	韩　玲
黄委会辅导站	站　长	刘兰英
39837部队站	站　长	杨国怀
通指学院学区	主　任	韩福才
	副主任	杨业利
湖北武警站	站　长	高水来
湖北省军区站	站　长	万幼斌
通工学院学区	主　任	杜志新
	副主任	郑宪臣
		杜克丁
海军电院站	站　长	嵇建珍
	副站长	黄兴海
通院直属站	站　长	葛云南
	副站长	汤律庆
武警学校站	站　长	范大章
	副站长	胡　光
83024部队站	站　长	姚拴柱
	副站长	汪一祥
86474部队站	站　长	张国翔
	副站长	张志来
装工学院学区	主　任	赵俊才
	副主任	罗秉礼
工指学院学区	主　任	张丰田
	副主任	胡元伟
83225部队站	站　长	周建国
83223部队站	站　长	钱永刚
泗洪人武部站	站　长	钟昌凯
砀山人武部站	站　长	朱建设
沛县人武部站	站　长	段长剑
兖州人武部站	站　长	张玉臣
工程兵工院学区	主　任	刘广华
	副主任	张训彩
		周美湘

54682部队站	站　长	麻德生
	副站长	赵兴龙
南京武警站	站　长	王天星
	副站长	诸　俊
无锡军分区站	站　长	秦长根
	副站长	徐祥林
上海武警站	站　长	苗善智
	副站长	陈国权
83230部队站	站　长	丁志江
	副站长	王正方
学区直属站	站　长	经德杨
	副站长	刘兰福
军械工院学区	主　任	安　然
	副主任	孙转社
		陈志波
		张伟良
电子工院学区	主　任	江星富
	副主任	童乃志
		蒋建华
		李　强
87135部队站	站　长	高振海
	副站长	谭晓芬
88203部队站	站　长	靳自学
	副站长	冯克军
54864部队站	站　长	陶舒中
	副站长	任树章
55618部队站	站　长	刘范业
	副站长	李军昌
58048部队站	站　长	官照星
	副站长	卢献国
阜阳军分区站	站　长	车益祥
当涂农场站	站　长	李建年
蚌埠武警站	站　长	耿传林
桂林陆院站	站　长	欧金平
	副站长	颜　青
电子技院学区	主　任	侯汉瑜
	副主任	张建辉
兰州大队站	站　长	康乃林
	副站长	徐振海
学区直属站	站　长	黄启元
	副站长	肖新华
昆明大队站	站　长	张　猛
	副站长	闻　海

重庆通院学区	主　任	郭志平
	副主任	王频法
		唐　平
通院直属站	站　长	何文峰
	副站长	钱新峰
重庆警备区站	站　长	李如皋
	副站长	青培海
宜宾武警站	站　长	王庆宝
	副站长	王睦贵
万县武警站	站　长	范群书
西安通院学区	主　任	赵国旗
	副主任	刘立祥
		张　杰
兰后财务部站	站　长	田自芳
	副站长	黄继辉
80306部队站	站　长	王　健
武警总队站	站　长	周天仁
84908部队站	站　长	朱斯伟
	副站长	王法利
84802部队站	站　长	郭治宁
	副站长	王长金
84909部队站	站　长	行晋营
84889部队站	站　长	刘世远
84861部队站	站　长	刘存慈
84860部队站	站　长	吴应鹏
西光厂辅导站	站　长	张新民
华山厂辅导站	站　长	高伟雄
学区直属站	站　长	孙国伟
合肥炮院学区	主　任	翟同政
	副主任	高光智
学区直属站	站　长	江泽坡
淮南军分区站	站　长	余静江
车管学院站	站　长	曹传富
杭州干休所站	站　长	李保东
83367部队站	站　长	孙宝祥
淄博军分区站	站　长	张振富
滁州预备役站	站　长	朱帮邻
南京炮院学区	主　任	吴乃文
	副主任	魏国良
		蔡步前
学区直属站	站　长	田晓蔚
	副站长	刘建东
102医院站	站　长	樊俊生

乐清人武部站	站　长	李　明
	副站长	吴良明
省军区农场站	站　长	缪善明
	副站长	柏常青
国防工办站	站　长	孙家宽
沈阳炮院学区	主　任	侯振鹏
	副主任	孙文达
盘锦辅导站	站　长	支海龙
	副站长	阿铁军
阜新辅导站	站　长	王清奎
	副站长	张世春
营口辅导站	站　长	张成杰
	副站长	顾春启
学区直属站	站　长	祝绪平
长沙炮院学区	主　任	徐立贵
	副主任	喻炳煌
		张志新
39731部队站	站　长	黄　瑛
	副站长	龙跃林
53062部队站	站　长	张培芳
	副站长	隆海涛
株洲人武部站	站　长	周光裕
	副站长	赵金伟
张家口通院学区	主　任	宋志忠
	副主任	焦长生
学区直属站	站　长	焦长生
	副站长	曹军平
		常永志
51055部队站	站　长	熊俊岭
	副站长	王兆信
陆航局辅导站	站　长	孙祥玉
	副站长	王亚雄
51382部队站	站　长	张永录
	副站长	刘小秋
		贾宝珍
体育学院学区	主　任	马晓兰
	副主任	莫　强
学区直属站	站　长	侯　兵
	副站长	李小玲
白云机场站	站　长	张　安
	副站长	李　林
佛山警备区站	站　长	马志强
	副站长	吴乃流

佛山干训队站	站　长	杨　博
	副站长	韩建材
54423部队站	站　长	文　光
	副站长	陈小周
蚌埠坦院学区	主　任	方心正
	副主任	张成林
学区直属站	站　长	王　强
84701部队站	站　长	苏明启
	副站长	孙志强
83571部队站	站　长	吴建根
	副站长	张尤峰
		李　志
83595部队站	站　长	韩先法
	副站长	白华山
宿县武警站	站　长	岳庐东
	副站长	王　旭
工程兵学院学区	主　任	陈明才
	副主任	李秋庭
		刘全坤
常德消防队站	站　长	王进展
柳公安干校站	站　长	付礼翔
	副站长	江　洲
		朱中华
湘消防总队站	站　长	胡建军
	副站长	刘烨华
株洲军分区站	站　长	李跃社
柳警二支队站	站　长	罗　勋
攸县人武部站	站　长	李奇兰
	副站长	周芳文
永州军分区站	站　长	邹高城
	副站长	龚宏武
柳州武警站	站　长	周玉林
	副站长	杨武成
津市斩车厂站	站　长	钟　平
学区直属站	站　长	郑必华
	副站长	张立三
测绘学院学区	主　任	许文胜
	副主任	沈泽民
许昌军分区站	站　长	高　峰
	副站长	秦　锋
		袁景蔚
高炮学院学区	主　任	贾继勇
	副主任	韩庆亮

偃师人武部站	站　长	任进庄
	副站长	张　凯
济后洛干所站	站　长	赵中敏
	副站长	韩　峰
装甲兵技校学区	主　任	赵有才
	副主任	周仲光
机械士校学区	主　任	陈鹤童
	副主任	肖信耀
密云辅导站	站　长	付宝光
	副站长	周庆富
军械士校学区	主　任	占小则
	副主任	陈金武
学区直属站(1)	站　长	吴正德
	副站长	吕　宁
沅湖基地站	站　长	何敦文
57019部队站	站　长	张敬党
	副站长	蒙燕玲
学区直属站(2)	站　长	邓普荣
	副站长	陈宏章
57303部队学区	主　任	石　峰
	副主任	王修仁
		杨秀卿
部队机关站	站　长	王修仁
	副站长	杨秀卿
57所辅导站	副站长	程　民
		郭锦山
炮兵指院学区	主　任	严国强
	副主任	王振兴
装甲兵指院学区	主　任	马占云
		刘　灿
陆航局学区	主　任	徐立贵
	副主任	孙祥玉

总后分院

华南学区	主　任	蓝承晖
韶关军分区站	站　长	成世汉
武警韶关站	站　长	颜　雄
武警三支队站	站　长	陈金治
武警惠水站	站　长	叶洪添
武警阳江站	站　长	林卫中
武警江门站	站　长	李国强
武警清远站	站　长	肖用成
武警河源站	站　长	黄光明

西南学区	主　任	江　帆
	副主任	龚必智
		杨建立
		余显礼
政教室辅导站	站　长	余显礼
	副站长	甘华刚
高滩岩辅导站	站　长	廖定国
	副站长	罗入维
新桥辅导站	站　长	张忠锋
	副站长	耿晓荣
大坪辅导站	站　长	朱之兵
	副站长	徐殿国
东北学区	主　任	堵继学
	副主任	李应宁
长春辅导站	站　长	李应宁
	副站长	王　平
北戴河辅导站	站　长	陈泽山
	副站长	王奎良
嫩江辅导站	站　长	昌家杰
	副站长	徐么道
桦甸辅导站	站　长	刘玉环
	副站长	李　影
重庆学区	主　任	陈世海
	副主任	白忠祥
		蒋如洲
成后永川站	站　长	彭业武
	副站长	王明亮
消防总队站	站　长	徐　烛
	副站长	羊绍庭
武警重庆总队站	站　长	钟永昌
	副站长	陈玉桥
重庆警备区站	站　长	冯光鑫
	副站长	雷光键
重庆公安局站	站　长	陈　益
	副站长	刘正理
江北航校站	站　长	姚　远
	副站长	杨德碧
北京学区	主　任	蚁美泰
直属辅导站	站　长	周晓娥
承德辅导站	站　长	郝宏波
天津学区	主　任	肖天友
	副主任	郭正义
		张谨毓

运输学院站	站　长	郭正义
	副站长	王其学
塘沽予一师站	站　长	王培军
	副站长	王春耕
消防二支队站	站　长	纪明亮
	副站长	荆文华
消防开发站	站　长	张树东
	副站长	杨学旺
塘沽910油库站	站　长	吕海军
	副站长	贺新梅
和平人武部站	站　长	欧阳和
	副站长	刘玉田
汉沽辅导站	站　长	王启田
	副站长	杨志强
保定辅导站	站　长	张家平
	副站长	王树新
蚌埠学区	主　任	何朝枝
	副主任	刘　海
		朱代发
空军21师站	站　长	胡久段
西北学区	主　任	贾新华
	副主任	沈连勋
		彭国毅
西宁辅导站	站　长	彭国毅
	副站长	罗云国
格尔木辅导站	站　长	褚进余
	副站长	李　耿
西安学区	主　任	唐如意
	副主任	傅智勇
军区总医院站	站　长	魏义洪
	副站长	狄亚萍
黄金部队站	站　长	孟令斌
	副站长	朱玉飞
59752部队站	站　长	乔志明
	副站长	王少君
59970部队站	站　长	王世奎
	副站长	常联宁
襄樊学区	主　任	张生荣
	副主任	张华庭
武警襄樊站	站　长	邓从高
	副站长	左武平
八一电影站	站　长	张宝成

国防大学分院

潜院学区	主　任	王能冲
		王国勤
新疆职大学区	主　任	艾合买提
	副主任	孙宝钧
合肥电子工学区	主　任	李德全
海电院学区	主　任	嵇建珍
		严建平
	副主任	黄兴海
		丛业立
南京警校学区	主　任	范大章
红旗直属站	站　长	王长友
国防科大学区	主　任	官云仟
济南学区	主　任	关会安
海军工学区	主　任	高文武
	副主任	石沙平
测院学区	主　任	许文胜
	副主任	吉永宏
		于　伟
信息工院学区	主　任	张志国
	副主任	翟秀文
		魏俊岐
洛阳外院学区	主　任	杨开太
	副主任	郑本杰
武汉二炮学区	主　任	花永庆
		熊仕久
	副主任	李昌俊
长沙武警学区	主　任	戴清海
参谋学院学区	副主任	梁中明
		高俊臣
军械学院学区	主　任	张伟良
	副主任	李霞忠
		李剑伟
北通信直属站	站　长	张英波
	副站长	靳秀爱
西山读书班站	站　长	邵开华
	副站长	王志成
通信学院学区	主　任	黎剑平
红山站	站　长	刘力学
一军大学区	主　任	张道发
	副主任	邓坤金
广舰院学区	主　任	陈映桥

	副主任	孔祥虎
		张军赋
广州医高专学区	主任	廖建新
桂林陆院学区	主任	欧金平
	副主任	颜青

空军部队分院

沈空一学区	主任	贾树栋
	常务副主任	杜吉田
	副主任	王峰
		陈德志
学区函办	主任	杜吉田
	副主任	吉万成
		刘国育
学区直属站	站长	金成吉
	副站长	张东平
87032部队站	站长	王文涛
	副站长	李全成
39221部队站	站长	邵阳
	副站长	王卓新
87413部队站	站长	钟锐鑫
39850部队站	站长	张国传
	副站长	苗胜
39533部队站	站长	李建南
	副站长	李国文
沈空二学区	主任	沈锦生
	副主任	冯泽明
学区函办	主任	冯泽明
	副主任	孙平
直属辅导站	站长	吴裕章
	副站长	李宝明
39302部队站	站长	胡久霞
	副站长	黄岩
87102部队站	站长	丁广福
	副站长	喻荣牛
86521部队站	站长	杨子男
	副站长	王鹏
沈空三学区	主任	刘贵生
	副主任	郑玉
学区函办	主任	李忠武
	副主任	牛洪顺
直属辅导站	站长	牛洪顺
	副站长	付向东
	副站长	王安
大连指挥所站	站长	沈毅
	副站长	樊伟才
39905部队站	站长	肖春明
	副站长	周家修
33920部队站	站长	陈朴
	副站长	李建华
33023部队站	站长	翟红专
	副站长	郦福双
北空一学区	主任	丛国庆
	副主任	王宝露
		付华民
学区函办	主任	付华民
直属辅导站	站长	汤亦民
	副站长	杨式纯
39100部队站	站长	袁建明
	副站长	贾巨玛
39281部队站	站长	梅玉正
	副站长	顾新宇
86587部队站	站长	梁红记
	副站长	李玉庆
济空一学区	主任	朱忠海
	副主任	赵光瑞
学区函办	主任	邢生民
	副主任	贾光荣
直属辅导站	站长	邢生民
	副站长	杨维东
39420部队站	站长	赵拥军
39764部队站	站长	周彦
39690部队站	站长	薛雁歌
	副站长	郑宝柱
南空一学区	主任	秦松寿
	副主任	张士康
		高益民
学区函办	主任	高益民
	副主任	陈寿谱
直属辅导站	站长	高益民
	副站长	李凤林
南空后勤部站	站长	屠欣
	副站长	张兵
39865部队站	站长	张东
	副站长	姜红
39811部队站	站长	高奎
	副站长	胡兰天
87365部队站	站长	陶守尊
39797部队站	站长	姜乾坤
87082部队站	站长	周万全
9315工厂站	站长	缪志川
	副站长	凌伯圣
省军区农场站	站长	缪善明
	副站长	柏长青
南空二学区	主任	周均美
	副主任	吴慧平
学区函办	主任	吴慧平
	副主任	石青健
直属辅导站	站长	石青健
	副站长	周苏敏
39341部队站	站长	余春纪
	副站长	魏爱根
39442部队站	站长	田斌
	副站长	宋立新
87078部队站	站长	郑溪波
	副站长	谢友平
广空一学区	主任	郝作春
	副主任	丁全友
学区函办	主任	王国军
	副主任	何宗良
直属辅导站	站长	龚国安
	副站长	何宗良
广空司站	站长	杨建华
	副站长	麻振军
广空后站	站长	陈志华
39067部队站	站长	周久伟
	副站长	易杰
39413部队站	站长	贺发生
	副站长	李爱军
沈空二学区	主任	兰长春
	副主任	李敬真
学区函办	主任	李敬真
	副主任	李荫华
直属辅导站	站长	李荫华
39287部队站	站长	王昆
	副站长	郦海云
39892部队站	站长	梁振峰
	副站长	许和进
39155部队站	站长	虞明刚

	副站长	黄学群
86325部队站	站长	陈军
	副站长	孙祖华
39441部队站	站长	马峰
	副站长	李汉萍
成空一学区	主任	宋胜龙
	副主任	方仲儒
学区函办	主任	方仲儒
	副主任	张文学
直属辅导站	站长	黄伟东
39934部队站	站长	张光荣
	副站长	杨钦
39753部队站	站长	刘强
86166部队站	站长	赵长生
	副站长	周春伟
86483部队站	站长	王建平
	副站长	孙容水
兰空一学区	主任	王鸿生
	副主任	席庆敖
		杨子江
		杨先涛
学区函办	主任	杨先涛
	副主任	于树盈
直属辅导站	站长	杨先涛
	副站长	郭强
兰空政站	站长	胡学农
	副站长	孙铨
39370部队站	站长	刁操全
	副站长	肖顺宝
39675部队站	站长	吴学海
	副站长	马国栋
86025部队站	站长	胡东升
	副站长	王林
39458部队站	站长	郑俊昌
	副站长	廖东城
兰空二学区	主任	苟新华
	副主任	王有才
学区函办	主任	宋景和
直属辅导站	站长	宋景和
昌吉辅导站	站长	吴义平
米泉辅导站	站长	肖军
和田辅导站	站长	党龙祥
奎屯辅导站	站长	唐正发
分院直属学区	主任	王聘明
	副主任	何孝明
直属学区函办	主任	何孝明
	副主任	周顺萍
直属辅导站	站长	孔庆宇
空司站	站长	刘国新
	副站长	张长胜
北空后站	站长	曹发来
39530部队站	站长	黄刚
39034部队站	站长	倪桂元

海军分院

海军指院学区	主任	李维新
	副主任	施坚
二政教研室站	站长	张依江
后勤教研室站	站长	赵克舜
海军政院学区	主任	王兴宏
	副主任	蔡宏斌
		张崇立
青岛警备区站	站长	杨林
青岛人文站	站长	王连祥
海直辅导站	站长	王力全
38531部队站	站长	王志勇
海军邯办站	站长	杨文明
37254部队站	站长	高名立
37001部队站	站长	潘洪军
海4810工厂站	站长	吴淮成
86289部队站	站长	蔡新家
81167部队站	站长	宫文斌
营口军分区站	站长	樊洪斌
37671部队站	站长	宋健
37501部队站	站长	孔晓峰
37591部队站	站长	叶才义
37561部队站	站长	李社祥
37510部队站	站长	潘锡弟
37752部队站	站长	李占领
37831部队站	站长	潘林
37502部队站	站长	李立明
37622部队站	站长	谣玉辉
37623部队站	站长	陈宝健
海军杭疗站	站长	江汝标
镇陆艇校站	站长	张卫平
37972部队站	站长	潘万祯
海政院辅导站	站长	曾广堂
81173部队站	站长	黄渤
牡丹江分区站	站长	马保富
大连舰院学区	主任	李成义
	副主任	吴国良
		李鹏飞
大连舰院站	站长	曹立生
海军秦办站	站长	王玉忠
81562部队站	站长	刘万清
鞍武消防站	站长	孙淑芝
广州舰院学区	主任	陈映侨
	副主任	张军赋
		孔祥虎
南海舰队站	站长	肖益民
38002部队站	站长	任明
38091部队站	站长	廖志贤
38012部队站	站长	石利军
38013部队站	站长	荣陵
38001部队站	站长	吴志刚
421医院站	站长	熊明发
4801部队站	站长	张兵
海军潜院学区	主任	王国勤
	副主任	王能冲
38643部队站	站长	王能冲
北海舰队站	站长	修江敏
37003部队站	站长	朱冠德
37031部队站	站长	李力
37091部队站	站长	刘勇
37041部队站	站长	杨新慈
海电院学区	主任	文燕生
	副主任	嵇建珍
		黄兴海
37592部队站	站长	张宇健
海电院辅导站	站长	张贤芳
九江海后办站	站长	矢玉华
37576部队站	站长	费章龙
37707部队站	站长	施章福
海航技院学区	主任	陈锦发
	副主任	丁海涛
38671部队站	站长	丁海涛
37295部队站	站长	鲁昌俊

武警部队分院

辽宁总队学区	主任	李昆岐

福建总队学区	主任	林秀川
贵州总队学区	主任	陆远能
湖北总队学区	主任	吴中原
安徽总队学区	主任	傅仁波
8660部队学区	主任	由清波
8670部队学区	主任	李　峰
8620部队学区	主任	韩　刚
8650部队学区	主任	王亚平
8710部队学区	主任	李金诚

总装备部分院

国防科大学区	主任	朱早良
	副主任	宫云仟
		刘戟锋
		周建设
指院学区	主任	陈庆华
	副主任	李　云
89720部队站	站长	崔秀华
	副站长	马兵其
89800部队站	站长	范兆东
	副站长	汪成农
89960部队站	站长	李爱平
	副站长	金维华
89740部队站	站长	傅纪元
	副站长	郭明生
89750部队站	站长	胡增军
	副站长	张发群
89770部队站	站长	吴卫林
	副站长	严　刚
89950部队站	站长	程鹏钧
	副站长	王晓刚
89970部队站	站长	邹裕民
	副站长	叱东学
89820部队站	站长	陈树威
	副站长	田茂林
89790部队站	站长	王学柱
	副站长	张　云
89801部队站	站长	殷坤能
	副站长	李文龙
89760部队站	站长	马　青
	副站长	孙海平

济南军区分院

司令部站	站长	于永军
	副站长	袁　明
政治部站	站长	丁信浩
联勤部站	站长	杨同海
	副站长	宋中锋
工厂管理局站	站长	关会安
陆军学院站	站长	王尔玉
	副站长	王　星
山东军区学区	主任	高维敏
	副主任	车全宝
机关辅导站	站长	杨後寿
河南军区学区	主任	刘全喜
	副主任	李连成
机关辅导站	站长	韩中国
南阳军分区站	站长	张耀军
54631部队学区	主任	陶方桂
	副主任	王万里
机关辅导站	站长	路子房
54642部队站	站长	孔德余
54650部队站	站长	刘佳清
547671部队站	站长	张平平
8680部队站	站长	门有志
54685部队学区	主任	赵胜一
机关辅导站	站长	润文斌
54691部队站	站长	孙永波
54690部队站	站长	周少明
55085部队站	站长	刘　军
54871部队站	站长	李忠生
54898部队站	站长	尹建新
54774部队学区	主任	刘永治
机关辅导站	站长	范　峰
54676部队站	站长	罗光辉
54766部队站	站长	李俊平

南京军区分院

83011部队学区	主任	黄建生
	副主任	李　江
机关辅导站	站长	李　江
	副站长	徐　良
83423部队站	站长	周春发
	副站长	唐启胜
83013部队站	站长	胡德贵
	副站长	刘　晓
83021部队站	站长	汪　洋
	副站长	邱新菊
沪警备区学区	主任	汪印祥
	副主任	杨斌生
浙军区学区	主任	赵天云
	副主任	舒建平
联勤部学区	主任	经盛志
	副主任	姚　跃
南京军区总院站	站长	蒋国斌
	副站长	黄铁农
南京16分部站	站长	黄晋明
	副站长	蔡华叶
福州18分部站	站长	夏善国
	副站长	张德崇
杭州预备师站	站长	吴沂鸿
8690部队站	站长	王跃明
	副站长	王洪敏
83226部队学区	主任	丁建华
	副主任	王　磊
机关辅导站	站长	丁建华
	副站长	王　磊
83651部队站	站长	周黎明
	副站长	赵洪杰
83235部队站	站长	刘子林
	副站长	张　晓
83422部队站	站长	顾　辉
	副站长	薄维德
江苏军区学区	主任	顾玉彬
江苏军区学区	副主任	汤苏文
机关辅导站	站长	徐纬雄
	副站长	徐　飞
淮阴军分区站	站长	孙德俊
	副站长	丁在新
扬州军分区站	站长	陈昌权
	副站长	徐茂生
苏州军分区站	站长	陈林荣
	副站长	钱定奇
连云港分区站	站长	许其国
	副站长	陶用心
宿迁军分区站	站长	王经亮
	副站长	陶　沙
安徽军区学区	主任	马以芝
	副主任	王晓方
机关辅导站	站长	李　勋

	副站长	熊国洪
马鞍山分区站	站长	孙继海
司令部学区	主任	庄义春
	副主任	朱蒙生
司令部机关站	站长	朱蒙生
	副站长	沈启健
司令部二局站	站长	赵贤富
	副站长	汪晓云
政治部学区	主任	左安生
	副主任	蔡云峰
机关辅导站	站长	蔡云峰
	副站长	叶锦山
海峡台辅导站	站长	刘锦生
	副站长	张明
32404部队学区	主任	常生荣
32404部队学区	副主任	林培雄
机关辅导站	站长	林培雄
	副站长	韩国亮
32417部队站	站长	黄胜富
	副站长	王哲新
32430部队站	站长	雷清平
	副站长	胡梅生
32525部队站	站长	林建祥
	副站长	徐政茂
福建军区学区	主任	李元兴
	副主任	柳亚南
机关辅导站	站长	柳亚南
	副站长	林建立
厦门警备区站	站长	何光喜
	副站长	刁平
莆田军分区站	站长	邓卫国
	副站长	陈国新
龙岩军分区站	站长	曾仲春
	副站长	邱桥荣
32822部队站	站长	高林峰
	副站长	李新卫
32833部队站	站长	卢宜牯
	副站长	邹忠良
江西军区学区	主任	彦春宁
	副主任	邹智敏
机关辅导站	站长	李家旺
赣州军分区站	站长	杨志军
宜春军分区站	站长	鲍卫国
抚州军分区站	站长	梅勇
景德镇分区站	站长	汪雪庚
上饶军分区站	站长	胡跃明

广州军区分院

机关直属站	副站长	于英雄
53200部队站	站长	张爱中
	副站长	赵军
53802部队站	站长	王淑辉
	副站长	杨钦永
53503部队站	站长	罗良伟
	副站长	韦晓东
湛江分区站	站长	李晖
53010部队学区	主任	邱冷波
	副主任	周洲
机关直属站	站长	张文
	副站长	巫山
53023部队站	站长	陈廷镇
	副站长	蒋胜利
53508部队站	站长	王奖云
53013部队站	站长	黄日忠
	副站长	周国祝
54041部队站	副站长	陶杜平
广西军区学区	主任	王晓卓
	副主任	王洪波
机关直属站	站长	朱爱国
河池分区站	站长	邹联清
	副站长	曾伦
53062部队站	站长	丁建斌
	副站长	毛敏
广东军区学区	主任	雷正金
	副主任	王强
机关直属站	站长	陈良素

成都军区分院

重庆学区	主任	权学宁
	副主任	郭景龙
56005部队站	站长	周胜刚
	副站长	罗太平
56013部队站	站长	雷勋年
56016部队站	站长	叶佩
	副站长	冉光荣
56018部队站	站长	傅晓英
56168部队站	站长	艾远兵
56017部队站	站长	余义华
昆明一学区	主任	邹贤荣
	副主任	张旭东
35201部队站	站长	罗嘉勇
35304部队站	站长	姚世忠
	副站长	杨福生
35108部队站	站长	和生弟
	副站长	魏代应
35107部队站	站长	赵钱
	副站长	盖玉文
35106部队站	站长	徐龙雏
	副站长	陈弟章
35109部队站	站长	王元金
	副站长	周沛林
35309部队站	站长	周湘玲
	副站长	朱世贵
35208部队站	站长	刘华荣
	副站长	周明
35207部队站	站长	马志林
	副站长	尹科浩
35012部队站	站长	朱和平
	副站长	钟明亮
35105部队站	站长	王殿民
	副站长	郭正波
35220部队站	站长	张学文
	副站长	陈国朝
军区杂技团站	站长	付红楠
	副站长	木永珠
昆明二学区	主任	李斌
	副主任	邓兴虎
机关辅导站	站长	李斌
	副站长	邓兴虎
文山辅导站	站长	赵坚强
	副站长	胡义军
蒙自辅导站	站长	朱开树
	副站长	李忠授
思茅辅导站	站长	李云江
	副站长	贺修平
版纳辅导站	站长	郑承建
	副站长	王正国
贵阳学区	主任	黄光荣
	副主任	王奇禄

直属辅导站	站长	黄光荣
	副站长	王奇禄
遵义辅导站	站长	孙国良
	副站长	李德贵
安顺辅导站	站长	刘文忠
	副站长	王　猛
毕节辅导站	站长	刘治彪
	副站长	肖明超
凯里辅导站	站长	田中强
	副站长	杨茂凯
都匀辅导站	站长	黄大远
	副站长	黄光兴
铜仁辅导站	站长	张文益
	副站长	陈　是
兴义辅导站	站长	王万杰
	副站长	黄子雄
原思南人武站	站长	任延禄
	副站长	蒙绍华
原都匀驻师站	站长	陈黔鲁
	副站长	何惠明
拉萨学区	主任	杨双举
	副主任	覃发仕
直属辅导站	站长	罗际明
	副站长	覃发仕
林芝辅导站	站长	杜映辉
	副站长	李　浪
那曲辅导站	站长	敬银明
	副站长	杨和平
昌都辅导站	站长	李云洪
	副站长	陈卫东
日喀则辅导站	站长	昂　旺
山南辅导站	站长	童广全
	副站长	杜宜林
昆陆学区	主任	杨天洪
	副主任	张　力
直属辅导站	站长	蒋明权
成都一学区	主任	陶德伦
	副主任	王绍书
机关辅导站	站长	钟　楠
	副站长	孙孝红
宜宾辅导站	站长	唐其良
	副站长	刘　炯
巴中辅导站	站长	叶作军
	副站长	吴仲康
泸州辅导站	站长	周永华
	副站长	龚勇兵
广元辅导站	站长	韩培志
	副站长	张志清
南充辅导站	站长	田文君
	副站长	熊朝军
凉山辅导站	站长	杨奇松
	副站长	杨太荣
雅安辅导站	站长	艾永康
	副站长	黄志伦
眉山辅导站	站长	李树林
	副站长	余　国
乐山辅导站	站长	韩学良
	副站长	乌建华
遂宁辅导站	站长	熊　伟
	副站长	陈祥春
德阳辅导站	站长	廖文政
	副站长	宋　勇
内江辅导站	站长	朱蜀军
	副站长	刘爱民
达川辅导站	站长	范方银
	副站长	武德龙
阿坝辅导站	站长	王国才
	副站长	罗悦泰
攀枝花辅导站	站长	王道宽
	副站长	任　平
甘孜辅导站	站长	王铁树
	副站长	蔡洲武
武警水电站	站长	关明生
	副站长	刘平富
成都军分区站	站长	何德展
	副站长	张　平
成都二学区	主任	朱新民
	副主任	梁志平
直工处辅导站	站长	朱新民
成都辅导站	站长	陈吉中
昆明辅导站	站长	刘红纯
西昌辅导站	站长	廖昌德
重庆辅导站	站长	朱华清
成都三学区	主任	李卫星
	副主任	李　伟
直工处辅导站	站长	苏世佐
川办辅导站	站长	彭正治
汽车17团站	站长	强　军
成都四学区	主任	裴洪章
	副主任	宋昌勇
直属辅导站	站长	王晓青
22分部辅导站	站长	吴保安
	副站长	吴思才
37分部辅导站	站长	单衍华
	副站长	李建新
38分部辅导站	站长	陈万生
	副站长	任　宏
川藏兵站部站	站长	游德远
军区总医院站	站长	邓亦祥
武警学区	主任	周永明
	副主任	付万选
		何明成
总队机关站	站长	刘　华
成都一支队站	站长	谭仁权
武警二支队站	站长	蔡　军
成都三支队站	站长	张　勇
德阳支队站	站长	蔡晓凤
泸洲支队站	站长	王　刚
甘孜支队站	站长	向宋明
武警三支队站	站长	黄　燕
乐山支队站	站长	周发强
攀枝花支队站	站长	焦凌云
武警四支队站	站长	郭明虎
巴中支队站	站长	周处伦
重庆二支队站	站长	李建华
内江支队站	站长	李显锋
黔江支队站	站长	刘晓兵
雅安支队站	站长	喻以枣
广安支队站	站长	方林文
南充支队站	站长	张本权
达川支队站	站长	帅　兵
宜宾支队站	站长	孙晓南
遂宁支队站	站长	李进周
广元支队站	站长	王　丽
德阳支队站	站长	陈小萍
自贡支队站	站长	王洪平
重庆一支队站	站长	贺泽刚
涪陵支队站	站长	王智勇
消防学区	主任	何大明

	副主任	欧阳廷贵
直属辅导站	站长	何大明
	副站长	何芳
自贡辅导站	站长	易勇
	副站长	何宝华
泸州辅导站	站长	李进
	副站长	杨克
达川辅导站	站长	梁庆华
	副站长	姜茂刚
中物院学区	主任	韩长林
	副主任	刘友堂
七所辅导站	站长	杨兴终
	副站长	冉茂全
直属辅导站	站长	韩长林
	副站长	刘友堂
重庆警备学区	主任	蒋崇安
	副主任	陈湘平
黔江辅导站	站长	冉茂华
直属辅导站	站长	冯光鑫
沙平坝站	站长	马绍春
万县辅导站	站长	周艳

沈阳军区分院

81021部队学区	主任	林少先
	副主任	王德军
81025部队站	站长	王立国
	副站长	朱德威
81123部队站	站长	刘洪军
	副站长	任小红
81312部队站	站长	王延伸
	副站长	刘保银
81389部队站	站长	王群
	副站长	杨德新
81101部队学区	主任	王诗光
	副主任	苗大勇
81103部队站	站长	王志刚
	副站长	曹阳
81114部队站	站长	沈仁怀
	副站长	郭乃军
81393部队站	站长	李刚
	副站长	宋应学
81032部队学区	主任	贾方亮
	副主任	王双林
81034部队站	站长	管延政
	副站长	邢喜武
81036部队站	站长	刘丰利
	副站长	谢明君
81145部队站	站长	曹国斌
	副站长	汤启坤
81413部队站	站长	解庆双
	副站长	王德才
81156部队学区	主任	嵇伟
	副主任	范一良
81158部队站	站长	汤建军
	副站长	陈立新
81162部队站	站长	刘世成
	副站长	魏宪春
81397部队站	站长	张正明
	副站长	杜晓兵
81043部队学区	主任	张烈英
	副主任	吴自化
81167部队站	站长	黄玉操
	副站长	钱建忠
81378部队站	站长	冷少杰
	副站长	连文岭
81051部队站	站长	郑轶
	副站长	廖德国
81814部队站	站长	王凤岭
	副站长	于学岭
81870部队站	站长	钱凤明
	副站长	陈秀清
81049部队站	站长	张长勇
	副站长	马晓冬
81178部队学区	主任	白晓明
	副主任	刘仕山
81180部队站	站长	程波
	副站长	李瑜
81182部队站	站长	姚凤阁
	副站长	王本磊
81233部队学区	主任	刘秀斌
	副主任	石中琪
81235部队站	站长	黄永涛
	副站长	常贵学
81237部队站	站长	侯占纯
	副站长	宋建明
81241部队站	站长	胡成福
	副站长	节茂彬
81245部队站	站长	袁保伟
	副站长	赵永明
81243部队站	站长	沈进苟
	副站长	孟令生
81054部队学区	主任	刘建星
	副主任	黄立波
81058部队站	站长	赵希奎
	副站长	姚国伟
81323部队站	站长	吴建方
	副站长	吴晓峰
黑龙江军区学区	主任	秦成志
	副主任	郑士洪
鹤岗军分区站	站长	李正国
	副站长	关金贵
大庆军分区站	站长	姜文军
	副站长	曹中武
伊春军分区站	站长	李万杰
	副站长	姜曰礼
吉林军区学区	主任	荆南飞
	副主任	张年祥
辽宁军区学区	主任	袁相武
	副主任	胡杨
沈阳军分区站	站长	陶秉章
	副站长	王丰亭
鞍山军分区站	站长	董成
	副站长	田久亮
锦州军分区站	站长	阎兴段
	副站长	李宪民
本溪军分区站	站长	杨忠宽
	副站长	李世淳
朝阳军分区站	站长	成江
	副站长	聂德珍
丹东军分区站	站长	刘崇林
	副站长	哈学林
盘锦军分区站	站长	付强
	副站长	滕凤余
抚顺军分区站	站长	于德新
	副站长	马运忠
81562部队站	站长	诸文清
	副站长	刘万清
81244部队站	站长	姜兴波
	副站长	王全兴

82160部队站	站长	姚广发
	副站长	张昌富
81818部队站	站长	田兵
	副站长	何建华
大连陆院学区	主任	王荣岐
	副主任	郜德全
司令部学区	主任	王志宇
	副主任	冯贵
政治部学区	主任	鲁世胜
	副主任	毛仲全
联勤部学区	主任	修海峰
	副主任	许建平
二分部辅导站	站长	高山
	副站长	侯树民

兰州军区分院

兰州学区	主任	陈扶军
兰司辅导站	站长	代社民
	副站长	邵启辉
兰政辅导站	站长	李胜林
	副站长	邵维祥
兰联辅导站	站长	齐建新
	副站长	郑国柱
陕西省军区站	站长	刘成栋
	副站长	魏季棉
甘肃省军区站	站长	张建国
	副站长	马立新
青海省军区站	站长	倪大明
	副站长	卢全洲
白银军分区站	站长	王学军
	副站长	梁晓钟
新疆军区学区	主任	陈阳辉
	副主任	赵小平
司令部辅导站	站长	关明河
	副站长	常晓学
政治部辅导站	站长	倪新
	副站长	关晋云
后勤部辅导站	站长	刘兴让
	副站长	刘乐礼
装备部辅导站	站长	张建辉
	副站长	赵润奎
36171部队站	站长	赵处明
	副站长	李丹
36330部队站	站长	胡皓
	副站长	李俊毅
乌鲁木齐分院站	站长	姜继清
	副站长	胡卫宁
乌鲁木齐分区站	站长	李建喜
	副站长	周志刚
博乐军分区站	站长	周远招
	副站长	吴明清
塔城军分区站	站长	袁启堂
	副站长	李世智
36429部队站	站长	邓富昌
	副站长	董玉玺
宝鸡学区	主任	袁建国
	副主任	杨建勋
84802部队站	站长	曹武权
	副站长	宋小国
84701部队站	站长	陈卫民
	副站长	傅天喜
84801部队站	站长	董德祥
	副站长	马应荣
84506部队站	站长	樊建钛
	副站长	余绍雄
84830部队站	站长	陈健
	副站长	齐事军
84852部队站	站长	苟克勤
	副站长	李震
84572部队站	站长	杨伟国
	副站长	雷中乾
84821部队站	站长	陈增强
	副站长	杨永华
临潼学区	主任	彭多才
	副主任	刘坤
84803部队站	站长	樊毅军
	副站长	魏占文
84850部队站	站长	田东伟
	副站长	赵作纽
84808部队站	站长	成宝西
	副站长	徐世忠
84504部队站	站长	吴宇辉
	副站长	吴运鹏
84880部队站	站长	吉耀文
	副站长	李强

北京市公安局直属学区

直属一站	站长	李广成
	副站长	张清
直属二站	站长	李连义
	副站长	康健
巡察总队站	站长	郭铁
		赵兴军
	副站长	张强
		迟尚金
治安处站	站长	梁雪燕
	副站长	邓志强
公交分局站	站长	蒋志英
	副站长	刘兰
宣武分局站	站长	耿飞
	副站长	陈岩明
		边和勤
朝阳分局站	站长	牛明谦
	副站长	裴林章
海淀分局站	站长	王亚军
	副站长	殷嘉旺
丰台分局站	站长	杨德全
	副站长	王素真
石景山站	站长	刘步云
	副站长	申永增
门头沟站	站长	张淑敏
	副站长	陈志喜
通州分局站	站长	石宝玉
	副站长	高永忠
大兴县局站	站长	张宁
	副站长	白志强
房山分局站	站长	隗合显
	副站长	陈绍军
平谷县局站	站长	李术兰
	副站长	韩仲宇
交管局站	站长	田千
	副站长	王峰
东城分局站	站长	张京
	副站长	单志强
西城分局站	站长	胡敏
	副站长	张亮
崇文分局站	站长	高庭华
	副站长	王玉顶

教工人员先进事迹

忆杨再述同志

湖北分院

杨再述同志逝世了，离开了他曾倾注了全部心血的党校函授教育事业，离开了甘苦与共的同志和战友，离开了心爱的妻女和家庭……生命对于他来说是如此的短暂，大家无不为他的英年早逝而悲痛。追忆他过去的工作与生活，谨以表达不能忘却的纪念。

一、无私奉献的敬业精神

从1994年到1996年4月25日住院前的这两年多的时间里，杨再述同志主持我省党校函授工作，他深感到自己肩上担子的重量和责任。他没有节假日和星期天，全身心地投入了党校函授教育事业。

1994年，根据当时全国党校函授教育发展的大好形势，他一方面积极筹办省党校函授教育十周年的庆典，一方面为争取与中央党校联办函授教育而忘我地努力工作。由于校委的正确决策和高度重视、校内处室的支持配合和杨再述同志的态度坚决、积极争取以及函授全体工作人员的共同努力，我省党校函授教育事业呈现出新的局面，得到空前的发展。

党校函授工作面广量大，办好党校函授教育殊不容易，他作为函授分院主要负责人，要考虑和处理的事太多。1995年9月，由于长期劳累，他在身体不适的情况下，注射了一瓶氨基酸后，便忙着组织筹备了在恩施召开的由各地市州党校常务副校长参加的函授工作会议。1996年11月，他患重感冒，咳喘得非常严重，他在门诊治疗三天后，病还未好又坚持工作，领导和同志们都劝他休息一段时间，他说："现在工作这样忙，感冒算不了什么。"他硬是靠药物和坚强的意志挺了过去。

到1997年4月，他的病更加严重了，医生要他住院治疗，他还是坚持要等到入学考试结束后再去住院。临去学区巡视入学考试情况的上午，他妻子硬要他到医院作检查，诊断结果是心肌炎并心衰一到二度。医生强迫他住院治疗，万不得已，他才住进了医院。哪知从此一病不起，直到逝世。

熟悉和了解他的人，都为他的敬业精神所感动。他对事业和工作是那样的投入，勤勤恳恳，兢兢业业。在向他的遗体告别的仪式上，分院的同志满怀深情地写下了这样一幅贴切感人的挽联：勤勤恳恳为工作呕心沥血精神千古，兢兢业业对事业尽职尽责风范永存。

二、谦慎宽厚的高尚品格

凡是与杨再述同志打过交道和有过接触的人，特别是分院和学区与他共事多年的同志，都十分敬佩他严于律己、宽厚待人的高尚品德。

作为领导，他对工作的要求特别严格。他常说，党校函授教育事业是培养党员干部的大事，容不得半点差错。他事事起模范带头作用。记得1994年筹办省党校函授教育十周年庆典时，为等待接收一批材料，他硬是和我们熬到深夜一点多钟办完事后才回家休息。

杨再述同志谦虚谨慎、襟怀宽阔。他善于听取不同的意见，从不与同志发生争吵，遇到不同意见，总能心平气和地求证解释。对同志他满腔热情，真诚相待。哪位同志有病或家庭有困难，他都能主动热情地全力帮助。由于他的示范作用，在分院工作的同志都能努力工作，成为一个团结战斗的集体，每年都受到党校的表彰。

杨再述同志是一个忠厚老实的人，从不计较个

怀柔县局站 站　长 陈凤春	副站长 潘建军	许华伟
副站长 张振明	燕山分局站 站　长 王怀东	地铁分局站 站　长 杨文清
消防局站 站　长 陈益新	副站长 田广辉	副站长 卢　闽

人的得失，既是一位好干部，也是一位好同志，又是一位值得信赖的朋友。1994至1996年，杨再述同志连续三年被评为省党校优秀干部。

三、殚精竭虑的严格管理

为保证和提高党校函授教育质量，杨再述殚精竭虑。1995年下半年，考虑到党校办学的需要，杨再述组织了四个检查组，从办学条件和设施、机构设置、师资队伍、管理人员等各方面对全省各办学单位的办学情况进行了首次大检查，对进一步提高党校函授教育的质量起到了促进作用。

教师的教学是保证函授教育质量的前提。为保证面授教学质量，他促成了教学办公会制度，把全省各级党校函授教学纳入规范化管理轨道；实行了教研室主任责任制、任课教师责任制和教师聘任制，使函授面授教学的质量明显提高，受到学员的好评。

1996年，他根据总院有关规定和我省的情况，果断停办了非党校的函授教学点，理顺了办学关系，保证了我省党校函授教育的顺利发展。

为进一步强化管理，他主持制定和修订了一系列管理制度。特别是1995年整个寒假和1996年整个暑期，数易其稿，制订了《中共湖北省委党校函授工作章程》。这份文件列入了《湖北省委党校制度汇编》，为规范我省党校函授教育管理提供了基本依据。

就在他躺在病床上的一年多时间里，还时刻关心函授工作，好几次重要的院长办公会议就是在他的病室里开的，他还带病参加了1997年的入学考试工作会议。

今年端午节前一天是他51岁生日，他在带病回家过完生日后，还在家人的搀扶下，满怀着对党校的深情，用两个多小时绕着省党校校园艰难地走了一圈，哪知这竟是他生命中最后的一段路程。

杨再述同志，安息吧！ （陈　述）

把“余热”献给函授事业

——记陕西分院书库管理员解思聪

解思聪是陕西省委党校60多岁的退休干部，1994年被聘担任了陕西分院书库管理员。几年来，他以库为家，爱岗敬业，出色地完成了全分院教材的征订和发行任务，把自己的“余热”献给党校函授教育事业，赢得了分院和基层同志的赞誉。

为了把教材书库的管理工作做到井井有条，他把总院下发的各类教材的品种、数量详细登记，并抽包查验，发现问题，立即采取补救措施。教材库只有70平方米，教材多达30万册。他充分利用这狭小空间，经常把教材搬来搬去，每个品种集中堆放，按次序、专业、班次分类，挂上名签，做到多而不乱，领取方便。解思聪同志给自己规定了中转的期限：紧急教材随时通知各地，一般教材，三天内发出催领单；对西安学区各点，随到随发，来什么教材就发什么教材；对关中各学区分批发放；对边远学区集中发放。对于需要办理托运的教材，5天内打完包、办完托运手续。学员人数多的学区，他就提前通知。他总是预先把需要拉走的书分解堆放好，到时候只需照清单清点上车就行，大大方便了基层的同志。

为了确保3个年级、5个专业、近百个品种的教材收发准确无误，解思聪摸索出一套“以表代账”的发放办法。这种办法一目了然，便于发放、核对、盘库、催领，很受欢迎。对于容易混的科目，他特别提醒领书单位注意清点。像《行政管理学》、《行政管理学教程》等科目只有一字或两字之差，稍有疏忽，就容易搞错。基层的同志说：“我们想到的，解老师想到了；我们没想到的，解老师也替我们想到了”。

解思聪同志还承担着全分院教材征订工作。这虽然加大了他的工作量，但他没有任何怨言，兢兢业业，认真做好教材征订数据的汇集、统计，及时上报总院教材处。保证了总院、分院、学区之间这条教材发行线路畅通无阻、及时准确。

来分院办事、拉书的人络绎不绝，而且经常是快要下班了，拉书的人却来了。他对下面来的同志随到随办，不拖延不推诿。有时外出办事，他就在书库门上贴个纸条，写上外出和回来的时间；下班时，就在书库门上写上自己家的电话号码，告诉传达室值班人员负责转告。经常是正在吃饭，电话铃响了，他放下碗就走。老伴心疼地说：“你吃完饭再去吧”，他说，饭凉了可来再热一热，咱不能让基层的同志等在外边啊！”解思聪同志心里时刻装着基层，把方便让给基层。延安学区专门来车费用大，想借邮车顺便把书拉回去，但必须是晚上装车，他马上答应。从此延安的教材都是在晚上发放。属于他管的，他认真办好；不属于他管的，他也热情帮助。有时下面的同志把电话打到书库，他也很负责地记下，及时转告有关同志。每年寒、暑假，正是教材进、出最繁忙的时候，几年来他的假期都是在书库度过的。

1995年，有个辅导站在上报教材征订单时，把经管专业报成了政法专业，各教学点原订教材数字也往往发生变动，给教材发放工作带来许多麻烦，解思聪同志就想法与有关方面联系，做好余缺调剂，避免了浪费，保证了教学正常进行。

解思聪同志热爱书库工作，他每天除了正常上班外，有事没事经常要到书库转一转、看一看。书不整齐了，就重新摞一摞；哪里还没领走，就催促赶快领走。他把自己全部的“余热”奉献给了党校函授教育事业。

去年秋天，西安地区下了一场暴雨，当时正在家里的解思聪同志立刻想到书库的安全，冒着大雨就往书库跑，书库果然进水了，他一面向领导汇报，一面找人排水。他看着被水弄湿的书，心里很着急，顾不上疲劳，把湿书一包一包地解开，一本一本地凉开，一直干到晚上11点多钟才回家休息。

解思聪同志非常注意节约开支。在发运教材中，每次拆下来的旧包装纸、用过的包扎绳他都舍不得扔掉。几年来，向学区托运教材都是用的这些旧包装材料，没有买过一张包装纸，也很少买包扎绳，只此一项每月可节约150元以上。总院发来的教材，如果等收到催领单后再去提货，要多交两至三倍的保管费，一个十吨集装箱，按时提货只须250元左右，超过时间要交800余元。解思聪与西安车站及时联系，随时掌握教材发运情况，避免了罚款，节约了开支。

（范　勇）

心系班级管理　情注函授事业

——记白银学区优秀班主任范义

范义同志，是中共白银市委党校理论研究室主任，兼任《白银论坛》副主编。从1993年起，曾担任93级、96级本科班班主任，并于1993、1994、1996年被评为学区优秀班主任，1996年、1997年被评为市委党校优秀党员。最近被推荐为分院表彰的优秀班主任。他在函授教育事业特别是班主任工作岗位上，成为学员思想上的益友、学习上的严师、事业上的模范。

他为了搞好班级管理，不辞苦辛，坚持跟班考勤。每到面授课时，不管春夏秋冬、严寒酷暑，不管刮风下雨、道路泥泞，不管节假日、双休日，他都坚持提前到校，等候在教室里让学员逐个签到，六年如一日。为避免个别学员中途退出课堂现象的发生，他坚持进行不定期的课前、课中、课后清点人数，并及时与授课老师沟通，反馈情况。他带的班级到课率平均都在85%以上，出全勤的达到了40%。

他为了提高面授到课率，制定了《面授请假规定》，要求学员不准托人请假、不准事后补假、不准白条请假，请假条必须由单位盖章或领导签字，从而杜绝了弄虚作假现象。他工作细心，对班级管理做到了五个“清楚”，即对学员的考试及格率清楚、违纪率清楚、升级率清楚、淘汰率清楚、到课率清楚。他处事公正，在班主任岗位上，不用权力办私事，不拿权利送人情。对全班学员做到了三个“一视同仁”：一是对领导干部学员和非领导干部学员一视同仁；二是对有关系的学员和没有关系的学员一视同仁；三是对熟悉的学员和不熟悉的学员一视同仁。今年上半年，有一个县处级干部学员，既不参加面授，又不交作业，他不给人情分、照顾分，坚持对这个学员作了零分处理。他在班主任岗位上，不收一分班费，不吃一次请吃餐，不花学员一分钱去娱乐，赢得了学员的好评。（李廷伯）

成果篇

新 闻 媒 体 的 报 道

《浙江日报》1998年10月12日报道

加强队伍建设　适应办学需要

——中央党校函授教育工作会议在杭举行

加强办学队伍建设，提高办学主体素质，更好地担当起培养高素质干部队伍的重任，以适应新世纪办学需要。这是今天在杭州举行的中央党校函授教育工作会议提出的要求。中央党校副校长张志新，省委常委、组织部长周国富参加会议并讲话。中央党校函授学院院长孙钱章作工作报告。来自全国各省、自治区、直辖市党校函授学院代表160多人参加了会议。

中央党校函授教育经过13年的发展，已成为具有全国规模和影响的干部在职在岗教育实体，至今已培训各级领导干部和党员干部逾百万名。在长期的办学实践中，锻炼造就了一支拥有6万余名教师、4.5万名管理干部的办学队伍。他们在中央党校函授教育的开创、巩固和发展过程中作出了重要贡献。

张志新在会上提出，1999年是党校函授教育的“办学队伍建设年”，要认真贯彻落实中央领导同志关于党校函授教育的指示精神，按照“充实、提高、整顿、壮大办学队伍”的工作方针，切实加强办学队伍的自身建设，不断提高办学质量，把全院办学队伍建成一支政治强、业务精、作风正，能担当培养高素质干部队伍重任的重要力量。

会议要求各级党校和函授组织充分挖掘人才，把一批有大学本科以上文化程度或高级职称、有一定理论基础和学术造诣、又有较强组织管理能力的工作骨干充实到各级领导班子中去；要根据需要充实党校紧缺课程的师资，配齐各类管理干部。同时，要切实关心和逐步解决党校函授办学人员的职称评定、入党入团、职级、住房等实际问题。

周国富说，党校函授教育作为党员领导干部学习、研究马列主义、毛泽东思想、邓小平理论的重要阵地，作为干部增强党性锻炼的熔炉，在兴起学习邓小平理论新高潮、提高各级领导干部思想素质方面担负着重要职责。十几年来，我省党校函授教育工作在中央党校函授学院的指导下，始终坚持“从严办学，质量第一”的方针，在探索中不断发展创新，走出一条学历教育与干部培训相结合的新路子，培养了一大批德才兼备的管理人才和各级党政领导干部，为提高党员干部素质作出了积极贡献。

《山西日报》1998年10月21日报道

党校函授十年果实丰硕

——刘泽民勉励：面向新世纪开创新局面

作为党校教育的重要组成部分，我省党校函授教育目前已走毕10年的风雨征程并取得累累硕果。省委副书记、省委党校校长刘泽民在10月18日举行的10周年庆祝大会上作书面讲话时，勉励从事该项教育工作的同志，努力开创党校函授教育工作的新局面。

我省党校函授教育创办10年来，已经逐步发展成为具有全省教学与管理网络，以党员干部为主要对象，具有中国特色的干部在职教育的有效形式。10年来，全省党校函授教育在政治理论、行政管理、经济管理、涉外经济、政法和领导干部本科、在职党员领导干部研究生班等不同专业与层次方面，毕业和在读的研究生、本科、大专学员约12万余人，加快了我省干部培训的步伐，推动了马列主义、毛泽东思想、邓小平理论的深入学习，促进了两个文明建设的发展，提高了广大党员、干部的素质。

刘泽民在讲话中指出，党校函授教育面向21世纪，是时代的要求，也是函授教育本身充满生机和活力的内在要求。为实现这一历史性任务，必须确立时代责任感，增强学习驱动力；质量建校，培养高素质人才；从严治校，全面实现培训目标；突出党性锻炼，发挥党校函授教育在学习邓小平理论新高潮中的主阵地作用。 （侯红武 胡 羽）

《浙江日报》1998年4月20日报道

党校函授教育成为培养跨世纪干部阵地已毕业大专本科学员近三万人

不久前温州市委组建新一届领导班子，人们发现，11名常委中有5名是省委党校函授学院的学员。

党校函授教育已成为我省培养跨世纪干部的重要阵地。目前，我省党校函授学院已拥有13个学区、69个辅导站，教学网络遍布全省各地。这些年来，学院已培养大专、本科毕业学员2.9万余人，其中进入厅局级领导岗位的有100多人，担任县处级干部职务的2000余人，被评为县以上劳模的达1000多人。巨化集团公司400多名函授学员，已有三分之一进入公司各级领导岗位；镇海发电厂20个基层党支部，有12位党支部书记毕业于党校函授学院。

党的十五大以来，省委党校函授学院根据新世纪对高素质人才的需求，进一步发挥优势，用马克思主义、毛泽东思想、邓小平理论武装学员，用现代化建设所需要的各种专业知识充实学员，把党性、知识、能力三者有机地结合起来，实现“掌握理论知识，增强党性锻炼，提高实际能力”的教学目的，使学员成为能担当起跨世纪重任的合格人才。围绕这一目标，学院调整专业和课程设置，增强时代性、实用性、科学性，并紧密结合省委、省政府关于“强化基础、优化结构、提高素质、再创优势”的经济工作方针，增加我省改革开放和现代化建设的学习内容，全面提高学员运用理论解决实际问题的能力。 （马 敏 逯智勇 吴为民）

《浙江日报》1998年10月12日报道

深化教学改革 提高教育质量

——我省党校函授教育工作跃上新台阶

被誉为“没有围墙的党校”的省委党校函授学院近几年通过深化教学改革，加强管理，全面提高函授教育质量，使教育工作跃上新台阶。目前在校生达41645人，开设经济管理、党政、企业管理等5个专业，形成有专科、本科和研究生学历教育在内的完整党校函授办学体系。

近几年在党政机关和企事业单位中出现的“读书求知热”，为党校函授教育发展提供了机遇。省委党校函授学院通过狠抓教育改革和管理工作，强化办学队伍建设，推动函授教育事业发展。他们突出抓好教、学、考3个环节，优化配置办学人员队伍，鼓励、支持教学管理人员参加进修和培训，提高学历层次，并加强对全省13个学区、68个辅导站的指导、管理，不断改进教学工作。针对学习中的新情况，他们狠抓学员的到课率，严格登记考核制度，使学员进校后达到学习知识、提高能力、增强党性的目的。今年，他们加大治考力度，开展考点评估，对好的考点进行奖励，对不合格的考点限制招生或停办。

多年来，省委党校函授学院十分重视制度建设，通过规章制度加强管理。随着办学规模的扩大，他们改变了教师任课办法，采取个人申报、教研室推荐、校教育长协调、分院择优聘任办法，对学区、辅导站师资聘任实行分级管理。从今年开始，学籍微机管理工作全面启动，前两年入学学员已实行电脑化管理。他们还加强新生入学管理，严格审查，认真把关，对毕业生的材料认真复核；坚决杜绝各种弄虚作假行为。今年学院上交中央党校的新生注册和毕业生材料，全部符合要求，受到好评。

省委党校函授学院还根据学员的新要求，提高办学层次。今年他们开办了在职领导干部研究生班，对生源实行组织部门和党校会审制度，确保学员质量。在复习考试阶段，他们认真组织、聘用优秀教师授课，结果考分在全国各试点省份中名列第

一。学院研究生试点工作多次受到总院表扬，也得到了省委组织部的肯定。（怙 熙）

华北地区优秀期刊《共产党员》1998年第7期载文

学风和党风
——浙江省委党校函授学院狠抓学风纪实

学风，一个学校的学习风气。

党风，一个政党的思想方法和工作作风。

浙江省委党校函授学院把这两者有机地结合在一起。

文凭第一，还是党性第一

——到函院来干什么？

在每一届新学员开学典礼上，函院领导总要向新来的学员们提这样的问题。

——这还用问，到函院来读书，当然是为了拿文凭！

面对学员十分自信的回答，函院的领导却摇起了头。

为什么会摇头呢？院长杨仲林道出了其中的原由。他说："我们是党校的函授学院，来这里学习的又大都是党员干部，所以，到这里来读书，光拿张文凭是远远不够的，还必须进行党性锻炼，提高自己的党性修养，而且两者相比，党性锻炼更重要，是第一位的。"

——一周才授课一次，能进行党性锻炼吗？

许多学员表示了怀疑，有的甚至还认为函院是在搞形式主义。

大家的议论使函院领导更加清醒地认识到这项工作的难度。

"再难的工作，我们也要做好。"在函院领导班子会上，院长杨仲林谈了自己的想法。他说："党性锻炼的内容十分广泛，但在函院教育中，这些广泛的内容就集中体现在学风上。所以，只要我们把学风抓好了，那么，学员的党性修养肯定会提高。"

院领导的意见得到了大家的认同。于是，一场以抓学风为主要内容的党性锻炼活动也由此展开。

考出水平，更要考出风格

考试是检验学习成果的一个重要手段，考风则是体现学风的一个重要窗口。

一次英语考试，一位担任领导职务的学员请他单位的一位大学毕业生来代考。此事被监考老师发现后，马上报告了院领导。院领导非常重视，赶紧把这位领导干部请了过来。

刚开始，这位学员还满不在乎，认为反正英语并不重要，请人代考不是一个大问题。

院领导对他进行了耐心细致的思想工作。反问他："你也是单位的领导，弄虚作假，以后还怎么在这个大学毕业生面前做工作？"

院领导的话把他给问住了，他开始感到了问题的严重性。

在随后的几天内，他通过各种关系来校疏通，要求放他一码，不要给他处分。

院领导也感到十分为难：处分他嘛，可能会影响这个同志以后工作的积极性。不处分他嘛，官民不一，依人而行，函院的考风考纪还怎么抓？最后，函院还是把这个情况通报了这位同志所在单位的上级组织部门，并劝其退了学。

副院长郭素兰说："考风即学风，学风即党风。党风上存在的有些问题我们可能用不上力，但学校考风上存在的问题我们完全有责任抓。"

去年下半年，有位常务副县长在参加政治经济学考试时夹带资料。这个情况被监考老师发现后报告给了院领导。院领导马上做出决定，这个同志的该门课程为零分，必须参加以后的总补考。

处分一个学员，目的是为了让其他的学员能引以为戒，吸取教训。这些年，函院总是把这些受处分的情况通报给学员们，尤其是新学员，使大家明白一个道理：在党校的函授学习中投机取巧、弄虚作假是没有市场的。

一位同志在研究生班读了半年后，主动要求退学，原因很简单，这里的要求太严，考风考纪又抓得紧，与自己原来的估计相差太远，跟起来实在太累，与其被淘汰，还不如主动退学。

狠抓考风考纪使函院赢得了声誉，也使许多在学的学员感到高兴。正在读研究生班的杭州化工学校校长许富明对记者说："既然是考试就应该这样，既要考出水平，更要考出风格，这实际上是对自己负责，也是对党负责。"

学习好，工作也要好

学习的目的是为了更好地工作。函院的领导和教师们始终主张理论联系实际，要求学员在工作中寻找研究的问题，用课堂上获得的理论和知识来解决这些问题，从而使学习、工作相得益彰，相互提高。

杭州学区95级本科班的朱玲玲，是上城区审计局局长。在实际的工作中，她感到同级审计最难搞，弄得不好，同级单位之间的关系可能会搞得很紧张。于是，她把工作中的这个问题带到课堂上，向她的指导老师胡退教授提了出来。胡老师一边同她探讨同级审计关系紧张的原因，一边又同她一起寻找同级审计的理论根据。最后，朱玲玲认识到，同级审计应该定位在经济医生的角色，而不是检察官的角色，同级审计的职责不仅要看你是不是合法，更重要的是要看你合理还是不合理。有了认识的转变，朱玲玲不仅写出了一篇好的论文，而且还解决了实际工作中的一个大难题。现在，上城区的同级审计得到了大家的认可，许多专业部门开会还要主动上门，邀请审计局的同志一起来把把关。这在以前，那是不可想象的事情。

副院长沈铁华认为，如果真正坚持理论联系实际的学风，那么，学习好，工作也一定好。

一次，班主任周江老师到一个年轻学员的单位作访问。在访问中，周老师把这个学员的学习表现及评上优秀学员的情况，向这个单位的领导作了汇报。原本以为，这位领导一定会很高兴，但没想到，他只是说："要是工作与学习一样就好了。"之后，再也没有别的表示。回来后，周老师越想越不对劲：这位领导的话分明在暗示这个学员的工作不怎么样。联想到函院提倡的理论联系实际的学风，周老师感到必须和这个学员作一次谈心。在一次面授课中，周老师利用课间休息的时间，把这个学员叫到走廊上，一面肯定他在学习上的良好表现，一面又暗示他工作也不能放松。尽管没有严厉的批评，但这位学员已心领神会。半年后，当周老师再次到这个单位作访问时，单位领导告诉周老师："这个同志最近表现不错，今年被评上了先进工作者。"望着他满意的笑容，周老师也终于松了一口气。

由于坚持正确的学风，函院毕业的学员成长都很快。这几年，函院已培养大专、本科毕业生2.9万余人，其中进入厅局级领导岗位的有100多人，担任县处级干部职务的有2000余人，被评为县以上劳动模范的达1000多人。

"严"字当头，"爱"在其中

抓学风，严字当头才有效。这是函院领导和老师们的一个共识。

在函授学院有这样一个规定，如果不按时完成作业或平时缺课超过该课面授时数1/3者，不准参加期末考试。有一位担任县委常委的学员，由于平时工作非常忙，缺课较多，按规定不能参加正试。班主任就书面通知他准备参加补考。这位学员接到通知后马上来校疏通求情，要求参加正试。但函院领导的态度很坚决：这样的口子不能开。没办法，这位学员只得参加了补考。

事后，这位学员说："函授教育这么严，真是没想到。"

也许有人会说，反正是函授学习，何必这么顶真呢？对此，副院长林万雄有自己的体会，他说："严是爱，只有严格要求，才能培养出德才兼备的党的干部，才对得起党的事业。"

事实上，函院也是一个充满爱的地方。经管专业有一位女学员，一年之内，丈夫进了监狱，女儿因病去世。家庭的变故，使她失去了生活的信心。她找到班主任尹淑琴老师说："尹老师，我活路都没有了，再读书又有啥用呢？"尹老师听了她的倾诉后，安慰她说："你愁也罢，苦也罢，再怎么样，你总要好好活下去。"随后，尹老师又利用星期天，到她的家里去看她，陪她说说话，帮助她鼓起生活的勇气。就这样，一个学期过去了，这位女学员终于走出了生活的阴影。她不但重新上了班，而且还如期读完了函授大专班的课程，顺利毕业。在毕业典礼上，她眼含泪花，激动地说："感谢函院老师，使我重新站了起来。"

（金海忠）

《湖北日报》1998年12月10日报道

我省党校函授教育硕果累累

党校函授教育已成为干部继续学习的重要阵地和有效形式。15年来，通过省委党校函授教育已培养了两万多名党员干部毕业。

我省党校函授教育从创办起就得到中央党校和省委领导同志高度重视。现在全省已设立16个函授学区、11个直属学区和20多个直属教学点，学区下辖85个辅导站，共有1000多个教学班，建立起了履盖全省的党校函授教育办学体系和三级办学网络。在全省聘请的500多名函授教师中，绝大部分是各级党校的教学骨干。有的学区还调进了一批教师，充实了师资队伍，优化了年龄结构、专业结构和知识结构，为提高函授教育质量奠定了基础。

在学区建设中，恩施学区去年被中央党校评为全国40家先进学区之一。在辅导站建设中，黄冈学区罗田县辅导站、十堰学区丹江口市辅导站和襄樊学区南漳县辅导站今年被中央党校评为百佳辅导站。还有一批学区和辅导站受到表彰。这说明我省函授教育的学区建设和辅导站建设成绩明显。

4日在武汉召开的省委党校函授教育工作会议上，省直学区、宜昌学区等5个学区，荆州学区直属辅导站、孝感学区安陆辅导站、黄石学区阳新辅导站、沙洋监狱直属辅导站等10个辅导站受到表彰。

省委党校常务副校长周大仁讲话时，部署了我省党校明年函授总体工作思路和主要任务。

（良　夏　项本武）

《西藏日报》1998年6月9日报道

追赶时代的脚步

新年前夕，正值隆冬季节，严寒肆无忌惮的笼罩着高原……

位于拉萨市郊的自治区党校院内车来车往，人流络绎不绝，寂静的校园顿时热闹起来。

报名时间虽已过去几天，可无论在拉萨还是在地区，无论在城内还是郊外，前往各报名点参加报考中央党校函授学院的志愿者依然前呼后拥。他们中间有党政领导、机关干部、专业技术人员、部队和武警指战员及企业管理者，有即将退休的老前辈，也有刚刚走上工作岗位的青年男女。许多人一清早便冒着刺骨的寒风从几公里外赶来报名，有的人刚下飞机顾不上回家，便四处打听报名地址。一时间，人们从四面八方汇聚在一起；有的急不可待的办理着报名手续，有的正兴致勃勃领取复习材料，有的围着工作人员耐心地询问着报考事项。报名点上，人们争先恐后的簇拥着，等待着……

在这里，严寒正被涌动的滚滚“春潮”所融化。

报名时间早已截止，可前来登门求教的人始终未间断，不少人四处打电话、托人情，为的是能幸运地挤进这趟“末班车”。有的单位内定的名额已分完，一些干部仍强烈要求自掏“腰包”报考函授。

为什么在函授教育的校门外，寄托着如此心切的期盼。

世界变化快　机遇不可失

随着社会的日益进步和经济的飞速发展，尤其是市场经济的建立和科学技术的日新月异，新知识、新思维、新技术如雨后春笋、层出不穷、五彩缤纷。过去那种在传统体制模式下形成的较单一的知识结构已无法适应新形势的需要，崇尚知识，提高素质成为了人们社会生活中的热门话题。而作为相对封闭和落后的西藏，在改革开放和市场经济的强劲冲击下，高原人同样感到了时代的急促脚步和来自社会的无形压力，面对国家劳动人事制度、公务员制度等一系列举措相继出台和实施，传统的用人体制被打破，过去自认为上了“终身保险”的“铁饭碗”不好端了，靠特殊“开绿灯”，靠照顾关系混日子的现象再也没有了“市场”，摆在人们面前的是紧迫而严酷的现实，“干部能上能下，能进能出”，这一灵活的激励机制转眼间把国家干部推向了竞争的“战场”，使得长期抱着“没有功劳，也有苦劳”这一固有观念的人心理上顿时失去了平衡，一度陷入了困惑。然而，无情的现实告诉人们，不学习就会落伍，缺乏知识就会被淘汰，此外，别无选择，没有退路。历史的召唤，时代的挑战向高原人敲响了警钟，怎么办？人无远虑，必有近忧，只有转变意识，更新观念，战胜自我，超越自我，用更多的知识充实自己，武装自己，才能跟上时代的步伐，才会被社会所接收。谁拥有更多的知识，谁就拥有更多的机会。翻开历史，高原人从未像今天这样清醒地感受到知识的饥荒，也从未有过像今天这样内心充满着对知识的强烈渴望。

而今迈步从头越

在我区干部队伍中，并非人人都能享受脱产学习的机会，而靠自学去获取新的知识，又缺乏系统的专门指导，结果往往会造成学而不精，导致半途而废。当人们为投学无门而深感忧虑时，报纸、电视上刊载播放了中央党校函授学院西藏分院的招生通知，如雪中送炭，点亮了人们求知的希望。在机关，在部队，在基层，人们奔走相告，仿佛在沙漠中看到了绿岛，迫不及待地拥进了这所没有“围墙”的大学。

据统计，自1995年自治区党校开办函授教育以来，全区前来报名的人数已达7710余人，而且年年不断增加，1995年报名人数仅为930人，1996年报名人数达到1974人，1997年达到2147人，今年报名人数已达到2859人。值得欣慰的是少数民族干部接受函授教育的人数呈明显上升趋势，1995

年少数民族干部在录取人数中所占比例为20%，1996年占到30%，1997年占到39%，几乎每年都以10%左右的速度递增，成为函授学员队伍中充满朝气的生力军。

学问是无穷的，函授的魅力也是无穷的，许多荣获全国、全区各类光荣称号的先进模范人物也加入到了函授学习的行列，他们在知识面前把荣誉看得很渺小，始终保持着追求者的心态。不少党政军的领导干部也被吸引前来参加函授教育，有些单位的“一把手”不仅带头参加报名，还动员本单位的干部职工报考函授学院。记者在采访中了解到：从1995年以来的4年中，参加函授教育的省级干部有3人，地师级干部60余人，县团级干部500多人，这些领导干部没有因职务的高低和工作的繁重而舍弃对知识的索取，他们放下官架子，在广大干部当中充当着急先锋，以一个普通学员的身份走进了知识的殿堂。

武警西藏消防总队政委陈德国虽持有大专学历，但在繁重的领导岗位上从不放过任何一个学习的机会，当他得知函授学院招生的消息后，搁下手中的工作急忙赶去报名，他对身边的同志说：“作为一名领导干部、不抓紧学习怎么行，工作再忙，我也要把函授学习坚持下去。”

学海无边、求知无境。在参加函授教育的党政干部当中，许多人的口袋里早装有大学的文凭，有这样的“资本”，还愁没碗饭吃，但是正如他们自己所说的“市场经济发展这么快，原有的知识要更新；有文凭没有水平，更是不行”。中央党校函授学院西藏分院的领导告诉记者：1997年西藏函授分院的在校生当中，拥有中专以上学历的学员占到49%，其中大专以上学历的占到20%，今年，在整个报名人数中拥有中专以上学历的占到了66%，其中大专以上学历的就占26%，这些志愿者当中，不乏有双学历，多学历进军的有识之士。但大多数人读函授，目的并不是仅仅为了求个文凭来“包装”，更不是为了待遇的提高和职务的晋升，而是用知识铺垫未来的人生之路。

一位金融部门的女职工报了名又参加了复习辅导，当她听说因自己不是正式干部身份而要被取消报名资格时，她伤心地哭了，这种强烈的求知欲望，感动了党校的教师，最后作为特批保留了她的报考资格。另一位57岁的高级工程师报名时已超过规定年龄12岁，他深怕自己会被党校拒之门外，恳求地道出了心里话：“我一不图升官，二不图发财，只图充实自己，党校这次不同意，退休后我还要上老年大学，这辈子都不甘心”。他终于如愿以偿，成为又一个特批考生。

随着报名人数的不断增加，报名期限一再推迟，复习资料时常供不应求，一份份要求创办函授学区和建立函授辅导点的申请报告如雪片般纷纷寄向西藏党校，送到了函授分院领导的手中。

知识的大门向人们敞开着，然而要获取一张通行证，并非轻而易举，紧张的复习成了入学前的最后冲刺，为了顺利过关，有的考生调整了与内地的业务联系，有的放弃了休假和去特区的良机，有的干脆卷起被盖住进了办公室，成了一个“不回家的人”。

曹恩宏，这位持有大专学历的党政干部在今年4月份进行的本科入学考试当中，因鼻血管破裂，血流不止，经学校医务所临时应急处理后，他又马上返回考场，可鼻血仍止不住滴满了考卷，学院领导和监考教师看此情景决定立刻送他去医院治疗，可脸色苍白的曹恩宏说什么也不肯离开考场，他用手捏住鼻孔苦苦央求道：“我只剩下这最后一门了，无论如何也要坚持考完”。当他被硬推进汽车赶往医院时，那痛苦的失落感是无法用语言来描述的，在场的人们都为这位“不要命”的考生而惋惜。

考试的结果自然是几多欢喜几多愁，有的落选考生仅差3分，只好把机会寄托在来年的统考上，有的考生连续3年榜上无名，仍不放弃最后的努力，他们没有被曲折所压倒，而是报着更大的信心和希望去争取。

书山有路勤为径　学海无涯苦作舟

众所周知，函授教育是一种不脱产的在职培训，看似平常，但要完成学习，需要坚韧的毅力。当人们跨进这所社会大学的门槛时，便立志扎进书本，埋头苦读，一些学员担心受工作和家务的拖累影响学习，但深埋在心中的渴望使他们最终横下一条心，不管困难多大，自己有多累，也要补上这一“课”，否则机会将一去不回，既然争取到了，就决不放弃，于是他们鼓起了勇气，开始了人生的“第二次创业”。

每逢星期日，当人们围坐在家里轻松的收看电视节目，悠闲地漫步在公园和沉浸在好友聚会的欢快气氛中时，函授学员们却匆匆赶往各个授课点听辅导课。烈日相伴，风雨无阻，仿佛又回到了青少年读书时代，偌大的教室每堂课总是座无虚席，来听课的学员有夫妻双双，兄弟俩个，也有姐妹结对，妯娌同堂，更多的则是同事和战友，活像一个万花筒般的“大家庭”。

为了完成学业，函授学员们在紧张的工作中想方设法“拼凑”着属于自己的时间，就连上班或出差兜里仍揣着书本，有的学员因公务缠身，只好通宵达旦，挑灯苦读，他们忘记了休息，把家务扔在了一边，甚至抽不出更多的时间辅导孩子的功课，深怕有一丝一毫的松懈，他们在求知的道路上洒下了历历艰辛，在人生的旅途中留下了闪光的足迹。

原中国银行西藏分行行长琼卓玛，被同行们称为西藏金融界的女强人，她对知识的眷恋却像一位痴情的少女，作为领导，工作时忙得不亦乐乎；作为母亲，家务事累得团团转，可函授辅导她从未缺课，每当应邀参加一些庆典活动，她总是提前告假急忙赶往授课点听课，身边的个别同志对她的选择很不理解，劝她何必这么辛苦，她却认真地说：“社会发展到今天，自己不掌握更多的知识，怎么去领导别人，作为管理者，工作是硬任务，学习也是硬任务”。尽管她已被调往内地工作，可始终没有忘记自己是一名函授学员，学习的热情丝毫未减，寄往西藏函授分院的一本本作业中，饱含着她那颗火热的心。

自治区气象局办公主任高扬从入学的第一天起，就为自己制订了周密的学习计划，他把函授学习作为自己新的人生起点，身为学习委员，他不仅自己学习抓得紧，还主动辅导班里同学掌握知识。去年，他被提升为区气象局副局长，职务高了，但学习的劲头却更大了，爱人在内地因病住院，急需回去照顾，可考期临近，如果就这么走了，岂不前功尽弃，他写信安慰妻子，讲明原因，便一头又扎进了紧张的复习中，直到考试通过，他才匆忙赶回内地，在陪伴亲人的日子里，他也从来没有丢下学习，每次都将作业和撰写的论文及时寄回学院，受到教师和同学们的称赞。

被誉为全国十大女杰的我区登山健将桂桑，对学习知识早有着如梦般的向往。在征服大自然的搏斗中，她是强者。在追求知识的道路上，她仍是一位顽强的女性。作为名人，她参加社会活动频繁，可函授学习从不掉队，不管辅导点如何更换，她总是最先赶来听课，她深知自己文化基础较低，因此，虚心求教成了她的习惯。无论外出多久，只要发现缺课，她立即主动上门来补，从不漏掉每一次考试。孩子生病，她无暇照看，一送进医院，便直奔课堂。就连同学们也不由地夸桂桑学习起来有股攀登高峰的雄心和毅力。

陈群英，这位山南地区邮电局的职员，在一次回家的路上不幸被车撞成左腿骨折，为了不耽误学习，腿上打着石膏就出院了，她家离授课点有4公里的路程，每次听课，同学们看到她时常搭着拖拉机，时常拄着拐杖，拖着沉重的伤腿一拐一拐地走进课堂，同学和老师关心地劝她回家休养，可陈群英的回答总是那样坚定：“我能坚持”。对于她来说，有什么事比学习更重要的呢？

是啊，在函授大军的队伍中，像琼卓玛、高扬、桂桑、陈群英这样的优秀学员又何止四个，四十个，四百个。他们与命运抗争，与时光赛跑，用勤奋书写着人生，开创着自己的未来。在他们身上，正展现出高原人不甘落后、奋发向上的时代风采。

（吴亚松）

现代化建设中的党校函授教育系列介绍

现代化建设的需要与中央党校函授教育的诞生

——现代化建设中的党校函授教育系列介绍之一

林月春

中央党校函授教育自1985年3月成立中央党校函授学院以来，经过14年的逐步发展，办学规模从小到大，办学地区逐步扩展，培训层次不断提高，教育体系日趋完善，办学效益日益显著，呈现出强劲的发展势头。中央党校函授教育是一种覆盖全国的以党员干部为主要培养对象的在职在岗教育形式，已成为党校教育不可缺少的重要组成部分，成为我国干部教育的一支重要的方面军，为培养党的高素质干部队伍做出了积极贡献，受到各级党组织和广大干部的普遍欢迎，得到中央领导同志的多次肯定。

中央党校函授教育之所以具有强大的生命力，绝非偶然。它的产生、巩固和发展一直紧紧与我国社会主义现代化事业联系在一起。它适应我国社会主义现代化建设的需要而产生，又随着现代化建设的发展而发展。

中央党校函授教育是在我国社会主义现代化建设事业迅速发展，中央要求加快干部培训步伐的形势下产生的。党的十一届三中全会以后，党和国家的工作重点转移到以经济建设为中心的社会主义现代化建设上来，并逐步形成了以“一个中心、两个基本点”为主要内容的、党在整个社会主义初级阶段的基本路线。面对现代化建设和改革开放等全新事业，许多干部无论是在思想、理论准备方面，还是在专业知识准备方面，都深感不足。他们的原有素质与社会主义现代化事业需要之间的矛盾日益突出。面对这种情况，党中央提出了实现干部队伍“革命化、年轻化、知识化、专业化”的任务和加快干部培训步伐的要求。许多干部，尤其是一批年轻干部由于历史原因失去了接受高等教育的机会，他们迫切要求系统地学习马克思主义基本理论和专业知识，改善自己的文化状况，提高自己的理论水平和学历层次，以便更好地为社会主义现代化建设事业服务。然而，他们由于工作繁忙，又受到学校办学条件的限制，不可能大批脱产学习。他们当中大多数人期盼接受在职在岗系统教育的愿望十分强烈。在这种情况下，党中央及时作出了采取多种形式加速干部培训步伐的决策。在此背景下，由王震同志和蒋南翔同志亲自倡导，中央党校校委决定在办好校内干部脱产培训班的同时，采取函授教育形式培训干部，作出了开办中央党校函授教育的决定，并于1985年3月成立了中央党校函授学院，又于同年9月招收了第一届函授学员，从而标志中央党校函授教育正式诞生了。

中央党校函授教育自诞生之日起，就把适应时代和党的现代化事业发展需要、服务于经济建设和党的建设作为办好党校函授教育的出发点和归宿。为此，中央党校函授教育确立了旨在提高学员综合素质的“掌握理论，丰富知识，增强党性，提高能力”相统一的培训质量目标，设置了适合社会主义现代化建设需要的专业和课程，编写了具有时代特色的适合广大干部在职在岗学习的系列教材，综合采取了自学、面授、电教、刊授等多种教学手段和全方位的严格管理，等等。这些措施的采取，使中央党校的函授教育较好地适应了社会主义现代化建设的需要。随着我国改革开放和社会主义现代化事业的不断前进，中央党校函授教育根据国内外形势的新发展，适时地进行自我调整和自我完善；因而始终紧跟时代步伐，适应着社会主义现代化建设事业的需要。

适应社会主义现代化建设事业的需要，是催生中央党校函授教育的动力，也是中央党校函授教育一直保持旺盛生命力的深厚泉源。

党校函授教育是党校教育的重要组成部分

——现代化建设中的党校函授教育系列介绍之二

张鸿岳

“党校函授教育是党校教育的重要组成部分”，这是中央领导同志的重要论断，并在社会上形成了广泛的共识。这种共识是对客观实际的正确反映。

本刊 1998 年第 2 期所载《现代化建设的需要与中央党校函授教育的诞生》一文已说明，中央党校函授教育的诞生是适应改革开放和社会主义现代化建设的需要而由对干部进行校内脱产培训扩展到对干部进行校外在职在岗培训的产物。党校函授教育的诞生是为了更好地履行其培训干部的职能，或者说它是党校职能的延伸和扩展。它的诞生表明，从一开始，党校函授教育就是作为党校教育的组成部分而产生的。

党校函授教育创办 14 年来，始终坚持以党员干部为主要培训对象、以马克思主义理论为主课、以党性教育为必修课，从而很好地保持了党校教育的特点，履行了党校教育的职能。同时，党校函授教育又在实践中发展了党校教育，使党校教育能更好地履行其职能。实践证明，党校函授教育已成为党校教育的重要组成部分。这一点从以下几个方面可以清楚地看出来：

一、党校开展函授教育培训在职在岗干部，开辟了干部在职教育的新途径，拓展了党校教育的功能，突破了党校长期单一脱产培训的模式，形成了短期脱产培训与长期在职在岗培训相结合的格局和“两条腿走路”的办学模式，大大加快了干部培训的步伐。中央党校函授学院自开办以来，已培训各类干部一百多万名，遍布中央、省、地、县党政机关和企事业单位以及解放军各总部、各军兵种、各大军区。其中许多学员成为各级机关、企事业单位的领导和各部门的骨干，被评为先进工作者、优秀党员、优秀干部。这是仅靠脱产培训几十年也难以完成的。经过党校函授教育的培训，干部队伍的理论素质、专业与知识结构、学历层次、工作能力及党性修养都有了改善和提高，促进了干部队伍的“四化”建设和讲学习、讲政治、讲正气风气的形成，加强了党的思想理论建设和精神文明建设。党校函授教育的开展充分显示了它在培训干部方面的作用和在党校教育中的地位。

二、党校函授教育开创了党校教育教学的新领域。党校函授教育把马克思主义理论教育、党性教育与成人高等专业教育结合起来，既坚持了党校教育的特点，又为广大干部学习新知识、继续接受高等教育提供了机会和条件。中央党校函授学院开办以来，已设置了“党政管理”、“经济管理”、“涉外经济”、“行政管理”、“政法”、“科学社会主义”等六个专业。开办了 12 届大专班、9 届本科班、7 届领导干部班、3 届在职研究生班。这些专业坚持“理论、知识、党性、能力”四统一的培训质量目标；坚持把马列主义、毛泽东思想和邓小平理论作为主课；坚持把本专业必需的专业基础课和专业课基本安排全；并开设了一定的文化与技能课和党性教育课。中央党校函授学院自编了百余种具有科学性、时代性、切合干部在职业余学习的教材、教学大纲、辅导材料。党校函授教育以自学为主，综合运用面授、函授、刊授、电化教学等诸种教学形式和手段，并有一整套教学与管理的规章制度。党校函授教育的发展，进一步延伸了党校的教育功能，为党校的教学开拓了新领域，使党校教育进一步体现了它是干部继续教育和终身教育的重要阵地，使党校教育更具有时代特点。

三、党校函授教育的开展充分开发了党校系统的教育资源，进一步充实和完善了党校教育体系。在我国实际上存在着一个不同于国民教育体系的党校教育体系。中央党校联合地方党校办函授教育，充分利用和开发党校系统的教育资源以及社会上其他可供利用的教育资源，并形成中央党校设总院、省（自治区、市）党校设分院、地（市）党校设学区、县党校设辅导站的四级管理网络体系，成为遍布全国的干部在职在岗教育实体。中央党校函授学院实行统一培养目标、统一专业和课程设置、统一教学计划、统一教材、统一招生、统一考试、统一学籍管理、统一颁发毕业文凭等八统一的规章制度，初步形成了较完整的中央党校函授教育体系。党校函授教育体系的建立，进一步充实和完善了党校教育体系。党校函授教育的创立和发展，使党校教育对党和国家的干部教育、对我国的成人教育事业作出了重要贡献，使党校教育真正成了我国干部教育的主力军。

四、党校函授教育的发展促进了党校自身建设，开创了党校教育的新局面。党校创办函授教育进一步推动了党校的教学改革、师资队伍建设和教材建设；进一步改善了党校的办学条件；进一步扩大了党校的社会影响；进一步密切了全国各级党校之间的联系，使党校增添了新的活力和生机，促进了党校的全面建设，开创了党校教育的新局面。党校函授教育确已成为党校教育中不可缺少的重要组成部分。

党校函授教育顺应时代之发展，适应现代化建设和干部培训之需要，方向正确而又独具特色，已成为中国大地上干部教育的一支不可忽视的方面军，有力地促进了整个党校教育的发展，受到各级党组织和广大干部的欢迎，受到党中央和中央领导同志的支持和肯定。正如 1995 年 10 月胡锦涛同志在祝贺中央党校函授教育十周年的信中指出的："实践证明，党校函授教育是党校教育的重要组成部分，是多渠道培训党员干部的一种有效形式。"中共中央［1995］11 号文件《中国共产党党校工作暂行条例》更进一步从党规党法的高度，再一次肯定了党校函授教育的地位，明确了它的性质和任务。

党校函授教育尚处在发展和改革的过程中，尚需进一步完善和规范，还需要各级党校校委和全体函授教育工作者进一步加深认识党校函授教育作为党校教育重要组成部分的地位，努力把党校函授教育办成一流的干部在职在岗教育，为培养出更多的高素质干部做出新贡献。

"造就高素质党员干部"的培养目标

——现代化建设中的党校函授教育系列介绍之三

林 月 春

中央党校函授教育以党员干部为主要对象，它从诞生之日起就十分明确地把"造就高素质党员干部"作为自己的培养目标。与培养目标相联系，它把自己的基本任务规定为：为县以上党政机关、群众团体、企事业单位、解放军部队培养具有高等文化程度、忠于马克思主义、德才兼备、有相应专业知识和管理能力的党员领导干部和骨干人才；要求经过培养，使学员比较系统地掌握马列主义、毛泽东思想、邓小平理论，确立科学的世界观、人生观、价值观，自觉贯彻党的基本理论、基本路线、基本纲领，努力实践党的全心全意为人民服务的宗旨，遵纪守法，清正廉洁，艰苦奋斗，拒腐防变，既具有相应的专业知识和科学文化知识，又具有决策判断、组织管理和开拓创新的实际能力，为建设有中国特色的社会主义贡献自己的力量。

中央党校函授教育之所以能确定与实践这样要求严格、内容全面、标准很高的培养目标，这是由它的职能和性质所决定的。它是新时期党校教育功能的拓展、延伸和必要补充，它把干部培训和党校学历教育有机结合起来。但更为重要的是，它是适应我党建设高素质干部队伍这一战略任务的要求的。干部素质，国运所系。干部素质的高低，事关大局。政治路线确定以后，干部就是决定的因素。各级各类干部承担着不断推进改革开放和社会主义现代化建设事业的历史使命，他们肩负着在党的路线指引下组织和带领广大群众实现党在新时期奋斗目标的战略任务。他们的政治素质、理论素质、文化素质、业务素质等各方面素质的状况如何，关系到党的事业的成败、党和国家的兴衰。而且，时代在前进，知识在更新，由于世界科技的迅猛发展和知识经济时代的即将到来，知识积累和知识老化都在明显加快，广大干部面临知识更新的紧迫任务。党校函授教育必须适应广大党员干部提高全面素质和更新知识的需要，贯彻胡锦涛同志的指示："坚持正确的办学方向，造就高素质干部队伍"，"更好地为培养党的高素质干部队伍服务"。

在长期的办学实践中，中央党校函授教育始终不渝地把实现"造就高素质的党员干部"的培养目标作为自己的崇高任务和神圣使命，作出了不懈的努力。它把坚定正确的政治方向放在首位，从根本上解决"为什么而学"和"培养什么人"的问题；坚持贯彻"社会效益第一"的办学指导思想、"从严办学，质量第一"的办学方针和"严进、严管、严出"的办学原则；以提高干部的思想政治素质为重点，强化对学员的综合素质教育；深化教学改革，不断总结办学经验，开展科学研究，形成了党校函授教育体系；采取切实步骤加强学区和辅导站建设，实施"培根"战略，稳固基层，夯实基础；

办　学　成　果

城固函授站23名学员喜登县“百优”光荣榜

在陕西省城固县1997年百名优秀人物光荣榜上，有23名中央党校函授学院学员名列其中，受到县委、县政府的表彰。这些学员工作在城固县城乡各条战线上，做出了显著成绩。获奖学员高兴地说：我们的成绩的取得，是与在党校函院的学习分不开的，我们要以此为起点和加油站，继续搞好今后的工作和学习。城固函授站在办学中，注重质量，加强管理，取得了好的办学效果，1995年被中央党校函授学院评为先进辅导站，1997年县委党校又被省委党校评为创优达标先进集体。

（付明洪）

我们县委重视党校函授教育

中共甘肃省景泰县委副书记　阎晓辉

景泰县委党校1989年开办党校函授教育，作为中央党校函授学院的一个辅导站。县委从思想上、政治上、组织上加强对党校的全面领导，使党校在干部培训方面取得了明显成绩。党校是党委的一个重要部门，办好党校，党委重视是关键。县委把培养党的高素质干部队伍作为自己的责任，认真贯彻执行“从严办学，质量第一”的办学方针，使党校函授教育沿着健康的道路向前发展。

第一，把好函授教育入学关。招生时，由县委组织部、人事局、党校联合下发通知，要求各单位把党校函授教育招生计划名额列入干部培训规划，鼓励符合条件的干部报考，并且严格审核考生资格，不符合条件的坚决不准报考。考试过程中，成立由县委主管党校工作的书记挂帅、各有关部门参加的考务领导小组，县委领导亲自坐阵监考，保证招生质量。每逢举行开学、毕业典礼，县委领导都到校讲话和作报告，对学员提出具体要求，加强教育，鼓励学员刻苦学习，提高自身素质，把学到的知识运用到自己的本职工作中去。县委主管领导、组织部部长等参加毕业学员论文写作指导并听取学员毕业论文答辩。

第二，领导干部带头参加函授学习。在我县九届学员中，参加党校函授学习的县处级干部有23人，科级干部260多人，先后有9名县委常委参加了党校函授学习。由于领导干部以身作则，带头坚

有步骤地推动教育评估工程，开展争创一流办学实体的活动，等等。

由于中央党校函授教育采取一系列有效措施实现自身的培养目标，它的教育质量不断得到提高，办学成绩斐然。到目前为止，它已培训党员干部72万余名，包括正在培训的已逾百万人。广大学员经过系统培训，自觉地用邓小平理论武装自己，用党性锻炼的实践磨砺自己，用现代科学文化知识和专业知识充实自己，在理论素质、党性修养、专业水平和工作能力等方面都有长足进步和明显提高。在中央党校函授学院毕业的学员中有一批省部军级、地厅师级干部和数万名县处团级干部以及解放军的将军，并涌现出了孔繁森、崔大庆、张金垠、张书庭等一批英雄模范人物。据山东、安徽两个分院的不完全统计，学员当中当选为全国劳动模范的130多人，受国家级奖励的144人，当选为省劳模或受省级表彰的3378人，当选为地市级先进工作者或受地市级表彰的11257人。在两省公开招考录用的厅局级干部中，党校函院的毕业学员占1/3以上。有些省委负责同志称赞“党校函授教育对提高干部素质起了不可估量的作用”，“中央党校函授教育出人才、出干部、出劳模”，“党校函授教育办得好，培养了一批领导干部和建设人才，要继续认真办好”。

持在职学习，从而影响和带动了其他各级各类干部学习的积极性。办学十年来，参加党校函授学习的学员有1600人，其中大专1085人，本科367人，走读大专148人，共毕业学员687人，已形成了覆盖全县党政、经济、政法等部门的网络系统。领导干部带头参加函授学习，带动了机关干部的学习，保证了党校函授教育的生源和质量。

第三，坚持党政领导到党校讲课制度。一是分管组织的县委书记作加强党的建设的报告，进行党性锻炼教育；二是由主管经济工作的县长作关于景泰经济发展战略的报告；三是纪委书记作反腐败问题的报告。这一做法，利用党校这块阵地把中央及省、市、县的精神及时贯彻到学员之中，还可使领导干部了解党校工作情况，作出决策，解决问题。由于领导重视，强化管理，坚持从严办学，通过函授教育，为全县的两个文明建设培养了一大批有生力量。据不完全统计，我县党校函授学员中，有12名被提拔为县处级干部，有138名学员被提拔为科级干部，8名学员成了厂长（经理），82名学员被单位调整到重要岗位上工作。

第四，制定激励自学成才政策。县委、县政府决定，凡自学取得大专学历的干部，县财政奖励600元；凡取得本科学历的奖励800元，从而调动了全县干部参加函授学习的积极性。

大灾面前显本色　洪水之中受考验
——中函商南辅导站学员抗洪救灾纪实

陕西省商南县清油河等乡镇遭受二百年不遇的特大洪水袭击，俞远明、谭简礼等中函学员经受住了最严峻的考验。

商南县清油河乡，7月9日晚11时30分，突降特大暴雨，12时乡政府的电话与各村失去联系，照明供电中断，到处一片漆黑。中函学员俞远明（乡党委书记，92级大专班学员）、谭简礼（乡长，95级本科班学员，刚作完阑尾切除手术不久）、彭春明（副书记，97级本科班学员）等感到事态严重，当即召开领导班子会议，决定将乡机关的40余名干部职工分成6个行动小组，分别由主要领导带队，赶赴清油河街组织群众向安全地带转移。这6个行动小组冒雨迅速到达各自的工作地点，逐家逐户将群众从睡梦中唤醒，把群众转移到安全地带。俞远明、谭简礼、彭春明等同志不放心，于是，他们对清油河街作了最后清查，又从群众家中发现了194名老弱病残者，并立即将他们转移到安全地带。此时，清油河街已被洪水包围。当被告知，还有76岁的张忠国、81岁的米明生两位老人宁死不愿离家时，谭简礼当即命令乡干部郎海华等强行将这二位老人抬走。2时30分，当谭简礼、彭春明等确认全部群众均已安全转移，准备回撤时，只听到暴雨声中夹杂着巨大的轰鸣声由远而近。头脑清晰的谭简礼、彭春明等预感到这巨大的声音是特大洪峰已经到来，此时，他们已无路可逃了。他们感到这可能是他们人生的最后时刻。此时，他们已身不由己地被洪水裹着快速向下游漂去，被洪水冲到了一棵大柿子树下，于是他们三人手拉着手攀上了这棵大树。5米高的洪峰呼啸而至，大树在震颤，房屋在倒塌，到处是一片汪洋。从上游被洪水席卷而下的死者尸体、树木、家具、牲畜从他们的脚下快速地掠过，他们流下眼泪。谭简礼等在大树上被洪水围困长达3个小时后，几十名群众赶到，组成“人墙”，将这几名因救群众而被洪水围困的乡领导托出水面，送到了安全地带。

洪水尚未退去，俞远明、谭简礼等又派乡干部分赴各村组织抢救群众的财产。清油河乡的党员领导同志，冒着生命危险全力组织群众转移，把生的希望让给群众、把死的可能留给自己的高尚精神，受到了前往抗洪救灾的省地县领导同志的高度赞扬。过后，被救的81岁老人米明生激动地说：要不是乡领导及时组织群众转移，清油河街的群众可能被洪水冲走了，我老汉也活不到今天。

与此同时，清油河乡上游的两岔河乡和下游的过风楼镇，也同样遭受到洪水的袭击，中函学员王绪海（两岔河乡副乡长，97级本科学员）、殷正华（过风楼副镇长，95级本科学员）等同志，都在抗洪救灾第一线发挥了特殊作用。

7月13日中函商南辅导站的主要领导同志，亲自前往清油河、两岔河乡和过风楼镇抗洪救灾第一线慰问中函学员，并向95级本科班学员谭简礼等颁发了毕业证书，使战斗在抗洪第一线的中函学员和商洛地委党校大专班学员，受到了巨大鼓舞。

（刘华章）

监利县委党校师生防汛救灾纪实

1998年夏季，位于长江中下游的湖北省监利县面临着历史上罕见的洪涝灾害。为了实现江总书记“三个确保”的目标，监利县按照上级防指命令，将防守了几十天的西洲、新洲、血防垸和三洲垸等16个民垸扒口行洪，淹没总面积达331.6平方公里，31.12万亩农田绝收，4.43万亩鱼池漫溢，淹没民房21848栋（65544间），淹没学校79所（9.2万平方米），已倒塌房屋16180多栋（48832间）；行洪垸内的公路、桥梁、泵站、涵闸、邮电、电力、教育、卫生等设施水毁严重，企业设备全部受损，115373人遭灾，其中转移灾民96066人。据不完全统计，全县直接经济损失达34亿元。

一方有难，八方支援。1998年8月16日，监利县救灾办公室向海内外发出了监利灾民呼唤救助的募捐信，并公布了接受捐赠的单位“监利县救灾办公室”及其联系电话（0716—3273140）、传真号码（0716—3263523）、联系地址（湖北省监利县容城镇民主路34号监利县宾馆二号楼；邮政编码：433300）和银行账号（人民币开户银行：湖北省监利县工商银行交通路办事处　账号：249—29；外汇开户银行：中国银行监利县支行　账号：818—32）。随后得到了四海友朋的热情响应，他们纷纷慷慨解囊，资助监利灾民渡过难关。监利灾民深情呼唤，感天动地；四海友朋无私援助，日月同鉴！监利县委、县政府向无私捐助监利灾民的各界人士真诚地表示：对于您之善举，将勒石树碑于江滨；您之美名，将报载书传于后世。

洪水无情人有情，众志成城定胜天。监利县委党校全体干部职工及800多名中共中央党校、湖北省委党校函授学员与监利十万军民一起，在生与死、人与水的搏斗中，在158公里长的大堤上，奋战了八十多个日日夜夜，赢得了全县境内抗洪抢险的全面胜利，创造了战胜历史上特大洪水的奇迹，用斗志和生命谱写了一曲壮丽凯歌。

人民的好儿子、97级党校函授学员、朱河镇余杨村青年突击队队长杨书祥，7月30日11时，没顾得上吃一口饭，在大风大雨中进行抢险，英勇地倒在了突击队队旗下……

曾是中央党校函授学员的县人大主任周荪堂，在大堤上坚守了六七十个日日夜夜，处理了大小险情210多个。8月15日晚，他因疲劳过度，竟连吐了三口鲜血，当时在场的同志大惊，要扶他去医院，他却连连摆手，只在大堤上打了一针，吃了点药。他曾五次参加防指会，都经过家门口，却没有一次进过家门。

刚刚毕业的中央党校函授学员、网市镇委书记潘芝善，带领2300名突击队员转战了十几个战场，取得了一个又一个胜利。人们称赞他的突击队是一支“反应敏捷、行动迅速、敢打硬仗、迎难而上”的过硬队伍。

县委党校三名校长更是身先士卒，冲锋在前。常务副校长王永瑞在身患重感、腹泻的情况下，仍坚守在岗位上；副校长胡子汉年纪较大，也不甘示弱，苦战七十多个日夜不下战场；副校长张书清的小女儿患病住院，他连一个电话也未往家打。他们，魂系长江大堤；他们，情注江汉平原千百万人民。监利县委党校的每一个干部职工、每一个学员抗洪斗争的日日夜夜，都有一个动人的故事，每个故事都是一篇动人的诗、一首感人的歌。

两个多月来，监利县委党校先后安置解放军某部官兵和监利灾民共3000多人次，时间长达70多天。党校为他们买煤、米、菜等，为他们提供厨房餐厅、会议室、办公室、学员教室等3000余平方米的面积及其所有设施，尽力解决他们用水、用电、通讯等困难，并为部队官兵上了十多堂党课。灾后，全校教职工，曾先后三次向灾区捐款、捐物。目前，仍有400多名灾区学生和30多名教职工借党校进行教学。至目前为止，监利县委党校直接用于防汛抢险的开支以及因安置部队官兵、灾民和灾区学生的水电费、财物损耗等费用，已高达万元。这对于人均财政拨款仅有5000多元来说，该是一个多么大的数目！监利县委党校为了实现江总书记提出的“三个确保”，确实作出了很大的牺牲。

（胡监校）

中函学员隗德芳、王灿培等战洪魔　救群众为党校函授教育增光辉

在湖北省抗洪前线，中央党校函授学院湖北分

院省直学区函授学员隗德芳、王灿培等同志，战洪魔、救群众的感人事迹广为传颂。

8月1日，位于长江南岸的嘉鱼县簰洲湾江堤突然溃口，洪水肆虐。武警湖北省消防总队、分院省直学区97级政法专业学员隗德芳、王灿培、张建国、余永安、刘良栋等同志接到命令，连夜驱车百余公里，赶到灾区。他们驾驶冲锋舟，冲进被洪水淹没的大垸，在茫茫急流中，抢救落水的群众。学员隗德芳乘坐的冲锋舟，在一棵大树上发现一位小女孩双手紧紧地抱住大树，随时有被洪水冲走的危险，他们一次、二次的靠近大树没有成功，第三次迎着急流靠了上去，隗德芳眼疾手快一把抱住小女孩，救上了冲锋舟，他赶紧脱下自己的衣服，穿在浑身颤抖的小女孩身上。这个六岁的女孩就是江珊。

正在簰洲现场指挥抗洪抢险的省军区戴副司令员，溃口时指挥车被洪水卷走，戴副司令和其他战士幸亏抓住一棵大树，与洪水搏斗六个小时，被王灿培驾驶的冲锋舟奋勇救起。

9月2日，省直学区已按期开学。但仍有百余名学员奋战在武汉、嘉鱼、公安、洪湖等地的大堤上，未能按时报到。

他们为保卫长江大堤、保卫武汉、保卫人民生命财产的安全，无私无畏，顽强拼搏，作出了很大的贡献，体现了党校函授学员崇高的思想政治品质，为党校函授教育增添了光辉。学区决定表彰他们的优秀事迹，号召全校学员向他们学习，把学区函授教育工作推向新的水平。 （湖北分院）

从一组调查数字看学员的成长进步

北京市委机关分院东城区函授站95级经济管理大专班，共有学员385名，今年6月份毕业。为了掌握学员的学习、工作状况，摸索函授教育的规律，该站做了一次问卷调查，调查结果如下：

在三年的函授学习期间，有36名加入了党组织。职务提升的：32名从科员升为副科、24名从副科升为正科、6名从正科升为副处、2名从副处升为正处；被评为先进的：单位的66名、系统的23名、区级26名、市、部级9名；受过表彰的：嘉奖45名、记三等功7名、二等功2名、一等功1名、授予荣誉称号的13名；在报刊上发表文章的：本单位22名、系统17名、区级11名、省部级4名；成为或基本成为工作、业务骨干的176名，是被调查人数的67%；能够或基本能够全面、辩证地分析处理问题的183名，占被调查人数的70%；理论水平、文化知识水平、工作能力、党性修养等方面有提高或有很大提高的212名，占被调查学员的81%。

这些调查数据表明，参加党校函授教育学习，无论是对学员思想理论水平或业务、工作能力都有明显的提高，有的发展进步是显著的。学员们尝到了学习的甜头，甘愿再吃学习的苦头，因此，今年东城区函授站报考本科班的就有101名，占这个班学员总数的26.2%，是东城区函授站历届继续考本科人数最多的班级。 （姜兰妙）

总院编印的经验专辑简介及篇目

《总结·交流·提高》一书的经验材料篇目

该书为中央党校函授学院第二次研究生工作会议文件和经验材料汇编。其经验材料篇目如下：

对办好党员领导干部在职研究生班的几点思考
——总院研究生办公室　张鸿岳
探索高标准的教学管理方法　培养高素质的领导管理人才　——浙江分院
实施“三化”管理　保证教学质量
——国家机关分院航天二院学区
配好班子　摸准路子　琢磨点子　——湖南分院
坚持社会效益第一　确保教学质量
——北京市委机关分院
强化领导工作　坚持“四严”方针　——广东分院
严格管理　确保质量　为北京市企业培养高层次管理人才　——北京市工业党校分院
严格管理　争创一流研究生班　——海军部队分院
党员领导干部在职研究生班教学管理的几点体会
——海南分院
端正办学指导思想　为培养高素质干部服务
——山西分院
突出教学质量　加强学员管理
——化工部管理干部学院
引导学员进入角色　努力完成学业任务
——内蒙古分院
切实采取有效措施　提高面授出勤率
——沈阳军区分院
加强管理　严格要求　不断提高教学质量
——空军部队分院
发挥西安交大优势　努力办好党员领导干部在职研究生班　——陕西分院交大学区
狠抓教学管理　努力提高办学质量
——国防科工委分院国防科大学区
认真贯彻和落实各项规章制度　狠抓教学管理
——南京军区分院陆军指挥学院学区
坚持“严”字当头　扎扎实实抓好落实全面实现培养目标　——总参分院广州体院学区
精心组织　从严治学　办好中央党校在职研究生班　——广东分院深圳学区
高标准　严要求　努力办好领导干部在职研究生班　——广东分院广州学区
充分调动“教”与“学”两方面的积极性共同提高教学质量　——浙江分院宁波学区
发挥党校优势　努力提高在职研究生班的教学管理质量　——浙江分院杭州学区

《把电化教学和计算机管理工作推上新台阶》一书简介及篇目

该书系中央党校函授学院首次电化教学和计算机管理工作会议文件、经验、管理制度和音像教材讲稿选编，由总院电化教研室负责人谢广乔主编。全书共分四部分：一是会议文件，包括：校院领导在中共中央党校1998年函授教育工作会议上的讲话，及院领导和电教室负责同志在电化教学和计算机管理工作会议上的讲话。二是经验选编，共选34篇。其中，有电教和网络建设方面的经验，又有理论研究与探讨。三是总院电教管理制度选编，共选20篇。四是音像教材讲稿选编，共选9篇。

（王冀平　王松一）

党校函授教育与远距离教育的比较研究
——总院电化教研室　谢广乔

强化电教意识　加强电教管理
——总院教学处　鲁金波
贯彻落实山西会议精神的新措施
——总院电化教研室　谢广乔
认清电化教学优势　提高函授教育素质
——西安分院　谢惠琴
发挥电化教学优势　促进党校函授教育
——直属公安局学区
发挥电教优势　提高教学质量　——三明学区
紧紧围绕函授教育质量　切实抓好电化教学工作　——白银公司学区
发挥电教优势办函授　——宿县学区
强化电教意识　统一教学思想　——湖北分院
电教手段在函授教学中的运用与思考
——部队分院驻桂部队学区
对搞好党校函授电化教育的思考
——平凉学区　胡麒军
掌握函授电教特点　提高音像教材质量
——广乔　申殿
探索党校函授电化教学规律　提高电化教学质量　——沈奎观
认真工作　严格把关　提高电化教学的质量
——申　殿　冀　平
关于中函网络建设的规划与实施
——总院电化教研室　李素玲
网络管理信息及办公自动化系统的设计与实施
——总院电化教研室　姚志红
跟上时代的发展　加强计算机管理工作
——辽宁分院
深化学籍管理改革　加快微机化进程　为建设一流的教务管理网络而努力　——山东分院
计算机网络化管理的现状与展望
——广西分院　陈旦旦
电脑在学籍管理中的应用　——江苏分院
加快微机化进程　促进计算机管理工作
——启动计算机网络建设的几点认识与体会
——北京市工业党校分院
提高管理水平的关键在于推行计算机化管理
——安徽分院
加强办公自动化建设　提高党校函授教育管理水平　——福建分院
加速管理信息化进程的做法与设想　——河北分院
党校函授教育实现计算机管理的必然性
——总后勤部分院
向管理自动化迈进
——充分利用微机进行教学管理的做法与体会
——空军分院
实现题库的微机化处理　促进命题工作的科学化　——内蒙古分院
发展党校函授网络化远距离教育初探
——李素玲
"网络"时代函授教育面临的机遇与挑战
——李素玲
对中函发展远距离教育必要性和可行性的分析
——总院电化教研室　姚志红
着眼增加党校函授教育的科技含量　努力实现函授教学与计算机管理的现代化
——沈阳军区分院
注重投入　加强管理　提高质量
——关于电化教学与计算机管理　——新疆分院
运用现代科技手段　提高函授教育质量
——南宁分院
努力创新　大胆探索　走函授教育科学管理之路
——电化教学和微机自动化管理主要做法
——总装备部分院 89720 部队辅导站

《强化科学管理　搞好基层建设》一书的经验材料篇目

严格管理求质量，争创一流辅导站
——北京市委机关分院联合大学辅导站
加强辅导站管理，办好党校函授教育
——北京市工业党校分院京西学区工美辅导站
端正办学思想，搞好函授教育
——天津分院南开学区
坚持办学方针，提高办学水平
——河北分院邢台学区威县辅导站
从严治学管理，争创一流成绩
——河北分院石家庄学区井陉辅导站
从严要求管理，提高办学质量
——山西分院阳泉学区市直辅导站

端正办学指导思想，为富民强县造就人才
——贵州分院遵义学区习水辅导站
强化教学管理，提高函授质量
——贵州分院黔西南学区直属辅导站
立足民族地区实际，办好党校函授教育
——西藏分院山南学区
依靠管理，提高质量
——陕西分院安康学区安康辅导站
端正思想，强化管理，努力办好中函教育
——陕西分院渭南学区韩城辅导站
立足企业实际，搞好辅导站建设
——陕西分院西飞辅导站
强化自身建设，提高办学水平
——西安分院新城辅导站
加速企业人才开发，努力办好中函教育
——甘肃分院兰炼辅导站
提高认识，强化管理，努力开创中函教育新局面 ——甘肃分院白银学区景泰辅导站
全面加强辅导站建设，更好地为培养高素质干部队伍服务
——甘肃分院天水学区北道辅导站
加强思想教育，落实规章制度，提高办学质量
——宁夏分院青铜峡辅导站
把突破口选在提高面授到课率上
——青海分院民和辅导站
努力办好函授教育，为培养高素质干部队伍服务 ——新疆分院沙湾辅导站
强化管理，提高质量
——新疆兵团分院农6师辅导站
功夫下在管理上
——中央直属机关分院第一辅导站
加强辅导站工作，不断提高函授水平
——中央国家机关分院冶金辅导站
强化自身建设，确保办学质量
——铁道分院直属培训中心辅导站
强化基础管理，提高教学质量
——铁道分院上海学区蚌埠分局辅导站
发扬敬业精神，做好全面服务
——铁道分院兰州学区银川分局辅导站
认真搞好“三抓”，强化辅导站建设
——总参分院郑州电子技术学院学区郑州辅导站
加强辅导站建设的几点做法
——总参分院合肥电院学区88203部队辅导站

紧密联系军工企业实际，培养合格经济管理人才 ——总参分院西安通院学区803厂辅导站
建设辅导站，坚持“四到位”
——总后分院东北学区农牧大学辅导站
严格落实“四个到位”，抓好党校函授教育
——总装分院指院学区89750部队辅导站
认真搞好函授教育，努力提高干部素质
——海军分院政治学院学区上海基地辅导站
提高认识，强化管理，严把“四关”
——海军分院广州舰院学区湛江辅导站
用一流队伍，创一流环境，出一流业绩
——空军分院沈空二学区吉林辅导站
借助党校办学育才优势，满足干部求知成才愿望 ——空军分院济空一学区济南辅导站
加强管理，从严治学，确保党校函授教育质量
——第二炮兵分院指挥学院辅导站
端正思想，强化管理，勤奋服务，确保质量
——国防大学分院国防大学一号院辅导站
坚持高标准，办学求质量
——国防大学分院广东武警学区中山支队辅导站
全面打基础，重点搞教学，关键抓管理
——武警部队分院湖北总队学区直属辅导站
提高认识，完善制度，保证党校函授教育健康发展
——北京军区分院51002部队学区直属辅导站
切实加强组织领导，确保函授教学质量
——北京军区分院直属学区51402部队辅导站
坚持从严办学方针，提高函授教育质量
——沈阳军区分院81233部队辅导站
严格把住“四个关口”，提高函授教育质量
——济南军区分院54685部队辅导站
加强管理，规范办学，确保党校函授教育质量
——南京军区分院南后学区南京总医院辅导站
坚持从严办学，提高办学质量
——广州军区分院广州学区53802部队辅导站
坚持从严办学，确保教育质量
——成都军区分院昆明一学区直属辅导站
加强全面建设，提高办学质量
——成都军区分院贵阳学区直属辅导站
强化教学管理，提高函授质量
——兰州军区分院军区司令部辅导站
端正办学指导思想，加强辅导站建设
——北京市公安局直属学区丰台辅导站

贯彻办学指导思想，提高函授教育质量
——大庆直属学区
加强科学管理，提高办学质量
——七台河直属学区勃利辅导站
提高办学主体队伍素质，保证函授教育健康发展
——双鸭山矿务局直属学区直属辅导站
探索规律，把握重点，充分发挥班主任的作用
——鹤岗矿务局直属学区矿区辅导站
端正办学指导思想，正确处理“三个关系”
——鸡西直属学区鸡东辅导站
力争“三到位”，建好辅导站
——哈一机直属学区轴承辅导站
加强领导，培养干部　——哈飞直属学区
深化教学改革，提高办学水平
——齐齐哈尔三大厂直属学区北钢辅导站
坚持从严办学，提高函授质量
——一汽轻型车厂直属学区
发挥优势，强化管理，提高办学质量
——中央党校函授学院直属辅导站

《强化办学队伍建设　提高办学质量》一书简介及篇目

该书系中央党校1998年函授教育工作会议文件和经验选编。由总院研究室编辑。其目的在于广泛宣传和深入贯彻落实中央党校1998年函授教育工作会议精神，推动办学队伍建设，促进党校函授教育发展。全书分为会议文件和加强办学队伍建设经验选编两部分。会议文件部分包括：中央党校副校长张志新在会议开幕式上的讲话；中央党校校委委员、函授学院院长孙钱章所作的工作报告和副院长史信发在会议结束时的讲话，以及会议纪要。加强办学队伍建设经验部分共选编58篇，其中，分院级的经验31篇、学区级的经验20篇、辅导站级的经验7篇。该书共印4000册，发至全院各分院、学区和辅导站。　（周华彬）

一、分院抓办学队伍建设的经验

强化自身建设，确保办学质量
——北京市委机关分院
以学区领导为重点　提高办学主体全员素质
——辽宁分院
狠抓办学主体建设　优化办学队伍素质
——吉林分院
加强队伍建设　夯实基础　确保党校函授教育质量　——黑龙江北安农垦分院
增强师资队伍整体素质　不断提高党校函授教学质量　——天津分院
采取措施　强化管理　从整体上提高办学主体素质　——河北分院
关于党校函授教育办学队伍素质问题的调查与思考　——山西分院
我们提高办学主体素质的基本做法　——山东分院
办学队伍的建设要抓好“三从”、“四德”
——江苏分院
抓好两支队伍建设　发展党校函授教育事业
——上海分院
发展党校函授教育的关键在于提高办学主体素质　——浙江分院
强化队伍建设　促进教学质量
——福建分院　叶宝彬
切实加强办学队伍建设　促进教育质量不断提高　——河南分院
一流的办学主体素质是一流的办学实体的根本保证　——湖北分院
加强师资队伍建设　全面提高教师素质
——湖南分院　李治业、黄象品
注重办学队伍建设　全面提高办学质量
——江西分院　唐　峻
把办学人员素质提高到一个新水平　——广西分院
狠抓三支队伍建设　不断提高整体素质
——南宁分院　黄永久
加强教学管理队伍建设　提高党校函授教育质量　——海南分院
以邓小平理论和十五大精神为指导　全面提高我省党校函授教育办学主体素质
——四川分院　李锡炎
加强师资管理　提高教师队伍素质　——重庆分院
以教师队伍建设为重点　全面加强办学队伍建设　——西安分院

把提高教师队伍业务素质的工作落到实处
——甘肃分院

加强队伍建设　提高办学质量　——新疆分院

加强师资队伍建设　确保党校函授办学质量
——青海分院

加强自身建设　提高办学水平　——西藏分院

加强办学队伍建设　全面提高办学水平
——铁道部分院　钱秀琴

切实把师资队伍建设放在党校建设的核心战略地位来抓　——北京市工业党校分院

明确方向　选准突破口　促进党校函授教育水平再上新台阶　——总后勤部分院

依托院校加强空军部队分院两支队伍建设
——空军部队分院

适应军队党校函授教育特点　加强函授管理队伍建设　——北京军区分院

二、学区抓办学队伍建设的经验

抓好党校函授管理队伍建设　确保党校函授教育质量　——直属大庆石油管理局学区

大力加强办学队伍建设　为提高党校函授教育质量而努力　——直属北京市公安局学区

加强办学队伍建设　努力提高办学主体素质
——辽宁分院沈阳学区

强化管理队伍建设　确保党校函授教育质量
——辽宁分院辽河油田学区

强化办学主体建设　提高办学主体素质
——天津分院大港油田集团委员会党校　蓝建华　崔瑞玲

学区解决面授师资问题的几点思考
——天津分院大港区委党校　赵玉勇

实行持证上岗　提高教师素质
——山西分院临汾学区

不断加强师资队伍建设　努力提高教学质量
——山东分院济南学区

抓管理队伍建设　促党校函授质量
——安徽分院合肥学区　郑德舜

强化两支队伍建设　确保函授教育质量
——福建分院厦门学区

加强师资队伍建设　提高党校函授教学质量
——河南分院洛阳学区

加强班主任队伍建设　树党校函授形象
——湖南分院郴州学区

不遗余力抓队伍建设　努力提高党校函授教育质量　——广西分院柳州市学区

坚持以人为本　建设高素质办学队伍
——陕西分院安康学区

强化管理　建设一支高素质的教师队伍
——铁道部分院济南铁路局学区

加强队伍建设　提高办学主体素质
——总参分院国际关系学院学区

打牢思想基础　建好两支队伍　提高党校函授教学管理水平
——总参分院工程兵指挥学院学区

抓好班主任队伍建设　夯实教学管理基础
——总后分院天津学区

以教促教　以学养学　建设一支高素质的党校函授教师队伍　——总装备部分院国防科大学区

加强教师队伍建设　适应党校函授教学需要
——空军分院广空一学区

三、辅导站抓办学队伍建设的经验

从提高主体素质入手　切实加强辅导站建设
——辽宁分院大连学区旅顺辅导站

加强办学队伍建设　努力办好具有党校特色的函授教育　——辽宁分院沈阳学区大东辅导站

采取有效措施　加强辅导站队伍建设
——浙江分院嘉兴学区海盐辅导站

建好管理队伍　加大管理力度
——福建分院泉州学区永春辅导站

努力提高党校函授教师队伍的思想和业务素质确保教学质量——河南分院郑州学区长铝辅导站

四管齐下　加强教师队伍建设
——重庆分院沙坪坝辅导站

强化三支队伍管理　不断提高整体素质
——铁道部分院兰州学区银川分局辅导站　邱光锋

部分分院编辑出版的著作与专辑简介

山东分院

●《强化教学管理　提高教学质量》由山东省委党校干部业余教育学院编印。本书是山东省委党校业余教育办学经验选编，是全省各学区众多业教工作者辛勤劳动的结晶，它涉及到党校业余教育的教学形式、教学方法、教学管理以及相关方面，对端正教育指导思想、强化教学管理、改进面授方式、督促学员自学以及做好班主任工作、严肃考风考纪等具有现实的指导意义。

●《理论与方法》由山东省委党校干部业余教育学院编辑，兰州大学出版社出版。本书以爱岗敬业的务实精神为指导，以业余教育管理的第一手材料为依据，以典型生动的实例和逻辑缜密的论述探讨了党校业余教育的发展规律，是全省各学区集体智慧的结晶，全书共收录了35篇论文。

●《把党校业余教育工作推向一个新阶段》由山东省委党校干部业余教育学院编印。本书收录了近年来全省党校系统函授教育办学的典型经验26篇，涵盖了党校函授教育工作的方方面面，对总结推广省党校系统函授教育先进的办学经验，全面提高办学质量，具有广泛的借鉴作用和指导意义。

安徽分院

●《安徽党校函授教育评估文件资料选编》(1996—1998年）由中央党校函授学院安徽分院编印。本书收录了1996年1月至1998年12月的资料200余件。本书以时间为序，以函授教育工作的内容为基本类别，注重反映办学特色，体现办学事件的脉络；本书与1997年7月编印的《中共安徽省委党校函授文件资料选编》一书相衔接，形成了反映全省党校12年函授办学历程的系列文献库。另外，本书还收录了1996年之前的个别文件资料。

陕西分院

●《经济改革与管理研究》由中央党校函授学院陕西分院西安工程学院直属站编印。本书是中函陕西分院西安工程学院直属站94级、95级本科及94级专科班学员优秀毕业论文集，全书共收录了36篇优秀毕业论文。

青海分院

●《党性　知识　能力》主编景晖，副主编孙发平　苏多杰，由中函青海分院印行。本书是中函青海分院95级本科班和第5期领导干部班优秀毕业论文选集。入集的50篇论文是在87篇优秀毕业论文的基础上，由终评委员会经过认真审阅、评议，以无记名投票方式确定的。

宁夏分院

●《求索录》宁夏自治区委党校函授部编辑，宁夏人民出版社出版。本书是中函宁夏分院94级、95级大专班、本科班学员优秀毕业论文集。全书共收录了44篇优秀毕业论文。

新疆分院

●《强化科学管理　提高办学质量》由中央党校函授学院新疆分院、新疆维吾尔自治区党校函授大学编印。该书为函授教育论文集。入集的论文来自全区党校系统首届函授教育教学研讨会和1998年5月召开的班主任经验交流会的部分交流材料以及在十周年院庆活动中受到表彰的7个学区、教学点的办学经验材料。它系统反映了函授教育办学的研究成果。入选的论文，有的改动了标题，有的删节、修改了部分内容。

●《管理制度汇编》由中央党校函授学院新疆分院、新疆维吾尔自治区党校函授大学编印。全书共分两类：一、文件。摘录了中共中央有关党校函授教育的文件；二、管理制度。收录了中共中央党校函授学院函授教育工作暂行条例，并对教学、教务、教材等各方面作了具体规定。

湖北分院

●**《探索党校函授教育规律 提高党校函授教育质量》**湖北省委党校函授学院编印。本书是湖北省党校函授教育管理研讨会论文选编。入选的论文基本上反映了全省党校函授教育系统几年来积极探索教学管理规律所取得的成果，对全省党校函授教育系统广大教研及管理人员具有一定的参考和借鉴作用。

南宁分院

●**《奋进中的探索》**主编张伦书 黄务佳，副主编张水白 黄家南 赵春营 赵有和，由广西人民出版社出版。本书是中共南宁市委党校建校40周年、南宁市经济干部学校建校15周年论文集。入集的90余篇文章，都是两校教职工、学员和校友最近撰写的未公开发表的作品。作者遵循理论联系实际的原则，围绕改革开放和现代化建设的实际问题进行思考与探索。有的是学习邓小平理论与十五大报告的心得体会；有的是针对目前正在进行的经济体制、政治体制改革和民主法制建设中的难点、热点问题的分析思考；有的是教学、科研以及行政后勤工作的经验总结，等等。这些论文对指导实践工作有一定的参考意义。

辽宁分院

●**《素质教育研究》**主编孔秀娥，副主编单洪恩、杨玉琴，由中央党校出版社出版。本书是辽宁省党校第7次函授教育研讨会暨中央党校函授学院观摩会的论文集。这些论文紧紧围绕强化素质教育这个主题，广泛涉及了素质教育的方方面面，是党校函授教育进一步探讨强化素质教育的重要基础和有益借鉴。

吉林分院

●**《党校函授教育管理制度汇编》**由中央党校函授学院吉林分院、吉林省委党校函授学院编印。本书是在1996年编写的党校函授教育《机关管理制度汇编》、《省函管理制度汇编》、《中函管理制度汇编》的基础上，经过广泛征求意见，进行全面补充修订而成的。全书共三部分，第一部分为文件选编，第二部分为岗位职责，第三部分为管理规则。

北京市委机关分院

●**《95级学员优秀毕业论文选集》**共分（一）、（二）两册，由中央党校函授学院北京市委机关分院编印。其（一）册是领导干部班及本科班学员的优秀毕业论文，（二）册是大专班学员的优秀毕业论文。

铁道部分院

●**《铁路党校函授教育文集》**主编高守邦，副主编孙晓林 李长奇，由中国铁道出版社出版。本书是铁道部党校函授教育的学术论文集，共收录论文26篇，涉及到党校函授教育的各个方面。

●**《教案选编》**主编孙晓林，由中央党校函授学院铁道部分院印行。本书收录了大专班党政管理、经济管理、政法3个专业15门课程的29个优秀教案，这29个优秀教案是铁道部分院部分学区、辅导站的任课教师在教学实践中总结出来的，对广大任课教师有一定的借鉴作用。

●**《95级大专班毕业论文选编》**主编高守邦，由中央党校函授学院铁道部分院印行。全书共收录了铁道部分院95级大专班学员的优秀毕业论文21篇。

甘肃分院

●**《党校学历教育教学规律研究》**主编石华翼 陈国生 王晋林，由甘肃文化出版社出版。该书是从1998年暑假召开的教学经验研讨会议提交的81篇经验材料和论文中，筛选出62篇编辑而成的。全书共分为：办学指导思想与素质教育、干部在职学历教育的特点及规律、面授教学方法、强化学员自学管理、毕业论文撰写及指导与答辩、教学队伍与管理队伍建设、党性教育与党性锻炼、电化教学等八个专题。

福建分院

●**《春华秋实》**由中央党校函授学院福建分院编印。该书是福建分院95级本科班学员优秀毕业论文选，本论文选收录的38篇论文是从95级毕业学员的1785篇论文中，由各学区推荐、分院评选出来的。

改革开放和现代化建设中的党校函授学员

党校函授育英才

河北分院　任来学

十多年来，中央党校函授教育为改革开放和社会主义现代化建设培养了大批人才，河北省峰峰矿区区委党校函授辅导站的学员毕富强、张志刚就是其中的代表。

毕富强——全国“五一”劳动奖章获得者

40岁的毕富强，现任邯郸陶瓷（集团）总公司副总经理、第四瓷厂厂长兼党委副书记。为了丰富理论知识，提高能力，增强党性，毕富强于1996年考入中央党校函授学院经济管理本科班。

在火热的市场经济实践中，他把学到的马克思主义理论和经济管理知识与实际工作相结合，先后总结形成了《企业经营机制的系统再造》、《有效成本管理》、《投入产出过程的控制与管理》等五项科学管理成果，分获河北省及全国轻工业管理现代化成果一、二、三等奖。

几年来，毕富强以高度的责任感，勤奋学习，努力工作，取得了显著成绩。他所领导的邯郸第四瓷厂主要经济技术指标及人均收入连续四年创本厂历史最高水平，其中1996年实现工业总产值5183万元，销售收入7007万元，利税在邯郸瓷区首次突破千万元，企业经济效益居全国同行业第六位。邯郸第四瓷厂先后荣获邯郸市优秀利税大户、河北省轻工业优秀企业、50家最佳经济效益企业、标兵企业、省、市学邯钢先进企业、河北省文明单位等称号。毕富强本人也先后被评为邯郸市劳动模范、杰出职工、1995年十大新闻人物、河北省轻工业系统优秀企业家、河北省优秀经营管理者、全国轻工业劳动模范等。1997年他又荣获全国“五一”劳动奖章。

张志刚——“全国十杰卫士”

武警峰峰矿区中队中队长张志刚，也是中央党校函授学院96级本科班学员。他通过学习，增加了知识，增长了才干，增强了党性。他说，作为一名经过党校函授教育的共产党员，更应该做“把自己奉献给他人”的人。

1993年5月，峰峰矿区元宝山发生火灾，张志刚率领中队火速赶到现场，奋不顾身，扑灭烈火。1996年8月，峰峰矿区山洪暴发，张志刚带领战士奔赴抗洪第一线，在腰部被砸伤、头部被划破的情况下，坚持在齐腰深的水中救出3名儿童、2名老人，抢运出价值20多万元的财产。1996年10月，他带领战士，在距罪犯仅10米的距离上，将持枪1支、子弹270发、烈性炸药7公斤、做案11年、杀害12条人命的特大杀人犯路伍科击毙。

1997年农历大年初一下午，峰峰矿区公园内一只重400公斤、还没有被驯服的东北虎从铁笼里冲出来，3000余名游客惊恐万状。有关部门和领导当机决定将老虎击毙。张志刚接令后，主动任第一射手。他机智勇敢地爬到离老虎只有6.7米的树丛中，沉着冷静地果断开枪，老虎应声倒地，避免了一场灾难。

张志刚无私的奉献精神，英勇的战斗行为，博得了社会的高度赞誉。他所在的中队连续3年被总队评为基层先进中队，连续3年荣立集体三等功，1996年被邯郸市政府命名为“抗洪救灾先进集体”，1997年分别被武警总部、总队表彰为“学雷锋、学英模先进集体”。张志刚个人1次荣立二等功，3次荣立三等功，1996年被武警总部表彰为“优秀带兵干部”，1997年又被评为武警部队十大优秀共青团干部，河北省十大杰出青年“全国十杰卫士”。

函授学习与理论研究相结合

——记甘肃分院94级本科班学员　李伯祥

俗话说，功夫不负有心人。中央党校函授学院甘肃分院大专班90级学员、党政管理本科班94级学员李伯祥同志，多年来坚持自学，特别是通过参加党校函授学习，丰富了知识，开阔了视野，提高了理论水平。他把学习的理论知识同实际工作紧密结合，细心观察，勤于笔耕，取得了丰富的成果，不愧为党校函授学员中的佼佼者。

1993年，李伯祥撰写的大专毕业论文《创办经济开发区是发展社会主义市场经济的必然选择》荣获中央党校函授学院优秀论文奖。他通过自己在工作中的切身体会，写了一篇《科技扶贫必须抓住关键点》的论文，发表在《科技日报》“论丛”副刊上，被甘肃省委主办的《调查与研究》转载，后又入选《中国跨世纪改革发展文献》和《开拓者论文精粹》。1997年12月，李伯祥多年的党校函授学习和刻苦钻研结出了硕果，他撰写的论文《关于我国西部地区增创新优势的思考》荣获了由中华全国新闻工作者协会国内工作部、中国广播电视学会农村宣传研究委员会、中华全国农民报协会新闻文化研究会联合举办的第三届中华“大地之光”征文论文类一等奖，并应邀出席了在北京人民大会堂举行的颁奖仪式，为党校函授学员增了光。

近年来，李伯祥同志先后在全国及省、地报刊发表论文、专访、长篇通讯、纪实散文多篇，并参与全国及省、地有关专集、画册的撰稿、组稿、采编、拍摄工作。他的辛勤耕耘和突出表现得到了社会的承认。现在，他是中国管理科学研究院客座研究员，还应邀为《中国县镇》丛书编辑部特邀编辑，国务院发展研究中心《中国经济时报》特约记者，《西部经济时报》、《厂长经理日报》特约记者，全国青年联合会《中华儿女》杂志特约撰稿人。由于李伯祥同志在党校函授学院坚持有指导的自学，取得了一系列优秀成果，他的事迹亦被编入《中国自学人才荟萃》。 （西和县经协办）

向母校汇报我的工作

芜湖学区91级本科班学员 张承宪

1991年，我作为一名群众文化工作者考入中央党校函授学院安徽分院芜湖学区政治专业本科班。

几年来，我运用马克思主义科学理论的立场、观点和方法分析研究实际问题，先后撰写了《试论群众文化在外向型经济发展战略中的作用》、《对群众文化理论研究若干问题的反思》、《论影响文化单位经济运行机制发展的不利因素及其对策》、《九十年代群众文化A、B、C》等30多篇论文，对新的历史时期群众文化与市场经济的关系及其自身的演变、发展和未来的走势作了理论阐述。这些论文先后在全国性刊物《群众文化》、《文艺人才》、《群众论丛》以及省级报刊《安徽群众文化》、《羊城晚报》、《社会文化》、《文化大世界》上发表，并有11篇文章获得奖励。1996年11月，我参加中国记协等部门举办的第二届中华“大地之光”征文的一篇论文《试论市场经济中的城市群众文化工作》获得二等奖，另一篇纪实文学《今日芜湖的新民俗文化》获得三等奖，并应邀赴北京出席了在人民大会堂举行的颁奖仪式，受到全国人大副委员长王光英、铁木尔·达瓦买提、程思远以及陈锡联、邓立群、王郁昭等领导同志亲切接见并合影留念。获奖的论文也被人民日报出版社出版的《研究·探索·实践》一书收录。

此外，我还在《工人日报》、《中国青年报》、《信息日报》、《安徽日报》、《上海文化报》、《芜湖日报》等全国40多家报纸刊物上发表了500余篇新闻通讯和散文小说。

近年来，我还创作了一批文艺作品，如舞蹈《采药》、《都市妞与农家娃》、《草莓飘香》、《缅怀》、《哑妹盼哥》，歌曲《春色多美好》、《共有一个家》等。这些节目均由我担任作曲并在省和全国性比赛中演出，有些还获了奖。由于我在工作岗位上取得一些成绩，先后受到全国青联、省市文联和文化部门的表彰，1993年底被破格晋升为副研究馆员，并且担任了中国城市文化研究中心创作研究员、芜湖市青年联合会副主席、芜湖市群众文化学会副会长等多种社会性职务。

学用结合结硕果

——记河北分院94级大专班学员 王步臣

王步臣同志于1994年考入中央党校函授学院学习。在学习期间，他态度端正，学习认真刻苦，并讲究学习方法，各科成绩均在85分以上。1997年被所在的河北分院评为优秀学员。王步臣时任唐山市乐亭县蔬菜种子外繁站站长。该站的主要任务是为国外客户培育蔬菜种子。国外客户对种子纯度的要求严格，不达到98%的纯度视为不合格产品。

由于以往在管理上权责不明确，管理方法不得当，种子纯度不合格的现象时有发生，给农户和外繁站都带来损失。王步臣参加党校函授学习后，专注于有关管理方法的学习，《国外经济管理》这门课中的一个方法引起了他浓厚的兴趣。这种管理方法称为“PDCA工作法”，P、D、C、A分别代表计划、执行、检查、总结。他将这一工作方法用于育种管理，使育种成功率达到了100%。其具体操作程序是：接到国外订货后，他们首先根据订货品种、质量数量要求等条件对基地、农户的选择，各项服务、指导措施作出书面计划；第二步是员工分头执行计划，即亲自到良种基地对农户进行技术培训，并定期到田间具体指导操作，使育种农户达到懂技术、会操作；第三步是员工深入基地进行经常性的检查，发现问题及时解决；第四步是总结，即当育种工作结束，将成品种子交付国外客户后，对整个育种工作进行系统总结，对照计划、执行、检查等一整套程序找出成功的经验与存在的问题，用这些内容进行自我教育、自我培训，以利今后的工作。自从采用这种管理方法之后，种子质量可靠，外繁站信誉大增，订货数量在省种子公司居第一位，1998年订货量占中国种子公司；国外订货总量的86%。

在同外国种子公司的业务谈判中，他正确运用在党校函院所学到的《经济谈判》知识，为公司挽回了不少损失。如在与韩国某种子公司的谈判中，为我方挽回了35万元的损失。1997年，乐亭县种子外繁站为韩国某公司繁育白南瓜种子，交货后，对方指出，2700公斤的种子中只有三分之一出苗率达到90%，即我方提供的种子不合格。我方用7种实验方法证实种子出苗率可达99.5%，于是双方就此各不相让，最后，进行谈判。王步臣是我方主要代表，他在谈判过程中灵活运用经济谈判知识和技巧，最终达成有利于我方的协议：我方验证出苗率，对方监督验证过程。最后，韩国公司在成功的实验面前表示认可。通过这次谈判，外繁站赢得了对方的尊重和信任。（长　礼　肖　宏）

学无止境　学以致用

安徽分院92级本科班学员　余茂昌

我开始参加函授学习时，有些同志认为我有大专学历，正在申报高级农艺师，并获得了很多荣誉，再学习没有必要。但我认为学习是无止境的，我参加函授学习是为了提高自己的政治、品德修养，拓宽知识面，以适应工作的需要。通过在党校三年的系统学习，我提高了马列主义理论水平，丰富了知识，增强了分析、解决问题的能力。这些为我搞好工作奠定了坚实的基础。

几年来，我主持实施省农业厅下达的小麦、水稻和棉花丰收计划，圆满地完成了任务；主持实施“小麦456”、“油菜133”高产攻关项目，通过了省级鉴定验收，并获得了三等奖；推广水稻旱育稀植种植百万亩，其高产田产量达到全省最好水平；对棉、油作物采用双育双栽技术收到了增效快的效果；对病、虫、草害采取综合防治办法，使每年减少粮食损失4000万公斤；采用地膜覆盖发展节水农业取得了显著成效；我年均在县级技术培训班授课20余次，在全县18个扶贫乡镇的农技培训班主讲农业科技知识，年组织培训班40余期，印发技术资料18万份，出科技期刊60多期，近2万份，有力地推动了农业科技知识的普及，提高了农民科学种田的水平。几年来，我在报刊上共发表论文11篇，其中《扬稻4号多抗性的综合鉴定》一文被编入《中国农业文库》。我主持参加的“高产优质多抗杂交籼稻新组合协优78039的选育与利用研究”于1995年获省科委一等奖，还因首创“安徽省寿县等五县百万亩水稻优良新品种及高产栽培技术”于1996年获农业部水稻丰收计划一等奖。我1995年被省农经办评为“学用结合致富标兵”，1996年被县政府记三等功一次，1997年被评为省级有突出贡献的中青年专家。

与此同时，我还把在党校所学到的有关党性教育的知识运用于做好党支部书记工作，使单位连年被评为“计划生育”、“红白事管理”、“社会治安综合治理”先进单位；我把学到的经济管理知识用于公司经营，创利解决了农技推广经费不足问题；我们投资130多万元改造1991年水毁工程和新建配套服务设施，使我们单位获得了文明创建先进单位称号；我们还因较好地完成了乡镇农技站“三权”回收和“三定”任务、完善了管理制度，被省、地两级评为农技推广先进单位。

身负重任的普通学员

——记中共安徽省委常委、常务副省长、安徽分院89级本科班毕业学员 **汪 洋**

"重温寒窗苦，方知函授佳"，这是汪洋同志历经三年党校函授学习之后的深切感受。1989年秋，身为安徽省铜陵市长的汪洋同志成为中央党校函授学院安徽分院的学员。他以普通学员的身份、严谨求实的学习态度和尊师重教的精神，为他人做出了榜样。作为一市之长，他身负重任，工作十分繁忙，在他的作息时间表上几乎没有节假日，但他妥善处理工学矛盾，"挤"时间学习。他从不接受特殊"照顾"，不做特殊学员，上课专心听讲，课后按时完成作业，考试时一支笔进考场，且能提前交卷。在面授时，因工作繁忙或外出不能到课，就事先请假，请教师补课。他到外地出差，总是随身带上函授教材，抽空学习。不论在办公室还是在家里，他经常工作学习到深夜。他的课本上划满了红杠杠、蓝道道和圈圈点点。他尊敬教师，课堂上经常给教师倒茶送水，节假日抽空到教师家登门拜访，问寒问暖。

汪洋同志努力把在函院学到的理论知识运用于工作实践，指导自己的言行，谈话、办事具有较高的理论水平和政策水平，充满哲学的思辨力量。1991年出访法国马尔巴赫市期间，他运用在党校函授学院学到的外语知识与对方交谈，受到"老外"的称赞。他还运用马克思主义的立场、观点和方法，分析铜陵的经济状况，写出了题为《发展铜陵经济的构想》的毕业论文，提出了不少有分量的见解和主张，答辩时引起了强烈反响。这篇毕业论文对今天铜陵经济发展起着重要的指导作用。

担任副省长之后，汪洋同志更是勇于开拓，锐意进取，为安徽经济、社会的改革和发展竭诚奉献。不久前，他又获得了中国科技大学工商管理硕士学位。 （安徽分院）

学用结合　敬业进取

——记中直机关分院第5期领导干部班学员 **江绍高**

江绍高同志长期在人民日报社工作，现任《人民日报》总编室主任兼党总支书记。他为了丰富知识，提高自己的马列主义、毛泽东思想和邓小平理论水平，以便更好地适应新形势下工作的需要，于1995年考进中央党校函授学院领导干部班，学习经济管理专业。在学习中，他严格要求自己，认真读书，刻苦自学，模范地遵守学校的各项规章制度，自觉进行党性锻炼，学习成绩优秀，1997年被中直机关分院评为优秀学员。

在学习期间，江绍高同志正确处理工作与学习的矛盾，勤奋学习，努力工作，取得了学习、工作双丰收。

《人民日报》总编室是一个综合性的工作单位，分为报纸出版、图片报道、内参、图书资料四条战线，12个处室，共有干部职工160多人。在报纸出版方面，总编室负责一、四版的编辑和新闻追踪专栏的报道及其他版的协调工作。江绍高同志作为这样一个单位的主要负责人，要坚持函授学习，做到工作、学习两不误是很不容易的。但他不仅做到了，而且做得很好。他的做法，概括起来主要有以下几点：

一、努力提高工作效率。江绍高同志深知，一个人的精力和时间是有限的，要同时搞好工作和学习，就必须想办法提高工作效率，争得必要的学习时间。为此，他把总编室各方面的工作比作一条"龙"，认为只有抓住"龙头"，才能带动"龙身"、"龙尾"。什么是总编室工作的"龙头"呢？他认为报纸的编辑出版工作是"龙头"。为了抓好这方面的工作，他根据编委会的编辑思想，细心地做好每天的新闻报道工作，保证其万无一失。与此同时，着力对各部门进行规范化管理，加强对全体工作人员进行政治责任心教育，以增强工作责任感。为此，他同大家一起共同制定了《文明办公十项规定》、《防止差错的奖惩制度》等一系列制度，并让全室人员签订《防止有偿新闻承诺书》等。这些措施的实施，既提高了工作效率，又保证了工作质量，从而为搞好学习和工作创造了条件。

二、利用工作之余刻苦自学。在总编室工作值夜班的时候多，江绍高同志每年参加值夜班的天数都在六个月以上。每个夜班要到凌晨四点钟才能休息。遇到听面授课，他只能睡三个半小时。江绍高同志认为，听好面授课是搞好函授学习的重要一环，决不能轻易不听。他说："党校的老师讲课重点突出，对问题的来龙去脉交待得比较透，听了使人有一种清晰的感觉。”在听课过程中，他总是认真地做笔记，因为他确信“好记性不如烂笔头”。每次听课，他基本上都能把老师讲的内容记下来。对于老师布置的作业，他总是利用晚上和其他休息时间认真地完成，从不敷衍了事。对于每个学期要求写的“心得体会”，他不仅认真地写，而且把它作为“论文”来完成。有时学得太晚，爱人和儿子笑话他，说他已有高级职称了，做这些简单的事还那么认真。但他总是说，这样做没有什么不好，要想学点东西，没有甘当小学生的精神是不行的。

三、平时注重看教材。由于工作需要，江绍高同志到外面出差的时间比较多。他为了不影响学习，每次出差总是把要学的教材带上，利用在路途和工作之余的时间看。党校函授学院发给他的书，他全都看过。有不少书，他认真读过多遍。他不仅在出差时坚持看书，就是生病住院也不例外。1995年10月，他住了十天医院，在这十天中，他读完了两本教材。

四、讲究学习方法。在学习中，江绍高同志很注意学习方法。平时不管是听课还是看书，他都注意抓重点，掌握实质性的内容，使知识融会贯通。考试时，他既重视全面复习，又注重复习老师所讲的重点和所发的复习资料。这样备考效果比较好，每次考试，他的成绩都在80分以上，有的达90多分。

五、学以致用。在学习中，江绍高同志重视理论联系实际，自觉用所学知识来指导自己的思想和工作。学习了列宁在《论新经济政策》一文中关于共产党人要学会管理经济的论述，他便联系到我国当前的社会主义建设，认为在建立社会主义市场经济体制的条件下，我们最缺乏的是经管知识，提倡向资本主义国家学习管理经验，符合列宁的思想。他学习了《党的组织学》，便运用其中的理论指导本单位的有关工作，不搞因人设事，使组织机构做到精干高效。在开源和用钱方面，他坚持“取之有道，用之有节”的原则。这样做不仅稳定了队伍，而且提高了工作人员的积极性，因而得到群众的支持和拥护。

通过几年的函授学习，江绍高同志觉得学到了不少有用的知识，特别是学到了一些观察、认识和处理问题的方法，这些知识在他的工作中发挥了很好的作用。近几年来，江绍高同志在许多方面作出了显著成绩。在新闻报道方面，他比较好地完成了纪念抗日战争胜利50周年、香港回归、邓小平逝世、江总书记出访美国和俄罗斯及党的十五大等重大活动的宣传报道任务。为了更好地宣传抗战胜利50周年，他策划把1945年的《解放日报》、《新华日报》报样和毛泽东当时的手书“庆祝抗日胜利中华民族解放万岁”制成图片，在《人民日报》上刊登，受到了广大读者的好评。他写的许多综合性新闻报道受到了有关部门的好评，并得了奖。如1996年他写的关于澳门情况的三篇通讯，即《让基本法深入人心》、《街坊公益事业兴旺》、《爱护这朵莲花》均受到新华社澳门分社的好评，并被《人民日报》社评为新闻一等奖；1997年他写的《兰考如今“吃”泡桐》、《透过窗口看形象》分获精品奖和新闻二等奖。

1998年他获得了第三届韬奋新闻奖。在单位党的建设方面，由于他做出了突出成绩，被评为落实党建责任制优秀负责人，他所领导的党总支被评为先进党总支。（贾　平）

学以致用展宏图

——记河南分院95级经管班学员　张成智

张成智同志1995年入学时任河南省国有资产管理局副局长；1997年毕业前夕，在全省公开选拔副厅级干部中，被选任为河南省财政厅副厅长。

张成智同志参加党校函授学习的目的很明确，就是为了学到知识，提高理论水平，以便做好工作。在学习中，他正确处理学习同工作的矛盾，坚持利用早、午、晚工作之余的时间及星期天、节假日的休息时间持之以恒地学习。在校学习期间，他共写了十多万字的读书笔记，做了百余张读书卡片，毕业论文答辩成绩优秀，被河南分院评为优秀学员。

张成智同志不仅重视学习，而且善于学习，勤于思考，学以致用。他每年都自定若干调研课题，深入基层调查研究，先后在国家、省级刊物上发表了《推进产权重组，盘活存量资产》、《国有企业债务包袱的成因及对策》、《完善分税制财政体制的几点建议》等多篇论文，这些文章不仅使他增强了对有关问题的理性认识，而且为正确决策提供了依据。其中，《推进产权重组，盘活存量资产》一文获得了全国国有资产理论研究优秀成果一等奖。此外，他还根据自己的学习体会撰写了《坚持读书学习，不断提高自己》，由于该文阐述了读书学习对领导干部，尤其是对中青年干部的重要性，曾被河南省县以上领导干部学习活动座谈会列为交流材料。

在工作中，张成智同志运用马列主义、毛泽东思想、邓小平理论的精神实质和基本方法分析问题和解决问题，创造性地开展工作。在任省国资局副局长期间，他向省委、省政府提交了全省国有资产“一张表、两本账”及清产核资报告，为省委、省政府宏观决策提供了依据；他会同有关部门规范国有资产保值增值考核办法，受到了国家国资局的高度赞扬和省政府领导的充分肯定。任省财政厅副厅长后，他及时调整工作思路，很快适应了新的岗位。他按照全省财源建设规划，及时完成了30个财政困难县的项目论证工作，为实现可持续发展奠定了扎实基础；他组织和参与了省预算内外资金综合使用改革，强化了财政宏观调控能力；制定和完善了《河南省预算外资金管理实施细则》等六项法规制度，组织开展了预算外资金大检查，查处了一批违规违纪问题；取消了近百项收费项目，切实减轻了企业和农民负担。

张成智同志通过党校函授学习，在党性、基础知识和工作能力方面都有明显提高。近年来，他先后取得了九项省级科研成果，在省级刊物上发表30多篇论文，并获得了省社科联系统优秀会长等多项荣誉称号。（何 院）

一家四口同进党校函院学习

郭子文 郑有荃 罗烈容

在四川分院泸州学区1997年的开学典礼上，一件最引人注目的事情就是泸州市纳溪区纪委副书记兼监察局长陈志强一家四口同时进党校函院学习。事后，我们访问了陈志强，他对我们说：“我出生于一个农民家庭，从小就爱读书。1965年以优异成绩考进泸州市纳溪中学，由于遇上‘文化大革命’，没有学到知识，工作以后感到很吃力，一直想进学校补上这一课。但一次次失掉机会，直到现在考进中央党校函授学院，才圆了我多年的求学梦。我以前当过兵，1976年转业回到家乡，开始担任公社副书记，后来担任过乡长、乡党委书记、副区长、镇党委书记等职。在工作中我深感自己知识缺乏，不学习不行，于是我便报考省委党校函授中专班，一学就尝到了甜头。1995年6月我调任区纪委副书记兼监察局长，肩上的担子更重了，工作的要求更高了，不具有相关的知识硬是打不开局面。

“在工作实践中，我深感学习的重要，我觉得我是学少了，学晚了，不然工作还会干得更好些。我走了弯路，不能让后人也走弯路。在这种思想指导下，我除了动员单位的年轻人报考党校函授学院外，还动员自己的两个女儿和一个女婿也来报考党校函授学院。

“1997年3月，我们一家四人参加了纳溪区委党校组织的考前复习班，我的基础比较差，特别是数学、历史、地理，不得不抽时间，在几个月内突击中学几年的课程，利用坐车乘船的时间学，走在路上还念念有词。

“我的两个女儿年轻，数学基础好，轮流给我开小灶，电视关闭了，休闲娱乐的麻将送人了，不完成学习计划不休息，经常熬到深夜。早晨起来，两眼红红的，三个月瘦了10多斤。功夫不负有心人，我们四人终于都考进了中央党校函授学院。我的成绩最好，得了604分。

“我们父女、女婿四人能够考进党校函授学院，多亏了我的妻子李才秀。她不但包揽了全部家务，还照顾了我们的具体生活。”

李才秀文化不高，工作中吃了不少苦头，所以她举双手赞成丈夫、子女们的求学行动。在他们四人参加面授时，她总是精心做好可口的饭菜，等待家人们放学归来。晚上，四位“同班同学”，围着桌子挑灯夜读，父女、姐妹、翁婿之间经常为学习中的某个问题争得面红耳赤，又经常为学习中的难题被攻克而笑逐颜开。他们一家人和谐融洽的家庭气氛和勤奋好学的精神，已在当地传为佳话。

弄 潮 者 之 歌

——记湖南分院郴州学区96级本科班学员 陈晓芳

陈晓芳是中央党校函授学院湖南分院郴州学区96级本科班经管专业学员、郴州市外贸芳园集团公司党总支书记、董事长、总经理，多次被评为郴州市先进工作者、“三八”红旗手、优秀企业经营者，1997年被评为湖南省“巾帼百佳”、1998年她光荣地当选为第九届全国人大代表。她用自己的实际行动，谱写了一曲弄潮者之歌。

一、苦练内功求发展

陈晓芳深深地懂得，在市场经济条件下，在激烈的竞争环境中，知识就是力量。1996年，不惑之年的她考入中央党校函授学院，成为本科班经济管理专业的学员。在函院学习期间，她如饥似渴地学习经济管理理论、邓小平理论及现代管理知识，正确处理工作与学习、家务与学习的矛盾，以学习促工作。她每次出差都带着课本，每天晚上11—12点坚持学英语，做作业。她注意收集各种市场信息，把理论和实际结合起来，学以致用。她越学越觉知识的宝贵，越感知识的重要，她的目标也越来越大。于是她又就读了中国社科院研究生院的国际贸易专业。她常说，党校学习是她人生旅途中的重要一站，使她进入高等学府求知、求学的夙愿终于实现了。她爱党、爱党校，不仅自己读党校，而且让爱人也读党校，还从公司选派了9名中层骨干参加党校函授学习，以提高公司干部的整体素质。她坚持学以致用，苦练企业内功，在公司劳动人事用工制度、分配制度及国有资产管理等方面进行了大胆改革，对公司内部采取一司多策，实行承包经营责任制、租赁制、岗位包干分层制。如：对家电公司的维修售后服务部实行股份制，员工入股，按岗位和股份结果拿工资、分配利润；对芳园大酒店采取灵活的用工分配制度，按岗位职责考核结果拿工资，按劳取酬；在公司职工中进行合理劳动组合，签订上岗合同，实行动态管理。这些措施促使每个职工都来考虑效益的提高和资产的回报，较好地理顺了内部分配关系，有效地发挥了工资的导向作用，进一步发挥了职工的积极性、创造性，体现了当家作主的主人翁精神。

二、努力拼搏占鳌头

1993年12月，陈晓芳调入郴州市外经贸委，筹建外贸芳园集团总公司。在一无资金、二无门面、三无仓库的困难条件下，凭着顽强拼搏和开拓进取的精神，白手起家，四处筹资，聘用人才，实行外贸内贸相结合，两条腿走路的方针，一方面不断开拓国际市场，将郴州的钨、铜、铅、锌等矿产品销往美国、日本、加拿大、香港等50多个国家和地区，为国家创外汇；另一方面，做好国内贸易文章，先后与上海、南京、四川、深圳、顺德等地10多家名优家电厂家和全国100多家大型商业企业建立密切的联系，形成深购远销的经营格局。在较短的时间内，以辉煌的业绩跻身于郴州十大商业企业之一。如今，外贸芳园集团总公司在陈晓芳的经营下，已拓展为集经营、开发、商贸、娱乐为一体，拥有固定资产近一千万元的国有中型外贸企业，被评为市级优秀企业，省农行郴州分行“AA”一级信誉企业，省、市消费者信得过单位、省重合同守信誉单位、市级“诚实信用商店”、郴州市纳税文明户、郴州涉外分局纳税先进单位、郴州市兴办实业先进单位。公司还被广东科龙股份有限公司指定为湖南省惟一的总代理，并被全国数百家家电生产企业和消费者推荐为最信得过的双文明企业。集团公司在1997年被科龙、海尔家电厂家评为全国销售明星。

三、无私奉献显价值

陈晓芳同志热爱学习，身先士卒，醉心事业、无私奉献，使自我价值、企业价值和社会价值的实现得到了统一。从她担任总经理以来，就没有了星期天、节假日的概念。她的小孩从小学到高中，一直寄住在老师家。而陈晓芳为了企业的发展壮大，为了坚持党校函授学习，常常是没日没夜地工作和学习，同时，她时刻以共产党员的标准严格要求自己，在党校函授学习期间担任副班长，协助组织学员进行党性锻炼，自觉遵守校纪校规，为党校的建设献计献策，出钱出力。在市场经济、改革开放的大潮中，她经受住各种考验，自觉抵制社会上的不正之风。她将电器厂高额返利100万元交公司。有的人为了进公司给她送红包礼品，都被她一一拒绝。广东省一著名家电厂家，主动提出以年薪80万元、安排三室一厅100平方米住房、负责其家人和小孩的户口落户等优越的条件请她到该公司发展，也被她婉言谢绝了。公司的职工们说：“我们的陈总为芳园的兴旺，红包礼品她不要，高薪聘请不动心。”

这就是陈晓芳，一位对知识无限渴求、对事业执着追求、对工作火一般热情、对同志像春天般温暖的“巾帼英雄”，一位全国人大代表，一位党校的优秀学员，一位优秀的企业领导者。

（李新生　廖美琳）

分院级优秀毕业论文篇目

山东分院

颜世峰　论新形势下的法制建设
李进武　关于防范和处理群众性事件，维护社会稳定的思考
韩学君　新旧刑法比较
李万美　依法治国建设社会主义法治国家
宋政伟　论企业对外宣传工作
宋文升　试述依法治国建设社会主义法治国家
谭远国　浅议优化财政支出结构
李风彩　试论会计事后监督管理
陶可新　论创造新一代银行家成长的条件
朱继业　论努力提高党的干部队伍素质
杜宏室　试论审判公开原则
郝吉虎　集体土地使用权流转的法律问题
李全民　论依法治国
王　凌　实现农业现代化的几点思考
郭文德　关于发展农村合作经济组织的实践与理论探讨
周晓林　加强质量法制建设　维护市场经济秩序
公沛成　非公有制经济是我市国民经济新的增长点
上官兰青　计划生育工作者要依法行政
李考勇　论共产党员在企业精神文明建设中的表率作用
夏义亮　学校精神文明建设的功能及其发挥

江苏分院

王跃进　金融资产再划分新探——论从盈利性角度划分金融资产的科学依据及现实意义
谢顺红　扬州市银企债务危机的现状、成因、危害分析及治防策略研究
陶苏淮　试论周恩来民主党派工作的理论与实践
赵凤刚　试论党的思想政治工作的继承和创新
刘　元　国有企业债务危机浅析
邢华琳　股市的过度投机及其解决办法
蒋更俊　对稳定企业党务干部队伍的思考
庄　吉　昆山市第三次工业结构调整刍议
丁宪浩　对外开放中的市场资源管理
刘可壮　摆正三个关系，走出三个误区，培养选拔跨世纪优秀年轻干部
徐波全　职工下岗、失业现象浅析
徐龙波　浅论我国集体所有制企业的困境与出路
葛晓东　水上犯罪的成因及其对策
钱仲贤　政企分开与政府职能的转变
张贤如　浅谈党员教育中形式主义的影响及对策
薛娟娟　关于当今市场降低竞争的思考
陈　斌　对税收促进国民经济结构优化的思考
钱宗明　我国当前失业的原因与对策
邱绍科　中外合资企业外方增资扩股现象的分析与对策
吉长军　浅析企业领导班子内耗的成因与对策
杨树立　关于地市报农业报道的扫描与思考
刘德军　关于推进农业产业化经营的若干思考

安徽分院

汤家桂　谈我区乡镇企业产权制度改革的法制问题
倪岫云　当前农村土地问题之我见
周　明　对精神损害赔偿制度的探讨
韩永生　试述依法行政的必要性和迫切性
周　明　论基层建行企业化经营
谭　浩　考察干部必须坚持注重工作实绩原则
董钦德　浅谈农村信用社风险防范和化解
王玲雪　浅谈分税制条件下地方财源建设
张学来　浅论提高职工素质的环境诱导
许国强　论市场经济下企业商标意识的重要性
王卫国　浅议连锁经营发展中的问题与对策
王永明　广播电视行业形象的确立和塑造
强瑞青　调整和优化工业经济结构是实现马鞍山跨世纪发展目标的必由之路
徐祥钊　浅议我国粮食流通体制改革
黄德兴　浅谈如何改进企业思想政治工作

方　燕　抵押贷款中的房地产估价应注意的问题
马　军　试论企业保密工作如何更好地为经济建设服务
王永武　试论提高党报舆论导向的总体水平
王　艳　浅谈企业青年的技能教育
王　瑜　浅析侵犯商业秘密罪
童海保　根治腐败必须实行综合治理
杨家驷　医院管理必须以职业道德建设为基础
陈能全　浅析企业违纪违法案件的特点、成因与对策
喻　华　市场条件下机关党建工作的现状与思考
姚其明　浅析利用经济合同诈骗犯罪的成因及其对策
周建平　抓好村务公开民主管理工作，推进马鞍山农村法制建设
刁节新　试论党内腐败现象产生的原因及克服的主要途径
魏海勇　税收工作管窥
万桂娣　市场经济条件下技工学校如何生存发展
程志新　长江沿岸港口城市发展外向型经济的探讨
罗爱民　发展经济林、促进奔小康
吴仕锋　浅谈“台阶式”发展思想的指导与实践
朱怀善　论腐败的表现形式及其成因对策
项建勇　土地管理：我县国民经济发展中一个不可忽视的问题
叶德宽　关于我县个体私营经济发展对策的建议
叶正军　关于山区林业发展的战略思考
董金根　黄山市旅游业的现状、特点和存在问题对策
鲍秀芳　试论我区转变农业增长方式的有效途径
许爱珍　从税收角度看个体私营经济发展
汪秀英　新时期组织工作必须切实保证和服务于经济建设
金素芝　贯彻基本国策，推动妇女参政
唐玉和　试论领导干部一定要讲政治
郭文超　研究资金循环规律，拓宽成本管理途径
王世界　企业党员干部如何讲政治
时文革　货币政策对我国经济的作用
董建平　提高企业素质，必须重视人才开发
陈小川　试论深化粮食流通体制改革的现实意义
李学勇　青少年犯罪趋势及其防范对策
张克定　谈谈青年领导干部的素质
袁孝良　关于当前政府机构改革的几点思考
时文革　货币政策对我国经济的作用
董建平　提高企业素质必须重视人才开发
刘战平　把思想建设放在党的建设的首位
郑维友　论商业银行由粗放经营向集约经营的转变
张家连　关于农民负担问题的深层原因探析和若干对策思考
张新程　试论继续解放思想
张经利　浅谈粮食流通体制改革
周宗华　对农业银行新形势下重新定位的思考
陈永照　当前国有企业存在的主要问题与对策思考
曹若好　关于企业工资制度改革的探讨
陶　诚　论加强企业法制建设
万传满　浅议国有企业的用人机制
孙　刚　浅议制约矿山效益的主要矛盾及经营工作的基本思路
谢　宏　实行两个转变与提高劳动者素质
肖　超　注重自身修养是优秀青年干部的立身之本

江 西 分 院

张　勤　关于进一步深化社会保障制度改革的思考
易田文　试论“红包”行为的社会危害及防治
黄年初　试论强化领导责任的方法
罗海清　固本强基重服务　再创农村新面貌
朱民安　抓小城镇建设　促县域经济发展
吴岳二　浅谈市场经济条件下更要密切联系群众
胡慧明　企业人才选用浅议
胡四芽　关于理想教育问题的几点思考
熊晓武　关于启动农村商品市场的几点思考
蔡社宝　关于经济欠发达地区振兴县域经济的几点思考
常玉明　浅论卫生事业改革和发展必须适应社会主义市场经济体制的需要
吴　斌　浅析公安执法中的地方保护主义
韩凤真　乡镇企业发展战略探讨
上官甫贵　在社会主义市场经济条件下如何提高领导班子整体素质
廖和辉　县办国有工业企业技术装备的制约、作用及其技改对策
杨德亮　浅谈奉新县国有商业亏损的原因及对策
龙林波　不断提高人民群众生活水平是取信于民的根本因素
李敏华　试论抓典型艺术
裴强健　关于开展舆论监督的几点思考

王龙雨 试论现代企业道德形象的塑造
胡伟平 推进事业抓关键——市直机关干部队伍素质建设的调查与思考
刘永明 浅谈企业宣传思想工作
李良仕 改革企业结构是国有重点煤炭企业摆脱困境的根本出路
陈飞林 关于建立现代企业制度的思考
刘 静 对丰矿经济发展前景的探讨

福建分院

陈为坤 建立现代企业制度与发挥党组织作用
林金枝 领导干部要切实做到“自重、自省、自警、自励”
王建民 当前下岗职工再就业问题的新探索
赵北利 论国有企业下岗职工思维定势的转化
张 维 岂能让社会主义巍巍新闻大厦毁于“蚁穴”
刘建兴 以改革促进乡镇企业发展
陈志升 严格执行党的民主集中制
翁晓岚 现代企业制度下国有企业党建工作的思考
陈义兴 论市场经济与刑法调控
陈云茂 浅析银行商业化改革的难点与对策
林渊辉 闽清县乡镇企业现状和发展思路探讨
杨日意 社会主义市场经济体制下实现公平税收的思考
邱大南 对引进外资税收优惠政策的思考
郑 勇 福建基础设施现状与经济社会发展的适应性评价及在新一轮创业中的战略设想
陈国清 坚持集体民主决策，促进农村金融发展
黄玉英 提高女性领导者魄力的思考
曾志坚 对改进和完善干部考核问题的思考
蔡文选 论师德与师德建设
黄省德 社会主义市场经济与税收基本法
洪伯山 新鲤城区经济发展战略思考
蔡忠荣 发挥口岸优势，重振古港雄风
林建安 三资企业转移价格浅析
肖 维 专业银行商业化改革的难点与对策
蔡剑文 加强三资企业党建工作的思考
陈守举 浅谈海峡两岸关系的现状、前景和对策
张海凡 从厦门城市性质出发，形成新一轮支柱产业
庄培松 禁止有偿新闻的理论思考
谢毅泰 立足县域经济优势，发展外向型经济
杨 星 建立现代企业制度刍议
林有才 试论后进村党支部的整顿
陈旭辉 浅议企业会计监督弱化原因及对策
黄恒柏 要切实把教育摆在“四化”建设优化发展的战略地位
陈少华 略论闽北农村社会保障体系建设
袁梅英 养老保险制度改革中的问题与对策
王土城 发展闽北农业产业化之我见
陈登林 发展财政信用，搞活资金融通
刘 健 发展农产品国际贸易，扩大农业对外开放
欧纪云 积极推进农业产业化进程，促进农业增长方式转变

西安分院

张 雷 健全激励机制，解决好党政领导干部能上能下问题
侯胜君 试论电影企业的改革和发展
荆建民 加大整体人才资源开发，促进西安经济发展
晏 朝 关于西安市实施精神文明建设八大工程的思考
白国栋 加快地方税制建设的思考
张日强 试论新形势下的乡镇工作
屈文通 村委会换届选举中几个问题的思考
王 军 浅论深化基层供销社的改革
王新波 试论反腐倡廉之对策
杨 静 论财务管理在企业管理中的核心地位
桑兴堂 浅论当前信贷管理中的难点与对策

新疆分院

芦炳彦 略论铁路营销战略与以车谋私的整治
王福君 乌鲁木齐市燃煤大气污染及其防治对策
王传凤 努力做好再就业工作
段生辉 关于“企业寿命”与学习型企业制度的思考
王耘歌 关于当前精神文明建设的思考
王洪涛 关于新疆农村基层党组织建设存在的问题与思考
肖 然 略论现代企业制度下的职工主人翁地位
魏菊新 试论社会主义市场经济条件下的医德建设

宁夏分院

陈胜利 贪污贿赂犯罪的现状、原因和对策

姚中泽　对加强和改进国有企业基层党支部建设的几点思考
牟　华　我国当前失业的原因与对策
彭　华　论银行经营方式转变中财务管理的核心地位
苏南宏　试论国有企业银行向商业银行转变的难点与对策
彭文栋　盐池县进一步发展以滩羊为主畜牧业浅议
孙　靖　关于中宁县村级财务的现状及对策
马国山　关于建立农村最低生活保障线制度的探讨
兰德政　论西吉县马铃薯产业化形成的必然性
张满奎　贫困地区儿童教育的现状原因及对策

甘肃分院

韩兆磊　加强饭店内部管理初探
黄　清　试论国有企业内部潜力的挖掘
常晓霞　兰州市商业银行参与竞争之谈
刘　军　对县级工商管理机关行政执法监督的思考
张有和　浅谈电力多种经营企业如何走向市场
王广慧　对减轻农民电费负担的几点思考
席志洲　浅谈国有企业班组思想政治工作
侯　彪　搞活地方国有中小企业的思路与对策
鲁克鹏　浅谈国有企业腐败现象的表现形式、成因及防治对策
何正义　关于我市发展旅游业的思考
陈志才　浅谈税务代理存在的问题和发展思路
白兆瑞　增值税实施中存在的问题刍议
李慎滨　培养和造就现代企业家队伍的思考
张宏伟　司法不公探因
何江林　从十五大理论建树看“实践是认识发展的动力”
任发祥　浅谈农村小城镇建设
王家生　试论企业成功的无形要素
赖　鹰　论诚实信用原则在经济审判中的作用
保正志　试论新时期腐败现象的成因及治理腐败的思路与对策
张　志　文化改革与发展的几点思考
吕春元　浅谈我市的荒漠化治理
陆　汶　会计监督问题浅议
何积成　中国历代农民负担考察
李江民　浅谈康县农村复式教学师资的现状及对策
王　琳　技术创新是企业振兴发展的关键
李进才　债转股是减轻企业负担，促进企业发展的有效措施
赵玉林　正当防卫是公民制止不法侵害的权利
黄　静　民事诉讼中的举证责任
郭玉虎　浅谈新时期干部理论武装的重要性和紧迫性
许继年　试论理论型知识分子的基本特征、历史使命和当代使命
常全科　对农村团组织如何围绕发展经济开展工作的思考
贾占军　对加快城镇住房制度改革的思考
徐凤梅　浅析贫困地区农民负担过重的原因及对策
姚有成　论加强农村党员的教育和管理问题
卓玛措　关于建立股份制企业会计教学体系的设想
金　钟　浅析定西地区农业和农村经济发展的关键措施
景忠义　关于贫困县财政走出困境的思考
柳养濂　党史工作为现实服务的思考

青海分院

张晓彦　社会主义市场经济条件下加强思想道德建设的几点思考
宋绍义　论决策科学化与民主化的统一性
朱　彤　浅谈青海省农村富余劳动力的出路
靳义超　关于青海省畜牧业科技成果转化问题的思考
白海莲　优化青海高校师资队伍结构之管见
陈晓云　金融信贷中动产抵押合同管理之我见
毛江晖　浅析东南亚金融危机对人民币汇率的影响
冶清芳　企业文化之我见
吴秀菊　浅谈世纪之交的继续教育
才　让　关于提高税务专业人员素质的思考
刘生钰　关于在农村开展“村务公开、民主管理”的思考

河南分院

杜其龙　浅谈如何把握报纸的批评报道
朱晓峰　全面正确地坚持党的干部标准
憨振东　论知识经济与卫生事业发展
杨献珺　论阶段反腐败斗争的思路与对策
乔玉来　论共产党员要刻苦学习马克思主义理论
王元敏　关于镇平县推进农业产业化的探索与思考

湖南分院

谷一飞　加强对个体经济的税收管理

薛自强 当前反腐败斗争中党员干部违法违纪处理上脱节问题的探讨
蒋　奕 城市商业银行在金融市场竞争中存在的问题与对策思考
张战泓 依靠高新技术实现湖南外向农业大发展
王武亮 县级机构人事制度改革问题初探
陈芳辉 关于党政机关公务用车改革之初讨
胡志平 浅谈当前农村不稳定的原因及其对策
钱新成 对未来长沙农业科技体系的思考
孙建科 试论社会主义法制与思想道德建设的有机结合
胡建淮 论当前民事案件执行难的成因及对策
刘良正 浅析婚姻家庭中的“第三者插足”现象
陈立贵 试论做好国有企业下岗职工基本生活保障和就业工作
蔡慧良 试论乡村负债的现状与对策
张令辉 全员劳动合同制是企业用工制度的必然选择
曹　军 论亚洲金融危机对我国税收收入的影响
周玉辉 共产党员必须有崇高的理想追求
李桂荣 电力企业走向市场的基本属性
高建民 发展高等职工教育是完善我国职业教育体系的有效措施
李晓跃 受礼与受贿之界定
刘时贵 浅论当前行政执法中存在的问题及对策
蔡永红 试论发展个体私营经济是农村经济建设的战略选择
王继恩 对深化农村土地经营制度改革问题的思考
安赝伟 道德的作用及其导向
黄仲娥 对我市国有资产营运和资产重组的探索与思考
廖放明 论城市建设与产业发展的关系
王达运 株洲农业人口对农业可持续发展的制约作用
贺光玲 浅议城市街道管理体制改革
邓　锋 试论城市个体私营经济发展的作用
张正平 对企业技术进步障碍的探讨
黄光海 论企业管理中存在的问题及对策
侯志武 建立住房新制度，实行住房分配货币化
文柏佑 把握领导讲话环境的三要素
欧阳维西 化解六大难题，推进农村产业化
邓丽华 科技发展与思想政治工作
刘卫华 浅谈艰苦创业与年轻干部成长
周明礼 加强管理管在哪里——论我市计生工作必须解决的几个问题
卿红钰 浅谈假案的鉴别
黄　林 关于县（区）干部培训中存在的问题及对策分析
蒋克明 论商标与市场经济
石子球 论市场经济条件下共产党员的价值观
褚伯铣 发展我国货币市场的政策取向
陈国然 行政执法队伍建设的问题与对策探讨
史雪富 关于减轻农民负担的思考
胡佑满 建立干部能上能下的用人机制
胡桂秋 试谈双峰县产业结构的调整
刘　杰 浅论金融风险防范
罗忠庆 新时期群众工作方法初探
彭希亮 当前农业基础设施建设现状分析与对策
王希剑 论新闻的美学品格
余庆华 试论社会主义市场经济条件下青年人价值观的教育
刘文武 浅谈企业如何培养选拔年轻“一把手”
盛新德 企业内部监督难的原因及对策
熊亚林 建设企业文化要坚持以人为本
李大刚 浅谈企业精神文明建设的着力点
龚普林 浅谈企业人力资源开发与管理
张正良 因企制宜选择国企改制及实施模式
易永华 浅谈新时期的干部考核工作

湖 北 分 院

胡德权 试论增强党员意识
刘汉珍 必须高度重视和加强对流动党员的管理
聂建新 试论领导班子的整体效应
胡　翔 运用客观规律开展思想政治工作
王步还 卫生工作必须“以农村为重点”的思考
吕值友 论新时期爱国主义教育的基本内涵与特征
余建新 试论清除行政执法腐败现象的对策及建议
王臻良 试论企业整体人才资源开发
化　钢 依法治国是社会主义市场经济的必由之路
吴　刚 逐步完善山区农村市场体系——浅谈山区农村如何尽快脱贫致富
邵晓红 试论与市场经济相适应的道德观
朱　卫 孙子兵法中的用兵遣将与市场经济条件下的知人善任
李　未 地市级投资计划管理的特点难点与着力点探析

别云海 思想政治工作的说理艺术
胡道银 弥合界面
曹立明 当前制约企业经营管理干部队伍建设的原因探析
路　江 关于真理标准问题刍议
夏敬江 对减轻农民负担的思考
汪自国 关于建立地方财政运行机制问题初探
韩从国 认清新形势　把握新机遇　开创新局面　全面推进资本营运工作——潜江制药集团实施资本营运探索
夏洪国 略论现代企业家队伍建设
叶惠成 关于提高领导干部素质的思考
童东城 从车身厂的发展道路看实现两个转变的必要性、紧迫性和可靠性
吴晓恩 关于企业分配制度改革的探讨
丁辉海 现代企业制度的党建工作思考
田少华 从另一个角度思考国企改革问题——企业官本位思想浅析
李海明 对邓小平"经济工作是当前最大的政治"论断的认识
宋学文 谈企业精神文明建设与物质文明建设的关系
尹天兵 浅论解放思想,实事求是的理论精髓对桥口经济实践的指导意义
黄家汉 社会主义是中国历史的必然选择

广东分院

陈国基 试论"主""仆"位置颠倒现象之症结及其对策
陈善新 论提高我国出口商品的国际竞争力
朱美妆 如何搞好"三资"企业国有股权管理
张春林 对白云国际机场发展战略思考
刘广财 对从化市节能灯管厂经营情况的调查与思考
李广平 浅谈加强对高技术条件下局部战争中政治的研究必要性
黄琛棠 我市环境保护与经济发展的关系浅论
付神双 山区农业产业化发展必须实现新突破
田小峰 论我国金融体制改革
申春生 关于发展湛江港口与沿岸海域综合作用的思考
李国忠 国有商业企业实行股份制改革的思考
李翠芳 从清远银行业信贷资产现状看我国金融风险管理
唐伟雄 住房制度商品化的必然趋势

海南分院

王文信 加强科技建设　振兴琼山经济
王业先 三发开发区建设总公司成功的启示
钟　育 三亚市物业管理之我见
黄永忠 关于海南建行向商业银行转轨的探讨
吕诗强 浅谈发展文昌旅游业
李布千 关于发展海南农垦职工自营经济的思考

四川分院

卓　越 加强社会主义公德建设　努力提高全民素质
殷旭东 社会主义市场经济条件下改善和加强公安执法初探
陈　红 试论邓小平干部教育思想及建立我国干部教育体系
邓勇军 在市场经济条件下如何加强党的思想政治工作
蒋明珠 加快教育改革　大力推进素质教育
陈素华 浅析影响领导班子团结的原因
邓　刚 新概念会计——会计电算化的发展及新技术运用

西藏分院

索朗仁青 论西藏人口与经济发展
董怀林 关于提高宣传思想工作者主体素质的思考
罗明荣 加强法制建设,保证金融安全

中央国家机关分院

齐淑奎 市场经济对法院队伍的影响及对策
刘洪禄 关于中外合资企业几个问题的探讨
高贵生 关于下岗失业再就业问题的分析
郑恩波 试论跨世纪青年艺术人才的培养
王益军 人才是发展之本
刘　梅 论新形势下反腐败斗争的思路和对策
叶怀恩 发展人防经济提高战备能力
柴柏增 领导思维与用人艺术
马卫平 对医疗卫生行业"红色"现象的研究
陆涌华 关于股份合作制的理论与政策

北京市委机关分院

孙鹤龄 论地方人大监督权
左 琳 浅议人民法院执行异议制度的法律完善
陈龙根 缓刑制度的修改与适用
吉京华 试论我国《刑法》中的减刑制度
郑 煜 论“身边人”参与领导干部贪污受贿犯罪及预防措施
张盛云 关于完善婚姻家庭立法的几点思考
黄 璇 关于控辩式庭审方式适用中若干问题的探讨
尹淑华 浅析医疗事故的赔偿
孙向东 关于“扫黄”“打非”强化法律支持的思考
姚志颖 浅谈劳动合同制度实行中存在的问题及对策
周 欣 对市场选配企业经营者的探讨
王健华 北京市城镇居民家庭资产状况研究
张丹民 建立风险投资机制 促进我国高科技产业发展
惠西宁 社会主义市场经济与引进国外智力浅析
张宏图 京郊种植业结构调整之我见
李子新 关于组建国家控股公司的思考
孙 乾 建筑业大中型企业转变经济增长方式的理论与实践
常天柱 论税源监控
宋长福 关于发展通州区民营科技企业的探讨
郭 玉 新时期如何加强乡镇财源建设

总 参 分 院

徐荣生 着力优化经济发展环境促进区域经济快速发展
孙乃剑 对加强县级消防保卫工作的思考
高 勇 论深化扎实地学习邓小平理论
徐翠茹 浅谈社区服务产业化是社区服务深化发展的有效途径
赵丰强 当前企业职工文艺活动现状的分析与对策
秦自军 对100名在校少年犯罪情况的调查分析
王 鹏 建设有中国特色的企业文化—关于企业文化建设中几个问题的探讨
秦书廷 发展农业产业化面临的困难与对策
陈宗霞 对会计信息失真的思考
张 堂 适应改革新形势积极探索闯新路
史素娟 论乡镇企业在改革中不断发展的理论思考
戴 芸 我县分税制财政管理体制运行的理论思考
王自强 浅论企业家的人格魅力
任玉增 从社会学角度透视住宅小区的管理社会化
刘 江 浅议行贿罪
房长会 当前下岗的原因和对策
李毅萍 跨世纪青年特征与思想教育调适
周明山 对规范税务代理业的几点思考
谢爱禹 试论组建预备役部队的战略意义及预任军官管理的问题与对策
陈达波 水利水电勘察设计行业改企业建制初探
刘德平 适应改革形势的需要,努力做好军队家属就业工作
邓忠权 试论社会主义市场经济条件下的部队凝聚力
张天荣 对军事经济与市场经济“接轨”的思考
葛俊德 试谈多民族多宗教地区的军民共建活动
李红斌 从严治军必须依法治军
陶长恒 加强对党员领导干部的监督是反腐败斗争的治本之道
唐林华 略论企业党组织在解困发展中的政治核心作用
叶正高 “三力”与国共合作的历史、现实和未来
刘铁军 群体突发事件的特点及对策
牛力军 我局派出所改革后存在的问题及拟采取的对策
文庆球 做好新形势下的经常性思想工作
周 军 知识经济浪潮中的湖南职业教育
邱 莉 货币政策在宏观经济调控中的作用

空军部队分院

张云山 对空军部队农场涉法问题的调查与思考
杨静静 铁路公安机关管理体制探析
李子强 论企业文化与管理现代化
王继云 对深化改革的几点思考
牟宗军 关于新形势下基层干部的管理教育问题
刘克明 打击走私势在必行
康和凤 从个人所得税征管谈税务机关如何为纳税人提供有效服务
张 岚 股份制不等于私有制

姜桂泉　论邓小平新时期军队建设思想
屈树金　住房商品化与住房金融的思考
薛培生　论我国经济成长新阶段
王清波　切实增强“首位”意识不断加强部队的思想政治建设
李树斌　落实首长分工负责制发挥首长的职能作用
王继荣　论正副书记在加强党委民主集中制建设中的地位和作用
刘　智　贯彻民主集中制需要把握好几个重点问题
陈百通　对当前军营文化建设的思考
邢俊杰　浅谈适应经济增长方式转换加速军事经济整体改革
毛益来　对社会保险由企业走向社会化的思考
周建新　走有中国特色的精兵之路
易裕斌　领导干部提高自身素质是加强思想政治建设创造性的关键
秦远德　提高军事管理经济效益
刘汝桥　论领导机关如何做高举旗帜维护中央权威的模范实践者
杨志辉　贯彻民主集中制原则要正确认识和处理四个关系
蒋英炉　试论新时期的党内思想斗争
徐昌旺　邓小平对党的思想路线的新贡献
王德英　论我国精神损害赔偿制度的缺陷及其完善
孙珠芳　论军队精神文明建设要走在全社会的前列
杨普选　党委书记要正确理解和行使“一票权”
汤国庆　论社会主义市场经济条件下的医德建设

总装备部分院

殷坤能　关于科研单位思想政治教育几个问题的思考
苏大为　市场经济形势下军转干部再就业问题初探
韩小军　试论精神损害赔偿
张时华　对开展离任审计的思考
邢碧波　谈谈党委书记的协调能力
黎　亮　正直做人　清白为官　治心带兵
段　勇　关系、矛盾和办法
——正确处理支部各种关系和矛盾
陈剑飞　在深化改革的新形势下，党委要把保证广大官兵服从大局拥护改革作为根本任务来抓
蔡　芳　对深化改革过程中做好部队思想政治工作的思考
郭文霞　论我国精神损害赔偿制度的缺陷及其完善
王福增　浅谈领导干部“自重、自省、自警、自励”的意识
李继承　谈谈加强领导干部的思想品德修养
王　冰　适应新时期海上测控任务的需要努力增加部队凝聚力

南京军区分院

丁明德　略论新时期的国防建设
武宜勇　加强党风廉政建设要坚持自律与他律相结合
卢维祥　社会主义市场经济条件下部队思想政治工作若干问题的思考
蔡庸钰　浅谈社会主义市场经济条件下的企业廉洁经营
张建华　党委书记要努力提高执行和运用民主集中制的能力
金一兵　军队要坚定不移地服从和服务于国家经济建设大局
张利军　浅谈高技术条件下局部战争濒海地区民兵参战之前政治工作
章　明　对建立良性发展的船管运行机制的思考
安玲玲　实施名牌战略，树立企业形象
魏家昕　论改革开放中的政治稳定与社会发展
曾继荣　试论领导干部的思想道德修养

分院级领导干部函授班、本科班优秀学员名录

上海分院

周　云　陈乐治　赵广友　周殿勤　邱志勇
尤国芬　黄　力　刘海兰　王燕华　郭学于
崔正明　黄正国　周爱珍　李成华　朱代明
郭浩林　宋美珍　陆　英　沈　超　郭　英
陆士逵　杜行祥　马　杰　吴建生　聂恩珍
陈　勇　赵美君　李永钧　陆国珍　董兆强

福建分院

许以穆　陈建新　林醒生　李增源　高建钢
黄　榕　许宗珍　唐子秋　杨永雄　李文贤
林　海　黄伟杰　叶　玲　林　蓉　黄恩盛
郑延平　唐娅静　杨章辉　苏祖华　王子钦
黄木土　康玉坤　涂有明　姜卫平　薛　华
李建华　肖富银　石三平　廖惠敏

内蒙古分院

王　贵　高元风　范瑞珍　杨加义　张永华
陈秀荣　郝　畅　杨　光　刘铁慧　尤再忠
袁志刚　王　瑞　康克勤　刘晓琴　乌俊梅
陈安泰　张保红　牛子英　梁丽萍　梁丽红
冀建兵　许金彪　吕松峰　孙宝财　王兴宝
赵明权　黄　鹏　魏义清　曹福喜　江春明

辽宁分院

金吉援　孙殿鸿　高　风　刘　伟　高德维
张庆凯　赵艺辉　龙海毓　崔玉山　左凤琴
孔庆书　王玉生　王　戈　张广福　赵丽君
刘殿宏　王作亚　高永波　古　平　刘　顺
袁晓峰　祈继光

宁夏分院

刘延刚　李维东　张淑兰　侯宁生　方丽华
韩向功　王福魁　刘玉惠

甘肃分院

杨建基　魏立武　伏朝晖　朱润身　李奋华
曹晓宏　周晓宁　唐志峰　杨俊虎　吴建平
李志伟　雷恒昌　张玉英　李传林　张秉函
刘荣国　党北平　陈其银　张海石　傅兰玲
刘　秀　杨天萍　寇宗吉　赵连成　李惠泽
黄　方　康玉芬　郭小龙　冯慧敏　化　乐
杨巧木　张　炳　刘晓芸　李树洪　张少云
严　策　秦　华　王弘丽　苗旗新　陈　敏
刘汉杰　张建平　田万宝　姚小菊　杨继元
郝发忠　于彦鹏　陈兴发　陈静文　王亚峰
胡香莲　张睿华　杨勇辉　桑德忠

新疆分院

朱冬梅　南天圣　李　喆　卡德尔　赵兴旺
马　莉　周艳红　张建峰　朱丽燕　周晓娟
贯光华　王立新　刘　艳　马建军　谭　亮
谢继强　李明霞　赖　非　王雪莉　周　飞
田　英　周　勇　刘　晖　于海清　阿里甫
张道亮　邵红军　郑玉梅　蒋　海　张清华
米　娜　陈　伟　白　燕　骆冬光　曾　倩

新疆兵团分院

李国平　赵锦梅　潘　明　母　俊　丁　勤
徐秀玲　张东波　张高勇　许文涛　侯洪祥
刘向松　侯建良　曲　毅　陈　坚　任继民
王继亮　陈会莲　方浦成　程　强　刘西疆
王生宽　舒明昌　王雨峰　张宗智

河南分院

任智勇　马郑生　杨智勇　王国政　宋志强
沈春丽　张　丽　王景宏　吴云锋　李建军
和　平　李庆新　霍秀水　高宏丽　郝廷兰
王寅初　司马培善　乔幼强　陶善武　任建庄
郭东晓　袁　佩　张　勇　汪福强　王　宇

邱军 张文钊 高亚 黄永生 李顺和
吴倜令 高志远 程书阁 于丽萍 吉俐俐
田军民 连晓燕 朱相君 张伟平 刘东成
林清宇 乔建华 孙文德 王玉峰 吴和平
魏胜 宋和平 马庆忠 景会芳 谢怀瑞

西藏分院

肖前卫 樊基善

南宁分院

苏武 赵波 覃保泉 韦炳中 李建民
杨高华

铁道部分院

周大力 周春来 刘砚 田富林 廖克
赵凯 范志 张永红 孙铁柱 孙新民
李志忠 韩凤云 刘洪庆 方绪斗 孙雷
郭俊彦 张永年 高松耀 徐祁永 钱常青
马顺刚 邓浩明 马海 王烈 段昌炎

北京市委机关分院

陈天宝 周忠秀 刘瑞勤 邓泽红 孙向东
田秀珠 王峥 祖淑燕 罗静杰 宋长福
何念 张树才 刘功权 陈立增 沈爱民
刘绵川

总后分院

黄少珊 雷向明 吴早光 肖用成 任建华
张守林 韩翠荣 许淑霞

空军部队分院

白银 郭宏伟 张定兵 高雁 金心华
柳起 王丽 李永生 汪志均 景新
邓建祥 钱克善 袁华青 王玉柱 孙东彦
刘胜福 徐昌旺 稽永春 刘学勤 刘智
胥正德 冯健 田宇学 油林 唐正发

总装备部分院

邢碧波 李玉华 邹传明 朱文军 陈玉池
苗恩波 王克情 褚宏彬 毕金生 张时华
胡亚文 夏清龙 邝邹飞 易凤勋 文山云
张承祖 王少华 龙志忠

南京军区分院

徐政道 朱维峰 叶勇 陈晓梅 应文森
徐永淮 朱宵文 谢汝杯 封苏娃 杨玲
郭军 李岗

广州军区分院

孙胜 张红 曾瑞荣 林兴 孙建峰

成都军区分院

郭景龙 邓兴虎 刘家国 张岩 杨成熙
李梅 乔建文 向青 周翔 苏超岑
贺凯 彭晓明 叶惠明 鲁君 刘华荣
姚世忠 金政全 秦建华 于德文

晋升为高级职称的学员名录

山东分院

袁兆国 高级政工师　杜树锡 高级政工师
王　玮 高级经济师　张玉新 高级经济师
王青莉 高级经济师　于华东 高级经济师
高　菊 高级经济师　李考勇 高级政工师
张鲁滨 高级政工师　于成双 高级政工师
张培强 高级会计师

上海分院

虞乃而 高级工程师　陶　英 副教授
王金凤 高级政工师　张立新 高级政工师
倪永明 高级政工师　朱伟康 高级政工师
顾晓英 高级政工师　邵月华 高级政工师
郝建平 高级政工师　周瑞筠 高级政工师
章志军 高级政工师　孙重武 高级政工师
王伟球 高级政工师　孙嘉祥 高级政工师
张建国 高级经济师　刘志敏 高级经济师
朱品成 高级政工师　张心志 高级政工师
杨德兴 高级政工师　忻莉珠 高级政工师
朱伟杰 高级政工师　沈根芳 高级政工师
黄嘉荣 高级政工师　王林兴 高级政工师
藤克仁 高级政工师　曹龙金 高级经济师
吴世昌 高级政工师　张建明 副编审
张俞生 高级政工师　庄建平 高级经济师
梁益民 高级政工师　夏猛飞 高级政工师
夏芙娣 高级政工师　庞根妹 高级政工师
吴广威 高级经济师　林厚德 高级会计师
冯士毅 主治医师　许　骏 高级经济师
刘桂荣 高级经济师　李文革 高级政工师
崔如良 高级政工师　印中群 高级政工师
沈勇群 高级政工师　王水华 高级政工师
陆志尚 高级政工师　胡淑贞 高级政工师
刘景芬 高级政工师　许冬妹 高级政工师

安徽分院

张　勇 副教授　刘子芳 副教授
丁汉钰 高级农艺师　谢有兴 高级讲师
张晓英 高级政工师　段源林 高级会计师
武爱群 高级工程师　张克敏 副教授
铁兰云 高级经济师　宋全思 高级工程师
赵东余 高级经济师　李国华 高级经济师
阎玉矿 高级工程师　金海河 高级政工师
吴定洲 高级工程师　邹　宁 副主任医师
张友良 副主任医师　孙学文 副主任医师
王在括 高级经济师　李乐连 高级政工师
郑玉建 副总工程师　韩　流 副总工程师
陈维汉 副总工程师　王运忠 高级经济师
徐尊华 高级政工师　王艳功 副总工程师
黄广成 高级经济师　谢觉民 副总工程师
庞长生 高级经济师　蔡兆林 总工程师
高传书 高级政工师　吴贤文 高级经济师
王世界 高级经济师

浙江分院

石良平 高级讲师　吴长贤 高级工程师

江西分院

魏全木 教授　傅水春 副教授
章　华 高级政工师　陈国洪 高级政工师
杨益康 高级政工师　王惠贤 高级政工师
王今珍 高级政工师　陈征朵 高级讲师
万国林 副教授　张初明 高级政工师
陈飞林 高级政工师　张新武 高级政工师
袁小桥 高级政工师　罗佰玲 高级政工师
公凤保 高级政工师

福建分院

毛平先 副教授　杨景山 副教授
潘桂兰 高级政工师　沈木金 高级经济师

杨宝山 高级经济师　林宝娟 高级讲师
王小锋 高级讲师　董志炎 高级经济师
刘　敏 副研究员　郑建红 副主任医师
张连发 高级经济师

天津分院

于胜来 高级讲师　张绍云 高级讲师
刘振明 高级政工师　张仁杰 高级工程师
唐万友 高级工程师　安秉信 高级讲师
王玉娟 高级讲师　杨玉兰 高级政工师
刘　琳 高级讲师

河北分院

杨善兴 高级经济师　时二珍 高级经济师
贾树国 高级经济师　肖汾阳 高级经济师
郭丽英 副教授　周法东 高级工程师

内蒙古分院

巴利平 高级工程师　胡英杰 副教授
李景玉 高级会计师　李增毅 高级经济师
刘　安 高级政工师　李治强 高级政工师
张滦祥 高级政工师　王子章 高级政工师
刘玉才 高级政工师　商素婷 高级政工师
关一明 高级政工师　赵建钢 高级政工师
张元成 高级政工师　王　岗 高级政工师
宋淑华 高级政工师　王晓林 高级政工师
燕洪全 高级工程师　史　璞 高级教师
张效智 高级政工师　邢承瑶 高级政工师

辽宁分院

林建平 高级政工师　高启文 高级经济师
孙宝安 高级经济师　金吉斌 副教授
宋铁新 高级政工师　原铁民 主任记者
何心田 高级经济师　张印昌 高级统计师
胡晓明 高级经济师　顾天民 高级会计师
郭连仲 高级审计师　孙长菊 高级政工师
唐国昌 高级经济师　卢国军 高级会计师
郑亚芝 高级经济师　王　伟 高级政工师
苏宝华 高级政工师　王永和 高级政工师
王建新 高级政工师　李　刚 高级政工师
纪　红 高级政工师　杨荣华 高级政工师
孟庆华 高级政工师　巴　文 副编审
季　莺 高级政工师

宁夏分院

王建宁 高级政工师　吴国祥 高级工程师
张正军 总经济师　阎保领 高级政工师
王净波 高级会计师　许晓华 高级政工师
张玉明 高级中教　耿占玺 高级中教
李耀杰 高级政工师

甘肃分院

付连海 高级经济师　熊　进 研究员
李宏印 高级经济师　但赛君 副总会计师
丁惠诚 高级工程师　任大康 高级工程师
张连根 高级工程师　胡新天 高级工程师
何双全 研究员　张得劳 研究员
水　泓 高级工程师　王兰生 高级工程师
侯云生 高级工程师　苟少峰 高级工程师
郭宪勤 高级工程师　邢　亮 高级工程师
孙矿生 高级工程师　刘近荣 高级工程师
孙　琳 高级工程师　李聚东 高级工程师
张进国 高级会计师　王　享 一级演员
张云刚 高级工程师　张晓明 高级会计师
金玉虎 高级工程师　张宝安 高级工程师
姚军汉 高级工程师　王　烈 高级工程师
向林明 高级农艺师　王综和 高级教师
侯惠民 高级教练　李宝萍 高级经济师
王贵平 高级工程师　刘美荣 高级教师
徐小英 高级经济师　杨长春 一级演员
李光宇 一级演员　汪德惠 高级会计师

新疆分院

张新成 高级政工师　龚建新 总工程师
赵俊卿 总工程师　马　肯 副总经济师
赵永胜 总工程师　杨引官 教授
刘孟全 总经济师　周树茂 高级讲师
朱东明 高级工程师　赵红星 高级经济师
江　风 高级讲师　谢林冰 高级讲师
梅海生 高级讲师　袁智文 高级讲师
袁　强 高级政工师

河南分院

陈宝珠 高级农艺师　王宝珠 高级会计师
常景竹 高级会计师　李玉华 高级政工师
周献华 高级政工师　牛　健 高级会计师

贺国平 高级讲师
牛兰英 副教授
彭昌礼 高级经济师
周 冀 高级经济师
韩 青 高级政工师
代吉文 高级经济师
吴健民 高级政工师
胡颖君 副编审
李俊兰 副研究馆员
薛学辉 高级会计师
黄国连 高级工程师
明柱平 高级经济师
李社英 幼教一级
毛庆江 高级经济师
肖瑞兰 副研究馆员

湖北分院

朱敦军 副教授
罗东汉 高级讲师
李运龙 高级经济师
曹立明 副研究员
刘祖寿 科社副研究员
杨再兴 副研究员
严少斌 高级经济师
杨少杰 高级经济师
刘文雄 高级经济师
韩富贵 高级经济师
张岳平 高级经济师
陈 莉 高级经济师
张春山 高级经济师
刘光海 高级经济师
田恒炼 高级经济师
周 强 高级经济师
易庆国 高级经济师
林作洲 高级政工师
邢德勇 高级工程师
汪玉昌 高级会计师
何定宏 高级经济师
钟 铭 高级会计师
陈振炳 高级经济师
董月林 高级讲师
王学森 副教授
徐生浩 科社副研究员
张坤华 高级经济师
倪平学 高级讲师
王振江 高级经济师
张东兵 高级经济师
季明军 高级经济师
梅建平 高级经济师
张良波 高级经济师
高大林 高级经济师
陈建新 高级经济师
吴志高 高级经济师
方开基 高级经济师
张玉珍 高级经济师
潘德富 高级工程师
韩文胜 高级政工师
肖 平 高级工程师
何伯清 高级会计师
王建国 高级政工师
田少华 高级政工师

广东分院

许其琿 主任编辑
韩新忠 主任编辑

南宁分院

刘武平 高级工程师
潘伟胜 主任编辑
韦小驹 二级演奏员
郭小平 主任记者
赵志坚 主任编辑

海南分院

卓 雄 高级政工师
林 飞 高级政工师

铁道部分院

郭双庆 高级政工师
易亚平 高级政工师
陈 鸣 高级政工师
张仁元 高级政工师
李子信 高级政工师
孙 璐 副教授
王聚贤 高级政工师
彭天曙 高级政工师
赵 戈 高级政工师
屈德跃 高级政工师
刘新年 高级政工师
关洪捷 高级讲师
高立万 高级政工师
孟 明 高级政工师
陈 为 高级政工师
汪建国 高级政工师
吴国明 高级政工师
谭炳海 高级会计师
孙德江 高级政工师
王治渊 高级工程师
潘闹江 高级政工师
孟宇光 高级政工师
徐恒云 高级政工师
王宏伟 高级政工师
梁文发 高级政工师
苏万青 高级政工师
王培广 高级政工师
路延安 高级工程师
苟旭辉 高级政工师
杨丽霞 高级政工师
侯岩福 高级政工师
娄新江 高级政工师
刘柏盛 高级工程师
蔡传明 高级政工师
郭宏军 高级政工师
荆自力 高级政工师
王之举 高级政工师
吴代兴 高级会计师
蔡泽昌 高级教师
王振纲 高级政工师
陈享荣 高级政工师

北京市工业党校分院

刘继华 高级会计师
李惠生 高级政工师
邹佩珍 高级政工师
张 逊 高级政工师
贾宝山 高级讲师
郭卫国 高级政工师
刘全寿 高级工程师
马建国 高级工程师
万 萍 高级政工师
曹永棋 高级会计师
于 浩 高级政工师
陈建华 高级政工师
王康山 高级政工师
庞连东 高级经济师
田来福 高级政工师
潘 明 高级政工师
彭望通 高级政工师
邓莉华 高级政工师
金 生 高级经济师
马学毅 高级会计师

晋升为地厅师级以上职务的学员名录

上 海 分 院

沈佐平　副局长
陈建兴　长宁区委常委、组织部长
张培正　宝山区副区长
吴军营　上海市劳教局局长

安 徽 分 院

张育瑄　《安徽日报》总编、安徽日报社党组书记
陈晓俊　中共安徽省直工委副书记
崔亚东　省公安厅副厅长
朱维芳　省人大副主任
刘顺道　宣城地区法院院长
吴克明　芜湖市副市长
吴秀兰　市委副书记、纪委书记
孙贺轩　滁州市委常委、宣传部长
何希勇　滁州市副市长
祝会光　市委常务秘书长
宋从恕　淮北矿业集团总经理
王敬安　宿州市人大副主任
雷光鹏　宿县地委委员
李学香　市委常委、组织部长
黄爱华　市政法委书记
孔令昌　淮南矿务局党委副书记
王　源　淮南矿务局党委副书记
刘　健　省土地局副局长
时新中　安庆师范学院副院长
凌有江　安大党委副书记
许　茂　省交通武警副总队长（副师）

浙 江 分 院

陈建设　副市长

江 西 分 院

许从年　华东地院党委副书记
刘积福　九江市市长
吴伏生　鹰潭市副市长
陈长庚　景德镇市副市长

福 建 分 院

杨鹏飞　莆田市委副书记

天 津 分 院

孙振清　县长
张建国　副县长
张端福　港务局副局长
王玉燕　副区长
寇会来　和平区委纪检委书记
刘树起　常委副区长
邢纪茹　区常委组织部长
崔金爽　政协副主席
穆万敏　纪委书记
姬俊英　统战部部长
张怀亭　副区长
李惠莲　组织部长

河 北 分 院

王平洲　沧州化肥厂副厂长

内蒙古分院

张铁网　内蒙党委办公厅副主任
张秀梅　内蒙妇联副主任
范金星　锡盟副盟长
娜仁图雅　政府办公厅调研员副厅
尚晓静　内蒙水文总局局长副厅
杨占林　伊盟副盟长
赵德英　伊盟副盟长
白志明　锡盟副盟长
斯庆毕力格　内蒙工行副行长
杨继业　阿盟盟委秘书长盟委委员
周茂森　包钢公司党委副书记
曹德生　副总会计师

闫益柏 副总工程师
郭平晓 奔驰公司总会计师
苏日图 奔驰公司副经理
安富荣 内蒙二机总厂厂长
顾振吉 内蒙地质勘测局副局长
段玉明 内蒙武警总队参谋长

宁夏分院

马继庭 吴忠市政协主席
解孟林 石化公司党委书记兼总经理
李　岚 自治区统战部副部长
陈守信 自治区政府秘书长
韩瑞祥 自治区电力局纪检组长
何仲森 自治区商业银行董事长
徐占海 石嘴山市副市长
周青海 石嘴山市副市长
童建柱 石嘴山市人大副主任

辽宁分院

段文德 抚顺石化总公司总经理
许加强 鞍钢实业发展总公司副经理
尹　利 鞍钢自动化公司党委书记
闻宝满 鞍钢工会主席
王延绵 鞍钢实业发展总公司党委书记
代树清 鞍钢党委宣传部副部长、鞍钢报社总编
郭林东 鞍钢修建公司副经理
王宪鹏 鞍钢修建公司党委副书记
陈日泉 省政协科教文卫部副主任
巴　文 省法学会专职副会长

甘肃分院

张正兴 甘肃省文物局副局长
李宏印 万里机电厂副厂长
孙效东 庆阳地区行署副专员
王玺玉 天水市委副书记
冯沙驼 天水市副市长
杜松奇 天水市委秘书长
王通智 甘肃省委组织部副部长
郝发忠 甘肃省地税局副局长
王玉武 连城铝厂厂长
孙矿生 甘肃省地矿局副局长
管魁龙 兰钢集团公司副总经理
张云刚 甘肃省水电工程局副局长
赵志农 甘肃省水电工程局副书记
韩志平 甘肃省水电工程局副局长

新疆分院

陈建喜 地委书记
多尔加拉 塔城行署副专员
顾和玉 地委委员、组织部部长
赵德忠 自治区组织部副部长
李彦明 伊犁州公安局局长
赵福英 伊犁州妇联主席
樊占圆 州组织部第一副部长
塔力哈提 自治区团委副书记
李向林 阿山局局长
隋吉平 乌市副市长
涂凤英 自治区妇联副主任
金科俊 高炮旅政委
郭依坤 乌市副市长
黄亚军 自治区总工会副主席
于海鸣 水利设计院党委书记
田江平 自治区经贸工委副书记
侯　军 市人民检察院党组书记
傅清火 经济干部管理学院纪检书记
庞　力 工行乌市分行行长
库热而 哈密地区专员
陈　季 喀什地区行署副秘书长
张汉东 自治区计委副主任
石慧琼 地委宣传部部长（常委）
耿　俊 行署秘书长
阎　勤 地委组织部部长（常委）
张友林 石油管理局副局长
王新明 副市长
李　磊 自治区农业厅副厅长
刘学虎 喀什地委组织部部长
史少林 喀什地委行署秘书长
朱海龙 喀什地委委员
王伟博 矿务局纪委书记

河南分院

李　萍 省妇联副主任
郝铁山 鹤壁市副市长
孟宪臣 驻马店地委组织部部长
王献安 油田勘探局党委书记
王春江 油田勘探局副局长

孔繁文 油田勘探局副局长
李春弟 油田勘探局副局长

湖 南 分 院

刘晖朝 省物价局助理巡视员
龚秀松 省物价局副局长
肖泽华 省旅游局助理巡视员
陈正平 中国水电八局工会主席
余柏青 省经贸委副主任
孙青乃 省政协副秘书长
蒋艳萍 省建筑总公司副总经理
李世文 中行武汉分行湖南营业部总经理
颜石生 株洲市委组织部部长、市委常委
张怡中 涟钢党委书记
李建国 涟钢副总经理
颜建军 涟钢党委副书记
谢国安 涟钢总会计师
敬文宇 锡局副局长

湖 北 分 院

黄致雄 省计委巡视员
周先旺 恩施州人民政府副州长
甘方谦 恩施州人民政府副州长
谢松保 中共咸宁市委副书记
李明波 咸宁地区专员
张润德 黄冈市纪委书记
夏润祥 黄冈市委常委
程伟忠 咸宁市常务副市长
樊仁富 咸宁市副市长
周华品 咸宁军分区政治部主任
喻 芳 武汉市妇联副主席
吴永文 荆门市常务副市长
吴 超 随州市委书记
胡菊萍 黄石市副市长
周水舟 黄石市组织部长
万汉清 鄂州市政法委书记
张卫东 潜江市委书记
潘德富 水泥厂厂长
张玉春 局党委副书记
熊国庆 桥口区委常委、组织部部长
孙明安 桥口区委常委、区委办主任

广 东 分 院

黄奕锋 汕头市常务副市长
姚欣耀 深圳市政协秘书长
欧大江 深圳市燃气集团有限公司总经理

南 宁 分 院

秦兆雄 武警广西总队副总队长
李先明 广西区政法委副书记
莫永清 广西区监察厅厅长

海 南 分 院

林玉强 海南省民族宗教事务厅副厅长

铁道部分院

黄世金 副局长
吴建中 局党委副书记
刘振华 局党委书记

北京市委机关分院

潘友生 助理巡视员
扈秀云 人大机关党委副书记
丁 力 宣武区委常委
王 泉 同仁堂集团党委副书记
滕 毅 市文明办副主任
杜少中 助理巡视员
赵军慧 中建材集团总经理
解 煜 助理巡视员
冯藏淑 崇文区政协副主席

北京市工业党校分院

马童立 北内集团党委书记兼副总经理
王静华 北内集团副总经理
霍光来 首钢总公司党委副书记兼纪委书记
郭生臣 中国人民保险公司北京市分公司总经理兼党委书记
刘 杰 解放军企业管理干部学院副院长

南京军区分院

李正平 宣州军分区司令员
梅万钧 装备技术部副部长
严相文 福建省军区政治部副主任
孙德武 南京军区干部部部长
田 原 南京军区干部部副部长
吴天津 江苏省高炮预备役师政治部主任
汪晓光 南京军区组织部副部长

刘长胜　海峡台政委
杨宗富　十八分部参谋长
罗晓东　预备役师政治部主任
周永安　金山区人武部政委
翟必槐　海防一旅政治委员
唐金炼　后勤部部长
江勤洪　副参谋长
陈东祥　副师长
传继臣　江苏省预备一师参谋长
杜晓光　福州一高专副校长

成都军区分院

李正权　某分区政治部主任
王立友　某部大队长
冯景海　某部参谋长
陈家强　某部副政委
刘学曦　某部参谋长
侯自强　某队政委
何大明　某部政治部副主任
胡良健　某总队政治部副主任
郑顺民　某总队政委
韩祥林　某总队队长
方沛元　某大队副政委
王晓蒂　某部副部长
肖满生　某分区政治部主任
王生虎　某分区政委
易春元　某分区政委
孙国华　某部副部长
邱　建　某部政委
裴泽荣　某部副师长
陈贵忠　某部副部长
周安明　某部技师七级处长
李立中　某部政治部主任
刁国新　某部副政委
刘天敏　某部副部长
刘　玺　某部副师长
姚伟文　师政治部主任
李观水　某旅旅长
任可敏　分区副司令
刘世杰　省广播电视厅副厅长
许　勇　师参谋长
陈贵忠　装技部部长
李立中　师政治部主任
孙晓安　装技部副部长

评为国家级、省部级英模人物的学员名录

上海分院

马正康　上海市劳动模范
郭永祥　冶金部授予20502工程竞赛先进工作者
马海燕　上海市劳动模范
李惠芳　全国优秀教师
程　薇　上海市劳动模范
凌春霞　上海市劳动模范

安徽分院

董德胜　邮电部劳动模范
王建国　1998年安徽省抗洪先进个人
李应宏　安徽省劳动模范
王晓晖　全国“五一”劳动奖章获得者
李甫余　铁道部劳动模范
张秋妹　全国计划生育工作先进个人
查坤锡　省财税先进个人
吴仕锋　省优秀乡镇党委书记
罗爱民　省造林绿化先进工作者
欧阳书强　国务院先进工作者
王美荣　省政府劳模
黄　坦　省级劳模
杨春涛　国家级劳模
朱新科　国家级劳模
沈　鹏　国家级劳模
张　勇　国家级劳模
范云侠　省级劳模
程春联　省级劳模
汪晓琳　省级劳模
谢建武　煤炭部劳动模范
袁　玲　全省金融系统劳动模范

浙江分院

高小申　国家建设部先进工作者
徐正坤　国家建设部先进工作者
吴长贤　省级劳动模范

江西分院

邓炳根　江西省抗洪抢险功臣
李小南　江西省抗洪抢险功臣
戴和旺　江西省抗洪抢险先进个人
魏朝和　江西省抗洪抢险先进个人
蔡社宝　江西省抗洪抢险先进个人
林世昌　江西省抗洪抢险先进个人
左长江　公安部抗洪模范
王法贵　最高人民检察院抗洪模范
高兴泽　全国防总抗洪模范、铁道部抗洪模范
吴　涛　江西省抗洪模范
潘赞海　江西省抗洪先进个人
江　华　江西省抗洪先进个人
刘月皓　江西省抗洪先进个人
陈国玲　江西省抗洪先进个人
刘并宗　江西省抗洪先进个人
王晓燕　江西省抗洪先进个人
胡周顺　江西省抗洪先进个人
陈代华　全国“心中有祖国，心中有他人”主题教育活动先进工作者
赖少莲　全省十大巾帼建功标兵
方霞云　江西省十大杰出青年、全国优秀乡镇企业家
梁　勃　省公安厅一等功臣
王火茂　江西省抗洪先进个人
毛晓荣　江西省抗洪先进个人
张建军　江西省抗洪先进个人
万景球　全国五一劳动奖章获得者
余升准　江西省抗洪先进个人

福建分院

苏碧江　全国优秀人民警察
陈文荣　全国优秀人民警察
游进明　全国优秀人民警察
马红梅　福建省新长征突击手、福建省女职工标兵

杨鹏飞 中组部表彰的全国农村基层组织建设优秀县（市）委书记

王灿荣 获省五一劳动奖章（追授）

天 津 分 院

刘　伟 天津市劳动模范

河 北 分 院

贾树国 河北省劳动模范

侯春生 全国老干部先进工作者

曹增建 公安部三等功

内蒙古分院

张　体 全国五一劳动奖章获得者

王建国 内蒙古自治区先进工作者

孙立宪 经贸部先进工作者

管桂桃 内蒙古自治区先进工作者

党希荣 内蒙古自治区优秀党务工作者

席如春 全国金融系统劳动模范

李　明 自治区优秀团干部

梁树民 自治区优秀思想政治工作者

刘和平 公安部授“全国优秀警察”

武永富 公安部授“全国人口普查先进个人”

辽 宁 分 院

王宏明 全国十大女杰

张耀军 中国石化总公司先进个人

谷云凯 中国农行岗位标兵

张纯利 中国工商银行总行优秀金融干部

曹仲秋 辽宁省优秀党员

关延新 沈阳市劳动模范

宁 夏 分 院

李　宏 全国纺织系统脱困再就业带头人先进个人

高万军 “银川市十大杰出青年”、“宁夏回族自治区优秀税务工作者”

戴伍红 国家统计局先进个人

甘 肃 分 院

祁兆亿 全国劳动模范

刘兰英 全国先进生产者

白志家 省委、省政府、省军区表彰：“全省党管武装先进个人”

刘德英 全国总工会表彰的“先进工作者”

苗　壮 国家体委表彰的：“国家优秀裁判员”

王甜翠 商业部“先进个人”

李晓霞 甘肃省委、省政府表彰的“优秀园丁奖”

李奋元 国务院财政税收大检办表彰的“先进工作者”

马庆华 国家统计局“先进个人”

卢仲明 最高人民法院表彰的“先进工作者”

杨重山 国家土地管理局“先进个人”

赵长青 林业部“先进工作者”

曹藏虎 农业部“先进工作者”

何雅茹 国家统计局“先进个人”

赵　忠 农业部“先进个人”

刘惠琴 甘肃省委省政府“先进工作者”

陈　辉 国务院工业普查小组表彰的“全国工业普查先进个人”

张春兰 国务院工业普查小组表彰的“全国工业普查先进个人”

杜　娟 国务院工业普查小组表彰的“全国工业普查先进个人”

杨　芳 国务院工业普查小组表彰的“全国工业普查先进个人”

张文惠 国家农发行“先进工作者”

宋文阁 卫生部“先进个人”

蒲正荣 卫生部“先进个人”

马得祥 中宣部、司法部“先进工作者”

朱五泉 国家地震局“先进个人”

贾锐雷 水利部“先进个人”

刘聪亮 中国天燃气总公司“先进个人”

张凤莲 全国妇联“先进工作者”

黄志运 甘肃省政府表彰的“优秀园丁奖”

王一兵 全国三产普查“先进个人”

道红波 全国工业普查办表彰的“先进个人”

王志录 国家教委“全国优秀教师”

田　泽 国家教委“全国优秀教育工作者”

吴治淮 国家教委“全国职教先进个人”

马有志 国家教委“全国优秀教师”

王晓文 国家计生委“先进工作者”

李天祥 建设部“先进工作者”

李宏伟 公安部“全国优秀警察”

刁尚银 公安部“全国优秀警察”

王多汉 甘肃省政府“优秀教师”

茹嘉悦 甘肃省政府“优秀园丁奖”
王菊花 国务院表彰的“全国劳动模范”
司培武 全国工普办“优秀普查指导员”
侯宏养 地矿部“先进个人”
孙子荣 兰州军区“二等功获得者”
蓝　强 水利部“先进个人”
徐　信 甘肃省政府“劳动模范”
高延新 甘肃省政府“优秀园丁奖”
张秀荣 甘肃省政府“优秀园丁奖”
马崇清 农业部“全国农业技术推广先进工作者”
谢仲科 卫生部“全国结核病防治先进个人”
贾永德 国家教委“先进工作者”
洪　江 公安部“全国优秀警察”
王虎全 国家教委“全国优秀教师”
王安全 甘肃省政府“优秀园丁奖”
姜淑芳 甘肃省政府“优秀园丁奖”
龙讲玉 甘肃省政府“优秀园丁奖”
唐春生 国家教委“全国优秀教师”
胡东风 全国人口普查“先进个人”
杨海勇 全国人口普查“先进个人”
刘文钰 全国有色金属单位“先进个人”
王永江 水利部“全国水土保持先进个人”
姜　升 甘肃省政府“优秀园丁奖”
张建荣 全国人口普查“先进个人”
王东京 卫生部“全国地方病防治先进工作者”
赵忠武 石油部“全国石油系统青年岗位能手”
肖　麟 武警总队“一等功”
杨崇玉 国家工商局“全国工商系统先进个人”

新疆分院

刘　坤 自治区运管系统先进工作者、系统十佳运管人员
王新利 自治区公安厅伊犁平暴一等功臣
黄海洲 自治区先进工作者
符　超 自治区先进工作者
车玉平 公安部授予全国优秀人民警察
姜文华 自治区优秀企业思想政治工作者
朱富国 自治区“开发建设新疆”奖章获得者
张道亮 自治区新疆杰出青年卫士
李　江 公安部全国优秀民警
张广智 自治区公安厅伊犁平暴一等功臣
李建石 全国一级星星火炬奖章获得者
罗　莉 自治区优秀教师

河南分院

陈宝珠 省政府命名为粮食生产先进工作者
焦世峰 1998年荣获河南省青年岗位能手，省级二等功
何洪岭 全国水利行业职业竞赛二等奖
刘志贤 计划生育先进个人、部级
丁仁义 全国杰出青年
王　进 国家石油管理局先进证书
杨玉秋 081142部队先进
马振州 中华人民共和国劳动部先进
张言军 全国消费者协会好会长
张宏霞 全国QC全面质量管理优胜奖
吴吉平 邮电部优秀营业员

湖南分院

陈　健 全国纪检监察系统先进工作者
张中胜 全国优秀人民警察
向才梅 省委表彰的抗洪抢险一等功臣
刘兴华 省委表彰的抗洪抢险一等功臣

湖北分院

张绿水 最高人民法院授予全国优秀法官
隗德芳 公安部一等功、省抗洪模范
韩从银 省抗洪模范
胡　进 省抗洪模范
张青植 省抗洪先进个人
任汉明 省抗洪先进个人
余世平 省抗洪先进个人
杨道洲 省委、省政府、省军区授予抗洪功臣
韩从银 省委、省政府、省军区授予抗洪功臣
樊仁富 全国抗洪救灾先进个人
丁延阶 省抗洪救灾先进个人
李和平 全国税务系统十佳青年
王善军 享受国务院津贴的专家
魏善祥 省政府表彰的先进个人
葛　琼 省抗洪救灾先进个人
李春山 省抗洪救灾先进个人
张太山 省抗洪救灾先进个人
张京汉 省抗洪救灾先进个人
熊武华 省抗洪救灾先进个人
李恩义 国家电力公司劳动模范
潘德富 中华全国总工会授予五一劳动奖章

彭消修 省委省政府命名“抗洪救灾一等功”

海 南 分 院

覃 超 公安部授予“全国优秀人民警察”、“中国十大杰出青年岗位能手”

何君陆 海南省优秀处级干部

麦 辉 海南省杰出“十大青年”

杨 梅 全国“少数民族杰出青年”

西 藏 分 院

达 珍 国家教委授予的自治区“教学能手”

铁道部分院

娄新江 全总授予“五一”劳动奖章获得者

魏玉梅 铁道部政治部授“先进新闻工作者”

张书庭 革命烈士

韩新江 甘肃省“十佳兴业带头人”

孙卫东 铁道部卫生系统先进生产者

张春城 全路十大服务标兵之一

吴建中 1998年火车头奖章获得者

邓新湘 获广东省“关心下一代先进工作者”称号

北京市工业党校分院

李志华 北京市优秀党务工作者

高惠茹 全国集体企业清产核资工作先进个人

邓莉华 北京市工业系统优秀思想政治工作者

总 参 分 院

冯学斌 总参谋部先进个人

李 辉 抗洪抢险先进个人

吕六荣 广州军区一等功

唐序斌 总参谋部先进个人、二等功

王广安 总参谋部先进个人、二等功

郑永泽 抗洪抢险先进个人

申华平 抗洪抢险先进个人

邓思敏 抗洪抢险先进个人

邓普荣 总参谋部先进个人

陈志文 总参谋部先进个人

王 勇 抗洪抢险先进个人

马协森 总参谋部先进个人

何敦文 抗洪抢险先进个人

丁德喜 抗洪抢险先进个人

李宝山 抗洪抢险先进个人

薛桂华 抗洪抢险先进个人

林 勇 抗洪抢险先进个人

黄善保 抗洪抢险先进个人

邹桂初 抗洪模范

张国平 抗洪抢险先进个人

叶正高 抗洪抢险先进个人

南京军区分院

王家国 二等功、全国全军抗洪模范

北京市公安局直属学区

高瑞林 全国优秀人民警察

卢永义 全国优秀人民警察

尚 军 全国优秀人民警察

兰天翔 全国优秀人民警察

王泽红 全国优秀人民警察

大 事 记

1 月

1月1日至11日 全院举行1997年下学期期末考试。这次期末考试实行试题题签制和按属地送发试卷制。这次期末考试经过精心组织，周密安排，顺利结束。

1月12日 总院发出《关于印发1998年下半年教学计划》的通知，决定从98级开始，将党性教育课列入教学计划。

1月16日 总院召开完善教学大纲编制的专题会议。与会人员围绕完善教学大纲编制的必要性、教学大纲的基本结构、命题的依据等问题展开了讨论。

1月19日至21日 总院召开院务扩大会议，出席会议的有院领导孙钱章、史信发、黄士安、刘利群，各处室负责人及处务委员以上干部59人。会议总结了1997年的工作，研究部署了1998年的工作任务。

1月 经研究，中央党校函授学院院报《教学与管理导报》从1998年起，以《党校报》的专刊《函授教学与管理》出版，每月2期。

2 月

2月7日 总院在北京就党校函授教育专业设置和课程设置举行了论证会。应邀参加会议的有：清华大学、中国人民大学、北京大学、中央党校的专家、教授、博士生导师，总院领导和有关职能部门负责人参加了会议。

2月25日 总院发出关于总院机构设置和人事安排的通知，决定成立考试委员会，下设办公室；将原来党校函授教育评估领导小组，改设为中央党校函授学院教育评估委员会；成立教师和管理人员培训办公室。

2月28日 总院在京召开党员领导干部在职研究生班科学社会主义专业97级甲班导师联席会议。出席会议的有江流、赵曜、吴雄丞、张式谷、张中云、周锡荣等13位导师，总院领导及研究生办公室有关人员出席了会议。

3 月

3月5日 总院发出关于1998年招生考试属地送卷的通知，决定部队系统1998年招生考试实行属地送卷的办法。

3月11日 中央党校副校长张志新出席总院院务扩大会。他在听取总院领导所作的简要工作汇报后，发表了讲话。

3月12日 总院向全院各级组织发出《通知》，要求全院认真做好1998年招生考试工作。

3月16日至20日 总院在南宁召开首次学籍管理工作座谈会。参加座谈会的有部分分院、直属学区和总院的有关同志。与会代表对总院提出的《中央党校函授学院学籍管理工作改革方案》及实施办法，进行了深入讨论。

3月20日至23日 总院在四川省委党校召开教学与管理研讨会。会议主要研究规范地方党校函授教育、当前办学中存在的深层次问题、1998年十月会议主题、加强分院办公室建设，更好地发挥办公室参谋助手作用等问题。出席会议的有部分省委党校、分院负责人及分院办公室主任和总院有关人员共43人。会议由总院院长办公室主任张东升主持。

3月27日至29日 总院在深圳市委党校召开教材发行管理工作座谈会。参加会议的有部分分院负责教材工作的领导及总院有关人员，共37人。会议总结了教材发行管理工作经验，表彰奖励先进，部署教材征订及零购教材征订工作。

4 月

4月1日至5日 总院与甘肃分院联合举办首期辅导站站长培训班。甘肃分院各辅导站站长、副站长和部分学区主任、副主任共91人参加培训。参加培训班的辅导站站长经过考试合格，取得了总院颁发的结业证书。

4月6日 总院向各分院、直属学区、总院各处室发出了《关于认真做好今年年鉴资料征集工作的通知》。要求各单位按通知规定报送年鉴1995年卷和1998年卷的资料。

4月8日至10日 总院在武汉召开中央党校第一次全国党校系统函授教育评估工作会议。出席会议的有28个省级党校、分院的领导、总政全军党校函授教育办公室的同志，以及总院有关人员共56人。会议分析了当前评估工作的基本形势，明确了1998年全院教育评估工作的任务和要求。

4月14日至18日 总院在北京举行党性教育教材研讨会，中央党校副校长张志新出席会议，并对编写党性教育教材发表了重要讲话。应邀出席会议的有中央党校原机关党委书记郭允中，辽宁、云南、湖南、陕西、安徽、中直机关工委、北京市委机关工委等分院负责人，中央党校有关专家、教授20多人。总院领导和有关人员也参加了会议。

4月24日至29日 中央党校函授学院举行1998年招生考试。总院领导分别到浙江、天津等地巡考、指导工作。同时，总院还派出24个巡考组50余人，分赴21个省、自治区、直辖市巡考；在北京地区，每天派出10多个巡考组30多人进行巡考。

招生考试期间，中央党校副校长张志新分别由院长孙钱章、副院长黄士安陪同，先后到北京地区有关分院考场巡视。并与有关单位的领导、教师、工作人员交谈。他强调，党校函授教育要立足国内，放眼世界，面向市场，不断提高办学质量。

4月28日 总院发出《关于执行新的收费标准》的通知，决定从1998年1月1日起按经国家计委收费管理司批复精神，实行新的收费标准。

5 月

5月5日、6日 总院领导召集各巡考小组负责人，汇报招生考试情况，总结交流经验，查找存在的问题，明确下阶段的工作任务。

5月6日 总院发出关于印发《中央党校函授学院1998年—1999年函授教育部分科研课题》的通知，决定对党校函授教育中的重大问题进行研究，要求各单位积极申报科研课题。

5月9日 中央党校函授学院舞蹈队代表中央党校参加了北京市青龙桥地区第十五届“五月鲜花”文艺汇演，演出的舞蹈《走进新时代》荣获一等奖。

5月11日 总院在京举行《98级党员领导干部在职研究生班甲班政治学专业培养方案》论证会。人民大学、中央党校的有关专家应邀参加。大家对方案中提出的培养目标、招生条件、课程设置、培养方案提出了许多有见地的意见。

5月19日至23日 总院在福建省南平市委党校举行中央党校函授教材建设咨询研讨会。参加会议的有华东六省一市的分院负责人和骨干教师，中央党校的有关教授，以及总院领导和有关人员共39人。总院副院长史信发在会上作了主题报告。大家对加强和改进教材编写，开展了深入的讨论并提出了许多意见和建议。会议期间，还邀集部分分院负责人，对1998年年度会议的主题报告提纲进行座谈。

5月22日至27日 总院在湖南长沙市委党校召开备课会。参加会议的有各分院、直属学区的教员、教学管理人员130名。会议就《邓小平理论简明教程》和《刑法总论》两门新编课程进行集体备课。会议期间，两门教材的主编中央党校博士生导师吴雄丞教授和北京大学博士生导师陈兴良教授，着重讲授了教材的理论体系、框架结构和各章节的学习重点，解答了老师们在教学和备课中遇到的问题，并和大家一起共同研讨了讲好这两门课的问题。

5月27日 从3月2日至5月27日，全院95级本科班和第五期领导干部班毕业证书办理工作基本结束。这次办理毕业证书的共有62个单位，绝大多数单位思想重视、组织周密，认真把关，发现问题纠正及时，基本符合办证要求，较好地完成了办证任务。

5月23日至29日 总院在北京市委机关分院举办了第一期教务管理软件培训班。参加这次培训班的有内蒙古、山西、河北、天津、中直机关、中央国家机关、铁道部、北京市委机关、北京市工业党校等分院，北京市公安局直属学区和中央党校直属二班等11个办学单位，共23名微机管理人员。

5月28日 总院发出《关于做好1998年上学期期末考试工作的通知》。通知要求各级组织要采取有效措施，严密组织，狠抓落实，圆满完成这次考试任务。

6 月

6月4日至5日 总院在北京举行函授教育评估咨询研讨会。应邀参加会议的有：上海市委党校原常务副校长、华东区联合视导组组长严家栋，湖北省委党校原教育长、分院视导组副组长周诚珪，吉林省委党校校委委员、教育长王栾周，安徽省委党校原教育长、分院视导组组长张长云，北京市委机关工委副书记、分院院长林大烈。中央党校副校长张志新出席会议并讲话。总院领导及有关人员参加了。会议对总院函授教育评估委员会办公室提出的《中央党校函授教育评估指标体系》(修改稿)，展开了讨论。

6月9日至13日 总院在大连召开第二次在职研究生工作会议，参加会议的有办班单位的领导和总院有关人员共66人。刘利群同志作了工作报告。吕敏就98级在职研究生招生和教务工作发了言，并公布了98级在职研究生的录取方案。

6月27日 总院举行首届（95级）党员干部在职研究生班经济管理专业毕业论文答辩会。有35名学员参加了答辩。中央党校副校长张志新和总院领导同志亲临答辩现场，听取了答辩。答辩会由中央党校政治经济学部副主任张伯里等6位教授、副教授分别主持。

7 月

6月中旬到7月初 总院派出5个函授教育评估工作检查组，分别赴陕西、青海、内蒙古、重庆、吉林等分院，并深入21个学区、13个辅导站，对函授教育评估工作进行检查。

7月11日 中央党校副校长张志新由

总院副院长黄士安陪同，分别到中央国家机关分院、总后分院和铁道部分院有关考场，进行期末考试工作巡视检查。

7月13日 中共中央党校办公厅下发了《关于印发〈中央党校函授教育评估指标体系〉的通知》（中校厅［1998］51号）。通知要求各单位结合自己的实际情况，切实做好相关工作。

7月16日 95级党员干部在职研究生班全体学员参加了中央党校暑假毕业典礼，受到了胡锦涛同志的亲切接见，并合影留念。

7月16日至22日 总院在吉林省委党校举办函授教育管理干部培训班。辽宁、吉林和黑龙江三省分院负责人和学区主任及少量辅导站站长，共102人参加了培训班。他们就强化办学队伍建设，提高办学主体素质等问题进行了学习和研讨。

7月22日 总院召开党员领导干部在职研究生班政治学专业（治国方略研究方向）98级甲班在京招生会议。在京的有关办学单位参加了会议。

7月23日 总院召开编制各科教学大纲论证会，北京大学、人民大学、北京市工业党校、国防大学、空军指挥学院和中央党校等单位的有关专家、学者参加了会议。

7月29日至8月3日 总院在山西忻州召开首次电化教学、计算机管理工作会议。出席会议的有17个分院、直属学区和总院有关人员，共49人。总院副院长史信发作了主题报告。山西省委党校副校长许国生、阎宝礼、分院副院长王永翔和山西省委组织部干教处处长郝光亮参加了会议并讲话。

7月29日至8月3日 总院在山西分院举办97级党员领导干部在职研究生班经济管理专业第二学期《西方管理思想史研究》期末考试试卷集中评阅暨备课会。参加此次集中阅卷暨备课会的有广东、浙江、海南、湖南、国防科工委、山西、内蒙古、陕西、北京市工业党校、化工部管理干部学院等分院、学区及总院的教师和教学管理人员共15人。会议分两个阶段进行。第一阶段，由9名教授、副教授采取流水作业的方式对708份试卷进行集中评阅。第二阶段，集体备课。中央党校经济学教研部主任、博士生导师李兴山教授就《西方管理思想史研究》的理论体系、框架结构和各章学习的重点和难点作了详细介绍，并就如何讲好这门课与教师们进行了深入探讨。

8 月

8月15日至17日 总院在青岛市委党校召开党员领导干部在职研究生班科社专业97级甲班教学交流研讨会。出席会议的有主导师、责任导师、学员和总院有关人员共30人。总院领导出席会议并讲话。

8月26日至28日 总院举行1998年暑期院务扩大会议，参加会议的有院领导及处务委员以上成员50多人。中央党校副校长张志新出席会议并讲话。会议除总结上学期工作，细化下学期工作外，还着重研究了如何提高办学主体素质问题。

8月30日 总院在京举行95级党员干部在职研究生班毕业典礼。总院领导和各处（室）负责人、函院95级研究生班全体学员和指导老师代表参加了毕业典礼。中央党校副校长张志新出席毕业典礼并讲了话。

8月22日至9月2日 总院和内蒙古分院在呼和浩特市联合举办函授教学管理干部暨教师培训班。内蒙古分院各学区分管教学的校领导、学区主任及承担下学期《国际金融简明教程》、《社会经济统计学原理》教学任务的主讲教师，共96人参加这次培训班。

5月23日至8月8日 总院教务处先后在北京市委机关、上海、大庆（学区）、云南、总装备部等分院，分别举办了5期教务管理软件培训班。参加培训的共有56个分院、13个直属学区、1个直属班的120名工作人员。这5期培训班对全院范围内推广普及教务管理软件，解决软件使用中的疑难问题，取得了良好的效果。

9 月

9月2日 中央党校函授学院第二届教材编审委员会成立。出席成立大会的有被聘为本届教材编审委员会的专家、教授、学者，总院领导以及总院部分处室负责人和有关同志，共34人。史信发同志代表院领导宣布了本届教材编审委员会组成人员，院领导向委员们颁发了聘书。中央党校常务副校长郑必坚、副校长刘胜玉、刘海藩、杨春贵、张志新、王伟光和副教育长王瑞璞为教材编审委员会顾问，孙钱章任教材编审委员会主任，史信发、黄士安、刘利群等任教材编审委员会副主任，委员主要由中央党校各教研部的有关教授和专家担任。

9月23日至26日 总院在京召开计算机管理工作研讨会。参加会议的有12个分院的代表和总院有关人员。会议主要研讨了“中函网络管理信息系统”建设二期工程问题。

9月24日至26日 总院在河北省廊坊市委党校召开分院函授教育评估试点工作座谈会。参加会议的有：河北、吉林、甘肃、四川、湖北、安徽六个试点分院的领导同志，六大区联合视导组长，以及河北省委党委和廊坊市委党校的有关同志，共20多人。中央党校副校长张志新及总院领导出席会议并讲话。

9月27日 总院在京召开党员领导干部在职研究生班98级甲班学员、导师见面会，中央党校副校长刘海藩到会并讲话。函授学院领导孙钱章、史信发、黄士安、刘利群出席了会议。

10 月

10月11日至15日 中共中央党校1998年函授教育工作会议在浙江省委党校召开。会议的主题是“强化办学队伍建设，提高办学主体素质”。中央党校副校长张志新在开幕式上作《认清形势，把握大局，坚持用邓小平理论指导党校函授教育工作》的重要讲话。孙钱章作《切实加强办学队伍建设，进一步提高办学主体素质，把党校函授教育的各项工作继续推向前进》的工作报告。与会代表结合本单位的实际，就加强办学队伍建设问题展开了深入讨论，统一了思想，形成了共识。

10月 《中共中央党校函授教育年鉴》1996卷和1997卷，经各分院、学区、总院各处室、各部门和全体编辑人员的共同努力，已由中共中央党校出版社出版。

11 月

11月10日至15日 总院在青岛市委党校召开1998年下半年备课会议。这次备课会就《国际金融简明教程》和《民法学分论》两门课程进行集体备课。

11月10日至12日 总院在云南省委党校召开有部分分院领导、教材科长参加的教材工作会议。云南省委党校常务副校长李师程和云南省委组织部处长杨汝鉴出席开幕式并讲话。史信发同志作了工作报告。与会人员对《零购教材管理办法》（讨论稿）进行了认真研究，并提出了一些有益的意见。会议表彰奖励了16个教材发行工作先进单位和50名先进个人。

11月上旬 历时两月有余的全院95级大专班毕业证办理工作顺利结束。53个办学单位参与了办理毕业证工作。

11月8日至14日 总院在上海分院召开《中共中央党校函授学院管理制度汇编》修订、增补工作会议。会议请部分分院专家、学者、教授共同对现行的制度进行修改。

11月16日 副校长张志新在《党校报》发表了《顺应国际国内形势发展要求，提高党校函授教育办学质量》的专文，对党校函授教育工作具有重要的指导意义。

11月 总院在京举行党员领导干部在职研究生班政治学专业（治国方略研究方向）98级甲班学员导师见面会。出席会议的有：中央党校副校长刘海藩、副教育长王瑞璞、总院领导孙钱章、史信发、黄士安、刘利群，98级甲班主导师17人，责任导师27人，学员17人。校、院领导分别在会上讲了话。

12 月

12月3日至6日 总院在广西壮族自治区委党校召开第四次教学管理工作会议。出席会议的有各分院、直属学区负责教学管理工作的领导和部门负责人。广西壮族自治区委副书记、区委党校校长马庆生、区委组织部副部长刘延刚、区委党校常务副校长龙观水出席开幕式并讲话。刘利群同志作工作报告。会议对93级至95级获得总院级优秀毕业论文奖的56名毕业学员和获得毕业论文选组织奖的7个分院（直属学区）给予了表彰和奖励。会议还就《学员自学管理暂行条例》、《评选学区、分院、总院级优秀毕业论文实施办法》、《面授教师审批备案制度》等三项制度进行了讨论、修改。

12月上旬 经总院研究，同意建立中央党校函授学院黑龙江分院。与中央党校联合办函授教育的省、自治区、直辖市委党校增至30家。

12月21日至23日 总院在厦门市委党校举行第二次函授教育评估工作会议。出席会议的有中央党校副校长张志新、总院领导、各分院负责评估工作的领导、部分省市党校常务副校长、分管函授工作的副校长、全军党校函授教育办公室领导及部队部分分院的同志、总院视导委及各大区联合视导组组长，共90余人。会议回顾总结了前段的函授教育评估工作，交流了分院评估试点的经验，商讨和部署了分院的评估工作。